JN418584

최신무역학원론

오수균 · 오병석 공저

도서출판 두남

머리말

우리나라는 제1차 경제개발 5개년 계획이 시작된 1962년의 무역규모는 4.8억달러(세계 69위)였다. 그 후 정부의 강력한 수출드라이브 정책에 힘입어 1974년 113.1억달러(34위), 1988년 1.125억달러(12위) 그리고 2011년에는 1조 달러(10,796억달러: 9위)를 달성하여 무역의존도는 약 90%정도가 되고 있다. 이처럼 우리나라는 무역이 국민경제 중에서 차지하는 비중이 절대적이며 지속적인 국민경제의 발전 및 성장의 원동력이 되고 있다.

무역은 정치·경제·사회·문화적 제환경이 서로 상이한 국가 간에 이루어지는 상거래이므로 그 절차가 복잡하고 많은 분쟁이 발생하고 또한 많은 경우 대금회수불능 등의 위험을 겪지 않을 수 없다.

따라서 본 교재는 원활한 무역거래를 위하여 기본적으로 필요한 내용 즉, 무역업무, 해상보험, 국제운송, 무역 분쟁 등과 함께 경제통합 및 국제경영 등 전반적인 문제를 제3편으로 구분하여 다루고 있다.

첫째, 제1편은 국제무역론으로 국제무역의 본질, 무역과 국민경제, 무역정책론, 국제금융론, 국제무역환경론, 경제통합론으로 구성하고

둘째, 제2편은 국제경영론으로 국제경영론, 국제합작투자와 국제 M&A에 대하여 언급하고

셋째, 제3편은 무역실무론으로 무역관리제도와 수출입절차, 무역계약, 국제운송, 선적서류, 해상보험, 무역분쟁과 해결, 무역자동화와 인터넷무역을 서술하였다.

특히 본 교재는 무역을 처음 접하는 학생이나 일반인들이 보다 쉽게 이해할수 있도록 해당 업무와 관련된 많은 자료를 활용하였으며 또한 최근 쟁점화 되고 있는 WTO중

심의 통상문제 및 FTA 분야에도 많은 부분을 할애하여 설명하였다. 아무쪼록 본 교재를 선택하시는 모든 분들에게 무역에 대한 지식을 습득하는데 있어 많은 도움이 되었으면 합니다.

끝으로 본 교재가 출고되기까지 처음부터 편집 및 교정을 보아주신 도서출판 두남의 전두표 사장님, 이승구 상무님, 신은정 선생께 이 자리를 빌어 감사의 뜻을 전합니다.

2012년 8월

오수균, 오병석 배상

차 례

제1편 국제무역론

무
역
학
원
론

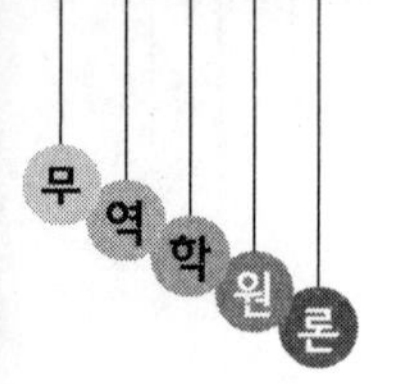

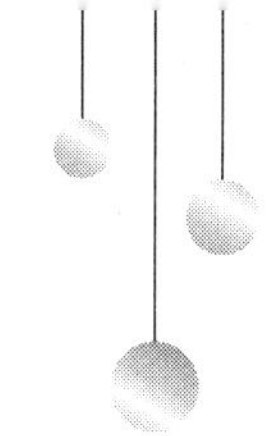

무
역
학
원
론

무
역
학
원
론

제1편

국제무역론

제1장 I 국제무역의 본질

 제1절 … 무역의 기본개념

무역이라는 용어의 어원은 고대 중국의 「사기」에 기록된 "이물상무역(以物相貿易)" 또는 18사략(十八史略) 중의 "무역의복회전수주(貿易衣服回轉數周)" 라는 문구에서 비롯된 것으로, 貿나 易 모두가 매매 또는 교환을 의미한다. 또한 영어의 trade도 tread(발걸음) 또는 track(발자취)에서 비롯된 말로서, 교환 또는 매매를 의미한다.

이러한 매매가 한 국가 내에서 이루어지는 것은 국내 상거래(domestic trade)라고 하며, 국가와 국가 사이에 이루어지는 것은 국제 상거래라고 하며 이를 무역(trade)이라고 한다. 즉, 무역은 국가와 국가 사이에 상품, 자본 및 서비스 등의 모든 경제적 재화를 매개로 하여 이루어지는 국제상거래이다.

대외무역법에서는 무역이란 물품, 대통령령으로 정하는 용역 또는 전자적형태의 무체물의 수출입을 말한다(제2조)라고 정의하고 있다.

첫째, 물품(goods)이란 외국환거래법에서 정하는 지급수단, 증권, 채권을 화체(化體)한 서류를 제외한 동산을 말한다.

둘째, 용역(service)이란 경영 상담업, 법무관련 서비스업, 회계 및 세무 관련 서비스업, 엔지니어링 서비스업, 디자인, 컴퓨터시스템 설계 및 자문업 그리고 문화산업진흥기본법 제2조 제1호에 따른 문화사업에 해당하는 업종, 운수업, 관광 진흥법 제3조 제1항에 따른 관광 사업에 해당하는 업종, 그 밖에 지식기반용역 등 수출유망산업으로서 지식경제부장관이 정하여 고시하는 업종을 말한다.

그리고 국내의 법령 또는 대한민국이 당사자인 조약에 따라 보호되는 특허권, 실용신안권, 디자인권, 상표권, 저작권, 저작인접권, 프로그램저작권, 반도체집적회로의 배치설계권의 양도, 전용실시권의 설정 또는 통상실시권의 허락이 있다.

셋째, 전자적형태의 무체물이란 ① 소프트웨어산업진흥법제2조제1호 규정에 따른 소

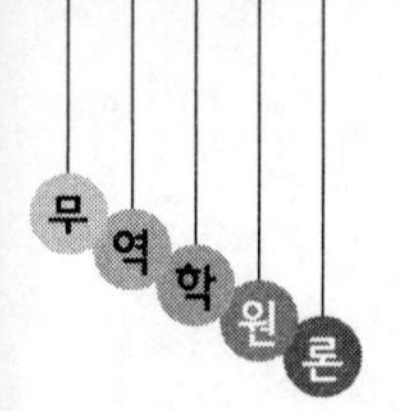

프트웨어 ② 부호·문자·음성·음향·이미지·영상 등을 디지털 방식으로 제작하거나 처리한 자료 또는 정보 등으로서 지식경제부장관이 정하여 고시한 영상물(영화, 게임, 애니메이션, 만화, 캐릭터 포함), 음향, 음성물, 전자서적, 데이터베이스 ③ 상기의 ① 및 ②의 집합체와 그 밖에 이와 유사한 전자적 형태의 무체물로서 지식경제부장관이 정하여 고시한 것, 대외무역법에서 전자적형태의 무체물의 수출입이란 컴퓨터 등 정보처리능력을 가지 장치에 저장한 상태로 반출·반입한 후 인도·인수하는 것을 말한다.

그리고 국가 간의 무역을 지칭하는 용어는 무역의 범주 및 기준에 따라 외국무역(foreign trade), 국제무역(international trade), 세계무역(world trade) 등으로 사용되고 있다.

첫째, 외국무역 또는 대외무역은 자국과 타국과의 무역이 이루어질 때 자국의 입장을 기준으로 한 무역을 의미한다. 예컨대 한국을 기준으로 대미무역, 대일무역 등을 말한다.

둘째, 국제무역이란 국제간의 상품·서비스 등의 매매 또는 교환을 객관적인 입장에서 사용되는 의미로서, 즉 특정한 국가를 중심으로 하지 않고 특정지역 내에 있는 많은 다양한 국가 간의 무역을 총칭하여 사용하는 의미이다. 예를 들어 아시아나 유럽에 있는 나라들 간의 무역을 한 묶음으로 하여 아시아의 국제무역 또는 유럽의 국제무역이라고 한다.

셋째, 세계무역이란 세계경제의 입장에서 세계전체의 무역관계를 총칭하는 것을 의미한다. 과거에는 자유주의 진영 무역과 공산주의 진영 무역을 합한 것을 지칭하였으나 최근 들어 공산주의 이념이 퇴색됨에 따라 이러한 의미의 개념은 무의미하다.

그리고 무역 거래는 대상의 폭에 따라 협의의 무역과 광의의 무역이 있다.

첫째, 좁은 의미의 무역은 유형의 재화인 상품의 수출입만을 의미하는 거래이다. 그러나 상품거래와 불가분의 관계에 있는 기술, 용역의 유상적 제공도 포함시키는 것이 일반적인 통념으로 되어 있다. 둘째, 넓은 의미의 무역은 국가 간의 상품의 교역뿐만 아니라 모든 경제교류를 포함하는 의미의 거래이다. 즉 상품·자본·노동·기술 그리고 용역(service) 등의 모든 국제적인 거래를 말한다.

제2절 … 무역의 성격

국가마다 자국경제의 발전과 성장 그리고 자국의 이익을 우선하려는 각국 정부들은 상품과 생산요소 이동을 제한 또는 간섭하고, 품목에 따라 수출입을 제한 및 금지하거나 환율 조작 등의 다양한 방법을 통하여 무역에 대해 각국 정부는 개입하고 있다. 그러나 무역은 국민경제의 기반을 이루는 개별기업경제주체가 주로 행하고 있다. 이처럼 개별기업경제 중심의 각국의 무역은 상대국의 경제는 물론 세계경제 전체에 상당한 영향을 미치며 또한 각국의 첨예한 이해관계의 상충 속에서 이루어지고 있다. 따라서 무역은 국민경제, 기업경제, 세계적인 성격을 갖는다.

2.1 국민경제적인 성격

무역은 국경을 초월하여 이루어지는 국제 상거래이므로 국민경제에 지대한 영향을 미친다. 특히 무역은 수출에 필요한 원부자재의 공급원이 되고 외화 조달의 원천이 된다. 한 기업의 수출의 증가는 투자 확대를 가져오고 투자는 고용을 유발하고 또한 생산량의 증대로 인한 매출액의 증가는 종업원들의 소득증대, 국제수지 개선 더 나아가 국민소득의 증대를 가져오는 등 국민경제적인 성격을 갖는다.

2011년 1조 달러 규모의 무역액을 달성한 한국의 무역의존도가 약 96%라는 점을 감안할 때 부존자원이 거의 없는 한국에서 무역은 국민경제에 지대한 영향을 미친다.

2.2 기업 경제적인 성격

기업 경제적 성격은 경영 경제적 성격 또는 개별 경제적 성격이라고도 한다. 물품 등의 수출입 및 이에 따른 대금의 수취 또는 지급은 대외무역법의 목적 범위 내에서 자유롭게 이루어져야 하고 또한 무역거래자는 대외신용도 확보 등 자유무역질서의 유지를 위하여 자기 책임 하에 당해거래를 성실히 이행하여야 한다고 규정하고 있다(대외무역법 제10조). 즉, 무역거래자인 무역의 주체는 대부분 개별무역기업들이다. 무역은 개별무역기업이 거래의 자유 및 경영판단의 원칙에 따라 제 환경이 상이한 국가의 개별무역기업 등을 상대로 행하는 국제상거래활동이기 때문에, 무역은 본질적으로 개별기

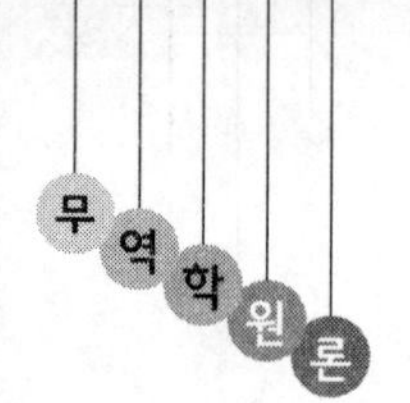

업 경제적인 성격을 갖는다.

2.3 세계경제적인 성격

세계화(globalization)라는 말은 정보화라는 말과 함께 일상용어가 되었으며 WTO가 탄생한 1995년을 세계화의 원년으로 보고 있다. 세계화란 아이디어와 지식, 상품과 서비스, 자본과 사람이 쉽게 국경을 넘나들게 되면서 세계의 한쪽 부분에서 일어나는 사건이 다른 곳에 파급효과를 미치는 것을 말한다. 기업의 입장에서는 국가 간 국경 자체의 한계나 차이를 뛰어넘어 처음부터 지구촌 전체를 하나의 경영단위로 삼는 것으로 보다 공세적이고 전략적인 기업의 경영 활동을 말한다.

세계화는 범지구적인 차원에서 보다 자유로운 활동을 하기 위해 모든 장벽을 철폐하는 것을 의미하지만 실제 기업 근무자들의 입장에서는 무국경 무한 경쟁에서 살아남기 위하여 보다 높은 능력과 자질을 갖추고 보다 더 열심히 일해서 세계적으로 높은 생산성을 달성하여 경쟁력을 갖추는 것이다.

2011년 3월 11일 일본의 후구시마 원전사고로 인하여 GM 사 등 여러 국가의 자동차 회사에 부품을 조달하던 일본 기업들의 조업 중단 사태는 완성차 기업들에게 엄청난 파장을 불러일으키고 태국의 홍수로 인한 천재지변은 일본 기업들이 클러스터를 형성하고 있는 지역의 공장 가동 중단이라는 사태를 가져왔다. 이로 인하여 여기서 부품을 공급받던 세계 각국의 기업들은 엄청난 생산차질을 가져왔다.

이러한 현상은 제2차 대전 이후 과학기술의 급속한 발전, 통신 및 수송수단의 발달로 시간적·공간적 격차가 좁혀지고 또한 각국 기업들은 과거와는 달리 일정분야에 대해서는 상호 협력하는 관계를 형성함으로써 각국의 경제는 다른 국가와 더 나아가서는 세계 경제와 더욱 밀접한 관계를 맺게 되었기 때문이다.

따라서 무역은 개별기업이 행하는 각 국가와의 경제교류 활동으로서 세계경제의 범주 안에서 이루어지게 되고 세계 경제를 구성하게 되는 등 세계 경제적 성격을 갖게 된다. 예를 들어 삼성전자의 반도체 산업은 세계적인 컴퓨터 및 전자제품의 발전에 지대한 영향을 미친다. 미국의 HP나 애플사에 공급되는 반도체 칩은 다시 완제품이 되어 다른 국가에 수출되며 여기에 따른 세계 경제적인 파급효과는 대단히 크다. 따라서 무역은 세계 경제적인 성격을 띠게 된다.

제3절 … 무역의 필요성

세계 각국은 지속적인 경제성장과 발전에 필요한 국내부족 원·부자재의 조달, 잉여재화 문제 해결, 외화조달 등 다양한 행태 때문에 무역의 필요성이 제기되고 있다. 이것은 각국 간의 자연적 조건 및 사회적 조건의 차이, 천연자원의 편재, 각국 간의 인구와 인구 밀도 차이, 산업발달정도 및 구매력차이 때문에 기인한다.

3.1 자연적 조건 및 사회적 조건의 차이

자연적 조건에는 기후, 풍토, 강우량, 천연자원의 부존현황 등이 있으며 사회적 조건에는 정치, 경제, 법률, 제도, 관습, 종교와 자본, 노동, 기술 등이 있다. 자연적 조건·사회적 조건의 차이는 헥셔·오린의 정리에 의하면 비교생산비의 결정 요인이 되고 있다.

따라서 각국 간의 자연적·사회적 조건의 상이는 생산비용의 차이를 발생시키며 이것은 비교우위와 비교열위를 결정짓는 요인으로 작용하며 이는 국제 분업을 발생시킨다. 이러한 현상이 무역의 필요성을 증대시키는 요인이 되고 있다.

3.2 천연자원의 편재

천연자원의 지역적인 편재현상은 무역의 필요성 뿐 만아니라 경제 발전의 커다란 제약 요인으로 작용한다. 그러나 현실적으로 볼 때 모든 자원을 한 국가가 모두 풍부하게 보유하고 있는 것이 아니라 특정 자원 중심의 편재현상이 나타나고 있다.

즉, 중동국가의 원유, 캐나다의 산림자원, 남아공화국의 금과 같이 어떤 특정 국가가 기업 활동 및 경제발전과 밀접한 모든 자원을 다 갖추고 있는 것은 아니다. 따라서 각국은 상호의존과 공존공영의 토대 위에 경제적으로 서로 밀접한 관계를 가지지 않을 수 없다. 바로 이러한 문제들이 무역 필요성의 요인이 되고 있다.

3.3 각국 간의 인구 편차

세계 인구는 국가나 지역적으로 골고루 분포되어 있는 것이 아니고 현재 중국과 인

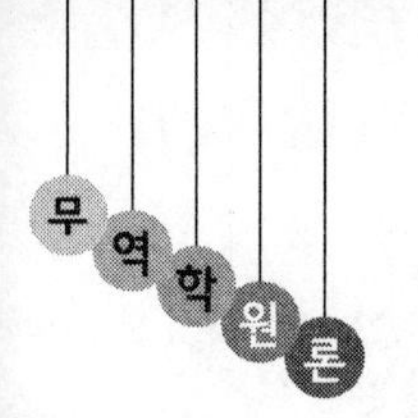

도가 거의 절반을 차지하고 있다. 그리고 인구 및 인구밀도는 자연적 환경, 역사·문화적 환경에 따라 큰 차이를 보이고 있다. 따라서 인구의 구성과 인구밀도의 분포는 각국 간에 있어서 식량을 포함한 1차 산품뿐 만 아니라 공산품의 생산과 수요에 있어서 불균형을 초래하며 그 결과로서 각국 간의 교역은 증대되지 않을 수 없다.

특히, 현재 세계 각국이 중국을 주목하는 것은 1978년 개혁·개방 이후 상당한 경제발전을 이룩함과 동시에 소득수준의 향상을 가져왔다. 중국의 인구는 약 14억이다. 이 인구는 거대한 소비시장을 형성하고 여기에 따른 재화의 공급은 엄청난 교역량의 증대를 필요로 한다.

3.4 산업발달정도의 차이

국제간에 무역이 성립될 수 있는 가장 기본적인 이론이 국제 분업으로서 자본과 기술이 풍부한 선진국은 기술집약적 산업에 특화하고 노동 및 자연자원이 풍부한 개발도상국은 노동집약적 산업의 제품생산에 전문화함으로써 양국 간에 무역이 발생된다.

1960년대 일본은 자국 내에서 현재적 비교우위를 상실한 섬유, 잡화 등의 노동집약적 산업을 중심으로 한국, 대만, 홍콩 등으로 이전함과 동시에 산업구조 조정을 통하여 일본은 기술집약적 산업의 제품을 특화수출하고, 한국 등 개발도상국들은 노동집약적 산업의 제품을 특화 수출한 바 있다. 따라서 각 국가 간의 산업발달정도의 차이가 크면 클수록 국제 분업을 통한 무역의 필요성이 더욱더 제기된다.

3.5 구매력의 차이

구매력은 일반적으로 소득과 밀접한 관련을 갖고 있다. 소득이 낮으면 기본 생활필수품의 구매력은 있으나 고가 제품이나 사치품의 수요는 크지 않다. 반면에 소득이 높으면 고가품 및 사치품의 수요가 많다. 따라서 큰 구매력을 지니고 있는 국가는 그렇지 않은 국가에 비하여 수요가 클 뿐만 아니라 또한 국민소득이 높은 나라가 국민소득이 낮은 나라보다 외국상품을 더욱 필요로 한다는 사실은 국가 간의 무역증대를 야기시키는 요인이 되고 있다.

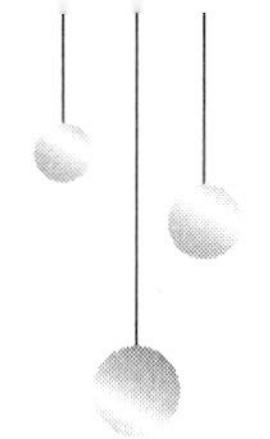

제4절 … 무역의 특징

무역은 각국의 상관습, 법률·제도 등이 서로 상이한 국가 간에 이루어지는 상거래이므로 그 절차가 복잡하고 거래에 따른 위험이 존재하는 국내 거래와는 다른 특징을 지니고 있다.[1)]

4.1 무역의 해상의존성

고대무역에서 현대 무역에 이르기까지 물품의 운송은 해상운송과 육상운송에 의하여 이루어져 왔다. 해상운송은 하천, 호수, 등의 내륙수로운송에서 시작하여 해양에 진출하게 되었으며 국제운송에서는 해상운송이 중심이 되고 국내운송은 주로 육상운송에 의존하고 있다. 그리고 대량운송은 해운업의 발달에 따라 해상운송에 의존하고 있으며 특히 1960년 대 개발·도입된 컨테이너 운송은 선적 및 하역 때문에 항구에 머무르는 정박기간을 단축시킴으로써 일대 운송의 혁신을 이루고 있다.

특히 육상운송은 바다를 사이에 둔 국가끼리의 수송에는 불가능하고 항공운송은 신속한 화물의 운송은 가능하지만 물동량이 적고 운임이 비싸다는 단점이 있다. 따라서 해상운송은 운송시간은 육상이나 항공운송보다는 길지만 한꺼번에 많은 물동량의 이동이 가능하고 운송비도 저렴하기 때문에 수출입 물량의 대부분이 해상에 의한 운송에 의존할 수밖에 없다.

4.2 무역의 기업 위험성

무역거래는 일반적으로 국가 간에 정치·경제·문화 그리고 법과 제도, 관습 등이 서로 다르고 또한 무역자체의 특유한 성질 때문에 기업의 위험성이 존재한다. 이러한 기업의 위험성은 ① 상품에 관한 위험 ② 대금 결제 및 금융에 관한 위험 ③ 상품가격 및 환율의 변동에 관한 위험 등 세 가지가 있다.

---

1) 上坂西三, 貿易概論, 前野書店, 1969, pp.11-20.

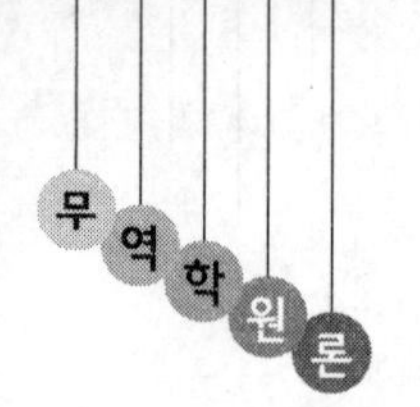

1) 상품에 관한 위험

상품에 관한 위험은 상품의 운송 및 보관 중에 상품 그 자체에 생긴 물리적 위험이다. 이 위험에는 해상위험이 있으며 이에 따르는 위험은 손해보험의 운용에 의하여 그 위험이 보험자에게 전가되고 있다. 특히 국내 상거래에서는 운송위험의 보험제도 이용이 절대조건은 아니지만 무역거래에서 해상보험에 부보하는 것은 거래성립의 절대조건이다.

2) 대금의 결제 및 금융에 관한 위험

대금의 결제 및 금융에 관한 위험은 대금의 지급불능 또는 지급거절이 생긴 경우로서 이것은 장기신용제도의 국제적 추세에 따라서 자주 발생하는 경제적 위험이다. 보통 무역 대금의 결제에 따른 위험을 회피하기 위하여 신용장에 의한 거래를 하든지 또는 외국의 경우 일반적으로 신용보험제도나 국가의 재보험 제도 또는 손실보상제도에 의하여 어느 정도 그 위험을 담보해주고 있는 것이 통례이다. 우리나라의 경우도 수출보험제도에 의하여 그 위험을 담보해 주고 있다.

3) 상품가격 및 환율의 변동에 관한 위험

무역거래는 무역계약에서 대금결제까지 상당한 기일이 걸리는데 이 기간 중에 상품가격의 변동이나 환율이 변동함에 따라 어느 한 당사자가 손해를 입는 위험이 발생할 수 있다.

첫째, 상품가격 변동의 위험은 헤징(hedging)방식을 통하여 위험을 회피할 수 있다. 헤징은 연계매매(連繫賣買)라 하며 실물거래에서의 손실 또는 이익을 그에 상응하는 이익 또는 손실로써 상계하는 반대의 성질을 가진 상대적 거래이다. 즉, 상품의 선물(先物)로 실물시장에서 매수한 경우 미래 상품 수령시의 가격 변동에 대비하여 같은 조건으로 거래소에 매도하여 이익(손실)과 손실(이익)을 상계하여 손실을 방지하는 거래이다.

둘째, 환율변동에 따른 위험(환위험 : exchange risk)은 외국환은행과의 선물환 계약이나 외환의 헤징을 통해 환위험을 회피할 수 있다.

4.3 산업관련성

무역은 일국의 산업은 물론 세계 각국의 산업과 상호의존관계에 있다. 즉, 무역은 비

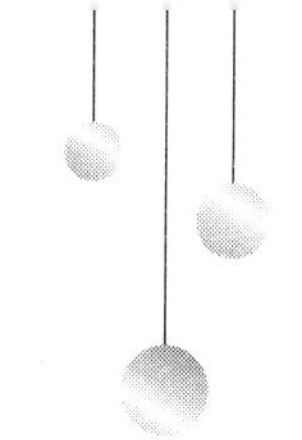

교우위 또는 요소부존량에 의한 국제 분업을 통해 국제적 공급 및 수요를 충족시킬 뿐만 아니라 당사국의 국내 산업을 육성·발전시켜 국민경제의 수준을 향상시킨다. 따라서 무역의 산업 관련성은 무역과 국제 분업, 무역과 국내 산업이라는 두 가지 측면이 있다.

1) 무역과 국제 분업

무역은 생산요소의 부존량이나 비교우위를 통해 국제 분업(international division of labor)의 발달을 촉진시킨다. 즉, 무역은 생산 조건 상 자국에서 생산하는 것이 불리한 제품은 외국에서 수입하여 자국의 수요를 충족하는 동시에, 자국에서 생산이 유리한 제품은 직접 생산하여 타국의 수요를 충족시켜 준다. 즉, 타국에 비해 비교우위 또는 경쟁력을 갖는 산업 및 제품 중심의 생산·수출은 점점 국제 분업을 촉진시키는 계기가 된다.

2) 무역과 국내산업

무역은 그 성질상 국내산업의 발전과 밀접한 관련을 가지고 있다. 특히 개발도상국에 있어서 국제무역은 경제발전을 촉진시키는 기본적 전략이 되고 있다.

첫째, 수입은 그 자체로 국제수지를 악화시키는 요인은 되지만 경제발전에 필요한 자본재와 국산불능 원자재의 공급원이 된다. 국내재화와 대체관계에 있는 경쟁제품수입의 경우도 유치산업 보호라는 관점에서 수입이 억제되기도 하지만 국내산업과의 건전한 경쟁을 조성하여 국내산업의 육성에 도움이 되기도 한다.

둘째, 수출은 그 자체가 국제수지를 개선하고 투자를 점점 확대시켜 생산의 대량화를 통한 규모의 경제를 이룩하고 고용 및 소득증대효과는 물론 전후방 생산유발 효과를 가져 온다. 따라서 무역의존도가 높은 국가 입장에서 볼 때 수출 산업의 육성은 경제발전을 추진하는 데 중요한 역할을 하며 또한 다른 산업의 생산과정을 유발하는 파급효과는 산업정책면에서도 중요한 역할을 한다.

4.4 국제관습성

무역은 각기 서로 다른 국가들 사이에 위치하고 있는 매도인과 매수인 사이에 매매계약을 기초로 하여 이루어지는 거래이다. 매매계약은 원칙적으로 당사자들 사이에 합의를 원칙으로 하는 것이지만 매매거래의 모든 사항을 완전히 합의하여 계약서에 문서화한다는 것은 곤란하다.

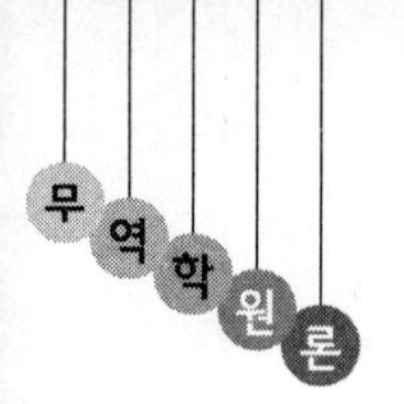

그리고 무역계약이 성립되어 대금결제에 이르는 과정에서 당사자들 사이에는 법률상의 권리와 의무가 발생한다. 또한 매매에 따른 각국의 법과 제도 그리고 용어 등이 서로 상당한 차이를 보이고 있어 동일한 용어에 대한 해석도 많은 차이가 있을 수 있다. 따라서 무역 거래의 권리와 의무의 이행 과정에서 발생할 수 있는 분쟁을 미연에 방지 또는 최소화하기 위해 국제적으로 통일된 규칙 또는 협약의 필요성이 대두되었다.

그러나 국제매매행위는 일종의 법률행위로서 효과 면에서 권리·의무가 발생하며 또한 법률적인 성질 면에서는 낙성, 쌍무, 유상의 상사계약임에도 불구하고 세계무역에 있어 공통적인 국제매매입법이 없기 때문에 사실상 국제적인 매매 실천에 대한 준거법이 없다.

이와 같이 국제매매에 관한 통일된 국제규칙 또는 협약이 없기 때문에 무역은 일반적으로 언어, 관습, 법률 등이 다른 국가 사이에 이루어지는 동안 여러 가지 마찰과 시련을 거쳐 이루어진 정형화된 무역관습에 준거하여 국제매매계약을 체결하여 이행되고 있다.

이러한 무역관습은 국제상업회의소(International Chamber of Commerce)나 국제법협회(International Law Association)와 같은 권위 있는 국제적인 협의기구에 의하여 오랫동안 조사연구 분석됨으로써, 국제규칙(International rules)으로 성장하여 오늘의 국제관습법이 되었다. 따라서 무역에 관한 어떠한 분쟁 등이 발생하게 되면 관계 국제규칙에 따라 처리하게 된다.

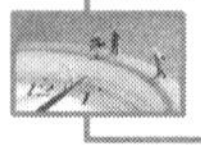

제5절 … 무역의 종류와 무역학의 학문적 체제

5.1 무역의 종류

1) 수출무역과 수입무역

(1) 수출무역

수출무역(export trade)은 한 나라를 중심으로 하여 수출업자가 무역 거래대상인 내국물품인 상품, 서비스, 플랜트 및 기술 등을 국내에서 국외로 반출하는 것이다. 그리고 수출 무역을 통상 수출이라고 하며 관세법에서 수출은 내국물품을 외국으로 반출하

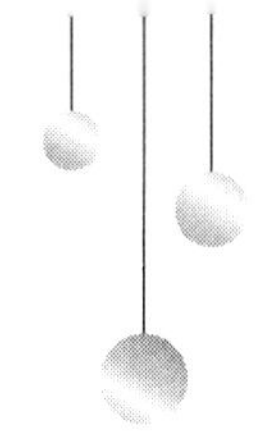

는 것으로 정의하고 있다.

내국물품이란 ① 우리나라에 있는 물품으로서 외국물품이 아닌 것 ② 우리나라의 선박 등에 의하여 공해에서 채포된 수산물 ③ 입항 전 수입신고가 수리된 물품의 세 가지 유형으로 나누고 있다. 이것은 우리나라와 외국간의 물품의 이동만이 아니라 국내 이외의 지역 간에 물품이 이동하는 것도 수출의 범위에 포함시킴으로써 다양화되는 기업의 거래방법을 수용하고 있다.

(2) 수입무역

수입무역(import trade)은 한 나라를 중심으로 하여 수입업자가 무역거래 대상인 상품, 서비스, 플랜트 및 기술 등을 국외에서 국내로 반입하는 것으로서, 일반적으로 수입이라고 한다.

관세법에서 수입이란 다음의 하나에 해당하는 물품을 우리나라에 인취[2]하는 것(보세구역을 경유하는 것을 보세구역으로부터 인취하는 것)을 말한다. ① 외국으로부터 우리나라에 도착된 물품(외국선박 등에 의해서 공해에서 채포[3]된 수산물을 포함한다). ② 수출신고가 수리된 물품이 있다.

그리고 수입의 한 형태인 병행수입(parallel import or gray import)은 외국에서 적법하게 상표가 부착되어 유통되는 진정상품을 제3자가 국내의 상표권자 또는 전용사용권자의 허락없이 수입하는 행위를 말한다. 여기서 외국에서 적법하게 판매되었다는 것은 일단 외국에서 원 지적재산권소유자 또는 전용사용권자가 자유로운 의사에 의하여 당해 제품을 판매하여 적절한 경제적 보상을 취득하였음을 의미한다.

이 규정은 1995년 11월 수입의 예외규정 중 병행수입을 허용하여 수입공산품의 가격인하를 유도할 목적으로 도입되었다.

2) 직접무역과 간접무역

무역이 양국 당사자 사이에 직접적으로 이루어지느냐 또는 제3자를 통하여 간접적으로 이루어지느냐에 따라 직접무역(direct trade)과 간접무역(indirect trade)이 있다.

---

2) 인취(引取)란 물품이 사실상 관세법에 의한 구속에서 해제되어 내국 물품이 되거나 또는 자유유통 상태에 들어가는 것을 의미한다.

3) 채포(採捕)란 관세법 상 채취 또는 포획을 말한다.

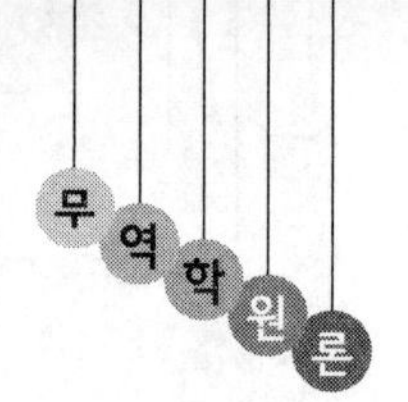

(1) 직접무역

직접무역은 제3국의 무역업자를 개입시키지 않고 거래당사자간에 직접무역이 이루어지는 것을 의미한다. 즉, 수출업자는 자신들의 수출경로와 수출전략 등을 통해 직접적으로 수입업자와 무역을 하는 것을 말한다.

(2) 간접무역

간접무역은 양국의 무역 당사자 사이의 거래과정에 물품인도 혹은 대금 결제 등에 제3자가 개입하여 이루어지는 무역이다.

① **중계무역** : 중계무역(intermediate trade)은 수출할 것을 목적으로 외국에서 물품을 수입하여 이를 가공하지 않고 원형 그대로 제3국에 수출하는 것을 말한다. 중계무역의 목적은 수입(지급액)과 수출(수취액)에 의한 수출입차액 즉 중계수수료(FOB-CIF에 해당하는 가득액)를 수취하는데 있으며 또한 원형 그대로의 수출이기 때문에 가공임을 목적으로 하는 보세가공무역과는 다르다.

중계무역은 수출입의 주체가 외국환거래법상 거주자인 경우, 즉 거주자의 책임 하에 수입하여 수출하고 수출입대금결제도 거주자의 책임 하에 이루어지는 경우를 의미하기 때문에 거주자가 수출입의 주체가 되지 않고 단순히 중개수수료만 취득하는 단순 중개의 경우에는 대외무역법 상의 중계무역에는 해당되지 않는다.

중계무역은 일반적으로 중계무역항을 통하여 이루어지고 있으며 중계무역항은 첫째, 교통이 편리한 자유항이어야 하고 둘째, 상품의 집산지이어야 하고 셋째, 외환거래의 자유가 보장되어야 한다. 그 대표적인 곳이 함부르크, 홍콩 및 싱가포르이다.

② **중개무역** : 중개무역(merchandising trade)은 양국의 무역 거래 당사자 사이에 제3국의 상인이 개입하여 이루어지는 것이다. 보통 양국의 거래 당사자가 거래 의사는 있으나 시장 경험이나 정보의 부족으로 인해 거래 상대를 찾지 못할 경우 쌍방의 거래 의사를 인지한 제3국의 중개인이 거래를 알선함으로써 거래가 성립할 경우 제3국의 입장에서 볼 때 중개무역이 된다.

물품의 인도는 수출업자로부터 수입업자에게 직접 송부되나 대금 결제는 첫째, 수입업자가 수출업자에게 직접 결제하고 양국 거래 당사자들이 제3국의 중개인에게 일정한 수수료를 지급하거나 둘째, 수입업자가 거래를 알선해 준 중개인에게 결제하고 중개인이 이를 수출업자에게 지급하는 방식이 있다.

③ **통과무역** : 통과무역(transit trade)은 수출물품이 수출국에서 수입국에 직접 송

부되지 않고 제3국을 통과하여 수입국에 송부되는 경우 제3국의 입장에서 본 무역이다. 이러한 무역은 일반적으로 내륙국가에서의 무역에서 많이 볼 수 있는 형태로써, 제3국은 수수료, 보관료, 운임 및 보험료 등의 수익을 얻을 수 있다.

④ **스위치 무역** : 스위치 무역(switch trade)은 무역계약과 운송계약 등이 수출업자와 수입업자에 의하여 직접적으로 체결되지만, 대금결제만은 제3국의 무역업자(switcher)를 개입시켜 행하는 거래로서 외환관리상의 편의나 금융수단의 채용을 필요로 하는 경우에에 주로 이용된다.

즉 수입국이 수출국으로부터 무역거래상 특정 외화로 대금을 지급하도록 지시 받았을 때, 실제로 그 특정 외화의 여유는 없지만, 청산 계정 상에는 그 특정 외화의 여유가 있을 경우, 특정 외화로 대금지급 할 것을 지시한 수출국으로부터의 수입결제에 대처하기 위하여, 특정 외화를 보유하고 또한 자국과의 청산계정에 관련되어 있는 제3국의 개입업자(switcher)를 동원하여 무역대금결제를 하는 것이다.

보통 수입국이 특정거래에서 수입물품의 대금을 특정 외화로 지급해야하지만 특정 외화의 여유가 없기 때문에 특정 외화를 갖고 있는 제3국을 개입시켜 물품대금을 지급하고자하는 경우 또는 무역수지불균형에 따라 제3국의 결제통화 또는 계정을 사용·전환하여 지급하는 경우도 이용한다.

⑤ **우회무역** : 우회무역(round-about trade)은 어떠한 국가가 자기 나라의 상품에 대하여 통제를 심하게 할 경우 이러한 상품의 수입통제를 회피하기 위하여 통제를 받지 않는 제3국을 통하여 이루어지는 무역을 말한다. 과거 한국 제품이 홍콩을 통해 외교관계가 없던 중국으로 진출하거나 1970년대 말 섬유제품과 전자제품 등에 대해 미국이 수입규제를 강화했을 때 한국 제품들이 중남미 지역 특히 코스타리카, 사이판 등 카리브해 연안 국가를 통해 미국 시장에 진출한 것이 그 좋은 예이다.

5.2 유형무역과 무형무역

1) 유형무역

유형무역(visible trade)은 상품을 수출입할 경우 우리의 육안으로 볼 수 있고 또한 상품의 형태가 있으므로 이러한 상품을 수출입할 경우에는 반드시 수출입통관을 경유하게 되고 무역통계에도 표시된다. 이를 가시적인 무역이라고 하며 또한 눈에 보이는

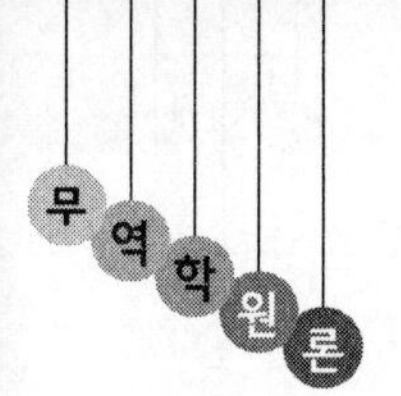

무역이라고도 부른다. 이러한 유형무역은 유형수출(visible export)과 유형수입(visible import)으로 나누어진다.

2) 무형무역

무형무역(invisible trade)은 광의의 무역에 포함되는 생산요소(자본·노동)나 용역 등을 수출입할 경우에 이러한 생산요소는 상품으로서의 형태가 없고 육안으로 볼 수도 없기 때문에 세관에서의 수출입통관절차를 거치지 않고 수출입할 수 있는데 이러한 경우의 무역을 무형무역이라고 하며, 이를 눈에 보이지 않는 무역이라고도 한다. 그러므로 무형무역의 경우 수출입통관절차는 불필요하기 때문에 무역통계에는 나타나지 않으나 국제수지표상에는 나타난다.

5.3 연계무역

연계무역(counter trade)이란 물물교환, 구상무역, 대응구매, 제품 환매의 형태에 의하여 수출입이 연계되어 이루어지는 수출입을 말한다. 연계무역이란 수출과 수입이 연계된 모든 무역거래를 총칭하는 하는 것으로 대응구매기간, 대금청산의 형태, 교환되는 상품과의 관계 등에 따라 구상무역, 대응구매, 제품 환매 등으로 나눈다.

1) 구상무역

구상무역(bater trade or give and take trade)은 수출입관계 당사국 간의 무역균형의 유지를 위하여 수출입 물품의 대금을 그에 상응하는 수입 또는 수출로 상계하는 무역으로서, 대금결제시의 환의 개재여부에 따라 무환 구상무역과 유환 구상무역이 있다.

무환구상무역은 선 수입에 대한 물품대금을 외화로서 지급하지 않고, 이에 상응하는 대가의 상품을 후수출하거나 또는 선 수출에 상응하는 대가로서의 물품을 후 수입함에 의하여 무역당사국간에 외화의 흐름이 없는 순수한 의미로서의 물물교환방식이라고 할 수 있다. 이와 같은 무환 구상무역은 무역당사국의 물품의 수출입금액을 완전히 일치시켜 대금 결제를 필요로 하지 않는 무역거래이다.

한편, 유환구상무역은 수출입 국가 간의 수출입 대금 결제시 선 수출 또는 선 수입에 상응하는 물품대금을 외화로 수취 또는 지급하고 후수입 또는 후 수출에 따른 물품의 대금을 외화로 지급 또는 수취하는 거래 방식이다. 그리고 유환구상무역의 대금결제를

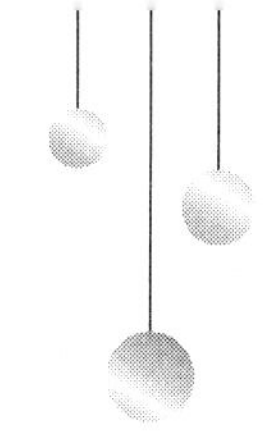

위해서 이용되는 신용장으로는 동시개설 신용장(back to back L/C), 기탁 신용장(escrow L/C) 및 토마스 신용장(tomas L/C) 등이 있다.

2) 삼각무역

삼각무역(triangular trade)은 두 국가 사이에 무역의 불균형을 이루어 편무역이 되었을 경우에 양국간의 무역을 더 이상 진전시키기 곤란한 경우에 특수한 관계에 있는 제3국을 개입시켜 3국간의 협정에 의하여 이루어지는 무역형태이다.

즉 A국과 B국이 상호 편무역의 상태에 있을 경우, C국을 개입시켜 A국은 B국에 10만 달러를 수출하고 B국은 C국에, C국은 A국에 동액을 각각 수출하면 두 나라 사이의 경우만 보면 무역이 불균형상태에 있지만 3개국을 모두 합해서 보면 무역이 균형을 유지하게 된다.

3) 대응구매

대응구매(counter trade)는 대응수입계약구매조건 아래에서 수출액의 일정비율에 상응하는 상품을 반드시 대응구매하겠다는 별도의 계약서를 체결하고 수출하는 거래방식이다. 즉, 하나의 계약에 의하여 수출과 수입이 동시에 이루어지는 것이 아니라 수출계약을 체결하고 수입국으로부터 일정한 기간 내에 이에 상응하는 물품을 구매하겠다는 계약을 별도로 체결하는 무역형태이다. 한 국가의 무역업자가 먼저 수출을 하고 이에 대한 대금을 지급 받으면 그 대신에 대한 의무로서 동액에 해당하는 별도의 수입계약에 의하여 수입을 하고 대금을 지급하여야 한다.

4) 선구매

선구매 (advance purchase)방식은 대응구매와는 달리 미리 수입을 하고 나중에 수출하는 형태의 무역이다. 즉, 수출업자가 수출하기에 앞서 수입업자로부터 제품을 먼저 수입하고, 수입업자로 하여금 수출업자의 제품을 일정기간 내에 구매할 것을 약속하는 거래방식이다.

5) 제품환매

제품환매(product buy-basic)는 기술, 설비 또는 플랜트를 수출한 수출업자가 이의 수출대금을 수주한 기술, 설비 또는 플랜트에서 직접 파생되는 제품이나 또는 이를 이

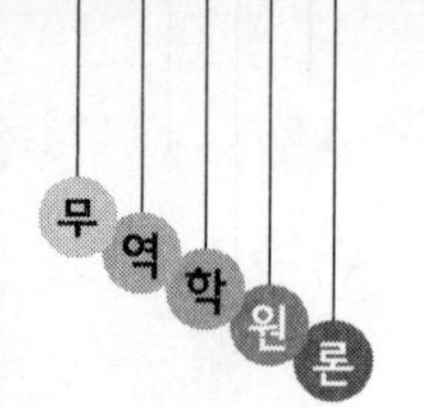

용하여 생산된 제품으로 수출 대금을 회수하는 거래방식이다. 이 방식은 단순한 간이 생산기기의 수출에 따른 제품 환매로부터 첨단기술의 이전을 수반하는 거래에 이르기까지 광범위하게 이루어지고 있는데 특히 기술 이전을 수반하는 형태를 산업협력(industrial cooperation)방식이라고 한다.

6) 상계무역

상계무역(offset trade)은 상쇄무역이라고도 하며 고도 기술상품의 거래에서 이용되는 것으로 수출상품의 일부 부품을 수입국에서 조달하거나, 제품생산의 기술을 수입국으로 이전하도록 하는 방식이다. 이러한 방식은 항공기, 무기 및 첨단기술 제품 등의 거래에서 흔히 나타나는데, 우리나라가 프랑스의 떼제비로부터 고속철도의 도입이나 미국 보잉사로부터 여객기의 도입 등에 활용되었다.

5.4 민간무역과 국영무역

1) 민간무역

민간무역(private trade)은 무역거래의 주체가 민간이 되는 것을 의미한다. 즉, 개인 또는 개별무역기업들이 무역을 통한 이익을 추구하고자 하는 목적으로 무역을 행하는 것이며 일부 국가는 국가의 특수한 상황에 의한 정부의 규제 또는 간섭을 받고 있지만, 오늘날 대부분의 무역은 민간무역이다.

2) 국영무역

국영무역(state trade)은 국가가 무역의 주체가 되어 국가의 계획통제 또는 무역협정 등에 의하여 이루어지는 무역이다. 이것은 공무역(public trade), 정부무역(government trade) 및 정부베이스무역(government basis trade) 등의 유형이 있다.

공무역은 국가의 공공기관이 무역의 주체가 되는 경우로서, 정부가 출자하거나 또는 무역공사를 설립하여 무역을 행하는 것이다. 정부무역은 정부자체가 무역의 주체가 되는 경우로서, 정부가 비영리를 목적으로 무역을 하는 것이다. 한편 정부베이스무역은 넓은 의미로 볼 때는 정부무역으로서, 정부가 출자하거나 대행기관을 통하여 무역을 하는 것을 말한다.

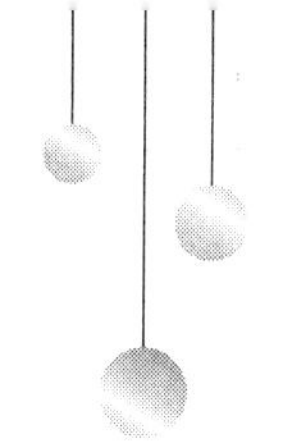

5.5 무역에 대한 국가의 간섭유무에 의한 무역형태

1) 자유무역

자유무역(free trade)은 국가가 무역에 대한 간섭 또는 규제를 하지 않고 무역상품의 자유로운 교역을 보장하는 무역이다. 그러나 오늘날 현실적으로 완전한 자유무역을 하는 국가는 없으며, 다소간 정도의 차이는 있지만 국가가 무역에 대한 통제를 하고 있어서 국제무역질서에 문제가 나타나고 있다. 19세기에는 영국을 중심으로 자유무역이 전개되었고 오늘날에는 WTO체제를 중심으로 하여 자유무역이 추진되고 있으나 완전한 자유무역을 실시하는 국가는 하나도 없다.

2) 보호무역

보호무역(protective trade)은 국가가 자국 산업의 보호 등을 위하여 무역에 대한 규제 또는 통제를 하는 무역이다. 원래 보호무역은 영국의 자유무역주의에 대항한 미국의 해밀턴과 독일의 리스트가 주장하였으며 보호대상은 유치산업이었으며 이를 고전적인 보호무역주의라 한다. 그러나 오늘날 현실적으로 세계 거의 모든 국가는 자국 산업보호와 자국이익의 확보라는 측면에서 정도의 차이는 있지만 보호무역을 심화시키고 있다.

3) 신보호무역

신보호무역(new protective trade)은 1970년대에 들어와 두 차례에 걸친 석유 파동, 선진국들의 국제수지 적자확대 및 실업자가 증가하는 등 경제가 불안해지자 고전적 보호대상인이었던 유치산업이 자국 경제의 현상유지나 고용유지 목적의 사양산업까지도 보호하려는 무역을 의미한다. 신보호무역의 특징은 다음과 같다.

① 후진국의 보호무역주의가 아니라 선진국의 보호무역주의이다. ② 보호대상이 유치산업이 아니라 선진국의 사양산업이다. ③ 보호무역수단이 주로 비관세장벽에 의존한다. ④ 보호의 범위가 특정산업이 아닌 전 산업에 걸쳐 광범위하다.

보호수단은 직접적인 규제수단으로 ① 수입할당제 ② 수입과징금 ③ 수출업자율규제 ④ 시장질서 유지협정 등이 있다. 한편 간접적인 규제수단으로는 ① 상계관세 ② 반덤핑관세 ③ 긴급관세 ④ 무역절차의 통제 등을 이용한다.

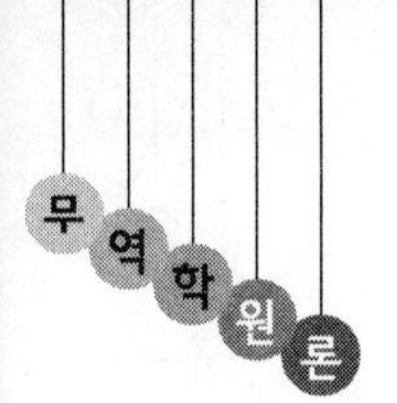

4) 관리무역

관리무역(managed trade)은 대외무역정책상 국가가 수출입 허가제, 수출입 할당제 및 수출입 링크제 등의 방법을 이용하여 무역을 관리하는 것이다. 현실적으로 오늘날의 무역은 각국이 보호주의적 경향이 심화되고 있고, 또한 각국의 경제적인 이해관계가 상충되고 있기 때문에 단기 또는 장기적인 대외무역정책 상 국가 자체가 무역에 대한 직접적인 관리를 하고 있다. 일반적으로 오늘날의 무역유형은 주로 비관세장벽(NTB : non-tariff barrier)을 이용한 관리무역이라고 할 수 있다.

5) 협정무역

협정무역(trade by agreement)은 대금지급협정(payment agreement), 호혜통상협정(reciprocal trade agreement) 및 상품협정(commodity agreement) 등을 통하여 국가간의 무역을 증진시키거나 무역의 균형을 유지시킬 목적으로 이루어지는 무역이다.

6) 공정무역

공정무역(fair trade)은 오늘날 세계의 거의 모든 국가들은 자국산업보호 및 자국이익의 확보측면에서 자국상품의 국제경쟁력을 강화시킬 목적으로 국내산업 및 수출관련 산업에 제반유형의 보조금 또는 장려금을 제공하고 있다. 즉, 현실적으로 국가가 보조금의 제공 등을 통하여 자국상품에 대한 인위적인 비교우위를 형성시키고 있어 불공정무역(unfair trade)이 성행되고 있다.

따라서 불공정무역 등이 성행되게 되면 국제무역질서가 혼란해지기 때문에 세계 각국은 부당하고 인위적으로 상승된 국제경쟁력을 상계시키기 위하여 그에 상응하는 상계관세 또는 덤핑방지관세 등을 부과하고 있다. 이러한 관점에서 공정무역이란 국제시장에서의 상품의 인위적인 경쟁력이 아닌 자연적인 국제경쟁력에 의하여 이루어지는 무역이다.

5.6 가공무역

가공무역은 가득액(가공작업비 등)을 획득하기 위하여 원재료의 전부 또는 일부를 외국에서 수입하여 이를 가공하여 다시 외국에 수출하는 거래를 말한다.

1) 일반가공무역

일반가공무역(improvement trade, processing trade)은 외화획득을 위하여 수출할 것을 목적으로 원료의 전부 또는 일부를 해외에서 수입하여 이를 가공한 후 수출하는 거래이다. 이러한 가공무역에서 가공을 어디에서 하느냐에 따라 자국에서 할 경우를 능동적 가공무역(active processing trade)이라 하고, 외국으로 원자재를 보내어 그 곳에서 가공할 경우를 수동적 가공무역(passive processing trade)이라 한다.

2) 수탁가공무역

수탁가공무역(processing trade on indent)은 가득액을 가득하기 위하여 대상 원자재의 전부 또는 일부를 거래상대자의 위탁(委託)에 의하여 외국에서 수입하여 이를 가공 후 위탁자 또는 그가 지정하는 자에게 수출하는 거래를 말한다.

즉, 외국에 있는 거래상대자로부터 가공하여 수출할 것을 전제로 소요원자재의 전부 또는 일부를 수입하여 이를 가공 후 거래상대자 또는 그가 지정하는 자에게 수출하고 계약조건에 따라 가득액을 수취하는 거래로서, 이는 다시 대상원자재를 무환 조달하느냐, 유환 조달하느냐에 따라 무환 수탁가공무역과 유환수탁가공무역으로 나눈다.

유환수탁가공무역은 대상원자재를 유환으로 수입하여 이를 가공 후 수출하는 것으로 이는 원자재의 수입대금과 가공제품의 수출대금이 직접 지급되고 수취된다. 그리고 무환수탁가공무역은 대상원자재를 무환 수입하여 가공 후 가공임만 받고 수출하는 거래로서 대상 원자재의 수입대금과 가공제품의 수출대금의 차액만이 지급·수취되는 거래이다.

3) 위탁가공무역

위탁가공무역이란 가공임을 지급하는 조건으로 외국에서 가공(제조·조립·재생·개조 포함)할 원료의 전부 또는 일부를 거래상대방에게 수출하거나 외국에서 조달하여 이를 가공한 후 가공물품 등을 수입하거나 외국으로 인도하는 수출입을 말한다.

여기서 위탁가공할 원자재의 범위는 원자재, 부자재, 부품 및 구성품은 물론 재생, 개조를 위한 완제품도 포함되며 원자재의 수출은 유환 또는 무환의 구별없이 일부 또는 전부도 가능하다. 국내의 위탁자가 위탁가공무역을 위한 원료를 외국에서 조달하는 외국인수수입은 물론, 위탁가공에 의하여 생산된 제품을 외국에 판매한 외국인도수출도 가능하다. 따라서 위탁가공국 또는 제3국에서 원재료를 조달하여 가공한 후 가공된 물

품을 위탁가공국 또는 제3국에 판매하는 경우에도 위탁가공무역이 성립된다.

그러나 씨앗, 경작비 등을 제공하여 성장, 번식 또는 사육한 후 최종 수확물을 수입하는 거래형태는 위탁농업활동이므로 위탁가공의 대상이 되지 않는다.

4) 보세가공무역

보세가공무역(bonded process transaction)은 수출을 촉진시키기 위해서 정부가 지정한 특정보세구역에 가공설비를 설치하여 외국에서 수입한 원료를 가공한 후 다시 외국으로 수출하는 거래이다. 보세가공 (bonded processing)은 관세 등의 세금부과를 보류한 상태에서 수입원재료를 가공하는 것이다. 우리나라는 자유무역지역의 지정 및 운영에 관한 법률에 의해 자유무역지역에서 보세가공무역이 이루어지고 있다.

5.7 수 · 위탁 판매 무역

1) 위탁판매수출

위탁판매수출(export on consignment)은 위탁자 즉, 국내의 생산자 또는 수출업자가 외국에 있는 수탁자(중개업자)에게 물품을 무환으로 판매를 위탁하고 물품이 판매된 범위 내에서 수출대금을 회수하는 거래이다. 수출업자는 자기의 비용과 위험부담으로 물품을 위탁·수출하므로 물품이 소유권은 수출업자에게 있으며 판매되지 않은 재고는 수출업자에게 반송하면 된다.

이 방식은 수출업자에게는 주로 해외 신 시장 개척이나 신규 상품, 중개상을 통한 신규 수출 초기 단계에서의 안전성 등의 장점이 있다. 그리고 수입업자는 수입에 대한 자금의 부담경감, 클레임 제기의 필요성이 없는 등의 장점이 있다.

2) 수탁판매수입

수탁판매수입(import on consignee)은 해외의 거래상으로부터 위탁을 받아서 그 위탁자의 위험과 계산으로, 외국물품을 무환으로 수입하여 자국 내에서 판매하고 그 대금을 송금함으로써, 수수료를 받는 일종의 위탁판매 수입의 유형이다.

수탁자(수입업자)는 판매 대리인으로서 위탁자가 지정한 조건에 따라 상품을 시판하고 그 판매대금에서 경비, 수수료 등을 공제한 잔액을 송금하며 재고분은 위탁자에게

반송한다. 수입업자는 수입에 따른 자금 부담이 전혀 없을 뿐만 아니라 판매에 대한 위험도 없다.

3) 보세창고거래

보세창고거래(Bonded Warehouse Transaction: BWT)는 수출업자가 자기책임 아래 수입국의 보세창고까지 수출 화물을 반입해두고, 현지에서 수입업자를 물색하여 계약이 성립되면 상품을 인도하는 방식이다. 즉, 수출업자가 자신의 비용과 위험부담으로 해당 지역에 지점, 출장소 또는 대리점을 설치하고 거래 상대국 정부로부터 허가받은 보세창고에 상품을 운송한 후 현지의 시장상황에 따라 판매하는 일종의 위탁판매방식의 거래이다. 우리나라는 파나마의 콜롱(Colon)에 보세창고를 설치운영하고 있다.

수출업자는 보세창고에 물품을 보관하면서 시장상황에 따라 적당한 시기에 판매할 수 있는 반면, 수입업자는 보세창고에서 현품을 확인하고 수입할 수 있기 때문에 일반 수입에 비해 시간이나 비용 등을 절감할 수 있고 수입시차에 따른 손실을 최대한 줄일 수 있다. 그러나 수출업자가 보세창고에 물품을 보관하는 동안 시황이 불리하여 본국으로 반송할 경우 각종 비용이 발생하고 일반 수출에 비해 대금회수가 느리다.

그리고 네덜란드의 로테르담에는 보세창고와 유사한 Central Terminal Station(CTS)시설을 운영하고 있다. CTS는 수출업자가 해외에 현지법인을 설립하여 그 법인 앞으로 물품을 위탁·수출하고 판매된 범위 내에서 대금을 결제하는 거래 방식이다.

BWT수입은 보세창고거래와는 달리 외국의 수출상이 자기 책임 하에 국내의 일정한 보세창고에 물품을 반입시켜 보관해둔 상태에서 국내의 수입상에게 물품을 판매하는 거래형태이다. 이 방식의 수입은 수출용 원자재, 수입자유화가 예상되는 품목 등을 수입할 때에 많이 이용되다. 이는 수출지와의 거리가 먼 경우 건별로 원자재를 수입한 후 제조가공하여 수출하려면 많은 시일이 소요되므로 원자재를 적기에 공급받거나 가까운 시일 안에 수입자유화가 예상되는 수입제한품목을 미리 국내 보세창고에 장치 보관해 둔 후 자유화 되자마자 국내에 반입하기 위한 거래에서 이루어진다.

5.8 상품의 수송경로에 따른 무역

1) 육상무역

육상무역(overland trade)은 육로를 통하여 철도 및 자동차 등의 수송수단으로 하여

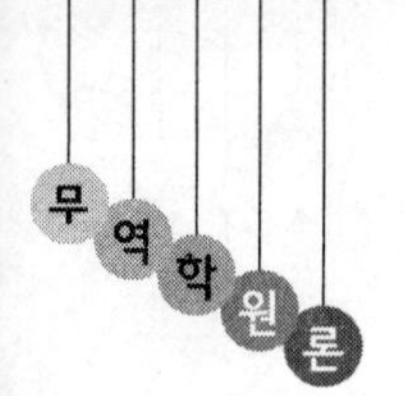

운송되는 무역으로서 이 무역은 수출입지점이 육상으로 연결된 내륙국가 간에 주로 이루어진다.

2) 해상무역

해상무역(ocean trade, maritime trade)은 바다를 주요한 통상루트로 하며 주로 선박을 수송수단으로 하여 운송되는 무역이다. 이 무역은 대량수송과 원거리수송에서 주종을 이루고 있으며 영국을 중심으로 발달하였다.

3) 연안무역

연안무역(coasting trade)은 원래 공해를 지나지 않는 한 국가 내의 항구와 항구사이의 해상무역이나 항해를 의미하였다. 그러나 최근에 와서는 연안무역이라는 말이 확장해석되는 경향이 있어 미국 본토와 하와이, 프랑스와 과거의 알제리간과 같이 공해를 횡단하더라도 한 나라의 영토 간 혹은 한 나라의 본토와 식민지간에 행하여지는 무역이 이에 포함되기도 한다. 일반적으로 통상조약에서는 동일한 연안인가, 다른 연안인가, 공해를 항해할 필요가 있는가 없는가를 불문하고 동일국내의 본토에 있어서의 항구간의 무역이면 이를 연안무역이라고 규정한다.

그러나 타국의 선박에 의한 여객이나 화물의 수송은 배제되는 경우가 많다. 연안무역은 광대한 영토와 긴 해안선을 가진 중국과 같은 국가에서는 국내자원이나 제품의 배분이 주로 선박에 의해서 행하여지므로 국민경제상 커다란 의의가 있다.

5.9 외국무역과 식민지무역

1) 외국무역

외국무역(foreign trade)은 무역거래의 상대국이 정치적으로 완전히 독립된 국가와의 거래로서 오늘날의 무역은 대부분이 순수한 외국무역이다.

2) 식민지무역

식민지무역(colonial trade)은 본국과 식민지, 일국과 타국의 식민지 및 식민지 상호간에 이루어지는 무역을 말한다. 본국의 입장에서 볼 때에는 준 외국무역으로 취급될

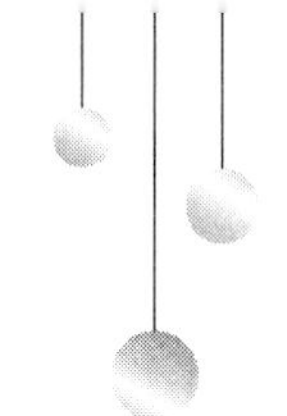

수 있겠으나 제3국의 입장에서 볼 때에는 이들 본국과 속령에 대한 무역이 각각 별개의 것으로 취급된다. 그리고 본국과 식민지국간의 무역을 수출·수입대신 이출과 이입이라고 한다.

5.10 남북무역과 동서무역

1) 남북무역

남북무역(south-north trade)은 지리적인 측면에서 볼 때, 선진국의 위치는 주로 지구상의 북반부의 중심부에 있고, 후진국은 주로 남반부에 위치하고 있다. 따라서 남북무역이란 이와 같은 지리적인 측면을 고려하여 나타난 무역유형으로서 선진국과 후진국간의 무역을 의미한다.

남북문제가 점점 더 심각한 형태로 나타나는 원인을 개발도상국들의 무역확대를 저해하는 선진국의 수입제한, 고율의 관세 등을 들고 이들의 완화 또는 철폐를 권고하였으나 선진국들의 비협조로 실현되지 못하였다. 따라서 GATT를 중심으로 한 기존의 국제무역질서가 개발도상국의 경제발전에 상대적으로 불리하게 작용한다는 점에 착안하여 1964년 3월 제1차로 UNCTAD(UN국제무역개발회의)를 개최한 이후 1968년 제2차 UNCTAD회의에서는 ① 일차산품에 대한 상품협정의 체결을 촉진하고 가격의 안정을 위하여 완충재고(buffer stock)융자를 실시할 것 ② 특혜공여를 조속히 실현할 것 ③ 선진국의 GNP중 1%(종전의 결의에서는 국민소득의 1%였음)를 원조할 것이며 원조조건은 완화하여야 한다는 것이다.

특히 개발도상국들에게 수출을 통한 경제개발을 촉진시키고자 일반특혜관세제도(GSP : Generalized System of Preference)를 도입하게 되었다. 즉, GSP는 선진국이 개발도상국으로부터 수입하는 공산품에 대한 관세면제를 주 내용으로 하는 관세상의 특혜를 제공한다는 것이다.

GSP제도의 주요내용은 ① 대상품목별로 볼 때 농산품은 개별적으로 지정하는 포지티브 리스트(positive list)를 적용하며 공산품은 네거티브리스트(negative list)를 적용한다. 따라서 공산은 예외품목을 제외하고는 원칙적으로 이에 해당되며 ② 선진국의 경우에 특혜품의 수입이 격증하여 국내산업이 타격을 받을 경우에는 보호 및 조정을 취할 수 있고 ③ 특혜관세의 세율은 농산품의경우에는 완전 면제되며 ④ 특혜는 UNCTAD에

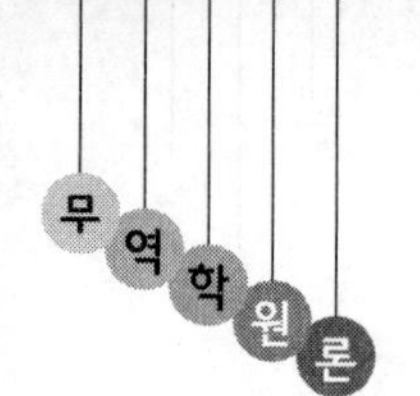

서 관장하며 기간은 10년으로 하고 만료 1년 전에 연장여부를 결정토록 하고 ⑤ 특혜관세는 잠정적인 구속력을 갖고 있을 뿐이며 긴급사태에는 일부 또는 전부를 철회할 수 있다.

2) 동서무역

동서무역(east-west trade)은 자본주의 국가와 사회주의 국가와의 무역을 의미하며, 원래 동서는 냉전시대 유럽을 중심으로 동쪽의 공산권국가와 서쪽의 자유주의 국가 간의 무역에서 유래된 것이다. 서방의 자유주의 국가 입장에서 공산권 국가의 팽창은 시장의 협소화를 가져오는 계기가 되기도 하였으나 공산권국가의 몰락으로 동서무역이라는 의미는 사실상 퇴색되어버렸다.

특히 동서무역 중 전략적인 측면에서 미국 중심의 서방자유주의 국가는 1950년 1월 대공산권수출통제위원회(COCOM : Coordinating Committee for Multilateral Export Controls)를 설립하여 서방국가들은 공산권 국가에 전략물자 및 기술의 제공을 엄격히 통제하였다. 그러나 1978년 중국의 개혁개방, 1990년 독일의 통일, 1991년 소련의 붕괴는 정치적인 이념은 커다란 문제가 되지 않게 되어 1994년 3월 코콤체제는 해체되었다.

5.11 임대차 무역

1) 임대수출

임대수출은 임대(사용대차 포함)계약에 의하여 물품을 수출하고 일정기간 후 이를 다시 수입하거나 또는 임대기간이 만료되기 전이나 만료된 후 당해 물품의 소유권을 수입업자에게 이전해 주는 수출이다. 이 거래방식은 물품 가격이 비싼 기계·설비 등 자본재를 구매할 능력이 없는 거래 상대방에게 단순 임대계약으로 물품을 임대하거나 일정기간 동안 임대료와 함께 물품 대금을 분할 상환하도록 하고 임대기간 만료와 함께 대금 상환이 완료되면 소유권을 이전하는 것을 말한다.

그리고 사용대차에 의한 수출은 사용료를 받지 않고 무상으로 대여하는 것이기 때문에 특수한 관계에 있는 거래 당사자 간에 이용될 수 있는 거래이며 사용대차기간이 만료하여 이를 다시 수입하는 것은 임대에 의한 것을 말한다. 임대수출은 수입업자의 자금부담이 완화되므로 시설·기재의 수출판로가 확대되며 또한 이들의 가동에 필요한 기

술을 제공함에 따라 양국 간의 경제협력 체제를 이룰 수 있는 이점이 있다.

2) 임차수입

임차수입은 임차(사용임차 포함)계약에 의하여 물품을 수입하고 일정기간 후 다시 수출하거나 또는 임차기간이 만료되기 전이나 후에 해당 물품의 소유권을 이전받는 수입이다.

수입업자는 시설·기재와 같은 고액의 자본재를 자금부담 없이 확보할 수 있으며 또한 임대인의 기술제공에 따라 시설가동에 필요한 새로운 기술을 도입할 필요가 없으며 임차한 시설을 이용하여 생산된 제품을 임대인에게 수출할 수 있는 이점도 있다.

주로 영세한 중소기업이나 외자도입업체가 추가 생산시설을 수입할 때 이용되며 임차인이 사용하여 생산한 제품을 임대인에게 수출하는 조건으로 거래하는 경우가 많다.

5.12 외국인도 수출과 외국인수 수입

1) 외국인도 수출

외국인도 수출은 국내에서 수출 통관되지 않은 물품을 외국에서 외국으로 인도하여 수출하고 그 대금은 국내의 외국환은행을 통해 영수하는 거래방식이다. 예를 들어 해외 건설현장에서 사용했던 중고시설 기자재를 국내로 반입하지 않고 이를 다시 외국으로 매각할 때나 항해 중이거나 어로 작업 중인 선박을 현지에서 매각할 경우 등에서 주로 이용되는 수출거래방식이다.

2) 외국인수 수입

외국인수 수입은 수입대금은 국내에서 지급되지만 수입물품은 외국에서 인수하는 수입을 말한다. 대금지급 방법은 수입업자는 선적 서류를 국내은행을 통하여 인수한 후 수입대금을 국내의 외국환은행에서 지급하고 당해 운송서류를 외국으로 송부하여 수입물품을 외국에서 인수하는 거래형태이다.

이 거래방식은 산업설비수출, 해외건설, 해외투자, 위탁가공 등 해외의 사업현장에 필요한 기자재를 외국에서 조달하는데 있어 수입 절차의 간소화하는데 주로 이용된다.

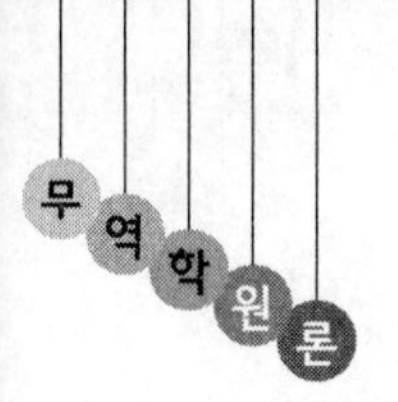

5.13 기타의 무역유형

1) 플랜트 수출

플랜트 수출(plant export)은 일반적으로 공장 설비나 공장 기계 설비·선박·철도·차량 등의 자본재 수출을 말한다. 즉, 무역거래상의 확대에 의하여 형성된 것으로서, 각종상품을 제조하기 위한 기계장치 등의 하드웨어(hardware)와 그 설치에 필요한 엔지니어링, 노하우 등의 소프트웨어(software)가 결합된 생산 단위체의 종합수출을 의미한다. 이러한 방식의 수출은 앞으로 전망있는 수출방식으로서 거래금액이 크고 기간이 상당히 길기 때문에 수출에 따른 철저한 사전조사가 요구된다.

2) 기술수출

기술수출(export of techniques)은 국내에서 발명·발견 및 완성된 기술을 외국에 제공하여 그 대가를 받는 거래를 말한다. 좁은 의미로서는 기술원조만을 가리키나, 넓은 의미로는 플랜트 수출까지도 포함해서 기술수출이라고 부른다.

미국의 정책 중 가장 실패한 정책 중의 하나가 아이젠하워 대통령 시절 기술수출장려정책이라고 한다. 기술은 결국 경쟁자를 키우는 결정적인 역할을 한다. 최근 들어 삼성전자가 중국에 반도체 공장을 건설한다는 발표를 하였을 당시 중국에 반도체 공장을 건설하려는 목적은 인건비 절감과 세계최대의 수요가 창출될 시장에서 경영활동을 한다는 기업의 논리는 부합될지는 몰라도 결국 기술 유출로 이어져 경쟁자를 키워주는 결과를 가져올 것이라는 많은 우려를 하고 있다.

3) 턴키계약방식 수출

턴키계약방식 수출(export by turn-key contract)은 플랜트 수출이나 해외건설공사 등에서의 계약방식의 하나로서 일괄수주계약이라고도 한다. 즉 플랜트를 수출하는데 있어서 그 플랜트의 설계·제작·조립 등은 물론이고 그 플랜트의 건설에 있어서도 공장부지의 조성으로부터 공장을 완성하기까지의 전 과정에 필요한 각종 기술의 수출, 제작의 시도 및 시운전의 효과 테스트 등을 포함한 수출계약을 말한다.

이러한 형태의 무역은 비교적 경제수준이 높고 또한 중화학공업이 고도로 발달한 선진국들이 수출 진흥정책의 일환으로서 경제개발이 비교적 뒤진 개발도상국에 대하여

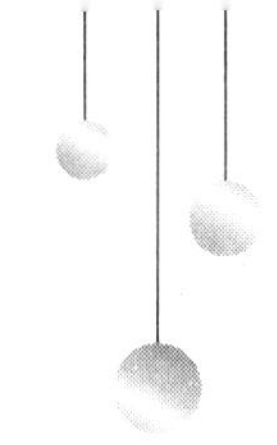

많이 이용되고 있다. 한국에서는 과거 충주비료공장은 턴키계약방식의 수입의 대표적이 한 예가 된다고 본다. 그러나 현재는 삼성물산, 대림산업 등 많은 우리 기업들이 세계 여러 국가들을 상대로 턴키계약방식의 수출을 하고 있다.

4) OEM방식 수출

OEM방식 수출(original equipment manufacturing export)은 주문자상표부착방식의 수출로서 상대방의 상표에 의한 생산방식으로서 수입업자로부터 상품생산을 의뢰 받아 자사의 상표를 부착하는 것이 아니라 수입업자가 지정하는 상표를 부착하여 수출하는 방식이다.

OEM방식 수출은 수출업자의 "얼굴없는 수출방식"으로 초기단계에는 수출국의 수출 확대 및 기술적 축적의 계기는 될 수 있으나, 자사상표의 제품을 수출하는 경우보다 저가로 수출되어 수출채산성이 불리하다. 그리고 새 모델의 개발, 자사상품에 대한 이미지 제고, 독자적인 수출시장의 개척 등이 어렵다. 장기적인 측면에서는 국제시장에서 수출상품의 이미지부각을 위하여 "얼굴 있는 수출방식"으로 전환되어야 한다.

그 동안 우리나라는 특히, 섬유제품의 수출에 있어 신시장 개척의 어려움은 물론 우리 제품에 대한 인지도가 낮은 상황에서 수출의 길을 쉽게 찾고 단기간 내에 이익을 창출할 수 있는 대안으로 많은 기업들이 OEM방식의 수출을 주로 하여 왔다. 그 결과 우리 제품에 대한 상표의 선호도가 많이 떨어지고 있는 바, 수출에 많은 어려움을 겪는 상황이 발생하고 있다.

일본의 소니사는 미국의 벨연구소로부터 트렌지스터 기술을 약 2만 5,000달러에 구입하여 이 기술을 이용하여 트렌지스터 라디오를 처음 개발하여 미국의 수입업자가 OEM 방식의 수출을 요구하였으나 이를 거절한 후 재수입 요청이 있어 일본 국민을 상대로 상표를 공모하여 결정된 것이 SONY이다. 그 후 회사 이름도 소니로 바꾸고 이를 계기로 소니사는 전자 분야의 세계 최고의 기업이 되었다.

그 후 소니사의 회장 이부다 아키오는 만약 그 당시 미국 바이어의 요구대로 OEM방식으로 수출을 하였다면 일본은 영원히 미국의 하청기업으로서의 역할을 벗어나지 못하였을 것이라는 말을 하였다. 이것은 OEM방식의 수출은 신시장 개척 및 단 기간 내의 이익을 창출하는 데는 많은 도움이 될지언정 진정한 기업의 지속적인 발전과 성장을 이룩하는 데는 그 한계가 있다는 점을 지적한 좋은 사례라고 본다.

5) 쌍무무역

쌍무무역(trade by bilateral agreement)은 다각무역의 상대적인 개념으로서 청산계정거래나 구상무역거래와 같이 당사국간의 정부협정에 의하여 동일가액 또는 동일가액에 가까운 수출입물품의 교류를 실현하려고 하는 쌍무 교역주의의 무역을 말한다.

6) 관광무역

관광무역(tourist trade)은 외국으로부터 많은 관광객을 유치함으로써 상품수출에서와 같이 외화획득의 효과를 거두는 것을 말한다. 국제수지 상으로는 보이지 않는 항목(invisible item)을 구성하므로, 이 의미에서 국산상품을 파는 수출무역에 대하여 관광무역은 풍경을 파는 수출무역이라고도 한다. 유럽의 스위스·이탈리아·프랑스·스페인 등이 대표적인 관광무역국이라 할 수 있다.

7) 수평무역

수평무역(horizontal trade)이란 생산단계가 비슷한 공산품 상호간 또는 1차 산품 상호간의 무역거래형태로서 경쟁적 무역 또는 수평적 국제 분업이라고도 부른다. 수평무역은 일반적으로 불완전 특화 하에서 성립되며 그 결정요인은 ① 근소한 비교생산비차의 발생 ② 체감생산비에 의한 규모의 경제의 가능성 ③ 자본·노동의 절대량의 차이 ④ 동일한 상품에 대한 생산함수의 차이 ⑤ 생산시설의 이용가능성 ⑥ 고소득수준에 의한 취미 및 기호의 차이 ⑦ 동종물품에 대한 근소한 국제분업의 차이 등이 있다.

8) 수직무역

수직무역(vertical trade)은 생산단계가 다른 공산품과 1차 산품 간의 무역거래형태를 말한다. 보완적 무역 혹은 수직적 국제 분업이라고도 하며 이는 완전특화 하에서 성립한다. 수직무역의 결정요인은 ① 자연적 부존자원에 의한 특수생산요소의 차이 ② 자본, 노동과 같은 일반적 생산요소의 차이 ③ 기술수준의 차이 등이 있다.

9) 녹다운방식 수출

녹다운방식 수출(knock-down export)은 현지조립방식의 수출로서 완제품을 수출하는 것이 아니라 상품을 조립할 수 있는 시설과 능력을 갖춘 거래처에 대하여, 상품을

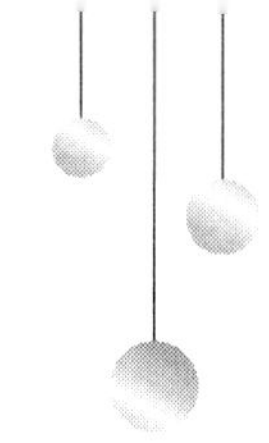

부품이나 반제품으로 수출하여 실수요지에서 상품을 완성시키도록 하는 방식을 의미한다. 이러한 수출방식은 상대국의 수입제한이나 고율의 관세 등 무역장벽을 다소간 회피할 수 있다.

GATT 및 WTO의 기본 이념은 자유무역이다. 그러나 세계 각 국가들은 자국 경제발전 및 자국 국민의 고용 창출 및 고용유지를 위하여 완제품의 수입에 대해서는 다양한 방법을 통하여 수입을 규제하고 있다. 반면에 원부자재 또는 미조립 상태의 물품에 대해서는 저율의 관세 부과 또는 관세를 면제한다. 이와 같은 관세상의 혜택을 받으면서 수출을 증진시키고자 활용하는 방안의 수출방식이다.

10) 각서무역

각서무역(memorandum trade)은 국교 정상화가 되어 있지 않는 두 나라사이에 이루어진 일종의 준 정부베이스의 무역형태라 할 수 있다. 이 각서무역은 대체로 교역을 하려는 양측이 상호 동액의 신용장을 개설하는데, 일방이 먼저 개설하고 타방은 동액만큼 일정기간 후에 개설하겠다는 보증서를 발행하는 것을 상대방에서 내도된 신용장의 효력발생조건으로 한다.

각서무역은 1962년 11월 중국의 Lio와 일본의 Takasaki 사이에 일·중 종합무역에 관한 각서를 교환한데서 비롯되었으며, 처음 Lio의 L자와 Takasaki의 T자를 따서 L.T.무역이라고 하였다. 그 후 1968년 3월부터 일·중 각서무역으로 명칭을 변경하여 사용하고 있으며, 각서무역에서는 흔히 Tomas신용장이 사용된다.

제6절 … 무역학의 학문적 체제

무역은 국경을 달리하는 상이한 국가 간에 이루어지는 상거래이다. 따라서 무역은 거래에 있어서 고유한 특성이 있는 반면에 그 절차가 복합하고 관습적인 면이 많다. 또한 무역은 그 자체가 국민 경제 발전, 국민들의 소비 생활 그리고 기업의 생존 전략에 지대한 영향을 미친다.

따라서 무역학의 학문적 체계를 다음과 같이 분류할 수 있다.[4)]

첫째, 무역의 경제이론적 연구를 들 수 있다. 이는 주로 국가 간의 무역 즉, 나라와 나

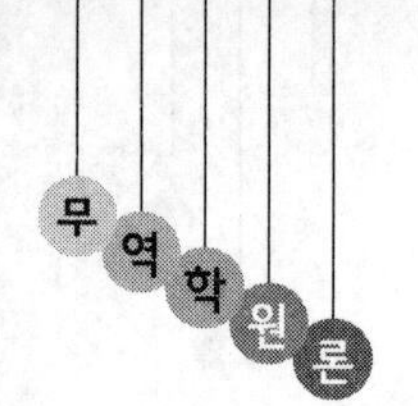

라사이의 상품교류가 이루어지는 근본적 원리를 규명하는 국제무역이론이라 할 수 있다.

둘째, 무역의 경제정책학적 연구이다. 즉 한나라의 국민경제가 다른 국민경제에 대하여 어떠한 주의와 정책을 채택하여야 상업적인 면에서 가장 실효를 거둘 수 있을 것인가 하는 정책방향을 연구대상으로 하는 무역정책론이 있다.

셋째, 무역의 경영학적 연구이다. 이는 일반적인 경영학에서는 거의 다루지 않는 경제단위에 대한 무역경영의 형태, 조직, 상무, 금융, 회계, 위험대책 그리고 경영정책 등 근본적인 무역경영의 제반문제를 연구대상으로 하는 무역경영론이다.

넷째, 국제매매 및 무역실무론이다. 이 두 가지는 무역자체가 안고 있는 독특한 특수성에 기인하여 이루어진 무역기업의 상무를 주요대상으로 하는 일반 상학적 연구와 또한 국제매매 그 자체가 안고 있는 법규와 관습을 연구대상으로 하는 법학적 및 상학적 의의에 있어서의 연구형태로 구분할 수 있다.

이상과 같은 무역학의 학문적 체계를 형성하는 각 연구 분야는 각각 별개의 독립성을 유지하는 것이 아니고 상호 밀접한 연관성을 보유하며, 또한 종합성을 갖고 있으며 그 체계는 〈표 1-1〉과 같다.

〈표 1-1〉 무역학의 학문적 연구체계

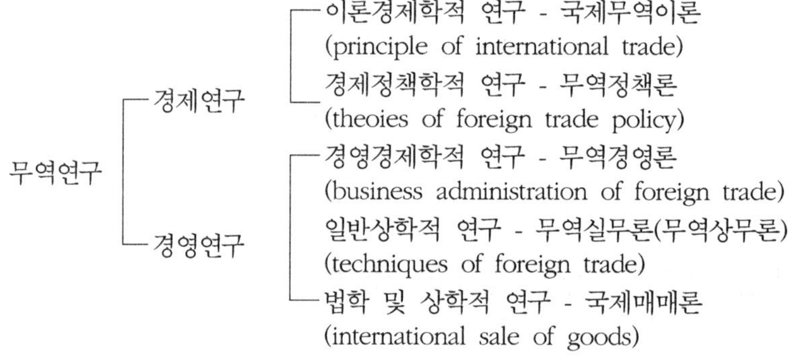

4) 上坂西三, 前揭書, p.50.

제2장 | 무역과 국민경제

오늘날 선진국이나 개발도상국을 막론하고 한나라의 국민경제는 다른 나라의 국민경제와 밀접한 관련을 맺고 있다. 특히 무역의존도가 높은 국민경제는 무역의 증대여부가 그 나라 국민경제의 발전을 좌우하는 중요한 요인이 되고 있다. 즉, 무역은 한나라의 경제발전을 촉진시키는 전략이 되는 동시에 국민경제의 발전에 지대한 영향을 미치게 된다.

제1절 … 수출과 국민경제

수출은 경제의 유지·발전에 필요한 원자재와 자본재의 수입을 가능하게 해주며 수출품의 생산에서 선적, 대금회수에 이르기까지 산업 전반에 걸쳐 광범위한 파급효과를 가져온다.

1.1 긍정적인 효과

1) 산업구조의 고도화

수출은 생산 및 소득 증대를 시키고 또한 대량생산을 통한 규모의 경제를 실현시켜 산업구조의 고도화를 촉진시킨다. 즉 수출의 증대는 곧 생산증대로 이어지고 생산의 증대는 생산비용의 하락을 통하여 규모의 경제를 실현시켜준다. 저렴한 비용에 의한 대량생산은 경쟁력 강화로 연결되고 경쟁력 강화를 통한 수출증대로 이어지며 이러한 과정은 계속 순환되며 국내산업의 발전은 물론 산업구조가 고도화된다.

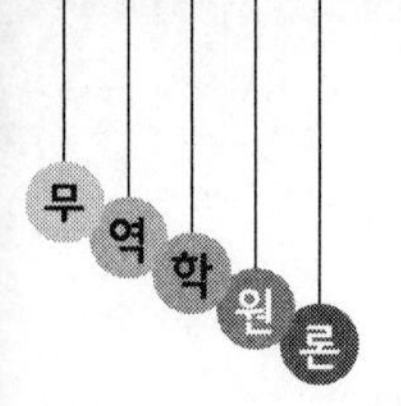

2) 고용 및 소득유발효과

수출의 증대는 수출과 직·간접으로 연관성을 갖고 있는 관련산업의 생산활동을 촉진시켜 고용을 창출하게 된다. 이러한 고용창출 효과는 자본 집약적 산업보다는 섬유, 전자산업, 조선업과 같은 노동집약적 산업에서 두드러지게 나타난다. 고용의 증대는 곧 소득의 증대로 이루어지며 제2차 및 제3차 파급효과를 가져오게 된다.

3) 생산증대 및 생산유발효과

수출은 당해 수출품의 증가를 초래할 뿐만 아니라 당해 수출품과 관련된 산업의 생산증가를 유발시킴으로서 전반적인 국내 생산 활동을 촉진시킨다. 조선 산업의 경우를 예로 들면 선박생산의 경우 제1차 후방파급효과로서 강판, 페인트, 각종 기계 및 기기와 같은 중간재의 생산유발을 가져오며, 제2차, 제3차 후방파급효과로서 강괴, 철광석 등의 연관 산업의 생산을 증대시킨다. 결과적으로 선박 1척을 수출하는 경우 수출액의 몇 배에 해당하는 생산유발 효과를 가지게 된다.

4) 외화공급 및 경기조절효과

지속적인 경제성장을 위해서는 국내에서 조달되지 않는 필요한 원자재나 시설재를 해외로부터 도입해야만 한다. 또한 국민생활을 위한 필수재가 국내에서 공급되지 못할 경우 이를 필연적으로 해외로부터 수입해야 한다. 수입은 외화지급을 수반하게 되는데 이러한 수입대금은 수출을 통해 획득하게 되며 바로 수출이 외화 공급원의 원천이 된다.

그리고 수출은 외화공급에 있어서 중요한 역할을 할 뿐만 아니라 또한 경기조절기능도 가지고 있다. 즉 국내경기침체로 국내수요가 둔화 추세일 때는 수출을 통해 국내시장을 보완하고, 반면 국내수요가 과열될 경우 수출을 줄임으로서 안정된 수급상황을 유지하면서 국내경기를 조절한다.

5) 수입유발효과

수출의 수입유발효과는 수출을 할 때 수출과 관련한 직·간접 원부자재 및 시설재 등의 수입이 어느 정도 유발되는 것인가를 나타내는 것으로서 이것은 산업 연관 분석에서 볼 때 소득유발효과 즉, 순 외화 가득률 효과의 잔여분이 된다.

따라서 소득 유발도를 높이려면 수출산업과 관련된 부품이나 소재산업을 적극적으로

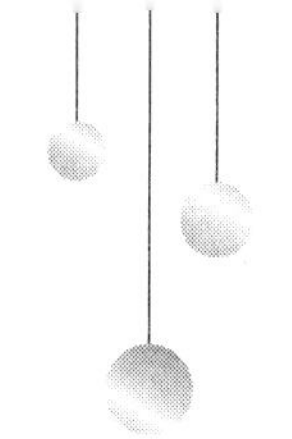

육성해서 원자재의 국산화를 촉진하고 또 수입대체 산업을 발전 시켜 수입 유발도를 낮추어야 한다. 그리고 수입유발효과는 수출액에 대비한 수입유발액으로 측정되며 이러한 수입유발효과는 수출상품구조가 경공업제품 위주에서 중공업제품 위주로 고도화되기까지 상당한 기간 동안 높게 나타나는 것이 일반적이다.

1.2 부정적인 효과

1) 산업구조의 왜곡

국제 분업의 원리에 의해 특정산업의 생산·수출활동이 확대될 경우 기타 산업은 외국에 의존할 수밖에 없다. 따라서 비상사태에 의해 외국으로부터 수입이 어려울 경우 국가는 막대한 영향을 받게 된다. 특히 사회간접자본과 같은 기간산업의 경우 국가의 존립전체에 직결될 수 있다.

그러므로 각국은 비교열위 상태의 산업일지라도 국민경제에서 차지하는 비중이 클 경우, 그 산업에 대한 정책적 배려를 함으로서 국가전체로 볼 때 자원의 효율적인 배분을 실현할 수 있어야 한다.

2) 물가상승

수출은 그 반대급부로서 화폐지급을 수반한다. 수출에 의해 공급된 외화는 수출국내에서 사용되기 위해 국내 화폐로 교환됨으로써 통화증발의 요인이 된다. 따라서 해외부분에서의 통화증발은 결국 국내물가를 상승시키게 된다. 그러므로 각국은 해외투자나 여행자유화 등을 통해 과도한 국제수지 흑자를 관리하게 된다.

제2절 … 수입과 국민경제

수출은 국가의 부를 증가시킴으로써 국민경제에 긍정적인 기여를 하지만 수입은 국민경제에 나쁜 영향이나 폐해를 준다는 인식을 가지는 것이 일반적이다. 물론 왜곡된 수입구조는 외화를 낭비하고 국내산업의 위축을 시키고 실업을 증가시키는 요인이 된다.

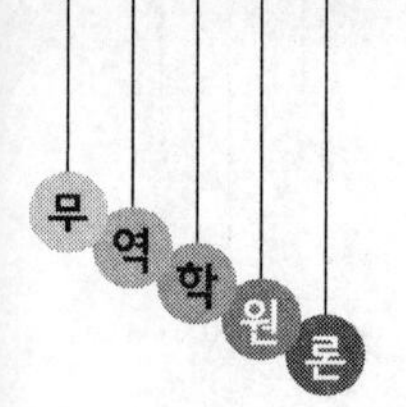

반면에 수입은 국내 조달 불능의 원자재 확보원이 되며 외국경쟁제품의 국내유입은 국산제품의 경쟁력을 강화시키는 계기가 되고 고품질 수입은 소비생활의 질을 개선시키며 국민복진 증진을 가져온다.

2.1 긍정적인 효과

1) 생산용 원자재의 확보

각국의 경제 발전을 이룩하기 위해서는 공업화는 필수적이다. 그러나 공업화를 이룩하는데 필요한 원자재가 국내에서 생산되지 않거나 부족분은 수입을 통하여 확보하여야 한다.

특히 우리나라와 같이 부존자원이 빈약한 국가에서는 공업화에 필요한 원유, 원면, 원모, 원당, 원목 등의 원자재 수입이 필수적이다. 그리고 원자재들이 국내에서 생산되기는 하지만 외국의 값싼 원자재를 사용함으로써 생산비용을 절감할 수 있고, 이를 바탕으로 수출경쟁력을 확보할 수 있다.

2) 국내산업의 체질 개선

어떤 상품의 수입이 이루어지면 국내의 동일한 물품을 생산·판매하는 기업 입장에서는 경쟁에서 살아남기 위해 가격 및 비가격경쟁력을 제고시켜야 한다.

보통 수입품과의 치열한 경쟁에서 살아남기 위해서 연구개발 부문에 투자를 확대하여 품질개선, 생산원가의 절감, 기술혁신, 생산성증대, 경영합리화 및 품질관리를 통하여 국제경제 환경변화에 대응할 수 있는 산업의 체질강화 및 경쟁력을 강화시킨다.

3) 소비자의 후생증대

수입은 소비생활을 통하여 소비자의 소비생활을 향상시킬 수 있다. 국내 소비자들은 품질이 낮은 수준의 물품을 소비하기보다는 가격도 저렴하면서 고품질의 상품을 소비함으로써 소비자의 후생을 증대시킬 수 있다.

수입물품의 소비는 또 다른 면에서 볼 때 국내 상품의 품질 및 가격조건이 개선됨으로서 국내소비자는 물론 국제시장에서 경쟁력도 제고되며 수출의 증대도 도모할 수 있다.

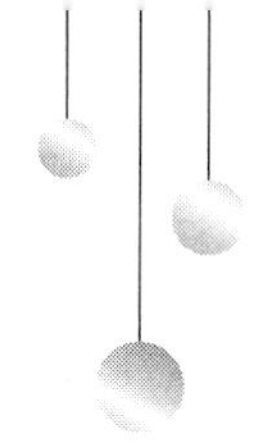

4) 해외신기술의 습득

외국의 보다 앞선 기술을 이용한 상품을 수입함으로써 생산 활동과정에서 신기술을 습득할 수 있다. 보통 신제품을 개발에 필요한 기술은 자체 개발, 기술의 모방 및 기술의 도입을 통하여 가능하다. 따라서 중간재나 자본재의 수입은 신기술을 습득할 수 있는 계기가 된다.

2.2 부정적인 효과

1) 국내산업의 위축

국내산업이 아직 경쟁력을 갖추지 못한 물품의 수입급증은 동일 물품의 국내생산업자들로 하여금 시장기반을 잃게 하고 급기야는 도산하는 등 국내 산업을 위축시키고 실업을 증가시키는 원인이 될 수 있다.

더욱이 제품의 품질이 상대적으로 수입품에 비해 떨어지는 개발도상국 시장에서는 수입으로 인한 국내생산업자의 피해가 심각하게 나타날 수 있다.

2) 소비패턴의 왜곡

소비재의 수입 구조는 외화를 낭비하고 국내 산업을 위축시키며 실업을 증가시키는 원인이 된다.

외국으로부터의 수입업자유화는 소비자의 구매의욕을 자극하여 사치품 등에 과대소비를 불러일으키게 된다. 특히 가격이 비싼 고급 사치품은 수요의 가격탄력성이 낮기 때문에 관세를 높게 부과하더라도 소비가 크게 줄지 않는 경향이 있다. 이러한 물품에 대한 일부 계층의 소비패턴은 다른 소비자층에도 파급되어 결국 국내소비구조를 불건전하게 만들 수 있다.

3) 국제수지의 악화

수입의 급증은 국제수지의 악화에 근본적인 원인이 된다. 세계 각국은 국제수지를 관리하기 위하여 국민경제의 운영에 필수불가결하며 경제발전과 성장에 도움이 되는 수입만을 허용하고 불필요한 수입들을 규제하는 무역정책을 수행하려 한다.

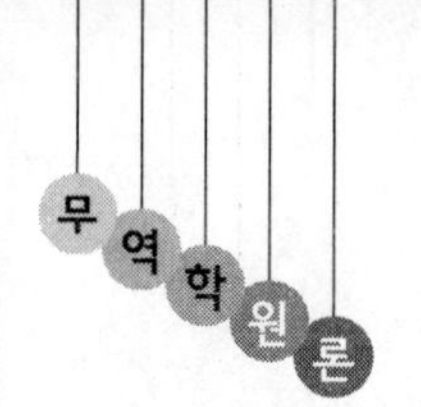

그러나 세계무역기구의 출범(1995. 1. 1)으로 산업·무역의 세계화와 함께 국경 없는 무한경쟁 시대가 돌입함에 따라 과거와는 달리 수입규제를 함에 있어 관세를 제외한 방법을 동원하여 자의적으로 규제한다는 것은 통상문제의 발생 원인이 될 수 있다.

4) 고용 및 소득의 감소

외국 물품의 수입 자유화는 국내 산업의 경쟁력을 강화시킬 수 있는 계기가 될 수 있다. 그러나 경쟁력이 미흡한 국내 산업들은 경쟁력을 키우기도 전에 산업 기반 자체를 잃어버려 투자를 위축시키고 실업이 증가하고 더 나아가 국민 소득이 감소된다.

제3절 … 무역과 국민소득

3.1 무역승수이론

1) 무역승수의 개념

수출과 수입은 오늘날 국민소득을 구성하는 중요한 일부분이 되고 있다. 일반적으로 개방 경제 체제하에서 국민소득 = 소비 + 저축 + 수출 - 수입이라는 공식이 성립되고 있다. 즉 이것은 $Y = C + S + X - M$으로 표시된다.[5] 따라서 수출이 증가하게 되면 국민소득도 그만큼 늘어나게 되고, 이와 반대로 수입이 증가하면 국민소득은 그만큼 감소하게 된다.

특히 수출의 증대는 투자의 증대를 가져오고 투자의 증대는 생산과 고용을 확대시키므로 수출의 증가는 국민소득의 증대에 상당한 영향을 미치게 된다.

이와 같이 수출의 증가로 국민소득이 궁극적으로 얼마만큼 증대되었는가의 그 크기를 무역승수(foreign trade multiplier)라고 한다. 즉, 수출이 국민소득을 궁극적으로 얼마만큼 증대시키느냐를 나타내는 계수이다.

2) 무역승수효과

무역승수는 소득증가 분에 대한 소비증가 분인 한계소비성향(marginal propensity to

5) 建元正弘, 外國貿易と國際收支, 東京, 創文社, 1958, p.26.

consume)이나 소득증가 분에 대한 수입증가 분인 한계수입성향(marginal propensity to import)의 영향을 받게 된다. 즉, 수출이 증가하여도 이를 소비 지출에 사용하지 않고 주로 수입에 충당했다면 무역승수는 적어지고 소득증대는 그리 크지 않을 것이다. 그러나 수출증가 분을 수입에 충당하지 않고 대부분을 소비에 사용했다면 무역승수는 커지게 된다.

예를 들어, 일정한 소득수준 가운데 5분의 3만큼 소비로서 지출되었다고 가정한다면 이때의 한계소비성향은 0.6이 될 것이고, 또 10분의 1만큼 외국으로부터 필요한 물자를 수입하는데 충당되었다고 하면 이때의 한계수입성향은 0.1이 된다.

따라서 수출이 당초의 소득수준보다 몇 배나 국민소득이 증가하였는가를 산출하는 무역승수 산정공식은 다음과 같다.

$$\text{무역승수} = \frac{1}{1-(\text{한계소비성향}-\text{한계수입성향})}$$

그리고 (1-한계소비성향)은 한계저축성향이 된다.

위의 예와 같이 한계소비성향이 0.6이고 한계수입성향이 0.1일 때 만일 수출소득 100억 원의 경우 수출입과정을 통하여 발생하게 되는 국민소득의 증가는 다음과 같이 된다.

$$\frac{1}{1-(0.6-0.1)} \times 100\text{억 원} = 2 \times 100\text{억 원}$$

즉 200억 원이 된다. 처음의 수출증가는 100억 원이었는데, 이로 인한 소득 증가의 총액은 당초의 대외수출액의 2배에 달하는 효과를 나타내고 있으며, 이것이 바로 무역승수효과(foreign trade multiplier effect)이다.

이와 같이 수출이 국민소득의 증가에 있어서 승수 배라는 크기를 표시하는 것을 무역승수라 하고, 위의 예에서 무역 승수는 2.0이다. 한편 저축과 수입은 국내의 소득에서 빠져나가는 것이므로, 이들의 비율이 작을수록 승수는 커진다. 저축성향은 크면 클수록 무역승수효과는 커지고, 수출이 증가할수록 국민소득도 증대된다.

3.2 교역조건

1) 교역조건의 개념

교역조건(terms of trade)은 수출물품과 수입물품과의 교환 비율이다. 즉, 한 국가의 수출물품 1단위와 타국의 수입물품 몇 단위와 교환될 수 있는가를 나타내는 교환비율을 말한다. 따라서 한 국가의 수출물품 1단위와 교환될 수 있는 수입물품의 양이 증가된다면 교역조건은 유리하고 그와 반대로 감소한다면 교역조건은 불리하다.

2) 교역조건의 형태

(1) 상품교역조건

상품교역조건(commodity terms of trade)은 순교역조건(net barter terms of trade)이라고도 하며 상품교역조건은 기준년도에 대한 비교년도의 수출가격의 가격지수를 Px라 하고, 기준년도에 대한 비교년도의 수입가격의 가격지수를 Pm라 하면, N=Px/Pm로 표시할 수 있다.

$$\text{즉, 상품교역조건} = \frac{\text{수출상품 가격지수}}{\text{수입상품 가격지수}}$$

교역조건은 2상품 사이의 상대가격 만으로 표시될 수 없다. 교역통계상, 상품교역조건은 수출가격지수/수입가격지수의 비율이다. 그리고 이 교역조건의 유리 또는 불리는 기준년도와 비교함으로써 그것이 어떻게 변화하는가에 따라 측정된다. 이때 N의 지수가 100이면 교역조건은 변화가 없고 100이상이면 유리하고 100이하이면 불리하다는 것을 의미하며 상품교역조건이 유리 또는 불리하다는 것은 무역이익의 증대 또는 감소를 뜻하는 것이며 이 조건은 결과적으로 무역이익을 판단하는 지표가 된다.

(2) 총교역조건

총교역조건(gross barter terms of trade)은 한 나라의 수입수량과 수출수량과의 교환 비율을 말한다.

총 교역을 G라 하고, 수입수량지수를 Qm이라 하고, 수출수량지수를 Qx라 하면, G=Qm/Qx로 표시할 수 있다.

$$즉, 총교역조건 = \frac{수출수량지수}{수입수량지수}$$

일정량의 수출증가에 대응하여 기준년도보다 더 많은 수입이 가능하게 되면 총교역조건은 유리하게 되었다고 한다.

(3) 소득교역조건

소득교역조건(income terms of trade)이란 순교역조건에 수출수량지수를 곱하여 산출할 수 있다. 소득교역조건을 I라 하고, 순교역조건을 N라 하고, 수출수량지수를 Q_x라 하면, $I = N \cdot Q_x$로 표시된다.

$$즉, 소득교역지수 = 순교역조건 \times 수출수량지수$$

$$또는\ 소득교역지수 = \frac{수입상품\ 가격지수}{수출상품\ 가격지수} \times 수출수량지수$$

수출수량지수의 증가는 그 나라의 수출수량의 증대에 의해서 보다 많은 수입수량을 얻을 수 있음을 나타내는 것으로 그 나라의 수입능력(capacity to import)은 향상되었다고 할 수 있다.

(4) 요소교역조건

요소교역조건(single factorial bater terms of trade)은 순교역조건에 수출부문의 생산성지수를 곱하여 구할 수 있다.

① **단일요소교역조건** : 단일요소교역조건(single factorial terms of trade)이란 한 나라의 수출산업의 실질소득의 변화를 파악하는 교역조건을 말한다.

단일요소교역조건을 S라하고, 상품교역조건을 N라 하고, 한 나라의 수출부문의 생산성지수(수출상품)를 Z_x라 하면, $S = N \cdot Z_x$로 표시된다.

만약 어떤 비교년도에 Z_x가 높아졌다는 것은 수출산업에서 생산하여 수출하는 상품에 투입되는 소요량이 기준년도에 비해서 상대적으로 또는 절대적으로 적어졌음을 뜻한다. 그러나 Z_x는 수출산업에 투입되는 요소단위당의 무역이익의 변화를 나타낸다.

일정한 기간에 상품교역조건이 불리하게 되어 있더라도 같은 기간에 충분히 이를 커버할 수 있을 정도로 수출산업의 생산성이 상승되었다고 한다면 단일교역요소조건은 유리하게 될 것이다.

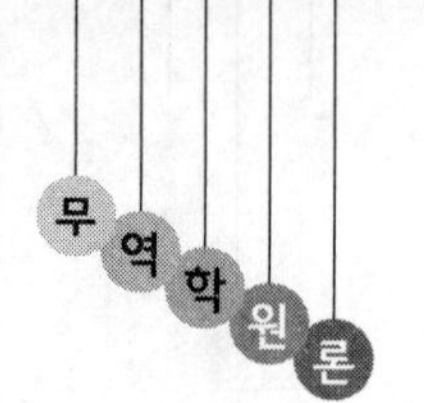

② **복수요소교역조건** : 복수요소교역이란 한나라의 수출산업의 변화뿐만 아니라 상대국의 수출산업에 있어서 생산성의 변화도 함께 고려한 교역조건을 말한다.

따라서 복수요소교역조건을 D라 하고, N을 상품교역조건, Zx를 해당국의 수출산업의 생산성지수, Zm를 그 나라 수입품을 생산한 외국의 수출산업의 생산성지수라 하면, D = N·Zx/Zm로 표시된다.

$$\text{즉, 복수요소교역조건} = \text{상품교역조건} \times \frac{\text{수입상품의 생산성지수}}{\text{수출상품의 생산성지수}}$$

복수요소교역조건이 상승한다는 것은 수출상품에 투입된 국내의 생산요소 1단위로 수입품에 투입된 외국의 생산요소를 더 많이 교환할 수 있다는 의미하다. 그러나 실제에 있어서는 상대국 수출품의 생산성 변화율을 산정한다는 것은 기술적으로 매우 곤란하므로 복수교역조건을 구하는 것이 매우 어렵다.

3.3 무역의존도

무역의존도(degree of dependence on foreign trade)란 한나라의 국민경제가 얼마만큼 무역에 의존하고 있는가를 나타내는 지표로서 일정한 기간(보통 1년)에 있어서 일국의 국민소득에 대한 같은 기간의 무역액(수출액+수입액)의 비율로서 표시한다.

$$\text{수출의존도} = \frac{\text{1년간의 수출총액}}{\text{1년간의 국민소득총액(또는 국민총생산액)}} \times 100$$

$$\text{수입의존도} = \frac{\text{1년간의 수입총액}}{\text{1년간의 국민소득총액(또는 국민총생산액)}} \times 100$$

$$\text{무역의존도} = \frac{\text{1년간의 수출총액} + \text{수입총액}}{\text{1년간의 국민소득총액(또는 국민총생산액)}} \times 100$$

일반적으로 국토가 광대하고 풍부한 천연자원을 가지고 있는 국가는 국내분업을 통한 높은 자급자족도로 인하여 무역의존도가 낮으며, 국내시장이 협소하면서도 소득수준이 높은 국가는 무역의존도가 높다. 미국·캐나다·호주 등과 같은 국가는 무역의존도가 낮으며 우리나라와 대만 같은 경우는 무역의존도가 높다.

무역의존도가 높다는 것은 그 나라 경제가 다른 외국의 경제와 밀접한 관련을 가지고 있을 뿐만 아니라 외국에 의존하는 경향이 크다는 것을 의미하고 외국의 경기변동

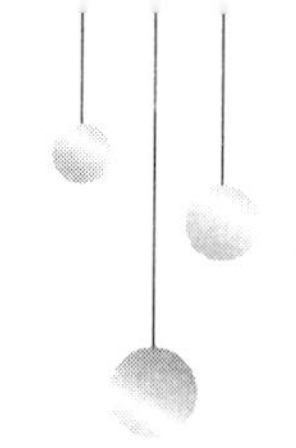

및 국제경제상황에 취약하다는 것을 뜻한다.

3.4 무역결합도

무역결합도(Intensity of trade)란 일정한 기간에 있어서 한나라가 무역상대국과 어떠한 의존관계에 있는가를 측정하는 척도로 사용되고 있다.

무역결합도는 일국과 상대국의 무역의존관계를 나타낼 뿐만 아니라 세계무역과 관련한 시장적인 연관성을 명확히 하는 것으로서 A국의 B국에 대한 관계는 다음의 식으로 산출되며 무역결합도는 수출결합도와 수입결합도로 분류된다.

$$\text{A국의 대B국 수출결합도} = \frac{B\text{국에 대한 }A\text{국의 수출액}}{A\text{국의 수출총액}} \div \frac{B\text{국의 수입총액}}{\text{세계의 수입액}}$$

$$\text{A국의 대B국 수입결합도} = \frac{B\text{국으로부터의 }A\text{국의 수입액}}{A\text{국의 수입총액}} \div \frac{B\text{국의 수출총액}}{\text{세계의 수출액}}$$

수출결합도가 1이면 A국의 B국에 대한 수출이 B국의 세계무역상의 수입비율과 비례하고 있음을 의미하며, 1보다 클 때에는 A국의 B국에 대한 수출이 B국의 세계에 대한 비율 이상이 되어 AB양국의 무역관계는 평균 이상으로 긴밀하다는 것을 의미하며, 보다 작을 때는 양국의 무역관계가 세계평균 이하임을 의미한다.

3.5 외화가득률

외화가득률(rate of foreign exchange earning)이란 한나라가 수출을 통해 어느 정도의 외화를 벌어들이는가를 측정하는 지표로서 이는 총 수출액 중에서 실제로 가득한 외화의 비율로 표시된다.

$$\text{외화가득률} = \frac{\text{수출가격(FOB표시)} - \text{수입원자재가격(CIF표시)}}{\text{수출가격(FOB표시)}} \times 100$$

외화가득률은 특히 가공무역에 따른 수출이익을 측정할 때 유용할 수 있다. 즉 원자재를 수입하여 반제품이나 완제품을 생산하여 수출하는 가공무역의 경우 가공수출에 따른 외화획득과 함께 원자재 수입에 따른 외화지출이 이루어진다.

따라서 실제의 외화가득률은 상반된 외화 유출입 요인을 동시에 고려함으로써 구할

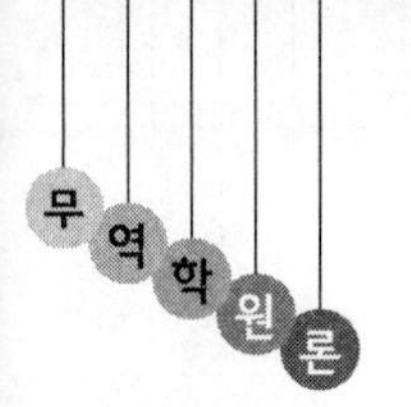

수 있다. 외화가득률이 높다고 하는 것은 그 만큼 수출품 생산에 사용된 원료 중에 국산품이 차지하는 비율이 높으며 가공도가 높다는 것을 의미한다.

제4절 … 국제무역이론

4.1 국제무역이론의 의의

국제무역이 발생하기 위해서는 생산자인 수출국과 소비자인 수입국이 다같이 어떤 혜택을 받을 수 있어야 한다. 따라서 국제교역을 통하여 쌍방의 이익이 생성되는 원리를 규명하는 것이 국제무역이론이다.

국제무역이론은 국제경제이론 가운데 무역이론만을 추출하여 체계적이고 이론적으로 계보화 한 것으로써 18세기 중엽의 중상주의에 대한 이론적 비판에서 출발하였다.

고전적인 무역이론은 아담스미스(A. Smith)의 국제분업론(international division of labor)이라는 기초적인 이론을 통하여 가장 단순한 가정에서 출발하여 무역의 발생이유, 무역을 통한 이익, 무역의 범위 등을 해명하려는 학문적인 연구기반을 제공하였다.

그러나 고전적 무역이론은 가격적이고 가치적인 미시적 분석이었기 때문에 그 이후 나타난 복잡한 무역원리를 해명하는 데는 이론적으로 결함이 많이 노출되었다. 따라서 현대 학자들은 복잡한 함수관계를 규명하고 있으며, 1960년대 이후부터 기술진보 및 혁신과 국제경쟁력을 중심으로 하는 새로운 무역이론들이 등장하고 있다.

국제무역이론의 전개과정은 고전학파 무역이론, 근대적 무역이론 및 현대적 무역이론으로 나누어 볼 수 있다.

첫째, 고전학파 무역이론은 중상주의 무역정책의 반발로 대두된 아담 스미스(A. Smith)의 절대생산비설이 그 효시를 이루고 이에 대한 반론으로 리카아도(D. Ricardo)의 비교생산비설이 있다. 이 두 이론은 무역의 발생원인을 규명하고 자유무역주의의 근간을 이루고 있다.

그 후 밀(J. S. Mill)은 상호수요균등의 법칙을 제시하여 리카아도가 규명하지 못한 교역 상품의 국제교환비율(교역조건)과 교역 당사국에 대한 무역 이익의 배분 비율을 규명하였다.

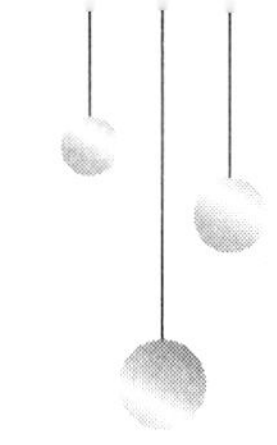

둘째, 근대적 무역이론은 고전학파무역이론이 갖는 한계에 대해 하벌러(G. Haverler)는 고전학파 무역이론의 가치 측정 수단인 노동가치설을 기회비용의 개념으로 바꾸어 무역현상을 해명하고자 하였다. 그리고 무역 발생의 원인을 국가 간의 요소부존량의 차이에 있으며 이로써 무역이 발생하면 각 국가 간에 생산요소의 이동이 없더라도 요소가격이 균등화된다고 주장한 헥셔-오린(Heckscher-Ohlin)정리가 있다.

셋째, 현대적 무역이론은 기존의 무역이론과는 매우 다른 시각에서 무역의 발생원인을 찾고 있다. 수요측면을 강조한 린더(S. B. Linder)의 대표수요이론, 연구개발요소를 중시한 R&D이론, 기술요인의 동태적 변화를 고려한 기술격차이론과 제품수명주기이론 등이 있으며, 이외에도 새로운 접근을 시도하는 많은 이론들이 연구되고 있다.

4.2 고전적 무역이론

1) 아담 스미스(Adam Smith)의 절대생산비설

(1) 절대생산비설의 대두 배경 및 의의

중상주의(mercantilism)는 근대 절대주의 국가의 성립 시기로부터 영국의 산업혁명이 시작되기까지인 15세기 중엽부터 18세기 후반에 이르는 동안 유럽 제국을 지배했던 경제 정책이다. 중상주의는 본질적으로 국가의 부는 금·은의 보유량 즉, 화폐량에 있다는 사상으로 국가가 부유해지기 위해서는 수입을 억제하고 수출을 촉진하는 것이라고 주장하고 있다. 따라서 각 국가는 금·은의 유입은 촉진시키고 유출은 억제시키는 정책을 펼쳤다.

그러나 현실적으로 모든 국가가 동시에 수출이 수입보다 많은 수출 초과국이 될 수 없고 또한 어느 특정시점에서 금·은과 같은 귀금속의 양도 고정되어 있기 때문에 한 국가는 다른 국가를 희생시켜야만 부유해질 수 있다는 것이 중상주의이다.

따라서 중상주의자들은 무역을 통한 국가의 이익이 다른 국가의 희생을 통해서만 얻어질 수 있다고 생각하였기 때문에 국가의 모든 경제활동에 대해서 국가의 강력한 통제, 즉 금·은의 국외유출을 금지하는 원시적인 통제로부터 시작하여 수출을 장려하고 수입을 억제하는 것을 주장하였다. 이와 같은 중상주의에 반기를 들고 영국의 고전파 경제학을 발전시킨 사람이 아담 스미스와 데이비드 리카아도였다

아담 스미스는 「국부론」(The Wealth of Nations, 1776년)에서 자유무역을 통한 이익

발생의 근거로 중상주의자들의 견해를 반박하였다. 즉, 그는 중상주의자들이 주장하는 것처럼 반드시 다른 국가의 희생을 통해서만 한 국가의 무역이익이 발생되지 않고, 자유무역을 하게 되면 양국 모두에게 무역이익이 발생된다고 주장하였다.

따라서 절대생산비설이란 어떤 재화를 생산함에 있어 각국은 두 재화를 모두 생산하기보다는 다른 국가에 비하여 생산비상의 절대우위(absolute advantage)에 있는 재화를 특화하여 수출하고, 생산비상의 절대열위(absolute disadvantage)에 있는 재화는 수입한다면, 생산요소의 절약과 총생산량의 증가는 물론 각국은 무역이익을 가져온다는 이론이다.

(2) 절대생산비설의 예

절대생산비설은 ① 각국의 생산비에는 차이가 존재하고 ② 2국에서 2재만을 생산하고 생산요소는 노동만이 존재한다. ③ 재화의 생산비는 투하노동량에 의하여 결정되고 ④ 생산요소의 국제간이동 불가능하다는 것을 전제 조건으로 하고 있다.

절대생산비설은 노동을 유리한 생산요소로 간주하여 노동가치설에 그 바탕을 두고 있으며 재화의 가치는 투입 노동량으로 표시할 수 있으며 국제분업을 통한 무역이익이 발생하는 관계를 설명하면 다음과 같다.

〈표 2-1〉 특화 전(인원수는 1단위생산에 투입되는 노동자 수)

	옷감	포도주
영 국	100명	120명
포르투칼	110명	80명

〈표 2-1〉에서와 같이 영국과 포르투칼이 특화를 하기전의 생산비는 영국은 옷감 1단위와 포도주 1단위를 생산하는데 각각 100명과 120명, 포르투칼은 110명과 80명의 노동력이 필요하다.

〈표 2-2〉 특화후의상태(무역개시 후)

	옷감	포도주
영 국	220/100명 = 2.2단위	
포르투칼		190/80명 = 2.375단위

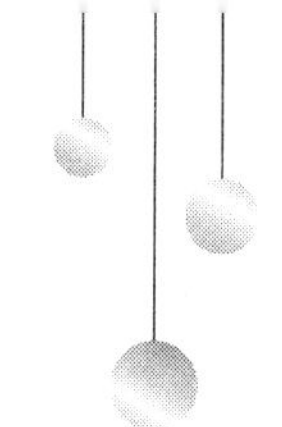

절대생산비설에 의하면 어떤 재화를 생산함에 있어 타국에 비하여 재화 1 단위 생산에 투입되는 노동량이 많으면 생산비가 비싸다는 것으로 절대열위에 있다는 것을 의미하고 반면에 투입 노동력이 적으면 생산비가 저렴하다는 것으로 절대우위에 있다는 것을 의미한다.

따라서 각국은 절대우위에 있는 재화를 특화·생산하여 교환하면 무역이익이 발생하게 된다. 즉, 영국과 포르투칼은 각각 절대우위에 있는 옷감과 포도주를 특화·생산하게 된다.

그 결과 영국은 옷감 생산에 220명의 노동력이 투입되어 2.2단위의 옷감을 생산할 수 있으며, 포르투칼은 포도주 생산에 190명의 노동력이 투입되어 2.375단위의 포도주를 생산할 수 있게 된다. 그러므로 국가 간의 특화를 통한 분업은 양국 재화의 총생산량을 증대시키는 효과를 가져 온다.

영국의 경우 옷감 총생산량 중 자국에 필요한 1단위를 사용하고 1단위는 포르투칼로 수출하면 0.2단위가 남게 되며, 포르투칼의 경우 포도주 총 생산량 중 자국에 필요한 1단위를 사용하고 1단위는 영국으로 수출하면 0.375단위가 남게 된다. 따라서 양국은 절대우위의 옷감과 포도주에 특화를 하여 생산한 결과 각각 1단위씩 소비와 수출을 하고도 0.2단위의 옷감과 0.375단위의 포도주의 이익으로 남게 된다.

결국 아담 스미스의 절대생산비설은 국가의 간섭없이 각국에 절대적으로 유리한 재화를 특화·생산하여 자유로운 교역이 이루어지면 한 국가의 희생이 없어도 양국은 이익을 가져옴으로써 국가는 부유해진다는 것이다.

그러나 절대생산비설은 일국이 생산하는 재화와 타국이 생산하는 재화와의 상호관계에서 양국이 각각 절대우위 재화와 절대열위 재화를 동시에 가지고 있는 경우에만 국제분업의 성립이 가능하다는 것을 가정하고 있다는 점에서 이론의 한계성이 있다.

2) 데이비드 리카도(D. Ricardo) 비교생산비설

(1) 의의

리카아도는 1917년 그의 저서 『정치경제 및 조세의 원리』(Principles of Political Economy and Taxation)에서 한 국가가 모든 재화의 생산에 있어서 절대우위에 있고 다른 국가가 절대열위에 있다고 하더라도 두 국가 간에 비교생산비 혹은 비교우위의 차이가 있다면 무역이 발생할 수 있다는 것이다.

즉, 비교생산비설은 두 재화를 생산함에 있어 어느 국가가 타국에 비하여 두 재화가 모두 다 유리하더라도 유리한 정도가 보다 더 유리한 재화를 특화·생산하고, 두 재화가

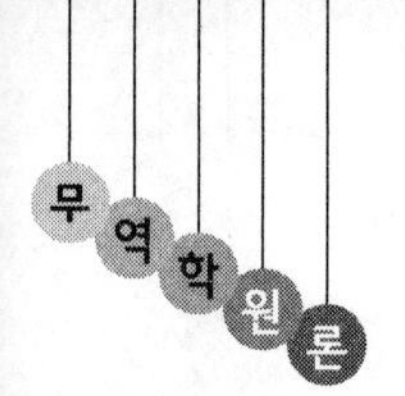

모두 다 불리하더라도 불리한 정도가 보다 더 덜한 재화를 특화·생산하여 교환하면 총 생산량의 증가, 생산요소의 절약 그리고 각 국가 간에 무역이익이 발생한다는 것이다.

(2) 비교생산비설의 예

비교생산비설은 ① 2국이 2재화만 생산하고 ② 생산요소는 노동이 유일하며, 노동은 국내적으로나 국제적으로 동질이다. ③ 재화의 생산비는 투하노동량에 의하여 결정되며 ⑤ 완전경쟁과 완전고용을 전제 조건으로 하고 있다.

〈표 2-3〉에서와 같이 양국에서 두 재화를 생산하는 경우에 있어서 포르투칼은 옷감과 포도주에서 영국보다 두 재화 모두 우위에 있기 때문에 절대생산비설에 의하면 포르투칼이 옷감과 포도주를 모두 생산하여 영국에 수출하여야 한다.

〈표 2-3〉 특화 전(인원수는 1단위 생산에 요구되는 노동량)

	옷감	포도주
영 국	100명	120명
포르투칼	90명	80명

그러나 양국의 상대적 생산비를 살펴보면 포르투칼의 옷감 생산비는 90/ 100(0.90), 포도주 생산비는 80/120(0.67)이며, 영국의 옷감 생산비는 100/90 (1.11), 포도주 생산비는 120/80(1.50) 으로 나타남에 따라 두 재화 모두에서 포르투칼은 우위에 있으며, 영국은 모두 열위에 있게 된다.

이 때 양국간의 노동의 이동이 없다고 가정하면 포르투칼은 옷감과 포도주 중 비교우위의 정도가 보다 더 높은 포도주를 특화·생산하고, 영국은 옷감과 포도주 중 비교열위 정도가 보다 낮은 옷감에 특화·생산하는 것이 생산량을 증대시키고, 또한 무역을 통하여 양국이 더 많은 혜택을 누리게 될 것이다.

〈표 2-4〉 특화 후(무역 개시 후)

	옷감	포도주
영 국	220/100명 = 2.2단위	
포르투칼		170/80명 = 2.125단위

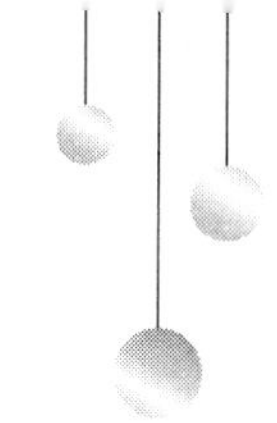

영국의 경우 옷감 총생산량 중 자국에 필요한 1단위를 사용하고 1단위는 포르투칼로 수출하면 0.2단위가 남게 되며, 포르투칼의 경우 포도주 총생산량 중 자국에 필요한 1단위를 사용하고 1단위는 영국으로 수출하면 0.125단위가 남게 된다. 따라서 양국은 절대우위의 옷감과 포도주에 특화를 하여 생산한 결과 각각 1단위씩 소비와 수출을 하고도 0.2단위의 옷감과 0.125단위의 포도주가 이익을 보게 된다.

결국 특화의 효과는 ① 생산량이 각각 0.2단위와 0.125단위가 증가되고 ② 증대된 생산량 만큼 소비량의 증가로 소비수준이 향상되며 ③ 영국 20명, 포르투칼 10명의 노동력이 절약된다.

(3) 비교생산비설의 한계

비교생산비설은 무역의 발생원인과 무역의 경향 그리고 무역 이익을 규명하고 무역의 필요성을 제시하여 그 가치가 인정되고 있다. 그러나 이론의 전개에 있어서는 다음과 같은 한계가 있다.

첫째, 비교생산비차에 의해 무역발생의 원인을 규명하고 있으나 비교생산비의 차이가 발생하는 자체의 원인에 대해서는 규명이 미흡하고 비교생산비의 차에 따라 그 산업에 특화한다고 하였으나 한 국가가 완전히 특화한다는 것은 어렵다.

둘째, 각국에서 발생하는 무역이익이 두 국가에 어떻게 배분되는가에 대해서는 설명이 부족하고 비교생산비설이 성립하기 위해서는 경제발전단계가 유사한 국가이어야 하지만 현실적으로 이 요건을 충족할 수 있는 여건은 한정되어 있다.

셋째, 노동이 유일한 생산요소가 아니다. 생산요소는 노동 이외에도 자본과 토지 등이 존재한다. 따라서 투하노동량으로 생산비가 결정된다는 논거는 한계점이 있다. 생산비는 투하노동력 이외의 투입요소들에 의해 복합적으로 산출되는 것이다.

넷째, 노동의 질은 동질적인 것이 아니다. 노동의 질은 이질적인 것이다. 개인 간에도 차이가 있는 것과 같이 노동의 질도 작업수준이나 작업량에 따라 다르며 2국 2재를 가정하였으나 현실적으로 적합하지 않다. 오늘날은 수많은 국가가 존재하고 재화 또한 다양하다.

3) 상호수요균등의 법칙

고전무역이론의 근간이 되는 아담 스미스의 절대생산비설과 데이비드 리카아도의 비교생산비설은 무역의 발생원인과 패턴을 규명하고 이에 따른 무역이익을 설명하고 있

으나 재화의 국제교환비율이 구체적으로 어떻게 결정되는가를 밝히지 못하고 있다. 밀은 상호수요의 법칙을 제시하여 재화의 국제적인 교환비율의 결정근거를 규명하였다.

(1) 상호수요균등의 법칙

밀(J. S. Mill)이 제시한 재화의 국제 교환비율은 한 나라가 제공하고자 하는 수출품의 양은 상대국에서 수입하고자 하는 수입품의 양에 따라 결정된다는 수요의 개념을 도입하여 설명하고 있다. 즉, 상호수요균등의 법칙은 재화의 교역조건은 한 나라가 제공하고자 하는 수출품의 양과 상대국에서 수입하고자 하는 수입품의 양이 동일해지는 선에서 결정된다고 보며, 따라서 각국의 수출품의 공급량은 그 수출품에 대한 상대국의 수요량과 일치한다는 것이다.[6]

리카아도가 무역발생의 근거를 규명하는데 있어서 공급의 측면만을 고려하고 수요의 측면을 등한시한 것과는 달리 밀은 수요의 측면을 고려하여 교역조건의 결정근거를 규명하였다. 밀의 상호수요균등의 법칙에 따르면 교역조건은 자국의 수출품에 대한 상대국의 수요와 상대국의 수출품에 대한 자국의 수요가 상호 일치되는 점에서 결정된다고 주장하고 있다.

(2) 국제 교환비율의 범위

리카아도는 동일한 생산량을 산출하는데 필요한 투입된 노동량을 비교하고 있는데 반하여, 밀은 동일한 노동량을 투입하여 산출된 생산량을 비교하고 있다.

〈표 2-5〉에서와 같이 영국에서는 동일한 노동량을 투입하여 나사(C) 10야드와 린넨(L) 15야드를 생산하며, 독일에서는 동일노동량을 투입하여 나사 (C) 10야드와 린넨(L) 20야드를 생산하고 있다. 따라서 영국(15L/10C)과 독일(20L/10C)의 관계를 볼 때, 독일이 린넨에 있어서 비교우위를 가지고 특화하는 반면에, 영국은 상대적으로 나사에 비교우위를 가지고 특화하여 교역을 하게 된다.

〈표 2-5〉 동일한 노동량을 투입한 생산량의 비교(단위 : 야드)

	나사(cloth)	린넨(linen)
영 국	10	15
독 일	10	20

6) Heller, H. R., International Trade, Prentice Hall newjersy, 1973, p.36.

① **무역전 국내 교환비율** : 무역이 이루어지기 전 영국에서는 나사와 린넨의 국제 교환비율이 10야드 대 15야드로 성립된다. 왜냐하면 영국은 동일한 노동량을 사용하여 나사는 10야드를, 린넨은 15야드를 각각 생산할 수 있기 때문이다. 한편 독일에서의 나사와 린넨의 국내교환비율은 10야드 대 20야드가 성립된다. 이 또한 마찬가지로 독일은 동일한 노동량을 투입하여 나사는 10야드를 린넨은 20야드를 각각 생산할 수 있기 때문이다.

② **무역개시 후 국제 교환비율** : 독일과 영국 간에 무역이 개시되면 나사와 린넨의 교환비율은 10C : 15L와 10C : 20L의 사이에서 성립된다. 왜냐하면 영국의 경우에 10C : 15L 이하로 교환비율이 성립되어 10C를 주는 대가로 15L 이하를 받게 된다면 직접 국내생산을 하는 것이 더 나을 것이므로 무역은 이루어지지 않게 되며, 독일의 경우도 마찬가지로 10C : 20L 이상의 교환비율이 성립되어 10C를 얻기 위해서 20L 이상을 제공해야 한다면 직접 국내생산을 하게 됨으로써 무역은 이루어질 수 없게 된다. 결국 10C : 15L~20L 사이의 교환비율 범위 내에서 양국의 나사와 린넨에 대한 상호수요가 일치하는 선에서 교역조건이 성립된다.

양국의 입장을 볼 때 영국은 10C : 20L에 근접하는 교환비율을 원할 것이고, 독일은 10C : 15L에 근접하는 교환비율을 원할 것이다. 즉, 교환비율이 10C : 20L에 근접할수록 영국은 유리하고 독일은 불리하게 되며, 10C : 15L에 근접할수록 독일은 유리하고 영국은 불리하게 된다.

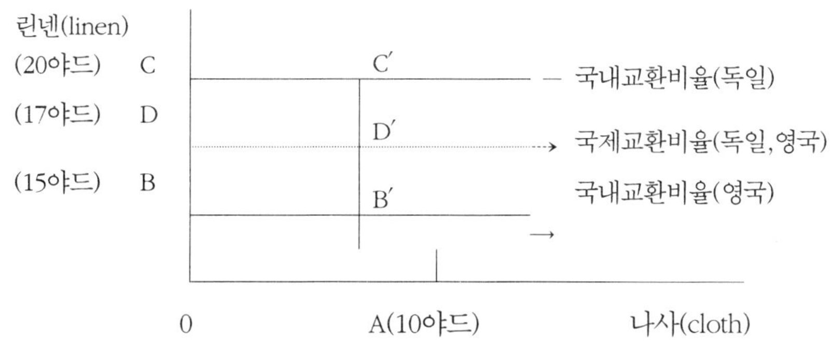

[그림 2-1] 무역개시 후 국제교환비율

(3) 무역이익

독일과 영국 간에 무역이 가능한 10C : 15L~10C : 20L의 교환비율 범위 내에서 10C :

17L에서 상호수요가 일치하여 교역조건이 성립되었다면, 독일의 경우는 무역전 3L, 영국의 경우는 2L의 무역이익이 결국 발생하게 된다. 왜냐하면 10C를 주고 15L을 얻을 수 있기 때문이다.

[그림 2-1]에서와 같이 동일한 나사 10야드인 OA에 대하여 무역전 영국은 15야드의 린넨인 OB를 얻을 수 있었으며 독일은 10야드의 나사인 OA를 얻기 위해서 20야드의 린넨인 OC가 필요했다. 앞에서 언급했듯이 독일은 린넨에 영국은 나사에 각각 특화하여 무역이 개시되면, 영국은 OA의 나사를 제공하는 대신 OB이상의 린넨을 요구하게 될 것이며, 반면에 독일은 OA의 나사를 얻는 대가로 OC이하의 린넨을 제공하려 할 것이다. 따라서 양국 간의 교환비율은 린넨을 기준으로 볼 때 BB′와 CC′에서 성립되며, 상호수요가 린넨 17야드인 OD에서 일치하여 DD′의 국제교환비율이 성립하게 된다.

결국 영국은 나사 OA를 제공하고 OB만큼의 린넨을 얻을 수 있었던 것을 OD만큼 얻게 되므로 BD만큼의 린넨, 즉 2L의 무역이익이 생기게 되며, 반면에 독일은 나사 OA를 얻기 위하여 OC만큼의 린넨을 제공해야 했던 것을 OD만큼만 제공하게 되므로 CD만큼의 린넨, 즉 3L의 무역이익이 발생한다.

이상의 상호수요이론을 제시한 밀의 업적은 노동가치설로 설명할 수 없었던 재화의 국제교환비율의 결정을 상호수요의 개념을 도입하여 규명했다는 것과 수요조건을 처음으로 무역이론에 도입함으로써 국제무역의 균형에 대한 설명을 처음으로 전개시켰다.7)

4.3 근대적 무역이론

1) 기회비용이론

가트프리드 하벌러(G. haberler)는 그의 저서 국제무역이론(The Theory of International Trade)에서 기회비용(opportunity cost) 혹은 대체비용이라는 개념을 사용하여 국제무역의 성립과정을 설명하였다.

리카아도의 비교생산비설은 노동이 유일한 생산요소이며 동질이고 또한 노동이 모든 재화의 생산에 동일하게 일정비율로 투입된다고 가정하고 있다. 그러나 생산요소에는 노동만이 아니라 자본, 토지 등의 여러 가지 요소들이 있으며, 노동이 동질일 수도 없

7) Baldwin, R. E. and Richardson, J. D., International Trade and Finance, Little Brown Co., 1981, p.49.

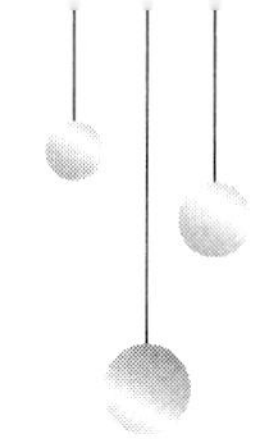

고 또한 노동이 모든 재화의 생산에 동일하게 고정적으로 이용될 수가 없다.

따라서 리카아도의 비교생산비설에서 전제되었던 노동가치설 자체가 무의미해지기 때문에 비교생산비설의 이론적 근거에 문제가 발생되지만, 1936년에 하벌러는 기회비용이론으로서 이와 같은 비교생산비설의 어려운 문제를 해결하게 되었다.

기회비용(opportunity cost)이란 한 행위의 가치를 평가할 때 그 가치를 실제로 취한 행위의 가치로 평가하는 것이 아니라 그 행위를 선택하기 때문에 포기해야 하는 다른 행위의 가치로 평가하는 것을 말한다. 즉 기회비용의 관점에서 본다면 일정량의 생산물의 비용이란 그러한 생산 때문에 포기해야 하는 다른 생산물의 희생량이다.

따라서 기회비용의 개념을 도입하면 상품의 상대가격이 비교생산비설이나 절대생산비설처럼 투하된 노동량에 의해 결정되는 것이 아니고 그 상품을 생산함에 따라 포기해야 하는 다른 상품의 생산량으로 표시할 수 있다.

기회비용이론에 의하면 한 재화의 비교우위는 생산물의 기회비용에 의해 결정되는데 교역상대국에 비해 기회비용이 상대적으로 낮은 재화에 그 나라는 비교우위를 갖는 것이고, 반면에 다른 나라는 그 재화에 관해서 비교열위를 가지게 된다.[8]

실제로 리카아도 이후의 많은 경제학자들은 여러 가지 방법으로 리카아도의 비교생산비에 관한 분석의 내용을 확장시켰다. 그 중에서 가장 본질적인 것은 비교생산비에 관해서 리카아도 자신이 가정한 전제조건의 역할을 보다 더 명확하게 하는 것이었다. 리카아도 자신이 가정한 전제조건에 의하면 국제무역은 상품 가격비상의 차이에 의하여 발생되는 것이지 상품 생산의 투입량에 근거한 각각의 절대비용에 의존하지 않는다는 가정을 하고 있다. 즉 리카아도는 비교우위를 설명하는 사례로서, 무역이익의 발생 이유를 상품생산의 투입량에 근거한 비용이 아니라 특정국가가 다른 국가보다 특정물품을 보다 더 싸게 생산할 수 있다는 사실에 근거한다고 주장하였다.

현실적으로 리카아도에 의하여 암시되고 있는 특정국가의 생산가능곡선(production possibility curve) : 한 국가가 이용 가능한 최상의 기술로 자원을 완전하게 이용할 때 생산 가능한 여러 가지 상품의 조합을 나타내는 곡선)은 기회비용 또는 특정상품을 보다 더 생산하기 위해서 포기되어야 하는 다른 상품의 양에 관한 특정한 가정, 즉 불변기회비용(constant opportunity cost)에 근거하고 있다.

그러나 하벌러를 비롯한 많은 경제학자들은 이와 같은 리카아도의 불변기회비용에

8) Heller H. R., cit., p.39.

관하여 다음과 같은 이유로 반박하였다.[9)]

첫째, 많은 산업들이 불변의 한계비용보다는 한계비용이 체증되어 특정물품을 한 단위 더 생산하는데 있어서 보다 더 많은 단위의 다른 물품이 희생된다는 사실이다.

둘째, 리카아도가 주장하는 무역사례와는 달리 개개의 산업자체 비용이 체증되거나 산출량의 감소가 가능하다는 사실이다.

셋째, 가장 본질적인 반박 이유로서 불변기회비용 자체가 국제무역과 생산패턴에 적합하지 않다는 것을 내포하고 있다. 만약 기회비용이 불변이라면 각 국가는 비교우위에 있는 상품에 완전 특화하여 최대의 무역이익을 발생시킬 수 있다고 결론을 내릴 수 있을 것이다. 그러나 리카아도의 시대에는 그의 예에서와 마찬가지로 영국은 포도주를 생산하지 않고 완전히 수입에 의존하고 반면에 포르투갈은 직물을 생산하지 않고 영국으로부터 완전히 수입하는 것이 가능하였을지 모르지만 현실 세계에서는 그와 같이 완전한 특화는 있을 수도 없고 또한 특화 자체가 오늘날에는 흔히 있는 일이 아니다. 이와 같은 관점에서 하벌러는 그의 기회비용이론에 근거하여 국제무역상의 비교생산비설을 설명하고 있다.

2) 헥셔-오린 이론

(1) 헥셔-오린 이론의 의의

헥셔(E. F. Heckscher)와 오린(B. Ohlin)은 요소 부존량에 의하여 비교생산비의 결정요인을 분석하고 무역에 의하여 생산요소의 가격이 어떻게 변동되는가를 설명한 이론이다.

리카아도는 비교우위의 결정 요인을 단순히 비교생산비의 차이 때문이라고 주장하여 그 차이 원인을 규명하지 못하였으나 헥셔와 오린은 비교생산비의 결정요인을 국가 간의 생산요소의 상대적 부존량(요소부존비율)에 있다는 것이다.

그리고 무역이 발생되면 생산요소의 각 국가 간에 이동이 없다고 하더라도 생산요소의 가격은 국가 간에 점점 균등화 된다는 것이 헥셔-오린 정리(Heckscher-Ohlin theorem)이다.[10)] 이것은 두 개의 명제로 구성되어 있다. 즉, 제1명제는 무역의 발생 원인에 관한 것으로 요소부존비율이론(factor endowment theory)이라고 하며, 제2명제는 무역이 이루어짐에 따라 발생되는 효과에 관한 것으로 요소가격균등화이론(factor-price

---

9) Kindleberger and Lindert, International Economics, Irwin Illinois, 1978, p.25.

10) 한웅수, 신무역학원론, 법문사, 1987, p.150 이하 참조.

equalization theorem)이다.

이 이론은 2국, 2재(X재와 Y재), 2생산요소(자본과 노동)가 존재하고 생산요소의 국가 간에 이동이 불가능하지만 재화의 국가 간 이동은 가능하고 자유무역을 가정하고 있다. 그리고 두 재화인 X재 산업과 Y재 산업의 생산함수는 1차 동차함수이며 두 국가에서는 완전고용과 완전경쟁하의 일반균형이 달성되고 두 국가는 불완전 특화를 하며 요소집약도는 역전되지 않는다는 것을 가정하고 있다.

(2) 제1명제(요소부존 이론)

요소부존이론 즉, 비교생산비의 결정요인은 두 국가 간에 재화의 상대가격 차이와 비교우위가 존재하는 기본적인 원인은 두 국가 사이의 생산요소의 부존량이 서로 다르게 부존되어 있기 때문이라는 것이다.

이에 따라 국가 간에 생산요소의 부존 상태가 각각 다르고 각 상품에 투입되는 생산요소의 비율이 다르기 때문에 국가 간에 비교생산비의 차이가 발생한다는 것이다. 따라서 각국은 타국에 비하여 상대적으로 풍부하게 부존하는 생산요소를 투입하고 비교우위가 있는 상품 생산에 특화함으로써 교역에 따른 무역이익을 얻게 된다는 것이다.

예를 들어 2국(A국과 B국), 2재(X재와 Y재), 2생산요소(자본과 노동)가 존재한다는 것을 전제로 하고 A국은 상대적으로 자본이, B국은 상대적으로 노동이 풍부하고 자본집약재는 X재, 노동집약재는 Y재라고 가정하자. 이런 경우 A국은 자본집약재인 X재에 특화·생산하여 수출하고 B국은 노동집약재인 Y재에 특화·생산하여 수출하게 된다는 것이다. 즉 생산요소의 부존 상태가 다르면 산업형태나 무역형태가 달라진다는 것이다.

이와 같이 헥셔-오린은 요소부존량과 같은 공급조건의 차이를 국제무역의 결정요인으로 보았기 때문에 제1명제를 요소부존이론(facor-endowment theorem) 혹은 요소비율이론(factor-proportions theorem)이라고 한다.

(3) 제2명제(요소가격균등화 이론)

요소가격균등화이론은 국가 간에 생산요소의 부존 상태가 각각 다르고 각 상품에 투입되는 생산요소의 비율이 다르기 때문에, 국가 간에 비교생산차가 발생하여 무역이 이루어지면 국가 간에 생산요소의 직접적인 이동이 없더라도 국가 간에 생산요소의 가격이 균등화된다는 것이다.

예를 들어 2국(A국과 B국), 2재(X재와 Y재), 2생산요소(자본과 노동)가 존재한다는 것을 전제로 하고 A국은 자본이, B국은 노동이 풍부하고 자본집약재는 X재, 노동집약재는 Y재라고 가정하자. 무역이 성립되면 A국은 자본집약재인 X재에 자본을 집중 투입할 것이다. 이로 인해 X재에 대한 자본의 수요가 급증하게 되어 저렴하던 자본가격은 상승하고 노동가격은 하락하게 되어 두 생산요소의 가격은 균등화된다. 그리고 B국은 노동집약재인 Y재에 노동을 집중 투입할 것이다. 이로 인해 Y재에 대한 노동의 수요가 급증하게 되어 저렴하던 노동가격은 상승하고 자본가격은 하락하게 되어 두 생산요소의 가격은 균등화된다.

따라서 두 국가 간에 생산요소의 이동이 없더라도 무역이 발생하면 두 생산요소의 가격이 국가 간에 균등화된다는 것이다. 이를 요소가격균등화이론(factor-price equalization theorem)이라고 한다.

(4) 요소가격균등화의 기하하적 증명

A·B 양국의 박스 다이아 그램(Box Diagram)을 이용하여 설명하면 다음과 같다.

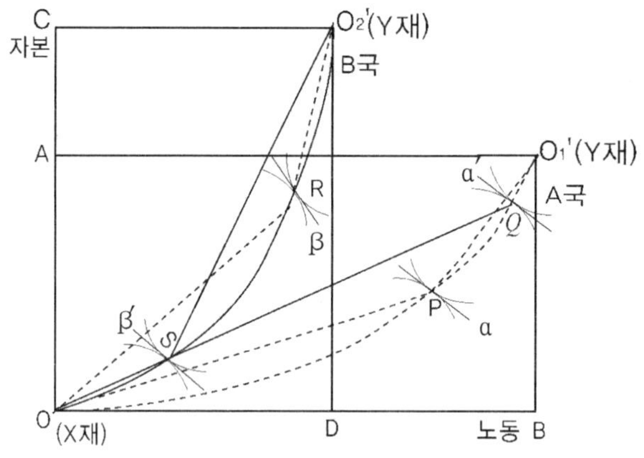

[그림 2-2] 무역 후의 요소가격균등화

$OAO_1'B$는 A국, $OCO_2'D$는 B국의 박스 다이아 그램이다. A국은 노동이 풍부한 국가이므로 A국의 박스는 노동의 부존량을 표시하는 수평적 길이($O_1'A$)가 자본의 부존량을 표시하는 수직적 길이(OA)보다 길며 B국은 자본이 풍부한 국가이므로 B국의 박스는 이와는 반대인 $O'_2D > O'_2C$로 나타난다.

무역 전 A국은 국내수요조건과 일치하는 P점에서 X·Y재를 생산하고 소비하며, B국은 R점에서 두 재화를 생산·소비한다. 이 경우 A국의 요소 가격비는 α, B국의 요소

가격비는 β이며, A국의 X재, Y재의 요소집약도(자본/노동)는 각각 OP, $O_1'P$,의 기울기로 표시되고 B국의 X재, Y재의 요소집약도는 OR, $O_2'R$의 기울기로 표시된다. A국의 요소가격선 α의 경사가 B국의 요소가 가격선 β의 경사보다 완만하므로, A국에서는 노동가격이 싸고 자본가격이 비싸며 B국에서는 이와는 반대이다. 또 양국의 X재의 요소비율, 즉 자본/노동비율을 표시하는 직선 OP, OR의 경사가 다르고 양국의 Y재의 자본/노동비율을 표시하는 $O_1'P$, $O_2'R$의 경사도도 다르므로 무역 전 양국의 X, Y재의 요소비율이 서로 다르다.

그러나 양국간에 무역이 성립되면, 노동이 풍부한 A국은 노동집약재인 X재 생산에 특화하므로 X재 생산량은 증가되고 Y재 생산량은 감소됨으로써 P점은 Q점으로 이동되며, 자본이 풍부한 B국은 이와 반대의 특화를 하므로 Y재의 생산량은 증가되고 X재의 생산량은 감소됨으로써 R점은 S점으로 이동된다. 이 결과 양국에 있어서 생산요소의 가격비를 표시하는 α′와 β′의 경사는 같게 되므로 양재의 상대 가격비는 양국에 있어서 균등화되고 이에 따라 생산요소의 가격은 균등화된다. 그리고 OS가 OQ상에 놓여 있고 직선 $O_1'Q$와 $Q_2'S$는 평행하므로 양국에 있어서 두 재화의 요소비율 즉 요소집약도는 균등화된다.

결국 A국은 P점에서 노동가격은 싸고 자본가격은 비싸게 두 재화가 생산되었지만 무역 개시 후에는 생산균형점이 Q점으로 이동되어 노동의 수요는 증가되어 노동가격은 비싸지고 반대로 자본의 가격은 싸게 되어 점차 균등화된다. 그리고 B국도 R점에서 S점으로 이동하게 되어 상대적으로 싼 자본가격은 높아지고 노동가격은 싸게 된다. 따라서 생산요소의 국제간 이동이 없더라도 무역을 통하여 생산요소의 가격은 균등화된다는 것이 요소가격균등화이론이다.

(5) 헥셔-오린 이론의 한계

헥셔-오린의 이론은 비교생산비의 결정 원인과 국제무역이 요소가격에 끼치는 영향을 요소부존도와 요소집약도를 상대적으로 설명하면서 규명하였다는 점에서 그 가치를 인정받고 있으나 그 한계는 다음과 같다.

첫째, 2국, 2재, 2생산요소를 전제로 하였으나 오늘날의 경제 환경 하에서는 수많은 국가와 재화가 존재하고 재화의 가격은 노동과 자본뿐만 아니라 토지 등 다른 요소가 결합되어 결정된다.

둘째, 완전고용과 완전경쟁을 전제로 하였으나 실제로는 각국은 완전 경쟁이 아니라

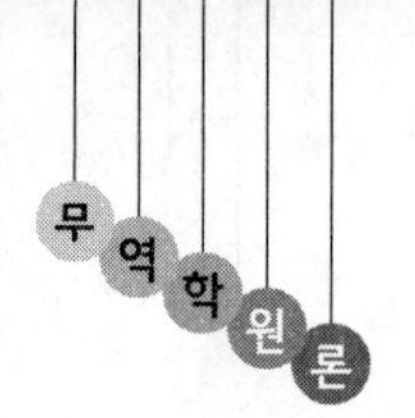

독점이나 과점이 존재하고 실업 등을 겪고 있다.

셋째, 생산요소는 동질이며 국가 간 이동이 불가능하다고 전제하였으나 생산요소의 질은 이질적이며 또한 각국의 생산기술조건이 달라 생산함수도 각각 다르며 생산요소의 이동도 국가 간 가능하다.

넷째, 생산요소가격에 따라 요소집약도의 역전도 가능하며 또한 요소부존도의 차이가 생산비 결정요인이 된다고 하였으나 무역에 이를 적용하는 데는 한계가 있다.

3) 레온티에프 역설

(1) 레온티에프 역설의 의의

레온티에프(W. Leontief)는 헥셔오린 정리의 제1명제인 요소부존이론을 현실의 국제무역 현상과 일치하는지의 여부에 대한 실증적 검증을 최초로 시도 하였다. 그 결과 헥셔-오린 이론의 제1명제와 반대되는 현상을 발견하게 되었는데 이를 레온티에프 역설(Leontief Paradox)이라 한다.

레온티에프는 1947년과 1954년의 산업관련표를 이용하여 각각 두 차례에 걸쳐 검증한 결과는 미국은 노동집약재를 수출하고 자본집약재를 수입하는 것으로 나타났다.

즉, 헥셔오린의 제1명제인 요소부존이론에 의하면 미국은 일반적으로 다른 국가에 비하여 자본이 풍부하고 노동이 부족하여 자본집약재에 비교우위를 가지고 있어 이를 수출하고 반대로 노동집약재는 비교열위를 가지고 있어 수입해야 할 것이다. 그러나 헥셔-오린정리의 제1명제와는 달리 검증결과는 미국은 노동집약재를 수출하고 자본집약재를 수입하는 국가로 나타났다.

레온티에프의 역설이 대두된 것은 헥셔-오린 이론이 비현실적인 가정 하에서 전개되었기 때문이라고 설명한다. 즉, 헥셔-오린의 이론에서는 미국 국민의 자본집약재에 대한 수요 편중화 경향, 수요집약도 역전의 가능성, 미국의 노동집약재 수입에 대한 규제, 미국의 우수한 노동자(외국의 노동자보다 3배 이상 우수)의 무시, 미국의 기술집약산업의 우위성 등을 간과한 것이다. 결국 레온티에프는 이론과 현실 사이의 문제점을 도출한 것이라고 할 수 있다.

(2) 레온티에프 역설에 대한 비판

레온티에프의 검증결과에도 불구하고 헥셔-오린의 요소부존이론이 타당하다고 주장하는 학자들은 검증결과와 동 이론 간에 불일치가 발생하게 된 이유를 다음 네 가지로

제시하고 있다.

첫째, 레온티에프가 검증대상으로 했던 1947년도는 평상시와는 여건이 매우 다른 제2차 대전 직후이기 때문에 조사 대상 년도로서 적합하지 않다.

둘째, 레온티에프는 상품을 자본집약재와 노동집약재로만 분류하고 자연자원 집약재를 제외한 것은 타당하지 않다. 즉 미국은 자본집약재를 많이 수입하는데 이 자원집약재는 자본집약적인 방법에 의해서 생산되기 때문이다.

셋째, 미국의 관세정책이 레온티에프의 연구가 편향된 결과로 나타나게 한 또 하나의 요인이라는 점이다. 관세는 수입품에 부과되는 세금이므로 수입을 감소시키고 수입대체품의 국내생산을 증가시키게 된다. 1954년에 행해진 트라비스(Travis)의 연구에 의하면 미국은 노동집약재 수입에 가장 높은 관세를 부과하고 있었다. 노동집약재에 대한 높은 관세부과로 인해 미국의 수입대체품의 노동집약도가 감소되었으며 이에 따라 레온티에프 역설이 발생하게 된 한 요인이 되었다.

넷째, 레온티에프 검증결과가 현실과 다르게 나타나게 된 가장 중요한 요인은 그가 자본을 측정함에 있어 실물자본(기계, 장비, 건물 등)만 포함시키고 인적 자본(human capital)은 완전히 무시했다는 점이다. 인적 자본은 교육, 직업훈련, 건강 등에 대한 비용지출을 말하며 이는 노동의 생산성을 증가시킨다. 미국의 노동자들에게는 외국보다 많은 인적 자본이 포함되었기 때문에 실물자본에 인적자본을 합하게 되면 분명히 미국의 수출품이 수입 대체품에 비해 더 자본집약적으로 될 것이다.

4) 스톨퍼-사무엘슨정리

스톨퍼-사무엘슨정리는 헥셔-오린정리의 제2명제인 요소가격균등 이론을 검증한 것이다. 즉, 요소가격균등화 이론은 생산요소의 국가 간 이동이 없더라도 무역이 이루어지면 생산요소가격이 균등화된다는 것이다. 즉, 국제무역은 생산요소의 가격을 변동시키고 그 생산요소 간의 소득분배를 변동시키는 경향이 있다는 것이다.

이에 대하여 스톨퍼(Stolper)와 사뮤엘슨(P.A. Samuelson)은 1941년에 발표한 그들의 논문 "보호무역과 실질임금(Protection and Real Wages)" 을 통하여, 높은 임금을 받고 있는 미국 노동자들의 생활수준이 낮은 임금을 받고 있는 국가와 자유무역을 행할 경우, 어떠한 영향을 받는가를 검토한 후에 미국노동자들의 소득증대와 유리한 소득분배를 위하여 자유무역정책과 보호무역정책 가운데 어느 것이 유리한가를 검토하였다.

그 결과 미국노동자들의 실질임금은 저임금 국가와의 자유무역에 의하여 점진적으로

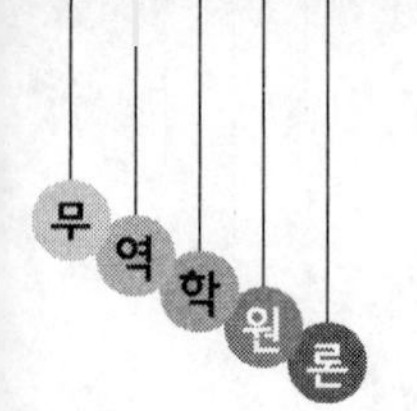

하락함을 밝히고, 이를 방지하기 위한 정책수단으로 관세를 통한 보호무역을 실시해야 한다고 주장하였다.

4.4 현대 무역이론

1) 대표적 수요이론

(1) 대표적 수요이론의 의의

대표적 수요이론(representative demand theory)스웨덴의 경제학자 린더(S. B. Linder)에 의해 1961년에 제시된 이론으로 공산품을 중심으로 한 2차 상품의 무역 패턴의 결정의 원리로 제시하였다.

그는 공산품 상호간의 무역형태는 수요측면에서 그 원인을 찾아야 하며 수출이 이루어지기 전에 그 상품에 대한 상당한 정도의 국내수요가 선행되어야 하고 이에 대해 각국의 국내시장에 존재하는 대규모의 수요를 대표적 수요라고 한다.

예를 들어 농산품 간의 무역형태는 요소부존도의 차이로 설명이 가능하나 공산품 간의 무역형태는 수요의 측면에서 파악해야 한다는 것이다. 즉, 각국에서 국내수요가 상대적으로 큰 상품이라면 이미 국내적으로 대규모의 수요를 갖고 있기 때문에 비교우위를 갖고 이를 수출하게 된다는 것이다.

이것은 국민소득 수준이 비슷한 국가끼리는 수요조건도 비슷하여 서로 비슷한 필요상품을 생산할 기회가 증가하고 이에 의하여 무역량도 증가할 것이다. 결국 대표적 수요이론은 수요가 생산을 증가시키고 생산증가에 따른 초과공급량이 무역을 창출하게 되며 수출은 상대국의 수요 때문에 발생한다는 것이다.

(2) 대표적 수요이론의 한계

이 이론은 수요가 공급을 유도한다는 측면을 이론화한 것으로 무역패턴을 주로 수요의 움직임에 초점을 두어 설명하려는 것으로 보아야 하며 무역발생의 원인 자체를 설명하고 있는 것은 아니다.

즉, 무역의 방향을 설명할 수 있으나 대표적 수요라는 것은 실증이 어렵고 또한 수요가 비슷한 국가끼리는 생산도 비슷할 것이라는 사실은 간과하고 있다. 즉 생산측면이 무시된 이론으로 한계가 있다.

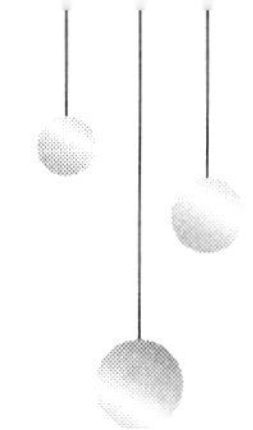

2) 연구개발요소이론

연구개발요소이론(theory of research and development factor)은 일반적으로 R&D이론이라 하며 그루버(W. Gruber), 메타(D. Mehta), 버논(R. Vernon)의 3인의 공동연구[11]와 키싱(D. B. Keesing)[12]의 연구에서 시작되었으며 이들은 선진국의 무역패턴은 연구개발 요소에 우위를 둔 기술혁신 상품에 있다고 하였다. 즉, 기술혁신이 신제품의 개발, 기존상품의 생산비 절감 또는 품질 향상 등을 초래하여 무역패턴에 영향을 준다는 것이다.

그리고 이 이론은 미국 등 선진국의 무역 패턴이 연구개발비의 투자에 의한 신제품의 발명이나 새로운 생산기술의 개발에 의하여 결정된다는 것이다. 미국의 수출산업이 우위의 국제경쟁력을 확보하고 있는 이유는 신제품의 개발과 생산비용의 절감을 위한 과학자, 기술자, 숙련노동자 등과 같이 질적으로 우수한 노동력을 갖추고 있고 또한 이를 기업화하려는 요소가 풍부하기 때문이라고 한다. 그리고 키싱은 미국의 국제경쟁력 요인에 관한 상관 분석에서 자본, 천연자원, 노동 그리고 규모의 경제 등 네 가지 요인과 R&D를 비교하였는데 결국 R&D가 가장 강력한 요소임을 확인하였다.

R&D이론은 그 동안 무역이론들이 무역의 발생 원인을 규명하던 관점을 완전히 탈피하여 새로운 시도하였으며 레온티에프의 역설에 대한 해명과 연관되고 제품수명주기이론의 기초가 되는 이론이기도 하다.

3) 기술격차론

포스너(M. V. Posner)[13]는 기술격차론(theory of technological gap)의 모델을 제시하고 하우프바우어(G. C. Hauf-bauer)[14]는 포스너의 모델에 저임금 무역을 추가하여 검증한 화학 합성원료의 시간적 경과에 따른 무역패턴의 변화가 요인에 대한 실증적

---

11) W. Gruber, D. Metha, R. Vernon, "The R&D factor in International Trade and International Investment of United States Industries," *J.P.E.*, vol.75, No. 1, Feb. 1967.

12) D.B. Keesing, "The Impact of Research and Development on United States Trade," *J.P.E.*, vol.75, No. 1, Feb. 1967.

13) M. V. Posner, "International Trade and Technical Change," *Oxford Economics Papers*, No. 3, Oct, 1961.

14) G. C. Haufbauer, "*Synthetic Materials and Theory of International Trade*," Lodon Gerald Duckwotrh & Co. Ltd., 1965.

분석을 시도하였다.

그 결과 기술을 개발한 최초의 기술선진국은 일시적으로는 신제품의 개발자로서 특정이익을 가지며 기술후진국이 모방 기간을 거치는 동안 수출을 독점할 수 있다. 그러나 일정기간 후 기술후진국의 기술모방에 의해 기술격차는 해소된다는 것이다.

이에 따라 기술후진국이 기술을 모방하여 국내에서 생산이 시작되고 일정단계에 이르면 저임금에 의한 비교우위의 확보로 최초로 상품을 생산하여 수출한 기술선진국으로 역수출하게 된다.

이 이론은 무역의 패턴 원인을 기술격차에 두고 있으며 기술격차의 극복을 통해 무역패턴이 역전될 가능성을 제시하였다. 그러나 생산 이후의 시간경과와 함께 기술 격차가 소멸되어 가는 과정을 소상히 밝히지 못한 점이 문제점으로 지적되고 있다.

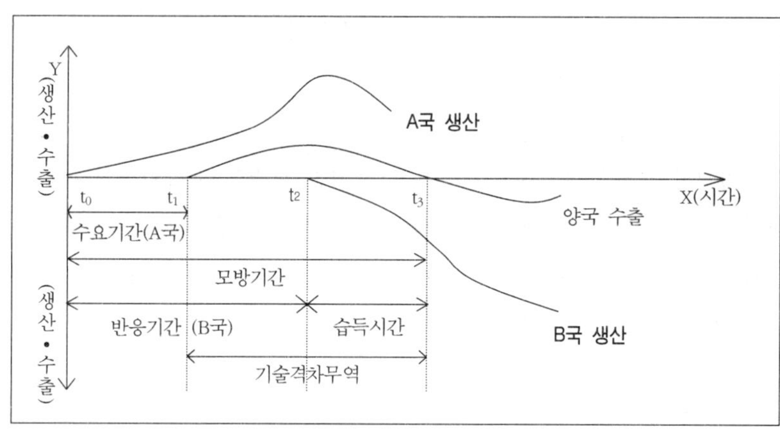

자료 : G. C. Haufbauer, "*Synthetic Materials and Theory of International Trade*," Lodon Gerald Duckwotrh & Co. Ltd., 1965. p.24.

[그림 2-3] 기술격차에 따른 무역의 발생

[그림 2-3]에서와 같이 A국을 기술선진국, B국을 기술후진국, Y축을 생산과 수출, X축은 시간을 나타낸다. A국이 기술선진국으로서 신제품을 개발한 시점은 t_0점이고 그 후 시간이 경과함에 따라 A국의 신제품 생산은 증가하여 t_1점에 도달하면 제품을 B국으로 수출한다. 이때 t_0-t_1점은 A국이 신제품을 자급자족하는 기간으로 포스너는 이를 수요격차(demand lag)라 하였다.

시간이 경과함에 따라 A국의 생산 수출은 증가하여 t_2점에서 A국의 생산과 수출은

최대가 되면서 기술후진국인 B국도 제품을 모방하여 생산함으로써 t0-t2점까지를 포스너는 기술후진국인 B국의 반응기간(reaction lag)이라 하였다.

이처럼 기술선진국이 일정 기간 동안 독점적으로 수출을 통한 이익을 얻을 수 있는 것은 기술 후진국의 반응기간이 기술선진국의 수요기간(수요격차)보다 길기 때문이다. 결국 반응기간과 수요기간의 차이가 크면 클수록 기술 선진국의 이익은 커지게 된다.

반응기간이 경과된 후 t2-t3 시점 사이에는 기술 후진국이 기술선진국의 기술을 모방 습득하여 국내생산을 증대하게 되고, t3 시점 이후에는 오히려 기술후진국이 기술선진국에 역수출하게 된다. 그리고 기술후진국의 반응기간에 영향을 미칠 수 있는 요인은 규모의 경제, 관세, 수송비, 기술후진국 수요의 소득탄력성, 시장규모 등이 있다.

4) 제품수명주기이론

버논(R. Vernon)은 1960년대 중반 처음으로 제품수명주기이론(theory of product life cycle)을 제안하였다.[15] 이 이론은 상품이 시장에 출현되어 성장, 성숙, 쇠퇴기를 거친다는 동태적 분석으로 각국의 기술 및 소득수준의 차이와 제품의 국가 별 도입 시기의 차이에 근거하여 특정제품의 국제무역패턴과 해외생산입지의 변화과정을 연계한 이론이다. 그는 20세기를 거쳐 대부분의 신제품들이 미국기업에 의해 개발되었고, 최초에 미국에서 상용화되었던 역사적 경험에 기반을 두고 있다(예를 들어 대량생산방식으로 생산된 자동차, 텔레비전, 즉석 카메라, 사진복사기, 개인용 컴퓨터, 반도체 칩 등).

버논은 그러한 발생 원인을 미국이 가진 막대한 부와 시장의 크기가 미국기업들의 신제품 개발에 강력한 유인으로 작용하고 또한 미국의 높은 인건비로 인해서 미국기업들이 비용절감을 위한 프로세스 혁신을 추진하는 과정으로 보았다.

TV시대는 독일의 물리학자인 Brown박사가 음극선관(CRT일명 브라운관)을 발명하면서 시작되었으며 컬러 TV는 미국 RCA사에서 1953년 컬러 TV브라운관을 실용화하면서 컬러 TV가 보급되며 원래의 모습으로 TV를 즐기는 시대가 도래되었다. 그 후 TV내부의 LCD/DLP 등의 작은 화면을 확대해서 스크린에 투사하는 방식의 Projection TV, 전압을 가해 플라즈마 상태의 가스가 내는 빛을 이용하는 방식의 PDP TV, 전기신호에

---

15) R. Vernon, "International Investments and International Trade in the Product Life Cycle," Quarterly Journal of Economics, May 1966, pp.190-207. 및 R. Vernon and L. T. Wells, The Economic Environment of International Business, 4th ed.(Englewood Cliffs, NJ:Prentice Hall, 1986).

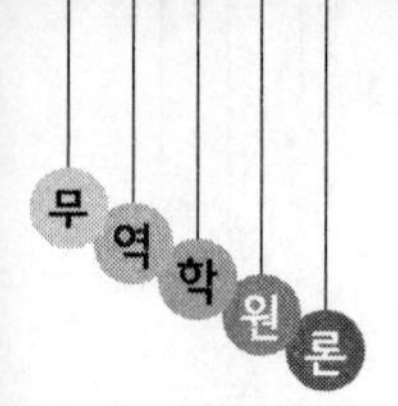

따라 배열이 바뀌는 액정을 통해 백라이트를 비춰 화면을 보여주는 방식의 LCD TV, 기술적으로 LCD TV의 백라이트를 LED로 바꾼 제품이나 두께 등의 디자인과 기능이 대폭 향상되어 새로운 카테고리로 분류되는 Smart TV, LED/PDP 등의 제품에 3D기능과 App등을 활용하여 다양한 기능을 즐기는 TV로 스마트폰, 스마트탭 등과 연계해 SNS 등을 자유롭게 할 수 있도록 발전하였다.

제품수명주기이론을 근거로 미국에서 처음으로 개발되어 미국시장에 출시된 TV를 예를 들어 설명하면 다음과 같다.

첫째, 도입기(introduction stage)에서는 신제품이 개발되어 처음으로 시장에 소개되는 단계이다. 이 단계에서는 신제품 기술개발을 위한 R&D활동이 중심이 되며 기술 개발력과 가격이 높은 신제품에 대한 수요가 있는 고소득 국가가 우선적인 신제품 개발국가가 될 잠재성이 높다.

미국에서 TV가 개발되어 일단 신제품이 시장도입에 성공하면 미국기업은 독점적 입장에서 사업을 운영할 수 있으며 동제품에 대한 수요층이 혁신그룹으로 구성되어 가격탄력성이 낮고 신제품의 구매는 가격보다는 비가격적 요소(예 라디오가 흑백 TV로 대체되는 것과 같은 새로운 기능)에 의하여 좌우되는 경향이 있다. 그리고 신제품의 초기에는 가격이 상당히 높은 독점가격전략에 의하여 고 가격대를 형성하기 때문에 굳이 원가 절감을 위해서 해외로 생산기지로 이전할 필요가 없다.

이러한 점에 근거하여 버논은 전형적인 제품수명주기의 초기 단계에서 미국 내 수요가 급격히 성장하지만, 다른 선진국에서의 수요는 일부 고소득 계층에 제한될 것이라고 주장하였다. 다른 선진국에서 해당 제품에 대한 수요가 크지 않으므로 현지 생산은 이루어지지 않고 그 대신 동 제품을 미국으로부터 수입하게 된다는 것이다.

둘째, 성장기(growth stage)는 신제품이 도입되어 시간이 지나면서 제품에 대한 수요가 늘어나면서 판매가 급증하는 단계로, 기술의 안정과 대량생산으로 제품가격이 하락하면서 다른 선진국가들(예 영국, 프랑스, 독일 등)에서 새로운 제품(TV)에 대한 수요가 확대된다. 그 결과 영국 등 TV를 수입하던 다른 선진 국가에서 TV를 생산 판매하는 기업들이 나타난다. 이때 이 국가들은 국내 생산을 통해 미국으로부터 수입을 대체하기 시작하며, 관세·비관세장벽을 통해 수입대체산업을 보호하려한다. 여기에 대응하여 동제품(TV)을 수출하던 미국 기업들은 영국 등의 다른 선진국들의 시장상실을 우려하여 현지생산설비를 설치하게 된다.

셋째, 성숙기(matured stage)는 제품의 수요확대와 더불어 기술 및 제품이 점점 표준

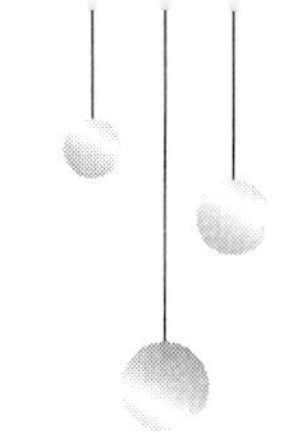

화되고 가격경쟁이 치열해지며 매출액이 감소하는 단계이다. 즉, 미국과 같은 다른 선진 국가들의 시장이 성숙되면서 제품은 표준화되고 가격이 경쟁에 중요한 요소가 되며 이러한 추세가 진행될수록 저렴한 가격이 시장에서 경쟁우위를 점하는 요인이 된다.

그 결과 미국보다 인건비가 낮은 선진국(예 이탈리아, 스페인 등)에서 동 제품이 생산되어 미국으로 역수출하는 현상이 발생한다.

기술 및 제품이 표준화되고 경쟁요소가 가격에 의존할수록 저비용 생산입지를 선택하게 된다. 즉, 미국으로부터 수입 대체하였던 다른 선진국들이 인건비가 더 낮은 개발도상국가(예 태국)로 생산입지를 선택하는 해외직접투자가 발생한다.

이러한 과정을 거치면서 흑백 TV는 쇠퇴하고 경쟁력 있는 칼라 TV 등과 같은 대체품의 등장이나 새로운 제품이 출현된다. 즉, 쇠퇴기(declined stage)는 제품의 독점적 기술의 해외 이전으로 기술선진국의 제품에 대한 우위성이 소멸되는 단계이다.

이 이론은 신제품의 중심지가 당초 미국에서 출발한 후 다른 선진국들로 이전되고 그 후 최종적으로는 개발도상국들로 이전된다고 예측하고 있다. 그리고 [그림 2-4]는 제품 수명주기에 따른 미국, 다른 선진국, 그리고 개발도상국에서의 생산과 소비의 변화 추이를 나타내고 있다.

4.5 산업 내 무역이론

산업 내 무역(intra-industry trade)은 각국이 동일하거나 동일하다고 생각되는 산업 내에서 밀접한 관련성을 갖는 제품 간의 수출입을 말한다. 반면에 종류가 다른 산업의 상품들 간에 이루어지는 수출입은 산업간 무역(inter-industry trade)이라 한다.

예를 들어 GM, 도요타, 혼다, MBW, 포드, 현대나 기아자동차가 자동차를 생산하면서 자동차라는 동일 제품으로 국가 간에 수출입이 이루어지고 있다. 이러한 현상은 일반적으로 산업 내 무역이 동종업종 내 차별화된 제품들을 중심으로 각국 간에 수출입이 이루어지기 때문이다.

산업 내 무역의 증대는 교역상대국 간의 산업 내 분업이 확대된다는 것을 의미하고 산업 내 무역은 교역 상대국의 수요 다양화에 따라 동일한 성질의 상품이라도 성능, 품질, 색상, 디자인이나 스타일 등에서 차별화된 제품을 상호 교환하는 제품 차별화 분업과 제품 생산의 공정 과정에서 특화를 하는 공정 간 분업이 있다.

이러한 산업 내 무역의 수준을 그루벨(H.G. Grubel)과 로이드(P.J.Lioyd)는 다음과

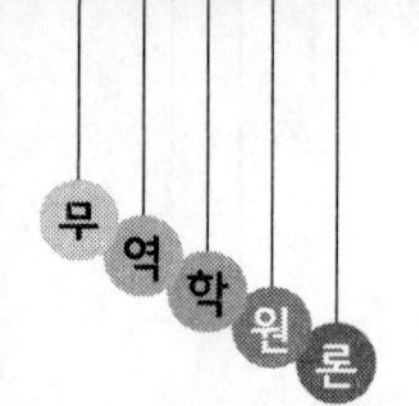

같은 지수로 측정하였다.[16)]

Bij = Xij + Mij-/Xij-Mij/ = 1.0-/Xij-Mij/

단, Bij = i상품 또는 산업의 j국과의 산업 내 무역 지수
Xij = i상품 또는 산업의 j국에 대한 수출액
Mij=i상품 또는 산업의 j국에 대한 수입국

산업 내 무역지수가 1이라는 것은 한 국가가 동일량의 수출과 수입을 행하는 것을 말하며 0은 수출이나 수입의 한쪽 만이 있는 상태이다. 이 지수가 1에 가까울수록 산업 내 무역 정도는 크다. 이것은 그 상품에 대한 차별화도 큰 것을 말한다. 그루벨과 로이드는 SITC3자리 분류에 의해 10개 선진국의 산업 내 무역지수를 가중 평균한 결과 1967년에 그 지수는 0.48이었다. 이는 교역국간 무역의 절반 정도가 동일산업의 제품에서 이루어지고 있음을 나타내며 이지수는 1959년 0.36에서 1964년 0.42로 다시 1967년에 0.48로 증가한 것으로 최근에 이르기까지 계속 증가하여 왔다.

산업 내 무역은 원자재나 단순 제조업과 같이 동질적(homogeneous)이거나 비차별화된 제품에서도 이루어지며 이것은 주로 이전비용, 계절적 또는 주기적인 공급의 변동 등에 기인한다. 그러나 대부분의 산업 내 무역은 차별화된 제품에서 발생한다. 따라서 산업 간 무역이 요소부존도의 국가 간 차이에 따른 비교우위에 바탕을 두고 있다고 한다면 산업 내 무역은 제품차별화, 규모의 경제 및 기술격차라는 시장불완전요소에 따라 기업이 누릴 수 있는 경쟁우위에 기인한다고 할 수 있다.[17)]

그리고 다국적기업의 해외가공 및 조립생산들로부터 산업 내 무역이 많이 발생한다. 즉, 국가 간의 임금 및 기술이전기피와 같은 여러 가지 여건을 고려하여 부품을 수출한 후 해외에 위치하고 있는 자회사에서 조립생산한 후 완제품을 다시 수입하고 있다. 이 경우 부품과 완제품이 동일산업으로 분류된다면 산업 내무역이 된다.

이 밖에 비용과 신선도 유지를 위해서 국경에서 외국상품을 수입하는 경우이다. 산화물인 목재, 자갈, 돌 등은 제품 원가에 비하여 물류비가 많이 든다. 또한 신선도의 유지가 필요한 과일, 채소, 우유 등은 원거리 운송이 어렵다. 따라서 이러한 산화물과 신선도 유지가 필요한 상품은 국경이 인접한 지역에서는 지리적으로 멀리 떨어진 자국

16) Franklin. R. Root, International Trade & Investment(5th ed., South-Western Publishing Co., 1984),pp.268-272.

17) 조동성, 국제경영, 경문사, 1997, 224-225.

상품보다는 가까운 곳의 외국상품을 수입하는 산업 내 무역이 발생한다.[18]

4.6 국제무역의 균형[19]

1) 폐쇄경제 하의 무역균형

폐쇄경제(closed economy)하에서 한 국가는 자국의 생산가능곡선[20]과 사회무차별곡선[21]이 서로 접하는 점에서 균형[22]이 이루어진다. 따라서 접점은 생산과 소비를 동시에 달성하는 생산균형점이자 소비균형점이 되며 즉, [그림 2-3]에서 E점은 생산과 소비가 균형을 이루는 점으로 폐쇄경제 하에 경제적 자립점(autarky point)이 된다.

그리고 재화의 상대균형가격(the equilibrium relative commodity pric in isolation)은 자급자족하의 생산 및 소비점에서 생산가능곡선과 무차별곡선사의 공통접선의 기울기로 표시된다.

[그림 2-4]에서 국내균형점은 생산가능곡선과 사회무차별곡선이 접하는 E점에서 이루어진다. 이 점에서 이 국가는 OX_0 만큼의 X재를 생산하여 소비하고 OY_0만큼의 Y재를 생산하여 소비하여 후생수준이 극대화되는 균형상태에 있게 된다.

---

18) H. G. Grubel and P. J. Lloyd, Intra-Industry Trade, (London : Macmillan), 1975.

19) Dominick Salvatore, International Economics,8th.2004(김갑용외 역, 국제무역론, 2006.시그마프레스), pp.69-71, 100-106, 김시경, 최신무역학개론, 삼영사, 2007, p.96. 및 설영기, 국제통상학개론, 상조사, 2001, pp.265-270. 참고

20) 생산가능곡선(production possibility curve)이란 요소부존량과 기술수준이 같은 상태에서 일정한 생산요소를 완전히 투입하여 두 상품을 최대한으로 생산할 수 있는 가능성을 나타내는 곡선이다. 불변비용하의 생산가능고선, 체감생산비하의 생산가능곡선, 체증생산비하의 생산가능곡선이 있다.

21) 무차별곡선(indifference curve)은 소비자에게 동일한 만족을 주는 두 재화의 수많은 수량적 조합을 표시한 곡선이다. 이 곡선에 위치한 모든 점들은 어떤 것을 선택하든 동등한 만족을 주게 되므로 재화선택에 차별이 없다. ① 소비무차별곡선(consumption indifference curve)은 소비자가 동일한 수준의 만족을 얻을 수 있는 두 재화의 수많은 수량적 조합의 곡선, ② 생산무차별곡선(production indifference curve)은 자본과 노동의 2 생산요소를 가지고 생산할 수 있는 수많은 수량적 조합의 곡선, ③ 사회무차별곡선(social indifference curve)은 사회 내의 모든 개인에게 동일한 효용의 유지를 가능하게 하기 위해 필요한 최소한의 재화의 조합이다. ④ 무역무차별곡선(trade indifference curve)은 일국에 동일한 수준의 효용을 주는 각종의 무역량, 즉 일국의 수출량과 수입량의 조합의 곡선이다.

22) 균형분석은 한재화의 시장만을 고려하여 수요와 공급의 균형상태를 규명하려는 부분균형분석(partial equilibrium analysis)과 다수재화의 시장을 상호연관성을 고려하여 이를 재화의 가격결정을 분석하는 일반균형균형분석(general equilibrium analysis)이 있다.

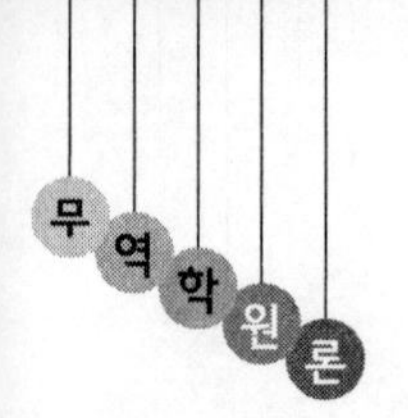

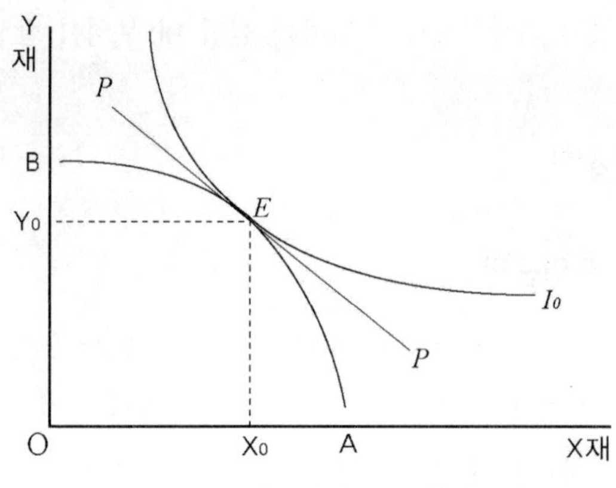

[그림 2-4] 폐쇄경제하의 국내균형

[그림 2-4]에서 접점 E를 지나는 PP는 두 상품의 가격 비율을 나타내고 또 한 사회무차별곡선 I0에 대한 접점인 동시에 생산가능곡선의 기울기와 동일하다. 결국 폐쇄경제하의 국내균형은 자국의 생산가능곡선과 사회무차별곡선이 접할 때 이루어진다. 이때는 다음의 조건이 성립된다.

즉, 생산가능곡선의 기울기 = 상대가격 = 사회무차별곡선의 기울기

[생산의 한계전환율[23](MRTxy)] = [상대가격(Px/Py)]

= [소비의 한 계대체율[24](MRSxy)]

상기의 조건이 충족되는 상태를 파레토최적(pareto-optimum)상태라 하고 폐쇄경제하에서 생산자와 소비자의 경제적 효율 및 사회후생은 극대화 된다.

2) 개방경제하의 무역균형

폐쇄경제하의 국내 균형에서는 양국의 상대가격이 상이하였다. 폐쇄경제하로부터 무

23) Y재로 표시한 X의 한계전환율은 한 국가가 X재 한 단위를 더 생산하기 위해 포기해야하는 Y재의 양을 의미한다. MRT는 X의 기회비용에 대한 다른 명칭이며 생산점에서 생산가능곡선의 기울기와 같다. 만약 A국생산가능곡선의 기울기(MRT)가 1/4이라면 A국이 생산점에서 X재 한 단위를 더 생산하기 위해서 필요한 만큼의 자원을 확보하기 위해서는 1/4단위를 포기해야 한다는 것을 의미한다.

24) 소비에서 Y재 단위로 표시한 X재의 한계대체율(MRS)이란 한 국가가 X재 한 단위를 더 얻기 위해 동일한 무차별곡선상에 있기 위해 포기해야 하는 Y재의 양을 말한다. 소비점에서 사회무차별곡선(원점에 대해 볼록)의 기울기로 주어지며 그 국가가 곡선을 따라 아래쪽으로 이동함에 따라 감소한다.

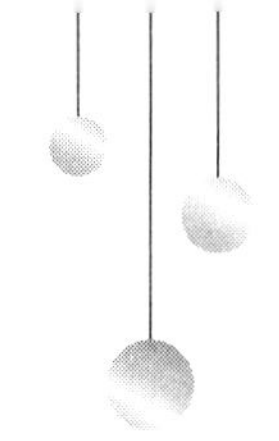

역이 개시되면 각국은 비교우위 있는 상품을 수출하고 비교열위에 있는 상품을 수입하여 각국은 무역이익을 얻게 된다.

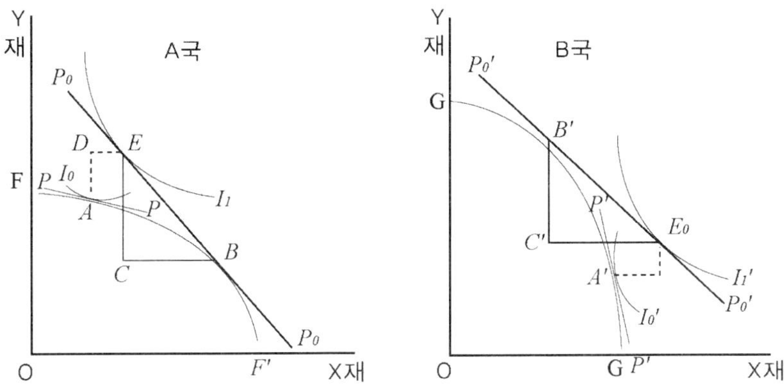

[그림 2-5] 개방경제하의 무역균형

즉, 각국은 이러한 비교우위를 갖는 재화의 생산에 특화하여 수출하게 된다. 양국은 무역을 통하여 무역전에 비해 보다 많은 소비를 함으로써 효용수준을 향상시킬 수 있다. [그림 2-5]에서와 같이 무역을 개시하기 전에 A·B 양국의 국내균형점 A와 A′에서 양국은 생산과 소비를 하게 된다. 그리고 상대가격을 나타내는 교역조건선인 A국의 PP가 B국의 P′P′보다 완만하므로 A국은 X재 생산에 비교우위, B국은 Y재 생산에 비교우위가 있다. 따라서 A국은 X재를 특화하여 B국의 Y재와 교환으로 X재를 수출하게 된다.

결국 A국이 X재를 특화함에 따라 생산은 무역 전의 균형생산점인 A점에서 B점으로 이동되고 X재의 기회비용도 X재 생산량이 늘어남에 따라 증가된다. 한편 B국은 무역 전의 균형생산점인 A′점에서 B′점으로 생산점은 이동하게 되고 Y재의 기회비용도 Y재의 생산량이 늘어남에 따라 증가하게 된다. 이러한 양 재화에 대한 특화가 이루어지는 점은 양국의 상대가격(생산가능곡선의 기울기)이 같아질 때까지 계속된다. 이때의 상대가격이 균형무역조건이 된다. 따라서 [그림 2-5]에서 B점을 지나는 접선 P0P0와 B′점을 지나는 접선 P′0P′0선의 기울기는 같게 된다.

이러한 조건으로 무역이 이루어지면 A국의 생산점은 B점으로 이동하게 된다. 즉 무역삼각형(△BCE :빗변은 상대가격, 즉 교역조건)에서와 같이 A국은 CB만큼의 X재를 B국으로 수출하고 B국으로부터 CE만큼이 Y재를 수입하게 된다. 이 때 E점은 A국이 무

역을 개시하여 도달할 수 있는 가장 높은 효용수준을 나타나게 된다. 따라서 A국은 무역전인 폐쇄경제 하에서 보다 X재를 DE, Y재를 DA만큼 더 소비할 수 있게 되어 A국의 후생수준은 증대된다.

한편 B국도 무역을 함으로써 생산점이 A′점에서 B′점으로 이동하게 된다. 즉 무역삼각형(△B′C′E0)에서와 같이 B′C′만큼의 Y재를 수출하고 C′E0만큼의 X재를 수입하게 된다. 따라서 B국도 무역 전에 비하여 A′D′만큼의 X재와 D′E0만큼의 Y재를 더 소비하게 되어 후생수준(E0점)은 증대된다.

이 때 A국의 X재 수출량 CB와 B국의 X재 수입량 C′E0가 같고 B국의 Y재 수출량 C′B′와 A국의 X재의 수입량 CE가 같다. 즉 무역삼각형 BCE=B′C′E0가 동일함을 알 수 있다. 따라서 동일한 교역조건으로 무역을 하는 두 국가는 생산과 소비의 균형을 이루고 또한 무역의 일반균형이 달성된다.

3) 오퍼곡선과 무역균형

(1) 오퍼곡선의 개념

오퍼곡선(offer curve)은 영국의 두 경제학자인 마셜(A. Marshell)과 에지워스(F. Y. Edgeworth)에 의해 밀(J. S. Mill)의 상호수표법칙을 도식화해서 오퍼곡선을 도출하였다.

오퍼곡선은 재화의 가격비율(교역조건)이 주어졌을 때 수요로 하는 수입상품의 양에 대하여 얼마만큼의 수출상품을 제공할 의사가 있는가를 나타낸 것이다. 그리고 오퍼곡선을 양국간의 무역과 균형교역조건에 대한 일반균형적 분석을 시도할 때 주로 이용된다.

(2) 오퍼곡선에 의한 무역의 일반균형

양국의 오퍼곡선을 동일한 좌표 위에 놓으면 양 곡선은 반드시 교차하게 된다. [그림 2-6]에서 양국의 오퍼곡선은 P점에서 교차하고 이점은 상대가격을 나타낸다. 이 상대가격에서 A국은 OC_1의 X재를 수출하려는 양과 B국이 수입하려는 OC_1'의 양과 일치한다. 결국 2국 2재의 전제 조건하에서 A국의 X재의 수출량은 B국의 수입량을 의미한다. 즉, E점에서 무역의 일반균형이 달성된다.

그리고 E점에서 원점 O에 이르는 직선 OP는 무역의 일반균형조건 하에서 X재와 Y재의 교환비율을 나타내는 균형교역점이 된다. 따라서 A국은 OC_1만큼의 X재를 수출하고 OC_1'만큼의 Y재를 수입하고 B국은 OC_1'만큼의 Y재를 수출하는 동시에 OC_1만큼의 X재를 수입한다. 결국 양국의 수출량과 수입량이 일치되어 무역의 균형을 이룬다.

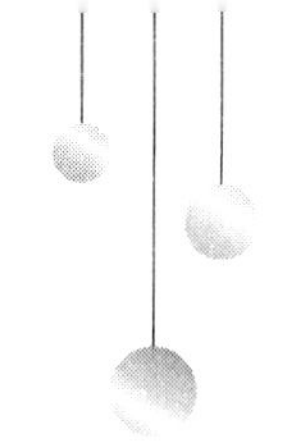

즉, 두 오퍼곡선은 E점에서 교차하여 균형상대가격이 Px/Py = P = 1임을 나타내고 있다.

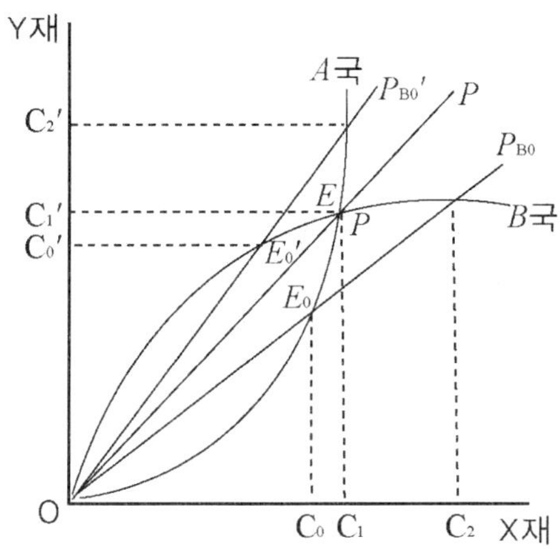

[그림 2-6] 오퍼곡선에 의한 무역의 일반균형

그러나 양국간의 무역이 교역조건으로부터 불균형상태에 있다고 가정할 때, 즉, 교역조건아 OP_{B0}의 상대가격이 설정되면 A국이 수출하고자 하는 OC_0의 양보다 B국이 수입하고자 하는 OC_2양이 부족하다. 따라서 X재의 초과수요가 발생되어 X 재의 상대가격을 상승시킨다. 이로 인하여 A국이 공급하는 X재의 수출량은 증가하고 B국이 수요로 하는 X재의 수입량은 감소하게 되며, 이러한 현상은 교역조건선 OP가 될 때까지 지속된다. 즉, OP의 교역조건하에서 초과수요는 해소되고 균형을 이루게 된다. 한편 교역조건이 $P'B_0$인 경우에는 X재에 대하여 초과공급이 발생하게 되어 Y재 가격을 상승시킨다.

결국 B국이 공급하는 Y재의 수출량은 증가하고 A국이 수요로 하는 Y재의 수입량은 감소한다. 이러한 현상도 교역조건이 OP가 될 때까지 계속된다. 따라서 E점의 균형은 안정적인 균형점(P=1)이 된다. P=1은 상품의 균형상대가격을 의미한다.

만약 X재의 상대가격이 Px / Py〈1인 경우 A국이 제공하는 X재의 수출량이 B국이 수요로 하는 X재의 수입량에 못 미치게 된다. 그 결과 X재의 상대가격은 균형 수준으로 상승한다. Px / Py > 1인 경우에는 정반대의 결과가 나타난다.

그리고 교역조건의 유리화(P > 1)나 불리화(P > 1)의 조정은 가격메커니즘에 의하여 자동적으로 조정된다.

4) 오퍼곡선 도출의 예

(1) 오퍼곡선

① **1국의 오퍼곡선** : [그림 2-7]에서 1국의 A점은 무역을 개시하기 전(폐쇄경제)에 국내의 생산과 소비가 일치하는 균형점이며 경제적 자립점이 된다.

1국은 X재에 비교우위, Y재에 비교열위를 갖고 있다. 따라서 1국이 X재를 특화하여 수출하게 되면 점A 즉, X재를 특화·수출을 지속하면 생산가능곡선은 우하향으로 이동한다. 이러한 상황에서 첫째, PB = Px/PY = 1인 상태에서 무역이 발생하면 1국은 생산이 점 B로 이동하고 무차별곡성 Ⅲ상의 E점에 도달하게 되어 무역삼각형(BCE : 빗면의 길이는 상대 가격)이 도출되고, 1국은 CE만큼의 Y재를 수입하는 대신 BC 만큼 X재를 2국에 수출하게 된다. 즉, 1국은 2국에 60X를 수출하고 대신 60Y를 수입하게 된다.

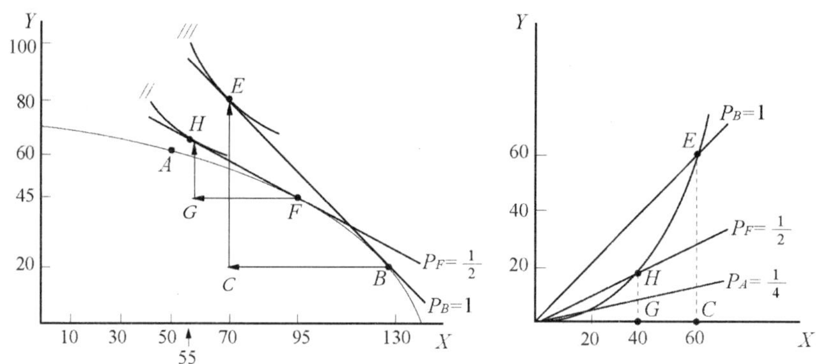

[그림 2-7] 1국의 오퍼곡선의 유도

둘째, P_F = PX/PY = 1/2인 경우 생산이 점A에서 점 F로 이동하고 무차별곡선 II상의 H점에 도달하게 되어 무역삼각형(FGH : 빗면의 길이는 상대 가격)이 도출되고, 1국은 HG만큼의 Y재를 수입하는 대신 FG만큼 X재를 2국에 수출하게 된다. 즉, 1국은 2국에 40X를 수출하고 대신 20Y를 수입하게 된다.

따라서 오른 쪽 도표에서 원점과 점 H, 점 E 및 유사하게 얻어지는 다른 점들을 연결시킴으로써 1국의 오퍼곡선이 도출된다. 이 오퍼곡선은 1국이 자발적으로 2국에 X재의 여러 단위들을 수출하고자할 때 얼마만큼의 Y재를 수요로 하는가를 보여준다.

그리고 가격 P_A, P_F와 P_B는 왼쪽 도표에 있는 P_A, P_F와 P_B와 기울기의 절대값이 동일하므로 동일한 X재의 상대가격을 표시한다.

또한 1국의 오퍼곡선은 폐쇄경제 하의 가격선 P_A=1/4보다 위에 존재하고, 비교우위의 상품 수출을 측정하는 X축으로 볼록하게 굽는 형태를 갖는다. 1국이 더 많은 X재를 수출하기 위해서는 P_X/P_Y의 상대가격이 상승해야 한다.

그리고 P_F=1/2인 경우에도 무역삼각형(FGH)의 FG만큼의 40X를 수출하고 P_B=1인 경우에도 무역삼각형(BCE)의 BC만큼의 60X를 수출한다. 이러한 이유는 두 가지에 근거한다. 첫째, 1국은 수출을 위해 상품 X재를 더 많이 생산할수록 기회비용의 증가에 직면한다. 둘째, 무역을 하는 경우 1국이 소비하는 X재이 수량은 적어지고 Y재의 수량이 많아짐에 따라 그 국가에서 상품 Y단위와 비교하여 상품 X 마지막 한 단위가 더 가치있게 평가된다는 것이다.

② **2국의 오퍼곡선** : [그림 2-8]는 2국의 점 A′는 무역을 개시하기 전(폐쇄경제)에 국내의 생산과 소비가 일치하는 균형점이며 경제적 자립점이었다.

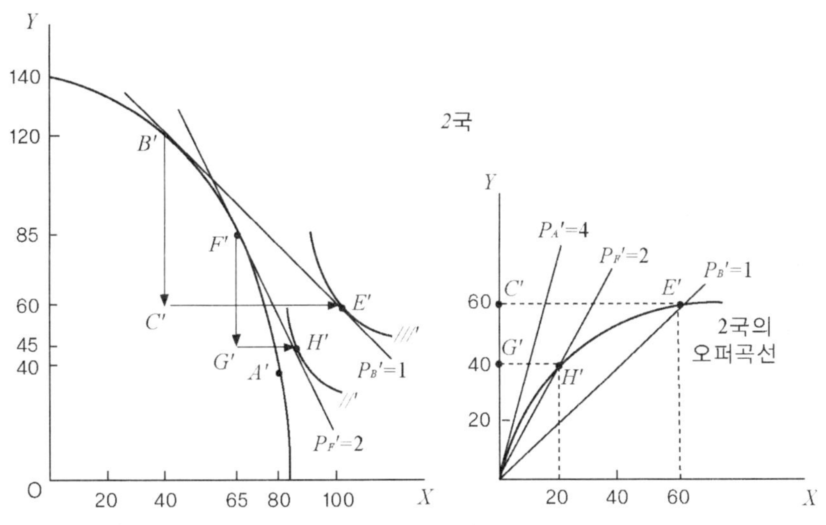

[그림 2-8] 2국의 오퍼곡선

2국은 Y재에 비교우위, X재에 비교열위를 갖고 있다. 따라서 2국이 Y재를 특화·수출하게 되면 점 A′ 즉, Y재를 특화·수출을 지속하면 생산가능곡선은 좌 상향으로 이동한다.

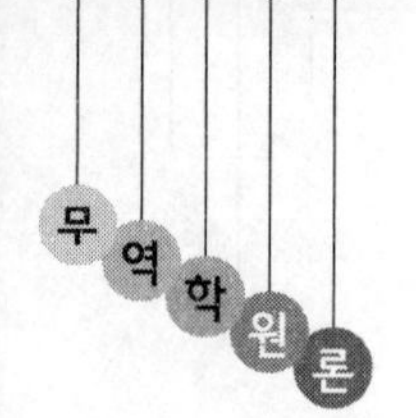

이러한 조건에서 첫째, $P_B' = P_X/P_Y = 1$인 상태에서 무역이 발생하면 2국은 생산이 점 B′로 이동하고, 무차별곡성 III′상의 E′점에 도달하게 되어 무역삼각형(B′C′E′ : 빗면의 길이는 상대가격)이 도출된다. 2국은 C′E′만큼의 X재를 수입하는 대신 B′C′만큼 Y재를 1국에 수출한다. 즉, 2국은 1국에 60Y를 수출하고 대신 60X를 수입하게 된다.

둘째, $P_F' = P_X/P_Y = 1/2$인 생산이 점 A′에서 점 F′로 이동하고 무차별곡성 II′상의 H′점에 도달하게 되어 무역삼각형(F′G′H′ : 빗면의 길이는 상대가격)이 도출되고, 2국은 G′H′만큼의 X재를 수입하는 대신 F′G′만큼 Y재를 2국에 수출하게 된다. 즉, 2국은 1국에 40Y를 수출하고 대신 20X를 수입하게 된다.

따라서 오른 쪽 도표에서 원점과 점 H′, 점 E′ 및 유사하게 얻어지는 다른 점들을 연결시킴으로써 2국의 오퍼곡선이 도출된다. 즉, 2국이 자발적으로 1국에 Y재의 여러 단위들을 수출하고자할 때 얼마만큼의 X재를 수요로 하는가를 보여준다.

오른쪽 도표에 있는 가격 P_A', P_F'와 P_B'는 왼쪽 도표에 있는 P_A', P_F'와 P_B'와 기울기의 절대값이 동일하므로 상품 X재의 동일한 상대가격을 의미한다. 오른쪽 도표에 있는 2국의 오퍼곡선은 폐쇄경제하의 가격선 $P_A'=4$보다 아래쪽에 존재하고 비교우위를 갖고 수출하는 상품을 측정하는 Y축 쪽으로 볼록하게 굽은 형태를 갖는다. 2국은 1국으로 더 많은 Y재를 수출하기 위해서는 P_Y/P_X의 상대가격이 상승해야한다. 이렇게 $P_F' = 2$인 경우에는 40Y를 수출하고 $P_B'=1$인 경우에는 60Y를 수출한다. 그 이유는 두 가지에 근거한다. 첫째, 2국은 수출을 위해 Y재를 더 많이 생산할수록 기회비용의 증가에 직면한다. 둘째, 무역을 하는 경우 2국이 소비하는 X재의 수량은 많아지고 상품 Y재의 수량은 적어짐에 따라 그 국가에서 상품 X단위와 비교하여 상품 Y재 마지막 한 단위가 더 가치 있게 평가된다는 것이다.

(2) 오퍼곡선에 의한 무역의 일반균형

[그림 2-9]에서 두 오퍼곡선은 E점에서 교차하여 균형상대가격이 $P_X/P_Y = P_B = P_B' = 1$임을 나타내고 있다. 가격선 PB에서 1국은 자국 오퍼곡선의 점 E가 나타내는 60Y를 수입하고 60X를 수출하게 된다. 또한 2국은 자국 오퍼곡선상의 E′가 나타내는 대로 60X를 수입하고 60Y를 수출함으로써 P_B에서 무역은 균형을 이루게 된다.

P_B를 제외한 다른 P_X/P_Y에서는 무역균형을 이루지 못한다. 예를 들어 $P_F = 1/2$에서는 1국의 수출 40X는 2국의 X재 수입수요보다 적게 된다. 도표에서는 나타나지 않지만 P_F를 더 확장시키고 2국의 오퍼곡선을 확장시켜보면 이 두 선이 교차할 때 결정되는 X

재의 수입수요량이 1국의 수출 40X를 초과하는 초과수요량이 발생한다.

이와 같이 P_F = 1/2에서 2국의 상품 X에 대한 초과수입수요로 인해 P_X/P_Y의 상대가격이 상승하게 됨으로써 1국의 X재 수출 공급은 증가하고(즉, 1국은 자국의 오퍼곡선을 따라 위로 이동) 2국은 X수입수요를 감소시키게 된다.(즉, 2국은 자국의 오퍼곡선을 따라 아래로 이동). 이 결과 수요와 공급이 P_B에서 균형을 이루게 되며 상품 Y의 경우도 마찬가지로 $P_F \neq P_B$인 P_X/P_Y하에서는 P_F가 P_B로 향하여 균형을 이루게 된다. 따라서 양국의 오퍼곡선이 교차하는 접점의 P_B = 1이라는 의미는 무역 후 상품의 균형상대가격이 형성되고 또한 양국은 동일규모의 무역이익을 얻게 된다는 것이다.

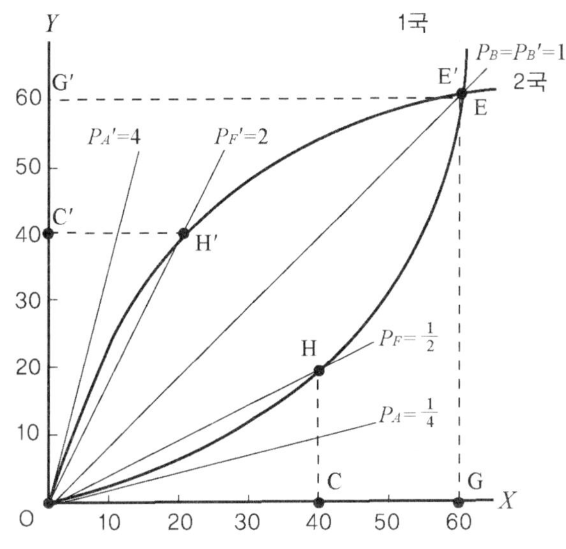

[그림 2-9] 재화의 균형상대가격

즉, [그림 2-7] 및 [그림 2-8]에서와 같이 무역을 하는 경우 1국은 점A에서 점B로 생산이 이동한다. 그 경우 2국과 60X를 주고 60Y를 얻는 교환을 통해(삼각형BCE) 1국은 E점에서 소비하게 된다. 이와 같이 1국은 무역을 통해 20X와 20Y의 이익을 얻는다. 마찬가지로 2국은 생산이 점 A′에서 점 B′로 이동할 경우 1국과 60Y를 주고 60X를 얻는 교환을 통해(삼각형B′C′E′) 2국은 점 E′에서 소비하게 된다. 이와 같이 2국은 무역을 통해 20X와 20Y의 이익을 얻는다. 따라서 P_B = P_B' = 1은 무역을 이루는 상대가격이다.

제3장 | 무역정책론

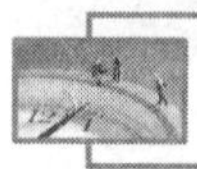

제1절 … 무역정책의 의의 및 목적과 유형

1.1 무역정책의 의의 및 특성

1) 무역정책의 의의

무역정책(trade policy)은 국민 경제의 균형적 발전을 달성하기 위하여 한 나라의 대외 무역 거래에서 나타나는 모순을 극복하기 위한 정책이다. 일반적으로 무역정책은 대외거래에서 나타나는 모순의 해결 방법으로 수입초과일 때는 수출을 촉진하는 동시에 수입을 억제시키고, 수출초과인 경우에는 그 반대의 방안을 모색한다.

그리고 어느 한 국가의 무역정책은 반드시 상대방 국가에게 직·간접적으로 영향을 미친다. 예를 들어 어느 한 국가가 수출증대 및 수입규제를 위한 어떤 정책을 도입하게 되면 상대방 국가도 여기에 대응한 무역정책을 도입하게 된다. 따라서 무역정책은 무역자유화 및 공정 무역이 전제되어야 하고 또한 자국 상품의 경쟁력을 배양하는 측면에서 고려되어야 한다.

2) 무역정책의 특성

그리고 무역정책은 국민경제의 대외경제활동을 반영하기 때문에 다른 경제정책과는 달리 다음과 같은 특성을 지니고 있다.

첫째, 무역정책은 국내고용의 증대, 경기의 진작 및 경제발전 등의 국내 경제정책을 포괄시킨 종합적인 성격의 특성이 있다.

둘째, 무역정책은 대내적으로 정부가 직·간접적으로 무역활동을 촉진, 조정 또는 제한함으로써 국내적 경제안정(완전고용, 물가안정 등)과 국제균형(국제수지균형)을 이루

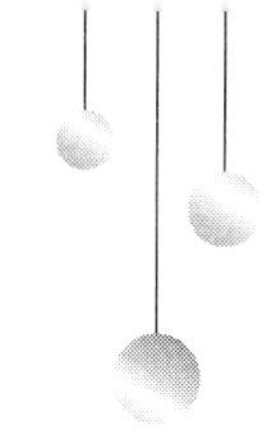

고 동시에 넓게는 산업간 균형의 달성을 위한 정책이다.

셋째, 무역정책은 대외적으로는 각국 정부가 자국 이외의 외적 환경요인의 변화에 따른 적절한 대응 방안을 반영한다. 즉, 세계는 정치체제와 경제발전단계가 다른 국가들 사이의 유기적인 조직체로 구성되어 있기 때문에 한 국가의 정책 변화는 다른 국가에 크든 작든 간에 영향을 미치게 된다. 따라서 이러한 영향이 자국 내 경제에 부정적으로 파급되는 정도를 극소화시키는 정책을 수립한다.

넷째, 무역정책의 기조는 일반적으로 선진국은 자유무역정책, 후진국은 보호무역정책을 실시한다. 각국의 산업구조가 이질적인 경우에는 세계적으로 자유무역정책이 지배적이었고 동질화 현상이 발생한 경우에는 보호무역정책이 우선적으로 채택되어왔다.

1.2 무역정책의 목적과 유형

1) 무역정책의 목적

무역정책의 목적은 국내 산업보호, 국제수지개선, 자원의 효율적 배분, 완전고용, 물가안정, 경제성장 및 사회적 후생의 증대 등에 있다.

첫째, 대부분의 국가들이 자국경제의 지속적인 성장과 발전, 고용 및 물가안정 등의 이유로 국내산업의 보호 정책을 실시한다. 특히 개발도상국들은 유치산업 보호 및 수입대체산업의 보호정책을 실시하고 선진국들은 자국경제의 현상유지 및 산업의 공동화 방지 등의 목적으로 사양 산업까지 보호하려는 국내 산업 보호 정책을 실시하고 있다.

둘째, 국제수지 개선 목적의 무역정책을 실시한다. 수출은 증진시키고 수입은 억제하는 정책을 통하여 국제수지를 개선하려는 정책을 수립·시행한다. 국제수지의 개선은 외환보유고의 증대로 외환시세의 안정 및 국민경제의 균형적 발전 및 성장을 달성시킨다.

셋째, 각국마다 자국의 풍부한 자원에 특화하여 생산 수출한다면 생산량은 증가하고 생산요소가 절약되어 자원의 효율적 배분이 실현된다. 이것은 자유무역이 전제되어야 하고 자원의 효율적 배분은 단기적 관점에서 볼 때 국내유치산업의 어려움과 산업구조의 편중 내지 취약성을 수반할 수도 있다.

넷째, 완전고용은 실업률이 3~5%수준일 때를 말하며 세계 각국은 수출은 증대시키고 수입은 억제하며 국내생산량의 증대를 통하여 고용 창출을 확대하고 잉여 생산물은 수출의 증대를 꾀하고 부족 생산물은 수입을 통하여 국내물품공급의 수급조절을 통해 물

가를 안정시킨다.

다섯째, 사회적 후생의 증대는 경제의 성장과 경제발전을 통하여 달성된다. 경제성장은 경제구조의 변화가 없는 상태에서 소득만 증가하는 것이고 경제발전은 경제구조의 변화가 이루어지는 가운데 소득이 증가하는 것을 말한다.

따라서 각국들은 타국에 비하여 비교우위 또는 경쟁력을 갖는 산업을 중심으로 수출을 증대시킴으로 경제성장과 경제발전을 이룩하고 나아가 품질이 좋고 가격이 저렴한 상품을 구입 소비함으로써 사회적 후생증대효과를 가져온다.

2) 무역정책의 유형

무역정책의 유형은 관세정책 및 비관세 장벽의 두 가지가 있다. 관세 정책은 관세를 매개체로 하여 이루어지며 비관세 장벽은 수입할당, 수출자율규제, 수입과징금, 수입예치금, 수입금지, 차별적 정부구매, 생산 및 수출보조금, 수출신용보험 그리고 외환관리와 같은 다양하고 복잡한 제도를 통하여 달성된다.

그리고 비관세장벽은 수출증진과 수입억제로 나누고 수출증진을 위한 수단에는 생산 및 수출보조금제도, 수출신용 및 수출신용보험제도 등이 있으며 수입억제 수단에는 관세 및 수입할당제, 수출자율규제, 수입과징금 및 예치금제도 그리고 차별적 정부구매가 있다.

제2절 … 무역정책의 유형과 변천

2.1 중상주의 무역정책

1) 중상주의의 의의와 특성

중상주의는 16세기부터 18세기 중엽에 이르는 동안에 유럽제국에서 전개되었던 경제정책 및 경제사상이다. 주요 목적은 해운업과 모직물 등의 수출산업과 함께 해외무역을 급격히 육성하고 특히 귀금속의 자국 유입을 늘리려고 노력하였던 시기로 이러한 것들은 점차 자연경제에서 화폐 경제로의 이행을 촉진시키는 계기가 되었다.

중상주의는 해외무역과 무역수지 문제 및 화폐유통(금은과 같은 귀금속)을 규제하는 문제에 주의를 집중시켰다. 즉, 중상주의 원리는 귀금속이 부의 유일한 형태라고 보며 결국 귀금속의 양적 증가가 국가의 부의 원천으로서가 아니라 부가 증가하고 있다는 하나의 징후로 간주하였다.[25)]

따라서 초기 중상주의자들은 화폐유통분야에만 국한하고 무역차액을 주장한 후기 중상주의자들은 귀금속의 움직임과 전체무역 및 산업발전 간의 연관성을 규명하였다는 데에 의미가 있다.

(1) 초기의 주상주의

초기의 중상주의는 화폐는 금·은이며 금과 은이 부(富)라 하여 한 나라의 부는 금·은의 양, 즉 화폐의 량에 있다고 생각하는 특성으로 중금주의 또는 지금주의(地金主義)라고도 한다.

특히 16세기와 17세기 초의 초기 중상주의자들은 화폐수지제도를 옹호하였으며 화폐통화에 대한 정부의 강제적 규제를 통해 금속주화의 가치 하락, 통화 교환율의 악화, 본위화폐의 타국의 유출 및 외국상품 수입 감축 등과 악영향을 근절시킬 수 있다고 믿었다. 그리고 금속주화의 해외 유출을 절대적으로 금지하였으며 이러한 수단에 의해 그 국가의 화폐수지가 개선되기를 원하였다.

특히 영국의 초기 중상주의 정책은 주로 직접적으로는 수출입세의 징수를 통해, 간접적으로는 국내에 존재하는 귀금속을 증가시킴으로써 국고를 늘리는 재정정책을 실시하였다. 한편으로는 화폐사용제한법[26)]에 의해 외국인이 영국 밖으로 경화를 유출시키는 것을 금지하였으며 또 다른 한편으로는 스테이플[27)]의 창출을 통해 외국으로부터의 화

---

25) 아이작 일리치 루빈(함상호 역), 경제사상사, 신지평, 1994. p.35.

26) 화폐사용제한법(Statues of Employment)에 의하면 상품을 영국에 가지고 들어온 외국상인은 그 판매대금을 모두 영국 내의 다른 상품구매에 사용해야 했다. 외국상인이 영국을 여행하게 되면 그는 주인(host)으로 행사하는 그 지역 주민의 통제를 받았다. 그 주인은 손님이 행하는 모든 거래를 적절히 감시하고 특별장부에 기입하였다. 그 손님에게는 그의 상품을 판매하고 그 대금으로 영국 상품을 구매하는 데 사용될 수 있는 기간으로서 최고 8개월이 주어졌다. 주인의 통제를 회피하고자 하는 외국상인은 투옥되었다. 15세기의 후반 동안 이러한 주인체제는 정부의 특별검사관과 감독관 즉 대부분 치안판사에 의한 통제체제로 바뀌었다.

27) 스테이플(staple)은 거래의 감독과 관세징수를 편리하게 하기 위해 상인의 상품 집적지역으로서 외국 및 영국의 일정도시를 지정한 것을 말한다. 이 정책은 무역경로를 정하여 무역을 제한하는 수단으로 활용하였는데 이 조치는 단순한 조치 이상의 것이었다. 이 정책은 그 지역시장에 대한 독점을 특정 상인회사에 부여했기 때문에 왕정으로부터 다투어 이 권리를 따내려하였다. 원래 스테이플정책은 특정도시가 다양한 상품의 무역에 있어서 주요한 거래 장소로 됨으로써 스스로를 무역의 중심지로서 확립하려는 수단이었다. 일단 한번 확정되면 스스로를 거대한 중심시장으로 구축하

폐유입을 조장하였다.

국가가 제정한 법률에 의해 영국과 외국 상인 모두의 행동이 엄격하게 규제되었으며 영국 내외의 모든 상거래는 하찮은 것까지도 통제를 받았다. 금과 은이 외국으로 유출되는 것을 봉쇄하고 외국으로부터 이러한 귀금속을 유입함으로써 초기 주상주의정책은 그 국가의 화폐차액의 이익을 지향하고 있었으므로 화폐차액체제라고도 불린다.

(2) 후기의 중상주의

17세기 후반 중상주의자들은 화폐순환 내부에서의 변동 즉, 환율의 악화와 금속주화의 유출이 그 국가의 악화된 무역수지에서 기인한다는 것을 알게 되었다. 그들은 화폐유통을 직접적으로 규제하는 것이 불가능하다고 생각하였다.

따라서 정책담당자들에게 타국으로의 상품수출을 자극함으로써 무역수지를 조정하는데 전력을 다할 것을 충고하였다. 특히 그들은 원료보다는 값이 비싼 공산품이 수출될 수 있도록 수출산업을 발전시킬 것과 중계무역(즉, 인도와 같은 해양 국가들의 식민지 상품을 구입해 비싼 값으로 유럽의 국가들에게 파는 행위)을 발전시킬 것을 권고하였다.

그리고 영국에서 '무역수지' 이론은 1630년에 저술된 토마스 먼(Thomas Mun: 1571-1641)의 "해외무역에 의한 영국의 재부(England's Treasure by Foreign Trade)"[28]에 의하여 확립된 이론으로 처음에는 금·은 자체의 획득만을 문제로 하여 거래 시 마다 금·은의 잉여를 확보하려 하였으나 점차 외국무역이 발전함에 따라 무역을 통하여 간접적인 방법으로 금·은을 유입시키려고 하였다.

즉, 비록 어느 나라와의 거래에서 차액의 적자(수입초과)가 발생하더라도 전체의 무역거래에 있어서 차액의 흑자(수출초과)가 되면 부는 증대된다는 것이다. 그리고 토마

기 위해 스테이플정책을 이용했던 브뤼지나 안트워프(14세기 초 영국 양모를 수출할 수 있었던 지역)처럼 이러한 무역의 집중을 이용해 국지적 수공업과 상업을 육성하려 했다.

28) 해외무역에 의한 영국의 재부(England's Treasure by Foreign Trade)는 토머스 만에 1630년에 저작하였으나 그가 죽은 뒤 1644년에 출판되었다. 엥겔스는 이 책을 중상주의 복음이라고 하였다. 만은 귀금속의 획득, 즉 그가 말하는 재부의 증가로 인한 국가의 이익에 대한 이전의 학설을 논박하지는 않았다. 그가 논박한 것은 재부가 화폐유통을 직접적으로 규제하는 국가의 강제적 조치(화폐수출금지, 고정환율, 주화의 금속 함량 변화 등)에 의해서는 증가되지 않는다는 것이다. 귀금속의 유입과 유출은 전적으로 무역차액이 긍정적(positive)이냐 부정적(negative)이냐에 달려있다는 것이다. 즉, 화폐는 긍정적인 무역차액의 결과 국내로 유입될 것이다. 이 전제에 의하면 화폐의 국내유입은 초기 중산주의 규제 때문이 아니라 무역차액을 호전시키는 수단으로서의 수출, 해운업 그리고 수출 지향적 산업의 증진을 지향하는 포괄적인 경제정책의 결과이다. 무역차액은 중상주의 초기(화폐의 수출금지 및 외국상품 수입 감축)와는 달리 상품수입을 삭감하거나 수출을 확대함으로써 발생한다는 것이다.

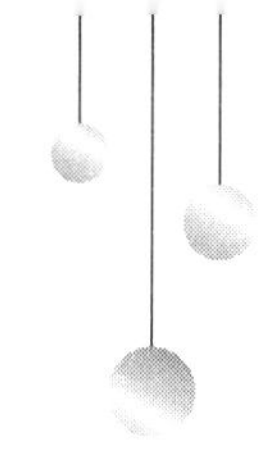

스 만은 시대에 뒤진 화폐수출의 금지조치에는 반대하는 입장이었음에도 불구하고 무역차액을 개선하고 화폐를 국내로 유입하는 수단으로서 정부가 외국무역의 통제를 행사할 필요성을 인정하였다.

결론적으로 초기 중상의의 국가는 정부의 재정 상태를 개선하고 상인계급은 상업의 회전을 원활하게 하기 위해 보다 많은 귀금속을 필요로 하였으며 지주는 풍부한 화폐로 인해 농산물가격이 상승하고 차입금에 대한 이자율이 낮아질 것을 기대하였다. 이들 서로 상이한 계급 모두의 이해가 국내로 화폐를 유인하고자 하는 중상주의적 신앙을 조성하고 지탱했던 것이다.

그러나 후기 중상주의는 국가 간의 화폐 유출입은 상품교환의 결과이며 상품수출이 수입을 초과할 때 화폐는 즉시 국내로 들어오게 된다는 것을 이해하게 되었다. 그리하여 그들은 적극적인 무역차액 즉, 상품수출의 강요와 상품수입의 삭감에 의해 보장되는 무역차액을 유리한 화폐차액을 달성할 수 있는 최선의 수단으로 간주하였다.

중상주의 정책의 초기는 국내외 귀금속 유출입을 직접적으로 규제하는 데 큰 관심을 가졌다면 후기 중상주의는 자국과 타국간의 상품교환을 규제함으로써 금은의 유입량을 확대시키는 정책이었다. 중상주의는 16세기부터 18세기 중엽에 이르는 동안에 유럽제국에서 전개되었던 경제정책, 경제사상으로 각국의 사정이나 시대에 따라 차이가 있으므로 일률적으로 규정하여 파악하기는 곤란하지만 최초의 무역정책을 그 속에서 찾을 수 있다. 중상주의의 특성은 화폐의 중시, 외국무역의 존중 및 제조업의 보호 등으로 요약될 수 있다.

2.2 자유무역정책

1) 자유무역주의의 기원

자유무역의 기원은 프랑스의 중농주의 학자인 케네(F. Quesney)에 의하여 체계화된 중농주의(physiocracy)사상에서부터 찾을 수 있다. 즉, 국가 중심의 보호간섭주의인 중상주의를 반박하면서 농업을 중심으로 한 자유주의를 주장하였고, 자유방임론(laissez faire)은 농업을 대농업화하기 위한 무역의 자유라는 입장을 피력하였다.

중농주의에서는 농업생산이 과잉일 때에는 수출하여 가격을 유지시키고 반대로 흉작일 때에는 수입을 하여 가격의 등귀를 막기 위하여 외국무역은 자유로워야 한다는 것이

다. 중농주의 학자들이 주장한 무역 자체의 중요성보다는 농산물의 가격유지가 목적이었기 때문에 무역정책상 미친 영향은 적다. 그러나 케네를 중심으로 하는 중농학파 학자들의 자유방임사상은 무역자유화의 기초가 되었으며 아담 스미스에게 영향을 주었다.

2) 아담 스미스의 자유무역론

중농주의자들과 아담스미스에서부터 시작되는 자유무역주의자들이 비난하는 중상주의자들의 개념적 오류는 첫째, 국가의 진정한 부는 생산에 있는 것이지 화폐에 있는 것이 아니라는 점 둘째, 국부의 진정한 원천은 생산이지 외국무역이 아니라는 것이다.

즉, 자유무역주의는 중농주의의 자유방임 사상가인 아담 스미스가 그의 저서 국부론에서 주장한 것처럼 노동 생산성의 증대가 사회의 부를 확대할 수 있고 이를 위하여 분업이 필요하고 자유무역을 전제로 하고 있다. 그리고 자유무역론은 개인의 이기적인 행동이 보이지 않는 손(invisible hand)[29]에 이끌려 사회적 이익에 합치된다는 것에 근거를 두고 있다.

정부는 경제생활에 간섭하지 말아야하고 단지 국가의 안전보장, 사회의 타구성원에 의한 억압으로부터 어느 한 개인의 보호, 특정한 사회적 사업에 관한 사항 등 최소한의 기능에 한정시켜야 한다. 즉, 경제생활은 전적으로 개인이익의 자유로운 작용에 맡겨야 한다는 것이다. 그리고 자유무역의 필요성은 다음과 같다.

(1) 국제분업론

국가마다 자연적 조건(기후, 자원 등)과 사회적 조건(생산기술, 임금 등)의 차이로 국제 분업이 이루어지고 자유무역을 통하여 자국에서 생산하는 것보다 싼 상품은 수입하

---

29) 보이지 않는 손(invisible hand)의 개념에 대한 문장은 Wealth of Nations에 언급되어 있으며 모든 개인은 자기의 자본을 국내 산업의 유지에 사용하고 그 생산물이 최대한으로 많은 가치를 가질 수 있는 방향으로 될 수 있는 한 노력하기 때문에 모든 개인은 필연적으로 매년 그 사회의 수입을 될 수 있는 한 크게 하려고 힘쓴다. 사실 대체로 그는 공공의 이익을 촉진할 것을 의도하고 있지도 않으며 그가 공공의 이익을 얼마나 촉진하고 있는지 알고 있지도 않다. 외국산업의 유지보다도 국내산업의 유지를 택함으로써 그는 자기 자신의 안전만을 의도하고 국내산업의 생산물이 최대가치를 가질 수 있는 방향으로 자기 자신의 이익만을 의도하고 있는 것이다. 그리고 이런 경우에도 그는 다른 많은 경우와 마찬가지로 보이지 않는 손에 인도되어 자기가 전혀 의도하지 않았던 목적을 촉진하게 된다. 그가 그 목적을 전혀 의도하지 않았다고 해서 반드시 그 사회에 더 나쁘다고 할 수 없다. 그는 자신의 이익을 추구함으로써 흔히 그가 실제로 사회의 이익을 촉진할 것을 의도했을 때보다도 오히려 더 효과적으로 그 사회의 이익을 촉진시킨다. (자료: Adam Smith, *An Inquiry into the Nature and Causes of the Wealth of nations*, edited by R. H. Campbell, A.S. Skinner and W.B. Todd(oxfored University Press, 1976, 제4권 제2장, p.456.)

고, 외국에 비하여 자국이 우월한 상품은 자국 내에서 특화 생산하여 상호 교환하면 세계 전체의 자원은 가장 효율적으로 배분되고 또한 세계 전체의 생산량은 증가되어 세계 전체 이익이 된다.[30)]

(2) 자유경쟁론

자유 경쟁은 산업 발달을 시키는 가장 유력한 자극제이며 생산기술의 진보나 경영의 개선도 경쟁에 의해서만 촉진될 수 있다는 것이다. 즉 한 나라에 있어 자유경쟁이 생산기술의 혁신이나 경영방법의 개선 등 산업발달에 유익한 것과 마찬가지로 외국과의 무역에 있어서도 자유경쟁에 맡기는 것이 상호간에 유익하다는 것이다.

그 당시 미국과 독일은 경제발전 단계 상 후진성 때문에 영국과는 자유경쟁이 불가능한 상황이었다. 따라서 아담스미스의 자유경쟁론은 선진국이었던 영국 측의 입장만을 고려한 이기적인 이론으로 비판을 받고 있다.

(3) 소비자 이익론

모든 생산은 소비될 것을 목적으로 하기 때문에 소비자의 이익이 우선해야 한다는 주장이다. 어떤 국가에서 보호관세제도를 실시하여 외국상품의 수입을 억제시키고, 품질이나 가격 면에서 뒤진 국내상품을 소비자에게 사용하게 한다는 것은 소비자의 이익을 감소시키므로 보호관세를 철폐하여 국가의 간섭이나 규제가 없는 자유방임 하에 무역을 실시하여 소비자의 이익을 증대시켜야 한다는 것이다.

자유무역을 통한 소비자이익론도 단기적 관점에서 볼 때는 소비자에게 유리하나 장기적 관점에 있어서는 국가산업의 도태를 초래하여 값이 싼 외국제품을 수입할 수 있는 소득도 결국 상실하게 된다는 비판을 받는다.

---

30) 분업의 예에 대해 아담스미스는 그의 유명한 핀 제조소의 묘사, 즉 노동자 10명의 분업으로부터 시작한다. 한 사람은 금속을 늘여 철사를 만들고 그 다음 사람은 그 철사를 곧게 만들고 세 번째 사람은 적절한 크기로 자르는 등 노동과정을 극도로 단순한 작업으로 세분화하고 그 개별 작업을 개별노동자에게 전담시킴으로써 노동생산성을 100배 증가시킨다. 즉, 10명의 노동자가 4,800개의 핀을 제조하는 데 반해, 한 노동자가 그 모든 작업을 혼자서 하면 하루 종일 겨우 20개를 만들 수 있다. 아담스미스는 분업이 노동생산성을 제고시키는 이유를 3가지로 설명하였다. 첫째, 각 노동자가 동일 작업을 계속적으로 반복함으로써 좀더 높은 기량을 가지게 되고 둘째, 어느 한 작업에서 다른 작업으로 옮겨갈 때의 시간 낭비가 없고 셋째, 노동을 기본 작업으로 분해함으로써 노동절약적 도구의 발명이 용이해졌다. 아담스미스의 논의는 영국의 제조소시대를 묘사한 것인데 그 시대는 노동자를 몇 개의 부분 작업에 특화시킬 수 있고 도구의 차별화가 이루어질 수 있는 시대였다.

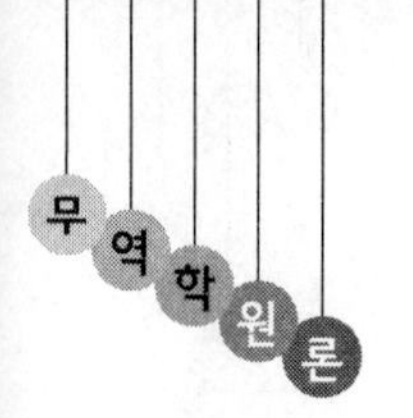

3) 아담 스미스 이론의 비판

아담 스미스의 절대생산비설은 세계 최초로 중상주의를 반박하면서 자유무역주의의 이론적인 근거를 제시하고 있지만 다음과 같은 점에서 많은 비판이 일고 있다.

첫째, 국제분업론은 그 나라의 경제발전단계에 따라 외국무역의 유형이나 기능이 다르다고 하는 역사성을 도외시 하였다. 둘째, 자유경쟁론은 경쟁의 패자에게는 불리하다는 점을 간과하고 있는 것으로 경쟁은 원래 실력이 비슷한 경우에 가능한 것이므로 후진국의 입장에서는 오히려 보호정책을 취하여 경쟁을 피하거나 완화시키는 것이 현명한 조치가 될 것이다. 셋째, 소비자 이익론은 수출산업을 보호 육성하는 것은 생산자에게만 이익이 되는 것이 아니고 고용증대 및 생산량 증대의 효과를 가져올 뿐 아니라 소비자의 소득을 증대시켜 대량생산에 의한 값싼 상품을 살 수 있으므로 소비자에게도 이익이 될 수 있다.

2.3 보호주의 무역정책

18세기에 산업 혁명을 통하여 선진국이 된 영국의 자유무역주의에 대항하여 보호무역주의가 대두되었으며, 미국의 해밀턴(Hamilton, A., 1757~1804)에 의해 주장된 것으로 그 후 독일의 리스트(List, F., 1789~1804)가 해밀턴의 영향을 받아서 관세부과를 통한 보호무역의 필요성을 주장하였다. 보호무역주의란 관세 및 비관세 장벽을 이용하여 국내 산업을 보호·육성하고 무역수지의 균형을 이루기 위해 외국으로부터의 수입을 억제하자는 주의이다.

1) 해밀턴의 공업보호론

해밀턴(A. Hamilton)은 미국의 독립 이후 초대 재무장관으로서 미 의회에 제출한 『제조업의 장려 및 보호에 관한 보고서(report on manufactures)』에서 미국의 공업이 유럽 제국에 비하여 유치한 상태에 놓여 있으므로 공업에 대한 보호 조치를 실시하지 않는다면 그 성장가능성을 박탈당한다고 지적하면서, 미국의 공업을 보호·육성하기 위하여 제조업에 대한 국가의 보호조치가 반드시 필요하다고 주장했다.

해밀턴은 공업을 보호·육성하기 위한 정부의 보호조치를 촉구하면서 공업보호의 방법으로 관세부과, 수출입금지, 보조금, 장려금 및 과세면제 등의 정책적 수단을 제시했

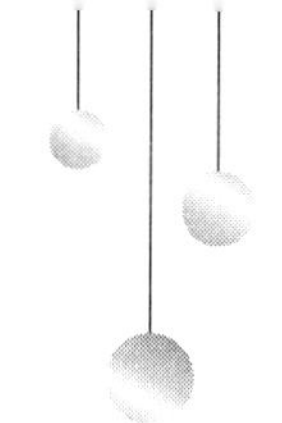

는데, 이 중에서 관세가 가장 효과적이라고 주장했다. 따라서 해밀톤은 미국의 공업을 보호·육성하기 위하여 자유무역제도를 철폐하고 유럽으로부터의 수입품에 대하여 관세를 부과해야 한다고 주장했다.

그가 밝힌 피보호공업의 선정기준은 원료의 자급능력, 작업의 기계대체가능성, 보호정책상의 편익, 제품용도의 범위, 그 외의 이익, 특히 국방에 대한 기여도 등이다. 그리고 이 선정기준에 비추어 철강업을 비롯한 16개 공업에 대하여 구체적 조건을 검토한 후 선정기준에 대한 이들 공업의 적합여부, 보호여부, 보호정도를 구체적으로 상세히 명시했다. 따라서 해밀튼의 공업보호론은 일반이론에서 흔히 다루고 있는 추상론에서 벗어나 실천가능성을 제시했다는 점이 특징이다.

해밀턴의 공업보호론을 산업분화론이라고도 하는 데, 이것은 농업국의 상태에 머물러 있던 미국 경제의 발전을 위해서는 오직 농업에만 의존하는 것보다 공업화에 의하여 산업을 분화시키고, 이에 따라 산업 간의 분업의 이익과 상호의 수요창출에 의하여 안정된 시장을 확보하는 것이 필요하다는 주장 때문이다.

그리고 국내공업을 보호·육성하기 위해서는 관세 등에 의하여 수입을 억제하지 않으면 안되기 때문에, 해밀턴의 이러한 주장은 리스트에게 상당한 영향을 미쳤고 나중에 유치산업보호론의 유력한 이론적 근거가 되었다.

2) 리스트의 유치산업보호론

독일의 리스트(F. List)는 1841년에 발간한 저서 『경제학의 국민적 체계』에서 아담 스미스의 자유무역론을 반대하고 경제정책에 대한 국가의 역할을 강조하면서 경제발전단계에 알맞은 정책을 채택해야 한다고 주장하였다.

리스트는 경제발전단계를 ① 미개 상태 ② 목축상태 ③ 농업상태 ④농공상태 ⑤ 농공상 상태로 나누었는데 이 당시 선진국인 영국은 농공상 상태에 있고 독일은 농업 상태에 있는 국가이기 때문에 영국과 자유무역을 실시하게 되면 독일은 영원히 영국의 원료의 공급지 역할을 하고 완제품 시장으로 전락해 버릴 것이라고 주장하였다.

따라서 리스트는 당해국의 경제발전단계 상 후진성 때문에 발전을 하지 못하였으나 장래 성장 가능성이 있는 산업은 보호해야 한다는 유치산업보호론을 제시하였는데 이것은 현재는 경쟁력이 없고 유치한 단계에 있지만 일정 기간 보호할 경우 경쟁력을 획득할 수 있는 산업을 보호·육성해야 한다는 것으로 관세의 부과가 가장 효과적이라고 하였다.

리스트는 보호관세에 의하여 선진국 상품의 수입을 억제하여 후진국(당시 미국 및 독일)의 유치산업을 보호·육성하고 선진국(당시 영국 및 프랑스)의 상품과의 자유 경쟁에서 견딜 수 있도록 발달시켜야 한다고 주장하면서 산업의 보호 대상은 일시적이어야 하며 시간이 경과함에 따라 경쟁력을 획득할 수 있어야 한다는 것이다.

3) 신보호무역주의

제2차 세계대전 이후 세계 무역은 관세 및 무역에 관한 일반협정(GATT : general agreements on tariffs and trade)은 세계 최초의 국제무역기구로서 자유무역을 표방하며 1950년대와 60년대에 세계무역은 역사상 유례없는 비약적 발전을 이룩하였다.

자유무역은 1971년 8월 15일 닉슨 대통령의 금태환 정지 선언으로 제동이 걸리고 1973년과 1979년의 두 차례의 석유 파동[31]으로 인해 수입 수요가 위축되고 실업이 증가하고 인플레이션이 동시에 나타나는 스태그플레이션 현상에 시달리면서 경기침체에 빠져들면서 무역에 관한 새로운 보호무역주의가 등장하게 되었다.

---

31) 1973년 10월 중동전쟁 발발과 함께 석유를 무기화하려는 OPEC(1960년 9. 14 이라크 정부가 초청한 이란, 쿠웨이트, 사우디아라비아, 베네수엘라의 대표들이 석유 생산 수출국 협의체 구성이 효시임) 회원국들 간의 결속이 강화되어 회원국들의 생산량 감축에 의한 석유가격의 대폭적인 인상이 가능하게 되었다. 특히 이집트의 사다트 대통령은 석유를 무기로 복수극을 펼치도록 사우디아라비아를 설득하여 10월 16일 사우디아라비아와 페르시아만의 다섯나라와 이란이 당시 석유가격을 70% 인상한다고 공식발표하였다. 1970년 1월 1일 배럴 당 1.39달러, 1973년 유대교 휴일 가운데 가장 신성한 "속죄의 날"이었던 10월 6일에 이집트와 시리아는 이스라엘을 공격함으로써 10월 전쟁의 시발점이었고 아랍과 이스라엘 사이의 네 번째 전쟁이자 가장 참혹했던 전쟁의 시작이었으며 전 세계에 큰 충격을 안겨준 사건이었다. 10월 17일부터 생산량을 5% 줄인 후 정치적 목적을 달성할 때까지 매달 5%씩 줄여 그동안 이스라엘에 우호적인 태도를 취해 온 미국을 반드시 처벌해야 하며 석유수출중단으로 인해 가장 큰 충격을 받도록 해야 한다는데 의견의 일치를 보았다. 10월 19일 닉슨대통령은 이스라엘에 22억 달러에 이르는 차관을 원조해 줄 것을 의회에 요청한 다음 날 사우디아라비아와 다른 아랍산유국들은 미국에 대해 전면적인 석유수출중단조치를 강행하였다. 그러나 이 중단조치는 1974년 3월 18일 철회되었다. 사우디아라비아산 석유의 수출가격은 당시 1973년 1월 배럴 당 2.12달러였으나 1974년 1월 1일 8.32달러, 1975년 1월에는 10.12달러로 대폭 인상되었으며 1979년 말부터 1980년 대 중반까지의 제2차 석유파동을 통해 국제석유가격은 배럴 당 37달러까지 상승하였다. 제2차 석유파동은 1978년 말 이란의 석유수출전면 중단 및 OPEC의 감산정책을 계기로 촉발되었으며 1979년에는 국제석유공급면의 부족현상이 현재화되어 석유상황을 불안하게 되었고 그에 따라 구미제국 및 일본이 석유비축 증대를 꾀함에 따라 석유위기감이 고조되어 국제유가의 상승이 촉진되었다. 그 후 미국은 사우디아라비아와 협상을 통해 기술지원, 군시설 설치, 군사훈련 등을 통해 사우디아라비아가 20세기에 걸맞는 현대국가로 발돋움할 수 있도록 도와주는 대신 다시는 석유수출을 중단하지 않겠다는 약속을 받아냈다. 협상결과로 미국-사우디아라비아 협동경제위원회가 탄생되었다.

이 시기의 보호무역은 과거 유치산업의 보호 목적인 고전적인 보호무역주의와는 그 내용과 성격이 달랐다. 이를 신보호무역주의(neo-protectionism)라 부른다.

신보호무역주의의 무역제한 수단의 특징은 과거 관세를 활용하였던 것과는 달리 수량할당, 수입허가, 수입과징금 및 덤핑방지세 등 비관세 장벽을 주로 사용하고 유치산업의 보호가 아닌 정체된 산업보호에 초점을 두고 있었다.

이 신호무역주의의 대두 원인은 첫째, 전후 세계경제는 미국의 주도 하에 질서를 유지하여 왔으나 일본 경제의 부상과 유럽 경제의 부흥에 따라 국제경제가 다극화되었고, 이에 따라 미국은 무역 자유화의 주도적인 역할을 할 수 없게 되었을 뿐만 아니라 EC 및 일본의 무역 팽창으로부터 자국시장을 보호하기 위해 보호주의 움직임을 보이기 시작하였다.

둘째, 두 차례에 걸친 석유파동으로 인하여 경제성장률이 둔화됨으로써 경기침체현상은 심화되고 이로 인하여 미국, EC 등의 실업률이 증가하기 시작하여 이는 수입규제조치를 강화하는 내부압력의 주요 요인이 되었다.

제1차 석유파동은 1973년 중동전쟁으로 인하여 1960년 대 1배럴당 1.8달러였던 원유값이 약 6.6배가 상승한 12달러까지 치솟았던 것을 시기를 말하며 제2차 석유파동은 이란의 내부적 정치 불안으로 인하여 1978년 12월 26일 이후 하루 5백만 배럴로 감산 수출함으로써 석유수급의 불균형으로부터 발생하였다. 이와 함께 세계 석유 메이저들의 지위가 약화되고 그 대신 산유국들의 석유 지배력이 증대되고 또한 OPEC의 감산정책이 주요 원인이 되었다.

셋째, 각국의 경제가 발전함에 따라 세계 경제의 동질화 현상이 가속화되고 개발도상국들의 공업화는 선진국들의 수출시장을 점점 협소화시키는 요인이 되고 이로 인하여 만성적인 국제수지 적자에 따른 대외지급 준비금의 부족 등으로 선진국들은 자국 경제의 현상을 유지하려는 경향의 보호무역이 점차 증가하였다.

넷째, 선진국들은 전반적인 침체가 진행되는 특히 섬유, 철강 및 조선부문에서의 침체가 두드러짐에도 불구하고 자국의 산업구조 조정 노력은 포기한 채 실업증대방지와 사양 산업 보호에 만 치중하여 수입제한 조치를 더욱 강화하였다.

다섯째, 선진국 내 산업계 및 노동조합[32]이 정부에 대해 강력히 수입제한 압력을 가

32) 미국의 최대 노동조합인 미노동총동맹산업별회의(AFL-CIO)의 집행위원회는 자유무역이 미국의 산업을 점차적으로 파괴시킨다고 주장하면서 수입할당제 실시를 요구한 바 있으며, 영국의 노동조합회의(TUC)는 섬유, 자동차, 가전제품 등에 대한 수입할당제 실시를 요구하였고 덤핑 조사과정에서

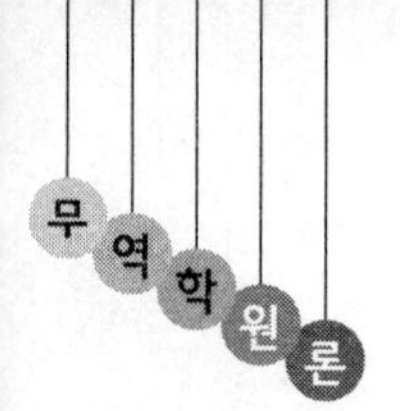

하였다. 특히 실업문제는 대내적으로 엄청난 정치적·사회적 불안정 요인이 되므로 강력한 자국 산업 보호조치에 대한 노동계의 요구를 거역하기 어려운 상황이었다.

끝으로 고전적인 보호무역주의는 상대 수출국에 관계없이 국내산업보호를 위한 무역장벽을 설치하는 데 반해 신보호주의에서는 수출국을 의식한 차별적인 무역규제가 이루어졌다.

즉, 교역 당사국들은 GATT와 같은 국제기구 내에서 다자간 무역협상을 통하여 문제를 해결하기보다는 당사국간 쌍무적인 무역협상을 통하여 해결하고자 하였다. 그 결과 90년대 전반에 이를 때까지 많은 나라들 간에 쌍무적인 통상마찰이 빈번하게 나타나게 되었다.

신보호무역주의는 어떤 이론적인 근거에 의해 태동된 것이 아니고 세계 경제의 상황 변화 속에 자국의 경제적 이익을 우선하려는 각국들의 이해관계 속에 나타난 새로운 현상으로 부각되었을 뿐이다.

이러한 현상이 국제적인 무역마찰을 심화시키고 더 나아가 GATT 중심의 국제무역질서가 혼란에 빠지게 되었다. 이를 대신할 국제기구의 탄생의 필요성 때문에 80년대 중반에 다자간 무역협상이 시작되고 협상의 타결로 세계무역기구(WTO, 1995. 1. 1)라는 새로운 국제무역기구가 출범하였다. 이로써 무역의 세계화와 함께 국경 없는 무한경쟁시대로 돌입하는 새로운 국제무역환경의 기반이 조성되었다.

4) 신자유주의에 있어 자유무역

미국의 경제학자인 밀턴 프리드먼(Milton Priedman)이 내세운 이론으로 신자유주의의 기본적인 주장은 시장은 좋은 것이고 국가의 개입은 나쁘다는 것이다. 즉, 자본주의 시장경제를 효율적으로 운영하려면 정부가 시장경제운영에 개입을 삼가고 민간 활동의 자유를 확대해야 한다는 경제적 사조이다.

특히, 신자유주의의 경제질서 원리는 금융시장에서의 가격변동에 따라 현실의 인적, 물적 자원은 국경을 초월하여 빠른 속도로 동원, 배치, 조직, 배분되는 것이 신자유주의적 정치경제질서를 이상으로 삼고 있다.

1980년대부터 서구의 자유주의 정부들은 경제정책 등을 국가에 의한 감독보다는 탈규제화, 무역과 자본 이동의 자유화, 공공기업의 민영화 등이 대표적인 정책기조의 핵

의 3개월 잠정관세의 적용, 선택적 세이프가드(safe guard)를 포함한 GATT 제19조의 탄력적 운용을 주장하였다.

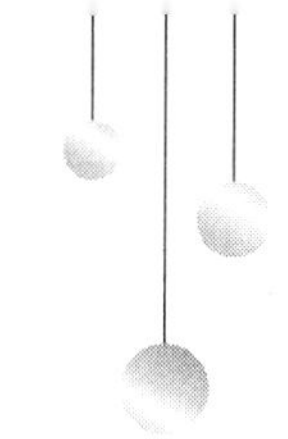

심이다. 영국의 대처수상이 주장하였던 작은 정부이지만 강한정부가 한 예이고 우루과이라운드(UR)을 통하여 세계무역기구(WTO)의 탄생시킨 것도 신자유주의의 맥락에서 무역의 완전자유화를 주장하는 국가들에 의하여 주도되었다.

그리고 시장의 완전개방을 통한 무역 및 자본시장의 완전 자유화, 교육·법률·회계·의료·금융 등 서비스시장의 자유화 등 과거 수정자본주의를 근간으로 탄생하였던 GATT와는 달리 WTO를 통한 무역의 완전자유화와 함께 작은 정부, 노동 시장의 유연화 (해고와 감원을 더 자유롭게 하는 것), 자유시장경제의 중시, 규제 완화, 자유무역협정(FTA)의 중시 등의 형태로 나타나고 있다.

그러나 반세계화 시민·사회단체나 비정부기구 등은 휴머니즘이나 도덕적 윤리에 대한 근본적인 성찰없이 신자유주의에 의한 시장개방을 추구하는 WTO의 무역자유화에 근본적으로 반대를 하고 있다. 이들은 선진국과 개발도상국 사이에 엄연히 존재하는 경제발전의 차이를 고려하지 않은 무역자유화는 개발도상국의 해가 될 뿐이라고 주장하고 있다. 특히, 환경과 건강, 노동자의 복지 등이 적절히 고려되지 않는 무역자유화의 확대는 산업화된 선진국의 경제력만을 강화시켜줄 뿐이라고 지적하면서 현행 WTO체제의 근본적인 개혁을 주장하고 있다.

제3절 … 무역정책의 수단

3.1 관세정책

1) 관세의 개념

관세(customs duties, tariff, zoll)는 국가가 관세영역을 통과하는 수입물품에 대하여 법률 또는 조약에 의하여 부과·징수하는 조세의 일종이다. 관세영역은 정치적 국경선과 반드시 일치하는 것은 아니며 자유무역지대나 보세지역이 있는 경우에는 국토보다 좁을 수 있고, 관세동맹을 맺어 다른 나라에까지 관세영역이 미치는 경우에는 국토보다 넓을 수 있다.

관세 징수의 주체는 국가이며 재정수입을 목적으로 부과할 때는 저율관세, 국내 산업

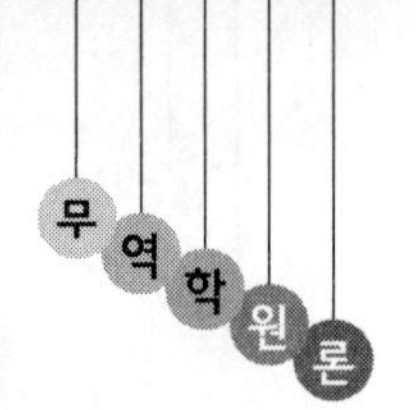

보호 목적으로 부과하는 보호관세는 고율관세를 부과한다. 또한 관세는 수출입물품에 대하여 부과하는 물품세이며 수시세의 성격을 지니고 있으며 또한 법률이나 조약에 근거하여 부과·징수되는 간접소비세이기도 하다. 관세의 부과는 과세의 4대 요건 즉, 과세물건, 과세표준, 관세율, 납세의무자가 충족되어야 한다.

관세는 수입에 대한 간접적인 통제수단으로서 자유무역의 확대에 장애요소로 작용하고 있기 때문에 과거의 GATT는 관세를 인정하면서 관세율 인하를 위하여 노력하였다. 케네디라운드 및 다자간 무역협상의 타결이 대표적인 예이며 관세율은 상당한 폭으로 인하되었다. 한편 관세가 부과되는 수입물품은 국제적으로 통용되고 있는 신국제통일상품분류제도(Harmonized Commodity Description & Coding System)인 HS가 적용되고 있다.

2) 관세의 종류

관세는 분류기준에 따라 여러 가지 종류가 있다. 즉, 과세의 기회에 따라 수입세·수출세·통과세, 과세목적에 따라 재정관세·보호관세, 과세방법에 따라 종가세·종량세·혼합세, 과세근거에 따라·국정관세·협정관세 및 기타의 특수관세로서 특혜관세·차별관세·탄력관세 등이 있다.

(1) 과세기회에 의한 분류

① **수입세** : 수입세(import duties)는 물품이 일국의 관세영역을 통과하여 외국으로부터 수입될 때 부과하는 관세이다. 세계의 대부분의 국가에서 수입세만 부과하고 있다.

② **수출세** : 수출세(export duties)는 국내물품이 일국의 관세영역을 통과하여 수출될 때 부과하는 관세이다. 수출세는 수출을 제한하는 결과를 초래하기 때문에 각국이 거의 활용하지 않고 있지만 첫째 재정수입의 확보, 둘째 전략물자와 공업화에 필요한 원료 등의 국내확보, 셋째 특정물품의 국내물가상승 방지나 자국 내 보유자원의 해외유출억제를 목적으로 일부 국가에서 소수의 품목에 대해서만 부과하고 있다.

즉, 재정수입을 목적으로 수출세를 부과하는 국가의 경우는 대개 그 물품들이 국제시장에서 독점력을 갖고 있기 때문에 수출에는 별다른 영향이 없는 경우로서 브라질의 커피, 스페인의 코르크, 이탈리아의 유황, 필리핀의 원목(Logs), 말레이시아의 고무, 쿠바의 담배 등이 그 좋은 예이다.

③ **통과세** : 통과세(transit duties)는 한 나라의 물품이 특정국가의 관세영역을 통과하여 제3국으로 이동될 경우 부과하는 관세를 말한다. 통과세는 중상주의 시대 때 재정

수입을 확보하거나 혹은 인접국 시장에 대한 다른 국가의 진출을 막기 위하여 이용되었으나 1921년 「바르셀로나 회의」에서 통과세 부과를 금지하는 국제협정이 체결되었고 특히 GATT협정 제5조 제3항에서도 통과화물에 대한 관세 및 통과세 면제규정이 있어 오늘날에는 모든 나라에서 통과세를 부과하지 않고 있다.

(2) 과세목적에 의한 분류

① **재정관세** : 재정관세(revenue duties)는 세입관세 또는 수입관세라고도 하며, 주로 국가의 재정수입을 목적으로 과세한다. 그러므로 관세의 설정 및 세율의 결정에 관하여는 재정수입을 확보한다는 것이 제1차적 의의를 갖고 부수적으로 국내산업 보호효과를 갖는다.

내국세로 국가 재원 확보가 어려운 많은 동남아시아 국가들이 관세를 무역의 규제나 정책 수단보다는 재정확충의 목적으로 활용하고 있다. 고율의 관세부과[33]는 생산량의 증가에 의하여 발생되는 이익보다 국제 분업과 자원의 효율적 배분을 저해시키고 교역조건의 악화에 의하여 발생되는 손실이 더 많이 발생하는 궁핑화 성장(immiserizing growth)을 초래하게 된다.

제2차 세계대전 이후 GATT의 기본이념에 의거 케네디라운드, 동경라운드 등의 관세인하협상을 통하여 관세를 대폭 인하하였으며 WTO는 저율 또는 무관세를 통하여 시장의 완전 개방화를 추진하고 있다. 이로 인하여 관세의 재정수입 기능은 많이 떨어졌지만 여전히 관세에 의한 재정수입의 확보 기능을 무시할 수 없다.

② **보호관세** : 보호관세(protective duties)는 국내 유치산업을 보호·육성하거나 또는 기존산업의 유지를 목적으로 부과하는 것이다. 따라서 보호관세는 일반적으로 고율이며 이로 인하여 물품의 수입은 감소하며 재정수입도 줄어든다. 일반적으로 공업화를 먼저 이룩한 선진국에서는 보호관세 품목은 적은 반면에 후진국이나 개발도상국은 보호관세에 중점을 두고 있다. 일반적으로 제한된 일부 산업에 대한 높은 관세부과가 유치산업 보호론을 정당화하더라도 유치산업에 대한 보호는 한시적으로 실시되어야 하는 유치산업 보호 원칙이 준수되지 아니한 것이 국제적인 현실이다. 특히 미국, EU, 일본

---

33) 미국은 1930년 스무트-홀리법(Smoot-Hawley Act)을 제정하여 평균 관세율을 무려 53%나 인상함으로써 유럽으로부터 고립되는 결과(고립주의)를 가져왔으며 당시 세계는 대공황이라는 경제위기를 맞아 국제협력이나 국제경제의 안정보다는 자국 중심의 민족주의가 팽배하였으며 그 결과 근린궁핍화 정책(beggar my neighborhood policy)으로 이어져 서서히 제2차 세계대전의 길로 들어서고 말았다.

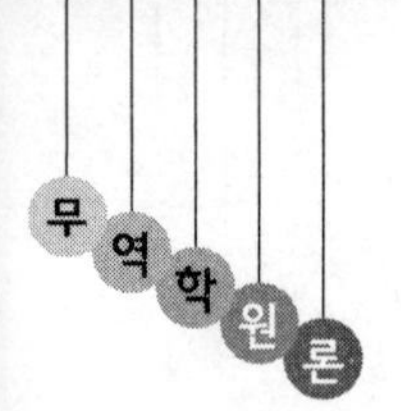

등 주요 선진국들도 의류, 신발, 가공식품 등 일부 품목에 대한 고율의 관세 유지는 시사하는 바가 크다.

보호목적에 따라 경제공황의 영향을 막기 위하여 물가나 외환가치가 떨어진 국가로부터 수입되는 물품에 부과하는 공황관세(crisis duties), 외국물품의 수입금지를 목적으로 고율의 관세를 부과하는 금지관세(prohibitive duties), 유치산업(infant industry)의 보호를 목적으로 하는 육성관세(nurse duties), 현존산업의 유지를 목적으로 하는 유지관세(preserving duties), 국내시장에 대한 외국제품의 압박을 방지하기 위하여 부과되는 방위관세(national defence duties)등이 있다.

(3) 과세방법에 의한 분류

① **종가세** : 종가세(ad valorem duties)는 수입되는 물품의 가격을 과세표준으로 하는 관세이다. 즉, "과세가격×관세율=관세" 로 산출하며 우리나라는 수입물품의 과세가격은 CIF(운임보험료 포함 가격)가격을 기준으로 하고 있다. 종가세의 경우 동일품목에 대하여 동율의 관세를 부과하더라도 당해 물품의 가격이 상승하면 관세수입도 많아지며 가격이 하락하면 관세수입도 적어진다.

종가세의 장점은 관세의 부담이 개별적인 실제가격에 부응하여 부과되는 것이므로 종량세에 비해 조세의 부담의 공평성을 기할 수 있고 물품의 가격은 수시로 등락하기 때문에 가격이 높을 때는 많은 세금을 부담하게 하고 가격이 낮을 때는 관세부담이 낮기 때문에 일정기간을 두고 보면 관세부담의 균형을 유지할 수 있다는 점이다.

그러나 종가세는 시간·장소·거래방법에 따라 항상 변동하는 물품의 가격을 정확히 파악하는 것이 어렵고, 따라서 과세가격을 확정하는데 복잡한 절차와 많은 비용이 드는 단점도 있다. 특히 동일한 물품이라도 수출 또는 수입 시기가 서로 다름으로 인하여 가격 차이가 발생되어 관세부담도 달라지는 단점도 있다.

② **종량세** : 종량세(specific duties)는 수입되는 물품의 수량을 과세표준으로 하는 관세이다. 즉, 수입물품의 "수량×관세액=관세"로 산출한다.

종량세는 동종, 동질의 물품은 관세가 동일하게 적용되고 국내산업의 보호 기능이 강하며 과세가 간단·명료하고 수출국, 수입시기 등에 무관하고 세액계산이 아주 편리하다는 장점이 있다. 이러한 장점 때문에 많은 선진국에서는 주로 생필품에 대하여 종량세를 많이 적용하고 있다.

그러나 고가품과 저가품의 구별없이 일률적인 관세를 부과하고 물가 변동에 따른 세

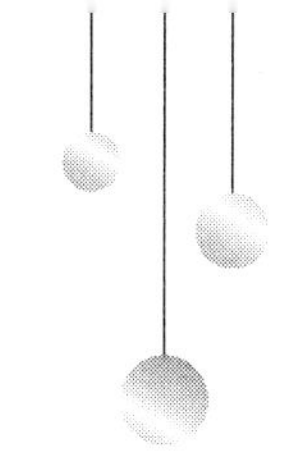

율의 적용이 불가능하며 또한 물품의 중량 산정 및 계량 단위의 통일을 기하기 어려우며 과세부담의 공평성이 없다는 단점이 있다.

예컨대, 자동차에 대하여 종가세 방법을 취하면 고가품에 대하여는 많은 관세를 부과하고 저가품에 대하여는 낮은 관세를 부과하게 되지만, 종량세방법을 취할 때에는 고급자동차·저급자동차 구별 없이 대수에 따라 일률적인 관세를 부과하는 관세부담의 불공평을 초래한다. 우리나라에서는 노광하여 현상한 영화용 필름(HS3706)이 종량세의 대상이다.

③ **혼합세** : 혼합세(combined duties)는 종가세 및 종량세의 장점을 서로 결합시켜 관세의 효과를 최대화하기 위한 것이다. 즉, 양자를 선택하거나 병용하는 것으로서 전자를 선택세(alternative duties)라 하고 후자는 복합세(compound duties)라 한다. 선택세는 한 품목에 대하여 종가세율과 종량세액을 동시에 정하여 두고 양자 중 높은 세율을 적용한다. 즉 X물의 경우 120% 그러나 kg당 60,000원 이상이라 표시하여 종가·종량 방식에 따라 세액을 산출한 후 그 중 높은 세액을 선택하여 과세하는 방법이다. 이와 같이 양자의 장점을 채택하고 단점을 보충함으로써 국내산업보호효과의 유지와 재정수입의 감소를 막을 수 있다.

그러나 복합세는 동일한 품목에 대하여 종가·종량 세율 및 세액을 동시에 정한 후 양 방법으로 산출된 세액을 합하여 과세하는 방법이다(예컨대, 50%+kg당 100원). 현재 우리나라 관세율표상에는 이상과 같은 선택 및 복합방식은 택하지 않는다(1973년 2월 관세율 조정시 폐지함).

(4) 과세근거에 의한 분류

① **국정관세** : 국정관세(national duties)는 한 나라의 법률에 의하여 자주적으로 세율을 정하는 관세이다. 이에 따른 세율을 국정세율(national tariff)이라고 하며 우리나라의 관세율표상에는 기본세율, 잠정세율, 특혜세율이 있다.

첫째, 기본세율(general tariff)은 관세율표상에 기본세율로 정해진 관세율을 말한다. 이는 국회의 의결을 거쳐 제정된 관세율로서 통상적인 상태에서 원칙적으로 적용되는 관세율이다. 우리나라의 관세율 정책에 입각하여 제정된 것이며, 협정세율 등 다른 세율을 정하면서 기본관세율을 기초로 하여 이에 대한 예외를 규정하는 형식을 취하게 된다.(관세법 49조)

둘째, 잠정세율(temporary tariff)은 관세율표상에 기본세율과 함께 잠정세율이란 이름

으로 규정되어 있는 세율로서, 특정물품에 대하여 기본세율에 대한 예외적인 세율을 잠정적으로 적용하기 위하여 마련된 세율이다. 따라서 기본세율과 잠정세율이 함께 규정되어 있는 경우에는 잠정세율이 기본세율에 우선하여 적용된다(관세법 제 50조 제 1항)

셋째, 탄력세율(flexible tariff)은 행정부가 일정한 범위 내에서 수시로 변경·조정할 수 있는 관세율이다. 관세율은 조세법률주의의 원칙에 따라 국회의 심의 · 의결이라는 복잡한 절차를 거쳐 법률로 규정해야 한다. 따라서 급변하는 국내 · 외 경제정서에 신속히 대처하지 못하여 관세율정책을 시기에 맞추어 적절히 운용하지 못할 우려가 있으므로, 일정한 범위 내에서 행정부에 관세율을 탄력적으로 조정 · 변경할 수 있도록 위임하여 시행하고 있는 제도이다.

② **협정관세** : 협정관세(conventional duties)란 일국이 타국과의 조약에 따라 특정물품에 대하여 관세율을 협정하여 당해 조약의 유효기간 중에는 당해 협정된 세율을 변경하지 아니할 의무를 지는 것을 협정세율(conventional tariff)이라고 하며 이를 양허세율이라고도 한다. 현행 관세율표상에는 "협정" 이라고 표시하고 있다.

협정관세로서 WTO협정 일반 양허관세율, WTO협정 개도국간의 양허관세율, 방콕협정 양허관세율, 개발도상국간 무역특혜제도의 양허관세율, 특정국가와 관세협정에 따른 국제협력관세가 있다.

그리고 협정세율의 적용을 받지 않는 특정국의 물품에 대해 협정세율의 범위 내에서 그 나라에 유리한 세율을 적용하는 편익관세(beneficial duty)가 있다. 이것은 협정 또는 조약 상대국이 아니기 때문에 최혜국 대우를 부여할 의무는 없지만 상대방 국가가 자국에 대해 불리한 대우를 하지 않을 때 자국도 그 나라에 상응하는 대우를 해 줄 필요가 있을 때 적용한다.

(5) 과세차별에 의한 분류

① **특혜관세** : 특혜관세(preferential duties)라 함은 특별한 관계가 있는 상대국에 대하여, 특히 저율의 관세를 부과하는 일종의 할인관세(discount tariff)를 말한다. 특혜관세에는 기존특혜와 일반특혜의 두 종류가 있다.

기존특혜관세는 제1차 세계대전 후의 경제블록화의 경향에 기인하여 발전한 특혜관세로서 식민지를 보유하는 본국을 중심으로 식민지 및 식민지로부터 독립을 쟁취한 독립국이 상호 관세상 특별히 유리한 취급을 하는 경우의 관세를 말한다. 영연방특혜·프랑스연방특혜가 그 전형적인 예에 속한다.

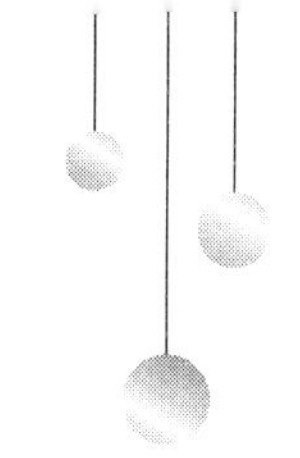

일반특혜관세(generalized system of preferences : GSP)는 개발도상국에 대한 원조보다는 교역 증진을 통해 경제 발전을 이룩하는데 도움을 구기 위해 유엔무역개발회의(UNCTAD)에서 1964년 채택된 제도로서 선진국이 개발도상국으로부터 수입되는 농수산물, 완제품 및 반제품에 대하여 일반적·무차별적·비상호주의적으로 관세를 철폐 또는 세율을 인하해주는 것을 말한다.

즉, GSP는 선진국들이 개발도상국의 수출증대를 통한 산업화를 지원하기 위해 자발적이고 한시적으로 시행하는 제도이다. GSP는 지역적 제한 없이 일반적으로 적용된다는 점에서 기존의 영연방특혜관세제도 등과 구별되며 무차별, 비호혜적으로 특혜관세가 부여된다는 점에서 자유무역협정이나 관세동맹과 같은 차별적 호혜적인 특혜관세협정과 구분된다.

② **차별관세** : 차별관세(differential duties)는 특정국가의 상품 또는 특정의 품목에 대하여 타 상품보다 할인세율을 적용하거나 또는 할증세율을 적용하는 것이다. 보복관세, 국기할증관세, 해운장려관세, 간접수입할증관세, 특혜관세가 있다.

관세는 어느 나라에 대해서도 평등관세를 원칙으로 하지만, 특정지역과의 무역을 촉진하기 위한 방법으로서 또는 통상조약을 유리하게 도입하는 교섭수단으로서 혹은 상대국에 부당한 압박항쟁을 주지 않도록 하는 예방정책으로서 이용된다. 오늘날에는 최혜국약관의 보급, WTO에 의한 보편적 협정세율 등에 의하여 이와 같은 차별관세는 거의 그 예를 볼 수 없다.

(3) 탄력관세제도

탄력관세제도(flexible tariff system)는 조세법률주의 하에서는 원칙적으로 세율의 산정과 조정권은 국회에 있다. 그러나 관세율의 경직성을 완화하여 국제경제 환경에 신축적으로 대응할 수 있도록 하기 위하여 관세율에 탄력성을 부여하여 정책목적을 원활하게 수행하려는 제도로서, 행정부에 법률이 정하는 일정한 범위 내에서 관세율의 변경권을 위임하고 있다.

이 제도 목적은 첫째, 수입물품이 국내 시장가격보다 훨씬 낮은 가격으로 인한 수입증대로부터 국내 산업을 보호할 수 있다. 둘째, 국내수요의 급증 또는 국제가격상승의 경우 세율조정을 통해 국내시장가격에 안정을 도모 할 수 있다. 셋째, 산업구조의 급격한 변동으로 인한 품목간 세율조정이 필요한 경우 유효 적절히 대처할 수 있다.

우리나라의 탄력관세에는 덤핑방지관세, 보복관세, 긴급관세, 상계관세, 편익관세, 조

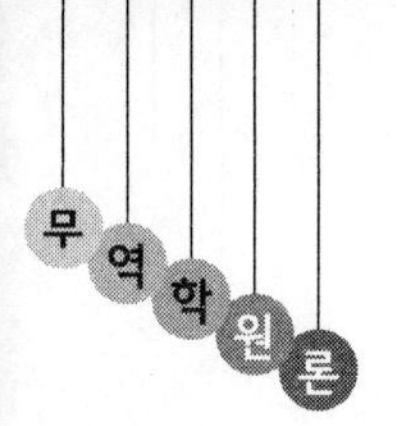

정관세, 농림축산물에 대한 특별긴급관세, 계절관세 및 할당관세가 있다.

① **덤핑방지관세** : 덤핑방지관세(anti-dumping duties)는 일명 부당염매방지관세로 외국상품이 덤핑한 가격, 즉 외국물품이 생산원가보다 낮은 가격이나 국제시장에서 정상적으로 거래되는 가격보다 훨씬 낮은 가격으로 국내시장을 침범하려고 할 때 이것을 방지하기 위하여 부과하는 관세이다.

즉, 외국의 물품이 정상가격[34] 이하로 수입(덤핑)되어 첫째, 국내 산업이 실질적인 피해를 받거나 받을 우려가 있을 경우나 둘째, 국내 산업의 발전이 실질적으로 지연된 경우(실질적 피해)조사를 통하여 확인되고 당해 국내 산업을 보호할 필요가 있다고 인정되는 때에 그 물품과 공급자 또는 공급국을 지정하여 당해 물품에 대하여 정상가격과 덤핑가격과의 차액(덤핑차액)에 상당하는 금액 이하의 금액을 추가하여 부과하는 관세이다.

덤핑은 첫째, 생산원가보다 더 싸게 판매하는 경우 둘째, 국제시장가격보다 싸게 판매하는 경우 셋째, 수출국의 국내시장가격보다 더 싸게 판매하는 경우를 말한다.

② **보복관세** : 보복관세(retaliatory duties)는 우리나라의 수출물품, 선박, 항공기 등에 대하여 불리한 대우를 하는 국가로부터의 수입물품에 대하여 그 보복수단으로서 관세를 부과하는 것이다.

보복관세의 부과 요건은 첫째, 관세 또는 무역에 관한 국제협정이나 양자 간의 협정 등에 규정된 우리나라의 권익을 부안하거나 제한하는 경우나 둘째, 우리나라에 대하여 부당 또는 차별적인 조치를 취하는 행위 중 어느 하나에 해당하여 우리나라 무역이익이 침해되는 경우이다. 보복관세를 부과하고자할 때, 기획재정부장관은 필요하다고 인정되는 때에는 관련 국제기구 또는 당사국과 미리 협의할 수 있다.

③ **긴급관세** : 긴급관세(emergency duties)는 수입증가로 인한 피해를 이유로 부과될 수 있는 관세이다. 이것은 국민 경제상 중요한 산업을 긴급히 보호할 필요가 있거나 특정 물품의 수입을 긴급히 억제할 필요가 있거나 또는 산업구조의 변동으로 물품간의 세율이 현저하게 불균형하여 이를 시정할 필요가 있을 경우에 특정수입품의 국내외 가격차에 상당하는 율의 범위 내에서 관세를 할증하여 부과하는 관세를 말한다. 긴급관세

---

34) 정상가격이란 당해 물품의 공급국에서 소비되는 동종물품의 통상거래가격이다. 단, 동종물품으로 거래되지 아니하거나 특수한 시장상황 등으로 인하여 통상거래가격을 적용할 수 없는 때에는 당해 국가에서 제3국으로 수출되는 수출가격 중 대표적인 가격으로서 비교 가능한 가격 또는 원산지국에서의 제조원가에 합리적인 수준의 관리비 및 판매비와 이윤을 합한 가격을 정상가격으로 본다 (관세법 시행령 제58조).

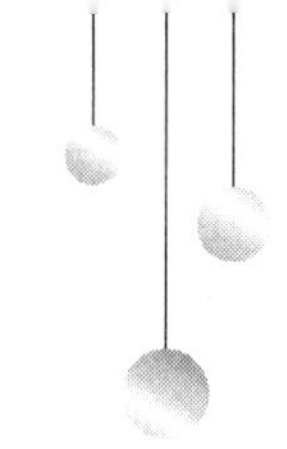

는 관세법상 WTO의 긴급수입제한조치에 관한 협정(Agreement on Safeguards)의 내용을 수용한 것으로, 긴급관세를 부과한 경우 즉시 WTO의 긴급수입제한 조치 위원회에 통보하고 이러한 조치로 인해 부정적인 효과를 받게 되는 이해당사국과 적절한 무역보상방법에 대해 협의해야 한다.

④ **농림축산물에 대한 특별 긴급관세** : 농림축산물에 대한 긴급관세란 1993년 12월 15일에 타결된 우루과이라운드(UR) 농림축산물 관세협상 결과를 1994년 12월 30일에 개정된 관세법에서 수용한 것으로서 UR협상에서 양허한 농림축산물의 수입 물량이 급증하거나 수입가격이 하락하는 경우에는 양허한 세율을 초과하여 관세를 부과 할 수 있도록 함으로써 저가 농림축산물의 일시적 수입급증으로 인한 국내 농가의 피해를 예방하기 위한 탄력관세이다.

WTO의 농업협정문은 그 동안 수입제한 되었던 농산물도 예외없이 자유화되어 이들 농산물에 대해 국내외가격차만큼 관세 상당치로 양허되어 수입 자유화된 품목에 대하여 수입량이 급증하거나 수입가격이 하락한 경우에 대하여 일정기준을 충족한 경우에 관세 상당치에 자동적으로 추가관세를 부과할 수 있도록 하여 농축산업의 피해를 시전에 보호의 적시성을 확보할 수 있는 제도이다.

특별긴급관세를 부과의 기준은 국별 이행계획서(Country Schedule : C/S)의 농산물 관세 양허표에 SSG(Special Safeguard)로 표시된 품목으로 우리나라가 관세화로 양허한 품목으로 첫째, 당해 연도 수입량이 기준 발동량을 초과하는 경우 둘째, 원화로 환산한 운임 및 보험료를 포함한 당해 물품의 수입가격이 1988년부터 1990년까지의 평균수입가격(기준가격)의 100분의 10을 초과하여 하락하는 경우이다. 이 경우 모두 해당하는 경우에는 기획재정부령이 정하는 바에 따라 그 중 하나를 선택하여 적용할 수 있다.

⑤ **상계관세** : 상계관세(countervailing duties)는 차별관세의 하나로서 수출국에서 제조, 생산, 가공, 수출에 관하여 직·간접적으로 정부로부터 받은 장려금, 보조금을 상쇄시킬 목적으로 부과하는 관세이다.

이와 같이 어떤 국가에서 보조금 또는 장려금을 받은 물품은 인위적으로 또는 부당하게 가격경쟁력이 올라가기 때문에 국제무역질서를 교란시키게 되며, 수입국의 입장에서는 수출국 정부의 지원 하에 염가로 수입되는 물품으로 인하여 동종물품을 생산하는 국내 산업에 심각한 피해를 초래할 가능성이 높다.

따라서 상계관세는 외국에서 생산 장려금 또는 수출장려금을 직접 또는 간접적으로 받은 물품이 수입되는 경우에 그 물품의 수입으로 인하여 국내 산업이 실질적인 피해

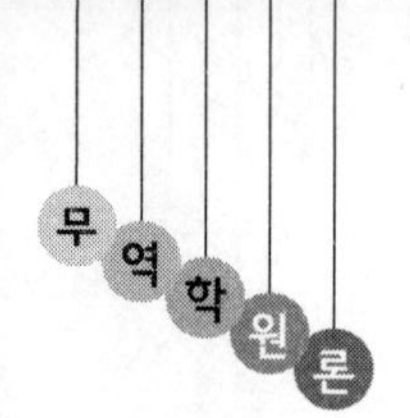

를 받거나 받을 우려가 있는 경우, 또는 국내산업의 확립이 저해되는 경우에 관세를 추징할 수 있도록 하여 장려금이나 보조금을 받은 수입품의 경쟁력을 상계시켜 국내 산업을 보호하려는 차원에서 부과되는 관세를 의미한다.

상계관세를 부과하기 위한 요건은 첫째, 국내 산업에 이해관계가 있는 자 또는 주무부장관의 부과 요청이 있어야 하고 둘째, 외국에서 제조·생산 또는 수출에 관하여 직접 또는 간접으로 보조금 또는 장려금(보조금)을 받은 물품이 수입되어야 하고 셋째, 국내 산업이 실질적인 피해를 받거나 받을 우려가 있는 경우나 국내 산업의 발전이 실질적으로 지연된 경우(실질적 피해 등)가 조사를 통하여 확인되고 넷째, 당해 국내 산업을 보호할 필요가 있다고 인정되어야 한다.

⑥ **계절관세** : 계절관세(seasonal duties)는 가격이 계절에 따라 현저하게 차이가 있는 물품으로서 동종물품 · 유사물품 또는 대체물품의 수입으로 국내시장이 교란되거나 생산기반이 붕괴될 우려가 있는 경우에 계절구분에 따라 당해 물품의 국내외가격차에 상당하는 율의 범위 안에서 기본관세보다 높거나 또는 낮게 부과하는 관세이다.

즉, 관세는 계절 구분에 따라 당해 물품의 국내외 가격차에 상당하는 율의 범위 안에서 기본세율보다 높게 관세를 부과하거나 100분의 40의 범위 안의 율을 기본세율에서 차감하여 관세를 부과한다.

이것은 농산물의 수확기에는 수입관세를 부과하여 가격의 하락을 방지하고, 비 수확기에는 수입관세를 면제하여 가격의 상승을 억제하는 효과가 있다. 즉, 농산물과 자연산 품목은 계절에 따라 가격변동이 심하므로 국내 물가에 미치는 영향을 관세율의 조정으로 제거하려는 것으로 주로 국산의 농산물보호와 소비자의 이익을 조화시키기 위한 목적으로 이용하고 있다. 현재 우리나라의 계절관세는 한-칠레 FTA에서 포도는 11월~4월까지만 협정세율을 적용하고 있다.

⑦ **조정관세** : 조정관세(adjustment duties)는 산업구조의 변동 등으로 물품간의 세율이 현저히 불균형하여 이를 시정할 필요가 있는 경우에 부과하는 할증관세이다. 대외무역법상 신규 수입업자유화 품목으로 지정되거나 수입업자유화 품목으로 지정된 후 3년이 경과되지 않은 품목 중에서 수입의 급증으로 인하여 국내 산업에 피해를 주거나 시장질서에 혼란을 가져오는 경우에 있어서 국내 산업을 보호할 필요가 있을 때 100분의 100에서 당해 물품의 기본세율을 뺀 율을 기본세율에서 가산한 율의 범위 내에서 관세를 부과한다.

조정관세의 부과 요건은 첫째, 산업구조의 변동으로 물품 간의 세율이 현저히 불균형하여 이를 시정할 필요가 있는 경우 둘째, 국민보건, 환경보전, 소비자 보호 등을 위하여 필요한 경우 셋째, 국내에서 개발된 물품에 대하여 일정기간 보호가 필요한 경우 넷째, 농림축수산물 등 국제경쟁력이 취약한 물품의 수입증가로 인하여 국내시장이 교란되거나 산업기반을 붕괴시킬 우려가 있어 이를 시정 또는 방지할 필요가 있는 경우 등이다.

⑧ **할당관세** : 할당관세(tariffs quota)는 특정상품이 정부가 정한 일정수량까지 수입될 때에는 저율의 관세를 부과하고, 일정수량을 초과하여 수입될 때에는 고율의 관세를 부과하는 것으로 일종의 이중관세제도이다.

이것은 특정물품에 대하여 그 수입을 억제하려는 국내 생산자 측의 요청과 이 물품을 저렴한 가격으로 입수하려는 수요자 측의 상반되는 요청이 공존하고, 더욱이 그 물품의 국내 총생산량이 총 수요량에 따르지 못할 경우에 이중관세율에 의하여 양당사자의 요청을 동시에 충족시키려는 취지이다.

우리나라는 바나나 수입(1991. 9. 1)에 적용하였으며 관세할당 방식은 일정한 수량에 도달할 때까지 각 수입업자가 신청한 순서에 따라 할당하는 선착순할당방식과 수입업자가 과거의 수입 실적에 따라 사전에 임의로 할당하는 방식으로 신규 수입업자에게 불가능한 사전할당방식이 있다.

(4) 관세정점과 경사관세

① **관세정점** : 관세정점(tariffs peaks)은 어떤 수입상품에 대해서는 유독 관세를 높게 부과하는 것으로 정부가 민감하게 생각하는 품목 즉, 정부가 관련 국내 생산자를 보호하고자 하는 일부 품목의 경우 관세를 여전히 높은 상태로 유지하고 있다. 현재 선진국들의 평균 관세율은 낮지만, 선진국들은 개발도상국이 집중적으로 수출하는 상품 가운데 높은 관세 장벽을 유지한다.

경제협력기구의 관세는 가난한 국가들에게 중요한 상품들, 이를테면 숙련도가 낮은 제조품(특히 섬유)과 가공식품에 대하여 유독 높다. 예를 들어 2001년 의류와 신발은 금액기준으로 미국 수입의 6.5%에 불과하였다. 하지만 이들 품목은 미국의 관세수입 200억 달러 가운데 거의 절반을 차지하였다. 미국 정부는 신발 수입금액은 자동차 수입 금액의 약 1/10이었으나 자동차 수입보다 신발수입에 관세를 더 많이 징수하였다.[35)]

② **경사관세** : 경사관세(tariffs escalation)는 가공도가 높아짐에 따라 관세율을 높게

35) Joseph E. Stiglitz and Andrew Charlton, Fair Trade For All : How Trade Can Promote Development, Oxford University Press 2005.

하여 부과하는 관세이다. 즉, 하나의 상품이 더 많이 가공될수록 관세가 더 높아지는 것으로 원재료와 가공이 덜 된 상품에는 상대적으로 낮은 관세가 부과되고 가공을 더 많이 했거나 파생상품에는 높은 관세를 부과한다.

보통 가공 또는 제조업을 보호하려는 국가는 해당 산업에 사용되는 수입원자재에 대한 관세는 낮게 책정하여 해당산업의 비용을 줄이고 해당산업의 제품 보호를 위해 완제품에 대한 관세는 높게 부과한다.

일반적으로 선진국들은 제조업 생산품에 1차 생산품 보다 더 높은 관세를 부과함으로써 사실상 개발도상국의 제조업 부가가치에 턱없이 높은 무역세금을 부과하고 있다. 이러한 경사관세는 저개발국들이 대부분 농업 등 1차 산업인 점을 감안할 때 식품 등 가공 산업의 발전을 저해시키고 있다.

수입국이 이러한 방식으로 제품의 가공정도에 따라 관세를 상승시킬 경우, 수입국은 원자재 생산국의 고부가가치의 수출용 제품의 가공 및 제조를 어렵게 만들 수 있다. 예를 들어 토마토에는 낮은 관세를 부과하고 토마토 주스에는 그 보다 높은 관세, 그리고 토마토케첩에는 그 보다 좀 더 높은 관세를 부과한다.

(5) 관세율의 적용순서

관세율의 적용순서는 다음의 〈표 3-1〉과 같다.

〈표 3-1〉 관세율의 작용순서

순위	내용
제1순위	덤핑방지관세·보복과세·긴급관세·상계관세·특정물품 긴급관세·농림축산물에 대한 특별긴급관세 *관세율의 높낮이에 관계없이 최우선 적용
제2순위	협정관세·편익관세(다음의 3, 4, 5, 6 순위의 세율보다 낮을 경우에 적용)
제3순위	조정관세·계절관세·할당관세 *할당규정에 의한 세율은 일반특혜의 세율보다 낮은 경우에 한하여 적용한다.
제4순위	일반특혜관세
제5순위	잠정관세
제6순위	기본세율

자료: 한국무역협회, 2004 무역실무 매뉴얼, 2004, p.328 및 관세법에 의거 자료 정리

3) 관세의 경제적 효과

수입 물품에 관세를 부과하면 수출국 및 수입국에 여러 가지 영향을 미치는 데 특히 수입물품에 부과하는 관세는 수입국에 많은 경제적 효과를 가져다준다. 그러한 효과는

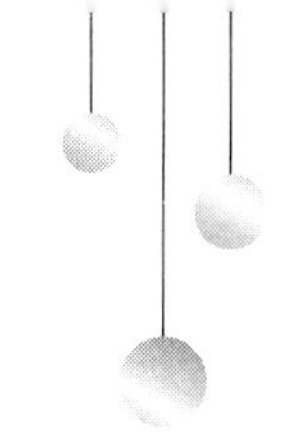

학자에 따라 상이한 기준을 갖고 분석하기 때문에 다양하게 나타나지만 여기서는 킨들버거(C. P. Kindleberger)에 의해 제시된 관세의 경제적 효과를 중심으로 설명하고자 한다.

일국에 있어서 어느 특정상품에 대한 국내 수요곡선을 D_d, 국내공급곡선을 S_d로 표시한다면 국내시장가격은 OP″, 수입가격은 OP가 되며 OP′는 관세부과 후의 수입가격을 나타내고 있다. 따라서 관세가 부과되기 전의 자유무역조건 하에서는 국내의 총수요 OD_1에 대하여 국내공급은 OS_0밖에 충족치 못하므로 그 나머지 초과 수요분 S_0D_1를 수입하게 된다. 관세부과에 의하여 PP′만큼 수입물품의 가격이 인상되어 수입물품의 국내가격은 OP′가 된다고 가정한다.

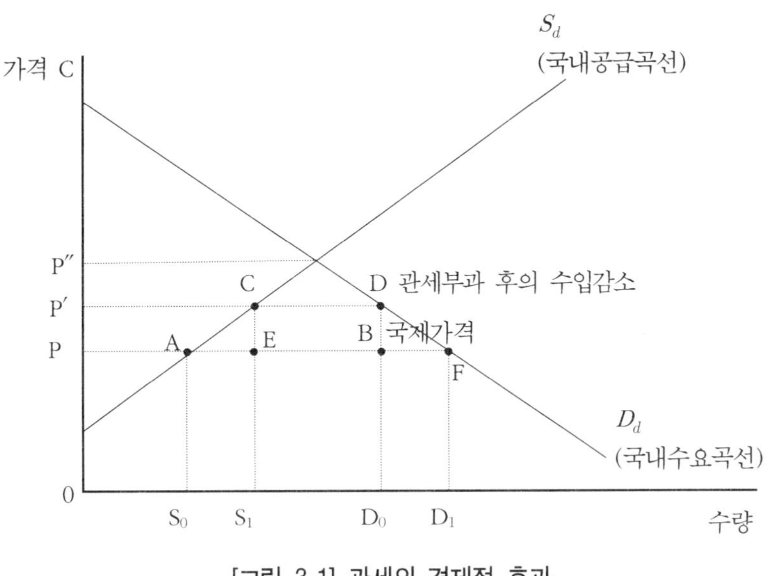

[그림 3-1] 관세의 경제적 효과

(1) 소비효과(consumption effect)

관세의 부과는 본질적으로 수입상품의 가격을 상승시키고 또한 가격상승은 소비를 억제하는 효과가 있다. 이를 가격효과 또는 소비억제효과라고 한다. 관세의 부담은 가격에 전액 전가되는 것은 아니지만 수요탄력성의 크기에 따라 가격에 영향을 미치며, 가격의 상승은 수요량·수입량을 감소시킨다.

관세 부과 후 당해 상품의 국내 공급 가격이 OP에서 OP′으로 상승하면 국내 소비는 종전 OD_1에서 OD_0로 감소한다. 따라서 국내 소비량 감소분 D_1D_0만큼 관세부과로 인한 소비효과를 가져온다.

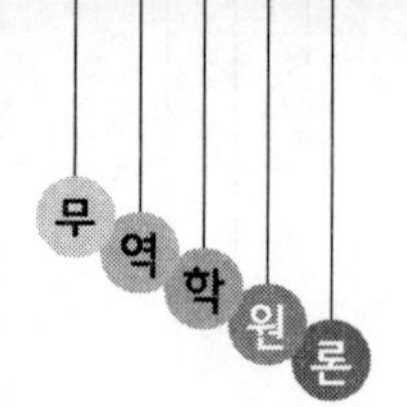

(2) 보호효과(protective effect)

수입품에 대한 관세의 부과는 본질적으로 외국상품의 수입을 억제하고 자국상품의 국내시장에서의 가격경쟁력을 강화시켜 국내생산공급을 증대시키고 국내의 유치산업을 보호·육성하는 보호효과를 가져온다.

또한 수입상품에 대한 관세의 부과로 특정산업이 보호되면 그 업종에 대한 투자를 유발시켜 자원을 배분하게 되므로 보호관세에 의하여 보호를 받는 산업은 보호를 받지 않는 산업보다 더 많은 자원을 배분 받게 된다.

즉, 관세 부과 후 당해 상품의 국내 공급 가격이 OP에서 OP′로 상승함으로써 국내생산량은 OS_0에서 OS_1으로 증가한다. 따라서 관세 부과에 의하여 국내생산이 S_0S_1만큼 외국으로부터의 수입이 국내 생산으로 대체되는 것을 의하는데 이와 같은 목적으로 부과되는 관세를 보호관세라 한다.

(3) 재정수입효과(revenue effect)

관세의 부과로 재정수입이 증가할 때 이를 재정수입효과라고 한다. 재정수입을 얻기 위하여 관세를 부과하더라도 그만큼 산업보호가 되는 것이며, 산업보호를 위하여 관세를 부과하는 경우에는 재정수입은 증대한다.

상품의 수입량 S_1D_1에다 수입 단위당 관세 부과액 PP′을 곱한 사각형 CEBD가 수입관세에 의한 정부의 수입이 되는 재정수입효과가 된다.

(4) 소득재분배효과(income redistribution effect)

관세부과에 의하여 수입상품의 가격이 상승되고, 따라서 국내의 수입경쟁상품의 가격이 인상됨에 따라 소비자잉여의 일부분이 국내 생산자와 정부 등으로 전환되어 소득이 재분배되는 것을 재분배효과라고 한다.

관세부과로 인한 소비자 잉여의 전체 손실은 PP′DF인데 이 손실 중 PP′AC는 생산자 잉여 형태로 국내 생산자에게 분배되고 CDEB는 정부의 재정수입이 된다. 나머지 삼각형 ACE와 DBF는 관세부과 때문에 입게 되는 사회적 손실로서 ACE는 관세부과로 이루어지는 자원의 비효율적인 사용에 의한 생산 측면의 손실이고 DBF는 소비의 감소로 인한 소비 측면의 사회적 손실이다. 따라서 관세부과로 인한 소비자의 잉여 감소분은 생산자 잉여의 증가, 재정수입의 증가, 사회적 손실로서 재분배된다.

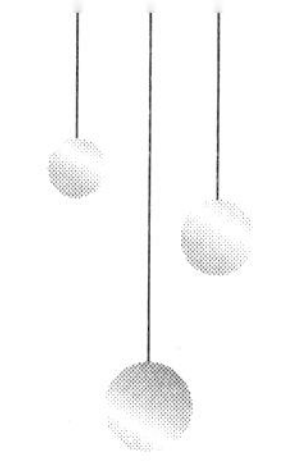

(5) 고용(소득)효과(employment effect)

어떤 상품이 국내에서도 생산이 가능하면서도 수입가격이 싸기 때문에 외국으로부터 수입되는 경우도 있다. 이 경우 일정수준 이상의 관세를 부과하여 수입가격을 국산가격보다 높게 하면 수입은 억제되고 당해 상품의 국내산업이 억제된 수입만큼 더 많은 생산을 하게 되는 바 이것을 소득효과 또는 수입대체효과라고 한다.

기술이 불변일 경우, OS_0에서 OS_1으로 S_0S_1만큼 국내생산이 증가하게 되면 당연히 OS_1/OS_0만큼의 고용증대가 생기게 되며 따라서 그 만큼의 본원적인 소득이 증가되는 소득효과를 가져온다.

(6) 국제수지효과(balance of payments effect)

일반적으로 관세율이 인하되면 수입이 증가되기 때문에 국제수지는 악화되지만 관세율이 인상되면 수입이 감소하므로 국제수지는 개선된다.

즉, 관세부과로 국내생산은 증가한 반면 수입이 억제되어 수입 소비량은 감소되고 그 만큼 외화사용이 줄어들기 때문에 국제수지가 개선되는 것이다.

관세를 부과 한 후 수입량은 S_0D_1에서 S_1D_1으로 D_1D_0만큼 감소하고 국내 생산은 S_0S_1만큼 증가하여 D_1D_0(국내수요감소) + S_0S_1(국내생신증가) 만큼 국제수지 개선효과를 가져온다.

(7) 경쟁효과(competitive effect)

자급자족의 경제체제는 독점을 형성하기 쉽다. 관세장벽에 의해서 외국과 경쟁이 차단되면 당해 산업은 독점을 누릴 수 있으나, 반면 침체와 나태를 면할 길이 없을 뿐만 아니라 일시적 관세가 타성과 덤핑에 대한 방어물로써 가끔 존속되고 있는 경향이 있다. 따라서 관세의 경쟁효과(competitive effect)는 어느 의미에서는 반 경쟁효과라고 할 수 있다. 왜냐하면 관세장벽의 철폐에 의해서 경쟁이 촉진될 수 있기 때문이다.

(8) 교역조건효과(terms of trade effect)

관세가 수입품에 부과되면 그만큼 수입품의 가격이 상승되기 때문에 국내소비자는 국내생산품으로 대체 사용되거나 소비를 억제하게 된다. 이로 인하여 수출국의 수출상은 수출품의 가격을 하락시켜야만 수입국 시장에 진출이 가능하게 된다. 따라서 관세부과의 일부분을 수출국이 부담한다면 수입국 측으로서는 그 만큼 유리한 거래가 되어 교역 조건은 개선될 것이다.

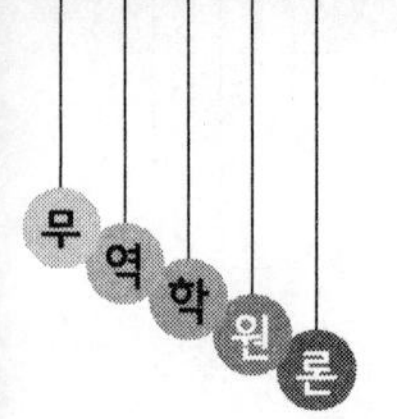

3.2 비관세정책

1) 비관세장벽의 개념

비관세장벽(non-tariff barriers : NTB)은 수입상품에 대하여 비용증가나 수입수량제한 혹은 수출업자에게 보조금 등과 같은 특혜금융의 혜택을 실시함으로써 수출을 촉진하고 수입을 억제하는 관세 이외의 모든 무역장벽이다.

비관세장벽은 일반적으로 ① 수입을 양적으로 제한하거나, ② 수입상품의 가격을 제한하거나, ③ 외국수출업자 및 국내 수입업자에게 비용 혹은 위험부담을 증가시키는 조치들을 포함한다.

그리고 GATT나 UNCTAD에 의한 비관세장벽이란 무역당사국들에게 ① 자원의 최적 배분에 장애가 되며 ② 무역의 왜곡을 통하여 국제무역에 부정적으로 작용하고 ③ 국제무역량 감소 및 세계 후생 수준의 저하를 통하여 실질소득을 감소시키는 것을 말한다.

2) 비관세장벽의 특성

국제무역거래에 있어서 각국은 종류와 형태는 비록 상이하여도 자국의 실정에 따라 다양한 방법의 비관세장벽을 마련하여 실시하고 있는데 무역의 규제수단이라는 공통점이 있다. 비관세장벽은 복잡하고 불확실하므로 현실적으로 효과 측정이 어렵고 자료 이용이나 수집도 상당히 어렵다. 그리고 협상이 곤란하고 개발도상국에 대한 차별적인 성격을 가지고 있다. 그 특징은 다음과 같다.

첫째, 효과 측정의 곤란성으로 비관세 장벽은 그 유형에 따라 미치는 영향의 품목범위가 각각 다르고 어떤 유형은 시간에 따라 극히 유동적이어서 관계 당국의 판단에 따라 실시되거나 혹은 외부에는 모습을 나타내지 않고 은밀히 적용되는 유형의 특성을 가지고 있다. 그리고 대부분의 경우 자료의 이용가능성이 현실적으로 제한되어 있기 때문에 비관세장벽의 무역 제한적 효과를 종합적으로 또는 개별품목별로 계량화하여 측정하는 것은 어렵다.

둘째, 복잡성으로 선진국에 있어서 비관세장벽의 적용 및 운영은 매우 복잡하고, 최소한 공공연한 논란과 엄격한 조사를 회피할 수 있기 때문에 선진제국은 보호목적을 위해 관세보다는 비관세장벽을 채택하는 경향이 있다.

셋째, 불확실성으로 정보부족 및 변칙적인 제도의 운영으로 인한 불확실성으로 인하

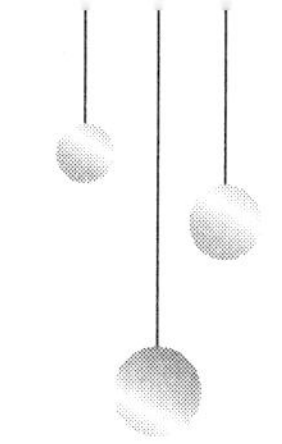

여 관련정보의 입수가 충분치 못한 상태에서 수출업자가 수입국의 비관세장벽실시로 인해 자신들의 수출이 어떻게, 그리고 어느 정도로 제한을 받게 될 것인지를 미리 확실하게 판단하기가 어렵다.

넷째, 차별적인 성격으로 비관세장벽이 무역에 미치는 영향은 선진국이나 개도국에 대해 명목상으로는 무차별적인 것처럼 보이지만 실제로는 개발도상국에 상당히 불리하게 작용함으로써 비관세장벽문제는 선진국의 경우보다는 개도국에 더 불리한 영향을 미친다.

다섯째, 협상곤란성으로 비관세장벽에 대한 일정한 기준이 없으므로 설사 정부 간에 협상이 되더라도 그것이 곧 비관세장벽의 철폐를 보장해 줄 수 없기 때문에 비관세장벽의 완화 또는 제거를 위한 협상을 하는데 있어 많은 문제점이 있다.

3) 비관세장벽의 분류

비관세장벽은 각국별로 매우 복잡 다양하게 시행되고 있어 일률적으로 분류하기란 상당히 어려우나, 각국의 수입정책 및 기타 무역관련 제도상 나타나는 보호주의적 성격 및 비관세장벽 요인을 포괄적으로 살펴보면 〈표 3-2〉와 같다.

(1) 수량제한

수량제한은 비관세장벽 중 가장 분명하게 드러나는 수입규제조치로서, 수입금지를 비롯하여 수입쿼터를 설정하는 수입할당, 수출업자로 하여금 자율적으로 수출량을 제한하도록 하는 수출업자율규제 등이 포함된다.

① **수입금지제** : 일반적으로 국가안보를 저해하거나 소비자의 건강과 복지를 보호하기 위해 또는 멸종위기에 처한 동식물의 수입금지, 환경보호 등을 이유로 특정물품의 수입을 금지하는 것을 말한다. 보통 무기·탄약·폭발물 등은 국가의 허가가 없으면 수입금지를 시키거나 음란물·마약류 및 가짜상표를 붙인 물품들에 대하여 수입을 금지하고 있다.

② **수입할당제** : 다자간 섬유협정(multi-fiber agreement : MFA)에 근거하여 주요 섬유수출국들과 쌍무협정을 체결하고, 이들 국가로부터 섬유류 수입에 대해 쌍무쿼터를 설정하고 규제하는 것을 말한다. MFA는 섬유류 교역의 확대, 자유화 및 수출입 시장에서의 교란요인을 제거하기 위해 마련한 다자간 섬유협정이다. 또한 일부 농산물에 대하여 수입쿼터가 이루어지고 있다.

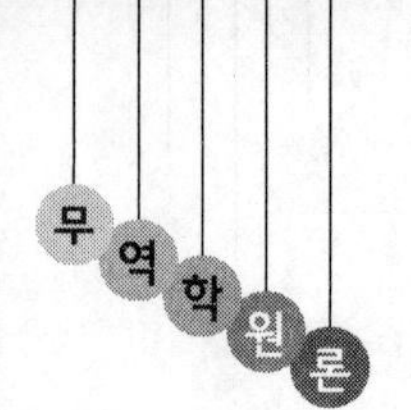

그리고 수입할당제는 양국의 결정방법에 따라 자주적 할당제와 협정할당제가 있으며 수입할당제의 특수한 형태로 관세와 할당제의 복합적인 성격을 가지고 있는 관세할당제와 혼합할당제가 있다. 그러나 WTO 발효 이후 MFA는 상품협정 속에 포함하고 있다.

〈표 3-2〉 각국의 비관세장벽 분류

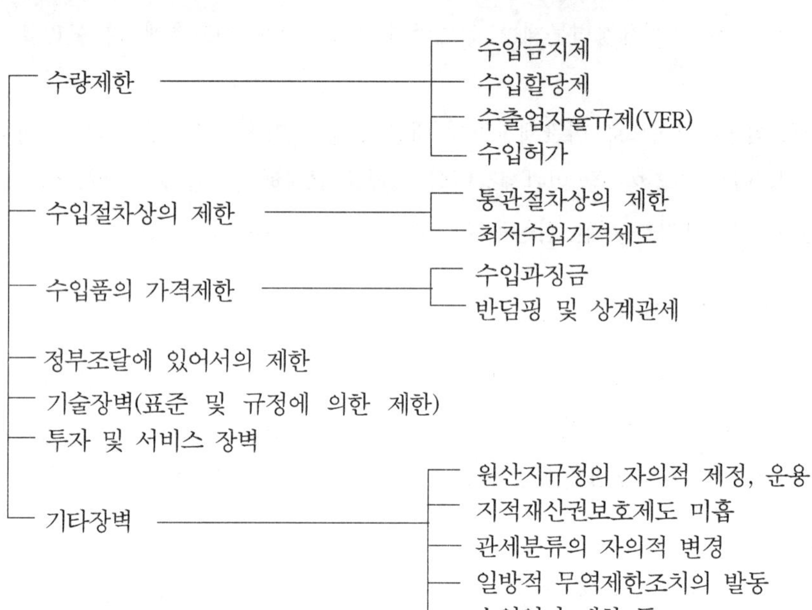

③ **수출자율규제** : 수출자율규제는 수입국의 실질적인 압력에 의해 수출국이 특정 상품에 대한 수출 수량을 일정 수준으로 제한하는 것을 말하며 일반적으로 수입당사국과 자율규제협정 또는 기타 양해각서의 형태를 통해 이루어지고 있으며 이를 일명 시장질서협정이라고도 한다.

수출자율규제협정(voluntary restraint agreement : VRA)은 특정상품에 관한 수입국과 수출국의 무역량을 일정 기간 일정한도까지만 거래할 것을 상호합의에 의하여 규정하며, 이를 초과하여 거래되는 물량에 대해서는 수입국의 자유재량에 의하여 규제할 수 있다. 미국의 경우에는 국내제조업자들을 외국의 경쟁으로부터 보호하기 위한 조치의 일환으로 자동차·철강 및 공장기계 등에 대해 수출자율규제(Voluntary Export Restraint : VER)를 시행하고 있다.

한편 시장질서유지협정(orderly marketing arrangement : OMA)은 수출국의 일반적

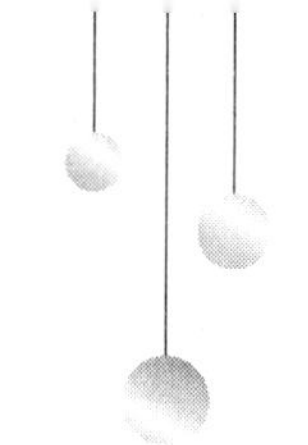

인 규제조치를 말한다. 이것은 수출이 제한물량을 초과할 때 수입국은 자동적으로 수량 제한조치를 취할 수 있기 때문에 OMA가 VER보다 엄격한 제한조치라 할 수 있다. 그러나 양 제도의 경제적 효과는 동일하다. VER과 OMA를 합쳐 회색지대조치(Grey Area Measures)라고 하는데, 이는 선별적 성격의 규제협정으로서 쌍무간 협정에 의한 규제조치를 말한다.

(2) 수입절차상의 제한

수입절차상의 제한은 수입허가와 통관절차상의 제한으로 나눌 수 있는데, 전자는 특정조건을 충족시키는 경우에 한해서 관련기관이 수입허가를 부여하는 것이며, 후자는 통관항구 또는 공항을 지정하거나 통관할 때 불필요한 지연을 행하는 것 등을 말한다.

첫째, 대부분의 농산물(치즈·우유 및 낙농제품, 과일·채소 및 견과류, 동·식물 및 그 제품) 등도 정부로부터 수입허가를 받아야 하며, 정부의 식품 안전 검사류의 검사를 받는 경우나, 냉장고·세탁기·TV 등을 비롯한 가정용품의 수입품목에 대해 복수의 원산지 규정을 적용하는 경우 등이다.

둘째, 통관절차상의 제한은 수입절차가 통관항 별로 다를 뿐만 아니라, 지역별 세관장이 수입물품의 통관절차에서 행사하는 재량권의 범위가 넓어 수입업자가 동일 수입품목에 대해 복수의 원산지규정을 적용하는 경우 등이다.

(3) 수입품의 가격제한

수입품의 가격을 제한하는 조치로는 최저수입가격제도, 수입과징금, 반덤핑 및 상계관세 등이 있다.

최저수입가격제도는 목표가격(최저수입가격)을 설정하여 수입품의 가격이 이보다 낮은 경우 추가조치를 행하는 것을 말하며, 수입과징금은 수입가격을 인상시키기 위한 의도에서 수입시 부과되는 일정 과징금을 의미한다.

반덤핑 및 상계관세는 수출국 덤핑 및 수출보조금 지급에 따른 효과를 상계하기 위해 추가관세를 부과하는 것을 말한다.

① **수입과징금** : 수입과징금(import surtax)은 수입을 억제하기 위하여 수입품에 부과하는 관세 이외의 조세를 말한다. 이 제도는 수입품에 과징금을 부과하여 수입가격을 높여 수입량을 줄이기 위해 사용되는 것으로 관세와 유사하나 관세를 인상하기가 어렵기 때문에 관세 대신에 일시적으로 이용하는 것이다.

또한 관세부과는 품목별로 부과되는 반면 수입과징금은 전면적으로 부과될 수 있다

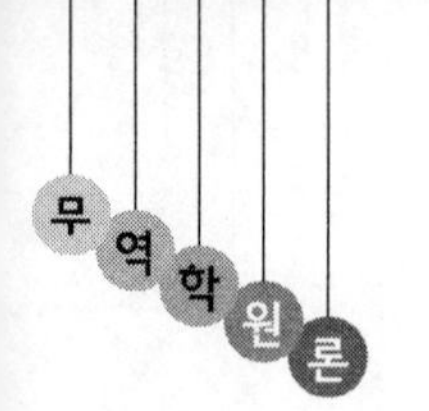

는 점이 다르다. 수입과징금은 고정과징금과 가변과징금이 있는데 가변과징금은 수입량이나 수입가격이 변함에 따라 수입국이 임의로 수입상품에 과징금을 부과함으로써 수입가격의 변화를 통해 수입을 조정하는 것이다.

수입과징금의 사례로는 1971년 미국이 4개월간 10%의 수입과징금을 부과한 바 있으며 EU의 공동농업정책에서도 수입과징금을 실시하고 있다.

② **반덤핑 및 상계관세** : 반덤핑관세는 외국상품이 덤핑가격으로 국내시장을 침범하려 할 때 이것을 방지하기 위하여 부과하는 관세이다.

반덤핑관세를 부과하는 목적은 덤핑되는 상품의 국내시장 침투로 인한 국내산업의 타격, 고용기회의 상실 등 경제혼란을 방지하기 위한 대항조치를 취하는 데 있고, 덤핑방지관세를 부과하는 방법은 덤핑의 효과를 상계하는 만큼의 관세를 추가 부담시키는 것으로서 그 세액은 정상거래가격과 덤핑가격과의 차이가 된다.

상계관세는 수출국에서 장려금이나 보조금을 지급 받은 물품이 수입되어 국내산업을 저해하는 경우에 이러한 물품의 수입을 억제하기 위하여 관세를 추가하여 부과하는 것을 말한다.

장려금이나 보조금을 받은 수출품은 그 만큼 국제경쟁력이 강화되어 무역 확대의 효과를 얻을 수 있는 반면에 수입국에서는 국내 산업이 저해될 가능성이 발생한다.

따라서 수입국은 이에 대한 대항조치로서 보조금이나 장려금을 관세로 부과하고 있는 데 이를 상계관세라 한다.

(4) 정부조달에 있어서의 제한

정부조달은 정부 및 공공기관 또는 정부의 통제 및 영향력 하에 있는 기업체가 국내상품의 우선구매를 장려하는 조치이다. 그리고 정부조달에 있어서의 제한은 각국 정부가 행하는 국제입찰을 할 때 국외공급자(국외상품 및 서비스)보다 국내공급자(국내 상품 및 서비스)를 우대하는 것과 같은 대내외적인 차별조치를 말한다.

따라서 UR협상에 의한 다자간 정부조달에 관한 협정의 목표는 상품과 서비스를 구매하는 정부 결정이 생산의 소재지나 공급자의 소속에 좌우되지 않도록 보장하는 데 있으며, 이 협정은 1단계에서 투명성에 기반을 두고 모든 회원국들을 협정에 가입시키고 2단계에서 그 범위를 정당한 법 절차와 외국기업들에 대한 내국민대우를 확대하는 데 있다. 즉, WTO에서는 본 협정에 가입한 회원국만이 그 적용 대상으로 하고 있다.

예를 들어 미국의 2008. 9. 15일 금융위기로 공적자금을 받은 미국의 기업이나 공공

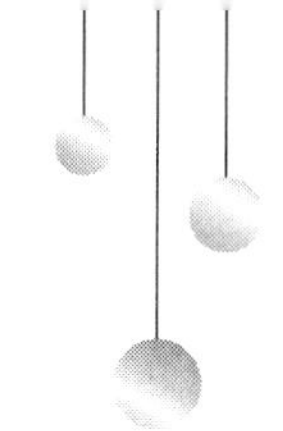

기관이 건설 또는 물품을 구매할 때 WTO의 정부조달에 협정에 가입한 회원국에게는 참여를 허용하고 중국 등 본 협정에 가입하지 않은 국가는 배제되어 보호무역이라는 논란이 일어나기도 하였다.

실제로 다자간 정부조달에 관한 협정으로 미국 등 선진국들은 개발도상국의 정부조달에 대한 접근 증대로부터 얻는 이득이 많은 반면에 그 이득은 상호 호혜적이지는 못한 경우가 발생하고 있다. 심지어 유럽연합 조차도 미국 국방조달에 진출하는 데 어려움을 겪었다. 과연 미국정부가 군대급식 서비스를 하도급을 주기로 결정한다하더라도 외국기업에 그 서비스 제공을 허용하겠는가? 안보 관련 우려 때문에 그 기업은 미국 기업일 것이 확실하다. 그리고 미국의 일부 지방정부들은 학교와 교도소를 포함한 일련의 공공 서비스를 외주하려는 움직임과 관련하여 외국기업들이 미국기업과 동등한 접근의 대우를 받지 못할 것이다.

따라서 정부조달정책에 의해 달성되는 중요한 정부 목표들, 그리고 국제적 행동을 정당화할 어떤 외부효과도 없다는 사실에 비추어볼 때, 개발도상국들은 이러한 분야에 대해 자치권을 계속 보유하는 것이 중요한 것 같다.

(5) 기술장벽(표준 및 규정에 의한 제한)

기술장벽 또는 표준 및 규정에 의한 제한은 각종 기술표준·포장 및 라벨·보건·위생·안전규정 등에 의한 제한을 의미한다.

미국은 소비자보호 및 환경보전을 위해 연방정부가 강제적인 기준을 설정하고 준수의무를 부과하고 있으며, 주 및 지방정부 차원에서도 다양한 기술규정이 존재하며, 일부 보건안전기준 및 환경기준 등이 지나치게 엄격하고 자의적으로 운영되는 경우가 있어 미국시장으로의 접근시 심각한 무역장벽으로 작용하고 있다.

(6) 투자 및 서비스장벽

투자 및 서비스장벽은 외국인 투자에 대해 취하는 현지부품조달요건(local content requirements), 수출입균형요건, 외환규제, 국내판매요건 등의 투자규제조치와, 각국이 국내산업의 보호·육성, 문화와 전통의 보호라는 관점에서 서비스교역에 대해 취하는 다양한 규제조치를 말한다.

(7) 기타장벽

① **원산지규정의 자의적 제정 및 운용** : 일반적으로 원산지규정을 통상정책의 실현수

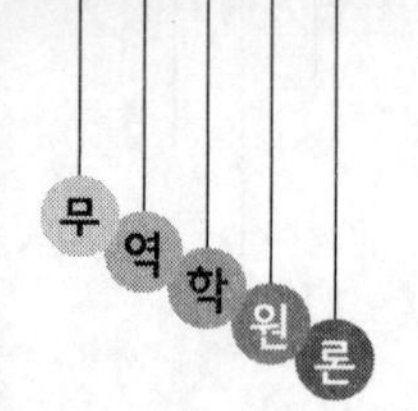

단으로 이용하기 위해 자의적으로 해석 및 운용하는 경우를 말한다. 미국은 일반 원산지규정의 운용에 있어서, 상품생산에 2국 이상이 관계되는 경우, 미 세관 당국 및 재판소는 일반적으로 상품의 '실질적 변형'이 일어난 곳을 원산지로 하는 실질적 변형기준을 채택하고 있다.

그러나 구체적으로 어떤 기준 하에 실질적 변형유무를 판정하는가에 대해서는 규정의 명료성 및 예측가능성이 크게 결여되어 있다.

② **지적재산권보호제도 미흡** : 자국의 지적재산권을 침해한 외국상품이 불공정한 수입으로 자국내 산업이 심각한 피해를 받을 경우, 관련제품의 자국내 수입을 금지할 수 있도록 하는 법을 제정하는 것 등을 말한다.

미국의 1988년 종합무역법에서는 특허·상표·저작권·반도체회로 배치권 침해 사례 등의 경우에는 국내산업의 피해요건이 불필요하다고 규정함으로써 수입품에 대한 지적재산권침해 제소가 남용되고 있다.

③ **관세분류의 자의적 변경** : 관세분류의 자의적 변경은 세관당국의 자의적인 품목분류를 말하는 것으로서 미국은 1989년부터 종전의 TSUS분류를 HS분류로 전환하면서 품목분류의 기술적 연계를 이용하여 신발·섬유·혁제가방 등 다수품목을 고관세 품목으로 편입시킨 바 있다.

④ **일방적인 무역제한조치의 발동** : '74 미국통상법 301조는 외국의 불공정 무역정책 및 불합리한 관행 등에 대해 미 무역대표부(USTR)로 하여금 수입제한·관세인상 및 해당국 기업의 대미투자 제한 등의 조치를 취할 수 있도록 규정하고 있다. 동 조항에 의거하여 미국은 일방적으로 상대국의 무역정책·관행·제도를 불공정한 것으로 간주하고 보복논리를 내세워 협상력이 약한 상대국으로부터 양보를 유도 해내고 있다.

⑤ **수입업자 제한** : 인도의 경우에 있어서는 인도의 경제개혁 프로그램에 따라 수입업자가 제한되는 대상품목이 상당히 감소하였음에도 불구하고, 석유화학제품, 의약품 및 일부 농산물 등에 대해서는 정부가 수입독점기관을 지정하여 이들 기관에 의해서만 수입 가능하도록 하고 있다.

제4장 | 국제금융론

 제1절 … 국제금융과 국제금융시장

1.1 국제금융

1) 국제금융의 의의

금융(finance)은 화폐의 융통 즉, 자금을 대여하거나 차입하는 것을 의미한다. 또한 국제금융은 국가 간에 발생하는 금융현상으로 정의할 수 있으며, 광의의 개념으로 국가 간 또는 국제적으로 이루어지는 경제활동 가운데 자금의 이동과 관련된 모든 현상이라고 할 수 있다.

국제 자금이동의 원인은 물물교환이나 실물원조 등과 같이 화폐적 결제를 필요로 하지 않는 거래도 있으나 대부분의 국제 거래는 화폐적 결제가 뒤따르며, 자금의 이동으로 인한 국제금융현상이 수반된다.

국제금융은 일반적으로 한 나라의 가계, 기업, 정부 혹은 금융기관이 다른 나라의 가계, 기업, 정부 혹은 금융기관을 상대로 자금을 대부하거나 차입하는 경우는 자금의 결제보다는 자금의 대차(貸借)를 목적으로 한다.

또한 국제금융은 대금의 지급을 일정한 기간 동안 연장해주는 공급자 신용(supplier's credit)의 공여나 국제기구(IMF 등)에의 출자, 출손 등과 같은 국제자본이동도 넓은 의미의 국제금융현상으로 볼 수 있다.

2) 국제금융의 기능

국제금융의 주된 기능은 국제대차결제, 국제무역금융지원, 국제대차 및 국제유동성과부족조정, 국제자금관리수단 제공 등을 들 수 있다.

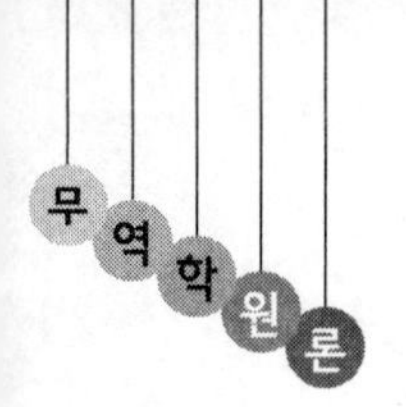

(1) 국제대차결제

국제대차결제의 기능은 국제간 재화 및 용역거래(경상거래)와 자본거래의 결과 이미 발생되어 있는 국제간 채권·채무를 원활하게 결제하여 주는 것을 말한다. 국제간 결제를 원활하게 수행하기 위해서는 이종통화간(異種通貨間) 교환을 위한 외환시장이 발달되어야 하며, 주요 국제금융시장에 위치하고 있는 세계 일류 은행들과 환거래계약 체결, 당좌계정 개설 등을 통해 결제방법으로 활용해야 한다.

(2) 국제무역금융지원

국제간 상품 및 용역의 수출입대금을 융자해 줌으로써 국제교역을 촉진시켜주는 기능이다. 세계 2차 대전 이후 국제무역량이 크게 증가되면서 수출 또는 수입금융의 원활한 지원이 국제금융시장의 주요 기능이 되었으며, 또한 국제금융시장의 국제무역금융지원이 국제교역량을 꾸준히 신장시키는 원동력이 되고 있다.

(3) 국제대차 및 국제유동성 과부족조정

국제금융시장은 단기무역금융에서 중장기 국제투자 및 시설금융까지 취급하고 있다. 그리고 만성적인 국제수지 적자 및 국제유동성 부족상태에 놓여 있는 비산유개발도상국의 국제수지 적자 보전용 금융 및 경제개발 소요 자금도 금융해 주고 있다. 이런 국제금융의 기능은 국제투자 및 개발도상국의 경제개발계획 수행을 촉진시킴으로써 남북문제 해결에도 기여하게 되었다.

그러나 한편으로는 금융 기간의 장기화, 진성어음원칙의 무시, 개발도상국의 외채[36] 비율 누증(累增) 등에 따라 국제은행의 건전 경영을 위협하는 등의 문제점이 나타나기도 한다.

(4) 국제자금관리 경로제공

국제개방 경제체제 하에서 기업 및 금융기관이 국제화 내지 다국적화 됨에 따라 그들의 자금조달과 운용, 지역 및 통화가 다원화되었으며, 이를 국제적으로 종합 관리할 필요성이 대두되었다.

이에 따라 국제금융은 국제은행 및 다국적기업의 국제자금관리상 필요한 각종 금융

---

36) 외화채무는 공공채무(IMF나 외국정부로부터의 차입)와 민간채무(외국의 상업은행으로부터의 차입)가 있으며 발생원인은 경상수지적자, 정부의 외환보유액증가, 국제금리의 상승, 자본의 해외도피(capital fiight) 등이 있다.

수단과 기법을 제공함으로써 더욱 번창할 수 있게 되었다. 특히 국제금융시장은 다국적 기업의 발전과 더불어 그들의 자금조달 및 운용시장으로서 크게 활용되고 있다.

1.2 국제금융시장

1) 국제금융시장의 의의

국제금융시장(international financial market)은 거주성과 국적이 다른 경제 주체 상호간에 직접 또는 간접적(금융기관 개재)으로 장·단기 금융거래가 대량·반복적으로 이루어지는 시장이다.

장기시장에서는 장기대부, 공·사채의 발행, 주식거래 등이 있고, 단기시장에서는 어음할인이나 콜거래 등이 있다. 그리고 어느 경제 주체도 경영상 필요한 장·단기자금은 금융시장이나 자본시장에서 조달하고 여유자금이 있을 때에는 이를 다시 금융시장이나 자본시장을 통하여 운용하게 된다.

즉, 자본은 수익력이 낮은 국가나 지역에서 자본의 수익력이 높은 국가나 지역으로 이동하며 금융 중개기관인 은행의 중개에 의하여 이루어진다.

자본거래 중에서 자본재나 원자재의 연불수입과 같은 공급자 신용의 경우에는 상품의 수출업자와 수입업자간에 신용거래로 직접 이루어진다. 기업의 운전 및 투자 자금의 조달 등의 현금수요의 경우에는 외국금융기관 및 국내금융기관을 매개로 하여 이루어진다.

2) 국제금융시장의 요건

국제금융시장은 통화가 국제적으로 교환성이 있어야 하고 해당국 통화는 국제결제기능을 가지고 있는 국제 통화이어야 한다. 그리고 국제금융시장이 존재하는 해당국은 정치, 경제, 사회적으로 안정되고 외환관리가 완화되고 외국금융기관의 진출이 자유로워야 한다. 또한 해당국에서는 금융제도가 국제화에 합당한 것으로 정비되어야 하는 일정요건을 갖추어야 한다. 이와 같은 요건을 구비하고 있는 대표적인 금융시장이 런던금융시장, 뉴욕금융시장, 유로커런시시장 등이다.

3) 국제금융시장의 구조

국제금융시장은 국적이 다른 정부, 금융기관, 기업 상호간에 직접적으로 또는 중개기

관을 통하여 간접적으로 장·단기 금융거래가 대량적·반복적으로 이루어지는 시장을 의미한다. 이와 같은 국제금융시장은 국제통화 혹은 대외지급준비통화로 사용되고 있는 소위 세계적 기축통화국가를 중심으로 하여 생성 발달되어 왔다.

국내금융시장은 자금의 대부자와 차입자 그리고 이들을 연결하는 금융기관의 3자가 모두 거주자이고 금융기관이 국내에 소재한다. 하지만 국제금융시장은 3자 중 적어도 하나가 비거주자이거나 혹은 금융기관이 외국에 소재해야 형성된다.

〈표 4-1〉 금융시장의 분류

	국내금융시장	국제금융시장	
		역내	역외
직접금융시장	자본시장	외국채시장	유로본드시장
간접금융시장	중개시장	국제여신시장	유로커런시시장

1.3 런던금융시장

런던금융시장은 런던시의 동쪽에 있는 런던의 시티(The City)를 중심으로 18세기에서 19세기에 걸친 약 150년 동안 국제무역 및 투자가 전개되었던 국제금융시장이다. The City는 영국은행(Bank of England)을 중심으로 한 세계의 유수한 외국은행들의 지점과 머천트 뱅크 그리고 영국의 주요 금융기관이 밀집되어 런던금융시장을 형성하고 있다. 당시의 국제통화제도는 국제금본위제였으며 각종의 다각적 결제가 런던을 중심으로 행해져 세계의 금, 상품, 장·단기 자본 등이 런던으로 집중되어 런던이 국제금융 시장으로 부각되었다. 런던금융시장은 다음의 다섯 가지 시장조직으로 구성된다.

첫째, 영국의 중앙은행인 영국은행(Bank of England)을 중심으로 한 은행조직이다. 런던의 은행조직은 영국은행, 예금은행, 머천트뱅크(merchant bank)[37], 할인상사(discount house)[38] 그리고 외국은행들의 지점 등으로 구성되어 있다. 둘째, 할인시장(discount market)을 중심으로 한 단기 금융시장이다. 할인시장은 외환어음과 상업어음의 할인이 행해지고 또 대기성 증권의 입찰이 행해진다. 셋째, 런던의 자유금시장이다. 런던의 자유금시장은 세계 최대의 자유금시장이며, 이 시장에서 결정된 금 가격은 전 세계의 공

37) 머천트뱅크는 무역금융, 금 거래, 외환거래, 신탁, 보험, 리스 그리고 유로달러거래를 하고 있다.
38) 할인상사는 일반예금을 비롯한 보장성증권과 공사채의 인수 및 매매도 취급하고 있다.

정 금 가격으로 통용된다. 넷째, 증권을 발행하고 유통하는 장기금융시장이다. 런던의 장기금융시장은 기채시장과 런던 주식거래소이다, 전자는 증권의 발행시장이고 후자는 유통시장이다. 다섯째, 국제상품, 보험, 해운시장이다. 런던의 상품거래소는 ① 금속거래소(동·석·연·아연 등의 4개 종류) ② 곡물거래소(곡류, 종자, 비료, 사료 등의 소매시장) ③ 발틱(Baltic)거래소(곡물도매시장, 선박과 적화에 대한 보험, 수리선원의 보충, 적화에 필요한 용기 등의 거래) ④ 런던상품거래소(각종 상품의 종합거래) 등으로 구성되어 있다.

그리고 런던금융시장은 전통적 금융시장(traditional money market)과 파생적 금융시장(parallel money market)으로 나눈다. 첫째, 전통적 금융시장은 상업어음시장과 재정증권시장이 있다. 상업어음시장은 할인시장(재무성증권 및 상업어음), 할인상사, 런던할인시장(상업은행 및 영란은행의 재할인)이 있다. 재정증권시장은 영국 정부의 재무적자를 보전하기 위하여 재무성(the treasury) 명의로 발행된 만기 1년 이하의 국채를 취급하고 있다. 둘째, 평행적 금융시장은 금융기관 상호간의 유동성 포지션의 조절시장으로서 주로 1일 간의 초단기 거래와 6개월 이내의 단기자금을 무담보로 대부해 주는 은행간 자금시장(inter-bank), 양도성 정기예금증서(negotiable time certificate of deposit : CD) 및 스털링(sterling)화가 취급되는 스털링 및 달러 CD 시장, 유로커런시마켓, 영국 지방정부 및 공공단체의 재정적자를 예금형태의 무담보로 차입하는 지방정부예금시장과 소비자 금융을 담당하는 소비자금융예금시장, 기업 간에 단기 자금을 대차해주는 기업예금시장이 있다.

1.4 뉴욕금융시장

미국은 제2차 세계대전 직후 세계 전체 금의 2/3 이상을 보유하였으며 세계 최대 교역국으로 등장하였다. 미국은 막강한 경제력을 배경으로 뉴욕을 전국의 금융 중심지에서 세계 최대 규모의 금융시장으로 발전하고 달러는 국제통화로서 그 비중이 높아지게 되었다.

국제금융시장으로 등장하게 된 배경은 첫째, 미국은 양대 대전으로 막대한 자본 축적과 국제수지 흑자로 달러화가 기축통화(vehicle currency)서 인정받게 되었고, 둘째, 미국의 경제력 지위향상과 함께 모든 금융기관이 급속도로 발전하여 국제금융시장으로 그 기능을 다할 수 있었으며, 셋째, 양대 대전으로 인하여 영국의 경제력은 크게 약화

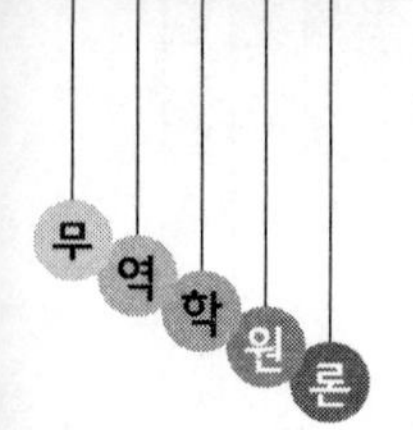

되고 영국 파운드화의 불안은 런던 금융시장의 권위와 지위를 약화시켰다. 넷째, 미국은 1931년 미연방준비제도 이사회(Board of Federal Reserve System)를 창설함으로써 대규모 은행인수어음시장이 설립되었다. 미연방준비제도이사회에서 관장하는 금융정책은 지불준비금 조작, 공정률 조작, 공개시장조작, 예금금리규제 등이다.

뉴욕의 가장 중요한 금융기관은 뉴욕의 미연방준비은행이다. 이 은행은 외국의 중앙은행과 코레스 계약을 체결하고 이들의 예금을 받으며 또 이들이 주문에 따라 미국 재무성 증권과 은행 인수어음의 매매를 대행하고 있다.

그리고 자본시장의 가장 중요한 금융기관은 투자은행이다. 투자은행은 투자회사 또는 증권 인수업자라고도하며, 이들은 국내외 증권의 발행·인수·판매·중개 등의 업무를 담당하고 있다.

뉴욕의 금융시장은 자금시장(money market), 연방자금시장(federal fund market), 재매입약정시장(repurchase agreement market), 중장기자본시장은 지방성 부채시장, 부동산 담보대출시장, 사채시장, 주식시장 등으로 형성된다.

1.5. 유로커런시시장

유로통화(Euro Currency)란 통화를 발행한 국가 이외의 다른 국가의 외국소재 금융기관에 예치되어 있는 자산을 말한다. 미국의 달러가 미국 이외의 지역, 즉 유럽을 중심으로 예치되어 있었기 때문에 Euro dollar란 말에서 유래되었다. 따라서 미국 이외의 다른 지역에 예치되어있는 달러를 Euro dollar, 독일 이외의 다른 지역에 예치되어 있는 DM를 Euro DM이라 한다.

유로커런시장은 유로달러에서 비롯되었으며, 유로달러는 미국 이외의 지역에 소재하고 있는 은행에 예치되어 유통되는 달러 자금을 의미한다. 즉, 유로달러는 1950년 대 미·소간의 냉전이 격화됨에 따라 소련과 동구 유럽 공산국가들이 준비자산으로 보유하고 있던 달러예금을 미국으로부터 유럽의 영국과 프랑스의 은행으로 자금을 이체하면서 생성되었다. 특히 소련은 쿠바사태로 소련의 미국 내 예금자산동결조치를 우려하여 영국 등 다른 유럽국가에 소련의 자금을 이체한 바 있다.

그리고 1970년 대 석유파동과 함께 OPEC국가들이 오일달러를 유로은행을 통해 무역수지 적자국으로 환류(recycling)함으로써 풍부한 자금의 공급이 이루어졌다. 이와 함께 금융자유화 조치 및 다국적기업들의 팽창은 유로 커런시시장의 규모 및 역할을 점점

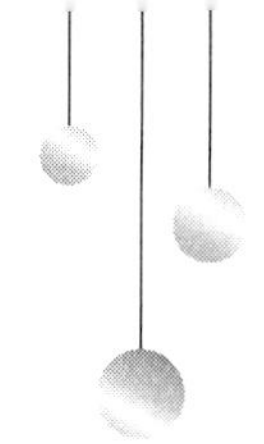

증대시키는 결과를 가져왔다.

그리고 미국정부는 1986년 3월 폐지될 때까지 미연방준비제도이사회는 금리상한규제(Regulation Q)를 설정하였는데 이 상한선은 종종 유럽의 이자율보다 낮았다[39]. 그 결과 많은 달러 자금이 금리가 높은 유럽 소재 은행으로 옮겨 갔으며 또한 미국은 여기에 대응하여 달러의 대외유출규제 조치를 취하였다. 이로써 유럽의 기업이나 미국의 다국적 기업들은 미국 내 금융기관이 아닌 유로시장에서 달러자금을 조달하는 쪽으로 방향을 전환하였다.

그리고 유로은행(Eurobank)은 유로커런시 시장에서 예금 및 대출업무를 수행하는 은행이다. 예를 들어 미국 시티은행의 서울지점이 유로달러나 유로엔, 유로 파운드 등의 예금과 대출업무를 취급하고 있다면 시티은행 서울지점은 유로은행이 된다.

유로커런시시장의 총 거래액 중 70%이상은 유로은행간 거래이다. 유로은행의 예금자와 대출희망자는 타 유로은행, 각국정부, 각국 금융기관, 다국적기업 등이다.

유로은행의 예금은 콜예금(call money: 만기가 보통 2-7일정도), 정기예금(time deposit), 양도성예금증서(certificates of deposit), 변동금리채(floating rate note)가 있으며 이 가운데 유로정기예금의 비중이 가장 크고 단기예금의 예치기간은 길어야 1년이고 6개월 미만이다.

유로은행의 대출업무는 타 유로은행에 대한 은행 간 대출업무와 각국정부 및 기업에 대한 중장기 대출업무가 있다. 유로자금의 대출기준금리는 각 유로시장의 은행간 대출금리가 있으나 런던은행간 대출금리(LIBOR, London Interbank Offered Rate), 미국의 우대금리(prime rate)가 있으며 유로시장에서 대출을 받을 때 적용되는 금리는 보통 LIBOR에 수요자의 신용정도에 따라 결정되는 일정수준의 가산금리(spread)를 더하여 적용한다.

그리고 유로금융센터는 유로은행들이 밀집된 장소를 의미한다. 세계적인 유로금융센터는 런던, 취리히, 파리 등의 유럽과 싱가포르, 도쿄, 홍콩 등의 아시아 그리고 뉴욕을

39) 유럽은행의 외환표시예금에 대해 미국 국내 은행 보다 더 높은 이자를 지급할 수 있었다. 그 이유는 유럽 은행이 예금을 보다 높은 이자율로 대출할 수 있었기 때문이다. 일반적으로 유로커런시 예금의 대출이자율과 차입이자율 간 스프레드는 미국 국내은행의 경우보다 작다. 따라서 유럽은행은 미국의 국내은행보다 더 높은 이자율을 지불하고 더 낮은 이자율로 대출이 가능하였다. 그 이유는 ① 유로커런시 시장에서는 예금 및 대출에 대한 경쟁이 치열하고 ② 유로커런시 예금(유럽은행의 미국 지점을 제외)에 대한 법적 지불준비금과 기타 규제가 없기 때문에 유로커런시 시장에서 영업비용이 저렴하며 ③ 대규모의 예금 및 대출을 취급함으로써 발생하는 규모의 경제와 ④ 위험분산 때문이다.

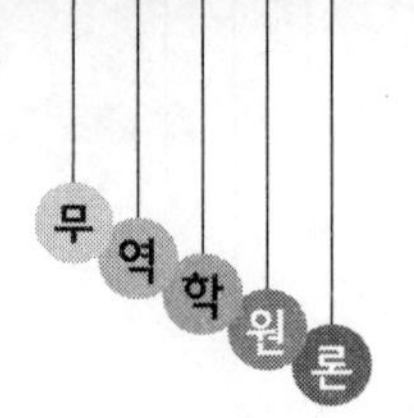

중심으로 하는 미국지역 등이 있다. 유로금융센터는 유로은행 소재국의 정치적 안정과 소재국 통화의 국제통화로서의 기능이 있어야 하고 금융 산업의 발달 및 국제 업무에 대한 낮은 규제, 조세상의 혜택, 국제 업무를 수행할 인적(외국어 구사 능력, 고급금융 인력 등), 물적 시스템의 완비 등의 제 조건을 충족해야 한다.

유로금융센터는 유로은행들이 밀집된 장소로서 유로커런시 시장을 형성하게 되며 유로본드시장(Euro Bond Market), 유로머니시장(Euro Money Market), 유로신용시장(Euro Credit Market), 역외금융 센터(Offshore Financial Center)로 구성된다.

첫째, 유로본드는 유로시장을 통하여 2개국 이상의 채권 인수국으로 구성된 국제적 인수단(inernatinal syndicate group)에 의해 인수·매매되어 2개국 이상에서 유통되는 채권이다. 둘째, 유로머니시장(Euro Money Market)은 최장 만기 1년 미만의 단기자본시장이다. 셋째, 유로크레디트시장(Euro Credit Market)은 만기 1년 이상의 유로커런시 중장기자본시장이다. 넷째, 역외금융 센터(Offshore Financial Center)는 유럽, 미주 또는 아주 대륙의 연안에 소재하는 지역(주로 도서지역)에 의도적으로 창설한 비거주자 상대의 역외금융(offshore banking) 전문시장이다. 이는 비거주자를 상대로 한 예금, 대출, 채권발행 및 매매 등 소위 역외금융을 전문 취급한다. 현재의 대표적인 역외금융센터는 싱가포르, 홍콩, 바레인, 바하마, 파나마, 룩셈부르크 등이 있다.

제2절 … 국제통화제도

2.1 국제통화제도의 의의와 기능

1) 국제통화제도의 의의

국제통화제도(International monetary system : 국제통화질서 또는 체제라고도 함)는 국제간 재화와 자본의 이동에 따른 대외거래상의 화폐를 원활하게 지불할 수 있게 하는 국제금융결제의 체계를 말한다. 즉, 국제결제를 하기 위한 규칙, 관습, 수단, 시설 및 조직을 말한다.

국내의 생산과 교환을 촉진하며 국내경제의 안정과 발전을 위해서 화폐제도의 정비

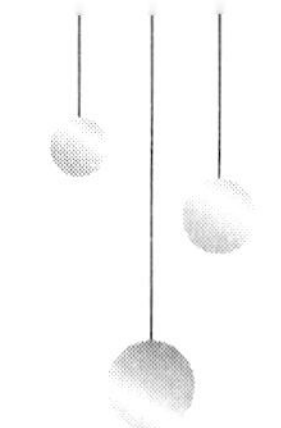

가 필수적인 것과 마찬가지로 국제경제의 안정과 발전에도 이에 상응하는 국제적인 통화제도가 필요하다.

국내의 화폐제도는 먼저 적용되어야 할 통화가 선택되어야 하며, 다음에 통화의 발행처와 발행량이 결정되어야 한다. 이러한 점은 국제통화제도의 경우에도 동일하다. 즉, 국제통화제도는 ① 국제적으로 적용되는 통화의 선정 ② 통화발행 기관의 결정 ③ 국제통화의 공급량이 정해져야 한다.

그리고 국제통화(international currency)는 국제간의 상품, 용역 및 자본이동에 따른 대차관계를 결제하기 위한 지불수단으로서 범세계적으로 자유롭게 통용되고 있는 통화를 말한다. 국제적으로 강제 통용력이 없는 특정국의 국내통화(national currency)가 국제통화로 통용되기 위해서는 그 통화에 대한 국제적인 신뢰가 확보되어야 한다.

또한 국제통화는 국가 간의 모든 대차거래에 광범위하게 즉시 이용될 수 있는 유용성(availability), 국제통화에 대한 각국의 거부현상이 일어나지 않도록 하는 무제한의 자유교환성(convertibility) 즉, 신인(信認)이 유지되고, 이와 함께 유동성(liquidity), 이체성(transferability), 안정성(stability)이 확보되어야 한다.

이러한 요건을 구비한 국제통화는 결제통화(settlement currency), 대외지급준비통화(reserve currency) 및 외환시장 개입통화(intervention currency)로서의 역할을 수행하게 된다.

2) 국제통화제도의 기능

세계자원의 합리적인 배분과 세계 전체의 후생증진을 위해서는 국제무역의 확대가 필요하다. 이와 같은 교역의 증대를 위해서는 국제유동성의 적절한 공급 및 국제수지의 조정과 환율의 안정이 요구되고 있다.

이와 함께 국제통화제도는 국제거래에서 발생하는 국제수지 불균형을 조정하는 기능을 가져야 하며, 특정국가의 국제수지 균형회복이 곤란할 경우에는 적기에 이를 지원할 수 있는 제도적 장치를 갖추어야 한다.

(1) 국제유동성의 적정공급

국제유동성은 대외채무의 결제를 위한 지급수단 즉, 대외거래의 결제수단을 총칭한다. 국제유동성은 세계 각국의 통화당국이 보유한 대외지급준비자산으로서의 화폐용 금이나 외화자산, IMF 리저브 포지션 및 특별인출권(SDR)의 넷으로 구성되어 있다.

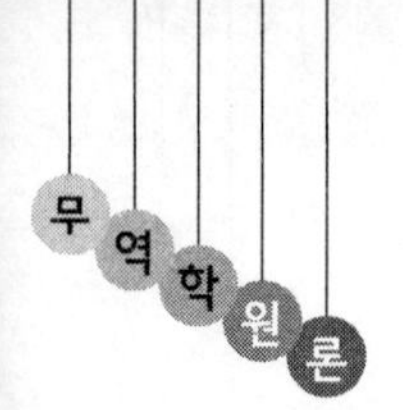

첫째, 금은 고대로부터 국제유동성으로 가장 널리 사용되었다. 그러나 금의 생산은 물리적으로 한정되어 있기 때문에 국제무역이 확대됨에 따라 증가하는 국제유동성에 대한 수요를 금의 공급에 의해서만 충당한다는 것은 불가능하다. 따라서 금 이외의 국제유동성으로 통용되기 시작한 것이 국제통화이다.

둘째, 외화자산은 국제적으로 유동적인 자산을 말한다. 즉 국제거래에서 각국이 수취(受取)를 거절하지 않는 통화이며 또한 이것을 준비자산(reserve assets)으로 보유하는 통화이며, 국제적인 결제통화인 동시에 가치보장수단(준비통화: reserve assets)의 자격을 가진 통화이다. 보통 달러는 결제통화, 준비통화의 기능을 다하고 있다.

셋째, SDR(특별인출권 : Special Drawing Right)은 국제유동성의 부족을 보충하기 위하여 IMF에서 창출한 새로운 국제통화이다. SDR은 달러나 파운드화와 같이 직접 대외거래의 결제나 개입통화로 사용할 수 없는 반면에 결제통화인 외국환을 입수할 수 있는 수단으로만 이용된다. 즉, SDR은 외국환에 대한 하나의 청구권으로서 그 사용은 통화당국 간의 거래에 한하고 있다.

넷째, IMF포지션은 회원국의 일반 인출권 중 IMF로부터 자유롭게 인출할 수 있는 부분의 잔고이다. 이는 회원국의 금의 지분 곧 IMF 출자금의 25%에다 출자금 이외에 회원국이 IMF에 대해 대출한 금액에 더한 것에 그간의 일반 인출권의 인출액을 뺀 것에 다시 그 상환액을 더한 것이다.

이상과 같이 국제유동성으로 사용되는 국제통화의 공급은 그 나라의 국제수지적자에 의해 이루어지기 때문에 국제통화제도의 원활한 운영에 있어 많은 문제점이 수반된다. 국제유동성의 공급 과잉은 인플레이션이나 환율의 불안 요인이 되며, 국제 유동성의 공급 부족은 무역 등 국제거래가 불가피하게 위축되고 세계적인 경기후퇴를 가져올 수 있다.

따라서 적정규모의 국제유동성 공급은 안정적이고 지속적인 국제무역 및 국제투자의 확대를 가져오고 더 나아가 세계경제의 균형적인 발전을 가져온다. 그리고 현재 또는 장래 국제유동성의 적정보유량이 얼마나 되어야 하는가의 문제에 대한 견해는 다음과 같다.

첫째, 세계무역의 증대에 비례하여 증가해야 한다는 화폐 수량설적인 견해이다. 둘째, 국제간의 결제는 국내의 경우와는 달리 수출입 전체에 대해서 지급하거나 수취할 필요가 없으며, 수급 차액만으로 가능하기 때문에 무역발전에 비례하여 국제유동성이 증가해야 한다는 이유는 없다는 견해이다. 셋째, 국내 경제동향을 중요시하며 그 나라 경제발전이 저해되지 않고 국제수지의 균형을 이룰 정도의 국제유동성이 있어야 한다

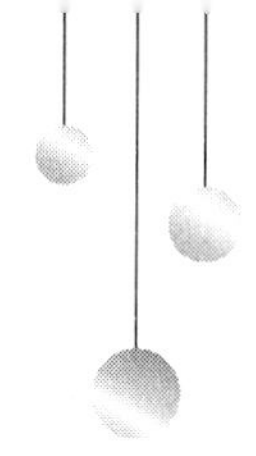

는 견해이다.

(2) 국제수지의 조정

국제통화제도는 각국 간에 국제수지 불균형이 초래되는 경우 이를 다시 균형 상태로 복귀시키는 국제수지 조정기능을 수행해야 한다. 국제통화제도의 국제수지 조정기능은 환율제도에 따라 그 내용을 달리하고 있는 바 금본위제도하에서는 물가 - 정화(正貨)의 조정메커니즘에 의하여 국제수지가 자동적으로 균형을 회복하게 된다. 그리고 브레튼우즈 체제, 즉 조정가능 고정환율제도 하에서는 재정·금융정책을 통한 총 수요관리와 평가조정에 의하여 국제수지의 조정이 이루어진다.

변동환율제도 하에서는 외환의 수요·공급에 따라 신축적으로 변동하는 환율이 교역상품의 상대 가격변동이나 총 지출변동을 통하여 국제수지의 불균형을 해소하게 된다. 이와 같은 국제통화제도의 국제수지조정기능이 원활히 발휘되기 위해서는 기본적으로 안정적인 환율제도의 운용이 필요하며, 이를 위해서는 결국 각국 간에 단기적으로 총지출정책의 조화와 장기적으로는 구조조정정책이 필요하게 된다.

(3) 환율의 안정화

오늘날 각국 간의 국제수지 불균형 확대와 외환시장의 불확실성 증대에 따라 야기된 주요 통화의 과도한 환율변동은 국제통화제도의 국제유동성 공급기능과 국제수지 조정기능을 제약하는 요인이 되고 있다.

국제통화제도에서 환율의 안정화라 함은 환율이 단기적으로 과도하게 변동하지 않을 뿐만 아니라 각국 간의 기초적 경제요인을 반영한 장기균형 환율에 접근하는 것을 의미한다. 환율은 단기적으로 단기부동자금의 투기적 이동과 외환시장의 기대변동 등에 기인하여 불안정한 움직임을 보일 수 있고 장기적으로는 각국의 기본 경제력을 반영하면서 변동한다.

따라서 국제통화제도는 환율의 안정화를 위해 단기적으로는 외환시장에서 외환수급을 신축적으로 조정하면서 장기적으로는 각국 간의 재정·금융정책이나 구조조정정책이 국제화 차원에서 조화가 이루어질 수 있도록 해야 한다.

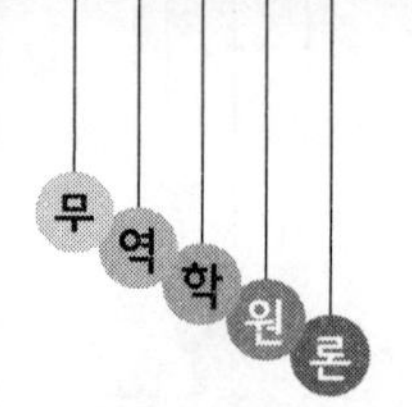

2.2 국제통화제도의 변천

1) 국제금본위제도

금본위제도(gold standard system : 1870~1914)는 금이 본위화폐가 되어 금의 자유주조, 자유태환 및 자유수출입이 가능하며 금만이 국제 화폐 및 준비자산으로 인정되는 제도이다. 이 제도 하에서 각국은 자국화폐의 가치를 순금의 일정량으로 정해 놓고 금의 자유로운 수출입을 허용하였으며 지폐나 예금 통화를 항상 아무런 제한 없이 금과 은을 교환해주었다.

각국은 자국 통화의 한 단위에 포함할 금의 함량을 결정하여 화폐를 발행하고 화폐 한 단위에 포함되어 있는 금 함량의 비율을 기준으로 환율을 결정한다. 이를 금평가(金平價 : gold parity) 또는 주조평가(鑄造平價 : mint parity)라고 한다.

예를 들어 $1 = 금 0.05온스이고 £1 = 금 0.1온스인 경우 달러화와 파운드화 간의 공정가격비율이 £1 = $2가 되며 이를 금 평가 또는 주조평가라 한다. 금 평가가 그대로 환율이 되는 것이 아니라 환율은 금 평가를 중심으로 금 수송 점(금 수입점과 금 수출점 사이) 내에서 수요와 공급에 의하여 결정되었다. 예를 들어 환율이 앞에서 언급한 바와 같이 £1 = $2일 때, 1파운드화의 가치가 있는 금을 런던과 뉴욕 간에 운반하는데 수송비가 약 40센트이라고 가정할 때 달러와 파운드화 간의 환율은 주조평가를 기준으로 상하 40센트 범위 내에서 결정된다. 즉, 달러와 파운드화 간의 환율은 1.98〈 $/£ < 2.02사이에서 결정된다.

영국은 1816년 금본위법이 완성되고 1817년 종래 기니금화(21실링에 해당하는 영국의 옛 금화) 외에 소브린금화(순금 123.27447그레인)를 주조하여 그것을 1파운드로 하였으며 이 파운드화를 중심으로 1821년 국제금본위제도가 채택되었다. 미국은 1834년 금은비가(金銀比價)를 확정한 이래 사실상 금본위제도를 채택하고 특히 18세기를 통해 미국의 금은비가로 인하여 금이 영국, 은이 프랑스로 유입된 것이 영국의 금본위제를 확립하는 중요한 원인중의 하나가 되었다. 그 후 1848년 미국의 캘리포니아, 1851년 호주의 금광개발이 금의 안정적인 공급이 가능하여 금본위제도의 국제화에 크게 기여하게 되었다. 그리고 1870년대 독일, 네덜란드, 노르웨이, 스웨덴, 덴마크(이상 1873년), 프랑스(1876년), 일본(1877년) 등 주요 제국이 채택함으로써 제1차 세계대전이 발발한 1914년까지 전성기를 이루었으며 그 당시 파운드화를 비롯한 주요국의 통화는 금 평가

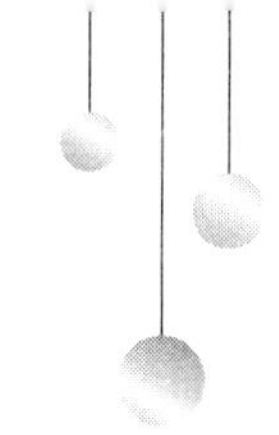

에 의한 금태환성(gold convertibility)이 보장되어 있었다.

1870년대 국제금본위제도가 원활히 운용될 수 있었던 것은 금이 그 성질상 상품화폐로서의 가장 적합한 수단이었고 특히 당시 세계금융경제에 있어서 선도적 역할을 담당해 온 영국의 국제수지와 금보유상태가 건실하고, 미국과 아프리카에서 대규모 금광이 발견되어 화폐용 금의 충분한 공급이 가능하였기 때문이다.

이 제도는 1914년 제1차 세계대전의 발발로 금의 자유로운 유출입과 금 태환이 사실상 불가능해지면서 붕괴되기 시작하였다. 그러나 제1차 세계대전 후 1925~1931년 중 영국을 비롯한 서구제국이 일시 금본위제도로 복귀하였으나 제1차 세계대전으로 경제력이 크게 약화된 영국은 자국의 국제수지방어를 위해 무역 및 자본거래에 대한 각종 제한 조치를 실시하였다.

그 후 1929년 대공황과 1931년에 일어난 대규모 투기적인 단기자본의 이동으로 영국은 금본위제도를 더 이상 유지할 수 없게 되었다. 영국은 제1차 세계대전 중의 전비지출과 계속된 국제수지적자는 금보유량이 크게 감소하면서 파운드화의 금 교환성에 대한 각국의 불안감이 가중되었다.

그리고 각국은 영국에 대해 거액의 파운드화 금 태환을 요구하게 되고 이에 대해 영국은 1931년 9월 파운드화의 금 태환정지를 공표함으로써 국제통화제도의 금본위제도는 붕괴되고 그 결과 금환본위제도가 출현되었다.

2) 금환본위제도

금환본위제도(gold exchange standard system : 1918~1939)는 금을 다량 보유한 금중심국만이 금본위제도를 채택하고 여타 국가들은 금 및 금 태환이 보장된 교환성 통화를 화폐발행 준비자산으로 보유할 수 있게 하는 제도이다.

따라서 금환본위제도 하에서는 화폐발행의 준비자산으로 종래의 금 이외에 금 태환이 보장된 교환성 통화인 금환(gold exchange)이 포함되며, 금환은 금 태환이 가능한 금본위국의 교환성 통화나 환어음, 예금 등의 채권이다.

금환본위제도가 제1차 세계대전 이후 국제통화로서 등장하게 된 것은 국제금본위제도가 금의 공급이 세계경제 및 무역 확대에 크게 못 미치고 미국의 일방적인 국제수지 흑자 지속으로 금 편재 현상이 가속화됨에 따라 그 기반이 흔들리기 시작하였으며 1914년 제1차 세계대전의 발발로 금의 자유로운 유출입과 금 태환이 어려워지자 붕괴되었다.

그러나 실제로는 금 중심국들도 금을 충분히 보유하고 있던 미국만이 종전과 같이 금환본위제(gold coins standard)로 복귀(1919년)하고 영국과 프랑스는 금화의 자유주조 및 은행권의 금 태환이 제한된 금지금본위제도(gold bullion standard)를 채택하고 다른 대부분의 국가는 금 및 금 태환이 보장된 교환성 통화를 화폐발행 준비로 하는 금환본위제도를 채택함으로써 제1차 세계대전 이전의 금본위제도와는 다소 상이한 국제금환본위제도가 등장하게 되었다.

1922년 개최된 제노아회의(Genoa Conference) 이후 영국(1925년), 프랑스(1928년), 일본(1930년)이 금본위제로 복귀함으로써 일단 국제금본위제도가 재등장하였다.

그리고 금환본위제도 하에서는 금의 부족을 해결하기 위하여 금환에 국제거래의 결제수단 기능을 부여하였다. 즉, 미국의 달러나 영국의 파운드화로 표시된 환어음, 예금, 단기 정부증권 등이 사용되었다. 금환본위제는 오래 가지 못하였으나 관리변동환율제도로 이행되는 역할을 하였다는 데 의의가 있다.

3) 대공황과 금환본위제도의 붕괴

금환본위제도 하에서는 금환본위국도 국제적으로 통용되는 금환을 근거로 자국통화를 발행하기 때문에 금 부족 문제를 해결할 수 있는 장점이 있는 반면에 국제유통성을 팽창시켜 세계적 인플레이션을 야기할 소지가 있었고 금본위제에서와 같이 대칭적 국제수지 조정메커니즘이 작용하지 않는다는 결점이 있었다.

금환본위제는 미국에서 1928년 발생되어 봄부터 시작된 버블에 뒤이어 1929년 주식시장이 붕괴되는 대공황(Great Depression)이 그 여파로 붕괴되고 말았다.

그 당시 모든 국가가 동시에 경쟁적으로 고율의 관세를 부과하는 등 동일정책을 동시에 채택함에 따라 국제무역은 급격하게 위축되고 공황은 더욱 심화되는 근린궁핍화정책(beggar-the-neighbor policy)이 초래되었다.

그리고 미국은 주가가 폭락하면서 금융공황이 일어나자 해외에서 자본을 회수하기 시작하였으며 이의 여파로 1931년 5월 오스트리아의 최대은행이었던 비엔나 신용은행(Vienna Kreditanstalt)이 도산하였다. 이를 계기로 독일, 헝가리 등 유럽에서 금융공황이 발생하여 영국에까지 확산되었으며 영국, 독일, 일본(이상 1931년), 미국(1933년), 프랑스(1936년)가 금태환을 정지함으로써 금환본위제도는 붕괴되었다.

미증유의 대공황에서 탈출하기 위하여 국제사회는 1933년 여름 영국 런던에서 세계통화회의를 개최하여 금본위제로의 복귀, 관세율 인하, 정책 공조 등 국제협력 가능성

을 모색하였으나 별다른 성과를 거두지 못하였다. 결국 경제의 자유방임주의에서 케인즈가 주장한 유효수요이론을 받아들여 미국은 뉴딜정책, 국방비 지출 확대 등과 같이 재정지출을 통한 수요 진작 정책을 채택하여 대공황으로부터 탈출할 수 있게 되었다.

그러나 이 시기 중의 정책적 시행착오와 함께 국제 협력의 실패는 정치적으로 전체주의를 등장시키는 계기가 되었으며 1939년 제2차 세계대전이라는 인류 역사상 불행한 결과를 가져오고 말았다. 그리고 일본은 미국의 철강, 원유 등의 일본에 대한 수출제한 조치에 대한 보복으로 1941년 12월 7일 진주만을 공격하는 사건이 벌어졌다.

4) 제2차 세계대전과 브레튼우즈 제체의 성립

대공황을 거치는 과정에서 제2차 세계대전과 직접적으로 연결되는 두 가지 현상이 나타났다.

첫째, 군수산업의 급팽창이었다. 독일은 처음부터 군수산업에 의존하여 경제부흥을 도모하고 뒤이어 미국, 영국, 프랑스도 군수산업에 대한 투자를 확대하기 시작하였다. 이러한 군수산업의 급속한 확산은 불황 해소의 수준을 넘어 국가 간의 군비경쟁으로 진전되었다.

둘째, 대공황이 낳은 또 다른 현상은 세계경제의 블록화였다. 국제 금본위제도의 붕괴로 세계가 이미 달러, 파운드, 마르크, 프랑, 엔 등 통화권 별로 분열된 상황에서 영국은 영연방에 대한 배타적 지배권을 확보하기 위해 1923년 캐나다 오타와에서 영연방 회의를 개최하였다. 영국은 영연방을 파운드 블록 또는 스털링 지역으로 묶어 영국을 정점으로 하는 국제분업 체제를 수립하고 차별관세, 구상무역, 수입통제, 외환관리 등을 통해 영연방 외부와의 관계를 차단하려고 시도하였다.

이러한 영국의 움직임은 다른 국가들을 자극하는 결과를 가져왔다. 구미 열강들은 자국을 중심으로 하는 블록 경제의 창설에 부심하게 되었으며 그리고 대공황과 민족주의의 쇄도, 보호주의 무역정책, 안정을 도모하지 못한 국제기구 즉, 국제연맹의 무능력 등이 결국 제2차 세계대전을 촉발하는 원인되었다.

그러나 미국의 제2차 세계대전의 참전과 동시에 미국을 비롯한 연합국들은 전후의 새로운 세계질서로서의 국제연합(UN)체제를 구상하였다. 전쟁의 피해가 워낙 컸기 때문에 이의 복구를 담당할 기구가 기본적으로 필요하였고 모두가 제1차 세계대전 후 금본위제도의 복귀실패, 근린궁핍화정책의 만연, 대공황 등의 폐해를 경험하였기 때문에 국제통화제도 및 세계무역과 관련하여 적극적인 역할을 할 수 있는 기구를 유엔 체제

내에 설립할 필요가 있다는 데에도 공감하였다.

1944년 7월 45개 연합국 대표들은 미국의 뉴햄프셔의 브레튼우즈에 모여 국제통화 및 금융제도의 안정을 도모할 국제통화기금(IMF)과 제2차 세계대전으로 파괴된 경제 부흥 및 경제 개발을 담당할 국제부흥개발은행(IBRD)의 협정문을 채택함으로써 이들 양 국제기구를 축으로 하는 브레튼우즈 체제가 출범하게 되었다.

그리고 1944년 12월부터는 세계무역의 자유화를 추진할 국제무역기구(ITO)의 설립도 추진하기 시작하였다. 그러나 IMF와 IBRD가 국제금융기구로서 그 다음 년도인 1945년부터 업무를 개시하였으나 ITO의 설립은 지연되어 1995년 세계무역기구(WTO)가 출범할 때까지 세계무역질서는 관세 및 무역에 관한 일반협정(GATT)에 의해 유지되었다.

2.3. 국제통화기금(IMF)의 체제

1) 국제통화기금의 설립배경 및 목적

(1) 국제통화기금의 설립배경

세계경제는 국제금본위제의 붕괴 이후 극도의 혼란에 빠지게 되었다. 이러한 상황에서 환율의 안정, 자유무역확대, 지속적인 경제성장을 위해서는 국제통화제도가 수립이 되어야 한다는 논의가 활발히 전개되었다. 영국에서는 케인즈에 의하여 기초가 된 국제청산동맹 안(Proposal for International Clearing Union : Keynes Plan), 미국에서는 화이트가 기초한 화이트 안인 연합국 환 안전기금 예비초안(Preliminary Draft Outline of Proposal for International Fund of the United and Associated Nations : White Plan)이 발표되었다.

① **케인즈 안** : 영국의 케인즈(J. M. Keynes)안은 케인즈가 기초한 것으로 1943년 4월에 공표되고, 회원국이 초국가적인 중앙은행라고 할 수 있는 국제청산동맹을 창설하여 이것이 세계무역에 알맞고 또한 조정이 가능한 국제통화량을 관리한다는 것이다. 케인즈 안의 내용은 다음과 같다.

첫째, 국제유동성은 신용창조의 원리에 따라 공급해야 한다. 둘째, 회원국이 통화평가를 변경하고자 할 때는 국제수지의 적자와 흑자가 누적될 때에만 가능하도록 해야 한다. 셋째, 국제수지 조정을 위해서는 탄력적인 운용 방안이 필요하다. 즉, 변동환율이 인정되어야 한다. 넷째, 금은 표면상 국제청산동맹의 기초가 되어야 한다. 즉, 금을 기

준으로 고정된 방코르(Bancor)를 창설하여 국제청산동맹의 기초로 해야 한다. 다섯째, 국제청산동맹을 창설해야 한다. 여섯째, 국제청산동맹의 독립성이 유지되어야 한다.

여기서 방코르란 일종의 세계중앙은행인 국제청산동맹을 창설하여 일정량의 금과 동일한 가치를 가지는 국제통화로서 가맹국간의 국제거래는 방코르 계정을 통하여 상호 결제하도록 하고 국제청산동맹에게 당좌대월이 가능하도록 신용창조기능을 부여하였다.

이 때 가맹국의 방코르 계정 대차잔액이 무한히 늘어나는 것을 방지하기 위해 동 대변 잔액 또는 차변 잔액이 일정수준을 넘어서는 가맹국, 즉 국제수지 흑자규모 또는 적자규모가 일정수준 넘어서는 가맹국에서 대해서는 동 초과분에 대해 과징금을 부과한다.

그리고 국제 유동성의 충분한 공급을 보장해주는 메커니즘 마련에 최우선 목표를 두고 있었지만, 국제수지의 대차잔액이 계속 누적될 때에는 당해국 통화의 평가절상 또는 평가절하를 허용함으로써 변형된 형태 즉, 일정한 범위 내에서 환율이 변동할 수 있도록 하는 신축적 고정 환율 제도였다.

② **화이트 안** : 미국의 화이트(D. H. White)안은 화이트가 기초하여 1943년 7월에 최종적으로 발표한 것으로 이 안은 국제안정기금(International Stabilization Fund)이라는 초국가적인 기관을 설치하여 외환시세의 안정을 기하려는 것이 기본 목적이었으며 이를 위하여 필요하다면 회원국에 외환을 공급하는 한편의 국내경제정책을 감시하는 등 경제적 주권을 제시할 수 있도록 구성되었다.

첫째, 회원국의 할당에 의하여 국제환안전기금을 설정하고 국제유동성을 공급해야 한다. 둘째, 회원국이 통화평가를 변경하고자 할 때는 국제수지가 기초적인 불균형상태에 처한 경우에만 한다. 셋째, 미국달러에 대한 금 평가는 1944년 7월 1일 현재 금 1온스당 미화 35달러로 고정하고 회원국의 통화평가는 미화로 표시한다. 넷째, 유동성의 공급기능은 미국 달러에 의존해야 한다. 다섯째, 금환본위제도로 운영해야 한다.

결국 화이트 안은 환율의 안정을 도모하는데 최우선 목표를 두고 금본위제에 가까운 경직적인 고정환율제도를 제시하였으며 국제 유동성 문제에 있어서는 완만한 공급을 추진한다는 소극적 입장이었다.

이 두 안에 대한 논의 결과 화이트 안이 1944년 4월 뉴욕에서 개최된 30개국 전문가 회의에서 국제통화기금 설립에 관한 공동성명 형식으로 채택되었다. 이 공동성명에 따라 1944년 7월 1일 미국의 뉴햄프셔주 브레튼 우주에서 연합국 44개국 통화금융회의가 개최되어 전문가 공동선언의 형식으로 국제통화기금(Inter- national Monetary Fund : IMF)의 설립 원안이 확정되었다. 공식 설립일은 29개국이 IMF 설립 협정문에 서명한

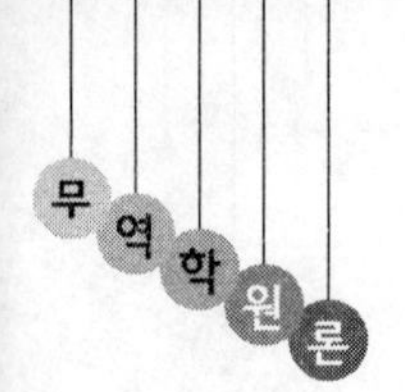

1945년 12월 27일이며 업무개시일은 1947년 3월 1일이다.

(2) 국제통화기금의 설립 목적

국제통화기금(IMF)의 설립목적은 IMF 협정문 제1조에 규정하고 있다. IMF의 기본 목적(협정문 제1조)은 국제적 통화 협력의 촉진, 국제 무역확대와 균형적 성장을 도모하여 고용 및 실질소득의 확대와 생산자원 개발기여, 외환시세 안정과 질서 있는 환 협약 유지 및 경쟁적 평가절하 방지, 경상거래에 대한 다각적 결제제도의 확립과 외환거래 제한을 철폐에 조력, 단기 국제수지 불균형에 대한 IMF의 신용공여, 회원국의 국제수지 불균형 기간 단축 및 경감의무, 통화의 교환성 보장 등이다.

이러한 목적을 달성하기 위하여 IMF는 세 가지 기능을 중심으로 업무가 시행되고 있다. 첫째, 정책감시(surveillance)기능이다. 이는 IMF의 기능 중 비중이 제일 큰 기능으로서 회원국의 환율정책을 평가하는 것으로 경제동향과 정책방향에 관한 전반적인 분석을 하게 된다. 연례협의와 "세계경제전망 논의" 가 대표적인 활동이다.

둘째, 외환지원(financial assistance)기능이다. IMF의 정책실행에 힘을 실어주는 기능으로 외환부족자금을 공여하여 구조조정 및 개혁을 할 수 있도록 지원한다.

셋째, 정책자문(technical assistance)기능이다. 전문가를 통한 정책지원기능으로 여러 분야에 걸쳐 이루어지는데 재정 및 통화정책방안 수립과 실시. 중앙은행, 재무성 설립 등 지원, 통계작성 지원 등을 수행한다.

우리나라는 1955년 58번 째 회원국으로 가입하였으며 현재 전 세계의 거의 모든 국가가 회원국으로 되어 있다. IMF가입국은 IMF협정 제8조국과 제14조국으로 구분된다. IMF협정 제8조는 환율 정책과 외환정책에 관하여 가입국이 준수해야 할 일반적인 의무를 규정하고 있으며 제14조는 전쟁, 경제침체 등으로 제8조의 의무사항을 준수할 수 없는 경우에 일정기간 의무적용을 유예하는 규정이다. 따라서 제8조국은 환율이나 외환에 대해 정부기 과도한 개입을 하지 않고 시장원리에 맡겨두는 선진시장경제를 의미하며 현재 우리나라는 제8조국에 속한다.

우리나라의 쿼터는 1997년 쿼터 증액 합의에 따라 799백만 SDR에서 1,634백만 SDR로 증액되고 쿼터비율은 0.55%에서 0.78%로 증가하였다. 이에 따라 투표권 비중 순위는 36위에서 28위로 상승하였다.

(3) IMF가맹국의 의무 및 특별인출권

① **IMF 가맹국의 의무** : IMF는 가입 희망국에 특별한 재한을 두지 않고 있으며 질

서 있고 안정적인 환율제도 운용을 국제통화문제에 협력할 의사가 있는 모든 국가에 대해 가입을 허용하고 있다. 가입 희망국은 IMF 협정문에서 정한 가맹국의 제반 의무사항을 준수하겠다는 의사와 함께 가입신청서를 제출하면 IMF 당국은 동 신청국의 경제사정을 고려하여 쿼터 규모, 쿼터납입방법 등을 결정한 후 가입결의안을 상무이사회의 승인을 거쳐 총회에서 총 투표권의 2/3이상을 보유하는 과반수 가맹국의 참석, 과반수의 찬성을 얻어야 한다. 가입 결의안이 채택되면 가입 예정국은 할당된 쿼터를 납입함으로써 정식 가맹국이 된다. 그리고 가맹국의 의무는 안정적인 환율제도의유지와 경상지급에 대한 제한 철폐 의무가 있다.

첫째, 가맹국 각국은 자국사정에 부합하는 환율제도를 자유로이 선택할 수 있다. 그러나 각국이 환율 제도를 자의적으로 운용함으로써 국제통화질서의 안정을 저해하지 않도록 가맹국의 환율정책 및 환율에 영향을 미치는 제반 경제정책의 운용에 관하여 여러 가지 의무를 부과하고 있다.

환율의 안정을 위해 가맹국은 IMF 및 타 가맹국과 협력하도록 하고 i) 물가안정과 경제성장 촉진의 금융정책 추진 ii) 질서 있는 경제·금융 여건의 조성 및 불규칙적인 경제변동을 야기 시키지 않는 통화제도 유지 iii) 환율 조작 금지 의무를 부과하고 있다(협정문 제4조 제2항).

그리고 IMF는 가맹국의 환율정책 감독을 위한 환율정책의 지침 제정 및 각 가맹국은 IMF의 감독 수행에 필요한 정보제공, IMF와 환율정책 협의의무 규정을 두고 있다. 이에 따라 IMF는 가맹국 환율정책 지도원칙(principles for the Guidance of members' exchange rate policies')을 정하여 운용하고 있다(협정문 제4조 제3항).

i) 국제수지조정 저해, 불공정한 이익 목적의 환율이나 국제통화제도의 교란 금지. ii) 자국통화의 환율이 불규칙하게 변동할 때 필요한 경우에만 외환시장 개입 iii) 외환시장에 개입할 때 개입 통화국을 포함한 여타 가맹국의 입장 고려의 의무가 있다.

둘째, 경상지급에 대한 제한 철폐의무가 있다. IMF는 경상거래를 위해 다자간 지급제도의 효율성을 제고하고 대외지급제한의 철폐를 통하여 세계무역의 확대를 촉진하고자 대외지급과 관련한 의무사항을 협정문 제8조와 제14조에서 규정하고 있다.

제8조는 차별적 또는 다자간 통화협약이나 경상거래의 외환규제를 금지하고 있으며 제14조는 경상거래의 대외지급 제한을 잠정적으로 유지할 수 있도록 허용하고 있다. 그러나 제8조의 규정에도 불구하고 자본거래에 대한 경상외환거래를 제약하지 않는 범위 내에서 가능하다.

가맹국은 가입할 때 제 8조와 제 14조 중 어느 것을 선택할 것인가를 IMF에 통보하여야 하는데 제14조를 선택한 국가는 국제수지 사정이 기조적으로 호전되면 가능한 한 빠른 시일 내에 시행 중에 있는 외환규제를 철폐하여야 한다. IMF는 제14조를 선택하여 경상거래상의 외환규제를 계속하고 있는 국가에 대하여 매년 국제수지 사정과 외환규제 내용을 감독하며 필요한 경우에는 외환규제의 축소·완화 및 철폐를 권고할 수 있다. 통상 제14조의 적용을 받는 가맹국을 제 14조 국, 그 밖의 가맹국을 제 8조 국이라고 한다. 그리고 우리나라는 1986년 11월 11일 제14조 국에서 제8조 국으로 의무 이행되었다.

한편 IMF는 협정문 제14조에서 정한 바에 따라 '가맹국의 환율제도 및 외환규제에 관한 연차보고서(AREAR : Annual Report on Exchange Arrangements and Exchange Restrictions)'를 매년 발표하고 있다.

② **특별인출권** : 미 달러화의 금 태환 및 고정환율 제도를 근간으로 하는 브레튼우즈 체제 하에서 IMF 가맹국들은 환율을 유지하기 위하여 공적 준비자산을 필요로 하였으나 당시 준비자산이었던 금의 공급이 크게 부족하였던 반면 미 달러화는 과잉 공급됨으로써 그 가치가 하락하였다.

이에 따라 IMF는 1969년 10월 제24차 연차 총회에서 제1차 기본기간(1970~ 1972년) 중의 SDR 배분에 합의함으로써 새로운 준비자산으로서 특별인출권(SDR : Special Drawing Right)을 창설하였다. SDR(특별인출권 : Special Drawing Right)은 국제유동성의 부족을 보충하기 위하여 IMF에서 창출한 새로운 국제통화이다. SDR은 달러나 파운드화와 같이 직접 대외거래의 결제나 개입통화로 사용할 수 없는 반면에 결제통화인 외국환을 입수할 수 있는 수단으로만 이용된다.

즉, SDR은 외국환에 대한 하나의 청구권으로서 그 사용은 통화당국 간의 거래에 한하고 있다. SDR은 일종의 국제준비통화로 금이나 달러의 뒤를 잇는 제3의 통화로 간주되고 있다.

IMF는 통상 5년의 기본 기간마다 ① 장기적으로 국제유동성의 보충 또는 감축 필요성이 있는지 ② 이로 인해 IMF의 기본 목적 달성이 촉진되고 세계 경제의 초과수요 및 인플레이션 또는 경기침체 및 디플레이션을 방지할 수 있는지를 고려하여 SDR의 추가 창출 또는 말소여부를 검토하고 있다.

창출된 SDR은 IMF가맹국 중 SDR에 관한 의무사항을 수락한 SDR회계 참가국에 쿼터[40]에 비례하여 배분되며 말소는 SDR의 순 누적 배분액에 비례하여 이루어진다.

즉, SDR은 IMF에 의해 창출 또는 배정받은 보유자산으로 IMF 가맹국에게 그 출자액의 비율에 따라 무상 배분한다. 외화부족 등의 이유로 달러 등 국제통화가 필요한 국가는 IMF에 SDR를 신청하여 배분이 되면, 당사국은 배분받은 SDR를 그대로 사용하는 것이 아니라 배분받은 SDR를 IMF에 달러, 엔화 등 국제결제통화로 교환(환전)을 요청하면, IMF는 중개기관이 되어 SDR 교환거래협약을 체결하고 SDR 배분액을 다른 국가에게 넘겨주고 그 SDR 표시 금액만큼 달러 등 결제통화로 받아 사용하는 방법이다.

결국 당사국은 IMF로부터 배정받은 SDR지분율은 감소하는 반면에 외화보유액은 증가하는 회계단위의 변동만을 초래할 뿐이다. 만약 그 통화를 국제대금결제로 사용한다면 그 금액만큼 외환보유액은 감소하게 된다. 그리고 SDR의 사용은 SDR을 대가로 지급하고 교환성 통화를 취득하는 거래(transaction)와 교환성 통화와의 교환이 발생하지 않는 운용(operation)으로 구분된다.

③ **SDR의 거래** : SDR의 거래는 지정거래(transaction with designation), 합의거래(transaction by agreement) 및 IMF 일반회계와의 거래 등 세 가지로 구분된다.

첫째, 지정거래(transaction with designation)는 IMF의 상무이사회가 승인한 분기별 SDR지정계획에 따라 응해야할 지정계획 대상국과 대상국별 SDR 수취 의무액(지정규모)을 결정하고 있다. 지정계획 대상국은 IMF요청이 있을 경우 타 가맹국으로부터 SDR을 수취하고 교환성통화로 그 대가로 지불할 의무가 있다.

이 때 IMF는 국제수지사정과 대외지급준비 사정이 건전한 국가 중에서 지정계획 대상국을 선정한다. 국별 지정규모는 SDR 지정계획에 의거 계획 입안일 현재 당해 가맹국이 수취한 SDR배분 총액의 2배에 해당하는 금액 범위 내에서 실제로 SDR보유 규모 등을 감안하여 결정한다.

반면에 비지정 가맹국은 국제수지 사정의 악화나 대외지급 준비자산의 감소 등에 따른 SDR사용 필요요건을 갖추었을 경우에 한하여 보유 SDR과 교환성 통화와의 교환을 요구할 수 있으며 단순히 대외지급 준비자산의 구성을 변경시킬 목적으로 이를 요구할 수는 없다. IMF는 비지정 가맹국으로부터 SDR교환의 요구를 받으면 지정계획에 의하여 지정된 가맹국에게 동 교환거래에 응할 것을 요청한다.

---

40) 쿼터(quota)란 가맹국의 IMF에 대한 출자금(capital subscription)으로서 IMF가 각 가맹국의 경제력 등에 맞추어 그 규모를 정하여 할당한다는 것을 의미한다. 쿼터의 25%는 SDR 또는 자유 사용가능 통화(미 달러화, 유로화, 엔화, 파운드화)로 75%는 자국통화로 납입토록 되어 있다. 납입된 쿼터는 IMF 가맹국의 국제수지 불균형 조정 등을 위한 신용공여 재원으로 사용될 뿐만이 아니라 투표권을 산출하고 IMF신용 이용한도 및 SDR 배분규모를 결정하는 기준이 된다.

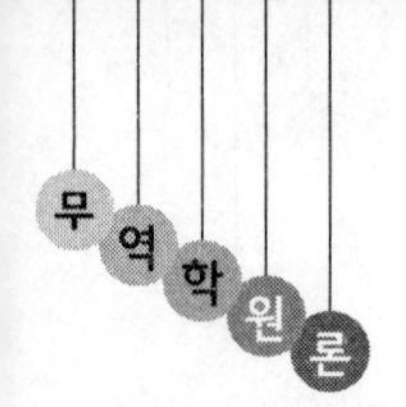

둘째, 합의에 의한 거래(transaction by agreement)는 지정계획에 관계없이 SDR의 매매를 원하는 가맹국간에 자유로이 이루어지는 거래이다. IMF는 이러한 SDR매매를 희망하는 가맹국의 명단을 사전에 보유하고 있다가 매매를 중개하고 있다.

셋째, IMF일반회계와의 거래는 IMF신용에 대한 원리금 상환, SDR 순 사용분에 대한 수수료 납부, 쿼터 납입 등을 위해 가맹국과 IMF간에 이루어지는 거래로서 일반재원계정(GRA: General Resources Account)[41]을 통해 이루어진다.

④ **SDR의 운용** : SDR의 운용에 관한 사항은 동 협정문 제19조 제2항에 의거 상무이사가 총투표권의 70% 이상을 대표하는 상무이사회의 찬성을 얻어 정한다. 이에 따라 상무이사회는 금융채무의 결제, 융자, 질권설정, 채무 보증을 위한 담보제공, 스왑거래, 선물환거래 및 증여 등 일곱 가지 형태의 운용을 허용하고 있다.

그리고 IMF는 특정 참가국이 행한 SDR의 운용 및 거래가 IMF협정문의 취지에 부합하지 않는다고 판단될 경우 해당 가맹국에 대하여 경고할 수 있고 이러한 운용 및 거래가 계속될 경우에 SDR의 사용 권리를 정지시키는 등 적절한 제재조치를 취할 수 있다.

⑤ **SDR의 이자율 및 수수료율** : IMF는 SDR회계 참가자의 SDR 보유 평잔에 대하여 이자(interest)를 지급하는 한편 말소분을 제외한 순 누적 배분액(평잔기준)에 대하여는 이자율과 동률의 수수료(charge)를 납부하도록 하고 있다.

따라서 SDR 배분액보다 보유액이 많은 참가국들은 초과보유액에 대해 순이자를 수취하고 보유액이 배분액에 미달하는 참가국은 순 사용분에 대한 수수료를 납부하게 되며 전체 SDR회계 내에서는 이자와 수수료의 총액이 상호 일치하여 균형을 이루게 된다.

SDR의 이자율은 제도 도입 이후 비교적 저리의 고정율로 책정되어 왔다. 그러나 1976년 7월 1일부터는 준비자산으로서의 적정 수익률을 보장함으로써 보유 선호도를 높이기 위하여 미국, 영국, 독일, 프랑스, 일본 등 5개국의 단기금융 시장금리를 가중평균한 복합시장금리의 60%수준으로 이를 책정하기 시작하였다. 1979년 1월 1일에는 동 이자율을 복합시장금리의 80% 수준으로 인상하고 1981년 5월 다시 100%로 인상하였다.

그리고 1983년 8월에는 SDR 이자율 책정주기를 종래의 분기 단위에서 주 단위로 변경하고 2000년에는 3개월 만기 유럽 은행 간 금리가 독일과 프랑스의 단기금융시장금리로 대산하게 되었다. 현재 SDR이자율은 매주 금요일에 산출한 미국, 유럽, 일본, 영

41) IMF회계는 SDR회계와 일반회계로 구분되며 일반재원계정은 일반회계와 핵심계정이 있으며 가맹국이 납입한 쿼터를 관리함

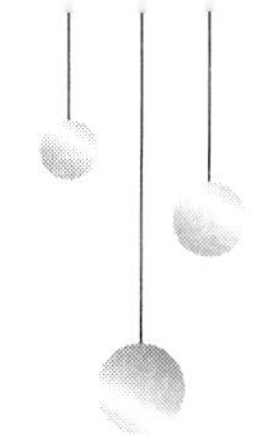

국의 복합시장금리와 동일한 수준의 금리를 그 다음 1주일 간 적용하고 있다.

〈표 4-2〉 SDR의 이자율 산정 방식의 예

통화	통화단위수(A)	대SDR환율(B)	이자율(C)	환산(A×B×C)	비고
유로화	0.4260(29%)[1]	0.877073	2.1849[2]	0.8164	①
엔 화	21.0000(15%)	0.006184	0.0030[3]	0.0004	②
파운드화	0.0984(11%)	1.243650	4.7200[4]	0.5776	③
미달러화	0.5770(45%)	0.643912	2.2200[5]	0.8248	④
SDR이자율 = 2.22% ⟵				2.2192	= ①+②+③+④

자료 : 국제금융기구가 하는 일, 한국은행, 2005. 3, p.58.
주 : 1) ( ) 내는 가중치 2) 3개월 만기 은행간 예금금리
3) 13주 만기 재정증권 시장수익율 4) 3개월 만기 재정증권 수익률
5) 3개월 만기 재정증권 시장수익율

2) 브레튼우즈 체제

미국과 영국의 안을 절충하여 1944년 4월에는 국제통화기금 설치에 관한 전문가의 공동성명이 발표되고, 동년 7월에 브레튼우즈(Bretton Woods)협정이 성립되었다. 브레튼우즈 체제(1944~1973)는 미국의 달러화를 기축통화로 하는 금환본위제도와 조정 가능한 고정환율제도를 기본성격으로 하는 국제통화제도이다.

즉, 미국의 달러화만이 금과 일정 교환비율을 유지하고 다른 회원국통화는 기축통화와의 기준 환율을 설정·유지하여 간접적으로 금과 연결시킴으로써 환율을 안정시키고자 했던 제도이다. 각국의 자국통화의 환 평가는 금 또는 1944년 7월 1일 현재의 중량과 순금을 가진 미화 1달러에 순금 0.888671g이라는 교환비율 즉 금 1온스 당 35$로 설정하도록 하였다.

따라서 브레튼우즈 체제 하에서는 각국은 금이나 달러화를 기준으로 설정한 자국통화의 공정 환율을 설정하고, 이 평가의 상하 1% 범위 내에서 환율을 유지하는 조정 가능한 고정환율제도를 실시하였다.

단, 공정 환율의 변경은 국제수지의 구조적인 불균형의 경우에만 허락하였고 일시적으로 국제수지불균형이 생길 경우엔 IMF 각 회원국이 출자한 자금을 공여함으로써 불균형을 해소하고자 하였다.

1950년대에 있어 강력한 미국경제를 배경으로 한 브레튼우즈 체제는 국제통화 질서

의 유지에 크게 공헌하였으나 세계 경제의 회복이 전적으로 미국의 뒷받침에 의해 이루어진 결과 그에 따른 문제점들이 서서히 나타나기 시작하였다.

그 중의 하나가 1950년대 들어 시작된 미국의 국제수지적자이다.[42] 당시 미국은 상당한 무역수지 흑자를 보이고 민간자본의 유출도 많지 않았으며 이와 함께 풍부한 금을 보유(제2차 대전 후 전 세계 총량의 75% 보유한 바 있으나 1971년에는 금보유량이 60% 이상 감소하였음)하고 있었으므로 약간의 국제수지 적자는 큰 문제가 되지 않았다. 미국정부는 어느 정도의 국제수지 적자가 세계경제에서 미국의 위상을 대변하는 것으로 생각하여 오히려 이를 환영하는 입장이었다.

이러한 방법의 유동성의 증대는 달러화의 신뢰도를 떨어뜨리는 결과로 작용하였다. 그 결과 1960년대 브레튼우즈 체제 하에서는 유동성 증대와 신뢰도가 양립할 수 없는 이른바 유동성 딜레마현상이 나타났다. 즉, 미국의 국제수지 적상태가 지속되자 이것이 어느 정도까지 지속 가능할 것이며 미국의 국제수지가 흑자로 전환할 경우 누가 국제유동성을 공급할 것이나가 하는 문제가 대두되기 시작하였다.

1960년 미 의회에서 당시 예일대 교수였던 트리핀(Robert Triffin)은 “미국이 국제수지 적자를 허용하지 않고 이에 따라 국제유동성 공급이 중단되면 세계경제는 크게 위축되고 말 것이다. 그러나 지금과 같은 적자상태가 지속되어 미 달러화가 과잉공급되면 이의 가치가 하락하여 준비자산으로서의 신뢰도가 저하되고 고정환환율제도도 붕괴될 것” 이라고 증언함으로써 소위 ‘트리핀의 딜레마(Triffin’s Dilemma, 일명 쌍둥이 문제라 함: twin problem)’를 제기하고 이의 해소를 위해 새로운 국제유동성을 창출할 것을 제안하였다.

실제로 1960년대 미국의 국제수지 악화로 인하여 달러화가 공급과잉 상태에 빠지게 되자 달러화의 가치가 의심받게 되었고 달러의 금 태환이 요구됨과 아울러 민간부문에 의한 달러와 금과의 투기적인 거래가 성행함에 따라 국제통화질서는 동요되기 시작하였다.

그러나 IMF를 비롯한 국제사회는 달러의 과잉공급문제를 해결하기 위해 다각적인 노력을 하였는데 우선 서유럽 각국과 미국은 서로 협력하여 금 가격을 유지하고 자 시도하였다. 1961년 벨기에, 프랑스, 독일, 이탈리아, 스위스, 네덜란드, 영국, 미국 등 8개국은 브레튼 우주체제 출범시의 미 달러화 가치 즉, 금 1온스=35달러를 유지하기 위해 금풀(Gold Pool)을 형성하였다. 그리고 IMF는 일반차입협정(1962년)[43]도 체결하였다.

---

42) IMF는 1950년대 세계경제에 공급된 총85억 달러의 국제유동성 중 70억 달러는 미국의 국제수지 적자를 통해 제공된 것으로 추정하고 있다.

이후 민간부문에서의 금 수요가 증가함에 따라 금풀[44]은 고갈되기 시작하였으며 1967년 11월부터 1968년 3월까지 금 구입 러시로 금풀제도는 종지부를 찍고 말았다.

1966년 당시 해외에서 보유하고 있던 미 달러화는 140억 달러였으나 미국의 금보유액은 32억 달러에 불과할 정도로 달러는 과잉공급 상태였다. 이에 따라 미국은 달러의 해외유출속도를 늦추기 위해 조건부원조(tied aid), 이자평형세(interest equalization taxes), 자발적 자본통제 프로그램 등의 정책을 시행하여 초기에는 상당한 효과를 거두기도 하였다.

그러나 베트남 전쟁, 나토지원 등으로 국방비 지출이 꾸준히 증가하고 미 국민들의 해외여행 및 해외투자 활동 증가로 국제수지 적자가 쉽게 해소되지 않았다. 더욱이 1971년부터 무역수지마저 적자를 보임에 따라 달러 유출 억제 정책은 실패로 돌아가고 말았다.

IMF는 1970년 통화위기에 처한 국제통화제도를 개선하기 위한 국제협력으로 IMF의 SDR(special drawing rights : 특별인출권)을 창출하여 새로운 형태의 국제준비자산의 창출로 국제유동성 문제를 완화시키려 하였다. 그 외에도 금의 이중가격제도(1968)[45] 등

43) 일반차입협정(GAB: General Arrangements to Borrow)은 국제통화제도가 위기에 처할 경우 선진국의 외환시장 개입자금이나 국제수지 조정에 필요한 자금을 조달·공여하기 위해 1962년에 IMF가 체결한 최초의 차입협정(60억 달러)으로서 자금공여국인 동시에 자금 이용국이었던 당시의 협정당사국에는 IMF가맹국인 G-10국가(미국, 영국, 서독, 일본, 프랑스, 이탈리아, 캐나다, 네덜란드, 벨기에, 스웨덴) 외에 비가맹국인 스위스가 준 당사국으로 참가하였다. 그 후 IMF는 1982년 외채위기로 개발도상국들이 대외지급준비사정이 악화됨으로써 IMF신용에 대한 수요가 늘어날 것으로 예상되자 IMF는 협정당사국만 이용할 수 있었던 동 재원을 국제수지 조정이나 구조조정계획에 대한 지원 등 필요하다고 인정되는 경우 협정당사국이 아닌 여타 가맹국들도 이용할 수 있도록 1983년 2월 24일 GAB를 개정하였다. 차입한도를 64억 SDR에서 170억 SDR로 확대하였으며 사우디아라비아와는 15억 SDR에 달하는 별도의 차입협정이 체결되고 1984년 4월에는 스위스가 정식 협정당사국으로 격상되었다.

44) 1960년 과도한 금태환 요구에 몰린 미국은 보유금의 방어를 위해 선진 각국에 대하여금태환을 자제해줄 것을 요청한 바 있으며 1961년 국제시장에서 금 가격을 안정시키기 위한 노력으로 미국 등 선진국들이 금풀(gold pool)을 구성하여 미국을 지원하였다. 브레튼우주 체제 하에서는 미국은 시장에서 금 가격이 상승할 경우 미국은 금을 풀어 금 가격을 안정시킬 의무가 있다. 그러나 미국의 보유금이 급격히 고갈되는 것을 막기 위해 선진 각국들은 금풀을 구성하여 금시장의 개입량을 50%는 미국이 부담하되 나머지 50%의 금은 기타 선진국들이 분담하여 금 가격을 안정시키기로 하였다. 결국 금풀은 당초 100% 미국의 의무였던 금 가격 안정을 다른 국가가 50%를 떠맡은 결과를 가져왔다. 금풀은 1968년 3월에 해체되었다.

45) 금의 이중가격제도(Two-Price System for Gold) 즉, 민간 금시장의 가격과 공적 금가격의 2원화라 할 수 있음)는 1967년 이래 수차에 걸친 국제적인 「골드 러쉬」(gold rush : 금 매입)에 따른 국제통화위기를 극복하기 위하여 취해진 조처로서 각국 중앙은행간의 금 거래에 있어서는 종전과 같이

달러화의 신인도 회복과 국제유동성 공급을 위한 일련의 조치를 취하였다.

그러나 금 2중 가격제 실시의 의미는 브레튼우즈 체제의 기반이 이미 무너졌으나 간신히 기둥 만 남아 동 체제를 받치고 있는 형상이었다. 결국 달러화가 국제적 신인도를 회복하지 못한 채 1971년 8월 15일 미국의 닉슨대통령은 달러의 금 태환정지를 선언하였다. 미 달러화의 금태환정지로 국제통화질서가 혼란에 빠지자 이를 수습하기 위해 선진 10개국(G-10)은 1971년 12월 스미소니언 협정을 체결하고 미 달러화의 평가절하와 환율 변동 폭의 확대를 통해 미국의 경상수지 적자를 해소하고 국제금융제도의 안정을 도모하고자 하였다. 이로써 1973년 초 주요국들이 변동환율제도로 이행하면서 IMF를 출범시킨 브레튼 우즈 체제는 붕괴되었다.

3) 스미소니언체제

브레튼우즈 체제의 붕괴 이후 국제통화제도의 혼란을 수습하기 위하여 1971년 11월 워싱턴의 스미소니언 박물관에서 선진 10개국 회의가 개최되어 달러화의 평가절하를 포함한 주요 통화의 평가재조정과 환율 변동 폭의 확대 등에 합의함으로써 잠정적인 스미소니언협정(Smithsonian Agreement)이 성립되었다.

스미소니언 체제는 본질적으로 브레튼우주 체제의 연장일 뿐 별다른 변화를 가져온 것은 아니었다. 이 체제에서는 고정환율제도를 유지하되 종래의 금 또는 미국 달러 평가 대신 신축성 있는 기준율제도를 도입하였다.

이 체제의 내용은 ① 달러의 평가절하, 즉 금 1온스의 공정가격을 35달러에서 38달러로 조정하고 미국의 금 태환 의무는 폐지하며 ② 달러와 각국 통화 간의 변동 허용폭을 종전의 ±1%(narrow band)에서 ±2.25%(wide band)로 확대하고 ③ 각국 통화의 달러에 대한 평가절상을 단행하는 것이었다. 결국 스미소니언체제는 종전의 금·달러 본위제에서 단순히 달러 본위 제도로 바뀐 것으로 전 보다 더 불안한 체제였으며 변동환율제도로 가는 과도기 체제였다.

그러나 스미소니언협정은 출범한지 6개월 만인 1972년 6월 영국이 파운드화의 평가수준을 유지하지 못하고 변동환율제를 채택함으로써 무너지기 시작하였다. 더욱이

1온스 당 35달러의 공정가격을 적용하였고 반면 일반거래(금시장에서 실제거래가격은 1온스 당 100달러를 넘음)에 있어서는 그 가격이 자유금시장에서 결정되게 한 조치였다. 또한 자유금시장을 통한 금융당국의 금공급과 금 매입을 중단시킴으로써, 금의 자유시세가 금의 공정가격을 능가할 경우 금융당국의 금 매입에 의한 수익 도모를 방지하였다.

1973년 2월에는 미국의 국제수지가 더욱 악화되어 달러화가 10% 평가절하 되고 일본, 스위스, 이탈리아가 변동환율제로 전환하고, 1973년 3월에는 거의 대부분의 통화가 변동환율제를 채택함으로써 고정환율제를 지속하려던 스미소니언체제는 발족 후 14개월 만에 사실상 붕괴되었다. 그 후 대부분의 주요 국가들이 변동환율제를 채택하게 됨에 따라 국제통화제도는 또 다시 혼란에 빠지게 되었다.

4) 킹스턴체제

킹스턴(Kingston)체제는 1976년 자메이카의 수도 킹스턴 회의에서 1973년에 사실상 붕괴된 브레튼 우즈체제의 공식적인 붕괴를 선언하고 현행 국제통화제도의 근간이 되는 변동환율제도의 기본바탕을 마련하였다. 이 회의에서 IMF 협정 개정안이 채택되어 1978년 4월 1일 정식 발효됨으로써 킹스턴체제의 새로운 국제통화제도가 탄생되었다.

킹스턴체제는 당시의 회원국들이 채택하고 있는 자유변동환율제도를 공식적으로 합법화함과 동시에 국제환율제도의 질서유지와 안정을 위해 회원국들이 IMF와 협조해야 할 의무를 부과하였다.

또한 금 평가제가 전면적으로 붕괴된 사실을 인정하여 국제통화로서의 기능을 폐지하고 SDR을 주요 준비자산으로 하는 SDR체제로 이행할 수 있는 기반을 조성하였다. 회원국의 국제수지불균형은 국제통화제도의 불안정을 가져오는 가장 큰 요인 중의 하나로 인식하여 킹스턴체제하에서는 국제수지조정을 위한 지원기능을 높이기 위하여 IMF신용을 크게 확대하고 그 이용조건을 완화하였다.

오늘날 대부분의 선진국은 변동환율제를 채택하고 여타국은 이들 주요국 통화에 연결시키고 있기 때문에 현행 킹스턴체제하에서 채택하고 있는 환율제도는 기본적으로 변동환율제를 주축으로 하되 환율의 변동이 지나칠 때에는 정부가 외환시장에 개입하는 관리변동환율제도이다.

현행 자유변동환율제도를 탄생시킨 킹스턴체제의 주요 내용은 다음과 같다.

첫째, 금의 완전폐화, 즉 금의 공정 가격 제 및 금 평가제를 폐지하고 IMF 회원국이 1/4를 금으로 납부하던 금 출자의무를 폐지하며 IMF가 보유하는 금의 일부를 회원국에 반환하고 일부는 민간의 금시장에 매각한다.

둘째, 국제준비자산으로서 SDR의 역할을 증대시키기 위하여 SDR의 가치평가 방법을 개선한다.

셋째, IMF는 각국에 자국의 여건에 적합한 환율 제도를 자유로이 채택할 수 있게 허

용하였다. 그러나 IMF는 국제통화질서의 안정적인 유지를 위해 각국의 자의적인 환율조작을 금지하는 등 환율정책 운용상의 의무도 동시에 부과하여 동 의무의 이행여부를 감시하는 감독업무를 수행하기로 하였다.

특히 미국은 1973년 브레튼 우즈체제가 사실상 붕괴되고 킹스턴 체제에 의한 자유변동환율제도가 시행되자 국내 긴축정책을 통한 무역수지 개선에 소극적으로 대응한 반면에 통화 공급량 증가와 재정적자를 증가시키며 오히려 통화량 확장정책을 펼치면서 달러 가치의 유지에는 소극적이었다.

이 때 무역지수지 흑자국인 일본과 독일은 달러의 지나친 평가절하를 방지하기 위해 외환시장에 개입하여 달러를 매입해야만 했다. 미국이 다른 국가의 요구를 듣지 않고 자국의 이익만을 취하는 미국의 정책을 우아한 묵살(benign neglect)이라고 불렀다. 1980년대 초 레이건 행정부의 우아한 묵살정책은 고금리정책으로 절정에 달했다. 미국은 무역수지 적자로 약해진 달러가치를 회복하고자 고금리정책을 실시하였는데 미국의 고금리 정책으로 달러가 미국 국내로 유입되면서 달러 부족상태에 놓이게 되고 외환시장에서 달러는 평가 절상 되었다.

세계적 고금리와 달러 절상에 대한 각국의 비난이 일어났으나 1985년까지 미국은 별다른 조치를 취하지 않는 패권적 지배(hegemonic dominate)[46]를 행사하였다.

1985년 9월 22일 G-5(미국, 서독, 일본, 영국, 프랑스) 정상들은 뉴욕 플라자 호텔에서 그 동안의 자유방임적 국제통화제도의 운영이 실패하였음을 선언하고 각국이 국제통화질서의 안정을 위해 국제정책협조(international policy coordination)를 취할 것을 합의한 '플라자협정(Plaza Agreement)'을 맺게 되었다.

이 협정의 핵심은 고금리정책으로 고평가된 달러의 평가절하에 합의하면서 이후 환율안정에 상호 협조하자는 것이다. 이 협정 이후 환율이 안정된 것은 사실이지만 이를 각국 간의 정책협조의 결과로 보는 데는 반론이 많았다. 일본은행의 연구결과에 따르면 1981~1987년 간 미국의 외환시장 개입은 단지 186억 달러에 불과한 반면에 여타 국가들의 1987년 1년 간 외환시장 개입액은 무려 1,300억 달러에 달하였다고 한다.

그리고 1987년 2월 G-7(G-5, 캐나다, 이탈리아)정상은 프랑스 루브르에서 회담을 갖고 현 상태의 환율유지와 각국이 급격한 거시경제정책의 변화를 유발하지 않는다는 정책협조에 합의하였다. 이를 '루브르 합의(Louvre Accord)'라 한다. 플라자 협정에서의

46) 패권적 지배(hegemonic dominate)는 특정국가의 통화가 지배적 지위를 갖고 국제통화를 이끌어가는 것을 의미한다.

단순한 정책협의 보다 강한 성격의 합의였다. 즉, 각국의 정책협조 위무와 합의사항 이행여부, 감독 등과 같은 적극성을 포함하는 것이었다.

루브르합의 이후 달러는 상당기간 안성세를 유지하였다. 그러나 많은 학자들이 루브르합의는 미국의 주도로 미국에 유리한 회담으로 미국이 세뇨리지[47]를 거두어들인 것 뿐이라고 평가하기도 한다. 비록 루브르 합의에 적극적 이행의무 등이 포함되어 있으나 그것이 브레튼 우주체제와 같은 구속력은 없으며 각국의 자국 이기주의에 대항할 보호막도 없었기 때문이다.

제3절 … 외국환

3.1 외국환의 의의와 특성

1) 외국환의 의의

환(exchange)이란 격지자간의 채권·채무관계를 현금의 직접 이동에 의하지 않고 은행 등 금융기관을 통하여 자금을 이동하는 수단을 의미한다. 그리고 환거래가 한 나라 안에서 발생되는 경우를 내국환(domestic exchange), 외국과의 사이에 발생되는 경우를 외국환 또는 외환(foreign exchange)이라 한다.

외국환(foreign exchange)이란 국제간의 대차결제에 있어서 지불과 자금의 이동을 외국환은행이 중개하는 것에 의하여 일국의 통화를 외국의 통화로 전환시키는 방법과 제도인 동시에 외국환거래에서 실제로 사용되는 신용수단 및 지급수단을 의미한다. 따라서 외국환은 현금이나 금의 개입 없이 국경을 넘어 격지자간에서 이루어지는 결제를 동일지역의 결제로 대체하는 것이다.

그리고 내국환과 외국환이 격지간의 현금 직접 이동 없이 대금 결제의 수단으로 은행이라는 금융기관을 이용한다는 점 등에서는 공통점이 있으나 외국환의 경우는 환거래가 국경을 넘어서 이루어지고 또한 이종 통화 간에 이루어진다는 점에서 내국환과는

47) 세뇨리지란 통화 발행국이나 자국통화가 국제 통화나 준비자산으로 사용되는 국가에 귀속되는 이익을 말한다.

본질적으로 상이하다.

2) 외국환과 내국환의 특징

외국환의 국제대차관계는 동일국가 내의 한 지역과 다른 지역 사이에 일어나는 것이 아니고 통화를 달리하는 국가와 국가 사이에 발생되므로 국내환과는 달리 환율문제, 대금결제방법, 국가의 외환관리와 같은 많은 특징을 지니고 있다.

첫째, 내국환은 동일국가 내의 동일통화로 대차관계 결제가 이루어지기 때문에 결제시점 및 지역 등에 아무런 영향을 받지 않는다. 그러나 외국환은 국제대차관계를 국가를 달리하는 이종통화 간에 이루어지는 결제이므로 환율을 얼마로 할 것인가 하는 중요한 문제가 대두된다.

둘째, 내국환은 각 은행 간의 환거래에 따른 대금결제를 최종적으로 중앙은행이 담당하고 있기 때문에 내국환 자금결제는 비교적 쉽다. 그러나 외국환은 그 거래 상대방이 전 세계에 널리 위치하고 있으므로 내국환 결제와 같은 중앙은행 역할을 담당할 환의 집중결제기관이 없다. 이와 함께 각국의 통화가 서로 다르고 종류가 많기 때문에 외국환의 결제구조는 복잡하다. 따라서 외국환거래에 따르는 국제대차관계의 자금결제는 각 은행이 독자적인 환거래은행을 통해서만 가능한 형태를 갖고 있다.

셋째, 외환에 따른 국제대차관계 결제는 한 국가의 국제수지와 밀접한 관계가 있고 또한 외환은 국가의 산업과 경제발전에 있어 중요한 역할을 하므로 외환의 효율적인 관리는 중요하다. 따라서 세계 각국들은 외환의 무제한 해외유출이나 반대로 투기적인 외화의 일시적인 유입을 방지하기 위하여 무역거래와 함께 외국환 수급에 대해서 관리를 하는 것이 일반적인 현상이다.

3.2 외국환의 종류

일반적으로 외국환에 의한 국제결제방법은 송금환(remittance by draft)과 추심환(collection)이 있으며, 송금환은 자금을 보내는 방법이고 이를 순환이라고 한다. 추심환은 추심을 하여 자금을 청구하는 방법으로 역환이라고도 한다.

국제대차의 결제는 거의 모든 국가의 은행이 그 기능을 담당하게 되며 어느 한 국가의 은행에서 다른 국가의 은행에 자금이 이동되었다면 쌍방은행은 각기 자국통화를 대가로 한 외국의 환 결제가 이루어진다. 이 때 외국환을 하나의 상품 개념으로 본다면

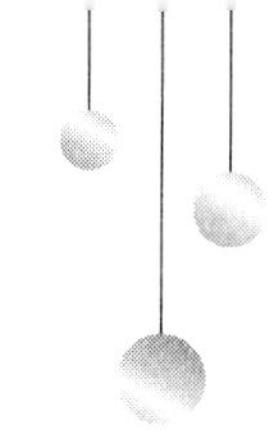

어떤 한 은행에서 외환의 매도 또는 매입행위는 반드시 일어나게 된다. 즉, 외국환은 매도환과 매입환으로 구분되며 매도환은 당발 송금환 및 타발 추심환이 되고, 타발 송금환과 당발 추심환은 매입환이 된다.

1) 송금환

송금환(remittance exchange)은 채무자가 은행으로 하여금 자신의 채무를 대신하여 외화자금을 채권자에게 지급하도록 위탁하는 것이다. 이러한 솜금환에는 방향에 따라 당발 송금환(outward remittance exchange)과 타발송금환(inward remittance exchange)이 있다.

당발 송금환은 국내은행이 지급지를 외국의 외국환은행으로 한 것을 말하며, 타발 송금환은 해외의 외국환은행으로부터 지급지가 국내은행으로 되어있는 것이다. 송금환에는 우편송금환(M/T : Mail Transfer), 전신송금환(T/T : Telegraphic Transfer), 송금수표(D/D : Demand Draft) 등이 있다.

첫째, 우편송금환(M/T : Mail Transfer)은 송금은행이 환거래은행인 지급은행에 대하여 수취인에게 일정금액을 지급하여줄 것을 위임하는 지급지시서(payment order)를 발행하여 송금은행이 직접 우편으로 지급은행 앞으로 발송하여 결제가 이루어지는 방법이다. 일반적으로 소액송금이나 급하지 않은 송금 등에 많이 이용된다.

둘째, 전신송금환(T/T : Telegraphic Transfer)은 우편송금환과 같이 지급지시방법에 의하여 송금하는 방식이나 지급지시를 전신으로 하는 방법이다. 전신송금은 거액의 송금, 시급을 요하는 송금 등에 많이 이용되며 신속하고 편리하나 비용부담이 많다.

그러나 지급은행이 송금은행의 예치환 거래은행일 경우에는 결제은행(reimbursing bank)를 별도로 정할 필요가 없다. 일반적으로 이 경우에 자금을 결제하기 위해서는 송금수표발행통지로써 차기지시에 갈음하는 것이 보통이며 송금액이 소액이 경우에는 지급은행과의 환거래계약에 따라 송금수표발행통지서도 생략하는 경우가 많다.

셋째, 송금수표(D/D : Demand Draft)는 송금인이 발행은행으로부터 교부받은 송금수표를 직접 수취인에게 송부하고 이를 받은 수취인은 송금수표에 기재되어 있는 지급은행에게 지급제시를 하여 그 수표대금을 찾는 방법이다. 송금수표에 의한 송금방법은 송금인의 책임 하에 수취인에게 전달되므로 우편송금에 비하여 위험성이 크다.

주로 소액현금의 송금에 주로 이용되며, 환거래계약에 따라서는 발행은행은 일정액 이상의 송금수표를 발행한 경우에 지급은행 앞으로 송금수표발행통지서(drawing

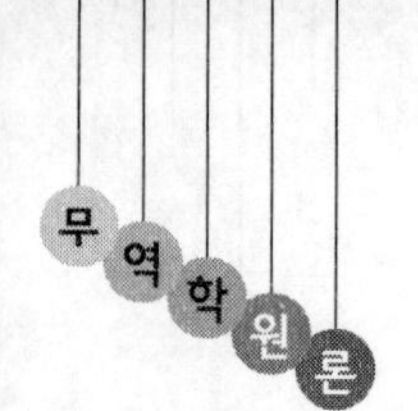

advice)를 작성하여 통지하게 되며, 지급은행은 수취인으로부터 지급제시가 있는 때에 송금수표와 발행통지서를 대조하여 내용 및 진위를 확인한다.

2) 추심환

추심환(collection exchange)은 채권자가 자신을 대신하여 은행에게 채권을 추심 의뢰하여 대금결제를 받을 수 있도록 자신의 채권을 위탁하는 것을 말한다. 즉, 채권자가 채무자 앞으로 대금을 청구하는 방법으로 이러한 환을 역환이라고도 한다. 추심은 지급지가 외국으로 되어 있는 수표 또는 어음 등을 고객으로부터 매입하거나 의뢰를 받아 직접 지급은행 또는 거래은행을 통하여 대금을 청구하는 과정이다.

이것은 주로 수출이나 수입을 할 때 이용하는 것으로 수출업자가 제품을 수출하고 이에 대한 수출대금, 즉, 외화자금을 수입업자에게 청구하는 것을 말한다. 추심에 있어 당발 추심은 수표나 어음의 지급인이 외국에 있을 때 외국에 있는 거래은행을 통하여 대금을 청구하는 것이고 타발 추심은 반대로 해외은행의 의뢰에 의하여 채무자에게 대금을 받아 송금해 주는 것이다.

추심은 추심 전 매입(bill purchased)과 추심 후 지급(bill collection)이 있다. 추심 전 매입은 수표나 어음의 대금을 먼저 고객에게 지급하는 매입에 의한 방식으로 이를 매입환이라 한다. 반면에 추심 후 지급에 의한 방식은 수표나 어음의 대금을 추심에 의하여 동 대금이 입금되었다는 통보를 받은 후에 지급하는 방법으로 이를 추심화환어음이라 한다.

3) 당발환과 타발환

외국으로부터 자금을 송금하기 위해서는 해당 국가의 은행을 경유해야 한다. 이 때 외환거래의 시발점이 되는 은행을 당발은행이며, 이러한 당발은행이 취급하는 외국환을 당발환(inward exchange)이다.

따라서 당발환은 거주자의 위탁을 받아 자금을 보내거나 지급받기 위해 외국에 있는 다른 은행에 발행한 외환을 말한다. 이러한 당발환은 지급에 대한 위탁방식에 따라 당발 송금환과 당발 추심환이 있다.

외환거래가 종결되는 은행 측에서 보면 자금을 송금한 은행은 타발은행이 되며, 상대측 송금은행이 취급한 외국환은행은 타발환이 된다. 따라서 타발환은 외국의 은행이 국내에 있는 거주자에게 자금을 보내거나 지급받기 위래 자신의 은행에 대해 발행한 외

환을 말한다. 타발환도 지급위탁방식에 따라 타발 송금환과 타발 추심환이 있다.

4) 매도환과 매입환

외국과의 채권·채무를 결제하기 위하여 한 나라의 은행에서 다른 은행으로 자금을 이동시키려면 쌍방의 은행은 각각 자국화폐를 대가로 외환을 매입해야 한다. 여기서 외국환은행이 자국통화의 수납을 대가로 외환을 매각하는 것은 매도환(selling exchange)이며, 수입어음결제가 그 대표적인 예이다.

외국환은행이 자국통화의 지급을 대가로 외환을 받아들이는 것은 매입환(buying exchange)이며, 수출환어음이 있다. 당발 송금환 및 타발 추심환은 성격상으로 보면 매도환의 경우에 해당되며, 타발 송금환과 당발 추심환은 매입환에 해당된다. 이러한 외환의 매매로 인하여 각 외국은행들은 외환매입과 외환매도 차액인 오환 포지션이 발생한다.

3.3. 외환시장(Foreign Exchange Market)

1) 외환시장의 의의

외환이란 일종의 상품이고 이 상품이 매매되는 곳이 외환시장이다. 외환시장(foreign exchange market)은 외환을 매매하는 특정 장소를 지칭하기보다는 외환의 매매가 정기적 또는 지속적으로 이루어지는 총괄적인 거래 메커니즘을 의미한다.

즉, 외환거래가 이루어지는 시장조직으로서 종류가 다른 통화와의 교환이 이루어지는 시장을 의미한다. 일반적으로 외환시장은 은행 간 시장(inter-bank market)을 의미하지만 대고객 시장(customer market)도 포함하고 있다. 대고객시장을 소매시장이라면 은행 간 시장은 도매시장이라고 할 수 있다.

은행 간 외환거래는 금융결제원 자금 중개실을 경유하는 장내거래와 은행 간에 전화 등을 통해 직접 거래하는 장외거래가 있으며 외환거래 형태는 현물환시장과 선물환 시장이 있다.

외환거래의 발생은 첫째, 무역거래에 따른 외환거래 둘째, 국제자본거래에 의한 외환거래 셋째, 단순히 매매차익을 얻기 위한 외환거래가 있다.

그리고 외환시장에 있어서 수요와 공급의 조절은 환율이라는 메커니즘을 통하여 이루어지며, 외환시장은 이종통화 간의 매매시장으로 환율이 매개변수라는 점에서 금리를

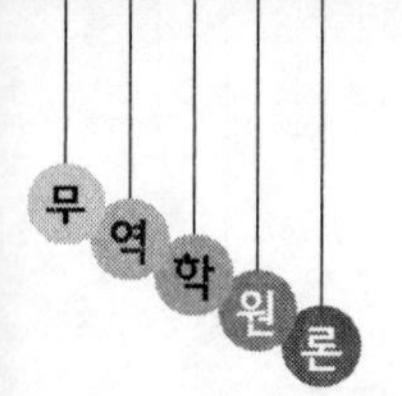

매개변수로 하는 외환자금시장(foreign money market)과는 그 성격이 다르다.

따라서 외환시장은 외환거래가 이루어지는 시장조직으로서 종류가 다른 통화와의 교환이 이루어지는 시장을 의미한다. 일반적으로 외환시장에는 국제대금을 결제해야 하는 수출업자와 수입업자들의 일반고객, 환율의 안정이나 외환관리를 위해 시장에 개입하는 정부 또는 중앙은행 등의 통화당국 및 외환브로커 등이 참여한다.

2) 외환시장의 당사자

(1) 외국환은행

외환거래는 외환의 매매를 통하여 외환은행이 국제간의 자금결제를 중개하고, 외환은행은 고객과의 거래결과로 발생하는 외환포지션을 조정하기 위하여 은행 간에 외환거래를 하기 때문에 외환은행이 외환시장의 제1의 당사자가 된다.

외환은행은 고객의 요구에 따른 외환의 매매, 고객과의 거래에서 발생한 환 포지션을 조정하기 위한 거래, 이윤추구를 위한 환 재정거래, 금리재정거래 또는 투기거래 등을 행한다.

(2) 고객

외환의 수요자 또는 공급자로서 외환은행과 거래하는 고객이 외환시장의 제2의 당사자이다. 일반적으로 외환은행의 입장에서 볼 때의 고객은 개인, 기업, 환거래은행 및 외국의 중앙은행들로서 그 가운데서 기업은 주로 국제무역에 따른 대금결제를 위한 목적을 가지고 있으며, 고객에는 무역회사, 해운회사 및 보험회사가 해당된다.

(3) 통화당국

국제단기자금의 이동 등에서 이루어지는 외환시장의 불안을 막고 또한 환율의 안정을 도모하는 것을 목적으로 하여 각국 정부 또는 중앙은행 등의 통화당국은 환평형계정 또는 환안정기금을 설치하고 시장개입을 행하고 있다.

(4) 외환브로커

외환브로커란 외환은행 간에 또는 외환은행과 고객과의 사이에서 일어나는 외환거래의 중개를 행하는 업자를 말하며, 수수료를 받고 중개업무만 하고, 자기 자신의 계산과 위험부담으로 외환의 매매를 행하는 딜러(dealer)와는 상이하다. 우리나라에서는 현재 금융결제원의 자금 중개실이 그 역할을 담당하고 있다.

따라서 외환브로커는 고객들에게 충분한 정보를 제공할 뿐이지 외환포지션을 유지하

지 않는다.

3) 외환시장의 기능

일반적으로 외국환시장의 기능은 크게 청산, 환재정, 이자재정, 헷징 및 환투기 등의 5가지가 있다.

(1) 청산(clearing)

청산이란 본질적으로 수요와 공급을 일치시키는 기능으로서 외환시장에 있어서 청산은 환율의 자유로운 변동에 의해 달성된다.

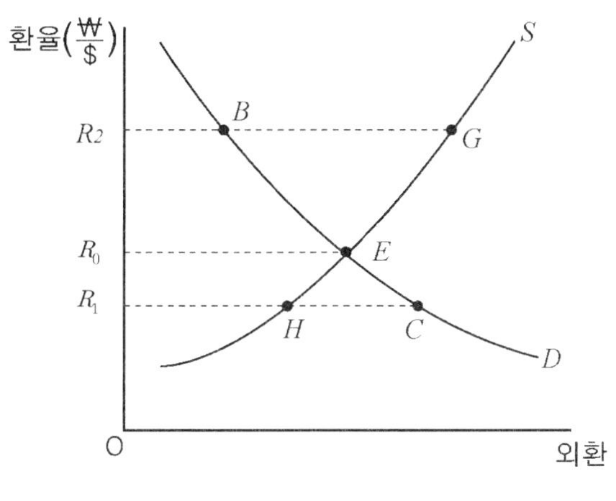

[그림 4-1] 청산과정

[그림 4-1]에서와 같이 만약 환율이 R_1이라면 HC만큼의 외환의 초과수요가 발생하여 환율이 인상되고, 환율이 R_2일 경우 BG만큼의 외환의 초과공급이 발생하여 환율이 하락하게 되므로 외환의 수요와 공급이 일치되는 균형환율인 R_0가 되어 외환시장의 청산이 이루어진다. 따라서 외환시장은 외환의 수요와 공급을 일치시키는 청산의 기능을 갖고 있다.

(2) 환재정(exchange arbitrage)

환재정이란 환율이 낮은 시장에서 외환을 매입하여 동시에 환율이 높은 시장에서 동일량의 외환을 다시 파는 행위를 말한다. 따라서 환재정업자들은 환위험에 노출되지 않는다. 환재정에는 2국간에 이루어지는 환재정인 직접재정과 3국간에 이루어지는 환재

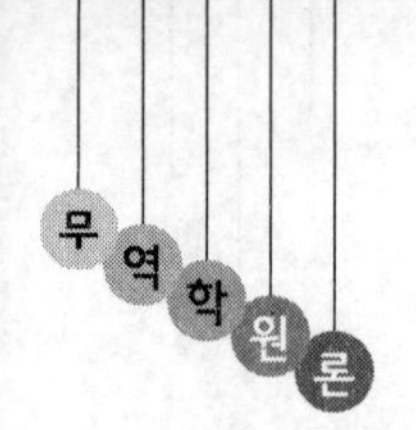

정인 간접재정 등이 있다.

① **직접재정(장소적 재정)** : 예를 들어 [그림 4-2]에서와 같이 서울외환시장에서는 1달러 = 1200원이고, 뉴욕의 외환시장에서는 1달러 = 1300원이라고 하는 경우에, 외환당사자는 서울에서 달러를 사서 동시에 뉴욕에서 달러를 다시 팔면 달러 당 100원의 이익을 얻는다. 이와 같은 재정거래가 계속되면 서울에서는 달러의 수요가 증가하고 뉴욕에서는 달러의 공급이 증대하여 서울과 뉴욕이 환율이 같아질 때까지 환재정이 이루어진다.

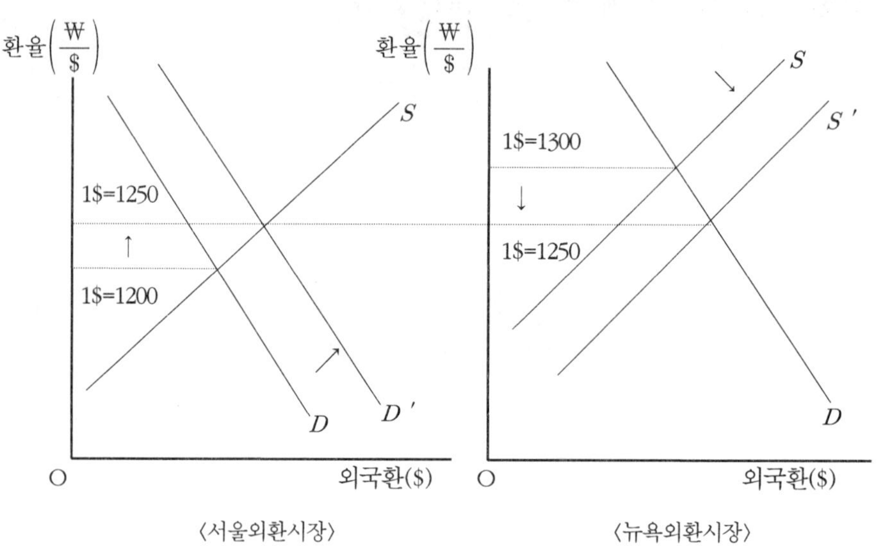

[그림 4-2] 환재정

② **간접재정(삼각재정)** : 원과 $를 교환할 수 있는 방법에는

㉠ 직접적인 방법 → 1$ = 1,230원 : 원 → $

㉡ 간접적인 방법 → 1$ = 1,200원 : 원 → 엔 → $

서울에서 1,200원을 매각하여 200엔을 매입, 뉴욕에서 200엔을 매각하여 1$를 매입, 서울에서 1$를 매각하여 1,230원을 매입, 이와 같이 환재정업자는 1,200원을 투자하여 간접적인 방법으로 $당 30원의 이득을 얻는다.

이와 같은 삼각재정거래가 계속되면 서울외국환시장에서는 엔의 수요가 증대하여 엔의 환율이 상승하게 되어 1엔 = 6원 → 1엔 = 6.15엔으로 되고, $의 공급은 증대되어

$의 환율은 하락하게 되어 1$ =1,210원, 1$ = 1,200원으로 된다.

결국 환재정의 결과로 여러 통화에 대한 환율 사이에 일정한 균형체제를 성립시켜 준다. 그러나 환재정에 드는 비용 때문에 완전한 균형은 이루어지지 않는다.

(3) 이자재정(interest arbitration)

이자재정은 국제적으로 이자율에 차이가 있을 때 보다 높은 수익을 얻기 위한 단기유동자본의 국제적 이동으로서, 이자율이 낮은 금융시장으로부터 이자율이 높은 금융시장으로 자금을 이동시키는 행위를 말한다.

일반적으로 국제금융시장에서 보다 높은 이자수입을 얻기 위한 단기유동자본의 국제적 이동을 하기 위해서는 내국통화를 외환으로 교환하고 만기가 되면 다시 외환으로부터 내국통화를 교환해야 하기 때문에 투자기간 동안의 환율변동에 따른 위험이 발생된다. 예를 들면 영국의 재무성증권은 연이자율이 8%이고, 미국의 재무성증권은 연이자율이 4%인 경우에, 미국의 투자가들은 파운드를 매입하여 영국의 재무성증권을 사고, 투자기간이 만료되면 미국의 투자가는 파운드를 매각하여 달러를 회수한다.

만일 투자기간 동안 환율이 하락하여 파운드 가치가 떨어지면 미국의 투자가는 손해를 보게 된다. 따라서 이러한 환위험을 커버하기 위해서 파운드의 현물환매입과 동시에 투자만기일에 맞추어 선물환 매출을 함으로써 환위험을 회피할 수 있다. 이와 같은 것을 커버부 이자재정이라 한다.

미국에서 영국으로 자금이 이전됨에 따라 미국에서는 자금이 부족하게 되고, 영국에서는 자금이 증대되므로 미국에서는 이자율이 상승하게 되고 영국에서는 이자율이 하락하게 된다.

(4) 헤징(Hedging)

외환거래자는 물품계약과 대금결제 시점의 상이에 따라 환율변동, 물품가격변동 등으로 인하여 위험이 항상 노출되어 있다. 따라서 헤징(Hedging)은 현물가격변동에 따라 발생할 수 있는 손해를 최대한 줄이기 위해 선물시장에서 현물과 반대되는 선물포지션을 설정하는 것을 말한다. 헤징을 하면 상품(주가, 환율, 금리, 금) 가격이 상승 또는 하락되더라도 현물과 선물의 동시거래를 통하여 정반대의 손익이 발생되므로 한 쪽의 손익이 다른 쪽의 손익으로 서로 상쇄되므로 가격변동에 따른 위험을 최소화할 수 있다.

이러한 위험에 대비한 거래를 헤지거래라 하며 헤지거래는 외환거래의 경우 외환거래자의 이익을 환율변동에 따르는 위험으로부터 보호하고자 이미 보유하고 있거나 보

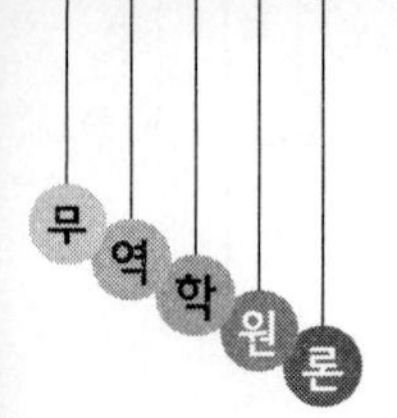

유예정인 현물환의 거래 상태에 대하여 동일한 수량의 반대거래 상태를 선물환시장 등 다른 시장에서 취하는 거래이다. 헤지거래를 함으로써 수출입업자는 환위험을 회피할 수 있지만 반면에 환율의 변동에 따른 이익을 볼 기회를 상실하게 된다.

헤지거래의 유형은 매입헤지(long hedge)와 매도헤지(short hedge)가 있다. 매입헤지는 가격하락위험을 없애기 위해 선물을 매입하는 것이고 매도헤지는 가격하락위험을 피하기 위해 선물을 매도하는 것이다.

예를들어 기업이 특정일에 자사 제품을 수출하고 3개월 후에 5만$를 받기로 하였을 때 3개월 후의 달러 선물을 택해 5만$를 원화로 파는 계약을 매도헤지라하며 이를 통해 환율변동에 따른 환위험을 회피할 수 있다.

헤징은 선물계약을 통해 위험노출의 헤지정도에 따라 완전헤지와 불완전헤지로 구분할 수 있다.

완전헤지는 현물가격과 선물가격이 동일한 방향으로 동일한 크기만큼 변하여 선물시장에서 생긴 손실(이득)이 선물시장에서 생긴 이득(손실)에 의하여 완전히 상쇄되는 것이다. 완전헤지의 조건은 첫째, 현물가격과 선물가격과의 차이인 베이시스(basis)의 항상 일치 둘째, 선물채권과 현물채권의 표면화의 일치 셋째, 두 채권의 만기일이 동일해야 한다. 실제로 완전헤지는 불가능하며 다만 현물채권과 상관관계가 높은 채권을 선물거래대상으로 선택함으로써 헤징효과를 얻을 수 있다.

① **현물환거래** : 현물환거래(spot exchange transaction)는 외환을 상품으로 인정하여 환 매매 계약 체결 후 영업일수 2일 이내에 외환 현물이 결제되는 거래이다. 즉, 현물환은 영업일 이내에 외환을 수령하고 지급하는 외환거래방법이다.

그리고 외환이 매매계약 당일에 인도되는 것을 당일물이라 하고, 매매계약체결 이후 첫 영업일에 인도되는 것을 익일물, 둘째 영업일에 인도되는 것을 익익일몰이라고 한다.

이와 같이 영업일을 이틀 이내까지를 현물환거래로 간주하는 것은 세계적으로 지역간 시차가 있어서 계약 이행을 위한 시간을 요하기 때문이다. 여기서 영업일이란 해당통화 국 양국 모두 영업을 하는 날만을 가르친다.

예를 들어 목요일인 8월 10일에 이루어진 원화·엔화 현물환 거래는 그 다음날인 11일(금요일) 한국의 은행들에게는 영업일이지만 일본이 만약 공휴일로 영업을 하지 않고 또한 토요일은 양국 은행 모두 영업을 하지 않으므로 영업일에 계산되지 않는다. 따라서 14일 월요일이 양국에서 공휴일이 아니라면 첫 영업일이 된다. 그 다음날이 8월 15일은 우리나라 광복절로서 공휴일이므로 8월 16일이 둘째 영업일이 된다.

첫째, 수입업자 측의 헤지 거래는 미국으로부터 상품을 수입하기로 한 수입업자는 현물환율로 필요한 달러를 사서 수입대금을 지급하기 전까지 미국의 은행 등에 예치(이자수익)하여 환위험을 회피할 수 있다.

둘째, 수출업자 측의 해지거래는 미국으로 상품을 수출하기로 한 수출업자는 뉴욕에서 달러를 빌려서 현물환율로 달러를 매각하여 원을 매입하여 환위험을 회피(이자지급)한다. 달러로 수출대금을 받았을 때 그 달러를 다시 미국의 은행 등에 갚는 방법이다.

② **선물환거래** : 선물환거래(forward exchange transaction)는 장래의 특정 일자에 일정금액의 외환을 특정한 환율로 매매할 것을 은행과 고객 간에 약정하는 거래이다. 즉, 외환거래 계약에서부터 실행까지의 기간이 이틀보다는 긴 시점의 거래를 말하며, 선물환거래는 장래 이행될 통화간의 환율을 미리 약정하고 둘째 영업일보다 길게 약정된 결제일에 당초 약정된 환율로 외환을 매매하는 것이다.

선물환 거래의 만기까지의 날짜를 정확하게 일주일, 두 달 등일 때는 표준결제일(even date)이라 하고 15일 등과 같이 우수리가 남는 숫자일 때는 특정결제일(odd date)이라고 한다.

선물환거래의 만기일에 따른 결제일은 현물환 결제일을 산정 한 후 그로부터 개월수를 더하여 결정한다. 현물환의 예에서 목요일인 8월 10일에 체결된 현물환거래는 양국간 공휴일 등의 관계로 8월 16일이 결제일이 되었다. 이 때 만일 3개월 선물환거래를 하였다면 결제일은 11월 16일이 된다. 만약 그 날이 영업일이 아니면 그 이후의 첫 영업일이 결제일이 된다.

(5) 환투기

환투기(speculation)거래는 미래의 환율에 대해 시장의 다른 참여자들보다 정확히 예측하여 이익을 취득하려는 거래이다. 즉, 환투기는 해지 거래와는 상반된 개념으로서 환위험을 오히려 택함으로써 이익을 얻으려는 행위로서 환율이 상승할 것으로 예상될 경우 외환을 매입하고 환율이 하락할 것으로 예상될 경우 외환을 매각하여 환율변동에 따른 이익을 추구하는 거래이며 이것은 주로 현물환시장보다는 선물환 시장 등 다른 시장에서 많이 일어난다.

4) 외환은행의 환조작

외환은행의 환조작이란 외환은행이 고객과의 외환거래를 원활하게 하기 위하여 그리고

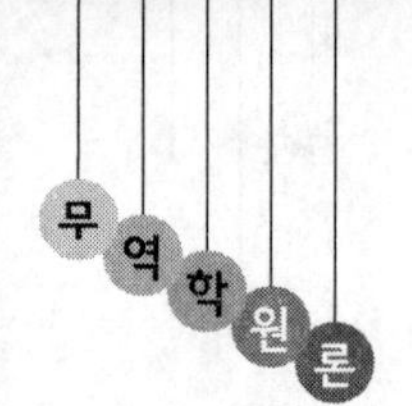

외환업무에 따르는 환리스크를 회피하기 위하여 자금의 과부족을 조정하는 것을 말한다.

(1) 포지션조정거래

외환포지션(exchange position)은 외화표시자산과 외화표시부채의 차액을 말한다. 포지션은 외환의 매입 또는 매도의 결과로서 발생한다. 포지션조정거래는 외환은행이 환리스크를 회피하기 위해서 대고객거래에서 발생한 외환포지션을 대 은행거래에 의해 해결하는 것을 말한다.

첫째, 스퀘어포지션(square position)은 외환의 매입액과 매도액이 균형을 이루어 일정시점에서 외화표시자산과 외화표시부채의 규모가 일치하는 상태를 말한다. 둘째, 오픈포지션(open position)은 매입초과 포지션과 매도초과 포지션이 예상하지 못한 환율변동에 따른 위함에 노출되어 있는 두 포지션을 의미한다. 즉, 외환의 매입액과 매도액이 일치하지 않은 상태이다. 셋째, 롱 포지션(long position)은 오픈 포지션 가운데 자산이 부채보다 많은 경우이다. 넷째, 쇼트 포지션(short position)은 부채가 자산보다 많은 경우이다. 그리고 포지션 조정거래는 롱 포지션(매입초과)의 은행이 쇼트포지션(매도초과)의 은행에 외환을 매각함으로써 상호간에 외화자금을 조정하는 것을 말한다.

따라서 원화의 강세국면에서는 외화를 차입해서 원화로 환전하는 매도초과포지션이 되도록 관리하는 것이 유리하고 원화의 약세 국면에서는 매입초과 포지션이 되도록 관리하는 것이 유리할 것이다.

(2) 자금조정거래

외환의 매입초과와 매출초과는 원화자금과 외화자금의 불균형을 가져오기 때문에 이러한 자금구성 상의 과부족을 해소시키고 외환거래를 원활하게 수행하기 위해 은행간 거래와 중앙은행으로부터의 차입 등으로 행한다.

3.4 환율결정에 대한학설

1) 국제대차설

국제대차설(theory of international indebtedness)은 고센(G.J. Goschen)에 의해 체계화된 이론으로서 19세기 후반부터 제1차 세계 대전에 이르기까지 각국이 금본위제도를 채용하고 있던 시대의 통설이다. 환율 즉, 외환시세는 외환시장에 있어서 수요와 공

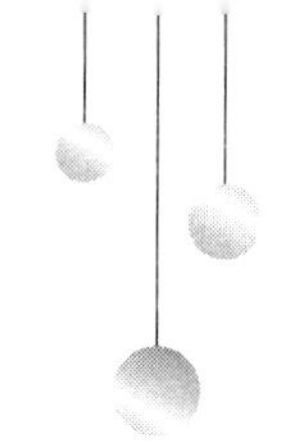

급을 결정하는 요인을 국제간의 대차관계로 설명하고 있는 이론이다.

즉, 수출입 등의 대금결제는 화환어음 등을 통해 거래되고 여기에 따른 외환시세 즉, 환율은 일반상품과 마찬가지로 외환의 수요와 공급에 의하여 결정되고, 외환의 수요와 공급의 변화는 국제간의 대차관계를 결제하는데 발생하므로, 결국 외환의 수요와 공급은 무역 및 무역외수지와 같은 국제대차에 의해 환율이 결정된다는 것이다.

제1차 세계대전까지 금본위제도 하에서는 유용한 이론이었지만 지폐본위제도에서의 환율변동을 설명할 수 없고 또한 국제대차와 국제수지를 동일한 개념으로 보고 있다는 문제점이 있다.

2) 구매력평가설

구매력평가설(theory of purchasing power parity : PPT 이론)은 구스타프 카셀(G. Cassel)에 의해 주장되었으며, 지폐본위제도 하에서 인플레이션이 발생된 시대를 배경으로 한 외환이론이다.

카셀은 자국화폐가 외국 화폐에 대하여 일정한 가격을 지급하는 것은 외국화폐가 그 국가에서 재화와 서비스에 대한 구매력을 갖기 때문이라고 했다. 따라서 환율은 외국에서의 외화의 구매력과 자국에서의 자국화의 구매력간의 비교로 결정된다는 것이다.

즉, 두 국가의 환율이 균형 상태에서 출발하여 한 나라의 물가가 변화된다면 동질의 상품이 두 국가에서 똑같은 가격으로 일치되기 위해서는 환율이 그만큼 변화된다는 것이다. 결국 두 국가 간의 현행 환율이 균형에서 출발한다면 장기간 두고 볼 때 두 국가 간의 인플레이션 차이의 변화는 정확히 현행 환율에의 변화에 의해 상쇄된다는 이론이다.

이 이론은 제1차 세계대전 이후의 악성인플레이션 하의 독일을 배경으로 한 보호무역경향에도 불구하고, 지폐본위제도 하에서의 자유무역을 전제로 하여 환율의 결정요인을 명확히 함으로써 현재까지 타당성 있는 외환학설로 평가받고 있으나 대체로 다음과 같은 문제점이 있다.

첫째, 일반적으로 물가는 하락하기도 하고 상승하기도 한다. 그러나 물가가 상승하는 것을 전제로 하고 있다.

둘째, 각 통화의 구매력을 정확히 측정하기 위해서는 양국에 똑같은 상품이 존재해야 한다. 그러나 현실적으로 불가능하다. 따라서 양국의 전반적인 물가수준을 나타내는 도매물가지수나 소매물가지수를 대신 쓰게 되는 데 이것은 양국 간에 동일한 상품의 가격변동이 전혀 다르다. 따라서 그 가격을 기초로 하여 구매력을 산출한다는 점에서 이

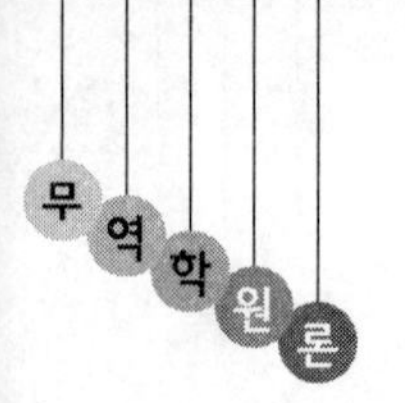

론적으로는 타당성이 적다.

셋째, 설령 똑같은 상품이 양국 간에 존재한다 할지라도 현실적으로 그 상품이 양 국가에 자유롭게 이동한다는 것은 관세, 비관세장벽 등의 많은 무역장벽이 존재하고 국가 간의 물류체계는 많은 차이를 보이고 있기 때문에 현실적으로 어렵다.

넷째, 외환수요는 상대국의 재화나 서비스를 구매할 목적으로 발생하는 것만은 아니다. 채무의 지급이나 자본의 이동에 의해서도 발생한다.

구매력 평가설은 이러한 비현실적인 측면에도 불구하고 장기 환율 예측에 가장 많이 쓰이고 있다. 이 이론이 실물과 금융을 연결해서 환율 결정 요인들을 규명하려는 장점이 있기 때문이다.

3) 환심리설

환심리설(psychological theory of exchange)은 국제대차설과 구매력 평가설로 설명할 수 없는 통화, 물가, 외환의 새로운 변동을 토대로 주장된 이론으로, 프랑스의 아프딸리옹(Aftalion)과 노가로(Nogaro)가 주장하였으며, 외환시세는 외화에 대한 장래의 예측에서 생기는 인간의 심리적 요인에 의한 개인적 평가에 의하여 결정된다는 것이다.

즉, 환심리설은 외환의 질적·양적 요인에 의해서 외환의 수요와 공급이 결정되고 외환의 수요와 공급을 통해서 환율이 결정된다는 것이다. 여기서 질적 요인은 구매력, 채무지불능력, 외환투기, 환율의 예상 등을 의미하고 양적요인은 국제수지 상태와 자본이동 등을 말한다.

환심리설은 물가가 환율을 지배하는 것이 아니라 환율이 물가를 지배한다는 사실과 종래의 외환이론에서 다루지 않았던 자본도피. 외환투기 등에 대한 영향을 규명하고 있다는 점에서 높이 평가할 만하다.

그러나 환율의 결정요인을 장래에 대한 예측을 중시하고 이를 심리적 작용이라고 하지만, 그 이면에는 사회적·개관적 사실이 존재한다는 점이다. 그리고 외환심리설은 객관적으로 계량화할 수 없고, 환율이 화폐에 대한 개인적 평가로 결정된다는 것은 한계가 있다. 그리고 질적 요인과 양적 요인간의 상관관계를 규명하지 못하였다.

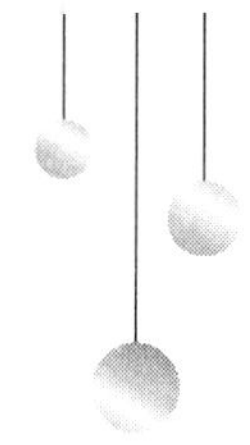

제4절 … 환율제도

4.1 환율의 의의와 환율의 표시

1) 환율의 의의

환율(exchange rate)은 자국통화와 외국 통화와의 교환비율로서 외국 통화와 비교한 자국 통화의 값어치를 의미한다. 즉 외국 통화와 자국 통화와 바꿀 때 적용되는 교환비율을 의미하고 환율에 의거하여 국가와 국가 사이의 대금결제가 이루어진다.

환율은 기본적으로 외환시장에서 외환에 대한 수요와 공급에 의해 결정되나 물가상승률, 금리 차, 정치·사회의 안정여부 등 복합적인 요인에 의하여 영향을 받는다.

2) 환율의 표시

(1) 자국통화표시환율

자국통화표시환율(rate in home money or currency)은 외국 통화를 기준으로 하여 표시하는 것으로 외국 통화 1단위를 기준으로 교환되는 자국 통화와의 교환비율을 의미한다. 이를 자국통화 표시방법이라고도 한다. 즉, 외국 통화를 상품으로 간주하고 그 1 단위와 교환되는 자국 통화와의 교환비율이다. 이를 직접 표시법 혹은 지급계산법이라고도 하며 US $1 : ₩900으로 표시된다.

따라서 환율이 인상된 것은 통화 가치의 평가절하로 자국의 통화가치가 하락된 것이고 환율이 인하된 것은 평가절상으로 자국통화의 교환가치가 상승한 것이다.

(2) 외국통화 표시 환율

외국통화 표시 환율은 자국 통화를 기준으로 하여 나타내는 것으로 자국 통화 1단위를 기준으로 교환되는 외국 통화와의 교환비율을 의미한다. 자국 통화를 상품으로 간주하고 그 1단위와 교환되는 외국 통화와의 교환비율이다. 이는 간접표시법 혹은 수취계산법이라고도 하며 ₩1 : US $1/1,200 으로 표시된다.

(3) American Terms

외국 통화 상호간의 교환비율로써 외국 통화 1단위에 대한 미 달러화의 교환비율을 나타내는 방법으로 1DM = U$1.5650로 표시된다.

(4) European Terms

미 달러 1단위에 대한 외국통화의 교환비율로써 국제외환시장에서 적용되는 외환고시의 표시방법으로 사용되며, U$1=DM1.5725로 표시된다.

4.2 환율의 형태

1) 매도환율과 매입환율

외환시장에서 환율은 매입율(bid 또는 buying rate)과 매도율(offered 또는 asked rate)로 표시하며 이 두 환율은 동시에 고시된다. 매입율은 은행이 고객으로부터의 매입하는 경우에 적용되는 환율이고 매도율은 외화를 고객에게 매도하는 경우에 적용된다. 따라서 외화의 매입율이 매도율보다 낮은 환율이 적용된다.

일반적으로 매입율은 수출업체에 적용되는 환율이고, 매도율은 수입업체에 적용되는 환율이다. 이러한 매도·매입율은 환율표시의 기준이 되는 통화를 중심으로 나타나게 된다.

2) 현물환율, 선물환율, 외환스왑

현물환율(spot rate)은 외환매매계약 후 통산 2영업일 이내에 외환의 인도와 결제가 이루어지는 거래를 현물환거래라 하고, 이 때 적용되는 환율이다. 또한 선물환율(forward rate)은 외환 매매계약 체결일로부터 일정기간 후에 인도, 결제가 이루어지는 거래를 선물환거래라고 하고, 이 때 적용되는 현물거래로서 외국통화를 매도(또는 매입)하고 동시에 미래의 일정 시점에서 그 외국통화를 다시 매입(또는 매도)할 것을 약정하는 일종의 현물환거래와 선물환거래가 결합된 형태를 외환스왑이 있다. 이때 현물환과 선물환거래에 적용된 환율의 차이를 스왑레이트라고 한다.

스왑(swap)은 장래 특정기간 동안 정기적으로 일정상품이나 금융자산을 미리 설정된 가격에 따라 결제하기로 약속한 계약을 말한다. 유형에는 상품스왑, 통화스왑, 금리스왑, 외환스왑 등이 있다.

외환스왑(foreign exchange swap)은 만기가 서로 다른 동액의 외환을 동일 상대방과 동시에 매수·매도하는 거래를 말한다. 여기서 만기가 다르다는 것은 현물환을 매도(매수)하고 선물환을 매수(매도)하는 거래일 수도 있고 또는 만기가 짧은 선물환을 매수(매

도)하고 만기가 긴 선물환을 매도(매수)하는 거래일 수도 있다.

스왑레이트(swap rate)은 연율로 계산된 선물환 할증(할인)을 말한다. 즉, 선물환 할증과 선물환 할인(선물환율이 현물환율보다 높게 제시 된다면 상대국 통화는 선불환 할증이 되고 반대로 자국통화는 선물환 할인이 됨)이 발생할 때(일치할 때는 Flate라 함), 예를 들어 현재 현물환율은 $1=₩1,200인 반면 3개월 물 선물환율은 $1=₩1,244이라면 달러는 선물환 할증이고 원화는 선물환 할인이다. 이를 현물환율과 선물환율을 이용하여 선물환 할증을 연율로 계산하면 [(1,224-1,200)/1,200]× 4×100% = 8%가 된다.

만약 앞의 식에서 3개월물 선물환율이 아니라 6개월물 선물환율인 경우에는 연율을 구하기 위해서 4(3개월이므로)가 아니라 2(6개월이므로)로 곱하게 된다. 이렇게 연율로 계산된 선물환 할증(할인)을 보통 스왑레이트라고 한다.

3) 은행간 환율, 대고객환율

은행간 환율(inter-bank rate)은 외국환은행 상호간의 거래에서 형성된 환율로서 외환의 도매가격을 말하고, 대고객환율(exchange quotation)은 외환은행이 대고객에 적용되는 환율로서 외환의 소매가격을 의미한다.

4) 고정환율과 변동환율

고정환율(fixed exchange rate)은 일정한 평가(par value or parity)를 설정하고 이를 대외거래에 적용할 것으로 한 환율, 또는 동 평가를 기준으로 하여 일정한 범위 내에서 유지되는 환율을 말하고, 변동환율(floating exchange rate)은 외환시장에서 외환의 수요와 공급에 의하여 자유로이 변동되어 정해진 환율이다.

변동환율제도를 채택하고 있는 대부분의 국가들은 자국화폐의 환율결정을 외환시장의 수요, 공급에만 맡기지 않고 중앙은행을 비롯한 통화관리당국이 개입함으로서 자국의 정책목표가 반영될 수 있도록 유도하는 관리변동환율제도(managed floating or dirty floating exchange system)를 채택하고 있다.

5) 일람출급환율과 기한부환율, 전신환 매매율

일람출급환율(on demand rate, sight bill)은 고객의 의뢰에 따라 일람출급어음(at sight bill)을 발행하거나 결제될 때 적용되는 환율이고, 기한부 환율(usance rate, time rate)은 기한부어음에 대해서 적용되는 환율이다. 그리고 전신환에 의하여 외국환매매가 이루어

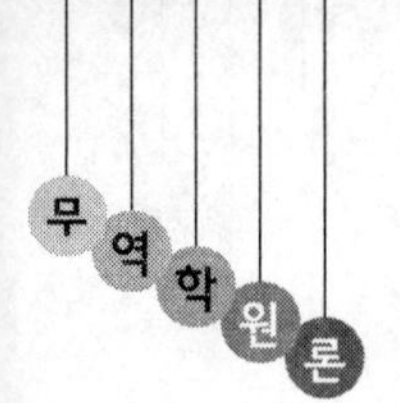

지는 경우에 적용되는 환율을 전신환 매매율(telegraphic transfer rate)이라고 한다.

6) 기준율, 크로스 레이트, 재정률

기준율(basic rate)은 국제금융의 중심을 이루는 통화와의 환율이고, 크로스 레이트(cross rate)는 자국화와 타국 화폐간의 환율을 말하고, 재정률(arbitrage rate)은 기준율과 크로스 레이트에 의하여 제3국 통화의 환율을 산출할 때 적용되는 환율이다.

4.3 환율제도의 유형

세계4대 주요 무역결제 통화로 미 달러, EU의 유로화, 일본의 엔화, 영국의 파운드화는 변동환율제도 채택하고 있다. 따라서 이들 통화 간 환율은 시장에서 각 통화가 가지는 영향력과 상대통화에 대한 변동성에 의해 결정된다. 그리고 많은 개발도상국들은 자국 통화를 달러나 유로화에 고정시키는 페그환율(pegged exchange rate), 또 다른 국가들은 미국 달러 혹은 바스켓과 같은 주요 기준통화에 대해 어느 정도 범위 안에서 자국의 통화 가치를 유지하는 더티플로우트(dirty float)방식을 사용하여 환율을 결정하였다.

1) 고정환율제도

고정환율제도(fixed exchange rate system)는 일련의 국가들이 상호 합의된 환율로 서로 간의 통화 가치를 고정시키는 방식이다. 즉, 이 제도는 외환 수급의 정책적 측면에서 비록 환율변동을 인정한다고 하더라도 일정한 기준 환율을 정하여 놓고 상하한을 설정하여 일정 범위 내에서만 외국환시세의 변동을 인정하는 제도이다.

2000년 유로화 도입 이전까지 유럽연합의 여러 회원국들이 유럽통화제도(European Monetary System : EMS) 개념 안에서 고정환율제도를 사용하였으나 1973년 브레튼우즈 체제의 붕괴로 고정환율제도도 사실상 붕괴되었다. 그 후 많은 국가들은 정부의 규제를 받는 환율제도를 적용하거나 다른 통화에 자국통화의 환율을 고정시키는 방법을 사용하였다.

이제도의 장점은 첫째, 기업경영의 정책수행에 유리하다. 둘째, 국제단기자본의 투기성 이동을 규제할 수 있다. 셋째, 국제거래가 안정적으로 촉진된다. 단점은 첫째, 국제수지 불균형 시 자동적으로 조정할 능력이 없다. 둘째, 자국통화의 과대평가나 과소평가로 인한 자원배분 왜곡으로 완전고용과 물가 안정이 어려워지는 등 국민의 경제후생

이 감소할 수 있다.

2) 변동환율제도

변동환율제도(floating exchange rate system)는 환율이 외환시장에서의 외환수요와 공급에 의하여 자동적으로 조정되는 제도를 말한다. 변동환율제도는 정부가 환율의 변동에 대하여 간섭이나 규제를 하지 않는 제도이다. 즉 시장의 수요·공급의 원리에 의해 자동적으로 형성되는 환율을 인정하는 제도이다.

1976년 1월 IMF회원국들이 자메이카의 수도 킹스턴 회의에서 고정환율제도의 근저를 이루던 브레튼우주 체제의 붕괴를 선언하고 변동환율제도 제정에 동의함으로써 공식적으로 승인되었다. 자메이카 협정은 IMF규정을 변동환율제도의 도입에 맞추어 새로 개정하였다. 자메이카 협정의 주된 내용은 다음과 같다.

첫째, 변동환율제도를 수용하기로 결정하였다. "예상치 않은" 투기적 환율변동을 완화시키기 위한 IMF 회원국들의 외환시장 개입이 허용되었다.

둘째, 금은 준비자산(reserve asset)으로서의 자격을 상실했다. IMF는 보유한 금을 회원국들에게 당시 시장가격으로 반환하였으며 그러한 금은 후진국 원조를 위한 기금조성에 기탁하였다.

셋째, IMF의 총 연간 분담액, 즉 회원국들이 IMF에 기부하는 금액을 41억 달러로 확충하였다. (그 후 IMF의 회원국이 184개국으로 증가하면서 쿼터는 311억 달러로 늘어났음). 비산유국들과 개발도상국들의 IMF기금에 대한 접근이 확대되었다.

자메이카 협정 이후 국가들이 서로 상이한 환율제도를 운용함에도 불구하고 IMF는 거시경제와 환율문제에 대처하는 것을 돕는 역할을 계속해서 수행하고 있다. 이 제도의 장점은 첫째, 국제수지 불균형을 환율조정이라는 수단을 통해 자동적으로 조정할 수 있다. 따라서 재정·금융정책을 무리하게 실시할 필요성이 없다. 둘째, 금융정책의 효율성을 제고시키고 불필요한 외환보유액이 필요 없게 된다. 이것은 국제수지 불균형의 책임이 국제수지 적자국과 흑자국 쌍방에 모두 있기 때문이다.

단점은 첫째, 환율의 불안정으로 인해 교역이 위축되고 물가불안과 경영상의 불안이 발생할 수 있다. 둘째, 수출입에 대한 탄력성이 낮으면 국제수지의 개선효과가 적어진다.

3) 관리변동환율제도

관리변동환율제도(managed floating exchange rate system)는 고정환율제도와 자유

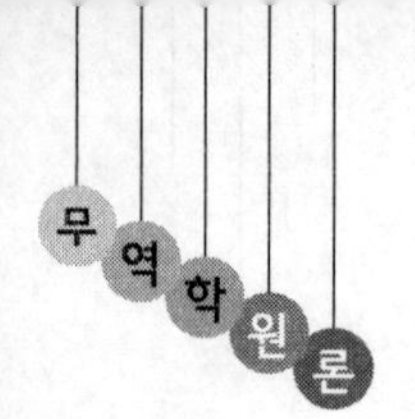

변동환율제의 절충된 형태이다. 기본적으로는 변동환율제도를 유지한다. 외환시장의 불균형을 초래할 수 있는 환투기 등과 같은 요인을 제거할 목적으로 정부가 개입하는 제도이다. 오늘날 대부분의 국가에서는 관리변동환율제도를 채택하고 있다.

4) 현재의 환율제도

세계의 많은 국가들은 다양한 환율정책을 실시한다. 이러한 정책들은 시장의 원리에 의해 환율이 결정되는 완전 자유변동환율제도로부터 1973년 이전의 브레튼우즈 제도와 유사한 고정환율제도까지 운용하고 있다.

〈표 4-3〉에서와 같이 IMF회원국의 환율제도(2006년)에 의하면 IMF회원국의 14%정도는 변동환율제도, 28%는 정부가 제한적으로 외환시장에 개입하는 관리변동환율제도를 채택하고 있다. 26%는 달러나 유로 혹은 바스켓 통화에 자국 통화의 가치를 고정시키는 고정 페그제도를 채택하거나 6%는 자국통화가 타깃존 내에서 다른 통화에 변동하는 것을 허용하는 조정 페그제도를 적용하고 있다.

〈표 4-3〉 IMF회원국들의 환율제도 현황

구분	변동환율제도	관리변동 환율제도	고정 페그제도	조정 페그제도	통화이사협정	자국통화없음
%	14	28	26	6	4	20

첫째, 페그환율(pegged exchange regime)이란 자국통화의 가치를 미국 달러와 같은 기준통화에 고정시킴으로써 다른 통화와의 환율이 기준통화의 환율에 의해 결정되도록 하는 것이다. 예를 들면 달러 가치가 상승하면 자국통화의 가치를 고정시킨 국가의 통화가치와 함께 상승한다. 이 제도는 완전한 고정환율제도이기 때문에 페그환율제도가 갖는 가장 큰 장점은 해당 국가에 금융정책 상의 규율을 부여하여 인플레이션을 억제시킬 수 있다는 점이다.

예를 들어 브라질이 브라질 달러의 가치를 미국달러에 고정시켜 US＄=B＄1.97(2006년 환율기준)로 설정한다면 브라지질 정부는 반드시 자국의 인플레이션을 미국의 인플레이션율과 유사하게 유지해야 한다. 만약 브라질의 인플레이션 율이 미국의 인플레이션 율 보다 높다면 브라질 달러에 대한 평가절하 압력 즉, 페그환율을 변경하라는 압력이 증가할 것이다.

따라서 페그를 유지하기 위해서 브라질 정부는 인플레이션을 통제해야만 한다. 물론 이를 위해서는 자국통화에 대한 다른 국가의 통화가 페그된 국가(미국)도 안정적인 금융정책을 유지해야만 한다.

실제로 많은 국가들은 엄격한 통화정책을 추구하기 보다는 단지 명목상으로만 페그환율을 사용하면서 자국통화를 편의적으로 평가 절하하는 경향을 보인다. 만약 소규모 국가에서 외국자본이 빠져 나가고 있는 상황에서 자국통화의 페그를 유지하기 힘들다.

이러한 상황은 1997년 태국과 말레이시아에서 발생하였고 외환유출과 환투기에 대처하지 못한 이들 국가들은 달러에 대한 자국통화의 페그를 포기하고 변동환율제로 전환해야만 했다. 말레이시아와 태국이 1990년대에 과도한 사기업 부채 및 국제무역수지 적자등과 같은 경제적 문제에 좀 더 현명하게 대처했으면 그러한 사태는 발생하지 않았을 것이다.

둘째, 통화이사회협정(CBA : currency boards agreement 일명 : 통화위원회)에 의한 환율제도가 있다. 즉, 이 협정은 공통통화를 채택하거나 달러화(달러를 자국의 통화로 채택하는 것)에는 미치지 못하나 가장 극단적인 형태의 환율 페그(고정환율제도)이다. 이 협정 국가는 자국의 환율을 외국통화, SDR 또는 복합통화에 경직적으로 고정시키고 중앙은행은 독자적으로 운영을 하지 못한다. 이 협정은 그 국가의 통화량에 대해 100%의 국제준비자산의 지원이 있으므로 금본위제도와 유사하다. 그리고 본 협정 국가는 통화량에 대한 통제를 포기하고 독자적인 통화정책을 수행하는 기능을 상실한다.

CBA는 홍콩이 1983년 최초로 도입하였으며 CBA는 1997년에 발생한 아시아 금융위기에 대한 홍콩의 성공적인 대처는 페그제도의 새로운 모델이 되었다. 1997년 아시아 국가들의 통화 붕괴에도 불구하고 홍콩은 미국 달러에 대한 통화 가치를 홍콩 달러 $15=$7.8로 유지하여 금융위기를 겪지 않았다.

이 협정 국가들은 외환의 요구가 있을 경우, 즉시 자국통화를 고정된 환율로 환전하여 준다. 이 제도의 안정성을 높이기 위해 CBA는 고정환율을 기준으로 발행된 국내통화의 최소 100%커버할 수 있을 만큼의 외국통화를 보유해야 한다.

홍콩에서 채택한 이 협정은 자국 통화가 반드시 정해진 고정환율을 기준으로 미국 달러에 의해 보증되고 있음을 의미해야 한다. 실제로는 미국 달러가 다른 통화에 비해 가치가 변동한다면 그 통화에 대한 홍콩 달러의 가치도 그에 따라 변하기 때문에 진정한 의미의 고정환율제도라 볼 수 없으나 고정환율제도의 일부 특징을 반영하고 있을 뿐이다.

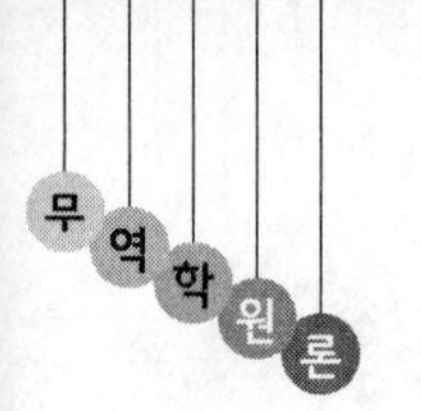

그리고 CBA에서는 오직 외환보유고가 그것을 충분히 확보됐을 때에 한하여 추가적인 국내 지폐와 동전을 발행할 수 있다. 이것은 정부의 조폐 권한을 제한하여 인플레이션압력을 억제하며 엄격한 통화위원회 제도 하에서는 이자율이 자동으로 조절된다.

예를 들어 미국 달러로 전환하기를 원한다면 국내통화 공급은 감소한다. 그에 따라 현지 통화가 궁극적으로 투자자들에게 다시 매력적인 투자 대상이 될 때까지 이자율이 상승한다. 홍콩의 경우 3개월 예금 이자율이 1997년 말에 20%까지 치솟았는데 그 이유는 투자자들이 홍콩달러를 미국달러로 대량교환에서 발생하였지만 달러에 대한 고정환율은 그대로 유지되었고 그 후 이자율은 하락하였다.

이 협정을 도입한 국가는 아르헨티나(1991년 도입 2002년 폐지), 불가리아, 에스파니아, 리투아니아는 모두 최근 몇 년 동안 CBA를 수립하는 과정에 있다(2006년 현재 IMF회원국들 가운데 7개국이 CBA를 채택하고 있음).

문제는 만약에 국내 인플레이션율이 해당 국가의 통화가 페그된 국가의 인플레이션율 보다 높은 수준을 유지한다면 CBA를 채택하고 있는 국가의 통화는 과대평가되어 경쟁력을 상실할 수 있다. 그리고 이 협정 하에서 각국들은 이자율을 통제할 수 있는 능력을 잃게 된다. 예를 들어 홍콩의 이자율은 사실상 미 연방준비위원회에 의하여 결정되는 셈이 된다. 그리고 2001년에 아르헨티나가 경제위기를 겪으면서 CBA를 폐지함에 따라 CBA에 대한 관심이 줄어들고 있다.

4.4 우리나라의 환율제도

우리나라는 1997년 12월 16일부터 자유변동 환율제도를 채택하여 현재에 이르고 있다. 그리고 환율제도의 변천은 다음의 〈표 4-4〉와 같다.

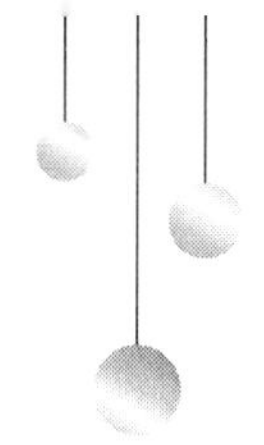

〈표 4-4〉 우리나라 환율제도의 변천

환율제도	시행 기간	내 용
고정 환율제도	1945. 10~ 1964. 4	• 원화의 대미달러 환율로 고정
단일변동 환율제도	1964. 5~ 1980. 1	• 고장환율의 유동화, 실체화를 목적으로 원화의 가치를 미 달러화에 연동시키는 사실상의 고정환율제도
복수통화 바스켓제도	1980. 2~ 1990. 2	• 단속적인 평가 절하가 경제에 미치는 충격을 완화하고 원화환율을 유동시키기 위해 도입
시장평균 환율제도	1990. 3~ 1997. 12.15	• 대외적인 환율조작 오해를 없애고 환율의 시장기능을 높이되 외환시장의 기초여건이 성숙되지 못한 점을 감안, 자유변동환율제도로 이행하기 위한 전 단계로 도입하여 시행하였고 환율변동 제한폭을 단계적으로 확대 1990. 3. 2 :±0.4 % 1991. 9. 2:±0.6% 1992. 7. 1 :±0.8 % 1993. 10 :±1.0% 1994. 11 :±1.5% 1995. 12 : ±2.25 1997. 11. 20:±10%
자유변동 환율제도	1997. 12. 16	시장가격 결정원리에 입각한 완전 자율변동환율제 도입

1) 고정환율제도(1945. 10～1964. 4)

해방 이후 실시된 미군정하에서 미군정당국이 미 군정청의 대외채무지급을 위하여 조선은행권인 원(圓)화와 미 달러화의 교환비율을 1불당 15원(0.015원)으로 정한 것이 우리나라 최초의 공정 환율이라고 하겠다. 그러나 일반 민간의 대외거래가 인정되지 않았으므로 일반거래에는 적용되지 않았다.

1948년 2월 환금은행의 외국환예치증제도의 실시로 외환의 자유 매매율이 형성되었는데 환율은 1불당 850원이었다. 1948년 10월 정부수립 후 「한·미간 환금에 관한 잠정협정」에 의거 1불당 450원의 공정 환율이 설정되었다. 1949년 6월 「대외무역거래 및 외국환취급규칙」에 의거하여 정부보유 외환의 환금에는 공정환금율을, 그 이외의 거래에는 재무부장관이 수시로 실세에 따라 정하는 일반환금율을 적용하는 복수환율제가 실시되었으나 7월에 일반환금율 제도가 폐지되었다.

그러나 공정 환율이 실세를 반영하지 못하게 되자 1949년 11월 조선환금은행에서 외환경매제를 실시하게 되었는데 동 경매율이 곧 공정 환율이 되었다. 그 후 6·25사변으

로 외환 경매제는 폐지되고 다시 재무부장관이 정하는 공정 환율제로 복귀하였는데 환율은 1불당 2,500원으로 책정되었다. 이후 1964년 변동환율제도를 채택할 때까지 공정환율은 7차례나 변경되면서 실세수준으로 조정되어 왔다.

2) 단일변동환율제도(1964. 5～1980. 1)

1964년 5월 3일 1달러 당 255원을 하한으로 하여 이전의 복수환율체제를 단일화하면서 환율변동을 일부 허용하는 단일변동환율 제도를 채택하였다. 이 제도는 외환시장에서의 외환증서 수급에 따라 형성되는 시장율을 기준으로 환율이 변경되도록 하였다.

1965년 3월 22일을 그 동안의 물가 안정과 IMF로부터 외환증서 시장 안정기금 명목의 9.3백만 달러 차관 확보 등을 바탕으로 수입쿼터를 대폭 철폐하고 변동환율제를 실시하였다.

환율변동을 실시한 초기에는 외환증서시장에서의 외환증서 매매율을 외환증서 매매량으로 가중 평균한 율을 시장율로 하여 환율이 자율적으로 변동되도록 하였다. 모든 외환지급에는 외환증서를 사용하도록 하는 한편 대외지급수단은 물론 내국지급수단을 대가로 외환증서를 발행받을 수 있도록 하여 외환증서시장에 외국환의 수요·공급이 그대로 반영되도록 하였다.

환율구조는 모든 외국환 매매율이 하한이 되는 기준율, 외국환은행 대 고객매매율 및 한국은행집중률 등이 있었다. 그리고 1967년 11월 25일부터 한국은행은 시장율을 감안하여 한국은행 집중기준율을 고시하였다. 단일변동환율제도 채택 이후 환율의 미조정(fine tuning)이 있었음에도 불구하고 국내물가상승 등으로 4차례에 걸친 큰 폭의 환율인상 조치가 있었다.

외국환은행간 시장은 대고객 외국환매매 결과로 발생하는 수요·공급 차액이 거래대상으로 나타나게 되므로 이론적으로 진정한 의미의 외환시장이 된다. 그러나 외국환은행의 자금규모의 취약성으로 시장유통량이 과소하여 은행간 시장 역시 안정된 시장률을 반영하지 못하였으므로 실질적으로 시장률에 의하여 환율을 변동시키는 것이 불가능하였다.

3) 복수통화 바스켓제도(1980. 2～1990. 2)

복수통화 바스켓제도란 먼저 IMF의 특별인출권(Special Drawing Rights : SDR) 바스켓과 독자 통화바스켓을 결합한 후, 여기에 실제 반영치를 차감하여 매일의 한국은행집

중률을 결정하고 이를 중심으로 한국은행과 외국환은행 간의 외환을 거래할 때, 적용되는 한국은행 집중매입율과 집중매도율을 고려하여 환율을 결정하는 것이다.

1980년 2월 27일 환율의 가격기능을 제고하기 위하여 대미달러 원화환율 결정방식을 종래의 사실상의 고정환율제도에서 복수통화바스켓에 의한 변동환율제도로 전환하여 환율을 실질적으로 유동화하기 시작하였다.

이를 산식으로 표시하면 다음과 같다.

$$E = \beta E1 + (1-\beta)E2 + \alpha$$

E : 원/달러 환율
$E1$: SDR 바스켓에 의한 원/달러 환율
$E2$: 독자바스켓에 의한 원/달러 환율
β : SDR 바스켓의 가중치
$1-\beta$: 독자바스켓의 가중치
α : 실세반영장치(정책변수)

SDR 바스켓의 구성통화 및 가중치는 IMF에서 5년 마다 결정하였고 독자통화 바스켓의 구성통화는 한국의 5대 교역국인 미국, 일본, 서독, 영국, 캐나다 통화로서 각 통화별 가중치는 각국과의 교역비중을 감안하여 부여하였다. 그리고 정책변수 α는 국제수지, 내외 물가 차 및 금리차 등을 감안하여 결정되었으나 그 수치는 미미하였으며, 실제로 환율결정에 있어서 큰 변동요인으로 작용하지는 않았다.

외국은행간 매매율은 시장에서 자유롭게 결정되도록 하였으나 실제로는 한국은행 집중 매매율 범위 내에서 형성되었으며, 외국환은행의 대고객 매매율은 한국은행 집중율을 기준으로 일정 범위 내에서 외국환은행이 결정하여 고시하는 방식이었다.

동 제도는 원화환율이 주요국의 통화 시세 변동과 우리나라의 국제수지 동향을 감안하여 결정되도록 함으로써 장기적으로 환율이 원화의 가치변동을 반영하면서 안정적으로 움직이는 데 기여한 면은 있으나 환율이 외환시장의 수요 및 공급 상황을 충분히 반영하지 못한데다 대외적으로 환율을 인위적으로 조정한다는 오해의 소지가 있어 환율결정에 있어 시장 메커니즘의 역할을 더욱 제고하기 위하여 1990년 3월 환율 제도를 시장평균 환율제도로 변경하게 되었다.

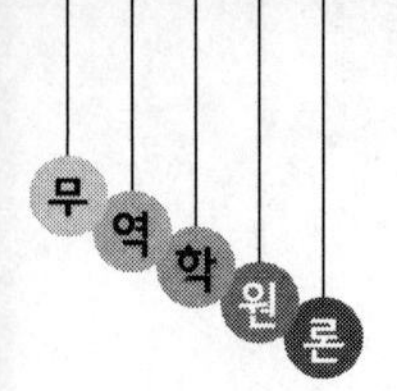

4) 시장평균 환율제도(1990. 3.1～1997. 12. 15)

시장평균 환율제도는 외환시장에서 실제로 거래된 환율을 거래량으로 가중 평균하여 환율이 시장기능에 의하여 결정되도록 하는 제도이다.

시장평균 환율제도하에서 당일자 시장평균 환율은 전일 모든 외국환은행이 국내외환시장(사단법인 금융 결제원 자금 중개실)에서 거래한 원화와 달러화와의 현물환(spot exchange) 거래환율을 거래량으로 가중 평균하여 환율을 산출한 후 그 다음날의 기준환율로 삼는 제도로서 우선 미 달러 환율을 결정하며, 이를 기초로 다른 국가와의 환율도 결정한다.

시장평균 환율제도는 외국환은행 간의 외환수급상황을 환율결정의 주요 변수로 삼아 환율변동의 시장기능을 강화시키고 있다. 이 제도가 복수통화 바스켓제도와 비교하여 다른 점은 환율이 일정한 범위 내에는 시장의 수급원리에 따라 결정된다는 점과 정책당국은 외환시장의 개입을 통해서만 환율변동에 관여함으로써 환율을 간접적으로 관리한다는 점이다. 그러나 시장평균 환율제도의 문제점은 다음과 같다.

첫째, 대규모의 환투기가 나타나서 외환수급의 불안정으로 달러환율이 큰 폭으로 변동할 때 한국은행이 외환시장개입을 통하여 환율변동을 조절할 경우 중앙은행의 개입한계와 환율조절능력의 문제가 제기된다.

둘째, 단기적 환율변동에 따른 환위험을 관리할 수 있는 선물환시장이 육성되어 있지 못하다는 점이다.

셋째, 중앙은행의 일관성 있고 장기적인 환율정책의 수행이 결여된 경우 장기적인 환율변동추세를 예측할 수 없다는 문제점이 있다.

미국 달러화 이외의 통화인 일본의 엔화, 독일의 마르크화 등과 같은 기타 통화의 환율결정은 먼저 원화와 미국 달러화의 시장평균환율을 산출한 다음 국제외환시장에서 형성된 미국 달러화와 엔화, 마르크화와의 환율을 재정하여(나누어) 결정한다. 즉, 1996년 4월 19일자 미국의 달러화의 환율은 1,200원인데, 국제외환시장에서 US $1 = ￥105.00 이라면 엔화에 대한 원화의 환율은 다음과 같이 산출한다.

$$￥/₩\text{환율} = \frac{1,200}{105.00} = 11.42857$$

$$￥100 = 11.42857 \times 100 = ₩\ 1,142.857$$

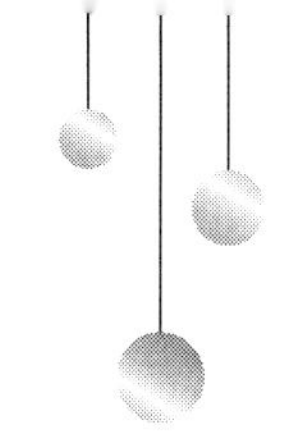

$$₩/¥100 = \frac{\text{시장평균환율}(₩US\$)}{\text{미국 달러화와 일본 엔화의 환율}(¥/US\$)}$$

$$= \frac{1,200 \times 100}{105.00} = 11,428.57$$

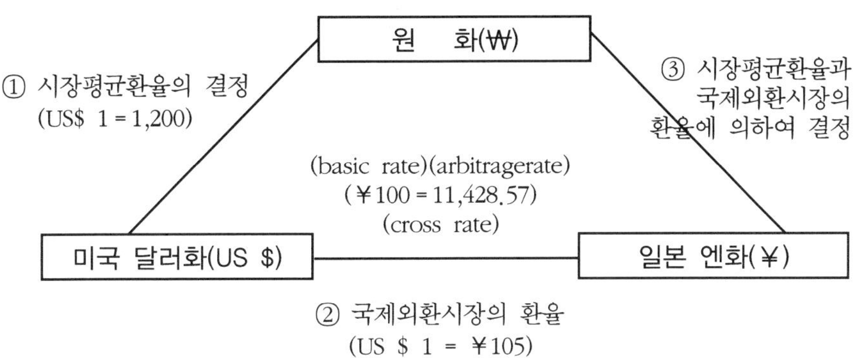

[그림 4-3] 기타 통화의 환율결정

5) 자유변동환율제도(1997. 12. 16～)

자유변동환율제도는 환율이 통화의 수요와 공급에 의하여 결정되는 것이다. 국가 간의 상대적인 가격이 환율에 의해서 변동되며 국제조정과정을 수행하게 된다. 이 제도의 장점은 환율 자체가 국제수지조정기능을 수행하여 평가절상이나 평가 절하에 의한 급작스런 환율의 변동을 방지하여 경제충격을 극소화할 수 있다.

단점은 환율변동이 불확실하고 대내정책이 대외요인에 의해 영향을 받거나 단기자본이동으로 인한 교란이 우려되고 보호무역정책의 무기로 사용될 수 있다는 점이다.

4.5 우리나라의 환율구조

1) 기준환율 및 재정환율

전 영업일 미 달러화 익일물의 외국환은행간 매매율을 거래량으로 가중 평균하여 산출된 시장평균 환율을 기준 환율로 하며 재정환율은 최근 주요 국제금융시장에서 형성된 미 달러화 이외의 통화와 미 달러화의 매매 중간율을 기준 환율로 재정한 환율로 한다.

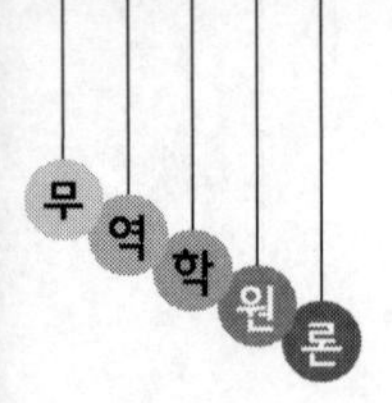

2) 외국환 매매율

(1) 외국환은행간 매매율

외국환은행 간에 외국환을 매매함에 있어 형성되는 율로 하되 미 달러화의 경우에는 당일의 기준 환율의 10분의 1(10%)을 가감한 범위 이내로 한다.

(2) 한국은행의 매매율

한국은행이 외국환 평형기금, 주한국제연합국과의 거래 국제금융기구에 대한 출자 및 출연에 따른 정부 외의 거래 등에 적용되는 환율로 한국은행총재가 정한다.

(3) 외국환은행 대 고객 매매율

당일의 기준 환율 및 외국은행간 매매율 등을 감안하여 외국환은행의 장이 정한다.

① **전신환 매매율** : 전신송금 등에 적용되는 환율로 은행의 자금부담비용이 포함되지 않는 순수한 의미의 환율로 통상 미 달러화의 경우 당일의 기준 환율에 100분의 2를 가감한 율로 하며 YEN 및 DEM은 당일의 재정환율에 1,000분의 6을 가감한 율로 하고 기타통화의 경우 당일의 재정환율에 1,000분의 8을 가감한 율을 적용하였다(현재는 1.5%에서 3%까지 은행별로 차등 적용하고 있음).

② **일람출급환어음 매입율** : 해당통화 전신환 매입율에 환어음 추심에 따른 우송기간 중의 은행의 자금부담비용(환가료)를 차감한 율로 일람출급 수출 환어음을 매입할 때 적용한다.

③ **기한부 어음 매입율** : 전신환 매입율에 기한부 어음기간에 해당되는 은행의 금리비용을 차감한 율로 기한부어음을 매입할 때 적용한다.

④ **현찰 매매율** : 외화현찰을 매매할 때 적용되는 율로 통상 매매기준율에 3%내에서 가감한 율로 은행별로 차등적용하고 있다.

지금까지 언급한 외국환 은행 대 고객 매매율은 다음의 〈표 4-5〉와 같다.

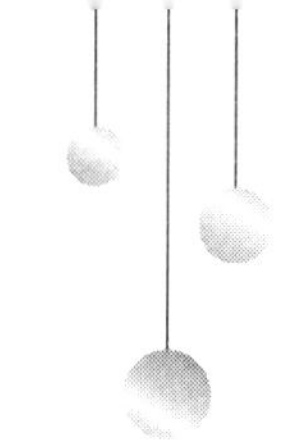

〈표 4-5〉 외국환은행 대 고객 매매율

① 현찰 매도율(매매 기준율+현찰 수수료율)		
② 수입어음 결제율(전신환 매도율+환가료율)		
③ 전신환 매도율	* USD : 매매기준율+1.5%	
	* DEM, YEN : 매매기준율+1.5%	
	* 기타통화 : 매매기준율+1.5%	
④ 매매 기준율(기준 환율, 재정 환율) 예 1,500/USD		
⑤ 전신환 매입율	* USD : 매매기준율-1.5%	
	* DEM, YEN : 매매기준율-1.5%	
	* 기타통화 : 매매기준율-1.5%	
일람출급 환어음 매입율(전신환 매입율 - 환가료율)		
현찰 매입율(매매기준 - 현찰 수수료율)		

주: 환율은 일반적인 영업점 고시 환율기준임

4.6 환율변동이 국민경제에 미치는 영향

환율은 국내외환시장에서 외환수급에 의하여 매일 변동되고 있다. 환율변동이 우리 경제에 실제로 미치는 영향은 다음과 같다.

환율이 떨어져 원화가치가 절상되면 채산성유지를 위하여 달러화로 표시한 수출상품의 가격이 인상되므로 외국으로부터의 수출 주문량이 감소하게 된다.

특히, 수출업자가 경쟁력 유지를 위해 수출가격을 인상시키지 않는다 하더라도 원화의 절상 폭이 클 경우에는 수출기업의 채산성이 악화되어 수출은 감소하게 된다.

수출이 감소하면 우리나라의 경제성장이 둔화되고 이에 따라 실업자가 늘어나게 되어 고용사정이 어렵게 된다. 반면에 수입은 환율하락 분만큼 수입상품가격이 인하되므로 수입품의 소비가 늘어남에 따라 수입이 증가하는 것이 일반적이며 경상수지는 악화될 것이다.

그러나 원화절상의 효과가 부정적인 것만은 아니다. 환율이 인하되면 수입상품의 제조원가를 하락시키게 되므로 결과적으로 국내물가가 내려가는 긍정적인 측면도 있다. 우리나라의 경우 제조업 부문은 원유, 철강재, 비철금속 등 수입 원자재의 투입비율이 크기 때문에 환율이 물가에 미치는 영향은 매우 크다고 할 수 있다.

또한 외화의 차입이 많은 기업들은 환율이 인하되면 외화채무의 원리금 상환부담이 줄어들고 결국 생산원가를 절감시켜 일반소비자에게 보다 저렴한 가격으로 물건을 제

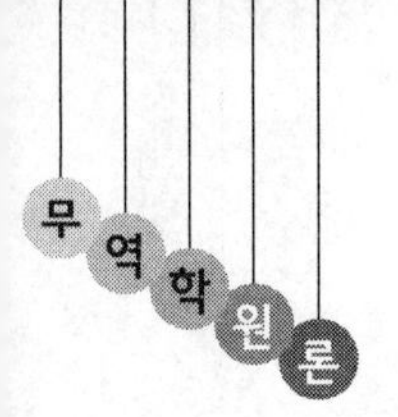

공할 수 있게 된다.

일반적으로 원화가치가 상승하면 수출은 감소하고 수입은 증가되어 경상수지를 악화시키는 면도 있지만 한편으로는 수입물가의 하락을 통해 국내물가의 안정을 기할 수 있고 국내기업의 외화채무 상환부담이 경감되는 등의 이점도 있다.

또한 환율이 인상되어 원화가치가 하락하면 우리나라 수출업체의 채산성이 좋아져 수출은 잘 되고 수입상품가격이 상대적으로 인상되어 수입이 감소하는 것이 일반적인 현상이며 이에 따라 경상수지는 개선된다.

그러나 원자재 및 부품의 해외의존도가 높은 우리나라의 경우 인상된 가격으로도 수입할 수밖에 없어 수입 감소는 제한적일 수밖에 없는 측면도 있다. 또한 환율 상승으로 수입원자재 가격이 상승함에 따라 국내물가가 인상되고 외화채무가 많은 기업들의 원금상환부담이 가중되는 효과도 발생하게 된다.

〈표 4-6〉 환율변동의 파급효과

	환율하락(원화절상)	환율상승(원화절하)
수 출	수출채산성 악화(수출감소)	수출채산성 호조(수출증가)
수 입	수입상품가격 하락(수입증가)	수입상품가격 상승(수입감소)
국 내 물 가	수입원자재가격 하락(물가안정)	수입원자재가격 상승(물가상승)
외화도입기업	원화표시 외화채무 감소 (원금상환부담 경감)	원화표시 외화채무 증가 (원금상환부담 증가)

이와 같이 환율변동은 경제 등 여러 분야에 이해가 상반되는 영향을 미치게 되므로 환율은 가능한 한 중립적 효과를 가지도록 실세를 반영시켜 안정시키는 것이 가장 바람직스럽다고 하겠다.

4.7 환율변동에 따른 손실방지책

환율은 여러 가지 요인에 의하여 시시각각 변동함으로써 외화자산이나 부채를 보유하고 있는 개인이나 기업, 금융기관 등의 손익에 많은 영향을 미치게 된다. 예를 들어 우리나라 수출업자가 환율이 1달러 = 1,100원일 때 미국에 1백만 달러어치 전자제품을 수출하고 그 대금을 한 달 후에 받기로 계약을 체결하였다.

한 달 후에도 환율이 1달러 = 1,100원이면 계약시점과 같은 금액인 11억원(1백만 달러 × 1100원 = 11억원)을 받게 되지만, 한 달 후에 환율이 하락하여 1달러 = 1050원이 되면 10억 5천만 원을 받게 되어 5천만 원의 손실(환차손)을 보게 될 것이다. 이와 반대로 환율이 상승하여 1달러 = 1,150원이 되면 11억 5천만 원을 받을 수 있어 5천만 원의 이익(환차익)을 보게 될 것이다.

이와 같이 환율의 상승 및 하락은 개인이나 기업 등의 손익에 많은 영향을 미치게 되는데, 특히 외환의 자유화는 민간의 외환보유 및 거래가 증가 되고 있기 때문에 환율변동으로 인하여 손실을 입을 가능성이 그만큼 커지게 되었다.

따라서 환율변동으로 인한 손실, 즉 환위험을 방지하기 위하여 선물환거래, 통화선물, 통화옵션거래 등을 통화하여 환위험을 금융기관 등에 전가시키는 방법을 이용할 수 있다. 특히, 우리나라에서는 환율변동에 따른 환위험을 방지하는데 선물환거래를 가장 널리 활용하고 있다.

선물환거래는 미래의 일정시점에 결제할 외화의 가격(환율)을 현재시점에서 미리 약정함으로써 미래의 환율변동으로 인한 손실을 회피하려는 방법이다.

예를 들어 전자제품 수출업자가 환율이 1달러 = 1,100원일 때 미국에 수출하고 3개월 후에 수출대금을 달러로 받게 될 경우 3개월 후의 환율이 1달러 = 1,100원 이상으로 상승하면 이익을 보게 되지만 1100원 이하로 떨어지게 된다면 손실을 입게 된다.

따라서 수출업자가 환율이 1,100원 이하로 될 경우의 손실을 예방하기 위하여 3개월 후에 은행에 1달러 = 1,100원의 환율로 매도하기로 사전에 계약(3개월 만기 선물환 매도계약)을 현재 시점에서 미리 체결해 둔다면 3개월 후에 환율이 하락하더라도 손실을 보지 않게 될 것이다.

환위험을 예방하고 관리하는 방법은 여러 가지가 있다. 최근 그 종류가 점점 다양해지고 기법도 크게 발전하고 있다. 따라서 개인이나 기업 등은 다양한 방법으로 환율변동에 따른 위험을 관리할 수도 있으나 전문 인력을 확보하고 있는 금융기관 등을 이용하는 것이 보다 바람직하다고 하겠다.

제5절 … 국제수지

5.1 국제수지의 의의 및 국제수지표

1) 국제수지의 의의

국제수지(International Balance of Payment)란 일정한 기간(보통 1년)에 한나라의 거주자와 비거주자 사이에서 이루어졌던 모든 경제적 거래를 체계적으로 분류 집계한 것이다. 즉, 한나라의 국내경제와 해외경제 사이에 발생한 상품 및 서비스의 흐름, 실물과 금융채권의 이전거래, 경제거래에서 생긴 대외자산과 부채의 변동을 체계적으로 분류하여 이를 복식부기의 원리에 따라 작성한 것이다.

국제수지는 일국의 경제 상태를 파악하는 지표 즉, 한 나라의 대외결제상태를 명확하게 파악하고 외환이 국내로 들어오게 된 원천과 외환이 사용된 용도를 밝히고 아울러 일국의 대외지급능력의 척도가 되며 또한 적정 환율을 결정하는 요인이 된다.

국제수지의 주요 목적은 정부에게 그 국가의 위상을 알려주고 통화정책, 재정정책 및 무역정책을 수립할 때 도움을 주는 데 있다.

국제대차(balance of international indebtedness)는 한나라가 일정 시점에 있어서 외국에 대해 얼마만큼의 채권 또는 채무를 갖고 있는가를 나타내는 것이다. 국제수지는 일정한 기간에 실제로 결제된 과거의 화폐수지의 총액인데 반하여, 일정 시점에서 볼 때 장래에 결제될 채권·채무의 총액을 의미한다. 그리고 국제수지를 사경제하에서의 손익계산서에 해당된다고 하면 국제대차의 개념은 재무상태표에 해당된다고 할 수 있다. 국제수지가 흑자라고 해서 반드시 경제적 번영을 의미하는 것은 아니다. 그것은 저개발국인 경우에 외국의 원조나 차관도입에 의하여 흑자가 될 수 있고 선진국은 해외투자 확대나 저개발국의 원조로 인해 적자가 발생될 수 있기 때문이다.

2) 국제수지표

(1) 국제수지표의 의의

국제수지표(balance of international payments table : BPT)란 국제수지를 국가나 중앙은행에서 이를 분류하여 집계한 총괄표를 의미한다. 국제수지표는 실물과 자본의 흐

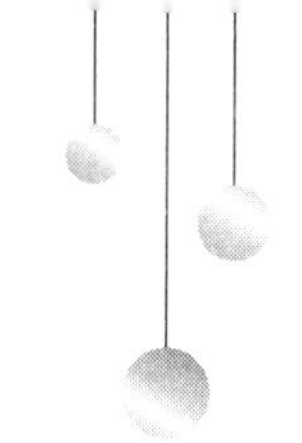

름을 동시에 파악하고 수입(대변)과 지급(차변)을 계산하기 위해서 횡으로 수입계정과 지급계정을 설정하고 종으로 실물계정과 자본계정을 설정하게 되는데 여기에서 사용되는 기재방법은 은행의 복식부기 원리에 의하고 있다.

한편 IMF(international moneytary fund)의 「국제수지표 편제 요람」 제4판(Balance of Payments Manual, Fourth Edition)에 의하면 국제수지표는 "일정기간 동안 ① 한 나라의 국민경제가 대외거래에서 발생한 재화, 서비스 및 소득거래, ② 화폐금융, SDR 및 대외채권 채무의 소유권 변동, ③ 이전거래 및 복식부기 원리상 수지균형을 취하기 위한 대응거래(counter part)를 기록한 통계표" 라고 정의하고 있다.

그리고 한국은행의 국제수지와 관세청이 작성 발표하는 통관 수출입통계와는 일치하지 않는다. 이것은 통관통계는 상품이 우리나라의 관세선(關稅線)을 통과하는 시점에 수출입으로 계상하고 상품의 평가기준도 수출은 본선인도가격(FOB가격), 수입은 운임 및 보험료포함가격(CIF)을 기준으로 작성되는데 반하여 국제수지에서는 상품의 소유권이 이전되어야 수출입으로 계상하고 수출입모두 본선인도가격을 기준으로 작성하기 때문이다.

3) 국제수지표의 목적

국제수지표의 목적은 한 나라의 대외결제 상태를 명백히 하는데 있다. 특히 국가와 국가 사이에는 화폐제도와 금융제도가 상이하기 때문에 외국에 대한 자금의 지불은 외국으로부터 받은 자금의 수입 가운데서 이루어져야 한다. 따라서 일국의 지불초과가 되는 경우에는 그 초과분은 외화준비에서 지불되어야 하며, 그 재원에는 일반적으로 한계가 있기 때문에 지불초과가 계속 나타나는 경우에는 국제수지의 조정이 필요하게 된다.

그리고 외환의 원천과 용도를 밝히는 데 있다. 어떤 나라의 경우에도 외환은 한정되어 있기 때문에 그 원천이 어디에 있으며, 또 효율적으로 운용되고 있는가에 관심을 갖게 된다. 특히 외환관리가 실시되고 있는 경우에는 외환배분 계획의 자료로서 국제수지표는 필요한 것이다.

4) 국제수지의 구성

세계 각국은 IMF의 국제수지 작성 지침에 따라 국제수지표(balance of international payments table : BPT)를 작성하고 있다. 1998년 1월부터 시행된 국제수지표의 기본구조는 경상계정, 자본계정, 준비자산증감으로 분류하고 있다. 이와 같은 국제수지의 체

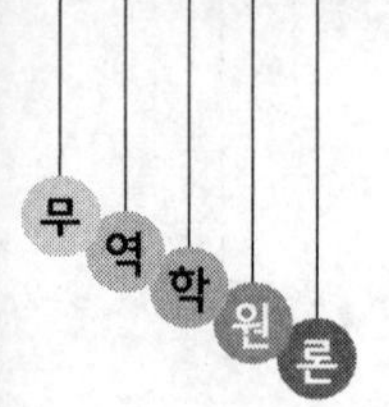

계는 다음의 〈표 4-7〉과 같다.

〈표 4-7〉 국제수지의 표준항목 분류체계

- 국제수지표
  - 경상수지
    - 상품수지
      - 수출
      - 수입
    - 서비스수지
      - 운수
      - 여행
      - 통신
      - 보험
      - 특허권등사용료
      - 사업서비스
      - 정부서비스
      - 기타
    - 소득수지
      - 급료 및 임금
      - 투자소득
    - 경상이전수지
      - 경상이전수입
      - 경상이전지급
  - 자본수지
    - 투자수지
      - 직접투자
      - 증권투자
      - 기타투자
    - 기타자본수지
      - 자본이전
      - 비생산·비금융자산
  - 준비자산증감
  - 「오차 및 누락」

자료: 한국은행 D/B

1997년까지의 국제수지표 작성에 있어서 은행예금의 대외거래를 수출입과 관련한 외환부족의 보전거래(補塡去來) 성격이 강했기 때문에 금융계정에 계상하였으나 1998년부터는 이익극대화를 위한 자율적인 외자조달 및 운용이 확대됨에 따라 이를 자본계정에 계상하고 종전의 금융계정을 폐지하였다. 준비자산증감에는 각종 대외거래의 결과로 발

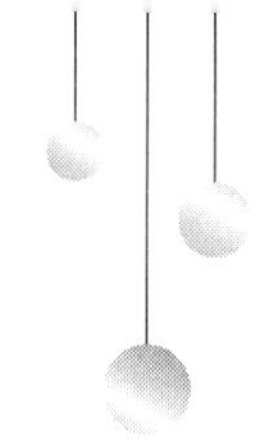

생한 통화당국의 오환보유액 증감만을 기록하게 되었다[48].

원래 국제수지표는 UN에서 1939~1945년간의 각국의 국제수지표를 1948년에 작성 발표한 것이 시초가 되며, 이후 IMF에서 「국제수지 작성 요람」이라는 지침을 마련하여 각국에서 통일된 양식을 사용하여 작성하고 있다.

우리나라는 1955년 IMF에 정식 가입한 이후부터 IMF의 통일 양식에 의하여 한국은행에서 매분기별 또는 연도별로 국제수지표를 중앙은행인 한국은행에서 매년 작성하여 공표하고 있다. 한국은행은 IMF의 권고에 따라 1998년부터 새 기준에 따라 국제수지표를 작성하고 있다.

(1) 경상수지

경상수지는 국민계정체계(SNA)와의 조화를 위하여 상품수지, 서비스수지, 소득수지 및 경상이전수지로 구성하였다. 수지란 수입액과 지출액의 차이를 말하며 상품수지하면 사품의 수출액과 수입액의 차이를 말한다.

① **상품 및 서비스수지** : 첫째, 상품수지는 거주자와 비거주자간의 상품거래(FOB가격조건)를 계상하며 상품의 특성에 따라 일반상품, 가공용 재화, 운수조달재화, 재화수리, 비화폐용 금(통화당국이 준비자산으로 보유한 화폐용 금 이외의 모든 금의 수출입 계상) 등 5개 항목이 있다.

그러나 한국은행의 국제수지와 관세청이 작성 발표하는 통관 수출입통계와는 일치하지 않는다. 이것은 통관통계는 상품이 우리나라의 관세선(關稅線)을 통과하는 시점에 수출입으로 계상하고 상품의 평가기준도 수출은 본선인도가격(FOB가격), 수입은 운임 및 보험료포함가격(CIF)을 기준으로 작성되는데 반하여 국제수지에서는 상품의 소유권이 이전되어야 수출입으로 계상하고 수출입모두 본선인도가격을 기준으로 작성하기 때문이다.

둘째, 서비스수지는 거주자와 비거주자 사이의 용역거래로서 통계 분석의 편의를 위해 운수, 여행, 통신서비스, 보안서비스, 특허권 등 사용료, 사업서비스, 정부서비스(정부와 비거주자간의 서비스거래 계상 : 해외의 대사관, 영사관, 군대 등이 주재하는 경제권의 거주자 및 본국 이외의 기타 경제권의 거주자와 행한 모든 거래 포함) 및 기타서비스(금융서비스, 컴퓨터 및 정보서비스, 개인·문화 및 오락서비스, 건설서비스) 등으로 세분된다.

---

48) IMF 신기준에 의한 개편국제수지통계해설, 한국은행, 1985.5.

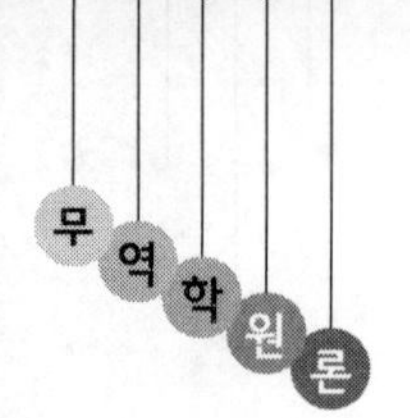

② **소득수지** : 거주자가 외국에 단기간(1년 이내)머물면서 일한 대가로 받은 돈과 국내에 단기로 고용된 비거주자에게 지급한 금액의 차이를 나타내는 급료 및 임금수지와 거주자가 외국에 투자하여 벌들인 배당금·이자와 비거주자에게 국내투자대가로 지급한 배당금·이자의 차이를 나타내는 투자소득수지로 구성한다.

소득수지는 급료 및 임금, 투자소득, 증권투자소득, 기타투자소득으로 구성된다. 투자소득은 직접투자소득(배당, 이자)과 증권투자소득(배당, 이자)으로 나누어 계상한다.

③ **경상이전수지** : 경상이전수지는 거주자와 비거주자 사이에 아무런 반대급부가 수반되지 않는 거래로서 일반정부와 기타부문(송금, 기타)으로 구성되며 여기에는 수혜자의 소득 및 소비수준에 직접적으로 영향을 주는 송금, 구호를 위한 식량, 의약품 등의 정부 간의 무상원조 및 국제기구 출연금 등을 계상한다.

(2) 자본수지

자본수지는 민간기업, 금융기관, 정부 등이 외국으로부터 차입 등의 방식으로 자금을 빌리거나 이와는 반대로 외국에 신용 공여 등의 방식으로 돈을 빌려줌으로써 발생하는 외화 유출입차이를 나타낸다. 자본수지는 투자수지와 기타자본수지로 구성된다.

① **투자수지** : 투자수지는 통화당국의 준비자산증감을 제외한 민간기업, 금융기관, 정부의 대외금융자산 또는 소유권의 변동과 관련된 거래를 계상하며 직접투자수지, 증권투자수지, 기타투자수지로 구성된다.

직접투자수지는 내국인 해외투자와 외국인 국내투자로 구성하며 이것은 주식자본, 수익 재투자 및 기타자본으로 세분된다. 증권투자수지는 자산(내국인투자)과 부채로 세분되고 자산에는 주식과 채권(중장기채, 단기채, 파생금융상품)이 있고 부채(외국인투자)도 채권과 채권(중장기채, 단기채, 파생금융상품)으로 나눈다.

기타투자수지는 직접투자와 증권투자에 포함되지 않는 외국과의 모든 금융거래를 기록한다. 즉, 자산(내국인투자)과 부채(외국인투자)로 나누고 자산은 대출(장기대출과 단기대출이 있으며 통화당국, 일반정부, 예금은행, 기타부문으로 구분), 무역관련 신용, 현금 및 예금(통화당국, 예금은행 및 기타 부문으로 구분), 기타(여타 항목에 포함되지 않는 모든 금융거래로서 비통화 국제기구에 대한 출자, 기타 미수금·미지급금 등 계상) 세분된다.

② **기타자본수지** : 기타자본수지는 자본이전과 특허권 등 기타자산으로 구성되며, 토지, 지하자원 등 비생산유형물과 특허권, 저작권, 상표권 등 비생산무형자산의 취득

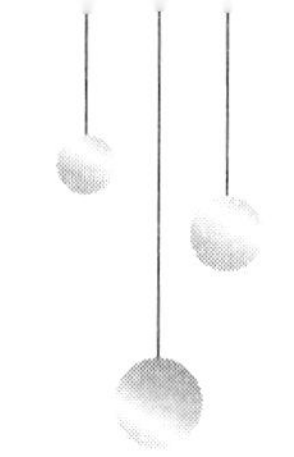

및 처분에 따른 거래를 계상한다.

자본이전은 현금 또는 현물로 이루어지며 현금인 경우에는 거래일방 또는 양방에 에 의한 고정자산의 취득과 처분에 연관되거나 이를 조건으로 투자보조금, 해외이주비 등을 포함하고 있다. 현물에 의한 자본이전에는 고정자산의 소유권 이전과 채권자와 채무자 간 상호계약에 의한 채무면제 등이 포함된다.

비금융 자산의 처분취득에는 재화와 서비스의 생산에 사용되거나 필요하지만 그 자체는 생산될 수 없는 토지나 지하자원 같은 유형자산과 특허권, 저작권, 상표권, 독점판매권 등이나 임차권 또는 기타 양도 가능한 계약 같은 무형자산의 취득과 처분이 포함된다.

(3) 준비자산 증감

통화당국이 국제수지불균형을 직접 보전하거나 또는 외환시장개입을 통하여 국제수지 불균형을 간접적으로 조정하기 위해 사용할 수 있는 대외자산의 증감을 계상하기 위한 항목이다.

준비자산증감은 외환보유액변동 분 중 거래적 요인에 의한 것만 포함한다. 즉, 외환보유 잔액은 통회당국의 외환매입, 이자소득 등 거래적 요인에 의한 변동할 뿐만 아니라 거래 없이 환율변화 등에 의해서도 변동되는데 국제수지통계에서는 거래적 요인에 의한 외환보유 잔액 변동분만을 준비자산 증감 항목에 계상하고 있다.

그리고 준비자산에는 화폐용 금, SDR, IMF 리저브 포지션, 외화자산(현금, 예금, 증권) 등이 계상되며 증가는 음(-), 감소는 양(+)으로 표기한다.

(4) 오차 및 누락

국제수지는 복식부기 원리에 의하여 작성되므로 차변과 대변이 일치되어야 한다. 그러나 실제로는 그렇지 않으며 그 원인은 국제수지에 계상되는 자료의 출처 상이, 계상시점 및 거래의 포괄적 범위의 차이, 시장가격 원칙에 의거해 거래를 평가하는 방법의 차이 그리고 환산과정이나 부주의나 과오로 인한 누락이나 과실계상, 통계작성 과정에서의 보고 잘못이나 누락에 의하여 통계적 불일치(statistical discrepancies)가 발생할 수도 있다. 이 계정은 이러한 오차나 누락을 조정하는 계정이다.

IMF의 제4판 국제수지매뉴얼에서는 오차 및 누락이 수출입 합계액의 5% 이하일 경우 그 국제수지표는 신뢰도가 높은 것으로 본다. 그러나 오차 및 누락 금액이 절대로 작다고 하여 국제수지통계가 반드시 정확하다고 볼 수 없다. 그것은 국제수지편제 과정에서 오차 및 누락의 정(+)의 요인과 부(-)의 요인이 서로 상쇄될 수 있고 분류상의 오류 등

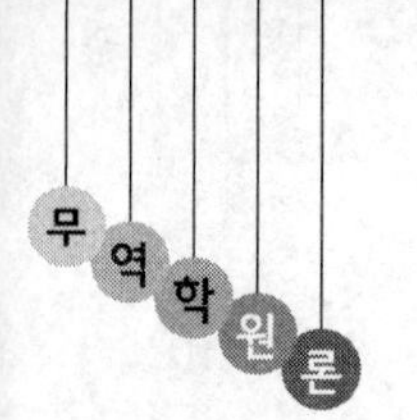

은 오차 및 누락에 영향을 주지 않기 때문이다. 그리고 이 문제에 대한 특별한 언급은 없다. 다만, 절대규모가 클 경우에는 통계 해석상의 어려움이 따른다고 언급하고 있다.

5.2 국제수지의 균형과 불균형

국제수지는 원칙적으로 차변과 대변이 일치하도록 작성하지만 그 자체가 국제수지의 균형은 아니다. 그리고 국제수지의 균형이란 자율 거래만으로 이루어지는 외환의 수입과 지출이 일치하는 상태이며, 불균형은 자율 거래에 의한 외환의 수입과 지출이 일치하지 않은 상태를 말한다. 한 나라의 국제수지 상태가 균형이냐 불균형이냐 하는 문제는 국제수지표의 구성 항목을 분석함으로써 파악된다.

미드(J. E. Meade)는 국제수지의 항목을 자발적 항목(autonomous item)과 조정항목(accommodating item)로 나누어 분석하였다.

첫째, 자발적 항목은 재화 및 용역의 국가 간의 거래, 민간자본이동 및 민간증여 등으로서 다른 제 거래와 관계없이 독립적으로 발생하며 상업적 목적이나 이윤추구를 목적으로 이루어지는 거래 항목이다.

둘째, 조정항목은 국제수지상 한 부문 또는 여러 부문에 있어서 불균형을 조정할 필요가 있는 항목으로, 이 항목은 타 항목의 변동에 의해 발생하는데 화폐금융과 민간 단기 신용의 이동 및 외화보유액의 증감 등이다. 그리고 조정거래 또는 유발거래의 대표적인 예는 중앙은행 또는 외국환은행의 외환보유액 변동을 초래하는 거래이다.

마하룹(F. Machlup)은 국제수지균형 정의를 세 가지 관점으로 보고 있다. 첫째, 시장 개념상의 균형(market balance)으로서, 외환의 수요와 공급이 일치하는 점을 국제수지 균형 상태로 보는 관점이다. 둘째, 계획 개념 상 균형(program balance)은 장래의 일정 기간 중에 기대되거나 계획된 외환의 수입(공급)과 지출(수요)을 수입원천과 지출용도별로 분류 및 집계한 외환수급계획을 의미한다. 셋째, 계정 개념상의 균형(accounting balance)은 국제수지표 상에 측정된 계정 항목이 균형 상태로 되는 것이다.

국제수지의 균형은 자발적 항목 또는 자율적 거래로 차변과 대변의 금액이 일치하여 항목의 조정이 필요 없지만, 국제수지의 불균형이 발생하면 여러 가지 거시경제변수들의 조정이 이루어지게 되어 국제수지는 불균형에서 균형으로 가게 되는데, 이를 국제수지조정이라 한다.

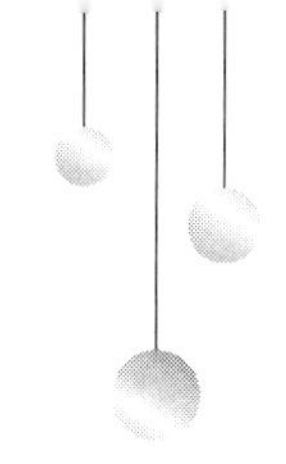

5.3 국제수지 조정방안

국제수지가 일단 흑자 혹은 적자의 불균형상태가 발생하게 되면 바람직하지 않다. 따라서 각국에서는 국제수지의 균형을 유지하기 위해 여러 가지 정책을 실시하게 된다. 국제수지의 불균형상태에서 균형 상태로 조정되는 것을 국제수지의 조정이라고 하며, 자동적 조정과 조정정책의 두 가지 방안이 활용되고 있다.

1) 국제수지의 조정이론

국제수지의 조정 이론은 가격조정이론과 소득조정이론으로 대별할 수 있다. 가격조정이론에는 자동조정이론인 가격·정화 플로우 메커니즘(price-specie flow mechanism), 탄력성 접근법(elasticity approach)이 있으며, 총지출 접근법(absorption approach)과 통화론적 접근법(monetary approach), 소득조정이론 등이 있다.

(1) 자동조정이론

흄(D. Hume)은 가격·정화 플로우 메커니즘(price - specie flow mechanism)에 의해 자동적으로 국제수지가 균형을 이룬다고 한다. 금본위제도 하에서 국제수지가 불균형상태가 되면 흑자국은 금 유입에 의한 통화량 증가로 국내 지출을 증가시키고, 적자국은 금 유출에 의한 통화량 감소로 국내 지출을 감소시켜 국제수지가 균형을 이루게 된다.

즉, 국제수지의 적자(흑자) → 금의 유출(유입) → 본국 통화량 감소(증대) → 국내 물가 하락(상승) → 가격 경쟁력 강화(약화) → 수출 증대(감소) → 수입 감소(증대) → 금의 유출입 정지와 국제수지의 균형이 회복된다는 것이다.

(2) 탄력성 접근법

1930년대 금본위제도가 붕괴된 이후 외환 시세의 조정에 관심을 둔 이론이 많이 출현했는데 대표적인 학자가 마샬(A. Marshall)과 러너(A. P. Lerner), 로빈슨(J. Robinson), 메러(L. A. Metzer) 등이다.

탄력성 접근법은 외환시세의 변동에 따른 국제수지 조정과정을 수출입량의 가격 탄력성을 이용하여 밝히려는 이론이다. 외환의 수급은 수출액과 수입액의 규모에 의해서 결정되고, 수출액은 곧 외환 공급의 규모를 말하며 외국의 수입 수요와 자국의 수출 공급에 의해서 결정되기 때문에 가격 탄력성에 영향을 받지 않는다.

또한 외환 시세의 변동은 표시 방법에 따라 자국과 외국의 수입 수요에 영향을 미치

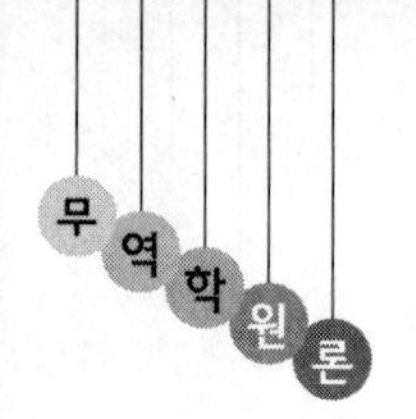

며, 가격 변화와 수량 변화에 의해서 외환 수급량(수출입액)이 결정된다. 이 경우 가격 변화와 수량 변화 사이의 양적 관계는 가격 탄력성에 의해서 결정된다.

따라서 탄력성 분석은 외환의 수요, 공급 탄력성을 분석함으로써 국제수지를 개선할 수 있는 조건을 도출하려는 것으로 환율 변동이 국제수지 개선을 가져오기 위해서는 외국 수입 수요 탄력성과 자국 수입 수요 탄력성의 합이 1보다 커야 한다.

(3) 총지출 접근법

알렉산더(S. S. Alexander)에 의한 총지출 분석은 수출입 대신에 국민경제의 전 활동과의 관계 하에서 국제수지의 움직임을 거시적으로 파악하려는 것으로 국민총생산 가운데 국내 총지출에 의해서 흡수되지 않는 부분이 흑자가 되고, 국민총생산을 초과하는 국내 지출이 경상수지의 적자로 나타난다는 것이다.

총지출 분석에서는 완전고용 상태냐 불완전고용 상태냐를 구분하여 평가절하가 국제수지에 미치는 영향을 분석하였다. 평가절하가 총생산에 비해 총지출을 상대적으로 억제하지 않는 한 국제수지를 개선할 수 없다.

(4) 통화론적 접근법

가격이 신축적이어서 완전고용이 항상 달성된 상태에서 지출은 현금 잔고액(cash balance)으로부터 직접 영향을 받는 모형을 상정하는 통화론자들은 국제수지 문제는 화폐적 현상(monetary phenomenon)이라고 보고 국제수지 적자는 화폐의 공급이 수요를 초과하기 때문이며, 국제수지 적자로 화폐가 국외로 유출되면 국제수지는 균형을 이루게 된다고 한다.

즉, 국제수지의 적자(흑자) → 통화 공급 감소(증대) → 지출 감소(증대) → 국내 물가 하락(상승) → 수출 증대(감소) → 통화 유입(유출) → 통화 유출입 정지와 국제수지의 균형이 회복된다는 것이다.

(5) 소득조정이론

소득조정이론은 케인즈(J. M. Keynes)의 소득이론을 개방경제에 확대 적용한 소득효과 중심의 국제수지의 조정이론이다. 국제수지가 흑자인 경우에는 수출증가로 국내생산이 증가하여 고용 및 국민소득도 증가한 상태로 된다. 이후 소득증가는 소비지출로 이어져 국산품 소비증가액뿐만 아니라 수출증가액 만큼의 수입을 증가시키게 된다. 결국 국제수지 흑자가 적자상태로 변하는 과정에서 국제수지의 균형을 도모하는 것이다.

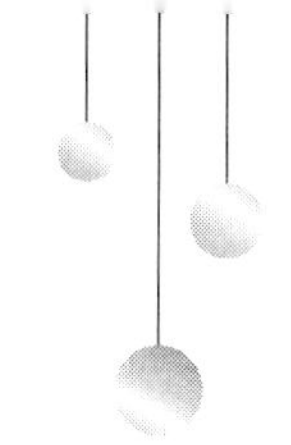

국제수지가 적자인 경우에는 수출 감소로 국내생산이 감소하여 고용 및 국민소득도 감소한다. 이후 소득감소는 소비감소로 이어져 국산품 소비 감소액 뿐만 아니라 수출감소액 만큼의 수입을 감소시키게 된다. 결국 국제수지 적자가 흑자상태로 변하는 과정에서 국제수지의 균형을 도모하게 된다.

결국 소득조정이론은 소득변동의 역할에 중점을 둔 것으로 국내지출 또는 소득의 변동이 수출입에 영향을 주게 되어 자동적으로 국제수지를 조정하게 된다는 것이다.

2) 국제수지의 조정정책

국제수지의 불균형은 각국의 소득격차 및 생산비의 상대적인 차이, 국민들의 수입재의 선호도, 해외여행증가, 경제정책의 방향 등이 그 원인으로 작용하고 있다. 국제수지의 불균형은 환율, 교역재의 가격, 소득수준, 정부의 규제 등의 경제변수 조작을 통해 조정할 수 있는데 이를 국제수지 조정 정책이라 한다.[49)]

(1) 재정·금융정책

① **재정정책** : 재정정책은 정부의 재정지출의 증감 및 세율의 변동 등을 통해서 국제수지를 조정하는 정책이다. 재정정책에 의한 국제수지조정은 완전고용과 불완전고용상태로 구분하여 볼 수 있다.

첫째, 단기의 완전고용상태에서 국제수지가 적자일 경우 긴축정책을 실시하여 재정지출을 축소하고, 이자율을 올리면 수입에 지출되던 민간부문의 총수요가 감소하게 되며 국제수지는 개선된다. 그러나 임금율 및 상품가격의 하락을 통하여 수출이 증대된 반면에 국내 경제면에서 고용 및 소득수준이 악화된다. 반대로 흑자일 경우에는 재정지출을 증가시켜 이를 조정할 수 있다.

둘째, 단기의 불완전고용 하에서 만일 국제수지가 흑자일 경우 재정정책으로 수요를 확대 유도하면 그에 따라 총 수요가 증가하여 수입이 늘어남으로써 국제수지를 균형시킬 수 있다. 이 때 사용되는 구체적인 정책수단으로는 정부투자·정부소비·이전지출의 확대 등이 있다. 이러한 모든 정부지출의 확대가 승수효과를 통해 소비를 자극함으로써 국제수지의 흑자는 조정될 수 있다. 그리고 국제수지가 적자일 경우에는 반대과정을 통하여 국제수지가 균형화된다.

② **금융정책** : 금융정책은 공정거래의 변경과 공개시장조작에 의한 지불준비율의

49) 설영기, 국제통상학개론, 상조사, 2001, pp.395-398.

변경을 통해서 국제수지 불균형을 조정하는 정책이다. 이 정책에는 소득계정에 따라 대외의 금리차를 조작함으로써 단기 자본을 정책적으로 이동시키는 금리차를 이용한 국제수지 조정정책이 있다.

일반적으로 국제수지가 흑자일 경우에는 금리를 인하하여 유효수요의 증대를 통해 소비를 진작시키고 국제수자가 적자일 경우에는 금리를 인상하여 유효수요의 감소를 통해 소비를 억제시켜 국제수지를 조정하는 정책이다.

③ **폴리시 믹스** : 폴리시 믹스(policy mix)는 2개 이상의 정책 목표를 동시에 달성하기 위해 2개 이상의 정책수단을 동시에 결합시켜 적용하는 정책이다. 국제수지조정에 사용되는 폴리스믹스는 대외균형(국제수지 균형)과 대내균형(완전고용, 물가안정 등)을 동시에 달성하기 위하여 대외균형을 위해서는 재정정책, 대외균형을 위해서는 금융정책을 병행해서 실시하는 것을 말한다.

일반적으로 국제수지에 대한 정책효과는 금융정책이 더 크며, 반면 대내균형에 미치는 효과는 금융정책과 재정정책이 거의 비슷하기 때문에 금융정책을 대외금융정책으로 그리고 재정정책을 대내균형정책으로 사용하는 폴리시 믹스가 있다. 이것은 국가 간의 완전한 자본 이동이 보장될 때만 유효하다.

(2) 환율조정정책

환율조정정책은 환율을 인상 또는 인하시켜, 대외의 상대 가격수준을 정책적으로 변경함으로써 국제수지 불균형을 조정하는 정책이다. 환율의 인상 즉, 평가 절하되면 국내의 상품 가격이 외국에 비해 낮게 되고, 외국상품의 가격이 상대적으로 상승하게 되므로 평가 절하된 국가의 상품에 대한 국제수요가 증가하게 되어 국제수지가 흑자가 된다. 이 정책은 적자불균형인 국가에서는 가장 효과적인 조정정책이 된다.

그러나 국제수지 불균형 조정정책으로서 환율조정정책을 채택하는 경우에는 외환수급의 안정적 조건이 수반되어야 한다. 즉, 외환의 탄력성이 문제가 된다.

이러한 외환수급의 안정적인 조건으로는 첫째, 평가 절하했을 경우에 무역수지가 개선될 수 있는 조건인 Robinson의 안정적 조건[50]과 둘째, 외환시세절하 이전에 수출액과 수입액이 균형을 이루어야 하는 조건인 Metzler의 안정적 조건[51] 셋째, 평가절하에

50) 불완전경쟁시장 중 독점적 경쟁 및 과점시장과의 무역관계를 설명하고 있으며 독점적 경쟁 시장에서 개별기업들은 제품차별화 및 규모의 경제를 이룩하고 산업 내 무역이 증대하고, 과점은 어느 나라의 과점기업이 먼저 규모의 경제를 충분히 얻을 수 있을 만큼 생산할 수 있느냐에 따라 수출국과 수입국, 즉 무역유형이 결정된다는 것이다.

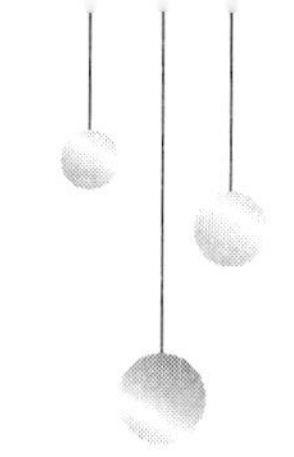

의한 무역차액 발생의 필요충분조건인 수입수요의 탄력의 합이 1보다 커야한다는 Marshall-Lerner의 안정적 조건[52]이 충족되어야 한다.

(3) 직접통제 정책

재정·금융정책이나 환율조정정책은 경제 전체적으로 영향을 가지고 있는 데 반해 직접통제는 특정부분을 대상으로 하는 개별정책이다. 이러한 정책으로는 관세정책, 수입금지 정책, 수입할당, 수량제한, 수입제한조치, 수출보조금 등이 있으며, 이 정책들은 국제수지 불균형을 일시적으로 해결할 수 있다. 그러나 이 정책들은 WTO 발효 이후 무역보복 및 자유무역질서를 왜곡시키는 원인이 되어 국제수지 불균형을 직접 통제하는 정책은 사실상 어렵다.

제1차 세계대전 이전에는 각국이 국내로 눈을 돌려서 재정·금융정책이 중심이었으나 1929년과 1933년 사이에는 대공황으로 인하여 직접통제정책과 환율조정정책을 중심으로 병용해서 불균형 대책을 수립하였으나 양차대전 기간에는중심적인 조정정책은 재정·금융정책이었다.

이상의 제 정책 외에도 수출확대 정책(수출보조금, 장려금, 수출금융), 국제협력체제의 강화, 강력한 통상정책, 국내산업구조이 개편과 기술혁신을 통한 국제경쟁력 강화 등이 수반되는 종합적인 정책이 병행되어야 할 것이다.

---

51) 자산구성균형접근으로 화폐는 사람들이 보유하려는 다양한 금융자산의 한 종류에 불과하다. 따라서 금융시장의 균형은 한 나라의 이용 가능한 국내통화와 여러 금융자산의 저량(stock)이 현재의 부(富)에 기초한 이들 자산에 대한 저량형태의 수요와 일치할 때 달성된다는 것이다.

52) 평가절하에 의해 경상수지의 불균형을 시정하기 위한 외환시장의 안정조건은 수입품과 수출품의 공급이 완전탄력적일 때 수입수요탄력성과 수출수요탄력성의 절대 값의 합이 1보다 커야 한다는 것이다.

BUSINESS

제5장 | 국제무역환경론

 제1절 … GATT와 국제통상질서

1.1 GATT의 탄생

제2차 세계대전 이후 세계 각국들은 자국 이익만을 고려한 보호무역정책에 대한 과거의 반성으로 국제경제의 안정적인 발전 및 합리적인 세계경제질서를 바로 잡기 위한 국제기구의 필요성을 절감하게 되었다. 세계경제질서는 첫째, 새로운 국제무역질서 확립 둘째, 국제금융 및 통화질서 회복 셋째, 제2차 세계 대전으로 파괴된 경제복구 등을 중심으로 추진되었다.

세계경제질서의 재편성을 위해 1944년 7월 44개국이 참여하는 미국 뉴햄프셔주의 브레튼우즈(Bretton Woods) 회의에서 세계은행(International Bank for Reconstruction & Development : IBRD)과 국제통화기금(International Montary Fund : IMF)을 설립하기로 합의하였다.

그 후 1947년 쿠바의 아바나(Havana)회의에서 세계의 무역규범을 다루기 위한 제3의 국제기구인 IBRD, IMF, ITO(브레튼우즈 三頭體制)로서 ITO(International Trade Organization)의 설립을 결의하였으나, ITO설립을 위한 국제조약이 각국 정부의 승인을 받지 못하여(미국 행정부가 ITO헌장을 의회에 제출하지 않기로 결정)결국 설립되지 못하고, 이를 대신하는 잠정조치로서 1948년 1월 1일 당시 23개국의 참여로 관세 및 무역에 관한 일반협정(GATT : General Agreement on Tariffs and Trade)[53]을 탄생시켰다.

GATT는 관세율 인하 및 양적제한의 철폐를 통한 자유무역을 기본이념으로 하고 있으며 최혜국대우원칙과 내국민대우원칙을 기본원칙으로 하고 있다. 그리고 회원국들이

53) 한국은 1967년 4월 GATT의 정식 회원국이 되었다.

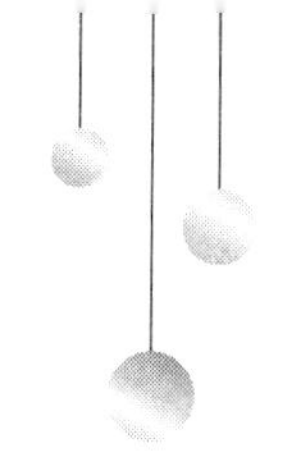

지켜야 할 하나의 협정이며 그 동안 국제무역기구로서 안정적인 역할을 하며 국제무역질서를 확립하는 중심적인 역할을 하여 왔다. GATT는 1993년 말 회원국은 115개국이며, 이들 회원국은 세계 전체 무역액의 90%를 넘었다. 우리나라 1967년 4월 13일에 가입하였다.

1) 관세율인하

관세는 자유로운 무역을 제한하는 가장 기본적인 무역장벽으로 관세를 점진적으로 인하함으로써 무역자유화의 폭을 보다 확대하고자한다.

관세율인하교섭은 첫째, 일반관세인하교섭은 GATT 회원국간의 인하교섭으로 전 회원국간에 다각적으로 이루어지며, 교섭결과는 GATT 전회원국이 함께 관세를 인하하는 것이므로 그만큼 관세인하효과가 크며 관세인하조치에 있어 가장 중요한 역할을 한다.

둘째, 개별관세인하교섭은 GATT 미가입국이 GATT에 신규가입을 하는 경우 개별품목별관세율이나 가입조건 등을 정하기 위한 교섭이다.

셋째, 이미 운영되고 있는 GATT의 교섭내용을 수정하거나 철회, 변경하는 경우의 교섭으로 이중 정기재교섭은 3년 마다 정기적으로 행해지고, 부정기재교섭은 기간에 관계없이 GATT의 특별승인이 있는 경우에 행하여진다.

2) 무차별 대우의 원칙

GATT의 기본원칙은 국제무역에 있어 세계 각국은 무차별적인 대우를 받아야 한다는 것으로 최혜국대우원칙과 내국민대우 원칙이 있다.

첫째, 최혜국대우원칙은 GATT의 어느 회원국이 어떤 회원국에 대하여 특전이나 이익을 부여하는 경우 그 회원국은 다른 모든 회원국에 대해서도 즉시 특전이나 이익을 동일하게 부여해야 된다는 것을 말한다.

둘째, 내국민대우 원칙은 체약국이 수입상품에 대해서 관세, 수출입절차, 내국세, 운송, 판매여건 등 제반의 조건에 영향을 주는 모든 규제 조치에 있어서 국내제품과 동등하게 취급해야 된다는 것이다.

3) 비관세장벽 철폐

양적제한은 관세보다 훨씬 강력하고 직접적인 무역규제수단이다. GATT에서는 양적제한을 원칙적으로 금지하고 있다. 양적제한의 경우 무역의 발생을 행정당국에 의하여

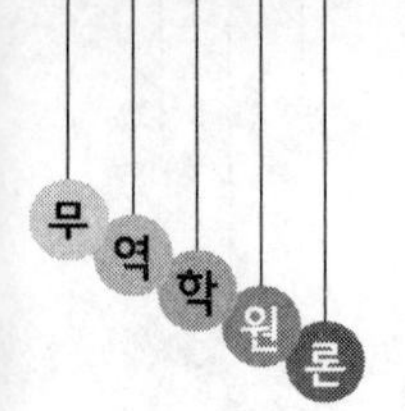

인위적으로 조정할 수 있고 국가별로 차별적인 대우를 발생시키는 원인이 되어 국가 간 무역마찰의 원인 될 수 있다.

4) GATT의 예외규정

GATT의 체약국들은 경제상황이 각기 다르기 때문에 GATT의 기본원칙을 획일적으로 적용하지 않고 국가별 경제발전과정상의 차이, 상품의 특수성, 비경제적인 문제 등을 고려하여 예외를 두고 탄력적으로 운용하고 있다.

첫째, 선진국과 개발도상국간에 차이를 두어 개발도상국에 대해서는 보다 더 넓은 무역규제조치를 취할 수 있도록 하였다.

둘째, 농수산물에 대해서는 수입제한이 가능하도록 하여 규정하고 있다. 농수산물은 개별국가마다 독특한 이해관계를 가지며 재고와 가격 등을 유지해야하기 때문에 협정의 예외로 한 것이다.

셋째, 국제수지적자가 심각한 국가의 경우 이를 이유로 수입제한이 가능하며 또한 특정 산업에서의 수입이 국내 산업에 심각한 피해를 줄 염려가 있는 경우에는 한시적인 긴급수입제한조치를 취할 수 있다.

넷째, 경제통합지역에서 역내국가와 비회원국간의 특수한 관계를 인정하고 이미 형성되어 있는 기존의 국가 간 특수한 특혜관계를 인정하며, 선진국이 개발도상국에 대한 일반특혜관세 등의 차별조치는 인정된다.

다섯째, 국방, 풍속, 문화, 천연자원보호, 위생 등의 이유로 인한 무역규제는 인정된다.

1.2 GATT와 다자간 협상

1) 케네디라운드

케네디라운드는 미 통상법(1962년 10월 제정)에 근거하여 케네디 대통령이 제창한 제6차 GATT관세인하협상을 말한다. 1963년의 GATT각료회의에서 본격적으로 논의하기 시작하여 1967년 6월에 타결되었다.

케네디라운드의 관세협상은 종래의 국별, 품목별 방식이 아닌 일괄인하방식이었다. 그 교섭 성과는 첫째, 약 3만 품목의 관세인하 양허가 이루어졌고 둘째, 관세율인하율은 당초 50%에는 미달하였지만 평균 30~35%에 달하였으며 셋째, 덤핑방지협정이 세계

최초로 체결되었다. 그리고 케네디라운드는 관세 인하뿐만 아니라 보조금지급, 수량제한금지. 반덤핑 등의 비관세장벽에 대한 논의가 처음으로 이루어졌다.

2) 동경라운드

동경라운드는 1973년 동경선언의 제7차 무역협상으로 1970년 대들어 심화되고 있는 각국의 보호무역주의 확산을 방지하고 전반적인 경기침체로 위축된 세계무역을 활성화하려는 노력에서 시작되었으며, 비관세장벽을 포함한 새로운 무역장벽을 극복하고 무역자유화의 실현을 위한 다자간무역협상(Multilateral Trade Negotiation : MTN)이다.

동경라운드 협상은 비관세장벽과 관련하여 6개 협정, 특정분야와 관련하여 3개 협정이 다자간 협상으로 체결되었다. 반덤핑, 보조금 및 상계관세협정, 정부조달협정, 기술장벽협정, 수입허가절차협정, 관세평가협정, 민간 항공기협정, 낙농품협정, 우육협정을 하였으며, 이들 중 다자간 협상은 GATT체약국들 모두가 준수해야하는 일반협정이 아니라 개별국가가 선택적으로 채택하도록 하여 참가국들에게만 효력을 가지는 협상이었다.

동경라운드는 개발도상국들의 이해가 충분히 반영되지 못하였지만 비관세장벽에 관한 협상들이 본격적으로 논의되어 보다 구체적이고 통일된 규정을 제정하려는 노력을 하였다는데 그 의의가 있다.

3) 우루과이라운드

GATT가 주최한 제8차의 다자간무역협상인 UR 협상은 1985년 윌리엄스버그(Williamsburg)의 미·일 경제정상회담에서 처음으로 제기되고, 1986년 9월 우루과이의 뿐따 델 에스떼(Punta del Este)에서 개최된 각료회담에서 동경라운드 이후 New Round라 불러왔던 다자간 협상을 UR로 명명하고 이를 정식으로 출범시킨 것이다.

UR협상은 처음에 15개 분야였으나 7개 협상그룹, 4개 협상 그룹으로 통합 조정되면서 1988년 12월 몬트리올 중간평가, 1990년 부뤼셀 GATT각료회의에서 협상타결에 실패한 후, 1991년 Dunkel 초안 마련, 1992년 11월 워싱턴에서 농산물에 관해 미국과 EC가 자신들의 이견을 대략적으로 정리하였다. 이를 비공식적으로 정리된 "블레어하우스 합의" 라고 한다.

1993년 12월 15일 스위스의 제네바에서 일부 시장접근협상을 제외한 대부분의 협상에서 최종타결을 보았다. 이 협상 결과인 UR협정문이 1994년 4월 15일 모로코의 마라케시 각료회의에서 정식 채택되고 또한 이 특별각료 회의는 WTO산하에 향후 환경과

무역문제를 다룰 무역·환경위원회 설치를 결정했다.

그리고 1994년 말까지 참가국들이 국내비준을 거쳐 세계무역기구(WTO)가 1995년 1월 1일부로 출범하게 되었으며 UR협상의 핵심은 총괄협정(WTO설립협정), 무역 분야에 대한 협정(상품, 서비스 및 지적재산권), 분쟁해결, 무역정책검토이며 UR협상의 주요 내용은 다음과 같다,

첫째, GATT에서 논의조차 되지 않았던 서비스 교역 자유화, 지적재산권 보호 및 무역 관련 투자 분야에 관한 국제규범을 설정하였다.

둘째, GATT의 교역 규정에서 제외되었던 농산물 및 섬유류 무역을 교역자유화 품목으로 규범화시켰다.

셋째, 회색지대조치[54] 등을 비롯한 많은 비관세장벽들을 철폐 또는 감축되고 GATT 규범을 보다 명확히 구체화함으로써 자유무역이 강화되었다.

넷째, 신속하고 강력한 분쟁해결제도, 국가의 무역정책 및 관행의 명료성을 위한 무역정책검토제도 장치를 보완하였다.

다섯째, 정부조달, 민간항공기 교역, 국제낙농, 육우분야에서 국가별로 선택적으로 가입할 수 있는 복수국간 무역협정이 마련되었다.

UR협상의 타결로 GATT보다 강력하고 포괄적인 국제규범인 세계무역기구(World Trade Organization : WTO)가 출발되었다. 지금까지의 GATT 다자간 협상의 내용 및 성과는 다음의 〈표 5-1〉과 같다.

〈표 5-1〉 GATT 다자간 협상의 내용 및 성과

횟수	주요 협상 내용 및 성과
제6차 케네디라운드	74개국 참가, 양허 품목 수 약 30,300 양허 총액400억 달러, 관세인하율 평균 35% • 관세인하폭을 일괄적으로 적용하는 선형인하방식 적용 • 반덤핑방지협정
제7차 동경라운드	84개국 참가, 양허품목 수 약 27,000 양허 총액 1,410억 달러 관세인하율 평균 33% • 큰 폭의 관세인하가 이루어지도록 조화인하방식 적용 • 비관세장벽과 관련한 6개 협정 및 3개의 복수국간협정 체결

54) 회색지대조치란 GATT 제19조(긴급수입제한조치의 발동요건)의 규범 상 무역제한 조치를 벗어나서 쌍무적인 협정으로 무역을 제한하는 조치

第8차 우루과이라운드	1. WTO설립 2. 상품무역 ① 관세양허 ② GATT 7개 조문의 명료화 ③ 동경라운드에서 체결된 9개 협정 중 5개 협정의 강제 규범화 ④ 농산물교역의 자유화(신규) ⑤ 위생 및 검역 ⑥ 섬유류 교역의 GATT체제로의 복귀 및 자유화 ⑦ 기술장벽 ⑧ 무역관련 투자조치(신규) ⑨ 반덤핑 ⑩ 관세평가 ⑪ 선적 전 검사(신규) ⑫ 원산지 규정 ⑬ 수입허가절차 ⑭ 보조금 및 상계관세 ⑮ 긴급수입제한조치 3. 서비스무역(신규) 4. 무역관련 지적재산권(신규) 5. 분쟁해결제도 6. 무역정책검토제도 7. 다자간 무역협정

그리고 지금까지 언급하였던 GATT와 1995년 1월 1일부터 발효된 WTO를 비교하면 다음의 〈표 5-2〉와 같다.

〈표 5-2〉 GATT와 WTO의 비교

구분	GATT	WTO
기구의 성격	국제협정	국제법인으로서의 국제기구
가입국 명칭	가맹국	회원국
출범일시	1948년 1월 1일	1995년 1월 1일
교역상품	- 공산품과 일부 농산물(농산물은 자국의 경제발전 등을 고려하여 수입제한 등 가능) - 서비스교역 제한 허용	- 모든 상품의 교역 자유화(농산물, 공산품, 서비스, 지적재산권 등 국제적으로 교역되는 모든 상품)
무역규범	- 보조금 정의 등 불명확 - 반덤핑협정은 제정하였으나 이를 남용하며 자의적 운용 - 비관세장벽에 대한 규범제정을 시도하였으나 실패	- 비관세장벽 철폐강화 - 무역관련투자조치협정 도입 - 서비스협정제정 - 지적재산권 협정제정 - 반덤핑관세부과기준 강화 - 무역정책검토 - 보조금의 정의 명료화 및 규율강화 - 복수 간 무역협정 : 서명국에만 최혜국대우가 제한적으로 적용되는 협정(민간항공기 협정, 정부조달협정, 국제낙농협정, 우육협정)

분쟁해결시장 개방	- 무역 분쟁에 대한 권고안 만 제시 - 교차보복 없음(무역 분쟁 권고안 만 갖음) - 관세인하 주력	- 상설분쟁기구(DSB)의 신설과 상소기구의 신설 → 국제재판소역할 - 분쟁해결의 이행기간의 명료화(분쟁의 최초 판정 1년, 상소 15개월) - 교차보복 가능(분쟁권고안 수용하지 않을 경우 다른 부문에 대한 교차보복을 허용하는 분쟁해결, 시장개방 권한 행사권 등 보유) - 원산지 규정(비관세 장벽 적용 배제목적), 선적 전 검사협정 도입(무역거래 당사자간의 거래가격 조작 방지) - 관세율의 하향평준화 달성

제2절 … WTO 체제의 출범

2.1 WTO의 개요 및 설립목적

1) WTO의 개요

WTO(World Trade Organization : 세계무역기구)는 관세 및 무역에 관한 일반협정(GATT)과 동 협정 사무국을 승계한 국제기구로서, 자유무역과 함께 공정무역의 기능을 더욱 강화하고 WTO 협정의 이행을 감독하여 상품, 서비스, 지적재산권 등 모든 교역 분야에서 자유무역질서를 확대하기 위해 1995년 1월 1일 출범한 국제기구이다.

WTO는 GATT가 단순히 계약, 협정 형태로 되어 있어 회원국들이 GATT상의 의무를 이행하지 않더라도 이를 강제할 수 없었던 점을 감안하여, 협정 약속 이행의 감시 등 회원국들의 의무이행을 강제할 기능을 갖추고 있는 국제기구이다.

의사결정을 할 때는 GATT에서와 같이 회원국별 동등한 1의 사용과 만장일치제(consensus rule)[55]를 원칙으로 하나 이에 의한 결정이 불가능할 때는 과반수의 다수결

55) Consensus(만장일치제) : WTO에서 사용되는 방식으로 별도 투표절차없이 반대의사를 표명하는 나라가 없는 경우 합의된 것으로 간주하는 의사결정방식이다. WTO 협정에는 투표규정이 존재하지만 대부분 컨센서스 방식에 따라 결정이 내려진다.

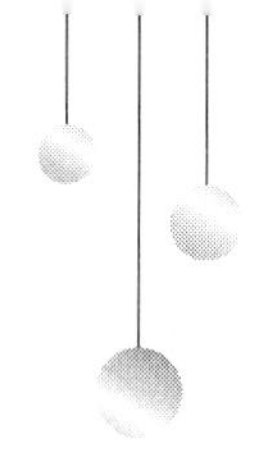

원칙을 적용한다.

그러나 ① '부속서 1'의 다자간 무역협정의 해석에 관한 결정시에는 WTO회원국의 3/4의 찬성 ② 회원국의 의무면제(waiver)신청에 관한 결정시에는 신청 후 90일 이전 컨센서스에 의해 결정하되 이 기간 중 결정이 되지 않으면 3/4찬성 ③ 신규 회원국의 가입에 관한 결정은 각료회의 또는 각료회의 회의 기간에는 일반이사회에서 2/3의 찬성을 규정하여 GATT의 경우보다 강화하였다. 이러한 경우 GATT는 모두 2/3의 찬성을 적용하였다.

④ 다자협정의 규정은 그 성격에 따라 모든 회원국 혹은 회원국 2/3 이상의 찬성으로 개정할 수 있다. 그러나 개정된 규정은 이 규정을 수용한 WTO회원국에게만 적용된다.

최고의결기관인 각료회의(Ministerial Conference)는 2년마다 1회 이상 개최되고, 각료회의가 열리지 않는 동안에는 일반이사회(General Council)가 각료회의의 업무를 처리하게 된다. 일반이사회는 분쟁해결기구(Dispute Settlement Body), 무역정책검토기구(Trade Policy Review Body)로서의 기능도 수행한다.

각료회의 산하에는 무역개발위원회, 무역수지위원회, 운영위원회, 무역환경위원회 등 특별위원회가 설치되며 일반이사회 산하에는 상품무역 이사회, 서비스무역 이사회, 무역관련 지적재산권 이사회가 각각 설치되어 있다.

2) WTO의 설립목적

WTO의 설립협정은 그 전문에 설립 취지 및 목적을 명시하고 있다. ① 국가 간 교역증대와 경제협력을 통한 국가경제발전 ② 지속가능한 발전 속에서의 세계자원의 최적이용 ③ 각국의 경제발전단계에 상응하는 환경보존과 보존수단의 탐색 ④ 개발도상국의 경제발전에 필요한 국제무역증대 ⑤ 상호호혜 속에서의 무역장벽감소와 국제무역상의 차별대우폐지 ⑥ GATT를 포함한 이전의 무역협정들을 포괄하는 영속성 있는 다자간 무역체제의 구축 ⑦ 다자간 무역체제에 대한 기본원칙의 확립 등이다.

3) WTO의 기본원칙

WTO가 일관성 있게 지향하고 있는 기본원칙으로는 "차별 없는 무역정책 및 조치(trade without Discrimination)"이다. 이에 대해 GATT에서는 내국민대우(제1조)의 원칙, 최혜국대우의 원칙이라는 용어로 표현되어 있으며 WTO 기본원칙은 최혜국대우의 원칙, 내국민대우의 원칙, 시장접근보장의 원칙, 투명성의 원칙 등이 있다.

첫째, 최혜국대우(most-favoured-nation : MFN)의 원칙은 WTO에 가입되어 있는 어느 체약국에 부여한 우대조치를 다른 체약국에도 동등하게 부여해야 한다는 원칙이다. 즉, 최혜국대우는 한 국가가 무역장벽을 낮출 때마다 또는 시장을 개방할 때 마다 모든 무역상대국으로부터 수입되는 상품이나 서비스에 대해 동등한 대우를 적용해야 한다. 그리고 FTA협정국들이 다른 역외지역 상품과 차별하여 역내 지역의 상품에 특혜를 주는 경우는 예외로 하고 있으며 그리고 기존특혜관세와 일반특혜관세도 예외로 인정하고 있다.

둘째, 내국민대우(national treatment)의 원칙은 수입된 외국상품의 조세제도나 유통 등과 관련하여 국내 동종물품에 비하여 불리한 대우를 받아서는 안 된다는 원칙이다. 즉, 내국민대우는 외국의 상품, 서비스 또는 지적재산권 보호 대상이 국내시장에 진입한 이후에 적용되며 수입품에 관세를 부과하는 것은 국내 상품에 동등한 세금이 부과되지 않는다고 하더라도 내국민대우원칙을 위반하는 것은 아니다.

셋째, 최소시장접근[56](Minimum Market Access)보장의 원칙은 외국 수입상품이 국내 상품과 동일한 조건으로 시장에 접근할 수 있어야 한다는 것을 말한다.

농산물협정상의 시장접근 방식의 하나로, UR농산물협상에서 관세화[57] 품목의 기준년도 수입이 국내소비량의 3% 미만일 경우 UR 이행 기간 내에 저율관세의 시장접근 기회를 보장하도록 하였으며, 초기년도 3%에서 최종년도 5%까지 증량토록 합의되어 양허표에 반영되며, 최소시장 접근물량에 대해서는 양허표에 제시된 저율관세가 적용된다.

넷째, 투명성의 원칙은 회원국의 무역관련 제도와 그 운영에 있어서 공개성(openness), 명료성(clearness), 공정성(fairness), 검증가능성(verifiableness)의 보장을 포함하고 있어야 된다는 원칙이다.

투명성의 원칙은 자국의 무역과 관련된 국제협정, 법률, 규정, 행정지침 등을 공개해야 하며 무역관리상의 결정에 있어서는 그 이유의 고지와 함께 그러한 결정의 기초가 되는 모든 법령과 자료가 공개되어야 하며, 또한 각국은 행정·사법기관의 의사결정, 법령 적용, 그리고 제도운용이 공정하고 합리적이며 예측 가능해야 된다는 것이다.

그리고 WTO의 기본원칙의 정신을 반영하고 있는 최혜국대우원칙과 내국민대우원칙은 무역관련 지적재산권협약, 서비스교역에 관한 일반협정, 원산지 규정, 선적 전 검사

---

56) 시장접근은 한 국가가 수입상품을 허용하는 정도를 말한다. 일반적으로 각 국가들은 국가로부터 상품수입을 제한하기 위하여 다양한 관세와 비관세장벽이 동원되고 있다.

57) 관세화란 비관세장벽을 관세 상당액으로 변환하는 것을 말한다.

협약, 무역관련 투자조치에 관한 협약, 위생 및 식물위생조치에 관한 협약 등 각종 개별협약을 지배하는 원칙으로 포함되어 있다.

4) WTO의 기능과 지위

WTO 체제의 가장 큰 특징은 소위 규범의 완전성(rule integrity)을 강화하고 있다는 점이다. WTO 체제는 이전의 GATT 체제와 달리 분쟁해결절차를 통해 회원국의 협정 불이행을 강력히 제재할 수 있으며, 이로써 법의 지배에 의한 국제무역질서를 실현하게 되었다고 볼 수 있다.

또한 과거 GATT 체제에서는 배제되었던 서비스무역, 지적재산권 분야를 포함하여 GATT 체제에서 사각지대에 있었던 농업 및 섬유분야를 GATT 체제에 편입시킴으로써 무역에 관한 모든 분야를 관장하는 명실상부한 국제무역기구가 되었다.

WTO는 그 산하에 각료회의(Ministerial Conference), 일반이사회(General Council) 외에 상품무역이사회(Council for Trade in Goods), 서비스무역이사회(Council for Trade in Services), 무역관련 지식재산권 이사회(Council for Trade-Related Aspects of Intellectual Property Rights) 등 3개의 이사회와 위원회(Committee) 및 사무국(Secretariat) 등 하위기관을 두고 있으며, 특히 법적 구속력과 감시기능을 가진 분쟁해결기관(Dispute Settlement Body)과 무역정책검토기관(Trade Policy Review Body)을 두고 있다.

그리고 WTO 설립협정에서 제시하고 있는 WTO의 기능은 다음과 같다.

첫째, WTO 협정문의 이행 및 관리 운영이다. WTO는 그 설립협정과 다자간무역협정(multilateral trade agreement)의 이행, 관리, 운영(implementation, administration and operation)을 촉진하고, 그 목적을 증진하며 또한 복수국간무역협정(plurilateral trade agreement)의 이행, 관리, 운영을 위한 틀을 제공하도록 되어 있다(설립협정문 제3조 제1항).

둘째는 다자간 무역협상의 장(forum)을 제공하는 것이다. WTO는 그 설립협정의 부속서에 포함된 협정에서 다루어지는 사안과 관련하여 회원국 간의 다자간무역협상을 위한 장을 제공하고, 각료회의가 결정하는 바에 따라 회원국 간의 다자간무역관계에 관한 추가적인 협상을 위한 토론의 장이나 이러한 협상결과 이행을 위한 틀을 제공하도록 되어 있다.

셋째, 분쟁해결제도의 시행이다. 즉 국제통상분쟁의 해결의 장으로 WTO 설립협정 부속서 2의 '분쟁해결규칙 및 절차에 관한 양해(이하 '분쟁해결절차양해'라고 함)'을 시행하도록 명시되어 있다. WTO회원국들은 무역 분쟁을 중재하고 있으며 GATT와 같이 WTO도 만장일치 원칙에 따라 운영되고 있다.

즉, WTO는 회원국들 간에 분쟁에 대한 중재패널보고서를 모든 회원국들이 반대하지 않는다면 자동적으로 채택된다. 중재패널에 의해 GATT규정을 위반했다고 판정받은 회원국은 상소기구에 항소할 수 있다. 상소기구의 평결은 구속력을 가지며 만약 위반한 국가가 중재패널의 권고안을 따르지 않을 경우 상대 국가는 보상받을 권리가 있으며 최후의 수단으로 무역제재를 부과할 수 있다.

즉, WTO가 자체적으로 위반국에 제재를 가하는 것이 아니라 협정위반으로 인해 손해를 입은 당사국들이 위반국에 무역제재를 가하는 교차보복(cross retaliation)[58)]도 할 수 있도록 권한을 부여하고 있다.

넷째, 무역정책검토제도(TPRM)의 시행이다. WTO 설립협정 부속서 3의 규정에 따라 회원국의 무역정책을 정기적으로 검토하여 WTO의 규범에 일치되도록 하고 있으며 무역정책을 감시할 책임을 진다.

한편 WTO 설립협정은 WTO의 지위와 관련하여 WTO가 법인격(legal personality)을 가지고 본부협정(headquarters)을 체결할 수 있으며, 각 회원국은 WTO가 이러한 기능을 수행하는 데 필요한 법적 능력(legal capacity)을 부여해야 한다고 규정하고 있다.

또한 WTO는 물론 WTO의 관리(officials)와 이 기구의 회원국 대표(representatives)에 대해서도 1947년 11월 21일 국제연합 총회에서 승인된 '전문기구(special agencies)의 특권과 면제에 관한 협약'에 규정된 것과 유사한 특권과 면제(privileges and immunities)를 부여하도록 규정하고 있다.

---

58) 교차보복(cross retaliation) : WTO 협정 하에서 패소국이 패널판정을 합리적인 기간 내에 이행하지 않을 경우 승소국은 분쟁해결기관의 승인을 얻어 패소국에 대한 양해나 그 밖의 의무를 정지(suspension of concession)할 수 있는데 이를 양허정지라 하며 이것은 문제된 분야만이 아니라 다른 분야에 대해서도 가능하며 이를 교차보복이라 한다. 이러한 교차보복을 허용하기 위해서는 ① 원칙적으로 침해를 입은 분야에서 양허정지를 우선적으로 추진하고 ② 이러한 제재가 비현실적이거나 비효과적인 경우 동일 협정상의 다른 분야에서 양허를 정지하고 ③ 위의 방법도 비현실적이거나 비효과적이라고 판단되는 경우이어야 한다. 이와 같은 교차보복의 허용으로 GATT/WTO 분쟁해결의 실효성이 높아졌다.

2.2 WTO의 설립협정

WTO의 설립협정은 세계경제 헌법이라고 할 수 있으며, 전문과 총 16개 조문으로 구성되어 있고 WTO의 기능, 구조, 조직, 가입 및 탈퇴, 의결방법 등을 규정하고 있다.

WTO의 설립협정에 부속된 협약들은 크게 자유화 및 제도 관련협약으로 대별할 수 있다. 자유화 관련 협약으로는 GATT 1994, 서비스 교역에 관한 일반협정(GATS), 농업협정 등이 있으며 해당분야의 시장개방을 그 내용으로 하고 있으며 각국의 개방약속과 양허조건을 담은 국별 양허표[59]가 첨부되어 있다.

또한 제도관련 협약으로는 무역관련 지적재산권협정(TRIPS), 무역관련 투자조치협정(TRIMS), 무역정책검토협정(TPRM), 분쟁해결규칙 및 절차에 관한 양해각서(DSU) 등이 있으며 교역 관련 제도정비를 그 내용으로 하고 있다.

그리고 WTO 설립 22개 부속협정 중 복수국간 4개 협정은 별도로 각각 조인한 이해당사국 간에만 제한적으로 적용된다. 우리나라는 정부조달협정에 가입했으며 복수국간 협정을 제외한 WTO설립 18개 부속협정은 일괄수용원칙(single undertaking)에 따라 회원국들이 의무적으로 수락한 것으로 간주된다. 따라서 회원국 간 최혜국대우가 적용되어 동등한 의무와 권리가 교환되며 타 회원국에 대한 차별조치가 금지된다.

다음의 〈표 5-3〉은 UR 최종 협정문 조인으로 전 회원국 간 최혜국대우가 적용되는 18개 부속협정과 별도의 서명을 필요로 하는 복수국간 4개 협정을 부속서 별로 정리한 것이다.

59) 시장접근 양허표는 관세율을 단순히 공지하는 것만이 아니다. 이는 양허표 상에 제시된 세율, 즉 "양허" 세율 이상으로 관세를 인상하지 않겠다는 약속을 의미한다. 선진국의 경우 양허관세는 일반적으로 실제 적용되는 세율이다. 대부분의 개도국은 실제로 적용되는 적용하는 세율보다 어느 정도 높은 수준에서 관세를 양허하므로 양허세율은 곧 상한의 역할을 한다. 회원국들이 약속을 이행하지 않을 수도 있지만 (즉, 양허세율 이상으로 관세 인상) 이렇게 하기 위해서는 어려움이 따른다. 양허세율 이상으로 관세를 인상하기 위해서는 가장 많은 이해관계를 가진 국가들과 협상해야 하며 이에 따라 무역 상대국에게 교역의 손실에 대해 보상해야 하는 경우도 있다.

〈표 5-3〉 UR 최종 협정문(Final Act embodying the Results of UR)

세계무역기구(WTO)의 설립협정		
	상품협정	
부속서 1A	① GATT 1994 ③ 농산물협정 ⑤ 섬유 및 의류 협정 ⑦ 무역관련투자조치(TRIMs)협정 ⑨ GATT 제7조(관세평가)이행협정 ⑪ 원산지규정협정 ⑬ 보조금/상계관세협정	② GATT 1994에 대한 UR의정서 ④ 위생검역기준협정 ⑥ 무역기술장벽협정 ⑧ GATT 제6조(반덤핑)이행협정 ⑩ 선적 전 검사협정 ⑫ 수입허가절차협정 ⑭ 세이프가드협정
부속서 1 B	⑮ 서비스 무역협정	
부속서 1C	⑯ 무역관련지적재산권 협정	
부속서 2	⑰ 분쟁해결 규칙 및 절차	
부속서3	⑱ 무역정책검토제도(TPRM)	
부속서 4	복수국간 무역협정	19 민간항공기 협정 20. 정부조달협정 21. 국제낙농협정 22. 우육(쇠고기)협정

1) 상품교역협정(부속서 1A)

상품교역에 관한 일반협정으로 GATT 1994 등 14개 조항으로 구성되어 있다. 여기에는 WTO설립 협정 출범 이전에 발효되었던 관세양허, 국제수지, 체약국의 공동 이행, 관세교섭 등이 있으며 GATT 1994의 조항과 12개 상품무역협정 조항 간 상충되거나 마찰이 있을 경우에는 상품무역협정이 우선 적용된다.

(1) GATT 1994

'GATT 1994'는 관세 양허표(제2조 1항), 국영무역(제17조), 국제수지방어를 위한 수입제한(선진국 제12조, 개도국 제18조 B항), 관세동맹 및 자유무역지대 등 지역경제협력체 설립과 운영(제24조), 회원국의 의무면제(waiver)처리(제25조 5항), 양허에 대한 수정 혹은 철회(제28조 1항) 및 특정회원국간 GATT 부적용(不適用 제35조)에 관련된 조항들에 대한 해석 약정이 추가되었다.

여기서는 양허의 구속력 강화 및 양허 효과의 침해방지책이 도입되었으며 관세 이외의 다른 조세와 과징금도 명기하도록 하였다. 양허에 대한 수정과 철회의 28조 1항의 규정에 의한 적법절차를 밟지 않고는 관세와 기타 조세 및 과징금 등을 수입국 임의로

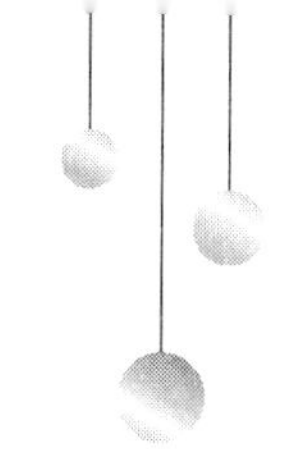

인상할 수 없다.

'GATT 1994'는 UR의 관세 및 비관세조치의 양허표로 인하여 법률적으로 1947년의 GATT와는 다르다. 이와 같이 'GATT 1947'과 'GATT 1994'와 법률적으로 상이하게 만든 것은 법률적인 이유 때문이 아니라 정치적인 이유에서 기인되었다. 즉, UR협상과정에서 개도국들은 UR반대 입장을 굽히지 않은 상태에서 참여하였다. 따라서 최종 단계에서 대다수의 개도국들이 UR최종 협정문 서명을 거부하게 된다면 UR로 세계무역체제는 선진국과 개도국 그룹으로 양분되어 오히려 파국을 맞을 수도 있었다.

이처럼 내용이 동일한 두 개의 GATT를 법률적으로 다르게 구분한 것은 기존의 GATT회원국으로서 WTO 체제에 참여하지 않은 나라들에 대항하여 만약 미국과 EC 등 선진 강대국들이 'GATT 1947'을 탈퇴한다면 1947년 이전의 그들의 관세 및 통상제도를 적용한다는 것을 의미한다. 이렇게 되면 WTO 미 가입의 GATT가맹국들이 미국과 EC 등에 대한 수출은 1930년대의 고율의 관세 부과 등 높은 무역장벽으로 인하여 원활한 무역거래는 사실상 불가능하게 될 것이다. 따라서 GATT와 WTO를 이해하는 데는 형식적인 절차에 관한 법률적 지식 이외에 정치적, 경제적 논리 및 고용정책이 자국경제에 우선하고 있다는 사실을 이해해야 할 것이다.

(2) GATT 1994에 대한 UR의정서(관세)

GATT 1994제2조 1항 양허표는 관세에 관한 사항이다. UR협상에서 관세, 비관세 및 보조금 감축을 약속을 일목요연하게 양허표로 작성하는 절차를 마련하기 위하여 별도의 의정서를 채택하였다.

이 의정서에 의한 양허표는 ① 농산물 최혜국(MFN)세율 ② 농산물의 관세쿼터 ③ 공산품의 최혜국세율 ④ 농·공산품의 특혜세율 ⑤ 비관세조치 철회계획 ⑥ 농산물의 국내 보조금 감축계획 ⑦ 농산물의 수출보조금 감축 계획 및 ⑧ 농산물의 수출보조금 범위 제한 등에 관한 것들이다.

공산품의 최혜국 관세율의 양허는 5년 간 단계적으로 기존 관세율이 인하되도록 규정하고 농산물에 대하 제반 양허는 농산물 협정의 관련 규정에 따르도록 하였다. 그리고 비관세조치와 관련된 양허의 수정 혹은 철회도 관세 양허의 경우와 같이 GATT 1994 제28조 절차에 의할 것을 규정하였다.

(3) 농산물협정

농산물협정(agreement on agriculture)은 시장접근양허, 특별수입피해규정 및 보조금

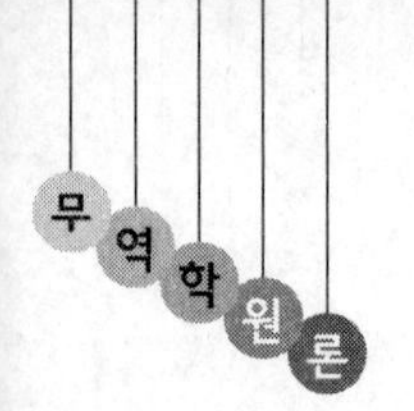

감축을 골자로 하고 있으며 농산물 수입자유화는 케언즈 그룹[60]이 중심이 되어 농산물 협정이 관철되었다. 시장접근(실질적인 관세 감축)은 무역을 왜곡시키는 국내보조금[61] 및 수출보조금[62]을 줄이는 것에 초점을 두고 있다.

WTO농산물협정은 당장 관세 상당치(tariff equivalent)[63]를 관세화하기 어려운 특정 농산품에 대해서는 관세화 예외품목으로서 특별취급품목으로 두고 보조금 감축 이행 기간을 1995년부터 선진국 6년, 일반개도국 10년이며 그 한도는 일반개도국이 선진국의 2/3수준이었다. 최저개도국은 면제가 적용되고 시장개방과 보조금 감축의 기준은 1986년~1988년 간 평균치를 원칙으로 하였다.

그러나 오일시드(oil seeds)와 같이 생산면적을 줄이는 기준 년은 1993년이었으며 1992년~1993년 UR협상 마무리 단계에서 미국과 EU 사이에 빚어진 식용유 원료인 오일시드의 보조금 논쟁으로 UR협상이 좌초에 부딪친 적이 있었다.

실제 대부분 농산물 교역을 둘러싸고 벌어진 보조금 논쟁은 농산물의 특수성 즉, 천재지변이나 전쟁이 발발할 경우 최소한 자국민과 군대를 먹여 살릴 수 있는 농산물의 생산능력을 확보해야 한다는 식량안보론(food security) 앞에서는 경쟁의 논리가 수용될 수 없었다. 농산물은 전체 교역에서 차지하는 비중으로 볼 때 극히 적은 부분이지만 보조금 정책의 주체는 각국 정부이다. 농산물이라는 특수한 교역물을 매개로 가열될 때는 무역전쟁으로 비화될 수 있는 사안들이다.

그리고 모든 농산물의 관세 및 관세 상당치를 1995년에서 2000년까지 6년의 이행 기간 동안 품목별 최저 감축률을 15%로 하여 평균 36%를 감축하되 매년 동일 비율로 균등 감축하도록 하였다.

또한 식량안보 및 환경보호 대상 품목의 경우 관세화 유예기간 중 물량면에서 최소

60) 케언즈(Cairns) 그룹이란 우루과이 각료회의 개최직전인 1986년 7월 호주의 휴양지 케언즈에서 아르헨티나, 오스트레일리아, 볼리비아, 브라질, 캐나다, 칠레, 콜롬비아, 코스타리카, 피지, 과테말라, 인도네시아, 말레이시아, 뉴질랜드, 파라과이, 필리핀, 남아프리카, 태국, 우루과이 등 14개 농산물 생산국이 회동하여 UR에서의 공동입장을 관철시키기로 합의한 후 이들 나라를 케언즈 그룹이라 칭함

61) 국내보조금 : 무역 왜곡 보조의 상당한 감축(2004년 8월 1일 "기본골격" 에서 선진국들은 도아 아젠다 협정 이행 첫날부터 무역왜곡 국내보조의 20%를 감축하기로 약속)

62) 수출보조금 : 모든 형태의 수출보조금의 단계적 철폐(2004년8월 1일 "기본골격" 에서 회원국들은 향후 합의될 기일까지 수출보조금의 철폐 합의)

63) 관세상당치(tariff equivalent)는 시장개방분야에서 각종 비관세장벽을 관세화하는 조치로서 수량제한, 가변징수금(실제수입가격과 기준가격 차액의 징수), 최저 수입가격제(최저가격 이하 수입불허 혹은 과징금 징수), 임의적 수입허가제, 국영 무역에 의한 수량규제, 수출자율 규제 및 기타 국경조치에 의한 비관세조치들을 관세화하는 것

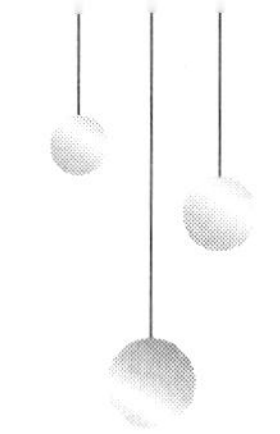

시장접근이 되어야 한다. 기준년도(1986년~1988년)내 수입물량이 미미한 경우(국내 소비량의 3% 미만)에는 이행 첫 해에 국내소비량의 4%(개도국 1%)에서 매년 0.8%씩 늘려 최종연도에는 8%(개도국4%)까지 확대되어야 한다. 그리고 우리나라와 일본의 쌀시장 개방을 비교해보면 다음의 〈표 5-4〉와 같다.

〈표 5-4〉 우리나라와 일본의 쌀시장 개방 비교

구분	일본	한국
- 관세화 유예기간	6년(1995~2000년)	10년(1995~2004년)
- 관세 이행여부	유예기간만료이전 개방	좌동
- 최소시장접근(국내소비량기준)	4% → 8%	1% → 4%

주 : 한국의 경우 유예기간 끝 해에 재협상결과 관세화 조치가 도입될 때 기준연도(1986~1988년) 관세상당치로부터 10% 줄인 수준에서 관세화 최초연도(2005년)시작

그리고 농산물의 시장개방에 따라 수입가격이 하락하고 수입량이 증가되어 국내농가에 피해를 가하거나 그럴 위협이 있을 때는 본 협정 제5조에서 구체적으로 정한 절차에 따라 수입국은 특별수입피해 구제조치를 발동하여 추가관세를 부과할 수 있다. 추가관세는 당해 연도 관세의 1/3수준을 초과할 수 없으며 해당 품목의 시장접근 기회가 10%이하일 경우에는 그 수량의 25%이상이 수입이 증가할 때 긴급피해구제조치를 발동할 수 있다.

〈표 5-5〉 WTO 농산물협정의 주요 내용

구 분		주요내용
시장접근	관세화	예외 없는 관세화 - 특별취급품목 : 관세화 유예(선진국 6년, 개도국 10년)
	관세인하	2000년까지 평균 36% 인하, 품목별로 최저감축률 15%
	최소시장접근	최초 국내소비량 3% 수입보장 → 5%로 확대(선진국 2000년, 개도국 2004년까지) - 특별취급품목 : 최초 4%수입 보장 → 매년 0.8%씩 증가 - 개도국의 중요 농산물 1개 : 최초 1% 수입 보장 → 2004년 4%로 확대
보조금감축	국내보조금	2000년까지 20%감축(개도국은 2004년까지 13% 담축)
	수출보조	2000년까지 재정기준 36%, 물량기준 21% 감축(개도국은 2004년까지 각각 24%, 14% 감축)

자료 : 강인수 외, 국제통상론, 박영사, 1988, p.119.

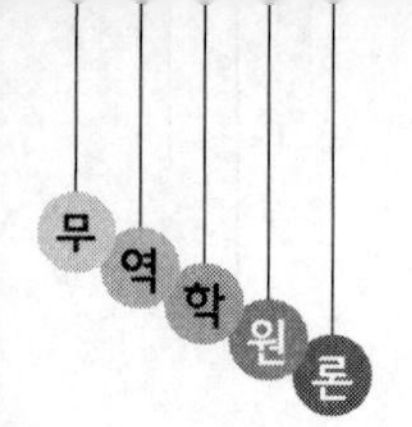

(4) 동식물 위생 및 검역협정

동식물 위생 및 검역협정(agreement on the application of sanitary and phytosanitary measures)은 GATT제20조(b)항의 위생관련 규정의 기준과 절차를 보다 명료화하기 위한 협정이다. 즉, 다자간 협정을 통하여 회원국의 인간 및 동식물의 건강과 위생상황의 개선을 추구하면서도 과도하고 자의적인 위생 및 검역규제가 무역에 미치는 부정적인 영향을 극소화하고자 한다.

즉, 검역 및 위생조치는 인간 및 동식물의 생명과 건강을 보호하기 위하여 필요한 범위 내에서 운용하되, 과학적 원리에 근거해야 하며 이용 가능한 과학적 증거에 반한 규제조치를 해서는 안 된다.

이 협정은 회원국들이 수출입에 있어 위생 및 검역검사가 국제기준, 지침 및 권고를 근거로 삼아야 한다는 포괄적 의무를 규정하고 있으며 이의 사용을 다른 회원국들에게도 장려해야 하고 또한 과학적 근거를 둔 해당국만의 고유기준을 설정하는 것을 허용하고 있다. 그리고 수입 상품의 방제(control), 검사(inspection), 승인절차(approval procedures)에 있어서 부당한 지연 없이 동종의 국내 상품과 불리하지 않은 방법으로 행해지고 완료되어야 한다는 규정도 포함하고 있다.

회원국정부는 새로운 또는 변화된 위생 및 검역조치에 관한 규정들을 반드시 사전에 통보해야 하며 정보의 제공을 담당할 국립문의처(National enquiry point)를 설치해야 한다.

이 협정의 영역에 있어서 식품 안전은 국제식품규격위원회(Codex Alimentarius Commission), 동물검역은 국제수역사무국(International Office of Epizootics), 식물검역은 국제식물보호협약(International Plant Protection Convention) 등과 같은 국제기구의 기준, 지침, 권고가 있다.

이러한 국제기준, 지침, 권고에 부합하는 위생 및 검역규제는 GATT 1994 규정과 위생 및 검역협정에 합치하는 것으로 간주한다. 따라서 각국은 자국의 위생 및 검역조치를 이 기준, 지침, 권고에 일치시켜야 한다. 단, 과학적 정당성이 있거나 위생 및 검역의 위험평가와 적정보호수준 판단에 기초로 하는 경우에는 이보다 높은 보호수준을 도입하거나 유지할 수 있다. 또한 WTO 내에 위생 및 검역규제위원회를 두어 각국의 위생 및 검역조치의 국제간 조화의 진전현황을 감시하는 절차를 개발하도록 하고 있다.

(5) 섬유 및 의류협정

섬유 및 의류협정(agreement on textiles and clothing)은 섬유류 교역문제도 UR 협

상을 통해 GATT에 복귀되었다. 즉, 1995년 이후로 WTO의 섬유 및 의류 협정이 다자간 섬유협정의 역할을 대신하게 되었다. 1974년부터 UR협상 종료까지 국제섬유무역은 다자간 섬유협정(MFA : Multifibre agreement)에 의해 규제되어 왔다. 다자간섬유협정은 다른 국가로부터의 수입이 급증하여 그 국가의 섬유산업이 심각한 피해에 직면하는 경우 수입되는 섬유의 양을 제한하는 양자협정이나 일방적인 조치를 위한 협정이었다.

이로써 2005년 1월 1일부터 섬유부문은 정상적인 GATT체제에 완전히 통합되었다. 특히 수입쿼터는 없어지고 수입국가는 수출국들에게 더 이상 차별을 할 수 없게 되었다, 섬유 및 의류 협정은 더 이상 존재하지 않고 이 협정은 일정기간 이후 스스로 종료되도록 초기에 설정된 유일한 WTO 협정이다.

(6) 무역에 대한 기술 장벽에 관한 협정

무역에 대한 기술적 장벽(TBT : Technical Barriers to Trade)은 무역에 있어 어떤 상품에 대한 포장, 표시, 등급표시 요구를 포함한 기술규정 및 표준, 검사 및 인증절차 등의 국가 간의 차이에 따라 발생할 수 있는 국가 간의 상품 이동에 대한 장애를 말한다.

즉, 무역에 대한 기술 장벽은 국가간에 서로 다른 표준화제도를 시행하고 있음으로 인하여 발생한다. 표준화란 상품의 효율적인 생산, 유통 및 소비를 위하여 그 형태, 치수, 소재, 기능, 안전성과 같은 기술적인 특성을 통일하는 것을 말하며 표준화는 제도 운용상의 차이에 따라 표준과 기술규정으로 크게 구분한다. 표준(standards)은 그 준수가 의무적인지 아니지만 기술규정(technical regulations)은 행정조항 등에 의해 그 준수가 의무적인 성격을 갖는다.

상품규격의 표준화는 생산자에게는 부품이나 중간재의 호완성, 연계성 등을 제고시키고 유통업자에게는 상품의 취급을 용이하게 하며 소비자에게는 상품 선택의 효율성을 증가시킴으로써 경제적 이익을 얻게 되고 기술규정은 상품에 대한 기술상의 요구기준을 법규상에 규정함으로써 소비자를 보호하고 거래질서를 확립하는 역할을 한다. 표준에 의한 무역장벽을 해소하는 최선의 방법은 각국의 표준을 통일시키는 방법이다.

따라서 무역에 대한 기술장벽에 관한 협정(Agreement on Technical Barriers to Trade:TBT협정)은 어떤 상품에 대한 규정, 표준, 검사 및 인증절차가 불필요한 장애가 되지 않도록 보장하는데 있다. 즉, UR의 TBT가 각국의 표준제도(standards), 기술규정(technical regulations), 인증(certification) 및 검사(testing)절차를 보다 간소화, 투명화하고 국제표준에 일치시키도록 관련 규정을 강화하였다. 즉, 국제표준기관이 발표한 지침이나 권고사항이 있는 경우 회원국은 그러한 지침이나 권고사항에 기초하여 적합 판정 절차를 제정·운영해야 한다.

그리고 표준에 대한 모범관행규약(code of good practice)[64]을 두어 정부와 비정부 또는 산업체로 하여금 자발적인 표준을 입안, 채택, 적용하도록 하고 있으며 200개 이상의 표준결정기구들이 이 규약을 적용한다. 또한 상품이 관련 표준에 적합한지를 판정하는 절차가 공정하고 공평해야 된다고 규정하고 있으며 국내에서 생산된 상품에 불공평한 이익을 주는 조치를 사용하지 않도록 하며 회원국들이 다른 회원국들의 적합성 판정 절차를 인정하도록 권장하고 있다. 만약 이것이 인정이 안 된다면 수출품은 수출국에서 검사를 받은 후 수입국에서 다시 검사를 받아야 될 것이다.

(7) 무역관련 투자조치

무역관련 투자조치(Trade related investment measures : TRIMs)는 외국인 직접투자와 관련, 무역의 흐름을 제한 혹은 왜곡시킬 수 있는 투자유치국의 규제나 유인을 말한다. 일반적으로 자국 내에서 활동하는 외국인기업에게 여러 가지 규제나 제한을 하게 된다. 현지국이 외국인기업에 부과하는 조치들은 ① 국산부품사용의무 부과 ② 판매시장의 지정 ③ 특정제품의 국내 제조 의무 부과 ④ 생산 제품 중 일정수량의 수출의무 부과 ⑤ 국내생산용 원료 및 부품의 수입 제한 ⑥ 외환통제 ⑦ 생산제품의 국내 판매 의무부과 ⑧ 생산용 부품 및 원료의 국내 제조 제한 ⑨ 해외시장에 대한 독점적 공급권 부여 등이 있다.

TRIMs협정은 외국투자제도의 무역 왜곡·제한 효과를 억제하기 위한 다자간규범이다. TRIMs협정의 핵심은 GATT제3조(내국민대우)와 제11조(수량제한의 금지)에 저촉되는 무역관련 투자 조치의 실시를 금지하는 데 있다. 협정문의 부록에 금지대상 무역관련 투자조치로 외국인투자에 대해 수출실적과 연계한 수입제한, 수출의무, 국산품사용의무, 외환수지균형의무 및 수출제한 등을 금지하고 있다. 그러나 UR협정과정에서 선진국이 금지를 주장하던 기술이전의무와 외국인 지분 참여비율제한 등은 협정 내용에서 제외되었다.

---

64) 모범관행 규약은 ① 표준에 관하여 내국민대우원칙 및 무차별원칙의 적용 ② 표준의 무역장벽수단화의 금지 ③ 구제표준의 화룡 및 채택 ④ 표준의 국제적 조화를 위한 노력 ⑤ 표준설정은 가능한 한 도안이나 외형적 특성이 아닌 상품 성능의 측면에서 표준을 설정할 것 등의 실질규정을 두고 있다.

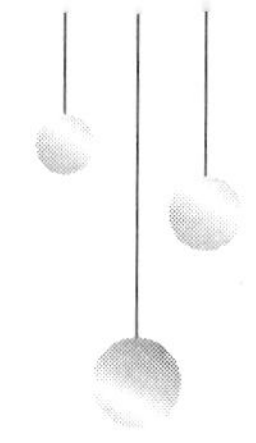

(8) 반덤핑협정(Anti-Dumping Agreement)

반덤핑협정(Anti-Dumping Agreement)은 협정을 통하여 반덤핑 조치를 규정함으로써 회원국 정부들이 덤핑행위에 어떻게 대응할 것인가를 나타낸 반덤핑조치를 규율하고자 하는 협정이다. UR의 반덤핑협정은 GATT 제6조를 그대로 적용하고 있으며 본 조항은 회원국이 덤핑에 대응하여 조치를 취하는 것을 허용하고 있다.

그리고 회원국이 정상가격 수준으로 하기 위해 또는 국내산업 피해를 제거하기 위해 특정 수출국으로부터의 특정상품에 대해 추가적인 수입관세를 부과하는 반덤핑조치는 정상적인 경우라면 양허관세에 대한 GATT 원칙과 교역국 간 차별을 해서는 안 된다는 GATT원칙에 위배된다. 그러나 GATT 제6조와 반덤핑협정은 회원국들이 이런 조치를 취하는 것을 허용하고 있다.

덤핑(dumping)은 어떤 회사가 생산비 이하로 해외시장에서 판매하는 행위 혹은 자국의 정상 가격 보다 낮은 가격에 판매하는 행위를 말한다. 그리고 WTO협정은 경쟁관계에 있는 국내 산업에 실질적인 피해(material injury)가 발생하는 경우 회원국 정부가 덤핑에 대한 조치를 취하는 것을 허용하고 있다. 이 조치를 위해서 회원국 정부는 덤핑이 존재함을 보이고 덤핑의 정도(수출업자의 국내시장 가격과 비교하여 수출가격이 얼마나 낮은지)를 계산하고 덤핑으로 인해 피해가 발생했거나 우려가 있음을 증명해야 한다.

여기서 정상가격(normal value)은 덤핑물품의 수출가격과 비교하여 덤핑여부를 결정하는 기준가격이다. 이 때 덤핑 가격의 결정기준은 정상가격인 ① 수출국의 동종 상품의 판매가격(통상 공장도가격) ② 제3국 수출가격 ③ 구성가격(constructed price) 중 그 하나를 선택하여 적용한다. 그리고 구성가격은 통상 직접생산비(원료비 + 제조비)에 일반관리비를 추가하고 이윤을 산출하여 합산한 가격이다. 미국은 합산가격에 수출포장비가 추가된 가격이 수출의 정상가격으로 환산하고 있다. 미국의 구성가격은 직접생산비(실제소요비용)와 일반관리비(직접 생산비의 10%)를 합산하고 여기에 이윤(직접 생산비와 일반관리비 합계액의 8%)을 가산한 금액이다.

본 협정은 생산 원가 미만의 판매가 6개월~1년 이내이거나 총 판매량의 20% 이하인 경우 혹은 생산 원가 미만의 판매가 합리적인 기간 내 정상화되는 경우에는 원가 미만의 판매가격을 정상가격으로 인정하고 있다,

그리고 산업피해의 판정은 덤핑수입과 국내 관련 산업의 피해간 인과관계(causal link) 즉, 덤핑수입이 피해의 한 원인(a cause injury)이 되어야 한다. 과거 미국, 캐나

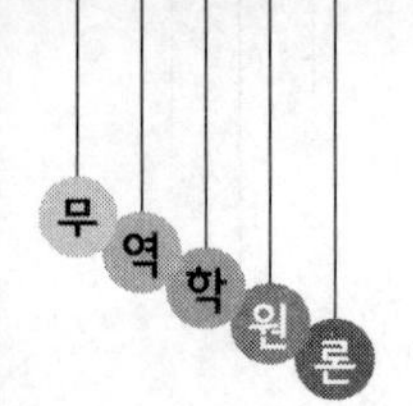

다, 호주 및 EC 등 주요국들은 덤핑 폭에 관계없이 피해판정을 내렸으나 UR 협정은 덤핑마진의 크기를 반드시 고려해야 한다고 규정하고 있다. 즉, 낮은 덤핑률의 산업 피해는 인정되지 않는다.

인과관계는 수입량의 급증, 수입가격의 두드러진 하락 및 시장점유율과 국내 관련 산업의 생산, 판매, 재고, 시장점유율, 이윤, 생산성, 투자 수익 및 설립 가동률 등의 추이가 피해 판정의 기준이 된다. 어떤 물품의 덤핑수입이 국내 관련 산업의 발전을 저해하거나 설립을 지연시킬 위협이 존재하는 경우에도 피해 요건을 구성한다.

그리고 UR 협정은 그 동안 주요 수입국들이 적용해 오던 여러 나라로부터의 수입물품의 누적피해(cumulation of injury)[65] 개념을 도입하였다. 실제로 동일 수출국내 수개의 수출상들이 동종 상품을 취급하거나 여러 수출국으로부터 동종 혹은 유사상품이 수입되는 것이 현실이다. 따라서 여러 나라로부터의 어떤 물품의 수입이 무시할 만한 수준이 아니고 수입의 영향을 누적적으로 합산하는 것이 적절하다고 조사 당사국이 판단할 때 누적피해 조사와 판정은 가능하도록 규정하고 있다.

덤핑마진이 2% 이하로 매우 작거나 한 나라로부터의 동종·유사물품의 수입 점유율이 3% 이하 혹은 이 같은 국가로부터의 수입점유율의 합계가 7% 미만일 경우에는 반덤핑조사 및 누적피해에서 제외된다. 그러나 전체 수입물량의 3%미만을 공급하는 여러 국가의 수입물량을 종합하여 전체 수입물량의 7%에 해당하거나 또는 이 보다 많으면 조사는 계속된다.

그리고 가격 비교시 화폐단위의 변경이 필요한 경우 판매시점에서의 환율이 적용되어야 한다. 통상적으로 판매시점은 계약일, 구매주문일, 주문 확정일 및 송장 발행일 등 실제적인 판매계약이 체결된 시점을 말한다.

반덩핌 조사기간은 원칙적으로 조사 개시 후 1년에서 최장 18개월 이내에 끝내야 하며 관련 수입물품에 대한 반덤핑 관세는 첫 징수일로부터 5년 이내 종결되어야 한다는 일몰조항(sunset clause)도 있다.

(9) 관세평가협정

관세평가(customs valuation)란 수입상품의 과세가격을 결정하는 일련의 절차나 방법을 의미한다. 관세액을 책정하는 데 기준이 되는 것은 관세율과 과세가격(과세표준)이

65) 미국은 1986년 11월 컬러 TV브라운관에 대한 반덤핑제소가 있었을 때, 미국 국제무역위원회(ITC)는 한국, 일본, 싱가포르 및 캐나다 제품에 대한 누적피해를 조사한 적이 있었다.

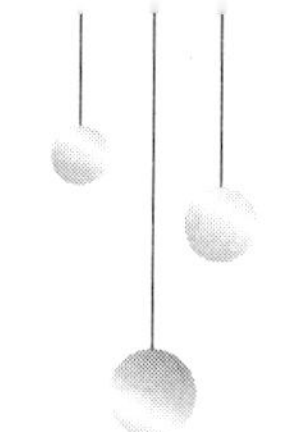

므로 과세가격의 적정한 평가는 관세의 적정한 부과와 직결되는 문제이다. 관세의 적정한 부과를 위해서는 먼저 수입물품에 대한 과세가격이 정확하게 포착되어야 한다. 따라서 과세가격을 제2의 관세율이라고도 한다. 그리고 과세가격을 결정하는 방법은 다음의 〈표 5-6〉과 같이 여섯 가지가 있다.

〈표 5-6〉 과세가격의 결정 방법

순 위	과세 가격의 결정 기준
제1평가방법	당해 물품의 거래가격(actual transaction value)
제2평가방법	동종 물품의 거래가격(transaction value of identical goods)
제3평가방법	유사 물품의 거래가격(transaction value of similar goods)
제4평가방법	당해 물품의 공제가격(deductive value)
제5평가방법	당해 물품의 산정가격(computed value)
제6평가방법	기타 합리적 기준(reasonable means)

관세평가협정(Agreement on customs valuation of Article 7of GATT)은 관세의 과세표준을 결정함에 있어 상품 평가에 대한 공정하고 통일되며 중립적인 체계 및 상업적 현실과 부합하고 임의적이거나 허위적인 과세가격 사용을 금지하는 체계를 마련하는데 있다. 이 협정은 일련의 평가 규정을 제공하여 기존 GATT의 관세평가 관련 조항[66)]을 확대하고 그 정확성을 높이고 또한 관세평가 상 비관세 장벽요소를 제거하고자 하였다.

수입국 세관은 수입물품의 과세표준을 정할 때 1차적으로 수출상의 견적서 가격(Invoice Value, 통상 FOB 혹은 CIF)을 기준으로 삼아야 한다. 만약 가격이 신뢰할 수 없다고 판단될 때는 동종 혹은 유사물품의 거래가격을 과세표준으로 채택할 수 있다. 이때 거래가격이란 수입국내의 도매물가가 아니라 완전 경쟁 하에 동일 수출국의 타 공급업자로부터 수입되는 동종 혹은 유사상품의 가격을 말한다.

거래가격을 찾을 수 없을 때는 원료, 제조비용, 이윤 및 기타 비용을 합산한 구성가격(computed value)을 과세표준으로 삼을 수 있으나 수입상이 이를 거부할 때는 실제 수입물품이나 동종 혹은 유사상품의 전매가격을 과세가격으로 채택할 수 있다.

---

66) 관세평가에 관한 협약(Agreement on Implementation of Article 7of GATT)은 GATT의 제7차 다자간무역협상인 동경라운드에서 체결하여 관세평가에 관련된 비관세장벽요소를 제거하였다. 미국, 호주 및 뉴질랜드도 이에 서명하여 원칙적으로 관세의 과세표준을 CIF 혹은 FOB가격을 과세기준으로 채택하였다.

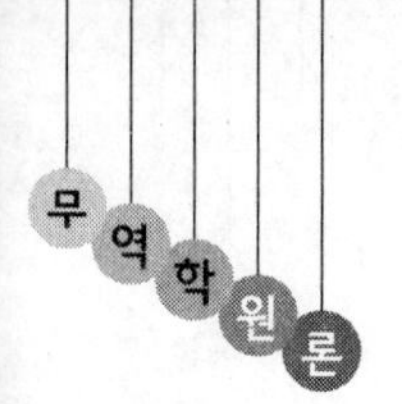

그리고 전매가격의 대표적인 예는 수출상의 수입국내 자회사가 수입 후 도매상들에게 다시 판매하는 가격이다. 그러나 전매가격도 추적되지 않는 경우에는 세관이 GATT 제7조 정신에 따라 합리적인 방법을 동원하여 과세표준을 정해야 되지만 수입국 내 동종 상품의 도매가격이나 수출국의 국내 판매 가격을 원용해서는 안 된다는 점을 명백히 규정하고 있다.

그러나 실제로는 수출상이 FOB나 CIF가격을 부당하게 낮게 책정하였다고 수입국 세관이 판정하게 되면 수입물품의 관세평가를 세관이 조사한 거래가격으로 대체될 수 있어 이 문제를 둘러싼 수출입국간 분쟁은 계속될 것으로 본다.

그 동안 관세평가가 계속 문제로 대두되는 이유는 각국들이 수입물품의 실제 수입가격(FOB)에 의하지 않고 동종의 국내물품의 도매가격을 과세표준으로 삼거나 관세평가상 수출가격(FOB)과 수출국내 도매가격 중 높은 금액을 과세표준으로 정하거나 또는 이러한 양제도의 대상이 되지 않는 모든 수입물품에 대해서는 보다 수출입상에게 유리한 선적지가격(FOB)을 과세표준으로 정하여 적용하고 있기 때문이다.

과거 관세협력이사회(CCC, Customs Cooperation Council:1994년 World Customs Organization으로 개칭)주관으로 1953년 도착지가격(CIF)을 과세표준으로 정한 브뤼셀 관세평가협약이 GATT체약국의 관세평가 통일에 이바지 하였으나 미국, 뉴질랜드 및 호주가 서명하지 않았으며 호주와 뉴질랜드는 전 수입물물품의 과세표준을 수출국의 국내판매가격(주로 도매가격)으로 정한 바 있었다.

관세평가에 관한 협정의 다른 특징은 서비스 문제를 다루고 있다는 점이다. 즉, 수입국내 보세구역에 반입된 후 통관 전 제공된 서비스료는 대체로 과표에서 공제된다. 보세상태에서의 운송비와 건설, 직립(直立), 조립(組立), 유지 혹은 추가기술 투입 비용 등은 과표 산정시 공제된다. 그리고 대형기계와 장비 및 공업용 플랜트와 같은 수입물품에 대해서는 보세구역에서 지불되는 모든 서비스 요금과 비용이 과표에서 공제된다. 따라서 대체로 고가 대형물품인 경우에는 보세구역에서의 소요되는 수수료 등 제반 비용이 과표 산청시 많은 영향을 미친다.

(10) 선적 전 검사 협정

선적 전 검사 협정(agreement on preshipment inspection)은 GATT의 원칙과 의무가 정부에 의해 임명된 선적 전 검사기관의 행위에도 적용된다는 것을 확인하고 있는 것이다. 선적 전 검사(preshipment inspection)란 수입국의 요청에 따라 상품의 품질, 수

량, 가격 등을 수출국에서 물품을 선적하기 직전에 검사하는 것이다.

수입국에서 선적 전 검사를 요구하는 목적은 수입품이 수입면허와 일치하는지를 사전에 점검하고 수출가격을 현지에서 확인함으로써 무역거래 당사자간의 거래가격 조작을 방지는 데 있다. 즉, 주로 국가의 재정적 이익보호(자본도피, 상업적사기 행위, 관세회피방지 등) 및 부적합한 행정 인프라의 보완을 목적으로 개도국 정부에 의해 주로 이용되고 있다.

선적 전 검사를 이용 중인 회원국 정부에 의해 부여된 의무에는 무차별주의와 투명성, 영업기밀 정보의 보호, 불합리한 지연의 회피, 가격 검증을 위한 특정 지침의 이용 및 검사기관의 이해상충회피 등이 있다. 선전 적 검사를 행하는 국가로 수출하는 회원국의 의무는 국내 법규와 규정의 적용 면에서 무차별주의와 해당 법규나 규정의 신속한 공표(투명성), 요청받은 기술지원의 제공 등이 있다.

그리고 WTO 선적 전 검사에 관한 협정은 선적 전 검사 기관과 수출자 간의 분쟁을 해결하기 위하여 독립된 심사절차를 규정하고 있다. 독립된 심사 절차는 수출자를 대표하는 기구와 검사기관을 대표하는 기구가 공동으로 구성하는 독립기관에 의해 관리된다.

독립된 심사기관은 ① 선적 전 검사 기관을 대표하는 단체에서 지명한 자 ② 수출자를 대표하는 단체에서 지명한 자 ③ 심사기관에서 선정한 전문가로 구성된 패널에서 심사절차를 수행하고 판정을 내리도록 하고 있다. 그리고 패널의 결정은 분쟁 당사자인 선적 전 검사 기관 및 수출자 모두에 대하여 법적 구속력을 갖게 된다.

(11) 원산지규정협정

원산지규정협정(Agreement on Rules of Origin)은 일반특혜관세제도(GSP)를 포함한 특혜무역에 적용되는 원산지 규정을 제외한 WTO회원국 간 최혜국대우, 반덤핑과 상계관세부과 조사 대상, 현지투자 생산품, 정부조달 물품 및 상표의 원산지 표시 기준 등에 적용할 통일원산지 규정 제정을 목표로 한 협정이다.

원산지 규정 적용의 주요 원칙으로는 ⓐ 무역정책(주로 수입규제)수단으로서 이용금지 ⓑ 수입물품과 국산품 간에 동일한 기준 적용 ⓒ 신규원산지 규정 도입시 소급적용금지 ⓓ 어떤 상품에 대한 원산지의 판정을 요청할 때 해당 정부는 150일 이내에 결정을 내릴 것 등이다.

장기적으로 이 협정은 회원국 간의 공통(통일)원산지 규정 마련을 목적으로 하고 있다. 즉, 특혜무역과 관련된 것을 제외한 것이므로 자유무역지대를 설정하고자 하는 국가 간

에는 자유무역협정에 따라 거래되는 물품에 대해 다른 원산지 규정을 적용할 수 있다.

이 협정은 원산지 규정을 객관적이고 이해 가능하며 예측 가능하게 만든다는 등의 일련의 원칙을 바탕으로 원산지 통일화 계획(harmonization work programme)을 수립하였다. 이 작업은 1998년 7월에 완료예정이었으나 이후 몇 번의 완료 기한을 넘겼다. 이 작업은 WTO의 원산지 규정 위원회(Committee on Rules of Origin)와 세계 관세기구(WCO : World Customs Organization)산하 기술위원회(Technical Committee)에 의해 수행되고 있다.

즉, 본 협정은 통일원산지 규정 제정지침으로서 세 번 변경기준[67]을 원칙으로 하되, 부가가치 기준[68]과 제조 또는 가공 공정기준[69]을 보완적으로 도입하여 실질변형을 구체적으로 측정, 원산지를 결정하자는 것이다.

예를 들어 진주(HS 7101)와 같이 아무리 가공하더라도 세 번이 변경되지 않는 품목이 있는가하면 무선 전화기(HS 8525)제조에 사용되는 부품 류(HS 8529)의 가공도가 더 높아 세 번 변경만으로는 가공도를 측정할 수 없기 때문에 부가가치 기준이나 제조 또는 가공공정 기준을 가미할 수밖에 없다.

이 작업의 최종결과물인 WTO의 원산지 규정은 세계시장에서 거래되는 모든 물품의 원산지를 결정하는 단일규칙이 되어 원산지 규정이 더 이상 비관세 장벽으로 적용할 수 없도록 규율하게 될 것이다.

(12) 수입허가절차에 관한 협정

수입허가절차에 관한 협정(Agreement on Import Licensing Procedures)은 복잡하며 비용이 많이 들고 시간 낭비적인 수입허가 절차를 간소화시켜 무역을 저해하는 요소를 제거하는 데 목적을 두고 있는 협정이다.

이 협정에 의하면 수입허가는 단순하고 투명하며 예측 가능해야 한다. 예를 들어 이 협정은 무역업자로 하여금 허가가 어떻게 그리고 왜 부여되는지 알 수 있도록 정부가 충분한 정보를 공표할 것을 요구하고 있다. 또한 이 협정은 회원국이 새로운 수입허가

---

67) 세 번 변경기준(change in tariff schedule criteria)은 물품의 생산과정에 투입된 재료와 이로부터 생산된 물품 간에 관세분류상의 분류가 서로 다른 항목으로 되었을 경우에 이 생산과정의 국가를 원산지로 하는 것이다.

68) 부가가치기준((value-added criteria)은 물품의 생산과정에서 가장 많은 부가가치가 발생한 국가를 원산지로 하는 것이다.

69) 가공공정기준(manufacturing or processing operation criteria)은 물품의 생산과정에서 가장 중요하고 핵심적인 공정이 이루어진 국가를 원산지로 하는 것이다.

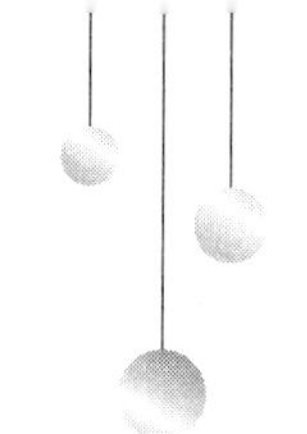

절차를 도입하거나 기존절차를 변경할 경우 WTO에 어떻게 통지해야하는지 기술하고 있으며 각 회원국의 수입허가 신청서 평가방법에 관한 지침도 제공하고 있다.

어떤 허가는 특정조건이 충족될 경우 관련 절차가 무역을 제한하지 않도록 자동허가에 대한 요건을 규정하고 있다. 따라서 만약 특정조건이 충족되지 않는다면 일부 수입허가는 자동적으로 문제가 된다. WTO수입허가절차에 관한 협정은 자동수입허가[70] 기준을 규정하여 수입허가절차가 무역을 규제하는 데 사용되지 않게 하고 있다.

그리고 자동수입허가는 수입허가절차상 일반원칙 즉, 수출입허가절차 운용과 조치, 정보의 공표와 협의, 절차의 간소화, 신청 및 허가된 수입의 거절제한, 외환사용의 보장 이외에 다음의 세 가지 요건을 충족해야 한다(WTO 수입허가 절차에 관한 협정 제2조 제2항의 가 호).

첫째, 모든 개인, 기업, 기관들에게 수입허가를 신청하고 획득하는 데 동등한 자격을 부여해야 한다. 둘째, 물품통관 이전에 공휴일을 제외하고는 언제라도 수입허가서를 제출할 수 있도록 해야 한다. 셋째, 신청이 적정한 경우에는 지체없이 수입이 허가되어야 하며 늦어도 10일 이내에 허가되어야 한다.

그리고 자동적으로 허가되지 않는 경우에는 행정적인 절차 자체가 수입을 제한하거나 왜곡시키지 않도록 하기 위해서 수입허가 신청과 관련된 수입업자의 부담을 최소화하기 위해 노력해야 한다. 이 협정에 따르면 수입 허가업무 담당기관은 신청서를 처리함에 있어 정상적인 경우 30일을 초과해서는 안 되며 모든 신청서를 동시에 처리할 경우에도 60일을 초과해서는 안 된다.

(13) 보조금과 상계조치에 관한 협정

보조금과 상계조치에 관한 협정(SCM : Agreement on Subsidies and Countervailing Measures)은 보조금 사용에 대한 규율을 강화하고 보조금 효과를 상쇄시키기 위하여 취할 수 있는 조치를 규제하려는데 목적이 있다.

UR협정의 제1부의 보조금에 대해 정부 또는 공공기관의 재정·금융지원(financial contribution)이 소득이나 가격지지효과를 나타내는 경우와 그 밖의 혜택이 주어질 경우 보조금으로 간주한다고 정의하고 있다.

그러나 금지되거나 상계조치 가능보조금의 분류는 특정성(specificity)이 있어야 한다

70) 자동수입허가(automatic import licensing)란 모든 경우에 수입허가신청에 대한 승인이 부여 되는 것을 말하며 회원국은 다른 적절한 절차가 구비되지 않는 경우에는 언제나 자동수입허가가 필요한 것으로 인정한다.

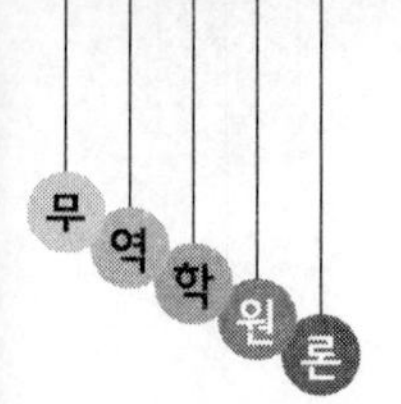

는 기준을 설정하고 있다. 특정성이란 보조금 지급이 객관적 기준이나 조건을 명시함이 없이 일부기업에 제한되거나 소수 특정 기업에 지나치게 거액의 보조금이 지급되는 경우를 말한다.

예를 들어 정부가 시장가격보다 낮은 가격으로 전력을 공급할 때 전 산업이 동등하게(equally) 혜택을 받는 것이 아니고 보다 전력을 많이 사용하는 업종이 특혜를 받는 것이기 때문에 특정성 기준(specificity standards)이 보조금의 정의의 기준이 되어야 한다는 것이다.

제2부의 금지보조금(prohibited subsidies)은 수출 또는 국내 생산품 사용을 촉진할 목적의 보조금은 금지한다는 것을 말한다. 즉, 수출성과에 따라 공여되는 모든 종류의 수출보조금과 수입품 대신 국산품 사용을 장려하는 수입대체 보조금으로 대별된다. 이 같은 보조금은 WTO협정 발효 후 3년 내(개도국은 8년 내)철폐되어야 한다. 그러나 UN이 지정하는 최저 개도국은 수출보조금 유지가 가능하다. 여기에는 인도, 인도네시아, 필리핀, 스리랑카, 파키스탄 및 대다수의 아프리카 국가 등 20개국이 있다.

수출보조금은 내수용품이나 내수공급자에게 공여되는 금융, 보험, 세제, 운송 및 기타 행정지원보다 유리한 조건으로 수출품이나 수출업자에게 공여되는 정부 또는 공공기관의 재정·금융지원이 모두 포함되어 실제로는 특혜성의 기준이 판단 기준이 된다. 그러나 수출품의 부가가치세 면제와 수출품 제조용 원자재 수입시의 관세 환급은 금지시켜야 할 수출보조금 명세에서 제외하고 있다.

제3부의 상계조치 가능보조금(actionable subsidies)의 결정 기준은 ① 수입국내 관련 산업에 피해를 주는 보조금 ② 1994년 GATT상 양허를 직·간접적으로 무효화, 손상시키는 보조금 ③ 다른 회원국의 이익에 심각한 침해를 가하는 보조금으로 규정하고 있다. 그리고 심각한 이익 침해(serious prejudice to the interests to another member)의 기준 ㉠ 보조금이 상품 가액의 5%를 초과하는 지원 ㉡ 특정산업의 영업 손실을 보전하는 지원 ㉢ 특정기업의 영업 손실을 보전하는 지원(심각한 사회문제 야기를 방지하기 위한 일회적 조치 제외) ㉣ 정부 보유 채권의 면제와 채무 상환을 위한 무상지원과 같은 직접적인 채무 감면으로 규정하고 있다.

그리고 상계조치 가능보조금은 수입국 정부가 국내 관련 산업에 대한 심각한 피해의 정도와 문제의 상품에 지급된 보조금의 특정성을 고려하여 판단하게 되므로 그 범위가 광범위하다. 즉, 상계관세의 부과의 기본적 기준은 반덤핑관세의 경우와 같이 특정성이 있는 보조금이 지급된 상품이 수입국내 관련 산업에 심각한 피해를 주거나 그럴 위협

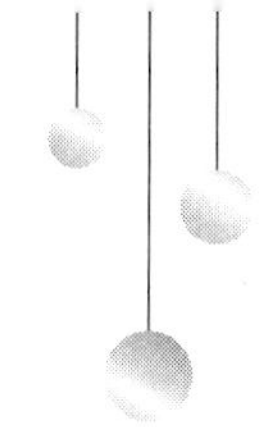

이 있을 때이다.

보조금으로 인한 산업피해의 증거가 발견되지 않는 경우에는 상계관세가 부과될 수 없다. 또한 상계관세는 덤핑 마진 대신 보조금 지급 가액을 관세로 환산하여 징수한다는 것 이외에는 조사 절차와 기준은 반덤핑 관세의 경우와 거의 같다.

제4부의 상계조치 불가능보조금(허용보조금 : non-actionable subsidies)은 연구개발지원, 지역개발지원, 환경관련보조금으로 규정하고 있다. 회원국은 매년 허용보조금 목록을 보조금 상계조치 위원회(Committee on Subsidies and Countervailing Measures)에 통보해야 한다. ① 연구개발지원은 기업연구소나 기업과 계약을 맺고 있는 대학 혹은 민간연구소가 수행하는 연구 활동 중 기초산업 기술연구비의 50% 그리고 응용 연구비의 25%까지 정부의 지원이 가능하다. ② 지역개발지원의 낙후 지역개발지원은 해당 지역 1인당 또는 가구당 소득이 전국 평균 85%이하이고 해당 지역 실업률이 전국 평균 110%이상일 때 가능하다. ③ 환경관련보조금은 신 환경보호법규 상 각종기준을 충족시키기 위하여 기존시설(existing facilities, 최소 2년 이상 운영된 시설)을 개축할 때 반복적이 아닌 일시적 지원이나 새 환경 기준충족 비용의 20% 미만이며 기업이 부담해야 할 투자 지분 및 대체분 보전은 제외한다.

그리고 기업의 소음 및 오염방출 제거 계획에 따른 제거 비율과 일치한 지원 및 신장비와 새 생산 공정 도입을 원하는 모든 기업에게 동일한 조건으로 제공될 수 있는 지원 등을 조건으로 환경관련 보조금의 지급이 허용된다. 결론적으로 허용보조금 이외에는 정부의 재정·금융정책수단 모두가 특정성이 있을 경우에는 규제대상보조금으로 간주된다.

(14) 긴급수입제한조치협정

긴급수입제한조치협정(agreement on safeguards)은 특정물품 수입에 대한 긴급조치 발동조항인 GATT 제19조 상 기준을 강화하고 절차를 명료화시켜 다자간 규율로부터 일탈한 조치들을 제거하기 위해 협상국들이 합의에 의해 본 협정이 체결되었다.

이 협정은 회색지대(grey area measures)에 속한 조치를 금지하고 모든 세이프가드 조치에 시한(일몰 조항)을 설정했다. 이 협정은 또한 회원국이 수출자율규제 조치를 추구, 선택 또는 유지하거나 시장을 나누도록 타협하거나 수출 또는 수입하는 측에 이와 유사한 조치를 취하도록 하는 것을 금지하였다.

그리고 협정에 부합하도록 시정되지 않은 회색지대 및 수출자율규제조치는 1998년

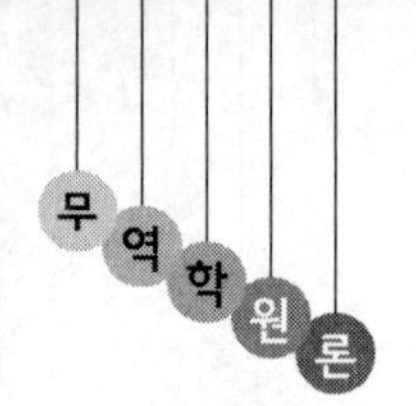

말까지 폐지되었다. 회원국들은 이러한 조치 중 하나를 1년 더(즉 1999년 말까지)유지하는 것이 허용되었으나 유럽연합(EU)만이 일본 산 자동차의 수입제한조치에 이 조항을 적용하였다.

세이프가드조치를 정당화하는 수입의 급증은 수입의 실제증가(절대적 증가) 또는 수입은 실제 증가하지 않더라도 규모가 작아지는 시장에서 차지하는 비중의 증가(상대적 증가)를 의미한다. 그리고 이 협정은 심각한 피해가 발생하거나 발생할 우려가 있는 여부를 평가하는 기준과 수입이 국내 산업에 미치는 영향을 결정할 때 고려되어야 하는 요소를 규정하고 있다.

즉, 수입국내 관련 산업에 대한 심각한 피해(serious injury) 혹은 그런 피해 위협(threatening to cause such injury)에 대한 평가는 개관적이고 개량 가능한 모든 관련 요인을 검토하되 수입과 관련이 없는 요인을 추가해서는 안 된다. 증가된 관련 수입상품의 시장점유율, 판매수준의 변화, 그리고 국내산업의 판매, 생산성, 가동율, 이윤, 손실 및 고용상태가 개관적으로 조사되어야 하며 반드시 수입과 국내산업 피해간 인과관계(causal link)가 객관적 증거에 의해 밝혀져야 한다.

세이프가드조치를 부과할 때에는 심각한 손실을 방지하거나 치유하고 국내산업의 조정을 돕는데 필요한 한도에서 부과되어야한다. 수량제한(쿼터)이 부괴되는 경우, 심각한 손상을 막거나 치유하는 데 필요하다는 것이 확실히 정당화되지 않은 한, 수입량은 지난 3년간의 연평균보다 낮게 책정되어서는 안 된다.

2) 서비스교역협정(부속서 1B)

서비스 교역에 관한 일반협정(GATS: General Agreement on Trade in Services)의 적용범위는 정부기능 수행 상 공급되는 서비스를 제외한 모든 서비스로서 서비스의 거래는 다음의 네 가지 방법으로 정의한다.

ⓐ 한 국가 영역에서 다른 국가의 영역으로 공급되는 서비스(예, 국제전화의 송수신)로 국경간의 공급 ⓑ 소비자나 기업이 다른 국가에서 서비스를 이용하는 형태(예, 관광)로 해외소비 서비스 공급업체의 상업적 주재(commercial presence)를 통한 공급 ⓒ 한 외국회사가 자회사나 지사를 다른 국가에 설립하는 형태로 상업적 주재(presence of natural persons)를 통한 서비스의 공급 ⓓ 서비스를 공급하기 위하여 개인이 본국에서 다른 국가로 이동하는 형태(예, 패션모델이나 컨설턴트)로 자연인의 이동이 있다.

서비스 무역의 확대는 각 체약국은 서비스 일반협정의 운영과 관련된 제반조치(법률,

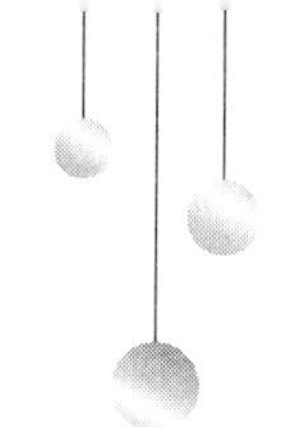

규정, 행정지침 등)를 의무적으로 공개해야 하는 공개주의와 서비스 시장의 개방은 일시적 전면 개방이 아닌 이해당사국간 협상을 통하여 점진적으로 추진하는 점진적 자유화를 원칙으로 하며 내국민대우는 각국간 협상에 따라 점진적으로 폐지하고 있다.

그리고 투명성(회원국이 관련 모든 법규와 규정의 공표) 및 국내규제의 객관성과 합리성을 준수해야 하고 두 개 이상의 회원국이 상호자격을 인정하는 상호인정(예, 서비스공급자의 면허 또는 인증에 대해 합의한 경우)과 한 회원국 정부가 서비스 분야를 외국 경쟁자에게 개방하기로 약속하였다면 공급되는 서비스의 대가로서 자국에서 송금되는 자금(경상거래)에 대해 일반적으로 규제를 해서는 안 된다.

즉, 서비스 시장 개방은 UR에서 분야별 참가국간 양허 교환으로 끝난 것이 아니라 WTO 체제 내에서 계속되며 양허표상 기재항목은 ⓐ 시장접근 상 제한과 조건 ⓑ 내국민대우 상 조건과 자격 ⓒ 그러한 약속의 발효일 등이 있다. 양허표는 약속발효일로부터 3년이 경과한 후에는 언제라도 불가피한 사정이 있을 때 이해당사국과의 협의를 통하여 수정 혹은 철회될 수 있다.

예를 들어 협상결과 시장접근 약속과 내국민대우의 원칙에서 볼 때 한 정부가 외국의 은행들이 그 국가의 국내시장에서 운영하는 것을 허용하기로 약속한다면 그것은 시장접근의 약속이며, 정부가 인가하는 은행의 수를 제한한다면 그것은 시장접근의 제한이 된다. 또한 정부가 자국의 은행이 다수의 지사를 설립하는 것을 허용하는 반면 외국은행에 대해서는 한 개의 지사만 설립하도록 허용한다면 그것은 내국민 대우 원칙의 예외가 된다.

3) 지적재산권협정(부속서 1C)

지적재산권 협정(TRIPS : Trade Related Aspects of Intellectual Property Rights)에 의해 적용되는 재산권의 종류는 저작권 및 저작 인접권, 서비스 마크(service marks)를 포함하는 상표권, 지리적 표시, 산업디자인, 특허, 집적회로 배치설계, 영업 비밀을 포함한 비공개정보가 있다.

본 협정의 일반원칙과 기본규정은 산업재산권(특허권, 산업디자인 등)의 보호를 위한 파리 협약(1967년, 특허권), 문학·예술 저작물(저작권)의 보호를 위한 베른 협약(1971년, 저작권), 로마협약(1961년, 음반, 공연물, 방송 등) 및 집적회로(IC, Integrated Circuit)보호관련 국제협약(워싱턴조약)의 준수와 최혜국대우 및 내국민대우를 의무화하고 컴퓨터프로그램, 영상제작물 등에 저작권과 대여권을 인정하여 일정기간 동안 보호

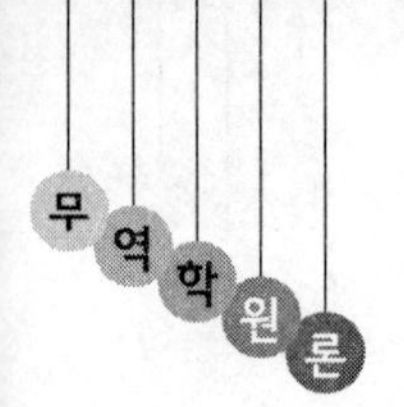

하도록 규정하고 있다.

지적재산권(Intellectual Property Rights)은 일반적으로 과학적 발명, 문학·예술·음반 및 방송 등의 예술적 창작물, 공업의장, 등록상표, 서비스마크 상호 및 기타 명칭, 기업의 영업비밀 등 정신적 창작행위로 생성된 지적 산물에 대한 독점권을 말한다.

즉, 창작자에게는 타인이 그들의 발명, 디자인 또는 여타 창작물을 사용하는 것을 금지할 권리가 있고 그리고 타인은 그것들을 사용하는 대가를 지급하고 그 권리를 사용할 수 있는 권한을 가질 수 있다.

지적재산권은 서적, 그림, 영화는 저작권으로 보호되고 상표명과 로고는 등록을 해야 그 권리가 보호되고 발명품에 대한 특허는 최소 20년 보호되고 지리적 표시(예 샴페인, 스카치, 데킬라, 로크포트 치즈 등)의 상품은 그 상품이 다른 지역에서 제조되었거나 그 통산적인 특성을 가지고 있지 않을 경우, 그 지명을 사용하는 것은 소비자를 혼동시켜 불공정경쟁을 유발할 수 있다. 따라서 지적재산권 협정은 회원국이 이러한 지명의 오용을 금지하도록 의무화하고 있다.

4) 분쟁해결 규칙 및 절차(부속서2)

분쟁해결은 WTO회원국들은 다른 회원국들이 무역규범을 어겼다고 생각할 경우 일방적인 조치를 취하지 않고 분쟁해결을 위한 다자체제를 사용하겠다는 합의를 원칙으로 하고 있다. WTO분쟁은 한 회원국이 다른 회원국에 대해 WTO 협정상 직·간접적으로 발생하는 혜택을 무효화하거나 침해한 경우에 발생한다.

반덤핑, 보조금과 상계관세 및 섬유류 협정 등 WTO부속협정 상 특별절차가 우선적으로 적용되도록 규정된 경우를 제외하고는 회원국 간 모든 분쟁 사항이 분쟁해결기구(DSB : Dispute Settlement Body)의 규율 하에 있다.

WTO는 신속한 분쟁 해결이 필수적이라는 사실에 입각하여 절차 및 분쟁해결을 위한 작업계획과 관련된 상당히 세부적인 사항을 명시하고 있다. 일반적으로 최초 판정시까지 약 1년 이상이 소요되지 않아야 하며, 상소가 될 경우에는 15개월을 넘지 않아야 한다. 시한에 대해 달리 합의할 경우 다소 신축적으로 운영될 수 있으며 긴급한 사건의 경우(예를 들어 부패할 우려가 있는 상품의 경우)는 가능한 한 빨리 종결될 수 있도록 절차가 진행된다.

분쟁을 해결하는 것은 모든 WTO회원국으로 구성되는 분쟁해결기구(일반이사회의 다른 형태)의 책임이다. 분쟁해결기구는 사건을 검토하기 위해 전문가 패널을 구성하는

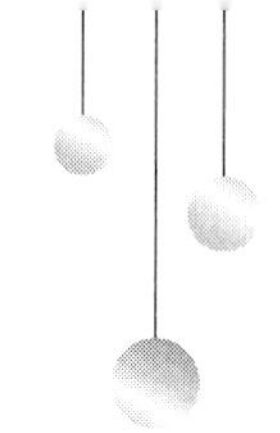

권한을 가지고 있으며 패널의 판정 또는 상소기구의 결과를 채택하거나 거부하는 기능을 가지고 있다. 또한 분쟁해결기구는 판정과 권고사항의 이행을 감시하거나 한 국가가 판정결과에 따르지 않을 경우 보복조치를 승인하는 권한을 갖고 있다.

분쟁해결절차는 무효화 또는 침해의 형태에 따라 위반제소(violation complaint), 비위반제소(non-violation complaint) 또는 상황제소로 구분되며 WTO분쟁해결제도는 크게 4단계(협의, 패널절차, 상소절차 및 이행과정)로 나누어 진행된다.

첫째, **제1단계** : 분쟁 당사국간의 협의(최대 60일)이다. 협의가 실패할 경우 분쟁당사국들은 WTO 사무총장에게 중개 또는 다른 방법을 통해 도와 줄 것을 요청할 수도 있다. 즉, 협의 이외의 우호적인 해결 방법은 알선(good offices), 조정(conciliation), 중개(mediation)등이 있으며 이러한 절차는 분쟁 당사국의 합의에 의해서 또는 WTO 사무총장의 직권으로 이루어질 수 있다.

협의를 요청받은 회원국은 분쟁당사국 간에 별도의 합의가 없는 한 협의요청을 받은 후 10일 이내에 그에 응해야하며 30일 이내 협의를 개시해야 한다. 그리고 협의를 요청받은 후 60일 이내에 원만히 해결되지 않으면 회원국은 즉시 DSB (Dispute Settlement Body : 분쟁해결기관)패널설치를 요청할 수 있다.

농수산물과 같이 부패하기 쉬운 상품이 관련되거나 긴급한 상황에서는 협의 요청을 받은 후 10일 이내에 협의를 개시하고 20일 이내 분쟁을 해결하고 만약 실패할 경우 패널설치를 요청할 수 있다.

둘째, **제2단계** : 협의가 실패할 경우 제소국은 패널(최대 45일 이내에 패널 임명, 이후 6개월 이내에 패널절차 종료)설치를 요청할 수 있다. 이 때 방어하는 국가는 패널구성을 한번은 막을 수 있지만 분쟁해결기구가 두 번째 회합일 때에는 패널 임명을 막을 수 없다(단, 패널임명에 반대하는 컨센서스가 형성되는 경우 예외).

공식적으로 패널은 분쟁당사자가 분쟁해결기구에 제기한 문제를 조사하고 분쟁의 사실부분에 대한 개관적인 평가, 관련 대상 협정의 적용가능성 및 협정과의 합치성을 포함하여 패널에게 회부된 사안에 대하여 객관적인 평가를 내려야 하며 분쟁해결기구 판정이나 권고를 내리는 것을 도와줄 뿐이다.

그러나 분쟁해결기구에서 컨센서스가 형성으로만 패널보고서의 채택을 거부할 수 없기 때문에 패널의 결정을 번복하기는 어렵다. 패널의 판정은 인용된 협정에 기초해야 한다. 패널의 최종보고서는 일반적으로 6개월 이내에 분쟁당사국들에게 제출된다. 부패할 우려가 있는 상품과 관련된 사건 등과 같은 긴급한 경우에는 제출시한이 3개월로

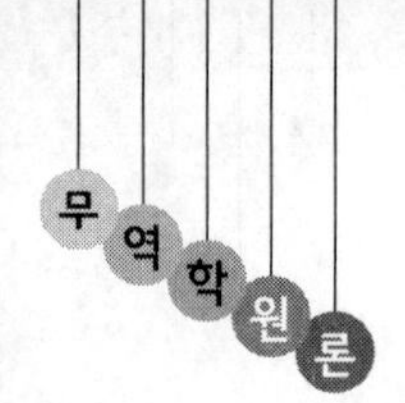

단축된다.

협정은 패널이 어떻게 작동하는가에 대해 상세히 규정하고 있으며 주요 단계는 아래와 같다.

① **1차 심리 이전** : 각 분쟁당사국들은 패널에 자국의 주장을 서면으로 제출한다.

② **1차 심리(제소국 및 피제소국의 주장청취)** : 피제소국 및 해당 분쟁에 이해관계가 있다고 판단하는 제3자 참여국은 1차 심리에서 자신들의 주장을 발표한다.

③ **반박 의견** : 당사국들은 서면으로 반박의견을 제출하고 제2차 심리시 구두로 논거를 제시한다. 이 때 피소국은 먼저 발언할 권리를 갖는다.

④ **전문가 참여** : 분쟁당사 중 한 쪽이 과학적 또는 다른 기술적 문제를 제기할 경우 패널은 전문가들과 협의하거나 자문보고서를 작성하기 위한 전문가 검토 그룹을 임명할 수 있다. 분쟁당사국민은 예외적인 상황을 제외하고는 분쟁당사자의 공동합의가 없이는 전문가 검토단의 업무를 담당할 수 없으며 전문가검토단의 구성원은 개인자격으로 참여한다. 전문가검토단의 최종보고서는 권고적 성격만을 갖는다.

⑤ **보고서 초안** : 패널은 분쟁당사자들에게 그 보고서 중 서술적(사실 및 양측 주장)부분을 분쟁당사국에 제출하고, 각 분쟁당사국은 2주 간의 의견제시 기간을 주고 그 기간 내에 논평을 서면으로 제출해야 한다. 이 보고서 초안은 판정 및 최종 결론을 포함하지 않는다.

⑥ **잠정보고서** : 패널은 판정 및 최종결론을 포함한 잠정보고서를 양국에 제공하면서 1주의 검토기간을 준다.

⑦ **검토** : 검토기간은 2주를 초과할 수 없다. 이 기간 중 패널은 양측과 추가적인 회의를 개최할 수 있다.

⑧ **최종보고서** : 최종보고서가 양측에게 제출되고 3주 후에는 모든 회원국들에게 회람된다. 패널이 분쟁의 대상이 된 조치가 WTO협정 또는 의무를 위반했다고 결정할 경우 그러한 조치를 WTO규범에 합치하도록 고칠 것을 권고하며 이를 어떻게 수행할 것인지에 대한 제안도 포함될 수 있다.

⑨ **판정으로의 전환** : 최종보고서는 그 보고서를 거부하는 컨센서스가 없는 한 60일 이내에 분쟁해결기구의 판정 또는 권고가 된다. 양측은 보고서에 불만을 가질 경우 상소할 있다.(때로는 양측 모두가 상되기도 한다.)

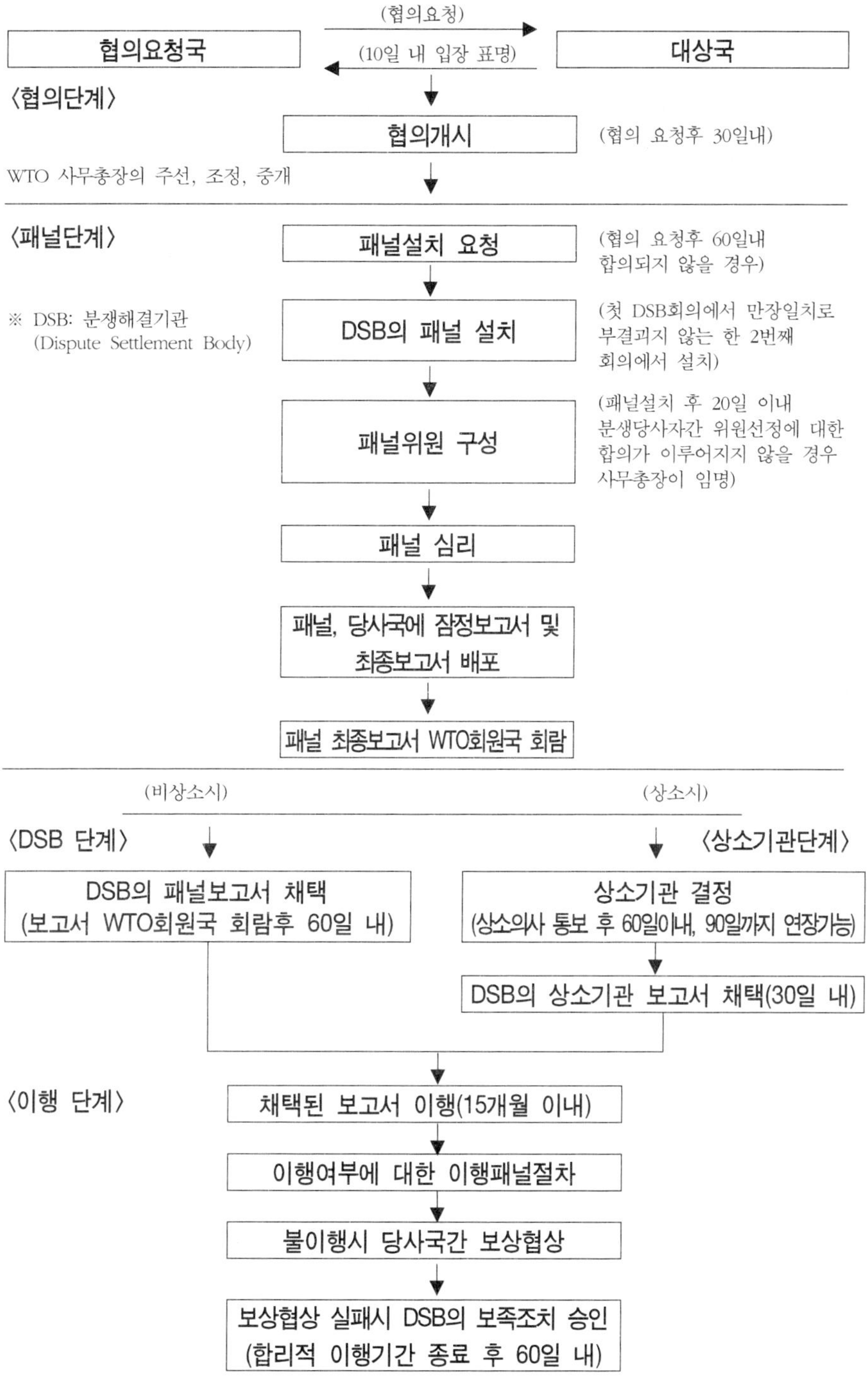

(협의요청)

협의요청국 → 대상국

(10일 내 입장 표명)

〈협의단계〉

협의개시 (협의 요청후 30일내)

WTO 사무총장의 주선, 조정, 중개

〈패널단계〉

패널설치 요청 (협의 요청후 60일내 합의되지 않을 경우)

※ DSB: 분쟁해결기관 (Dispute Settlement Body)

DSB의 패널 설치 (첫 DSB회의에서 만장일치로 부결되지 않는 한 2번째 회의에서 설치)

패널위원 구성 (패널설치 후 20일 이내 분생당사자간 위원선정에 대한 합의가 이루어지지 않을 경우 사무총장이 임명)

패널 심리

패널, 당사국에 잠정보고서 및 최종보고서 배포

패널 최종보고서 WTO회원국 회람

(비상소시) / (상소시)

〈DSB 단계〉

DSB의 패널보고서 채택 (보고서 WTO회원국 회람후 60일 내)

〈상소기관단계〉

상소기관 결정 (상소의사 통보 후 60일이내, 90일까지 연장가능)

DSB의 상소기관 보고서 채택(30일 내)

〈이행 단계〉

채택된 보고서 이행(15개월 이내)

이행여부에 대한 이행패널절차

불이행시 당사국간 보상협상

보상협상 실패시 DSB의 보족조치 승인 (합리적 이행기간 종료 후 60일 내)

[그림 5-1] WTO 분쟁해결 절차

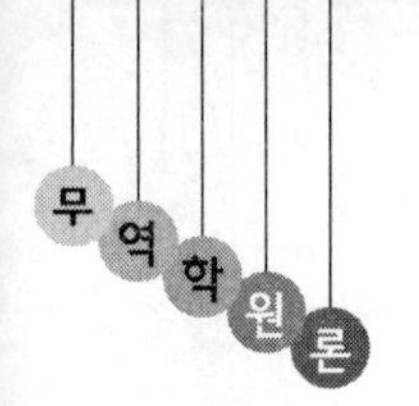

셋째, **상소제도** : 상소제도는 제소국이든 피제소국이든 분쟁당사자의 권익을 보호하기 위하여 DSB 내에 상소제도를 도입하여 상설상소기구(standing appellate body)가 신설되어 패널 결정 패소국이 상소할 경우 이를 법적인 해석과 법률적 사항에 대해서만 재심한다.

즉, 기존 증거를 재검토하거나 새로운 쟁점을 검토할 수 없다. 각 상소권은 분쟁해결기구에 의해 임명되고 WTO회원국을 광범위하게 대표하는 7명으로 구성된 상설 상소기구 위원 중 3명에 의해 검토된다. 상소기구 위원들의 임기는 4년이며 위원들은 각각 법률이나 국제무역 분야에서 저명한 인사들이어야 하며 어떤 개별정부와도 연계되어서는 안 된다.

상소보고서는 패널의 법적인 판정이나 결론을 유지(uphold), 수정(modify) 또는 번복(reverse)할 수 있다. 상소 일자는 일반적으로 60일을 넘기지 않아야 하며 절대로 90일을 초과할 수 없다. 분쟁해결기구는 30일 이내에 상소보고서를 채택하거나 거부할 수 있으나 거부는 컨센서스로 만 가능하다.

5) 무역정책검토(부속서3)

무역정책검토(TPRB, Trade Policy Review Mechanism)는 무역정책에 대해 회원국들은 정기적인 통보를 통하여 WTO 및 상대 회원국에게 특정조치, 정책 또는 법률을 통지해야 하고 이와 함께 WTO는 각 회원국의 무역정책을 정기적으로 검토하는 무역정책검토제도를 시행하고 있다.

실제로 무역정책검토는 여타 회원국들이 검토대상국의 정책 및 상황을 이해할 수 있도록 하며 회원국들이 검토 대상국의 WTO 체제 내에서의 성과에 대해 평가함으로써 검토대상국 정책에 대한 피드백(feedback)역할을 한다.

무역정책검토의 목적은 정기적인 감시를 통한 국가의 무역정책 관행의 투명성 및 이해제고, 당면과제에 대한 일반국민과 정부 간 논의의 질적 향상 및 무역정책이 세계무역체제에 미치는 영향에 대한 다자간 평가에 두고 있다.

회원국으로부터 정기적으로 무역정책 관련 보고를 받아 건별로 검토하고 종합적인 검토는 세계4대 무역국(유럽연합, 미국, 일본 및 캐나다)은 2년, 그 다음의 16개 국가(세계 교역 비중 기준)들은 4년, 나머지 국가들은 6년 마다 검토를 받으며 최빈 개도국에 대해서는 기간이 잠시 연장될 수 있다.

6) 보수국간 협정(부속서4)

복수국간협정(Plurilateral Agreements)은 별도 서명국에만 최혜국 대우가 제한적으로 적용되는 협정이다. 즉, 복수국간협정은 UR이후 일부 회원국만 참여하는 4개의 협정(민간항공기 교역, 정부조달, 낙농, 우육)을 말한다. 다른 모든 협정들은 1995년 WTO가 출범할 때 다자적 의무(즉, 모든 회원국이 의무적으로 지켜야 하는 협정)로 편입되었다. 그리고 우육협정과 낙농협정은 1997년 종료되었다.

(1) 민간항공기협정

민간항공기협정(Agreement on Trade in Civil Aircraft)은 1980년 1월 1일 발효되었으며 현재 30개국(2005년 현재)이 가입되어 있다. 이 협정에서는 군용 비행기를 제외한 모든 비행기와 협정에 포함된 모든 물품, 즉 민간항공기 엔진과 그에 따른 부품, 민간항공기의 부속품과 반제품, 항공기의 모의 훈련 장치와 이에 관련된 부품에 대해 수입관세를 면제시켜준다. 또한 정부의 지시에 따른 민간항공기구매와 구매를 촉진하는 조치를 취할 때 따라야 하는 절차 및 민간항공기 분야에 대한 정부의 재정적 지원에 대해 규정하고 있다.

본 협정은 MTN골격에 1992년 미· EC간 체결되었던 민간항공기 보조금에 관한 쌍무협정 내용이 가미되었다. 항공기와 그 부품 및 반제품의 교역상 관세, 과징금 그리고 비관세 장벽의 철폐를 목표로 한 동 협정은 UR에서 보조금 감축의무를 추가하였다. 항공기의 직접 생산보조금의 개발비용의 1/3을 초과하지 못하고 간접보조금(특혜금리 대출기준)도 동 산업 매출액의 3%와 개별제작사의 매출액의 4% 이내로 제한되었다.

(2) 낙농 및 우육협정

국제낙농협정(International Dairy Arrangement)과 우육협정(Arrangement regarding Bovine Meat)은 협정은 교역상 가장 민감한 두 부문에서 일시적 수급 불균형에서 빚어지는 가격파동과 시장교란을 방지하기 위하여 상세한 생산, 수요, 소비 및 무역 등에 관한 시장변동 통계를 정기적으로 통보하고 서명국간 협력을 긴밀히 유지하기 위한 협정이다.

그러나 본 협정은 1997년 말 종료되었다. 협정가입국들은 이 분야가 농업협정이나 위생 및 식물위생협정에서는 논의되는 것이 더욱 바람직하다고 결정하였다. 이 협정의 일부 사항은 협정 가입국의 수가 적어 실행에 어려움을 겪었기 때문이다. 예를 들어 낙

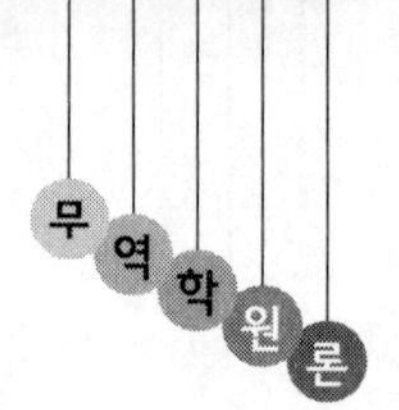

농제품 주요 수출국 중 일부가 낙농협정에 가입하지 않아 최소가격에 대해 협력하려는 노력은 실패하였다. 최소가격제도는 1995년 중단되었다.

(3) 정부조달협정

WTO의 정보조달협정(GPA : Agreement on Government Procurement)은 가입국이 양허한 중앙정부, 지방정부, 기타 공공기관에 적용되고 서비스 및 건설 양허 업종에 적용된다. 특히, 건설양허업종의 목록에 대해서는 최혜국 대우와 내국민대우가 엄격히 적용된다.

〈표 5-7〉 각국 정부의 정부조달 관련 장벽

국가	주요 내용
미국	- 총 50개주 가운데 37개 주가 WTO정부조달협정에 가입 - 미국과 국방조달MOU를 체결하지 않은 국가의 기업에 대해 WTO정부조달 비양허 품목의 입찰가격에 50%의 가격상향 조정을 의무화하여 참여기회 사실상 차단
일본	- WTO협정 가입에도 불구하고 외국기업 자격심사 지나치게 엄격
호주	- WTO조달협정 미가입, 국내업체 우대, 심사기준이 외국업체에 불리
EU	- EU차원의 공공조달지침의 국내법화 작업지연, 공개입찰회피 - 공개발주 건수 증가에도 불구하고 외원국간 계약 비율은 저조 - 2004년 공공조달 지침 개정으로 조달자격에 사회 환경 요인도 고려하게 되어 진입 장벽으로 작용함
중국	- WTO조달협정 미 가입, 중국 제품 및 서비스를 우선적으로 구매토록 법적으로 규정, 투명하고 경쟁적인 정부조달제도 확립 우선
대만	- 건설업 면허 발급, 건설업인력에 대한 비자 발급시 까다로운 기준
러시아	- 러시아에서 생산이 어렵거나 러시아 산이 부적절한 경우에만 외국업체의 정부조달 입찰 참여 허용
인도	- 공사 입찰시 인도 주요 은행에서 발급한 채권만을 이용해야하며 이에 대한 재보증 제도 등 시간과 수수료가 많이 소요되어 외국기업의 가격경쟁력을 저하시킴

자료: 외국의 통상환경(2007), 외교통상부

응찰하는 외국업체를 국적에 따라 차별해서도 안 되고 자국민 응찰자보다 불리하게 대우해서도 안 된다. 그리고 국산물품 및 서비스와 외국물품 및 서비스를 동등하게 대우해야 되고 기술규격은 국제표준과 공인된 국가표준에 근거해야 하고 차별적 기술규격의 적용도 금지된다.

우리나라는 1997년 1월 1일 가입하였다. 정부조달은 당초 GATT 상 내국민대우의 예

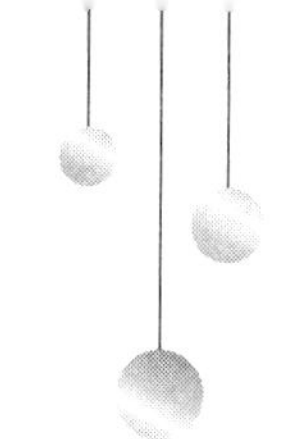

외분야로서 자국산 물품의 우선 구매는 모든 나라의 일반화된 관행이었다.

그러나 1906년대부터 각국 정부 구매 총계가 세계 GDP의 10%로 증가됨에 따라 미국의 주도로 자유화의 압력이 커지기 시작하였다. 양허정부기관과 발주액 13만 SDR 이상의 양허물품 구매만을 규율 대상으로 삼았던 MTN협정에 비해 UR협정은 지방정부와 공공기관까지 양허기관을 확대하고 구매대상도 물품에서부터 통신, 수도, 운송 및 전력 등 서비스와 건설발주부문에까지 확대하였다.

2.3 WTO 조직구조

WTO의 모든 주요결정은 각료(최소 2년에 한 번씩 회의), 대사 또는 대표단(제네바에서 정기적으로 모임)등을 통해 전체 회원국들에 의해 이루어지며 의사결정은 컨센서스에 의해 이루어진다. 이러한 점에서 WTO는 세계은행(World Bank)이나 국제통화기금(International Monetary Fund)과 같은 여타의 국제기구와는 달리 WTO에서는 이사회나 국제기구의 수장에게 권한이 위임되지 않는다.

그리고 WTO규범이 국가들의 정책을 규율한다는 것은 회원국 간 협상의 결과이며 WTO규범은 회원국간 협상을 통해 합의된 절차에 따라 회원국들에 의해 집행된다. 무역제재는 회원국들에 의해 부과되는 것이며 이는 회원국전체에 의해 승인되어야 한다.

실제로 현재 WTO의 회원국이 157개[71]나 상황에서 회원국들 간에 컨센서스를 통해 의사결정을 내리는 것은 어려운 일이다. 그러나 컨센서스를 통해 이루어진 결정은 모든 회원국들이 보다 쉽게 받아들여질 수 있다는 이점이 있다. 그리고 상이한 회원국 그룹을 대표하는 이사회와 같은 소규모 집행기구를 창설하자는 제안은 종종 제기되고 있다. 그러나 현재 WTO는 회원국들에 의해 움직이는 컨센서스에 기반한 조직이다.

1) 최고위 기구 : 각료회의

각료회의(Ministerial Conference)는 모든 회원국 대표로 구성되며 최소 2년에 1회 개최되어 WTO의 기능을 수행하고 이를 위하여 필요한 조치를 취하게 된다. 또한 각료회의

71) 제8차 각료회의에서 러시아, 사모아, 몬테네그로, 비누아투의 WTO가입이 최종 승인됨으로써 WTO 회원국이 153개국에서 157개국으로 확대 됨, 단, 비누아투는 2011년 11월 30일 일반이사회에서 이미 WTO가입이 승인되어 각료회의에서는 가입승인 절차 없이 일반이사회 결정 사항을 재확인하는 형식을 취함

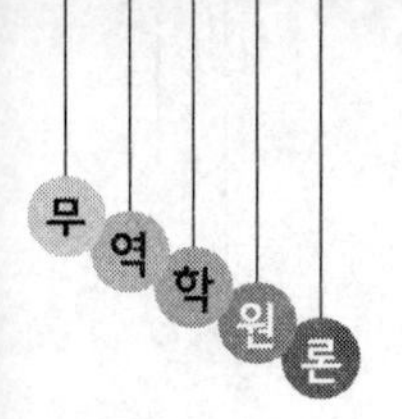

는 WTO 설립과정과 다자간무역협정의 구체적인 의사결정요건에 따라 다자간무역협정하의 모든 분야에 대한 결정권을 갖는 최고기관이다. 이와 관련하여 각 체약국은 자국의 법률, 규정과 행정절차가 부속협정에 규정된 자국의 의무에 합치하도록 보장해야 한다.

2) 차상위기구 : 일반이사회

일반이사회(General Council)는 모든 회원국 대표로 구성되나 각료회의와는 달리 필요에 따라 수시로 개최되어 각료회의 비회기 중에 각료회의의 기능을 수행하며 자체적인 의사규칙을 제정하고 각 위원회의 의사규칙을 승인한다.

즉, 일반이사회는 WTO의 모든 영역에 있어 각료회의 업무를 대행하고 있다. 또한 일반이사회는 WTO의 책임과 관련된 정부 간 기구와의 효과적인 협력을 위하여 적절한 조치를 취할 수도 있으며 WTO의 소관사항과 관련된 비정부간 기구와의 협의 및 협력을 위하여 적절한 조치를 취할 수도 있다.

한편 일반이사회 이외 분쟁해결기구(Dispute Settlement Body)와 무역정책검토기구(Trade Policy Review Body)의 두 기구도 사실상 일반이사회와 동일한 조직이라고 할 수 있으며 WTO설립을 위한 협정은 각 기관이 서로 다른 위임 사항을 갖고 있더라도 이 기구 모두 일반이사회라고 언급하고 있다. 또 이 세 기구 모두 전체 WTO회원국으로 구성되어 있으며 각 기구는 각료회의에 그들의 활동을 보고한다. 일반이사회는 회원국 간의 분쟁을 해결하기 위해서는 분쟁해결기구로, 회원국의 무역정책을 분석하기 위해서는 무역정책검토기구이라는 이름으로 회의를 갖는다.

3) 제3순위 기구 : 무역에 관한 주요 분야별 이사회 등

(1) 각종 이사회

서로 다른 주요 무역 분야를 담당하는 3개 이사회가 더 존재하고 이들은 일반이사회의 일반적인 지도(general guidance)에 따라 운영되며 필요할 때마다 회합하고 자신의 활동을 일반이사회에 보고한다. 3개 이사회(Council)는 상품무역이사회(Council for Trade in Goods), 서비스무역이사회(Council for Trade in Services), 무역관련 지적재산권이사회(Council for Trade-Related Aspects of Intellectual Property Rights)가 있다.

상품무역이사회는 부속서 1A의 '상품무역에 관한 다자간협정(이하 MATG라함)'의 운영을, 서비스무역이사회는 부속서 1B의 '서비스무역에 관한 일반협정(이하 GATS라 함)'의 운영을, 무역관련 지적재산권이사회는 부속서 1C의 '무역관련 지적재산권에 관한 협

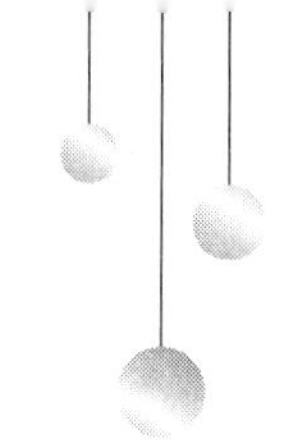

정(이하 TRIPs라 함)'의 운영을 각각 감독(oversee)하게 된다. 이들 이사회는 각각의 협정과 일반이사회에 의하여 부여된 기능을 수행하고 일반이사회의 승인에 따라 각각의 의사규칙을 제정한다(제4조 제5항).

상품무역이사회, 서비스무역이사회, 무역관련 지적재산권이사회는 필요에 따라 하위기관(subsidiary bodies)을 설치할 수 있으며 이들 하위기관은 각각의 이사회의 승인에 따라 각각의 의사규칙을 제정하게 된다(제4조 제6항).

(2) 각종 위원회

각종 위원회(Committee)는 각료회의에 의하여 설치되는 무역개발위원회(Committee on Trade and Development), 국제수지제한위원회(Committee on Balance of Payments Restrictions), 예산·재정·관리위원회(Committee on Budget, Finance and Administration)가 있으며, 이들 위원회는 WTO 설립협정과 다자간무역협정이 부여한 기능 및 일반이사회가 부여한 추가적인 기능을 수행하며, 적절하다고 판단될 경우 추가적인 위원회를 설치 운영할 수 있다(제4조 제7항).

한편 정부조달위원회(Committee on Government Procurement) 등 복수국간 무역협정에 규정된 위원회는 각 협정이 부여한 기능을 수행하면서 WTO의 제도적인 틀 안에서 운용되고 일반이사회에 활동상황을 정기적으로 통보하도록 되어 있다(제8조 제8항).

4) 제4순위기구 : 세부적인 내용

각각의 이사회는 부속기관을 갖고 있다. 상품무역위원회 산하에는 특정 분야(농업, 시장접근, 보조금, 반덤핑조치)를 다루는 11개 위원회가 있으며 이들 각각의 위원회도 전체 WTO 회원국으로 구성된다. 또한, 의장 1명과 개인자격으로 활동하는 10명의 회원으로 구성된 섬유감시기구(Textiles Monitoring Body)와 통보(notifications)(각국 정부는 기존의 또는 새로운 정책 및 조치를 WTO에 통보) 및 국영무역기업(state trading enterprises) 등을 다루는 그룹들도 그들의 활동을 상품무역이사회에 보고한다.

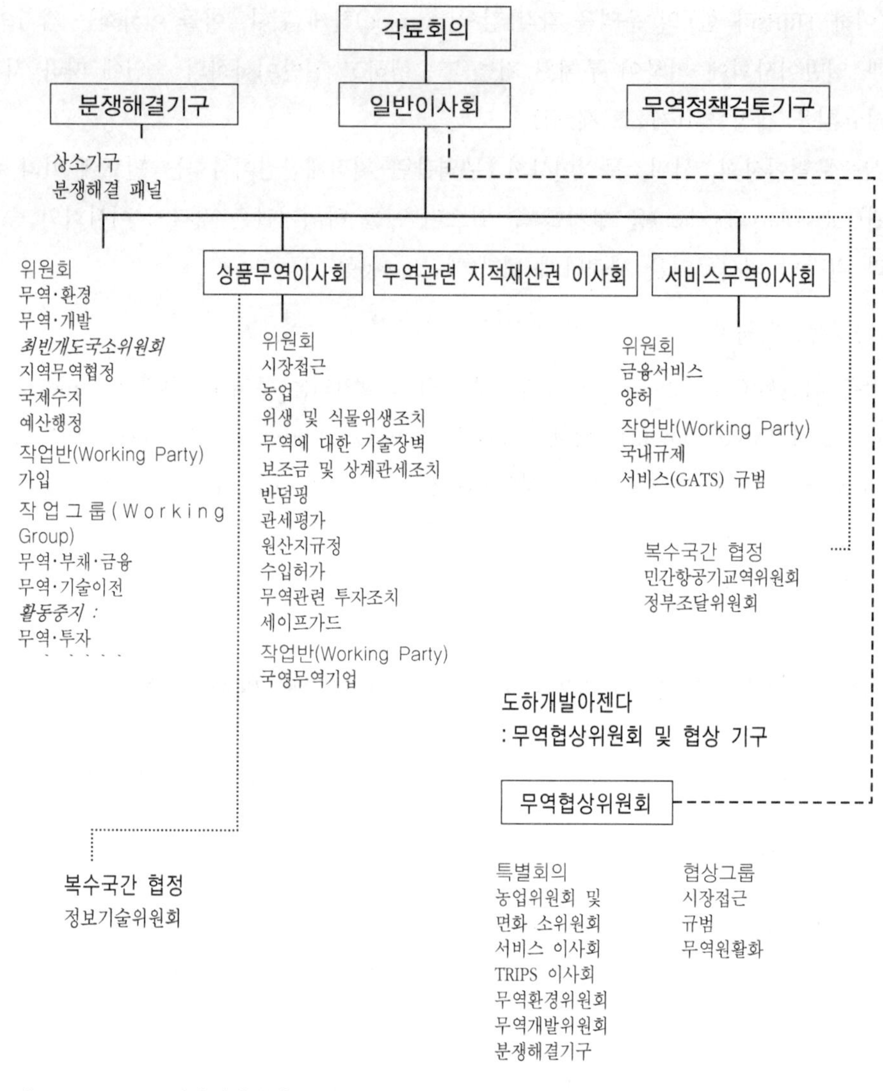

각료회의

분쟁해결기구

상소기구
분쟁해결 패널

일반이사회

무역정책검토기구

위원회
무역·환경
무역·개발
최빈개도국소위원회
지역무역협정
국제수지
예산행정
작업반(Working Party)
가입
작업그룹(Working Group)
무역·부채·금융
무역·기술이전
활동중지 :
무역·투자

상품무역이사회

위원회
시장접근
농업
위생 및 식물위생조치
무역에 대한 기술장벽
보조금 및 상계관세조치
반덤핑
관세평가
원산지규정
수입허가
무역관련 투자조치
세이프가드
작업반(Working Party)
국영무역기업

복수국간 협정
정보기술위원회

무역관련 지적재산권 이사회

서비스무역이사회

위원회
금융서비스
양허
작업반(Working Party)
국내규제
서비스(GATS) 규범

복수국간 협정
민간항공기교역위원회
정부조달위원회

도하개발아젠다
: 무역협상위원회 및 협상 기구

무역협상위원회

특별회의
농업위원회 및
면화 소위원회
서비스 이사회
TRIPS 이사회
무역환경위원회
무역개발위원회
분쟁해결기구

협상그룹
시장접근
규범
무역원활화

참조 ──── 일반이사회에 보고(또는 일반이사회 부속기관)
──── 분쟁해경기구에 보고
- - - - - 복수국간 협정은 모든 WTO 회원국들이 서명하지는 않았으나, 복수국간협정 관련 위원회는 그 활동을 일반이사회나 상품무역이사회에 통보
·········· 무역협상위원회가 일반이사회에 보고
일반이사회는 분쟁해결기구와 무역정책검토기구로서 개최되기도 한다.

[그림 5-2] WTO 조직구조

모든 WTO 회원국들은 상소기관, 분쟁해결 패널, 섬유감시기관 및 복수국간 협정 관

련 위원회를 제외한 모든 이사회 및 위원회 등에 참석할 수 있다. 서비스무역이사회 산하기관은 금융서비스, 국내규제, GATS 규범 규정과 구체적 약속(specific commitments)을 담당하고 있다.

일반이사회와 동급인 분쟁해결기관도 그 산하에 두 개의 부속기관을 두고 있다. 즉, 미해결 분쟁에 대해 판결하는 분쟁해결 패널과 상소(appeals)를 다루는 상소기관이 있다.

5) 사무국

사무국(Secretariat)은 WTO의 사무총장(Director-General)을 최고책임자로 설치하고 있으며 WTO의 관련 행정관리를 담당하고 있다. 사무총장은 각료회의를 통하여 임명되는 데 각료회의에서 사무총장의 권한, 의무, 근무 조건, 임기를 명시하는 규정을 채택하면(제6조 제2항), 임명된 사무총장이 각료회의가 채택하는 규정에 따라 사무국의 직원(staff)을 임명하고, 이들의 의무와 근무조건을 결정하는 방식을 취한다.

사무총장 및 사무국 직원은 국제관리(international officials)로서 임무수행에 있어 독립성이 보장되며, 이에 따라 임무수행에 있어서 해당국 정부나 WTO밖의 국가, 또는 회원국들로부터 어떠한 영향도 받지 않도록 되어 있다(제6조 제4항)[72].

2.4 GATT의 구조와 조직

GATT 조직은 크게 총회와 각료회의, 이사회, 위원회, 사무국 등으로 나누어 볼 수 있다. 총회는 GATT의 최고 의사결정기구로써 매년 1회 개최된다. 가맹국당 1표의 표결권이 부여되며, 통상적인 안건에는 주로 과반수 찬성으로 결정되지만, 가맹국의 의무면제 승인이나 협정의 개정 등에 대해서는 2/3 찬성으로 결정된다. 총회에는 가맹국뿐 아니라 국제기구 및 비가맹국의 대표도 참여할 수 있게 되어 있다.

각료회의는 국제무역의 중요 문제를 토의하기 위해 비정기적으로 개최된다. 각료회의는 GATT의 정식기구가 아니기 때문에 각료회의의 결정사항이 총회에 대한 법적 구속력을 갖고 있지는 않다.

이사회는 주로 총회가 열리지 않는 기간에 발생하는 긴급한 문제를 토의하거나 혹은 총회의 준비작업을 담당한다. 또한 이사회는 총회로부터 위임받은 사항에 대해서 결정

72) 실행 가능한 범위 내에서GATT 1947 사무국이 WTO의 사무국이 되며 WTO설립협정 제6조 제2항에 따라 각료회의가 사무총장을 임명할 때까지 GATT 1947사무총장이 WTO이 된다(제16조 제2항).

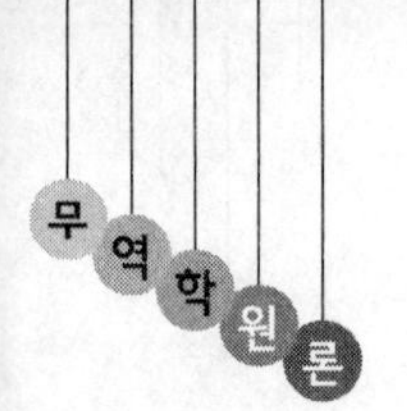

을 내리기도 한다. 다만 긴급한 결정을 요하는 문제에 대해서는 이사회가 먼저 결정을 내리고 추후 총회의 최종승인을 받는 등 이사회는 탄력적으로 운영되었다.

이러한 이사회는 산하에 있는 위원회와 작업그룹, 기타 보조기구들의 업무를 감독하며, 회원국에 대한 자문 역할을 담당하면서 GATT 활동을 감독하는 핵심적인 역할을 담당한다. 이사회는 1960년 설립 이후 주요 결정사항 등을 만장일치에 의해 결정하였고, 구성원은 전체 회원국의 약 2/3 수준으로 연평균 9~10회 개최되었다.

위원회는 중요 사항을 심층적으로 검토하기 위해 이사회의 결정에 의해 설치되며, 대개 상설로 운영된다. 이러한 GATT의 조직을 그림으로 나타낸 것이다.

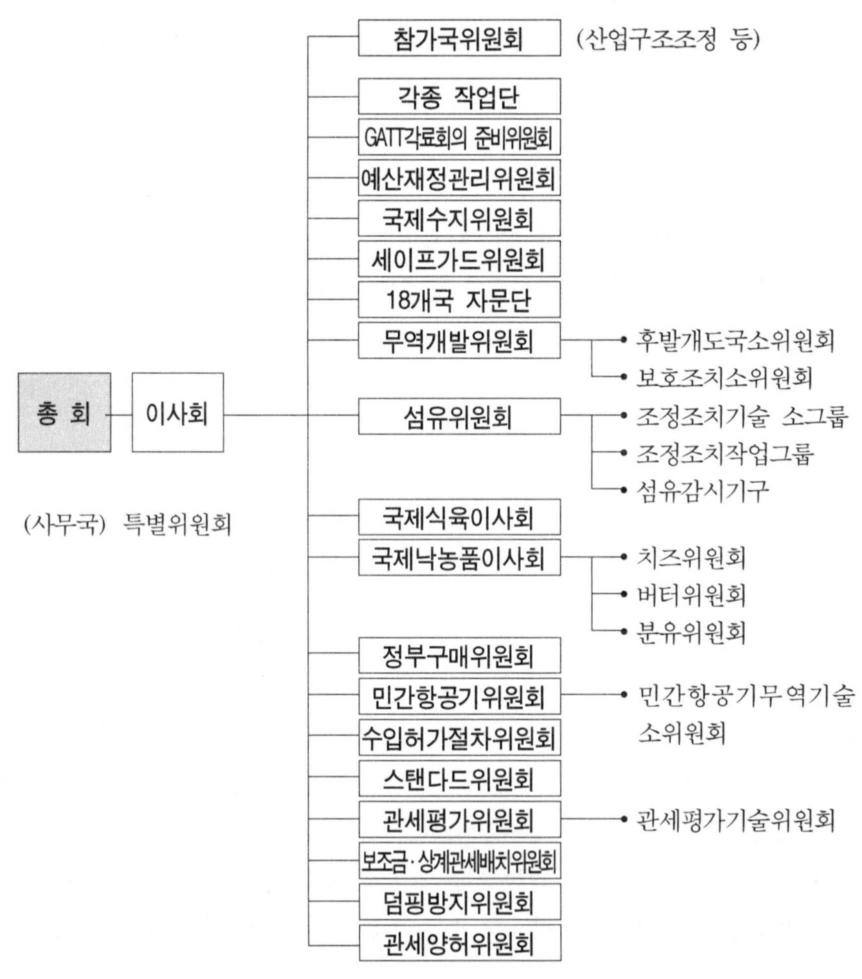

[그림 5-3] GATT 조직

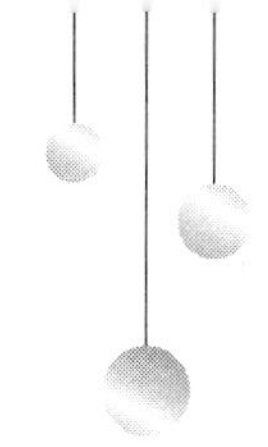

2.5 GATT와 WTO의 조직 비교

GATT는 관세 및 무역에 관한 일반협정으로서 동 협정의 효율적인 운영을 위해 국제기구처럼 운영해 온 것에 불과했다. 반면 WTO는 GATT의 기존 기능을 강화시키고 국제교역환경 변화에 따라 새로이 부상한 교역과제를 포괄하고 회원국들의 무역관련 법, 제도, 관행 등의 명료성을 제고하고자 노력함에 따라 그 조직도 이에 걸맞게 변화하여 왔다.

GATT 조직과 비교해 WTO 조직의 가장 큰 특징은 GATT의 최고 의사결정기구인 총회 대신 각료회의가 최고 의사결정기구인 동시에 집행기관이라는 점이다.GATT 체제에서의 각료회의는 비정기적으로 개최되었으며, GATT의 정식기구가 아니었다.

각 체제의 이사회를 살펴보면, GATT의 이사회는 총회의 산하로 구성원이 GATT 가입국이면 누구나 참가할 수 있도록 개방되어 있으나, 전체 가입국의 약 2/3 정도로 구성되어 있다. 반면 WTO 이사회는 각료회의 산하로 모든 회원국의 대표로 구성되어 있다. 그러나 공통된 점은 이사회가 GATT와 WTO 체제 모두 에서 중심적인 역할을 담당하고 있었다.

WTO 조직의 특징 중 또 하나는 일반이사회 산하에 분쟁해결기구를 신설하여 회원국간의 무역분쟁을 해결할 수 있도록 하고 있다는 점이다. GATT 체제에서는 분쟁해결규정이 GATT 협정상의 여러 조항에 산재해 있었으나, WTO 체제에서는 이와 같은 규정들을 하나로 통합하는 동시에 일반이사회 산하에 분쟁해결기구로 일원화함으로써 기능이 강화되었다.

GATT와 WTO 조직의 운영 측면에서 의사결정방식을 비교해 보면, WTO 체제의 의사결정방식 중 투표 요건이 GATT 체제보다 더욱 강화되었다. GATT 체제에서의 의사결정은 컨센서스에 기초한 합의로 어느 한 회원국이라도 명시적인 반대를 표명하면, 합의에 도달할 때까지 토론이 이루어진 후 결정하는 것이 관례였다.

WTO도 기본적으로는 GATT 체제의 전통을 이어 받아 대부분의 의사결정은 컨센서스에 의한 합의를 원칙으로 하고 있다. 그러나 회원국간 컨센서스에 의한 합의가 어려울 경우 1국 1표의 투표에 의한 다수결방식을 도입하고 있다. GATT 체제의 경우도 가맹국이 하나의 투표권을 가지고 있으며(GATT 25조 3항), 회원국의 의무면제에 관한 사항, 협정개정, GATT 가입 등에 대해서는 2/3 다수에 의해 승인되어야 한다(GATT 25조, 30조, 33조). 이에 반해 WTO 체제의 투표 요건은 더 복잡해지고 강화되었다. 즉, WTO 협정 또는 다자간무역협정의 해석의 채택에 관한 결정에 대해서는 전체 회원국의

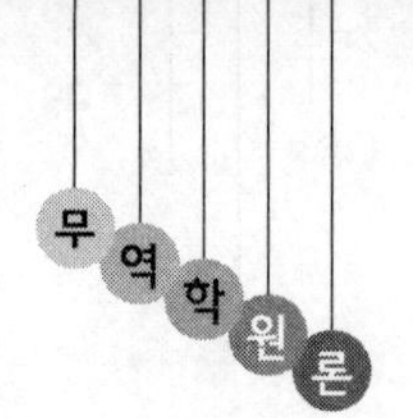

3/4 찬성, 회원국의 의무면제 결정은 3/4 찬성, 회원국의 의무와 권리를 변경시키는 다자간무역협정 규정에 관한 개정은 2/3 찬성으로 찬성한 회원국에 대해서만 발효, 신규 회원가입 승인은 2/3 이상의 승인을 받아야 한다(WTO 설립협정 9조, 10조, 12조). 이처럼 과거 GATT 체제의 경우보다 강화된 투표 요건은 다수국가에 의한 담합을 방지하기 위해 도입되었다는 주장이 있다.

2.6 WTO 체제의 특징

1) WTO 체제의 특징

GATT는 발족 이후 국제기구로서의 역할을 수행해 왔으나 기본적으로 국제협정으로서의 성격을 가지고 있었기 때문에 국제기구로서 효과적으로 임무를 수행하는 데에는 태생적 한계를 가질 수밖에 없었다. 이에 비해 WTO는 법인격을 가진 국제기구로서 회원국들로부터 기능 수행에 필요한 법적 지위를 부여받았다. 여기서 법인격을 가지고 있다는 것은 WTO가 국제법상 권리 및 의무이행의 주체가 되고 법적 구속력을 갖는 행위를 할 수 있음을 의미하며 다음과 같은 특징을 갖고 잇다.

첫째, WTO는 무역 분쟁에 대해 실질적인 구속력이 없었던 GATT의 한계를 극복하고 무역 분쟁을 판결할 수 있게 되었으며, 아울러 각국의 통상정책에 대한 강제적인 법적 구속력을 행사할 수 있게 되었다.

둘째, GATT가 단순한 국제협정으로 실질적인 구속력을 가지고 이를 뒷받침할 강력한 집행기관이 없었던 데 비해, WTO는 정식국제기구로서 지속적으로 일관성을 가지고 국제무역에 대한 모든 규범을 관장하고 실무를 담당하는 다수의 하위기구를 두고 있다.

WTO는 최고의사 결정기구로서 각료회의(Ministerial Conference)가 있다. 각료회의는 WTO 다자무역협정하의 모든 문제에 대한 결정권을 가진 기관이다. 그 아래 차상위 기구로서 일반이사회(GC: General Council), 분쟁해결기구(DSB: Dispute Settlement Body), 무역정책검토기구(TPRB: Trade Policy Review Body)가 있다.

이 세 기관은 비록 서로 다른 위임사항을 가지고 있으나 사실상 동일한 조직으로 볼 수 있으며 흔히 모두를 일반이사회라고 부르기도 한다. 즉, 일반이사회는 WTO의 모든 영역에서 각료회의 업무를 대행하는데, 회원국간 분쟁을 해결하기 위해서는 분쟁해결기구로, 회원국의 무역정책을 검토할 때는 무역정책검토기구라는 이름으로 회의를 갖기 때문이다. 세 기구는 모두 WTO 전체 회원국으로 구성되어 있으며, 각 기구들은 각료회의에 그들의 활동을 보고하도록 되어 있다.

제3순위 기구로 상품무역이사회(CTG: Council for Trade in Good), 서비스무역이사회(CTS: Council for Trade in Service), 지식재산권이사회(CTIPR: Council for Trade-Related Aspects of Intellectual Property Rights) 등 3개의 이사회가 있으며, 그 외에도 무역환경위원회(CTE: Committee of Trade and Environments), 무역개발위원회(CTD: Committee of Trade and Development), 국제수지위원회(BOP: Committee of Balance of Payment), 예산·행정위원회, 지역협정위원회(CRA: Committee of Regional Agreement) 등이 있다.

셋째, WTO 출범 이후에는 공식적인 각료회의가 정례적으로 열리게 되었다. 과거 GATT 체제하에서 각료회의는 회원국간 다자간 무역협상과 같은 대규모 협상을 출범 또는 마무리하기 위해 비정기적으로 개최되었다. 그러나 WTO 체제에서는 회원국 각료들이 정기적으로 모여서 WTO의 운영에 관한 실제적인 논의를 담당하게 되었다. WTO 설립협정문 제4조 1항에 의하면 회원국 각료회의는 적어도 2년에 한 번 이상(at least once every two years) 개최하도록 되어 있다.

2) WTO와 GATT의 대상 및 규범 효력의 차이

WTO 체제에서는 또한 GATT 체제보다 규율이 크게 강화되었다. 무엇보다 GATT 체제에서 일반 원칙에서 벗어나 예외적으로 인정되어 왔던 각종 예외규정이 WTO 체제에서는 크게 축소되었다. GATT 제25조 5항(waiver)의 개정을 통해GATT 의무면제를 억제 또는 철폐하도록 하였으며, WTO 설립협정문을 통해 원칙적으로 조부조항(Grandfather Clause) 적용을 폐지하도록 하였다. GATT 출범 당시 용인되었던 조부조항이 WTO 출범에서 배제됨으로써 WTO 회원국들 모두가 공정한 출발을 할 수 있는 법적 기반이 마련되었다.[73] 여기서 WTO 협정이 종전의 GATT 1947과 달리 회원국으로 하여금 자국의 국내규범을 WTO 협정에 일치시키도록 하는 의무를 부여하고 있다는

---

73) 조부조항은 GATT 가입시 GATT 규정과 합치하지 않는 일부 기존의 국내조치를 그대로 유지하되, 향후 그러한 조치들을 개정할 경우에 GATT 규정에 일치시킨다는 것을 전제로 GATT 가입시 GATT 조항과 일치하지 않는 국내규제를 용인해 주는 GATT의 대표적인 의무예외조항이다. 일부 국가(주로 선진국)에게 GATT 규정에 위배되는 조치를 일정기간 허용하는 결과를 낳게 되어 GATT 출범부터 불공평한 출발을 만들게 된다. WTO 협정에서는 이러한 조부조항을 삭제하여 회원국간 공정한 출발을 도모하고 있다.

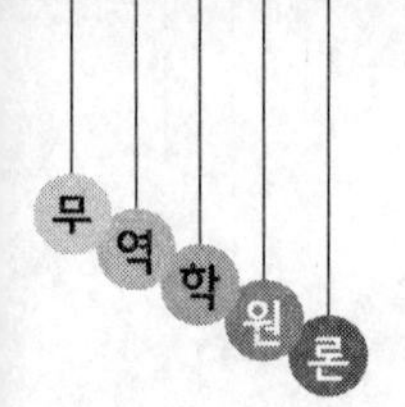

(WTO 협정 제16조 4항)점도 WTO가 기존 GATT와 구분되는 특징의 하나이다.

그리고 WTO 협정에 부합되지 않는 국내 규범은 모두 금지하도록 하고 있다. 한편 GATT 체제에서는 상품무역만을 관장하고 있어 보복조치도 상품만으로 한정되어 있었다. 그러나 WTO 체제에서는 상품은 물론 서비스, 지식재산권 등 서로 다른 분야로의 교차보복을 허용함으로서 WTO 협정을 위반하는 회원국에 대한 제재조치를 크게 강화하였다.

특히, WTO 체제와 GATT 체제의 가장 큰 차이는 이전에 비해 크게 강화된 분쟁해결제도와 함께 회원국의 무역정책을 검토할 수 있는 무역정책검토제도(TPRM)를 두고 있다는 점이다. WTO는 무역분쟁의 효과적 해결을 위해 분쟁해결절차를 도입하고 상설기관으로 분쟁해결기관을 신설하였으며, 분쟁해결을 개별 회원국 차원이 아닌 다자체제의 규율 아래 두었다. 사실 분쟁해결과 관련해서 GATT체제에서는 명확한 관련 조항이 없다고 볼 수 있으며, 관련 절차규정이 여러 조항에 걸쳐 분산되어 있었다.

그러나 WTO 체제에서는 분쟁해결절차를 확대, 강화하면서 분쟁해결에 관한 규칙 및 절차에 관한 양해(DSU)를 채택하였다. 아울러GATT 분쟁해결절차의 한계를 극복하기 위해 통일된 분쟁해결제도, 절차의 신속화, 패널보고서의 자동채택 및 상소제도 등을 WTO 체제에 새롭게 도입하였다. 이에 따라 GATT 체제에서는 어느 한 회원국의 거부로 패널보고서 채택이 불가능할 수 있었으나, WTO 체제에서는 사실상 패널보고서가 자동 채택됨으로써 패널진행의 신속성과 효율성을 높일 수 있는 제도적 장치가 마련되었다. 특히 패널 진행의 지연을 방지하기 위해 진행단계별로 시한을 설정하고 있으며, 양자협의 실패 시에도 합리적 이행 기간을 부여할 수 있도록 되어 있어 신속한 분쟁해결을 가능하게 하였다.[74)]

마지막으로 WTO 체제는 무역정책검토기관을 새롭게 설치하여 회원국 전체의 무역제도와 관행을 정기적으로 검토·평가하는 것도 WTO의 특징이다. 무역정책검토기관은 회원국의 대외무역정책 전반을 조사해 그 결과를 회원국에 알리고, 공정한 경쟁을 저해하는 각종의 무역장벽을 철폐하기 위한 목적에서 만들어졌으며[75)], 모든 WTO 회원국은

---

74) 과거 GATT 체제하에서의 분쟁해결절차는 패널설치나 구성, 패널위임사항 등을 결정하고 패널보고서 채택 시 컨센서스 방식을 채택했기 때문에 분쟁 당사자는 이 절차를 차단하거나 지연시킬 수있었다. 또 패널보고서는 최종적으로 이사회에 의해 컨센서스 방식으로 채택하게 되어 있었다. 그러나 WTO 체제에서는 패널의 설치, 패널 및 상소보고서 채택, 보상 및 양허정지의 승인 등에 있어 역합의제 방식을 채택함으로써 과거 GATT 체제하에서 자국에 불리한 보고서가 작성될 경우 당사국이 이사회에서 보고서 채택을 지연시키거나 거부시켰던 관행을 배제하였다.

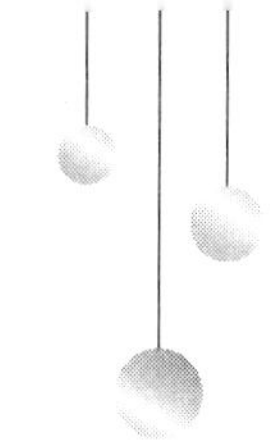

교역 규모에 따라 2~6년마다 한 번씩 무역정책검토를 받게 되어 있다.

무역정책검토는 회원국의 무역정책과 관행에 중점을 두고 검토되지만 동시에 회원국의 일반경제 및 경제개발 관련 상황과 정책의 목표, 그리고 회원국이 직면하고 있는 대외경제 환경 등을 종합적으로 고려한다. 따라서 무역정책검토는 여타 회원국이 해당 회원국의 무역정책에 대한 이해를 높이는 장치가 됨은 물론 회원국 각자가 WTO 규범을 성실히 준수하게 만드는 역할을 수행하고 있다.

〈표 5-8〉 GATT 및 WTO 체제 비교

		GATT	WTO
조직 및 운영의 차이	체제 성격	임시적, 잠정적	항구적
	법적 구속력	미흡	강화
	각료회의 개최	비정기적(회원국 발의)	정례적(2년에 1번)
규율대상 범위 및 규범의 구속력 차이	규율 범위	상품	상품(농업포함), 섬유, 서비스, 지식재산권, 무역관련 투자조치 등
	규범강화	- 예외(웨이버, 조부조항 등) 인정 - 반덤핑조치 자의적 운용 - 분쟁해결제도 관련 조항의 미흡	- 예외규정 축소 및 폐지 - 반덤핑조치 발동기준과 부과 절차 명료화 및 강화[76)] - 분쟁해결제도 절차 강화 - 무역정책검토기관 신설
	시장개방	- 주로 관세인하에만 중점 - 비관세장벽 철폐 노력 미흡	- 관세인하 및 철폐 - 비관세장벽 철폐 강화
	국내법 일치의무	GATT협정과 국내규범 일치의무 없음	WTO 협정과 국내규범 일치의무명시(제16조 4항)
	보복조치	상품에만 한정	교차보복 허용

75) 무역정책검토의 목표는 다음과 같다: △ 정기적인 감시를 통한 회원국 무역정책 관행의 투명성 및 이해 제고, △ 당면 과제에 관한 일반 국민 및 정부 간 논의의 질적 향상, △ 무역정책이 세계무역체제에 미치는 영향에 대한 다자간 평가.

76) 조부조항은 GATT 가입시 GATT 규정과 합치하지 않는 일부 기존의 국내조치를 그대로 유지하되, 향후 그러한 조치들을 개정할 경우에 GATT 규정에 일치시킨다는 것을 전제로 GATT 가입시 GATT 조항과 일치하지 않는 국내규제를 용인해 주는 GATT의 대표적인 의무예외조항이다. 조부조항은 일부 국가(주로 선진국)에게 GATT 규정에 위배되는 조치를 일정기간 허용하는 결과를 낳게 되어 GATT 출범부터 불공평한 출발을 만들게 된다. WTO 협정에서는 이러한 조부조항을 삭제하여 회원국간 공정한 출발을 도보하고 있다.

2.7 WTO 체제의 문제점

GATT를 대신하여 탄생된 WTO를 중심으로 한 새로운 다자간무역체제는 GATT와는 달리 의사결정이나 분쟁해결절차에 있어 구속력 있는 공식기구라는 점에서 안정적인 국제무역질서를 확립할 수 있을 것으로 본다.

그리고 WTO의 다자간무역체제는 그 동안 회원국들의 관세장벽은 지속적으로 축소되었으며 관세양허 비중은 거의 100%에 육박하고, 이로써 세계 무역이 크게 확대 되고 또한 WTO의 강화된 분쟁해결제도는 WTO 협정이 관장하는 상품교역, 서비스교역 및 지식재산권 분야에서 효과적인 분쟁해결수단으로 WTO가 정착하는 데 크게 기여하였다.

그러나 WTO 체제가 이룩한 다양한 성과에도 불구하고 현행 WTO 중심의 다자간무역체제에 대한 많은 문제점이 대두되고 있다.[77)]

첫째, 의사결정의 비효율성에 대한 문제이다. 현행과 같이 협상 참가국들의 켄센서스(consensus)에 기초하여 의사를 결정하는 방식은 회원국이 157개국으로 늘어난 현실을 감안할 때 전근대적이고 매우 비효율적이라는 비판이 제기되고 있다.

이러한 비판은 시애틀 각료회의의 무산을 기점으로 국제적인 논쟁으로 부상했으며 특히, 서덜랜드(Sutherland)보고서는 WTO의 의사결정의 비효율성으로 인해 회원국들이 다자주의보다는 지역주의를 통한 무역자유화에 더 깊은 관심을 갖게 되었고 이로 인해 WTO중심의 다자간통제체제가 위협받고 있다 지적하고 있다.

그리고 개발도상국들은 현행 WTO의사결정이 제한적 소수의 선진 회원국들 위주로 구성된 비공식협의(그린룸 :수시로 막후협상이 벌어지는 곳)를 통해 이루어지고 있다고 비난하면서 의사결정의 민주적 정당성 결여를 강하게 비판하기도 한다.

둘째, WTO 분쟁해결제도에 대한 것으로 분쟁결과에 따라 채택된 패널보고서의 이행이 유효하지 않다는 것이 문제점으로 지적되고 있다. 2005년 10월 기준으로 패널보고서가 작성된 총 100건의 제소 가운데 패널보고서를 이행하고 있거나 이행을 완료한 경우는 68건에 불과하며 분쟁건수를 기준으로 할 경우에는 이행률이 61%에 지나지 않는다. 특히 최근 들어 이행률이 떨어지고 있어 WTO분쟁해결제도 전체에 대한 신뢰문제로 확대되고 있다.

셋째, WTO 내부의 의사결정과정의 투명성 제고에 대한 문제이다. WTO투명성 문제

77) 서진교외, WTO 체제의 개혁 방향과 한국의 대응, 대외경제정책연구원, 2008. 12. 30. 및 오수균 외, 무역의 이해, 탑북스, 2011.참고로 정리

는 내부에서 진행되는 주요 안건에 대한 의사결정을 포함하여 각종 회의나 분쟁해결에 대한 정보접근성의 문제를 말한다. 의사결정이 불투명하다고 제기하는 국가는 개도국들이며 이들 회원국들은 WTO각료회의를 준비하는 과정과 각료회의 자체의 내부절차가 개도국에 적절히 공개되지 않고 있으며 이에 따라 의제의 선정이나 의사결정과정에서 개도국의 이해가 제대로 반영되지 않고 있다.

그리고 시민사회단체와 비정부기구(NGO)들은 WTO의 모든 정책결정과정과 활동이 투명하게 공개되어야 한다는 관점에서 WTO에 대한 정보접근성 문제와 WTO정책결정과정에서 관련 NGO 및 시민단체의 참여를 제기하기도 한다.

넷째, 1990년대 중반 이후 급속히 확대되기 시작한 FTA 등 지역주의 확산이 WTO 중심의 다자간무역체제를 위협하는 요인이 되고 있다.

지역무역협정은 WTO 출범 이후 급속히 늘어났고 이에 따라 지역무역협정에 의한 무역거래가 전체 무역거래의 50%를 넘어서고 있다. WTO도 지역무역주의와 관련된 규범을 가지고 있다.

그러나 규범 자체가 명료하지 않아 지역무역협정으로 확산으로 인해 GATT/WTO의 근본 철학인 최혜국 대우와 무차별대우의 원칙이 크게 손상되었다는 지적이다. 이에 따라 DDA에서는 지역무역협정의 WTO규범 일치를 두고 규정작업이 진행되고 있으나 지역무역협정에 의한 시장개방 확대가 다자주의에 기초한 전 세계적인 무역자유화에 어떻게 기여할지에 대한 판단이 명확하지 않은 상태에서 지역주의를 보는 이해관계가 다른 회원국 간 입장 차이로 인해 개선 논의는 답보상태에 놓여 있다.

넷째, 국제무역의 흐름 및 질서와 관련하여 국제사회에서 새롭게 부각되고 있는 주요 이슈에 대한 미흡한 대응문제이다. 예를 들면 개도국의 빈곤퇴치와 경제개발 문제, 인간과 동물의 건강과 안전 및 지속가능한 발전을 위한 환경문제, 노동자의 권익과 복지와 관련된 노동과 무역문제 등에 대해서도 WTO가 적절히 대응하지 못하고 있다.

반세계화를 주장하는 일부 비정부기구나 시민단체는 윤리적인 기준에 관한 적절한 고려없이 신자유주의를 촉진시키려는 국제기구와 세계화 남용에 반대하며 선진국과 개도국 간의 경제적 차이를 고려하지 않고 환경과 건강, 노동자의 복지를 보호하는 적절한 조치가 없는 자유무역의 확대는 산업화된 국가의 경쟁력만 강화시켜줄 뿐이라고 주장하기도 한다. 이들은 세계무역의 불평등 구조와 회원국 간 힘의 불균형을 고려할 때 현행 WTO체제 아래에서 이러한 문제를 해결하는 어렵다고 보고 있다.

특히, 자국법과 WTO와 같은 국제협약의 적용에 있어 자국법 우선 주의 원칙을 내세

움에 따라 WTO의 운용에 있어 여러 가지 문제점이 예상된다.

첫째, 미국은 대외통상문제에 있어서 UR과 이국 간 쌍무협상을 동시에 활용하는 복합방식을 채택하고 있다. UR에 포함되지 않거나 미 타결분야에 대해서 무역상대국의 불공정무역 관행이 있을 경우 통상법 301조를 적용하여 보복한다는 의사를 UR 타결 직후 발표하였으며, 1994년 3월 클린턴 대통령은 행정명령으로 슈퍼 301조를 부활시켜 1994~95년의 2년간 한시적 운용하였다.

둘째, 미국은 슈퍼 301조 발동에 대한 WTO의 견제를 봉쇄하기 위해 UR협정의 이행안 준비과정에서 다음과 같은 두 가지 독소 조항을 마련하였다. ① WTO의 결정이 미국의 실정법과 대립될 경우 미국법대로 집행한다는 국내법 우선 원칙이며, ② WTO가 5년 내 세 번 이상 미국의 이해에 어긋나는 결정을 할 경우 의회의 의결을 거쳐 곧 바로 탈퇴할 수 있다는 조항이다.

WTO는 분쟁당사국의 권익침해 여부의 판단은 물론 패널이나 상소기구 판정의 불이행 여부 및 불이행시 제재조치 등 모두 분쟁해결기구(Dispute Settlement Body : DSB)의 다자적 판정을 선결요건으로 확립함으로써 일방주의를 금지하고 있다. 따라서 WTO의 분쟁해결절차는 슈퍼 301조와 같은 일방적 무역체제조치를 억제하고 국가 간의 통상마찰을 통일된 규범 아래서 공정히 해결하자는 취지이므로 미국이 슈퍼 301조를 통상압력으로 사용할 경우 미국과 다른 국가 사이의 마찰소지가 매우 크다.

그리고 미국의 독점금지법은 기업이 속해있는 국가나 영업행위로 장소를 불문하고 미국 기업에 직·간접으로 피해를 준다고 판단되는 외국기업에 대해서도 적용한다는 방침으로 내정간섭도 불사하겠다는 의지를 표명하고 있다. 미국은 이를 토대로 그 동안 강압적인 쌍무협상을 진행하여 왔는데 그 대표적인 예가 일본과의 자동차 협상 및 항공화물협상으로 무역보복의 수단을 동원하여 자국이익확보에 전력하였다.

이러한 현상은 미국의 주도적인 세계경제질서 재편성에 대응할 국가나 세력은 물론 WTO 내에서도 미국을 견제할 힘을 가진 국가가 없기 때문이다. 따라서 미국의 상기와 같은 방식의 독자 노선의 정책을 추진하고, WTO는 미국의 이해를 크게 해치지 않는 사소한 분쟁이나 처리하는 명목상의 기구로 전락할 것이라는 우려가 대두되고 있다.

그리고 가장 큰 문제는 개발도상국들이 WTO협정을 준수하는 데 따른 이행 비용이다. 예를 들어 핑거(2000)[78]는 관세개혁, 지적재산권, 동식물 위생 및 검역에 관한 협

78) J. M. Finger, 'The WTO's Special Burden on Less Developed Countries : The Development Challenge', *The World Economy* 23, (2000), pp.425-437.

정의 이행비용에 대해 12개 개발도상국을 개산한 결과 개발도상국에서 국내 규정을 정비하는 데 드는 평균비용은 무려 1억5000만 달러에 달할 수 있다고 하였다. 이 액수는 이들 8개 나라의 연간 개발예산 총액보다 많다. 이처럼 높은 비용 때문에 개발도상국들이 협정의 의무사항을 충족시키지 못하였다. 2000년 1월 WTO의 개발도상국 회원 109개국 가운데 최대 90개국이 동식물 위생 및 검역에 관한 협정, 관세사정, 무역관련 지적재산권에 관한 협정을 위반하고 있다. 개발도상국들은 이런 협정을 준수하는 것보다 교육과 같은 기본적인 개발목표에 투자하는 것이 훨씬 더 매력적이라고 말한다.

그리고 도하라운드의 규정협정 이행비용 및 싱가포르이슈 차원에서 제안된 개혁방안 가운데 많은 사안들이 비용이 많이 들 수 있다. 예를 들어 새로운 경쟁체제가 등장한다면 이를 이행하기 위한 경쟁법률이 요구된다. 이 법률은 기술적이며 여기에는 제도적인 기법과 자원이 요구되지만 개발도상국에서는 그러한 요구를 충족하기가 어렵고 또한 경쟁법을 집행하는 데에는 많은 비용이 들 것이다. 경제협력개발기구와 각국의 자료에 따르면 경제협력개발기구 회원국에서 반독점기구를 유지하는 데 드는 연간 예산은 1,500만 달러에서 최대 5,000만 달러이다.

그리고 집행기구를 갖춘 개발도상국의 경우 그 예산은 낮지만 그래도 상당한 액수이다. 예를 들어 반독점사무소를 설치하는 데 드는 비용이 멕시코 1,400만 달러, 폴란드 410만 달러, 헝가리 200만 달러, 아르헨티나 140만 달러가 든다. 이 정도의 액수로 과연 이러한 국가가 과연 적절한 집행기구를 설치할 것인가 의구심이 든다.

무역촉진비용도 일부 국가들에게는 큰 것일 수 있다. 예를 들어 세계은행은 튀니지가 통관절차를 간소화하고 현대화하는 사업을 지원하는 데 1999년 제공한 대출금 총액은 3500만 달러였다. 그리고 폴란드의 항만시설의 물리적 기반 및 관리 기반을 개선하는 데 3800만 달러를 대출하였다.[79)]

광범위한 관세개혁까지 포함하는 관세사정에 관한 세계무역기구 협정을 이행하기 위한 사업에 드는 비용은 160만 달러에서 1620만 달러로 추산되었다. 예를 들어 통관절차를 전산화하고 간소화하는 데 튀니지의 6년짜리 사업에는 비용이 1620만 달러든다.[80)] 그러나 볼리비아는 광범위한 관세 개혁을 이행하는 데 그 비용이 3850만 달러

79) Wilson, John S. (2000), 'Trade Facilitation Lending by the World Bank-Recent Experiences, Research and Capacity Building Initiatives', draft paper prepared for the WTO Workshop on Technical Assistance and Capacity Building in Trade Facilitations, Geneva.

80) Finger, J. M, and P. Schuler(2000), 'Implementation of Uruguay Round Commitments : The Development Challenge ', *The World Economy* 23, pp.511-525.

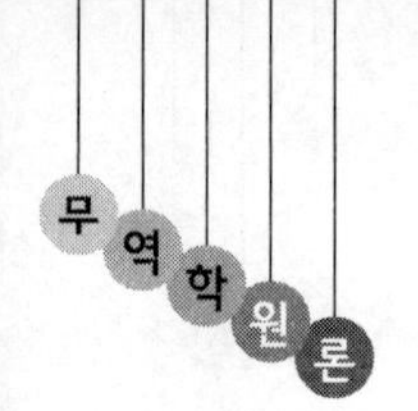

들어갔다.

따라서 싱가포르 이슈와 관련된 이행비용의 크기는 도하라운드에 싱가포르이슈를 포함시키는 것이 온당하냐하는 의문을 제기한다. UR가 주는 중요한 교훈은 규정변경이 개발도상국에게 크고도 많은 미준수 국가들의 경우 받아들일 수 없는 부담을 가했다는 사실이다. 그 규정들은 개발문제를 거의 의식하지 않고 후발도상국의 제도적 역량을 거의 평가하지 않은 채 구축된 것 같다.

2.8 WTO의 현안들 [81]

2007년 현재 WTO회원국은 2001년 말에 가입한 중국을 포함하여 150개국에 이른다. 또한 러시아 연방과 우크라이나 등을 포함한 25개국이 WTO가입을 위해 협의 중이다. WTO는 출범 이래 국제적인 자유무역의 촉진을 위해 많은 활동을 하여 왔다. WTO의 창시자들은 이 기구가 부여된 권한을 통해 GATT 규범 보다 더 효과적으로 국제무역 규정들을 집행할 수 있을 것으로 기대하였다.

특히 WTO는 서비스 등과 같은 영역에서 무역거래를 보호하고 촉진시키는 역할을 할 것으로 큰 기대를 가졌으며 지금까지 잘 부응하여 왔다. 그러나 1999년 시애틀에서 개최되었던 WTO회담이 결렬되고 다음 무역회담인 도하라운드에서도 지지부진한 상태가 지속되는 등 앞으로 WTO가 나아갈 방향에 대해 많은 의문이 제기되고 있다.

그리고 1999년 말 WTO회원국의 대표들이 미국 워싱턴 주 시애틀에 모여 국제무역과 투자에 대한 장벽을 낮추기 위한 소위 '밀레니엄 라운드(millennium round)'라는 회담을 가졌다. 핵심안건은 농산물의 국제무역, 서비스분야의 무역 및 투자에 대한 장벽을 낮추는데 있었다. 그러나 1999년 12월 3일 회담을 끝내면서 차기 회담의 주요 목표에 대해 합의를 보지 못하였다.

첫째, 미국과 EU 사이의 농업보조금 철폐에 대해 서로 다른 의견으로 대립되어 결렬되었다. 미국은 보조금의 우선 철폐를 원했고 EU는 전통적으로 농업계의 로비가 정치적으로 큰 영향력을 행사하고 있었기 때문에 이를 수용할 수 없었다.

둘째, 미국은 WTO규정에 기본적인 노동권을 포함시키고자 하였다. 즉, 공정한 노동관행을 준수하지 않는다고 판단되는 국가로부터 수입되는 제품에 대해 관세부과를 허

81) Charles W. L. Hill, (최순규, 신형덕 옮김), 국제경영, 도서출판석정, 2009, pp.290-294. 참고 및 내용정리

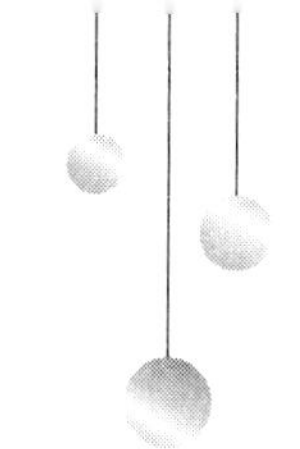

용하길 원하였다. 그러나 개발도상국들은 가난한 국가로부터의 수입을 제한하기 위한 법적 수단을 모색하려는 것에 불과하다고 일축하였다.

셋째, WTO회담은 환경론자, 인권단체, 노동조합들로부터 많은 비판과 논쟁을 불러일으켰다. ① 환경론자들은 농업분야에 있어 자유무역이 사막화를 초래할 수 있다고 우려하였으며 개발도상국으로부터 수입되는 원목에 대한 낮은 관세는 목재수요를 자극하여 말레이시아, 인도네시아의 처녀림 벌목을 가속화할 것이라고 주장하였다.

또한 일부 WTO규정이 환경정책에 부정적인 영향을 준다는 점을 지적하였다. 미국이 WTO에서 패소한 새우-바다거북 사건의 경우처럼 환경보호조치 보다는 WTO회원국 간에 차별적인 행위가 발생할 우려가 있다고 주장하였다. 그러나 환경단체들은 거북이의 멸종위기를 막기 위한 규칙은 제정되어야 한다고 주장하였다. ② 인권단체들은 WTO가 열악한 환경 속에서 미성년자 노동이 자행되는 국가로부터의 수입을 금지하는 규정을 제정하지 않는다고 주장하였다. ③ 노동조합들은 저임국가로부터의 수입을 허용하여 고임금 국가의 일자리를 사라지게 하는 WTO 무역 규정을 반대하였다.

그러나 WTO와 자유무역을 지지하는 사람들은 이러한 우려에 동의하지 않았다. WTO는 어디까지나 국가의 이익을 지키기 위한 것이지 국가를 전복시키기 위해서 있는 것이 아니라는 점을 거듭 강조하였다.

특히 WTO는 자유무역에 반하는 조치를 취하는 당사국들을 견제할 수 있는 능력이 결여되어 있고, 단지 규정을 위반하는 국가에 대해서 피해국가로 하여금 보복관세를 부과하도록 승인할 수 있긴 하지만 여전히 권한이 제한되어있다는 것이다. 이와 함께 자유무역을 지지하는 사람들은 부유한 국가들과는 달리 가난한 국가들은 엄격한 환경관련 법규를 제정하고 열악한 노동조건을 개선할 수 있는 여력이 없음을 지적하였다.

그런 관점에서 WTO지지자들은 자유무역을 통해 개발도상국에서 삶의 질이 높아질 수 있다면 결과적으로 보다 엄격한 환경이나 노동관련 법제들이 제정될 수 있을 것이라고 반박하였다. 또한 개발도상국이 자국 산업을 보호할 목적으로 무역을 규제하는 것을 오히려 자기파멸적 결과를 초래할 수 있다고 지적하였다.

WTO는 전체 150개의 회원국 중 약 110개에 해당하는 많은 개발도상국의 대표들 또한 환경론자들의 주장과 인권이나 노동권을 옹호하는 자들의 주장을 수용하지 않고 있다. 단지, 경제성장을 통해 가난에서 벗어나기 위해 수출에 의존해야 하는 개발도상국들은 선진국의 환경, 인권 그리고 노동관련 규제가 개발도상국 제품의 수입을 막기 위한 무역장벽이 될 수 있다고 우려하고 있다.

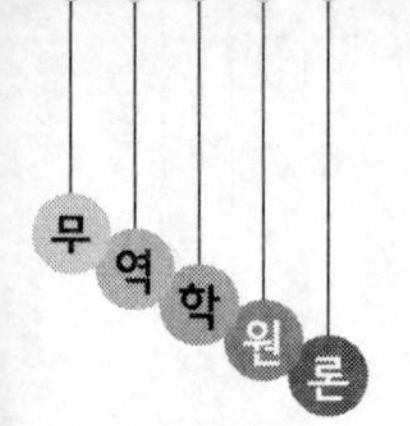

그리고 미래의 무역협정에서 환경이나 노동기준에 대한 문구를 구체화하는 것은 또 다른 명목의 무역장벽을 만들어낸다고 믿고 있다. 개발도상국 대표들은 만약 이러한 규정이 생긴다면 가난한 국가들을 빈곤과 부채의 악순환 속에서 헤어날 수 없게 만드는 덫이 될 것이라고 주장한다.

사실상 시애틀 회담 결렬은 WTO의 분수령이 되었다. 시애틀의 회담에 반대하며 기물파괴, 약탈 등을 자행하는 격렬한 시위대에 맞선 경찰은 최루탄가스, 고무탄환, 후춧가루, 곤봉으로 대응하고 결국 회담은 결렬되었다.

과거의 회담들이 불투명하게 진행되었는데 이는 단지 경제학자나 정치인 그리고 사업가들만이 회의에 관심을 가졌기 때문이다. 그러나 시애틀 시위는 자유무역과 세계화는 이제 대중들의 큰 관심 사항이 되고 있다는 것을 보여주는 사건이라고 볼 수 있다.

따라서 향후 자유무역을 더 심화시킬 수 있을지 여부는 미국과 같은 국가의 여론에 달려있다. 즉, 인권이나 노동기준, 일자리 보호, 환경정책 그리고 주권 문제에 이르기까지 다양한 관련 이슈들이 여론에 노출되고 있다. 이런 점을 감안할 때 WTO가 추구하고자 하는 자유무역의 성공은 WTO의 반대론자들을 장기적인 노동조건 개선과 더 많은 일자리 제공, 환경을 보호할 수 있다라고 보다 명확하고 설득력 있게 납득시키는 것이 중요한 과제라 본다.

제3절 … WTO 체제하의 신 라운드

1993년 12월 UR협상 이후 새롭게 변화하는 세계교역질서를 다시 정립하여 21세기에 다가올 새로운 세계 교역질서의 기본 방향을 제시하기 위한 다자간 협상을 뉴라운드(New Round)라고 한다.

현재 신 라운드는 UR이 끝나고 WTO가 출범한 후에 무역 자유화를 위해 다시 시작되는 다자간 협상을 통칭하는 의미로 쓰이고 있으며 도하 개발어젠다(Doha Development Agenda : DDA)[82]가 시작된 이후에는 이를 지칭하고 있다. 그리고 WTO가 출범

82) 그 동안 GATT 및 WTO 주관 하에서는 협상이나 회담을 라운드라는 용어를 붙였으나 2001년 11월 카타르 도하에서 개최된 제4차 WTO각료회의에서 회원국들은 WTO체제 하에서 최초로 GATT시절과 연결한 제9차 다자간무역협상을 시작하는 데 합의하고 저개발국이나 개도국의 입장을 중시하여

한 후에는 신통상 의제라고 하여 이전의 무역자유화라는 주제 이외의 여러 가지 의제들이 등장하게 되었다.

논의될 국제 협상의제로 환경, 노동, 기술, 경쟁정책(RBP : restrictive business practices), 투자협정, 부패라운드, 디자인라운드, 인터넷라운드 등이 거론되고 있다.

3.1 도하개발회의[83)]

1) DDA의 출범

UR결과 WTO가 설립되어 시장의 완전개방을 통한 무역자유화를 표방하고 있지만 모든 부문이 완전히 타결되어 무역 자유화가 달성된 것은 아니다. 따라서 WTO는 완전타결을 보지 못한 부문에 대한 회담은 계속할 것을 전제로 하여 WTO(95. 1. 1)는 발효되었다.

그리고 WTO 회원국들이 국제무역과 투자에 대한 장벽을 낮추고자 1999년 11월 30일부터 12월 4일까지 미국의 시애틀에서 개최된 제3차 WTO각료회의에서는 뉴라운드 출범을 논의하는 한편, 새로 출범할 뉴라운드에서 반덤핑협정의 개정 문제도 함께 다루어야 한다는 논의가 본격적으로 진행되었다. 특히 반덤핑규제, 농산물 무역, 지적재산권 보호강화 및 시장접근확대라는 네 가지 의제를 비롯한 노동과 환경 이슈 등의 새로운 협의 의제를 포함할 것인가에 대한 회원국 간의 합의 도출이 여의치 않아 결국 시애틀 각료회의에서의 뉴라운드 출발은 좌절되었다.

그 후 DDA(Data Development Agenda)협상은 우루과이라운드(UR) 협상 이후 추가적인 시장 개방을 목표로 제2차 세계대전 이후 아홉 번째로 시작된 다자간무역협상이며 WTO출범 이후로는 첫 번째 다자간무역협상으로, 2001년 11월 14일 카타르의 도하에서 열린 WTO 제4차 각료회의에서 WTO체제 하에서의 첫 다자간무역협상인 도하개발의제(Data Development Agenda : DDA)가 출범하게 되었다.

2001년 협상 출범 당시 계획은 규범, 비 농산물 시장접근, 농업, 서비스, 무역원활화(trade facilitation), 덤핑/반덤핑, 환경, 지적재산권 협정(TRIPs), 개발도상국 발전문제

개도국의 경제발전을 중심으로 무역자유화를 추구한다는 취지에서 도하개발어젠다(DDA : Doha Development Agenda)라는 용어를 붙이기로 하였다.

83) 오근엽, 국제무역론, 학현사, 2006,pp.372-374. 및 Charles W. L. Hill, (최순규, 신형덕 옮김), 국제경영, 도서출판석정, 2009, pp.299-301, 참고 및 내용정리

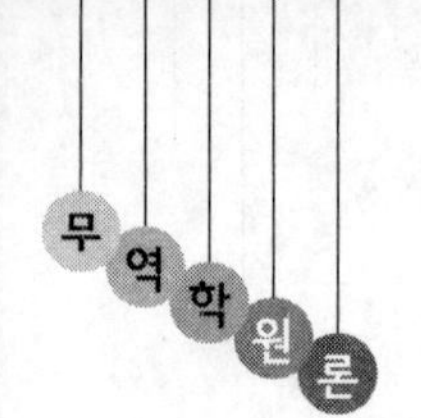

등 전체 협상의제를 단일패키지로 간주하여 일괄타결 방식으로 3년간의 협상기간을 설정하여 2004년 말까지는 협상을 끝내고 2005년부터는 새로운 자유무역체제로 출범하기로 하였다.

그러나 농산물에 대한 수입국과 수출국의 대립, 공산품 시장 개방에 대한 선진국과 개발도상국간의 대립 등으로 인하여 DDA협상이 난항을 겪고 있는 가운데 제8차 WTO 각료회의(스위스 제네바 :2011. 12.15-17)에서 DDA협상의 진전을 위한 협상방식을 놓고 선진국의 복수국 간 협상방식과 이를 강력히 반대하는 개발도상국의 입장이 서로 대립하는 양상을 보이는 등 가까운 시간 안에 DDA 협상 타결은 가능하지 않을 것 같다.

그럼에도 불구하고 각국들은 투명하고 포괄적인 방식으로 DDA협상의 타결을 위해 노력하되 협상의 신속한 진전과 촉진을 위해 일괄타결에 의한 전체 합의 도출보다는 빠른 진전이 이루어질 수 있는 분야의 협상을 촉진하기로 합의 하였다.

원래 DDA협상의 주 목적은 UR협상에서 논의는 되었으나 타결을 보지 못한 신 라운드에서 논의하기로 하였던 농업, 서비스분야, 투자, 경쟁정책, 환경, 전자상거래, 지적재산권분야 등도 협상 대상으로 포괄하여 전 세계의 무역의 틀을 새롭게 만들자는 작업이다.

2001년 11월 도하의 의제에 합의한 것은 향후 몇 년간 진행될 협상을 위한 일조의 계획을 세우는 것과 유사하다. 즉, 합의 사항은 공산품과 서비스에 대한 관세축소 등의 무역자유화 문제, 반덤핑 규제 제한, 농산물보조금의 단계적 축소 등의 기존 협정의 개정문제, 무역원활화, 정부조달투명성, 국제투자에 대한 장벽 제거, 경쟁정책 등 싱가포르 이슈 문제[84], 환경문제에 대한 협상 및 기타 소규모 경제와 극빈개도국 문제 등 네 가지 분야로 구성된다.

첫째, 무역자유화분야이다. 이는 농업협상, 비 농산물, 서비스분야에서 이루어졌다. 농업협상은 시장접근의 실질적 개선, 수출보조의 단계적 폐지 및 무역왜곡적인 국내보조의 실질적인 감축을 목표로 진행되어야 한다는데 합의하였으며 한국 등 농산물 수입국들의 입장을 반영하여 비교역적 관심사(non-trade concerns)도 고려 요인으로 합의하였다.

DDA협상 출범 이전인 지난 2000년부터 시작된 농산물협상은 수출국과 수입국간의 의견차이가 극심한 분야이다. 농업협상의 핵심쟁점은 시장접근환경 개선, 수출보조금 단계적 감축과 폐지, 국내보조금 감축 등 세 가지이다.

특히 EU와 일본은 자국의 농업보조금 문제에 대해 난처한 입장을 취할 수밖에 없었

84) 1996년 싱가포르 WTO각료회의의 4개 실무 그룹에서 논의된 투자보호, 경쟁정책, 정부조달의 투명성, 무역촉진을 말한다.

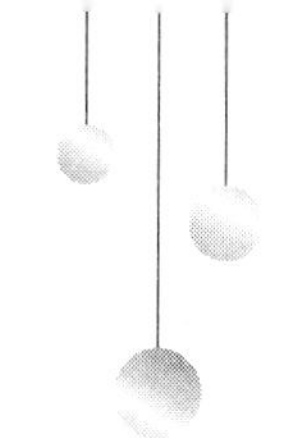

다. 이것은 두 국가 모두 농업계의 상당한 정치적 영향력으로 인해 보조금 지급이 성행하고 있었기 때문이다.

서비스협상은 2000년부터 진행되어온 협상의 진전 내용을 긍정적으로 평가하면서 협상을 계속하며 서비스 양허 안을 제출하도록 합의하였다. 비농산물(공산품)시장접근에 대해서는 고 관세 및 경사관세 문제를 포함하는 관세 및 비관세장벽의 철폐, 완화를 위한 협상을 개시하도록 하였다.

둘째, WTO규범의 개정문제이다. WTO규범 협상 즉, DDA규범 협상은 DDA협상의 전반을 관장할 목적으로 설치된 무역협상위원회(Trade Negotiation Committee) 내 규범협상그룹이 2002년 1월 설치되면서 본격적으로 진행되기 시작하였다. 현재 DDA규범 협상은 ① 반덤핑협정 개정 ② 일반보조금 규정개정 ③ 수산보조금 규정 개정 ④ 지역무역협정 개정 네 가지 분야를 중심으로 진행되고 있으며 회원국들 사이에 매우 복잡한 이해관계가 얽혀 있어 그 성공적인 타결이 쉽지는 않을 것 같다.

특히 규범협상그룹의 의장은 2007년 11월과 2008년 12월 두 차례에 걸쳐 의장초안(Chairman's Draft)을 제출하였는데 이 두 초안 사이에 적지 않은 내용상의 차이가 발견되었다. 이 가운데 반덤핑협정 개정과 수산보조금 규정 제정에서 회원국들 사이에 입장차이가 상대적으로 큰 것으로 나타나고 있다.

셋째, 싱가포르 이슈이다. 이는 이전에 WTO각료회의가 싱가포르에서 열렸을 때 제기되었던 의제들을 말하는데, 신통상 의제들이 모두 협상대상이 되지 못하였고 그 중에서 무역과 투자, 무역과 경쟁정책, 정부조달 투명성 및 무역원활화 문제에 대한 다자협정의 필요성을 인정하여 이에 대해 협상을 시작하기로 하였다.

넷째, 기타문제로서 극빈개도국의 경제개발문제, 무역과 환경의 상호보완성을 높이기 위해 WTO 기존규범과 다자간 환경협정 무역관련 의무와의 관계문제, 환경관련 상품 및 서비스에 대한 관세·비관세장벽의 완화·철폐문제 등이다.

또한 전자상거래에 대한 관세유예는 1995년부터 논의되어 온 것으로 1995년 5월 제2차 WTO각료회의(제네바)에서 전자적 전송에 대한 관세부과 유예(모라토리움) 및 전자상거래 관련 작업계획 수립을 권고하여 일반이사회에서 전자상거래 작업계획을 다룰 제도적 장치를 고려하고 2009년 12월 제7차 WTO각료회의(제네바)에서 전자상거래에 대한 관세부과 유예를 차기 각료회의 때까지 연장하기로 하였다. 그리고 2011년 11월 30일 일반이사회에서 재연장에 합의하는 각료결정문을 채택하였다. 한편, 분쟁해결 양해를 제외하고 모든 협상의 타결 및 발효는 일괄타결방식으로 하되 조기 합의사항에

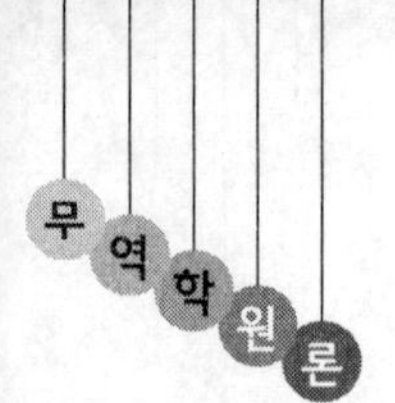

대해서는 조기 이행이 가능하도록 하였다.

2) DDA 협상의 쟁점

WTO 협상에서 타결되지 못한 많은 의제들을 DDA의 협상 의제로 삼아 논의 중이지만 어떤 문제는 난관에 봉착하여 의제에서 제외되고 또 어떤 문제는 협상은 하고 있으나 계속 지연되고 있다.

유럽은 의제에 환경문제를 포함시키고자 하는 시도를 하였으나 환경보호정책을 또 다른 이름의 무역장벽으로 간주하는 개발도상국들의 강력한 반발이 주 원인이 되었으며 또한 무역 근로조건을 연계시키려는 어떤 문구도 의제에서 제외되었다.

그리고 선도적인 의약산업을 가진 국가들은 의약품 특허에 대한 아프리카, 아시아, 중남미 국가들의 요구를 묵인하였다. 의약산업에 대한 의제 협의 문에는 WTO규정으로 인해 회원국이 "공공보건을 지키는 것이 방해되어서는 안 되고 방해되도록 하여서는 안 된다" 라는 문구가 포함되어 있다. 이러한 문구는 세계 각지의 빈곤한 국가들이 AIDS나 말라리아 같은 질병에 대처하기 위해 복제의약품 제조 혹은 구입하는 것을 허용하는 조건으로 의제를 받아들였다.

분명한 것은 이들 문제들이 단지 의제로 상정되는 것과 그것이 합의(consensus)를 통해 새로운 조약으로 발효되는 것은 별개의 사안이라는 것이다. 그럼에도 불구하고 이러한 협상은 잠재적인 승자를 낳았는데 낮은 농산물을 생산하는 개발도상국들 및 호주, 미국과 같은 선진국들이 여기에 해당된다. 만약 회담이 성공한다면 이들 국가의 농업종사자들은 자신의 농산물을 세계로 수출하는 것이 용이해질 것이다.

개발도상국 역시 선진국들에 의해 문제로 지적되어온 근로조건에 대한 문구가 삽입되지 않음으로써 소기의 성과를 거두었으며 질병과 빈곤으로 고통 받고 있는 국가들은 또한 값싼 의약품에 접근하는 것이 보장되어 있다.

그러나 이 협정으로 EU와 일본의 농업종사자들, 미국의 철강업자들과 환경운동가들 그리고 선진국의 제약회사들은 명백한 패자들이 되었다. 이들은 최종 협정에 자신들의 이익을 반영시키도록 향후 수 년 간의 협상 기간 중 자국 정부에 상당한 로비를 벌일 것이다. 만약 도하 회담이 성공적으로 타결된다면 세계의 경제적 후생은 상당히 개선될 것으로 본다. 성공적인 도하 회담은 세계의 소득수준을 매년 3,000억 달러까지 증가시킬 것으로 추정한다. 이 중 60%는 세계에서 가장 빈곤한 국가들에게 돌아갈 것이다. 이를 통해 대략 1억 5,000만 명의 사람들이 빈곤에서 벗어날 수 있을 것으로 추정한다.[85)]

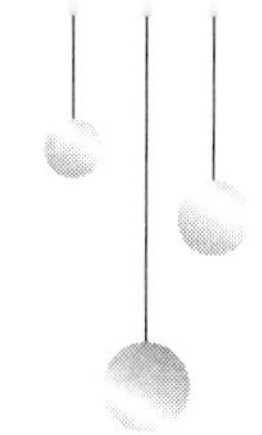

현재 회담은 계속 진행 중이지만 여러 사례들을 통하여 알 수 있듯이 많은 난관으로 인하여 협의가 계속 지연되고 있는 실정이다. 2003년 9월 멕시코의 칸쿤(Cancun)의 제5차 각료회의는 특히 싱가포르 쟁점들, 정부조달의 투명성, 무역의 원활화, 무역과 투자, 무역과 경쟁에서 심각한 의견 차이가 나타났고 또한 개발도상국과 선진국간의 농업과 특별 및 차별적 대우 문제에서의 의견 차이가 커 DDA에서 논의할 세부원칙의 기본 골격에 대한 협의조차 도출하지 못하였다.

특히, 이 회담에서 브라질, 서아프리카 국가들은 가능한 빨리 농산물 무역의 자유화를 요구하였던 반면에 EU, 미국, 인도 등은 정치적으로 중요한 유권자인 농민들에 대한 보조금을 줄이고 수입 농산물에 대한 관세를 낮추는데 소극적이었다.

그러나 2004년 8월 1일 스위스 제네바에서 속개된 회의에서는 소위 '7월 패키지(July Package)'라고 불리는 "기본 골격합의" 에 타결하고 EU는 정해진 특정시한까지 농업 수출 보조금의 철폐를 수용하였다. 2004년 기본골격은 비 농산물 시장접근에서의 관세 감축의 기본 골격과 부문별 무세화, 개도국 우대, 농업에서 관세 감축의 기본골격과 민감 및 특별품목의 예외 인정 등이 주요 내용이었으나 반덤핑을 포함한 규범분야 협상에 관해서는 '회원국들이 협상의 진전을 이루기 우해 노력한다.'는 일반적인 내용만 포함되었다.

2005년 12월 홍콩의 제6차 각료회의는 다시 협상 시한을 2006년 12월로 연장하였고 비농산물 시장접근의 관세 감축을 공식 확정하였으며 대부분의 WTO회원국들은 농업수출보조금의 철폐시한을 2013년까지 설정하는 데 합의하였다.

그러나 2006년 7월 비 농산물 시장접근 관세감축, 농업보조금과 관세를 얼마나 더 인하해야 하는가에 대한 의견일치를 이루지 못하고 DDA 협상 중단이 선언되었다.

2007년 초 WTO는 제조업과 농산품 분야의 관세를 60% 축소하고 보조금을 현재 수준의 절반 정도로 감축하는 것을 목표로 설정하고 있지만 참여국들에게 그러한 목표를 받아들여지기는 매우 어렵다는 것이 판명되었다.[86]

2007년 초 다보스포럼을 통하여 DDA협상 재개가 선언되었으나 2008년 7월 소규모 각료회의에서는 비농산물 시장접근과 농업분야의 협상세부원칙(Modality) 합의 도출 실패와 비관세 장벽, 서비스, 무역구제에 관한 의견 차이로 협상이 막히고 말았다.

---

85) "The WTO under Fire The Doha Round," *The Economist,* September 20, 2003, pp.30-32.

86) Charles W. L. Hill, (최순규, 신형덕 옮김), 국제경영, 도서출판석정, 2009,pp.300-301. 참고 및 내용정리

가장 심각한 차이는 EU, 미국, 일본이 주도하는 선진국들과 인도, 브라질, 중국, 남아프리카 공화국이 주도하는 주요 개발도상국들 사이에 존재하였는데 특히 미국과 인도는 가장 가난한 농부들을 보호하기 위해 고안된 개도국의 "특별 긴급 수입제한제도(special safeguard mechanism : SSM)," 즉 수입의 급증이나 가격 폭락 시 개도국이 특정 농산물에 추가관세의 부과를 허용하는 제도에 대하여 선진국과 개도국 간 입장이 전혀 달랐다.

DDA의 모든 협상에서 농업은 가장 중요하고 다툼이 많은 쟁점이다. 또한 비농산물 시장접근을 비롯하여 의약품 특허의 강제 실시권과 특허의 보호, 개발도상국에 대한 특별 및 차별대우, 현 무역의무들의 이행문제가 서로 다른 중요한 쟁점들이라고 볼 수 있다.

3) DDA협상에 대한 우리의 입장

DDA 협상의 주요 쟁점은 농업과 비농산물(공산품 및 임·수산물)분야 협상이지만 우리나라는 이 분야 이외에 서비스, 규범, 무역원활화 등 협상 전반에 걸쳐 균형된 결과가 도출될 수 있도록 노력하고 있으며 각 분야에 대한 우리나라의 입장은 다음과 같다.[87]

첫째, **농업** : 우리나라는 농업개혁과정의 일환으로 진행되는 DDA협상이 수입국이나 수출국을 비롯한 WTO회원국 전체의 이해를 균형 있게 반영해야 하며 시장접근확대와 국내보조 감축의 경우 각국의 상황에 맞게 폭과 속도가 조절되어야 한다는 입장이다.

둘째, **서비스** : 통신·유통·해운 등 우리가 경쟁력 있는 분야에서는 해외진출 기반을 확보하기 위해 적극적으로 해외시장 개방을 요청하고 시청각·법률·교육 등 분야에서는 중·장기 경쟁력을 강화할 수 있도록 우리 현실에 맞게 개방의 폭과 속도를 조절해야 한다.

셋째, **비 농산물 시장접근** : 공산품에 대해서는 각국의 평균양허세율을 고려하지 않고 높은 관세일수록 더 많이 감축하는 이중계수의 스위스 공식을 지지하고 있다. 미 양허품목에 대해서는 2001년 11월 14일 현재 실행세율에 일정한 숫자를 더하여 기준세율을 책정하고 이를 관세감축공식을 통해 감축할 것을 주장하고 있다.

넷째, **규범** : 현재의 WTO 반덤핑협정에 자의적 해석이 남아 있고 수출업자에게 불리한 규정이 있어 WTO의 반덤핑조치의 남용을 방지하기위해 반덤핑협정을 강화하는 방향으로 협정의 개정이 이루어져야 한다. 우리의 주요 관심 사항은 제로잉(zeroing)[88]금지,

---

87) 외교통상부, WTO이해하기, 2007. 12. 11, pp.117-119.

88) 제로잉(zeroing)은 덤핑마진율 산정시 수출가격이 정상가격보다 높은 경우 발생하는 마이너스 덤핑마진을 0(zero)으로 처리하여 전체 평균 마진이 크게 산출되도록 하는 덤핑 마진 계산방법이다. 그

재심절차 개선, 일몰조항[89], 최소부과원칙(lesser duty rule)[90]의 의무적용 등이 있다.

다섯째, **보조금** : 상계관세조치가 수입규제조치로 활용되지 않도록 관련 조항의 강화를 지지하고 수산보조금과 관련하여 수산자원고갈과 직접적으로 관련 있는 보조금만을 규율하도록 하여 수산보조금 규율 범위의 최소화를 도모하고 있다.

여섯째, **지역협정** : WTO차원의 지역협정에 대한 규율을 강화한다는 차원에서 관련 규정 개선을 지지하고 있으며, 특히 통보 및 정보제공 등 절차 규정'실질적인 모든 무역거래(substantially all the trade)[91]'요건의 명확화, 무역구제조치의 역내국 면제, 특혜 원산지 기준 등에 관심을 가지고 있다.

일곱째, **환경** : 선진국이 환경보호를 이유로 우리 공산품에 대해 부당한 수입규제조치를 취하는 것을 방지하는데 역점을 두고 있다. 우리나라는 EU 도하 선언문 지침(mandate)확대 해석에서는 유보적 입장을 취하고 있으며 특히 특정무역의무(specific trade obligation)[92]의 범위 확대에 대해서는 반대하고 있다.

리고 반덤핑협정에 의하면 반덤핑조사 신청에 대해 지지 또는 반대를 표명하는 국내산업 부분이 생산한 동종 상품 총생산의 50%를 초과하는 산출량을 대표하는 국내생산자들이 지지할 경우 국내산업에 의하거나 이를 대신하여 이루어진 것으로 간주된다. 그러나 신청을 명시적으로 지지하는 국내생산자의 총생산이 국내 산업에 의해 생산된 동종 상품의 총생산의 25%미만인 경우 조사가 개시되지 아니한다고 규정하고 있다. 덤핑마진이 매우 작거나 또는 덤핑수입량이나 실제적이든 잠재적이든 무시할만한 수준이라고 당국이 결정하는 경우 조사를 즉각적으로 종결하도록 규정하고 있다. 현행 덤핑협정에 따르면 덤핑마진이 2%이하인 경우 미소마진으로 간주되고 특장국가로부터 덤핑수입수량이 수입국의 동종 상품 총수입량의 3% 이하의 점유율을 보이는 경우 무시할만한 수준으로 간주된다.

89) 일몰조항은 반덤핑 조치 후 일정기간 경과시 자동 종료(5년 내 종료)되는 규정을 말한다. 그러나 조사국의 직권 또는 이해관계자의 신청에 의한 일몰재심(sunset review)을 통하여 조사당국이 덤핑 및 이로 인한 피해가 지속 또는 재발될 가능성이 있다고 인정될 경우 이 조치를 연장하는 것도 허용하고 있다. 실제로 많은 WTO회원국의 관행을 보면 반덤핑조치가 부과된 이후 5년 내 종료되는 경우는 드물고 대부분 이를 연장하여 부과한 것이 일반적이다.

90) 최소부과원칙(lesser duty rule)은 반덤핑협정에서 반덤핑관세 부과 시 덤핑마진 미만의 관세가 국내 산업에 대해 피해를 제거하기에 적절한 경우 반덤핑관세를 덤핑마진 미만으로 부과하는 것이 바람직하다는 임의 규정으로 되어 있다. 즉, 산업피해를 제거할 수 있다면 수출업자의 자국 내 판매가격과 수출가격의 차이를 나타내는 덤핑마진과 수입국 국내산업의 판매가격과 수입가격(수출업자의 수출가격)의 차이를 나타내는 피해 마진 중 적은 것만큼만 반덤핑 관세가 부과되도록 하는 원칙이다.

91) 실질적인 모든 무역거래 요건은 FTA나 관세동맹 등의 자유무역협정은 WTO의 최혜국대우원칙에 어긋나지만 실질적으로 모든 무역부분에 대한 관세와 무역장벽 제거 및 감축 등(GATT 제24조)의 제한적 요인이 충족될 경우, 이를 허용하고 있다. 그러나 실질적인 모든 무역거래 해석에 대해서는 회원국 간에 논란이 있어 왔으며, 이로 인해 개별자유무역협정의 WTO규정과의 합치여부에 대한 평가는 이루어지지 못하고 있다.

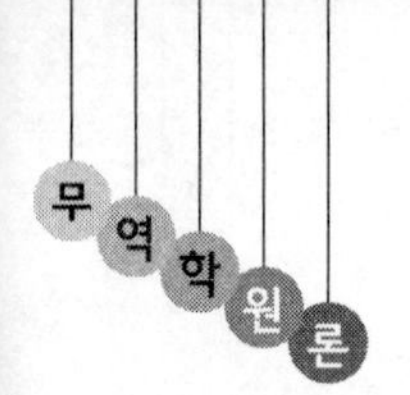

여덟째, 생물다양성이슈와 관련하여 우리나라는 축적된 생명공학 기술에 비해 유전자원이 부족하므로 국내법상 계약을 통해 이 문제를 해결하자는 입장이고 전통지식 및 민간전승물의 독자적 보호체계 설립과 관련해서도 유보적인 입장이다.

아홉째, 통관절차개선 등 무역원활화 규범화(text-based) 협상을 촉진시키기 위해 각 분야별 무역원활화 실질요소 논의에 우리 입장을 적극 반영해 나가고 유사한 입장을 가진 그룹(콜로라도 그룹)을 중심으로 지지기반 확대를 위해 다양한 활동을 전개하고 있다. 아울러 개도국특별대우, 기술지원 및 능력배양 관련 논의에도 적극 동참하여 개도국의 협상 참여를 제고하기 위해 노력하고 있다.

열번째, **분쟁해결양해(DSU)개정** : 무역장벽에 대한 규율을 강화하고 분쟁해결제도의 정당성 및 효율성을 제고하며, 패널판정의 신속한 이행확보에 중점을 두어 분쟁해결 양해 개정이 이루어지도록 노력하고 있다.

만약 DDA협상이 결렬되어 강력한 세계 자유무역 규범의 도입이 지연된다면 개별국가들이 국내 기업들을 지원하기 위한 보호주의적 조치를 계속 사용할 것이다. 그러나 DDA협상에서 개발도상국들의 시장 개방 확대, 공산품 관세 인하, 반덤핑협정, 보조금 및 상계관세 협정에 대한 개정 등의 합의가 이루어진다면 한국의 경우는 교역환경이 다소 개선될 소지가 있다.

특히 세계에서 3번째로 반덤핑 제소를 많이 당하고 있는 현실에서 미국이 반덤핑 발동의 투명성을 강화하는데 합의하게 되면 수출에 대한 커다란 장벽을 제거할 수 있는 근거가 마련될 수 있을 것이다.

반면에, 농산물의 경우 개방 압력이 더욱 높아질 것으로 예상된다. 경제협력개발기구(OECD)회원국이기도 한 한국이 WTO에서 선진국으로 분류된다면 농수산물 협상에서 그 동안 누리어왔던 개발도상국의 지위를 확보하지 못할 것으로 보여 관세율을 크게 인하하고 농업 보조금도 삭감하지 않으면 안 될 것이다. 특히 DDA협상에서 농업분야의 관세 감축은 고관세일수록 더욱 많이 감축하는 방식으로 진행되어 오고 있다. 100% 이상 고관세율이 적용되는 수입농산물이 142개에 달하는 한국으로서는 매우 불리한 상황이 될 것이다.

그러나 선진국을 포함한 모든 회원국이 농업 민감 품목을 선택할 수 있고 개발도상국 특별품목을 도입하여 보호 장치를 마련하기로 한 점은 한국에게 유리하게 작용할

---

92) 도하 각료선언문에서는 다자간환경협정의 무역관련 사항을 특정무역의무라고 표현하고 있다.

것으로 본다. 한국의 전체 농산물 세 번 개수는 1,452개로, 민감품목 수는 선진국이 될 경우 58개, 개도국이 될 경우 약 77개로 판단된다. 다만 민감 품목을 지정하더라도 낮은 관세로 의무적으로 수입하는 물량 즉 저율관세할당물량(TRQ : Tariff Rate Quotas)을 조절하는 방식으로 시장을 개방해야 한다.

농업보조금을 WTO의 회원국들이 서로 문제 삼지 않기로 한 농업협정 제 13조 이른바 평화협정(peace clause)이 2003년 말로 실효되었다. 이것은 농업부분의 개방이 확대되어가는 상황에서 한국의 농업보조금도 당연히 WTO보조금 협정의 규율을 받는 것을 의미한다.

따라서 한국의 입장에서는 각 종 농업보조금을 없애거나 줄이는 것이 한국의 입장에서는 커다란 부담이 되고 사실 현재 상황에서도 한국의 농업보조금은 통상마찰의 가능성을 내포하고 있다. WTO협정 이행 문제와 더불어 서비스 시장 역시 UR협상에서 양허하지 않았던 교육, 의료, 법률, 시청각 등 4개 분야와 통신시장을 실질적으로 개방해야 할 것이다.

3.2 환경라운드(GR)

환경라운드(Green Round : GR)는 오염물질을 일정기준 이상으로 배출하는 제품의 생산과 소비를 억제하기 위한 수단으로서 일종의 무역규제방안을 논의하는 국제회의이다. 이것은 지구환경보전을 명분으로 국가마다 상이한 환경기준에서 오는 경쟁력 차이를 상쇄하기 위해 환경을 무역과 연계시키려는 움직임에서 많은 논쟁이 되고 있다.

유엔환경개발계획(UNEP)에 의하면 지금과 같은 환경 파괴적 산업 활동이 계속될 경우 지구 환경은 멀지 않아 회복 불가능한 심각한 위기에 직면하게 될 것이라는 진단이다. 즉, 그 동안 경제개발에 따른 산업화·대량생산과 도시화·대량소비구조로 지구 환경의 균형이 파괴되고 자원 고갈이 심각해지고 있다는 것이다.

특히 환경문제는 1970년대 이후 환경보호의 중요성이 부각되면서 논의되기 시작하여 1972년에 스톡홀름 회의에서 UN '인간환경선언'을 채택하고 1992년에 리오데자네이로 환경개발회의에서 환경보호를 위한 '리오선언'이 채택되었다. GATT에서는 무역과 환경에 대한 작업반이 설치되기는 하였으나 실질적인 활동은 제대로 이루어지지 않았고, 80년대 후반에 들어와서 어느 정도 관심을 갖게 되었는데, 대표적인 사건으로는 참치-돌고래 분쟁[93]이 있다.

그 후 UR 협상과정에서 환경관련 문제가 논의되어 '환경조치와 무역에 관한 작업반'이 설치되었고, 1994년 마라케시 각료회의에서 '무역에 관한 결정'이 채택되었는데, 이 결정문에 따라 WTO가 출범하면서 각료회의 산하에 '무역환경위원회'[94]가 설치되었습니다.

WTO 밖에서 환경문제를 다루는 국제협정은 약 200여 개 정도이며 이 협정들을 다자간환경협정(MEAs : Multilateral Environmental Agreements)이라 한다. 이 협정 중 약 20여 개의 협정이 무역에 영향을 미치는 조항들을 포함하고 있다. 예를 들어 특정한 상황에서 특정제품의 교역을 금지하거나 교환을 제한할 수 있도록 허용하는 내용이다.

즉, 무역규제조치 등 구속력을 가진 협약은 오존층 보호를 위한 몬트리올 의정서(1987년), 위험폐기물의 국제교역 혹은 국경 간 이동에 관한 바젤협약(1989년), 유엔의 기후변화방지협약(1994년 3월 발효), 생물다양성[95]협약, 그리고 멸종위기에 처한 동식

---

93) 돌고래-참치 사건은 미국의 해양포유류법(Marine Mammal Protection Act)에서 자국 어선단 및 태평양 연안에서 황다랑어를 포획하는 다른 나라 어선단에 대하여 돌고래 보호기준을 설정하여 미국이 규정한 돌고래 보호기준을 충족하였다는 사실을 입증하지 못할 경우, 미국정부는 해당국가로부터 모든 참치 수입을 금지해야한다는 규정이다. 이 법을 근거로 미국은 멕시코의 대미 수출을 금지함으로써 멕시코가 1991년 GATT의 분쟁해결에 관련된 규범을 수정하거나 의무면제에 합의한다면, 미국의 정책은 GATT규범과 양립할 수 있을 것이라고 패널은 밝혔다. 이와 같은 방법으로 회원국들은 특정한 문제에 대해 협상할 수도 있고, 보호무역주의의 남용을 방지하는 한계를 설정할 수도 있다.

이 판결의 요지는 만약 미국의 주장이 수용되었다면 어떠한 국가라도 수출국이 자국과 상이한 환경, 보건 및 사회정책을 가지고 있다는 이유로 특정제품의 수입을 금지할 수 있게 된다. 이는 사실상 한 국가가 자국 기준을 국내적으로만 적용하는 것이 아니라 다른 국가에 대해 자국기준을 부과하기 위해서 일방적인 무역제한 조치를 자유롭게 사용할 수 있는 길을 열어 놓게 된다. 이는 무역규범을 통해 예측가능성을 달성하고자 하는 다자무역체제의 주된 목적과 상충되는 것이다.

94) 무역환경위원회는 상품, 서비스 및 지적재산 등 다자무역체제의 모든 영역에 걸쳐 포괄적인 역할을 담당하며 무역과 환경간의 관계를 연구하고 무역협정 중 수정이 필요한 사항에 관하여 권고하는 것을 주된 이무로 한다. WTO는 무역을 다루는 권한만 가지고 있다.

담당하는 것이 보다 적합하다고 보기 때문이다. 그리고 위원회가 문제를 발견했다하더라도 그 해결책은 WTO 무역체제의 원칙을 지지하는 것이어야 한다.

95) 바이올로지레퍼런스닷컴 사전의 생물다양성에 대한 정의는 지구상에 살고 있는 모든 생명체 즉, 지구상에 존재하는 모든 육지와 해양 생명체, 그리고 식물, 동물, 곰팡이, 그 속에 있는 미생물들이 살고 있는 생태계의 행동 양식과 상호작용, 생태적 과정의 전반을 포함한다. 생물다양성은 또한 지구에 있는 무생물 요소와 직접적으로 연결되어 있다. 대기와 바다, 민물시스템, 지질학적 구조, 토양 등이 하나의 거대한 상호의존적 시스템인 지구 생명권을 형성하고 있다고 한다. 그리고 윌슨은 자신의 저서 『생명의 편지』에서 이 생명체들이 지구상에 존재하는 거의 대부분의 유기체와 생물학적 종을 구성하고 있다는 사실을 간과하기 쉽다. 그들은 어떻게 미국 열대 지역에 분포하는 이상한 나방의 게걸스러운 애벌레들이 선인장의 이상 증식으로부터 호주의 목초지를 지켜낼 수 있는가에 완전히 잊어버렸다. 마다가스카르의 잡초와 장밋빛의 작은 고등이 어떻게 호지킨병과 급성 소아 백혈병의 치료제인 알칼로이드를 제공했는지, 칙칙한 노르웨이의 또 다른 물질이 어떻게 장기

물의 국제교역에 관한 협약(CITES : Convention on International Trade in Endangered Species: 1973년)[96]이 있다. 이 중 환경의 보존을 목적으로 무역제한조치를 규정하고 있는 협약은 몬트리올의정서, 바젤협약, CITES 등이 있다.

2001년 11월 카타르 도하에서 개최된 제 4차 도하 각료회의에서는 다자간환경협정과 WTO규범과의 무역 관련 의무규정 간의 관계 및 MEA사무국과 WTO관련위원회와의 정보교환, WTO에서의 옵저버 지위 부여 기준 마련, 그리고 환경관련 상품 및 서비스[97]

이식산업의 발전을 가능하게 했는지, 거머리의 타액에서 추출한 화학물질이 어떻게 외과 수출 전후의 혈액 응고를 방지하는 용해능력을 가지고 있었던 것인지 그들은 망각하고 있는 것이다. 석기시대 주술사들의 약초에서부터 현대 바이오메디컬의 마법의 탄환(암세포만 골라 파괴하는 치료제)에 이르기까지 그와 같은 사례는 약전에서 많이 찾을 수 있다. 야생생명체들은 또한 토양을 비옥하게 하고 물을 정화시키며 꽃을 피우는 대부분의 식물들의 번식에 중요한 역할을 한다. 그들이 바로 우리가 숨 쉬는 공기를 만들어 내는 것이다. 이런 편의 사양들이 없다면 앞으로의 인류역사는 불결해질 뿐만 아니라 단명할 수밖에 없을 것이다. 그리고 만약 지속적인 훼손으로 생태계의 균형을 파괴한다면 그로 인해 가장 심각한 타격을 입는 것은 가장 크고 복잡한 유기체가될 가능성이 높으며 인간도 예외가 될 수 없을 것이라고 하였다. 그리고 생물 다양성은 우리 인간을 포함한 모든 살아 있는 생명체들이 환경의 변화에 보다 쉽게 적응하는 데 실질적인 도움을 주고 꼭 필요하다. 왜냐하면 변화는 지속적으로 일어나는 것이고 그 변화에 적응할 수 있는 원료를 공급하는 것이 바로 다양성들이기 때문이다. (출처 : 토머스 프르드먼 ; 최정임, 이영민 역, CODE GREEN : 뜨겁고 평평하고 붐비는 세계, 21세기 북스, 2008.pp.205-211.)

96) WTO의 분쟁 사례 중 새우-바다거북 사건은 인도, 말레이시아, 파키스탄 그리고 태국이 미국을 제소한 사례로 1998년 11월 6일 상소기구 및 패널보고서가 채택되었으며 공식명칭은 미국의 특정새우 및 새우 제품 수입 금지였다. 1973년 미국의 멸종위기 동물보호법은 미국 해협에 나타나는 바다거북 다섯 종을 멸종 위기에 처하거나 그러한 위협을 받는 종으로 규정하고 미국의 영해 및 공해에서 바다거북에 위해를 가하는 조치(우해를 가한다는 것은 괴롭히거나 사냥 및 포획을 하거나 또는 이와 같은 행위를 시도하는 것)를 금지하였다. 이 법에 따라 미국은 자국의 새우 트롤 어부들에게 바다거북이 나타날 가능성이 농후한 어업영역에서 어획할 때에는 어망에 바다거북 탈출장치(TEDs: Tuttle Excluder Devices)를 설치할 것을 요구하였다. 그 후 1989년 발효된 미국 공법 제101-102조(제609조)는 바다거북에게 해를 끼치는 조업기술로 포획된 새우는 규제프로그램을 도입하여 새우 포획국의 우발적 바다거북 포획률이 미국과 유사하다는 것이 인증되거나 포획국의 어획환경 상 바다거북에 대해 특별한 위해를 가하지 않은 경우를 제외하고는 수입을 금지시켰다. 미국이 패소하였는데 이것은 미국이 환경보호조치를 취해서가 아니라 WTO 회원국들 간에 차별조치를 취했기 때문이다. 미국은 주로 카리브 연안의 서반구 국가들에 기술적 및 재정적 지원을 했고 그 지역 어업자에게 바다거북 탈출 장치를 사용하기 전 유예기간을 더 오래 부과하고, WTO에 제소한 인도, 말레이시아, 파키스탄, 태국에 대해서는 동등한 혜택을 부여하지 않았기 때문이다. 상소기구는 보고서에서 WTO규정 하에서 국가들이(특히 인간, 동식물의 건강 및 멸종위기 종과 고갈 자원) 보호하기 위한 조치를 취할 권리가 있음을 명확히 하였다. WTO가 회원국에게 이러한 권리를 허락할 필요는 없다. 또한 보고서는 비 차별주의와 같은 특정원칙이 충족되는 경우에는 WTO무역규범의 다양한 예외를 규정하고 있는 GATT 제20조에 따라 바다거북을 보호하기 위한 조치가 예외로 정당화된다고 언급하였다.

97) 환경상품 및 서비스의 예는 촉매변환장치, 공기정화장치 또는 오수(汚水)관리에 관한 자문서비스가

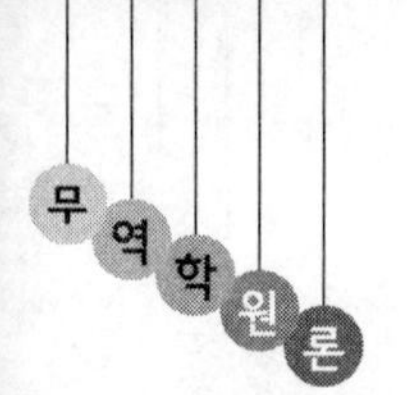

에 대한 관세, 비관세 장벽의 감축 또는 철폐하기 위한 협상을 개시하도록 합의하였다.

또한 환경조치가 시장접근에 미치는 효과, TRIPs협정의 관련 규정 및 환경 라벨링(environmental-labelling)[98] 등에 관한 작업을 계속하도록 하고, 수산보조금에 대해 적용되는 WTO 규범에 명료화하고 개선하기로 합의하였다. 선진국들이 그린라운드를 적극 추진하고 있는 주요동기는 다음과 같다.

첫째, 개발도상국들의 낮은 환경규제는 지구환경의 파괴를 가져올 뿐만 아니라 국가간의 공정무역거래를 해치는 요소로 간주되고 있다. 낮은 환경규제는 부당한 정부 보조금과 똑 같은 효과를 초래한다고 선진국들이 인식하고 있다.

둘째, 선진국기업들이 비교우위를 보유하고 있는 청정생산기술 및 오염처리기술에 대한 국제적인 수요를 창출해야 한다는 것이다. 즉, 개발도상국들이 환경규제기준을 높일 수 있도록 탄소세를 포함한 환경상계관세 등을 도입하고 궁극적으로는 환경규제수준을 세계적으로 통일해야 한다는 것이다.

그리고 환경협상의 주요 쟁점은 다음과 같다.

첫째, 오염자부담의 원칙이다. 이 원칙은 환경오염을 발생시키는 해당 국가와 기업들이 오염의 방지 및 해소에 필요한 비용을 스스로 부담해야 한다는 것이다.

둘째, 제품생산 책임 원칙이다. 이것은 소비자에게 폐해를 끼치는 제품의 생산자는 피해자에게 보상할 의무가 있다는 것으로 폐해를 끼칠 것으로 판단되는 제품에 대해서는 무역규제조치를 취할 수 있다는 원칙이다.

셋째, 환경비용의 시장가격 내재화이다. 개발도상국기업들이 생산과정에서 환경적 요소들을 고려하지 않거나 적정수준 이하를 반영하기 때문에 개발도상국 기업들은 글로벌시장에서 부당하게 유리한 가격경쟁력을 보유하고 있다. 따라서 선진국들은 환경 비용을 시장가격에 내재화시켜야 한다는 것이다.

넷째, 생산 공정/방법 차이에 따른 동종 상품의 차별문제로서 비록 동종 제품일지라도 각국의 상이한 환경규제 기준에 따라서 생산된 제품들에 대해서는 똑같은 대우를 할 수 없다는 것이 선진국들의 공통된 주장이다. 특히, 환경기술은 모든 무역에 영향을 미칠 뿐만 아니라 개발도상국에서의 환경비용의 증가는 새로운 무역마찰을 가져올 수

있다.

98) 환경 라벨링 부착은 환경 친화적인 상품에 부착하는 것으로 마크의 부착 요건 및 그것의 실행 관행이 교역 상대국간에(최혜국대우 적용), 국내 상품과 서비스, 수입상품 및 서비스 간에(내국민대우 적용), 차별적으로 적용되지 않아야 한다는 것이다.

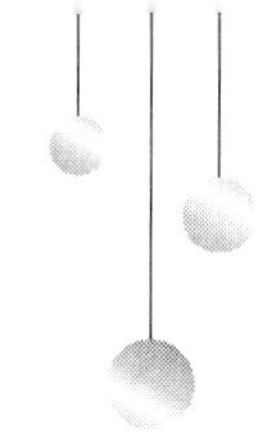

도 있다. 따라서 환경관련 각종 규제를 강화하려는 선진국 그룹과 개발도상국 간에는 많은 논쟁이 계속될 것으로 보인다.

3.3 노동라운드

노동라운드(Blue Round : BR)는 임금, 근로조건, 근로시간 등 노동환경을 무역규제와 연계시켜 저임금이나 아동근로, 죄수 등 국제사회가 규제하는 근로조건을 충족시키지 못하는 국가가 생산하는 상품에 대해 무역제재 조치를 취할 수 있도록 하는 다자간 협상이다.

이 협상에서의 공식용어는 사회조항(social charter)혹은 노동력덤핑(labor dumping)이며, 이는 저임금 개발도상국에서 생산된 제품의 가격경쟁력이 고임금 선진국에 비해 유리한 것은 불공정하므로 이를 시정하는 방안을 모색하고 있다.

특히, 무역과 노동기준의 연계는 오래 전부터 미국을 중심으로 한 선진국들에 의해 주장되어 왔었다. 미국은 1980년부터 죄수들에 의해 생산된 제품의 수입을 금지하는 등 일방적 무역조치를 입법화하면서 이를 가장 강력하게 주장하고 있는 국가이다. 무역과 노동기준의 연계에 대해서는 1948년 국제무역기구(ITO)의 설립을 위한 하바나 헌장이 채택되면서 국제적인 논의가 시작되었다.

노동기준은 노동자들의 대우에 적용되는 기준이다. 즉, 아동노동의 사용과 강제 노동부터, 노동조합 단결권 및 파업권, 최저 임금, 보건 및 안전 조치 그리고 근무시간 등 포괄적 내용을 포함하고 있다. 그러나 노동은 생산의 전 단계 및 각국의 여건이 상이하기 때문에 절대적인 노동 기준을 정한다는 것은 결코 쉬운 일이 아니다.

현실적으로 볼 때, 실질적인 근로조건의 차이는 국가 간 제품생산비용에 영향을 미치게 되고 이는 곧 제품의 국제경쟁력과 직결된다. 즉, 열악한 노동환경에서 저임금에 의해 생산된 개발도상국의 제품은 선진국들의 상품에 비해 가격경쟁력을 가질 수밖에 없고, 이러한 상품의 선진국 시장으로의 유입은 해당산업의 사양화 및 실업발생을 유발할 수 있기 때문에, 선진국에서는 이를 규제하려는 움직임은 당연하다.

국제노동기구(ILO : International Labor Organization)에서는 결사의 자유 및 단결권 보호, 단결권 및 단체교섭권, 차별금지, 강제노동금지 및 폐지, 아동노동의 착취금지 등 5개 기준을 가장 중요시 하고 있는바, 이것은 1995년 3월 덴마크 코펜하겐에서 열린 세계 사회개발 정상회의에서 핵심노동 기준으로 인정되었다.

그러나 1996년 싱가포르 각료회의에서 국제노동기구(ILO)를 노동기준을 다루는 데

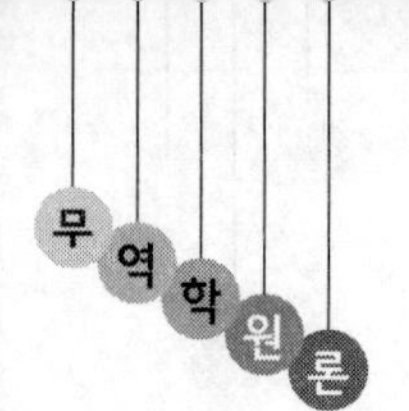

가장 권한이 있는 적합한 기구임을 확인하고 또한 회원국들은 국제적으로 인정된 핵심 노동기준을 준수하기로 하고, 이 기준이 보호무역주의로 사용되어서는 안 된다는 점에 합의하였다.

그리고 이 노동기준을 WTO 안에서 논의되어야 한다는 몇몇 국가들은 WTO의 규범과 규율을 통해 회원국들이 작업조건을 개선하고 각국 노동기준의 국제적 일관성을 확보하도록 하는 강력한 유인을 제공할 것이라고 주장한다.

그러나 다수의 개발도상국들은 이 문제가 WTO의 안에서 논의될 여지가 없다고 생각한다. 이들은 노동문제를 WTO 틀 내에서 논의하려는 움직임이 사실상 저임금 무역상대국의 비교우위를 저해하려는 선진국의 시도이며, 특히 이로 인해 무역능력이 저하될 경우 개발도상국들이 경제발전을 통해 노동기준을 높이는 능력이 저해될 수 있다고 주장한다. 또한 이들은 제안된 기준이 자신들의 경제발전 수준에서 충족시키기에는 지나치게 높다 면서 노동기준을 다자적 무역협상 무대로 가져오려는 노력은 보호무역주의를 위한 연막에 지나지 않는다고 주장한다.

많은 개발도상국들과 일부 선진국들은 이 사안을 다자간무역협정 내에서 논의하는 것은 새로운 보호주의를 초래하는 것이 아닌지 의아해 하고 있으며, 이를 적극적으로 주장하는 미국 등의 선진국의 의도는 상대적 저임금의 경쟁력을 지닌 개발도상국들의 비교우위를 저해하기 위한 것이라고 여기고 있다.

노동라운드가 주 의제로 취급하려는 내용은 ① 15세 이하의 아동노동, 죄수노동 및 강제노동의 금지 등에 대한 국제노동기구 규범의 적용 ② 저임금문제 ③ 형식적으로는 노동 3권과 관련된 관계법을 제정하였으나 실제적으로 이를 시행하지 않고 있는 국가에 대한 무역제재 ④ 급속한 경제개발을 이루었으나 경제수준에 맞지 않는 사회보장제도만을 유지하는 국가에 대한 무역규제 ⑤ 노동자의 결사의 자유 및 단체교섭권보장 등이 있다.

3.4 경쟁라운드(CR)

경쟁라운드(Competition Round : CR)는 1992년 EU 부집행위원장과 1994년 1월 미국 클린턴 대통령이 POST-UR의 의제로 환경, 노동, 경쟁정책을 제안한 이후 무역과 경쟁정책을 연계시키는 경쟁라운드가 출범되었다. 즉, 국제무역관련 공정경쟁을 촉진시키기 위해 공정한 시장구조와 기업관행을 규범화하자는 것이다. 즉, 기업 간 경쟁조건의 통

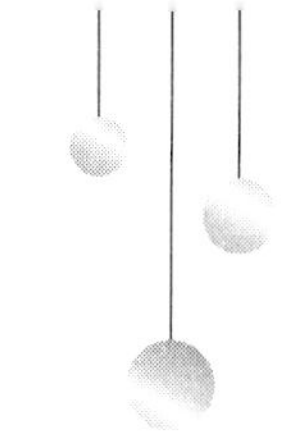

일을 목표로 각국의 제한적 거래행위(restrictive business practices : RBP)에 대한 문제를 다자간 협상에서 다루자는 논의를 말한다.

이것은 세계화가 급속하게 이루어지면서 기업관행과 시장구조의 문제가 해결되지 않고는 상품의 국제교역이 원활하게 이루어질 수 없다는 인식에서 출발된 것이다. 제한적 거래 관행(RBP) 또는 경쟁정책에 대한 논의는 OECD에서 출발하였고 OECD에서는 경쟁정책의 국가 간 차이로 인하여 발생하는 경쟁조건의 실질적 차이를 제거하기 이하여 경쟁정책에 대한 원칙의 수립뿐만 아니라 문제의 발굴과 의견수렴, 사례분석 등 다각적인 연구·검토되고 있다.

특히, OECD가 협상 대상으로 삼고 있는 분야는 ① 독점금지법이 면제되는 카르텔이 외국기업의 시장접근을 제한하는 경우 ② 부품조달 등을 위해 제조업체 간 맺고 있는 수직협정이 시장접근을 방해하는 경우 ③ 허가제도, 자격요건 등으로 유통체제에 영향을 미치는 정부규제 ④ 공기업과 같은 독점업체 시장에서 우월한 지위를 남용하여 외국기업의 진출을 막는 경우 ⑤ 국제적 기업인수 합병을 저해하는 심사절차, 사전신고제도 등의 차이로 파생되는 문제, ⑥ 반덤핑조치 등 공정 경쟁을 저해하는 무역정책 ⑦ 국적이 다른 기업들 간의 협정체결로 경쟁이 제한되는 경우 등이다.

결국 경쟁라운드는 기업의 시장진출에 따라 각국이 달리 적용하는 법적·제도적 장치를 통일시켜 공정한 경쟁의 장을 마련하는 데 있다. 경쟁분야의 다자간협상이 성공적으로 이루어진다면 외국기업의 국내시장 접근이 보다 용이해지고 반면에 우리나라 기업의 해외진출도 보다 수월해질 것이다.

3.5 기술라운드

기술라운드(Technology Round : TR)는 OECD 국가들을 중심으로 개별국가의 기업에 대한 기술지원은 시장을 왜곡시킬 수 있는 원인이 될 수 있으므로 이를 규제해야 한다는 취지에서 논의된 기술 분야의 다자간협상이다.

즉, 기술개발에 있어 모든 국가가 같은 비율로 정부보조금을 지원할 경우에만 국가 간 공정무역이 가능하므로 정부의 기술 개발 관련 보조금 지원을 규제해야 한다는 것이다.

OECD에서 설정한 과학기술규범의 세부분야는 ① 기술연구에 관한 공공부문의 지원 ② 기술 확산 정책 ③ 인력개발 ④ 민간부문에 대한 연구개발비지원과 과학기술활동에 대한 국제적 접근성 ⑤ 전략산업에 대한 정부 지원 ⑥ 과학기술에 관한 국제협약 ⑦

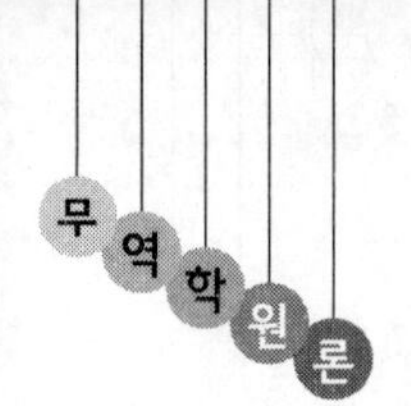

개발도상국에 대한 과학기술협력 등이다.

선진국들은 후발국들의 급속한 경제발전은 선진국에서 이룩한 과학기술성과를 무임승차(free rider)로서 이용하기 때문에 가능하다고 인식한다. 이러한 인식에 바탕을 두고 선진국들은 개발도상국들의 기술정책에 대한 규제 장치가 필요하다는 것이다.

기술라운드가 추진하고 있는 규범과 규제로는 ① 다자간 협상을 통하여 지적소유권 보호를 국제기술규범으로 제정하고 ② 각국 정부가 전략적 산업을 선별하여 집중 육성하는 데 대한 제도적 규제 장치를 마련하며 ③ 각국 정부의 민간기업에 대한 연구·개발보조금 지원을 제한하고 ④ 국제기술규격 및 인증 제도를 엄격히 하며 ⑤ 연구·개발활동을 위한 과학기술인력의 자유로운 이동을 보장하는 것 등이다.

향후 기술 분야의 다자간 협상이 구체화되어 과학기술정책에 관한 국제적 규범이 만들어지면 독자적인 기술개발능력이 부족한 국가들은 더욱 불리한 경제적 위치에 놓이게 될 것이다. 특히 기술개발능력이 부족하여 선진국의 기술에 의존하고 있는 국가들은 그 기술의존도는 더욱 심화되고 동시에 기업의 기술사용에 따른 로열티지급은 더욱 증가하고 나아가 기술개발을 할 수 있는 기회는 점점 더 어려울 질 것이다.

3.6 다자간투자협정

기업의 경제활동 영역이 범 세계화되면서 투자 문제는 더 이상 무역과 무관하지 않다는 인식이 제고되기에 이르렀으며, 시장접근의 주요 수단으로서 투자는 더욱 중요하게 인식되고 있다. 따라서 투자 자율화의 촉진을 통하여 자원의 효율적인 배분을 도모하고 자유무역을 확대하자는 인식하에 다자간협상 차원에서의 투자규범제정에 관한 논의로 추진된 것이 다자간 투자협정(Multilateral Agreement on Investment : MAI)이다.

그러나 UR협정 내의 무역관련 투자조치(TRIMs : Trade-related Investment Measures)는 무역에 관련하여 왜곡된 이행 의무의 금지를 규정하는 매우 제한적인 규범이며, GATT의 경우에도 그 대상이 서비스 투자에 국한되어 있었다. 그리고 아직 WTO에서는 투자와 관련하여 투자의 정의, 투자보호, 투자 자체 등에 대해 상세히 다룰 만한 규정이 미미한 상태이다.

WTO의 무역과 투자와 관련한 1996년 싱가포르 각료회의 선언문은 투자국과 투자대상국간 이익균형을 도모할 필요성, 국가들의 투자 규제권한, 개발, 공익 및 개별국가의 특수상황 등과 같은 다수의 원칙을 규정하고 있다. 이 선언문은 또한 개발도상국과 최

빈 개발도상국을 위한 지원 및 기술협력과 유엔무역개발회(Conference on Trade and Development등 여타 국제기구와의 협력을 강조하고 있다.

MAI는 미국의 주도로 OECD를 중심으로 기존의 국제 규범들은 법적 구속력과 낮은 투자보호수준, 참여국의 제한 등으로 투자를 활성화하기 위한 국제법적 장치로서는 부족하다고 인식하여 강력한 분쟁해결절차를 통해 회원국들의 협정이행을 담보하자는 의도로 추진되었다. 그리고 MAI의 특징은 다음과 같다.

첫째, 투자에 대한 광범위한 정의이다. MAI에서는 자산접근방법을 적용하고 있어 기업, 주식, 채권, 지적재산권 등 경제적 가치가 있는 유무형의 모든 자산을 투자대상에 포함시키고 있다. 둘째, 투자대상 자산의 취득, 설립 등 투자실행단계뿐만 아니라 기업을 설립한 이후의 운영, 영업확장, 처분 등 전체투자과정에 대해 내국민대우, 최혜국 대우 등 협정의무를 부과하고 있다. 셋째, MAI는 국가 대 국가 간 분쟁해결 절차 뿐 아니라 투자자 대 국가 간 분쟁해결절차를 도입하고 있으며, 패소시 제도 개선은 물론 외국인투자자의 손실에 대한 금전적 배상의무까지 부과하고 있다. 넷째, MAI는 투자활성화를 통한 모든 참여자의 후생증대(win-win game)를 전제로 한 협상이지만 구체적인 협상에 있어서는 각국들은 자국의 이익을 철두철미하게 추구하고 있다.

제6장 | 경제통합론

제1절 … 경제통합의 의의 및 전제조건

1.1 경제통합의 의의 및 추세

1) 경제통합의 의의

경제통합(economic integration)이란 공동의 경제적 이해관계를 가진 국가 간에 상품 및 생산요소의 자유로운 이동을 통하여 공동으로 경제적 이익을 얻고 나아가 경제정책의 공동보조를 통하여 공동체 전체의 경제후생을 증진시키려는 경제권을 형성하는 것이다.

경제통합은 흔히 지리적으로 인접한 2개국 또는 그 이상의 국가들이 대등한 지위 하에서 경제적 이익의 공동추구를 목적으로 경제동맹을 결성한다. 그리고 동맹국간에는 관세 및 비관세장벽 등을 제거 또는 완화하여 상품 및 생산요소의 자유로운 이동을 보장하고 비회원국에 대해서는 차별적 대우를 한다.

따라서 경제통합을 지역적 경제통합과 동일한 의미로 쓰고 있으나 지역적 경제통합(regional economic integration)이란 지리적으로 근접한 국가들이 상품 및 생산요소의 교역에서 발생하는 관세 및 비관세 장벽을 경감 및 철폐하기 위해 협정을 체결하는 것을 의미한다.

2007년 현재 거의 모든 WTO 회원국들은 한 개 이상의 지역적 무역협정을 체결하고 있으며 현존하는 지역적 무역협정의 수는 약 300건에 이르는 것으로 나타났다. 특히 WTO는 150개의 가입국과 함께 범세계적 차원에서 무역장벽을 제거하려고 노력하고 있다. 만약 일군의 국가들이 지역적 자유무역협정을 체결한다면 이들은 WTO 하에서 보다 더 신속하게 지역 내의 무역장벽을 완화시킬 수 있는 계기가 될 것이다. 현재 EU는 전기와 가스 에너지의 글로벌시장이 형성되어 있지는 않지만 유럽 내에서만이라도 통합된 지역시장을 구축할 것으로 본다.

그리고 경제통합은 지역적 경제통합(예를 들어 EU, NAFTA, MERCOSUR 등)은 물론 지리적인 인접성이 아닌 국가 간에 경제의 공동 목적을 추구하기 위한 공동 목적의 경제권의 형성(한-칠레의 FTA, 한-EU FTA 등)을 모두 포함하는 의미로 보아야 할 것이다.

경제통합의 목적은 사회·문화적 배경, 지리적인 인접성, 경제적 긴밀도 등 이해를 공유하는 특정 국가들을 대상으로 협약 또는 동맹에 의하여 무역상의 무차별대우의 원칙 적용과 생산요소의 자유로운 이동 보장, 그리고 더 나아가 공통의 재정 및 금융정책을 실시하고 정치체제도 통합·단일화하는 데 있다.

경제통합 혹은 지역적 경제통합은 현재 지역통합(regional integration), 경제통합(economic integration), 지역무역협정(regional trade agreements), 블록화(bloc formation), 지역경제협정(regional economic cooperation) 및 지역통합협정(regional integrtion agreements) 등 다양하게 표현되고 있으며 가장 일반화된 표현은 경제통합, 블록화, 지역주의라 할 수 있다.

2) 경제통합의 추세

오늘날 경제통합은 2차 세계대전 이후 유럽경제공동체(EEC : european economic community)[99]나 유럽자유무역연합(EFTA : european free trade association)[100] 그리고 1960~70년대에 탄생한 개발도상국의 제 경제 블록과 같이 독자적인 경제영역을 가진 국가들이 공동이익을 위해 기업의 카르텔과 같은 형태로 통합해 온 것을 의미한다. 따라서 그 결성 동기는 시대나 지역에 따라 다소 차이가 있다.

경제통합은 경제발전단계가 비슷한 인근 지역을 중심으로 국제 경제적 성격이 동질적인 국가 간에 결성되는 동맹체이다. 반면에 블록 경제권은 어떤 정치적·경제적 종주국을 중심으로 결성되는 결합체이다.

---

99) EEC는 1957년 로마조약(The Treaty of Rome)에 의해 1958년 1월 1일 발족하였다. 로마조약의 내용을 보면 ① 회원국간의 관세 및 수량 제한의 철폐, ② 역외 공동관세의 설정 및 공동 통상정책의 수립, ③ 노동 및 자본이동과 기업설립의 자유, ④ 농업·운수·경쟁제한 등에 대한 공동 정책수립, ⑤ 회원국 생활수준의 평준화 등이다.

100) EFTA는 1959년 11월 20일 스톡홀름에서 개최된 7개국(영국, 오스트리아, 포르투갈, 노르웨이, 덴마크, 스웨덴, 스위스) 각료회의에서 설립을 위한 협약이 서명되고 그 후 비준이 완료됨에 따라 출범하게 된 경제공동체이다. 설립목적은 ① 회원국의 경제발전, 고용증대, 생산성 향상, 생활수준 향상, 재정금융의 안정, 자원의 합리화, ② 역내무역의 자유화, ③ 원료공급의 불균형에 대한 시정, ④ 세계무역과 조화 있는 발전 등에 두고 있다.

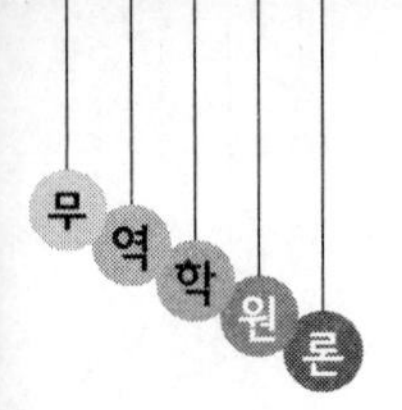

양자 모두 광역 경제권을 중심으로 규모의 경제이익을 도모하고 있다. 그러나 블록 경제권은 회원국의 자주적 경제성장의 한계를 극복하기 위해서 역내 통합을 통해 균형 성장을 도모하는 것이 아니고 본국과 식민지국간의 자립경제 도모나 외국경제권과의 대항을 목적으로 하는 경우가 대부분이다.

자유무역체제를 지향하는 WTO가 출범(95. 1.1)하였음에도 불구하고, 북미자유무역협정(NAFTA), 유럽연합(EU) 등 경제 블록들은 통합의 정도와 범위를 심화·확대하는 등 지역주의는 더욱 심화되는 양상을 보이고 있다. 아시아·태평양 지역에서도 APEC 형성 논의가 구체화되고 있고, 유럽은 이 지역에서의 미국 주도의 지역주의 화에 대응하여 아시아 유럽 정상회의(ASEM)를 주창하고 있으며 우리나라는 한-칠레, 한-EU 및 한-미 자유무역협정을 체결 발효중에 있다.

WTO는 국가 간에 발생하는 무역장벽을 줄이기 위해 노력하고 있다. 따라서 경제통합은 역내 국가들이 역외 국가들에게 차별 및 공동 관세 부과 등 차별적인 대우를 한다는 의미에서 WTO의 목적에 부합되지 않는다고 볼 수 있다. 그러나 만일 많은 국가들이 지역적 자유무역협정을 체결한다면 이 블록화 내 국가들은 WTO하에서 보다 신속하게 지역 내 무역장벽을 완화시킬 수 있을 것으로 보고 있다.

WTO체제에서는 회원국들에게 참여하고 있는 지역적 무역협정을 모두 보고 하도록 하고 있으며 2007년 현재 거의 모든 WTO회원국들은 한 개 이상의 지역적 무역협정을 체결하고 있다고 보고했으며 현존하는 지역적 무역협정의 수는 약 300건에 이르는 것으로 나타났다.

그러나 경제통합은 일반적으로 긍정적인 변화라고 간주되지만 일부에서는 지역경제통합이 다른 경제블록들과 경쟁을 야기시킬 수 있다는 우려를 낳고 있다. 이러한 가능성은 경제블록들이 지역 내에는 자유무역을 추구하면서 외부와의 거래는 높은 관세장벽을 통해서 제한할 때 현실화될 것이다. 이러한 상황이 실현된다면 경제블록 내부의 자유무역을 통한 실현된 이익은 경제블록 간의 무역감소로 인해 모두 상쇄되어 버릴 수도 있다.

1.2 경제통합의 전제조건

경제통합의 전제조건은 일반적으로 가입국의 경제발전단계와 소득수준이 유사하고 경제구조가 대체적이지만 잠재적으로 보완성을 가지고 있어야 하며 이에 대한 각 학자

의 견해는 다음과 같다.

첫째, 카너트[101)]는 경제통합의 전제조건으로서 ① 회원국간의 경제발전단계의 유사성, ② 역내 교통과 지정학적 접근성, ③ 회원국간의 경제정책 운용에 대한 조정과 타당성, ④ 경제통합에 대한 이익분배의 제도적 장치 등을 제시하고 있다.

둘째, 드니요[102)]는 경제통합의 전제조건으로서 ① 회원국의 지리적 접근성과 경제발전 수준의 균등화, ② 경제적 성격과 잠재력의 이질성 및 특화 기회부여, ③ 경제적 가변성 여지와 조정의 소지 등을 들고 있다.

셋째, 산왈드와 스톨러[103)]는 경제통합의 전제조건으로서 ① 지리적·문화적 관계, ② 공통의 이해관계, ③ 경제구조의 잠재적 보완관계, ④ 상대국에 대한 수요능력, ⑤ 대규모 생산의 가능성 등을 제시하였다.

넷째, 도오벡케[104)] 경제통합의 전제조건으로서 ① 통합체의 규모 확대에 따라 국제분업의 확대, ② 통합체의 규모 확대에 따른 생산능률과 이익 향상, ③ 경제후생의 증대, ④ 관세 및 지불제한 철폐에 따른 자원의 최적배분 등을 들고 있다.

이상의 견해를 종합해 볼 때 경제통합의 전제조건 중 지리적 인접성과 경제수준의 균등화 및 경제통합에 따른 이익 배분의 제도적 장치가 필수적인 요소라고 할 수 있다.

따라서 사회·문화적으로 밀접하여 공급처인 동시에 수요처가 되고 각종 대외정책의 공통성, 인종·혈통·종교 등의 공통성 및 유사성의 정도가 높을수록 통합의 가능성이 크다.

그리고 경제통합의 과제, 즉 경제통합 후에 발생할 문제는 크게 세 가지로 본다. 첫째, 선진국과 개발도상국을 막론하고 가입국간에 각국의 국가주권과 이해관계의 조정문제가 발생한다. 둘째, 경제통합은 역외보다는 역내 우선주의 원칙에 따라 역내 이익을 우선 고려하게 된다. 이때 선진국들의 통합은 비회원국들에게 악영향을 미칠 수 있다. 셋째, 경제통합으로 형성된 대규모 시장에 대기업이 독과점가격을 형성한다면 경제통합체는 안정적인 경제성장을 이룰 수가 없다.

---

101) F. Kahnert, Economic Integration among Developing Countries, 1968, ch. 2.

102) J. F. Deniau, The Common Market, 1960, p. 41.

103) R. F. Sannwald and J. Stohler, Economic Integration, 1959, p. 38.

104) E. Thorbecke, The Tendency towards Regionalization in International Trade, 1960, pp. 207~208.

제2절 … 경제통합의 형태

2.1 경제통합의 형태

일반적으로 경제통합은 역내 회원국간에는 관세 및 기타 무역장벽을 제거함으로써 역내 국가 간 완전 자유무역을 통한 시장 확대로 규모의 경제 효과와 회원국 간 자원의 효율적 배분으로 인한 경쟁력 제고를 도모하게 된다. 차촐리아데스(M. Chacholiades)는 경제통합 형태에 대해 특혜무역클럽(preferential trade club), 자유무역지역 혹은 연합(free trade area or association), 공동시장(common market), 경제동맹(economic union)으로 구분하고 있으며 그리고 미국의 발라싸(B. Balassa)는 경제통합을 그 발전단계에 따라 자유무역지역, 관세동맹, 공동시장, 경제동맹, 완전경제통합의 다섯 단계로 구분하고 있다. 발라싸의 견해는 다음과 같다.

1) 자유무역지역

자유무역지역(free trade area 또는 자유무역협정:free trade agreement)은 2 개국 이상이 자유무역협정을 체결하여 회원국 간에는 관세 및 비관세 등 모든 무역장벽을 철폐하여 역내 국가 간에는 무역의 자유화를 보장하는 경제통합이다. 그러나 회원국은 비회원국과의 무역에 대한 정책은 독자적인 무역정책을 인정하는 경제통합이다.

즉, 경제통합의 가장 초보적인 형태로서 정치 및 경제적으로 밀접한 관계에 있는 2개 이상의 국가가 통합하여 역내의 무역자유화를 추진하기 위해 관세 및 수량제한을 철폐하는 것을 말하며 자유무역협정은 지역적 경제통합의 가장 보편적인 형태로서 약 90%의 지역적 통합이 이 단계에 속한다.

그 예는 우리나라와 칠레의 자유무역협정, 한-EU자유무역협정, 유럽자유무역연합(EFTA), 라틴아메리카자유무역연합(LAFTA), 북미자유무역협정(NAFTA), 한미자유무역협정 등이 있다.

EFTA는 1960년 유럽공동체에 가입을 원하지 않던 서유럽국가들 중 영국이 주도하여 노르웨이, 스웨덴, 덴마크, 오스트리아, 스위스, 포르투갈 등 7개국으로 결성되었는데 1973년 영국과 덴마크 그리고 1986년 포르투갈이 EC에 가입함으로써 EFTA는 현재 4개국이다.EFTA는 공산품의 무역자유화가 주 목적이었기 때문에 농산물에 관해서는 각국이 스스로 무역정책을 결정하도록 허용하였다.

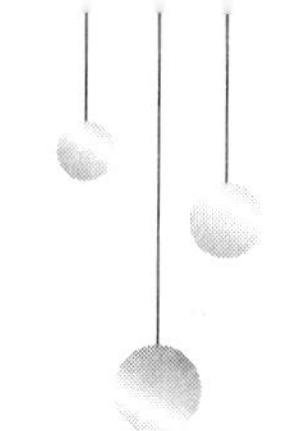

1994년 1월부터 발효된 NAFTA는 기존의 미국과 캐나다의 동맹관계에서 멕시코가 참가함으로서 배타적인 단일시장 성격을 보이는 세계최대의 지역경제권으로 EU와 대립되는 경제블록을 형성하고 있다.

2) 관세동맹

관세동맹(customs union)은 일반적으로 2개 이상의 국가가 관세협정을 체결하여 경제적으로 단일체를 형성하여 역내국 간의 무역에 대해서는 관세 및 기타의 무역장벽을 철폐하여 모든 상품에 대해 자유로운 이동을 보장하지만 역외 국가들에 대해서는 관세의 자유권을 포기하고 공동관세(common tariff)를 부과하는 경제통합의 일종이다.

관세동맹을 형성하기 위해서는 ① 회원국 간의 관세철폐, ② 회원국외에는 공통관세제도 채택, ③ 회원국 간에 관세수입 배분 등을 조건으로 한다.

관세동맹을 체결한 국가들은 더 높은 수준의 경제통합으로 발전하기를 원한다. 그리고 EU는 관세동맹으로 시작하여 지금과 같은 수준의 경제통합의 형태로 발전하였다.

그 예는 독일관세동맹(Deutscher Zollverein : 1834), 베네룩스(Benelux : 벨기에, 네덜란드, 룩셈부르크 : 1947)관세동맹, 구 프랑스령 아프리카 관세동맹, 적도아프리카관세동맹, ECU, CACM가 있다. 그리고 1957년 로마조약(The Treaty of Rome)에 의하여 창설된 유럽경제공동체(European Economic Community : EEC)는 1968년 7월 관세동맹이 완성되었다.

안데스공동체(Andean Community: 볼리비아, 콜롬비아, 에콰도르, 페루, 베네수엘라)는 회원국들 간에는 자유무역을 추구하는 한편 비회원국으로부터 수입된 제품에 대해서는 5%에서 20%의 관세를 부과한다.[105)]

3) 공동시장

공동시장(common market)은 2개국 이상이 경제 공동체를 형성하여 회원국 간의 관세장벽 및 수량제한을 철폐하여 상품과 함께 회원국 간에는 자본, 노동 등의 생산요소의 자유로운 이동이 이루어지지만, 비회원국에 대해서는 공동관세를 부과하는 경제통합의 일종이다.

공동시장의 결성에는 회원국들의 정치, 경제, 문화 및 사회적인 동질성 그리고 지리

---

105) "Free-Trade Free for All", *The Economist January* 4, 1991, p.63.

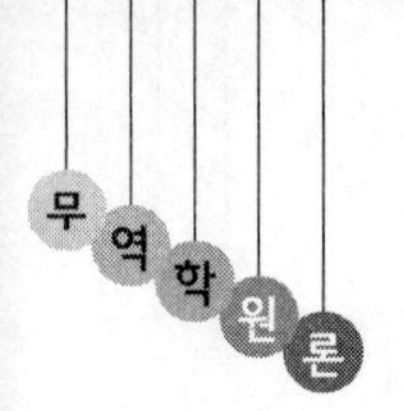

적인 인접성이 가장 중요한 요인이 되며 궁극적으로 회원국간 경제정책의 조정을 통하여 경제동맹으로의 발전을 모색하게 된다.

특히 공동시장에서는 회원국들 간에 이민과 자본 이동에 대한 제한이 없기 때문에 노동과 자본의 이동이 자유롭다. 공동시장을 설립하기 위해서는 회원국 간 재정, 금융, 고용 등의 정책에 있어서 상당히 높은 수준의 화합과 협력이 필요하다.

그 예는 유럽공동시장(EC:1958)있으며 오랜 기간 동안 공동시장단계를 거쳐 현재의 EU(유럽연합)로 탄생하였으며, 아르헨티나, 브라질, 파라과이, 우루과이 그리고 2006년에 가입한 베네수엘라 등 남미국가로 구성된 MERCOSUR 역시 궁극적으로 공동시장 구축을 희망하고 있다.

4) 경제동맹

경제동맹(economic union)은 공동시장에서 한 단계 더 발전하여 2개국 또는 다수국이 경제에 관한 동맹을 체결하여 회원국 상호간에 경제정책인 재정, 금융, 통상, 노동 등의 상호 협조·조정하여 공동경제정책을 수행하는 형태의 경제통합의 일종이다.

특히, 회원국들 간의 단일통화 사용, 세율의 통일, 금융 및 통화정책의 통일을 필요로 하고 더 높은 수준의 통합을 달성하려면 회원국들의 주권 희생이 불가피해진다. 이 때문에 EU회원국 중 몇 개의 국가들은 지역 내 공동통화인 유로화 사용을 거부하고 있으며 통일된 세율도 적용하지 않고 있다. 또한 에너지 시장과 같은 일부 특수한 시장들은 아직도 완전한 통합을 이루지 못하고 있는 실정이다.

이의 목적은 역내 각국의 독자적인 경제정책의 실시로 인해 비회원국과의 무역마찰을 피하기 위해 역내국간에 경제정책 전반에 관한 협정을 체결하여 경제 각 부문의 정책을 상호 조정하는데 있다. 그 예는 현재 EU가 경제동맹의 대표적인 형태라고 할 수 있으며, 벨기에, 네덜란드, 룩셈부르크의 3개국 경제동맹이 있다.

5) 완전 경제통합

완전경제통합(complete economic union)은 경제동맹에서 더 발전하여 회원국들이 각국의 독립된 경제정책을 철폐하고 단일 경제체제에서 모든 경제정책 및 정치적 통합이 이루어지는 형태의 경제통합이다.

즉, 회원국 상호간에 초국가적 기구를 설치하여 그 기구로 하여금 각 회원국의 모든 사회·경제정책을 통합·조정·관리하는 형태의 통합이다. 이것은 가장 이상적이고 완전

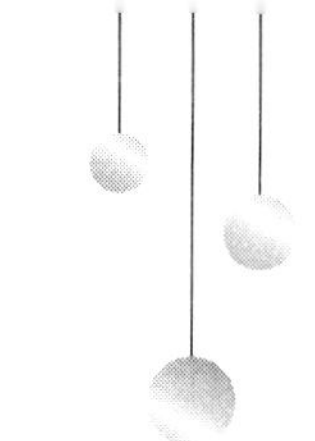

한 경제통합의 단계로서 각 국가의 개념이 완전히 없어지고 독립된 초국가 또는 연방국가를 설립하여 재정, 통화, 사회 등 모든 정책을 통일화하는 것이다. 단일의 중앙은행과 공동화폐를 가지고 있으며 공동 조정된 정책과 제도를 가지고 있다. 이 단계가 경제통합의 이상적인 단계라고 할 수 있으며, 현재 스위스연방공화국 및 미합중국 등의 경우이다.

EU는 완전경제통합으로 발전하기 위해서는 경제 통합과 함께 정치통합이 구축되어야 한다. 정치통합은 중앙집권적 정치기구로 하여금 회원국들의 경제적, 사회적 그리고 외교적 정책들을 조정하도록 되어야 한다. EU의 유럽의회(European Parliament)는 1970년대 말부터 EU회원국의 국민들에 의해 직접 선출되고 있다. 또한 EU의 각료회의(Council of Ministers, EU의 주요 의사결정과 통제담당)는 EU회원국의 장관들로 구성되어 있다. 향후 EU는 미국처럼 연합체 국가로 발전할 가능이 있다. 이상의 경제통합의 단계별 특징은 다음의 〈표 6-1〉과 같다.

〈표 6-1〉 경제통합의 단계별 특징

구분	통합정도 낮음				높음
	자유무역지대	관세동맹	공동시장	경제동맹	완전경제통합
역내관세철폐	○	○	○	○	○
쿼터철폐	○	○	○	○	○
역외공동관세		○	○	○	○
생산요소이동자유보장			○	○	○
경제정책조정				○	○
초국가기구설립					○

주: 1) 자유무역지역(Free Trade Area) : 한·칠레 자유무역협정, NAFTA(북미자유무역협정), EFTA(구주자유무역연합), LAFTA(라틴아메리카자유무역엽합), AFTA(아세안자유무역협정) 등

2) 관세동맹(Customs Union):베네룩스관세동맹, EEC 출범초기

3) 공동시장(Common Market) : EC(유럽공동체), CARICOM(카리브공동페), MERCOSUR(남미공동시장) ANCOM 등

4)경제동맹(Economic Uninon):EU(마스트리히트조약 이후의 유럽연합)

5) 완전경제통합(Complete Integration):EU의 궁극적인 지향점

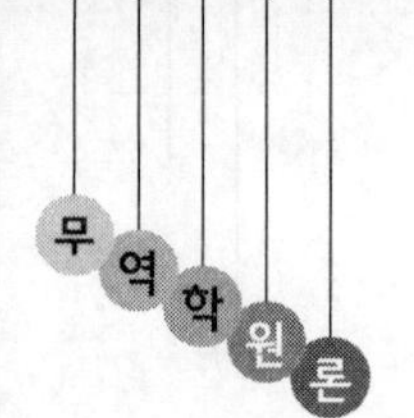

제3절 … 경제통합 현황

3.1 통합의 최근 현황

1958년 관세동맹의 형태인 유럽경제공동체(EEC)의 발족으로 본격화된 지역경제통합은 1995년까지 WTO에 통보된 지역무역협정의 수가 121개에 달하고 있다. 더욱 주목할 만한 현상은 이중 1990년 이후 통보된 지역무역협정만도 45개, 1995년 한해에만 12개에 달하고 있다는 사실이다. 이는 1990년 이후 WTO를 중심으로 세계무역의 자유화 논의가 활발하고 급속히 전개되는 가운데 세계경제의 지역주의 화 추세 역시 빠르게 확대 심화되어 왔다는 것을 보여주고 있다.

이중 경제규모나 세계경제에 있어서의 실질적 파급효과 측면에서 영향력이 가장 큰 블록은 EU, NAFTA를 들 수 있으며, 우리나라는 APEC에 참여하고 있으며 또한 한·칠레 자유무역협정(2004년 발효), 한·미 FTA(2012. 3. 15), 한·EU FTA(2011. 7. 1)가 시행중이다.

1) 유럽연합(EU)

EU의 탄생은 유럽 내의 정치적 위험 해소 및 평화유지에 대한 갈망과 국제경제와 정치무대에서 유럽의 위상을 높이고자하는데서 비롯되었다고 본다. 1951년 벨기에, 프랑스, 이탈리아, 룩셈부르크, 네덜란드는 EU의 전신이 ECSC(European Coal and Steel Community : 유럽석탄철강공동체)를 설립하였다. 이 공동체의 목적은 가입국간에 석탄, 철강, 고철 등의 교역에 관련된 무역장벽을 제거하는 것이었다.

그 후 1957년 체결된 로마조약(Treaty of Rome)을 통해 유럽공동체(European Community)가 설립되고 1968년 관세동맹이 체결되고, 1970년부터는 노동과 자본의 자유로운 이동이 시작되어 공동시장의 단계로 확대·발전되었으며 1994년 체결된 마스트리히트조약(Maastricht Treaty)에 의해 유럽공동체의 명칭이 유럽연합(EU)로 변경되었다.

1958년 이탈리아 로마에서 프랑스, 독일, 이탈리아와 베네룩스 3국이 조인한 EEC(European Economic Community : 유럽공동체)는 EEC의 아버지라 할 수 있는 프랑스의 장모네(Jean Monet), 그의 협조자인 프랑스 외상 슈망(Shuman), 벨기에의 스파크(Spaak) 등 주축이 되었다. 그리고 EEC는 전쟁과 정복에 의한 통합이 아닌 대화와 타

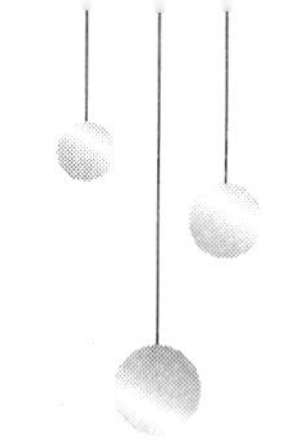

협을 통한 번영하는 유럽을 목표로 하는 것이었다.

그리고 1967년 7월 1일 EEC는 EURATON(European Atomic Community : 유럽원자력공동체)과 함께 EC(European Community : 유럽공동체)로 탈바꿈하여 통일유럽의 꿈을 앞당기는 계기가 되었다. 유럽단일화 의정서는 1987년 7월부터 1992년 12월까지 통합기간을 정하고 공동시장개념과는 달리 회원국 간 국경이 없는 유럽합중국의 실현을 목표로 EU시장 내에서의 상품, 노동, 자본, 서비스 등의 자유로운 이동을 추진하였다.

EC는 마스트리히트조약이 1994년 1월 1일부터 발효됨에 따라 단순한 경제적 단일시장을 넘어 정치·경제적인 동맹체인 유럽연합(European Union : EU)으로 새 출발하게 되어 EU는 그 동안 가입국 간의 분업과 협력 체제를 중심으로 한 수평 분업 촉진 및 상호협력 중시 등 역내자유화를 추진하여 왔다.

이 조약은 첫째, 유럽중앙은행 창설과 단일통화 사용의 경제통화 동맹 둘째, 노동조건 통일의 사회부문 셋째, 공동방위정책 넷째, 유럽시민권규정 등 4개의 핵심내용을 담고 있다.

1995년 12월 스페인의 마드리드에서 EU 단일통화의 명칭을 유로(EURO)화로 결정하였으며 1998년 공통화폐인 EURO를 발행하였고 2002년 1월 1일부터 2월 28일까지는 유로화와 자국통화를 같이 사용하다가 동년 3월1일부터는 완전히 유로화만 통용되고 있다.

유로화의 탄생은 새로운 기축통화의 등장을 의미하고 궁극적으로 금융 및 무역을 포함한 세계경제 전반에 걸쳐 많을 변화로 이어질 수 있다. 그리고 EU의 부상과 비EU국가의 상대적 약화이다. 그 동안 미국과 일본 및 동 아시아 기업들에게 상대적으로 밀렸던 EU 기업들은 거대시장을 배경으로 역외공세를 강화할 가능성이 높다.

특히 유로화의 등장은 구소련의 붕괴로 유일하게 초강대국으로 남게 된 미국의 Pax Americana(미국주도의 세계질서유지)에 대한 견제와 함께 세계경제의 균형과 조화를 이루는 커다란 역할을 할 것이다. EU는 2012년 2월 현재 총회원국이 27개국에 이르고, 인구는 5억 2백만 이상의 인구와 GDP17조 9,600억 달러로 세계 1위이며 세계의 26%를 차지하고 있다(2011sus 잠정수치기준).

2) 북미자유무역협정(NAFTA)

북미자유무역협정(NAFTA : North America Free Trade Agreement)은 미국, 캐나다, 멕시코가 협정에 의하여 역내 국가 간에 관세 및 비관세 장벽의 인하 및 폐지를 통하여 하나의 자유무역지대로 출범한 것이다. 1989년 발효된 미-캐나다간 자유무역협정이 바탕이 되어, 1994년부터 멕시코까지 가입한 3국간 자유무역지대(free trade area)의 형태를 띠고 있다.

NAFTA는 상호 투자 및 다양한 산업협력을 촉진하기 위하여, 역내 자본이동을 자유화시킨 반면 노동력의 자유이동은 금지된 상황이어서 경제동맹의 단계에는 이르지 않은 진보된 자유무역지대로 볼 수 있다.

그리고 미국의 자본 및 기술, 캐나다의 자원, 그리고 멕시코의 저렴한 노동력이 보다 효율적으로 결합됨으로써 저렴한 비용으로 양질의 제품을 생산할 수 있는 분업체제가 구축되었다. 협정당사국 간 비교우위에 바탕을 두고 미국은 첨단기술 및 서비스 산업, 멕시코는 노동집약적 산업, 캐나다는 자원관련 산업을 중점 육성하는 등 산업구조의 고도화를 도모할 수 있다.

NAFTA는 회원국간 경제수준의 격차가 큰 수직적 경제통합이라는 점이 특징이며, 역내 회원국에만 적용되는 자유무역혜택은 상당히 배타적이어서 비회원국에 대한 반덤핑제도 및 원산지 규정의 엄격한 적용 등을 통해 역내국간 경제적 결속 및 산업분업체계를 급속히 진전시키고 있다.

그리고 미국, 캐나다 및 멕시코는 경제구조가 상호보완성을 가지고 있을 뿐만 아니라 통합에 따른 국내 산업피해가 비교적 적고 또한 각국별로 역내 교역 및 투자확대를 통한 고용과 경제성장 촉진 등 상당한 이점이 있을 것으로 본다.

또한 NAFTA는 GATT[106](현재는 WTO)[107]에 부합하여 운영한다는 전제 하에 협정당사국인 미국, 캐나다, 멕시코 3국의 자유무역지대를 기본목적으로 하고 있다. 즉, 북미 3국간 관세 및 수량할당제 등의 모든 무역장벽을 궁극적으로 철폐하여 자유무역의 실현 및 공정한 경쟁여건을 조성한다는 것이다. 더 나아가 동 자유무역협정에 상호서비스시장 개방 및 투자기회 부여에 있어서의 제한을 완화하여 상호 공정한 진출을 보장하고 있다. 그리고 NAFTA협정 내용의 핵심은 다음과 같다.

첫째, 2004까지 미국, 캐나다, 멕시코 사이에 발생하는 99%의 상품에 관세를 폐지한

---

106) GATT 제24조는 자유무역지대나 관세동맹이 형성되었을 경우 역내의 관세나 다른 무역장벽이 실질적으로 모든 무역부분에 있어 완화 또는 제거되어야 한다고 명시하고 있다. 비회원국가에 대해서는 그룹형성 이전에 비해 역내국가와의 교역이 더 제한적이지 않아야 한다.

107) WTO 협정은 지역협정보다 긴밀한 경제통합이 국가들에게 혜택을 줄 것이라는 점을 인정하고 있다. 또한 어떤 상황 하에서는 자유무역협정이 다른 국가들의 무역적 이해를 저해할 수 있다는 점도 인정한다. 보통 관세동맹이나 자유무역지대는 모든 교역상대국에 동등한 대우를 해주어야한다는 WTO원칙(최혜국대우)을 위반하고 있다. 그러나 GATT 제24조는 특정기준을 충족할 경우 지역무역협정을 설치하는 것을 특별한 예외로 허용하고 있다.

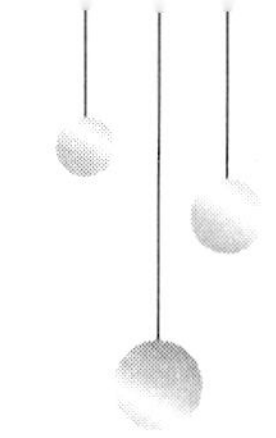

다. 멕시코로 수출되는 미국의 공산품 및 농수산물의 약 65%에 대하여 무관세혜택이 즉시 또는 향후 5년 이내에 적용되며 15년 내에 모든 관세를 철폐한다.

둘째, 2000년까지 서비스에 대한 대부분의 장벽을 철폐함으로써, 예를 들어 금융기관들이 멕시코 시장에 제한 없이 접근이 가능하도록 하였다. 미국, 캐나다의 금융시장 개방은 제한이 적은 반면 멕시코의 개방이 문제였다. 따라서 멕시코는 NAFTA가 정하는 일정한 과도기간이 지나면 미국 및 캐나다의 은행, 보험회사, 신탁회사, 증권회사의 멕시코 진출 및 멕시코 기업인수를 완전히 허용하기로 하였다.

셋째, 지적재산권을 보호한다.

넷째, 멕시코의 에너지와 철도산업, 미국의 항공과 라디오 통신 산업, 캐나다의 문화산업에 관한 특별보호조치를 제외한 3국간의 해외직접투자에 대한 제한을 철폐한다.

다섯째, 두 개의 위원회를 설치하여 환경기준을 위반하거나 건강과 안전, 최저임금, 미성년자 노동 등에 대한 규정을 위반한 경우에 벌금을 부과하고 무역특권을 중가시킬 수 있는 권한을 부여한다.

멕시코는 NAFTA를 통하여 가장 중요한 교역상대국인 미국시장에 보다 자유롭게 접근할 수 있으며, 미국 및 캐나다와의 기술과 자본협력을 통하여 만성적인 인플레이션의 극복과 함께 경제성장을 촉진시키려는 의도를 가졌다. 즉, 경쟁상대국이 누리지 못하는 특혜를 안고 거대한 미국시장을 겨냥한 유럽제국 및 일본을 포함한 아시아 국가들의 투자와 투자기업의 현지화전략은 멕시코 경제가 발돋움할 수 있는 계기가 될 것이다.

그리고 NAFTA체결 이후 나타난 영향은 다음과 같다. NAFTA 회원국 간의 무역은 1993년부터 2005년까지 250% 성장하였으며 캐나다와 멕시코는 각각 1위와 2위의 대미무역국으로 부상하여 NAFTA회원국들의 경제가 더욱 기밀하게 통합되었음을 나타내고 있다. 1990년 캐나다와 멕시코와의 무역이 미국의 전체 무역에서 차지하는 비중은 25%였으나 2005년에는 30%에 이르렀다. 또한 1993년부터 2005년 기간에 캐나다의 NAFTA 회원국들과의 무역은 70%에서 80%이상으로 증가하였다.

그러나 미국은 NAFTA의 영향으로 1994년부터 2000년 기간에 매년 110,000개의 일자리를 상실하였다. 그러나 경제학자들은 그러한 통계에 많은 의문을 제기하고 있으며 동 기간에 미국에서 매년 200만 개의 새로운 일자리가 생겨났다는 점을 고려할 때 NAFTA가 미국고용시장에 미친 영향은 미미하다고 볼 수 있다.

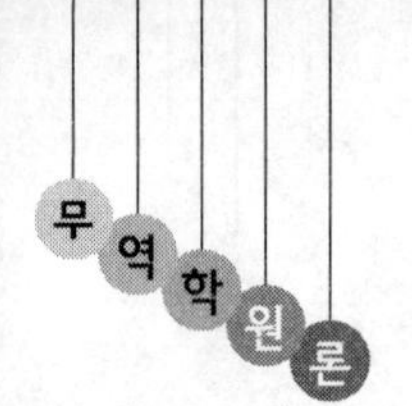

3) APEC

APEC(Asia Pacific Economic Cooperation : 아시아·태평양경제협력)은 경제 및 문화 협력형태로 1989년 1월 우리나라와 호주 사이의 정상회담에서 정부차원의 지역경제협력체제 창설 필요성에 합의한 후 1989년 11월 호주의 캔버라에서 역내 12개국이 참가한 가운데 제1차 각료회의를 열고 창설하였다.

APEC은 1989년 1월 호주 총리 보브 호크의 제안에 따라 환태평양 지역 국가 간의 경제협력과 무역증진을 목표로 결성된 아시아·태평양 지역최초의 범정부간 협력기구로서 1992년 방콕 각료회의에서 상설 사무국의 설치를 결정하여 모양을 갖춘 공식적인 국제기구가 되었다. APEC은 한국, 미국, 일본, 중국 등과 같은 경제대국을 포함한 21개국으로 이루어져 있으며 이들 회원국들은 전 세계 GDP의 57%, 국제무역의 46%를 차지한다.

APEC의 탄생은 1980년대 말의 동·서 냉전체제의 붕괴와 GATT 및 IMF 등 다자간 자유무역과 금융체제의 약화추세로 이어진 국제정치 및 경제적인 상황 변화가 주요원인이 되었다. 특히 그 당시 EC통합이 가시화되고 NAFTA추진 움직임이 본격화되면서 세계무역질서는 전망이 불투명하고 아시아·태평양 지역의 개발도상국들은 수출 등에 대한 국가경제의 이존도가 높아 여기에 대한 견제 대응이 절실한 시기였다.

또한 미국 재정 및 무역적자, 그리고 일본 및 NICS(신흥공업국가)의 대미흑자 등 역내국가 간 거시경제의 불균형이 심화되면서 이를 해소하기 위한 정책협력의 필요성이 대두되었기 때문이다.

APEC은 비공식 협의포럼으로 출발하여 연례 각료회의 형태로 정례화 되어 APEC의 정상회의는 매년 1회 개최되며 배석자 없이 정상들만 참석한다. 이 회의는 공식 의제 없이 아·태 협력의 비전과 그 실천방안 등에 관해 자유롭게 의견을 교환하는 형태로 진행되며 이에 따라 공식적인 회의기록은 없고 간략한 공동선언문 형식으로 발표한다. 그리고 APEC의 고위실무회의(SOM)는 각료회의 준비하고 APEC의 실질적인 운영주체가 되고 있다.

1996년 마닐라 회의에서는 선진국은 2010년, 나머지 회원국은 2020년까지 자유무역체제의 실현을 위한 각국별 시장개방 및 경제협력계획을 발표하였다. 그리고 회원국간 경제협력을 달성하기 위해 논의되고 있는 분야는 다음과 같다.

① 무역 및 산업정보교환, 무역 진흥세미나, 무역진흥훈련과정, 무역사절단 교환 등을 추진하는 무역진흥분야, ② 역내에 투자 및 기술정보망을 설치하고 선진국의 지원

아래 기술단지의 조성을 계획하는 투자 및 기술정보망을 설치하고 선진국의 지원 아래 기술단지의 조성을 계획하는 투자 및 기술이전 확대 분야, ③ 경제개발, 기업경영, 산업기술 등과 관련한 기관들의 협조체제 구축 및 협력프로그램을 담당하는 인적자원 개발 분야, ④ 에너지 수급관련 정보교환, 에너지와 환경에 관한 연구, 에너지 효율성 제고와 기타 에너지 관련연구개발과 기술지원을 담당하는 에너지 분야, ⑤ 위험물질의 해상운송, 육상 오염원의 해양유입규제, 해양쓰레기 처리에 관한 협력을 모색하는 해양자원 보존분야, ⑥ 국제수산기구의 사업을 보완하고 조정하며 수산관련 기술협력과 자원조사를 위한 수산분야, ⑦ 운송능력 향상을 위한 정보교환과 기술협력, 항공운송의 보완 및 안전성 제고 방안을 강구하는 교통부문, ⑧ 전기통신에 관한 현황자료 발간과 통신관련 인적자원의 훈련을 담당하는 통신 분야, ⑨ 관광관련 정보를 개선하고 관광 저해요인 및 촉진법요인을 분석 검토하기 위한 관광분야 등 9개 분야가 있다.

2003년 10월 타일랜드의 수도 방콕에서 열린 제11차 APEC 정상회의는 첫째, 무역·투자자유화 촉진 둘째, 민간안보강화 셋째, 각국 국민과 사회가 세계화의 혜택을 누릴 수 있도록 APEC활용 등 3개항의 공동선언을 채택하였다.

그러나 APEC은 시장개방 및 무역장벽 완화가 역내국에만 국한되는 것이 아니라, 비회원국에도 무차별적으로 적용되어 EU나 NAFTA와 같은 배타성이 없는 블록이라는 점에서 큰 차이가 있다.

즉, APEC이 경제협력을 위한 개방적 지역주의란 역내 존재하는 지역주의실체를 인정하면서 회원국 간 그리고 지역경제통합기구(NAFTA, ASEAN 등)간 상호협력을 통하여 점진적으로 개방을 확대하는 것이다. 개방적 지역주의의 특징은 회원국들 간에 합의한 자유화조치를 비회원국에게도 무차별적으로 적용하는 최혜국대우라 할 수 있다.

또한, 역내 회원국간 정치 경제적 배경도 판이할 뿐더러 지리적 인접성도 없기 때문에 경제통합의 자연적 유인(지리적 인접성으로 인한 교역 근접도의 증대)은 매우 약한 편이다. 따라서 APEC의 주요기능은 WTO를 통한 세계 자유무역체제를 지원하는 것이며, 따라서 역내국에만 해당되는 배타적 경제통합 전망은 거의 없는 것이 특징이다.

4) 한·칠레자유무역협정[108)]

한·칠레자유무역협정(FTA : Free Trade Agreement)은 한국과 칠레가 2002년 9월 자유무역협정에 대해 완전타결을 보고 2004년 국회의 비준을 받아 출범하게 되었다. 이 협

108) 오근엽, 전게서, pp.353~354.

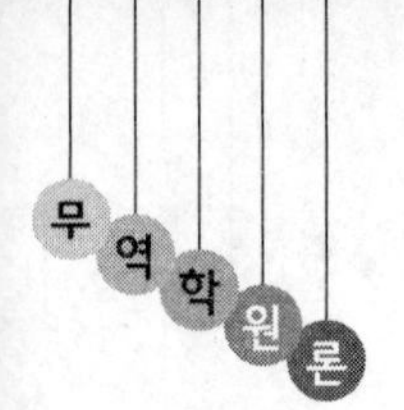

정이 발효됨에 따라 한·칠레자유무역협정은 우리나라가 체결한 최초의 경제통합체이다.

본 협정은 전문과 21개장의 협정문, 상품 양허 안으로 구성되어 있으며 서비스, 투자는 물론 무역규범, 정부조달, 지적재산권, 경쟁정책까지 포함된 포괄적 협정이다. 이와 같이 최근의 지역경제통합들은 단순히 무역장벽의 제거를 통한 무역자유화뿐만 아니라 경제의 각 분야의 통합을 추구하는 경향이 있다.

본 협정의 공산품과 농산물 분야의 자유화 추진 내용은 다음과 같다. 첫째, 공산품의 경우 한국은 전기동(7년)을 제외한 전 품목을 FTA 발효 즉시 철폐하고 칠레는 우리나라의 대 칠레 수출의 89%인 4,664개의 품목을 10년 내에 철폐하기로 하였다.

둘째, 농산물은 칠레가 미곡 및 쇠고기 등 52개 품목을 제외한 전 품목을 발효 즉시 철폐하고 우리나라는 쌀, 사과, 배 등 21개 품목을 자유화 대상에서 완전 제외하는 대신 포도는 계절관세 품목으로, 채소, 화훼류 등 373개 품목은 DDA(도하개발의제)협상 이후 논의하며, 쇠고기(400톤), 닭고기(2천 톤) 등 18개 품목은 관세할당 품목으로 규정하고 기타 품목은 16년 이내에 관세를 철폐하기로 하였다.

이러한 한·칠레 자유무역협정의 결과 칠레는 한국의 자동차, 휴대폰, 컴퓨터, 철강, 파이프, TV 등 2,422개 품목을 자유화하기로 되어 있으며 이들 분야에 수출이 증가할 것으로 기대된다. 또한 정부조달협정에 의거하여 칠레가 추진 중인 사회간접자본 확충을 위한 프로젝트 등에 한국 기업이 진출할 수 있을 것이다.

그러나 농산물 수입국인 한국의 이방에서는 쌀 등 주요품목은 자유화 대상에서 제외하고 쿼터를 도입하기로 하였지만 농민들의 거센 반발과 정부의 확고한 농업 구조조정 방침은 향후 농민과 정부 간에 많은 충돌이 예상된다. 반면에, 중남미공략에 있어 일본, 중국 등 경쟁국보다 유리한 위치를 점하고 기업진출도 탄력을 받을 것이라는 정부와 전문가들의 분석이다.

5) 한·미 자유무역협정

한·미 자유무역협정(FTA : Free Trade Agreement)은 미국은 2006년 2월 2일 공식적으로 한국과 FTA 협약에 대해 논의할 것을 합의하고 그 후 논의를 2006년 5월 시작하여 2007년 6월 말에 최종합의를 목표로 한·미FTA 출범을 공식·선언하였다. 그 후 2006년 6월 5일 제1차 협상을 개최하여 8차 협상 진행 결과 한국과 미국은 2007년 4월 2일 한·미 FTA는 우리나라의 김현종 통상교섭본부장과 미국 USTRA 부대표 카란 바티아(Karan Bhatia) 등 양측 대표단이 참여한 고위급 협상에서 타결되고 6월 30일에 공식

서명이 이루어졌다.

그러나 3년 5개월 동안 양국 정부는 비준동의안 처리가 지연되고 있는 상황에서 2009년 5월 14일 한·미 통상장관 회담을 워싱턴 DC에서 개최한 이후 모두 9차례에 걸친 한·미 통상협의 및 장관회의를 거친 끝에 2010년 12월 3일 마침내 추가협상을 통해 최종적으로 타결되었다.

한·미 FTA는 2012년 3월 15일 발효되어 상품, 무역규제, 투자, 서비스, 경쟁, 지적재산권, 정부조달, 노동, 환경 등 무역 관련 제반 분야를 총 망라하는 포괄적 FTA이며, 북미자유무역협정(NAFTA) 이후 세계 최대의 자우무역협정(FTA)이 되었다.

한국과 미국의 산업구조는 상호보완적인 관계를 가지고 있다. 특히 공산품의 경우 미국은 최첨단 제품과 원천기술, 한국은 중급기술과 IT분야의 일부에 경쟁력을 갖고 있다.

그리고 한·미 FTA는 한국이 미국과 정치·경제적으로 전략적 관계를 구축하는 좋은 계기가 될 것이다. 이로써 동북아 지역에서 경제의 중심지 역할을 하고 나아가 정치적인 안정을 가져와 외국인투자가 확대되고, 관세 및 비관세의 철폐 등으로 교역량이 증가할 것이다.

미국은 한·미 FTA를 통해서 급속 성장이 예상되는 아시아에서 유리한 교두보를 확보하고 중국과 일본에 대해서도 유리한 입지를 확보함으로써 계속되는 대일, 대중국의 무역적자를 조금이나마 해소하는데 좋은 기회가 될 것으로 본다.

한국은 한·미 FTA로 우리 경제가 재도약할 수 있는 발판을 마련하고, 경쟁력을 한층 더 강화시키는 계기가 될 것이다. 이를 원활히 수행하기 위해서는 무역의 확대전략, 외국투자유치확대, 미국과의 전략적 관계 구축, 산업피해 보완대책 등이 필요하다고 본다.

(1) 한·미 FTA에 대한 양국의 입장

① **한국의 입장** : 워싱턴의 한국 대사관 경제업무담당 최석영(2006) 공사는 한국의 입장에서 한·미 FTA는 다음과 같은 목적과 방향에서 추진되어야 한다고 지적하였다[109].

첫째, 무역과 외국인직접투자(FDI)에 있어 상업적으로 상당히 중요하고 두 국가 사이의 지리적으로 그리고 상호간의 정치적·전략적 이해관계를 오래 동안 더욱 공고히 하는 방향이 되어야 한다.

둘째, FTA의 일반적인 추세로부터 배제된 기회비용을 피하고 한국의 위치를 고양시

109) Kozo Kiyota Robert M. Stern.(2007),Economic Effects of a Korea-U.S. Free Trade Agreement, The Korea Economic Institute of America. p.3.

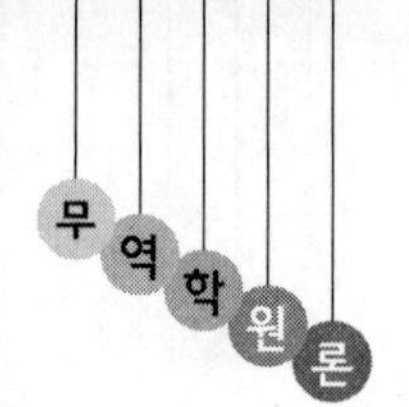

키고 외국시장에서 한국의 거래 분야에서 공정성을 달성하고 한국의 국제경쟁력을 강화하는 계기가 되어야 한다.

셋째, 한국은 무역 전략에 있어 다중트랙의 접근을 유지하고 적용범위와 내용에 있어 더 포괄적인 FTA를 만들고 무역당사자들에게 적용범위가 확대되어야 한다.

넷째, 상호 무역에 상당히 공헌되어야 한다. 즉, 경제적인 후생수준과 고용을 증대시키고, 보다 안정적인 시장접근을 제공하는 계기가 되고 국내시장의 다양한 혁신을 가져옴은 물론 한국과 미국의 최우선적인 무역협정의 추진은 아마도 다른 국가에 FTA 동기를 제공하고 보다 효율성, 생산성 그리고 경제성장을 창출하는 계기가 될 것이다.

다섯째, 한국은 취약한 분야에 대해 이행 기간을 좀 더 오랫동안 추진할 것을 허용해야 하며 특히 농산물, 서비스, 그리고 적용지원을 위한 국내 프로그램을 개발해야 한다. 그리고 외국시장 접근에 있어 안전성을 기하고 무역자유화의 정태적 및 동태적 혜택을 달성하고, 한국의 글로벌 경쟁력을 강화하고, 한국의 정치적 및 전략적 동맹을 강화하는 것을 포함한 다양한 고려 사항을 반영하는 것이 한국의 FTA추진 목적이 되어야 한다.

② **미국의 입장** : 2006년 2월 2일 미 무역대표 Rob Portman은 조지부시 행정부가 한국과의 자유무역협정을 시작해야 한다는 의사를 미 하원과 상원에 통보하였다. 그리고 한국과의 FTA체결의 중점 내용은 다음과 같다[110].

첫째, 경제성장에 도움을 주고 미국에 있어 보다 높은 임금의 직업을 창출하고 미국기업이 한국에 대한 상품과 서비스의 수출을 증가시키고 양국간의 투자를 촉진하는 데 도움이 되어야 한다. 둘째, 한국이 다른 국가의 FTA 당사자들에게 제공했던 것과 같은 동동한 대우를 미국의 제품 취급에도 제공함으로써 한국 시장에서 미국 수출 분야를 공정하게 취급해야 한다. 셋째, 한국은 불법적이고 직접적인 유통과 저작권 양도에 대해 강력한 방침을 포함한 지적소유권에 대해 한국이 부여했던 보호를 한층 더 개선하는 유일한 기회를 제공해야 한다. 넷째, 공적인 논평기간, 일반 행정 입찰의 공개 그리고 다른 타당한 규정을 포함한 무역과 투자에 있어 합법적인 투명성을 제공해야 한다. 다섯째, 다자간 지역적 무역 포럼에 있어 미국과 함께 한국의 협력 및 도움이 필요하다. 여섯째, 아시아에서 안정과 개발, 그 지역에서 전략적 이해의 완충작용 뿐 만아니라 군사적 및 안보적 문제에 대한 협력을 위한 힘있는 강력한 한·미간 지역적 동반자 관계를 더욱 강화하는 계기가 되어야 한다고 지적하였다.

---

110) Kozo Kiyota Robert M. Stern.(2007),Economic Effects of a Korea-U.S. Free Trade Agreement, The Korea Economic Institute of America. p.1-2.

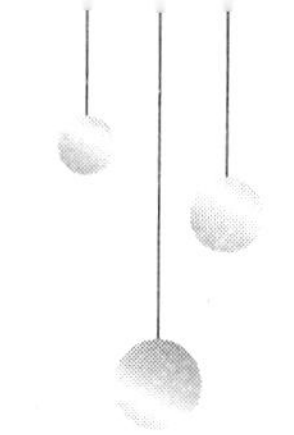

(2) 한-미 FTA의 타결내용

전 품목에 대한 관세가 철폐됨에 따라 세계 최대 시장인 미국 시장을 배경으로 자동차, 섬유, 전자 등 주력 공산품의 미국시장 진출이 확대될 전망이다. 그 동안 관세율이 높은 품목(예 가방 20%)은 관세 인하를 통한 직접적인 비용절감효과는 물론 미국 바이어의 수입선 전환에 따른 시장 기회 증대도 기대된다. 관세율이 낮은 품목의 경우에도 미국 시장의 규모가 크고 경쟁적이기 때문에 우리 시업에 이익이 클 것으로 예상된다.

그러나 한-미FTA협정에 따른 관세상의 혜택을 받기 위해서는 반드시 한국이나 미국이든 양국에서 원부자재가 조달되고 또한 양국 내에서 생산되었음이 증명이 되는 원산지의 요건을 갖추어야 한다.

그리고 원산지 검증은 미국 세관 당국이 우리나라의 수출업체 또는 생산지를 대상으로 서면조사 또는 방문조사의 방법으로 원산지 적정여부를 확인하는 원산지 직접검증방식을 채택하였다. 단 섬유류는 간접검증방식에 합의하고 원산지증명서는 5년간 보관해야 하며 한-미 FTA에서는 원산지 인증 수출자로 지정받지 않아도 원산지 증명서를 발행할 수 있다.

그러나 기업의 정확한 원산지 관리와 다른 협정의 원산지증명에 편리하게 이용할 수 있고 원산지로 인한 위험성을 줄이기 위하여 인증수출자로 인증을 받는 것이 관세상 혜택을 향유하는데 편리할 것이다.

특히 한-미 FTA는 세계최대 시장 접근성을 확보하고 나아가 우리 기업들의 수출경쟁력 확보, 외국인투자유치확대, 현지 판매망의 확충, 기술협력 강화 등 한국 기업들에게 재도약할 수 있는 계기가 될 것으로 본다. 지난 2007년 4월 2일 타결되었던 내용을 추가협상을 통하여 2011년 12월 3일 최종 타결을 보았다. 한국과 미국 간에 최종 타결된 FTA의 분야별 주요 내용은 다음과 같다.

① **상품** : 양국은 공산품, 임·수산물의 경우 관세양허 상 예외없이 100% 관세를 철폐하고 수입액기준으로는 양국 모두 전체의 94% 수준의 수입량에 대해 관세를 조기철폐(즉시철폐 87.2%, 3년 균등철폐 7.4%)하기로 하였다.

또한 대미수출품에 부과되는 물품 취급 수수료[111] 철폐에 합의하고 또한 내국민대우원칙 등을 예외로 인정하였다. 예를 들어 미국은 FTA의 기본원칙인 내국민대우 및 수

111) 미국은 가액 2,000달러 이상의 물품에 대해 가액의 0.21%(최대 건당 485달러), 2,000달러 이하 물품에 대해서는 자동신고 2달러, 수동신고(개인) 6달러, 수동신고(세관) 9달러를 징수하여왔다. 우리나라는 연간 4,700만 달러 규모의 비용 절감을 예상한다.

출입제한금지의 예외로서 원목수출통제[112] 및 Jones Act[113]을 반영하였다. 이로써 우리나라도 미국의 Jones Act와 같이 국내항간 운송 선박은 내국민으로 한정하고 있으나 국내 건조요건은 없다. 그리고 미국 측은 조정관세[114] 및 기준세율 인정에 동의하였으며 특정주류에 대하여 해당국에서 생산되지 않은 경우에는 상대국에서 동일 명칭(한국 : 안동 소주, 경주 법주 미국 : 버본위스키, 테네시위스키)으로 판매를 허용하지 않도록 규정하였다.

결국 양국은 상품의 전 품목에 대해 관세를 철폐하기로 합의함으로써 양국 간 실질적인 교역 증대 효과가 기대되고 우리의 대미 수출 주력 품목의 시장 점유율 확대 및 잠재적 품목의 시장 진입 가능성을 제고시키고 또한 미국 시장 내 주요 경쟁국인 미국의 FTA체결국인 캐나다, 멕시코와 동등한 입장에서 그리고 미체결국인 일본과 중국에 비해서는 유리한 입장에서 경쟁할 수 있는 기반이 조성되었다.

② **농업** : 국내 영향이 없거나 이미 수요량의 대부분을 수입에 의존하는 품목은 관세를 즉시 철폐[115]하고 민감도가 낮은 품목은 즉시 철폐에서 10년까지 철폐 기간을 차별화하여 양허하고 주요 민감 품목에 대해 양허를 제외하며[116] 현행 관세 유지 및 수입쿼타[117], 계절관세 도입[118], 세 번 분리, 농산물 세이프가드 적용 등 예외적 취급과 함께 15년 이상의 관세 철폐기간을 확보하였다.

첫째, 관세할당(Tariff Rate Quota)의 운영 및 이행에 대해 선착순, 수입권공매, 과거

112) 미국의 서부 17개 주(Alaska 및 Hawaii제외)의 연방 및 주정부 소유림에서 벌채된 원목수출금지를 말하며 산림자원의 보존 및 부족완화법(Forest Resources Conservation & Shortage Relief Act of 1990)에 근거하고 있으며 순수한 민간 소유 산림에서 벌채된 원목은 수출을 허용한다.

113) Jones Act는 넓은 뜻으로 미국의 국내수상운송과 관련된 법령을 통칭하나 좁은 의미로는 상선법 제27장(Section 27 of the Merchant Marine Act of 1920)을 지칭하며 미국 상선법(제27장)은 미국 내 화물운송은 "미국에서 ① 건조되고 ② 미국인이 소유 ③ 미국 국적선에 의해서만 수송되어야 한다고 규정하고 있다.

114) 조정관세는 특정물품의 수입증가로 국내시장이 교란되거나 산업기반이 붕괴될 우려가 있는 경우에 관세율을 100%까지 인상하여 운용하는 제도로 1년 단위로 운용하고 있다.

115) 관세의 즉시 철폐율은 품목 수 기준 37.9%이고 수입액기준으로는 55.8%이다.

116) 쌀 및 쌀 관련 제품(16개 세 번)은 완전 제외

117) 국내외 가격차가 크거나 관세율이 높아 관세를 완전히 철폐할 경우 심각한 영향이 우려되는 품목은 현행관세를 유지하고 일정물량의 수입쿼타 제공함 〔식용대두, 식용감자, 분유, 천연꿀, 오렌지(성출하기)〕

118) 계절관세의 부과는 민감 품목 중 수확·유통 기간이 비교적 뚜렷하게 구분되는 품목은 우리나라 수확·유통 기간에 집중적으로 보호하는 데 있다. 〔포도(5-10월 15일), 오렌지(9월-2월), 칩용감자(5월 11월)〕

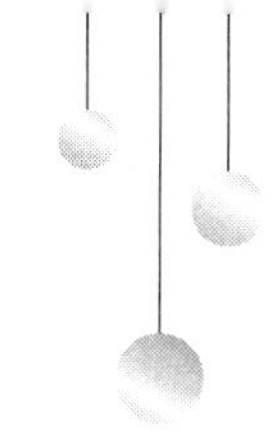

실적기준 배분 등 다양한 관리방식 도입에 합의하고 각 품목별 특성을 고려하여 관리규범을 차별화하였다. 즉, 미국 측은 용도제한금지, 쿼타 물량배정시기 등에 관해 엄격한 규범을 요구하였으나 품목별로 예외규정을 두는 것에 합의하였다.

둘째, 농산물세이프가드(Agricultural Safeguard Measures)적용이다. 미국산 특정 농림축산물(예 쇠고기, 돼지고기, 사과, 고추 등 30개 품목)이 일정한 물량을 초과하여 수입될 경우 초과수입 물량에 대해 관세를 추가하여 부과할 수 있도록 하고 사과, 고추, 마늘, 양파, 인삼 등 주요 품목은 관세철폐 후에도 일정기간 농산물세이프가드를 유지하고 미국산 농산물은 WTO농업협정의 농업긴급수입제한조치 대상에서 제외한다.

셋째, 농업위원회(Committee on Agricultural Trade)를 두어 동 위원회는 협정 이행과 관련하여 필요한 감독 기능을 담당하고, 아울러 양국 간 협의 및 공동위원회가 부여하는 추가 작업을 수행한다.

③ **섬유 및 의류** : 관세를 100%철폐하고 대미 수출품의 61%(수입액기준)는 즉시 철폐하고 원사기준[119]의 예외를 확보하였다.

첫째, 우리 측이 요청한 200여 개 품목 가운데 린넨 직물, 합성여성재킷 및 합섬 남성셔츠33개 품목(HS코드 단위 10단위)에 관하여 예외를 확보하고 투입재는 레이온, 리오셀, 아크릴에 대하여 예외를 확보하였다. 즉, 수입원사를 사용하여도 관세상의 혜택을 받게 된다.

둘째, 공급이 부족한 원료의 역외 조달을 허용하고 있다. 즉, 수입국은 이해관계자의 요청에 의하여 공급이 부족하다고 판정하거나 다른 이해관계자의 반대가 없을시 당해 원료를 공급부족 원료 리스트에 등재 및 이의 역외 조달을 허용하고 특혜관세를 부여한다. 역내공급부족원료에 대한 역외조달허용은 최대 1억 sqm에 대해서 최초 5년간 허용하고 공급부족원료리스트는 한미FTA발효 후 추후 발표예정이다.

셋째, 우회수출방지를 위한 세관협력이다. 미국이 여타 FTA에서도 예외없이 규정한 조항으로 우회수출방지를 위한 전반적 협력의무를 원칙적으로 규정하고 있으며 비특혜 수출품도 우회수출방지를 위한 원산지 검증 및 정보 제공 등 세관 협력을 실시한다.

④ **의약품 및 의료기기** : 한·미양국 간의 관심사항을 반영하여 양국 보건의료 제도의 차이를 존중, 혁신의 중요성, 의약품에 대한 접근의 중요성 등을 균형있게 강조하였

---

119) 원사기준(yarn-forward rule)이란 협정 당사국산 '실'을 사용하여 직물을 재직(또는 편직)하고 직물 및 의류 등 섬유 완제품을 재단·봉제해야 만 동 제품의 원산지를 인정하는 제도로서 NAFTA를 비롯하여 미국이 체결한 FTA에서 고수해 온 원산지 원칙이다.

으며 주요 쟁점별 타결 내용은 다음과 같다.

첫째, 신약에 대한 최저가격보장요구는 약제비 적정화 방안의 핵심 사항 중 하나인 약가 협상제도의 근본 취지를 약화시키고 국민들의 의료비와 건강보험재정에 미칠 수 있는 영향 등을 고려하여 수용할 수 없다는 입장을 관철하였다.

둘째, 의약품 시판허가를 받기 위해 원 개발자가 제출한 자료를 기초로 하여 후발신청자가 허가를 신청하는 경우 허가 단계에서 특허 침해방지 조치를 취해야 한다. 그리고 시판지연에 대한 특허의 연장은 시판허가에 소요된 기간만큼 특허를 연장한다. 특허법 제89조는 의약품 및 농약의 경우, 시판허가에 소요된 기간에 대하여 최대 5년 범위 내에서 특허기간을 연장할 수 있음을 규정하고 있다(미국도 최대 5년 범위 내에서 연장).

그리고 신약의 특허기간 도중 특허권자의 동의 없이 시판허가 요건 충족 이외의 목적으로 특허의약품을 제조·판매·사용하는 것을 금지한다.

셋째, 의약품/의료기기의 급여 및 가격 산정에 적용되는 가종 절차 기준이 공평하고 합리적이고 비차별적일 것을 보장하고 특허 의약품 및 의료기기의 가치를 급여액(가격)에 있어 적절히 인정하고 비교제품이 있는 경우 안전성, 유효성 증거를 기초로 비교제품보다 높은 가격 신청이 허용된다.

넷째, 의약품/의료기기의 가격산정, 급여 및 규제와 관련된 법·규정 및 절차를 신속히 공개한다.

다섯째, 의약품/의료기기 제조자가 보건의료 전문가·기관에 부당한 유인을 제공하는 것을 금지하는 적절한 조치를 마련하고 이를 위한 적절한 벌칙 및 절차를 채택·유지한다.

⑤ **원산지 규정 및 원산지 절차** : FTA특혜원산지 판정기준 중 완전생산기준, 실질적 변형기준[120] 등 원산지 판정의 일반원칙은 협정문에서 각 품목에 대한 개별적 원산지 판정기준은 부속서에 규정하고 있으며 부속서에 규정된 품목별 원산지 기준에서는 약

120) 실질적 변형기준은 비원산지 재료 사용을 허용하되 협정에서 정하는 일정기준을 충족하는 경우 원산지로 인정하는 기준으로 실질적 변형여부에 따라 세번변경기준, 부가가치기준, 주요공정기준이 있다. 세번변경기준은 수입 원료를 사용하여 제품을 생산한 경우 수입원료의 세번과 완제품의 세 번이 2단위, 4단위, 6단위가 변경되어야 원산지로 인정하는 기준이다. 부가가치기준은 비원산지 재료를 사용하여 역내에서 제품을 생산한 경우 제조, 가공 또는 생산과정에서 일정수준 이상의 부가가치를 창출해야 원산지로 인정하는 기준이다. 주요공정기준은 당해 제품의 제조, 가공 또는 생산과정에서 화학반응, 혼합, 정제, 염색·날염, 재단·봉제 공정 등 특정한 공정을 수행한 국가를 원산지로 인정하는 기준이다. 한-미FTA는 일반적으로 섬유제품에 대해 협정당사국산 실을 사용하여 직물을 제직하고 섬유완제품을 재단·봉제해야 하는 원사기준(yarn-forward rule)을 채택하고 있다. 반면에 미국에서 대량으로 생산되는 원면으로 만들어진 면사·면직물 및 면의류에는 보다 엄격한 원산지기준인 섬유원료기준(fiber-forward rule)을 적용하고 있다.

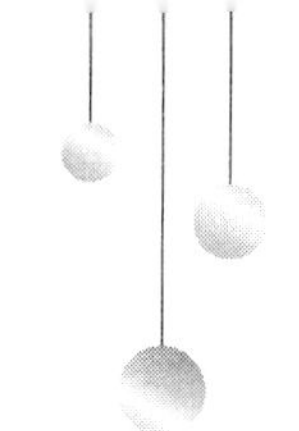

5,000여개(HS 6단위기준)에 달하는 각 품목별 생산과정, 교역패턴과 글로벌 아웃소싱 환경을 반영한 정교한 원산지 판정기준을 마련하였다.

그리고 한-미FTA특혜관세 적용을 위한 전제조건은 i) 거래당사자의 요건으로 수출자, 수입자 모두 협정당사국 내에 소재하고 있어야 한다. ii) 원산지 제품이어야 한다. 즉, 특혜관세를 받고자 하는 물품이 미국이나 한국에서 생산되고, 원산지 결정기준을 충족하는 제품이어야 한다. iii) 직접운송이다.

즉, 한-미 FTA는 한-칠레FTA와 같이 직접운송 규정이 없어 양 당사자 간 직접적으로 운송되는 것을 요건으로 하지 아니한다. 그러나 제3국 환적시 추가적인 작업 없이 세관의 통제 하에 있었다는 것을 수입업자가 증명해야 한다.

첫째, 미소기준(De Minimis)이다. 양국은 제품의 원산지 판정에서 역외산 재료가 양국이 합의한 품목별 원산지 기준을 충족하지 못하더라도 제품 가격의 10% 미만으로 사용된 경우에는 원산지로 인정하기로 합의하였다.

둘째, 대체 사용 가능한 재료 및 물품의 원산지 판정의 특례를 인정하였다. 즉, 석유·고철 등과 같이 대체 사용가능한 재료 및 물품을 사용하여 생산물품에 대하여는 원산지 판정의 간소화 및 무역편의 증진을 위해 선입선출법, 후입선출법 등과 같은 재고관리법에 따라 원산지를 판정하는 방식을 도입하였다.

셋째, 재제조(remanufactured) 물품에 대한 원산지규정에 합의하였다. 재제조란 중고품에서 회수한 부품을 조립하여 최종 제품을 만든 것을 말하며 중고품에서 회수한 부품에 대한 원산지를 인정함으로써 재생부품 등 자원의 재활용의 촉진을 도모하기로 하였다.

넷째, 누적기준, 세트물품, 간접재료, 직접운송에 대한 원산지 규정을 두고 있다.

다섯째, 농산물의 원산지 기준에 있어 신선농산물은 완전생산지기준에 근접한 원산지 기준을 적용하고 가공 농산물 중 민감한 품목을 원료로 사용하는 경우에는 상대적으로 엄격한 원산지 기준을 적용하기로 하였다.

여섯째, 자동차 제품원산지 기준은 순원가법(Net Cost)과 공제법(Build-Down)/ 집적법(Build-Up)을 기업이 선택적으로 사용할 것을 규정하고 부가가치 수준은 순원가법 35%, 집적법35%/공제법55%에서 합의하고 원산지기준 부속서에 명시하였다.

일곱째, 개성공단 제품이 한국산과 동일한 특혜관세를 부여받을 수 있는 구체적인 제도적 틀을 마련하였다. 즉 한반도역외가공지역(OPZ)[121] 내에서 생산된 제품은 일정 요

121) 양국 간 "한반도역외가공지역위원회(Committee on Outward Processing Zones on the Korean Peninsula)"에서 일정기준 하에 OPZ(Outward Processing Zones on the Korean Peninsula : 한반

건 하에 한국산과 동일한 특혜관세를 부여받으며 개성공단 외 다른 북한 지역도 OPZ로 선정이 가능하다.

⑥ **관세행정 및 무역원활화** : 양국 간에 교역의 원활화를 위하야 효율적인 물품반출에 관한 통관절차의 간소화된 통관절차를 채택하도록 규정하고 있다. 즉, 화물의 도착 후 최대한 48시간 내 화물반출, 수입전 사전신고, 부두직통관 및 세액 결정 전 화물 반출 승인 등에 합의하였다.

그리고 특급화물의 통관절차 간소화, 위험관리방식의 세관검사, 원산지 등 사전판정제도 도입, 원산지자율증명제도, 원산지 현지검증제도, 원산지증빙서류보관의무, 특혜관세신청절차, 수출관련의무, 과세자료의비밀유지, 통관협력, 공동가이드라인[122], 관세행정법령의 공표, 불복청구 및 벌칙을 규정하고 있다.

⑦ **위생 및 식물위생조치** : WTO/SPS 협정상의 권리와 의무를 재확인하고 양측 간 SPS 조치[123] 관련 분쟁사항도 WTO의 분쟁해결절차를 따르기로 합의하였다. 그리고 SPS정례위원회를 설치하고 양국 SPS검역 기관 간의 기술협력사항(기술이전, 인적교류 확대 등)을 개발하고 이를 구체적으로 적용, 실행할 수 있어야 한다는 우리 측의 요구에 따라 기술협력에 관한 내용을 보강하였다.

⑧ **무역에 대한 기술 장벽** : 기술규정 관련 정보제공에 대한 지방정부의 의무사항을 명시하였다. 즉, WTO 통보대상 기술규정에 대한 정보제공의무 사항은 지방정부도 중앙정부와 동일한 수준으로 적용된다는데 합의하고 또한 WTO-plus수준의 정보제공은 지방정부의 기술규정이 제공되도록 중앙정부가 가능한 합리적인 조치를 취한다는데 합의하였다.

그리고 표준 및 기술규정 제·개정과정의 투명성을 기하고 시험인증기관 지정의 내국

도역외가공지역)를 지정할 수 있는 별도 부속서를 채택하였다. 여기서 일정기준이란 ① 한반도 비핵화 진전 ② 역외가공지역 지정이 남북관계에 미치는 영향 ③ 역외 가공 지역 내 일반적인 환경 기준, 근로기준 및 관행, 임금, 경영·관리 관행(단, 북한 지역의 일반적인 기준 및 관련 국제규범 참조) 특히 노동조건과 관련해 북한이 ILO의 미가입국이며 사회주의 경제체제를 채택하고 있는 상황에서 ILO규정 등을 일방적으로 적용하는 것은 부적절하다는 우리 측의 입장을 반영한 것이다.

122) 양국은 협정 발효 후 6월 이내에 통관 관련 협정문의 해석·적용·운영에 관한 공동가이드라인의 도입여부를 협의하도록 규정하고 본 조항은 통관분야 협정 이행과정에서 발생하는 통상마찰을 해소하기 위하여 양국 세관이 공통으로 적용할 수 있는 세부절차 근거를 확보할 수 있다.

123) SPS(Sanitary and Phyto-Sanitary Restrictions)조치란 위생 및 검역조치로서 인간, 동물 또는 식물의 생명과 건강을 보호하기 위해 필요한 위생 및 식물위생조치를 취할 수 있는 권리를 보장하되, 이를 악용하여 식품 및 농축산물 무역의 비관세장벽으로 사용하지 못하도록 하는 규정을 말한다.

민대우원칙을 적용하고 통신 분야의 상호인정협정인 APEC-TEL MRA[124](phase II)체결하기로 합의하였다.

⑨ **자동차** : 자동차 관련 내용은 세부 내용별로 관련된 chapter에서 규정하고 있다. i) 상품 chapter : 자동차 세제(제2, 12조) ii) TBT chapter : 자동차 작업반 및 표준 현안(부속서), 표준협력(제97조) iii) 제도 규정 및 분쟁해결절차 chapter : 신속분쟁해결 절차(부속서) iv) 한·미FTA에 관한 서한 교환 : 자동차 긴급수입제한조치(제4절)로 규정되어 있다.

추가 협상에서 승용차와 전기자동차는 한·미 FTA발효 후 5년 째 되는 해에 철폐하고 다만, 트럭의 경우 미국은 한국산 화물자동차에 대해 25%의 관세를 8년 간 그대로 유지하고 9년째부터 단계적으로 균등하게 철폐하기로 하였다.

〈표 6-2〉 한·미FTA자동차 협상 결과

<table>
<tr><th>구분</th><th colspan="2">협정 내용</th></tr>
<tr><td>관세양허
(추가협상 결과)</td><td>〈한국〉
- 승용차(8%):발효시 4%로 인하 후 4년 후 한꺼번에 철폐
- 전기자동차(8%):발효시 4%로 인하 후 4년간 균등 철폐
- 화물자동차(10%):즉시철폐</td><td>〈미국〉
- 승용차(2.5%):발효 4년 후 한꺼번에 철폐
- 전기자동차(2.5%):4년간 균등철폐
- 화물자동차(25%):7년 간 현행 유지 후 2년간 균등철폐</td></tr>
<tr><td>세제</td><td colspan="2">- 자동차 배기기준 세제 변경
○개별소비세 : 현행3단계 → 2단계
<table>
<tr><td rowspan="2">현행</td><td>800cc이하</td><td>801c~2,000cc</td><td>2,000cc초과</td><td rowspan="2">개편</td><td>1,000cc이하</td><td>1,000cc초과</td><td>2,000cc초과</td></tr>
<tr><td>면제</td><td>8%</td><td>10%</td><td>면제</td><td>5%</td><td>발효시8% 3년 후 5%</td></tr>
</table>
○자동차세 : 5단계→3단계
<table>
<tr><th>차종</th><th>800cc이하</th><th>801~1,000cc</th><th>1,001~1,600cc</th><th>1,601~2,000</th><th>2,000초과</th></tr>
<tr><td>현행</td><td>80원</td><td>100원</td><td>140원</td><td>200원</td><td>220원</td></tr>
<tr><td>개편</td><td colspan="2">80원</td><td>140원</td><td colspan="2">200원</td></tr>
</table>
차종별 세율의 차이를 확대하기 위하여 배기량 기준에 기초한 새로운 조세를 채택하거나 기존의 조세를 수정할 수 없음</td></tr>
</table>

124) APEC-TEL MRA는 정보통신기기분야 적합성 평가결과의 상호수용을 위하여 APEC회원국 간 체결한 상호인정협정을 말한다.

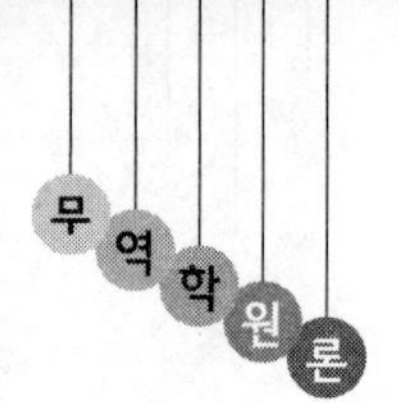

표준	- 배기가스허용기준(K-ULEV) 1만대 이하(4,500대 이하 LEV, 4,501~1만 대 LEV/ULEV)판매 제작사의 경우, 한국 현행기준(LEV)보다 다소 완화된 평균 배출량기준(FAS)적용 - 배출가스자기진단장치(OBD) 1만 대 이하 판매 제작사의 경우 2008년말까지 의무부착면제 - 안전기준(추가협상결과) 한국 시장 내 연간 자동차 판매량이 2만5천대(2007년합의:6,500대)이하인 미국 자동차 제작사의 경우, 미국 안전기준 준수시 우리기준을 준수한 것으로 인정
자동차 세이프가드 (추가협상결과)	- 자동차(HS 8703 또는 8704 : 승용차 및 화물자동차)에 한정하여 적용 ① 발동기간 최대 4년 ② 발동횟수 미 제한 ③ 잠정조치 절차 요건 간소화 ④ 점진적 자유화 의무 미규정 ⑤ 2년 간 보복금지 ⑥ 관세 철폐 후 10년 간 적용 가능
자동차 신속 분쟁 해결절차	- 자동차 신속 분쟁해결절차 도입 자동차 관련 일반 분쟁해결절차보다 신속한 절차 (1/2수준)적용 협정 위반으로 실질적 교역장장애 초래시, 승용차 특혜관세철회(snap-back)기능 (단, 픽업트럭 대상에서 제외)

자료 : 외교통상부, 한·미FTA상세설명자료, 2011.7. p.80.

⑩ **무역규제** : 반덤핑/상계관세 및 다자세이프가드 조치에 대한 발동을 자제할 것을 합의하였다.

첫째, 반덤핑조사 개시 전 사전 통지 및 협의를 통하여 반덤핑 제소 전 단계에서 적극적인 소명을 통하여 반덤핑 조사 신청 및 개시를 견제하고 또한 조사의 범위와 대상을 간소화 또는 명확히 할 수 있다. 즉, 반덤핑 또는 상계관세 조사과정에서 우리 수출업자 또는 정부 측에서 가격 또는 물량 합의[125)]에 대한 제시를 하면 미국 조사당국이 이를 적절히(due)고려하고 우리 측에 충분한(adequate)협의 기회를 부여하도록 규정하고 있다.

둘째, 무역구제위원회의 설치로 반덤핑조사 개시 전 단계에서부터 최종 판정단계까지 전 과정에 걸쳐 우리 수출기업의 입장을 대변할 수 있는 대화 채널이 마련되었다.

셋째, 양자세이프가드 도입 및 다자 세이프가드 조치의 대상에서 면제되었다. 즉, 한·미FTA로 인한 관세 철폐의 영향으로 수입급증시, 피해를 구제하기 위하여 관세를 일시적으로 다시 인상할 수 있는 제도를 도입하였으며, 다자 세이프가드를 발동할 때

125) 가격 또는 물량합의란 수출자의 가격 인상 또는 수출물량제한에 관한 약속 제의가 조사당국에 의해 수락될 경우, 관세 부과 없이 조사를 중지 또는 종결할 수 있는 제도이다.

상대국의 수출품이 끼치는 피해가 크지 않은 경우 발동대상에서 상대국을 면제해 줄 수 있는 근거규정을 마련하였다.

⑪ **투자** : 투자자 국가 간 분쟁해결절차(investor state dispute settlement, ISD)[126) 도입과 간접수용에 대한 정부규제 권한 확보, 대위변제(subrogation)[127)를 도입하고 협정상 의무사항에는 내국민대우원칙(national treatment, NT), 최혜국대우(most favored nation treatment, MFN), 최소기준대우(minimum standard of treatment)[128), 수용 및 보상(expropriation and compensation)[129), 송금보장, 이행요건(performance requirements, PR)부과금지[130), 고위경영진 및 이사회(senior management and boards of directors, SMBD) 국적제한 금지 요건의 규정을 두고 있다.

---

126) 투자자 국가 간 분쟁해결절차(investor state dispute settlement, ISD) 즉, 투자자-국가 간 소송제도는 투자유치국 정부가 협정 상 의무, 투자계약 또는 투자인가를 위반한 조치에 대하여 투자자에게 부당하게 손실 또는 손해가 발생하는 경우 그 투자자가 투자유치국 정부를 상대로 국내 법원이 아닌 제3의 공정한 국제중재를 통한 구제를 요청할 수 있는 제도이다. 즉, 기업이 상대방 국가의 정책으로 이익을 침해당했을 때 해당 국가를 세계은행 산하의 국제상사분쟁재판소에 제소할 수 있도록 하는 제도이다. 국제중재는 3인으로 구성된 중재판정부에서 심리로 판정하되 단심제로서 확정력을 갖는다. 중재인은 투자자와 피소국 정부가 각각 1인을 임명하고 분쟁당사들의 합의에 의하여 의장 중재인을 선임한다. 만약 합의가 이루어지지 않으면 세계은행 사무총장이 임명한다.

127) 대위변제(subrogation)이란 국가기관(한국은 한국무역보험공사, 미국은 해외투자보험공사)의 해외투자보험에 가입한 투자자가 상대국의 협정위반 조치로 인해 재산상 손실을 입은 경우에 국가기관이 투자자에게 보험금을 지급한 후 상대국정부를 상대로 보상을 요구할 수 있는 권리를 말한다.

128) 최소기준대우(minimum standard of treatment)란 외국인 투자에 대하여 국제관습법 상 인정되는 공정하고 공평한 대우 및 보호와 안전을 보장하는 것으로 일반적으로 적법절차(due process of law)를 의미한다.

129) 정부는 ① 공공목적을 위해 ② 비차별적인 방법으로 ③ 적법 절차를 준수하는 경우에 한하여 투자자의 재산을 수용 및 국유화할 수 있으나 신속·적절·효과적으로 수용 당시의 공정한 시장가격(fair market value)으로 보상할 것을 규정하고 있으며 또한 직접수용과 동등한 정도로 재산권을 침해하는 간접수용에 대해서도 정당한 보상을 제공할 것을 규정하고 있다. 간접수용이란 직접수용처럼 정부가 외국인 투자자의 재산권을 박탈, 국유화하는 것은 아니나, 특정 정부 조치로 인하여 투자자가 사실상 영업을 할 수 없게 되어 투자의 가치가 직접수용과 동등한 정도로 박탈되는 경우를 말하며 간접수용에 대한 보상은 우리가 체결한 모든 FTA 및 대부분의 투자보장협정을 포함한 전 세계 투자협정에 일반적으로 포함하고 있다.

130) 이행요건(performance requirements, PR)부과금지는 외국인투자자의 투자의 설립, 인수, 확장, 관리, 운영, 판매, 처분 등에 관하여 일정 수준 수출, 일정수준 국산 구성 요소비율 달성, 국내 상품 사용, 수출과 수입 간의 연계, 수출과 판매 간의 연계, 기술이전, 특정지역으로의 독점공급 등 7가지의 특정이행의무의 부과를 금지한다. 그 외 일정비율의 내국인 고용, 장애인 고용의무, 연구개발 수행 등 다른 이행요건은 모두 부과가 가능하고 또한 상기 금지된 이행요건도 ① 환경보호, 보건, 안전 등 공공 정책적 목적의 경우 또는 ② 유보(부속서)에 기재하는 경우에는 부과가 가능하다.

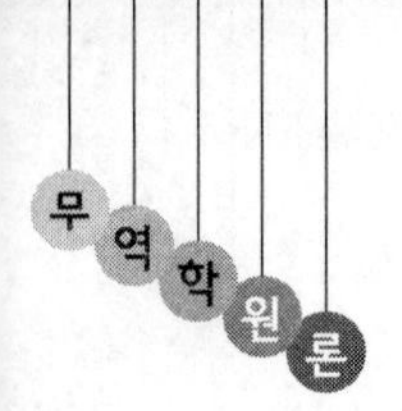

⑫ **국경 간 서비스무역** : 모든 서비스 분야를 협정문 적용 대상으로 설정하였으나 사행성 게임을 포함한 도박서비스, 금융서비스, 항공운송서비스, 정부조달, 정부보조금, 정부제공서비스 등은 제외한다. 그리고 상대국 서비스 공급자에게 내국민대우, 최혜국대우, 시장접근(market access, MA)제한조치 도입금지[131], 현지주재(local presence, LP)의 의무부과금지[132]의 4대 일반적 의무가 있다.

그러나 이러한 일반적 의무에도 불구하고 상기 의무에 부합하지 않는 규제를 유지하고자 하는 경우에는 비합치조치(non-conforming measure)조항에 의거 유보목록에 적시가능(negative system)하다.

그리고 전문직 자격 상호 인정 논의를 위한 체계를 구축하고 서비스 chapter의 4가지 일반적 의무(NT, MA, MFN, LP)에 합치하지 않는 중앙정부(한국 측 중앙정부, 미국 측 연방정부)의 모든 비합치조치를 유보 안에 유보하는 것을 합의하였다.

첫째, 법률·회계·세무(외국법 자문분야)단계적 개방이다. ① 법률은 1단계(발효시) : 미국법 및 국제공법자문허용, 미국 로펌사무소 개설허용, 2단계(발효 후 2년 내) : 국내로펌과 업무 제휴 허용, 3단계(발효 후 5년 내): 미국 로펌과 국내 로펌 간 조인트 벤처 사업체 설립 및 동 사업체의 국내 변호사 고용 허용, ② 회계·세무는 1단계(발효 시) : 미국 회계·세무 자문 허용, 미국 회계·세무법인의 사무소 개설 허용, 2단계(발효 후 5년 내):국내 회계·세무 법인에 대한 미국 회계사·세무사의 출자 허용 이다.

둘째, 교육(초·중·고 교육)·의료 및 사회서비스(국민연금, 보건, 탁아 등), 사회적 약자를 위한 특별조치, 음용수 등 공공서비스에 대한 정부의 모든 규제 권한을 포괄적으로 유보하고 있다.

셋째, 국내 방송서비스의 부분 개방으로 지상파, 위성방송, 케이블사업자(SO)의 인·허가제도·외국인투자지분한도·방송쿼타 등에 대해 현행 규제수준을 유지한다. 다만, 방송채널사용사업(program provider : PP)을 중심으로 일부 자유화를 약속하였다.

넷째, 기간통신 사업자에 대한 외국인지분제한을 완화하고 통신·방송 융합 관련 기반비디오서비스(subscription-based video services)는 미래유보에 해당하며 스크린 쿼타는 현행수준(현행 73일을 현재 유보로 합의)에서 동결한다.

131) 시장접근제한조치도입금지란 서비스 공급자의 수 혹은 사업의 범위를 한정하는 양적 제한, 사업자의 법적 형태(법인, 자연인 등)제한하는 규제의 도입을 금지한다.

132) 현지주재(local presence, LP)의 의무부과금지란 국경 간 서비스 공급의 조건으로 국내 사무실 구비 요건 혹은 거주요건을 요구하는 것을 금지하고 있다.

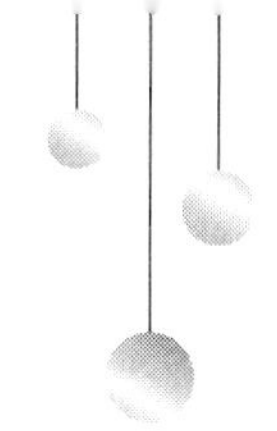

다섯째, 국제특송(express delivery service)시장 개방이다. 협정문에는 현행시장개방 수준 유지, 우정 당국의 독점 지위 남용금지, 교차지원 금지 노력 등을 규정하고 있다. 이와는 달리 국제특송의 경우 현행 우편법 시행령 상 무역관련 서류 등에만 한정하고 있는 것을 국제서류(international document)까지 확대하여 개방한다.

⑬ **금융서비스** : 금융협정이 적용되는 금융서비스의 범위는 ⅰ) 상대국의 금융기관 ⅱ) 자국의 금융기관에 대한 투자 및 투자자 ⅲ) 국경 간 금융서비스 공급자에 대한 당사국의 법령, 관행 등에 대해 적용된다. 반면에, 공공퇴직제도(예 국민연금제도) 및 사회보장(예 국민건강보험제도)의 일환으로 이루어지는 서비스에 대해서는 금융협정이 적용되지 않는다.

첫째, 임시 세이프가드 조치의 확보로서 경제 위기 시 급격한 외화유출을 통제할 수 있는 안전성을 확보하고 있다.

둘째, 국책금융기관[133]에 대한 정부의 특혜는 한·미 FTA체결 이후에도 그대로 유지된다.

셋째, 일정한 조건 아래에서만 신금융서비스[134]를 허용함으로써 국내 금융질서의 법적·사실적 측면에서의 안전성을 확보하였다. 단, 신금융서비스란 상대국에서는 허용·거래되고 있으나 아직 자국에는 존재하지 않는 금융서비스나 금융상품을 의미한다.

넷째, 국경간 금융서비스의 경우 허용 필요성이 큰 ⅰ) 국제무역 관련 서비스, ⅱ) 본질적인 금융업무를 지원하기 위한 금융 부수서비스만 허용한다. 여기서 국경간 금융서비스거래란 미국 금융기관이 우리나라에 지점·현지 법인의 설립없이 인터넷 등 통신수단을 통해 금융서비스를 제공하는 것을 의미하며 양국은 ⅰ) 국제거래에 관련된 보험서비스(예 해상, 항공, 수출입적하보험 등), ⅱ) 금융기관의 임무를 지원하기 위한 부수서비스(예 보험계리, 손해사정, 투자자문, 기업구조조정 자문 등)에 한하여 개방하기로 합의하였다.

다섯째, 우체국 보험의 판매를 허용하되, 금융감독위원회와 협의절차를 강화하는 등 금융감독을 강화함으로서 잠재적 부실 가능성을 축소하였다.

---

133) 국책금융기관은 한국수출입은행, 신용보증기금, 기술보증기금, 정리금융공사, 한국자산관리공사, 예금보험공사, 한국수출보험공사, 한국투자공사, 한국산업은행, 기업은행, 농협, 수협, 한국주택금융공사가 있다.

134) 신금융서비스는 다음의 조건이 충족될 경우에만 허용된다. ① 당사국의 금융 감독기관이 자국 금융기관에 대해서도 신용금융서비스를 허용하기로 정책 결정을 했을 것, ② 신금융서비스가 국내 법상 허용될 것 ③ 신금융서비스를 제공하고자하는 금융기관이 상업적 주재의 형태일 것 ④ 신금융서비스에 대해 건별 인허가제도를 운용할 수 있을 것

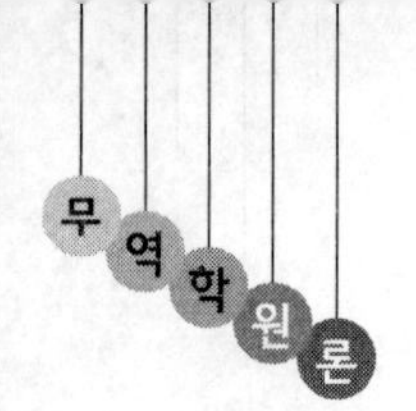

⑭ **통신** : 외국인간접투자 제한을 완화하고 KT와 SKT를 제외한 기간통신사업자[135]에 대한 간접투자 범위를 100%까지 허용한다(발효 후 2년 내). 그리고 공중통신사업자에게 상대국의 사업자에게 상호접속, 번호이동, 동등다이얼(dialing parity)을 비차별적으로 제공하도록 의무를 부과하고 있다. 지배적 사업자[136]에게 일정한 의무를 부과하고 있다.

즉, 공중통신서비스의 이용과 관련하여 지배적 사업자 그 자신, 자회사 등에 비해 불리하지 않은 조건으로 상대국 사업자에게 제공해야 하고, 교차보조[137]행위의금지, 재판매 제공시 불합리하거나 차별적인 조건의 부과 금지, 상호접속, 전용회선, 전주·관로·도관의 이용의 비차별적 적용 등의 의무를 부과하고 있다.

⑮ **전자상거래** : 온라인으로 전송되는 디지털제품[138]에 무관세관행을 그대로 유지하고 전달매체에 실려 오프라인으로 배송되는 디지털제품에 대해 무관세를 적용한다. 단, 상대국이 디지털제품에 대해 내국민 대우를 부여하되, 상대국 영역에서 단순히 저장(stored) 또는 전송되었거나 상업적 조건으로 처음으로 이용가능하게 된 경우 및 단순 배포자인 경우는 제외한다.

따라서 디지털제품이 상대국 영역에서 창작, 생산, 발행, 계약, 발주되는 경우 및 그 디지털제품의 저작자, 실연자, 제작자, 개발자 또는 소유자가 상대국의 국민인 경우에만 내국민대우를 적용한다.

⑯ **경쟁** : 경쟁분야에서 일반적으로 규정하고 있는 양국의 경쟁법 집행관련 절차 및 협력에 대한 내용을 규정하고 있다. 그리고 청문절차에서의 제반 적법절차를 보장하고 관련 규칙과 결과를 공표하는 등 양국 기업이 상대국에서 공정하고 투명한 경쟁법 집행절차를 이용할 수 있도록 보장하고 있다. 이의 일환으로 동의명령제[139] 도입, 정부의 지정독점(designated monopoly) 및 공기업 설립·유지를 보장하고 있다. 그리고 소

---

135) 기간통신사업자란 통신설비를 보유하고 이를 이용하여 전기통신서비스를 제공하는 사업자를 말한다.

136) 지배적사업자란 필수설비에 대한 통제력 또는 시장지위 등을 이용하여 시장에 중대한 영향을 미칠 수 있는 통신서비스공급자를 말한다.

137) 교차보조(cross-subsidization)는 지배적 사업자가 자신의 독점력을 통해 획득한 초과이윤을 경쟁적인 다른 통신시장에 종사하는 자회사 계열사 등에게 보조하는 행위를 말한다.

138) 디지털제품(digital product)이란 상업적 판매 또는 배포를 위해 전자적으로 부호화되거나 생산된 컴퓨터 프로그램, 문자열, 동영상, 이미지, 녹음 등을 의미한다.

139) 동의명령제란 피심인이 공정위와 합의한 시정방안을 취하는 경우 위법성 판단을 받지 않고 공정위 절차를 종결하는 하는 것을 말한다. 즉, 이 제도는 경쟁법 집행당국이 경쟁법 집행조치 대상자와 상호 협의하여 행정적 또는 민사적 집행조치를 결정할 수 있도록 당국에 권한을 부여하는 것이다.

비자 보호를 위한 소비자 분쟁 피해구제를 강화할 수 있는 체계를 마련하였다.

여기서 정부의 지정독점(designated monopoly)은 당사국 영역의 관련 시장에서 정부에 의해 상품, 서비스의 유일한 공급자 또는 구매자로 지정된 기관으로 자연독점은 해당되지 않는다. 그리고 공기업(state enterprise)은 정부가 직·간접적으로 소유 또는 소유권익(ownership interest)을 통하여 통제하는 기관을 말한다.

첫째, 지정독점 및 공기업에 공히 적용되는 의무는 위임받은 정부 권한 행사시 FTA 협정상의 의무 준수와 상대국 상품·서비스·투자에 대해 상품·서비스 판매시 비차별적 대우[140]가 있다.

둘째, 지정독점에만 적용되는 의무에는 상업적 고려에 따른 활동의무, 독점적 지위를 이용한 반경쟁적 행위를 금지하고 있다. 양측은 지정독점도 일반 민간 기업처럼 상업적 고려에 따라 활동하여야 하나 독점과 관련된 지정조건, 운영요건 등에 따라 활동하는 경우에는 상업적 고려에 따르지 않아도 됨을 규정하고 있다. 특히, 요금인상 우려가 있는 일부 공공서비스요금에 대하여는 정부가 승인한 요금으로 상품·서비스를 공급할 수 있음을 명확히 규정하여 정부의 공공서비스 요금 체계가 훼손되지 않도록 보장하고 있다.

⑰ **정부조달** : 대외적으로 개방되어 있는 민자 사업(BOT : build-transfer operate)[141]을 정부조달에 포함하여 국제입찰을 실시하기로 합의하고 입찰참가 및 낙찰 과정에서 조달기관이 속한 국가 내 과거실적 요구를 금지함으로써 공급자의 상대국 정부조달시장에서 보다 효과적으로 참여할 수 있는 기반을 마련하였다.

첫째, 양측은 중앙(연방)정부 상품, 서비스, 양허 하한선(threshold: 개방하한 금액)을 미국측은 WTO정부조달협정상 개방 수준인 현행 약 20만 달러에서 10만 달러로, 우리측은 2억 원에서 1억 원으로 인하하기로 합의하였다.

둘째, 학교급식의 예외 조항을 신설하여 중앙정부의 재정적 지원 하에 구매하는 학교급식용 식자재의 경우는 정부조달의 예외로 인정받을 수 있는 근거를 마련하였다.

셋째, 입찰 참가과정에서 미국 본토 내 과거 실적 요구의 금지 등의 실질적인 차별을 금지함으로써 미국 조달 시장 참가 경험이 없는 국내기업들이 미국 조달시장에 쉽게

140) 비차별적 대우란 지정독점의 경우 독점상품·서비스를 구매·판매시, 공기업의 경우 자신의 상품·서비스를 판매시 상대국의 상품·서비스·투자에 대하여 가격, 제공조건 등에 있어 차별해서는 안된다는 것을 말한다.

141) 민자 사업(BOT : build-transfer operate)은 정부가 민간 사업자를 선정하고 동 민간사업자는 원칙적으로 자신의 부담 하에 공사를 시행한 후 국가/지자체에 소유권은 이전하지만 일정기간 운영·수익을 향유하는 형태의 민자 유치산업을 말한다.

진출할 수 있는 기반을 마련하였다.

〈표 6-3〉 한·미 정부조달협정 양허수준 비교

구분		한국	미국
양허기관		중앙정부기관 51개[142]	연방정부기관[143] 79개
양허금액		물품·용역 : 1억 원 건설 : 500만 SDR(74억 원)	물품·용역 : 10만 달러 건설:500만 SDR(7,407,700만 달러)
적용대상	물품	양허기관이 조달하는 양허금액이상의 모든 물품	좌 동
	용역	WTO정부조달협정 한국 양허표에서 개방된 서비스	WTO정부조달협정 미국 양허표에서 개방된 서비스
	건설	CPC 51건설서비스[144]	좌동
기타사항		- 학교급식 예외조항 규정 - 국가계약법령 및 사회기반시설에 대한 민간투자법에 의한 중소기업 예외조항 규정	- 학교 급식 예외조항 규정 - 소기업 및 사회적 약자 기업에 대한 예외조항

자료 : 한·미FTA상세설명자료, 외교통상부, 2011. 7.p.146.

⑱ **지적재산권** : 저작권보호기간을 저작자 사후 또는 저작물 발행(또는 창작) 이후 70년으로 연장하고 보호기간의 연장 시점을 협정문 발효 후 2년 간 유예 기간을 두고 있다.

첫째, 일시적 복제[145]권을 인정하고 기술적 보호조치, 불법 해독된 위성·케이블 신호 사용금지, 권리관리정보[146], 대학가 불법 복제·배포에 대한 집행 수준의 강화 합의, 정부의 정품 저작물 사용의 의무화, 냄새 또는 소리로만 구성된 상표도 상표로서 등록이 가능하도록 규정하고 있다.

---

142) WTO정부조달협정에 의한 현행 양허기관(42개) 대비 9개 기관 추가 양허 및 삭제(97.1 WTO GPA발효이후 정부조직 개편 등으로 신설된 기관들로서 이미 WTO정부조달 개정 협상에서 양허안으로 기 제출함. 소방재청, 방위사업청, 빙송통신위원회, 공정거래위원회 등이 있다.

143) WTO정부조달협정에 의한 현행 양허기관(79개) 대비 1개 기관 추가 양허 및 삭제, Social Security Administration 추가, Uranium Enrichment Corporation은 민영화로 삭제.

144) WTO정부조달협정 대신 건설장비 임대서비스(CPC518)추가 양허

145) 일시적 복제(temporary copies)는 컴퓨터 사용시 RAM(전원을 끄면 모든 데이터가 지워지는 메모리)에 일시적으로 저장되는 복제 등을 지칭한다.

146) 권리관리정보(right management information)는 저작물, 권리자, 이용조건 등을 식별하는 정보로서 저작물에 부착되거나 그 공연, 방송 또는 전송에 수반되는 것을 지칭한다.

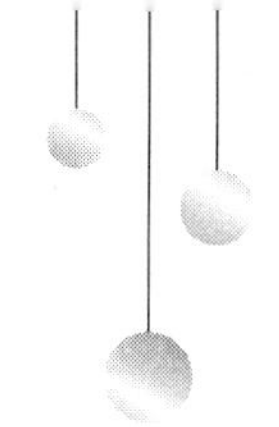

둘째, 상표의 품질보증기능의 강화 등 긍정적인 측면을 고려하여 증명표장[147] 제도를 도입하고 또한 상표 사용권의 등록 요건을 폐지하고 인간을 대상으로 한 진단·치료 및 수술방법의 특허를 불인정하고 있다. 특허를 3년 실시하지 않는 경우에는 강제 실시권을 설정하고, 그 이후 추가로 2년 동안 불 실시되는 경우에는 특허의 취소가 가능하다.

셋째, 불합리한 지연으로 인해 특허 존속기간(특허 등록 후 출원일로부터 20년)이 실질적으로 감축될 경우 이에 대한 보상차원에서 불합리한 지연기간 만큼 연장이 가능하도록 하였다.

넷째, 공지예외 적용기간의 연장[148], 법정손해배상제도[149], 법원의 정보제공명령권한 부여, 법원의 유효한 명령 불복시 제재 규정, 대체분쟁해결제도[150], 저작권 침해물품세관 신고제도 도입, 역담보제도[151]폐지, 범죄수익몰수 규정, 도촬금지조항[152], 온라인서비스 제공자[153] 면책 조항 및 온라인 저작권 침해 방지 등에 합의하였다.

⑲ **노동** : 기본노동권 관련의무는 ILO선언상의 기본노동권에 한정하고 있으며 공중의견제출제도 도입, 노동협의회설치에 합의하였다.

첫째, 당사국들은 98년 ILO선언의 ⅰ) 결사의 자유 ⅱ) 단체교섭권의 효과적 인정 ⅲ) 모든 형태의 강제 노동의 철폐 ⅳ) 아동 노동의 효과적 폐지 및 가혹한 형태의 아동 노동금지 ⅴ) 고용과 직업에 있어 차별철폐의 기본권을 국내법령과 관행에 채택·유지하고 집행해야 한다.

---

147) 증명표장이란 소비자의 품질 오인이나 출처의 혼동을 방지할 목적으로 상품이나 서비스업의 특징을 증명하기 위하여 사용하는 상표이다.

148) 공지예외적용기간(grade period)의 연장은 특허 출원 이전에 공개(공지)된 발명은 특허를 받을 수 없으나 발명자 자신이 공지한 발명에 한 해 일정기간을 예외로 인정하는 것으로 한국, 일본, 유럽 등은 6개월, 미국, 호주, 캐나다 등은 12개월로 되어 있으나 한·미 양측은 12개월로 연장하는데 합의하였다.

149) 법정손해배상제도란 상표권 및 저작권 침해에 대해 손해액의 상하한을 미리 법령에 규정해 놓고 권리자가 실손해 대신 선택할 수 있도록 하는 제도이다.

150) 대체분쟁해결제도란 소규모의 저작권 침해 사례 발생시 법적 소송 대신 절차적으로 간편한 조정절차 등을 통해 분쟁을 조기에 해결하기 위한 제도이다.

151) 역담보제도란 권리자가 세관에 담보를 제공할 경우 위조 상품 또는 저작권을 침해하는 불법복제품에 대한 통관보류가 가능한 바, 역담보제도는 반대로 수입업자가 통관 보류된 물품에 대한 역담보를 제공하면 통관이 허용되는 제도이다.

152) 도촬이란 영화관이나 비디오 카메라 등을 통해 영화 또는 그 밖의 영상 저작물을 촬영하거나 촬영을 하려고 시도하는 것을 말하며 이에 대해 형사처벌 규정을 마련하였다.

153) 온라인 서비스 제공자는 ① 단순 전송 기능 ② 캐싱 기능 ③ 웹사이트 링크 기능 ④ 게시판 기능의 4가지 유형으로 분류하여 책임 수준을 차별화하였다.

둘째, 공중의견제출제도(PC : Public Communication)는 노동협정문을 위반한 경우 양 당사국의 누구라도 다른 상대국의 접촉창구(CP: Contract Point)에 시정 요구 등의 의견을 제출하는 제도이다. 일단 공중의견이 제출되면 협정문이 정하는 절차에 따라 조사·검토와 함께 실상에 대한 정보와 처리결과를 공개하게 되므로 협정문 이행의 투명성 제고 및 공론화되는 과정에서 자연스럽게 문제가 해결될 수 있는 효과도 기대된다.

셋째, 노동협의회(LAC : Labor Affairs Council)는 노동협력 메커니즘(ICM : Labor Cooperation Mechanism)활동을 포함한 노동협정문의 이행을 감독한다. 노동협의회는 노동전문성을 가진 양국 노동관련 부처의 고급 공무원이 참여함으로써 분쟁시 보다 수월한 문제해결이 가능할 것으로 기대된다.

⑳ **환경** : 높은 수준의 환경보호의무와 다자간환경협약의 의무 이행, 환경 chapter 이행에 있어 대중참여보장, 환경협의회의 설립·운영에 합의하였다.

첫째, 환경법 및 정책이 높은 수준의 환경보호를 제공할 수 있도록 보장하고 동 보호수준의 향상을 위해 지속적으로 노력할 의무를 규정하고 있으며 단, 환경보호 수준 및 환경개발 우선 순위를 정하고 이에 따른 환경법 및 정책을 선택 또는 수정하는 각 국가의 주관적 권리는 인정하여 환경주권 침해의 우려는 불식시켰다.

둘째, 당사국들은 7개의 다자간환경협약의 의무 이행을 위한 국내 법령 및 조치를 채택·유지하고 집행해야 한다. 7개의 다자간 환경협약은 i) 멸종위기 야생 동식물종의 국제거래에 관한 협약(CITES), ii) 오존층 파괴물질에 관한 몬트리올 의정서 iii) 해양오염 협약(MARPOL73/78) iv) 습지 보존협약(람사협약) v) 국제포경규제협약(WC) vi) 남극해양생물자원보존에 관한 협약(CCAMLR) vii) 전미열대참치위원회의 설치에 관한 협약(ATTC)을 말하며 단, 의무 위반이 되기 위해서는 양국 간 무역·투자에 대한 영향이 있음을 입증해야 한다.

셋째, 환경 chapter 이행에 있어 대중 참여 보장은 환경보호에 대한 민간의 역할을 증대시키고 수요자 중심의 환경정책을 지향하는 데 있다. 즉, 환경법 및 환경법 집행·준수 절차에 대한 정보제공을 통해 환경법에 대한 대중의 인식을 제고시키고 사인(私人)은 환경 chapter의 이행에 관하여 한·미 양국에 정보 및 교환을 요청하고 서면으로 입장제출(submission)이 가능하도록 하였다.

넷째, 환경협의회(Environmental Affairs Council)는 환경 chapter 이행을 감독하기 위해 환경 담당 관리를 포함하여 고위정부 관리로 구성하며 협의회 개최시 국가자문위원회의 견해 등 환경 chapter 이행에 관하여 대중과 논의하기 위해 공개회의(public

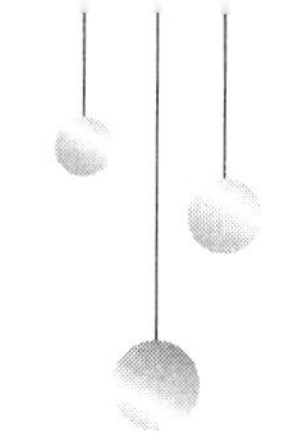

session)를 개최한다.

㉑ **투명성** : 협정이 적용되는 사안에 관련된 국내 법률·규정·절차 등을 신속하게 공표하고 상대국 및 이해관계자에게 의견 제시의 기회를 보장하고 있다.

첫째, 협정 적용 사안에 관련된 시행령·시행규칙(법 제외)의 입법예고 전 기간을 현행 20일 이상에서 40일 이상으로 연장하고 입법 예고 전 실시토록 되어 있는 관계 부처 간 협의를 입법예고와 동시에 허용한다.

둘째, 이해관계자에게 충분한 의견 제출 기회를 부여하고 다양한 입법 의견을 수렴하여 정책 입안 또는 개정시 투명성을 제고시켰다.

㉒ **제도 규정 및 분쟁해결** : 협정의 이행 감독·운영에 필요한 조치 등을 위해 양국간 통상장관을 의장으로 "공동위원회" 를 설치하고 분쟁해결절차를 마련하고 분쟁해결절차 적용범위(비위반제소) 및 금전적 보상 허용(monetary assessment)에 합의하였다.

첫째, 국가 대 국가 간 분쟁해결절차는 i) 당사국간 합의 ii) 공동위원회 회부 iii) 패널설치 iv) 패널판정 보고서 제출 v) 패널판정의 이행 순서로 진행된다. 동 협정 상 분쟁해결절차와 WTO 분쟁해결절차 모두에 해당되는 경우에는 제소국은 선택이 가능하다.

둘째, 분쟁해결절차 적용범위(비위반 제소)는 국가 대 국가간 분쟁해결절차(ISD와는 별도)의 적용 범위에 WTO 협정과 동일한 수준의 위반 및 비위반 조치를 포함하고 비위반 제소 대상에 상품·농업·섬유·원산지·서비스·정부조달·지적재산권 포함한다.

셋째, 패널 판정 불이행시 혜택의 정지 외에 금전적 보상도 허용한다. 즉, 금전적 보상은 일시적인 것으로 피소 당사국이 패널 판정을 이행할 까지 제소 대상국에게 매년 지급해야 한다. 경우에 따라 공동위원회는 이를 기금으로 조성, 무역장벽을 감축하거나 당사국의 협정이행을 지원하는 등 당사국간 무역을 촉진하기 위한 사업에 사용할 가능성이 있다.

㉓ **예외** : 한·미FTA협약을 체결·실행하는 과정에서 예외를 다음과 같이 양국은 인정하고 있다.

첫째, GATT 제20조 및 GATS 제14조의 일반적 예외 적용이다. 즉, i) GATT 제20조상 일반적 예외조치란 공중도덕, 인간·동식물의 생명 및 건강 보호, 금·은의 수출입 관련 조치, 고갈될 수 있는 천연자원의 보존, 역사·예술 유물의 보호, 공급부족 상품의 취득·유통에 필수적인 조치이다.

ii) GATS 제14조상 일반적 예외조치는 공중도덕 보호 또는 공공질서 유지, 인간·동식물의 생명 및 건강 보호, 안전, 사시 행위의 방지, 사생활 보호 등을 위한 조사이다.

둘째, 국가 안보상의 예외조치 허용이다. 즉, 필수적인 안보 이익에 반하는 정보에 대한 접근의 제한을 허용하고 필수적 안보이익의 보호 또는 국제평화 및 안보의 유지를 위한 의무의 수행에 필요한 조치가 가능하다.

셋째, 조세조치는 원칙적으로 협정 대상에서 제외한다. 단, 조세조치가 수용에 해당되는 경우는 ISD가 적용되나 ISD회부 전 양국 조세당국(한국 : 기획재정부, 미국 : 재무부)이 먼저 합의하고 합의되지 않은 경우에만 ISD제소를 진행하는 절차조항을 마련하였다.

넷째, 협정상 어떤 내용도 공개되면 법 집행을 방해하거나 공공이익에 반하하거나, 특정기업·공공·민간의 합법적인 상업상 이익을 손상하는 비밀정보의 제공 또는 접근 허용을 요구하는 것으로 해석되지 않는다.

6) 한-EU FTA

(1)한-EU 추진 및 협정 내용

한-EU FTA는 2007년 5월 7일부터 5월 7일까지 공식협상이 개시되어 2007년 4월 23일 EU각국의 이사회는 집행위에 협상권한을 위임하고 한국도 5월 1일에 대외경제장관회의에서 협상 개시를 최종 승인하였다. 그 후 2009년 7월 13일 협상이 타결된 후 2010년 10월 6일 정식 서명되어 한국이 국회비준을 거쳐 2011년 7월 1일 잠정 발효되었다. 그리고 협정문의 정식 명칭은 대한민국과 유럽공동체 및 그 회원국 간의 자유무역협정이다.

대EU 수출품목 중 총 9,252 품목에 대해 관세를 철폐하고(전체의 94%), 대 EU수입품목 중 9,195 품목에 대해서는 전체의 81.7%의 관세를 철폐하였으며 나머지 품목에 대해서는 5년 내 관세를 철폐하기로 합의하였다.

결국 한-EU FTA의 근본 취지는 관세 철폐를 통한 시장의 완전 개방과 함께 협정국가간에 내국민대우의 원칙 적용이다. 따라서 EU가 제공하는 특혜관세의 적용을 받기 위해서는 반드시 인증수출자 인증의 취득이 필요하다[154].

협정문은 총1,200페이지가 넘는 분량으로 상품, 서비스, 규범 등에 관한 내용이 포함되어있다(www.fta.go.kr).

그리고 한-EU협정문의 구성 및 주요 내용은 다음의 〈표 6-4〉와 같다.

154) 한-EU FTA 에서는 인증 수출자 인증을 받지 않은 경우 6천 유로 이상 수출시 특혜관세의 적용이 불가능하다. 즉, 인증수출자에 대해 건당 6,000유로 초과 건에 대해 원산지 증명서 자율발급이 가능하다.

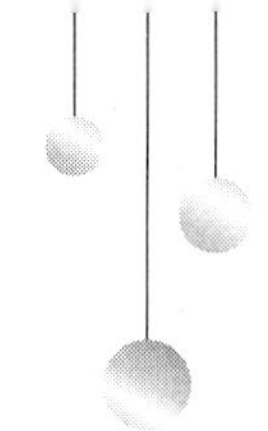

〈표 6-4〉 한-EU협정문 구성 및 주요 내용

chapter		chapter명칭	주요 내용
상품	제1장	목적 및 일반적 정의	자유무역지대 창설 목적 및 협정 내용을 명확히 하기 위한 정의 규정
	제2장	- 상품에 대한 내국민대우 및 시장접근 -관세양허 부속서 - 비관세부속서	- 내국민대우와 상대시장에 대한 자유로운 접근 규정 - 관세철폐 및 감축계획규정 - 비관세조치 합리화, 개선을 위한 약속 및 상호협력
	제3장	무역구제	세이프가드와 반덤핑, 상계관세관련규정
	제4장	무역에 대한 기술장벽	기술표준, 적합성 평가절차의 무역제한 효과 최소화
	제5장	위생 및 식물위생 조치	동식물 위생보호, 무역에 대한 부정적 효과 최소화
	제6장	관세 및 무역원활화	물품의 통관을 원활하고 신속히 하려는 조치
서비스	제7장	서비스무역, 설립 및 전자상거래, 서비스설립양허 부속서	서비스 자유화 규범 및 협력 조항 분야별 개방약속과 최혜국 대우 면제 리스트 등
	제8장	지불 및 자본이동	국경간 지불, 자본이동과 관련된 자유화, 예외규정
규범	제9장	정부조달	민자사업을 포함한 정부조달시장 접근 확대
	제10장	지적재산권	저작권 및 저작인접권, 상표, 지리적 표시, 디자인, 특허의 보호 및 집행
	제11장	경쟁	경쟁법 집행 관련 협력 및 보조금에 의한 경쟁왜곡 방지
	제12장	투명성	협정 이행과 관련되는 국개법령 등 신속 공포 상대국 및 이해관계인에게 의견 제시 기회 보장
	제13장	무역과 지속 가능 발전	무역자유화 진전에 따른 환경 및 노동 보호 수준 저하 방지
기타	제14장	분쟁해결	협정문 위반 여부 판정과 이행절차
	제15장	제도·일반 및 최종 규정	무역위원회 등 이행기구 설치, 협정 개정 및 발효
의정서		원산지 상품의 정의 및 행정협력의 방법에 관한 의정서	특혜원산지 기준 일반원칙
		품목별 원산지 기준 부속서	품목별 특성을 고려한 개별 원산지 판정 기준
		관세 사안에서의 상호 행정지원에 관한 의정서	기존 한-EU간 세관지원 협정을 협정문에 편입
		문화협력에 관한 의정서	시청각 공동제작 등을 포함한 문화 분야 전반에 있어서의 협력 증진

자료: 외교통상부, "한-EU FTA상세설명", 2009.

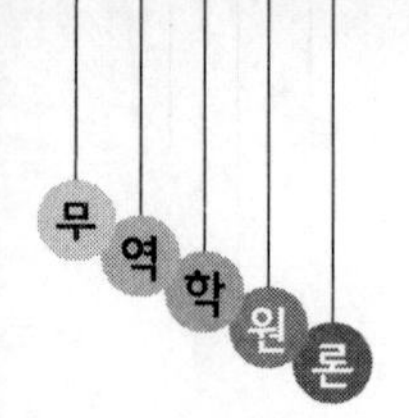

그리고 발효 후 5년 내 관세철폐 기준으로 EU는 99.6%, 한국은 93.6% 관세철폐(품목 수 기준)된다. 공산품의 경우 한국은 기계·화학부문에서, EU는 자동차 부문에서 상대적으로 자국 산업의 민감성을 반영한 합의이나 수입액 기준으로 EU는 발효 후 5년 내 100%를 양허한 높은 수준의 합의 사항이다. 서비스 분야는 양허표에 기재한 분야만 개방하는데 EU는 해운, 무선통신, 수의사 서비스 등 139개 분야를 개방하였으며 한국은 115개를 개방하였다.

그리고 한-EU 간 추진 협정의 각 분야 별의 대략적인 내용은 다음과 같다.

① **상품협정문** : 첫째, 품목별 원산지 기준을 충족하는 상품에 대해 관세 철폐 일정에 따라 각 상품의 관세를 단계적으로 철폐하도록 규정하고 있다. 즉, 협정 발효 후 3년 후 일방 당사국이 요청할 경우 품목별 관세 철폐 일정의 가속화를 위한 협의를 시작할 의무를 부과하고 있다.

둘째, 수입수수료의 경우 GATT 제8조에 따라 수입과 관련하여 제공된 서비스에 소요된 대략적인 비용과 상응하는 범위 내에서 부과가 가능하고 추가적으로 이를 구체화하여 종가세 형태의 수입수수료는 부과될 수 없음을 명시하고 있다.

셋째, 자동차, 전기·전자, 의약품, 화학물질 등 상품관련 비관세부속서에 따른 의무를 이행하도록 규정하고 있다. 즉, 협정 발효 3년 후 일방 당사국이 요청할 경우 상품관련 비관세 부속서에 따른 의무의 확대를 위한 협의를 시작할 의무를 부과하고 있다.

② **관세** : 한·EU 양측은 공산품 및 임산물 전 품목에 대해 관세를 철폐키로 하는 등 높은 수준의 시장개방에 합의하였다.

i) 수입액기준으로 EU측은 모든 대 한국 수입에 부과되는 관세를 5년 내 철폐하고 한국은 대 EU 수입의 97.0%에 부과되는 관세를 5년 내 철폐한다.

ii) 품목 수 기준으로는 EU측은 쌀을 제외한 나머지 99.6%에 해당하는 품목에 부과되는 관세를 5년 내 철폐하고 한국은 93.6%를 5년 내 철폐한다.

그리고 EU측은 수입액 기준으로 모든 관세를 5년 이내에 철폐키로 한 반면, 한국은 다수의 농·수산물에 대해 현행 관세유지, 장기 철폐 등의 예외적 취급을 확보하였다. EU측도 일부 과일 및 채소류(16개 세 번, 대한 수입 비중0.0%)에 대해 일정기간 시장진이가격제도를 유지한다.

③ **전기·전자 비관세** : 전기·전자제품이 시장에 출시되기 전에 충족시켜야 하는 적합성 평가 절차와 관련 EU측은 공급자 적합성 선언(SDoC : supplier's Declaration of Conformity)방식을 적용하고 한국은 현행보다 간소화된 절차를 도입하기로 합의하였다.

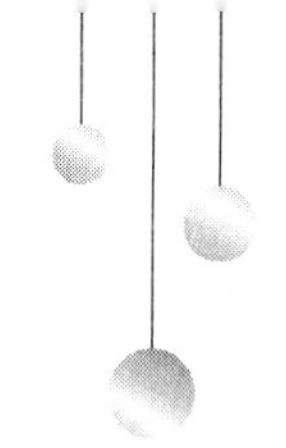

EU측은 전자파 적합성(EMC : Electromagnetic Compatibility), 전기 안전(safety) 모두 SDoC를 적용하고 한국은 EMC와 전기안전을 구분하여 일정 조건 하에서 협정 발효 3년 이내에 인증이 필요 없는 간소화된 적합성 평가절차를 도입하였다.

첫째, EMC의 경우 EU측이 통보한 시험장소의 시험결과를 수용해야 한다(예외 품목 없음).

둘째, 전기 안전의 경우 i) 한국의인증기관과 MOU를 체결한 시험소의 시험결과 또는 ii) IECEE CB Sheme(국제전기기기 인증제도)에 따른 시험소의 시험결과를 한국의 인증기관의 인증없이 수용한다(자율안전확인제도). 여기서 자율안전확인제도란 예외 품목[155]을 축소시킬 목적으로 전환기간이 끝나기 전에 53개 예외품목 군에 대한 위해도 평가를 실시하고 그 후 매3년마다 위해도 평가를 실시하는 것을 말한다.

④ **자동차 비관세** : 첫째, 안전기준에 있어 한·EU 양측은 각각의 국내 기준과 유사한 UN ECE(United Nations Economic Council for Europe)규정[156]과 GTR(Global Technical Regulations)규정[157]에 따라 제작된 자동차에 대해 해당 국내 기준을 준수할 것을 인정하고 상응하는 UN ECE 규정 또는 GTR 규정이 있는 국내기준은 협정 발효 후 5년 내 해당 UN ECE 또는 GTR 규정과 합치해야 한다.

둘째, 환경기준은 국내에 수입되는 EU차량에 대한 배출가스 기준은 한국 기준을 준수하되, 연간 1만대 이하를 판매하는 소량 판매 제작사에 대해서는 별도의 평균배출량 기준을 적용한다. 그리고 배출가스자기진단장치(OBD : On-Board Diagnostics)[158]기준은 한국 기준과 유사한 Euro 6 OBD기준(2014년 도입)을 인정하되, 동 기준의 도입 이전인 2013년 말까지 일정대수에 대해 Euro 5 OBD 기준(2009. 9월 도입)을 인정한다.

---

155) 물, 전기모터 등을 사용하여 위험성이 높다고 판단되는 53개 품목을 예외품목으로 선정하고 있다. 주요예외품목은 전기청소기, 전기다리미, 전기세탁기, 전기담요, 전자레인지, 가습기, 복사기, 식기세척기, 전선, 케이블 및 코드류, 변압기 등이다.

156) UN ECE(United Nations Economic Council for Europe)규정은 안전, 환경, 에너지 및 도난방지 요건에 관한 자동차와 부품에 대한 단일 표준확립을 위한 58협정(48개 체약국)에 근거한 자동차 안전 및 환경기준을 말한다. 여기서 58협정이란 안전, 환경, 에너지 및 도난방지 요건 등에 관한 자동차와 부품의 단일 표준확립을 목적으로 UN유럽경제이사회 주도로 체결된 협정을 말한다(1959. 6. 20일 발효).

157) GTR(Global Technical Regulations)규정은 자동차 및 부품에 관한 세계기술표준 개발을 목적으로 한 98협정에 근거하여 제정된 자동차 기술 규정을 말한다. 여기서 98협정(1098 Agreement)이란 규정의 상호인정을 인정하지 않은 국가들의 세계기술 규정 제정에의 참여 촉진을 목적으로 체결되었다. 2010년 9월 현재 체약국은 31개국(미국, 중국, EC 등 주요 지동차 생산국 참여)이며 한국은 2000. 11월에 가입하였다.

158) 배출가스자기진단장치(OBD : On-Board Diagnostics)는 배출가스 관련 부품의 오작동 여부를 감지하고 이를 차내 계기판의 장비 지시 등을 통해 운전자에게 알려주는 장치를 말한다.

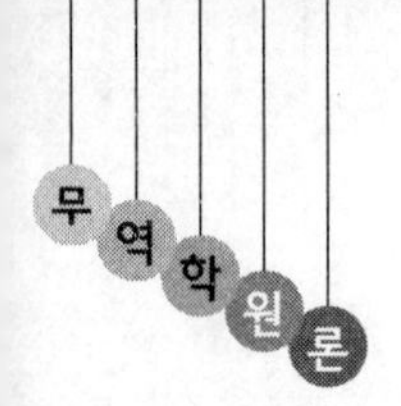

⑤ **의약품 및 의료기기 비관세** : 한·EU 양측의 보건의료 제도를 존중하는 가운데 의약품·의료기기의 개발과 접근 촉진, 양자 협력강화 등에 대한 일반적 내용을 한·미 FTA수준에서 합의하였다. 즉, 의약품·의료기기 관련 제도의 절차적 투명성 제고, 국제관행에 부합한 상대방의 적합성 평가 수용 요청을 고려하는 등 양자간 규제협력 강화, 의약품·의료기기 제조·공급업체의 윤리적 영업 관행 제고, 의약품 및 의료기기 실무그룹설치에 합의하였다.

특히, 윤리적 영업 관행의 제고는 의약품·의료기기 제조자가 보건의료 전문가·기관에 부당한 유인을 제공하는 것을 금지하는 적절한 조치를 마련하고 n이를 위한 적절한 벌칙과 절차를 채택·유지해야 한다.

⑥ **화학물질 비관세** : EU가 REACH(화학물질 등록·평가·승인제도)159) 등 화학물질에 대한 규제를 강화하고 있는 상황에 대응하기 위해 한국 측이 주도적으로 협력을 요구한 분야로서, 화학물질 비관세 관련 사항은 한·EU FTA에 포함시킴으로써 화학물질 관리 분야에서의 협력 증진과 통상문제의 원만한 해결을 위한 기반을 마련하였다.

즉, 화학물질 규제 관련 통상문제 해결을 위한 대화 메커니즘을 확립하고 화학물질협력 증진과 규제 관련 대화를 우한 작업반을 설치하였다.

⑦ **무역규제** : 첫째, FTA에 따른 관세 감축으로 인한 심각한 피해가 발생할 경우에 대비하여 양자세이프가드160)를 도입하였다. 즉, 일부 민감 농산물에 대해 미리 설정된 물량을 초과하여 수입될 경우 자동 발동되는 농산물세이프가드(ASG, Agricultural Safeguard)161)를 도입하여 수입급증에 대비한 예외적 수단을 확보하였다.

둘째, 무역규제 조치 발동절차의 투명성을 높이고 WTO에서 보다 엄격한 규정을 준수하도록 합의함으로써 우리 수출품에 대한 반덤핑 또는 상계관세 조치를 완화할 수

---

159) REAC(Registration, Evaluation, Authorization and Restriction of Chemicals : 화학물질등록·평가·승인제도) 란 EU의 화학물질 관리제도로서 EU 내에 제조·수입되는 화학물질과 관련하여 제조자와 수입업자에게 유행성이 없음을 입증해야 하는 책임을 부여하고 등록·평가·승인을 의무화하였다. 대부분의 규제대상 국내업체들이 2008. 12월 이전에 사전 등록을 마무리하여 수출량 별로 일정 유예기간을 확보한 상태이다.

160) 양자세이프가드는 FTA에 따른 관세감축이 원인이 되어 국내 산업에 심각한 피해가 발생할 경우 일반관세율까지 관련 상품에 대한 특혜세율을 인상하는 것을 말하며 관세 철폐 후 10년까지 발동이 가능하다(한·미 FTA의 경우 발효 후 10년 또는 10년 이상 관세 철폐 대상 품목의 경우 관세 철폐 기간까지 발동 가능).

161) 농산물 세이프가드는 일부 민감 농산물에 대해 미리 정해둔 물량을 초과하여 수입될 경우 해당 농산물에 대한 특혜관세율을 일반관세율까지 인상하는 것을 말한다.

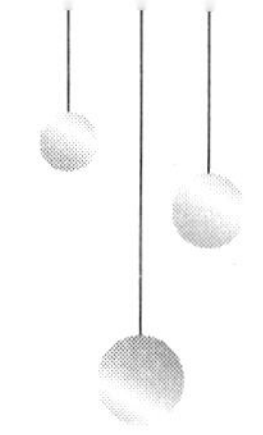

있는 제도적 장치를 마련하였다.

그러나 반덤핑 또는 상계관세는 덤핑 마진 또는 보조금 마진이 국내산업 피해를 제거할 수 있는 수준보다 높을 경우 국내산업 피해를 제거할 수 있는 수준까지 만 부과가 가능하다. 그리고 덤핑 마진이 수출가액의 2%미만일 경우 반덤핑 관세부과를 금지하는 미소기준(de minimis)을 확대하여 적용한다.

⑧ **무역에 대한 기술장벽(TBT)** : 표준, 기술규정, 적합성 평가 등이 양츠 간 상품 교역에 장애가 되지 않도록 보장하기 위한 절차 및 방안에 대해 규정하고 있다. 즉, 투명성 제고 등 기술규정 제·개정시의 의무 준수, 표준 및 기술 규정 등 분야에서 공동협력 강화, 양측 간 현안 문제의 해결을 위한 협의체 설치, 표시 및 라벨링 규제의 교역장애 요소 최소화 등을 포함하고 있다.

특히, 한국 측이 소비자에 대한 선택권 제한 및 기만적 행위 우려 등을 이유로 "Made in EU"원산지 표기를 수용불가 입장을 고수함에 따라 표시하지 않기로 하였다.

그리고 EU 회원국 간 통일성 있는 제도 이행 확보 노력을 EU가 수용하여 회원국별 상이한 기술규정의 적용으로 인한 대 EU수출기업의 어려움을 덜 수 이/t는 잠정적 장치를 마련하였다.

⑩ **위생 및 식물위생 조치(SPS)** : WTO SPS 협정상의 권리·의무를 확인하고 SPS위원회 설치를 통해 협의의 장을 마련하고 정보교환 및 투명성 제고로 상호이해 증진을 도모하고 국제기준·지침·권고 개발 및 동물 복지162)와 관련하여 협력하고 동식물 위생상황 등을 기초로 수입요건 부과, 지역화 인정절차 마련 등을 규정하고 SPS 관련 분쟁은 양자간 분쟁해결절차에서 배제됨을 명시하였다(WTO분쟁해결절차 적용).

여기서 지역화(regionalization)란 병해충 무·저 발생지역을 말하며 WTO SPS협정의 지역화 개념 인정을 확인하고 지역화 인정절차를 마련하였다. 즉, 수입국이 지역화 인정 여부를 최종 결정하되, 병충해 무·저 발생지역 결정시 WTO SPS 협정 및 OIE(세계동물보건기구)·IPPC(국제식물보호협약) 기준에 따라 수출국이 제공한 정보에 기초하여 수입국이 수출국의 동·식물 위생상황을 결정하고 수출국이 자국의 동·식물 위생상황에 대해 내린 결정을 고려해야 한다.

---

162) 동물복지에 대해서는 WTO 농업위원회에서 비교역적 관심사(NTC : Non-Trade Concern)로 제기되었고 (200. 6월)OIE는 동물 복지 그룹을 설치하고 규범화 작업을 추진 중이다. 이와 관련하여 국내에서는 2007. 1월 동물복지를 강화하는 방향으로 동물보호법이 개정·시행되고 있다. 동물보호법의 주요 내용는 반려동물 소유자의 반려 동물 관리 의무의 강화, 동물학대 행위 금지, 유기동물 보호조치, 동물판매업 및 동물 장묘업 등의 등록제 도입 등이다.

따라서 특정 병해충이 발생하는 국가라도 일부 지역에서 무·저발생 상태가 유지될 경우 이러한 지역적 특성을 고려하여 검역·관리하도록 한 WTO SPS 협정의 원칙으로서 지역화 인정시 고려요소는 지리, 생태학적 체계, 역학적 감시 및 병역 관리의 유효서 등 및 수출회원국의 병충해 무·저발생지역 증명을 위한 증거 제시 의무를 규정하고 있다.

⑪ **관세 및 무역원활화** : 무역원활화에 대해서는 상품의 수출입 과정에서 수반되는 통관의 절차적 내용과 관세 협력과 관련된 내용을 규정하고 있다. 그리고 통관절차(원산지절차)분야는 주로 FTA특혜관세를 받기 위한 원산지증명 방식, 특혜관세 신청절차 및 원산지 검증방식 등에 대하여 규정하고 있다.

첫째, 한-EU간 교역의 원활화를 위하여 다양한 간소화된 통관절차를 채택하고 있다. 즉, 신속한 화물반출 및 반출시간 단축노력의무 규정, 수입 전 사전신고, 세액 결정 전 화물반출승인, 부두직통관제도 도입, 특급탁송화물 등 특정화물에 대하여는 검사 및 통관서류를 최소화하는 등 절차를 간소화시켰다. 그리고 위험성이 낮은 대부분의 수출입 화물의 신속한 통관이 가능해졌으며 우리나라는 현재 C/S(Cargo Selectivity System)[163]를 도입하여 운영 중이다.

둘째, 원산지 자율증명제도를 채택하였다. 이 제도는 특혜관세를 받기 위한 원산지 증명은 원칙적으로 인증수출자가 스스로 발급하는 방식을 말하며 인증수출자는 수출국 관세당국이 수출자가 인증수출자 요건을 갖추었는지 심사한 후 지정하며 다만, 6,000유로 이하 수출물품의 경우 인증수출자가 아니더라도 수출업체 스스로 원산지 증명서 자율발급이 가능하고 원산지 증명서는 한-EFTA FTA와 마찬가지로 특별한 양식을 요구하지 않은 송장신고 방식을 채택하였으며 유효기간은 발급일로부터 12개월이며 관련서류의 보관 기간은 5년이다.

셋째, 원산지 등 사전판정제도를 도입하여 FTA특혜관세 신청과 관련한 불확실성을 줄임으로써 특히 영세 중소무역업체의 비용을 절감하는 효과가 기대된다. 그리고 수입자 등 이해관계인에게 관세 결정에 관한 불복청구권을 보장하고 있다.

---

163) C/S(Cargo Selectivity System)란 우범화물 자동선별제도로서 수입 신고되는 모든 물품의 우범성(high risk)에 대한 사전 분석 및 평가를 통해 검사의 효율성을 높이고자 하는 검사대상 선별기법으로서 수출입 물품 중에서 전산에 미리 등록된 기준에 따라 우범 가능성이 높다고 예측되는 물품을 골라 집중적으로 검사하는 제도이다. 우리나라는 1996년 7월 전국 세관에 EDI C/S시스템을 도입·적용하였다. 현재 관세청 통관기획과 및 본부세관 통관지원과에서 우범성 선별기준 및 각종 정보사항을 미리 전산에 등록하여 운영하고 있다.

⑫ **원산지규정** : 양측의 교역관계를 균형있게 반영한 중립적인 특혜원산지 규정을 마련하였다. 전기·전자제품 등 대부분의 주요 공산품에 대해서는 세 번 변경기준과 부가가치기준의 선택적 적용이 가능하도록 규정하고 있다.

첫째, 특혜원산지 기준에 대한 FTA특혜원산지 판정기준 중 완전생산기준, 실질적 변형기준 등 원산지 판정의 일반원칙은 협정문에서 각 품목에 대한 개별적 원산지 판정기준은 부속서에서 규정하고 있다. 부속서의 품목별 원산지 기준은 각 품목 별 생산과정, 교역패턴과 글로벌 아웃소싱 추세를 반영한 정교한 원산지 판정기준을 마련하였다.

그리고 실질적 변형기준은 품목별 특성에 따라 세번변경기준[164], 부가가치기준[165] 또는 공정기준[166] 등을 규정하고 있다.

둘째, 원산지 규정 중 미소기준은 양국은 제품의 원산지 판정에서 역외산 재료(non-originating material)가 양국이 합의한 원산지 기준을 충족하지 못하더라도 제품 가격(공장도가격)의 10% 미만으로 사용된 경우에는 원산지를 인정하기로 합의하였다.

셋째, 대체사용 가능한 재료 및 물품의 원산지 판정 특례를 인정한다. 즉, 대체 사용가능한 재료 및 물품을 사용하여 생산한 물품에 대해서는 판정의 간소화 및 무역편의의 증진을 위해 재고관리법에 따라 원산지를 판정하는 방식을 도입하였다.

넷째, 원산지 협정문의 기타 주요 내용은 누적기준, 세트물품, 중립재료, 직접운송이 있다.

i) 역내산(한국 산 및 EU산)원부자재의 교역활성화를 위하여 상대국의 원부자재를 사용한 경우 이를 역내산으로 인정하는 누적기준을 도입하였다.

ii) 세트를 구성하는 비원산지 구성품의 가격이 세트가격의 15%이하인 경우에는 세트전체를 원산지 상품으로 인정한다.

iii) 중립재료란 제품의 생산에 사용은 되었으나 최종재에 직접 투입되지는 않은 연료, 도구, 장비 등의 재료를 말하며 이 재료들은 원산지를 판정하는 데 고려하지 않는다.

iv) 직접운송인 경우에는 원산지로 인정하지만 한·EU 양측이 아닌 제3국(경유국)에

---

164) 세 변경기준은 수입원료를 사용하여 제품을 생산한 경우 수입원료의 세 번(HS번호)과 제품의 세번이 일정단위(예 HS 2단위, 4단위, 6단위)기준으로 차이가 있어야 원산지로 인정하는 기준이다. 예 원유(HS2709)를 수입하여 석유(HS2710)를 생산할 경우에는 4단위의 세번변경이 이루어진 것이다.

165) 부가가치기준은 수입 원료를 사용하여 제품을 생산할 경우 가공과정에서 일정수준 이하(예 공장도 가격 기준의 45%)의 역외산 재료를 사용해야 원산지로 인정하는 기준이다.

166) 주요공정기준은 화학반응, 정제공정, 블렌딩공정 등 특정한 공정을 거쳐 생산된 경우에 원산지로 인정하는 기준을 말한다.

서 단순하역작업이나 제품의 보존이나 운송에 필요한 작업이 아닌 실질적인 가공작업이 이루어진 경우나 세관당국의 통제 하에 있지 않은 경우에는 원산지 제품으로 인정받지 못한다.

(2) 품목 별 원산지 기준

〈표 6-5〉 주요공산품 원산지 규정

품 목	원산지기준
자동차	- 완성차 : 역외산 부품비율 45% 이하 - 자동차 부품 : 역외산 부품비율 50% 이하 또는 세번변경기준(CTH) - 모터사이클, 트레일러 등 기타 자동차의 경우 세번변경기준 또는 역외산 허용치 50%에 합의 - 철도차량은 세 번변기준, 자전거는 역외산 허용치 45%를 적용
기계, 전지·전자	- 세번변경기준과 역외산 부품사용비율45-50%중 선택
의류	- 직물기준(Fabric Forward)는 한-미 FTA의 원사기준(yarn-forward)보다 원화된 기준으로 2단계의 공정을 거치면 된다는 의미에서 이중변형기준이라고도 한다. - 단, 섬유사 및 직물에 대해서는 전량 수입에 의존하고 있는 비스코레이온사 및 나일론 스테이플사는 일정 범위 내에서 역외산을 사용할 수 있도록 규정
화학제품	- 대부분의 품목에 대해 세번변경기준 적용
비철금속	- 구리와 알미미늄의 일부품목을 제외하고 세번변경기준적용
신발	- 역외산 갑피(upper)와 안창 사용(inner sole)이 인정되나 갑피가 안창에 부착된 채로 수입된 것은 허용하지 않음 - 다만, 선택적으로 부가가치 기준 50%이하 기준 적용 가능

〈표 6-6〉 주요 농산물 원산지 규정

대상품목	원산지기준
쌀·녹차·인삼·참기름 및 관련제품·	역내산(완전생산기준)
쇠고기, 돼지고기, 닭고기	역내에서 태어나고 자란 것(완전생산기준)
수산물	역내에서 어획된 것(완전생산기준)
담 배	역외산 재료는 30%까지 허용하되. 원산지 기준 면제물량 확보

UE측은 그 동안 EU가 체결한 FTA에서 고수해 온 엄격한 결합기준 원칙(세법변경기준 및 부가가치기준)을 처음으로 선택기준(세번변경기준 또는 부가가치기준)으로 수정하였다.

(3) 개성공단에서 생산된 제품은 한국산과 동일한 특혜관세를 부여받을 수 있다. 원산지의정서 및 부속서에 규정하고 있으며 한-EU 양측은 "한반도역외가공지역위원회(OPZ)" 를 구성하여 역외가공지역운영에 관한 세부사항을 결정한다. 따라서 OPZ내에서 생산된 제품은 일정 요건 하에 한국산과 동일한 특혜관새를 부여받으며 개성공단 외 다른 지역도 OPZ로 선정이 가능하다.

⑬ **서비스·투자일반** : 서비스·투자분야의 협정문은 국경간 서비스 및 설립[167]분야와 이를 뒷받침하는 자본이동에 관한 분야로 구성된다. 여기서 설립은 서비스업과 비서비스업 분야의 상업적 주재를 포괄하는 개념이다.

그리고 한-EU FTA에서는 한·미 FTA(negative 방식)와 달리 양허표에 기재한 분야만 개방하는 positive 방식(WTO 서비스 협정에서의 양허방식)을 채택하고 있다. 한국의 양허표는 서비스 분야에 대한 국경간 거래, 투자, 인력이동을 규율하는 서비스 양허표와 비서비스업 분야에 대한 투자를 규율하는 설립양허표로 되어있다.

전반적으로 전문직(법률·회계·세무)서비스, 사업·운송·유통·건설·금융서비스 등은 한·미 FTA와 유사한 수준으로 개방되었으며 경쟁력 제고가 필요한 일부 통신서비스(방송중계용 국제위성전용회선서비스)와 환경서비스(생활하수처리장)는 추가적으로 개방되었다. 단, 국내산업 보호 측면에서 개방유예기간(환경 : 5년, 통신 : 2년)을 부여했으며 특히 생활하수 분야에 대해서는 지자체·공기업 독점과 같은 포괄적 규제권한을 유보하고 있다.

그리고 공교육(유·초·중·고), 의료 및 서비스등 공공성이 강한 분야에 대해서는 개방하지 않고 다만, 고등교육(대학교) 및 성인교육분야의 경우 현행 법령 수준에서 개방하였다.

전기·전자 등 외국인투자촉진법상 외국인투자 제한업종은 현행 규제수준을 유보함으로써 기간산업에 대한 규제권한을 유지하고 기타, 총·포·도검류의 취급, 사회적 취약계층에 대한 대우, 국가소유 전자·정보시스템에 대해서는 포괄적으로 유보되었다.

⑭ **국경 간 서비스** : 국경간 서비스 공급에 영향을 미치는 모든 조치가 적용대상이 된다. 단, 시청각서비스(방송서비스 포함)를 협정 적용 대상에서 제외하는 대신 별도의

167) 설립(establishment)란 법인(자회사)의 조직·인수·운영, 지점 및 대표사무소의 설치·운영을 포괄하는 개념으로 일반적으로 직접투자와 유사한 개념이다.

문화협력의정서를 통해 시청각 공동제작과 같은 구체적인 이슈를 논의한다.

예외적으로 항공관련서비스 중 항공기유지·보수, 항공 관련 판촉, 컴퓨터 예약시스템, 지상조업, 운영자 포함 항공기 임대, 공항운영서비스는 협정 적용 대상에 포함하고 협정 적용이 배제되는 정부권한행사서비스는 일반적인 법집행, 교정 등과 같이 상업성과 경쟁성이 결여된 분야를 의미한다.

첫째, EU회원국 변호사 자격 소지자가 국내에서 국제공법 및 자격 취득국 법률에 대한 자문 서비스를 제공하는 것을 허용한다. 법률서비스의 경우 3단계, 회계, 세무분야의 경우는 2단계로 추진키로 합의하였다.

둘째, 조사 및 경비서비스(국내설립법인에 한함 : 시설경비, 호송경비, 신변보호, 기계경비, 특수 경비)허용, 우편·쿠리어 서비스(화물운송 사업 면허 받는 조건 국내 택배업 영위가능), 유통서비스(쌀, 홍삼 도소매 및 담배, LPG관련 소매서비스 미개방), 육상운송(국민생활과 직결된 육상운송인 시내·시외 노선버스 및 택시, 화물운송 미개방), 부동산 중개·감정평가 분야는 현행 개방수준 유지할 것을 확인하고 여타분야(개발, 임대, 관리, 공급)는 개방하지 않는다.

셋째, 환경(생활하수)서비스(생활하수 처리장운영)를 공개경쟁 입찰을 통해 민간에 위탁하는 경우 외국사업자에 대한 비차별대우를 보장한다. 다만, 외국 사업자의 진출확대 가능성을 감안하여 국내 업계 대응 차원에서 협정 발효 후 5년의 유예기간을 부여한다.

넷째, 양측은 청년취업자의 상호교류를 추진하기 위하여 대졸연수생(graduate trainee)[168]의 이동을 원칙적으로 허용한다. 연수생은 상대국에 1년까지 체류가 가능하다. 다만, 편법 취업 가능성을 차단하기 위하여 법률, 회계, 유통 등 45개 서비스 분야 및 4개 서비스 분야에 대해서는 허용하지 않는다.

⑮ **설립** : 설립[169]에 영향을 미치는 협정당사국에 모든 조치가 적용대상이 된다. 다만, 핵연료 채굴·제조·처리, 군수품 및 전쟁물자 제조, 시청각(방송서비스 포함)서비스, 연안해운서비스, 항공운송 관련서비스 분야는 적용 배제한다.

그리고 한·EU FTA 설립 협정문은 수용·보상, ISD 등은 투자보호 관련 사항은 포함하지 않고 있다. 이것은 현재 EU 법체계상 투자보호관련 협상 권한은 회원국이 보유하

---

168) 대졸연수생이란 학사학위 이상의 소지자로서 자국 내 법인에 고용되어 있는 상태에서 상대국 소재 지사(해외지사)에 파견되어 경력 개발 프로그램에 참여하는 자를 말한다.

169) 설립이란 경제적 활동을 할 목적으로 ⅰ) 법인을 구성, 인수, 유지하거나 ⅱ) 지사(branch) 또는 대표사무소(representative office)를 창설, 유지하는 행위를 의미한다.

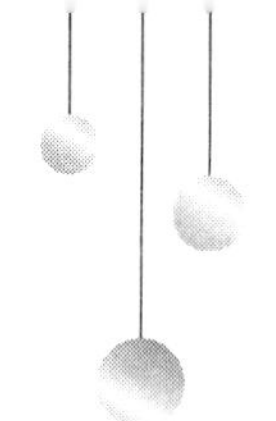

고 있고 EU 집행위원회의 권한 밖에 있는 상황이기 때문이며 향후 투자보호 관련 협상 권한이 EU 집행위원회에 부여될 경우 Review를 통해 투자보호 관련 내용을 협정문에 반영할 수 있도록 "투자보호 재검토 규정" 을 별도로 규정하고 있다.

〈표 6-7〉 법률 및 회계·세무의 단계적 허용 현황

분 야	단계별	허용 내용
법 률	1단계(발효)	외국법 및 국제공법자문허용, 외국로펌의 사무소 개설 허용
	2단계(발효 후 2년)	국내 로펌과의 업무 제휴 허용
	3단계(발효 후 5년 내)	외국 로펌과 국내 로펌간의 합작 및 동 사업체의 국내 변호사 고용허용
회계·세무	1단계(발효)	외국회계·세무자문허용, 외국 회계·세무법인의 사무소 개설 허용
	2단계(발효 후)	국내 회계·세무 법인에 대한 외국 회계사·세무사의 출자 허용

첫째, 외국인 투자의 시장접근을 보장하는 의무로 설립 및 투자자에 대한 다음의 6가지 유형의 제한 조치의 혜택 및 유지를 금지하고 있다. ⓐ 설립의 수량 ⓑ 거래·자산총액 ⓒ 영업의 총 수량·총 산출량 ⓓ 외국인 자본 참여 ⓔ 법적 실체·합작투자의 형태 ⓕ 고용되는 자연인의 총수 등 6가지에 대한 제한조치를 금지하고 있다. 단, ⓐ~ⓒ는 농산물의 생산 제한 조치에는 적요되지 않으며 ⓕ 는 핵심인력 및 대졸연수생에는 적용되지 않는다.

둘째, 시장접근 관련 양해의 주요 내용은 다음과 같다.

과밀억제를 위한 공장설비 상한제 등 구역설정, 도시계획 및 환경 보호 관련 규제는 비차별적·비수량적 조치로서 시장접근 의무 위반사항이 아니다. 이러한 예로서 "수도권 정비계획법(18조)" 과 "산업집적활성화 및 공장 설립에 관한 법률(20조)" 의 공장설립 제한 조치, "수도권대기환경개선에 관한 특별법(14조)" 의 오염총량제 등을 규정하고 있다.

따라서 향후 이와 유사한 규제는 자유롭게 도입이 가능하다.

ⅰ) 수두권정비계획법 제18조 1 항 : 공장 등의 인구집중유발시설이 수도권에 집중되지 않도록 그 신설 또는 증설의 총 허용량을 설정한다.

ⅱ) 산업집적활성화 및 공장설립에 관한 법률 제20조 1항 : 과밀억제 지역·성장관리

지역 및 자연보전지역 내 공장의 신설·증설·이전 또는 업종 변경을 제한다.

iii) 수도권대기환경개선특별법제14조 1항 : 총량관리대상 오염물질을 과도하게 배출하는 사업장의 설치에 대한 허가제 실시이다.

⑮ **통신** : 통신사업자가 전자기적 신호를 송·수신하는 기본 통신서비스 제공에 필요한 규제원칙을 규정하고 있다. 전신, 전화, 인터넷 접속 등 기간 통신서비스가 적용대상이며 통신서비스를 이용해 콘텐츠를 제공하는 IPTV 등 융합서비스는 제외한다.

첫째, 통신서비스 시장 진입은 실행 가능한 범위에서 간소한 시장 진입절차를 적용하되 번호, 주파수, 통신선로 설치권을 부여할 경우에는 허가제 운영이 가능하다.

둘째, 지배적 사업자에 대한 경쟁 보장 장치를 마련하였다. 지배적사업자가 단독 또는 공동으로 반경쟁 행위에 참여하거나 이를 지속하는 것을 방지하기 위해 적절한 조치를 시행해야 한다. 그리고 협정문상 반경쟁적 교차보조 혹은 경쟁자로부터 취득한 정보를 이용하여 반경쟁적 결과를 초래하거나 다른 사업자가 서비스 공급을 하기 위해 필요한 필수설비에 대한 기술적 정보와 상업적으로 관련있는 정보를 시의적절하게 제공하지 않는 행위를 반경쟁적 행위로 명시하고 있다.

셋째, 상호접속은 원칙적으로 사업자간 상업적 협상에 기초하며 사업자간 상호접속에 대한 협상기회를 보장하며 지배적 사업자는 상호접속을 비차별적으로 제공하는 의무를 부과하고 있다. 즉, 지배적사업자는 기술적으로 실현가능한 망의 모든 지점에서 상호접속을 보장하고 지배적 사업자 자신, 자회사 등에 비해 불리하지 않는 조건으로 제공하고 세분화된 망 요소에 대한 이용을 보장하고 원가 지향적 요율의 적용 등이다.

⑯ **금융 및 자본이동** : 한·EU FTA금융협상은 한·미 FTA 수준에서 타결되어 현지법인 및 지점에 대한 금융시장은 개방되었다. 그러나 금융시장 안정, 소비자 보호를 위한 건전성조치[170] 및 외환위기 등의 위기시 외화유출을 통제하는 단기세이프가드의 발동과 서민, 농민, 중소기업 지원 등 공적인 역할을 수행하는 국책금융기관들의 특수성을 인정하여 협정문의 예외[171]로 취급하여 금융시장안정 및 경기부양 등을 위한 정부의 각종 정책적 대응이 가능하도록 하였다.

그리고 금융정보의 해외이전이다. 즉, 글로벌한 분석·평가업무를 본지점간에 공동 처

170) 건전성조치란 금융소비자 보호, 우리나라 금융시스템의 안정을 위하여 필요한 건전성 조치란 예금주, 주주, 금융시스템의 보호를 위한 제도, 금융사기 등 금융범죄 예방을 위한 제도 등을 말한다.

171) 건전성조치 인정 및 중앙은행의 기능, 통화관련 국가의 기능 등 다음의 국가 고유기능(중앙은행 : 한국은행, 통화관련 국가기관 : 기획재정부, 국가소유 또는 통제금융기관 : 산업은행)에 대해서는 협정문의 의무가 적용되지 않음

리할 수 있도록 금융정보의 해외 위탁을 허용하되 개인정보보호를 위한 금융감독체계 정비 등을 위해 유예기간(한·EU FTA발효 후 2년, 단 기타 FTA보다 늦지 않을 것)두고 개방하고 또한 우리 금융당국은 한·미 FTA와 동일하게 개인정보보호, 위탁받은 금융정보의 재판매를 포함한 재사용 금지, 우리 금융감독당국의 해외수탁기관에 대한 검사권 수행의 건전성 조치를 취할 수 있다.

(2) 한–EU FTA의 의미

동아시아 국가로는 세계 최대 단일시장(2009년 경제 규모 16조 4000억 달러, 역외수입 규모 1조 7000억 달러)인 EU와 최초로 FTA체결함으로써 우리나라는 경쟁국인 일본, 중국에 비해 유리한 입장에서 거대시장을 선점할 수 있는 기반을 마련했다고 평가할 수 있다.

첫째, 아시아와 유럽을 잇는 가교역할을 할 것이다. 한-EU로 아시아와 유럽, 신흥국과 선진국을 연결하는 FTA 허브로 거듭날 수 있는 계기를 마련하였으며 향후에도 한국은 선진국은 물론 인도, 메르코수르, 러시아, 터키 등과 같은 거대 신흥시장과도 적극적인 FTA를 지속적으로 추진할 전망이다.

둘째, 최근 EU는 아시아 국가들과의 관계를 강조하는 데 한-EU FTA는 향후 아시아 국가들과의 FTA 체결을 위한 모델 역할을 할 것으로 본다. 즉, 최근 경제위기에 대한 해법으로 EU는 인도, ASEAN 등 아시아 국가들과의 FTA를 강조하는 등 EU는 한-EU FTA를 계기로 아시아 시장 진출을 위한 교두보를 마련하였다.

셋째, 한-EU FTA는 제조업을 더욱 성장시킬 수 있는 기회가 될 것이다. EU는 이미 2005년 대미 제조업 수출을 역전한 이래 한국의 제1의 제조업 수출시장이 되었다. 또한 한국의 대 EU수출 중 94%를 차지할 정도로 중요한 제조업의 수출은 FTA를 계기로 4.2~6.0% 추가 성장 할 것으로 예상된다.

넷째, 금융위기로 인해 전체적인 수출입이 감소하는 가운데 일부 공산품목의 교역은 오히려 증가할 것이다. 금융위기로 대 EU수출은 약 20%감소했으나 조선과 LCD수출은 오히려 증가하였다. 한국의 대 EU수출 상위 10대 품목은 조선, 통신기기, LCD 등이며 수출 규모는 약 340억 달러 전체의 72.8%를 차지하고 있다.

다섯째, 의약품, 자동차 등의 품목에서는 수입 비중이 늘어나는 등 EU의 한국 산업에 대한 영향력은 확대될 것이다. EU로부터의 수입 상위 10대 품목은 의약품, 자동차 등으로 전체 수입의 29.6%를 차지하고 있다.

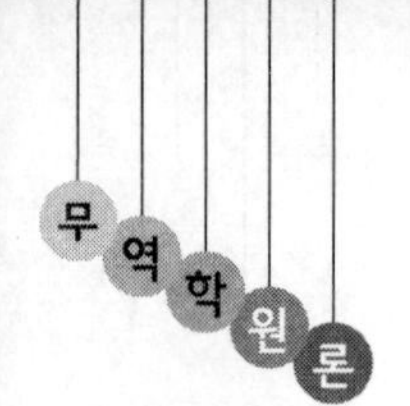

여섯째, EU는 27개국 23개 언어를 사용하는 등 다양성이 혼재되어 있고 소득수준과 소비자 기호가 상이하고 또한 선진 경제국에서 신흥 경제국까지 다양한 시장이 함께 공존하여 다양한 시장 개척 기회를 제공하고 있다.

일곱째, 관세 철폐 및 내국민대우의 원칙은 양국간 교역 및 투자를 활성화시키고 나아가 내수 촉진을 유발하고 고용창출에 기여할 것이다.

(3) 한-EU FTA에 대한 대응전략

한국경제는 국내총생산(GDP)이 2~3%, 수출물량은 2.5~5%증가할 것으로 예상된다. 자동차, 가전제품, 섬유, 운송기계 등이 최대수혜품목이 되겠으나 휴대폰과 반도체 등 IT제품과 선박, 철강 등은 직접적인 영향이 없거나 미미할 것으로 예상되는 반면에 자동차, 화장품, 기계류, 가공농산물(치즈 등 낙농제품, 와인, 위스키 등)등은 EU로부터의 수입이 상당히 증가할 것으로 전망된다.

한국기업들은 한-EU FTA에 따른 영향 및 효과를 철저히 분석하여 이에 따른 대응전략을 강구해야 할 것이다.

첫째, 기업은 한-EU FTA로 인한 기존의 경쟁력과 분업구조의 변화를 점검하여 각 업종별로 차별화된 대응전략이 필요하다. FTA로 인해 경쟁력의 상승 업종은 적극적인 시장접근 전략, 타격예상 업종은 정부 지원 및 M&A 등을 통한 생존전략, 분업가능업종은 EU기업과의 분업 확대로 생산 비용을 절감하고 핵심경쟁력을 확보해야 한다.

둘째, 기업은 관세율 인하를 통한 비용절감 효과를 최대한 활용해야 한다. 기업의 주력 제품에 대한 관세율 인하 스케줄을 사전에 숙지하고 이에 따라 절감된 비용을 마케팅 비용이나 R&D투자로 전환하는 등 중장기적으로 EU 시장에서의 시장점유율을 높일 수 있는 방안을 마련해야 한다.

셋째, 관세인하 혜택을 받기위해서 원산지 규정을 충족해야 한다. 기업들은 항상 복잡한 원산지 규정을 숙지하여 수출을 계약할 때에는 항상 원산지 기준을 확인하고 사업 타당성을 검토하고 충분한 생산 공정을 확보해야 한다.

넷째, EU 기업과의 협력을 통한 비관세 장벽을 극복하는 방안을 마련해야 한다. EU에서의 현지부품 사용비율 준수, 환경규제, 기술표준 등 비관세장벽은 지속적으로 유지될 것으로 본다. 최고의 신재생에너지 시장을 보유하고 세계에서의 기술표준을 선도하고 있는 만큼 EU 기업들과의 적극적인 협력을 통해 노하우를 축적하면서 비관세장벽을 극복해야 할 것이다.

다섯째, EU시장의 비즈니스 환경에 대한 이해가 필요하다. EU시장은 회원국 간 높은 상호의존성(특수성), 회원국별 소비자 선호도의 다양성, 신중하고 까다로운 구매태도 등을 마케팅에 활용하는 등 변화된 경제적 상황에 맞는 유연한 사업전략이 필요하다.

7) 한국의 FTA 추진현황

[그림 6-1] 한국의 전 세계 FTA 추진현황(2010년 12월 기준)

3.2 지역주의의 새로운 경향

1968년 형성된 유럽관세동맹(EC)을 필두로 1990년대 들어 가속화된 지역주의추세는 유럽의 EU, 북아메리카의 NAFTA, 아시아태평양지역의 APEC 등 3극 체제를 형성한 가운데, EU와 NAFTA의 경우는 그 지역주의 협정의 배타성이 점차 강화되는 추세를 보이고 있다. 이러한 배타적 지역주의에 대한 견제 및 다자주의를 축으로 하는 자유무역주의가 WTO체제를 중심으로 논의되는 가운데 각 지역주의 협정이 가지는 배타성을 보완하고 지역간 협력확대를 목표로 하는 지역간 협력체제에 대한 논의가 1990년대 중반부

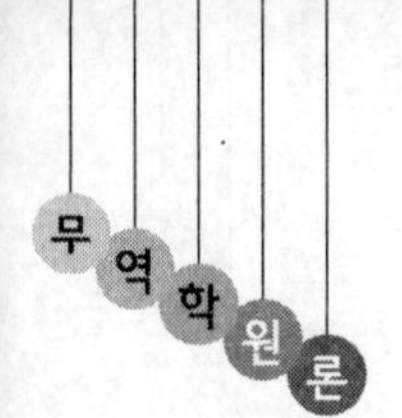

터 활발히 논의되기 시작하였다.

즉 1996년 EU와 아시아각국 간의 협력증진을 목표로 하는 ASEM(아시아-유럽 정상회담 : Asia-Europe Meeting)회의가 개최되었으며, 또한 유럽과 북미지역간의 협력확대를 위한 TAFTA(범대서양 자유무역지대 : Trans-Atlantic Free Trade Area)에 대한 논의도 진행되고 있다.

ASEM(Asia-Europe Meeting)은 1994년 싱가포르와 프랑스 총리의 발의로 출발하여, 1996년 3월 태국 방콕에서 EU 15개국과 ASEAN 7개국, 한국, 일본, 중국 정상들이 참가한 정상회의로 구체화 되었다. ASEM이 추진된 배경으로는 EU가 급속히 성장하고 있는 아시아시장에 대한 진출확대와 APEC을 통해 아시아지역에 대한 영향력을 강화하고 있는 미국에 대한 견제의 필요성을 느끼게 되었다.

또한 아시아 각국 역시 미국에 대한 독자적인 통상외교 전개를 위한 EU와의 협력 및 EU에 대한 수출확대 및 산업기술 및 투자부문에서의 협력확대 필요성을 느끼게 되었다는 점이다. 그 결과 1996년 3월의 ASEM회의에서 개방적 지역주의로서의 ASEM의 협력확대, 상호통관절차의 간소화 및 교역증진, 투자확대를 위한 고위급 회담개최에 합의하였다. 이와 함께 1998년 영국에서 제2회 회의를 개최하였으며, 2000년에는 한국에서 회의를 개최하여 지속적인 협력확대에 합의하였다.

지역간 협력확대 논의는 EU와 북미 간에도 범 대서양 자유무역지대(TAFTA : Trans-Atlantic Free Trade Area)에 대한 논의를 중심으로 전개되고 있다. NAFTA의 형성배경이 순수 경제적 논리 이외에 유럽에서의 배타적 지역협정인 EU의 형성에 대응한 측면도 있다.

따라서 EU와 NAFTA간 경쟁적이고 배타적인 관계의 심화는 상호간 무역 및 경제교류확대에 큰 장애가 될 것이라는 우려가 높아지는 가운데 양 지역의 경제협력기반 조성이라는 차원에서 TAFTA논의가 전개되어 왔다.

한편 이러한 필요성에도 불구하고 1999년 통화통합에도 불구하고 EU내부의 통합에 많은 이견 및 논란이 진행 중이고 NAFTA역시 칠레 등 중남미 국가들의 추가가입 문제와 NAFTA내부의 여러 문제점들로 양 지역간의 실질적 자유무역지대 창설은 아직 요원한 상태이다.

그 구체적인 논의 역시 현실적으로 큰 진전을 보이지 못하고 있는 실정이다. 동시에 ASEM역시 1996년 아시아-유럽 정상회담에서의 합의가 매우 포괄적이고 원칙적인 협력방향에 대한 합의수준에 머무르고 있고 양지역간의 협력확대가 아직 구체성을 띄고 있지는 않고 있다. 동시에 향후 ASEM에서의 협력확대가 WTO체제수준에서의 협력이나

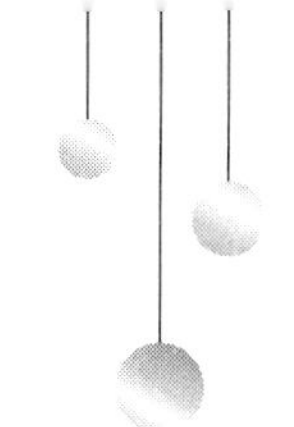

무역장벽완화수준을 앞서기보다는 WTO차원에서의 시장개방 및 무역 및 투자협력확대를 지원하는 수준에 머무를 것으로 보인다. APEC역시 ASEAN과 NAFTA등 배타적 지역협정을 포함하는 엄밀한 의미에서의 지역 대 지역간의 경제협의체로 볼 수 있다.

한편 이러한 지역 대 지역간의 경제협의체가 소위 개방적 지역주의 체제를 유지하면서 배타성이 없는 시장개방을 추진할 경우, 그 경제적 효과는 기존의 배타적 지역주의가 유발하는 무역전환효과나 무역창출효과와는 판이하게 나타날 것이다. 즉 배타성이 없는 시장개방은 자유무역체제가 보호무역체제에 비해 그 후생효과에 있어 우위에 있다는 경제학적 기초원리에 그 바탕을 두고 있다. 같은 맥락에서 일방적 개방(Unilateral Liberalization)이나 다자간 개방(Multilateral Liberalization)이 추진되고 있는 것이다.

이러한 지역 대 지역간의 경제협의체는 그 소속국가들이 결국 WTO체제를 주도하며 세계무역의 절대부분을 차지하고 있는 만큼 이러한 지역 대 지역간의 협력논의는 WTO체제와 별도로 진행되기 어려운 실정이다. 따라서 이들 지역 대 지역간 경제협의체가 세계무역 및 투자의 흐름 및 환경조성에 있어서 WTO체제와는 별도의 어떤 영향을 미치지는 않을 것으로 보인다.

제4절 … 경제통합의 효과

4.1 경제통합의 효과

경제통합의 효과에 대한 논의는 경제통합의 초기 형태인 관세동맹이 설립되면서부터 계속 이루어져왔다. 그러나 1950년 J. Viner가 관세동맹이론을 발표하여 경제통합의 이론적 기초를 규명하기 전까지는 한정된 지역 내에서의 관세철폐는 자유무역의 확대를 가져오고 회원국 및 세계 후생을 증대시키기 때문에 바람직하다고 막연히 받아들여져 왔다.

이러한 견해는 GATT 제 24조에 규정된 자유무역지역과 관세동맹 및 이를 위한 잠정협정에 대해 GATT의 일부 의무를 면제해주는 예외조항과도 연계된다고 할 수 있다. J. Viner가 관세동맹결성으로 인한 자원배분효과 및 사회후생효과에 대한 이론적 기초를 수립한 이후, 경제통합에 대한 효과분석은 무역창출 및 전환효과와 통합에 의한 사회후생효과에 초점이 맞추어져 왔다.

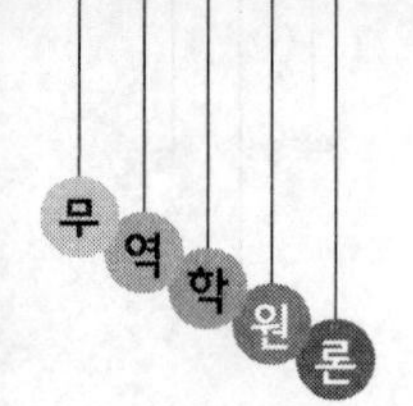

기존에 이루어진 경제통합의 효과분석방법은 크게 두 가지로 구분된다. 첫째, 지역무역협정이 형성되기 전후의 무역과 기타 가격수준을 근거로 지역무역협정에 의한 역내 관세율 인하가 역내외 무역구조에 미친 영향을 추정하는 방법이다. 이는 역내국의 수입 및 소득 탄력성을 추정하거나 소형 세계 링크 모델을 이용, 예상되는 역내 관세율 인하 수치를 적용하여 무역의 전환 및 창출효과를 측정하는 것에 중점을 두고 있다.

대표적인 연구로는 Balassa(1967), Truman(1975), Inada(1993)을 들 수 있다. Balassa (1967)는 부분균형모델에 근거하여, 1959년부터 1965년 까지 기간 동안 EC 각국의 수입에 대한 소득 및 가격탄력성을 EC형성이전과 이후로 나누어 추정한 후 이를 근거로 관세인하에 따른 무역 창출 및 전환효과를 추정하였다. 동 추정결과에 의하면, 제조업의 경우 무역창출효과가 발생했으며, 원부자재는 아무 효과가 없으며, 식료품 부문에서는 소폭의 무역전환효과가 발생한 것으로 나타났다.

Truman(1975)은 부분균형모형을 이용, 1953년에서 1968년까지의 무역통계를 사용하여, EC무역협정이 EC의 무역구조에 미친 영향을 추정하였다. 동 추정결과에 의하면, EC 각국의 경기변동 상황을 고려했을 때 전체교역품목 중 37%의 품목은 EC의 비회원국으로부터의 수입비중이 감소하여 무역전환효과가 발생하였으며, 전체교역 품목의 20%에 해당되는 품목에서는 역내외국 모두 교역규모와 비중이 감소한 것으로 나타났다.

Inada(1993)는 소형 세계 링크모델을 이용, EC통합이 일본의 무역구조에 미칠 효과에 대한 시뮬레이션을 시도하여 1968년 관세동맹의 효과로 일본의 대 EC 무역수지는 4.8%악화되고, EC의 대일 수입비중도 감소할 것으로 추정하였다. 또한 동일한 방법으로 NAFTA의 비회원국에 대한 영향을 추정하였는데 1994년 이후 비회원국 중 ASEAN, 중국 등 개발도상국들에 대한 미국의 수입비중이 줄어들 것으로 추정하였다.

둘째, 순수 이론적 모델을 이용한 통합효과의 추정으로 크게 완전경쟁시장을 전제로 한 분석과 불완전 경쟁을 전제로 한 분석으로 구분할 수 있다. 이에 대한 대표적인 분석으로는 Hamiton과 Whalley(1985)와 Mercenier(1992)를 들 수 있다.

Hamiton과 Whalley(1985)는 완전경쟁시장의 가정 하에 정태적 일반균형모형에 근거하여 EC와 북미경제협정의 영향을 추정하였다. 이들은 규모에 대한 수확불변(Constant Return to Scale)을 가정하고 주로 선진국과 개발도상국에 대한 지역주의협정의 효과를 분석하였다. 선진국과 개발도상국이 지역무역협정을 체결하였을 경우 주로 선진국의 사회후생이 증가하고 또한 무역구조에 있어서 선진국의 지역협정지역내의 시장점유율은 증가하는 반면 후진국은 사회후생의 감소뿐만이 아니라 시장점유율도 감소한다는 결과를 도출하였다.

Mercenier(1992)는 불완전 경쟁시장의 가정 하에 부분균형 및 일반균형모형에 근거하여 EC통합의 효과를 측정하였다. 먼저 단기에는 자본과 기업수가 고정되어 있지만 장기에는 자본이동이 가능하고 기업수도 변화한다고 가정하였다. 소비자, 생산자 및 정부는 각각 소비자 효용, 생산자 효용 및 사회후생을 극대화하는 목적함수를 가진 것으로 가정하였다. 이러한 가정 하에 두 가지 시나리오 하에서 결론을 도출하고 있다.

먼저 EC가 완전경제통합이 아닌 관세동맹 형태를 유지할 경우, EC 역내국은 소폭의 사회후생 증가 효과가 있으나, 비회원국에 대해서는 부정적인 영향을 미치지는 것으로 나타났다. 반면 완전통합의 경우 비회원국의 사회후생에는 아무런 영향을 미치지 않고 교역조건은 비회원국에 불리하게 되는 반면, 무역구조에 있어서는 아무런 무역전환효과나 무역창출효과를 유발하지 않는 것으로 나타났다.

4.2 무역전환효과 및 무역창출효과

바이너[172]는 관세동맹의 결성으로 인한 역내 회원국 간의 자유무역화와 비회원국 대한 무역 차별적 정책의 성격을 파악하고 그것이 회원국의 후생에 미치는 효과를 분석하였다.

관세동맹은 회원국에 대해서는 자유무역의 확대를 통하여 무역량을 증대시키고 자원을 효율적으로 배분시키는 정의 효과와 비회원국에 대해서는 공동의 관세장벽을 통하여 무역을 제한하고 자원의 배분을 왜곡시키는 부(負)의 효과를 발생시키기 때문에 관세동맹이 회원국과 세계 전체에 미치는 순 후생효과는 불분명하다고 하였다. 그리고 관세동맹 결성에 따른 후생효과는 무역창출효과와 무역전환효과가 있다.

1) 무역창출효과

무역창출효과(trade creation effect)는 관세동맹결성으로 회원국 사이에 관세가 철폐됨에 따라 역내에서 상품의 생산지는 생산비가 높은 회원국에서 생산비가 낮은 회원국으로 이동하고 그에 따라 무역이 발생하는 현상을 말한다.

즉 상대적으로 저비용인 역내 국가제품을 소비함에 따라 자원배분의 효율성이 제고

172) J. Viner, The Customs Union Issue, N. Y. : Carnegie Endowment for International Peace,1950.

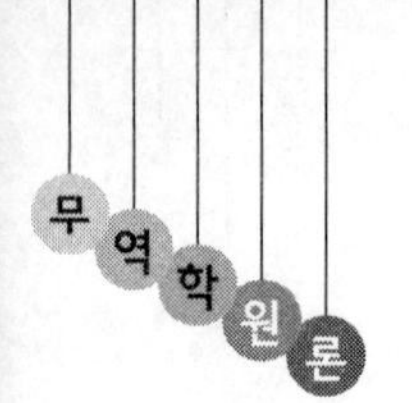

되어 후생 증대 효과를 가져 온다. 이 후생효과는 생산효과와 소비효과가 있다.

생산효과(production effect)는 상대적으로 고비용이던 국내생산을 줄이던지 혹은 중단하고 저비용인 역내국가로 생산을 이전함에 따른 효과이며, 소비효과(consumption effect)는 상대적으로 저비용인 역내회원국의 제품을 더 많이 소비함에 따른 소비자 후생증대효과이다.

〈표 6-8〉 X재 생산비 국제비교

(단위 : 달러)

국별	A국	B국	C국
X재 생산품	10	8	5

〈표 6-8〉에서와 같이 관세동맹 이전 A국은 외국으로부터 X재 수입에 대하여 X재 단위당 10 달러의 관세를 부과한다고 가정하자. 이때 A국이 B국으로부터 X재를 수입하는 경우 X재의 국내시장가격은 18달러가 되고 C국으로부터 X재를 수입하는 경우 X재의 국내시장가격은 15달러가 된다. A국에서 X재의 국내생산가격 10달러는 외국으로부터의 수입재 가격(18달러와 15달러)보다 싸기 때문에 A국은 X재의 국내수요를 국내생산으로 충당하게 되어 B국 또는 C국과의 무역은 발생하지 않는다.

그러나 A국과 B국간의 관세동맹 결성 이후 A국은 X재를 B국으로부터 무관세로 수입할 수 있다. 반면에 A국이 X재를 비회원국인 C국으로부터 수입하는 경우에 관세를 부과하면, A국은 국내생산비(10달러)보다 싼 가격(8달러)으로 X재를 B국으로부터 수입하게 되어 X재를 국내에서 생산을 중단하게 된다. 즉, A국이 X재를 국내에서 생산하는 대신 B국에서 생산하게 하여(X재 생산지가 A국에서 B국으로 이동) B국으로부터 X재의 수입량을 증가키는 것을 무역창출효과라고 한다.

일반적으로 A국과 B국의 관세동맹결성은 세계 전체적인 관점에서 X재의 생산지(공급지)를 생산비가 높은 A국에서 생산비가 상대적으로 낮은 B국으로 이동시킴으로써 A국은 X재 생산 대신 다른 재화(예를 들어 Y재)의 생산에 특화하고 B국은 X재 생산에 특화하여 회원국 간에 자원을 효율적으로 배분시키고 세계 전체의 후생을 증대시키는 결과를 가져온다.

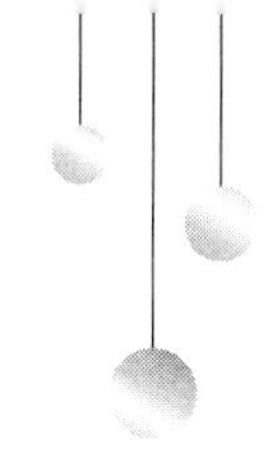

2) 무역전환효과

무역전환효과(trade diversion effect)는 관세동맹결성을 결성하기 전에 비회원국으로부터 수입하던 가격이 저렴한 상품을 관세동맹으로 인하여 비회원국에 대하여 차별적인 관세가 부과됨에 따라 생산비가 높은 회원국으로부터 수입하는 것을 말한다.

무역전환이 발생하면 비회원국의 수출이 감소할 뿐만 아니라 자원의 비효율적인 재배분을 유도하여 세계전체의 후생을 감소시키는 결과를 초래하게 된다. 그 결과 무역전환효과는 관세동맹의 결성이 비회원국에 대한 차별을 강화하게 된다.

〈표 6-8〉에서와 같이 A과 B국간 관세동맹 결성 이전 A국은 X재 생산비가 B국(8달러)보다 낮은 C국(5달러)으로부터 수입한다고 가정하자. 이때 A국과 B국간의 관세동맹이 결성되는 경우 A-C국간의 무역이 A-B국간의 무역으로 전환되는 것을 무역전환효과라 한다.

즉, 관세동맹결성 이전 A국이 X재를 생산비가 상대적으로 낮은 C국에서 수입하던 것을 관세동맹결성 이후 A국은 X재 생산비가 C국보다 상대적으로 높은 B국에서 수입하게 된다. 따라서 X재 생산은 B국보다 C국에 비교우위가 있음에도 불구하고 C국은 X재 산업에 특화하지 못하고 X재 생산을 감소시키게 된다.

일반적으로 A국과 B국의 관세동맹결성은 X재 생산지를 생산비가 상대적으로 낮은 C국에서 상대적으로 높은 B국으로 이동시킴으로써 세계자원의 효율적 배분을 저해하여 회원국은 물론 세계 전체의 후생을 감소시키는 결과를 가져온다. 결론적으로 바이너가 주장한 무역창출효과와 무역전환효과는 자유무역 상태와 비교해서 도출된 것이 아니고 관세철폐 결과 역내의 무역자유화 및 비회원국에 대한 차별을 가정하고 있다.

따라서 무역창출효과는 관세동맹결성으로 존재하지 않았던 무역이 발생되거나 더 낮은 비용의 생산 및 무역이 가능하게 된 경우를 의미하고 무역전환효과는 무역 및 생산패턴을 생산의 비효율이 높은 국가로 전환시키는 것을 의미한다.

제 2 편

국제경영론

제7장 | 국제경영론

제1절 … 국제경영의 의의

1.1 국제경영의 개념

제2차 세계대전 이후 과학기술 및 운송·통신수단의 급속한 발전은 기업의 해외 진출이 용이해지고 모국의 본부에서는 세계 각국에 산재되어 있는 자회사를 효과적으로 관리할 수 있게 되었다. 이에 따라 기업들은 원가절감을 통한 경쟁력 확보를 위해 한 가지 제품의 생산에 필요한 여러 공정을 전 세계의 여러 지역에 분산·생산하는 생산의 국제화를 추구하고 또한 세계경제의 동질화에 따른 세계 각국의 새로운 수요발생과 사회간접자본시설의 확충 등은 기업이 국적이나 국경을 초월한 경영 활동을 촉진시키는 요인이 되었다.

따라서 국제경영은 기업이 국경을 초월하여 경영활동을 수행하는 것으로 일반적으로 국경선을 넘어서는 또는 2국 이상에서 동시에 일어나는 경영활동이다.

로보크, 시몬즈와 즈비크(S. Robock, K. Simmonds, & J. Zwick)의 공저인 국제경영과 다국적기업(International Business and Multinational Enterprises)에서는 국제경영이란 국경을 넘는 사업활동을 경영교육 및 학문적 연구의 대상으로 하는 분야로서, 여기서 국경을 넘는 사업활동의 대상에는 재화, 서비스, 자본, 인력, 기술이전 그리고 인력관리 등이 모두 포함된다고 한다.

미국국제경영교육협회(The Association for Education in International Business)는 국제경영이란 국경을 초월하여 수행된 모든 유형의 기업활동에 관한 연구로서 그것을 경영프로세스의 각종 활동, 각종의 경영자원 및 서비스의 이전 등을 포괄하는 것이라고 한다.

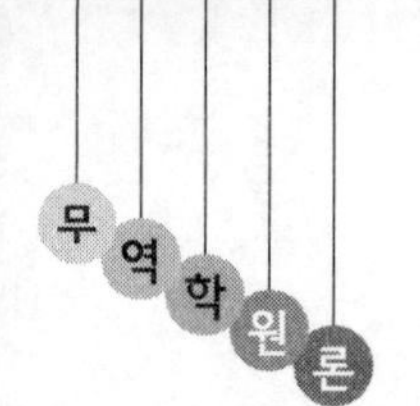

즉, 국제경영이란 국경을 넘는 경영활동, 즉 2국 이상에서 동시에 일어나는 경영활동이다. 그리고 국제경영은 국내경영과는 달리 경영의 글로벌화(globalization)를 추구하며 또한 독특한 경영 형태를 가지고 있는 것이 일반적인 현상이다.

1.2 국제경영의 주체

국제경영을 행하는 주체는 그 발전 단계에 따라 국제기업, 다국적기업 또는 세계기업이 있다. 국제기업(international corporation)은 수출과 수입, 라이센싱부터 여러 나라에서의 전면적인 생산 활동을 한 가지 이상 수행하는 기업이다. 다국적기업(multinational corporation)[1]은 여러 나라에 자회사를 두고 있으며 그 자회사들이 본사의 전략에 따라서 계획·조직·통제될 때 본사와 자회사들의 총체를 말한다. 세계기업(global firm)은 전 세계 시장을 각 개별시장으로 구분하지 않고 전 세계를 하나의 단일 시장으로 간주하고 범세계적인 전략 하에 국제사업활동을 전개하는 기업이다.

일반적으로 기업은 처음에는 국내시장을 상대로 하는 경영활동을 한다. 어느 단계에 접어들면 수출을 행하고 수출의 초기 단계에서는 거래선과 그 지역이 많지 않지만 시간이 경과함에 따라 거래선과 수출지역이 다양화되면서 수출을 중심으로 한 국제사업활동이 지리적으로 확대된다. 그리고 사업 방식도 수출에서 라이센싱, 해외투자를 포괄하고 업종과 품목도 다양화되며 사업의 영역도 점점 다각화되면서 기업의 경영활동의 영역이 점점 글로벌화된다. 즉, 기업은 국내기업에서 수출기업, 국제기업, 다국적기업, 세계기업으로 발전하게 된다.

---

1) 다국적기업(multinational enterprises, multinational corporation)이란 용어를 최초로 사용한 사람은 릴리엔탈(D. E. Lilienthal)이다. 1960년 그의 논문에서 다국적기업이란 "1개 이상의 국가에서 기업 활동을 하고 1개 국가에 본사를 두고 있으면서 다른 나라의 법률 및 관습 하에서 경영활동을 하고 또 존재하는 기업" 이라고 하였다.(D. E. Lilienthal, Management of Multinational Corporation, NewYork : McGraw-Hill, 1960, p.119.). 윌리엄 딤자(William A, Dymsza)는 다국적기업을 국제기업의 하위개념으로 보고 국제기업은 정도의 차이에 관계없이 사업활동 상 필연적으로 세계적인 방향을 설정하는 모든 기업을 포함하는 포괄적인 개념인 데 반해 다국적기업은 국제기업의 한 형태라고 하였다.(W. A. Dymsza, Multinational Business Strategy, New york : McGraw-Hill, 1972, p.4.

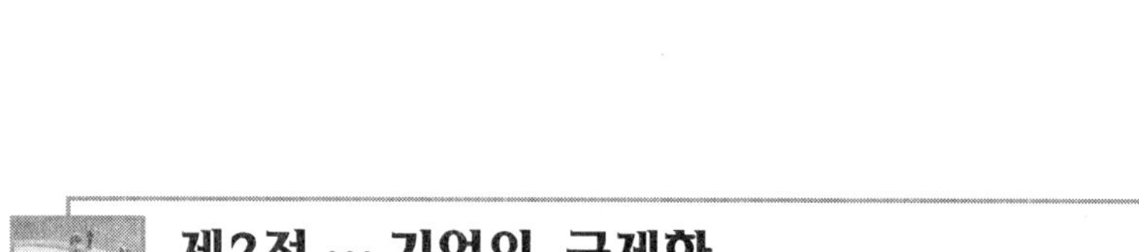

제2절 … 기업의 국제화

2.1 기업의 국제화

기업의 국제화(company internationalization)는 기업의 경영활동이 국내시장에서 출발하여 세계의 여러 나라로 확대되어 가는 과정을 말하며 동시에 기업이 경쟁력을 향상시켜 세계 일류 수준의 기업으로 변화되어 가는 과정을 의미한다.

그리고 기업의 국제화가 급속히 진행되는 이유는 첫째, 제2차 세계대전 이후 대외경제거래의 자유화를 추진하기 위한 GATT-IMF체제의 출범은 국제 교역상의 각종 장벽을 낮춤으로써 기업 활동을 국제화할 수 있는 배경을 제공하였다. 둘째, 교통통신의 발달로 인한 수송 및 통신 비용의 절감은 국가 간의 문화적·심리적 거리를 크게 단축시킴으로써 지리적 거리의 부담을 크게 덜어 주었다. 셋째, 기술혁신과 기술의 급속한 확산은 국제화를 촉진시킴은 물론 제품수명주기도 그 만큼 단축됨으로써 기업의 국제개입이 제품개발 초기부터 이루어지고 있다. 끝으로 세계적인 매스 커뮤니케이션의 확대로 전 세계 시장의 소비구조를 동질화시키는 것 등이 기업의 국제화를 촉진키는 요인이 되었다.

기업국제화는 첫째 기업활동의 세계적 확대 즉, 기업활동의 지리적·사업적·기능적 범위가 넓어지고 또한 기업이 새로운 국가, 사업 및 기능 활동에 참여하는 방식이 다양화되는 것을 의미하며 둘째 기업주체의 변화 즉, 국내기업 → 수출기업 → 국제기업 → 다국적기업 → 세계기업의 형태로 변화되어 가는 과정을 의미한다.

〈표 7-1〉 기업의 국제화 단계

국내기업	수출기업	국제기업	다국적기업	세계기업
- 사업활동 영역 국내	- 처음에는 경제·사회문화적으로 동질적인 시장에 대해서만 한정적으로 수출이 이루어짐 - 기업운영은 본국의 본사 중심, 수출이 많은 지역 및 국가 확대 - 수출마케팅	- 중요의사 결정은 본사 중심, 지역별 사업활동은 점점 독립적으로 행하여 짐 - 생산, 조립, 마케팅, 판매가 본국을 넘어 분권화됨	- 여러국가에 경영활동거점 마련 - 거점별 생산마케팅	- 전 세계 시장 상대 기업활동 - 전세계 표준화된 제품 - 표준화 마케팅

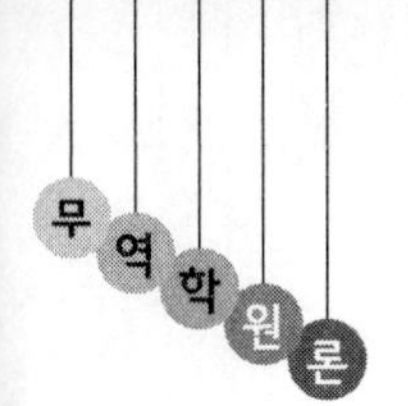

이러한 과정의 단계로 이행되면 될수록 국제경영활동에 대한 개입의 수준이 높아지고 경영자원의 투입이 많아지면서 수익성이 높아지며, 위험의 정도가 증대되고 또한 통제권도 강화된다.

코구트(B. Kogut)[2)]에 의하면 규모의 경제가 국제경쟁력을 지배하던 시대는 지났다고 한다. 즉, 결합생산 및 유통에 의한 범위의 경제(economy of scape), 생산기지의 국제화, 학습효과에 의한 학습경제(economy of learning) 등이 국제경쟁력의 원천이 되고 있다. 따라서 이들 세 요소를 잘 조화시킬 수 있는 기업이 세계적 경쟁우위를 확보할 수 있게 된다. 비교우위의 차이가 크지 않은 국제경제구조 속에서는 세계화가 경쟁우위의 원천이 될 수 있다고 하였다.

그리고 기업의 국제화는 각국의 관세 및 비관세장벽의 극복, 전 세계적인 인적·물적·유통 등 원활한 조직 구조 등을 통해 기업의 안정적인 수익성 및 성장성을 제고할 수 있다.

2.2 기업국제화의 유형

기업국제화의 단계는 수출상사에 의존하는 간접수출로부터 출발하여 직접 수출단계를 거쳐 범세계적인 차원에서 해외시장진출을 모색하는 직접투자에 이르는 단계로 이루어진다. 기업국제화의 유형은 일반적으로 [그림 7-1]과 같이 수출방식, 국제계약방식, 해외투자방식으로 구분할 수 있다.

1) 수출

기업이 신제품을 개발하여 생산공장의 입지를 선정할 때는 잠재수요가 있고 정보 수집이 용이한 국내시장을 대상으로 하여 생산 및 판매활동을 한다. 즉, 국내시장을 목표로 시장점유율을 확대시킴으로써 수익률을 극대화한다. 이때 국내시장 중심의 경영 활동에 성공하면 기업은 국제화의 첫 단계로서 수출방식에 의한 해외진출을 모색하게 된다. 수출지향단계는 기업이 제품을 자국에서 생산하여 현지국에 수출하는 것으로서 간접수출과 직접수출이 있다.

---

2) B. Kogut, Foreign Direct Investment as a Sequential Process, in Kindleberger, C.P., Audretsch, D.(ed), Multinational Corporations in the 1980s, (Cambrige : 1984), p.313.

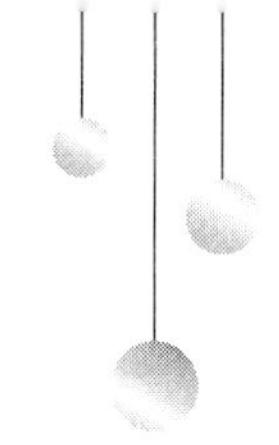

(1) 간접수출

간접수출(indirect exporting)은 기업이 제품을 국내에 있는 수출대리인이나 현지 대리점 등과 같은 국내의 수출 중개인을 통하여 해외에 수출하는 것이다.

수출에 따른 위험은 적지만 제품을 생산한 기업은 수출선이나 수출마케팅 전략에 대한 통제권을 갖지 못하며 수출중개인에 대한 의존도가 높기 때문에 불리한 조건을 강요하더라도 따라야 하는 문제점이 있다.

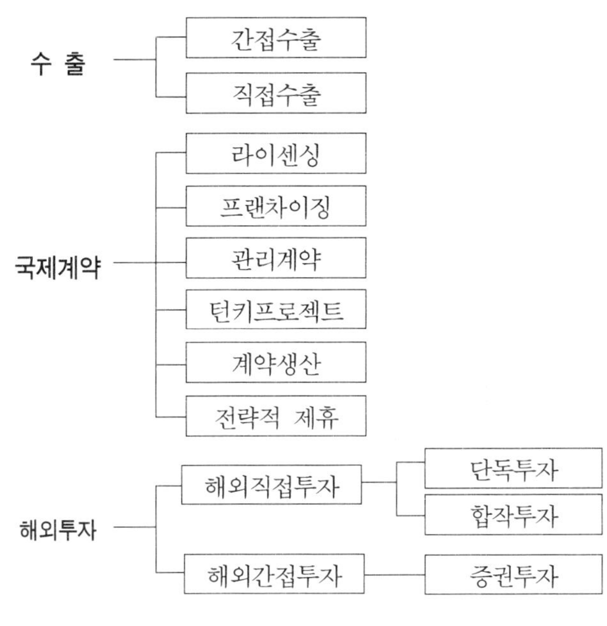

[그림 7-1] 기업 국제화의 유형

간접수출은 주로 수출경험이 없거나, 수출전문인력을 이용할 수 없는 경우 또는 수출규모가 작은 경우 등에 이용되며 수출입에 따른 제반업무를 포함하여 해외시장조사와 시장 개척 비용을 절감할 수 있다.

(2) 직접수출

직접수출(direct exporting)은 제품을 생산한 기업이 다른 중간수출업자를 거치지 않고 직접 해외에 있는 수입업자에게 제품을 수출하는 것이다.

따라서 제반 수출마케팅활동을 직접 계획하고 수행하기 때문에 간접수출보다 시장개입의 범위도 더 확대되며 자사제품의 수출 증진을 위하여 제품, 가격, 유통, 촉진정책을

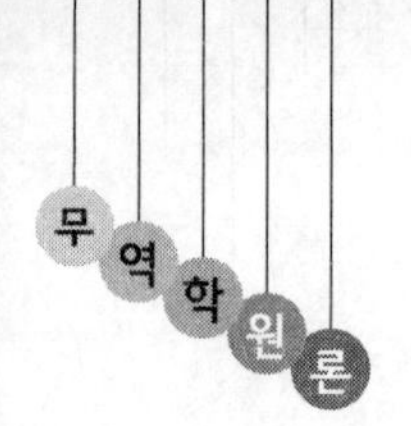

다양하게 수행함으로써 시장개척능력 배양 및 경쟁력 증대를 도모할 수 있고 해외시장 환경변화에 조속한 대응이 가능하다.

반면에 해외 현지 마케팅 활동을 위하여 해외지사 또는 마케팅자회사를 설립할 경우 비용이 가중되고 직접수출의 초기 단계에서는 해외시장 개척에 대한 마케팅 비용의 증가만큼 판매액의 증대 효과가 나지 않는 경우가 많다.

2) 국제계약

국제계약에 의한 국제화의 유형은 국제기업이 현지국에 직접 진출하여 경영활동을 하는 전 단계에서 주로 이용되는 방식으로서 주로 기업이 현지에 직접 진출하여 경영활동을 수행하는데 여의치 않을 때 그 대안으로 활용하고 있다.

(1) 프랜차이징

프랜차이징(franchising)은 프랜차이저(franchisor: 공여기업 또는 영업본부)가 소유권이 독립된 프랜차이지(franchisee: 수여기업 또는 가맹회사)로부터 일정한 수수료를 받고 상표 등에 대한 사용권을 허가해 주고 사업체의 조직과 경영방법의 이전을 통해 계속적으로 기업의 운영까지도 지원해 주는 국제경영방식이다.

프랜차이지는 프랜차이저의 정책과 운영 절차에 따라야 하며 프랜차이저는 프랜차이지에게 설비, 간판, 촉진물, 제품과 기타 원재료 등을 공급하는 한편 훈련, 재정, 기술, 회계, 상품계획, 일반적인 관리면에서도 지원한다. 또한 기업의 이름을 알리고 제품이나 서비스를 사전에 판매하기 위한 촉진 및 광고 지원도 한다.

프랜차이저와 프랜차이지는 서로 독립성을 유지하면서 최종소비자에 이르는 재화 및 서비스의 일부를 각기 생산한다는 점에서 수직적 통합과 유사하다. 이것은 즉석식품, 자동차임대업, 음료, 호텔, 모텔, 주유소 등과 같은 서비스 산업에서 주로 이용된다.

(2) 관리계약

관리계약(management contracting)은 경영계약이고도 하며 이것은 합작투자의 한 형태로서, 양 파트너 중 한 파트너는 운영시설을 보유하고, 상대 파트너는 경영을 담당하는 형태로서 해외기업의 일상적인 운영을 관리할 수 있는 권리를 계약하는 것이다.

즉, 투자국은 관리 노하우를 제공하고, 현지 외국기업이 자본을 제공하는 방식으로서 제품수출이라기보다는 관리서비스의 수출이다. 경영을 담당하는 파트너는 관리적 노하우를 제공하는 대가로 합작기업체의 일부 소유권이나 로열티 또는 관리대가를 받게 된다.

관리계약은 ① 해외투자기업이 현지 정부에 의해 수용되었을 때 현지 경영자가 훈련될 때까지 계속 경영토록 위탁하는 경우, ② 공장설비를 판매한 기업이 그 사업체를 위탁 경영하게 하는 경우, ③ 운영이 어려울 때 방향 전환을 위해서 해외기업에게 위탁하여 경영하는 경우 등이 있다.이 방식은 주로 호텔, 병원 등의 진출에 이용된다.

(3) 라이센싱

라이센싱(licensing)은 라이센서(licensor: 공여기업)가 보유하고 있는 특허나 노하우, 등록상표 또는 기술공정 등 상업적 자산을 계약에 의하여 사용할 것을 허락하고 일정한 로열티나 수수료를 받고 라이센시에게 제공하는 것으로 해외시장에 진출하는 기술이전계약 형식의 국제경영방식이다.

라이센싱은 국내 생산원가가 너무 비싸거나 수출 현지까지의 운송비가 너무 많이 소요되거나 또는 제품의 현지생산에 있어서도 현지정부의 규제 때문에 현지생산이 불가능할 경우에 활용된다.

라이센서의 입장에서는 적은 위험과 비용으로 해외시장에 쉽게 침투할 수 있다는 장점이 있고, 라이센시의 입장에서는 유명제품의 상표를 활용할 수 있다는 장점은 있으나, 라이센시가 대개 후진국이므로 후진국 스스로가 기술개발을 통해 생산 능력과 자발적인 기술수준의 향상을 꾀하지 못함으로써 기술적인 면에서 선진국에 예속을 당하게 되는 문제가 발생할 수 있다.

반면에 라이센시가 생산한 제품이 적정 수준의 품질 요건을 충족시키지 못하거나 부적절한 마케팅 활동을 수행함으로써 라이센서 기업의 브랜드 이미지가 손상되는 위험이 존재할 수 있다.

(4) 턴키 프로젝트

턴키 프로젝트(turnkey project)는 플랜트 수출(plant export)이라고도 하며 이것은 특정기업이 외국으로부터 공장이나 기타 산업시스템을 발주 받아 이를 설계·건설하여 가동직전의 단계에서 시운전에 필요한 키를 넘겨준다는 의미로 보통 기초운영까지도 담당한 후 프로젝트를 완공하여 해외발주자에게 제공하는 방식이다.

때로는 경영자나 작업자의 훈련과 서비스까지 제공하는 경우도 있는데 이를 턴키플러스(turn key-plus)라고 한다. 턴키공사는 프로젝트에 설비공급을 하는 산업설비 제조업자가 맡게 되는데 대개 건설회사인 경우가 많으며 원자력 발전소, 생산공장, 석유시추시설 등에서 흔히 볼 수 있다.

이것은 외화가득율이 높고, 건당 계약금이 크며, 수출국기업이 직접투자에 대한 현지 기업의 경영참가를 가능하게 하고, 대부분 국제입찰의 형식을 취하고 있어 국제적인 경쟁이 심하다.

(5) 계약 생산

계약생산(contract manufacturing)은 한 기업이 외국의 다른 기업에게 생산 및 제조 기술을 제공하면서 동시에 특정 제품의 생산을 주문하고 그 주문 생산된 제품을 공급받아 현지 시장이나 제3국의 시장에다 재판매하는 방식이다.

계약생산은 자기 기업이 직접 그 제품을 생산할 여력이 없거나, 현지의 값싼 노동력이나 원자재를 이용하고자 하는 경우, 그리고 현지생산과정에서 발생할지도 모를 소유권 문제 등에 따른 충돌을 피하고자 하는 경우에 활용된다.

이것은 주로 현지 시장의 규모가 직접투자로 진출하기에는 너무 협소하거나 수출을 통한 진출이 수입장벽으로 인하여 사실상 어려울 때 매우 유용한 방식이다.

그러나 기업의 목표에 적합한 제조업체의 물색이 어렵고 또 제조업체가 있더라도 만족할 만한 품질과 판매수준을 유지하기 위해서는 막대한 기술 원조가 요구되는 경우 등의 문제점도 있다.

(6) 전략적 제휴

전략적 제휴(strategic alliance)는 경쟁관계에 있는 기업이 일부 사업 또는 기능별 활동부문에서 경쟁기업과 일시적인 협조관계를 갖는 것을 의미한다. 기업들은 전략적 제휴를 통해 상호 대등한 입장에서 서로의 비교우위 요소를 결합함으로써 전체적인 경쟁력을 향상시킬 수 있다.

전략적 제휴는 기업 상호간에 자원의 신속한 조달이 가능하며 위험분산효과를 얻을 수 있는 반면에 독립된 기업간의 협력관계를 바탕으로 형성되어 있으므로 분쟁이 발생할 경우에는 상호 조정이 어려우며 이에 따라 제휴관계가 쉽게 붕괴될 가능성이 상존하고 있다.

그리고 기업간의 제휴는 ① 기술습득, ② 시장확보, ③ 리스크 분산, ④ 규모의 경제 실현, ⑤ 공존공영 등과 순위로 고도화되며 제휴가 고도화될수록 시너지 효과는 높아진다.[3)]

전략적 제휴의 유형은 ① 기술의 공동 개발과 상호 교환의 목적으로 제휴하는 공동

---

3) 김시경, 「국제기업경영론」, 삼영사, 1996, p.271.

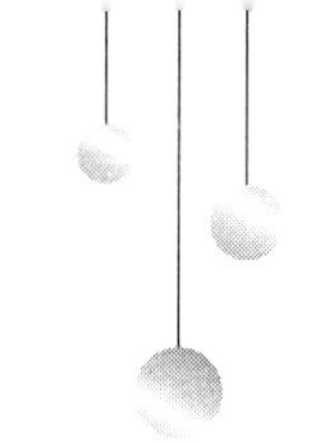

기술개발, 기술도입·교환, 특허공유연구 참여 등의 기술제휴가 있다. ② 원료 및 부품 등의 범세계적 조달 활동을 통한 비용 절감과 조달의 원활화를 위한 생산 위탁·수탁, 부품 조달, 단순 외주 가공을 하는 조달제휴가 있다. ③ 생산비 절감 및 자사 브랜드의 시장지배력 강화 목적의 공동 생산, 생산의 위탁·수탁의 생산제휴가 있다. ④ 상대국 시장 접근 및 판매 강화 목적의 공동 브랜드, 위탁 판매 공동규격 설정 등의 판매제휴가 있다.

3) 해외투자

해외투자는 투자의 주체에 따라 민간투자와 공공투자, 투자기간의 장단에 따라 단기투자와 장기투자, 투자 지분율에 따라 합작투자와 단독투자 그리고 경영의 참여 여부에 따라 직접투자와 간접투자가 있다.

해외간접투자(international portfolio investment)는 주식이나 사채 등을 취득하여 배당금 및 이자수익을 목적으로 하는 해외투자이다. 해외직접투자(foreign direct investment : FDI)는 투자기업이 외국기업 주식의 일부 또는 전부를 취득하여 경영권을 직접 행사하거나 해외 현지에 단독소유의 법인을 직접 설립하여 경영권을 행사하기 위한 해외투자이다. 즉, 해외직접투자는 합작투자와 단독투자가 있다

(1) 합작투자

합작투자(joint venture)란 2개국 이상의 기업이 공동으로 출자해서 특정목적을 달성하기 위해 공동으로 경영하는 해외기업의 형태를 말한다. 합작투자는 현지 파트너의 기여를 필요로 하는 경우에 주로 이용되며, 그 특징으로는 생산활동과 이윤을 동시에 추구하는 기업목적성, 공동의 이윤추구 및 공동개발을 추구하는 공동목적성, 공동계산과 공동손익배분, 협정에 의해 범주가 한정되는 단일목적성, 일시적으로 투자하는 일시적 목적 등이 있다.

개발도상국 정부들이 경제발전을 시작하면서 외국기업에 의한 완전소유·완전통제보다는 자국민과의 합작투자가 자국의 이익 및 경제발전의 기여도가 크다는 것을 인식하고 외국기업에 의한 단독투자를 제한하고 있기 때문에 주로 개발도상국에서 이루어지고 있다.

또한 투자국 기업들은 기업 위험을 해외 경영활동을 통해서 분산하거나 후진국이나 개발도상국에의 기업수출을 위한 사전의 예비적 시도로서 합작투자를 활용하기도 한다,

한편, 개발도상국이나 후진국은 자본부족과 기술부족, 경영능력의 부족을 커버하기

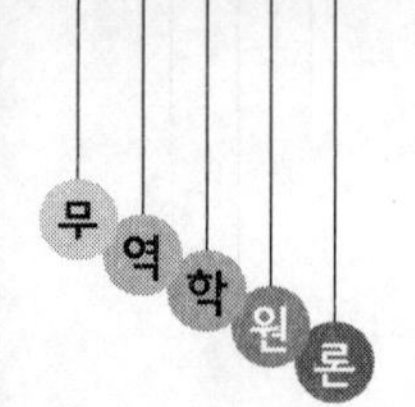

위해서 합작투자를 이용하는데, 잘못 활용하는 경우, 외국자본에 의해 국내자본이 종속될 수 있기 때문에 외국인의 투자한도나 업종을 제한하기도 한다.

(2) 단독투자

대부분의 국제기업들은 투자에 대한 현지 정부의 규제가 없고 투자에 필요한 충분한 자원을 보유하고 있는 경우에는 합작투자나 국제계약에 의하여 진입할 때 직면하게 되는 여러 가지 위험을 회피하기 위하여 완전소유의 단독회사를 설립·운영하게 된다.

단독투자는 100%의 지분을 갖는 해외자회사를 신설하여 진출하는 직접신설방식과 해외현지에서 M&A를 통해서 기존 기업의 경영권을 획득하는 현지기업의 인수가 있다.

단독회사에 의한 해외진출은 제품이나 기술에 대한 강력한 통제가 가능하고 자사의 경영정책을 독자적으로 운영하여 관리할 수 있으며 또한 기술이나 노하우의 노출을 방지할 수 있어 수익성을 창출할 수 있는 이점이 있다. 그리고 계약생산, 라이센싱, 프랜차이징, 전략적 제휴, 합작투자에서 발생할 수 있는 이해관계의 충돌과 관리상의 문제점들을 제거할 수 있다.

① **기업의 신설투자** : 해외기업의 신설투자(greenfield investment)은 기업이 자국 내에서 보유하고 있는 자본, 생산기술, 경영기술, 마케팅기법 등의 생산요소를 해외 현지로 이전하여 새로운 사업체를 신설하여 현지의 생산요소인 노동, 토지 등과 결합하여 생산판매활동을 하는 것이다.

기업의 직접설립은 입지 선정 및 진출 시기의 융통성, 장기적인 사전 준비로 현지에서의 경영 활동에 따른 문제점을 조기에 발굴·해결이 가능하고 모 기업의 경영 목적 및 정책에 부합되는 회사의 설립이 용이하다.

생산·물류비용이 기업의 성패를 좌우할 만큼 상당한 비중을 차지하고 있거나 현지에서 모 기업의 정책 방향에 적합한 인수 대상기업이 없을 경우에는 기업의 직접 설립이 바람직한 방안이 될 것이다.

② **현지기업의 인수** : 국제 M&A는 두 나라 이상의 기업간에 이루어지는 M&A로서 어느 국가의 기업이 타국 기업과 결합하여 하나의 기업으로 되거나, 타국 기업의 주식지분 및 자산을 확보하여 그 경영권을 획득하는 것을 말한다.기존 기업의 인수는 그 기업의 마케팅 조직이나 현지의 친숙한 브랜드 및 명성 등의 활용이 가능하므로 직접 설립보다 조속한 시장 진입이 용이하다.

특히 기존 기업을 통해 시장 진입의 교두보를 확보하고 피인수기업이 현지 시장 환경

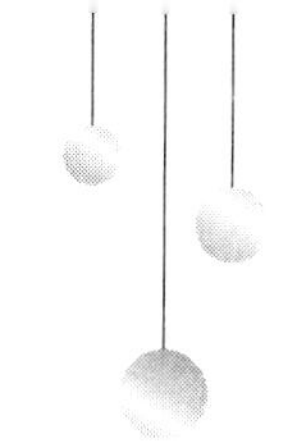

에 대해 축적한 경험 및 노하우를 활용할 수 있고 또한 해외사업에 대한 지식이 부족하거나 현지시장에 익숙하지 않은 기업에게는 보다 유리한 방안이다. 그리고 경쟁이 이미 치열하거나 진입장벽이 높은 산업에서는 인수를 통한 시장 진입이 바람직할 것이다.

2.3 국제경영관리방식

기업의 국제화에 따른 국제경영관리방식은 본국지향형기업, 현지지향형기업, 지역지향형기업 및 세계지향형기업으로 구분된다.

1) 본국지향형 기업

본국지향형(ethnocentric) 기업은 국제기업의 주요한 전략의 결정과 핵심적 가치, 문화적 기준 적용 등의 모든 활동을 본국을 중심으로 하여 추진하는 국제기업조직이다. 모든 중요한 의사결정이 본국을 중심으로 이루어지고, 해외 자회사는 본사 영업활동의 단지 부수적인 것으로만 간주될 뿐 재량권을 갖지 못한다. 또 해외 자회사에 대한 통제는 중앙집권적이며, 현지 자회사의 요직은 대부분 본사에서 파견된 직원으로 구성한다. 따라서 해외에서의 기업 활동은 본국 기업의 활동에 부수적인 것 밖에 되지 않는다. 즉, 주요 전략 결정 및 경영비전 등을 모회사가 제시하면 현지 자회사들은 이에 따라 구체적인 경영활동을 수행하는 할당된 업무만을 담당한다.

2) 현지지향형 기업

현지지향형(polycentric) 기업은 현지자회사 위주의 전략 및 경영관리가 이루어지며 본사와 자회사간 수평적 조정통제관계를 형성하는 국제기업조직이다. 재무나 기술개발 등과 같은 중요사항에 대해서만 본사가 의사결정권을 가지며, 그 이외의 일상적인 업무에 대한 권한은 본권화해 해외 자회사에 위임된다.

그러나 해외 자회사의 인재가 본사에 의해 등용되지 않으며, 일상적인 업무의 권한은 현지 자회사에 위임하고 또 경영방침은 현지정부, 종업원, 소비자 등과 같은 현지 이해관계자들의 감정, 태도 또는 경제적 민족주의에 대한 배려의 차원에서 이루어진다.

3) 지역지향형 기업

지역지향형(regioncentric) 기업은 지리적으로 근접한 몇 개의 현지자회사들을 하나의

지역 또는 권역을 중심으로 묶어서 관리하는 국제기업조직이다. 그리고 이 기업들은 국제적인 지역시장의 수요를 충당하며 지역사업 본부의 역할이 대단히 중요하다. 각각의 자회사는 지역사업일부의 의사결정과 통제에 따라 활동을 수행한다.

4) 세계지향형 기업

세계지향형(geocentric) 기업은 전 세계시장을 대상으로 하며 글로벌 네트워크 시스템을 갖춘 국제기업의 조직형태을 말한다. 자회사의 소재 지역과는 관계없이 범세계적인 시장을 목표로 세계 각 시장의 수요를 충당하고 국가주의적 편견에서 탈피하여 상호의존관계를 가지고 있는 본사와 해외 자회사가 상호 유기적으로 결합하여 범세계적인 관점에서 사업 활동을 수행하는 것이다.

따라서 본사와 해외 자회사간에 정책결정에 관한 의사소통이 자유롭게 이루어지게 되고, 기업이 시스템 내부에 가지고 있는 모든 경영자원과 기업이 직면하고 있는 모든 환경요인을 최적으로 믹스하여 기업의 목표를 달성하게 된다.

제3절 … 해외접투자

3.1 해외직접투자의 개념

해외직접투자(foreign direct investment : FDI)는 한나라의 기업이 다른 나라에서 새로운 사업체를 신설(greenfield investment) 또는 기존 사업체의 인수를 통하여 이를 통제할 수 있는 투자 지분율을 획득하여 장기적인 관점에서 직접 경영에 참여하는 것을 목적으로 하는 투자 행위이다.

즉, 해외직접투자는 단순한 자본의 국제적 이동뿐만이 아니라 생산기술, 경영기법 및 전문 인력 등 이동 가능한 각종의 모든 생산요소들을 현지로 이전시켜 현지의 생산요소들과 결합하여 제품의 생산 및 판매활동을 하는 것으로 경영권 통제가 목적이다. 따라서 소수지분의 투자라도 해외의 피 투자기업에 대한 경영에 직접 참여하게 되면 해외직접투자가 된다.

그리고 해외간접투자(foreign indirect investment)는 당해 법인의 경영에는 직접 참가

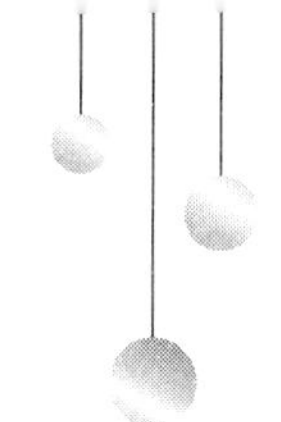

하지 않고 투자 상대방이 지급하는 배당금이나 이자의 획득만을 목적으로 하는 단순한 유가증권투자를 의미한다. 또한 해외간접투자는 투자자들이 각국 간의 이자율 차이를 이용하거나 경영의 다각화를 통한 위험 및 자금관리 목적의 투자가 일반적인 현상이다.

하이머(S. H. Hymer)는 해외직접투자와 해외간접투자와의 구분은 피투자기업에 대한 경영권을 통제할 수 있는가의 여부에 달려 있다고 한다.[4] 일본의 고지마(K. Kojima)는 해외기업의 경영과 이익에 대한 통제권을 주목적으로 하는 자본이동으로 정의하고 있다.[5] 또한 로복과 시몬즈(S. H. Robock and Simmonds)는 해외직접투자는 해외간접투자의 개념과는 달리 경영참가에 의해 수반되고 투자자에게 효율적 통제권을 주는 투자로 보고 있다.[6] 그리고 피투자기업의 주식 지분율이 과반수에 미달하는 소액주주라도 경영참여에 목적을 둔 것이면 직접투자가 된다.

해외직접투자에 대하여 첫째, OECD는 어떤 기업과 지속적인 경제관계를 수립할 목적으로 하는 투자로서 특히 당해 기업의 경영에 실질적인 영향력을 행사할 가능성이 있는 투자라고 정의하였다. 여기에는 ① 완전소유회사(wholly-owned enterprise), 자회사(subsidiary) 또는 지점(branch)의 설립 및 확장 또는 기존 기업의 완전한 소유권 인수 ② 신설 또는 기존기업에 대한 자본참여 ③ 5년 이상의 대부 등 세 가지 형태를 포함하고 있다.

둘째, 미국은 해외직접투자를 투자자가 다른 나라에 소재하는 기업에 대해 지속적인 이해관계를 갖고 그 기업의 경영에 영향력을 행사하는 것으로 보고 있다. 여기에는 ① 미국의 거주자나 기업 또는 관련 그룹이 외국법인의 의결권주식의 10% 또는 그 이상을 소유하고 있는 경우와 외국 비법인기업자본의 10% 또는 그 이상을 소유하고 있는 경우와 그 외국기업에 대한 지분 ② 미국 거주자가 해외에서 소유하고 있는 단독사업체, 협동사업체 또는 부동산 ③ 미국법인의 해외지점 등과 같은 경우를 포함한다.

특히, 미국의 상무부(Department of Commence)는 미국 시민단체나 관계회사 그룹이 해외기업에 10% 이상의 지분을 소유하는 경우를 해외직접투자로 간주하고 있다.

셋째, 일본은 해외직접투자를 거주자가 외국법령에 의해 설립된 법인의 증권을 취득

---

4) S. H. Hymer, The International Operation of National Firms (Massachusetts : MIT Press, 1976) p.77.

5) K. Kojima, Forein Direct Investment : A Japanese Model of Multinational Operation (Londen : Croom Helm 1978) p.57.

6) S. H. Robock & K. Simmonds, International Business and Multinational Enterprises (Richard D.Irwin Inc., 1983) p.6.

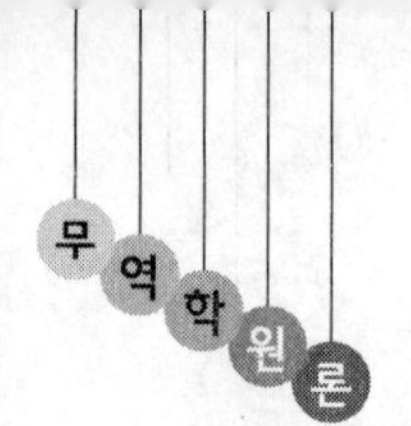

하거나 당해 법인에게 금전을 대부하고 해당법인과 영속적으로 경제관계를 수립할 목적으로 수행하는 것으로서 법령으로 정한 것 또는 외국에 있어서 지점, 공장 그 밖의 사업의 설치 또는 확장과 관련하여 자금을 지불하는 것이라고 정의하고 있다.

넷째, 우리나라에서는 해외직접투자(외국환거래법 제3조 1항의 16호)를 외국법령에 의하여 설립된 법인(설립중인 법인을 포함하며 이를 외국법인이라 함)이 발행한 증권을 취득하거나 당해법인에 대한 금전의 대여 등을 통하여 당해법인과 지속적인 경제관계를 수립하기 위하여 행하는 거래 또는 행위로서 외국법인의 경영에 참가하기 위하여 취득한 주식 또는 출자지분이 당해 외국법인의 발행주식 총 수 또는 출자총액에서 차지하는 비율(주식 또는 출자지분을 공동으로 취득하는 경우에는 그 주식 또는 출자 지분 전체의 비율을 말하며 이를 "투자비율"이라 함)이 100분의 10이상인 투자를 말한다.

그 투자비율이 100분의 10미만인 경우에는 당해 외국법인에 임원 파견, 계약기간이 1년 이상 인 원자재 또는 제품의 매매계약의 체결, 기술의 제공 · 도입 또는 공동연구개발계약의 체결, 해외건설 및 산업설비공사를 수주하는 계약의 체결을 하였을 때는 해외직접투자가 된다.

그리고 100분의 10이상 투자한 회사 또는 이미 투자한 외국법인의 주식 또는 출자지분을 추가로 취득하거나 또는 외국법인에 투자한 거주자가 당해 외국법인에 대하여 상환기간을 1년 이상으로 하여 금전을 대여하는 것과 외국에서 영업소를 설치·확장·운영하거나 해외사업활동을 영위하기 위하여 행하는 자금의 지급으로서 지점 또는 사무소의 설치비 및 영업기금 또는 거주자가 외국에서 법인형태가 아닌 기업을 설치 · 운영하기 위한 자금, 해외자원 개발사업법(제2조)의 규정에 의한 해외자원개발사업 또는 사회간접자본 개발사업을 위한 자금도 해외직접투자로 본다. 다만, 해외자원개발을 위한 조사자금 및 해외자원의 구매자금을 제외한다.

3.2 해외직접투자의 행태

1) 수평적 해외직접투자

수평적 해외직접투자(Horizontal FDI)는 투자기업의 업종과 동일한 업종을 해외에 투자하는 것이다. 예를 들어 현대자동차가 미국의 앨러버마 주에 공장을 직접 설립하여 경영하고 있다든지 또는 두산 인프라코어가 미국의 중장비회사인 밥켓의 인수를 통하여 경영권을 확보하여 직접 경영에 참가하는 등의 형태가 여기에 해당된다.

첫째, 동일제품의 생산이 국내와 해외현지에서 동시에 이루어지기 때문에 규모의 경제 효과를 획득할 수 있다. 둘째, 생산을 지역적으로 분산시킴으로써 수송비 및 물류비용을 절감할 수 있다. 셋째, 현지 소비자들의 수요에 적합한 마케팅을 수행할 수 있다. 넷째, 국가별 또는 지역별로 상이한 경기변동에 따른 위험을 분산시킬 수 있다는 등의 장점이 있다.

2) 수직적 해외직접투자

수직적 해외직접투자(Vertical FDI)는 투자기업이 해외에 생산단계가 서로 다른 분야에 투자하는 것으로 전방통합에 의한 FDI와 후방통합에 의한 FDI가 있다.

첫째, 후방통합에 의한 FDI는 국내의 정유회사가 중동지역의 원유회사에 투자하여 경영권을 획득하였다면 이에 해당된다. 일반적으로 기업들이 원부자재의 안정적인 공급원을 확보하기 위한 투자로 많이 이루어지고 있다.

둘째, 전방통합에 의한 FDI는 기업이 생산 및 제조공정단계 과정에서 바로 다음 단계에 있는 기업에 대한 투자이다. 예를 들어 자동차를 생산하는 현대자동차가 판매회사의 지분을 획득하여 경영에 직접 참여하고 있다면 이에 해당된다.

3) 다각적 해외직접투자

다각적 해외직접투자(Conglomerate)는 투자기업의 업종과 전혀 다른 업종에 투자하는 것이다. 예를 들어 현대자동차가 자동차 생산에 필요한 수요를 충당하기 위하여 철강생산기업에 투자한다든지 금융회사를 직접 설립한다는지 등이 여기에 해당된다. 기업의 다각화는 위험을 분산시키는 데 목적을 두고 있다.

3.3 해외직접투자의 특징

해외직접투자는 생산요소를 자국 내에서 결합하여 제품의 형태로 해외로 수출하는 개념과는 달리 자본, 생산기술 및 경영기법 등의 자국 내 생산요소를 해외로 이전하여 현지의 생산요소와 결합하여 생산·판매하는 활동이다. 해외직접투자는 국제기업들이 해외에 진출하는 전략으로 채택하고 있는 일반적인 방법이다.

해외직접투자가 미국 등 선진국들의 다국적기업과 몇몇 산업에 집중되어 있는 것이 세계적인 특징으로 나타났다. 역사적으로 볼 때 대부분의 해외직접투자는 선진국에 위치한 기업들이 다른 선진국 시장에 투자하는 것이었다. 1980년대와 1990년대에 다국적 기업들이 가장 많이 투자한 국가는 미국이었다. 미국이 해외직접투자의 가장 매력적인 투자처가 되어왔던 이유는 거대하고 부유한 국내시장, 역동적이면서 안정적인 경제, 좋은 정치적 한경, 해외직접투자의 개방성 때문이었다.

개발도상국에 대한 투자는 1990년 대 중반 이후 대부분 극동지역과 인도 및 동남아시아에서 이루어졌으며 특히 중국에 대한 해외직접투자가 급격히 증가하였다.

해외직접투자의 특징을 미국형과 일본형, 지역적인 집중현상, 특정산업에의 집중현상, 과점적 대기업에의 집중 및 글로벌화와 산업의 공동화로 구분하여 볼 수 있다. [7]

1) 미국형과 일본형의 특징

(1) 미국형

미국 다국적기업의 주요 활동 분야는 첫째, 석유 및 동과 같은 자원산업으로 전 세계에 걸쳐 개발 수송 제련판매를 다 같이 수행하는 거대한 수직적 기업 내 통합에 의해 세계전략을 수행한다. 둘째, 화학, 전기기계, 일반기계, 수송 기계 산업 등의 기술우위를 갖는 산업들이다. 셋째, 완전소유의 자회사에 의한 진출을 선호한다. 이는 기술 및 경영의 비밀보장 등 세계적인 경영전략을 수행하기 위한 관점에서 투자수입국에 인클레이브(enclave)를 형성하게 된다.

그러나 특히 과거 IBM은 해외투자를 할 때 단독투자를 원칙으로 하였다. IBM사가 인도에 투자할 때 인도 정부의 합작투자 방침에 밀려 단독투자를 하지 않은 사례가 있다.

미국형 해외직접투자의 특징은 거대한 독점체제 내지 과점체제를 형성하고 있으며 기업성장론 내지 산업조직론의 측면에서는 정당화되지만 상대국의 이익이라든지 자국의 노동자의 입장 등은 무시된다.

(2) 일본형

일본의 해외직접투자는 자원개발, 제조업 그리고 상업과 은행 등 서비스의 세 분야에서 대체로 비슷하게 안배·진출되고 있다.

첫째, 자원개발에 있어서는 최소한의 개발참여, 즉 생산물 분할방식 등과 같은 비주

---

7) 김신, 국제경영학, 박영사, 2006,pp.220-223; 임성훈, 국제경영, 학현사, 2010, pp.289-292; W. L. Charles(최순규외 역), 국제경영, 314-318. 참조

식취득방식 또는 10~30%정도의 자본참여 등의 방식을 택한다. 따라서 미국형과 같은 완전전소유지배의 자회사 개발형태가 아님은 물론 기업 내 수직통합을 도모하지도 않으며 장기구입계약을 주축으로 해서 일본에의 수입을 유리한 가격으로 안정적으로 확보하려고 한다. 이러한 역외조달(offshore supply)에 있어서 개발수입의 장기계약방식은 자원민족주의의 물결이 거센 오늘날의 국제정치 환경에서는 좋은 자원 확보 방책이 된다.

둘째, 제조업투자는 주로 개발도상국에 대한 단순기술로 상대국이 쉽게 습득할 수 있는 산업과 중소기업형태를 취한다. 처음에는 상대국과의 경영과 기술격차가 적은 노동집약형으로서 상대국이 어느 정도 비교우위를 갖는 산업에서 시작하여 점차 고도의 중간재 내지 기계공업으로 단계적 산업이식을 해 나간다. 기술 및 경영지식의 상대국에의 파급효과가 높다는 점도 있지만 일본형 해외직접투자란 전형적인 무역지향형 해외수직투자라는 특징을 갖는다.

셋째, 일본의 해외직접투자는 자원개발이나 제조업분야이든 미국형과 같은 완전소유지배가 아닌 합작형태를 선호한다. 그리고 또 다른 특징은 대부분의 경우 일본 제조업자가 20-30%, 상사가 15-25%를 각각 출자하고 나머지를 상대국업자가 출자하는 방식과 같이 상사들이 반드시 동반 진출한다.

넷째, 일본 정부는 일본이 필요로 하는 자원자원이 매장되어 있는 지역에 투자를 유도하며 정부 관리들은 이러한 투자에 대한 안전을 보장해주기 위하여 보험제도 설립을 장려하고, 이를 통해 기업들을 대외적으로 보호하며 투자 및 무역 등을 촉진하는 정책을 일관되게 추진하고 있다.

다섯째, 일본정부와 기업 간의 완전한 결합관계는 존재하지 않지만 일단 경제적 공동목표 달성이라는 과제에 초점이 모아지면 대기업의 연합체와 정부 관료조직 간의 협력관계는 놀라울 정도로 단단함을 보이게 된다.

특히, 일본의 경단련(經團連)의 합의는 일본의 재계에서 볼 수 있는 것보다 한층 더 높은 수준의 동의와 조화를 이루고 있다. 많은 경우 경단련의 공식적인 입장이 특정분야로 하여금 전체이익을 위하여 공동보조를 취하지 않을 수 없다. 합의에 이르는 과정에서 얼마간의 상호이익의 교환이 이루어지며, 어느 기업 집단에 이익을 부여하는 결정이 내려지면 다른 기업집단은 차후에 그와 대응한 보상을 보장받게 된다. 예를 들어 住友그룹이 싱가포르에세 대형프로젝트를 얻는데 도움이 되는 결정이 내려지면 三井그룹은 이란에서 三菱그룹은 사우디아라비아에서 동등한 보상을 얻게 되기를 기대할 것이다.

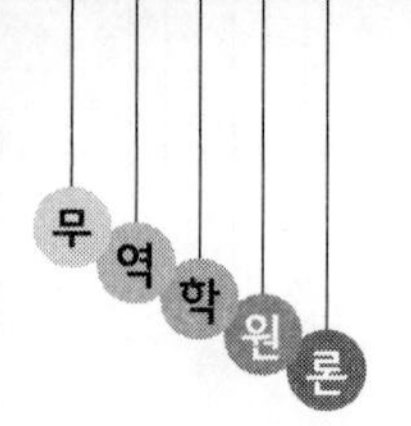

2) 지역적인 집중현상

다국적기업의 해외진출은 지역적 집중현상을 보인다. 제2차 세계대전 전에는 선진국으로부터 후진국으로의 수직적형태가 주류를 이루었다. 전후에는 다국적기업의 네트워크가 전 세계적으로 확대되었을 뿐 아니라 그 활동의 대부분이 선진국에서 이루어지고 있다. 즉, 제2차 세계대전 후 미국과 독일의 대 선진국투자비율은 각각 73%, 76%를 보이고 있으며 영국의 선진국투자도 50%에 이른다. 이처럼 해외직접투자의 2/3는 선진국으로 투자가 이루어졌다.

그러나 1978년 중국이 개혁개방 이후 중국에 대한 해외직접투자가 꾸준히 증가하여 개발도상국에 대한 해외투자의 원동력은 중국이 중심이 되었다. 그리고 중남미 지역의 브라질과 멕시코에 대한 투자가 증가하고 있으나 아프리카는 정치적 불안, 무력적 군사충돌, 잦은 지역경제 정책 변화 등으로 인하여 투자가 저조한 실정이다.

3) 특정산업에의 집중현상

미국, 영국, 독일, 일본 등 선진국들의 다국적 기업들은 제조업에 가장 많은 직접투자를 하고 있다. 그 다음에는 석유와 광업 순이다. 업종별로는 석유, 자동차 및 기타 수송기기, 화학, 기계, 컴퓨터, 철강 및 비철강, 식료품, 의약품, 무역 등의 산업에 집중되어 투자가 일어났는데 최근에는 생명공학, 정밀화학, 우주항공 등 첨단산업에 대한 해외직접투자가 급격히 늘어나고 있으며 고부가가치 자본투자방향으로 전환되고 있다.

특히, 첨단산업에 대한 해외직접투자의 비중은 여전히 높지만 최근의 해외직접투자의 현저한 특징은 제조업에 대한 직접투자가 그 중심을 이루고 있다.

4) 과점적 대기업에의 집중

해외직접투자는 거대기업들에 의하여 집중될 뿐만 아니라 거대기업들은 대부분 모국이나 진출국에 있어서 과점기업들이다.

전형적인 협의의 다국적기업은 이와 같은 거대한 규모(예를 들어 연간 매출액 100억 달러 이상일 것)를 갖는 것으로 하이머는 "결속력, 정보 등 현대기술에의 접근력, 전 세계를 커버하는 네트워크, 장기적인 예측력 등에 의해 한 나라의 정부와 같거나 또는 그 이상의 행동과 힘을 갖는 경우가 많다. 이론적으로는 기업은 국가의 주권 아래서 사업을 영위하는 인격체이지만 많은 경우 정부의 현실적인 힘이란 다국적기업과 비교할 경우에 주권국가라기보다는 1개 시·군 정도에 불과하다." 고 표현하였다.

특히 과점기업들의 해외직접투자는 과점 시장 내 선두주자의 행위를 모방하려는 과정에서 동반투자가 확대된다. 그리고 이러한 현상은 특정지역에 투자가 집중적으로 몰리는 밴드웨곤 효과(bandwagon effects)[8]가 발생한다.

그리고 과점기업들은 위협의 교환(exchange of threats)을 통해 위험을 피하려는 의도에서 해외직접투자가 시작되었다고 한다. 예를 들어 1970년 대 말 미국과 유럽 간의 상호직접투자 경쟁 현상이 벌어졌다. 미국기업들은 유럽시장에 집중적으로 생산기지를 건설하였다. 이에 위축된 유럽기업들이 자국시장을 방어하면서 한편으로는 같은 지역 내에서 가격 경쟁을 회피하는 방법 중 하나가 미국기업의 모회사가 주재한 미국 본토 시장을 공격하는 것이었다. 이때 대서양을 사이에 두고 유럽기업들의 보복적인 해외투자 역전현상을 다분히 방어적 차원의 과점적 행동으로 보고 있다.

5) 글로벌화의 산업공동화

해외직접투자는 자본, 기술, 효율적인 경영방법 등을 피투자국에 이전시키는 자원이전효과(resource-transfer effects)와 일자리를 창출하는 고용효과(employment effects), 국제수지효과(balance-of-payments effects), 경쟁촉진 및 경제성장효과를 가져온다.

그러나 해외투자로 인하여 자본의 해외유출이 클 때는 국제수지는 악화된다. 특히 자국기업들이 해외직접투자를 실시하는 목적이 저임금국가로 국내생산시설을 이전하는 경우에는 고용의 감소는 물론 산업의 공동화를 초래한다. 산업공동화 현상은 해외직접투자로 인하여 국내생산위축 속도가 산업구조 고도화 속도를 능가할 경우에 발생한다.

특히, 기업들이 생산시설을 비용이 낮은 지역으로 이전함으로써 높은 임금을 받는 직장이 줄어들어 정부는 산업기반의 쇠퇴, 실업증가, 실질임금의 감소 등의 문제를 안게 된다는 것이다. 그러나 Ruigrok와 Tulder 이러한 우려를 뒷받침할 만한 증거가 있는 것은 아니라고 주장한다. [9]

첫째, 실제로 정부는 아직도 국내에 신규 공장을 설립하려는 외국기업에 대해서는 물론 국내기업에 대해서도 계속 큰 권한을 행사하고 있다.

---

8) 밴드웨곤 효과(bandwagon effects)는 미국의 서부 개척 시대에 앞서 달리는 역마차의 행로를 따라 모든 일행이 따라 달리는 현상처럼 남의 행동을 따라 하는 효과를 말한다.

9) W. Ruigrok and R. V. Tulder, The Logic of International Restructuring(London : Routledge, 1995), pp.156-159.

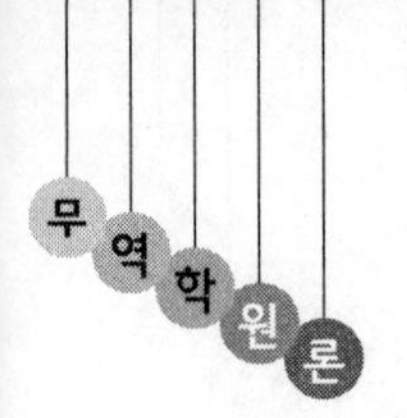

둘째, 노동비용이 생산비에서 차지하는 비중이 감소함에 따라 비관론자들이 우려하는 것처럼 산업공동화가 발생하는 것이 아니라 오히려 지역세계화 전략이 촉진되고 있다. 셋째, 고도의 인력자원과 높은 생산성을 유지하는 지역에 대한 투자는 감소하는 것이 아니라 오히려 증가하고 있다.

넷째, 세계의 어떤 기업도 진정한 세계화나 국경 없는 기업이 된 적이 없고 또한 그들이 근본적인 변화과정에 있다는 조짐이 없으며 오히려 기업은 일반적으로 모국과 강력한 연관성을 지니고 있다.

3.4 해외직접투자의 제이론

제2차 세계대전 전까지의 해외투자의 대부분이 간접투자 형태로 이루어 졌으며 이에 대한 이론적인 설명도 단순히 국제장기자본이론만으로도 가능하였다. 그러나 1950년대 말 이후 해외직접투자가 급증하고 다국적 기업의 존재가 국제경제사회에서 중요한 문제로 부각됨에 따라 해외직접투자의 현상을 규명하려는 전통적인 이론적 배경만으로는 불충분하였다. 이에 따라 해외직접투자의 현상을 규명하려는 이론들이 여러 가지 관점에서 제시되었다.

지금까지 제시된 해외직접투자에 대한 이론을 국제자본 이동론적 관점, 산업조직론적 관점, 국민 경제적 관점으로 대별하여 설명하고자 한다.

1) 국제자본이동이론

(1) 이자율격차이론

이자율격차이론(differential return theory)은 맥두갈(MacDougall) 과 캠프(Kemp) 등이 주장한 이론으로써 국가 간의 자본의 한계생산력 차이 때문에 국제적인 자본 이동이 발생된다는 이론이다. 즉, 상대적으로 자본의 공급이 풍부하여 자본의 수익률(한계생산력)이 낮은 국가에서 수익률이 높은 국가로 이동함으로써 해외직접투자가 발생된다는 이론이다. 국가 간의 자본의 이동은 이자율이 낮은 자본잉여국가로부터 이자율이 높은 자본 부족국으로 이동하게 되며 이때 두 국가 사이에 자본의 한계 생산성이 같아질 때까지 계속 이동한다.

결국 국제적으로 자본의 이동이 자유롭다면 자본의 한계생산성은 국제적으로 균일하게 되고 전 세계의 총생산량은 증대하여 각국의 후생을 증대시킨다는 것이다.

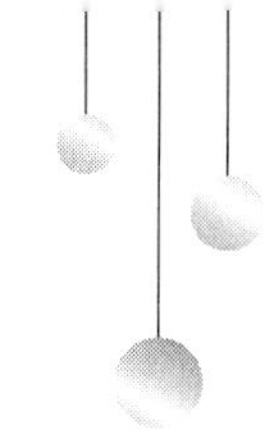

그러나 해외직접투자는 단순히 금융자산의 이동뿐만 아니라 생산기술, 경영기법 등 제 자원이 포괄적인 형태로 국가 간에 이동을 수반한다. 즉, 본 이론은 금융자산의 이동과 직접투자를 구분하지 못하는 한계를 지니고 있고 또한 직접투자와 함께 수반되는 기술이전 등 제 자원의 이동에 대한 충분한 설명을 하지 못하고 있다.

(2) 통화지역이론

통화지역이론(currency theory)은 알리버(Aliver)와 아가왈(Agarwal, 1980) 등이 주장한 이론으로써 투자국의 기업이 환율이나 통화가치의 차이 등에 의해서 피투자국 기업보다 유리한 위치에 있으므로 비교우위를 누린다고 한다. 즉, 일국의 통화가치가 높아질수록 그 국가의 기업들이 해외직접투자에 참여할 가능성이 크며 외국기업들의 자본이 그 국가로 진출할 가능성은 적어진다고 보는 이론이다.

이 이론은 자본시장에서의 주식가격과 환율리스크와의 관계 등에 근거하고 있으며 많은 국가의 자료 분석에 의하여 이 가설이 지지 받고 있는 것으로 나타났다.

알리버(Aliver)[10]에 의하여 주장된 통화프리미엄이론은 여러 지역에서 생산 또는 판매를 담당하는 기업은 다양한 통화로 표시된 자금을 화보할 수 있어 기회와 위험에 관한 정보를 입수할 수 있는 기회가 상대적으로 많다. 또 세계의 금융 중심지에서 많은 금융기관들과 접촉할 기회가 제공된다. 따라서 이러한 기회를 이용하면 외환거래에서 보다 유리한 통화를 손쉽게 확보할 수 있기 때문에 해외직접투자가 발생한다는 것이다.

(3) 포트폴리오이론

포트폴리오이론(portfolio theory)은 라가지(Ragazzi), 스티븐스(Stevens) 등에 의하여 주장된 이론으로써 기업이 위험을 최소화하기 위해 자본을 해외로 분산 투자한 결과로 인하여 해외직접투자가 발생한다는 것이다. 즉, 투자자가 자본의 이자율 또는 수익률뿐만 아니라 기업의 위험을 최소화하기 위하여 자본을 해외로 분산 투자한 결과 해외직접투자가 발생된다는 것이다.

자본이동은 분산을 고려한 기대수익율의 함수이므로 투자는 상대적으로 기대수익률이 높고 수익률의 분산이 낮은 지역으로 이루어진다.

포트폴리오이론은 이자격차이론에 위험이라는 설명요인을 부가시킴으로써 이자율격차이론이 설명하지 못했던 부분, 즉 해외직접투자의 유입과 유출이 동시에 이루어지는

10) R. Z. Aliber. "A Theory of Direct Foreign Investment," in *The International Corporation,* Charles P. Kindleberger, ed.(MIT Press,1970).

상호투자의 경우도 설명할 수 있게 되었다.

2) 국민경제적 접근이론

(1) 고지마(小島 淸)이론

고지마 이론에 의하면 해외직접투자는 투자국에서 이미 비교열위에 있거나 비교열위화되고 있는 한계산업을 중심으로 투자하되 현지국에서는 현재적 또는 잠재적인 비교우위를 갖는 산업으로부터 순차적으로 투자가 이루어져야 한다는 것이다. 이를 비교우위원리 또는 내용에 따라서는 한계적 산업진출론이라고도 한다.

그리고 고지마는 해외직접투자를 무역 지향형 직접투자와 역무역 지향형 직접투자로 구분하여 설명하고 있다. 미국형 해외직접투자는 독점적 우위를 활용하거나 무역장벽을 회피하기 위하여 이루어지는 것이 대부분이다. 즉, 미국의 해외직접투자는 역무역 지향형이기 때문에 미국의 비교우위를 약화시키고 국제수지의 악화, 고용감소 등 산업구조를 왜곡시키게 된다.

일본형 해외직접투자는 국민경제활동의 일환으로서 ① 일본에서 필수불가결한 자원의 확보, ② 개발도상국에서 비교우위를 갖는 기계설비, 반제품 등 생산재의 수출 촉진, ③ 일본의 노동력 부족, 고임금 등으로 비교우위를 잃어가는 섬유, 잡화 따위의 개발도상국으로의 이전 등 무역 지향형 동기에서 발생하고 있다.

이러한 해외직접투자는 일본의 비교우위를 보완시켜줄 뿐만 아니라 현지국의 비교우위요소를 이용함으로써 산업구조를 고도화시켜 양국간의 교역을 증대시켜준다. 따라서 국제분업론에 입각하여 본국에서는 상대적으로 비교열위 산업이지만 현지국에 이전함으로써 비교우위를 누릴 수 있는 산업에서 해외직접투자가 이루어져야 한다는 것이다.

(2) 오자와(小澤輝智)이론

오자와의 주장에 의하면 일본 국내의 생산요소의 희소성, 증가하는 환경적 제약 및 주요 산업자원의 공급과 관련하여 증가하는 불확실성 등과 같은 거시적 요인에 의하여 해외직접투자가 발생한다는 것이다.

오자와는 고지마의 이론을 확장하여 독과점의 우위가 없는 일본 기업의 경우 개발도상국에 대한 해외직접투자가 더욱 활발하게 일어난다고 하였다. 이것은 경쟁적인 산업에 있는 어느 한 기업이 개발도상국에 투자를 하면 이에 자극을 받은 경쟁기업들이 좀 더 유리한 부존요소가 있는 개발도상국에 해외직접투자를 한다는 것이다. 즉, 일본의

경우는 어느 특정 산업이 경쟁적일수록, 즉 산업의 과점적 성격이 약할수록 해외직접투자가 활발하게 일어난다는 것이다.

오자와는 미국 및 기타 선진국 다국적기업의 해외직접투자에는 미시 경제적 요인, 일본의 경우는 내부구조조정 등의 거시적 경제적 요인이 크게 작용하였다고 주장하였다.

3) 산업조직론적 이론

(1) 기업성장이론

기업성장이론(theory of business growth)은 콜데(Kolde)가 주장한 이론으로서 해외직접투자를 기업성장의 자연발생적인 결과로 보는 이론이다.

기업은 성장함에 따라 그 사업영역을 국내시장에서 해외시장으로 확대해 나가는 데, 사업 영역의 국제화 정도에 따라 기업형태는 수출기업, 다국적기업, 세계기업의 단계를 거치면서 발전해가며 해외직접투자의 활동도 이러한 성장의 과정을 거치면서 활발히 이루어진다. 즉, 기업은 제1단계로 제품수출, 제2단계로 현지국에 판매·서비스·저장시설확충, 그리고 제3단계로 해외직접투자에 의한 현지·생산의 단계로 확대해 나간다.

이 이론은 해외직접투자의 현상을 설명함에 있어 가장 먼저 제기되었을 뿐만 아니라 아직까지도 설득력 있는 이론으로 평가받고 있다.

(2) 과점경쟁이론

시장의 과점적 경쟁을 해외직접투자 이론에 접목시킨 시도는 하이머였다. 그는 자국시장 내 과점적 경쟁 구조를 탈피하거나 유리한 위치를 점하기 위해 해외에 직접 조정이 가능한 생산시설을 설립하는 경우에 해외직접투자가 발생한다고 하였다.

패드릭 닉커보커(Federick Knickerbocker)은 버논의 이론을 해외직접투자의 지역적 패턴 현상을 설명하는 데 적용한 이론이다.

니커보커는 과점적 경쟁이론(oligopolistic reacton theory)은 어떤 산업에 있어서의 과점기업들의 해외직접투자는 그 산업의 선도적 기업과 경쟁기업 사이의 행동-반응의 형을 따라서 이루어진다는 것이다.

이때 과점 시장 내 선도기업의 행위를 모방하는 과정에서 동반투자가 확대되어 해외직접투자가 특정지역에 쏠리는 현상이 나타난다. 이는 자신의 계획에 의한 투자라기보다 상대 경쟁자가 특정지역에 진출함으로써 이를 견제하기 위한 동종 산업의 기업들이 특정 투자대상국에 집중적으로 몰리는 현상이 나타난다. 이를 밴드웨건 효과(band

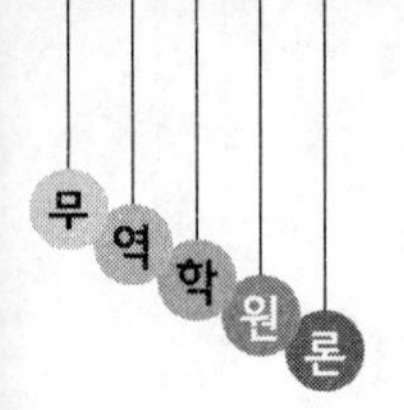

wagon effect)라 한다.

특히, 과점기업들은 소수이기 때문에 상대 경쟁기업의 움직임에 민감한 반응을 보이며 의사결정에 있어서도 선도 기업을 추종하는 강력한 상호의존성을 갖고 있으며 이것은 과점기업이 갖는 본질이며 이로 인해 과점기업의 독특한 행동이 나타나게 된다.

즉, 과점기업이 신제품을 도입하여 경쟁상 우위의 확보, 새로운 시장의 진출 또는 새로운 원료공급원을 획득하려고 하는 경우 경쟁기업은 반작용을 보이게 된다.

이처럼 과점산업에서는 차별화된 제품이나 동일한 제품을 취급하는 몇몇 소수 거대기업들이 시장을 완전히 지배하기 때문에 해외직접투자는 경쟁기업 상호간의 작용-반작용에 의해서 상호의존적으로 이루어지게 된다.

우리나라의 삼성전자가 영국에 복합단지를 세우자 LG전자기 이에 대응하여 영국에 투자를 한 경우라든지, 일본의 Honda가 미국과 유럽에 진출하자 Toyota와 Nissan이 즉각적인 반응을 보여 진출하고 미국의 Chrysler가 GM이나 Ford의 해외진출을 뒤이어 해외에 진출했던 예가 이에 해당된다.

〈표 7-1〉 일부산업의 과점화 현상

품목		시장점유율	기업명
휴대폰		86.4%	노키아, 모토롤라, 삼성전자, LG전자, 소니에릭슨
TV	액정	66.2%	소니, 삼성전자, 필립스, 샤프, LG전자
	플라즈마	75.6%	마쓰시타, 삼성전자, LG전자, 필립스, 히타치
자동차		57.5%	GM, 도요타, 포드, 르노-닛산, 폴크스바겐

자료 : 삼성경제연구소,『2007 글로벌기업동향』, CEO Information, 587호(2007. 1. 17)

이 이론은 1950년대와 1960년대에 이루어진 선진국간의 상호투자와 동일 업종 내의 많은 미국기업들이 단기간에 같은 투자대상국에 직접투자를 하는 현상을 잘 설명해 주고 있으나 선도기업의 최초투자에 대한 설명을 못하는 단점이 있다.

(3) 독점적 우위이론

독점적 우위이론(monopolistic advantages theory)은 하이머(S. Hymer), 킨들버거(C. P. Kindleberger), 케이브즈(R. Caves) 등에 의하여 주장된 이론이다.

이 이론은 국제기업이 현지기업과 비교하여 불리한 입장에 놓여 질 수밖에 없음에도 불구하고 이러한 불리한 점을 극복하고 현지기업과의 경쟁에서 우위를 선점하기 위해서

는 현지기업이 갖고 있지 못한 기업특유의 우위(firm-specific advantage) 요소가 있어야 현지기업과의 경쟁에서 이길 수 있다는 데 초점을 두고 해외직접투자를 설명하고 있다.

즉, 국제기업은 현지기업과 비교하여 여러 가지 불리한 입장 즉, 외국비용을 유발시킨다. 이러한 외국비용을 상쇄하고도 현지기업과의 경쟁에서 이길 수 있는 독점적 우위요소를 보유함으로서 보다 많은 이익을 얻을 수 있기 때문에 해외직접투자가 발생한다는 것이다.

하이머(S. H. Hymer)는 해외직접투자를 설명하기 위해서는 다음과 같은 두 가지 점에 대한 규명이 먼저 이루어져야 한다고 하였다.[11]

첫째, 해외직접투자로 해외에 진출하는 기업은 현지기업이 보유하고 있는 본래적인 우위를 상쇄하고도 현지에서 충분히 성공적으로 사업 활동을 수행할 수 있을만한 어떤 특별한 우위요소(특허, 지식 등)를 소유하고 있어야 한다.

둘째, 이러한 우위요소를 현지기업에게 판매할 만한 시장이 불완전하다는 것이다.

그는 현지기업이 외국기업보다 제반 사업 환경에 대해 보다 더 좋은 양질의 정보를 갖는다고 가정함으로써 완전경쟁의 가능성을 배제하고 있다. 즉, 현지기업에 비해 소비자기호, 사업 활동에 관련된 법적·제도적 장치, 현지인들의 경영 관습 등의 지식에 대해 불리한 입장에 놓여있는 외국기업이 현지에서 성공적으로 기업 활동을 수행하기 위해서는 이러한 점을 극복하고도 경쟁에서 이길 수 있는 기업특유의 독점적 우위능력을 소유해야 한다는 것이다.

기업의 독점적 우위요소(monopolistic advantage)는 기업이 장기간의 투자를 통해서 기업 내부에 축적되어 있는 우수한 지식으로써 그 기업과 분리하기 어려운 기업특유의 성격을 갖고 있다. 기업특유의 우위요소는 저렴한 자본조달비용, 상표, 기술에 관한 노하우, 마케팅 능력, 경영관리기법 및 규모의 경제 등이 있으며 이 우위요소는 특정기업에 한정되고 기업 내에서 국경을 넘어 쉽게 이동이 가능해야 한다.

그리고 킨들버거(C. P. Kindleberger)는 해외직접투자가 이루어지기 위한 시장의 불완전 요인은 제품시장의 불완전성, 요소시장의 불완전 요인, 규모의 경제, 정부의 규제가 있다고 한다.[12]

---

11) S. H. Hymer, *The International Operations of National Firms : A Study of Direct Foreign Investment,* (Cambridge, Mass., MIT Press, 1970)

12) C. P. Kindleberger, *American Business Abroad : Six Lectures on Direct Investment,* (New Haven and London, Yale University Press, 1960),p.4.

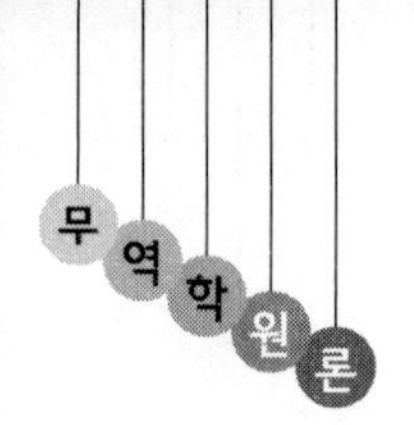

① 제품시장의 불완전성은 제품차별화, 특수한 마케팅 기법, 재판매가격유지제도, 관리기능 등이 있다. ② 요소시장의 불완전 용인은 특허제도, 기술 획득 및 자본조달상의 불평등, 경영자의 능력 차이가 있다. ③ 규모의 경제요인은 내외부적 규모의 경제와 수직적 통합이익이 있다. ④ 정부의 규제는 조세, 관세, 이자율, 환율에 대한 정부의 정책, 특정산업에 대한 진출 및 진입규제 등이 있다.

예를 들어 IBM, Nestlé, Coca-Cola, Sony, Caterpillar 등과 같은 기업들은 고도의 기술력이나 마케팅기법, 강력한 브랜드 등을 이용하여 아시아, 유럽, 남미, 북미 등에 공장을 설립하여 현지에서 제품을 생산·판매하고 있다. 그리고 〈표 7-2〉는 기업특유의 독점적 우위요소를 보유하고 있는 대표적인 기업들이다.

〈표 7-2〉 기업특유의 독점적 우위요소

독점적 우위요소	내 용	대표적인 기업
기술상의 우위	혁신개발능력, 신제품개발능력, 제품차별화능력	IBM, Sony, Xerox, Apple
유명상표	유명상표 개발 및 성가유지능력	RCA, Levi's
규모의 경제	대량생산 방식에 의한 단위당 생산비절감능력	Ford, Boeing
마케팅노하우	특수한 마케팅기법 개발 및 활용능력	Coca-Cola, Glaxo
연구개발능력	신제품개발체제, 특허 및 노하우개발능력	IBM, Sony
생산능력	생산설비의 현대화 및 높은 수준의 생산성 확보능력	Toyota
인적자원관리능력	효과적인 교육훈련 및 유능한 직원확보능력	IBM
자본조달, 관리능력	국제적으로 저렴한 자금 조달능력	AT&T, IBM

(4) 제품수명주기이론

제품수명주기이론(theory of product life cycle)[13]은 버논(R. Vernon)에 의하여 제시되고[14] 허쉬(S. Hirsh), 웰즈(Wells) 그리고 스토바하(Stobaugh) 등에 의해 발전된 이론으로써, 제품의 수명주기에 따라 동태적인 관점에서 선후진국간의 기술 격차와 제품수

13) R. Vernon and L.T. Wells, The Economic Environment of International Business, 4th ed.(Englewood Cliffs, NJ: Prentice-Hall, 1986)

14) R. Vernon, "International Investments and International Trade in the Product Cycle," Quarterly Journal of Economics(May, 1960), pp.190-207.

명주기에 따른 기업의 시장전략변화에 착안하여 해외직접투자를 설명하는 이론이다.

이것은 신제품이 출현되어 성숙제품단계, 표준화제품단계, 그리고 쇠퇴기에 이르기까지의 시간의 경과에 따라 그 기업의 입지결정과 결부시킨 이론으로써, 해외직접투자를 제품의 수명주기와 관련된 자연적 과정으로 보고 있다.

첫째, **도입기**(new product stage) : 신제품의 도입은 강한 잠재적인 수요를 갖고 있는 선진국시장에서 주로 발생하며 기술적으로 제품 생산이 불안한 상태에 있다. 그리고 제품의 차별성 및 생산기업의 독점적 성격으로 수요의 가격 탄력성이 낮다. 또한 생산비용이 높고 수요가 낮더라도 생산입지에 따른 비용 차이가 크지 않기 때문에 신제품을 개발한 기업은 국내에서 생산을 하는 것이 유리하다. 이러한 생산입지는 신제품의 도입초기 단계에서는 소비자들의 기호를 민첩하고 정확하게 파악하여 그의 욕구에 적합한 제품을 생산할 수 있는 이점도 있다.

둘째, **성장기**(growing product stage) : 이 시기에는 기술의 변화가 여전히 이루어지나, 보다 안정적이고 시간이 경과함에 따라 점차 제품 및 공정의 표준화가 이루어져 생산비용이 낮아지고 대량 생산으로 인한 규모의 경제적 이익을 얻을 수 있다. 그러나 신규경쟁기업의 참여로 인한 경쟁의 격화로 생산비용이 그 제품의 중요한 문제로 대두된다. 또한 기타 선진국 및 선발개발도상국들도 모방이나 특허도입 등의 방법으로 수입대체생산을 통하여 국내수요에 충당하게 된다. 이 때 수입국에서는 수입대체산업을 보호하기 위한 관세장벽 등 무역장벽이 대두하게 된다. 이에 따라 수출국 기업은 기존 수출시장의 상실의 위험 때문에 해외직접투자를 하게 된다.

셋째, **성숙기**(maturing product stage) : 이 단계에서는 생산제품이 표준화되며 생산기술의 개발도 거의 한계점에 도달하게 된다. 이때는 시장정보나 경영기술보다는 생산비가 제품의 경쟁력을 유지·강화시키는 중요한 핵심 사항이 된다. 따라서 생산입지는 임금이 보다 저렴한 개발도상국으로 이전하게 되고 이에 따라 해외직접투자가 발생하게 된다.

즉, 신제품이 출현하여 상기와 같은 순환과정이 이루어지는 과정에서 해외직접투자가 발생하게 되고, 해외로 이전한 자회사로부터 역수입하는 현상이 나타나게 된다.

결론적으로 선진국 기업들이 신제품을 개발한 후 그 제품이 점차 성숙단계에 접어들면서 이들 제품의 생산비용이 낮은 개발도상국으로 생산시설을 이전하는 과정에 따라 무역의 패턴이 결정되고 해외직접투자가 발생한다는 것이다.

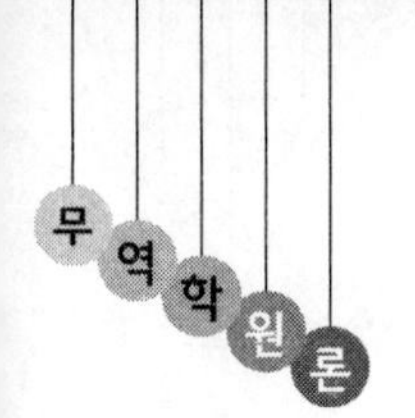

〈표 7-3〉 생산순환주기

제품수명 주기	본국에서의 활동	A(선진국)	B(중진국)	C국(개발도상국)
도입기	- 국내투자, 국내생산·판매 - 표준화이행 - 제품수출 - 기술수출 - 기업진출			
성장기		- 제품수출 - 기업진출		
성숙기			- 제품수출 - 기업진출	
쇠퇴기	- 신제품의 대체 - 기존제품이 수입			

자료 : R. Vernon, "International Investments and International Trade in the Product Cycle," Quarterly Journal of Economics(May, 1960), pp.202.

(5) 내부화 이론

내부화 이론은 코스(R. H. Coase)의 연구로부터 시작되어 윌리암슨(O. E. Williamson)에 의하여 체계적으로 계승 진행되었고, 이를 바탕으로 버클리(P. J. Buckley)와 카슨(M. Casson)은 해외직접투자에 내부화의 개념을 처음 도입하였으며, 그 후 러그만(A. M. Rugman)은 내부화 이론을 더욱 심화 발전시켰다.

내부화 이론(theory of internalization)은 국제기업이 지식시장의 불완전성에 기초하여 정상적인 시장거래를 통하여 이루어지는 여러 가지 외부시장 기능을 국제기업 체계 내에 내부화하여 내부시장을 창출하는 과정에서, 이러한 시장의 내부화가 국경을 초월하여 이루어지는 경우에 해외직접투자가 발생한다는 이론이다.

여기서 시장거래 또는 시장기구란 외부시장에서 소유권이 교환을 통해서 이루어지는 정상적인 거래를 의미하고 내부거래(internal transaction)란 기업조직 내에서 이루어지는 거래로서 소유권이 이전되지 않는 개념상의 거래를 의미한다.

이 이론은 해외직접투자의 현상을 시장 기구를 통하여 수행되는 여러 가지 외부시장 기능을 국제기업 체계 내에 내부화하는 것과 관련하여 설명하려는 이론으로서 국제기업이 시장의 불완전성으로 인한 거래비용을 회피하기 위하여 만일 기업 내에서 거래

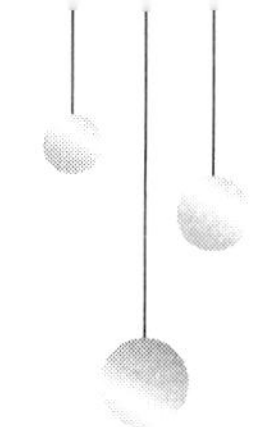

비용이 낮으면 외부 시장기능을 대신하여 그 거래를 내부화하게 된다.

버클리와 카슨은 기업이 내부화의 이익을 얻을 수 있는 한경이 지식관련 시장이라고 한다.[15] 또한 지식 이외에 내부화가 유리한 시장으로는 부패가능성이 있는 농산물, 자본집약적인 제조공정상의 중간재, 매장이 지리적으로 집중되어 있는 원료 시장을 들고 있다.

내부화 이론은 중간재 시장의 불완전성, 지식 및 기술시장의 불완전성, 자본시장의 불완전성에 대하여 기업이 어떻게 대응하는가를 설명한 것으로써 시장의 불완전성만 가정한다면 어느 경우의 해외직접투자에도 적용될 수 있는 이점을 가지고 있다.

그리고 기업의 중간생산물들은 반제품이 아니라 한 산업에서 다른 산업으로 이어지는 준가공 원료의 성격을 띤 것들로서 전형적으로 특허나 인적자본 등에 체화된 지식 및 숙련 등과 같은 형태를 취하고 있는 것이 일반적이다.

그리고 버클리와 카슨은 내부화의 동기가 이루어지는 불완전시장의 발생요인을 첫째, 제품의 특성, 외부시장구조와 같은 산업특수적인 요인(industry-specific factors) 둘째 지리적 특성, 사회적 특성과 관련된 지역특수적인 요인(region-specific factors) 셋째 관련 국가 간 정치, 경제적요소와 관련된 국가특수적요인(nation-specific factors) 넷째, 내부시장을 조직할 수 있는 경영능력과 같은 기업 특수적 요인(firm-specific factors)으로 구분하고 있다.[16]

(6) 절충이론

영국의 경제학자 더닝(J. H. Dunning, 1988)의 절충이론(eclectic theory of international production)[17]은 독점적 우위이론과 내부화 이론에 투자 방향을 설명하는 입지이론을 통합한 이론이다.

즉, 기업특유의 우위요소(ownership-specific advantages)와 내부화 우위요소(inter nalization incentive specific advantages) 및 입지특유의 우위요소(location specific advantages)에 의하여 해외직접투자가 결정된다는 것이다. 절충이론의 구조는 〈표 7-4〉와 같다.

---

15) P. J, Buckley and M. Casson, *The Future of Multinational Enterprise,* (London and Basingstoke, The Macmillan Press, 1976.

16) P. J, Buckley and M. Casson, *op. cit.*

17) John H. Dunning, *Explaining International Production,* (London : Unwin Hyman,1988).

〈표 7-4〉 절충이론의 구조

경쟁우위요소	내 용
기업특유의 우위요소(owership-specific advantages)	① 기업특유의 지식기반 ② 경영능력, 마케팅능력, 재무적 능력 ③ 수직적 통합능력(원자재와 시장에 대한 통제권) ④ 위험분산의 가능성
내부화 우위요소 (internalization incentive-specific advantages)	① 거래비용의 절감 ② 구매자에 대한 불확실성의 제거 ③ 정부규제의 극복
입지특유의 우위요소 (location-specific advan tages)	① 국내시장의 규모와 경쟁구조 ② 국가의 요소 부존량과 기술수준(생산함수) ③ 정부의 지원과 규제 ④ 치적 위험과 문화적 특성

자료 : 박기안외, 국제경영론, 무역경영사, 2001, p.98.

이 이론에 의하면 기업특유의 우위요소를 외부시장에서 접근하는 것보다 내부화하는 것이 유리할 때, 기업은 라이센싱 방식을 버리고 수출이나 해외직접투자를 하게 되고 또한 자본, 기술, 경영기법 등을 해외로 이전하여 현지의 생산요소와 결합하는 것이 국내생산보다 유리할 때, 즉 입지적 우위가 있을 때 기업은 수출 대신 해외직접투자를 한다는 것이다. 그리고 기업의 해외직접투자는 다음과 같은 세 가지 조건에 의하여 결정된다고 한다.

첫째, 기업이 특정시장에서 수출하기 위해서는 타기업에 비하여 소유적 특유의 우위를 보유해야 한다. 이러한 소유적 특유의 우위는 대체로 무형자산으로 구성되며 기업은 이를 일정한 기간 자사에 특유하게 또는 배타적 형태로 보유해야 한다. 즉, 기업특유의 우위요소가 있어야 한다.

둘째, 기업이 기업 특유의 우위요소를 외국기업에 임대 또는 판매하는 것보다 이를 직접 이용함으로써 얻는 이익이 더 커야한다. 즉, 내부화의 이익이 다른 대체적인 이용방법으로부터 얻어지는 이익보다 더 커야 한다. 즉, 내부화 우위요소가 있어야 한다.

셋째, 기업특유우위요소와 내부화 우위요소들을 현지국의 생산요소, 기업특유우위요소와 결합하여 이용하는 것이 더 이익이 되어야 해외직접투자가 발생한다는 것이다. 즉, 입지특유 우위요소가 이 세 번째 조건이 충족되지 않으면 해외시장에의 공급은 수출에 의존하게 된다.

이상에서 살펴본 해외직접투자의 결정요소와 해외시장에의 개입방식과의 관계는 다음의 〈표 7-5〉와 같다.

〈표 7-5〉 기업의 해외시장 개입방식과 그 결정요소

결정요소 / 개입방식	advantages		
	기업특유의 우위요소 (owership)	내부화 우위요소 (internalization)	입지특유의 우위요소 (foreign location)
해외직접투자(foreign direct investment)	○	○	○
수출(exports)	○	○	×
간접적인 자원이동방식 (portfolio resource transfers)	○	×	×

3.5 해외직접투자의 동기

기업들의 경영전략, 자본·기술·인적 등의 제 자원의 보유 정도, 원부자재의 조달 능력 등과 각국의 산업구조, 자연자원 등 제 자원의 보유 정도, 노동력 수급과 임금 수준 등 제 경영환경 등이 국가 마다 서로 상이하다. 따라서 각 개별기업들의 해외직접투자는 어느 한 가지의 원인에 의하여 발생하는 것이 아니라 상술한 바와 같은 제 자원의 보유 정도 및 활용도 그리고 피투자국의 투자유치정책 등의 투지환경이 결합되어 투자가 이루어진다. 따라서 해외직접투자의 동기는 개별기업의 경영전략 및 투자 목적 등이 복합적으로 작용하여 투자가 이루어진다.

해외직접투자의 동기는 시장지향형(market oriented), 생산요소지향형(production factors oriented), 원료지향형(natural resource oriented) 지식지향형(knowledge oriented)이 있다.

(1) 시장지향형

시장지향형(market seekers)투자는 상대국의 무역장벽이 클 때 이를 회피하여 기존의 수출시장과 판매량을 계속 유지하기 위한 목적이나 제3국의 새로운 해외시장을 개척하기 위한 목적으로 이루어진다. 일반적으로 특정 수입국이나 지역시장의 중심지가 되는 국가에 직접 투자하여 현지 생산 및 마케팅 활동을 전개한다.

특히 국제기업들이 특정국가의 시장 또는 지역시장의 규모와 잠재력이 크고, 또는 기

술상의 비교우위 및 규모경제의 이점을 활용할 수 있는 현지국 및 제3국의 시장 개척을 목적으로 한다.

LG전자가 1981년 미국의 덤핑방지관세 등의 수입제한조치를 취할 가능성 때문에 미국 앨러버마주의 헌츠빌에 컬러 TV 및 마이크로웨이브오븐 공장의 설립과 그 당시 삼성전자가 미국, 포르투갈 등 여러 국가에 컬러 TV, VCR 등 가전제품을 현지 생산하기 위해 직접투자를 한 경우가 이러한 유형의 해외직접투자이다.

시장 지향형 동기에는 신규 소비자에 대한 접근, 주요고객에 대한 접근, 경쟁자의 본거지 시장에 진출이 있다.

첫째, 신규 소비시장에 대한 접근은 이미 포화된 기존 시장에서 한계에 부딪칠 때 새로운 추가 이윤을 확보할 수 있는 기회를 제공한다. 코카콜라, IBM, 도요타 등이 중국시장에 진출한 이유는 13.5억 인구의 거대한 중국의 잠재시장을 확보하기 위한 전략이었다. 인구의 규모는 기업들에게 수요를 창출할 수 있는 가장 매력적인 요인이 될 수 있지만 반드시 구매력을 갖는 인구의 규모가 있어야 한다.

둘째, 주요 고객에 대한 접근이다. 산업재 시장은 부품공급업체와 조립완성 업체가 계열화되어야 한다. 이 때 주요 고객인 조입완성 업체가 해외 현지에 있는 경우에는 그 회사에 납품하기 위하여 해외시장에 진출한다. 일반적으로 국내 기업이 해외에 진출하는 경우에 원부자재를 납품하는 기업이 동반 진출하는 경우가 많이 발생한다.

예를 들어 현대자동차가 북경에 생산시설을 구축하였을 때 한국에 있던 주요 납품업체들이 함께 동반 진출한 사례가 있다.

셋째, 경쟁자의 본거지 시장에의 진출이다. 국제기업이 경쟁자가 있는 시장에 의도적으로 진출하는 경우이다. 예를 들어 미국 중장비업체인 캐터필더(Caterpillar)는 미쯔비시(Mitsubishi)와 손잡고 국제시장에서 경쟁자인 코마츠(Komatsu)를 견제하고자 코마츠의 본사가 있는 일본시장에 직접 진출한 사례가 있다.

(2) 생산요소지향형

생산요소지향형(production factors oriented) 투자는 기업들이 국가 간 이동성이 제한 또는 불가능한 노동·토지 등 생산요소의 가격이 자국보다 상대적으로 저렴한 국가에 진출하여 현지 생산 활동을 전개하는 것을 말한다. 특히 노동력이 풍부하여 임금이 저렴한 국가의 노동력을 활용할 목적의 투자를 하게 되는데, 이를 노동지향형(labor oriented) 해외직접투자라고 한다.

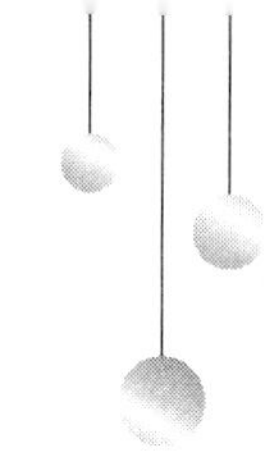

노동지향형의 해외직접투자는 무역구조를 재편성시키는 역할도 한다. 즉, 선진국의 노동임금은 개발도상국 보다 높으며 또한 매년 상승폭도 크기 때문에 이들 국가의 기업들은 자본·기술 및 지식 집약적 산업에 투자함으로서 자국 내의 전통적인 노동집약적 산업을 축소시키고 노동임금이 싼 저 임금국가로 직접투자를 하게 된다. 노동지향형의 투자 결과는 노동희소국과 노동 풍부국 간에 국제 분업을 재편성시키는 동시에 상호무역을 확대하고 조화시키는데 공헌을 하게 되며, 이러한 노동 지향형 해외직접투자를 무역재편성형(trade restructuring) 투자라고도 한다.

특히 한국 기업은 1980년대 중반 이후 국내 인건비 상승 등의 원인으로 현지의 저렴한 노동력을 활용하기 위해 스리랑카, 필리핀, 인도네시아, 태국, 중국, 북한 등 후발 개발도상국에 국내의 노동집약적 생산시설을 현지에 이전 또는 그 산업 중심의 투자는 노동지향형 투자라 할 수 있다.

1) 원료지향형 해외직접투자

원료지향형(natural resource oriented) 투자는 각종 생산원료가 풍부하고 저렴한 지역을 찾아 투자하는 것으로 원유·광물과 같은 지하자원과 산림자원, 수산자원 등의 개발을 목적으로 어느 특정 국제기업이 해외직접투자를 하여 현지국에서 자원을 개발하는 것을 말한다.

즉, 자원편재 현상을 극복하고 자원의 안정적인 공급과 가격 안정을 기하기 위하여 자원보유국에 진출하여 자원을 개발·수입하려는 투자이다.

자원개발에 투자하는 목적은 첫째, 투자기업체 자체의 본사 및 해외 자회사들의 제조활동을 지원하고자 원자재를 저렴하게 그리고 안정적으로 공급받기 위해, 둘째, 본사국의 다른 기업체에게 판매하고, 셋째, 제3국의 시장에 대한 판매 등이 있다.

자원개발투자는 일반적으로 국내에서 생산이 불가능하거나, 가능하다 할지라도 타국 산업에 비해 비교열위에 있는 경우와 또한 기업 자체의 결정에 의하기보다는 석유·석탄·철광석·목재 등 전략적 자원의 확보를 목적으로 하여 이들 자원을 해외에서 직접 개발·수입하려는 정부의 정책에 의해 많이 이루어진다.

국제기업들이 중동 산유국, 인도네시아, 브라질 등 자원이 풍부한 국가들에 대한 투자를 하는데 이는 자연자원지향형 해외직접투자의 그 대표적인 예가 된다.

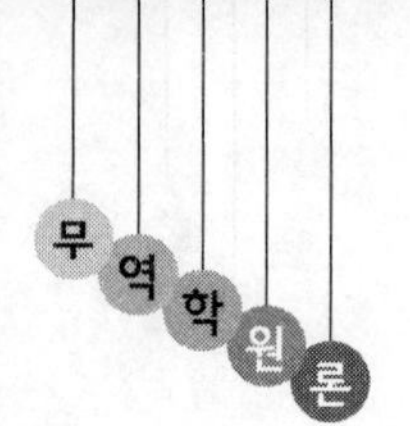

2) 지식지향형 해외직접투자

지식지향형(knowledge oriented) 투자는 선진국의 기술이나 경영노하우를 습득하기 위해 선진국에 투자하는 경우로서 미국 실리콘벨리 등에 대한 해외직접투자가 그 예에 해당한다. 이러한 형태의 해외직접투자는 고급 기술 인력이 위치하고 있는 지역에 현지 법인을 설립하여 현지의 우수한 두뇌를 활용함으로써 선진시술에 보다 더 효율적으로 접근하기 위한 것이다.

이런 지역에는 세계적 기술수준을 확보하고 있는 많은 벤처기업들이 존재하고 있다. 따라서 기업이 특정기술을 가장 빠르게 확보하여 이를 상품화하는 방법은 이런 지역에 진출하여 높은 기술수준을 확보한 기업을 인수하여 이를 내부화하는 것이다.

제8장 | 국제합작투자와 국제M&A

제1절 … 국제합작투자

1.1 국제합작투자의 개념

어느 특정 기업체가 해외자회사를 설립하여 현지에서 생산·판매 등의 경영활동을 할 때 그 자회사의 규모가 작은 것으로부터 대규모에 이르기까지 반드시 소유권의 문제가 대두된다. 이때 국제기업이 해외투자를 통하여 현지기업의 지분을 100% 소유하면 단독투자이며 100% 미만을 소유하면 합작투자가 된다. 합작기업(joint venture : J.V)은 일반적으로 2인 혹은 그 이상의 당사자가 특정 목적을 달성하기 위해 공동으로 전개하는 공동 사업체로서 국제 경영에서는 국적을 달리하는 주체간의 협력에 의하여 수행되는 기업을 말한다.[18)]

그리고 국제합작투자는 지분참여형(equity J. V)과 비지분참여형 또는 계약형(non-equity or contractual J. V)이 있다.

첫째, 지분참여형 국제합작투자는 둘 이상의 합작파트너가 특정자산을 출자하여 법적으로 독립적인 기업실체를 만들고 그들의 공헌도에 따라 이익을 배분받는 형태이거나 한 기업이 다른 기업의 지분을 부분적으로 획득하는 형태이다.

둘째, 비지분 참여형 국제합작투자는 피투자기업에 대한 자본 투자 없이 라이센싱, 유통 및 공급계약, 기술협조 및 경영관리계약등과 같이 계약에 의한 합작투자형태이다.

그리고 국제합작투자는 넓은 의미에서 볼 때 국제적인 성격의 전략적 제휴 중의 한 유형에 속하며 전략적 제휴는 흔히 자본 투자 없는 비지분 참여형 국제합작투자는 특정시점에 나타난 합작 참여 당사자 간의 관계를 해결하려는 의도를 처음부터 갖고 정

18) 小林成規, 日本の 合辨會社, (東京 : 東洋經濟新聞社, 1968) p.3.

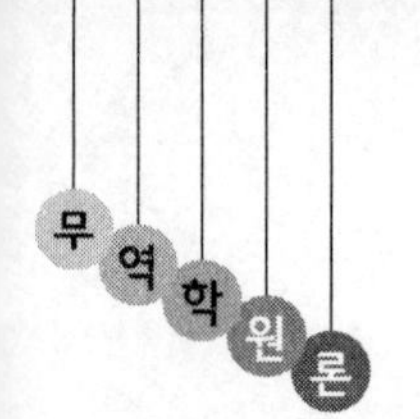

해진 기간 동안만 존속할 것을 전제로 설립된 기업실체이다.

지분 참여형 국제합작투자는 장기간에 걸친 계속기업으로 관리되는 것을 의미하며 많은 기능분야에서의 협조적인 관계가 절대로 요구된다.

콜데(E. J. Kolde)는 국제합작투자를 상이한 두개 또는 그 이상의 국가 기업들이 영구적인 기반에서 특정기업체에게 참여하는 것으로서 참여분야는 자산·자본뿐만 아니라 제조활동 특히 상표, 관리적 노하우, 기타 운영상 중요요소를 통한 모든 활동에까지 연장된다고 한다.[19]

즉, 국제합작투자는 둘 혹은 그 이상의 당사자가 특정목적을 달성하기 위하여 공동으로 전개하는 공동사업체로서 그것이 국제적인 두 개 이상의 국적을 가진 사람들의 협력관계에 의하여 수행되는 사업을 말한다. 이때 일시적인 영업상의 거래관계를 위하여 형성되는 공동사업은 제외된다.

1.2 국제합작투자의 소유권 유형

국제합작투자의 지분율은 각 파트너의 기여도 및 교섭능력에 의하여 결정된다. 합작투자기업에 자신의 독특한 기술을 제공하는 기업은 그 대가로 많은 지분을 요구하며 뛰어난 협상력을 가질수록 그 지분율을 높일 수 있다. 따라서 합작투자기업에 두 기업이 공헌할 수 있는 핵심 역량이 어느 쪽이 더 많이 보유하고 있느냐에 따라 참가자간의 지분율은 다음과 같이 세 가지의 유형으로 나눌 수 있다.

① 내국인 다수소유(majority local ownership)와 외국인 소수(minority foreign ownership), ② 내국인 소수소유(minority local ownership)와 외국인 다수소유(majority foreign ownership), ③ 내·외국인 각각 과반수 소유 즉, 50 : 50의 소유권 비율 유형이 있다.

1) 내국인 다수소유와 외국인 소수

내국인 다수소유(majority local ownership)와 외국인 소수(minority foreign ownership)의 유형 즉, 국제합작투자에 있어 주식의 50% 이상을 내국인이 소유하고 외국인 참가자가 주식의 과반수 미만을 갖는 경우이다. 형식적으로 보면 현지 참가자가 의결권을 통하여 기업을 지배할 수 있으나 실제적으로는 그 반대로 외국인 참가자가 사실상

19) E. J. Kolde, International Business Enterprise, 2nd ed., (Englewood Cliffs, N. J : Pretice-Hall, 1973), p.192.

의 경영지배권을 갖는 경우가 많다.

예를 들어 외국인 참가자가 자본적 참가 이외의 면에서도 그 공동사업체와 중요한 계약상 또는 사업상의 관계를 맺고 있으면서 외국인 참가자나 그 모회사가 공동사업체의 기술부문에 중요한 기여를 하는 경우와 현지참가자가 다수인데 반하여(특히, 주식이 공개되어 일반대중에게 분산되어있을 경우) 외국인 참가자는 1인이라도 그 외국인 참가자가 소수의 주식을 갖더라도 그 공동사업체를 지배할 가능성이 있다.

2) 내국인 소수소유와 외국인 다수소유

내국인 소수소유(minority local ownership)와 외국인 다수소유(majority foreign ownership) 유형은 외국인 투자기업 측의 소유권 비율이 과반수 이상인 반면에 현지인의 주식이 과반수 미만 소유의 합작투자이다.

국제합작투자에 있어서 외국 참가자가 주식의 과반수를 소유함으로써 그 기업의 경영권을 완전히 지배하고 있는 형태는 역사적으로 보아 당초에는 외국인의 단독투자기업체가 현지사정의 변화 또 그 기업자체 사정으로 인하여 현지인의 참여를 허용함으로써 형성되는 경우가 대부분이었다.

이와 같은 기업소유형태의 변화는 과거 식민지였던 개발도상국 지역에서 제2차 대전을 계기로 하여 민족주의적 정책의 실천에 따라 외국인 기업에 참여하거나 또는 간섭하는 경우에 흔히 발생하는 현상이었다. 이러한 점에서 보면 개발도상국지역에서의 국제합작기업형식의 공동사업체는 변화하는 선진제국간의 협력관계를 반영하는 징표가 되는 것이다.

3) 내국인과 외국인 과반수 소유

내국인과 외국인 과반수 소유유형의 국제합작투자는 정부나 민간 기업체를 막론하고 주식의 지분율을 내 외국인이 각각 50 : 50의 비율로 균등하게 소유하는 것이다. 이것은 주로 합작투자 당사자간에 1대 1의 협력관계의 차원에서 그 지분율이 결정되며 쌍방이 평등하게 의사결정권을 행사하게 되며 각 당사자가 그 회사를 대표함으로써 지분율이 불균등할 때의 합작투자보다 성공할 확률이 더 높다.

그리고 내외국인이 각각 과반수참가방식에 의한 공동 사업체는 어느 일방이 우월한 위치에 있지 않으므로 기업을 경영함에 있어 쌍방이 다 같이 동의할 수 있는 방향으로 의사결정이 이루어지고 각각의 당사자에게 사업의 성공에 대한 동동한 책임과 이해관

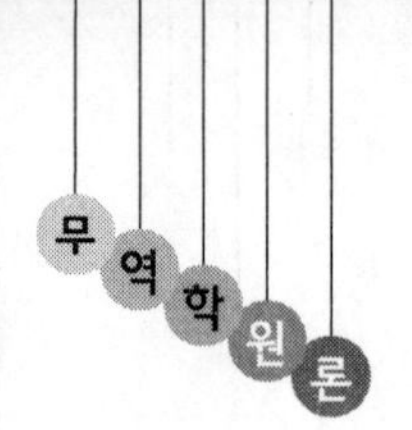

계를 갖게 된다. 특히 이것은 어느 일방이 지배권을 갖는 경우보다 양측 참가자간의 긴밀한 협동이 필요하지만 쌍방간에 기업에 기여할 수 있는 자신의 능력을 각각 보유하고 있어야 협동관계가 원만해질 수 있다.

결국 각 당사자간에 과반수 비율이든 그 미만의 비율이든 간에 합작투자의 성공 여부는 당사자간의 긴밀한 협조가 우선적으로 필요하며 또한 합작투자를 통해 자신의 약점을 강점으로 전환시켜줄 핵심역량을 이전 받아 자신의 것으로 만드는 것이 중요하다.

1.3 국제합작투자의 동기

국제합작투자는 단독투자에 대한 현지국 정부의 규제가 없더라도 투자위험의 극소화나 자신이 보유하고 있지 않은 경영자원을 외국의 파트너가 보유하고 있다든지 등의 여러 가지 요인이 복합적으로 작용한다.

그리고 경영자 입장에서 볼 때 사업규모의 확대, 기술비용의 증가, 실패했을 때 한 개의 기업이 감당할 수 있는 능력의 한계 등 몇 가지 이유 때문에 합작사업을 선택하지 않을 수 없다.

그리고 능력 있는 합작파트너 선정이 되면 그 해외파트너가 개발하는 해외시장의 이득을 적은 비용과 낮은 위험부담으로 나누어 가질 수 있기 때문에 합작투자는 매우 매력적인 전략 대안이다. 국제합작투자의 동기를 투자기업 측과 현지기업의 입장에서 보면 다음과 같다.

1) 투자기업의 동기

합작투자는 현지국의 법적 행정적 규제로 기업의 완전소유가 불가능한 경우에 주로 이루어지고 있다. 많은 개발도상국들은 자원민족주의와 종속탈피 등의 영향으로 완전소유자회사 형태의 단독투자를 회피하고 합작투자를 선호하는 경향이 있거나 또는 일부 국가에서는 법으로 외국인 기업에 대하여 일정비율로 현지의 자본참가를 요구하는 경우가 있다. 이러한 경우에는 부득이 현지 진출기업들은 합작투자를 할 수 밖에 없다.

그리고 합작투자 기업은 수용국 현지의 정치·경제적 불확실성이 존재하는 경우에도 외국기업이 아닌 현지기업이라는 점에서 몰수, 추방 또는 국유화 등의 위험을 최소화시킬 수 있다.

일반적으로 국제합작투자의 동기는 ① 현지합작선이나 정부가 제공하는 배당, 경영,

세제 혹은 외환관리 면에서의 특혜조치 ② 투자자본의 절감 ③ 경영활동 상의 위험경감 ④ 인적 자원절약 ⑤ 현지종업원이 사기 앙양 ⑥ 현지국의 저렴하고 풍부한 노동력 이용 ⑦ 현지의 풍부한 천연 자원 이용 ⑧ 제품 판매 시장의 확대와 유지 ⑨ 경제협력의 일환 ⑨ 현지국정부나 국민과의 관계 개선 등이 있다[20].

또한 신제품이 개발되어 시장에 제품화되는 데 소요 시간은 경쟁이 치열해짐에 따라 수십 년간 계속 단축되어 왔다. 특히 시간에 의한 경쟁우위가 중요해짐에 따라 경쟁기업에 비해 빨리 신제품을 개발하여 경쟁기업이 신제품을 출현시키기 전에 더 빠르게 시장에 진입시키는 것이 중요한 문제이다. 개별기업이 모든 경영자원을 갖고 있다고 하더라도 여러 기업들이 자원을 공유하고 있는 경우가 단독으로 개발하는 경우에 비해 훨씬 빨리 시장에 진입할 수 있다. 따라서 기업들이 필요한 모든 경영자원을 보유하고 있지 못한 상태에서 신규사업에 진출할 경우에는 전략적 제휴나 합작투자를 통하여 신속한 시장 진입을 도모할 수 있다.

2) 현지기업의 동기

일반적으로 합작투자를 수용하는 현지기업들은 선진기술이나 경영 및 마케팅 know-how 등의 습득과 일부 특정 산업에 대해 정부가 단독투자를 불허하는 경우에는 합작투자를 행할 수밖에 없다.

현지국 입장에서 볼 때 외국인 투자가에 의한 특정산업이나 집단적으로 전체 경제의 장악과 정치적 영향력 행사를 제거할 수 있다.

국제합작투자에 참여하는 현지기업의 동기는 ① 외국자본에 의한 자본력 증가 ② 기업신용의 제고를 통한 금융조달의 용이성 ③ 선진 경영기법, 제조·판매 기술의 효율적인 습득 ④ 현지국 정부의 외자도입촉진정책에 따르는 법적·행정적인 특혜조치의 수혜 ⑤ 외국과 협력관계증진 ⑥ 해외마케팅활동의 촉진 등이 있다.[21]

또한 합자투자는 기업 규모의 확대를 통한 고용증대는 물론 경영성과에 따른 이익배당금의 송금과 외국자본의 상환을 최소한으로 감소시킴으로써 현지국의 국제수지에 기여한다.

---

20) 어윤대외, 국제경영, 학현사, 1998, p.366.

21) 상게서, p.367.

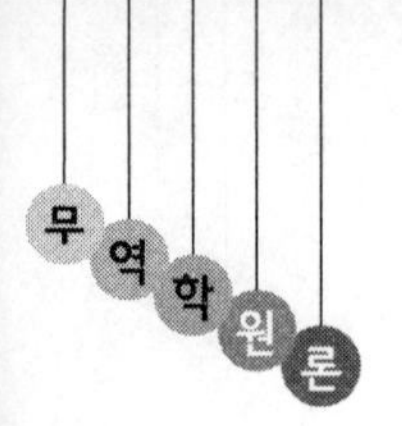

1.4 합작투자의 문제점

국제기업은 상이한 정치·경제·사회·문화 등 제 환경이 서로 상이한 국가나 지역 내의 국민경제 속에서 경영활동을 통해 재화와 용역을 창출해야 한다. 따라서 국제기업은 내수기업과는 달리 불리한 점을 극복해야 되는 많은 어려운 문제에 직면하게 된다. 합작투자의 경우에 특히 문제가 되는 것은 합작파트너의 선정과 함께 입지선정, 상이한 경제·경영구조에서 파생되는 시장 및 관리상의 문제라고 할 수 있다.

1) 입지선정의 문제

적절한 입지를 선택하기 위해서는 비용정책의 관점, 경제·사회 정책적 관점 그리고 법률적 관점에서의 분석이 필요하다.

(1) 비용정책의 관점

합작기업의 최적입지는 우선 비용절감, 경제성과 경쟁력의 제고라는 관점에서 분석되어져야 한다. 이 때 고려요인은 에너지 비용, 노무비, 원자재조달 비용, 감가상각 방법과 규모, 기타 세제상의 문제와 투자 및 생산과 관련된 법적 제약이라 할 수 있다.

(2) 경제·사회 정책적 관점

합작투자의 입지선정을 위해서는 현지국의 경제상황 및 사회상황과 같은 투자분위기를 고려해야 한다. 이 때 필요한 정보는 경제성장률, 성장 잠재력, 환율의 안정성, 외환정책, 정치적 안정성, 기업의 전통, 근로자들의 교육수준, 국민들의 기질, 노동에 대한 일반인들의 관점 등이다. 국가간 정치 또는 경제적 관계의 악화나 일반인들의 외국인에 대한 적대감 등은 합작투자에서 요구되는 파트너간의 긴밀한 협조를 깨뜨릴 수 있어 바람직하지 않다.

(3) 법률적 관점

현지국들은 여러 가지 정책수단을 동원하여 외국계 기업의 소유권에 대해 제약을 가하고 있다. 1973년에 제정된 인도의 외환규제법(Foreign Exchange Regulation Act)은 현지기업의 외국인 지분참여를 40%까지 제한하고 있다. 그리고 일본과 멕시코 등의 국가에서는 합작기업의 설립시 외국인투자자의 과반수 지분소유가 사실상 불가능하다. 이러한 경우에는 현지의 규정대로 따르는 방법 밖에 없다.

2) 파트너선정의 문제

(1) 일반적 기준

파트너 선정에 있어 최우선적으로 고려해야 할 요소는 업종의 동질성과 투자 목적과 부합되어야 한다. 그 다음으로는 시장개입정도, 재무적 능력, 기술수준, 관리능력, 그리고 마케팅능력이 고련된다. 그리고 현지국에서 신인도, 정치노선, 현지국에서의 권한이나 대외관계 등도 중요한 선정 기준이 된다.

또한 국제합작투자기업이 세계 각국에 많은 기업을 소유하고 있는 경우 합작투자 기업의 활동을 여러 나라에 산재하여 있는 관련기업들의 활동과 조정이 가능한 파트너를 선정해야 한다.

(2) 공공부문의 합작파트너와 민간부문의 합작파트너

일반적으로 합작투자는 민간부문의 합작파트너가 대부분이지만 국민경제에 전체에 미치는 영향이 크고 공공기관에 우선권이 부여된 특정한 업종에서는 공공기관이 합작파트너가 된다. 그리고 합작파트너가 국가나 공공단체가 되는 경우에는 자금조달에 있어서의 우선권이나 설립절차와 관련된 업무의 용이성, 공공입찰 등에서 유리한 점이 많다.

3) 기업경영상의 문제

합작파트너 간에는 경영상 이해관계가 상충하거나 경영진의 경영방식이 달라 갈등이 발생할 수 있다. 일반적으로 합작은 계약상의 합작비율에 의거 과실이 배분된다. 그러나 어느 한쪽 파트너는 자신의 투자지분 이상으로 이익이나 성장에 기여하는 데 반해, 다른 파트너는 그렇지 않으면서도 이익은 지분율에 따라 배분됨에 따라 마찰의 원인되고 있다.

특히 이익배분이나 재투자와 관련된 의사결정에 있어서 쌍방의 이해가 첨예하게 대립되는 경우가 많다. 파트너 중 어느 한쪽은 이익을 주주에게 배당할 것을 주장하는 반면, 다른 파트너는 영업결과를 재투자 이익을 유보하려는 정책을 실시하려한다.

기업경영방식에 있어서의 시각 차이로 많은 갈등이 노출되고 있다. 외국인투자 기업들은 국제적환경하에서 활동함으로써 일반적으로 현지 경영인들 보다 우수한 경영능력을 지니고 있다고 생각하지만 현지국 경영인은 자국실정을 너무 잘 이해하고 있다고 생각하기 때문에 자신들의 경영방식을 고집하게 된다.

일반적으로 경영활동에서 나타나는 합작파트너간의 대립되는 경우는 세무당국에 제

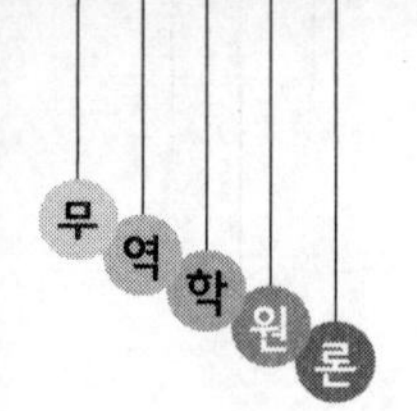

출하는 손익보고서의 작성기준, 증자 및 투자 결정, 생산 활동의 통합화 실시, 이전가격 결정, 상관습 상 차이의 정도가 있다.

제2절 … 국제M&A

2.1 M&A의 개념과 유형

1) M&A의 개념

기업의 M&A(mergers & acquisition)는 기업합병(mergers)과 기업인수(acquisitions)가 결합된 용어로서, 기업합병은 둘 이상의 기업이 계약에 의해 하나로 통합되어 단일기업이 되는 것이고 기업인수는 한 기업이 다른 기업의 자산 또는 주식취득을 통하여 경영권을 획득하는 것을 의미한다.

합병은 기업의 가장 강력한 결합 형태로 절차상 해당 경영진 간에 교섭과정과 이사회의 결의를 거쳐 최종적으로 주주총회의 결의가 있어야 한다. 그리고 기업합병은 피합병회사와 합병회사가 하나의 기업으로 변모됨으로써 피합병회사의 독립성은 유지되지 않으며 피합병회사의 채권 채무가 합병회사에 귀속된다.

그리고 기업인수는 피인수회사의 입장에서 경영면에서 독립성을 유지할 뿐만 아니라 법적으로도 독립된 주체이므로 피인수회사의 채권 채무가 인수회사에 귀속되지 않는다. 또한 주주총회의 결의를 요하지 않으며 인수회사가 피인수회사의 지배관계를 청산할 때는 소유주식을 처분하면 된다.

그러나 넓은 의미에서 M&A는 〈표 8-1〉에서와 같이 주식이나 자산의 인수뿐만 아니라 사업부문이나 생산시설의 일부 또는 전부를 처분하는 기업매각까지도 포함하는 개념이라 할 수 있다.[22]

22) P. A. Gaughan, Mergers, acquisitions, and Cooperate Restructurings,(New York : John Wiley & Son, Inc., 1996) p.10.

〈표 8-1〉 M&A의 형태

합병(merger)	흡수합병(mergers)
	신설합병(consolidation)
인수(acquisition)	주식인수(stock acquisitions)
	자산인수(asset acquisitions)
매각(divestiture)	분리설립(spin-off)
	분할설립(split-off)
	분리공개(carve-out)
	분리매각(sell-off)
	완전매각(voluntary bust-up)

2) 국제M&A의 의의

국제M&A는 두 나라 이상의 기업간에 이루어지는 M&A로서 어느 일국의 기업이 타국 기업과 결합하여 하나의 기업으로 되거나 타국기업의 주식지분 및 자산을 확보 소유하여 그 기업의 경영권을 획득하는 것이다. 국제M&A는 기업이 외부경영자원을 획득하여 국제적 성장을 도모 활용하고자하는 가장 적극적인 해외투자방법으로서 해외 현지기업의 기술습득, 상표활용, 시장점유율확대 및 무역마찰회피 등의 이점이 있다.

반면에 M&A를 행함에 따른 일시적으로 막대한 자금이 필요하며 기존 기업이 안고 있는 부실 문제를 해결해야 하고 또한 이질적인 문화에 조기 적응해야 하는 등의 문제점이 많이 있다.

3) M&A의 유형

M&A의 유형은 그 기법에 따라 매수대상, 거래의사, 매수목적, 결제수단과 매수주체에 따라 〈표 8-2〉와 같이 분류할 수 있다.

〈표 8-2〉 M&A의 분류기법과 유형

분류기법	유 형	내 용
1. 매수대상에 따른 분류	주식매수 (stock acquisition)	구주매수 : 대주주 소유주식 매수 신주인수 : 제3자 할당증자로 신주 인수
	자산매수 (asset acquisition)	영업양수 : 영업전부 또는 일부의 매수 부동산 매수 : 공장, 건물 등 부동산 매수
2. 거래의사에 따른 분류	우호적 매수 (friendly M&A)	수의계약 : 1:1협상에 의한 거래 공매(bidding) : 다수의 매수자를 상대로 한 경쟁 매매거래
	적대적 매수 (unfriendly M&A)	공개매수(take over bid 또는 tender off : TOB) 위임장 대결(proxy fight) 시장매집(market sweep)
3. 매수목적에 따른 분류	수평적 결합 (horizontal M&A)	경쟁관계의 동업종 기업의 인수
	수직계열화 (vertical M&A)	전, 후방사업에 속하는 기업의 인수
	다각화/복합화 (conglomerate M&A)	기존사업과 직접 관계가 없는 신규사업으로의 진출
4. 결제수단에 따른 분류	현금매수 (cash acquisition)	매수대가로 현금을 지급하는 거래형태
	주식매수 (stock acquisition)	매수대가로 일정주식을 양도하는 거래형태
	부채에 의한 기업매수 (leveraged buy-out : LBO)	대상기업의 담보력을 이용한 차입자금으로 매수자금 조달
	경영진에 의한 기업매수 (management buy-out : MBO)	매수대상기업의 경영진이 LBO에 의한 자산 및 주식 매수
5. 매수주체에 따른 분류	In-In	국내기업간 인수
	In-Out	국내기업의 외국기업 인수
	Out-In	외국기업의 국내기업 인수

4) M&A의 동기

M&A는 실제로 어느 하나의 동기에 의하여 이루어지는 것이 아니라 여러 가지 동기가 복합적으로 작용하여 상호관련을 갖고 발생하며 일반적으로 경영전략적 동기, 영업

적 동기 그리고 재무적 동기가 있다.

(1) 경영전략적 동기

경영전략적 측면에서 본 M&A의 주된 동기는 기업을 계속적으로 성장·발전시키거나 효율성을 극대화하기 위해서 외부자원의 적극적인 활용에 있다. 기업이 내적 성장으로는 한계가 있을 때 기존기업을 M&A함으로써 연구개발에 따른 막대한 비용과 시간을 절약할 수 있으며, 또한 인수대상기업이 보유하고 있는 고급인력과 기술력 및 노하우를 획득함으로써, 신규투자에 따른 불확실성을 제거하여 안정적이고 지속적인 성장발전을 이룩할 수 있다.

그리고 비효율적인 경영 및 증권시장의 왜곡 등에 의하여 저 평가된 기업을 인수하여 가치를 증식시킨 후 그 기업의 처분을 통해서 매매차익을 획득하기 위한 M&A가 이용된다. 또한 국제경영환경이 국경이 없는 세계화 시대에 접어들면서 기술개발경쟁이 치열해지고 제품수명주기가 점점 짧아지고 있다. 이러한 경영환경에서 해외거점을 마련하고 무역마찰을 회피하기 위해서 현지 기업의 M&A를 통해 해외시장에 쉽게 접근할 수 있다.

(2) 영업적 동기

영업적 동기는 시장지배력의 증대, 규모의 경제적 효과, 신규시장 참여 등의 이점을 얻기 위하여 M&A가 이루어진다는 것이다. M&A를 통한 기업규모의 확대는 생산·판매, 마케팅, 연구개발 등에서 효율성을 극대화할 수 있고 또한 시장점유율의 확보는 보다 효과적인 광고 효과를 얻거나 현지기업의 유통구조를 활용하고 제품의 다양화를 도모함으로써 시장지배력을 강화할 수 있다.

그리고 기업규모의 대형화와 자원 활용의 집중력을 가능케 하여 현지국 시장에서 독과점을 형성하여 경쟁을 제한시키고 독점적 이윤을 확보하거나 경쟁기업을 축출하려고 하는 동기에서 M&A가 행하여지기도 한다. 그러나 각 국가에서는 독과점 및 불공정거래를 규제하는 법규로 이를 제한하고 있으며 우리나라에서도 독점거래 및 공정거래에 관한 법률로 이를 금지하고 있다.

(3) 재무적 동기

재무적 동기는 위험분산효과 및 자금조달능력의 확대, 자본이득의 실현 그리고 세제상의 동기 등이 있다. 즉, M&A가 포트폴리오를 구성함으로써 위험분산효과를 가져올

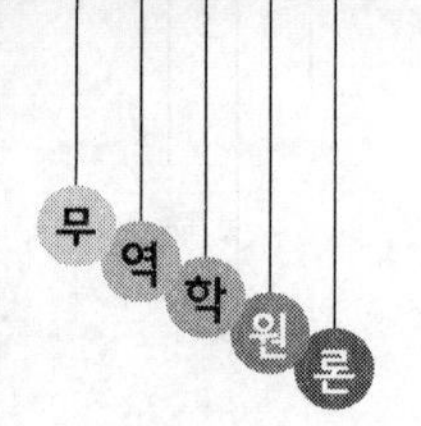

수 있다. M&A를 통해 기업규모가 확대되고 위험분산 효과로 파산위험이 줄어들고 이에 따라 기업가치의 증대로 주식가격이 상승되며 자금조달능력이 증대된다.

자본이득의 실현은 상대적으로 저평가되고 자산이 적절히 이용되지 못하고 있는 기업은 적은 자본과 많은 부채를 동원하여 인수한 후 정상화 절차를 밟아서 기업 가치를 증대시키는 것을 의미한다. 이월결손금에 대한 조세 경감의 혜택이 있고 또 합병에 의한 이익승계가 허용된다면 과다한 이익을 낸 기업이 이월결손금이 많은 기업을 M&A함으로써 세금효과를 볼 수 있다.

또한 자본이득에 대한 세금이 없거나 낮은 경우에 기업을 처분하고자하는 대주주의 입장에서는 M&A를 통해 보유주식을 매각함으로써 상속세, 증여세 등의 조세부담을 줄일 수 있다.

2.2 국제 M&A의 장·단점

국제 M&A는 기존기업이 보유하고 있는 유·무형의 제 자산에 대한 통제가 즉각적으로 가능하고 원자재와 자금의 조달에서부터 상표, 마케팅 등의 영업망 확보 및 기업 외부와의 연계까지 모두 구비되어 있어 사업의 계속성을 살릴 수 있을 뿐만 아니라 해외 현지직접설립의 경우보다 사업기반에 필요한 시간을 절약할 수 있다.

그리고 M&A에 의한 기업인수는 인수기업이 보유하고 있는 경영자원과 대상회사가 보유하고 있는 경영자원의 결합에 의하여 시너지효과를 창출할 수 있다.

또한 기존기업의 M&A는 일시에 막대한 자금이 필요하고 이질적인 기업문화 등으로 절차가 복잡하며 매수기업의 가격산정이 어렵고 기업이 안고 있는 기존의 부실 문제점을 계승하여 해결해야 되는 불리한 점이 있다.

국제M&A는 생산시설뿐만 아니라 기술, 경영 노하우(know-how), 인력, 브랜드 및 유통망 등 기업의 전반적인 분야를 단기간 내에 확보하여 계속된 기업 활동을 도모할 수 있으므로 날로 심화되는 선진국들의 기술이전 회피 및 무역장벽 극복 등을 통한 미국, EU 등의 선진국들에 대한 한국기업들의 현지화 투자전략으로 바람직한 방법이 될 것이다.

〈표 8-3〉 국제M&A의 장단점 비교

구 분	M & A
성 격	• 외적경로를 통한 외적성장 전략 • 타기업의 인수(자산/주식) • 타기업과 합병 • 전략적 제휴(strategic alliance), 합작투자 (joint venture),지분참여, 업무제휴
장 점	• 사업 착수까지 시간 단축(조기현지화) • 시장의 신규진입장벽 회피 • 시너지효과(synergy effect)향유 • 인력, 기술,경영 노하우(know-how)흡수 • 상품, 브랜드, 영업망 확보 • 내부개발의 한계극복 • 연구개발의 효율성 제고
단 점	• 막대한 인수자금필요 • 사후관리의 어려움 • 기존의 부실문제점 해결필요 • 이질적 문화에 조기적응애로 • 인수가격 산정 어려움 • 고도의 전문성 필요 - 절차 및 고려요소의 복잡성

2.3 미국의 M&A발전 과정

기업 합병의 붐은 미국의 역사와 함께 발생되었으며 순환적인 활동으로 특징 지워졌을 뿐만 아니라 비교적 합병이 거의 없는 기간에 뒤이어 많은 합병이 일어났다.

이 합병의 제1차 붐은 1880년과 1905년, 제2차는 1922년과 1929년, 제3차는 1950년과 1969년, 제4차의 경우는 1975년과 1982년 사이에 M&A 붐이 있었으며 제5차 붐은 1984년과 1988년 사이로 1988년 하반기에 드렉셀社(Drexel)의 파산으로 M&A가 진정되는 듯 하였으나 1990년대 초에 다시 증가하기 시작하여 제6차 붐을 형성하게 되었다.

원래 M&A는 남북전쟁 이후 급속한 산업혁명을 거친 미국에서 산업자본이 형성되면서 독특하게 자생한 기업 문화로서 수차례에 걸쳐 이루어 졌던 다양한 합병의 붐은 미국 기업구조의 주요한 변화를 가져왔다. 또한 중소규모기업으로부터 수천 개의 다국적 기업을 형성시키는 수단이 되었다. 1970년대까지는 미국을 중심으로 대규모의 M&A가 진행되었으며 1980년대에 들어와 유럽과 일본에서도 M&A가 본격화되기 시작하였다.

1) 제1차 붐

제1차 붐(1880~1905년)은 기업들이 시장을 지배할 목적으로 동일업종의 사업 분야에서 활동 경쟁하는 기업간의 수평적 합병의 시대였다. 즉, 이 시기에는 20세기에 미국산업을 특징지을 산업구조의 형성근거를 마련했으며[23] 그리고 대량생산판매에 따라 시장지배를 목적으로 경쟁기업을 매입하는 수평적 합병이 이루어 졌다. 이에 대응하여 미국정부는 시장의 효율성과 공정성을 확보하기 위해 반독점규제법인 클레이튼법(Clayton Act)[24]을 제정함으로써 제1차 붐은 진정되었다.

이 때의 대표적인 기업은 USX(US Steel). General Electric, Du Pont, Proctor & Gamble, Eastman Kodak, Westing House, American Tobacco Inc., Navistar International 등이 있다.

2) 제2차 붐

제2차(1922~1929년) 합병 붐은 1920년대 증권시장이 활성화되면서 미국 정부의 반독점규제 조치를 피하기 위하여 대기업이 원료 조달, 생산, 완제품의 유통까지 모든 단계를 흡수 지배하려는 수직적 합병(Vertical integration)이 성행하였다.

1920년대에는 대부분이 조립단계가 서로 다른 기업이나 똑같은 제품을 생산하고 있더라도 경쟁이 되지 않는 지역의 기업, 그리고 전적으로 서로 다른 제품라인을 생산하고 있는 기업과의 합병이 특징으로 나타났다.

또한 이 시기에는 클레이튼 법이 주식취득에 의한 합병을 금지하였기 때문에 자산취득에 의한 합병만 이루어졌다. 제 2차 붐은 1929년 10월 24일 "Black Thursday"에 뉴욕증시의 대폭락으로 공황이 발생하여 M&A는 장기간 정체되었다. 이 때에 형성된 대표적인 M&A는 IBM, General Motors, General Foods, Allied Chemical 등이 있다.

3) 제3차 붐

제3차 붐(1965~1969년)[25]은 사업다각화를 위하여 서로 관련이 없는 업종의 기업간

---

23) P. M. Gregory, *Mergers and Acquisitions* (London: Cambridge Univ. press, 1991), p.5.

24) 클레이튼법(1914년)은 규정이 애매한 셔먼법을 강화하여 제정되고 다음 해 준사법·준입법 기능을 가진 독립행정기관인 연방거래위원회가 설치되자 1차 물결은 완전히 소멸되었으며, 이법은 독점형성을 촉진하거나 독점으로 인한 위법거래 관행을 유형별로 자세히 규정하고 있다.

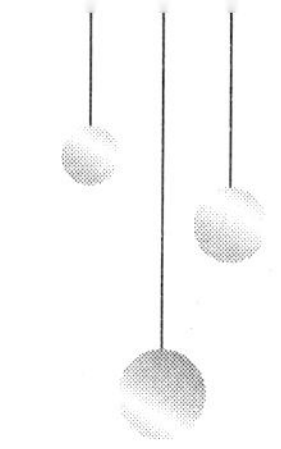

결합인 복합기업합병의 시기였다. 이때는 수익성 다변화를 위한 사업을 다각화하고 대상기업의 제품믹스까지 인수하여 사업을 확대시키는 복합기업형태였으며 그 결과 거대 다국적기업의 출현과 기업의 세계화가 이루어졌다.

윌리암즈 법(Williams Act : 1968년 7월 시행)의 공개매수에 의한 M&A 규제(현금매수 규제)와 1968년 세제개혁에 의해 비과세 주식교환에 의한 합병의 이점이 거의 소멸되었기 때문에 제3차 붐은 진정되었다.

이 시기의 대표적인 사례로는 미국의 전화회사인 ITT가 화학, 주택건설, 쉐라톤 호텔(Sheraton Hotels), 보험, 차량대여(Rent-A-Car), 제과 제빵, 자동판매기회사 등을 계속 인수하였으며, Occidental 석유회사도 석탄회사, 식품가공회사, 화학회사 등을 인수한 예가 있고 Gulfand Western, LTV社 등도 복합기업합병의 예가 된다.

4) 제4차 붐

제4차 붐(1975~1982년)은 제3차 붐 동안에 이루어 졌던 복합기업합병이 다른 업종간의 동시 경영에 따른 비효율성이 나타나자 이러한 기업을 중심으로 기업 활동의 핵심과 관련이 없거나 채산성이 낮은 부문과 성장률이 떨어지는 부문을 매각하고 여기서 생긴 재원으로 주력업종에 집중투자 하는 기업구조재편성의 시기였다.

이 시기의 특징은 첫째, 1976년 이후 M&A는 상업과 투자은행, 금융업, 보험업, 소매업, 방송업 및 건강관련기업과 같은 서비스산업에 집중되었으며 또한 이 산업을 중심으로 한 기업구조재편성이 상당부분 이루어졌고[26] 석유와 가스 산업이 1981년에서 1985년까지 M&A총액의 21.6%를 차지하였다. 둘째, 복합기업이 다수의 사업부문 또는 자회사를 매각하여 탈복합기업화를 추진하였다. 셋째, 전략적으로 불필요한 부분을 매각하여 전체적으로 수익력 향상을 도모하고 동시에 자사주를 다시 매입하여 채무를 상환하는 등의 재무구조를 개선하는 한편 동 자금으로 주력업종의 보강을 위하여 다른 기업을 M&A하기도 하였다.

5) 제5차 붐

제5차 붐(1984~1988년)은 적대적 M&A가 특징으로 나타났다. 1980년대의 적대적 M&A는 기업 확장 보다는 단기간 내에 높은 이윤을 얻고자 하는 투기적 활동을 위한

25) 제3차 M&A 붐의 시대 구분은 P. A. Gaughan, *Ibid.*, pp.26~29를 참조.

26) J. F. Weston, K. S. Chung, S. E. Hoag, op. cit., pp.18~19.

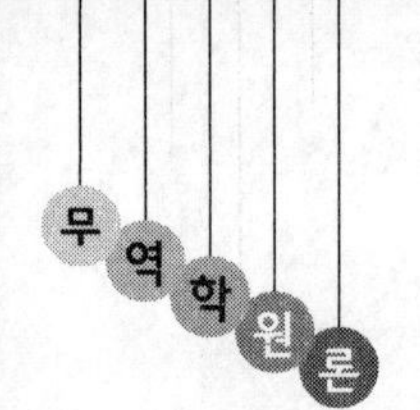

기업탈취의 수단으로써 공개매수[27]를 이용하였다.

1980년대 중반 이후에는 의약과 의료장비 부문의 M&A가 대부분이었으며 항공 산업도 경쟁력 강화를 위한 M&A가 성행하였고 은행과 정유산업에서도 경쟁력 제고를 위한 합병들이 많았다.

이와 같은 공개매수와 대규모합병이 발생하였던 것은 투자은행과 법률회사의 M&A전문가들이 공개매수를 실행하거나 방어하는 혁신적인 기법을 개발하여 발전시킨 데 그 원인이 있다.

또한 Drexel Burnham Lambert의 투자은행이 Junk bond[28] 시장의 성장과 발전의 개척자로 공개매수의 자금원천 역할을 하였으며 LBO[29] 시장의 급속한 확대 및 대형 상업은행에 의한 M&A가 성행하였기 때문이다.

제5차 붐은 1988년 하반기 4대 투자은행의 하나인 Drexel Burnham Lambert의 파산으로 인한 Junk Bond시장의 위축과 LBO방식에 의한 M&A의 대명사인 레브린사와 페더레이 티드얼라이드사의 부도로 인하여 미국 투자은행들의 M&A 거래대금의 대출봉쇄, 미국 금융시장의 자금경색현상 그리고 은행의 차입금 비중이 큰 거래에 대한 감독당국의 규제강화 등과 같은 금융적 요인으로 1989년을 고비로 그 붐은 막을 내렸다.

이 시기의 대표적인 LBO 및 Junk Bond에 의한 M&A의 예는 Kohlberg Kravis Roberts & Co.,(KKR)社가 있다.

6) 제6차 붐

제6차(1990~1995년)붐은 1990년에 시작되어 1995년에 그 절정을 이루었다. 이 시기는 1990년과 1991년에 경기심체로부터 회복된 미국 경제의 호황과 달러 가치의 하락에도 불구하고 미국 증권시세의 활황 및 저금리로 M&A의 자금조달이 용이해졌기 때문이다.

그리고 기업이 내적성장을 통해 발전하는 것보다 M&A를 통하여 보다 빨리 기업의

---

27) 공개매수(take over bid : TOB)는 불특정다수인을 상대로 시장에서 거래되는 주식을 시장가격 이상으로 증권거래소 밖에서 매수 청약 또는 매도 청약의 권유를 통하여 청약자가 청약에 제시된 조건들로 인수대상기업 주식의 전부 또는 일정 부분을 매수하는 것이다.

28) 정크본드(junk bond)는 고위험 고수익채권으로 기업의 채무변제 능력이나 신용은 낮지만 높은 이자의 지급을 약속하며 발행된 채권으로 투기성이 강한 채권이다.

29) 차입에 의한 기업 인수(leveraged buyout : LBO)는 인수대상기업의 자산을 담보로 제공하거나 신용을 이용하여 자금을 조달(차입)하여 기업을 매수하는 금융기법이다. 문제는 인수한 목표기업의 자산을 매각함으로써 과중한 부채를 상환할 것을 계획하였으나 실제로 매각이 용이하지 않거나 값이 너무 저렴하여 외부자금의 상환이나 투자수익의 실현이 불가능해질 수 있다.

목표를 달성할 수 있다는 매수자의 독특한 전략 때문에 M&A가 더욱 활성화되었다. 이와 함께 미국 내의 대형은행과 M&A중개기관 등이 M&A에 대한 오랫동안의 경험과 노하우(know-how)의 제공, 자금공여자로 직접 나서는 등의 역할 증대로 대규모의 M&A가 행하여 졌다.

특히 미국 은행들은 경영상태가 양호함에도 불구하고 주간업무의 자유화진전, 글래스스티걸 법(Glass Steagall Act)폐지 등 연방정부의 금융제도 및 개혁정책에 자율적이고 능동적으로 대처하여 업무 영역의 확대와 영업기반의 확충 및 경쟁력 제고 등에 중점을 두었다.

또한 미국 은행들 간의 대규모 M&A가 행하여 졌으며 의료, 제약 산업과 같은 경우는 R&D의 위험 분산을 위하여 기업간 제휴적인 성격을 띤 M&A가 이루어졌다. 이 시기의 M&A사례로는 Walt Disney社에 의한 ABS/Capital Cities社인수, Chemical Bank와 Chase Manhattan 은행의 합병 등이 있었다.

그리고 1992년까지 연간 4천억 달러 이하로 줄어든 세계 M&A가 1990년대 중반 이후 회복세로 돌아서면서 2000년에는 3.5조 달러 이상으로 급증하였다. 최근의 M&A의 특징은 추가적인 자금조달이 필요 없는 주식교환방식의 기업매수가 주류를 이루었다.

또한 세계의 초일류기업을 목표로 거대기업들 간의 M&A는 국적이나 사업영역에 관계없이 국경을 초월하고 있으며, 금융, 통신, 방위산업, 식품, 의약, 유통, 호텔 등 제조업에서부터 금융·서비스업에 이르기까지 거의 무차별적으로 M&A가 이루어지고 있다. 이와 함께 선진국 거대기업들은 M&A를 통해서 기업의 과점화를 형성·시장지배력을 확보 유지하며, 경쟁자를 도태시키려는 M&A전략을 추구하고 이와 함께 비교우위 향유, 무역장벽 우회, 시장통합대응(EU 등) 등 장기적인 성장과 효율성 제고의 목적으로 활용되고 있다.

2.4 적대적 M&A의 방어전략의 의의 및 유형

1) 적대적 M&A의 방어전략 의의

적대적 M&A의 방어전략은 기업이 외부로부터 인수제의를 받았을 때 이를 거절하고 경영권을 어떠한 방법으로 계속 지켜 나아갈 것인가 하는 대응전략이다.

전통적으로 기업인수합병을 달성하기 위한 법적 형식으로서는 영업양도, 영업임대차, 경영위임 그리고 지배주식의 양도, 위임장의 권유 및 합병 등이 보편적인 수단으로 활

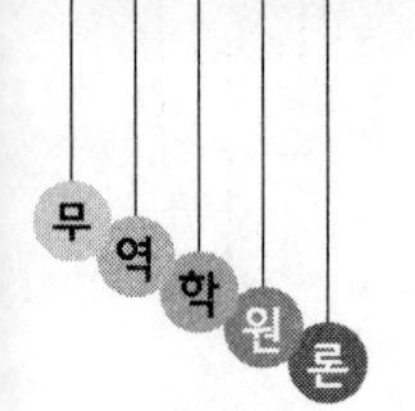

용되어 왔다. 이와 같은 기업매수합병은 피매수회사 또는 그 경영진과의 직접적인 계약에 의하여 이루어지므로 피매수회사의 의사에 반하는 경영권취득은 상상할 수 없었다.

그러나 1950년대부터 영국에서 공개매수제도가 탄생되고 미국에 전파되어 1960년대의 적대적 M&A가 주로 이 방법에 의하여 행하여짐에 따라 사회 경제적인 큰 이슈로 부상하였고 주식 공개매수는 피매수회사의 동의를 얻지 않고 단기간 내에 주식을 취득하여 그 회사의 지배권을 획득할 수 있는 수단으로서[30] 오늘날 적대적 M&A는 거의 이 방법으로 행하여지고 있으며 이외에도 시장매집(market sweep)과 위임장 대결(proxy fight)이 있다.

회사의 경영권을 취득할 목적으로 적대적 M&A가 행하여지면 대상 회사의 경영진은 기존 경영권을 보호하기 위하여 저지 또는 방해하기 위한 다양한 방어 전략을 강구하게 된다.

그리고 적대적 M&A가 가장 활발하게 이루어진 곳은 미국으로서 이 적대적 M&A에 의한 인수 시도 자체를 좌절시키거나 협상력을 제고시키기 위하여 법, 회사의 사규, 재무수단 등 다양한 방법을 동원하여 회사의 특성과 거래의 성격 등에 따라 자기회사에 적합한 방어전략을 수립하여 대응해 왔다.

2) 적대적 M&A 방어전략의 유형

적대적 M&A 방어 전략의 유형은 장래 적대적 M&A의 발생 가능성에 대비한 예방적 방어전략과 실제로 적대적 M&A가 진행되는 과정에서 대상회사가 인수를 저지 또는 방해하기 위하여 행하는 사후적 방어 전략이 있다. 이를 구제적 방어전략이라고도 한다.

그리고 예방적 방어전략은 경영 전략적 방어전략과 법률적 방어전략이 있다. 이러한 방어전략을 그 유형에 따라 구조개편에 의한 방어전략, 주식에 관련된 방어전략 그리고 기타 방어전략으로 나눌 수 있다.

(1) 회사의 구조개편에 의한 방어전략

① 재무구조개편에 의한 전략으로 차입매수에 의한 폐쇄기업화와 차입형 자본개편, ② 사업구조개편에 의한 전략에는 자산매각, 기업분할 및 분리신설 그리고 타기업인수가 있다.

---

30) 宋鍾俊, "M&A에 대한 主要防禦對策", 韓國商社法學會, 「商社法硏究」 第14輯 第1號(1995), p.178.

(2) 주식과 관련된 방어전략

① 자기주식취득으로써 일반 주주로부터의 취득, 공개매수자로부터의 취득(green mail), 자기공개매수에 의한 취득, ② 주식매수권부여로 전형적인 극약처방(poison pill)과 변형적인 극약처방(poison pill), ③ I·R 활동 및 안정주주확보, ④ 종업원지주제도(ESOP), ⑤ 우호적인 제3자(white knight)를 이용하는 방법이 있다. 여기에는 우호적인 제3자에 대한 신주발행 또는 배정증자, 선매권의 부여, 경쟁공개매수(competing tender offer)의 권유, ⑥ 이원적 자본화, ⑦ 주식매수청구권, ⑧ 주식의 양도제한이 있다.

(3) 기타방어전략

① 정관변경으로 이사의 선임 및 해임 조항 그리고 의결 정족수의 강화 방안으로 이사의 시차임기제(staggered board provisions), 이사의 자격제한규정, 특별다수결의 조항(super-majority voting provisions)과 공정가격지급보장조항(fair price provisions), 주주권을 조정하기 위한 무의결권주나 차등 의결권주의 발행 등을 통한 주주 의결권의 차등, 주식의 보유기간이나 보유지분에 따른 의결권 차등, 임시 주주총회 소집권한의 배제, 누적투표제도(cumulative voting) ② 역공개매수(pac-man) ③ 실적 방어 및 경영진 전원사임 ④ 충실의무이행 및 기업결합규제, ⑤ 지분정지협정, ⑥ 사채발행이 있으며 끝으로 소송(litigation) 등이 있다.

제 3 편

무역실무론

제9장 | 무역관리제도와 수출입절차

제1절 … 무역관리제도

1.1 무역관리의 의의 및 목적

1) 무역관리의 의의

무역관리(international trade control)란 국가가 제도, 기구 또는 법규에 의하여 무역거래에 대한 간섭, 통제 또는 규제를 가하는 것이다. 여기에는 자국의 경제적 이익을 도모하기 위하여 국가 또는 정부가 대외무역의 전부 혹은 일부에 대하여 총액, 내용, 시기, 결제방법 및 거래 대상국 등을 통제·간섭하는 것과 무역거래과정에 대한 정부의 인·허가, 면허, 승인, 인증, 행정지도 등의 방법이 있다.

제2차 대전 이후 GATT를 중심으로 관세인하, 양적 제한의 철폐 등의 방법을 통한 무역자유화를 표방하며 이를 실현하기 위해서 다각적인 활동을 하여 왔으며 또한 WTO(1995년 1월 1일 발효)는 상품 위주의 GATT 기능을 강화하여 다자간무역을 공정하게 하고 시장 개방을 더욱 확대하여 강력한 자유 무역을 표방하고 있다.

그러나 세계의 모든 국가들은 자국의 경제적 이익을 우선 고려하여 무역에 대하여 어느 정도의 규제와 통제를 하고 있는 것이 통상적이며 현실적으로 완전한 자유무역을 하고 있는 나라는 없다. 무역의 자유화라는 국제무역환경에 적의(適宜) 대처한다는 차원에서 공정무역(fair trade)을 표방하고 있으나 실제로는 각국의 제반환경에 따라 자국의 입장을 반영하는 무역관리를 실시하고 있다.

2) 무역관리의 목적

무역관리의 목적은 대외무역을 진흥하고 공정한 거래질서를 확립하며 국제수지의 균

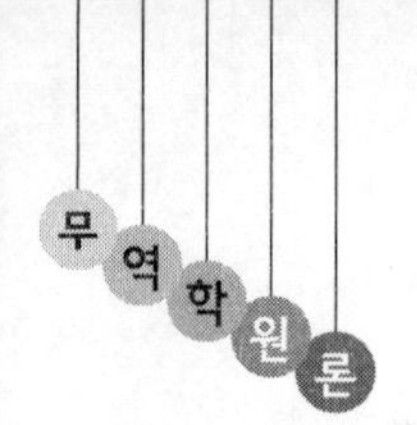

형과 통상의 확대를 도모함으로써 국민경제의 발전에 이바지함을 목적으로 한다고 규정하고 있다 (대외무역법 제1조). 일반적으로 무역관리의 목적은 수출입규제 및 수출입촉진을 통하여 국민경제의 성장발전에 있다.

첫째, 수출입의 규제 방법은 관세에 의한 관리와 비관세 방법에 의한 관리가 있다. 둘째, 수출입촉진의 관리는 금융상 지원과 비금융적 지원이 있다.

관세에 의한 관리는 수출입물품의 가격에 영향을 미치는 것으로 여기에는 관세율정책 및 이 정책에 보조적으로 행하는 감면, 보세, 환급 등의 정책이 있다. 그리고 비관세방법에 의한 관리는 관세 이외의 모든 방법에 의한 무역관리이다. 이것은 수출입 인·허가 등 수출입상품의 이동과 관련한 직·간접적인 규제와 대금결제에 대한 관리가 있다.

그리고 수출입촉진 목적의 관리 중 금융상 지원에는 무역금융, 무역보험제공, 조세환급 등이 있고 비금융적 지원으로는 무역과 관련한 각종 정보와 자료의 제공, 교육실시, 무역자동화 기반의 구축, 산업설비 등 대규모 수출계약과 관련한 정부의 다각적인 지원, 무역 분쟁 해결과 관련한 외교적 지원 등이 있다.

그러나 WTO체제 하에서 각국의 무역관리는 무역장벽으로서의 기능보다는 불공정무역의 규제, 인간을 비롯한 동식물 및 환경의 보호, 빈부격차의 완화 등 국제정의 실현, 국가의 안전보장, 공공의 복지유지 등의 목적에서 이루어지고 있다.

그리고 무역관리의 대상은 수출입 물품과 그에 따른 수출입행위가 주종을 이루고 있는 국민의 대외경제생활로서, 무역관리는 본질적으로 국민의 대외경제생활에 관련된 물품이나 또는 그러한 물품의 구체적인 수출입행위를 관리대상으로 하고 있으며 궁극적으로는 자국의 경제적 이익을 도모하고 지속적인 경제 성장에 있다고 본다.

1.2 무역의 관리기구

무역관리는 무역관련 법규의 규정에 따라 국가의 행정기관이나 민간기관 또는 그러한 기관에 설치되어 있는 각종 위원회 등을 통하여 이루어진다. 우리나라는 대외무역과 통상정책에 관한 최고 중앙행정기관은 지식경제부장관이며 지식경제부장관은 상업, 무역 및 무역진흥, 공업, 에너지 및 지하지원에 관한 사무를 관장하도록 하고 있다(정부조직법 제37조 1항).

그 산하에는 자유무역지역관리원, 무역위원회, 전자무역 중개기관 운영위원회를 두고 있으며 효율적이고 합리적인 무역관리를 위하여 무역관리에 관한 권한의 일부를 대통령령이 정하는 바에 따라 소속기관의 장, 서울특별시장, 광역시장 및 시·도지사 등에게 위임[1])하거나 관계행정기관장의 장, 세관장, 한국은행총재, 한국수출입은행장, 외국환은행장, 기타 대통령령이 정하는 법인 또는 단체에 위탁하여 관리하도록 하고 있다.

지식경제부장관으로부터 권한을 위임 또는 위탁받은 자는 그 업무의 처리기준 및 절차를 제정·운용할 수 있다. 또한 위임 또는 위탁받은 업무의 처리기준 및 절차를 제정·개정하고자 할 때에는 지식경제부장관과 미리 협의하여야 하며 기관별 권한의 위임·위탁의 내용은 다음의 〈표 9-1〉과 같다.

〈표 9-1〉 기관별 권한의 위임·위탁 내용

주무기관	위임·위탁에 따른 기관		위임·위탁내용
지식경제부	위임	기술표준원장	다음의 외화획득용 원료 기재와 관련된 업무(목재가구 제외) - 외화획득용 원료·기재의 기준소요량 결정(목재가구 제외) - 외화획득 이행여부의 사후 관리 - 시·도지사, 관계행정기관 또는 단체에 위임 또는 위탁된 사무의 지휘·감독 및 자료 제출요청
		시·도지사	- 외화획득 이행기간의 연장 - 외화획득용 원료·기재의 사용목적 변경승인 - 원산지 표시 관련업무 - 과태료부과·징수
		자유무역지역관리원장	- 시·도지사에게 위임된 권한 중 자유무역지역관리원의 입주업체 - 자유무역지역관리원의 관할 구역의 입주업체에 대한 관세양허를 받기 위한 원산지 증명서 발급업무
	위탁	물품 등을 관장하는 관계중앙행정기과의 장	- 외화획득용 원료·기재관련규정 - 수출입질서유지를 위한 조정명령 - 시·도지사에게 위임된 사무의 지휘·감독 및 자료 제출요청

1) 권한의 위임(delegation of power)은 행정관청이 그의 권한의 일부를 다른 행정기관에 이전하여 수임기관의 권한으로 행사하도록 하는 것을 말한다. 위임된 권한에 대하여는 그 권한 위임의 범위 내에서 수임기관의 권한이 되며 수임기관은 위임된 권한을 자기의 명의와 책임으로 권한을 행사하게 된다. 보통 권한의 위임은 그 권한을 위임하는 행정관청의 하급행정관청 또는 보조기관에 한다. 일반적으로 권한의 위임은 상하관계에 있는 자 사이에 이루어진다. 위탁(委託)은 법률행위나 사실행위의 수행을 다른 사람에게 의뢰하는 것으로 위임행정관청과 대등한 행정관청 그 밖에 직접적인 지휘·감독 아래에 있지 않은 행정청이나 공공단체 등의 대등한 관계 사이에 있는 위임관계를 의미한다.

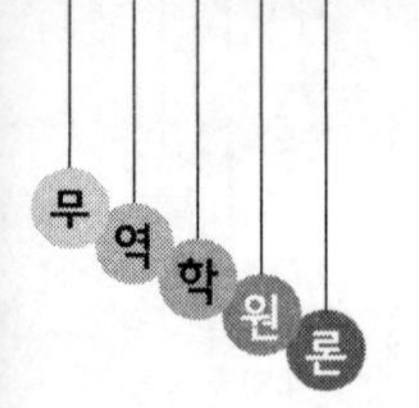

국립산림과학원장	- 목재가구에 대한 외화획득용 원료·기재의 기준소요량의 결정
세관장	- 수출입 승인면제의 확인 - 원산지표시 확인 - 원산지 증명서 제출명령, 원산지 증명서 발급 등
한국무역협회	- 무역업고유번호의 부여 및 관리 등 수출입통계 D/B구축을 위한 전산관리 체제의 개발·운영 - 수출입거래에 관한 정보의 수집·분석 - 모든 용역(해운업, 관광사업 포함)의 수출입확인 - 전자적 형태의 무체물의 수출입 확인
한국선주협회	- 해운업의 용욕 수출입 확인
한국관광협회 중앙회 및 업종별 관광협회	- 관광사업의 용역의 수출입확인
한국소프트웨어산업협회	- 전자적 형태의 무체물의 수출입 확인
관세청장	- 원산지표시 관련 업무
관계행정기관 또는 단체의 장	- 수출입승인대상물품 등
한국산업진흥회회장	- 산업설비수출승인 관련업무
한국수출입은행장	- 한국기계산업진흥회에 위탁한 권한 중 연불금융지원
대한상사중재원	- 무역분쟁관련업무
대한상공회의소	- 원산지 증명서 발급업무
외국환은행장 및 전자무역사업기반자	- 구매확인서 발급 및 사후관리
전략물자관리원	- 전략물자 등의 판정 및 통보

1.3 대외 무역관리의 수단

1) 관련법규에 의한 무역관리

우리나라는 무역거래를 효율적으로 관리하고 국제수지의 균형과 국민 경제의 지속적인 발전을 이룩하기 위하여 대외무역법, 외국환거래법, 관세법의 3대 법규를 제정하여 이를 근거로 무역관리를 하고 있으며 그리고 이 기본 법규와 관련하여 여러 가지의 특별법을 제정하여 관리되고 있다.

(1) 대외무역법

대외무역법(foreign trade act)은 무역을 관리하는 기본법으로서 대외무역을 진흥하고

공정한 거래질서 확립을 확립하여 국제수지의 균형과 통상의 확대를 도모함으로써 국민경제 발전을 시키는 데 이바지함을 목적으로 하고 있다.

일반적으로 법은 헌법-법률-명령-규칙-고시의 체계를 이루고 있으며 헌법을 근거로 제정된 대외무역법령의 체계도 대외무역법 → 대외무역법시행령 → 대외무역관리규정 및 각종 고시로 되어 있다.

대외무역법은 총칙, 통상의 진흥, 수출입거래, 수출입의 질서유지, 보칙, 벌칙 및 부칙으로 나누어 규정하고 있다.

제1장은 총칙으로 대외무역법의 목적 그리고 본 법에 적용되는 무역, 물품, 무역거래자에 대한 용어, 자유롭고 공정한 무역의 원칙, 무역의 진흥을 위한 조치, 무역에 관한 제한 등 특별 조치를 규정하고 있다.

제2장은 통산의 진흥에 대한 규정으로 통상진흥시책의 수립, 민간협력화롱 지원, 무역에 관한 조약의 이행을 위한 자료 제출에 대하여 규정하고 있다.

제3장은 수출입거래를 규정하고 있다. 즉, 수출입거래의 총칙(수출입의 원칙, 수출입제한, 통합공고, 특정거래 형태의 인정, 수출입 승인 면제의 확인), 외화획득용 원료·기재의 수입과 구매, 전략물자의 수출입, 산업설비수출, 원산지 표시에 대하여 규정하고 있다.

제4장은 수입수량제한조치를 규정하고 있다. 즉, 수입수량제한조치의 요건, 수입수량제한조치에 대한 연장, 특정국물품에 특별 수입수량 제한조치의 시행에 대하여 규정하고 있다.

제5장은 수출입질서 유지에 대하여 규정하고 있다. 즉, 수출입물품 등의 가격 조작 금지, 선적 전 검사와 관련한 분쟁 조정, 조정명령을 규정하고 있다.

제6장은 보칙으로 수출허가 또는 상황허가의 취소의 청문, 조정명령의 청문, 수출입 제한이나 금지물품, 전략물자 또는 전략물자에는 해당되지 아니하나 대량파괴무기 등의 제조·개발·사용 또는 보관 등의 용도로 전용할 의도 등 있음을 알았거나 등에 대한 보고와 검사, 수출허가 또는 상황허가를 받지 아니하고 수출한 자 또는 거짓이나 그 밖의 부정한 방법으로 수출허가 또는 상황허가를 받은 자의 교육명령, 독점규제 및 공정거래에 관한 법률과의 관계, 국가보안법과의 관계, 권한의 위임·위탁을 규정하고 있다.

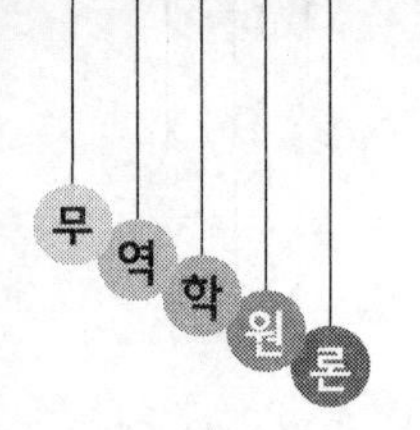

헌법(제125조)
↓
대외무역법
↓
대외무역법시행령
↓

대외무역관리 규정	수출입공고	통합공고	전략물자수출입 고시	무역에 관한 특별조치
대외무역법 시행을 위한 기본 고시	▶수출금지품목:주1 ▶수출제한품목:주2 ▶수입제한품목:주3 ▶수출절차간소화: 주4 ▶수출입제한품목의 세부승인요령공고	▶약사법 등 49개 법률 국제협약관련 물품 및 절차 고시	▶전략물자수출입의 제한 - 바세나르체제 관련 품목 - 원자력관련 비확산품목 - 생화학무기관련 비확산품목 - 화학무기금지협약	▶수출입허가물품 - 무기, 탄약, 군용장비 등 - 석유 및 석유 제품 ▶UN안보리 결의 이행을 위한 무역제재 대상 국가별 수출입통제 ▶킴벌리프로세서 (다이아몬드 원석)

주1) 수출금지 품목은 고래 고기, 자연석, 개의 생모피, 개의 모피, 개의 모피제품이 있다.

주2) 수출제한 품목은 품목별 수출요령에 따라 각 해당 수출승인기관이 수출승인을 해야 수출이 가능하다. 예를 들어 대만으로 수출되는 사과와 배는 한국농림수산식품수출조합의 승인, 규산분(SiO_2)이 90% 이하의 것은 한국골재협회의 승인이 있어야 수출이 가능하다.

주3) 외화획득용 원료·기재가 수입제한품목이라도 별도의 제한 없이 수입 승인(승인기관은 수출입공고 등에서 지정고시한 관계행정기관 및 단체의 장, 예 관광용품센터가 관광호텔 등에 공급하기 위하여 수입하는 물품 중 수입승인대상 물품으로서 주방용품, 소모성기계, 기자재류 및 객실 또는 부대업장용 소모성물품은 문화체육관광부장관)을 할 수 있으나 수입제한품목 중 항공기 관련 품목은 한국항공우주산업진흥협회의 승인을 받아 수입할 수 있다.

주4) 수출절차간소화를 위해 수출승인기관을 따로 정하여 운영한다.

[그림 9-1] 대외무역법령의 관리체계

제7장은 벌칙을 규정하고 있다. 벌칙의 대상 및 요건, 미수범, 과실범, 양벌규정, 벌칙 적용 시의 공무원 의제, 과태료를 규정하고 있다. 그리고 대외무역업의 그 성격 및 운영의 원칙은 다음과 같다.

① **대외무역법 운용의 기본 원칙** : 대외무역법의 기본 운용원칙은 헌법에 따라 체결·공포된 무역에 관한 조약과 일반적으로 승인된 국제법규에서 정하는 바에 따라 자유롭고 공정한 무역을 조장함을 원칙으로 하고 무역을 제한하는 규정이 있는 경우에는 그 제한하는 목적을 달성하기 위하여 필요한 최소한의 범위에서 운용해야 한다.

② **대외무역법의 기본 성격** : 대외무역법은 무역에 관한 기본법이며 무역 및 통상 진흥법이라는 특징을 가지고 있다. 첫째, 대외무역법은 무역에 관한 기본법이기 때문에 무역에 관하여 다른 법이 대외무역법의 적용 배제를 명시하고 있지 않는 한 모든 무역 거래에 대하여 대외무역법이 적용된다.

둘째, 무역 및 통상 진흥을 위한 법이기 때문에 지식경제부장관은 무역진흥을 위하여 자문, 지도, 대외홍보, 전시, 연수, 상담 등을 업으로 하는 자 등에게 필요한 지원을 할 수 있으며 매년 다음 연도의 통상진흥 시책의 기본 방향, 국제통상의 여건의 분석과 전망 등 통상진흥 시책을 수립하고 무역 통상관련 기관 또는 단체가 교역 상대국과의 민간협력 활동을 추진하는 경우 필요한 지원 및 정보를 제공할 수 있도록 규정하여 운용하고 있다.

③ **무역에 관한 통합법** : 대외무역법은 수출입과 관련한 모든 규정의 제정·개정 그리고 각 행정부의 수출입요령을 통합하여 운용하고 있다.

즉, 관계행정기관의 장은 물품 등의 수출입요령을 제정하거나 개정하려면 미리 지식경제부장관과 협의해야하고 그리고 지식경제부장관은 관계행정기관의 장에게 그 수출수입요령의 조정을 요청할 수 있다고 규정하고 있다.

또한 관계행정기관의 장은 수출입요령을 제정 또는 개정하는 경우에는 그 시행일 전에 공고될 수 있도록 지식경제부장관에게 제출하여야 하며 지식경제부장관은 이를 통합하여 공고하도록 규정하고 있다 이를 통합공고라 한다.

예를 들어 향정신의약품 품목은 보건복지부장관, 총포, 도검, 화약류는 행정안전부장관 그 가운데 군용에 쓰이는 물자는 국방부장관의 허가를 받아 수출입을 할 수 있다. 이런 경우 지식경제부장관 각 행정부처의 수출입요령을 제출받아 이를 통합하여 공고하는 것을 말하며 현재 약사법 등 49개 관련 법령 중 수출입과 관련된 부문이 통합 공고되고 있다.

지식경제부장관은 제출된 소관 물품의 수출입요령에 관한 자료에 대해서 수출입규제의 필요성, 대상물품의 타당성, 유사물품과의 혼동, 무역관행 등을 검토·조정하여 수출입요령을 정한다. 만약 수출입통합공고에서 정한 요건 확인의 요건과 수출입공고의 제한 내용이 동시에 적용될 경우에는 모두 충족되어야 수출 또는 수입이 가능하다.

(2) 외국환거래법

외국환거래법은 외국환 거래 그 밖의 대외거래의 자유를 보장하고 시장 기능을 활성

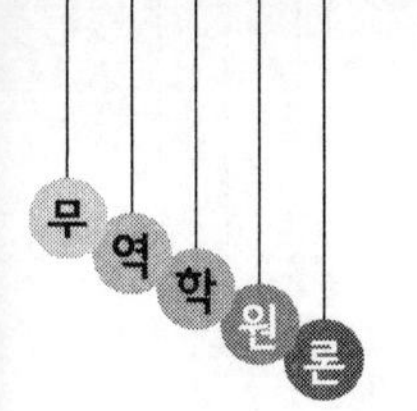

화하여 대외거래의 원활화 및 국제수지의 균형과 통화가치의 안정성을 도모함으로써 국민경제의 건전한 발전에 이바지함을 목적으로 제정된 법이다.

외국환거래법의 특성은 강행법규로서 단속규정이기 때문에 법률위반 시 그 법률행위 자체가 무효가 되는 것은 아니다. 국가가 법률행위의 단속을 목적으로 외국환거래를 금지하거나 제한하는 것이므로 법에 정해진 벌칙적용만 있고 법률행위 자체의 효력에는 영향이 없는 특별법이다.

〈표 9-2〉 외국환거래법 법규체계

구분	법	시행령	규정/고시	기타
기본법규	외국환거래법	동법시행령	외국환거래규정	제 통첩(기획재정부)
				외국환거래 업무 취급 세칙 및 절차
				외국환거래 업무 취급 지침(외국환은행)
				외국환업무감독규정, 제통첩(금융감독원)
관련법규	대외무역법	동법시행령	대외무역관리규정	수출입공고, 통합공고 등
	외국인 투자촉진법	동법시행령	동법 시행규칙	외국인투자 및 기술도입에 관한 규정
	기타 관세법, 증권거래법, 한미행정협정, 남북교류협력에 관한법률			

자료 : 박광서, 무역법규, 탑북스, 2010, p.87.

현행 외국환거래법령의 체계는 외국환거래법 → 외국환거래법시행령 → 외국환관리규정으로 되어 있다. 그리고 외국거래법은제1장 총칙, 제2장 외국환업무취급기관, 제3장 외국환평형기금, 제4장 지급과 거래, 제5장 보칙, 제6장 벌칙 및 부칙 등에 관하여 규정하고 있다.

제1장 총칙에는 외국환거래법의 적용 대상 및 이 법에서 사용하는 용어의 뜻을 정의하고 있다.

첫째, 이 법의 적용 대상은 다음의 경우에 어느 하나에 해당하는 경우에 적용한다. ① 대한민국에서의 외국환과 대한민국에서 하는 외국환거래 및 그 밖에 이와 관련되는 행위 ② 대한민국과 외국 간의 거래 또는 지급·수령, 그 밖에 이와 관련되는 행위(외국에서 하는 행위로서 대한민국에서 그 효과가 발생하는 것을 포함한다.) ③ 외국에 주소 또는 거소를 둔 개인과 외국에 주된 사무소를 둔 법인이 하는 거래로서 대한민국 통화로 표시되거나 지급받을 수 있는 거래와 그 밖에 이와 관련되는 행위 ④ 대한민국에

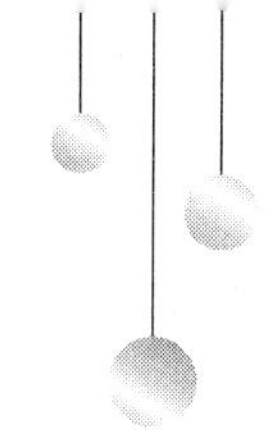

주된 사무소를 둔 법인의 대표자, 대리인, 사용인, 그 밖의 종업원이 외국에서 그 법인의 재산 또는 업무에 관하여 한 행위에 적용한다.

둘째, 외국환거래법에서 사용하는 용어의 뜻을 정의하고 있다. 여기에는 내국통화, 외국통화, 대외지급수단, 내국지급수단, 귀금속, 증권, 외화증권, 파생상품, 외화파생상품, 채권, 외화채권, 외국환, 비거주자, 외국환업무, 금융기관, 해외직접투자, 자본거래가 있다.

셋째, 대외거래의 원활화 촉진을 위한 시책 마련을 규정하고 있다. 기획재정부장관은 이 법에 따른 제한을 최소한의 범위에서 함으로써 외국환거래나 그 밖의 대외거래가 원활하게 이루어질 수 있도록 노력하여 하고 안정적인 외국환수급(수급)의 기반조성과 외환시장의 안정을 위한 노력 및 시책을 마련하여야 한다.

넷째, 원활하고 질서 있는 외국환거래를 위하여 필요하면 외국환거래에 관한 기준환율 등을 정할 수 있다. 즉, 기획재정부장관은 외국환매도율, 매입율 및 재정활율을 정할 수 있도록 규정하고 있다.

다섯째, 기획재정부장관은 천재지변, 전시·사변, 국내외 경제 사정의 중대학도 급격한 변동, 그 밖에 이에 준하는 사태가 발생하여 부득이하다고 인정되는 외국환거래의 정지를 할 수 있도록 규정하고 있다.

여섯째, 기획재정부장관은 외환시장의 안정과 외국환거래의 건전화를 위하여 비거주자에 대한 채권을 보유하고 있는 거주자로 하여금 그 채권을 추심하여 국내로 회수하게 할 수 있는 채권회수 명령 규정을 두고 있다.

제2장은 외국환업무취급 등에 대하여 규정하고 있다. 즉, 외국환업무의 등록, 외국환중개업무, 외국환업무취급기관등의 업무상의 확인 업무 및 업무의 감독과 건전성 규제, 과징금을 규정하고 있다.

제3장은 외국환평형기금을 규정하고 있다, 즉, 외국환평형기금의 설치. 재원조성, 운용방법 및 외국환평형기금 채권의 원리금 상환을 규정하고 있다.

제4장은 지급과 거래를 규정하고 있다. 즉, 외국환의 지급절차, 지급 또는 수령의 방법의 신고, 지급수단 등의 수출입신고, 자본거래신고 등에 대하여 규정하고 있다.

제5장은 보칙으로 외국환 거래의 경고 및 거래정지, 외국환거래의 비밀보장, 권한의 위임·위탁, 전자문서에 의한 허가, 사무처리, 다른 법률과의 관계를 규정하고 있다.

제6장은 벌칙으로 벌칙의 유형, 몰수·추징, 과태료에 대하여 규정하고 있다.

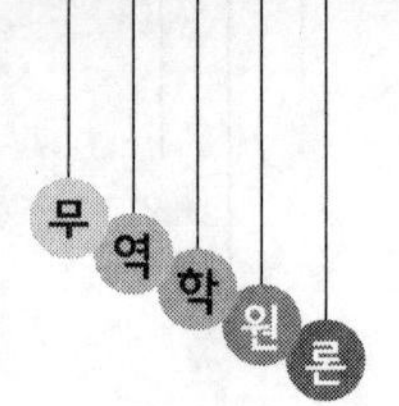

(3) 관세법

관세법은 관세의 부과, 징수 및 수출입물품의 통관을 적정하게 하고 관세수입을 확보함으로써 국민경제의 발전에 이바지함을 목적으로 한다고 규정하고 있다(관세법 제1조). 즉, 관세법의 목적은 관세 수입을 확보하고 수출입물품의 적정한 통관을 도모하며 관세 부과를 통하여 국내 산업을 보호하고 소비를 억제하며 국제수지를 개선하는 역할과 함께 관세율과 관세제도의 조정을 통하여 국내 물가의 안정과 수출지원을 도모하는 등 국민경제에 기여하는데 있다.

관세법령의 체계는 관세법 → 관세법시행령 → 관세법시행규칙, 관세청 고시 및 훈령으로 되어 있다.

관세법은 제1장 총칙, 제2장 과세가격과 관세의 부과·징수, 제3장 세율 및 품목분류, 제4장 감면·환급 및 분할납부 등, 제5장 납세자의 권리 및 불복절차, 제6장 운송수단, 제7장 보세구역, 제8장 운송, 제9장 통관, 제10장 세관공무원의 자료 제출 등, 제11장 벌칙, 제12장 조사와 처분, 제13장 보칙 등 총 13장 329조와 부칙으로 구성되어 있다.

관세법의 해석과 적용은 과세요건의 성립 등 일정한 요건 사실이 확인되었을 때 과세당국이나 납세자가 해석에 의하여 규범적 의미가 명확해진 과세법의 규정을 그 요건 사실에 결부시키는 작용으로 부당하게 납세자의 재산권을 부당하게 침해해서 안 되고 또한 새로운 법의 해석 및 관행에 의거 소급과세금지를 법 적용의 기본원칙으로 하고 있다.

〈표 9-3〉 관세법 적용의 주요원칙

원 칙	주요내용
조세법률주의(헌법 제59조)	조세의 종목과 과세요건은 법률에 규정
조세평등주의(헌법 제11조, 법 제5조 제1항)	납세자 간의 조세부담의 공평
과세의형평과 항목족성을 고려한 법의 해석과 적용원칙(법 제5조 제1항)	납세자 재산권의 부당한 침해금지
소급과세금지의 원칙(법 제5조 제2항)	① 입법에 의한 소급과세의 금지 ② 행정상 소급과세의 금지
신의성실의 원칙(법 제6조)	① 납세자의 신의성실원칙준수 ② 세관공무원의 신의성실원칙준수
세관공무원 재량권 남용금지의 원칙9법 제7조)	세관공무원의 재량 한계준수

자료: 류수현, 관세법론, 무역경영사, 2010, p.22.

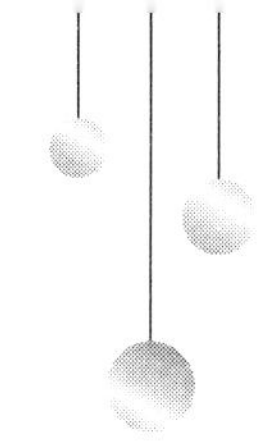

관세법의 적용은 과세요건인 과세물건(수입물품), 납세의무자(원칙적으로 물품을 수입한 화주), 과세표준(CIF가격기준), 세율(관세율 : 기본세율, 잠정세율, 탄력세율 등)의 요건을 갖추어야 하며 관세는 원칙적으로 수입신고(입항 전 수입신고 포함)를 하는 때의 물품의 성질과 그 수량에 의하여 부과한다.

즉, 관세는 과세물건인 수입물품에 대하여 과세표준액이 확정되면 여기에 관세율을 곱하여 관세액이 산출되고 이를 납세의무자인 수입업자(화주)가 납부하는 절차를 거쳐 통관절차를 마치게 된다.

일반적으로 수입물품에는 관세, 부가가치세, 특별소비세, 주세, 교통세, 교육세, 농어촌특별세 등이 부과된다.

그리고 무역관리의 기본법 이외에 무역관련 법규는 수출보험법, 전자무역촉진에 관한 법률, 외국투자촉진법, 자유무역지역의 지정 등에 관한 법률, 중재법, 농수산물 진흥법, 불공정무역 행위조사 및 산업피해구제에 관한 법률, 수출용 원재료에 대한 관세 등 환급에 관한 특례법, 조세감면규제법 등과 함께 무역금융규정 등의 수출지원을 위한 규정 등이 있다.

2) 행정지도에 의한 관리

행정지도에 의한 관리는 행정청의 행정행위에 의한 대외무역관리이다. 여기서 행정행위(administrative act)라 함은 학문상의 용어로서 실정법에서는 허가, 인가, 면허 또는 승인 등의 용어가 사용되고 있다. 일반적으로 구체적인 사실에 대한 법규적 행위로서 공권력의 발동으로써 단독적 공법 행위를 말한다.

3) 일반적 무역관리수단

일반적인 무역관리수단으로는 무역진흥수단, 무역규제수단 그리고 무역균형수단의 3가지 형태로 구분된다.

첫째, 무역진흥수단은 내국신용장(local credit), 수출금융, 관세 환급제도, 수출보험(export insurance)이 있다.

둘째, 무역규제수단은 일반적으로 수입을 규제하는 수단을 말하는데 여기에는 관세장벽(tariff barriers)과 비관세장벽(non-tariff barriers)이 있다.

관세장벽은 수입물품에 부과하는 조세이다. 관세가 인상되면 수입물품의 가격이 인상되어 수입이 감소되며 이에 따라 국내산업의 보호, 고용창출 및 소득증대, 국제수지

개선 등의 효과를 가져 온다.

비관세장벽은 수입물품에 부과하는 관세이외의 모든 무역장벽을 말한다. 현재 세계의 각국은 WTO의 발효로 무역의 규제 수단으로 관세는 더 이상 실효성이 없다는 사실을 인식하여 많은 비관세장벽을 활용하고 있다.

무역규제수단은 수출입금지, 반덤핑관세(anti-dumping duty) 및 상계관세(countervailing duty), 수량제한(quantitative control), 수출자율규제(voluntary export restriction) 등이 있다.

셋째, 무역균형수단은 구상무역(compensation trade), 바터제(barter system)과 연계무역, 수출입링크제(export-import link system)가 있다.

〈표 9-4〉 관세율 종류 및 근거

구 분	근거법령
기본관세, 잠정관세	관세법 제50조 별표 관세율표
덤핑방지관세	관세법에 의한 00산 000에 대한 덤핑방지관세부과에 관한 규칙(기획재정부령)
상계·보복·계절관세	보복관세(대통령령), 상계·계절관세(기획재정부령)
긴급관세 특정국물품긴급관세	현재 운용되지 않고 있음(운용시 기획재정부령)
국제협력관세	세계무역기구 등에 의한 양허관세 규정(대통령령)
	특정국가와의 관세협상에 따른 국제협력관세의 적용에 관한 규정(대통령령)
편익관세	관세법 시행령 제95조 별표
조정관세	관세법 제70조의 규정에 의한 조정관세의 적용에 관한 규정(대통령령)
할당관세	관세법 제71조의 규정에 의한 할당관세의 적용에 관한 규정(대통령령)
일반특혜관세	최빈개발도상국에 대한 특혜관세공여규정(대통령령)
특별긴급관세	관세법 제68조의 규정에 의한 특별긴급관세부과에 관한 규칙(기획재정부령)

주) 1. 잠정세율은 기본세율에 우선 적용

주) 2. 탄력관세(관세법 제50조~제74조) ① 덤핑방지관세 ② 상계관세 ③ 보복관세 ④ 긴급관세 ⑤ 특정국물품긴급관세 ⑥ 특별긴급관세 ⑦ 조정관세 ⑧ 할당관세 ⑨ 계절관세 ⑩ 편익관세

주) 3. 국제협력관세는 ① WTO일반양허관세율 ② WTO 개도국간 양허관세율 ③ 아시아태평양 무역협정양허관세율 ④ 유엔개도국간양허관세율 ⑤ 특정국가와 자유무역협정의 관세특례협정의 관세율 등 수출입물품의 대부분이 양허관세 적용 대상이다. 그리고 양허는 기본관세율의 100분의 50의 범위를 초과하여 관세를 양허할 수 없다.

제2절 … 무역거래 등의 관리

2.1 무역거래자의 의의

1) 무역거래자의 개념

"무역거래자" 함은 수출 또는 수입을 하는 자, 외국의 수입자 또는 수출자의 위임을 받은 자 및 수출·수입을 위임하는 자 등을 물품 등의 수출·수입행위의 전부 또는 일부를 위임하거나 행하는 자를 말한다(대외무역법 제2조 3호).

첫째 '수출 또는 수입을 하는 자'라 함은 본인 거래로서 무역거래를 실행하는데 자기의 이름과 자기의 계산으로 거래하는 자를 말한다.

둘째, '외국의 수입자 또는 수출자의 위임을 받은 자'는 타인으로부터 물품의 판매 또는 구매의 수탁을 받고 수탁자의 자격으로 물품을 수출입하는 자이다.

셋째, '수출·수입을 위임하는 자 등 물품 등의 수출·수입행위의 전부 또는 일부를 위임하거나 행하는 자'는 물품 등의 판매 또는 구매를 위탁한 위탁자의 자격으로 물품을 수출입하는 자를 말한다.

2) 무역업 고유번호의 신청 및 부여

대외무역법이 1996년 12월 30일 전면적으로 개정됨에 따라 무역업이 등록제에서 신고제로 전환되고 또한 개정 당시 무역업의 활성화를 위하여 2000년 1월 1일부터 무역업의 신고제를 폐지하도록 경과규정(부칙 제2조)을 두어 현재는 신고가 아닌 한국무역협회에 무역업 고유번호를 신청하여 번호를 부여받으면 누구나 무역업을 할 수 있다.

무역업을 하고자 하는 자는 한국무역협회에 우편·팩스·E-mil·EDI 등의 방법으로 신청하여 무역업의 고유번호를 부여받으면 된다.

무역업체가 무역업고유번호를 부여받지 않았어도 그에 따른 처벌규정은 없으나 수출(입)신고시 종전 무역업신고번호를 기재하던 것과 같이 무역업 고유번호를 필히 기재하도록 하고 있어 수출의 활동을 원활히 영위하기 위해서는 무역업체는 반드시 무역업 고유번호를 한국무역협회에 신청하여 이를 부여받아야 한다. 단, 기존 신고업체는 무역업 신고번호를 그대로 사용하고 신규업체만 무역고유번호를 신청하여 사용하면 된다.

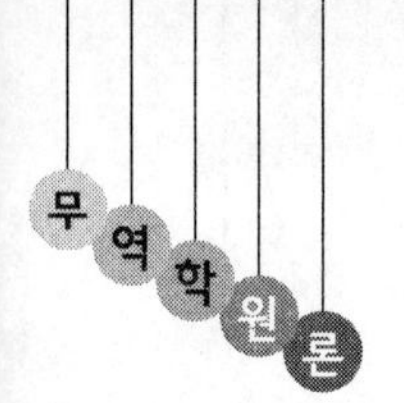

무역업 고유번호를 부여받지 아니한 수출입업을 하고자 할 경우 무역업고유번호를 부여받은 업체를 통해 수출입대행을 의뢰하여 신청업체의 명의로 수출입을 할 수 있다.

3) 특별법에 의한 무역업의 이중관리

대외무역법상 무역업의 고유번호를 부여받으면 무역업을 영위할 수 있다. 그러나 인간의 건강, 안전, 환경, 미풍양속 등 경제 외적인 부분에 관리가 필요한 물품의 무역에 대해서는 특별법에서 별도로 규정하고 있다. 이에 따라 무역업을 할 수 있는 자는 대외무역법과 특별법상의 요건을 동시에 충족시켜야 한다.

여기에는 마약 수출입업, 유해화학물질 수출입업, 농약의 수입, 외국간행물 수입, 석유 수출입업, 담배수입업, 먹는 물 수입업, 종자 수출입업, 마약류 수출입업이 있다.

2.2 종합무역상사 및 전문무역상사

1) 종합무역상사

(1) 종합무역상사의 의의 및 지정요건

지식경제부장관은 해외시장을 개척하고 무역기능을 다양화하며 중소기업과의 계열화를 통한 중소기업의 무역활동을 지원하기 위하여 무역거래자 중에서 지정할 수 있다고 규정하고 있다(대외무역법 제9조 1항).

지정요건은 "자본시장과 금융투자에 관한 법률(제9조 제15항)에 따른 상장법인(단, 코스탁 시장에 상장된 법인 제외)" 이어야 하며 다음의 어느 한 가지만 충족되면 지정받을 수 있다.

첫째, 전년도의 수출통관액이 전년도의 우리나라 전체 수출통관액의 2%이상인 법인이어야 한다. 둘째, 전년도의 수출실적이 미화(美貨) 1백만 달러 이상인 국가가 30개국 이상이고, 외국에 현지 법인이나 영업소가 20개 이상 있는 법인이어야 한다.

그리고 종합무역상사에 대하여 지식경제부장관은 종합무역상사와 중소기업과의 계열화를 통한 중소기업의 무역활동을 지원하기 위한 방안으로 종합무역상사 별로 중소기업의 사업 영역 보호 및 기업 간 협력 증진에 관한 법률에 의한 수탁기겁체협의회를 구성 및 운영할 수 있지만, 지정받은 종합상사가 2년 이상 계속하여 수출통관액의 2%를 기록하지 못하여 종합무역상사로서의 무역활동이 심히 곤란하다고 인정될 때에는

그 지정을 취소할 수 있고 지식경제부장관은 지정을 취소하고자할 때에는 청문(聽聞)을 실시해야 한다.

(2) 종합무역상사의 유래

1973년 10월 중동전쟁으로 OPEC중심의 원유 공급량이 감소됨에 따라 원유 값이 폭등하고 국제경제가 침체기로 접어들어 감에 따라 수출여건이 급격히 악화되었다. 정부는 악화되는 수출시장에서 경쟁력을 회복하고 또한 거대 외국기업과의 경쟁력을 갖고 수출시장을 개척하는데 있어 대규모의 조직과 자금력을 갖춘 대형무역상사가 필요하다는 인식 하에 종합무역상사라는 제도를 도입하게 되었다.

박정희 정부는 수출 진흥정책의 일환으로 1975년에 처음 종합무역상사라는 제도를 도입하여 상장회사로서 수출액이 한국 총 수출액의 2% 이상을 달성하면 정부로부터 종합상사로 지정받을 수 있었으며 제1호는 삼성물산이며 중소기업들의 수출을 대행할 무역상사로는 고려무역을 지정 운영하였다.

이제 종합무역상사는 식료품에서부터 중공업제품에 이르기까지 다양한 상품을 취급하며, 수출입 업무뿐만 아니라 국내유통과 자원개발 등에도 참여하는 종합적 기능을 가진 기업으로 탄생되었다. 종합무역상사는 한국과 일본에 만 있는 독특한 기업형태이다. 한국의 종합상사는 수출 진흥을 목적으로 특정기업의 제품만이 아닌 각 기업의 각종 제품을 차별 없이 취급하여 수출하고 있다.

일본에서는 거대한 기업 콘체른(concern)에 속하는 상사로서 산하 계열기업의 원자재를 구입하고 생산제품 판매를 주요업무로 하여 발달해왔으나, 점차 한국과 같은 종합상사로 변모하였다. 그리고 미쓰이(三井) · 미쓰비시(三菱) · 이토추(伊藤忠) · 닛쇼이와이(日商岩井) · 마루베니(丸紅) · 스미토모(住友) 등의 대표적인 종합상사가 있다.

2) 전문무역상사

전문무역상사는 지식경제부장관이 첨단제품의 해외시장 진출을 지원하기 위하여 무역거래자 중에서 지정한다(대외무역법 제9조 제2항). 그리고 전문무역상사로 지정받을 수 있는 자는 자본금이 70억 원 이상인 법인으로서 첫째, 첨단산업 제품으로서 지식경제부장관이 정하여 고시하는 물품의 전년도 수출실적이 그 법인의 전년도 총 수출실적의 50%이상인 법인 둘째, 그 법인이 생산하지 아니한 물품 등의 전년도 수출실적이 그 법인의 전년도 총 수출실적의 50% 이상인 법인의 요건을 모두 갖추어

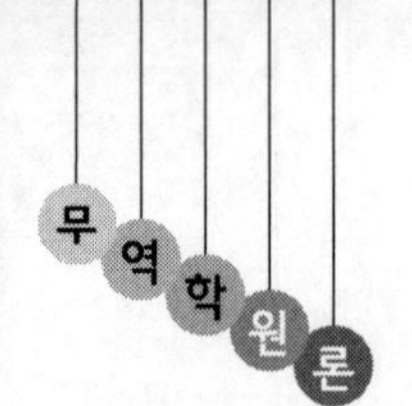

야 한다.

그리고 전문무역상사 지정관련 첨단산업제품의 범위는 대외무역관리 규정에서 정보통신·전기전자, 기계소재, 생명공학·정밀화학·고기능성 섬유 분야로 분류하고 있다(대외무역관리규정 제7조 제1항).

첫째, 정보통신·전기전자는 정보기기, 통신기기, 반도체, 소프트웨어 일반, 멀티미디어 콘텐츠, 지식기반서비스, 유통·물류 관련 소프트웨어, 기타로 구분하고 있다.

둘째, 기계소재는 항공기 및 기기류, 우주비행체 및 기기류, 지원장비, 환경설비 및 청정생산, 로봇 및 부품, 수치제어 공작기계 및 부품 등, 고성능 금속재료, 신주조·압연기술, 유가금속 회수 및 재활용기술, 환경 친화적인 금속 열처리 & 표면처리 설비, 고분자 재료 및 소재, 고기능성 신소재가 있다.

셋째, 생명공학·정밀화학·고기능성섬유는 고기능성·산업용 섬유, 생명공학을 이용한 고기능성 물질, 생물공학을 이용한 환경관련 제품, 생물공학을 이용한 기기, 특수기능성 첨가제 및 계면활성제, 정밀화학원제, 전자공업용 약품 및 사진재료, 기타 정밀 화학제품이 있다.

2.3 원산지관리제도

1) 원산지 관리제도의 의의

대외무역법상 물품의 원산지 관리는 수출입 물품의 원산지 표지제도와 원산지 확인제도가 있다. 원산지표시제도는 공정한 거래질서와 소비자를 보호하기 위하여 수출입하는 물품 등에 대한 원산지를 표시하도록 하는 제도이며, 원산지 확인제도는 특정물품의 수입지역을 제한하거나 원산지 허위 표시를 방지하기 위하여 그 대상물품 등을 수입하고자하는 자에 대하여 당해 물품의 원산지국가 또는 물품 등을 선적한 국가의 정부 등이 발행하는 원산지증명서를 세관장에게 제출하여 확인을 받도록 하는 제도이다.

(1) 원산지 표시제도

원산지 표시(marks of origin)제도는 특정물품의 원산지를 당해물품에 표시하도록 하는 제도이다. 원산지표시는 소비자에게 상품에 대한 정확한 정보 제공 등을 통하여 국내소비자 보호 및 유통거래질서를 확립하고 국제적으로 인정되는 원산지 적용기준을 마련하여 수출 또는 수입하는 물품에 원산지표시를 명확히 함으로써 불공정 수입행위

를 근절하는 데 목적이 있다.

① **대상물품** : 수입물품의 대상물품은 일반소비자가 직접구매, 사용하는 품목으로서 HS단위 기준으로 678개 품목이 있으며 원산지의 표시 범위는 당해 수입물품 및 재사용이 가능한 포장용품 또는 당해 수입품과 구분 판매가 가능한 부속품등 부장품까지 포함된다.

② **원산지표시방법** : 첫째, 수출물품의 원산지 표시는 수입물품의 원산지 표시 방법에 준하는 방법으로 표시하되, 당해 물품이 수입국의 원산지 표시 규정이 달리 표시하도록 한 경우에는 동 규정에 의한 원산지 표시를 할 수 있다. 그리고 국내에서 단순 가공만을 수행한 물품의 경우에는 우리나라를 원신지로 표시하여서는 아니 된다.

둘째, 수입물품의 원산지는 최종구매자가 당해물품의 원산지를 용이하게 판독할 수 있는 크기의 활자체, 식별하기 용이한 곳, 쉽게 지워지거나 떨어지지 아니하는 방법으로 표시해야 한다. 그리고 원산지의 표시방법은 한글·한문 또는 영문으로 표기해야 하며 그 방법은 다음과 같다.

- ▶ "원산지 : 국명" 또는 "국명 산(産)"
- ▶ "Made in 국명" 또는 "Product of 국명"
- ▶ "Made by 물품 제조자의 회사명, 주소, 국명"
- ▶ 수입물품의 크기가 작아 위의 세 가지 방식으로 당해 물품의 원산지를 표시할 수 없을 경우에는 국명만 표시할 수 있음
- ▶ "Brewed in 국명" 또는 "Distilled in 국명" 등 기타 최종 구매자가 원산지를 오인할 우려가 없는 방식

수입물품의 원산지는 제조단계에서 인쇄(printing), 등사(stencing), 낙인(branding), 주조(molding), 시각(etching), 박음질(stitching) 또는 이와 유사한 방식으로 원산지를 표시하는 것을 원칙으로 한다. 다만, 물품의 특성상 상기와 같은 방법으로 표시하는 것이 부적합하거나 물품을 훼손할 우려가 있는 경우에는 날인(stamping), 라벨(label), 스티커(sticker), 꼬리표(tag)를 사용하여 표시할 수 있다.

그리고 최종 구매자가 수입물품의 원산지를 오인할 우려가 없는 경우에는 통상적으로 널리 사용되고 있는 국가 명을 사용하여 원산지를 표시할 수 있다(예 United States of America를 "USA"로 Switzerland를 "Swiss" 등으로 표기).

또한 원산지를 표시하기 곤란하거나 원산지를 표시할 필요가 없는 경우에는 원산지를 포장이나 용기에 표기하거나 생략할 수 있다(대외무역법 시행령 제53조 1항). 그리

고 관세율표에 따라 용기에 별도로 분류되어 수입되는 물품의 경우에는 용기에 "(용기명)의 원산지:(국명)" 에 상응하는 표시를 하여야 한다(예 "Bottle made in 국명"). 이러한 규정에도 불구하고 1회 사용으로 폐기되는 용기의 경우에는 최소 판매단위의 포장에 용기의 원산지를 표시할 수 있으며, 실수요자가 이들 물품을 수입하는 경우에는 용기의 원산지를 표시하지 않아도 무방하다. 그리고 수입용기의 원산지 표시방법은 다음의 〈표 9-5〉와 같다.

〈표 9-5〉 수입용기의 원산지 표시 방법

구 분	채워진 상태로 수입	빈 상태로 수입
재사용가능 용기	내용물품과 수입용기의 원산지를 용기에 각각 표시 "Content made in 국명, Bottle made in 국명"	당해 수입용기의 원산지를 용기에 표시 "Bottle made in 국명"
1회용 용기	당해 내용 물품의 원산지를 용기에 표시 "Made in 국명"	당해 수입용기의 최소 판매단위 포장에 원산지 표시 "Bottle made in 국명" * 실수요자 수입시 표시 면제

그리고 다음의 경우에는 해당 물품에 원산지를 표시하지 않고 해당 물품의 최소 포장, 용기 등에 수입 물품의 원산지를 표시할 수 있다(대외무역관리규정 제75조).

① 해당 물품에 원산지를 표시하는 것이 불가능한 경우 ② 원산지표시로 인하여 해당 물품이 크게 훼손되는 경우(예 당구공, 콘택즈 렌즈, 포장하지 않은 집적회로) ③ 해당 물품의 가치가 실질적으로 저하되는 경우 ④ 원산지 표시의 비용이 해당 물품의 수입을 막을 정도로 과도한 경우(예 물품 값보다 표시비용이 더 많이 드는 경우) ⑤ 상거래 관행 상 최종 구매자에게 포장, 용기에 봉인되어 판매된 물품 또는 봉인되지 않았으나 포장, 용기를 뜯지 않고 판매되는 물품(예 비누, 칫솔, VIDEO TAPE 등) ⑥ 실질적 변형을 일으키는 제조공정에 투입되는 부푸 및 원재료를 수입 후 실수요자에게 직접 공급하는 경우 ⑦ 물품의 외관상 원산지의 오인 가능성이 적은 경우(예 두리안, 오렌지, 바나나와 같은 과일, 채소 등) ⑧ 관세청장이 지식경제부장관과 협의하여 타당하다고 인정하는 물품이 있다.

(2) 원산지 확인제도

① **대상물품** : 원산지 확인대상물품은 첫째, 통합공고에 의해 특정 지역으로부터 수입이 제한되거나 둘째, 원산지 허위표시, 오인, 혼동표시 등을 확인하기 위하여 세관장이 필요하다고 인정하는 물품 셋째, 기타 법령에 의해 확인이 필요한 물품이 있다.

② **원산지 증명서 제출** : 원산지 확인제도에서는 대상물품 등을 수입하고자하는 자는 수입신고 시 당해 물품의 원산지국가 또는 물품 등을 선적한 국가의 정부 등이 발행하는 원산지증명서를 세관장에게 제출하여야 한다.

그러나 과세가격(종량세의 경우에는 관세법 제9조의 규정에 준하여 산출한 가격)이 10만 원 이하인 물품, 우편물, 개인에게 무상 송부된 탁송품·별송품 또는 여행자의 휴대품, 재수출조건부 면제대상물품 등 일시 수입물품, 보세운송, 환적 등에 의하여 우리나라를 단순히 경유하는 통과화물은 예외로 한다.

그리고 원산지 증명서는 당해국의 세관이나 상공회의소가 발행한 것이어야 하며 원산지 증명서의 기재사항은 당해 물품의 기호, 번호, 품명, 수량, 가격 및 생산자와 수출업자, 수하인명과 기타 참고 사항 등이다. 원산지증명서를 제출받은 세관장은 당해 원산지증명서가 표준 양식에 준하여 작성된 것인지 확인해야하고, 이 증명서는 한국어, 영어 또는 불어로 표시한 것이어야 한다.

2) 원산지판정제도

(1) 원산지판정기준

원산지 판정기준은 완전생산물품, 실질적 변형, 단순가공의 기준이 있다. 그리고 원산지 판정은 대외무역법 제34조(원산지 판정 등) 및 대외무역법 시행령 제61조(수출입물품의 원산지 판정기준)의 각호의 어느 하나의 기준에 따라야 한다.

첫째, 수입물품의 전부가 하나의 국가에서 채취되거나 생산된(이하 "완전생산 물품" 이라 한다.)인 경우에는 그 국가를 그 물품의 원산지로 할 것

둘째, 수입 물품의 생산·제조·가공 과정에 둘 이상의 국가가 관련된 경우에는 최종적으로 실질적 변형을 가하여 그 물품에 본질적 특성을 부여하는 활동(이하 "실질적 변형기준" 이라 한다.)을 한 국가를 그 물품의 원산지로 할 것

셋째, 수입물품의 생산·제조·가공 과정에 둘 이상의 국가가 관련된 경우 단순한 가공활동을 하는 국가를 원산지로 아니 할 것을 규정하고 있다.

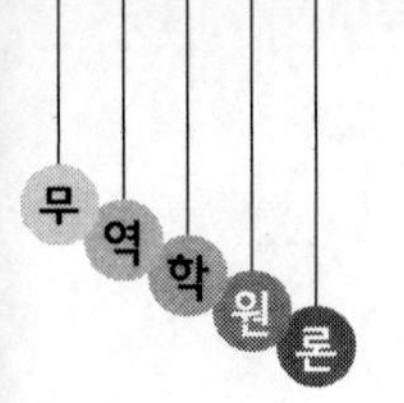

그리고 수출물품의 원산지 판정은 상기의 첫째 및 둘째의 기준을 준용하여 판정하되, 그 물품에 대한 원산지 판정기준이 수입국의 원산지 판정기준과 다른 경우에는 수입국의 원산지 판정기준에 따라 원산지를 판정할 수 있다.

① **완전생산기준** : 완전생산기준은 수입물품의 전부가 하나의 국가에서 채취 또는 생산된 물품인 경우에는 해당 국가를 원산지로 보는 것으로 이 기준은 천연생산품 또는 천연생산품으로 물품의 전부를 제조한 상품에만 적용된다.

첫째, 해당국 영역에서 생산한 광산물, 농산물 및 식물성생산물

둘째, 해당국 영역에서 번식, 사육한 산 동물과 이들로부터 채취한 물품

셋째, 해당국 영역에서 수렵, 어로로 채포한 물품

넷째, 해당국 선박에 의하여 채포한 어획물, 그 밖의 물품

다섯째, 해당국에서 제조, 가공 공정 중에 발생한 잔여물

여섯째, 해당국 또는 해당국의 선박에서 위의 다섯 가지의 물품을 원재료로 하여 제조·가공한 물품은 그 해당 국가를 원산지로 한다.

② **실질적 변형기준** : "실질적 변형" 이란 최종적으로 실질적 변형을 행하여 그 물품의 본질적 특성을 부여하는 활동으로서, 해당국에서 제조·가공과정을 통하여 원재료의 세 번과 상이한 세 번(HS 6단위 기준)의 제품을 생산하는 것을 말하며 수입물품의 생산·제조·가공 과정에 2 이상의 국가가 관련된 경우에는 실질적 변형을 수행한 국가를 해당 물품의 원신지로 한다.

즉, 물품이 2개국 이상에 걸쳐 생산된 경우 해당 물품이 실질적으로 변화되는 생산공정을 최종적으로 행한 국가를 원산지로 보는 기준이다. 따라서 해외 위탁가공물품은 설령 원부자재를 모두 위탁 국가에서 공급하였더라도 해당 물품이 실질적 변형을 일으키는 가공공정을 실행한 가공 국가가 원산지가 된다. 다만, 실질적 변형에도 불구하고 지식경제부장관이 별도로 정한 품목에 대하여는 부가가치, 주요부품 또는 주요 공정 등에 의하여 해당 물품의 원산지를 판정할 수 있다.

첫째, 세번 변경기준 : 세번 변경기준(Change in Tariff Heading Method, CTH)은 원료와 완제품의 세 번을 비교하여 세 번이 일정 단위 이상으로 변하는 경우 이를 실질적 변형으로 인정하여 원산지를 부여하는 것으로 이 때 세번 변경의 기준은 대개 국제통상코드인 HS 품목분류코드를 사용하며, CTH기준이 가장 많이 이용된다. 단, 실질적 변형으로 단순한 가공활동에 의한 세번변경이 발생한 경우 원산지로 인정하지 않는다.

우리나라의 원산지규정은 수입물품의 원산지 결정기준으로 2이상의 국가가 수입물품의

생산·제조·가공에 관련된 경우에는 원재료의 세 번과 제품의 세 번이 6단의 기준에서 변경될 때 실질적 변형이 이루어진 것으로 보아 이를 수행한 국가를 당해 물품의 원산지로 결정하도록 하는 6단위 기준 세 번변경기준을 주로 채택하고 있으며 단순 가공을 수행한 국가에는 원산지로 인정하지 않도록 규정하고 있다.

예를 들어 한국이 유리섬유〈HS 7019.00〉를 수입하여 이를 제조 가공하여 직물〈HS 4016.00)이 되었다면 이는 세번변경기준에 해당된다.

둘째, 부가가치기준 : 부가가치 기준은 부품의 차액비율이라고도 하며 해당 물품에서 차지하는 원료 및 구성품의 가격 비율(부가가치율)을 산출한 후 일정비율 이상의 부가가치를 차지하는 국가를 원산지로 인정하는 제도이다.

부가가치의 비율은 해당 물품의 제조·생산에 사용된 원료 및 구성품의 원산지별로 가격누계가 해당 물품의 수입가격(FOB가격 기준)에서 점하는 비율로 한다. 해당 주요 부품의 원료 및 구성품이 부가가치 생산에 최대로 기여한 국가가 해당 완제품의 부가가치비율 기준 상위 2개국 중 어느 하나에 해당하는 경우는 그 해당 국가를 원산지로 하며, 완제품의 부가가치 비율 기준 상위 2개국 중 어느 하나에 해당되지 아니하는 경우는 해당 완제품을 최종적으로 제조한 국가를 원산지로 한다.

그리고 해당 제조·생산국에서 외국으로부터 수입 조달한 원료 및 구성품의 가격은 각기 수입 단위 별 FOB가격을 기준으로 하고, 해당 제조·생산국에서 국내적으로 공급된 원료 및 구성품의 가격은 각기 구매 단위별 공장도가격을 기준으로 한다.

예를 들어 대외무역법 시행령은 HS 9006.51[2] 및 HS 9006.53[3]의 품목에 대해서는 당해 물품에 사용된 원료 및 부품의 부가가치가 완제품 부가가치의 35% 이상인 경우 당해 원료 및 부품을 생산 또는 최초로 공급한 국가를 원신지로 한다. 만약, 부가가치 기준 당해 원료 및 부품의 공급이 35% 이상인 국가가 없거나 2개국 이상인 경우는 주요부품(셔터, 렌즈, 줌경통, 파인더)이 차지하는 부가가치의 비율이 높은 국가를 원산지로 한다고 규정하고 있다.

셋째, 제조·가공공정기준 : 제조·가공공정기준(manufacturing or processing operation criterion)은 일반적으로 각 제품에 대하여 아주 중요하다고 인정되거나 당해 제품의 주요한 특성을 발생시켜주는 기술적인 제조 또는 가공작업을 기술한 일반적인 명세표를

2) 렌즈를 통하여 볼 수 있는 파인더(싱글렌즈레플렉스)를 갖춘 것(폭이 35밀리미터 이하의 롤필름용인 것에 한하며 특수용도사진기 또는 일회용 사진기는 제외)

3) 기타(폭이 35밀리미터의 롤필림용인 것에 한하여 특수용도 사진기 또는 일회용 사진기는 제외)

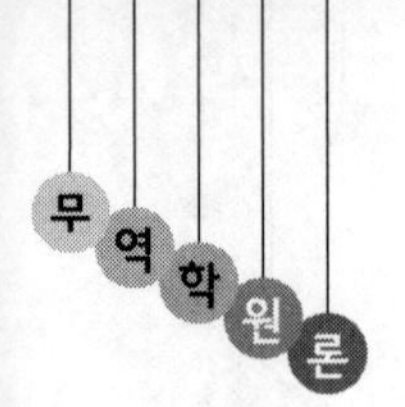

사용하여 지정된 가공공정이 일어난 국가를 원산지로 간주하는 것이다.

이것은 주로 주요부품 또는 주요공정을 거쳐야 하는 소, 돼지, 의류 등이 여기에 해당된다. 돼지고기(원산지 : 벨기에)를 수입하여 이를 가공하여 소시지를 한국에서 만들었다면 원산지는 한국이 된다. 또한 예로 TV브라운관을 수입하여 TV를 생산하였다면 TV의 원산지는 TV를 생산한 국가가 된다.

③ **단순 가공 공정기준** : 단순가공은 수입물품의 생산·제조 가공 과정에서 2 이상의 국가가 관련된 경우 단순한 가공활동을 하는 국가를 원산지로 인정하지 않는 것을 말한다.

다음의 예는 단순한 가공활동으로 보며 이를 수행한 국가에 대해서 원산지를 부여하지 않는다.

첫째, 운송 또는 보관 목적으로 물품을 양호한 상태로 보존하기 우해 행하는 가공활동, 둘째, 선족 또는 운송을 용이하게 하기 위한 가공활동, 셋째, 판매목적으로 물품의 포장 등과 관련된 활동, 넷째, 제조·가공결과 HS 6단위가 변경되는 경우라도 다음의 각 목의 어느 하나에 해당되는 가공과 이들이 결합되는 가공은 단순한 가공활동의 범위에 포함된다.

㉠ 통풍, ㉡ 건조 또는 단순가열(볶거나 굽는 것을 포함한다.), ㉢ 냉동, 냉장, ㉣ 손상부위의 제거, 이물질 제거, 세척, ㉤ 기름칠, 녹방지 또는 보호를 위한 도색, 도장, ㉥ 거르기 또는 선별(sifting or screening), ㉦ 정리(sorting), 또는 등급선정(classifying or grading), ㉧ 시험 또는 측정, ㉨ 표시나 라벨의 수정 또는 선명화, ㉩ 가수, 희석, 흡습, 가염, 가당, 전리(ionizing), ㉪ 각피(husking), 탈각(shelling or unshelling), 씨제거 및 신선 또는 냉장 육류의 냉동, 단순 절단 및 단순 혼합, ㉫ HS 01의 가축을 수입하여 국내에서 도축하는 경우 품목별 사육기간 미만의 기간 동안 국내에서 사육한 가축의 도축(slaughtering), ㉬ 펴기(spreading out), 압착(crushing)

그리고 통풍으로부터 압축에 이르기까지의 규정에 준하는 가공으로 서 지식경제부장관이 별도로 판정하는 단순한 가공활동이 있다.

제3절 … 수출절차

3.1 수출절차의 의의

수출절차는 무역계약이 체결되어 수출업자가 신용장을 수령한 후 수출추천, 수출승인, 수출 물품의 확보, 수출물품검사 그리고 세관에 수출신고서를 제출하여 수출통관, 선적 및 수출대금의 회수에 이르기까지의 모든 행정절차와 이의 사후관리까지 포함하는 일련의 절차이다. 그리고 수출통관은 수출신고, 신고 서류의 심사, 화물감정을 하는 등 수출신고가 수리되는 절차를 말하며, 선적절차는 일반화물, 컨테이너 화물, 특수화물 등에 따라 약간 씩 차이가 있다.

3.2 수출계약의 체결

수출계약 즉, 무역계약은 국제간에 이루어지는 매매계약으로써 수출업자가 수입업자에게 일정한 물품의 소유권을 양도하여 물품을 인도할 것을 약정하고 수입상은 이를 수령하고 그 대금을 지급할 것을 약정하는 계약이다. 수출업자는 매매계약을 체결한 후 수입업자로부터 신용장을 수령하게 되면 다음의 [그림 9-2]와 같은 절차를 거쳐 수출대금을 회수하고 수출에 따른 사후관리를 하게 된다.

참 고 사 항	구비서류	절 차
신용장내도시 주요 확인사항 ①계약내용과의 일치여부 ②취소불능신용장인지의 여부 ③개설은행 신용상태 ④ 특수조건 및 지장을 초래할 수 있는 내용검토 ⑤지급확약 문구 ⑥오자, 탈자의 존재여부, 단가와 합계의 정확여부등		매매계약체결 ↓ 신용장내도(L/C거래시) ↓
수출승인 대상 수출입공고에 의해 수출이 제한되는 물품 - 일부 섬유류 - 환경보호관련 동식물 - 유해화학물질 등	**[수출승인시 구비서류]** ① 수출승인신청서 2부 ② 수출신용장 또는 계약서 사본 1부 ③ 기타 수출승인기관에서 요구하는 서류	수출물품확보 ↓ 원자재수입 계약체결 / 원자재구입 계약체결 / 완제품구매 계약체결
원산지증명서 발급기관 ①원산지증명서(C/O) : 상공회의소 ②관세양허원산지증명서 : 상공회의소, 세관 및 출장소	**[수출신고시 구비서류]** ① 수출신고서(EDI 신고) ② 수출승인서(해당되는 경우) ③ 상업송장 및 포장명세서 ④ 기타 수출통관에 필요한 서류	운송서류 내도 ↓ 물품보세 구역반입 ↓
관세환급을 위한 수출이행 수출용원재료 또는 내수용으로 수입하였는지 여부에 불문하고 수입면허일로부터 2년 이내에 수출하여야 함.	**[수출대금 회수시 구비서류]** ① 수출환어음 매입 신청서 ② 환어음 ③ 수출신용장 원본 (L/C방식의 경우) ④ 선하증권(B/L) ⑤ 상업송장(Commercial Invoice) ⑥ 포장명세서(Packing List) ⑦ 보험증권, 원산지증명서 GSP 등 (수입자 요구시) ⑧ 기타 신용장이나 수출계약에서 요구하는 서류	수입통관 / 물품인수 ↓ 물품제조 생산 ↓ 물품 보세구역 반입 ↓ 수출통관 ↓ 물품선적 ↓
환급신청 수출신고수리일로부터 2년 이내에 환급신청.		수출대금회수 관세환급 사후관리

[그림 9-2] 수출절차

3.3 신용장의 내도와 수출신고

1) 신용장의 내도

무역계약이 체결되면 매매계약서에 명시된 조건에 따라서 대금결제가 신용장에 의할 경우 수입업자는 자기 거래은행(신용장 발행은행)을 통해 신용장을 발행하여 수출상의 국내거래은행(신용장 통지은행)을 통하여 수출상 앞으로 통지한다. 통지은행이 수출업자에게 신용장의 내도(來到)를 통지하는 기간은 통상적으로 10일 전 후이다.

수출업자는 신용장을 수취하게 되면 ① 신용장과 계약서의 내용이 일치하는지, ② 대금회수에 위험이 있는 신용장인지 또는 수출이행에 불리한 특수한 조건이 있는지, ③ 취소불능표시, 양도가능, 지급확약 문언 및 신용장 통일규칙 준수 문언 등의 존재 여부, ④ 신용장 조건의 이행이 발행은행의 의사에 따라 좌우될 수 있는 특수조건이 포함되어 있는지의 여부 등을 주의 깊게 검토하여 수출대금회수에 따른 위험을 예방해야 한다.

2) 수출신고

수출신고는 EDI방식 또는 인터넷에 의한 무서류(P/L : paperless)신고를 원칙으로 하고 있다. 수출신고는 당해물품을 적재하기 전까지 당해 물품이 장치된 물품 소재지를 관할하는 세관장에게 수출신고를 하고 수리를 받아야 하며 수출신고는 관세사(통관취급인), 관세법인, 화주의 명의로 해야 하고 그리고 화주에게 당해 수출물품을 제조·공급하는 완제품공급업자도 수출신고인이 될 수 있다. 이것은 완제품공급자가 직접 환급을 받아야할 필요가 있는 것을 고려한 규정이다.

그리고 산물이나 광산물같이 선적 후 공인검정기관의 수량 확인이 필요하거나 수산물 같은 특수품은 선적 후 선상 수출신고(당해 물품을 적재한 선박의 입항지 관할 세관장에게 신고)를 할 수 있고, 현지 수출 어패류(선박의 출항허가를 받은 세관장에게 신고)나 원양수산물(수출신고서에 수출사실증명서를 첨부하여 한국원양어업협회 경유 서울세관장에게 신고)은 출항 후 신고를 할 수 있다. 수출신고는 전자문서로 작성된 신고자료를 통관시스템에 전송하면 된다.

전자교환자료(EDI : electronic data interchange)방식에 의한 수출입업무 담당자는 관할지 세관장으로부터 ID를 부여받아야 되고 다만, 관세청장이 별도로 지정하는 업체(전년도 수출실적 하위 50% 해당업체 또는 미화 80,000 이하 수출업체)는 대한상공회의소

또는 한국무역협회 등에 설치된 수출신고지원센터의 수출신고 용 전산설비를 이용하여 직접 신고할 수 있다.

그러나 대외무역법 상 수출승인 대상물품은 관계행정기관·단체장의 승인을 받은 수출승인서를 제출해야 하고 또 관세법 제226조의 규정에 의한 세관장 확인 물품 및 확인 방법지정고시 중 수출 신고수리 전에 요건 구비의 증명이 필요한 물품, 계약내용과 상이한 물품의 재수출 또는 재수출조건부로 수입 통관된 물품의 수출, 수출업자가 재수입시 관세 등의 감면, 환급 또는 사후관리 등을 위하여 서류제출로 신고하거나 세관검사를 요청하는 물품, 수출통관시스템에서 서류제출대상으로 통보된 물품은 관련 증빙서류 첨부하여 별도 서식의 수출신고서를 제출해야 한다.

3) 수출물품검사

수출물품의 검사는 원칙적으로 생략하되, 신고의 내용을 심사한 결과 현품을 확인할 필요가 있는 경우 현품검사를 할 수 있다. 수출신고 물품검사는 검사 희망일에 하되, 보세구역의 반입물품은 반입 후 검사를 실시하되 효율적인 검사를 위하여 발췌검사 또는 컨테이너 검색기검사 방법 등을 지정하여 실시할 수 있다.

그러나 부정수출 또는 부정환급 등 우범성 정보가 있거나 물품의 성질, 업체의 성실도 등을 감안하여 물품의 효율적인 검사를 위하여 부득이 하다고 인정하는 경우에는 세관장의 명령에 의하여 물품을 보세구역에 반입하게 한 후 검사를 할 수 있다.

또한 세관장은 ① 안보 위해(危害) 물품 및 마약 등 특별한 범칙 정부가 있는 경우 ② 수출하고자 하는 물품의 소재지 산재 등의 사유로 신고인이 적재검사를 희망하는 경우 ③ 기타 세관장이 적재시점에 검사는 것이 효율적이라고 판단하는 경우는 수출신고 수리 후 적재 전 검사를 실시한다.

그리고 세관장은 수출검사업무의 효율적인 운영을 위하여 최근 2년간 관세법 위반사실 및 수출용 원재료에 대한 관세 등 환급에 관한 특례법(환특법) 위반사실이 없는 외국인투자촉진법의 규정에 의한 외국인투자기업, 월별납부제도 운영에 관한 고시에 의하여 월별납부업체 승인 요건에 해당하는 업체, 전 분기 수출실적 상위 10% 해당업체로서 최근 1년간 수출검사에 따른 적발실적이 없고 관세법 및 환특법 위반사실이 없는 업체, 관세청장이 따로 정하는 기준에 의하여 법규준수도가 높다고 인정된 업체, 아름다운 관세행정 파트너 선정 및 우대에 관한 시행세칙에 의해 아름다운 관세행정파트너로 선정된 업체는 수출물품 검사 대상으로 선별하지 않는다.

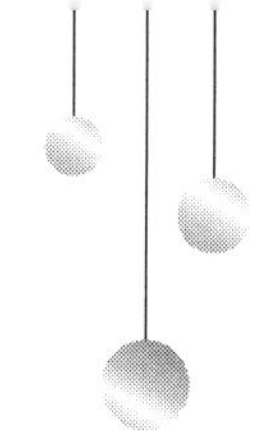

4) 선적 전 검사

선적 전 검사(preshipment inspection : PSI)는 수입국 정부로부터 위임받은 전문검사기관이 수출국에서 물품을 선적하기 직전에 수입국 정부나 수입업자를 대신하여 수출물품의 품질과 수량을 검사하고 수입물품의 거래가격이 원산지에서 일반적으로 통용되는 수출시장가격과 일치하는지 여부를 평가하는 활동이다. 그리고 검사비용은 일반적으로 수입업자가 부담한다.

이는 주로 개도국의정부나 기업들이 물품을 수입할 때 수입물품에 대하여 선적 전에 전체적인 강제적 검사를 행하는 것으로 그 검사 결과는 수입국에서의 수입통관 및 관세평가의 자료로 활용된다.

수입국에서 선적 전 검사를 요구하는 목적은 수입품이 수입면허와 일치하는지를 사전에 점검하고 수출가격을 현지에서 확인함으로써 무역거래 당사자 간의 거래가격 조작을 방지는 데 있다. 즉, 주로 국가의 재정적 이익보호(자본도피, 상업적사기 행위, 관세회피방지 등) 및 부적합한 행정 인프라의 보완을 목적으로 개도국 정부에 의해 주로 이용되고 있다.

특히 후진국에서 밀수방지 및 외환관리를 목적으로 SGS(Societe General de Surveillance) 등과 같은 전문검사기관의 검사를 받는 것을 공식적으로 규정하기도 한다.

이 제도는 수입국의 정부기관 또는 중앙은행이 지정한 선적 전 검사기관이 행하는 가격판정, 수량판정, 관세율적용 등에 있어서 수출업자가 불만이 있어 선적 전 검사기관에 이의 신청을 할 경우에도 수입국 정부의 기준이라는 이유로 책임을 회피하는 경우가 있어 분쟁이 빈발하게 발생한다.

따라서 양자의 입장을 중립적으로 판단할 수 있는 국내의 제도적 장치가 필요하다. 이 제도는 WTO 출범과 함께 선적 전 검사에 관한 협정이 체결되어있으며 우리나라는 대외무역법에서 선적 전 검사의 분쟁해결을 위한 법률이 도입되어 있다(법 제45조 제1항). 그리고 WTO선적 전 검사에 관한 협정 제2조를 위반하여 수출이행에 장애를 초래하였을 때에는 그 선적 전 검사는 무역장벽으로 작용한 것으로 본다(대외무역법 시행령 제76조).

우리나라는 수출물품의 우수성, 관세행정의 투명성 등으로 선적 전 검사는 흔하지 않으며 전문검사기관에 의해 검사가 실시된 경우에는 품질불량으로 인한 클레임을 제기할 수 없다.

최근 들어 2000년 9.11테러 이후 한미컨테이너안전협정(2003. 1. 17)에 따라 우범 컨테

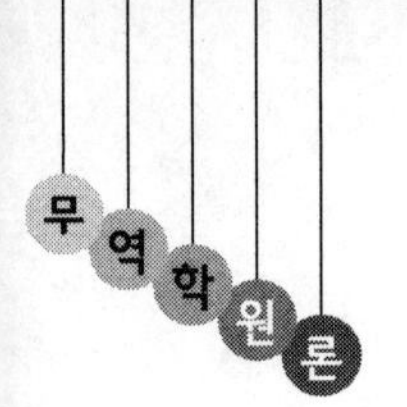

이너의 선별 검사를 실시하기 위하여 수출화물에 대한 선적 전 보안검색을 실시하고 있다.

3.4. 수출신고 심사 및 수리

1) 적재 전 수출신고 심사 및 수리

수출신고 심사는 적재 전에 세관에서 전송 화면상의 수출신고 자료가 수출신고서 작성 요령에 따라 적합하게 작성되었는지의 여부를 검토한 후 원칙적으로 수출 신고 심사를 생략하고 수출신고를 수리한다. 수출 신고 수리는 신고서의 처리 방법에 따라 자동수리, 즉시수리, 검사 후 수리로 구분한다.

첫째, 자동수리(신고물품의 약 95%)는 전산에 의하여 자동적으로 수리되는 것을 말하며 검사대상 또는 서류제출 대상이 아닌 물품은 수출통관 시스템에서 자동 수리된다.

둘째, 즉시수리는 자동수리 대상이 아닌 물품은 수출통관시스템에서 자동 수리한다.

셋째, 검사 후 수리는 수출물품에 대하여는 검사생략이 원칙이나 수출시 현품의 확인이 필요한 경우와 우범물품으로 선별된 물품 중 세관장이 검사가 필요하다고 판단한 물품에 대하여 수출물품을 실제로 검사하고 수출신고를 수리하는 방법을 말한다.

그리고 적재 전 검사대상은 수출물품을 적재하기 전에 검사를 받는 조건으로 수리할 수 있다. P/L신고를 한 경우 수출신고인은 세관장으로부터 신고수리의 사실을 전산통보받아 통보된 내용과 일치하는 수출신고필증을 발행하여 당해 물품의 수출신고를 의뢰한 화주에게 교부할 수 있다. 서류제출 대상의 물품의 경우에는 수출신고필증에 수출신고수리인과 신고서 처리 담당자 인을 날인한 후 신고인에게 교부한다.

그리고 수출신고가 수리된 물품은 수출신고수리일로부터 30일 이내에 우리나라와 외국 간을 왕래하는 운송수단에 적재해야 한다(관세법 제251조).수출신고가 수리되었더라도 적재되지 않은 물품은 수출로 인정받을 수 없다.

2) 특수형태의 수출신고

수출신고는 수출물품을 적재하기 전에 하여야 하나 수출물품의 특성을 고려하여 선상수출신고, 현지수출어패류신고, 원양수산물신고의 경우에는 적재 후에 수출신고를 할 수 있으며 또한 잠정수량 신고 대상물품의 수출신고가 있다.

첫째, 선상수출신고가 가능한 경우에는 선적한 후 공인검정기관의 검정서(survey

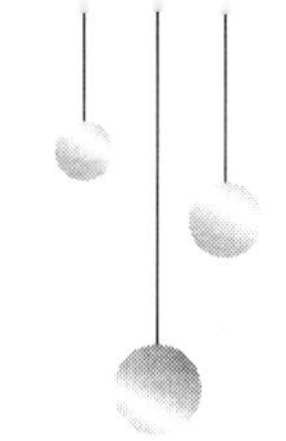

report)에 의해 수출물품의 수량을 확인하는 물품(예 벌크화물, 광산물 등), 물품의 신선도 유지 등의 사유로 선상수출신고가 불가피하다고 인정되는 물품(예 내항선에 적재된 수산물을 다른 선박으로 이적하지 아니한 상태로 외국무역선으로 자격을 변경하여 출항하고자하는 경우), 자동차 운반 전용 선박에 적재하여 수출하는 신품자동차 등이 있다.

신고절차는 내국물품 적재허가를 얻은 후 선상수출신고를 필하고 출항하게 된다. 신고시기는 출항 전까지 출항지 세관에 신고한다. 반면에 감정서에 의하여 수량을 확인하는 물품으로 규정된 경우[4]에는 출항 후 최초 세관근무시간까지 수출신고를 할 수 있다.

둘째, 현지수출어패류신고는 어패류를 외국 현지에서 수출하는 것이 부득이한 경우에는 수출 후 대금결제 전까지 선박의 출항 허가를 받은 세관에 수출실적을 증명하는 서류를 첨부하여 신고자료(예 Cargo Receipt)를 전송하면 수출신고로 간주된다.

셋째, 원양수산물 신고는 외국인인도 수출로 우리나라 선박이 공해에서 채취·포획한 수산물을 현지 판매하는 경우 대금 결제 전까지 수출사실을 증명하는 서류(예 Cargo Receipt, B/L, Final Settlement)가 첨부된 수출실적보고서를 한국원양어업협회를 경유하여 서울 세관장에게 신고 자료를 전송하면 된다.

넷째, 잠정수량신고 대상 물품의 수출신고는 파이프라인 등 고정 운반설비를 이용하여 적재한 경우 또는 제조 공정상의 이유로 수출신고 시에 수량 확정이 곤란한 물품을 수출하고자 하는 자는 수출신고 시에 적재 예정 수량 및 금액을 수출시고서 서식을 사용하여 신고하고 적재 완료일로 부터 5일이 경과하기 전까지 실제 공급한 수량 및 금액을 신고할 수 있다.

3.5 수출승인

신용장을 받은 수출업자는 수출물품확보 이전에 수출물품이 수출 공고나 통합공고상의 수출제한 여부를 사전에 확인하고 당해 수출품목이 제한되는 경우에는 당해 품목을 관장하는 관계기관, 조합, 협회 등에서 수출승인(export licence)을 받아야 한다.

즉, 대외무역법 상 물품의 수출입제한은 수출입공고, 통합공고, 전략물자의 수출입고시 등에 의하여 이루어지고 있다.

첫째, 수출입공고는 대외무역법 및 동법 시행령의 수출입제한사유에 대해 알리는 것

4) 관세법 제140조 제4항 단서규정에 의한 적재 허가를 받은 물품, 고시 제2-1-3조 제1항 제1호 내지 제2호에 해당하지 않은 물품, 세관근무 시간 외에 적재 또는 출항하는 경우 등

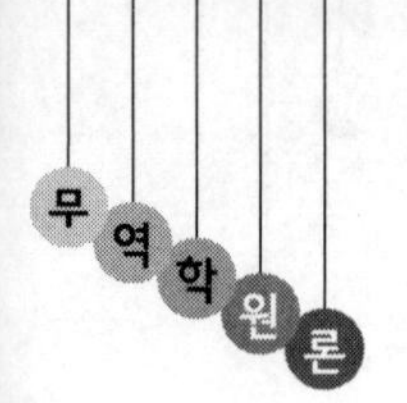

으로써 수출입품목관리를 위한 기본공고이다. 수출입공고에는 수출입승인대상품목, 승인기관이 명시되어 있으며 대외무역법 시행령 및 대외무역관리규정에 승인신청 및 변경신청절차에 대하여 규정하고 있다.

수출입공고 상 수출입물품은 수출금지 품목[5], 수출제한 품목[6] 및 수입제한 품목[7]으로 나누고 있다. 수출입금지품목은 수출입을 하고자하는 물품 중 국제적으로 유통을 금지할 필요가 있는 물품은 수출입을 할 수 없는 데 이를 절대적 금지품목이라 하며 수출입허가, 승인이나 추천을 통하여 수출입을 할 수 있는 상대적 수출입금지품목(예, 마약 등)이라 한다.

관세법(제234조)에서는 그 수출승인 대상은 ① 헌법질서를 문란하게 하거나 공공의 안녕질서 또는 풍속을 해치는 서적·간행물·도화·영화·음반·비디오물·조각물 기타 이에 준하는 물품 ② 정부의 기밀을 누설하거나 첩보활동에 사용되는 물품 ③ 화폐·채권 기타 유가증권의 위조품·변조품 또는 모조품 등이다.

둘째, 통합공고는 대외무역법 이외의 다른 법령에서 해당물품의 수출입의 요건 및 절차 등을 정하는 경우에 수출입 요건 확인[8] 및 통관업무의 간소화와 무역질서 유지를 위하여 다른 법령이 정한 물품의 수출입의 요건 및 절차에 관한 사항을 조정하고 이를 통합 규정함을 목적으로 한다(통합공고 제1조).

통합공고는 약사법 등 50개 개별법에 의한 품목별 수출입이 요건, 절차에 관한 사항이 여러 법률에 산재하여 것을 지식경제부장관이 이를 통합하여 공고하는 것으로 현재 해당품목은 HS10단위 기준으로 약 1,800개이며, 수입물량 규제보다는 품질검사, 형식승인 등 절차상의 요건확인을 통한 규제가 대부분이다. 통합공고는 주로 공중도덕보호, 국민보건 및 안전보호, 사회질서유지, 문화재보호, 환경보호 등에 해당되는 품목으로 경

---

5) 수출입공고 상의 별표 1의 수출금지품목은 고래고기, 자연석, 개의 생모피, 개의 모피, 개의 모피제품이 있다.

6) 수출입공고 상의 별표2의 수출제한품목은 대만으로 수출하는 배와 화물자동차로 한국농림수산식품수출입조합과 한국자동차공업협회의 승인을 각각 받아야 수출이 가능하고 규사는 규산분(Sio2)이 90%이하의 것은 한국골재협회의 승인을 받아야 수출할 수 있다.

7) 수출입공고 상의 별표3의 수입제한품목은 항공기관련제품으로 한국항공우주산업진흥협회의 승인을 받아 수입할 수 있다.

8) 수출입요건확인은 요건확인품목, 수출입요건확인기관, 요건면세물품, 요건면제확인기관이 관련되며 요건확인품목은 수출입요령에서 주무부처의 장 또는 관련단체의 장으로부터 허가, 추천, 신고, 검사, 검정, 시험방법, 형식승인 등을 받도록 한 물품을 말한다. 요건면세물품은 중계무역물품, 외국인인수수입물품, 외국인인도수출물품, 선(기)용품이 있으며 통합공고가 정한 요건 및 절차를 거치지 아니하고 수출입할 수 있다.

제외적 목적을 달성하기 위한 공고체계로 통합공고상의 수입규제는 WTO규정에서도 용인하고 있다.

그리고 통합공고에서 정한 요건확인의 내용과 대외무역법 제14조 규정에 의한 수출입공고 등과 대외무역법 제21조의 규정에 의한 전략물자 수출입공고의 제한 내용이 동시에 적용될 경우에는 통합공고에서 정한 요건확인의 내용과 수출입공고 등의 제한 내용이 모두 충족되어야만 수출 또는 수입할 수 있다.

셋째, 전략물자 수출입고시는 대외무역법 제26조(전략물자수출입고시)에 E라 전략물자의 수출입통제에 관한 사항을 정함으로써 국제평화 및 안전과 국가안보를 유지하는데 기여함으로 목적으로 한다.

그리고 전략물자(strategic goods of materials)는 다자간 국제수출통제체제의 원칙에 따라 국제평화 및 안전유지와 국가안보를 위하여 수출허가 등 제한이 필요한 물품 등을 지정하여 고시하는 것이다. 즉, 전략물자란 별표2(이중용도품목) 및 별표3(군용물자품목)에 해당하는 물질 등(물질, 시설, 장비, 부품, 소프트웨어 및 기술을 포함)을 말한다.

여기서 다자간 국제수출통제체제는 ① 바세나르 체제(WA) ② 핵공급그룹(NSG) ③ 미사일기술통제체제(MTCR) ④ 오스트레일리아 그룹(AG) ⑤ 화학무기의 개발·생산·비축·사용금지 및 폐기에 관한 협약(CWC) ⑥ 세균무기(생물무기)및 독소무기의 개발·생산·비축 금지 및 폐기에 관한 협약(BWC)이 있다.

그리고 수출입승인 대상의 관리체계를 1967년 7월 25일부터 허용품목표시방법(positive list system)에서 불허 품목 표시방법(negative list system)[9]으로 전환하여 수출입이 제한되는 품목에 한하여 사전에 수출입의 승인을 받아야 하며 수출입 승인 기관은 외국환 업무를 취급할 수 있는 외국환은행이면 된다. 그리고 통합공고상 요건 확인 품목은 수출입승인대상에서 제외하고 있으며 수출입승인기관도 종래의 외국환은행장에서 수출입추천기관장으로 규정하고 있다.

품목분류는 국제통일 상품분류체계(Harmonized commodity Description and Coding System : HS)를 따르고 있다. HS는 협약의 부속서에 규정된 Heading(호), Sub-Heading(소호) 및 그들에 관련된 코드 번호(Number Code), Section(부), Chapter(류), 소호의

9) 불허 품목 표시방법(negative list system)은 품목별로 수출입을 금지, 제한하고 있지 않으면 수출입이 자동 허용되는 품목표시방법이며 여기에는 금지품목(prohibited item : 구체적인 금지문언이 있는 품목, 제한을 충족시킬 요건을 정하지 않은 품목, 실질적인 금지품목)과 제한승인품목(restricted approval item : 추천, 인증, 허가, 형식승인, 신고 등 일정한 요건을 갖추어야 수출입이 가능한 품목)이 있다.

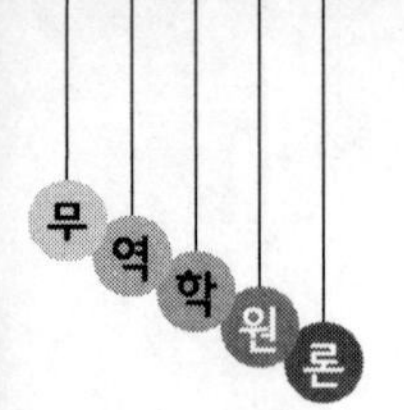

Note(주)와 HS해석에 관한 통칙 등으로 구성된 품목분류표(Nomenclature)이다. 이 제도는 조화제도라고도 하며, 무역상품이 수출국의 생산자로부터 수입국의 소비자에게 인도되기까지 각 유통단계에 있어서 단계마다 이 품목을 기초한 다목적·통일적 상품 명칭과 전산처리 코드(HS Code)로 구성된 분류체계이다.

HS체약국은 그 나라의 관세율표를 HS체계에 일치시켜야 하기 때문에 우리나라의 관세율표도 HS에 따라 편성되었으며 7단위 이상을 우리나라 실정에 맞도록 10단위로 세분하여 HS(KHS of Korea : 관세·통계통합품목분류표)로 작성하여 사용하고 있다. 현행 품목분류는 관세법 별표 관세율표와 HSK를 같이 사용한다. 전자는 법률 사항으로서 관세율 항목(세목)별로 분류되었으며 후자는 관세율표상의 품목분류를 더욱 세분환 분류표로서 관세목적은 물론 무역정책 및 통계용으로 활용이 용이하도록 구성되어있다.

관세율표상의 품목분류는 HS6단위를 품목번호(일부 그 이하 단위 특게)로 하고 관세율 항목별로 구분되어 있으며 변경시에는 관세법 개정절차를 거쳐야 하나 관세율의 변경없이 단순히 품목분류만을 변경할 경우에는 기획재정부장관 고시로 개정이 가능하다.

HS 품목표는 소재부터 가공도가 높아지는 순서대로 품목을 분류하는 것을 원칙으로 하고 여기에 성분별 용도별 분류를 추가 분류하여 나열한 품목표로 경영학적인 상품분류보다 주로 물질의 성질을 기준으로 하여 자연 과학적인 상품 분류의 특성을 지니고 있다.

즉, 무역거래되는 국제상품을 농·공산업별 생산품과 기술 제품 순으로 상위차원(대분류)수준에서 21개 부(section)로 수평배열하고 각 부는 중위 차원으로 총97개 류(2단위: chapter , 77류는 신상품 대비용으로 유보)로 중분류, 각 분류는 하위차원으로 1,241개 소호(heading : 4단위)의 소분류, 그리고 호는 하위차원으로 5,052개 소호(subheading: 6단위)로 세분류하는 순으로 하향 수직배열되어 있다.

HS상품분류체계의 6단위까지는 세계적으로 통일된 분류체계이며 우리나라에서는 1988년 1월 1일부터 이를 채택 시행하고 있으며, 무역정책 및 통계목적 상 10단위로 세세 분류하고 있다. 10단위의 품목 수는 품목별거래실적을 감안하여 수시로 조정시행하고 있다.

3.6 수출통관

수출통관절차는 수출하고자 하는 물품을 세관에 수출신고를 한 후 필요한 검사 및 심사를 거쳐 수출신고수리를 받아 물품을 선박 또는 항공기 등의 운송수단에 적재하기

까지의 절차를 말한다. 따라서 수출하고자하는 자는 당해물품을 적재하기 전까지 당해 물품의 소재지 관할세관장에게 수출신고를 하고 수출신고필증을 교부받으면 된다.

수출물품은 수출신고 수리일로부터 30일 이내에 운송수단에 적재해야 하며, 다만, 적제 스케줄 변경 등 부득이한 사유가 있는 경우에는 통관지 세관장에게 적재기간 연장 승인을 받을 수 있다.

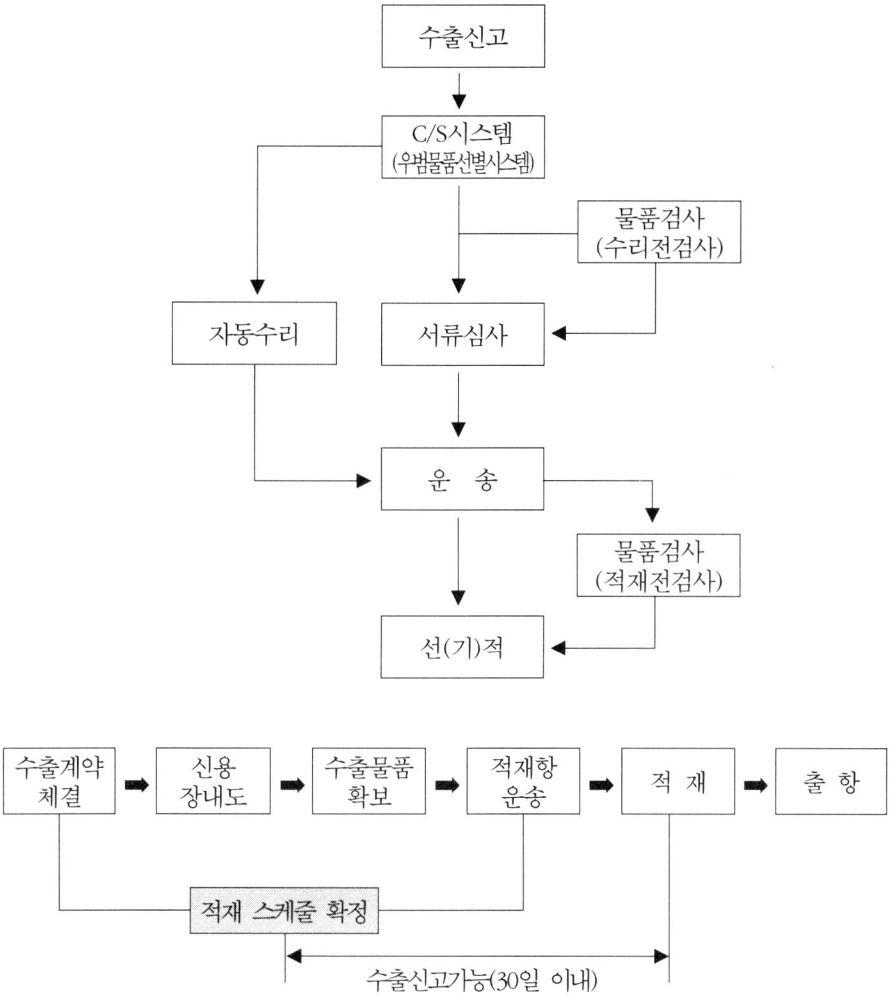

[그림 9-3] 수출통관 흐름도

현재는 전자교환자료(EDI : electronic data interchange)방식 및 인터넷을 통한 수출

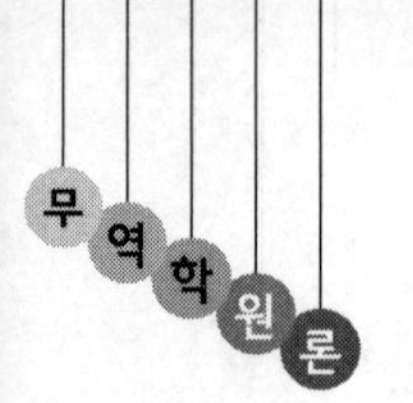

통관절차로서 수출물품을 간단하고 신속하게 통관하고 있다. 그리고 수출물품에 대해서는 원칙적으로 검사를 생략하고 있으나 전산에 의한 발췌검사 또는 필요한 경우 예외적으로 검사를 실시하는 경우도 있다.

이때 부정수출, 원산지 표시위반, 지적재산권 위반 등이 적발되면 관세법 등에 의해 처벌된다. 수출물품에 대한 세관 검사 후, 신고서에 기재된 물품과 실제로 수출하고자 하는 물품이 일치되면 수출신고필증을 수출업자에게 교부하여 주는데 이것으로 통관절차가 완료되고 선적을 하면 된다.

3.7 선적

수출물품의 통관이 완료되면 약정물품을 수입업자에게 송부하기 위하여 선적을 하게 되는 데 선적 절차는 화물의 종류에 따라 다르다.

일반화물의 선적절차는 수출업자는 수출신고필증이 발급되면 수출 물품에 내항성 포장을 한 후 운송인에게 인도한다. 운송인은 선박의 선장 앞으로 선적지시서를 발급하며 선장은 이 지시서에 따라 약정물품의 선적을 완료한 후에 본선수취증을 화주에게 발급하여 주면 화주는 이를 운송회사에 제출하면 선박회사는 이를 근거로 화주에게 선하증권을 교부하여 준다.

컨테이너 화물의 수출절차는 첫째, 화주는 컨테이너 한 대 분에 미달하는 소량 화물의 경우에 있어서는 컨테이너 화물집화소(container fright station : CFS)에서 운송인에게 물품을 인도하면 운송인은 화주로부터 인수받은 물품을 동일 선박, 동일 목적지별로 분류하여 한 대의 컨테이너에 적입하여 운송한다.

둘째, 화주는 컨테이너 한 대분 이상이 되는 대량 화물의 경우에 있어서는 운송인이 빈 컨테이너를 화주에게 보내 주면 통관된 물품을 이 컨테이너에 적입하여 봉인한 후 운송인에게 화물이 적입된 컨테이너를 컨테이너 야적장(container yard : CY)에서 인도하여 주면 된다. 컨테이너 화물은 일반화물과는 달리 화주가 CFS 또는 CY에서 운송인에게 물품을 인도하고 선하증권을 발급받는다.

3.8 수출대금의 회수

수출통관 후 선적이 완료되면 수출상은 신용장에서 요구하는 제반서류, 즉 상업송장(commercial invoice), 선하증권(bill of lading), 보험증권(insurance policy), 포장명세서(packing list), 원산지증명서(certificate of origin) 등을 준비하고 환어음(bill of exchange : draft)을 발행하여 거래 외국환은행에 수출환어음 매입(negotiation)을 의뢰한다.

매입의뢰를 받은 외국환은행은 선적서류가 신용장 조건과 일치하는지 여부를 검토하고 수출이 이행되었는지를 확인하기 위하여 수출신고필증을 제출케 한 다음 환어음을 매입하여 수출대금을 수출상에게 지급한다. 그리고 매입은행은 동 환어음을 선적서류와 함께 신용장 조건대로 발행은행 앞으로 송부하여 대금을 상환 받게 된다.

3.9 관세환급 및 사후관리

관세 환급이란 세관에 납부한 관세를 어떠한 사유로 되돌려 받는 것을 말한다. 그 사유에 따라 과오납 환급, 계약상이(위약)환급, 환급특례법에 의한 환급이 있다.

첫째, 관세법상 과오납 환급(관세법 제46조)은 외국으로부터 물품을 수입하는 때에 납부한 관세가 납부하여야 할 금액보다 많이 납부하였을 때 과다 납부한 금액을 환급하는 것이다.

둘째, 위약환급(관세법 제106조)수입신고가 수리된 물품이 계약내용과 상이하여 수출자에게 되돌려주거나 폐기했을 때 수입 시 납부한 세액을 환급하는 것이다.

셋째, 환급특례법(제2조 제5호)에 의한 환급은 수출용원재료를 수입하는 때에 납부하였거나 납부하여야 할 관세 등을 관세법등의 규정에도 불구하고 수출자 또는 수출물품의 생산자에게 되돌려주는 제도이다. 관세의 환급은 환급특례법에 규정한 수출용원재료에 대한 관세 환급을 의미한다.

따라서 환급의 요건은 ① 관세 등을 납부하고 수입한 원재료가 수출용원재료에 해당되고(법제3조), ② 수출 이행 기간(2년) 이내에 (법 제9조) ③ 환급 대상수출에 제공하여야 한다(법 제4조). 그리고 관세의 환급 방법은 개별환급제도와 간이정액환관급제도가 있다.

첫째, 개별환급제도는 수출물품생산에 사용된 원재료 별 소요량을 산출하고 각 원재료를 수입하는 때에 납부하였거나 납부할 관세 등을 수입신고필증 등에 의해 계산하여 환급액을 산출하여 환급하는 방식이다. 개별환급은 납부세액을 정확하게 환급할 수 있

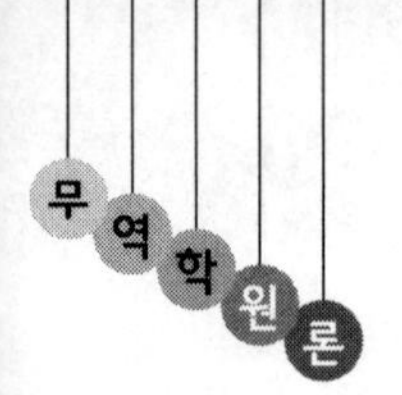

는 장점이 있는 반면 수출물품에 대한 원재료별 소요량 계산 및 환급금산출이 어렵고 환급 시 관리하는 서류가 복잡한 단점이 있다. 개별환급 적용 대상은 우선적으로 간이정액환급률표가 적용될 수 없는 수출물품, 간이정액환급률표에 게기되지 아니한 수출물품, 대기업 및 간이정액환급 비적용승인업체의 수출물품에 적용된다.

둘째, 간이정액환급제도는 중소기업의 수출 지원 및 환급절차 간소화를 위해 간이정액환급대상 중소기업이 생산하여 수출한 물품에 대하여는 수출물품 생산에 소요된 원재료의 납부세액 확인을 생략하고 수출사실만을 확인하여 간단하게 환급하는 제도이다.

환급액 산출 시 관세청장이 책정·고시한 일정 금액(간이정액환급률표상의 금액)을 수출물품 생산에 소요된 원재료의 수입 시 납부세액으로 보고 환급액을 산출토록하는 한 제도이다. 간이정액환급률은 관세청장이 수출물품 HS 10단위 별로 최근 6개월 이상 기간 동안 평균 환급액(개별환급액) 또는 평균납부세액을 기초로 하여 수출금액(FOB ₩10,000)당 일정금액을 환급액(율)으로 책정하고 있다.

적용 대상 업체는 수출물품 생산자이어야 하고 중소기업 기본법 제2조의 규정에 의한 중소기업자로서 환급신청이 속하는 연도의 직전 2년간 매년도 총 환급실적(기납증 발급실적포함)이 4억 원이하인 업체이어야 한다.

한편 수출입공고상 제한승인품목이나 특별법 규제대상 품목이 외화획득용 원재료로 수입되거나 내국신용장이나 구매승인서에 의하여 국내에서 구매되는 경우에는 대응수출이 이행되었는지 여부에 대하여 사후관리를 받아야 한다. 사후관리 대상물품을 수입한 자는 일정기간 내에 외화획득을 하고 사후관리 은행에 외화획득 이행 신고를 해야 하며, 적정 사유로 대응수출을 하지 못했을 경우에는 외화획득용 원료 사용목적 변경승인을 받거나 양도승인을 받아야 한다.

그러나 성실하게 사후관리를 이행하는 업체로서 일정한 요건에 부합하여 자율 관리 기업으로 지정된 경우에는 매 건별 사후관리를 면제하고 있다. 이와 같이 사후관리 대상품목에 대한 외화획득 이행신고를 마지막으로 수출절차는 모두 종료된다.

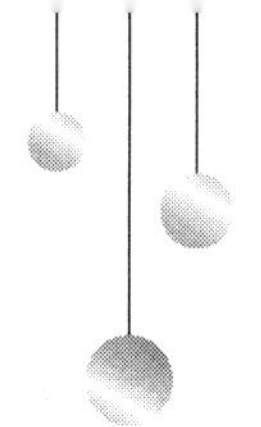

제4절 … 수입절차

4.1 수입절차의 개요

수입절차라 함은 수입업자가 수입계약을 체결하고 수입승인을 받고 외국환은행에 수입신용장을 수출업자 앞으로 개설 의뢰 후, 신용장발행은행에 선적서류가 내도하면 대금결제 후 수입화물을 통관하는 일련의 절차를 의미한다. 수입절차는 수출의 경우와 마찬가지로 대외무역법, 외국환거래법, 관세법 등 각종 관련법규의 규정에 따라 행해진다.

수입이란 외국에서 생산 및 가공된 물품이 우리나라의 세관을 통관하여 국내로 반입되는 것으로 일반물품수입과 수출용 원자재수입으로 분류될 수 있다. 동일한 물품의 수입일지라도 외화획득을 위하여 사용되는 원자재의 수입은 일반물품수입보다 우선적으로 승인되며, 또 무역·행정·금융 및 세제 면에서 여러 가지 혜택이 주어진다.

그러나 원자재수입이라 하여도 관세 환급을 위한 소요량증명서의 발급과 관세징수유예신청의 절차 외에는 대부분의 수입절차가 일반물품수입과 같다.

4.2 수입계약체결과 수입신고

1) 수입계약체결

수입계약이란 국제간에 발생되는 매매계약으로서 수출업자가 수입업자에게 물품의 소유권을 양도하여 인도를 약속하고 매수인은 이를 인수하고 그 대금의 지급을 약정하는 계약이다.

국제매매거래는 멀리 떨어진 격지 간에 물품과 대금의 이전이 수반되기 때문에 양당사자 사이에 의무, 책임의 범위와 한계 그리고 가격조건 등을 명확히 하여 사전에 분쟁을 미연에 방지해야 한다.

일반적으로 수입계약은 수입업자가 수출업자로부터 청약서를 받고 이에 대응하여 수입업자가 승낙(acceptance)을 함으로써 성립한다. 보통 수입 계약 체결에 있어서 해당품목이 관계 법률에 의거 수입이 가능하다고 판단되면 수입업자는 해외시장조사 및 조회 등을 통하여 거래처 선정과 신용조사를 실시하고 거래관계의 개설을 제의하여 상대방의 승낙에 의하여 수입계약이 성립된다.

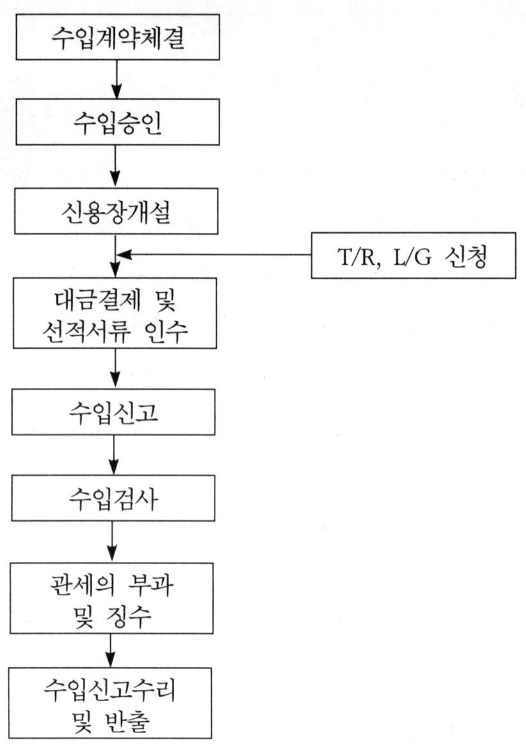

[그림 9-4] 수입절차

4.3 수입승인

우리나라는 수출입공고나 통합공고에서 수출입의 제한이나 금지 물품, 지역, 국가 등에 대해서만 승인을 받아야 하는 불허품목표시제를 채택하고 있다. 즉, 이 공고상에 수출입이 제한되는 물품은 개개의 수입거래별로 지식경제부장관이 위탁하는 관련 단체의 장의 승인을 받아야 한다.

수출입의 제한은 지식경제부장관이 헌법에 의하여 체결·공포된 조약(예컨대 WTO 등 다자간, 양자 간 협정)과 일반적으로 승인된 국제법규에 의한 의무의 이행, 생물자원의 보호 등을 위하여 필요하다고 인정되는 경우에는 제한할 수 있다(대외무역법 14조 1항). 이에 따라 수출, 수입이 제한될 수 있는 물품은 다음과 같다(대외무역법 시행

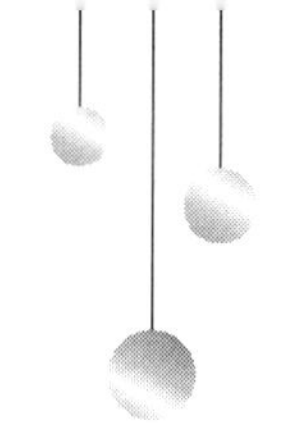

령 24조)

① 헌법에 의하여 체결·공포된 조약이나 일반적으로 승인된 국제법상의 의무이행을 위하여 지식경제부장관이 지정, 고시하는 물품 ② 생물자원보호를 위하여 지식경제부장관이 지정, 고시하는 물품 ③ 교역상대국과의 경제협력증진을 위하여 지식경제부장관이 지정, 고시하는 물품 ④ 방위산업용 원료, 기재, 항공기 및 동 부분품, 기타 원활한 물자수급, 과학기술의 발전 및 통상 산업정책 상 필요하다고 인정하여 지식경제부장관이 당해 품목을 관장하는 관계행정기관의 장과 협의를 거쳐 지정, 고시하는 물품이 있다. 수입승인의 유효기간은 1년이며 필요한 경우에는 연장이 가능하고 수입승인을 받은 후 상대방과의 계약 내용이 변경되거나 기타 사유로 인하여 원래 수입승인을 받은 조건 대로 수입을 이행할 수 없는 사정이 생긴 때에는 수입승인사항의 변경을 신청해야 한다.

4.4 수입신용장의 개설

수입신고를 한 자는 외국환은행을 통하여 일정금액의 수입 담보금을 적립하고 수출업자 앞으로 수입신용장의 개설을 의뢰 한다. 신용장을 개설해주는 외국환은행은 개설전에 관련된 수입업자 및 수출업자의 신용상태와 해당 수입상품의 시장성뿐만 아니라 또한 충분한 담보를 확보해야 한다.

수입업자가 외국환은행에 수입신용장의 개설을 의뢰할 때에는 ① 무역업 신고필증, ② 물품매도확약서(offer sheet), ③ 신용장거래약정서, 신용장개설신청서(각 은행 소정 양식) 및 담보차입증, ④ 보험증명서(CIF, CFR조건의 경우는 제외)를 구비하여 제출해야 한다. 신용장의 개설방법은 선적기일, 자금사정 등을 고려하여 전신에 의한 방법과 우편에 의한 방법 중 어느 것으로 하여도 무방하다.

4.5 선적서류내도 및 수입대금결제

1) 선적서류의 내도

수출업자는 신용장에 근거하여 상품선적을 완료한 후 환어음을 발행하고 선적회사 등으로부터 발급 받은 선적서류를 첨부하여 수출국의 은행에 매입(Nego)의뢰하여 수출대금을 회수한다. 매입은행 혹은 인수은행은 매입한 환어음과 선적서류를 수입국의 발

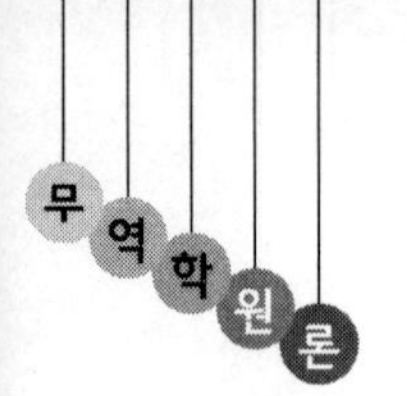

행은행 앞으로 송부하게 되며 수입업자는 발행은행에 수입대금을 결제하고 선적서류를 수령하여 이를 선박회사에 제시하고 수입화물을 인수하면 된다.

(1) 수입화물선취보증서

수입화물선취보증서(letter of guarantee : L/G)란 선적서류보다 수입화물이 먼저 도착하였을 경우 또는 선하증권을 분할하여 화물을 인도 받고자 할 경우에 후일 선하증권 원본을 반드시 제출하겠다는 수입업자와 은행의 연대보증서를 말한다.

수입업자가 선박회사로부터 수입화물을 인도받기 위해서는 선하증권 원본을 선박회사에 제공해야 한다. 그러나 수입화물이 목적지에 도착하였음에도 불구하고 수출국에 있는 매입은행으로부터 선하증권을 포함한 관련 선적서류가 아직 도착되지 않을 수도 있다. 이러한 경우에는 수입업자가 선박회사에 선하증권을 제출하고 화물을 인도 받는다는 것은 불가능할 뿐만 아니라 불의의 손해를 볼 수도 있다. 은행 또한 담보로 되어 있는 화물이 인도되지 않았다는 면에서 수입업자와 같은 손해를 볼 염려가 있다.

따라서 선하증권을 포함한 선적서류가 수입화물보다 늦게 수입지에 도착함으로써 발생하는 수입업자, 은행 및 선박회사의 손해와 불편을 동시에 해결할 수 있는 수단으로 생긴 제도가 수입화물선취보증제도이다.

(2) 수입화물의 대도

수입화물 대도 또는 선적서류의 대도(trust receipt : T/R)는 선적서류보다 수입화물이 목적항에 먼저 도착하는 경우에 수입업자가 발행은행에 신청하여 발급 받는 제도이다. 이것은 수입업자가 선적서류를 대여 받으면서 화물에 대하여 발생한 일체의 손해에 대하여 자기가 책임을 지겠다는 것을 발행은행에 서약한 증서로서 수입업자가 어음대금을 결제하기 전에 수입화물을 처분할 수 있고 동시에 신용장 발행은행은 그 화물에 대한 담보권을 상실하지 않도록 하는 제도이다.

즉, 발행은행의 수입신용장에 의하여 목적항에 도착한 물품을 대금 결제 전에 선 인수하고자할 때 수입담보화물 보관 및 처분 약정서를 은행에 신청하여 발급 받는 데 이때 수입담보화물에 손상이나 멸실이 발생하면 다른 담보로 보상하겠다는 약정을 해야 한다.

발행은행 측에서 볼 때 수입대금결제가 지연될 경우 화물자체를 소유하고 있다 하더라도 실제의 이익은 거의 없다. 따라서 발행은행은 수입업자가 화물을 조속히 인수·적기에 처분하여 판매 대금을 가지고 약정기일에 수입대금을 결제하도록 돕는 것이 상호간에 이익이 될 것이다. 그리고 우리나라와 같이 대개의 수입신용장이 지급보증으로 개

설되는 제도 하에서는 반드시 필요한 방법이다.

2) 수입대금의 결제

환(화환)어음과 이에 첨부된 선적서류의 심사가 끝나면 수입국의 신용장 발행은행은 수입업자, 즉 신용장 개설의뢰인에게 대금결제를 청구하게 된다. 신용장 발행은행은 환어음이 신용장조건에 의하여 신용장 개설의뢰인 앞으로 발급되도록 되어 있는 경우 동 지급인에게 관계선적서류의 명세를 기입한 통지서와 어음을 함께 제시하여 지급 또는 인수를 청구한다.

만약 신용장조건에 의하여 어음의 지급인이 신용장 발행은행 자신으로 되어 있는 경우 또는 해외에 있는 거래은행이 지급인으로 되어 있는 경우 어음이 송부되어 오지 않고 단순히 신용장 발행은행의 계정에 차기통지서만 송부되어 올 때, 신용장 발행은행으로서는 어음의 제시 없이 선적서류의 명세를 기입한 통지서 등의 송부를 통해 대금결제를 수입업자(신용장 개설의뢰인)앞으로 청구할 수 있다.

4.6 수입통관

수입통관이란 수입하고자 하는 자가 우리나라에 수입될 물품을 선적한 선박(항공기)가 (① 출항하기 전, ② 입항하기 전, ③ 입항 후 물품이 보세구역에 도착하기 전, ④ 보세구역에 장치한 후) 중에 선택하여 세관장에게 수입신고 하고, 세관장은 수입신고가 관세법 및 기타 법령에 따라 적법하고 정당하게 이루어진 경우에 이를 신고수리하고 신고인에게 수입신고필증을 교부하여 수입물품이 반출될 수 있도록 하는 일련의 과정을 말합니다.

즉, 외국에서 우리나라에 도착된 물품은 원칙적으로 보세구역에 반입하여 장치한 후 세관에 수입신고를 한다. 수입신고는 외국으로부터 반입되는 물품을 수입하겠다는 의사표시를 세관장에게 하는 것이며, 수입통관은 수입업자가 운송인으로부터 물품을 반입한 때로 부터 시작하여 수입신고, 서류심사, 통관심사, 수입신고 수리, 물품반입, 관세 및 납부 등의 일련의 절차를 말한다. 관세 납부는 수입 물품을 인수한 후 15일 이내에 관세 등을 납부하면 된다.

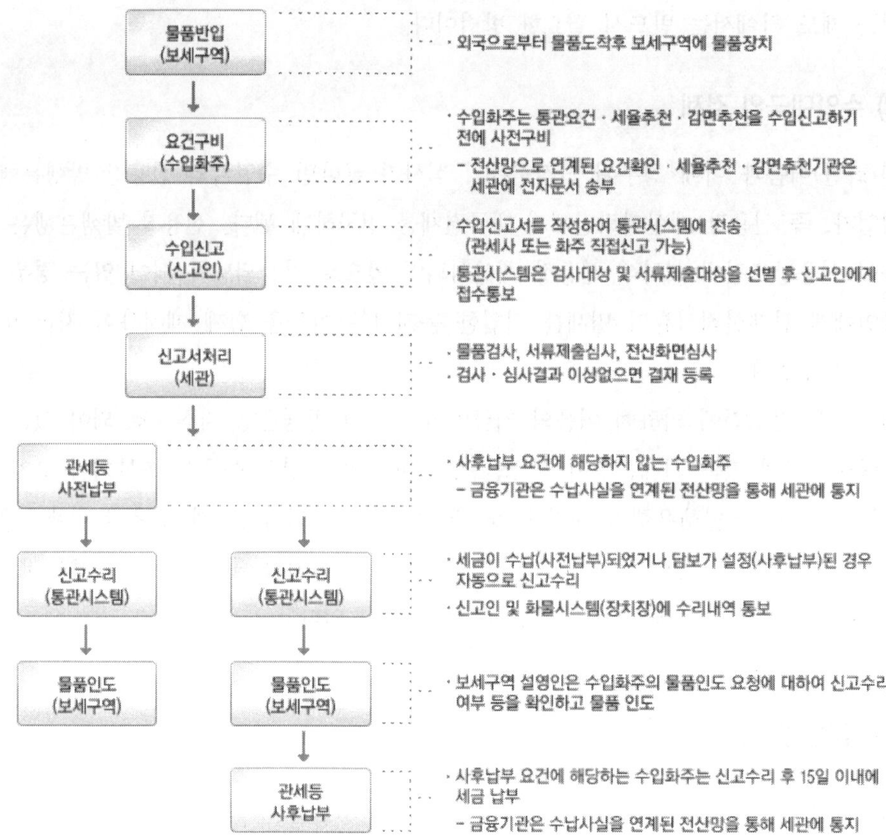

[그림 9-5] 수입통관절차

1) 타소장치 신청 및 보세운송

(1) 타소장치 신청

거대중량이나 기타의 사유로 보세구역에 장치하기 곤란하거나 부적당한 물품, 재해 기타 부득이 한 사유로 임시 저장할 물품, 검역물품, 우편물품 등은 선박명(항공기명)과 입항 년 월 일, 선하증권 번호, 품명, 수량, 가격, 포장의 종류, 기호, 번호, 개수 등을 기재한 타소장치허가 신청서를 세관장에게 제출하여 허가를 받아야 한다.

(2) 보세운송

보세운송은 통관지 세관의 변경 등을 위해 보세구역 간, 개항 간, 세관관서 간에 외국물품인 상태에서 허용되고 있으며, 운송수단의 종류 및 명칭, 선하증권의 번호, 운송

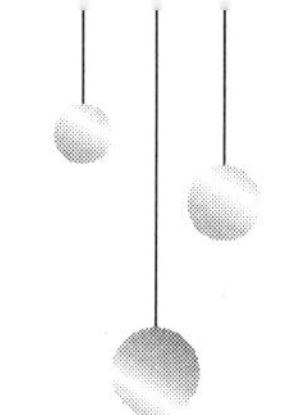

기간, 품명, 규격, 수량 그리고 가격 등을 기재한 보세운송신고서를 제출하여 세관장의 승인(신고수리)을 받아야 한다. 수출입금지품, 검역미필물품, 위험물품, 비금속설, 귀석, 반귀석, 귀금속, 시계, 한약재, 의약품, 향료 등과 같이 부피가 적고 고가인 물품으로서 감시단속이 곤란하거나 화주 미확정물품, 무환 물품 등은 보세운송이 제한된다.

2) 수입신고

수입신고는 외국으로부터 보세구역에 반입되어 장치된 물품을 수입하겠다는 의사표시를 세관장에게 하는 것으로 수입신고를 함으로써 적용 법령, 과세물건 및 납세의무자가 확정된다. 그리고 수입신고는 우리나라에 물품이 도착하기 전 뿐만 아니라 선박이나 항공기가 도착한 후 보세구역에 도착하기 전, 보세구역에 장치한 후 어떠한 시점에서도 신고가 가능하다. 부두직통통관제도, 출항 전 신고, 입항 전 신고, 보세구역 도착 전 신고, 보세구역장치 후 신고가 있다.

첫째, 부두직통통관제도는 컨테이너 화물의 신속한 통관을 위하여 부두에서 바로 반출할 수 있는 제도이다.

둘째, 출항신고 및 입항신고는 당해물품이 적재한 선박 등이 우리나라에 입항하기 5일 전(항공기에 의한 경우에는 1일 전)부터 신고할 수 있다.

셋째, 보세구역 도착 전 신고는 수입하고자 하는 물품이 우리나라 항구 또는 공항에 도착한 후 보세창고에 입고하기 전에 신고하는 제도이다.

넷째, 보세구역장치 후 신고는 수입하고자하는 물품을 보세구역에 반입한 후 신고하는 제도이다. 관세법에서는 수입통관절차를 신속·간소화하기 위하여 특정화물(LCL화물 등) 이외에는 입항 전에 수입신고를 할 수 있고, 특정의 관리대상(심사·검사대상) 물품 이외에는 형식요건만 갖추면 즉시 신고 수리하고, 수리 후에 심사, 세금납부를 할 수 있도록 규정하고 있다. 수입신고가 수리되면 수입신고필증을 교부 받아서 이를 화물인도지시서와 함께 물품을 장치한 보세구역 등에 제시하여 물품을 반출(출고)하도록 되어 있으나 EDI통관제도에 따라 수입신고수리 여부를 전산으로 확인함으로써 수입신고필증 없이 즉시 반출(출고)할 수 있다.

현재 관세청은 신고인이 전산으로 수입신고를 하고 수리 결과도 전산으로 통보받을 수 있는 서류 없는(paperless) 수입통관 제도를 시행하고 있으며 전자자료 교환방식과 인터넷 방식이 있다.

첫째, 전자자료 교환방식으로 신고를 하고자하는 자는 전자자료 교환방식에 의한 수

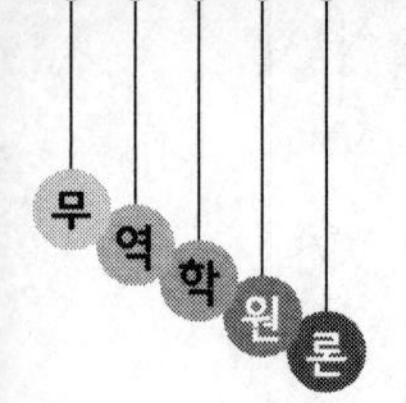

출(입)신고업무처리승인(신청)서를 사업장 관할지세관장에게 제출하여 사용자 ID를 부여받아야 한다.

둘째, 인터넷방식으로 신고하고자하는 자는 인터넷 통관 포탈 서비스 이용에 관한 고시의 규정에 의하여 인터넷 통관 포탈 서비스 이용신청을 하고 세관장의 승인을 받아야 한다.

서류 없는 통관 제도는 수입신고의 정확도가 높고, 체납사실이나 관세법 또는 환급특례법 위반 사실이 없는 성실업체로 지정받은 업체가 이용할 수 있다. 수입신고는 과세물건, 적용법령, 납세의무자를 확정시키는 절차로서 그 신고는 화주, 관세사, 관세사 법인, 통관취급 법인 명의로 해야 한다.

화주가 직접 신고하는 경우에는 수입신고 사항을 세관에 전송하기위한 전산설비 등을 갖춘 후 세관에서 ID를 부여받아 신고하는 방법과 영세수출업체의 경우 무역협회 등에 설치된 공용단말기를 통하여 신고하는 방법이 있다.

3) 수입 물품 검사

세관의 수입물품의 검사는 신고서의 형식적 요건과 법률적 수입요건, 신고시 제출서류 여부 만 확인하고 신고 수리하는 것이 원칙이다.

그리고 물품검사는 세관직원이 수입신고서와 제출 서류만으로는 각종 표시, 용도, 기능 등을 확인할 수 없거나 신고된 물품 이외의 물품 은익 여부와 수입신고사항과 현품 일치여부의 확인이 필요한 경우에는 수입물품을 직접 확인하는 것이다.

수입물품의 검사장소는 수입신고를 한 물품이 검사 대상으로 선정되면 수입업자는 수입물품을 세관에서 검사할 수 있는 장소로 반입해야한다. 그 물품 검사장소는 물품 및 신고 시기에 따라 선박 내, 부두 내, 입항지 보세창고, 일반보세창고, 보세구역 외 장치가 있다.

불규칙 검사 대상물품은 관세청장이 정하는 무작위 추출방법에 의거하여 선별하되 성실도를 기준으로 업체별로 차등을 둘 수 있도록 되어 있다. 검사방법은 포장단위기준 2개 이상의 발췌검사를 원칙으로 하나 ① 우범성이 있거나 불성실업체에서 신고한 물품, ② 변질 또는 손상된 물품, ③ 종량세 물품, ④ 기타 일부 발췌검사로는 물품의 수량·규격·성질 등을 확인하기 곤란한 물품에 대해서는 전량검사를 실시한다.

세관공무원이 검사를 완료한 때에는 그 결과를 통관시스템에 등록하고, 이상이 없을 경우 관세 등의 납세 또는 담보제공 여부를 확인한 다음 수입신고를 수리하지만, 이상

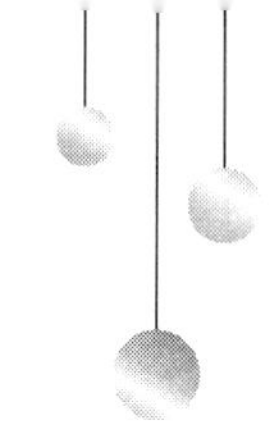

이 있을 때에는 직권정정, 보정통지 또는 조사를 의뢰한다.

4) 심사

심사란 수입자가 신고 또는 신고 납부한 세액의 정확과 통관의 적법성 여부 등을 확인하기 위하여 관련서류를 검토하는 것을 말한다. 심사는 이를 행하는 주체, 행하는 시기에 따라 서면심사와 실질감사, 통관 전 심사, 통관단계 및 통관 후 심사가 있다.

통관 전 심사는 수입신고를 하기 전에 과세당국이 수입자 등의 신청을 받아 행하는 심사인데, 품목분류사전심사제도, 과세가격사전심사제도, 수입신고 전 감면심사제도가 있다.

통관단계의 심사는 수입신고 후, 그 신고가 수리되기 전에 개별신고 건을 중심으로 세관에서 행하는 심사인데, 서면심사를 원칙으로 한다. 통관단계의 심사에는 사전세액심사가 중심이 된다.

그 대상은 ① 법률 또는 조약에 의하여 관세 또는 내국세를 감면받고자 하는 물품, ② 천재지변 또는 기획재정부장관이 고시하는 시설기계류, 기초설비 등으로 부분품이 아니고, 관세감면을 받지 않고, 당해 관세액이 500만원 이상일 것(중소기업은 100만 이상) 등의 요건을 갖추고 분할납부를 하고자하는 물품, ③ 관세를 체납하고 있는 자가 신고하는 물품(체납액이 10만원 미만이거나 체납기간 7일 이내에 수입신고하는 경우를 제외), ④ 납세자의 성실성 등을 참작하여 관세청장이 정한 자가 신고한 물품, ⑤ 물품의 가격변동이 큰 물품 기타 수입신고 수리 후에 세액을 심사하는 것이 적합하지 아니하다고 인정하여 관세청장이 정한 물품 등이다(규칙 제8조). 사전세액심사는 수입신고일부터 15일 이내에 완료하는 것을 원칙으로 한다. 통관 후 심사는 수입신고가 수리된 다음 행해지는 심사로 사후세액심사가 이에 해당된다.

그리고 통관단계에서 행하는 심사 가운데 사전세액심사와 통관 후 심사인 사후세액심사는 그 대상만 다를 뿐 심사의 내용은 동일한 것으로, ① 품목분류번호와 적용세율의 적정 여부, ② 관세 및 내국세율 적용요건의 적정 여부, ③ 과세가격의 결정방법 및 과세가격의 적정 여부, ④ 신고대상의 가산요소 및 공제요소의 누락 여부, ⑤ 과세환율 적용의 적정 여부, ⑥ 자유무역협정에 의한 수입물품의 원산지 적정 여부, ⑦ 기타심사와 관련된 사항에 중점을 두게 된다(납심고지 제 3-2-5조).

5) 관세 등 부과

수입물품의 검사과정이 끝나면 관세의 4대 요건인 과세물건·납세의무자·과세표준·관

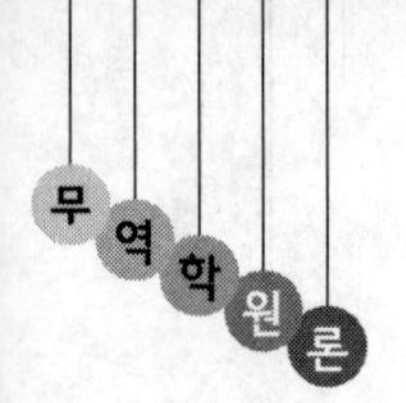

세율이 모두 확정되며, 이에 따라 관세 등이 부과된다. 과세물건은 관세법 제3조의 규정에 따라 수입물품이 되며 원칙적으로 관세는 수입신고시의 성질과 그 수량에 의해 부과되며 납세의무자는 국가에 대하여 관세를 납부할 법률상의 의무를 부담하는 자를 말하며 수입신고한 물품에 대하여는 원칙적으로 그 물품을 수입한 화주가 납세의무자가 된다.

과세표준은 세액결정의 기준이 되는 과세물건의 가격 또는 수량을 말하며 종가세가 적용되는 물품의 경우에는 그 가격이 과세표준이 되며, 종량세의 경우에는 그 수량이 과세표준이 된다.

그리고 혼합세율은 종가세율과 종량세율을 합한 세율로 우리나라에서는 적용되지 않고 있으며, 종가세율과 종량세율 중 높은 세율을 부과하는 선택세율은 특별 긴급관세에서 적용되고 있다.

관세액은 과세표준에 일정한 율을 곱하여 산출되는 데 이 때 관세의 과세표준에 적용되는 율이 관세율이다. 관세율은 원칙적으로 기본세율은 법률로 규정(조세법률주의)하고 잠정세율은 대통령령으로 정한다. 그리고 탄력세율은 대통령령 또는 지식경제부령으로 정하며 협정세율은 외국과의 조약·협약 등에 의한 양허세율이다.

과세표준과 관련하여 수입물품의 수량은 세관 검사 시에 쉽게 확인할 수 있으나 그 가격은 시장여건에 따라 수시로 변동하고 있으며, 특히 수많은 종류의 상품들의 실제가격을 정확히 알아낸다는 것은 지극히 어려운 일이다.

수입물품의 과세가격은 물품의 거래가격으로 결정하는 것을 원칙으로 하고 이것이 불가능할 때에는 대체평가방법(alternative method of valuation)을 순차적으로 적용하여 과세가격을 결정한다.

그리고 거래가격(transaction value)은 수출업자와 수입업자 간에 실제로 거래된 가격이 아니고 외국에서 우리나라에 수출·판매되는 물품에 대하여 구매자가 판매자에게 실제로 지불했거나 지불해야 할 가격에 가산요소의 금액, 공제요소의 금액을 가감하여 조정한 금액이다(관세법 제30조 제1항).

즉, 제1방법의 거래가격은 ① 우리나라(수입국)에 수출 판매된 물품에 대하여 ② 실제로 지급하였거나 지급하여야할 가격에 ③ 가산·조정되는 요소를 조정한 가격으로 ④ 거개가격의 성립요건을 구비한 가격이다.

첫째, ① 거래가격의 성립요건은 우리나라에 수출·판매된 물품일 것, ② 구매자가 당해 수입물품의 처분 또는 사용함에 있어 어떠한 제한도 없어야 한다.[10] ③ 당해 수입물품에 대한 거래의 성립 또는 가격의 결정이 금액으로 계산할 수 없는 조건 또는 사정에 의하여 영향을 받지 아니하여야 한다.[11] ④ 당해 수입물품의 수입 후의 전매·처분 또는 사용에 따른 수익의 일부가 직접 또는 간접으로 금액으로 확인 할 수 없는 사후귀속이익[12]이 없어야 한다. ⑤ 판매자와 구매자의 특수 관계가 가격에 영향을 미치지 않아야 한다.[13]

둘째, 거래가격의 성립요건이 구비되면 구매자가 실제로 지급하였거나 지급하여야 할 가격에 가산요소, 공제요소 및 법정 가산요소의 가산조정을 거쳐 과세가격을 결정한다. 만약, 거래가격의 성립요건이 구비되지 않으면 제2방법 등의 순차적으로 과세가격을 결정한다.

① 구매자가 실제로 지급하였거나 지급하여야 할 총금액으로서의 직접지급과 다음의 간접지급의 가산요소는 ㉠ 판매자의 요청에 의하여 수입물품의 대가 중 전부 또는 일부를 제3자에게 지급하는 경우 그 지급금액, ㉡ 구매자가 당해 수입물품의 거래조건으로 판매자 또는 제3자가 수행하여야 할 하자보증을 대신하고 그에 해당하는 금액을 할인받았거나 하자보증비 중 전부 또는 일부를 별도로 지급하는 경우 해당금액, ㉢ 수입

---

10) 거래가격 적용이 배제되는 제한은 ① 전시용·자선용·교육용 등 당해 물품을 특정 용도로 사용하도록 제한 ② 당해 물품을 특정인에게만 판매 또는 임대 하도록 하는 제한 ③ 기타 당해물품의 가격에 실질적으로 영향을 미치는 제한 등이다. (관세법 시행령 제21조)

11) 금액으로 계산할 수 없는 조건 또는 사정에 의한 영향은 ① 구매자가 판매자로부터 특정수량의 다른 물품을 구매하는 조건으로 당해 물품의 가격이 결정되는 경우 ② 구매자가 판매자에게 판매하는 다른 물품의 가격에 따라 당해물품의 가격이 결정되는 경우 ③ 판매자가 반제품을 구매자에게 공급하고 그 대가로 그 완제품의 일정수량을 받는 조건으로 당해 물품의 가격이 결정되는 경우가 해당된다.

12) 사후귀속이익은 당해 수입물품의 판매·사용 등에서 얻어지는 판매대금, 임대료, 가공임 등을 말하며 당해 물품의 현물출자로 인하여 발생하는 주식배당금과 같이 수입물품과 직접관련이 없는 것은 배제된다. 즉, 사후귀속이익이 객관적이고 수량화 될 수 있으면 금액으로 환산하여 거래가격에 환산하나 적절히 조정할 수 없을 때에는 거래가격 적용이 배제된다.

13) 특수 관계의 범위(관세법 시행령 제23조)는 ① 구매자와 판매자가 상호 사업상의 임원 또는 관리자인 경우, ② 구매자와 판매자가 상호 법률상의 동업자인 경우, ③ 구매자와 판매자가 고용관계에 있는 경우, ④ 특정인이 구매자 및 판매자의 의결권 있는 주식을 직접 또는 간접으로 5% 이상 소유하거나 관리하는 경우, ⑤ 구매자 및 판매자 중 일방이 상대방에 대하여 법적으로 또는 사실상으로 지시나 통제를 할 수 있는 위치에 있는 등 일방이 상대방을 직접 또는 간접으로 지배하는 경우, ⑥ 구매자 및 판매자가 동일한 제3자에 의하여 직접 또는 간접으로 지배를 받는 경우, ⑦ 구매자 및 판매자가 동일한 제3자에 의하여 직접 또는 간접으로 공동지배하는 경우, ⑧ 구매자와 판매자가 국세기본법 시행령 제20조 제1호 내지 제8호에 1에 해당하는 친족관계에 있는 경우를 말하며 특수 관계의 영향을 판단하는 비교가격은 기획재정부령(제23조 제2항 제3호)이정하는 가격은 수입가격과 령 각목의 가격(비교가격)과의 차이가 비교가격을 기준으로 하여 100분의 10이하인 경우를 말하며 비교가격은 비교의 목적으로만 사용되어야 하며 이를 과세가격으로 결정하여서는 아니 된다.

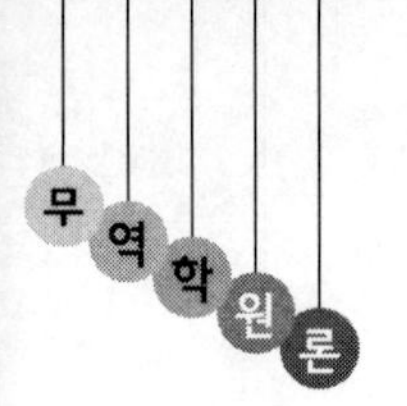

물품의 거래조건으로 구매자가 지급하는 외국훈련비 또는 외국교육비, ㉣ 기타 일반적으로 판매자가 부담하는 은행수수료(banking charge), 팩토링 수수료(factoring charge) 등을 구매자가 지급하는 경우 그 지급금액이 있다.

② 구매자가 실제로 지급하였거나 지급하여야 할 가격에서 다음을 명백히 구분할 수 있는 경우에는 그 금액을 공제한다. ㉠ 수입 후에 행하여지는 당해 수입물품의 건설·설치·조립·정비·유지 또는 당해 수입물품에 관한 기술지원에 필요한 비용, ㉡ 수입 항 도착 후에 당해 수입물품의 운송에 필요한 운임 보험료 기타 운송에 관련되는 비용, ㉢ 우리나라에서 당헤 수입물품에 부과된 관세 등 제세 및 기타공과금, ㉣ 연불조건의 수입의 경우에는 당해 수입물품에 대한 연불이자가 있다.

셋째, 법정 가산요소의 가산조정은 ① 구매자 부담하는 수수료 및 중개료 단, 구매수수료를 제외한다. ② 당해 물품과 동일체로 취급되는 용기의 비용과 당해 물품의 포장에 소요되는 노무비 및 자재비로서 구매가 부담하는 비용 ③ 생산지원비용 ④ 특허권·실용신안권·의장권·상표권 및 이와 유사한 권리를 사용하는 대가(권리사용료) ⑤ 당해 수입물품의 수입 후 전매·처분·사용에 따른 수익금액 중 판매자에게 직접 또는 간접으로 귀속되는 금액(사후귀속이익) ⑥ 수입항까지의 운임 보험료 기타 운송에 관련된 비용이 있다.

그리고 거래가격을 과세가격으로 채택할 수 없을 때에는 다음 순서〈표 9-6〉에 의한 방법을 순차적으로 검토하여 과세가격을 결정하되, 수입업자가 원할 때에는 제4, 5방법의 순위를 변경하여 적용받을 수 있다.(관세법 제33조 제1한 단서)

제4방법의 과세가격은 국내 판매 가격은 수입국의 이윤 및 일반경비, 수입원가 관련 비용 및 관세 등 제세를 공제한 금액이다. 제5방법의 산정가격은 수출업자의 제조원가에 수출국의 이윤 및 일반경비와 수입항까지 운임 및 보험료(CIF가격)를 더한 금액이다. 제6방법은 이상의 방법에 의해 과세가격을 결정할 수 없을 때에는 과세가격결정에 관한 기본원칙에 부합하는 합리적인 기준을 찾아 과세가격을 결정하는 방법으로 제1방법에서 제5방법의 엄격한 기준을 완화하여 적용하는 방법이다.

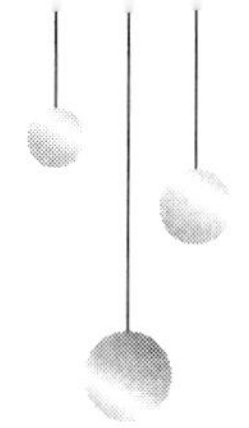

〈표 9-6〉 과세가격의 결정방법

적용순위	내 용
제1방법	당해 물품의 실제 거래가격을 기초로 한 과세가격의 결정
제2방법	동종·동질의 물품의 거래가격을 기초로 한 과세가격의 결정
제3방법	유사물품의 거래가격을 기초로 한 과세가격의 결정
제4방법	국내 판매가격을 기초로 한 과세가격의 결정
제5방법	산정가격(算定價格)을 기초로 한 과세가격의 결정
제6방법	합리적 기준에 의한 과세가격의 결정

6) 관세의 징수

수입물품에 대한 관세 등의 징수는 신고납세제도를 원칙으로 하되 정부부과제도도 병행하고 있다. 신고납세제도란 납세의무자가 과세표준과 과세관청에 제출함으로써 조세확정의 권한을 1차적으로 납세의무자에게 부여하고 과세권자의 확정권은 2차적·보충적 지위에 유보하는 제도이다.

관세의 납세의무자는 수입신고를 할 때 과세표준, 세율 및 납부세액을 세관장에게 신고해야 하고 세관장은 납세신고에 대한 확인·심사를 한 후 관세액을 확정하여 신고 납부서를 교부하여 관세를 납부토록 하는 제도이다.

이 제도에서는 원칙적으로 납세의무자의 과세표준신고에 의해 납세의무가 확정된다. 따라서 납세의무자의 과세표준 신고가 있는 경우에 그 내용이 아무리 부당한 것이라 하더라도 정부는 과세표준과 세액의 결정을 하지 않으며 경정결정할 뿐이다. 그러나 납세의무자가 과세표준신고를 하지 않을 경우에는 정부가 과세표준과 세액을 결정하여 확정한다.

그리고 원칙적으로 모든 수입물품에 대해 세관장에게 가격신고를 해야 한다. 특정물품의 경우에는, 즉 정부·지방자치단체가 수입하는 물품, 정부조달물품, 정부투자기관이 수입하는 물품, 실행세율이 무세인 물품, 방위산업기계와 그 부분품(중앙행정기관의 장이 확인 또는 추천한 것), 수출용 원자재, 특정연구기관 육성법의 규정에 의한 특정연구기관이 수입하는 물품, 과세가격에 가산할 금액이 있는 물품(관세법 제30조 제1항 제1호 내지 제5호에 해당하는 물품), 부과고지 대상물품, 잠정가격 신고대상(관세법시행령 제16조 제1항 각호의 물품), 수입신고 수리 전 세액심사 대상(체납중인 자, 불성실신고인, 가격변동이 큰 물품 등)은 가격신고를 생략할 수 있다.

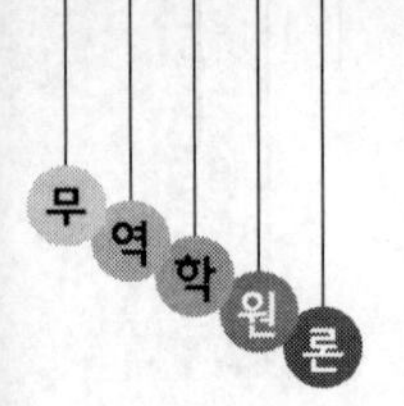

부과제도는 세관장의 부과처분에 의하여 과세표준과 세액을 결정하여 이를 납세의무자에게 납고지하여 고지된 세액을 소정의 기일 내에 납부하도록 하는 제도이다. 세관장이 부과고지방식으로 관세를 징수하고자 할 때에는 세목·세액·납부장소 등을 기재한 납세고지서를 납세의무자에게 교부하여야 한다. 그러나 여행자의 휴대품 또는 조난선박에 적재된 물품으로서 보세구역이 아닌 장소에 장치한 물품에 대한 관세 납세고지는 구두로 할 수 있고 물품검사 현장 공무원이 검사장소에서 수납할 수 있다.

일반적으로 과세가격 결정 자료가 미흡한 무환 수입물품이나 심사에 신중을 요하는 탄력관세 적용물품 등 특수한 경우에 한하여 부과고지지방식으로 징수한다.

신고납부서의 교부 또는 납세의 고지에 대하여 납세의무자가 자진하여 납부하고 이를 수납기관이 영수하는 것을 임의징수라고 하며, 국가가 재정 권력에 의하여 강제적으로 수납하는 것을 강제징수라고 한다.

7) 수입물품의 반출

수입물품에 대한 수입검사를 거쳐 관세 및 기타 내국세의 징수가 끝나면, 세관장은 수입신고인에게 수입신고필증을 교부한다. 이와 같이 수입신고 수리된 물품은 세관장에게 반출신고만으로 언제든지 보세구역에서 반출되어 관세법의 규제에서 벗어날 수 있다.

경우에 따라서 어떤 물품은 수입신고인의 책임 밖의 사유에 의하여 수입신고수리가 적기에 교부되지 못하게 될 수 있으며, 이로 인하여 상기(商機)를 잃거나 물품을 적재적소에 사용하지 못할 수도 있다. 이를 방지하기 위해 관세법에서는 수입신고수리 전이라도 관세 상당액을 담보로 제공하고 세관장의 승인을 얻으면 물품을 보세구역으로부터 반출할 수 있도록 규정하고 있다.

수입화물의 경우 대부분 도착된 부두에서 직접 통관되거나 부두 밖에 소재한 CY 또는 보세장치장으로 다시 이동된 후 통관되거나 보세운송 됨으로써 수입화물이 부두에 하역된 후 수입신고 또는 보세운송신고를 할 수 있기까지 10~15일 이상이 소요되고 있다.

이에 따라 1992년 7월 1일 부산항, 1993년 10월 1일 인천항에서 부두 내에서 컨테이너 화물을 직접 통관하거나 보세운송절차를 완료하도록 하여 부두에서 직접 통관 반출하거나 화주가 희망하는 목적지로 보세운송을 할 수 있는 컨테이너화물 부두직통관제를 실시하고 있다.

부두직통관제도는 수입컨테이너화물(FCL화물)은 부두에 하역되기 전에 수입신고 또는 보세운송신고를 할 수 있도록 하여 즉시 부두 내에서 세관검사, 세금납부 등 관련절

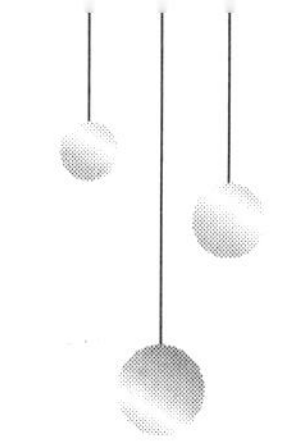

차를 완료할 수 있도록 하게 하는 제도이다.

즉, 수입 컨테이너 화물이 하역된 후 48시간 이내에 통관 반출되거나 제조공장으로 보세운송할 수 있으며 수출 컨테이너 화물은 수출면허를 받은 후 바로 선박에 적재할 수 있어 수출물품이 적기에 선적될 수 있도록 하였다.

그리고 1997년 1월 1일부터는 관세 사후납부제 및 담보면제제도가 도입되어 현재는 수입신고필증을 교부받으면 관세를 내지 않고도 물품 반출이 가능하다. 관세는 물품을 가져갈 때 담보를 제공하고 신고필증 교부일로부터 15일 이내에 내면 된다.

한편 3년간 수출실적이 있는 등 일정기준 이상의 신용도를 갖춘 업체가 관할세관에 담보면제를 신청하면 담보면제 업체로 지정, 담보 없이 수입하도록 하였다. 그러나 관세청은 관세를 나중에 내게 할 경우 관세체납사례가 늘어날 수 있어 관세법 위반사례가 있는 업체나 소비재 수입업체에 대해서는 관세 채권확보 차원에서 담보를 요구하고 있다.

그리고 1996년 12월부터 수출에 적용해 오고 있는 EDI 방식에 의한 자동통관제도를 1997년 7월부터는 수입에까지 확대하고 있으며 또한 신고제가 악용되는 사례를 막기 위해 우범화물을 자동으로 선별하는 시스템을 활용하고 불법수입물품에 대해서는 유통단계까지 사후조사를 하고 있다.

제10장 | 무역계약론

제1절 … 무역계약의 사전단계

1.1 해외시장조사

해외시장조사(overseas marketing research)란 무역업자가 수출 또는 수입하고자 하는 국가 및 지역의 정치·경제·사회·문화적 제 환경을 수집, 기록, 분석하여 위험을 최소화하고 최대이윤을 확보하기 위해서 특정상품에 대한 수출 또는 수입가능성을 조사하는 것이다.

무역거래에 따른 위험이 상존하고 그 절차도 복잡하기 때문에 각국의 정치·사회·문화·경제적인 상황의 전반적인 조사는 물론 수출입관리제도, 통관 및 외환관리제도, 무역규제 등의 무역관리환경에 대한 구체적이고 철저한 해외시장조사가 필요하다. 또한 해외시장은 국내시장과는 달리 시장조사 비용이 많이 들고 조사 결과의 신뢰성에도 문제가 있을 수 있다.

따라서 해외시장조사는 무역계약절차의 최초에 이루어지는 단계로서 원활한 무역을 위해서는 객관적이고 과학적인 조사를 통하여 유력한 목적시장을 선정하고 그 시장에서 가장 신용 있고 장래성 있는 거래처를 발굴하는 것이 중요한 과제이다.

1.2 해외시장조사의 내용

시장조사의 내용은 대상 시장과 대상 물품에 따라 달라지며 그리고 국가마다 소비자들의 기호, 개성, 생활습관, 기후, 문화 등이 다르기 때문에 물품에 대한 선호도가 상이하고 또한 소득수준의 차이에 따라 물품의 구매력이 국가마다 다르다.

따라서 수출업자는 해외시장조사를 함에 있어 ① 수출시장의 환경조사, ② 소비자조

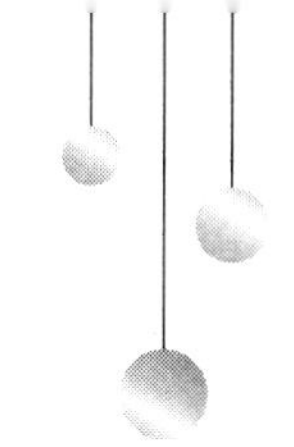

사, ③ 판로조사, ④ 물품조사, ⑤ 거래방식조사 등의 내용들을 중심으로 하여 자신에게 필요한 정보를 면밀히 수집·분석해야 한다.

그리고 수입업자는 수입물품의 최종 목적지를 국내시장을 대상으로 하거나 수입업자 자신이 사용할 목적이라면 수출업자의 해외시장조사의 내용과는 달라야 할 것이다. 즉, ① 국내시장의 조사, ② 국내소비자조사, ③ 국내 판로조사, ④ 해외물품조사, ⑤ 거래방식조사 등이 있다.

수입의 경우에 있어서 ①-③은 국내시장 조사에 관한 내용이며 ④,⑤는 수입이나 수출의 경우에 있어서의 해외시장의 조사내용이다.

1) 수출시장의 환경조사

수출시장의 환경조사란 수출 대상 시장의 정치, 경제, 사회·문화적 환경을 조사하는 것으로 지리적으로 인접국이 아니고 멀리 떨어져 있는 수출대상지역일수록 철저한 시장조사가 필요하다.

① **정치적 환경** : 현지국의 정치 체제, 정치 상황, 정치적 안정성 등

② **경제적 환경** : 경제체제, 경제성장율, 경제안정도, 국민총생산 및 1인당 GNP, 통화, 물가, 금융제도, 금리, 생산구조, 주요산업 및 자원, 유통체제, 산업 및 상업정책 등

③ **사회·문화적 환경** : 수출 대상 시장의 인구 및 인구 증가율, 인종분포, 문화적 전통, 언어, 종교, 관습, 사회복지제도, 국토면적, 기후, 교육수준, 노동환경 등

④ **무역환경** : 수출입관리제도, 무역관련법규, 외환관리제도, 통상정책, 국제수지, 수출지원제도, 통관관리제도 등

2) 소비자조사

소비자조사란 물품을 수출하였을 때 그 물품을 구입하여 사용할 소비자를 조사하는 것으로 생산용 기계 및 원자재인지 아니면 소비재인지에 따라 소비자조사의 내용은 달라진다. 생산용 기계나 원자재인 경우에는 수출시장에서 생산능력이나 제조능력, 기술수준 등을 조사해야 하며 소비재의 경우에는 소비자의 지역적 분포, 소득수준 및 분포, 구매력, 소비자의 개성 및 특징, 소비자의 욕구·기호 및 선호도 등을 조사해야 한다.

3) 판로조사

판로조사는 수출물품이 수출대상지역에서 최종소비자에게 어떠한 유통과정을 거쳐

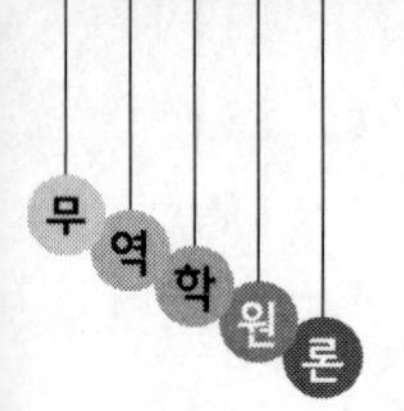

판매되는지 조사하는 것이다. 판로조사는 장래 수출될 물품의 현지에서의 적응가능성, 시장개척 그리고 시장점유율확대를 판단하는 중요한 기준이 된다. ① 수출물품의 유통과정, ② 물품의 사전 및 사후관리의 가능성, ③ 수출된 물품에 대한 일반적인 상거래 관습, ④ 동종 물품의 판매 방법 등에 대하여 조사가 병행되어져야 한다.

4) 물품조사

물품조사는 물품자체에 관한 것으로 수출물품의 특성은 물론 현지에서의 경쟁력 등에 관한 사항을 철저히 조사·분석해야 한다. 물품조사는 수출의 가능성은 물론 다른 경쟁업체와의 경쟁에 대비하여 철저한 조사가 이루어져야 한다. ① 현재 및 장래의 수요 공급의 상황, 수요와 공급의 변화 추이 및 계절적 변화 유무, ② 경쟁 물품의 공급 국가와 공급량, ③ 현지에서의 경쟁품 및 경쟁자의 실태, 대용품의 유무 및 우열, ④ 수출물품의 품질, 특성, 가격, ⑤ 상표, 특허, 포장, 형태, 색채 ⑥ 물품에 특수한 기호 및 요구 등의 내용이 조사되어야 한다.

5) 거래방식조사

거래방식이란 무역계약과 직접 관련되는 것으로 오퍼에 대하여 상대방이 승낙함으로서 무역계약이 성립된다. 무역계약을 체결할 때 가격조건, 품질조건, 수량조건, 선적조건, 대금결제방법, 클레임의 제기 및 해결방법 등에 관하여 약정하는 사항이므로 거래방식조사는 매우 중요하다. 따라서 무역계약을 체결하기 전에 거래방식에 대한 정확한 정보를 수집·분석해야 하며 문제점이 있으면 그 대응 방안도 미리 준비해야 한다.

1.3 시장조사의 방법

1) 직접조사

직접조사란 해외시장에 무역업자 자신이 출장·방문 또는 각종 전람회에 참석하여 직접 조사하거나 자신의 지사나 대리점을 통하여 조사하는 현장조사방법이다. 보통 직접조사는 첫째, 대상 바이어목록을 대한무역투자진흥공사, 한국무역협회, 상공인명부 등 무역관련 기관을 통하여 입수하여 거래제의와 함께 직접 제작한 카달로그나 Leaflet를 발송하는 방법이 있다.

둘째, 해외의 사절단이나 전람회에 참석하여 해외시장을 직접 조사하는 방법이 있으며, 셋째, 거래제의나 전람회 참가 등을 통하여 파악한 거래 상대방을 직접 방문하거나 해외지사나 대리점을 통하여 상시 접촉하여 조사하는 방법이 있다.

이 방법은 수집한 정보가 정확하고 현장감이 있어 의사결정을 함에 있어 중요한 근거를 제공해 줄 수는 있으나 많은 비용과 시간이 걸리는 비효율적인 면이 있다.

2) 간접조사

간접조사는 국내외에서 발행된 간행물이나 각종 책자와 같은 문헌에 의하여 조사하는 방법과 대한상공회의소, 대한무역투자진흥공사, 한국무역협회, 재외공관, 외국의 영사관과 같은 기관을 통하여 조사하는 방법이다.

간접조사 방법은 단시간 내에 광범위한 정보의 수집이 가능하고 비용이 적게 드는 이점이 있는 반면에 직접조사의 방법에 의하여 수집된 정보보다 신뢰성과 정확성이 떨어지는 문제점이 있다.

1.4 거래처의 선정과 신용조사

1) 거래처의 선정

무역업자가 물품을 수출하기 위해서는 외국의 수입업자를 선정해야 하고 물품을 수입하기 위해서는 외국의 수출업자를 선정해야 한다. 거래처를 선정함에 있어 성실하고 재무구조가 견실하고 영업능력이 있고 경험이 풍부한 업자를 선정하는 것이 중요하다.

수출업자는 어떠한 업자를 선택할 것인가를 결정하기 전에 물품의 특성이나 자신의 판매목적을 정확하게 파악하고 이를 근거로 하여 거래처를 선정해야 한다. 즉, 생산용 원자재를 수출하는 경우에는 제조업자를, 일반소비재의 경우에는 대형유통업체를, 수출을 처음 시작하여 해외시장의 개척 및 신시장의 확보가 목적이라면 해당물품을 오랫동안 취급해 온 경험이 풍부한 거래처를 선정하는 것이 중요하다.

수입업자는 수입하고자하는 목적 물품을 명확하게 결정한 후 해당물품을 공급해 줄 수 있는 국가 또는 지역을 검토한 다음 그 곳에 있는 수출업자를 거래처로 선정해야 한다.

그러나 처음으로 무역업자가 수출이나 수입을 행하려는 경우 직접 해외 거래처를 물색하여 선정하기는 어려운 문제이다. 따라서 다음과 같은 방법에 의하여 자신과 거래할

수 있는 가장 적합한 거래처를 선정하여 거래제의를 해야 한다. 거래처의 선정에는 다음과 같은 방법들이 사용된다.

① 자체 홍보물을 이용하거나 수출대상국을 직접 방문하여 거래처를 선정하는 방법이 있다. ② 세계 각국 무역업자들의 이름, 주소, 주요 취급품목 등의 정보가 기재되어 있는 무역업자 명부(trade directory) 및 상공인명부(directory)등을 참조하는 방법이 있다. ③ 대한무역투자진흥공사(KOTRA)와 한국무역협회 그리고 현지에 있는 재외공관 및 영사관 등에 요청하여 거래처를 소개받을 수 있다. ④ 상대국 호텔룸에 있는 Yellow Page라는 무역업체 총람을 이용한다. ⑤ 해외에 있는 대리점이나 해외지점, 출장소 또는 자기 거래은행이나 외국은행을 통하여 거래처를 물색할 수 있다. ⑥ 컴퓨터 통신에 의하여 알아보는 방법으로는 우리나라의 KOTIS(Korea Trade Information Service)가 보유하고 있는 데이터 베이스로 거래처를 조사하는 방법과 세계적 통신망인 인터넷을 이용하는 방법이 있다.

또한 한국무역협회에서는 미국상업회의소가 캐나다의 Global Business Alliance와 공동으로 개발한 전자거래 알선 시스템인 IBEX(International Business Exchange System : http://www.ibex-gba.com), 세계무역센터(World Trade Center Association)가 미국의 정보통신전문회사(GEIS)를 연결하여 구축한 무역정보통신망인 WTC Network(World Trade Center Network : http://www.wtca.org), UNCTAD가 중소기업의 무역관련 업무를 지원하기 위해 GTP사업의 일환으로 추진하는 서비스인 GTPN (Global Trade Point Net : http://www.tradepoint.org)의 통합서비스체제를 구축하여 무역업계에 무역거래 알선 및 각종의 무역정보를 제공하고 있다.

2) 거래관계의 제의

거래관계의 제의란 무역업자가 자신에 대한 호감을 가지고 계약에 임할 수 있게 하기 위하여 자신을 상대방에게 소개 또는 알리는 것이다. 거래관계의 제의할 때 거래권유장(circular letter)을 보내게 되는데 보통 견본, 카탈로그 또는 가격표 등을 동봉한다.

거래권유장은 회사의 이전 안내, 지점 개설 안내 및 새로 취급하는 물품의 소개 등을 위하여 여러 사람에게 보내는 안내장의 역할과 이미 알고 있는 고객이나 미지의 고객에게 상품의 판매를 목적으로 배포하는 상품의 안내장의 역할도 하게 된다. 거래처에게 거래 희망을 표명하는 거래 권유장은 ① 상대방의 성명과 주소를 알게 된 경위, ② 자사의 업종, 영업 규모, 연역, 업계의 위치 등, ③ 수출 또는 수입을 희망하는 품목, 가

격, 결제조건 등의 거래조건, ④ 주문에 응할 수 있는 거래량, ⑤ 자사에 대한 신용 조회처, ⑥ 거래관계 개설을 희망하는 문언 등의 내용을 기재하게 된다.

3) 조회(inquiry)

조회(inquiry)는 거래권유장에 대한 상대방의 회신으로서 문의 또는 조회라고 한다. 보통 수입업자가 특정물품의 가격, 대금결제 등 구체적인 조건을 문의하면 수출업자는 오퍼를 발행한다.

일반적으로 조회는 조회서(letter of inquiry)나 전신으로 행하는데 그 내용은 ① 정가표나 카탈로그, 견품의 송부를 요청하는 경우 ② 예비적으로 국제매매계약 조건(특히 가격 조건)을 알아보려는 경우 ③ 구체적인 offer의 발행을 요청하는 경우 등이 있다. 보내는 방법에 따라 우편인 경우에는 mail inquiry라 하고 전신인 경우에는 cable inquiry라 한다.

4) 신용조사

(1) 신용조사의 의의

신용조사란 새로운 거래처로 선정된 상대방 또는 종래의 거래처의 신용상태 및 대외적인 평판 등을 파악하기 위하여 직·간접적으로 조사하는 것이다.

무역거래는 국내 거래에 비하여 거래 자체가 복잡하고 거래 금액이 크며 수출입 당사자가 대개는 직접 만나지 않고 은행을 매개로 한 서류상의 거래이다. 간혹 계약을 복잡하게 만들어 상대방이 실수를 하도록 유도하여 이를 계기로 손해배상을 청구하거나 때로는 고의적으로 사기를 목적으로 계약을 하는 경우도 있다.

따라서 신용조사의 필요성은 상대방의 신뢰성을 측정하여 무역거래에 따른 분쟁을 미연에 방지하고 위험을 최소화하여 이윤을 최대화하는데 있다.

(2) 신용조사의 내용

신용조사는 원칙적으로 선정된 거래처에 대하여 거래 제의나 승낙 및 상품조사 이전에 실시해야 한다. 그러나 실제의 무역거래에서는 거래 제의와 동시에 또는 거래제의 직후에 신용조사를 실시하는 것이 일반적인 관행이다.

신용조사는 상대방의 신용상태를 조사하여 신뢰성을 측정하는 것으로 "3C's" 라고 하며 그 내용은 다음과 같다.

① **성실성(character)** : 상대방의 신뢰도를 측정하기 위한 것으로 상대업자의 인격, 상도덕, 경영방침, 업계에서의 평판, 계약 이행에 대한 성실성 등을 조사하는 것이다. 이것은 Market Claim방지 기능이 있다.

② **재정상태(capital)** : 상대방의 재산상태와 지불능력을 파악하기 위한 것으로 해당 업체의 재무상태, 수권자본, 납입자본 및 타인자본, 순자산 등 재무상태표상의 사항들을 기준으로 조사 할 수 있다.

③ **경영능력(capacity)** : 상대방의 거래능력을 파악하기 위한 것으로 영업능력, 취급 품목, 거래관계, 생산능력, 연간 매출액, 영업권, 영업수단, 등 거래상대방의 손익계산서(P/L)상의 사항들을 기준으로 조사 할 수 있다.

신용조사는 보통 "3C's" 라고 하는 내용이 중심이 되지만 때로는 시장상황 또는 경영조건(condition), 담보능력(collateral), 거래통화(currency), 거래국가(country) 가운데 하나 또는 두 가지를 추가하여 "four C's" 또는 "five C's" 라고 한다.

(3) 신용조사 방법

신용조사 방법에는 은행조회(bank reference), 동업자조회(trade reference), 상업흥신소 및 무역관련기관을 이용하는 방법이 있다. 세계적으로 유명한 신용조사기관은 "Dun & Bradstreet(http://www.dmb.com)"로 이 회사는 전 세계 5,000만 개 이상의 기업 데이터베이스와 120여개 국가의 관련 자료를 보유하고 있으며 우리나라에서는 1995년부터 지사를 운영하고 있다. 우리나라의 무역관련신용조사기관은 대한무역투자진흥공사(Kotra), 한국무역협회, 한국수출보험공사, 신용보증기금(Korea Credit Guarantee Fund) 등이 있다.

제2절 … 청약과 승낙

2.1 청약의 의의 및 종류

1) 청약의 의의

청약(offer) 즉, 오퍼는 이에 응하는 승낙과 결합하여 매매계약을 성립시키려는 일방

적인 의사표시이다. 이것은 어느 거래 일방이 어떤 물품을 상대방에게 일정한 가격, 선적, 대금결제 등의 조건으로 판매 또는 구매하겠다는 일방적인 의사표시로서 이 조건에 대하여 상대방이 승낙(Acceptance)함으로서 무역계약이 성립된다. 무역거래에서는 보통 매매 당사자인 수출상이 상대방인 수입상에게 어떤 물품을 일정한 조건으로 판매하고자하는 의사표시를 할 때 주로 이용된다.

청약이나 승낙의 의사표시의 방법은 특별히 법으로 정하여진 법률이 없으므로 특정한 방식에 의할 필요는 없다. 따라서 구두나 전화로 하여도 무방하지만 대개 서신이나 전보, 텔렉스, 팩시밀리에 의하며 일정한 서식을 갖춘 offer sheet(대외무역법에서는 물품매도확약서라 함)를 사용하기도 한다.

2) 청약의 종류

청약의 종류는 청약서에 기재된 내용이나 조건 등에 따라 구분되기도 하고 수출업자와 수입업자 중 누가 청약을 하였는지에 따라 청약에 대한 명칭이 달라지기도 하며 국제 무역거래에서 이용되는 청약서는 다음과 같다.

(1) 판매청약과 구매청약

판매청약((selling offer)은 수출업자가 판매조건을 제시하는 의사표시의 청약으로 국제거래에서는 일반적으로 청약하면 대부분이 판매청약이다. 그리고 구매청약(buying offer)은 수입업자가 구매조건을 제시하여 수입의사를 표시하는 오퍼로서 주문생산이라야 가능한 특수 기계 또는 최신 상품거래 및 신기술 등의 거래시 주로 이용된다. 보통 무역거래에서는 수출업자가 제시하는 판매청약(selling offer)을 통상적으로 offer라고 하고, 수입업자가 제시하는 구매청약(buying offer)인 경우를 order라고 한다.

(2) 확정청약과 불확정 청약

확정청약(firm offer)은 청약자가 청약의 승낙기간(validity)을 지정해서 발행하는 청약으로서 그 기간 내에 승낙, 회답 할 것을 조건으로 하는 청약 또는 이러한 승낙 기간을 정하지 아니한 경우에는 그 청약서가 확정적(firm) 또는 철회불능(irrevocable)이라는 것을 표시한 오퍼이다.

이 경우 승낙기간을 정한 청약은 그 기간 동안, 승낙기간을 정하지 아니한 청약은 상당한 기간 동안 청약자를 구속하여 일방적으로 청약을 철회하거나 가격 등 기타 청약의 내용을 변경할 수 없으며 그 기간 내에 상대방으로부터 승낙의 통지가 오면 청약의

내용대로 매매계약이 성립된다. 그 예문은 다음과 같다.

> We offer you firm subject to your acceptance reaching us by July 30, 2012 as follows.

불확정(자유) 청약(free offer)는 확정청약과는 달리 승낙의 유효기간을 확정하지 않거나 기타의 방법으로 확정적임을 표시하지 아니한 청약으로서 상당한 기간 효력을 가지나 상대방이 승낙의 통지를 하기 전까지는 청약자가 일방적으로 청약의 철회나 조건을 변경할 수 있는 청약으로서 주로 시세변동이 심한 품목에 대해 가격을 자유롭게 변경하고자 하는 경우에 주로 이용된다. 그 예문은 다음과 같다.

> We offer you the following goods on the terms and conditions mentioned hereunder.

(3) 선착순 매도조건 청약과 확인조건 청약

선착순 매도조건 청약(offer subject to prior sale)은 매수희망자의 승낙이 내도 하였을 때 해당 물품이 판매되지 않고 재고로 남아 있어야만 계약이 성립된다는 것을 조건으로 하는 청약으로서 재고잔류조건청약(offer subject to being unsold)이라고도 한다. 이는 한정된 물품을 빨리 처분하기 위하여 여러 곳에 동시에 청약할 때 이용되며 상대방의 승낙이 내도하였을 때 한정된 재고가 남아있어야 효력을 갖는다는 조건의 청약이다.

확인조건 청약(offer subject to confirmation)은 청약자의 청약에 대하여 상대방의 승낙이 있더라도 청약자의 최종확인이 있어야만 계약이 성립될 것을 조건으로 하는 청약이다. 즉, 이것은 당사의 최종확인을 조건으로 함(subject to our final confirmation)이라는 단서가 붙은 청약으로서 청약자에 대한 구속력은 없다. 보통 무역거래를 신중히 해야 할 필요가 있는 대규모 고액거래 및 보석류, 귀금속류 등에 주로 이용된다.

(4) 대응청약과 승인청약

대응청약(counter offer)은 매도인 또는 매수인의 오퍼에 대하여 매수인이 가격, 수량, 선적시기 등 청약 내용의 전부, 일부를 변경하거나 추가 제의를 해오는 경우의 청약이다. 이는 원청약(original offer)에 대한 거절이고 동시에 새로운 청약이다. 대응청약을 반대청약이라고도 하며 무역거래에서는 counter offer가 몇 차례 반복되다가 한쪽

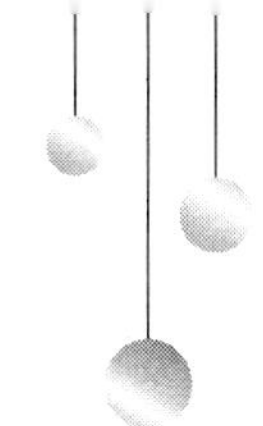

의 최종적인 승낙으로 계약이 성립되는 것이 일반적인 현상이다.

OFFER

THE CHEON-KWANG TRADING CO., LTD.	C.P.O.BOX : 216-1 Cheonan .KOREA
	CABLE ADD. : CHKW CHEONAN
	TELEX NO. : CHKW K 28570
	TELEPHONE : (0417)576-6363
Exproters of Electronic Products	FACSIMILE : (82-2) 574-9267

OFFER SHEET

Cheonan June 11, 2012
No. CK 99-07

Messrs, THE ANGELES IMPORTING CO., INC.
3710 WEST 9TH ST. LOS ANGELES
CA. 90019 U.S.A.

Gentlemen:
In accordance with your instructions, we are pleased to offer you as follows:

Origin : Republic of Korea
Packing : Standard Export Packing
Shipment : During July
Inspection : Seller's inspection to be final
Payment : By an irrevocable L/C at 60 days after sight in our favor.
Validity : Until July 14, 2012
Remarks : Subject to our final confirmation

ITEM NO.	DESCRIPTION	QUANTITY	UNIT PRICE	AMOUNT
			CIF Los Angeles/set	
DCT-1526	COLOR Television	1000 SETS	US $ 500.00	US $ 500,000.00

We are looking forward to receiving your valuable order.

Yours faithfully,
THE CHEON-KWANG TRADING CO., LTD.

oh su kyun

Oh Su-Kyun
General Manager

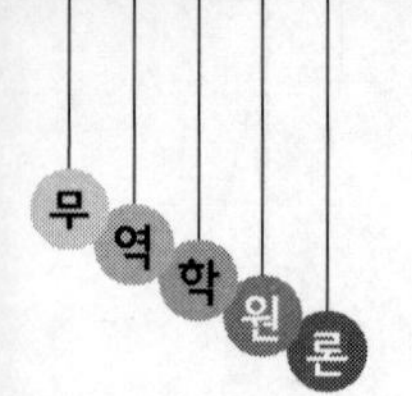

승인청약(offer on approval)은 청약서와 함께 현품을 보내서 상대방이 이를 실험 또는 시용해 보아 만족할 것을 조건으로 하는 청약으로서 상대방이 만족하지 않으면 일정기간 내에 반품을 할 것을 허용하고 있는 조건의 청약이다. 항공기와 같은 고도의 기술을 요하는 물품에서 사용되는 청약으로서 우선 해당 물품을 사용해 보고 성능이나 품질에 대하여 만족하여 청약을 승낙하면 계약이 성립된다.

이와 유사한 조건의 반품조건청약(offer on sale or return)은 청약자가 피청약자에게 현품을 일정기간 동안 팔다가 남으면 반품할 것을 조건으로 하는 오퍼이나 보통 무역거래에서는 거의 이용되지 않는다.

2.2. 승낙

승낙(acceptance)이라 함은 피청약자가 발행자의 청약을 수락하여 계약을 성립시키고자하는 의사 표시이다. 승낙은 청약의 유효기간 내에 해야 하며, 청약의 모든 조건에 무조건적 동의 의사표시가 있어야 하며, 승낙방법이 명시된 경우에는 그 방법에 따라 승낙해야 한다.

우편, 전신 등에 의한 승낙은 발신주의를 기준으로 하나 전화나 TELEX에 의한 승낙은 청약자에게 도달하는 시점 즉, 도달주의를 원칙으로 하고 있다. 우리나라는 오퍼인 경우에는 도달주의를, 승낙(acceptance)의 경우에는 발신주의를 채택하고 있다[14]. 반면에 Vienna협약에서는 도달주의를 채택하고 있다.

그리고 원칙적으로 승낙은 청약자에게 통지되지 않았다면 또는 통지될 때까지는 그 효과가 발생하지 않는다. 즉, 이러한 원칙은 승낙의 사실이 청약자가 인식하지 않으면 안 되는 것을 의미한다.

그리고 승낙의 철회 자체는 승낙이 도달되기 전에 전달되는 한 승낙의 철회가 가능하다고 볼 수 있다. 그러나 영미법의 경우 우편 또는 전보에 의한 승낙은 발신주의 입장에서 서신이나 우편함에 투함되거나 전보가 전보국의 계원에게 제출된 시점에서 그 효력이 발생되기 때문에 승낙이 일단 발신되면 계약이 성립되며 철회는 불가능하다.

---

14) 민법 제531조.

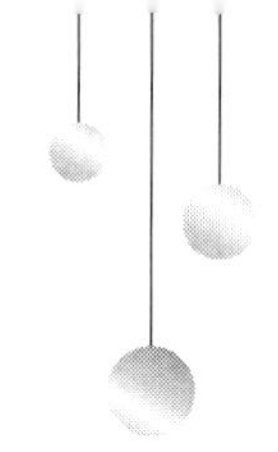

2.3 무역계약의 성립

무역계약이란 어느 거래일방의 거래조건의 제의에 대하여 상대방이 승낙함으로서 계약이 성립된다. 즉, 무역계약은 ① 해외시장조사 → ② 목적시장의 선정 → ③ 거래처 선정 → ④ 거래관계의 제의 → ⑤ 조회 → ⑥ 오퍼발행(offer) → ⑦ 승낙(acceptance) → ⑧ 무역계약의 과정을 거쳐 성립된다.

청약자의 오퍼에 대하여 피청약자가 승낙하면 원활한 거래를 위하여 상호간에 협정하고 이 협정사항에 의거 수출상이 계약의 내용을 명기한 계약서 2통을 작성하여 서명한 후 모두 수입상에게 송부하면, 수입상은 2통에 모두 서명한 후 한 통은 자신이 보관하고 나머지 한 통은 수출상에게 송부함으로서 계약 체결이 완료된다.

제3절 … 무역계약의 기초

3.1 무역계약의 의의

물품의 매매계약(contract of sale of goods)이란 매도인이 대금이라는 금전의 대가를 받고 매수인에게 물품의 소유권을 이전하거나 이전하기로 약정하는 계약이다. 무역계약(trade contract)은 국제간에 이루어지는 물품의 매매계약으로서 매도인이 매수인에게 물품의 소유권을 양도하여 인도할 것을 약정하고 매수인은 이를 수령하고 일정한 기일에 그 대금을 지급할 것을 약정하는 것을 말한다.

본질적으로 무역계약과 국내의 물품매매계약은 물품매매계약이 가지고 있는 상업적인 성격과 법리적인 성격을 공통적으로 가지고 있다. 다만, 무역계약과 국내의 물품매매계약이 구별되는 기본적인 이유는 국내의 물품매매계약은 동일한 환경 내의 매도인과 매수인 상호간에 성립되는 반면에, 무역계약은 제반환경이 상이한 국가에 거주하는 수출업자와 수입업자 상호간에 이루어진다는 무역계약의 고유한 특수성에 기인하는데 있다. 무역계약의 개념을 무역계약의 성립과 이행의 측면에서 살펴보면 다음과 같다.

〈표 9-7〉 무역계약의 개념

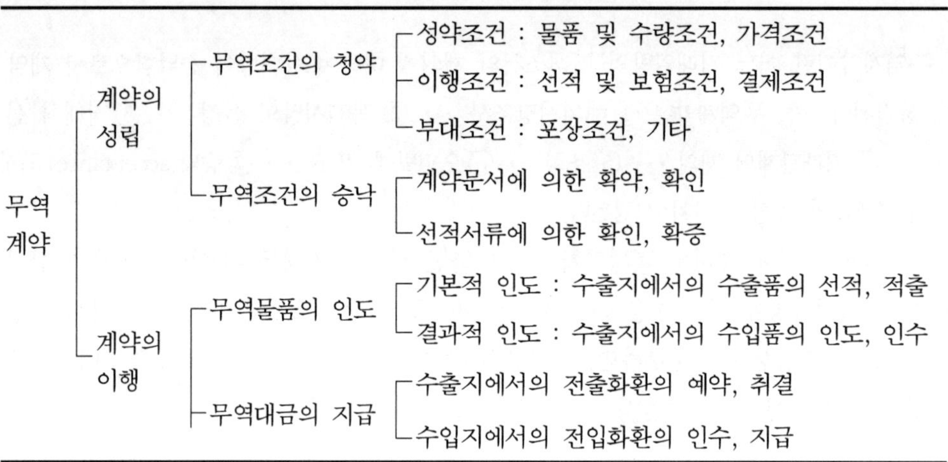

3.2 무역계약의 성격

무역계약의 법률적 성질은 〈표 9-8〉에서와 같이 낙성계약, 유상계약, 쌍무계약, 불요식 계약으로 나누며 낙성계약은 매매계약이 체결되는 과정에 대한 근원적 성질을 설명하는 것이며 유상계약과 쌍무계약은 매매계약의 특성을 나타내는 것이다. 그리고 불요식 계약은 매매계약을 체결하는 외형적 방법에 관한 것이다.

〈표 9-8〉 무역계약의 법률적 성격

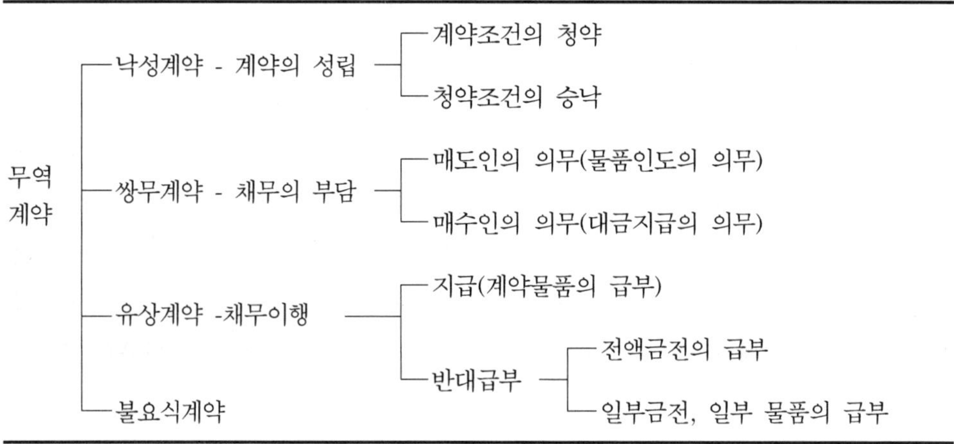

1) 낙성계약

낙성계약(consensual contract)은 계약당사자의 합의만으로 성립하는 계약으로서, 일방당사자의 청약에 대한 상대방의 승낙에 의하여 성립되는 계약을 의미한다. 따라서 낙성계약은 계약당사자의 합의가 있으면 성립되기 때문에, 당사자의 합의 이외에 계약목적물의 인도와 소유권의 이전 등과 같은 법률사실이 계약의 성립요건인 요식계약과는 상이하다.

실제로 무역계약의 경우에 수출업자의 판매청약(selling offer)에 대하여 수입업자가 승낙(acceptance)한다면, 무역계약은 합법적으로 성립된 것으로서 특별히 무역계약서의 작성 등이 무역계약의 성립요건으로 요구되지 않는다. 따라서 무역계약은 일반적으로 이행미필인 상태에서 계약이 성립된다.

2) 쌍무계약

본질적으로 계약은 일정한 채권·채무관계의 형성을 목적으로 성립된다는 측면에서 볼 때 쌍무계약(bilateral contract)은 계약의 성립과 동시에 계약당사자는 상호채무를 부담하는 계약을 의미한다. 예컨대 무역계약의 성립과 동시에 수출업자는 계약의 목적물을 수입업자에게 인도해야 할 의무가 발생되며, 반면에 수입업자는 계약목적물의 수령과 이에 대한 대금지급의무가 발생된다. 따라서 수출업자가 정당한 사유없이 계약목적물을 인도하지 않는 경우에 수입업자의 대금지급의무가 발생하지 않는 것은 당연하다.

이러한 관점에서 쌍무계약상 채무의 부담문제는 당사자 일방이 채무를 부담하는 것은 상대방이 채무를 부담하기 때문이라는 교환적 원인관계가 있는 것이며, 반드시 채무의 이행문제와 위험부담문제를 수반하게 된다.

3) 유상계약

유상계약(remunerative contract)은 각 계약 당사자가 서로 대가적 관계에 있는 급부할 것을 목적으로 성립되는 것을 의미한다. 즉, 무역계약은 수출업자의 계약목적물의 인도와 수입업자의 그에 대한 대금지급은 상호 대가적인 의미를 가지는 급부와 반대급부로 볼 수 있다. 따라서 무역계약은 매도인이 물품을 인도하고 매수인은 그에 따른 대금을 지급함으로써 계약이 성립된다.

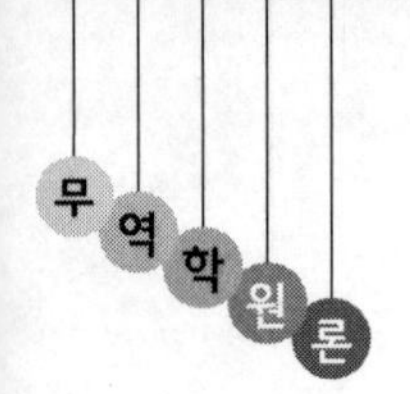

4) 불요식 계약

불요식 계약(informal contract)은 무역계약을 체결할 때 일정한 서식을 요하는 요식행위를 필요로 하지 않는 것을 말한다. 요식행위를 필요로 하지 않는다는 말은 매매계약을 체결하는 방법에 대해서 법으로 정한 바가 없다는 뜻이며 따라서 매매계약을 체결할 때에는 반드시 일정한 서식의 계약서를 작성하는 것을 요구하는 것이 아니라 서면, 구두, 전화 등의 어떠한 방법으로도 가능하다.

3.3 매매계약 당사자의 권리 의무

1) 당사자 권리의무

무역계약은 쌍무 계약으로서 매도인, 매수인은 서로 대립되는 권리와 의무를 부담한다. 즉, 매도인은 물품인도의무와 매수인의 대금지급의무가 있다. 그러나 국제간 물품거래는 격지 간 매매거래로서 물품의 인도와 대금지급이 동시에 일어날 수 없으므로 거래물품을 표창하는 매수인(수입업자)이 선적서류를 인도 받고 대금결제가 이루어지는 방안이 도출된 것이다.

따라서 국제물품매매계약에 관한 UN협약(일명 : 비엔나협약)[15] 등에서는 매도인은 물품의 인도의무, 소유권이전의무, 서류인도의무, 물품의 계약 적합의무와 매수인의 물품대금지급의무, 물품인수의무, 물품검사의무, 하자통지의무를 규정하고 있다[16].

(1) 매도인의 의무

① **소유권 이전의무** : 매도인의 소유권 이전 의무는 물품의 인도의무, 서류인도의무를 의미하며 독일법은 소유권 이전의무는 물품에 대한 사실상의 지배권인 점유의 이전 있어야 한다는 형식주의적인 소유권 이전을 표방하고 프랑스 등의 국가에서는 물품에 대한 인도 없이도 소유권의 이전에 대한 합의만 있으면 소유권이 이전된다는 의사주의를 채택하고 있다.

---

15) 비엔나협약은 헤이그 협약이 서유럽국가의 법을 기초로 선진국들의 이익(매도인의 보호)만 반영하여 제3세계 국가 및 사회주의 국가의 이익이 제대로 반영되지 않았다는 한계 때문에 1980년 3월 10일 비엔나에서 개최된 외교회의에서 토의를 거쳐 많은 규정이 수정·보완된 후 1980년 4월 11일 7개 공용어(아랍어, 국어, 영어, 불어, 노어, 스페인어)로 된 협약이 확정됨으로써 발효되었다.

16) 이대우외, 국제무역실무, 도서출판두남, 2008, p.104-115.

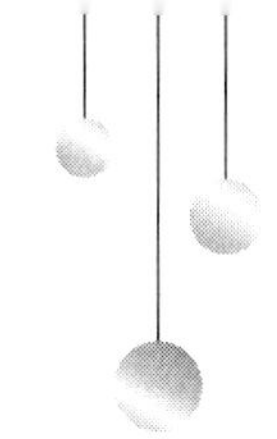

그러나 현실적으로는 무역에 관한 각종 법률 체계에서는 물품의 현실적 인도나 인도 청구권이 표창된 서류의 인도로서 물품의 소유권이 이전되도록 하는 방식을 채택하고 있다.

② **물품인도의무** : 물품의 인도의무는 소유권 이전과는 달리 물품에 대한 사실상의 지배권인 점유를 이전하는 것을 의미한다. 물품의 인도가 이루어졌다고 하여 소유권이 이전된 것이 아니다. 따라서 물품에 대한 인도가 소유권 이전을 수반하기 위해서는 소유권 이전 목적으로 인도되어야 한다.

그리고 국제매매계약에서 매도인의 매수인에 대한 물품의 인도는 소유권 이전의 목적으로 인도하는 것이므로 물품의 인도가 있으면 소유권 이전이 된다고 볼 수 있다.

인도 장소는 계약상 당사자가 계약으로 이를 정한 경우에는 그 약정장소가 인도장소가 되며 계약으로 인도장소를 정하지 않았지만 인도 장소에 대한 동종 거래에 대하여 확립된 관습이 있는 경우에는 그 관습에 따른다. 일반적으로 무역계약상 물품의 인도 장소는 관습적으로 Incoterms의 규칙에 따른다.

③ **서류인도** : 매도인은 계약과 비엔나 협약에 의하여 물품에 관련된 서류를 교부하여야 할 의무를 부담한다(비엔나 협약 제30조). 또 매도인이 물품에 대한 관련된 서류를 교부하여야 할 의무를 부담할 경우에는 매도인은 계약에서 요구되는 시기, 장소, 방식에 따라 서류를 교부하여야 한다(비엔나협약 제34조).

일반적으로 국제매매에서 말하는 서류라고 함은 물품을 대표하는 선적서류(shipping document)를 말하며 여기에는 선하증권, 상업송장, 보험증권, 원산지증명서, 포장명세서 등이 있다.

④ **물품의 계약적합의무** : 물품의 계약적합의무란 비엔나 협약(제35조, 41조)에 의하면 매도인은 물품이 계약에서 요구하는 수량, 품질, 상품명세, 포장 등이 일치해야 하며 물품에 대한 제3자의 권리나 청구권의 대상으로 사용이 제한되거나 지적소유권에 기초를 둔 권리행사의 대상이 되어서는 안 된다고 규정하고 있는 것을 말한다. 여기에는 물품적합성과 권리적합성이 있다.

첫째, 물품적합성(conformity of Goods)은 매도인이 물질적인 측면에서 수량, 종류, 포장, 등에 있어 계약에 적합한 물품을 인도해야 할 의무를 말한다. 비엔나 협약(제35조 제2항)은 당사자 간에 명시적인 합의가 없는 경우 적용될 계약 적합성 판단 기준을 4가지로 제시하였으며 적합성의 요건은 다음과 같다.

가. 통상 사용 목적 적합 : 인도된 물품은 그러한 종류의 물품을 구매하는 사람들이 그 물품이 일반적으로 가지고 있으리라고 기대하는 성능과 품질을 가져야 한다는

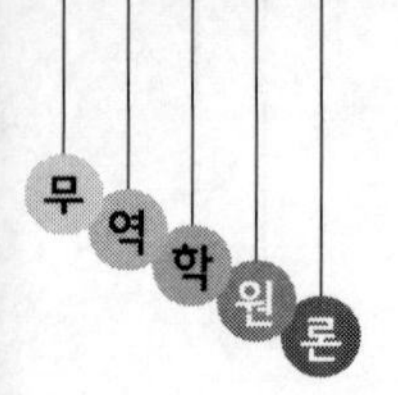

것을 의미한다.

나. 특별사용 목적에 적합 : 인도된 물품이 계약을 체결할 때 매도인에게 알려진 특별사용 목적에 적합해야 한다(비엔나 협약 제35조 제2항 b). 이는 매수인이 계약을 체결할 때 직접적 또는 간접적으로 특정의 사용 목적을 매도인에게 미리 알려 두었을 경우에는 매도인은 그 특정 목적에 적합한 물을 인도해야 한다는 것을 의미한다. 다만, 이 의무는 상황으로 보아 매수인에게 매도인의 숙련도 및 판단에 의존하고 있는 경우에만 적용된다.

다. 견본(sample) 또는 모형과 동일품질 : 매도인이 견본 또는 모형을 송부한 경우에는 인도된 물품은 견본이나 모형과 동일한 품질을 가져야 하며 유사한 물품이어서는 안 된다(비엔나 협약 제35조 제2항 c). 견본은 당해 매매목적물 중에서 추출하여 견본이 인도될 전체의 품질을 대표시키는 것이고 인도할 때는 견본과 동질, 동형, 동종이어야 하며 모형(model)은 매매목적물이 아닌 물품으로서 검사를 위해 제시된 것을 말한다.

라. 약정된 포장 방법 : 매도인은 계약에 정해진 방법으로 포장해야 하며, 포장방법에 관한 합의가 없는 경우에는 동종물품에 통상 사용되는 방법으로 포장해야 하고 그러한 방법이 없는 경우에는 물품의 보존과 보호에 적하한 방법으로 포장해야 한다(비엔나 협약 제35조 2항c).

둘째, 권리적합성은 물품에 대한 제3자의 청구권이나 지적소유권에 의한 침해행위가 없는 매수인이 권리행사에 전혀 문제가 없어야 한다는 것을 의미한다.

가. 권리상의 하자가 없을 것 : 매도인은 당사자 간에 합의한 경우가 아닌 한 물품이 제3자의 청구권의 대상이 되거나 권리의 대상이 되는 물품이 아니어야 한다. 즉, 이 물품에 대하여 제3자의 유치권, 담보권의 대상이 되거나 질권의 대상이 되어서는 안 된다.

이러한 제3자의 권리나 청구권의 대상이 되는 물품은 권리상의 하자있는 물품이 되는 것이다. 다만, 매수인이 이러한 권리상의 제한을 동의한 경우에는 예외로 한다(비엔나 협약 제41조).

나. 지적소유권 침해가 없을 것 : 타인의 지적재산권 침해 여부에 대한 판단은 계약을 체결할 때 양 당사자가 물품이 어떤 국가에서 전매 또는 사용될 것인지를 알았을 경우에는 당해 국가의 법을 적용하며 그 이외의 경우에는 매수인이 영업소를 두고 있는 국가의 법률을 적용한다. 그리고 매수인이 그러한 제3자의 권리 침해 사실을 알고 있었을 경우에는 매도인인 면책된다. 다만 이러한 제한은 매매 당사자에만 적용되며 제3자가 지적재산권을 기초로 하여 주장할 수 있는 권리를 제한하는 것은 아니다.

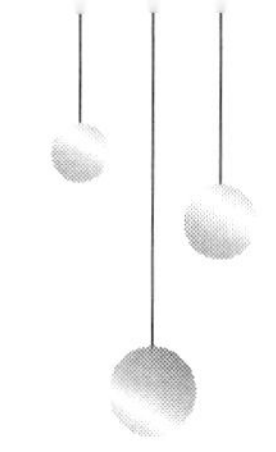

(2) 매수인의 의무

① **대금지급의무** : 비엔나 협약 상 대금지급의무는 대금의 결정, 지급장소, 지급시기에 대하여 규정하고 있으나 지급방법에 대하여는 당사자 간의 계약에 따르도록 하고 있다. 따라서 양 당사자는 계약서상의 대금지급방법을 합의로 결정하면 되고 어떤 결제 방법을 택하든 자유다. 무역대금의 결제방법은 신용장, D/P(지급도 어음), D/A(인수도 어음), 송금방법이 있다. 그리고 비엔나 협약 상 대금의무에 관한 규정은 대체로 다음과 같다.

첫째, **묵시적합의 인정**

물품대금이나 대금의 지급방법은 당사자의 합의에 의해 결정되는 것이 원칙이다. 그러나 때로는 가격결정 및 대금지급 방법을 결정하지 않은 채 계약을 체결하는 경우가 있다. 이러한 경우에는 당사자들은 계약체결 시 이미 비교될 만한 상황에서 매각되는 물품에 대해 일반적으로 부과되는 가격을 물품대금으로 정한다는 묵시적 합의를 한 것으로 본다(비엔나협약 제55조).

무역계약은 청약에 대한 상대방의 승낙으로써 계약이 성립되기 때문에 가격이나 결제방법이 확정되지 않은 채 계약이 성립될 수 있다는 것은 거의 불가능하다. 다만, 거래당사자 간에 확립된 관습이 존재하는 경우에는 예외적으로 가격을 결정하지 않은 채 계약을 체결하는 경우가 있다. 즉, 운송방법이 결정되지 않으므로 운송비나 보험금액이 확정되지 않음으로서 물품의 가격을 유보하는 경우가 있다.

둘째, **중량에 의한 결정**

계약 물품의 대금이 중량에 의거 결정하는 경우에 당사자의 의사가 명확하지 아니한 때는 순중량에 의해 결정되는 것으로 보아야 한다(비엔나 협약 제56조). 중량에 따라 가격이 결정되는 경우란 대개 포장되지 않은 벌크화물이 대부분이지만 예외적으로 포장되어 있는 경우에도 포장중량까지 포함된 총중량(gross weight)이 아닌 물품 그 자체의 중량인 순중량(net weight)에 의한다는 것이다.

만약 당사자의 의사에 의하여 총중량조건으로 하겠다고 계약서에 명시한 경우에는 총중량조건에 따르면 된다.

셋째, **지급장소**

지참채무원칙(持參債務原則)에 의하면 채무의 이행은 매도인의 영업소에서 해야 한다. 이러한 원칙은 국제매매거래에도 그대로 적용되므로 대금지급장소를 계약서상에 약정하지 않았다면 매수인의 영업소가 대금지급장소가 된다.

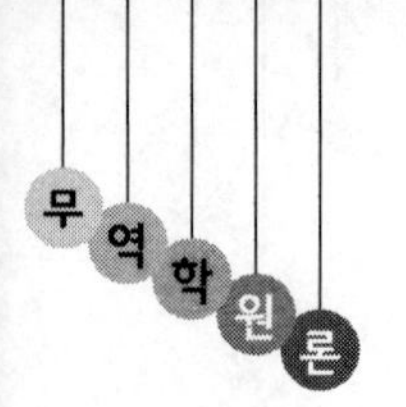

다만, 물품이나 서류의 인도와 대금지급이 상환으로 이루어지는 경우에는 물품의 인도와 서류의 인도가 행하여지는 장소에서 대금을 지급해야 한다(비엔나협약 제57조 1항). 계약 체결 후 매도인이 영업소를 변경함으로써 증가되는 비용은 매도인이 부담해야 한다(비엔나협약 제57조 제2항).

넷째, **지급시기**

매매계약에서는 매도인의 물품인도와 매수인의 대금지급이 동시이행의 관계에 있으므로 매수인의 대금지급은 물품과 상환으로 이루어지게 된다. 그러나 국제매매에서는 국제운송이 개입되어 매도인은 운송인에게 물품을 인도함으로써 매수인에 대한 물품인도의무를 이행한다(비엔나협약 제31조 a항).

이때 운송인은 운송물을 대표할 선적서류를 발급하며 이후의 서류의 교부는 물품 그 자체의 인도와 동일한 효력을 갖는다. 즉, 매수인의 대금 지급 시기는 당사자 간에 특약이 있을 경우에는 그에 따르지만, 특약이 따로 없는 경우에는 매수인은 물품 또는 물품을 표창하는 서류가 인도되는 시점에 대금을 지급해야 한다. 그리고 매도인은 매수인의 지급을 물품 또는 서류를 교부하는 조건으로 할 수 있다(비엔나협약 제58조 제1항).

계약이 물품의 운송을 포함하고 있을 때에는 매도인은 대금의 지급과 상환으로만 목적물 또는 그 처분을 지배하는 서류를 매수인에게 교부한다는 조건으로 목적물을 발송할 수 있다(비엔나협약 제58조 제2항).

그리고 매수인은 물품을 검사할 기회를 가질 때까지는 대금지급의무를 부담하지 않는 것이 원칙이지만 계약의 성질이 이와 양립하지 아니할 경우에는 검사 전에 대금을 지급해야한다(비엔나협약 제58조 제3항). 예를 들어 CIF 매매의 경우나 신용장이 개설된 경우와 같이 서류의 인도와 동시에 대금 결제조건의 거래에서는 매수인이 대금결제 이전에 물품을 검사할 권리를 요구할 수 없다.

② **물품 인수 의무** : 약정물품의 인수의무는 대금지급과 함께 매수인의 기본적인 의무이다. 매수인의 물품 인수의무는 단순한 물품 인수 이외에 매도인으로 하여금 물품인도를 가능하게 하기 위해 매수인에게 합리적으로 기대될 수 있는 협력의무를 말한다. 대체로 매수인의 물품인수의무는 협력의무, 물품검사의무, 하자통지의무가 있으며 이를 해태할 경우에는 물품의 채권자인 인수자체로서의 계약위반이 된다.

첫째, **매수인의 협력의무**

매수인은 매도인이 물품을 인도하는데 필요하다고 합리적으로 기대되는 모든 조치를 취해야 한다(비엔나협약 제60조 a항). 합리적으로 기대되는 행위에는 인수 장소의 지정

및 통지, 운송수단의 확정통지 등이 포함된다. 예를 들어 FCA, FAS, FOB 계약과 같이 운송계약의 체결이 매수인의 의무이면 매도인이 최초의 운송인에게 물품의 인도가 가능하도록 합리적인 모든 조치를 취하는 등 매도인에게 인도에 필요한 협력의무를 이행해야 한다.

둘째, **물품의 인수**

물품의 인수의무는 인도에 대응하는 개념으로서 물품의 점유 혹은 지배하는 것을 의미한다. 일반적으로 양 당사자 간에 인도인수장소의 합의가 있으면 그에 따르고 만약 계약서 상 가격조건을 Incoterms의 조건으로 약정하면 매수인의 약정물품의 인수 장소는 Incoterms의 조건에 따르면 된다.

그리고 물품을 인수할 것인지 여부는 매수인의 의사에 달려있으나 물품의 하자가 없는 경우를 제외하고 매수인의 약정물품인수 거부는 계약 위반이 된다.

③ **물품의 검사 의무** : 물품을 인수한 매수인은 지체없이 물품의 상태를 검사해야 한다. 매수인의 검사의무는 상법 제68조 및 비엔나 협약에서 목적물을 인도받은 매수인으로 하여금 실현 가능한 단 기간 내에 물품을 검사하거나 또는 타인으로 하여금 검사하도록 규정하고 있다(비엔나 협약 제38조 제1항).

실현가능한 단 기간이란 대체로 매수인이 물품을 검사하기 위한 기회를 확보한 시기로부터 기산하여 실현가능한 가장 짧은 기가 내에 검사를 마치고 통지해야 함을 의미한다.

그리고 약정물품이 운송 중에 있는 경우에는 물품의 목적지 도착 후까지 검사의무가 연기될 수 있다. 물품의 품질검사는 당사자 간에 합의된 기준에 따르며, 판단의 객관성을 보장하기 위해 국제적인 신뢰성을 가지고 있는 전문 검사기관에 의뢰하는 경우가 많다. 검사는 생산 공장에서의 검사, 선적 전 검사, 도착지 검사로 나누고 그 시시와 방법은 당사자의 합의로 정한다.

④ **하자통지의무**

첫째, **하자통지**

검사결과 물품의 하자를 발견한 매수인은 상당한 기간 내에 매도인에게 통지하여야 한다. 만일 매수인이 통지의무를 해태한 경우에는 물품의 부적합을 이유로 하는 계약해제나 보완 청구권을 행사할 수 없다(비엔나협약 제39조 제1항). 상당한 기간(reasonable time)이란 매수인이 당해 물품의 검사를 위한 합리적인 기회를 확보한 시기로부터 기산하여 실현가능한 가장 짧은 기간을 말한다. 다만, 이 기간은 어떠한 경우에도 물품이 현실적으로 매수인에게 인도된 날로부터 2년을 초과하지 못한다(비엔나협약 제39조 제

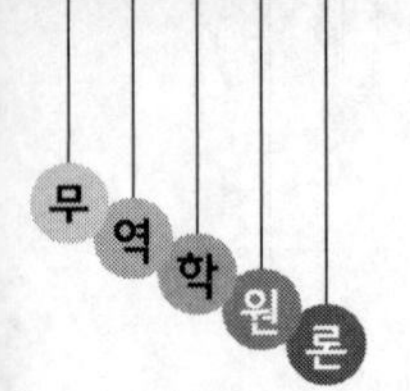

2항). 상법(제69)이 통지기간을 최대한 6월로 하고 있는 것에 비해볼 때 상당한 장기간의 제척기간이 인정되고 있다.

둘째, **제소기간**

매수인의 하자통지는 매도인의 계약부적합책임을 확보하기 위한 요건이라고 할 수 있다. 따라서 매수인이 하지통지를 함으로써 매도인의 책임을 확보한 경우에도 현실적으로 이를 추궁하기 위해서는 별도의 소송을 제기해야 하며 이러한 제소기간은 상기의 제척기간과는 따로 정해진다. 1974년에 제정된 「국제물품매매에 있어서의 제소기간에 관한 협약(Convention on the Limitation Period in the International Sale Of Goods)」은 매도인이 매수인에게 물품을 인도한 날 또는 매수인이 이행의 제공을 거절한 날로부터 기산하여 4년을 제소기간으로 정하고 있다.

3.4 무역계약의 종류

1) 개별계약

개별계약(case by case contract)은 거래가 성립될 때마다 매매당사자가 거래조건을 상호 협정하여 작성하는 무역계약이다. 개별방식에 의한 무역계약서는 표면과 이면의 양면으로 구성되어 있다. 무역계약서의 표면 약정에 포함되는 사항은 거래건별로 확정해야 하는 개별 약정사항들로서 품질, 수량 및 가격 등 거래 상품에 관한 사항과 선적일자, 결제방법 및 보험조건 등이 있다. 그리고 무역계약서의 이면 약정 사항은 무역에 관한 일반거래조건의 협정에 관한 내용이다.

보통 계약서 2통을 작성하여 서명 후 상대방에게 송부하고 상대방은 이를 검토한 후 서명하여 1통을 송부해 주면 된다. 보통 매도인은 sales note, sales contract, confirmation order을 작성하고 매수인은 purchase note, purchase contract, order를 작성한다.

2) 포괄계약

포괄계약(master contract)은 통상 동일한 상대방과 오랫동안 지속적으로 계속 거래가 이루어지는 경우에 채택하는 방법으로서 특정 품목을 지정하여 일정 기간 포괄적으로 계약을 체결하고 필요할 때마다 선적해주는 경우에 사용되는 계약 형태이다.

이것은 무역을 거래할 때 마다 건별로 무역계약을 체결함에 따른 시간과 비용 등의

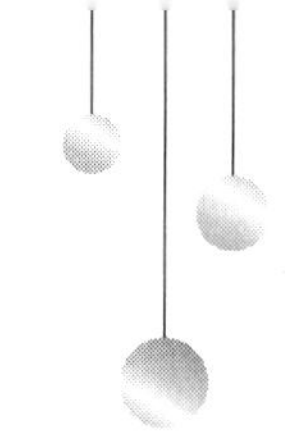

번거로움을 피하는 데 적합한 방법이다. 그리고 포괄계약을 체결할 때는 지정 품목에 대해서 일반거래조건을 협의한 무역에 관한 일반거래조건 협정서를 당사자 간에 작성·교환하며 개별 거래시는 간단한 오퍼나 주문으로서 계약을 성립시킨다.

3) 독점계약

독점계약(exclusive contract)은 수출입업자 양 당사자 사이에 이루어지는 동일한 품목의 수출입에 대해서는 양당사자로 국한시키는 계약을 말한다. 즉, 거래 당사자 상호간 수출상은 수입국의 특정 수입업자 이외에는 판매하지 않으며, 수입상도 수출상의 제품 이외에는 같은 품목을 취급하지 않는다는 조건으로 이루어지는 계약이다.

독점계약을 체결하는 목적은 양 당사자 간에 이윤의 극대화를 도모하는데 있으므로 수출업자는 물품의 품질을 보장해야 하고 수입업자는 구매량을 최대한도로 보장해 주어야 한다.

3.5 일반거래조건의 협정

1) 일반거래조건협정서의 의의

일반거래조건협정서(general terms and conditions of business)는 무역거래 성립 전에 그 거래의 기초가 될 일반적인 조건들을 협정하여 무역거래를 원활히 수행하며 분쟁을 미연에 방지하고 또한 후일 분쟁이 발생할 경우에 원만히 해결하고자 작성하는 것이다. 일반적으로 무역거래는 국가와 국가 사이에 상관습이나 법규가 서로 다르고 또한 무역 거래에 따른 용어의 해석 및 언어의 차이로 인한 분쟁이나 마찰이 발생될 수 밖에 없다.

무역 거래를 원활히 이행하기 위해서는 매도인과 매수인 양당사자 사이에 무역거래에 따른 이행 내용을 명확히 하고 그 내용을 성실히 준수하는 것이 중요하다. 반면에 같은 무역업자 사이에 지속적으로 무역거래를 할 경우에는 거래할 때 마다 복잡한 계약 조건의 내용들을 별도로 정하여 계약을 체결한다는 것은 상당히 번거롭고 비효율적이다.

따라서 이러한 문제를 해결하기 위해서 사용되는 것이 일반거래조건협정서인데 이 협정서에는 거래를 할 때마다 공통적으로 적용되는 조건들이 기재되어 있다. 수출업자와 수입업자가 합의하여 한번 일반거래조건 협정서를 작성하면, 그 이후에 무역거래를

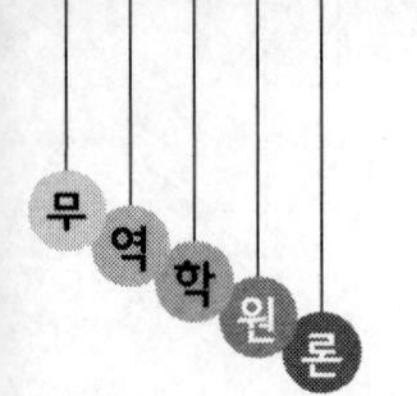

할 때에는 공통적인 조건들은 협정서에 기재된 내용들을 이용하고 그 밖의 특별한 조건들에 대해서만 합의하면 되기 때문에 무역거래가 원활히 이루어질 수 있다.

2) 일반거래조건협정서의 작성

일반거래조건협정서는 수출업자와 수입업자가 직접 만나서 작성할 수 없으므로 수출업자나 수입업자 중 어느 한 쪽이 작성하여 서명한 후 상대방에게 송부하고, 협정서를 받은 상대방이 그 내용에 만족하면 서명하여 한 통은 자신이 보관하고 또 한 통은 상대방에게 송부하면 된다.

이 협정서에 기재되는 내용은 수출업자와 수입업자의 입장이나 거래물품의 종류, 특성, 대금결제 방법 등에 따라 항상 달라질 수 있으나 대체로 그 내용은 다음과 같다.

① 거래당사자에 대한 내용, ② 계약체결에 대한 내용, ③ 계약의 이행에 대한 내용(품질조건, 수량조건, 가격조건, 선적조건, 보험조건, 결제조건), ④ 분쟁의 해결에 대한 내용(claim, 중재, 소송) 등이다.

General Terms and Conditions

All business hereunder shall be transacted between Buyer and Seller on a principal to principal basis and both parties agree to the following terms and conditions :

① Quantity : Quantity shall be subject to a variation of ( ) % plus or minus at seller's option

② Shipment : Date of bill of lading shall be accepted as conclusive of the date of shipment. Partial shipment and/ or transshipment shall be permitted. If shipment is preveted on delayed in whole or in party, by reason of Acts of God, such as fire, flood, typhoon, earthquake, wars, hostilities, governmental restrictions, trade embargoes, strikes, lockouts, labor disputes boycotting of Korean goods, unavailability of trasnportation or any other causes of a nature beyond Seller's control, then, Sellar may, at its option perform the contract of the unfulrilled portion here of within a resonable time from the removal of the cause preventing or delaying performance, or rescind unconditionally and without liability this contract or the unfulfilled portion here of.

③ Payment : Irrevocable and confirmed letters of credit negotiable at sight draft shall be established through a prime bank satisfactory to Seller immediately after conclusion of contract with validity of at least 15 days after the last day of the month of shipment for negotiation of the relative draft. The amount of such letter of credit shall be sufficient to cover the contract amount and additional charges and/or expenses to be borne by the Buyer. If Buyer fails to provide such letter of credit, Seller shall have the option of reselling the contracted goods for Buyer's account and risk, and/or cancelling the contract and claiming for damages caused by Buyer's default.

④ Inspection : The inspection of quantity shall be done according to the export regulation of the Republic of Korea and/or by the manufacturers which shall be considered as final.

⑤ Packing : Packing shall be at the Seller's option. In case special instructions are necessary the same should be intimated to the Seller in time so as to enable the Seller to comply with it.

⑥ Insurance : In case of CIF or CIP basis, 110% of the invoice amount, will be insured unless otherwise agreed. Any additional premium for insurance coverage over 110% of the invoice amount, if so required, shall be borne by Buyer and shall be added to the invoice amount for which the letter of credit shall stipulate accordingly.

⑦ Increased Costs : If Seller's costs of performance are increased after the date of this agreement by reason of increased freight rates, taxes, or other governmental charges and insurance rates including war risk, or if any variation in rates of exchange increases Seller's costs or reduces Seller's return, Buyer agrees to compensate Seller of such increased cost or loss of

income.

⑧ Price : The price stated in the contract is subject to change and the actual price to be paid will be that of Seller's current price list ruling at the time of dispatch of the goods. Seller shall notify Buyer in writing or by telex, cable or telegram of any revised price which shall be applied to goods still to be shipped, unless Buyer cancels in writing or by cable or telex the undelivered balance within 15 days from such notification.

⑨ Any Claim : Dispute, or complaint by Buyer of whatever nature arising under this contract, shall be made in cable within 10 days after arrival of the cargo in the destination port. Full particulars of such claim shall be made in writing and forwarded by airmail so as to reach Seller within 20 days after cabling. Buyer must submit with such particulars as Public Surveyor's report when the qulity and quantity of merchandise is in dispute. A claim made after the said 30-days period shall have no effect and Seller shall not be obligated to honor it. Seller shall not under any circumstance to liable for indirect or consequential damages.

⑩ Trade Terms : The trade terms used herein such as CIF, CIP and FOB shall be in accordance with Incoterms 2000. In all other respects, this Contract shall be governed by and construed in accordance with the laws of Korea.

⑪ Arbitration : All disputes, controversies, or differences which may arise between the parties out of or in relation to or in connection with this contract or for the breach thereof, shall be finally settled by arbitration in Seoul, Korea in accordance and under the Laws of Korea. The award rendered by arbitrator(s) shall be final and binding upon both parties concerned.

⑫ Patents, trade : Buyer is to hold Seller harmless from liability for any infringement with marks, Designs, etc. : regard to patent, trademark, copyright, design, pattern, construction, stamp,etc., originated or chosen by Buyer.

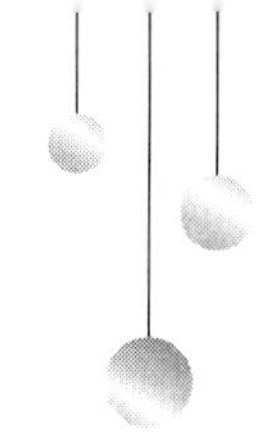

⑬ Force Majeure : Seller shall not be responsible for non-delivery until removal of the causes, or cancel the balance of the order in the Contract.
⑭ Governing Law : This contract shall be governed in all respects by United Nations Convention on Contracts for this International Sale of Goods, 1980.

IN WITNESS WHEREOF, the parties have caused this Agreement to be executed by their duly authorized representatives as of the date first above written :

Name of addressee	Samsung Corporation
By :	By :
Typed name :	Typed name :
Date :	Date :

제4절 … 무역계약의 기본조건

4.1 거래당사자에 관한 조건

거래당사자에 관한 조건이란 무역계약을 체결한 후 앞으로 계약을 이행할 때에 수출업자와 수입업자가 어떠한 권리와 의무를 부담할 것인지에 대한 조건이다.

첫째, 수출업자와 수입업자 모두 자기명의와 책임으로 계산하여 거래하는 본인 대 본인 거래(principal to principal)가 있다. 이것은 수출업자와 수입업자가 자신의 모든 책임 하에 계약을 체결하고 계약을 이행하기로 하는 경우에 이들을 본인의 자격으로 계약을 체결한다고 한다. 수출업자는 자신이 계약 물품을 수입업자에게 인도하고 만약에 물품에 하자가 있을 경우에 이를 대체하거나 손해배상을 하는 등 모든 책임과 의무를 수출업자 자신이 부담해야 한다. 수입업자도 자신이 물품을 직접 인수하고 그 대금을 지급하는 경우이다.

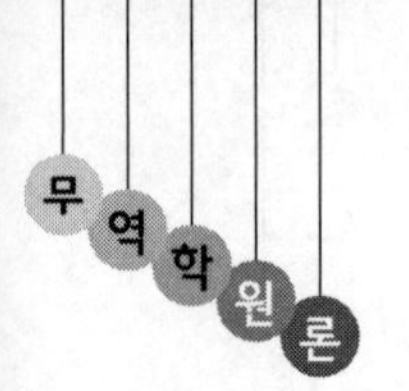

둘째, 수출업자나 수입업자가 직접 무역계약은 체결하였지만 수출업자는 물품에 대하여 책임을 지지 않고, 수입업자도 대금지급에 대해서 의무를 부담하지 않고 양당사자 모두 수수료만을 취득하는 것이 거래의 목적이라면 이들은 본인이 아니라 대리인이다. 거래당사자 쌍방 모두 자신이 아닌 상대방의 대리인으로서 이루어지는 거래형태는 바람직하지 않으나 무역거래에서는 대리인을 통한 거래가 보통 많이 행하여지고 있다.

4.2 품질조건

품질이란 제품이 지니는 기능을 발휘할 수 있는 제품의 능력을 뜻하는 것으로 보통 거래에서는 제품의 모양, 용도, 구조, 성능, 기능, 색상, 제조방법 등을 종합하여 품질이라고 한다. 따라서 품질결정의 방법은 이러한 여러 가지 요소들을 종합하여 어떻게 기준을 설정할 것인가가 무역거래의 핵심이 된다.

1) 품질결정 방법

(1) 견본매매

견본매매(sales by sample)란 실제로 매매될 물품의 견본을 제시하여 품질을 결정하는 방법이다. 견본(sample)이란 매도인이 실제로 매매하게 될 물품 중에서 일부를 발췌하여 거래하게 될 물품의 전부를 대표하게 하고 매수인에게 품질을 알리기 위해서 제시하는 물품이다. 즉, 견본이란 실제로 거래하고자하는 물품의 일부이며 물품의 전체를 대표하는 것으로 인도될 물품과 同種, 同質, 同形이어야 하며 주로 공산품을 거래할 때 가장 일반적으로 이용하는 품질의 결정방법이다.

일반적으로 견본은 수출업자인 매도인이 주로 제시한다. 그러나 수입업자가 제시하는 견본은 매수인이 제시한 것이므로 매수인 견본(buyer's sample)이다. 매도인이 제공한 원 견본에 대해 매수인이 이를 수정, 희망조건을 추가하기 위해 별개의 견본을 매도인 측에게 다시 제공하는 견본을 대응(역)견본 또는 견본매매(counter sample)이라고 한다.

(2) 규격매매

규격매매(sales by type or grade)는 국제적으로 통일된 규격에 의하여 품질을 결정하는 방법이다. 보통 수출국이나 수입국의 공식 규격에 의하거나 국제표준화기구(International Standardization Organization, ISO)에서 정한 규격을 기준으로 품질을 정

한다. 예를 들어 우리나라는 K·S Mark(Korean Standard), 독일은 D·I·N(Deutsche Industries Normen), 일본은 J·I·S(Japanese industrial standard) 등을 기준으로 품질을 결정하여 매매하는 것이 규격 매매이다.

(3) 표준품 매매

곡물 등과 같은 농산물은 공산품과는 달리 품질이 일정하지 않기 때문에 그 기준을 설정하기 어렵다. 따라서 표준품 매매(sales by standard)는 이러한 경우에 품질의 기준을 설정하기 위하여 공인검사기관이 결정한 규격을 표준품으로 정하여 품질을 결정하는 방법이다. 실제로 인도되는 물품과 표준품과 달라서 그것이 표준 이상 또는 이하일 때는 그 차등에 따라 대금을 증감하기도 한다.

① **평균중등품질 조건** : 평균중등품질 조건(fair average quality : FAQ)은 곡물이나 과일 등의 농산물에 사용하는 조건으로 이러한 물품은 해마다 또는 당해 연도의 생산지역에 따라 그 품질이 서로 다르다. 따라서 공인기관이 설정한 해당연도의 평균중등의 등급을 받은 물품을 인도하기로 약정하여 거래하는 방식이다.

이 조건은 보통 그 계절에 출하되는 동종 상품의 평균적 중등품질로 품질을 결정하거나 선물거래(先物去來)인 경우에는 전년도 수확물의 평균적 중등품질로 품질을 결정한다.

이 조건에 의한 품질의 결정 방법은 약정물품이 생산되기 전에 미리 구매 계약을 체결하는 경우에 많이 이용되는 방법이다. 예를 들어 금년도 가을에 생산되는 사과를 구매하기로 미리 계약하는 경우에 전년도에 생산된 사과 중 평균중등품에 해당하는 사과의 가격을 금년도 구매가격의 기준으로 정하고, 품질은 금년도에 생산될 사과 중 공인기관이 인정한 평균중등품을 기준으로 하여 품질을 결정하는 방법이다.

② **판매적격품질 조건** : 판매적격품질 조건(good merchantable quality : GMQ)은 목재, 냉동어류 등과 같이 상품 내부가 부패되어 있거나 잠재적인 하자가 있더라도 외관상 알 수 없는 상품의 경우에 주로 이용되는 품질의 결정방법이다. 이 조건은 약정물품을 목적지에서 당해 물품을 인도할 당시 검사하여 판매적격성일 것을 조건으로 하여 품질을 결정하는 방법으로, 당해 물품의 성질이나 상관습 상 판매자가 판매적격품일 것을 보장해서 판매해야 하며, 당해 물품이 부패되어 있거나 하자가 발견되어 판매적격성이 없는 경우에는 그 책임은 매도인이 부담한다.

③ **보통품질조건** : 보통품질조건(usual standard qulity : USQ)은 공인검사기관 또는 공인표준에 의해 정해진 보통품질을 표준품의 품질로 결정하는 방법이다. 주로 원사거

래에서 많이 이용된다.

(4) 상표매매

상표매매(sales by trade mark or brand)는 자사의 제품임을 표시하는 문자나 기호 도형으로 표현된 상표(trade mark)나 통상 자사 제품임을 가장 간결하게 표시하고 품질이나 등급을 나타내는 통명(brand name)을 기준으로 품질을 결정하는 방법이다. 이 방법은 세계적으로 널리 알려져 있는 물품을 구매하는 경우에 견본이나 설명서 등을 볼 필요 없이 상표만으로 품질을 결정하는 방법이다.

예를 들어 Y.K.K, Parker 만년필, Coca Cola, Korean Ginseng(고려인삼), Scotch wisky 등과 같은 경우의 품질결정 방법이다.

(5) 명세서 매매

명세서 매매(sales by description or specification)는 선박, 대형기계류, 의료기구, 철도차량 등과 같은 특수한 물품은 견본을 제시하기가 어려우므로 해당 물품의 재료, 구조, 성능 등에 관하여 상세히 설명한 명세서를 기준으로 품질을 결정하는 방법이다. 이 방법은 주로 명세서, 카탈로그, 설명서, 도해부 목록, 설계도, 청사진 등을 이용하여 품질을 결정한다.

2) 품질결정 시기

일반적으로 무역거래는 장기간의 국제운송을 필요로 한다. 운송 도중 기후, 온도, 습도 등으로 말미암아 물품의 성질이나 특성에 따라서는 품질변화의 가능성이 매우 높기 때문에 선적시점과 양륙시점에 있어서의 물품의 품질 사이에는 상당한 차이가 나타날 수 있다. 따라서 무역계약의 양당사자들은 후일 물품의 품질에 관한 분쟁을 미연에 방지하고 원활한 무역거래를 수행하기 위해서는 품질의 결정 시기에 대하여 사전에 협정을 맺어야 하며 여기에는 선적품질조건과 양륙품질조건이 있다.

(1) 선적품질조건

선적품질조건(shipped quality terms)은 수출업자가 수입업자에게 제공하는 물품의 품질이 계약과의 일치 여부를 수출국에서 선적할 당시의 품질로 결정하는 것을 말한다. 그리고 이 조건은 매매계약을 체결할 때 가격 조건을 결정함에 있어서 매도인이 매수인에게 물품의 인도시기를 선적항으로 하는 FAS, FOB, CIF의 경우와 명세서 매매와 상

표 매매의 경우에 주로 적용되며 운송 중에 부패, 변질 등의 염려가 없는 공산품의 경우에 많이 이용된다.

이 조건에서는 원칙적으로 매도인은 운송 중에 부패, 변질된 등에 의한 물품의 손해에 대해서는 책임이 면제된다. 그리고 선적품질조건에 있어서 매도인은 매수인에게 약정한 물품의 품질과 동일하다는 것을 입증하기 위하여 권위 있는 검사기관의 품질증명서 또는 검사증명서를 매수인에게 제공해야 한다.

(2) 양륙품질조건

양륙품질조건(landed quality terms)은 수출업자가 수입업자에게 제공하는 물품의 품질이 계약과의 일치 여부를 수입국의 목적항에 도착한 상태에서의 품질로 결정하는 것을 말한다. 이 조건은 매도인이 매수인에게 약정물품의 인도시기를 목적항으로 하는 DAT나 목적지점까지로 하는 DAP, DDP와 같은 경우의 가격 조건에 주로 적용되며 농산물과 같은 자연산물의 표준품 매매에서 많이 이용되고 있다.

매도인은 운송 중의 물품의 변질 등에 대하여 책임을 져야 하며 매수인이 수입물품에 대하여 품질의 불일치를 발견하였을 경우에는 수입지의 사증기관에서 발행한 품질감정보고서를 근거로 하여 매도인에게 손해배상을 청구하는 것이 보통이다. 예를 들어 운송 중에 품질이 변질될 수 있는 곡물, 피혁, 어류 등과 같은 1차 상품의 경우에는 양륙지에서의 품질검사보고서가 계약조건과 일치해야 매도인이 면책을 주장할 수 있다.

그리고 런던 시장을 중심으로 한 곡물류 등의 농산물이나 과일 등의 천연산물의 국제거래에 있어서 약정물품의 품질을 선적시와 양륙시에 서로 다를 경우에 매매 당사자 중 어느 편이 그 책임을 부담해야 할 것인가에 대하여 관용되고 있는 다음과 같은 조건이 있다.

① Rye Terms(R.T.) : 곡물매매에 있어 매도인이 운송도중의 변질에 대해서 책임을 지는 양륙품질조건이다. 이 조건은 런던 곡물 거래에서 러시아 산 호밀(rye)의 거래에서 많이 사용되어 명명된 된 조건으로서 지금은 현품 도착시의 품질을 조건으로 하는 다른 곡물에도 이용되고 있다. 이 조건에서는 양륙시의 품질이 운송 중에 조누(潮漏) 기타에 의하여 표준품의 품질에 미달할 경우에는 매수인이 그 거래를 거절할 수 있다는 것이 아니라 가격의 인하 요구나 손해배상을 청구할 수 있다는 것을 의미한다.

그리고 여기에는 RTFO(rye terms full out turn)와 RTSD(rye terms sound delivered)가 있으며 현재 국제적으로 모든 곡물거래에서 주로 관용되고 있다.

RTFO이란 곡물이 일단 양륙된 후 운송수단에 인도될 때 그 시점의 양을 기준으로 하는 것을 말하며 RTSD란 매수인 소재지까지 완전한 인도를 해 줄 것을 조건으로 매입하는 것을 의미한다. 이 조건에서 품질 결정은 매도인과 매수인의 대리인이 입회하여 양륙된 물품의 품질을 검사한 후 그 품질이 계약 상 또는 관습상의 승인 한도를 벗어나 낮은 품질일 경우에는 그 품질저하의 정도에 따라서 매수인의 클레임을 인정하고 있다.

② Tale quale Terms(T.Q.) : 선적품질조건으로 매도인은 계약에 일치하는 품질의 물품을 선적한 이상 목적항의 양륙지에서 매수인에게 인도하며 운송 중의 변질에 대해서 책임을 지지 않는 조건이다. 다만 매도인은 상품의 품질이 선적시에 약정한 품질과 동일하고 관습상 양호한 상태에서 선적되었음을 입증하면 된다.

③ Sea Damaged Terms(S.D) : T.Q조건에 R.T조건을 가미한 조건으로 T.Q조건과 유사하나 운송 중의 해수에 의한 손해를 예외적으로 매도인이 책임을 지는 조건이다. 즉, 해상운송 중에 발생한 해수유(海水濡), 우유(雨濡), 증기유(蒸氣濡) 및 이들에 기인하는 부패, 곰팡이의 발생, 발효 및 기타의 품질 손해에 대해서만 매도인이 책임을 부담하는 조건으로 선적품질조건과 양륙품질조건을 절충한 조건부 선적품질조건이라 할 수 있다.

4.3 수량조건

1) 수량단위

물품의 수량단위는 거래물품의 성질과 상거래관습 등에 따라서 여러 가지 단위가 이용된다.

첫째, 개수(piece)를 단위로 하는 물품은 거래도 많고 주로 잡화품의 거래가 여기에 속한다. 즉 유리용기, 연필, 양말, 단추, 라디오, 시계, 현미경, 기계 등의 거래에 사용되는 단위로서 ① 물품의 수를 말할 때 가장 작은 단위는 1개, 즉 piece이며 약자로는 pc라고 한다. ② 1다스(dozen)는 12개이며, ③ 1그로스(gross)는 12다스(12개×12=144개)를 말한다. ④ 1그레이트 그로스(great gross)는 12그로스(12개×12×12=1,728개)이고 ⑤ 1스몰 그로스(small gross)는 10다스(12개×10=120개)이다. 이 밖에도 한 조를 이룰 때는 조(set)라 한다.

둘째, 포장(package)을 단위로 하는 거래는 주로 면화, 통조림, 과일상자, 숯섬, 술통, 시멘트, 유류 등의 거래에서 주로 이용된다. 그 단위는 상자(box), 나무상자(case), 나무 통(keg), 포대(bag), 꾸러미(bale), 종이류의 상자(carton, paper-packing box), 다발

(bundle), 드럼통(drum), 함석통(can), 채롱에 든 대형 유리병(carboy) 등의 단위가 있다. 그리고 container의 경우에는 국제표준기구(ISO)가 제정한 ① TEU : 20feet 컨테이너(길이 6미터), ② FEU : 40feet 컨테이너(길이 12미터)가 있다.

셋째, 계량 단위 계산법은 ① 길이(length) (度)에 의한 척도 단위는 미터(meter : m), 피이트(feet), 야드(yard) 등이 있으며, 면적에는 제곱 피트(square feet, SF), 제곱미터(square meter, SM)등을 사용한다. ② 중량(Weight)(衡)의 단위에는 킬로그램(kilogram), 톤(ton), 파운드(pound 또는 libra, lbs)등이 있으며 주로 석탄, 곡물 등에 이용한다.

중량의 단위 중에서 1톤에 대한 중량의 단위가 국가 및 지역에 따라 다르게 사용되는 경우가 있다. 예를 들어 우리나라에서는 사용하는 1톤(M/T)은 메트릭 톤 (Metric ton) 또는 프렌치 톤(French ton)이라고 하며 1,000kg이며 2,204lbs.(파운드)이다. 그러나 영국에서는 영국식 톤(British ton) 또는 long ton이라고 하며 1톤(1L/T : Long ton)은 1.016Kg이며 2,240lbs.이다. 미국식 1톤(1S/T : Short ton 또는 American ton)은 907.18Kg이며 2,000lbs.이다.

수량단위는 약어표를 사용하고 있는 데, 이것은 EDI 표준화와 무역통계의 국제적 비교성 제고를 위하여 WCO(세계관세기구)에서 마련한 권고안을 우리나라의 실정에 맞도록 조정하여 작성·사용하고 있다.

수량 단위 사용의 복잡성을 배제하기 위하여 HS 6단위 별로 동일한 단위를 적용하도록 하였으며 〈표 10-1〉에서와 같이 중량 단위는 kg으로 일원화하였고 수량의 단위는 u외 10개의 단위로 단순화하였다.

〈표 10-1〉 우리나라 사용 단위 약어표

단 위	의 미	단 위	의 미
kg	kilogrammes(킬로그램)	MW	mega watt(메가와트)
CR	carat(카랏트)	u	pieces/item(개, 본, 매, 두, 필, 대, 량, 기, 척, 착)
m	metres(미터)	2u	pairs(쌍, 켤레, 족)
m^2	square metres(제곱미터)	DZ	dozens(타)
m^3	cubic metres(세제곱미터)	TU	thousands units(천본, 천매)
l	litres(리터)		

주 : 본 약어표상의 수량 단위가 u로 되어있는 물품으로서 송품장 등에 수량이 나타나 있지 않거나 packs로 되어 있어 개개의 수량을 파악하기 불가능한 물품의 경우는 packs(u)단위로 기재
자료 : HS, 관세청, 2008.

2) 수량결정 시기

(1) 선적수량조건

선적수량조건(shipped quantity terms)은 선적항에서 선적할 때의 수량이 약정 수량과 일치할 것을 조건으로 하는 것으로 여기에는 포장물의 무게도 포함시키는 선적총량조건(gross shipped weight terms)과 포장물의 무게는 제외시키는 선적순량조건(net shipped weight terms)이 있다. 이 조건은 매도인은 약정물품의 수량을 선적하였다면 해상운송 중에 감량이 발생하더라도 계약 상 특약이 없는 이상 책임을 지지 않는다.

(2) 양륙수량조건

양륙수량조건(landed quantity terms)은 목적항에서 양륙할 때의 수량이 약정 수량과 일치할 것을 조건으로 하는 것으로 해상운송 중에 감량이 발생하면 매도인 그 책임을 부담하는 조건이다. 여기에는 양륙총량조건(gross landed quantity terms)과 양륙순량조건(net landed quantity terms)이 있다.

매수인의 부당한 행위를 방지하기 위하여 매도인이 승인한 사증기관 또는 공인검량업자에 의해서 규정된 기일 내에 검량이 이루어져야 한다. 보통 검량은 목적지에서 인도된 후 14일 이내에 해야 하며 협약에 의해야 한다. 만약 계약상에 선적수량조건 또는 양륙수량조건의 규정이 없는 경우는 계약이 FOB나 CIF 등의 적출지 조건에 속하는 가격조건으로 계약을 체결하였을 때는 선적수량조건이 적용되며 계약이 DAT, DAP, DDP 등의 양륙지 조건에 속하는 가격조건으로 체결되었을 때는 양륙수량조건이 적용된다.

3) 과부족 허용조건

곡물, 광물 등과 같이 산적하여 운송되는 맨짐이나 유지류, 분유, 설탕 등과 같이 운송 도중 감량이 발생할 염려가 있는 물품은 수량결정시기와는 관계없이 물품의 인도시점에서 계약된 양과 실제로 인도된 물품양간에 다소 차이가 발생되는 경우가 있다. 이때 선적시의 수량과 인도시의 수량이 불일치할 경우에는 수출업자와 수입업자간에 별도의 약정을 하지 않더라도 일정비율의 과부족에 대하여 계약이 그대로 이행한 것으로 인정하는 것을 과부족허용조건(more or less clause : M/L clause 또는 plus or minus clause)이라고 한다.

그리고 과부족수량에 대하여는 계약을 체결할 때 추후에 어떤 시점의 가격 즉, 계약가격과 선적시점의 가격, 양륙시점의 가격 중에서 어느 것을 기준으로 하여 그 대금을

정산할 것인가를 협정해 두어야 한다.

첫째, UCP600(신용장통일규칙)의 제30조 a항은 신용장의 금액 또는 단가 앞에 약(about) 또는 대략(approximately) 이라는 표현이 있는 경우에는 금액 또는 단가의 10%의 과부족을 허용하고 있다. 그리고 신용장의 수량 앞에 약(about) 또는 대략(approximately)이라는 표현이 있는 경우에는 그것이 포장화물, 개체화물 또는 산화물(bulk cargo)인 경우에도 모두 10%의 과부족을 허용한다. 따라서 about 또는 approximately 등의 표현은 신용장금액, 수량 또는 단가 등 세 가지 항목에 적용되지만, 그 단어가 붙어있는 특정항목에 대해서만 10%의 과부족을 허용하는 것이다. 즉 수량 앞에 붙어있으면 수량에만 적용하고 금액 앞에 있으면 금액에만 적용된다.

둘째, UCP600의 제30조 b항은 광물, 곡물, 시멘트 등의 산화물의 경우에는 계약물품의 수량 앞에 과부족(more or less)이나 약(about) 또는 대략(approximately)이라는 표현 없이 정확한 수량을 표현하여 계약하더라도 5%의 과부족이 허용된다. 이 경우에 5%의 과부족이 허용되기 위해서는 산화물(bulk cargo) 이어야 하고(수량이 명확히 확정될 수 있는 포장화물이나 개체화물은 이 규정이 적용되지 않음), 신용장금액을 한도로 어음을 발행하여야 한다. 즉 신용장금액을 초과하여 선적하더라도 어음발행금액이 신용장금액을 초과해서는 안 된다.

셋째, UCP600의 제30조 c항은 신용장이 분할선적을 금지하는 경우에도 첫째, 신용장상의 물품수량과 선적된 물품의 수량이 일치하고 신용장상의 물품의 단가와 물품의 가격이 일치하는 경우 둘째, 포장단위 또는 개개의 품목의 개수로 수량을 명시하고 있는 경우 셋째, 신용장이 특정 과부족을 명시하지 않는 경우에는, 송장 및 환어음금액은 5%의 감액발행(under drawing)을 허용한다.

4.4 화인

화인(shipping mark)은 화물의 분류를 원활히 수행하고 운송 및 보관시 필요한 화물 취급상의 지시 및 주의사항 그리고 타 화물과의 식별을 용이하도록 포장에 표시하는 것이다. 화인이 표시되지 않을 경우 목적항에서 화물이 하역되지 않거나 취급주의 사항이 기재되지 않았을 경우에는 작업 중 손실이 발생할 수도 있다.

화인은 [그림 10-1]과 같이 표시하며 삼각형, 사각형, 다이아몬드 형 등과 같이 식별 기호를 표시한다.

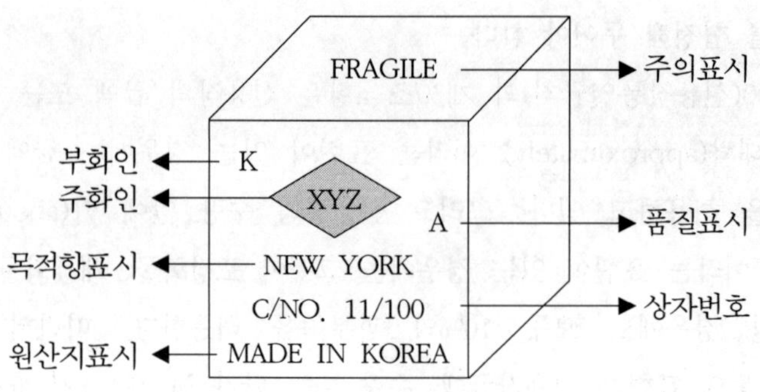

[그림 10-1] 화인의 방법

1) **주화인(main mark)** : 다른 화물의 쉽게 구별할 수 있도록 특정한 기호를 표시하고 그 안에 수입업자의 상호 등의 약자를 표시한다.

2) **부화인(couter mark)** : 주화인만으로 다른 화물과의 식별이 어울 때 main mark 아래에 생산자 또는 공급자의 약자를 표시한다.

3) **상자번호(case number)** : 송장(invoice), 적하목록(manifest) 기타 운송서류와 대조하여 식별·확인하기 위하여 상자 겉면에 표시하는 일련번호이다.

4) **목적항 표시(port mark)** : 화물의 도착 항구명을 표시한다. 복수항로의 경우 New York via Seatle등으로 표시한다.

5) **중량표시(weight mark)** : 운임계산, 통관, 하역작업 등을 용이하게 할 수 있도록 순중량(net weight)과 총중량(gross weight)을 표시한다.

6) **원산지 표시(origin mark)** : 당해물품의 생산국명을 외장의 맨 아래에 표시한다.

7) **주의 표시(caution mark, side mark)** : 화물취급상 특별 주의할 점(this side up, fragile, keep dry 등)을 통상 외장의 측면에 표시한다.

8) **기타의 표시** : 수입업자의 요청에 따른 주문표시(order no.), 지시표시(attention mark), 물품의 등급(grade) 또는 품질표시(quality mark)

위에 열거한 화인을 모두 표시해야 하는 것은 아니지만 주화인(main mark), 목적항 표시(port mark), 상자번호(main mark), 원산지 표시(origin mark) 등은 필수적으로 해야 하며 특히 목적항과 상자번호의 표시가가 없는 화물을 무인화물이라 하며 무인화물은 Non-Delivery 등으로 화주에게 커다란 손해를 주는 경우가 많이 발생한다.

4.5 가격조건

1) 가격의 표시통화

무역거래에 따른 물품의 가격을 표시하는 통화는 수출입국의 통화 및 제3국의 통화가 있다. 무역거래에 있어 물품의 가격을 수출국의 통화로 표시하는 경우에는 환율의 변동에 따라 수입업자가 환위험을 부담해야 하고 수입국의 통화로 표시하는 경우에는 수출업자가 환율의 변동에 따른 환위험을 부담해야 한다.

따라서 대금결제 통화의 표시는 해당 통화의 교환성, 안정성, 유통성을 고려해야 하며, 수출입 양국의 통화가 매우 불안정할 경우에는 통화 가치가 안정되어있는 제3국의 통화를 대금결제 통화로 정하여 거래를 하게 되면 이러한 위험은 어느 정도 제거할 수 있다.

우리나라는 대금결제 시에 통화 가치가 불안정한 통화의 유입을 막기 위하여 수출에 따른 대금결제를 통하여 지급받을 수 있는 통화를 지정하고 있으며 이를 지정영수통화라 한다. 따라서 수출을 할 때는 반드시 대금결제 통화를 지정영수통화로 계약을 해야 한다. 그러나 수입일 경우에는 수입대금지급에 대한 대금결제 통화의 종류가 지정되어 있지 않기 때문에 수입업자가 원하는 어떠한 통화로 지급하여도 무방하며 이를 지정지급 통화라 한다.

그리고 무역계약을 체결하는데 있어 거래통화의 종류에 대하여 정확하게 표시하여 대금결제에 따른 혼란과 분쟁을 방지해야 한다. 예를 들어 달러(dollar)도 ① U.S. dollar(U.S.$), ② Canadian dollar (C.D.$), ③ H.K. dollar(H.K.$) 등이 있으며 세계통화 중 $貨를 이용하여 표시하고 있는 통화의 종류는 약 20가지에 이른다. 또한 프랑(france)貨에도 ① France franc, ② Swiss franc, ③ Belgian franc등이 있다. 그리고 파운드(£)貨도 ① English pound(Sterling pound), ② Egypt pound, ③ Sudan pound, ④ Malta pound가 있다.

따라서 무역계약을 체결할 때와 대금결제 시점과의 시간적 간격으로 인한 환율변동의 위험성이 항상 존재하고 또한 대금결제에 따른 분쟁을 방지하기 위하여 어느 국가의 통화로 표시하여 대금결제를 해야 할 것인지 명확히 결정하여야 한다. 특히 거래 통화를 외화로 정하는 경우에는 그 통화의 안정성과 유통성이 있고 국제금융시장에서 중심국이 될 수 있는 국가의 통화를 이용하는 것이 바람직할 것이다.

2) Incoterms

(1) Incoterms의 의의

무역거래는 무역계약, 계약물품의 인도·인수, 대금결제에 이르는 과정에서 각국의 법률과 상관습, 언어 등이 서로 상이하고 그 절차가 복잡하며 분쟁이 빈번하게 발생하였다. 이에 따라 거래당사자들의 의무와 책임의 한계를 분명히 하고 또한 분쟁의 판단 기준이 될 수 있는 제도나 규칙이 절실히 필요하게 되었다.

따라서 국제상업회의소(International Chamber of Commerce : ICC)는 국제적으로 널리 관용되고 있는 각국의 무역조건(trade terms)에 대한 관습을 조사·검토하여 국제규칙인 '정형거래조건의 해석에 관한 국제규칙' 또는 '무역용어의 해석에 관한 국제규칙'인 "Incoterms(International Rules for the Interpretation of Trade Terms" 를 1936년에 제정하였다. 이를 Incoterms 1936이라고 약칭한다.

Incoterms의 제정 목적은 과거부터 국가 간에 관습적으로 서로 다르게 사용되어 오던 무역용어에 대한 해석상의 통일을 기하여 거래 당사자 간에 오해와 분쟁을 미연에 방지하고 원활한 무역거래를 촉진·조성하는 데 있다.

Incoterms는 1936년 처음 제정된 이후, 국제무역환경의 변화에 따라 1953년 1차, 1967년 2차, 1976년 3차, 특히 1980년의 제4차 개정은 1960년대부터 상용화된 컨테이너의 사용 증가에 의해 복합운송의 발달에 따른 무역관습을 수용하고 있다.

1990년 5차 개정인 Incoterms 1990은 행정절차, 상거래, 운송 분야에서 전자문서교환의 사용 확대와 복합운송의 발달에 따른 새로운 국제 상거래 관행을 반영하고 그 동안 사용되어 왔던 조건들에 대한 일부 모호한 정의를 명확히 하기 위해 무역거래조건을 13가지 조건으로 정형화하고 있다. 그리고 이들 각 용어의 편리한 활용을 위하여 3자리 부호(예 EXW, FCA, FAS, FOB,…)를 정하고 있는데 이를 Trade Terms의 Three-letter Code라 한다.

6차 개정인 Incoterms 2000은 Incoterms 1990에서 운송수단에 따라 구별되어야할 무역관습이 운송수단과 무관하게 혼용되고 또한 일부 무역 관습의 통관의무가 실제와 달라 그 조건과 바로잡기 위해서 개정되었다.

그리고 Incoterms 2000을 수정 및 개정하여 2011년 1월 1일부터 Incoterms 2010이 발효되었다[17]. Incoterms 2010은 관세가 부과되지 않는 경제 블록의 계속적인 확장, 상거래에 있어서 전자매체의 사용 증대, 물품 이동에 따른 안전에 대한 관심 고조, 운

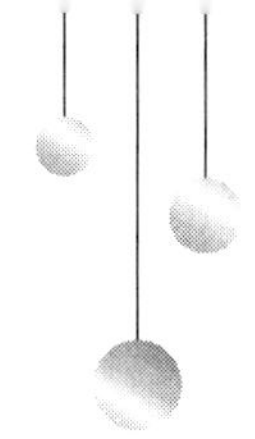

송실무에 있어서의 변화 등과 같은 환경변화에 대응하여 개정하였다.

특히 종래의 Incoterms에는 "ICC Official Rules for the Interpretation of Trade Terms(정형거래조건의 해석에 관한 ICC규칙)"라고 부제를 달았으나 2010년의 Incoterms는 그 부제를 "ICC Rules for the Use of Domestic and International Trade Terms(국내 및 국제거래조건의 사용에 관한 ICC규칙)" 으로 변경하였다. Incoterms 2010은 운송수단에 따라 복합운송과 해상운송으로 구분하였으며 그 조건은 다음 〈표 10-2〉와 같다.

〈표 10-2〉 Incoterms 2010의 조건

구분	Incoterms 2010의 유형	비고
복합 운송 조건	EXW(Ex Works : 공장인도조건)	
	FCA(Free Carrier: 운송인도조건)	
	CPT(Carriage Paid to:운송비 지급조건)	
	CIP(Carriage and Insurance Paid to:운송비·보험료지급조건)	
	DAT(Delivered at Terminal: 터미널인도조건)	새로 도입
	DAP(Delivered at Place : 목적지인도 규칙)	새로 도입
	DDP(Delivered Duty paid: 관세지급인도조건)	
해상 운송 조건	FAS(Free Alongside Ship:선측인도조건)	
	FOB(Free on Board:본선인도조건)	
	CFR(Cost and Freight:운임포함인도조건)	
	CIF(Cost, Insurance and Freight : 운임·보험료포함인도조건)	

(2) Incoterms2010의 특징

① **정형거래조건의 축소 및 정형거래조건의 구분** : Incoterms2000은 E그룹, F그룹, C그룹, D그룹의 네 가지로 분류하고 있으며 Incoterms2010은 운송수단에 따라 복합운송조건(EXW, FCA, CPT, CIP, DAT, DAP, DDP)과 해상운송조건(FAS, FOB, CFR, CIF)으로 구분하여 규정하고 있다. 특히 컨테이너화의 발전 및 지점 간의 인도방식의 확대 등과 같은 운송실무를 반영하여 Incoterms2000의 DAF, DES, DEQ, DDU의 네 가지 조건을 삭제하고 Incoterms2010에서는 DAT, DAP의 두 조건으로 도입하였으며 Incoterms 2000에는13가지 조건을 규정하고 있었으나 Incoterms2010은 11가지 조건을 〈표 10-3〉에서와 같이 규정하고 있다.

17) Incoterms 2011은 2010년 9월 파리에서 국제상업회의소가 Incoterms 2000을 대체하는 새로운 「Incoterms 2010」을 발표하고 2011년 1월 1일부터 발효되었다.

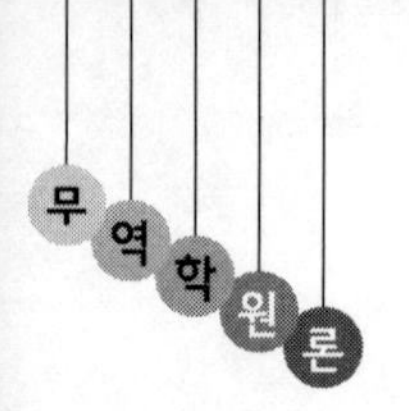

Incoterms2000은 첫째, E그룹은 매도인이 자신의 창고, 공장 등에서 매수인에게 물품을 직접 인도하는 EXW 조건이 있다. 둘째, F그룹은 FCA, FAS 및 FOB 조건이 규정되어 있다. 이 조건은 매수인이 지정한 운송인에게 매도인이 물품을 인도하고 운임은 매수인이 부담해야 한다. 셋째, C그룹은 매도인이 운송계약이나 보험계약을 체결하고 운임이나 보험료를 지급해야 하는 CFR, CIF, CIP 및 CIP 조건이 규정되어 있다. 이 조건은 매도인의 책임은 선적지에서 완료된다. 넷째, D그룹은 매도인이 목적지까지 물품을 운반하는데 소요되는 모든 비용과 위험을 부담해야 하는 DAF, DES, DEQ, DDU 및 DDP로 규정되어 있다. 이 조건 모두는 매도인이 도착지에서 매수인에게 인도하는 가격조건이다.

〈표 10-3〉 Incoterms 2000과 Incoterms 2010의 비교

<table>
<tr><th colspan="2">Incoterms 2000</th><th colspan="3">Incoterms 2010</th></tr>
<tr><td>E그룹
적출지
인도조건</td><td>EXW Ex Works(공장인도조건)</td><td rowspan="2">복합
운송
조건</td><td rowspan="2">EXW, FCA,
CPT, CIP,
DAT, DAP,
DDP</td><td rowspan="4">DAF, DES,
DEQ,
DDU의 네
가지 조건
삭제
DAT, DAP
두 조건
새로 도입</td></tr>
<tr><td>F 그룹
운송비미지급
인도조건</td><td>FCA Free Carrier(운송인인도조건)
FAS Free Alongside Ship(선측인도조건)
FOB Free On Board(본선인도조건)</td></tr>
<tr><td>C그룹
운송비지급
인도조건</td><td>CFR Cost and Freight(운임포함조건)
CIF Cost, Insurance and Freight(운임보험료 포함인도조건)
CPT Carriage Paid To(운송비지급조건)
CIP Carriage and Insurance Paid(운송비보험료지급조건)</td><td rowspan="2">해상
운송
조건</td><td rowspan="2">FAS, FOB,
CFR, CIF</td></tr>
<tr><td>D그룹
도착지
인도조건</td><td>DAF Delivered At Frontier(국경인도조건)
DES Delivered Ex Ship(착선인도조건)
DEQ Delivered Ex Quay(부두인도조건)
DDU Delivered Duty Unpaid(관세미지급반입 인도조건)
DDP Delivered Duty Paid(관세지급반입인도 조건)</td></tr>
</table>

첫째, Incoterms 2010의 복합운송조건은 매도인과 매수인 사이에 선택하는 운송수단과 관계없이 사용이 가능하고 또한 하나 또는 그 이상의 운송수단이 이용되느냐의 여부에 관계없이 사용할 수 있는 조건이다. 그리고 해상운송이 전혀 포함되지 않는 경우

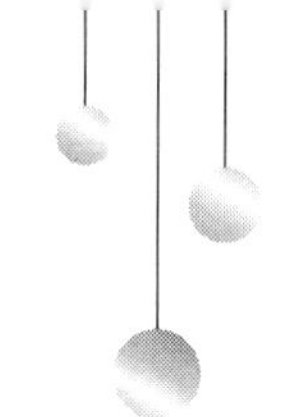

에도 사용할 수 있고 또 운송의 일부구간에 선박이 이용되는 경우에도 사용될 수 있다.

둘째, Incoterms 2010의 해상운송조건은 매도인의 인도지점과 물품이 매수인에게 운송되는 장소가 모두 항구가 되는 조건들이다.

그리고 Incoterms 2000의 FOB, CFR, CIF조건에서 매도인의 계약물품 인도지점을 본선의 난간(ship's on rail)을 유효하게 통과하는 순간에 인도의무가 완료되는 조건으로 하고 있으나 Incoterms 2010은 매도인이 계약물품을 본선 상에 적재한 상태에서 인도되는 것으로 규정하고 있다.

셋째, DAT는 Incoterms 2000의 DEQ, DAP는 Incoterms2000의 DAF, DES, DDU를 대체하는 것이지만 새로 도입된 DAT와 DAF는 운송수단에 관계없이 사용할 수 있다. DAT에서는 종래의 DEQ에서와 마찬가지로 지정터미널에 도착된 차량이나 선박으로부터 양하하여 매수인의 처분에 맡긴 때 그리고 DAP에서는 종래의 DAF, DES 및 DDU 조건과 마찬가지로 양하 준비가 된 상태에서 즉, 양하 하지 않은 상태에서 매수인의 임의 처분에 맡긴 때에 인도가 이루어진다.

② **국내거래에 대한 적용 공식화** : Incoterms는 전통적으로 상품이 국경을 통과하는 국제매매계약에 이용되어 왔다. 그러나 세계의 다양한 지역에서 북미자유무역협정(NAFTA)이나 유럽연합(EU)과 같은 무역 블록화(trade blocs)는 서로 다른 국가 사이를 통과하는 국경의 통관절차는 그다지 중요하지 않게 되었다.

따라서 Incoterms 2010의 부제에서는 국제 및 국내 매매 계약의 쌍방에 적용할 수 있다는 점을 공식적으로 선언하였다. 즉, "ICC rules for the use of domestic and international trade terms"라고 하였다. 그리고 2010년 Incoterms에서는 적용 가능한 경우에만 수출입절차에 따를 의무가 있다는 것을 여러 곳에 명확하게 규정하고 있다. ICC는 이러한 방향에서의 규정을 두 가지 사실에 근거를 두고 있다.

첫째, 상인들이 일반적으로 Incoterms를 순수한 국내매매계약에 사용하고 있다는 점이다. 둘째, 미국에서 공식적인 UCC((Uniform Commercial Code : 2004년 미국의 통일 상법전)의 선적 및 인도 조건보다 오히려 국내거래에서 Incoterms조건을 더 많이 사용하고 있다는 점이다. 특히, 미국의 UCC 개정시 선적 및 인도 조건을 삭제함에 따라 과거 UCC 조건에 있던 선적 및 인도 조건보다 Incoterms를 미국 국내거래에 많이 사용하고 있다.

③ **사용지침의 도입** : Incoterms2010의 사용지침(Guide Notes)은 매도인과 매수인 사이에 본 규정을 언제 이용하고, 위험이 언제 이전되는지, 비용 분담은 어떻게 되는지

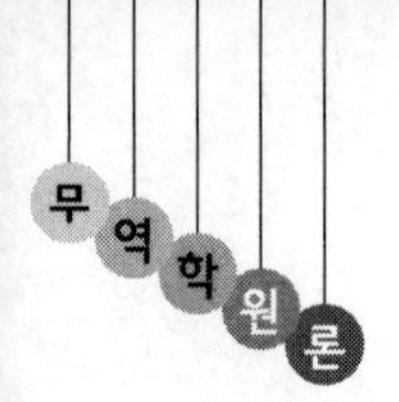

와 같은 기본적인 사항을 설명하고 있다. 그리고 본 지침은 실제적으로 Incoterms 2010규칙의 일부분이 아니고 사용자로 하여금 각 개별거래에 대해 Incoterms를 적용하는 데 있어 정확하고 효율적으로 선택하는 데 도움을 주는 데 목적이 있다.

④ **전자통신에 종이서류와 동일한 효력 부여** : Incoterms 2000은 전자통신(Electronic Communication)상 EDI로 대체할 수 있는 서류는 인도의 증거 또는 운송서류 뿐이었다. 그러나 Incoterms 2010조건의 제A1/B1조는 통신의 전자적인 수단을 당사자들이 동의 혹은 관습적인 경우에는 종이통신과 똑같은 효력을 부여하고 있다. 이 규정은 Incoterms 2010의 유효기간을 통하여 새로운 전자적인 절차의 발전을 용인하고 있다.

⑤ **보험 부보에 협회적하약관 규정 반영** : Incoterms 2010조건들은 새로운 협회적하약관(ICC)이 시행된 2009년 이후 처음으로 개정되었으며, Incoterms는 개정된 약관의 내용을 고려하였다. Incoterms 2010조건들은 화물과 보험계약을 다루고 있는 제A3/B3조에서 보험에 관련된 정보 제공 의무를 규정하고 있다. 이 규정들은 Incoterms의 A10/B10조에 근거한 규정은 보다 일반적인 조문으로부터 옮겨온 것으로, 보험관련 A3/B3조의 규정은 당사자들의 의무를 명백히 하고 있다.

⑥ **확인을 위해 요구하는 보안관련 확인 및 정보 규정 도입** : 오늘날 물품 이동의 안전에 관하여 관심이 고조되면서, 물품은 그 자체의 고유의 성질보다는 다른 여러 가지 이유로 인간의 생명이나 재산을 위협하지 않는다는 취지의 검증을 요구하고 있다.

따라서 Incoterms 2010의 각 조건들의 A2/B2조와 A10/B10조에서 물증보관의 계속성 정보와 같은 보안에 관련된 확인(security-related clearance)을 획득하거나 제공함에 있어서 매도인과 매수인 사이에 상호 협력할 의무를 부과하고 있다.

물증보관의 계속성(chain-of-custody)이란 증거법에서 예를 들면 마약사건에서 압수한 마약을 증거로 하여 제출하는 측은 압수에서 증거제출까지 그 물건을 보관해 줄 책임이 있다. 이를 보관의 계속성이라 하며[18] 이것을 보관사슬 혹은 일련의 관리체제 정보라고도 한다.

그리고 물증보관의 계속성은 서류로서 입증되어야 하며 이러한 서류들을 chain-of-custody라고도 한다. 따라서 이러한 경우 chain-of-custody는 물리적 또는 전자적 자료의 입수, 양도, 취급 및 처분의 전체 과정을 보여주는 증거서류를 말한다. [19]

18) 田中英夫, 英美法辭典, 東京大學出版會, 1991, pp.134-135. 이시환·김광수 공저, Incoterms® 2010(국내 및 국제거래조건의 사용에 관한 ICC규칙, 도서출판두남, 2010, p.30. 재인용

19) http://en.wiktionary.org/wiki/chain-of-custody. 시환·김광수 공저, Incoterms® 2010(국내 및 국제

⑦ **터미널 취급 수수료 규정 도입** : Incoterms 2010의 조건 중 CPT, CIP, CFR, CIF, DAF, DAP 및 DDP에서 매도인은 합의된 목적지까지 운송계약을 체결해야 한다. 이 때 운임은 매도인이 지급하지만, 통상적으로 운송비는 매도인의 전체 판매금액에 포함되기 때문에 실제적으로는 매수인이 부담하는 것이다. 운송비는 가끔 항구 또는 컨테이너 터미널 시설 내에서 물품을 취급하고 운반 비용을 포함하고 있다.

그러나 운송인과 터미널 운영인은 물품을 인수하는 매수인에게 그 비용을 청구하기도 한다. 이러한 상황에서 매수인은 똑같은 서비스에 대해 두 번 비용을 지급하는 결과를 가져온다. 즉, 한번은 전체 판매금액에 포함하여 매도인에게 지급하고 또 한 번은 이와는 별도로 운송인이나 터미널 운영인에게 지급하는 것을 피하고자 할 것이다. Incoterms 2010조건들은 관련조항 제 A6/B6에서 이러한 비용의 분담을 명확히 함으로써 터미널에서의 취급 수수료(Terminal handling charges)의 이중 지급을 회피하고자 하고 있다.

⑧ **연속매매규정 도입** : 제조물(manufactured goods)과는 반대로 상품매매(sales of commodities)에서 화물은 운송 중에 여러 차례 전매되기도 한다. 연속매매(string sales)인 경우에는 최초의 매도인이 이미 선적을 하였기 때문에 중간에 있는 매도인은 상품을 선적하지 않는다.

따라서 연속 매매의 중간에 있는 매도인의 의무 이행은 계약물품을 선적하는 것이 아니라 매수인에게 선적된 물품을 조달(procure goods shipped)하는 데 있다. 이를 명확히 하기 위해 Incoterms 2010은 각 조건에서 매도인은 물품을 선적하거나 또는 선적된 물품의 조달의무를 규정하고 있다.

즉, 계약물품을 출하지에서 목적지까지 도착시키는 과정에서 매도인은 선적 또는 그렇게된 물품의 조달의 의미는 물품의 매매가 선적된 또는 적재된 물품자체를 인도 인수하는 것이 아니라 그 물품의 권리를 표창하는 증권이 유통되는 것으로, 정당한 방법으로 취득한 증권의 선의의 소지인이 이서 또는 배서에 의하여 계속 양도가 가능하며 상징적인 거래가 성립되는 것을 말한다.

⑨ **Incoterms 규칙 변경 적용 가능** : 종종 매매당사자들은 Incoterms 조건을 그대로 적용하는 것이 아니라 당사자 간에 조건을 변경하여 적용하는 것을 원하기도 한다. Incoterms 2010은 조건의 변경을 금지하지는 않지만 그 조건의 변경이 위험을 초래할

거래조건의 사용에 관한 ICC규칙, 도서출판두남, 2010, p.30. 재인용

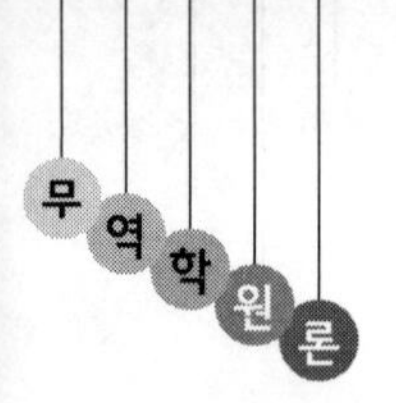

수도 있다. 당사자들이 달갑지 않은 조건을 피하기 위하여 계약상에 극도로 상세히 조건 변경을 희망하기도 한다. 예를 들어 Incoterms 2010 조건에 있어서 비용배분을 계약상에서 변경하고자 한다면 양 당사자는 매도인으로부터 매수인에게 위험이 이전되는 비용 배분의 분기점을 어떻게 변경할 것인지를 계약서상에 분명히 명기하여 해야 한다.

⑩ **Incoterms 2010규칙을 사용하는 조건의 설명** : Incoterms 2010은 Incoterms2000과 마찬가지로 매도인과 매수인의 의무를 A, B로 하여 대칭적으로 표현하고 있다. 이 의무들은 계약조건이나 혹은 적용 법규 조건에 따라 혹은 구체적인 목적을 위해 매도인이나 혹은 매수인에 의하여 지정된 운송인, 운송주선업자 혹은 기타 다른 사람과 같은 중간업자를 통하여 매도인이나 매수인의 의무를 개별적으로 이행할 수 있다.

그리고 Incoterms 2010은 이용자들의 도움을 주기 위하여 안내 지침으로서 다음의 용어를 규정하고 있다.

첫째, 운송인(Carrier) : 운송계약을 체결한 당사자들이다.

둘째, 세관통관절차(Customs formalities) : 세관통관절차는 적용 가능한 관세규정에 부합할 것을 요구하고 있으며 이는 서류, 안전, 정보 혹은 물품 검사의무를 포함할 수 있다.

셋째, 인도(Delivery): 인도는 무역법규와 무역관습에서 다양한 의미를 가지고 있으나 Incoterms 2010에서는 물품이 매도인으로부터 매수인에게 이전(인도)한다는 것은 물품의 손실과 손해의 위험이 이전되는 것을 의미하며 이 인도 지점이 책임과 의무의 분기점이 된다.

넷째, 인도서류(Delivery document) : 매도인의 의무 제8조에 규정하고 있으며 서류의 인도는 물품의 인도가 이루어졌다는 증거로서 이용된다는 것을 의미한다. Incoterms 2010에 있어 많은 부분들이 인도서류는 운송서류 혹은 여기에 부합하는 전자적 기록을 의미한다. 그리고 EXW, FCA, FAS, FOB조건의 인도서류는 단순히 수령을 의미할 수 있으나 서류인도는 다른 역할을 하기도 한다. 예를 들어 대금결제를 위한 한 메카니즘의 한 부분으로 이용될 수 있다.

다섯째, 전자 기록과 절차(Electronic record or procedure): 전자적 메시지가 하나 혹은 그 이상으로 구성된 한 세트의 정보의 적용이 가능한 경우에는 기능적으로 종이 서류와 부합하는 경우에는 동등한 효력을 갖는다.

여섯째, 포장(Packaging)은 서로 다른 목적으로 이용된다. ① 물품의 포장은 매매계약 조건 하에서 요구하는 것에 일치해야 한다. ② 물품의 포장은 운송에 적합해야 한다. ③ 한 컨테이너 혹은 다른 운송수단 내에 포장된 물품이 적재되어야 한다.

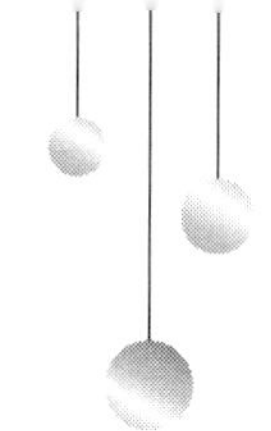

Incoterms 2010규칙에서 포장은 상기의 ①과 ②를 의미한다. Incoterms 2010은 컨테이너에 적재를 위한 당사자들의 의무를 다루지 않고 있으며 단지 이와 관련하여서는 당사자들이 매매계약에서 다루어야 한다.

3) 거래조건의 구성항목

Incoterms 2010의 모든 정형거래조건에 대하여 매도인과 매수인의 상대방에 대한 의무를 10개 항목으로 나누어 다음의 〈표 10-4〉와 같이 대칭적으로 표시하고 있다.

〈표 10-4〉 매매당사자의 의무에 관한 항목구성

매도인의 의무 (The Seller' Obligation)	매수인의 의무(The Buyer's Obligation
A1. 매도인의 일반적 의무(General obligations)	B1. 매수인의 일반적 의무(General obligations of buyer)
A2. 허가, 승인, 안전 확인 및 기타 절차 (Licences, authorization, security clearances and other formalities)	B2. 허가, 승인, 안전 확인 및 기타 절차 (Licences, authorization, security clearances and other formalities)
A3. 운송 및 보험계약(Contract of carriage and insurance)	B3. 운송 및 보험계약(Contract of carriage and insurance)
A4. 인도(Delivery)	B4. 인도의 수령(Taking delivery)
A5. 위험의 이전(Transfer of risks)	B5. 위험의 이전(Transfer of risks)
A6. 비용의 배분(Allocation of costs)	B6. 비용의 배분(Allocation of costs)
A7. 매수인에 대한 통지(Notices to the buyer)	B7. 매도인에 대한 통지(Notices to the seller)
A8. 인도서류(Delivery document)	B8. 인도의 증거(Proof of delivery)
A9. 점검·포장·화인(Checking-packaging-marking)	B9. 물품의 검사(Inspection)
A10. 정보에 대한 협조 및 관련 비용 (Assistance with information and related costs)	B10. 정보에 대한 협조 및 관련 비용(Assistance with information and related costs)

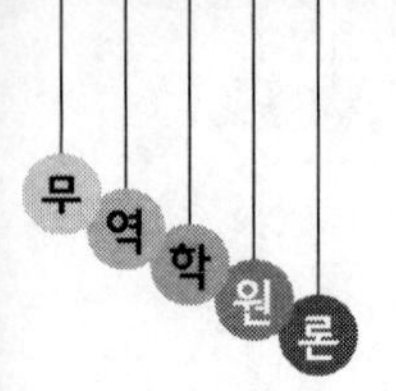

4) Incoterms 상의 정형거래조건의 분류

(1) 지정장소 인도조건과 특수비용 포함조건

정형거래조건은 물품의 인도장소를 나타내는 지정장소 인도조건과 가격을 구성하는 비용요소를 나타내는 특수비용 포함조건이 있다.

예를 들어 EXW(공장인도조건)은 매도인이 자기의 작업장 구내 또는 그 밖의 지정된 장소(예 농장, 공장, 창고 등)에서 매수인에게 인도한다. 즉, EXW CJ warehouse, 823 Seongjeong-Dong, Cheonan-Si, Chungnam, Korea로 계약을 하였다면 매도인의 책임과 의무는 지정된 인도 장소인 물품이 현존하는 CJ창고가 계약의 이행지로서, 물품의 인도 장소인 동시에 위험과 비용도 매도인으로부터 매수인에게 이전된다.

FOB(본선인도조건)는 선적항의 본선 상에 적재한 상태, FCA(운송인인도조건)는 매수인이 지정한 지점의 지정운송인, FAS(선측인도조건)는 선적항의 본선의 선측, 그리고 DAT(터미널인도 조건), DAP(목적지인도조건), DDP(관세지급인도조건)의 뒤에 있는 지정장소는 물품의 인도장소로서 물품의 인도와 동시에 위험과 비용도 매도인으로부터 매수인에게 이전되는 분기점이 된다.

특수비용 포함조건은 선적지 인도를 기초로 하여 매도인이 매수인의 부담에 속하는 특정비용을 부담하고 매수인은 매도인이 부담하지 않는 비용과 위험을 부담하는 조건이다. 즉, 이 조건은 물품의 인도장소와 위험부담의 분기점은 일치하지만 비용부담의 분기점은 일치하지 않는다.

예를 들어 우리나라의 수출업자가 CIF LA와 같이 계약을 하였다면 매도인의 계약물품의 인도장소는 선적항의 본선상에 적재할 때 완료되지만 LA는 지정 목적항으로서 해상운임 및 해상보험료를 부담해야 하는 목적지가 된다.

특수비용포함조건에서 매도인의 계약물품의 인도의무는 지정목적항이 아니라 지정된 지점의 운송인에게 인도함으로써 완료되고 비용부담은 지정된 목적지 또는 지정목적항까지 부담하는 조건이다. 따라서 Incoterms의 CPT, CIP, CFR 및 CIF는 특수비용포함조건이고 DAF, DAP 및 DDP는 지정된 장소가 계약물품의 인도장소가 된다.

(2) 선적지 인도조건과 양륙지 인도조건

Incoterms는 물품의 인도 장소에 따라 선적지 인도조건과 양륙지 인도조건으로 구분하고 있다. 선적지 인도조건은 계약물품의 인도 장소를 선적지로 하는 매매조건으로 그 인도 장소가 매매당사자의 위험부담의 분기점이 된다. 선적지인도조건의 경우 선적지가 계

약물품의 인도의무와 비용부담의 분기점이 동일하지만 특수 비용 포함조건의 경우에는 앞에서 언급한 바와 같이 매도인의 계약물품의 인도의무는 적출지의 지정된 운송인에게 인도함으로써 완료되지만 비용부담의 분기점은 지정된 목적지 또는 지정목적항이 된다.

양륙지 인도조건은 매도인의 계약물품의 인도의무 장소가 목적지이며 비용도 지정목적지까지 부담하는 조건이다. 여기에는 D로 시작하는 DAT, DAP, DDP조건은 모두 여기에 해당된다.

(3) 현실적 인도조건과 상징적 인도조건

Incoterms는 물품의 인도형태에 따라 상징적인도조건과 현실적인도 조건으로 구분할 수 있다.

상징적인도(symbolic delivery)조건은 매도인이 계약물품을 선적하여 매수인 또는 그의 대리인에게 인도함으로써 인도의무가 완료되는 것이 아니라 매수인이 매도인으로부터 인도받은 선적서류와 상환으로 계약물품의 대금을 지불하는 서류인도계약조건을 말한다.

현실적 인도(actual delivery)조건은 매도인이 매수인 또는 그 대리인에게 현실적이고 직접적으로 물품을 교부함으로써 인도가 이루어지는 조건으로 CIF와 CFR를 제외한 모든 조건이 여기에 속한다.

(4) 복합운송조건과 해상운송조건

Incoterms2010은 운송방식에 따라 해상운송조건과 복합운송조건을 분류하고 있다. FAS, FOB, CFR, CIF조건은 해상 및 내수로 운송의 경우에만 사용할 수 있는 조건이며 EXW, FCA, DAT, DAF, DDP, CPT, CIP는 운송방식과 관계없이 사용할 수 있는 조건들이다.

Incoterms는 법적 구속력을 지닌 국제조약이 아니라 그 채택 여부는 매매당사자의 자유이며 합의에 의해서 사용될 수 있다. 그리고 어떤 정형거래 조건의 해석에 관하여 이들 국제규칙 가운데 어느 것을 적용시킬 것인가는 당사자들 협약에 달려 있으나 국제상업회의소는 Incoterms를 해석규칙으로 사용하도록 권고하고 있다. 그러나 당사자 간에 협약이 없거나 당사자 간의 의사가 분명하지 않을 경우에는 이러한 국제규칙이 유력한 참고가 된다.

〈표 10-5〉 Incoterms의 거래조건의 유형에 분류

<table>
<tr><th>표현형식</th><th>인도장소</th><th>인도형태</th><th>운송방식</th><th>거래조건</th></tr>
<tr><td rowspan="7">지정장소인도조건</td><td rowspan="4">선적지인도조건</td><td rowspan="9">현실적인도조건</td><td rowspan="2">복합운송</td><td>EXW</td></tr>
<tr><td>FCA</td></tr>
<tr><td rowspan="2">해상운송</td><td>FAS</td></tr>
<tr><td>FOB</td></tr>
<tr><td rowspan="3">양륙지인도조건</td><td rowspan="5">복합운송</td><td>DAT</td></tr>
<tr><td>DAP</td></tr>
<tr><td>DDP</td></tr>
<tr><td rowspan="4">특수비용포함조건</td><td rowspan="4">선적지인도조건</td><td>CPT</td></tr>
<tr><td>CIP</td></tr>
<tr><td rowspan="2">상징적인도조건</td><td rowspan="2">해상운송</td><td>CFR</td></tr>
<tr><td>CIF</td></tr>
</table>

자료: 이시환외, Incoterms 2010(국내 및 국제거래조건의 사용에 관한 ICC규칙, 도서출판 두남, 2010. 11. 30. p.36.

3) Incoterms 2010의 정형거래 조건

(1) 운송방식에 관계없이 사용할 수 있는 조건

① EXW : EXW(Ex Works : 공장인도조건)조건은 매도인이 자신의 작업장 구내 혹은 또 다른 지정된 장소(예를 들어 works, factory, mill, plantation, warehouse : ex works, ex factory, ex mill, ex plantation, ex warehouse)에서 매수인의 임의처분상태로 인도하는 것을 의미한다.

즉, 매도인은 계약물품을 현존하는 장소에서 수출통관의 미필 상태로 매수인에게 인도하는 조건으로 영국에서는 loco(현장인도) 또는 on spot, 미국에서는 Ex Point of Origin 또는 FOB Origin 이라는 표현으로 원산지 매매에 이 조건을 많이 이용하고 있다. Incoterms에서는 이를 통일하여 Ex Works로 표현한 것이다.

매도인은 준비한 운송용구에 물품을 적재하거나 수출 통관할 필요가 없으며 양당사자는 지정된 인도 지점의 가능한 장소를 명확히 하고 매도인은 인도에 따른 위험과 비용을 부담하지만 별도의 합의가 없는 한, 매도인에게는 매수인이 제공한 차량에 물품을 적재할 책임은 없다. 그리고 매수인은 합의 지정된 인도 지점으로부터 물품을 인수하고 그 지점으로부터 목적지까지 운송하는데 수반되는 모든 비용과 위험을 부담해야 한다.

따라서 이 조건은 매도인의 입장에서는 국내거래와 동일한 내용이기 때문에 무역에 관한 전문적인 지식이 그다지 요구되지 않으며 Incoterms의 조건 중에서 매도인의 의무가 가장 적은 반면에 매수인의 의무가 가장 큰 가격조건이다. 그리고 물품대금은 별도의 약정이 없는 한 물품의 인도 시에 지급하여야 한다.

이 조건을 사용할 경우 다음 사항을 유의하여야 한다.

첫째, 매도인은 비록 실무상 물품을 적재하기 유리한 입장에 놓여있다고 하더라도 적재할 의무가 없다. 만약 매도인이 물품을 적재하였다면 그것은 매수인이 위험 및 비용을 부담해야 한다. 매도인이 물품을 적재하기 유리한 입장에 있는 경우에는 보통 FCA가 적합하다.

둘째, 수출을 위해 EXW조건으로 매도인으로부터 물품을 구입하는 매수인은 매도인이 단지 매수인이 수출하기 위해 필요한 협조 의무만 있을 뿐 수출통관 의무는 없다는 점에 주의할 필요가 있다. 따라서 매수인은 만약 수출통관절차를 밟을 수 없는 경우에는 EXW 조건을 사용하지 않는 것이 바람직하다.

셋째, 매수인은 물품의 수출에 관한 어떤 정보를 매도인에게 제공할 의무들이 제한적이다. 그러나 매도인은 세금이나 보고 목적을 위한 이러한 정보를 필요로 할 뿐이다.

② **FCA** : FCA(Free Carrier : 운송인 인도조건)조건은 매도인이 수출통관절차를 마친 계약물품을 자신의 작업장 구내 또는 그 밖의 다른 지정지점에서 매수인이 지명한 운송인 또는 그 밖의 다른 사람에게 물품을 인도하는 조건이다. 그리고 양당사자는 지정된 인도장소 내의 지점을 가능한 한 특정해야 하고 그 지점이 매도인과 매수인 간의 위험부담의 분기점이 된다.

만약 당사자들이 매도인의 작업장 구내에서 물품을 인도하기로 합의하면 지정된 작업장 구내의 인도장소의 주소를 특정해야하고 당사자들이 인도장소를 또 다른 장소로 합의하면 다른 구체적인 인도장소를 특정해야 한다. 매도인은 수출통관을 해야 하지만 매도인에게 수입통관이나 어떤 수입관세의 부담 혹은 수입절차를 이행할 의무는 없다.

운송계약은 매수인의 의무이지만 매수인의 요청이나 상관습 또는 매수인이 합리적인 기간 내에 지시를 하지 않고 적기에 반대를 하지 않으면 매도인은 매수인의 비용과 위험으로 통상적인 조건의 운송계약을 체결할 수 있다. 또 다른 경우에는 매도인은 운송계약을 거절할 수 있으며 이러한 경우에는 매수인에게 즉시 통지해야 한다.

특히, 인도장소의 선택은 그 장소에서의 물품이 적재 및 양하 의무에 영향을 미친다

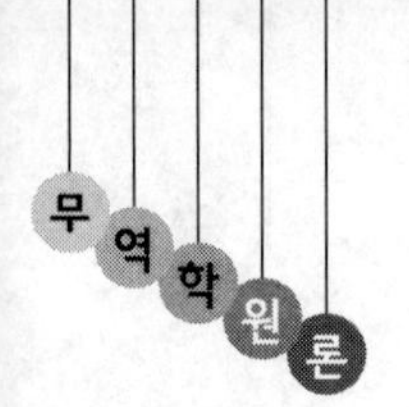

는 사실에 유념해야 한다. 즉, 매도인은 물품의 인도장소가 자신의 작업장 구내이면 물품은 매수인이 제공한 운송수단에 적재해야 한다. 그 밖의 장소인 경우에는 물품이 매도인의 운송수단에 적재되어 있는 상태(seller's means of Transport ready for unloading)로 매수인이 지명한 운송인 또는 그 밖의 당사자의 임의 처분에 맡기면 된다.

만약 지정된 장소 내에 있는 인도이행 지점을 매수인이 구체적인 지점을 통지하지 않으면 매도인은 물품의 인도를 위하여 가정 적합한 지점의 장소를 인도지점으로 선택할 수 있다.

일반적인 상관습에 따라서 매수인이 철도운송인 또는 항공운송인 등과 같은 운송인과의 물품의 운송계약을 체결하는데 있어서 매도인의 도움이 필요한 경우에 매도인은 매수인의 위험과 비용부담으로 운송계약을 체결할 수 있다.

이 조건은 복합운송 방식에서 이용이 가능하며 운송인(carrier)이란 운송계약을 체결한 당사자를 말한다. FCA조건에서 만약 매수인이 항공운송인을 지정하여 통보하면 예를 들어 FCA Kimpo Airport, 육상운송인을 지정하면 FCA Seoul Station 또는 FCA Yongsan Cargo Terminal등과 같이 표기된다. FCA 뒤에 나오는 구체적인 장소는 수출국 내에서 매도인과 매수인의 비용과 위험부담 등의 책임분기점이 된다.

③ **CPT** : CPT(Carriage Paid to : 운송비지급인도조건)조건은 매도인이 합의된 장소에서 자신이 지명한 운송인 또는 기타 당사자에게 수출통관을 필한 물품을 인도하고 지정된 목적지까지 물품을 운송하는 데 필요한 계약을 체결하고 운송비를 지급하는 조건이다. 이 조건은 FCA조건에 지정목적지까지 운송비를 매도인이 부담하는 것을 추가한 조건으로 CPT LA등과 같이 지정 목적지를 뒤에 표시한다.

CPT, CIP, CFR 또는 CIF를 이용할 때 매도인은 물품을 지정목적지까지 도착시켜주는 것이 아니고 운송인에게 물품을 넘겨줌으로써 인도의무가 완료되는 조건들이다. 이 조건은 이러한 점에서 위험의 이전과 비용 부담의 분기점이 서로 다른 지점에서 이전된다는 두 가지 중요한 점을 가지고 있다. 따라서 매도인이 운송계약을 체결할 때 매수인에게 위험 이전 시기와 지정된 목적지의 지점을 특정해야 한다.

만약 여러 운송인들이 합의된 목적지까지 운송에 참여하고 또 당사자들이 특정된 인도장소를 합의하지 않는 경우에도 매도인은 최초의 운송인에게 물품을 인도하면 된다. 이것은 전적으로 매도인의 선택사항이며 매수인은 이를 통제할 수 없으며 또한 물품이 최초의 운송인에게 인도된 때에 위험이 이전된다.

그리고 매도인이 지정목적지에서의 양하에 관하여 운송계약 하에서 비용을 부담한

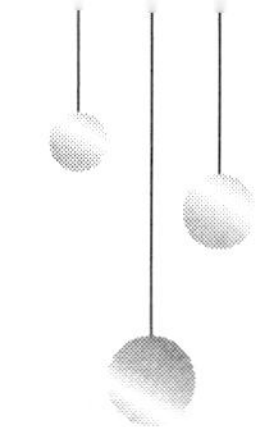

경우에도 당사자 사이에 별도의 합의가 없으면 매도인은 이러한 비용을 매수인으로부터 회수할 권리가 없다.

만약 당사자들이 최초의 운송인에서 다음 단계(예를 들어 항구 혹은 공항)의 연속적인 운송 관련 당사자들이 위험 이전을 원한다면 매매계약에 이를 구체화시켜야 한다. 매도인은 합의된 일자 및 기간 내에 운송계약에 부합하는 최초의 운송인에게 물품을 인도하는 시점이 책임과 의무가 완료되는 시점이며 매수인은 그 이후의 멸실 혹은 손해의 모든 위험을 부담함과 동시에 지정 목적지까지의 운송비를 제외한 모든 비용을 부담하여야 한다.

④ **CIP** : CIP(Carriage and Insurance Paid to: 운송비보험료지급조건) 조건은 매도인이 합의된 목적지까지 운송계약과 보험계약을 체결하고 운임과 보험료를 부담하는 조건이다. 즉, 매도인이 목적지까지 물품을 운송하는 데 필요한 운송계약을 체결하고 운송기간 동안 물품의 멸실 또는 손실에 대한 보험계약을 체결하여 합의된 장소에서 매도인에 의하여 지명된 최초의 운송인이나 기타 당사자에게 물품을 인도하는 조건이다.

이 조건은 매도인의 의무가 FCA에서와 같이 물품이 지정된 운송인의 관리 하에 인도될 때 물품에 대한 위험 부담이 매도인으로부터 매수인에게 이전된다는 점에서는 동일하지만 물품의 운송도중에 발생하는 멸실 또는 손실에 관한 매수인의 위험에 대비하여 매도인이 적하보험을 부보하는 것이 추가된 것이다.

매수인은 최저담보조건으로 부보할 것을 지시해야 하며, 보다 많은 보험보호를 위해 특별보험계약을 체결할 경우에는 그 비용 부담을 매수인 혹은 매도인 중 누가 부담할 것인지를 명백히 해야 한다. 그리고 관습적이거나 매수인이 요청하는 경우에는 매도인은 자기의 비용으로 매수인에게 통상의 운송서류와 보험증권 또는 기타의 보험증명서류를 제공하여야 한다.

따라서 이 조건은 CPT조건에 매도인의 부보의무를 추가한 것으로서 CIP와 CIF 조건의 본질적인 차이점은 CIF조건은 해상운송에 이용되는 반면에, CIP조건은 운송형태에 관계없이 사용되며 특히 복합운송에 적합하도록 규정된 조건이다.

그리고 이 조건도 CPT조건과 마찬가지로 여러 운송인들이 합의된 목적지까지 운송하고 또 당사자들이 특정된 인도장소를 합의하지 않으면 매도인이 최초의 운송인에게 물품을 인도하는 것은 전적으로 매도인의 선택사항이며 매수인은 이를 통제할 수 없으며 물품이 최초의 운송인에게 인도된 때에 위험이 이전된다.

만약 당사자들이 최초의 운송인으로부터 다음 단계(예를 들어 항구 혹은 공항)의 연속

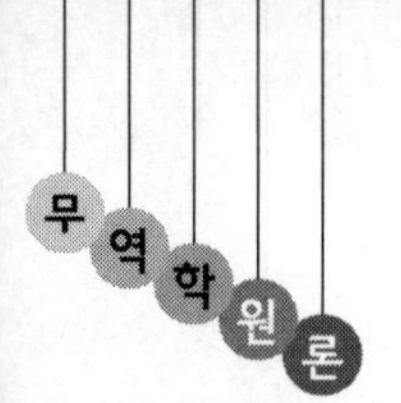

적인 운송 관련 당사자들이 위험 이전을 원한다면 매매계약에 이를 구체화시켜야 하고 매도인은 합의된 일자 및 기간 내에 운송계약에 부합하는 최초의 운송인에게 물품을 인도하는 시점이 책임과 의무가 완료되며 매수인은 그 이후의 멸실 혹은 손해의 모든 위험을 부담함과 동시에 지정 목적지까지 운송비를 제외한 모든 비용을 부담하여야 한다.

따라서 이 조건은 CPT조건과 마찬가지로 위험이전과 비용부담의 분기점이 서로 다르므로 당사자들은 위험이 매수인에게 이전되는 인도지점과 매도인이 운송비를 부담해야 하는 목적지의 지점을 명확히 해야 한다.

그리고 매도인이 지정목적지에서의 양하에 관하여 운송계약 하에서 비용을 부담한 경우에도 당사자 사이에 별도의 합의가 없으면 매도인은 이러한 비용을 매수인으로부터 회수할 권리가 없다.

매도인이 매수인을 위해 체결하는 해상보험계약은 2009년 1월 1일부터 사용하고 있는 LMA(Lloyd's Market Association : 로이즈 시장협회)/IUA(International Underwriting Association of London : 런던 국제보험인수협회)가 제정한 협회적하약관(Institute Cargo Clauses : ICC)의 C조건 또는 이와 유사한 약관상의 최저담보조건으로 부보하여야 하고 보험기간은 물품의 출하지에서 운송인에게 인도한 때로부터 적어도 지정목적지까지 되어야 하며 보험금액은 계약가격에 10%를 더한 금액 〔예를 들어 110% : 10%를 희망이익 또는 예상이익(expected profit)이라 함〕 이어야 한다.

그리고 매수인이 LMA/IUA가 제정한 ICC A 조건이나 ICC B조건 또는 이와 유사한 약관 및 또는 LMA/IUA가 제정한 협회전쟁약관(Institute War Clauses)이나 협회동맹파업약관(Institute Strikes Clauses) 또는 이와 유사한 약관으로 부보를 요구하는 경우 매도인은 부보할 수 있는 한, 매수인의 비용으로 그 수배를 해야 하고 보험료도 매수인이 부담한다.

⑤ **DAT** : DAT(Delivered at Terminal: 터미널인도조건)조건은 매도인이 지정 목적항 또는 지정 목적지에 있는 지정터미널에 도착된 운송수단으로부터 일단 양하한 물품을 수입통관하지 않고 물품을 매수인의 임의처분상태로 인도하는 조건이다. 여기서 터미널이란 덮개의 유무를 불문하고 부두, 창고, CY, 도로, 철도 또는 공항의 터미널을 의미한다.

즉, 매도인이 지정항구 또는 지정목적지에 있는 터미널에서 물품을 하역하거나 또는 그것으로부터 초래되는 것을 포함한 모든 위험을 부담하는 조건이다. 당사자들은 가능한 터미널을 명확히 하고 만약 가능하다면 합의된 항구 또는 목적지에 있는 터미널 내

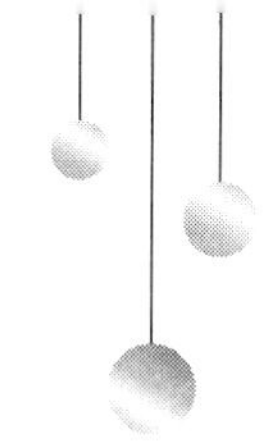

에 있는 구체적인 지점을 특정해야 하며 그 지점까지의 모든 위험은 매도인이 부담해야 한다.

매도인은 자신의 비용으로 합의된 항구 또는 목적지점에 있는 지정된 터미널까지 운송비를 부담하는 운송계약을 체결해야 하고 만약 명확한 터미널이 합의되지 않거나 관습에 의거 결정되지 않았다면 매도인은 합의된 항구 또는 목적지에서 자기의 인도 목적에 가장 적합한 터미널을 선택할 수 있다. 그리고 당사자들이 터미널에서 다른 장소로 물품을 운송하거나 넘겨주는 것을 포함한 위험과 비용을 매도인이 부담하는 조건으로 하려면 DAP 또는 DDP조건을 사용해야 한다.

⑥ **DAP** : DAP(Delivered at Place : 목적지 인도조건)조건은 매도인이 지정된 목적지에서 수입통관을 필하지 않은 상태의 물품을 도착한 운송수단으로부터 물품을 양하하지 않은 채, 매수인이 임의 처분할 수 있는 상태로 인도하는 조건이다. 그리고 매수인은 지정목적지에서 자기가 임의 처분할 수 있는 상태가 된 이후의 모든 위험과 비용을 부담한다.

매도인은 자기의 비용으로 지정목적지 또는 경우에 따라서는 지정목적지의 합의된 지점까지 물품을 운송하기 위한 운송계약을 체결하고 지정된 장소에서 물품을 인도하는 데까지 초래되는 모든 위험을 부담한다. 그리고 당사자들은 합의된 목적지점 내의 가능한 인도지점을 명백히 구체화해야 하며 그 지점이 비용과 위험부담의 책임 분기점이 된다.

만약 특정된 인도장소를 합의하지 않았거나 관습에 의해 결정되고 있지 않을 경우, 매도인은 지정목적지에서 자기의 인도 목적에 가장 적합한 지점을 선택할 수 있다. 매도인이 지정목적지에서의 양하에 관하여 운송계약 하에서 비용을 부담한 경우에도 당사자 사이에 별도의 합의가 없으면 매도인은 이러한 비용을 매수인으로부터 회수할 권리가 없다.

DAP조건과 DAT조건의 주된 차이점은 인도조건이다. 즉 DAP조건의 경우에는 매도인은 (Incoterms2000 상의 DAF, DES, DDU 조건에서와 같이) 지정장소에서 도착된 운송수단으로부터 양하하지 않은 상태로 매수인의 임의처분상태로 물품을 인도하면 된다. 이 때 도착된 운송수단은 선박도 될 수 있고 또 지정목적지는 항구가 될 수도 있다.

반면에, DAT(Incoterms 2000상의 DEQ조건과 같이)에서는 지정 터미널에서 물품이 일단 선박이나 기타 운송수단으로부터 양하된 후 매수인의 임의처분상태로 물품이 인도되는 조건으로 지정터미널은 항구에 있을 수 있다. 따라서 DAP와 DAT의 근본적인

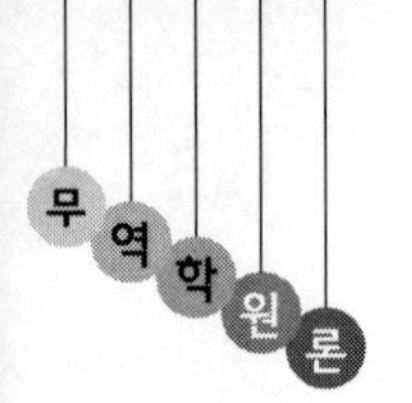

차이점은 계약물품을 목적지에 도착시킨 운송수단으로부터 양하된 상태로 인도할 것인가 아니면 적재된 상태로 인도할 것인가이다. 이러한 지점이 매도인과 매수인 간의 책임과 비용부담의 분기점이 된다.

이 조건에서 수입통관절차를 이행하는 것은 매수인의 의무이다. 만약 당사자들이 수입통관절차를 매도인이 수행하기를 원하면 DDP조건을 이용해야 한다.

⑦ DDP : DDP(Delivered Duty Paid :관세 지급인도조건)조건은 매도인이 지정목적지에 운송 수단을 도착시킨 후 수입통관절차를 마친 물품을 양하 하지 않은 채 매수인의 임의처분 상태에서 인도하는 조건이다. 즉, 매도인은 운송수단을 수입국내의 목적지에 도착시켜 물품을 인도하는 데까지 발생하는 모든 비용과 위험을 부담하고 수출입통관절차를 이행하고 관세를 부담해야 한다.

그리고 수입에 따라 부과되는 부가가치세나 기타 세금도 계약 상 별도의 합의가 없는 한 매도인이 부담한다. 또 매도인이 목적지에서 양하에 관하여 운송계약 하에서 비용을 부담한 경우 당사자 사이의 별도의 합의가 없으면 이러한 비용을 매수인으로부터 회수할 권리가 없다.

만약 당사자들의 희망에 따라 매도인이 계약물품의 수입통관을 완수하기로 하고, 계약물품의 수입으로 납부해야 할 부가가치세와 또는 이와 유사한 세금 등 특정비용을 제외하기로 하는 경우 그러한 취지의 문구(예 부가가치세와 또는 이와 유사한 세금은 제외 : Delivered duty paid, VAT unpaid, …(named place of destination)와)를 삽입하여 명확히 하여야 한다.

매도인 입장에서는 이 조건은 최대 의무가 되며 매수인이 부담하기로 한 물품의 수입으로 납부해야 할 부가가치세 또는 다른 조세도 계약상에 별도로 명확히 하지 않는 이상 매도인이 부담해야 한다. 만약 당사자들이 수입통관에 따른 모든 위험과 비용을 매수인이 부담하기를 희망하는 경우에는 DDP 조건 대신 DAP 조건을 사용해야 한다.

4) 해상 및 내수로 운송에서만 사용하는 조건

① FAS : FAS(Free Alongside Ship : 선측인도조건)조건은 매도인이 지정선적항에서 매수인이 지정한 선적항의 본선의 선측(예를 들어 부두 또는 부선상)에서 수출 통관된 물품을 매수인에게 인도함으로서 모든 의무와 책임이 완료되는 조건이다.

즉, 계약물품이 본선의 선측에 있을 때 그 물품의 멸실이나 손해의 위험이 이전되고 매수인은 그 순간부터 모든 비용을 부담한다. 따라서 이 조건에서 매매당사자간의 비용

부담과 책임의 분기점은 선적항의 본선 선측이 된다.

본선 선측(Alongside Ship)이란 본선이 지정된 선적항에 정박하고 있는 본선에서 사용하고 있는 크레인이나 기타의 선적 용구가 도달할 수 있는 장소를 의미하며 이곳이 물품인도의 이행장소가 되고 매도인과 매수인의 계약물품에 관한 제반비용과 위험부담의 책임분기점이 된다. 만약 항구의 여건 상 본선이 부두 밖에 정박하게 되면 매도인은 부선(lighter)을 이용하여 본선의 크레인이 도달할 수 있는 해상지점까지 계약물품을 운송하고 부선사용료를 부담해야 한다.

당사자들은 선적항에서 선적지점을 가능한 명확하게 특정해야 된다. 그것은 매도인이 그 지점까지 비용과 위험을 부담해야 되고 모든 비용과 결합된 취급비용이 항구의 관습에 따라 다양하기 때문이다. 그리고 매수인이 특정 선적지점을 통지하지 않은 경우, 매도인은 지정 선적항에서 자기의 목적에 가장 적합한 지점을 선택할 수 있다.

매도인은 자신의 위험과 비용부담으로 모든 수출허가 또는 기타 공적인 승인을 취득해야 하며 또한 물품 수출에 필요한 모든 통관절차를 이행해야 한다. 반면에 매수인은 매도인이 계약물품을 선측까지 인도할 수 있도록 운송계약을 체결하고 선박 명, 선적장소, 인도기일 등을 통지해야할 의무가 있다.

이 조건은 매도인이 본선 선측에서 인도하거나 이미 선적을 위해 인도되어 선측에 있는 물품을 조달하면 되는 조건으로서 여기서 조달(procure)은 상품의 연속매매(string sales)에서와 같이 여러 번 매매(multiple sales)를 위해 필요하다. 그리고 매도인은 합의된 기일 또는 합의된 기간 내에 그 항구의 관습적인 방법으로 인도해야 한다.

물품이 컨테이너에 적입된 경우에는 전형적으로 매도인은 그 물품을 인도하는 데 본선 선측이 아니라 운송인에게 인도한다. 이러한 경우에는 FAS조건은 부적합하며 FCA조건을 이용해야 한다.

② **FOB** : FOB(Free on Board : 본선인도조건)조건은 매도인이 계약물품을 지정된 선적항에서 매수인이 지정한 선적항의 본선 상(on board the vessel)에서 또는 이미 그렇게 인도된 물품을 조달하면 되는 조건이다. 물품의 멸실·손상의 위험은 물품이 본선 상에서 인도된 때에 매수인에게 이전된다. 이 조건은 본선 상이 매도인의 책임과 의무가 완료되고 그 지점으로부터 물품의 멸실 또는 손상의 위험에 대하여 매수인이 부담해야 하는 분기점이 된다.

그리고 매도인은 자기의 비용과 위험으로 수출허가 및 수출통관절차를 밟아야 하고 매수인은 물품을 지정선적항으로부터 운송을 위한 운송계약을 체결하고 선박 명, 선적

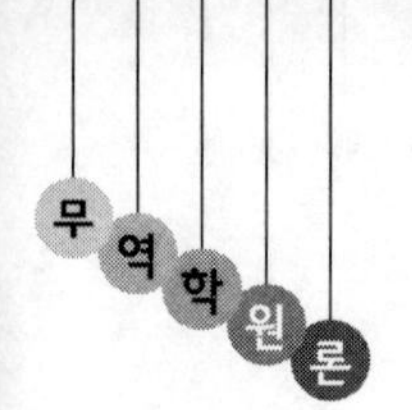

지점 및 인도시기를 매도인에게 통지해야 하고 본선에 인도된 이후의 물품에 관한 모든 위험과 비용을 부담한다. 따라서 매수인은 선적 이후의 위험에 대비하여 자기의 비용으로 해상보험계약을 체결해야 한다.

FOB 조건은 물품을 본선이 아닌 운송인에게 인도하는 경우에는 적합하지 않다. 즉, 적입된 물품의 컨테이너를 전형적으로 터미널에 인도하는 경우와 같은 때에는 FCA조건을 사용해야 한다.

그리고 FOB는 선적을 완료한 후 선적선하증권(on board B/L)이 발행된다. 본선의 미도착 또는 항구 사정 등의 이유로 선적이 완료되지 않은 상태에서 화물을 수취한 수취선하증권(received B/L)이 발행된 경우에는 향후 본선에 선적되었다는 표기(on board notation)를 받아야 은행이 수리한다.

실제거래에 있어서 FOB Pusan에서와 같이 FOB 다음에는 수출국의 선적항의 명칭을 기재하며 이곳이 계약물품의 인도장소가 되고, 또한 매도인과 매수인의 비용과 책임의 분기점이 되며 원칙적으로 당해 물품의 소유권도 인도 장소에서 매도인으로부터 매수인에게 이전됨과 동시에 매수인의 대금지급 의무가 발생한다.

③ **CFR** : CFR(Cost and Freight : 운임포함조건)조건은 매도인이 물품을 선적항의 본선 상에 선적을 완료할 때까지의 상품의 원가에 지정 목적항까지 운송하기 위한 해상운송계약을 체결하고 해상운임을 지불하는 조건이다.

이 조건은 매도인이 지정 목적지까지 물품을 운송하는데 소요되는 일체의 비용과 운임을 부담하는 조건으로서 별도의 합의가 없는 한 해상보험에 관한 의무를 제외하고는 CIF조건과 동일한 효과를 갖는다. 즉, 매도인과 매수인의 물품의 멸실 또는 손상에 관한 위험부담의 분기점은 FOB 조건과 같이 선적항에서의 본선상이 되며 다만 목적항까지의 해상운임은 매도인이 부담한다.

그리고 매도인은 지정 목적항까지 계약물품의 운송에 적합한 선박과 통상적인 해상운송계약을 체결하고 운임을 지불해야 하며 수출통관을 필하여 본선에 인도하고 또 통상의 운송서류를 지체없이 매수인에게 제공하여야한다. 이 때 매도인이 목적항의 특정된 지점에서의 양하에 관하여 운송계약 하에서 비용을 부담한 경우에도 당사자 사이에 별도의 합의가 없으면 매도인은 이러한 비용을 매수인으로부터 회수할 권리가 없다.

CFR조건은 물품이 본선에 적재되기 전에 운송인에게 인도되는 경우 예를 들어 통상 터미널에서 인도되는 컨테이너 화물의 경우에는 적합하지 않을 수 있다. 이러한 경우에는 CFR조건이 아니라 CPT조건을 사용하여야 한다.

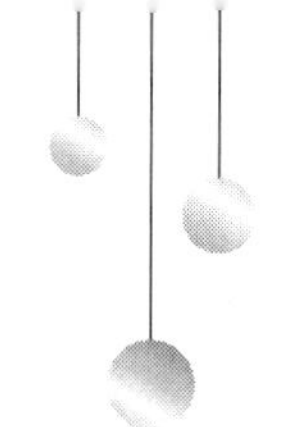

④ **CIF** : CIF(Cost, Insurance and Freight : 운임보험료포함인도조건)조건은 매도인이 선적항에서 지정목적항까지의 해상운임과 해상운송 중에 발생하는 물품의 멸실 또는 손상의 위험에 대한 해상보험을 부담하는 조건이다. 즉, 선적항의 본선상에 적재할 때까지 소요되는 비용과 지정목적항까지의 해상운임 및 해상보험료를 매도인이 부담하는 가격 조건이다. 이 조건은 FOB나 CFR 조건과 같이 물품에 대한 위험 부담의 분기점은 선적항의 본선상이지만 매도인은 목적항까지의 비용을 부담하여야 한다.

즉, 매도인이 계약물품은 본선상에서 인도하거나 이미 그렇게 선적된 물품을 조달하여 인도하는 조건으로 물품이 본선상에 있을 경우에 물품의 멸실 또는 손실에 대한 위험이 매수인에게 이전된다.

매수인은 매도인이 단지 최저부보금액으로 보험계약을 체결할 뿐이라는 점에 주의해야 한다. 만약 매수인이 좀더 많은 보호를 원한다면 매도인과 많은 부분을 명백히 협의하거나 또는 매수인 자신이 추가보험계약을 체결해야 한다.

CPT, CIP, CFR 또는 CIF조건은 물품을 지정된 목적지에 도착시켰을 때가 아니라 채택된 조건(규칙)에 명시된 방법으로 운송인에게 물품을 인도하는 시점에서 그의 의무가 완전히 이행될 때 사용한다. 그리고 CIF 조건은 물품이 본선에 선적되기 전에 운송인에게 인도되는 경우에는 적합하지 않다. 예를 들어 물품이 적입된 컨테이너를 터미널에서 인도하는 경우에는 CIP조건을 사용해야 한다.

이 조건들의 두 가지 중요한 점은 서로 다른 장소에서 위험이 이전되고 비용이 지불된다는 점이다. 계약에서 항상 목적항을 명백히 하지만 선적항을 명백히 하지 않는 경우에 거기에 따른 위험은 매수인에게 이전된다. 만약 매수인에게 특정 선적항이 관심이 있다면 당사자들이 계약에서 가능한 한 특정 선적항을 명백히 해야 한다.

당사자들은 합의된 목적항에서 인도지점을 가능한 한 명백히 해야 하고 그 지점이 매도인에게 비용부담의 분기점이 된다. 그리고 매도인이 목적항의 특정된 지점에서의 양하에 관하여 운송계약 하에서 비용을 부담한 경우에도 당사자 사이에 별도의 합의가 없으면 매도인은 이러한 비용을 매수인으로부터 회수할 권리가 없다.

매도인은 물품을 본선상에서 인도하거나 또는 이미 목적지까지 선적을 위해 그렇게 인도한 것을 조달하는 데 필요한 조건이다. 더욱이 매도인에게는 운송계약을 체결하거나 또는 조달을 위해 이러한 계약이 필요하다. 여기서 조달(procure)은 상품의 연속매매(string sales)에서와 같이 여러 번 매매(multiple sales)를 위해 필요하다.

이 조건에서 매도인이 부담하는 비용은 수출 원가(export charge), 해상운임(ocean

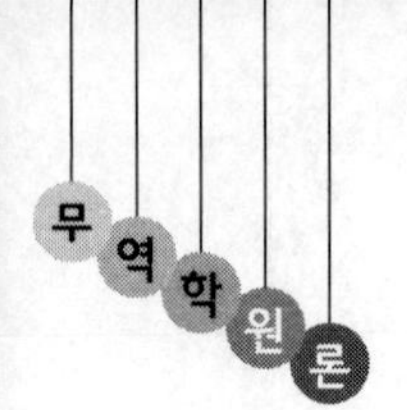

freight) 및 해상보험료(marine insurance premium)로 구성된다.

첫째, 수출원가는 FOB가격에서 매도인이 부담할 적재비용, 서류 준비 비용 및 서류 발송 비용을 합친 것이다. 둘째, 해상운임은 선적항에서 목적항까지의 운임이지만 경우에 따라서는 선적항에서 정기선에 의하여 부과되는 도착항에서의 양하비도 포함될 수 있다. 셋째, 해상보험료는 화물의 해상 운송에 수반되는 화물 보험료이며 매도인이 부보해야 한다.

매도인은 자신의 비용으로 협회적화(하)약관(LMA/IUA)의 C조건 혹은 이와 유사한 또 다른 조건에 의하여 약정된 최소금액과 적어도 일치하는 화물보험계약을 체결해야 한다. 보험은 평판이 좋은 보험자 혹은 보험회사와 보험계약을 체결해야 하고 매수인 또는 그 물품에 대하여 피보험이익을 갖는 또 다른 자로 하여금 보험자로부터 직접 손해배상을 청구할 수 있는 권한이 부여되어야 한다.

그리고 매도인은 협회적하약관(LMA/IUA)의 ICC의 A약관 혹은 ICC의 B약관 또는 어떤 유사한 약관으로 부보하거나 그리고 협회전쟁약관/협회동맹파업약관(LMA/IUA)혹은 어떤 유사한 약관과 부합하는 부보를 원하는 경우에 매도인은 부보할 수 있는 한 매수인의 비용으로 그 수배를 해야 하고 부가적인 부보를 해야 한다.

보험기간은 물품의 출하지에서 운송인에게 인도한 때로부터 적어도 지정목적지까지여야 하며 보험금액은 계약가격에 10%를 더한 금액이어야 하고 계약상의 통화로 해야 한다.

가. **CIF조건의 특징** : CIF조건은 FOB조건과는 달리 물품의 현실적 인도(actual delivery)로 매도인의 의무가 끝나지 않고 물품을 상징하는 서류의 인도인 상징적 인도(symbolic delivery)가 이루어져야 한다. 즉, CIF 조건은 물품을 목적항에 도착할 것을 계약조건으로 하는 것이 아니라 물품의 선적을 계약 내용의 핵심으로 하여 선적항에서의 본선상 선적을 매매 당사자 간의 책임 한계의 분기점으로 하는 매매 형태로서 매수인은 선적 이후의 위험을 부담하고 매도인으로부터 인도받은 선적서류와 상환으로 물품의 대금을 지불하는 서류인도계약조건이다.

나. **선적서류** : 선적서류는 합의된 목적지까지의 해상운송계약을 증명하는 통상의 운송서류(usual transport document), 해상위험을 담보하는 해상보험증권(marine insurance policy) 또는 보험증명서 규정된 형식에 따른 상업송장(commercial invoice)이 있다.

첫째, 매도인이 매수인에게 제공하는 통상의 운송서류는 선적을 위해 합의된 기간 내의 날짜가 되어야 하고 매수인이 목적항에서 운송인으로부터 물품을 청구할 수 있어야 한다. 그리고 별도의 합의가 없는 한 매수인이 운송 중인 물품을 매도하기 위해서는 후

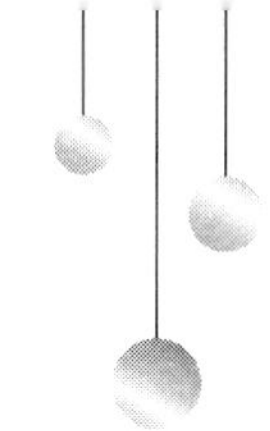

속 매수인에게 서류를 양도할 수 있는 권한이 부여되고 운송인에게 통지함으로써 전매할 수 있다. 이러한 운송서류는 유통형식이며 원본의 완전한 세트로 된 여러 통의 원본으로 발행하여 매수인에게 제시되어야 한다.

그리고 이 조건하에서 전통적으로 유통성 있는 선적선하증권(shipped B/L)을 제공하고 있다. 이 때 선적선하증권은 첫째 본선상에 물품을 선적한 증거이며 둘째, 운송계약의 증거가 되고 셋째, 증권을 양도함으로써 운송 중인 물품에 대한 권리를 양도하는 수단으로서의 기능을 수행하고 있다.

선하증권은 물품의 인도 청구권을 화체(化體)한 권리증권으로서 물품을 대표하며 선하증권은 물품의 상징이고 서류의 인도가 물품의 인도와 동일한 효력을 갖는다.

매수인은 유통 형식의 선하증권을 입수하게 되면 물품을 자유롭게 처분할 수 있는 권한을 취득하게 되며 본선의 항해 중에도 선하증권의 양도를 통해 물품을 전매할 수 있다.

그러나 선하증권의 이러한 법적인 특성에도 불구하고 전자무역의 발전에 따라 전자통신문으로 점점 대체되어 가고 있다. 따라서 Incoterms1990부터 EXW조건을 제외한 모든 Incoterms에서 매도인의 의무 A8에는 매매 당사자가 전자적으로 통신하기로 합의한 경우 종이서류를 이에 상응하는 전자통신문(EDI message)으로 대체할 수 있도록 하고 있다.

그리고 Incoterms2010에서는 제A1/B1조에서 당사자들이 합의하거나 관습적인 경우, 전자통신수단에 서면통신과 동일한 효력을 부여하고 있다.

둘째, 해상보험증권은 운송서류에 기재된 물품이 항해 중에 멸실 또는 손상된 경우에 매수인이 손해를 보지 않도록 매수인에게 보험계약에 의한 구상권을 확보하는 수단이 된다. 이러한 의미에서 해상보험증권은 운송서류에 의해 표창되고 있는 경제적 이익이 손상된 경우에 그것을 보완하는 기능을 하는 것이다. 항해는 항상 위험을 수반하고 있으므로 운송서류는 보험증권의 뒷받침을 받아야 비로소 안전하다고 할 수 있다.

CIF 계약의 경우 위험은 본선에 인도한 때 매도인으로부터 매수인에게 이전되지만 해상보험계약은 매수인의 이익을 위해 매도인에 의해 체결되고 그에 의거 해상보험이 증권이 발행된다. 이 조건에서 매도인이 매수인을 위해 부보하는 적하보험의 보험금액과 보험조건은 CIP 계약조건의 그것과 동일하고 보험기간은 선적항에서 본선에 인도된 때부터 적어도 지정목적항까지여야 한다.

셋째, 상업송장은 매도인이 매수인 앞으로 발송한 물품의 명세를 명확히 하고 대금을 명시하기 위해 선적서류의 하나로 추가된다. 이것은 계약에 의거하여 선적된 물품의 명세서 겸 대금청구서이므로 당연히 계약에 합치되어야 한다.

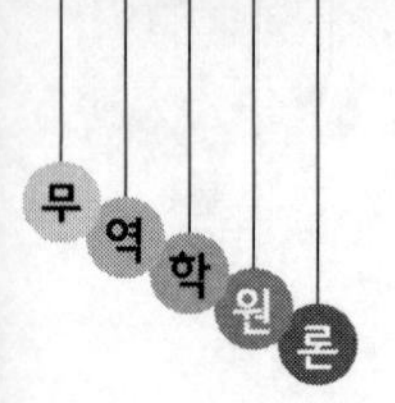

5) Incoterms의 각 조건의 규정에 대한 설명

(1) 수출허가의 취득 및 통관절차의 수행의무, 수출입통관비용·제세공과금부담

Incoterms에서 수출허가의 취득의무와 수출통관의무 이행에 대한 매도인의 의무는 A2, 수출통관비용 및 제세공과금에 대한 매도인의 의무는 A6, 수입허가의 취득의무와 수입통관수행에 대한 의무는 B2, 수입통관비용 및 제세공과금에 대해서는 B6에 규정하고 있다.

그리고 오늘날 물품의 이동에 있어서 안전에 대한 관심이 높아지면서 물품이 고유의 성질 외의 사유로 생명이나 재산에 위협을 가하지 않는다는 증명을 요구하고 있다. 따라서 Incoterms2010에서는 A2와 B2의 제목에 안전 확인(security clearances)이라는 표현을 추가하고 있다.

특히, EXW조건의 A2에서는 매수인이 요구하는 경우 매수인의 위험 및 비용부담으로 매도인이 매수인에게 물품의 안전 확인에 필요한 정보를 제공해야 하는 것으로 규정하고 있다.

그리고 〈표 10-6〉 당사자들의 의무에서와 같이 원칙적으로 특정당사자가 어떠한 일을 해야 할 의무가 있는 경우에는 별도의 합의가 없는 한 그 당사자가 그에 수반하는 비용도 부담해야 한다는 것을 의미한다. 즉, 수출입허가를 취득하거나 수출입통관절차를 수행하여야 할 당사자가 수출입에 따른 제세공과금을 지급하고 또한 수출입통관절차에 따른 비용을 부담하여야 한다.

일반적으로 수출국 또는 수입국에 거주하는 당사자가 수출 또는 수입통관절차를 수행하고 여기에 따른 관세 등 제세공과금을 납부하는 것이 편리하다. Incoterms는 이러한 상황을 고려하여 물품의 통관이행, 관세 및 제세공과금의 납부원칙을 유리한 입장에 놓여 있는 당사자가 수행한다는 원칙에 입각하고 있다.

예를 들어 FOB조건의 선적항의 본선에 적재한 상태에서 매도인의 책임과 의무가 완료된다. 즉, 본선상이라는 지점에서 물품을 인도하는 데 따른 수출통관은 물론 적출지에서 선적지까지의 모든 비용과 책임과 의무가 수반된다. 따라서 Incoterms의 각 조건의 명칭이 매도인의 책임과 비용의 분기점으로 이해하면 될 것으로 본다.

그러나 EXW조건의 경우에도 매도인이 수출통관절차를 이행하도록 하는 것이 바람직할 것이다. 만약 이렇게 되면 매도인이 최소한의 의무를 부담한다는 EXW조건의 주된 원칙이 침해된다. 따라서 EXW조건에서는 매수인이 수출통관절차를 밟는 것으로 하고 있다.

한편 유럽연합과 같이 수출통관이 필요 없는 지역도 있기 때문에 이를 명확히 하기 위해 Incoterms에서는 통관절차와 관련하여 적용 가능한 경우(where applicable)라는 단

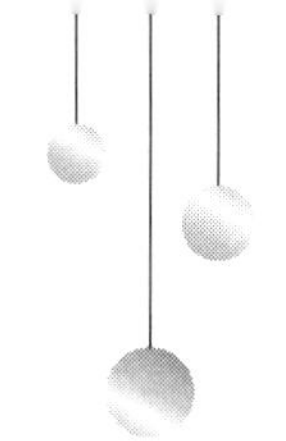

서를 두고 있다.

〈표 10-6〉 매도인과 매수인의 수출입통관 및 통관비용부담 의무

구분	수출허가취득·통관수행	수출통관비용·제세공과금부담	수입허가취득·통관수행	수입통관비용·제세공과금부담
EXW	매수인	매수인	매수인	매수인
FCA	매도인	매도인	매수인	매수인
CPT	매도인	매도인	매수인	매수인
CIP	매도인	매도인	매수인	매수인
DAT	매도인	매도인	매수인	매수인
DAP	매도인	매도인	매수인	매수인
DDP	매도인	매도인	매도인	매도인
FAS	매도인	매도인	매수인	매수인
FOB	매도인	매도인	매수인	매수인
CFR	매도인	매도인	매수인	매수인
CIF	매도인	매도인	매수인	매수인

(2) 운송·보험계약체결 의무 및 물품의 인도·수령의무

운송계약 및 보험계약에 관한 당사자의 의무에 관하여 Incoterms는 매도인의 의무 A3과 매수인의 의무 B3에서 규정하고 있다. 매도인의 물품인도와 매수인의 물품 수령 의무는 A4(매도인의 인도)와 B4(물품의 수령)에서 규정하고 있다. Incoterms 2010에서는 물품에 대한 멸실·손상의 위험이 매도인으로부터 매수인에게 이전되는 장소를 가리키기 위해 사용하고 있다. 매도인의 인도에 관한 의무는 계약상 정해진 장소에서 물품을 매수인의 처분에 맡기거나(deliver the goods by placing them at the disposal of the buyer : EXW, DAT, DAP 및 DDP 조건의 경우) 또는 운송인 등에게 물품을 인도함으로써 이행된다.

〈표 10-7〉은 매도인과 매수인의 운송계약 및 보험계약체결의무와 물품의 인도 및 수령의무를 나타내고 있다.

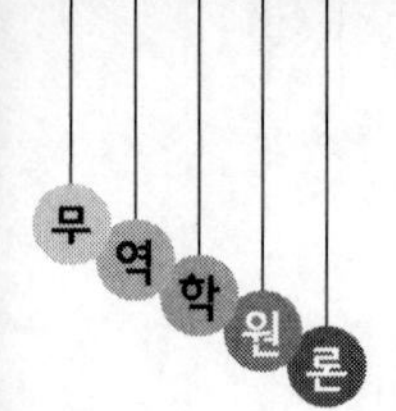

〈표 10-7〉 운송·보험계약체결 의무 및 물품의 인도·수령의무

구분	운송계약및 보험계약체결의무				물품인도 및 수령의무	
	매도인의 의무(A3)		매수인의 의무(B3)		매도인의 의무(A4)	매수인의 의무(B4)
	운송계약	보험계약	운송계약	보험계약		
EXW	없음	없음 다만①의의무는 있음	없음	없음	합의된 지정인도 장소에서 매수인의 임의처분상태에 맡김(A4)-매수인이 물품인도수령 필요사항 통지(A7)	물품수령(A4와 A7을 승낙한 때)
FCA	없음★	없음 다만①의 의무는 있음	없음	없음	① 합의된 지점에서 매수인이 지명한 운송인 또는 그 밖의 당사자에게 인도(인도장소가 매도인의 작업장 구내인 경우 매수인의 집하차량에 적재, 그 밖의 장소인 경우 매도인의 운송수단에서 양하하지 않은 상태로 인도) ② 매수인이 지정 인도 장소 내 특정지점의통지가 없는 경우 매도인이 여러 이용 가능한 지점 선택 인도	인도 및 수령
CPT	있음	있음	없음	없음 다만②의 의무있음	운송인에게 인도	A4의 규정에 따라 인도를 수령한 후, 지정목적지에서 운송인으로부터 수령
CIP	있음	없음 다만①의 의무는 있음	없음	없음 다만③의의무 있음	상동	상동
DAT	있음	없음 다만①의 의무는 있음	없음	없음 다만②의 의무있음	합의된 날짜 혹은 기간 내에 목적항 또는 목적지의 지정터미널에 도착한 후 운송수단에서 양하하여 매수인의 임의처분상태에 맡김	상동
DAP	있음	없음 단만①의 의무는 있음	없음	없음 다만②의 의무있음	지정목적지의 합의된 지점에서 도착한 후 운송수단에서 양하하지 않은 상태로 매수인의 임의처분에 맡김	상동
DDP	있음	없음 다만①의 의무는 있음	없음	없음 다만 ②의 의무있음	상동	상동
FAS	없음★	없음 단만①의 의무는 있음	있음	없음	지정선적항에서 매수인이 지명한 본선의 선측에 인도하거나 그렇게 인도된 물품의 조달	상동
FOB	없음★	없음 다만①의 의무는 있음	있음	없음	지정선적항에서 매수인이 지명한 본선상에서 인도하거나 그렇게 인도된 물품의 조달	상동
CFR	있음	없음 다만①의 의무는 있음	없음	없음 다만②의의무 있음	본선상에서 인도하거나 그렇게 인도된 물품의 조달	인도를 수리지정목적항에서 운송인으로부터 수령
CIF	있음	있음	없음	없음 다만③의의무 있음	상동	상동

주 ①은 매수인의 요청이 있는 경우 매수인의 보험계약체결에 필요한 정보 제공
주 ②는 매도인의 요청이 있는 경우 매도인의 보험계약체결에 필요한 정보제공
주 ③은 매도인의 요청이 있는 경우 매도인의 추가보험계약체결에 필요한 정보제공
주 ★는 매수인의 요청이 있거나 또는 상관습이 있고 매수인이 적시에 이와 상반된 지시를 하지 않은 경우 매도인은 매수인의 위험과 비용부담으로 운송계약을 체결할 수 있다. 이 때 매도인은 계약의 체결을 거절할 수 있으나 그러한 경우에는 신속하게 매수인에게 통지하여야 한다.

(3) 위험의 이전시기 및 당사자의 통지의무

매도인의 의무 A5와 매수인의 의무 B5는 물품의 멸실 또는 손상의 위험이 언제 매도인으로부터 매수인에게 이전되는가에 대하여 규정하고 있다. 위험은 매도인이 A4의 규정에 따라 물품의 인도의무를 이전한 때 매수인에게 이전된다. Incoterms 2000에서 FOB, CFR 및 CIF조건에서 물품인도 시점을 선적항의 본선의 난간을 통과한 때로 규정하고 있으나 Incoterms2010에서는 본선 상에 인도한 때로 규정하고 있다.

그리고 매도인의 의무 A5는 모든 조건에 대하여 B5에 규정된 경우의 멸실 또는 손상을 제외하고(with the exception of loss or damage in the circumstances described in B5) 라는 단서를 달고 있다. 이것은 매도인이 A4의 규정에 따라 물품을 인도한 때에 위험이 이전된다고 하는 원칙에 예외가 있다는 것을 나타낸 것이다. 즉, 일정한 경우에는 매도인이 인도의무를 완료하기 전에도 매도인으로부터 매수인에게 위험이 이전될 수 있다. 이러한 위험의 조기이전(premature transfer of risks)은 매수인이 매도인으로 하여금 물품을 자기에게 인도하도록 하기위해 해야 할 의무(예 B7에 규정된 매수인의 통지의무)를 이행하지 않거나 또는 매수인이 물품을 수령하지 않는 경우에 발생할 수 있다. 다만, 위험의 조기이전은 물품이 계약물품으로 명확히 특정되고 있는 것을 조건으로 한다. 계약물품으로 특정되고 있지 않으면 위험이 이전될 수 없기 때문이다.

그리고 매도인의 의무 A7과 매수인의 의무 B7에서 상대방에 대한 통지의무에 대하여 규정하고 있다. 원칙적으로 물품에 대한 위험은 매도인이 물품의 인도의무를 완수한 때에 매수인에게 이전되며 따라서 매수인은 이 시점에서 당연히 부보할 것이다. 만약 매도인의 통지가 지체되어 부보할 수 없었고 그 사이 물품이 멸실·손상된 경우에는 매도인이 손해배상책임을 지게 된다.

그러나 Incoterms 상 매도인이 이러한 통지를 게을리 한 경우의 효과에 대하여 아무런 규정도 두지 않고 있다. 만약 매도인이 이러한 통지를 게을리 하면 당연히 계약위반이 되어 당해 계약에 적용되는 법률의 규정에 따라 손해배상책임을 지게 된다.

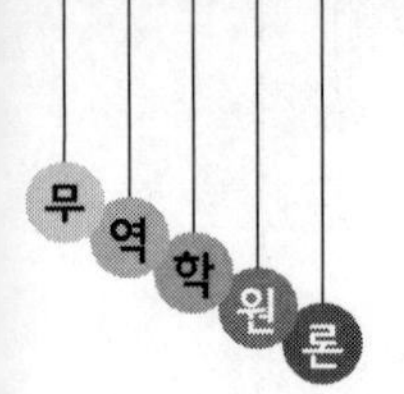

〈표 10-8〉 위험이전시기 및 당사자의 통지의무

구분	위험이전시기	매도인의 통지의무	매수인의 통지
EXW	지정 인도 장소에서 매수인의 임의처분상태에 맡겨진 때	매수인이 물품을 수령하는 데 필요한 사항	합의된 기간 내의 시기 및/ 또는 지정 장소 내에서 인도를 수령할 지점(계약상 매수인이 결정 권한을 갖는 경우)
FCA	매수인이 지명한 운송인 또는 그 밖의 당사자에게 인도된 때	물품이 A4의 규정에 따라 인도되었다는 사실 또는 매수인이 지명한 운송인이나 기타의 자가 합의된 기간 내에 물품을 않을 경우에는 그 사실	매도인 제4조에 따라 물품을 인도할 수 있도록 충분한 시간적 여유를 가지고 운송인 또는 기타 당사자의 성, (필요한 경우)인도기일, 운송방식, 지정장소 내의 수령지점
CPT	운송인에게 인도된 때	① 물품이 A4의 규정에 따라 인도되었다는 사실 ② 매수인이 물품의 수령에 통상 필요한 조치를 취하기 위해 요구되는 사항	발송시기/지정목적지 또는 그 목적지 내에서의 물품수령지점(계약상 매수인이 결정권한을 갖는 경우)
CIP	상동	상동	상동
DAT	목적항 또는 목적지의 지정 터미널에 도착한 운송수단에서 양하하여 매수인의 임의처분상태에 맡긴 때	매수인이 물품의 수령에 통상 필요한 조치를 취하기 위해 요구되는 사항	합의된 기간 내의 시기/지정목적지 내의 인도를 수령할 지점(계약상 매수인이 결정권한을 갖는 경우)
DAP	지정목적지의 합의된 지점에서 도착한 운송수단에에서 양하하지 않은 상태로 매수인의 임의처분상태에 맡긴 때	상동	합의된 기간 내의 시기/지정 목적지 내의 인도를 수령할 지점(계약상 매수인이 결정권한을 갖는 경우)
DDP	상동	상동	상동
FAS	지정선적항에서 매수인이 지명한 본선의 선측에 인도하거나 그렇게 인도된 물품을 조달한 때	물품이 A4의 규정에 따라 인도되었다는 사실 또는 본선의 선측에서 합의된 기간 내에 물품을 수령하지 않는 경우에는 그 사실	본선명, 적재지점 및 합의된 기간 내의 인도시기
FOB	지정선적항에서 매수인이 지명한 본선 상에 인도하거나 그렇게 인도된 물품을 조달한 때	상동	상동
CFR	본선상에 인도하거나 그렇게 인도된 물품을 조달한 때	매수인이 물품의 수령에 통상 필요한 조치를 취하기 위해 요구되는 사항	선적시기/지정 목적항에서의 물품수령지점(계약상매수인이 결정권한을 갖는 경우)상동
CIF	상동	상동	상동

(4) 매수인 측의 귀책사유로 인한 추가비용의 부담

Incoterms상의 비용부담의 분기점은 원칙적으로 물품의 인도장소가 된다. 그러나 매수인 측의 귀책사유로 인해 인도가 이행될 수 없는 경우, 그에 따라 발생한 추가 비용은 매수인이 부담한다. Incoterms는 매수인의 의무 B6에서 매수인이 추가비용을 부담

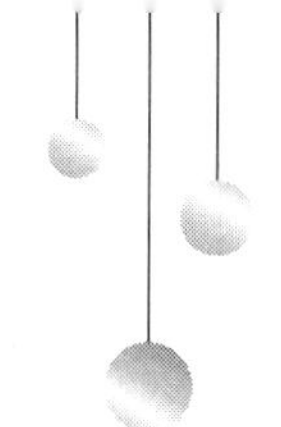

할 것을 규정하고 있으며 이 경우 물품이 계약물품으로 명확히 특정되어 있는 것을 조건으로 한다.

〈표 10-9〉 매수인이 추가비용을 부담해야 하는 경우

구 분	매수인의 추가비용 부담
EXW	① 물품이 매수인의 임의처분에 맡겨진 때에 이를 수령하지 않는 경우 ② 매수인이 B7의 규정에 따라 적절한 통지를 하지 아니한 경우
FCA	① 매수인이 운송인 또는 기타 당사자를 지명하지 않은 경우 ② 매수인이 지명한 자가 물품을 수령하지 아니한 경우 ③ 매수인이 B7의 규정에 따른 적절한 통지를 하지 아니한 경우
CPT	매수인이 B7의 규정에 따른 적절한 통지를 하지않은 경우
CIP	상동
DAT	① 매수인이 B2의 규정에 따른 자신의 의무를 다하지 않은 경우 ② 매수인이 B7의 규정에 따른 적절한 통지를 하지 않은 경우
DAP	상동
DDP	상동
FAS	① 매수인이 B7의 규정에 따른 적절한 통지를하지 않은 경우 ② 매수인이 지명한 본선이 정시에 도착하지 않거나 또는 그 선박이 물품을 수령할 수 없거나 혹은 B7에 따라 통지된 시기보다 일찍 화물을 마감한 경우
FOB	상동
CFR	매수인이 B7의 규정에 따른 적절한 통지를 하지 않은 경우
CIF	상동

그리고 Incoterms의 각 조건의 명칭이 원칙적으로 매도인의 책임과 비용의 책임 분기점으로 이해하면 될 것으로 본다. 그러나 Incoterms의 각 조건들이 위험 이전 시기와 비용 부담의 시기가 일치하지 않는 경우가 많다. 예를 들어 CIF 조건의 경우 매도인이 선적항의 본선상에서 계약물품을 인도함으로써 계약물품에 대한 위험은 매도인으로부터 매수인에게 이전되지만 목적항까지의 해상상운임과 해상보험료를 매도인이 부담해야 한다.

다음의 〈표 10-10〉은 지금까지 언급된 Incoterms의 각 조건들을 사용할 때 각 조건의 뒤에 붙여진 명칭이 의미하는 것이 출하지, 목적항 또는 목적지 등을 표시하고 그 지점이 의미하는 것이 무엇인지 그리고 매도인과 매수인들이 이행해야하는 의무내용이다.

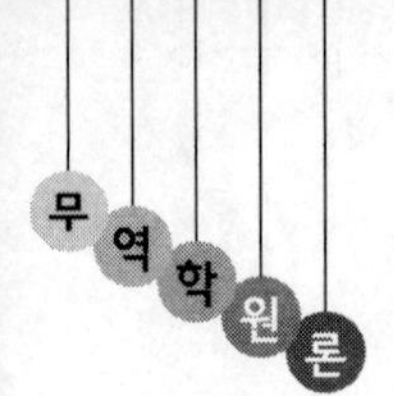

〈표 10-10〉 Incoterms 각 조건들의 내용 및 의무 내용

구분	각 조건의 내용	의무내용	
		매도인	매수인
EXW+출하지 지정된 장소	EXW Samsung: 매도인인 삼성이 물품을 자신의 공장 내에서 물품이 현존하는 상태로 매수인의 임의처분상태로 인도하는 것	-	수출통관, 인도 수령
FCA+매도인의 구내 및 그 밖의 지정 장소	FCA Seoul station: 매수인 지명한 운송인인 서울역장에게 물품인도 또는 그 밖의 당사자(인도 장소가 매도인의 작업장 구내인 경우 매수인의 집하차량에 적재, 그 밖의 장소인 경우 매도인의 운송수단에서 양하하지 않은 상태로 인도)	수출통관	수입통관, 운송계약, 인도수령
CPT+지정목적지	CPT LA : 매도인은 지정목적지인 LA까지 운송계약체결과 운송비지급, 매도인의 물품 인도는 최초의 운송인	수출통관, 운송계약	수입통관, 인도수리, 지정목적지에서 운송인으로부터 수령
CIP+지정목적지	CIP LA:매도인은 지정목적지가 LA까지 운송보험계약체결 운송비보험료지급, 매도인의 물품 인도는 최초의 운송인	수출통관, 운송 및 보험계약	수입통관, 인도수리, 지정목적지에서 운송인으로부터 수령
DAT+지정목적항 또는 지정목적지의 터미널	DAT LA : 매도인은 지정목적항 또는 지정목적지인 LA의 지정터미널에 도착한 물품을 양하한 후 매수인의 임의처분상태로 맡김	수출통관, 운송계약	수입통관, 인도수령
DAP+지정목적지	DAP LA : 매도인은 물품을 지정목적지인 LA에 도착시킨 후 운송수단에서 양하하지 않은 상태에서 매수인의 임의처분상태로 맡김	수출통관, 운송계약	수입통관, 인도수령
DDP+지정목적지	DDP LA : 매도인은 수입통관을 필한 물품을 지정목적지인 LA에 도착시킨 후 운송수단에서 양하지 않은 상태에서 매수인의 임의처분상태로 맡김	수출통관, 수입통관, 운송계약	인도수령
FAS+지정선적항	FAS Busan : 매도인은 선적항인 Busan 항의 본선 선측에서 인도 또는 선적을 위해 이미 그렇게 인도된 물품 조달	수출통관	수입통관, 운송계약, 인도수령
FOB+지정선적항	FOB Busan : 매도인은 지정선적항인 Busan항의 본선상에서 인도 또는 이미 선적된 물품을 조달	수출통관	수입통관, 운송계약, 인도수령
CFR+지정목적항	CFR LA : 매도인은 지정 목적항인 LA까지 해상운송계약 및 운송비지급, 매도인의 물품인도는 본선상 또는 이미 그렇게 인도된 물품 조달	수출통관, 운송계약	수입통관, 인도수리 지정목적항에서 운송인으로부터 수령
CIF+지정목적항	CIF LA : 매도인은 지정 목적항인 LA까지 해상운송 및 해상보험계약 체결, 해상운송비·해상보험료지급, 매도인의 물품인도는 본선상 또는 이미 그렇게 인도된 물품 조달	수출통관, 수입통관, 운송 및 보험계약	인도수리 지정목적항에서 운송인으로부터 수령

4.6 선적조건

1) 선적시기의 결정

(1) 특정조건

선적시기를 일정한 기간 등의 조건으로 약정하는 방법을 특정조건이라 한다. 첫째, 특정월 중의 선적(단월조건)이란 “Shipment during December, 2012”, “December Shipment, 2012” 또는 “Shipment to be made during December, 2012” 등과 표시하는 경우로서 약정물품의 선적시기를 특정월 중에 선적할 것으로 한정한다.

둘째, 연속 특정월 중의 선적(연월조건)이란 특정된 연속월 중에 약정물품을 선적할 것을 조건으로 하는 것으로서 November/December Shipment 또는 Shipment during November/December 이라고 정하면 11, 12월 중 선적을 의미하기 때문에 11월1일부터 12월 말까지 선적을 완료하면 그 기간 중 언제 선적을 하든지 그것은 매도인의 자유(at seller's option)이다.

셋째, 최종일 선적(latest shipping date)이란 선적 개시일은 표시하지 않고 선적 완료의 최종일만을 표시하는 방법이다. Latest shipping date : November 10, 2012(The 10th of November, 2012) 또는 Shipment shall be made by November 10, 2012 등으로 표시한다.

넷째, ~경에(on or about) 또는 이와 유사한 표현은 특정 일자를 기준으로 하여 5일 전부터 5일 후까지의 기간으로서 이들 일자는 모두 초일(시기)과 종료일(종기)을 포함한다. 예를 들어, “shipment must be on or before April 10, 20××” 와 같이 정해진 특정일자가 4월 10일인 경우에 4월 10일을 기준으로 하여 전 5일(4월 5일부터 시작하여) 후 5일(4월 11일부터 15일까지) 즉 4월 5일부터 4월 15일까지 도합 11일간을 의미한다. 이 표현 역시 종전에는 선적일과 관련되어서만 사용되었으나 UCP600에서는 신용장에서 모든 일자에 사용되는 것으로 변경하였다.

(2) 즉시 선적조건

즉시 선적조건이란 선적시기를 몇 일내, 어느 월, 일 등으로 정확한 선적 일자를 기재하지 않고 막연하게 즉시 또는 가능한 조속히 선적하는 것을 조건으로 하는 것을 말한다.

신속한(prompt), 즉시(immediately), 가능한 한 빨리(as soon as possible)와 같은 단어가 신용장에서 사용되는 경우에는 애매모호하고 불확실한 표현이므로 무시하도록 규

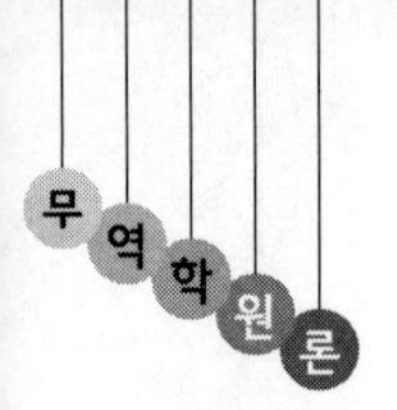

정하고 있다. UCP600의 제3조에서는 모든 일자를 표시할 때 이러한 용어를 사용하지 말아야하며 이러한 용어를 사용하였을 경우에는 무시하도록 규정하고 있다. 그러나 서류에 사용될 것이 요구되는 경우에는 허용된다. 예를 들어'Prompt shipment means shipment within two weeks after receipt of L/C(즉시선적은 신용장 수령 후 2주 이내의 선적을 의미 한다)'라고 표시하는 것과 같은 경우이다.

선적 기간을 결정하기 위해 사용되는 ① from(부터), until(까지), to(까지) 그리고 between(사이)은 해당 일을 포함한다. ② after(이후), before(이전)는 해당 일은 제외한다. UCP600에서는 선적기간의 해석과 관련하여 당해 일자를 포함하는 용어에 between(사이)라는 용어를 추가하였으며, 당해일자를 포함하지 않는 용어에는 before (이전)이라는 용어를 추가하였다.

③ 어느 달의 전반(first half)은 1-15일이며 후반(second half)은 16-말일까지를 말하며 그 간의 모든 일자를 포함한다. ④ 어느 달의 상순(beginning)은 1일부터 10일까지이며 중순(middle)은 11일부터 20일까지이다. 그리고 하순(end)은 21일부터 말일까지를 의미하며, 그 기간 중의 모든 일자를 포함한다.

그리고 상기와 같은 표현은 종전에는 선적시기와 관련하여 사용되었으나 UCP600에서는 모든 일자에 전부 사용하도록 변경하였다.

2) 분할선적

분할선적(partial shipment)은 약정물품을 수차례에 걸쳐 나누어 선적하는 것을 말한다. 그러나 약정된 수량을 1회에 선적하거나 또는 2회 이상에 분할하여 선적하는 것은 달리 특약이 없으면 선적 기일 내에서 그 회수와 매기(每期)의 수량은 매도인의 이익을 고려하는 범위 내에서 매도인의 자유이다.

UCP600, 제31조 a항에서는 신용장에서 분할어음발행(partial drawing)이나 분할선적(partial shipment)을 금지하는 경우에는 분할어음발행이나 분할선적이 허용되지 않는다. 그러나 신용장에서 분할선적을 금지한다는 명시가 없으면 분할선적은 허용된다. 따라서 매수인이 분할 선적을 금지시키고자할 때에는 계약서에 partial shipment not allowed (permitted), partial shipment prohibited 등과 같이 명시해야 한다.

분할선적이 허용되는 경우라도 제한을 가하고자 할 때에는 "100M/T to be shipped during May and the balance during June" (100M/T는 5월 선적, 나머지 6월 선적)과 같이 명시할 수 있으며 이 경우 5월분 선적을 이행하지 못할 경우 5월분은 말할 것도

없고 나머지에 대한 계약 효과는 자동 상실된다.

신용장상의 기재요령은 ☑Permitted = Allowed, □ Prohibited =not Allowed에서와 같이 ☑로 표시하면 된다. 그리고 UCP600에 따르면 분할선적을 금지한다는 명시가 없으면 허용하는 것으로 간주한다(at seller's option).

3) 환적

환적(transshipment) 또는 이적이란 UCP 600의 제20조 b항에 의하면 환적(transshipment)이란 신용장에 명시된 적재항으로부터 양륙항까지의 운송과정 중에 한 운송수단으로부터 양하(unloading)되어 다른 운송수단으로 재 적재(reloading)되는 것을 말한다.

UCP 600의 제20조 c항은 신용장에서 환적이 금지되더라도 전 운송이 동일한 선하증권(one and the same B/L)에 의하여 커버되는 한, "물품이 환적될 것이다(the goods will be transhipped)" 또는 "물품이 환적될 수 있다(the goods may be transhipped)" 라고 표시된 선하증권은 수리된다. 그리고 물품이 컨테이너 또는 래쉬바지[LASH : (Lighter aboard ship) barge]에 선적되었다는 것이 선하증권에 의하여 입증된 경우에는 "환적이 이루어질 것이다(transshipment will take place)" 또는 "환적이 이루어질 수 있다(transshipment may take place)" 라고 표시된 선하증권도 수리된다.

목적항까지 직행하는 선박이 없을 경우에는 환적조건으로 계약하여 계약서에 그 뜻을 기재해야 한다. 또한 신용장에도 Transshipment Allowed라고 명시한다. 그리고는 신용장에 "direct shipment" 등의 명문규정이 있을 경우에는 반드시 직항선에 선적해야 한다. 그러나 신용장 통일 규칙에 환적에 대한 특약이 없으면 약정 선적기일 내에 환적이 가능한 것으로 해석한다.

4) 선적지연

선적지연(delayed shipment)이란 약정된 선적기한 내에 약정물품의 선적을 이행하지 못하는 것을 말한다. 이때 매도인의 고의 또는 과실에 의한 선적지연은 명백한 계약의 불이행에 해당하므로 매도인이 책임을 져야한다. 단, 선적지연이 천재지변이나 파업, 전쟁 등의 불가항력(force majeure)으로 인한 선적지연은 매도인의 사유가 아니기 때문에 면책이 된다.

그러나 불가항력으로 인한 경우에는 즉시성(卽時性) 입증책임을 조건으로 선적일이 약 3주 또는 1개월 정도 연장된다. 그리고 매도인은 선적을 방해하는 불가항력의 존재

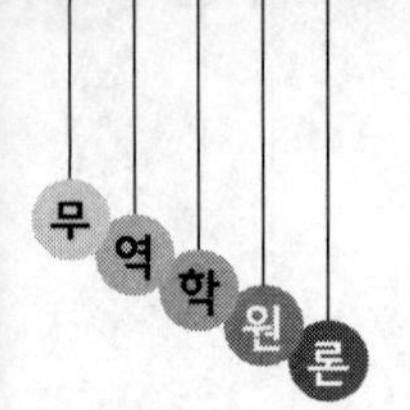

를 입증할 수 있는 서류를 매수인에게 지체없이 송부하여 그 사실을 통지해야 한다.

선적일(shipping date)의 입증은 UCP600, 제20조 a항 ii호에 의하면 선하증권에는 물품이 신용장에 명시된 적재항에서 지정선박에 본선적재 되었음이 표시되어있어야 한다. 이때 선적일(date of shipment)의 증명방법은 선하증권 상에 지정선박에 적재되었음을 표시하는 조항이 사전 인쇄된 경우에는 선하증권의 발행일이 선적일이 되며, 수취선하증권 상에 지정선박에 적재되었음을 표시하는 별도의 본선적재표기(on board notation)가 있는 경우에는 본선적재표기일(date of the on board notation)이 선적일이 된다.

그리고 선하증권의 선박명란에 "예정된 선박(intended vessel)" 또는 이와 유사한 제한의 표시가 기재된 경우에는 그 물품이 그 예정된 선박에 실제로 선적되었더라도 본선적재표기에 선적일과 실제선박의 명칭이 기재되어야 한다. 보통 선하증권에는 "The date of bill of lading shall be final as to date of shipment." (B/L date = shipping date)와 같이 표시하여 선적일의 기준으로 하고 있다. 그리고 신용장에 신용장의 만기일(expiry date)이 정해져 있으나 최종선적일(latest shipping date)이 정해져 있지 않은 경우에는 신용장의 만기일을 최종 선적일로 간주한다.

4.7 보험조건

보험(insurance, assurance)이란 동일한 우발적인 사고 발생의 위험 하에 있는 다수인이 그 사고로 인한 경제적 수요의 충족을 얻기 위하여 통계적 기초에서 산출된 금액을 미리 갹출하여 자금을 만들어 두고 일정한 사고가 생겼을 때 이 자금으로부터 재산적 급부를 받는 제도이다.

무역은 매도인으로부터 매수인에게 약정물품을 인도하는 데 있어서 원거리의 운송이 불가피하고 장기간이 소요되기 때문에 멸실이나 손상 등의 손해를 입을 위험이 있다. 따라서 이러한 위험으로부터 분쟁을 미연에 방지하고 원활한 무역거래의 이행을 위해서는 양당사자는 보험에 관한 사항을 협정해야 한다.

1) 부보 의무자의 결정

매도인과 매수인 중 어느 당사자가 약정상품의 운송에 따른 부보를 해야 할 것인지는 무역계약을 체결할 때 어떠한 정형거래조건을 이용하였는가의 문제이다. 즉, 본선인도조건(FOB)의 경우에는 수입업자가 부보의무자가 되고, 운임보험료 포함인도조건(CIF)

의 경우에는 수출업자가 부보를 해야 한다.

2) 부보조건의 결정

원칙적으로 보험자의 경우 상품의 운송 중에 발생될 수 있는 모든 손해를 보상하는 것이 아니고, 피보험자가 부보한 조건에 따라 보험자가 담보한 위험에 기인하여 발생한 손해만을 보상한다. 따라서 피보험자는 어떠한 조건으로 부보할 것인지를 보험계약의 체결시 결정해야 한다.

사실상 무역당사자의 경우 해상보험에 관한 전문적인 지식을 가지고 있는 전문가가 아니기 때문에 보험자로 하여금 어떠한 위험을 담보시키고, 어떠한 위험을 면책시킨다는 등을 하나하나 보험계약서상에 명시하는데도 상당한 어려움 등이 있어서 런던 해상보험업자협회(Institute of London Underwriters)와 로이즈 해상보험업자협회(Lloyd's Underwriters Association)에서 신협회화물약관(Institute Cargo Clause : ICC)을 제정하였다. 협회화물약관상에 나타나 있는 부보조건에는 ICC(A) : A Clauses, ICC(B) : B Clauses, Institute ICC(C) : C Clauses, Institute War Clauses 및 Institute Strikes Clauses 등이 있다.

따라서 피보험자의 경우에 있어서는 협회화물약관상에 있는 부보조건을 결정하여 보험계약을 체결하면 된다. 다만, 피보험자의 경우에 있어서 약관에 나타나 있지 않는 위험에 기인한 손해를 보상받고 싶은 경우에는 보험자와 특약에 의하여 추가보험료를 부담하고 위험에 대한 보험보호를 받을 수 있다.

4.8 클레임과 상사중재에 관한 조건

일반적으로 무역계약의 당사자가 계약조건을 엄밀하게 일치하여 무역계약을 이행하게 된다면, 당사자 간의 무역거래에 따른 문제가 발생되지 않는다. 그러나 무역거래는 언어, 거래관습, 법률 등이 서로 다른 수출업자와 수입업자간의 거래이기 때문에 국내거래에 비하여 당사자의 고의 또는 과실 여부를 떠나서 분쟁이 발생하기 쉬우며 이로 인하여 손해배상청구나 소송이 제기될 수 있다. 보통 무역거래에서 발생하는 분쟁은 품질불량, 수량 과부족, 선적 지연 등 여러 가지 유형이 있다. 그러나 어떠한 형태의 유형에서 발생된 분쟁이든 신속하고도 합리적으로 그 해결방안을 모색해 두어야 한다.

무역계약을 체결할 때 클레임과 상사중재에 관한 조건에서 고려해야 할 문제로 첫째, 물품인도 또는 서류 도착 후 몇 일내에 클레임을 제기해야 하는가와 클레임의 제기 방

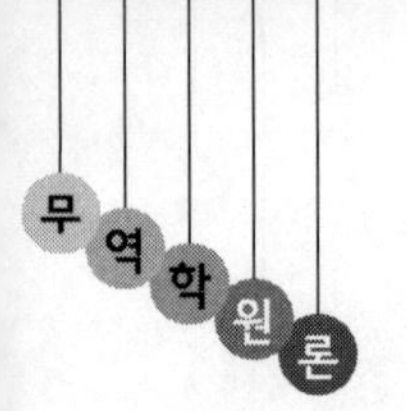

법 그리고 증빙서류의 종류 등을 명확히 해야 한다. 둘째, 분쟁의 해결 방법과 분쟁 해결기관을 명시하고 클레임의 해결장소, 준거법 및 규칙에 대하여 약정해야 한다.

일반적으로 분쟁이 발생하면 당사자 간의 화해(compromise), 알선(conciliation), 조정(mediation), 중재(arbitration) 및 소송(litigation) 등이 있다. 가급적이면 시간과 비용이 많이 드는 소송을 피하고 조정이나 중재 등의 방법으로 해결하는 것이 양당사자 간에 이익이 될 것이다.

제11장 | 대금결제론

 제1절 … 신용장

1.1 신용장의 의의

1) 신용장의 정의

신용장(Letter of Credit : L/C)이란 그 명칭이나 표현에 상관없이 취소불능적인 약정으로 신용장조건과 일치한 서류의 제시[20]에 대하여 발행은행이 대금지급[21]을 확약하는 조건부지급확약서(conditional letter of payment undertaking)로서 이 발행은행이 취소불능으로 결제(지급이행)하겠다고 확약하는 모든 약정을 말한다(UCP600 제2조).

즉, 신용장은 수입업자의 요청과 지시에 따라 수입업자의 거래은행(발행은행)이 수출업자 혹은 수출업자가 지정한 자에게 수출대금을 지급하거나 수출업자가 일정한 조건하에 수입업자, 발행은행 또는 발행은행이 지정한 은행 앞으로 환어음(bill of exchange)을 발행하면 이를 지급[22], 인수[23] 또는 매입[24]할 것을 약정한 증서이다.

---

20) 일치하는 제시(complying presentation)란 제시자(수익자 또는 지정은행)가 제시하는 서류가 신용장 조건이나 신용장통일규칙(UCP600) 및 국제표준은행의 적용 가능한 범위 내에서의 규정에 일치할 때 일치하는 제시가 이루어진 것으로 본다.

21) 결제(지급이행)(honour)라 함은 신용장의 이용방법에 따라 발행은행이 최종적으로 지급을 이행하는 것을 말한다. 즉 일람출급신용장(sight payment L/C)의 경우에는 일람지급하고, 연지급신용장(deferred payment L/C)의 경우에는 연지급 확약 후 만기일에 지급하며 또한 인수신용장(acceptance L/C)의 경우에는 환어음인수 후 만기에 지급하는 것이다. 따라서 결제(지급이행)(honour)의 의미는 sight payment, deferred payment, acceptance를 모두 포함하는 개념이다. 그러나 신용장 사용방법 중 매입(negotiation)은 결제(지급이행)(honour)에 포함되지 않는다.

22) 지급(payment)이란 발행은행의 요청에 따라 지정된 수출지의 특정은행(예치환거래은행)이나 발행은행 또는 그 지점이 매입은행이나 수익자가 제시하는 서류를 받고 약정된 신용장 금액을 액면가액 그대로 지급하는 것을 말한다.

그리고 신용장(credit)은 상업신용장(commercial credit), 화환신용장(documentary credit), 보증신용장(standby credit) 등과 같이 어느 명칭을 사용하든 발행은행이 지급을 확약하는 취소불능신용장이어야 한다.

신용장제도가 무역거래에서 널리 활용되고 있는 것은 수출업자 입장에서는 수입업자의 파산이나 행방불명 등의 이유로 대금회수불능위험(credit risk)이 발생할 수 있고, 수입업자 입장에서는 수출업자가 계약과 상이한 물품을 인도하거나 또는 상품 입수불능위험(mercantile risk)에 빠질 수 있다.

따라서 수출업자는 수출대금을 받은 후에 약정물품을 수입업자에게 인도하고자 하고 반면에 수입업자는 약정물품을 인수받은 후에 그 대금을 지급하려고 하는 서로 상반된 이해관계를 가지고 있다. 신용장이 무역거래에 있어 광범위하게 이용되는 것은 서로 상반된 이해관계를 동시를 해결할 수 있는 수단이 되기 때문이다.

즉, 신용장은 무역 당사자 간의 개인적인 신용(private credit) 이외에 은행의 신용(bank credit)이 추가되어 이루어지기 때문에 수출업자에게는 대금결제의 위험을 제거하여 주고, 또한 수입업자에게는 약정물품과 불일치하는 물품의 입수불능 위험을 방지하여 주는 역할을 한다.

2) 신용장통일규칙(UCP600)

신용장통일규칙(UCP600)[25] 제1조는 화환신용장 및 보증신용장에 적용되는 규칙(rules)이라 명시함으로써 신용장의 적용범위와 법적구속력에 대한 사항을 규정하고 있

---

23) 인수(Acceptance)란 발행은행의 요청에 따라 지정된 수출지의 은행이 수익자 또는 매입은행에 대하여 기한부신용장의 어음을 만기일에 자행에 제시하면 대금을 지급하겠다고 하는 의사표시를 말한다. 일반적으로 발행은행이 특정은행을 인수은행(실무적으로는 통지은행)으로 지정하고 그 인수은행으로부터 인수편의를 제공받을 때 사용된다. 인수편의란 수출상이 기한부어음의 대금 결제 조건인 경우 해외에 있는 d{치환거래은행(인수은행)이 발행은행을 위하여 환어음의 인수(및 할인)와 신용장 대금을 대신 지급하여 주고 어음의 만기일에 발행은행으로부터 그 대금을 회수하는 형태의 신용공여를 말함.

24) 매입(negotiation)이란 수출상이 제시하는 서류(환어음, 선적서류, 상업송장 등)를 할인가격(신용장 금액에서 이자, 수수료 등을 공제한 금액)으로 사는 것이다. 즉, 수출상이 제시하는 환어음에 대한 대금을 자기 은행 자금으로 지급하고 환어음을 구입하는 것이다. 신용장 조건과 일치하는 제시에 대하여 지정은행이, 지정은행에 상환하여야하는 은행영업일 또는 그 이전에 수익자에게 대금을 선지급 하거나 또는 선지급 하기로 약정함으로써 환어음(지정은행이 아닌 은행을 지급인으로 하여 발행된) 및 또는 서류를 구매(purchase)하는 것을 의미한다(UCP600).

25) 제6차 개정신용장통일규칙(UCP600)은 화환신용장에 관한 통일규칙 및 관례, 2007년 개정, 국제상업회의소(ICC), 출판물 번호 제600호 임

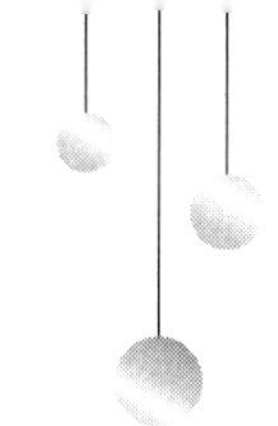

다. 그러나 UCP600은 강제성을 띤 법규가 아니고 거래하는 당사자들이 상호 적용하기로 합의하는 경우에만 선택적으로 적용되는 규칙이다.

따라서 화환신용장이나 보증신용장이 신용장통일규칙의 적용을 받으려면 당연히 신용장통일규칙 적용문언(This Credit is issued subject to the Uniform Customs and Practice for Documentary Credits, 2007 revision, ICC Publication No.600)을 삽입해야 한다. 신용장상에 신용장통일규칙 적용문언을 삽입하면 신용장에 명시적으로 변경되거나 또는 배제되는 경우를 제외하고는 모든 신용장 관계 당사자를 구속한다.

즉, UCP600 그 자체가 법적구속력은 갖고 있지 않으나 신용장 관계당사자가 신용장상에 신용장통일규칙에 준거한다는 신용장통일규칙 적용문언을 관계서류에 삽입한 경우에는 다른 특별한 명시가 없는 한 신용장 관계 당사자 전원(신용장발행은행, 수익자, 개설의뢰인, 확인은행, 통지은행, 제2통지은행, 지급은행, 연지급은행, 인수은행, 매입은행, 제2수익자, 양도은행 등)에 대하여 법적구속력(binding force)이 있다.

그리고 SWIFT MT700[26] 계통의 통신수단을 이용하여 개설된 신용장에는 필드번호 제40E에 "UCP LATEST VERSION"이라는 문언이 기재되어 있으면 신용장통일규칙인 UCP 600이 적용된다.

따라서 신용장을 수취한 수출업자는 우선 상기의 문언이 그 신용장에 포함되어 있는지 여부를 확인하고 만일 그 문언이 없다면 즉시 자신의 거래처인 수입업자 또는 통지은행을 통하여 발행은행에 상기의 문언을 삽입해주도록 요구하여 조건변경을 받아야 한다.

1.2 신용장의 성격

1) 신용장의 독립성

신용장의 독립성(independency of the credit)은 신용장이 일단 개설되어 수익자에게 통보되면 무역계약은 물론 기타계약에 근거를 두고 있는 경우일지라도 그러한 계약과는 아무런 관계가 없이 또한 그러한 계약에 전혀 구속되지 않고 완전히 독립되어 그 자체만으로 별도의 법률관계를 형성하게 된다는 것을 의미한다.

즉, 신용장은 매매계약에 근거하여 발행되지만 일단 신용장이 발행되면 그 매매계약

26) SWIFT(Society for Worldwide Interbank Financial Telecommunications)는 1973년 벨기에에 본부를 두고 은행간 국제금융거래에 따른 통신문 교환을 목적으로 설립된 기구이다. MT(Message Type)700은 SWIFT통신문 중에서 신용장개설용으로 들어진 양식이다.

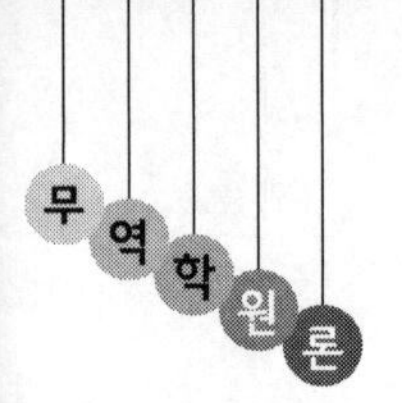

과는 독립된 별도의 법률관계가 형성된다는 것이다. 신용장의 당사자인 발행은행은 매매계약의 당사자가 아니며 단순히 은행의 고객인 수입업자의 편리를 위하고 또한 다른 모든 신용장의 관계은행도 신용장에 명시된 조건에만 따를 뿐이지 그 외의 계약에 영향을 받지 않는다.

신용장의 독립성이 필요한 것은 매매계약의 당사자들만 그 계약의 내용을 잘 알고 있지 신용장의 다른 당사자들은 그 내용을 잘 알지 못하며, 자기가 알지 못하는 내용에 의해 규제나 영향을 받는 다는 것은 있을 수 없고 그렇게 된다면 은행은 이러한 계약관계에 대한 당사자가 되지 않으려고 하기 때문이다.

그리고 신용장의 독립성에 대한 규정은 UCP600(신용장통일규칙 제4조 b항)에서 신설되었으며, 발행은행은 신용장의 필수적인 부분으로서, 근거계약의 사본, 견적송장 등을 포함시키고자하는 어떠한 시도도 저지하여야 한다.' 라고 규정하고 있다.

이것은 수입업자가 신용장발행의뢰를 할 때 발행은행에게 신용장의 필수적인 부분으로서 근거 계약의 사본(copies of the underlying contract)이나 견적송장(proforma invoice) 등의 서류를 포함시키는 등 과도한 상품 명세서를 추가하려고 할 때 발행은행이 이를 하지 못하도록 해야 한다는 것이다. 수입업자는 신용장거래의 독립추상성의 원칙에 따라 무역계약과 다른 물품이 선적되었더라도 서류가 일치하는 경우에는 수입대금을 지급해야하는 불리한 위치에 있다.

따라서 수입업자는 신용장상에 각종 까다로운 조건이나 지나친 물품의 명세서를 삽입하고자 한다. 이러한 수입업자의 의도는 오히려 신용장거래의 본질을 약화 시킬 수 있으므로, 발행은행이 이를 저지하여 신용장 거래의 원활을 기할 수 있도록 하는데 그 목적이 있다.

즉, 신용장거래의 독립성은 무역계약서에 근거하여 일단 신용장이 발행된 후에는 계약당사자와 함께 발행은행이 개입하게 되므로 신용장은 무역계약과는 하등의 관계가 없이 독립된 별개의 거래로 파악되어 신용장상에 언급된 사항에만 제한을 받게 된다. 설사 무역계약의 내용이 신용장 내용과 상이한 부분이 있다하더라도 무역계약서는 무시되고 신용장조건에 따라야 한다는 것이다.

2) 신용장의 추상성

신용장의 추상성(abstraction)은 신용장 거래에 있어서 발행은행이나 지정은행[27]은 서류에 의한 거래를 하는 것이지 무역계약의 내용과 실질관계에 있는 상품, 서비스 및

기타 의무 이행상의 거래를 대상으로 하는 것이 아니라는 것이다.

신용장통일규칙 제5조(UCP600)는 신용장의 추상성에 대해 '은행은 서류를 취급하는 것이며 그 서류와 관련된 물품이나 용역 또는 의무이행을 취급하는 것이 아니다'라고 규정하고 있다.

따라서 수출업자가 제시한 환어음을 지급, 인수 또는 매입하는 은행은 어디까지나 제시된 서류가 신용장의 요건을 충족시켰는가를 서류상으로만 확인하고 수출대금을 결제해야 한다. 발행은행도 서류상 아무런 하자가 없으면 대금을 상환해야 할 의무가 있다.

그리고 은행은 수출업자의 선적사실을 조사할 의무나 책임이 없으며 설사 수출업자가 불량상품을 선적하였다 하더라도 서류상으로 하자가 없으면 대금지급을 하게 되며, 선적상품이 완벽하다 하더라도 서류상에 하자가 있으면 대금지급을 거절하게 되는 것이 신용장의 추상성이다.

또한 수입업자가 매매계약에 따른 물품인수와 관련한 하자를 이유로 발행은행이 제시한 대금지급을 거절할 수 없으며, 단지 선적서류만 확인하고 수입대금을 발행은행에 결제해야 한다. 만약 거래물품을 직접 확인한 후 서류를 인수하겠다고 주장하면 이것은 신용장의 추상성에 위배되기 때문에 이러한 주장은 성립되지 않는다.

이처럼 국제무역이 원활히 이루어지는 것은 신용장의 독립성과 추상성이 보장되어 있기 때문이다.

1.3 신용장의 효용과 한계성

1) 신용장의 효용

(1) 수출업자의 효용

수출업자는 계약물품을 인도하기 전에 대금을 먼저 받고 물품을 인도하려 한다. 그러나 신용장을 매개로 한 거래로 이러한 대금회수불능위험을 제거할 수 있다. 따라서 신용장 거래는 다음과 같은 이점을 가지고 있다.

첫째, 수출업자는 수입업자의 신용과 관계없이 원부자재를 조달하여 주문을 받은 상

27) UCP600의 제5조(서류와 물품, 용역 또는 의무이행)에서는 서류를 취급하는 당사자는 은행이기 때문에 종전의 신용장의 모든 관계당사자(all parties concerned)라는 용어를 은행(banks)이라는 용어로 변경하였다.

품을 제조하거나 집하할 수 있다. 둘째, 수출업자는 선적 후 신용장 조건에 일치하는 서류를 은행에 제시하여 수출대금 전액을 즉시 회수할 수 있다. 셋째, 수출업자는 신용장을 담보로 한 무역어음을 발행함으로써 선적 전에 자금을 융통할 수 있다. 이를 무역어음 대출이라고 한다. 특히 전대신용장의 경우에는 선적 전에 수출에 필요한 자금을 미리 융통할 수 있는 이점을 가지고 있다. 넷째, 신용장 조건이 취소불능인 경우에는 당사자 전원의 합의가 없으면 조건의 변경이나 취소가 불가능함으로 안심하고 수출물품을 조달 또는 생산하여 대금을 결제 받을 수 있다. 다섯째, 외환관리 규정에 따라 대외지급을 금지 또는 규제하는 국가라도 신용장의 발행은 이미 수입허가를 받은 경우이기 때문에 그 후에 외환관리 규정이 개정되어 대외지급이 금지되더라도 안심하고 수출대금을 지급받을 수 있다.

(2) 수입업자의 효용

수입업자는 계약물품을 입수한 후 수입대금을 지급하려고 한다. 은행의 대금결제는 신용장조건과 일치하는 선적 서류의 제시를 조건으로 하기 때문에 수입업자는 계약조건과 일치하는 물품을 입수할 수 있다.

첫째, 수입업자는 신용장을 개설함으로서 자신의 신용여부에 불구하고 수출업자와 계약에 의하여 물품을 수입할 수 있다. 둘째, 계약물품이 정확하게 선적될 경우에만 대금을 지급한다. 대금결제의 조건이 신용장 조건과 일치하는 선적서류의 제시를 조건으로 한다. 따라서 선박회사가 발행한 선하증권 등이 신용장 조건과 완전히 일치할 경우에만 대금결제가 이루어진다. 셋째, 신용장에 의하여 대금 지급에 관하여 수입자금의 융자를 받는 것과 같은 효과를 얻을 수 있다. 기한부 신용장의 경우 물품인수 후 일정기간이 경과한 후에 대금을 지급할 수 있다. 넷째, 신용장에는 유효기일과 최종 선적기일이 명시되어 있기 때문에 수입업자는 상품을 자신이 원하는 일자에 입수할 수 있다.

(3) 개설은행의 효용

신용장 개설시 수입업자가 제출하는 신용장 발행 약정서에 의하여 은행이 부담하는 모든 비용과 위험을 수입업자에게 전가시킬 수 있다. 그리고 수출업자가 제시하는 선하증권을 발행은행의 지시식으로 발행하도록 신용장에 규정함으로써 운송 중의 화물의 담보권을 취득할 수 있다.

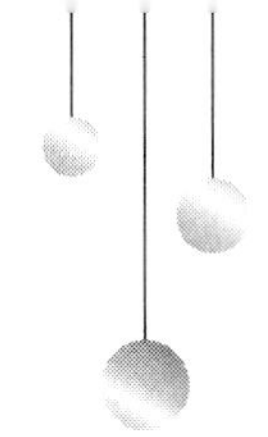

(4) 매입은행의 효용

신용장 조건에 일치하는 서류를 제시받고 매입(환어음 대금 결제)한 은행은 발행은행으로부터 대금회수를 확약 받고 있다. 즉, 수입업자의 대금지급불능에 대하여 신용장 발행은행이 대금지급을 최종적으로 책임지기 때문에 수익자가 발행한 화환어음을 은행은 안심하고 그 어음을 매입한다.

그리고 매입은행은 수출업자가 발행하는 환어음의 선의의 소지인(bona fide holder)으로서 그 어음이 지급 거절 또는 인수 거절된 때에는 최초의 발행인인 수출업자에게 소구권을 행사할 수 있다.

2) 신용장의 한계성

신용장 발행의뢰인은 실제의 상품이나 계약과 다르게 작성된 운송서류라 할지라도 신용장이 요구하는 조건에 일치하는 서류가 제시되면 대금지급의무가 있다. 그리고 신용장 발행은행은 계약상의 위반이나 손해 방지를 위한 책임과 의무는 없다.

신용장의 독립성과 추장성에서 언급하였듯이 신용장의 거래는 실질적인 거래인 매매계약과는 하등에 관계없이 단지 발행은행의 신용장 조건 만 수익자가 충족시키면 신용장의 지급, 매입, 인수, 또는 연지급 등의 약정이 그대로 이행된다.

따라서 실질적인 상품의 인도과정에서 하자나 계약내용과의 불일치 등이 발생하더라고 수익자가 신용장 조건의 서류 제시 조건만 충족되면 수입업자는 대금을 지급할 의무가 있는 등의 한계가 있다.

3) 엄밀 일치 원칙

엄밀 일치 원칙(doctrine of strict compliance)은 은행에 제시되는 모든 서류는 신용장 조건과 문면상 엄밀히 일치하여야 한다는 것을 의미한다.

신용장통일규칙에서 "만약 서류가 신용장의 제 조건과 문면 상 일치하게 표현되지 아니한 경우에는 은행은 서류의 수리를 거절할 수 있다." 라고 규정되어 있다.

엄밀일치의 원칙에 의하면 첫째, 서류는 지정된 대로 모든 서류가 은행에 제시되어야 한다. 둘째, 서류는 반드시 신용장에서 요구된 양식과 정확히 일치하여야 한다. 셋째, 서류상의 상품 명세는 반드시 신용장 상의 명세와 일치하여야 한다. 엄밀일치의 원칙의 모순은 서류의 불일치가 경미하거나 부분적인 사항의 불일치가 있어도 대금지급을 거

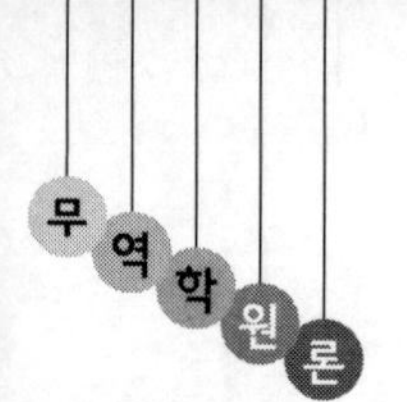

절하게 되며, 또한 서류는 엄밀히 일치하지만 서류가 허위로 작성된 경우 지급하여야 되느냐의 문제가 있다. 이와 같이 사기에 의한 위조서류에 대하여는 지급을 거절할 수 있다는 것이 미국이나 영국의 판례에 의하여 인정되고 있다.

1.4 신용장에 의한 결제과정

국제간의 무역거래는 여러 가지 위험부담이 따르기 때문에 은행이 보증하는 신용장 방식에 의한 결제가 많이 이루어지고 있다. 이 결제 방식은 송금방식 및 추심방식에서의 금융적 불편이나 신용위험을 대폭 감소시킴은 물론 발행은행의 보증으로 수출대금을 안전하게 회수할 수 있다. 신용장에 의한 결제과정은 다음의 [그림 11-1]에 따라 이루어진다.

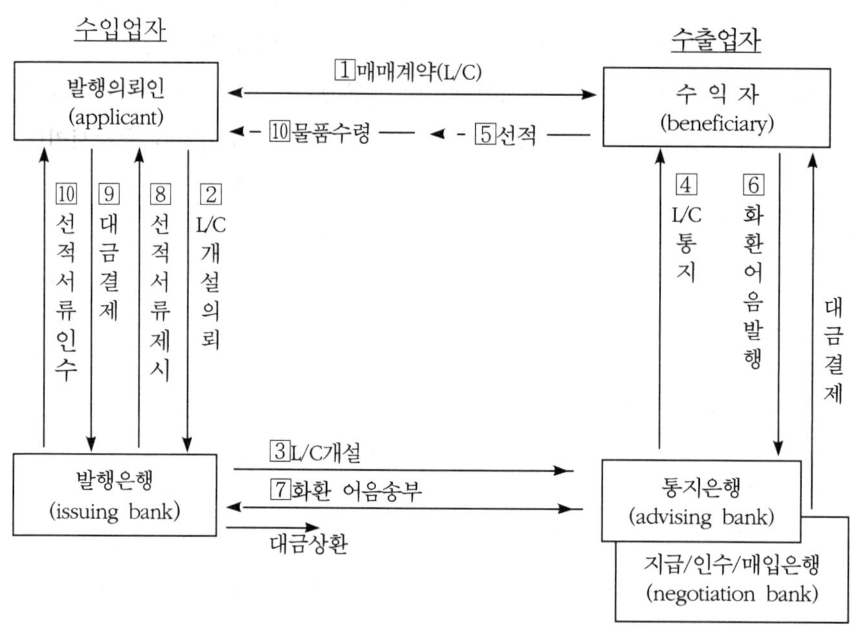

[그림 11-1] 신용장방식에 의한 거래절차

1 수입업자와 수출업자는 물품의 대금결제를 신용장의 결제방식에 의한다는 조건으로 매매계약 체결

2 수입업자(신용장 발행의뢰인)는 매매계약에 약정된 조건에 따라 자신의 거래은행에 담보를 제공하고 화환신용장의 개설을 의뢰

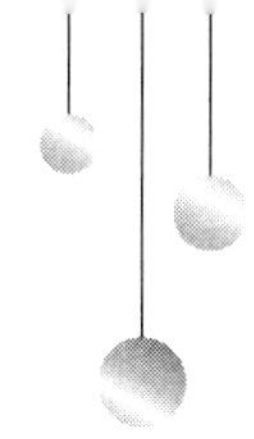

3 신용장 발행의뢰인의 지시를 받은 거래은행(발행은행)은 신용장 발행약정에 합의한 대로 수출업자 앞으로 신용장을 발행하여 수출업자의 소재지에 있는 환거래은행에게 그 통지를 지시
4 발행은행의 지시를 받은 환거래은행(통지은행)은 신용장의 외관상 진정성(authenticity)을 확인한 후 이를 수출업자에게 통지
5 화환신용장을 받은 수출업자(수익자)는 신용장에 규정된 물품을 선적하고 선하증권을 비롯한 규정된 선적서류를 구비
6 선적을 마친 수익자는 선적서류를 첨부한 환어음을 발행하거나 또는 선적서류를 신용장에서 지정된 은행에 제시하여 지급, 인수 또는 매입을 요청한다. 이때 지정은행은 제시된 서류를 심사한 후 수출대금을 지급한다.
7 수익자에게 화환취결을 마친 지정은행(지급/인수/매입은행)은 선적서류와 환어음을 발행은행에 송부하고 발행은행으로부터 대금을 보상받는다.
8 발행은행은 신용장 발행의뢰인으로부터 수입대금을 받고 송부되어 온 선적서류를 그에게 인도한다.
9 신용장 개설의뢰인인 수입업자는 이 서류를 운송인에게 제시하고 수입물품을 수령함으로써 모든 거래과정이 종료된다.

이 때 환어음의 결제는 선하증권 등 선적서류가 첨부된 화환어음이며 환어음의 지급만기일 구분에 따라 일람불어음(sight bill)과 기한부어음(usance bill)이 있다. 기한부어음의 만기일은 일람 후(after sight)정기출급, 일부 후(after sight)정기출급(발행일자 후 정기출급) 및 확정일(on a fixed date)출급의 세 가지가 있다.

그리고 환어음 발행시 선적서류의 첨부를 하지 않은 조건은 무담보어음이라 한다.

1.5 신용장의 당사자

신용장 거래에 관계되는 자들을 당사자(parties concerned)라고 하며, 기본당사자와 기타 당사자가 있다.

1) 기본당사자

기본당사자는 신용장거래에서 직접적인 권리와 의무를 갖는 당사자들로서 신용장의 발행의뢰인(applicant), 발행은행(issuing bank), 수익자(beneficiary)가 있다. 만약 확인신용장(confirmed letter of credit) 경우에는 확인은행(confirming bank)도 신용장거래의 기본 당사자에 포함된다. 이들 기본 당사자는 신용장에 관한 권리와 의무의 직접적인 당사자이기 때문에 취소불능신용장이 개설된 경우에는 이러한 기본 당사자 전원(발행의뢰인 제외)의 합의가 없이는 신용장의 취소나 조건 변경이 불가능하다.

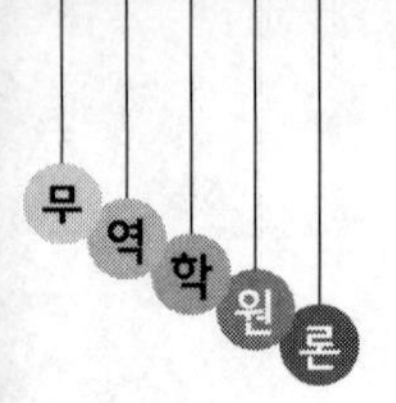

(1) 발행의뢰인

신용장 발행의뢰인(Applicant)은 수출상과의 매매계약에 따라 자신의 거래은행에 수출상 앞으로 신용장의 발행을 요청 또는 지시하는 당사자를 말한다. 이때의 당사자(party)는 개인, 기업, 은행 등이 될 수 있다. 그리고 발행의뢰인을 당사자라고 표현한 것은 발행의뢰인으로부터 신용장 발행을 요청 받은 은행이 자기가 직접 신용장을 발행하지 않고 제3자에게 의뢰하여 신용장을 발행하는 경우가 있기 때문이다.

그 예로서 영국 런던에 소재하는 Confirming House와 같이 수입업자의 의뢰를 받아서 신용장발행을 의뢰하는 경우도 있다. 따라서 이때의 당사자는 신용장발행을 요청하는 신용장거래의 기본당사자일 뿐, 조건변경의 당사자는 아니다.

신용장 발행의뢰인은 그 기능과 역할에 따라 대금결제의 의무를 진다는 점에서 채무자(Accountee), 신용장의 발행에 의하여 신용이 부여된다는 뜻에서 Accredited Buyer, 화물의 수령인이라는 점에서 수하인(Consignee) 신용장을 개설해준다는 점에서 개설인(Opener) 등으로 부르기도 한다.

그러나 UCP600 제6조의 c항은 발행은행이 신용장을 발행할 때 발행의뢰인(수입업자)을 환어음의 지급인으로 하는 신용장의 발행을 금지하고 있다. 이것은 발행은행의 신용장에 대한 지급확약의 의무는 제1차적이고 최종적이기 때문에 발행의뢰인을 지급인으로 한다는 것은 발행의뢰인(수입업자)이 대금지급을 하지 않을 경우에 한하여 발행은행이 제2차적으로 지급의무를 부담한다는 논리가 성립되기 때문이다.

(2) 발행은행

발행은행(Issuing bank)은 발행의뢰인의 지시에 따르거나 또는 그 자신을 위하여(보증신용장의 경우) 수익자 앞으로 신용장을 발행하는 은행을 말한다. 발행은행은 수익자가 제시한 서류와 상환으로 신용장대금을 지급할 것을 확약하는 은행으로서 환어음의 지급에 있어서 최종적인 책임을 부담하는 은행이다.

발행은행은 개설은행(opening bank), 신용공여인(grantor), 신용장작성은행(credit writing bank), 서류취급은행(dealing bank), 발행인(issuer), 어음지급인(drawee) 등 여러 가지로 부르나 UCP600에서는 발행은행(issuing bank) 또는 발행인(issuer)이라는 용어를 사용하고 있다.

그리고 신용장 발행은행은 신용장을 발행할 때 지급(sight payment), 연지급(deferred payment), 인수(acceptance), 매입(negotiation)의 네 가지 방법 중 어느 것으로 사용

가능한지를 명시해야 하며 발행은행에서 일람지급, 연지급 또는 인수에 의하여 사용되도록 하는 경우에 신용장 조건과 일치하는 서류의 제시가 발행은행에 행하여 졌을 때에는 발행은행이 결제(지급이행)할 의무를 부담한다. 발행은행은 일람지급, 연지급 또는 환어음을 인수는 할 수 있으나 매입(negotiation)은 할 수 없다.

그리고 UCP600의 제7조 c항에 의하면 '지정은행(nominated bank)은 발행은행에 의하여 지정된다.'라고 규정하고 있다. 따라서 지정은행[28](확인은행, 지급은행, 인수은행, 매입은행, 연지급은행)이 지정된 범위 내에서 행한 모든 신용장에 관한 행위(지급업무, 연지급업무, 인수업무, 매입업무 등)에 관하여 서류가 신용장 조건에 맞게 제시되면 발행은행이 지정은행에 상환해야한다. 그리고 지급, 인수 또는 매입은행 등에게 상환하여야할 발행은행의 확약은 발행은행의 수익자에 대한 확약과는 별개의 독립된 확약이다.

(3) 통지은행

통지은행(Advising bank)은 발행은행의 요청에 따라 신용장의 발행사실이나 조건변경내용을 수익자에게 통지하여주는 은행이다. 일반적으로 통지은행은 발행은행의 해외지점(overseas branch) 혹은 환거래계약체결은행(correspondent arrangement bank)이 통지은행이 된다. 한편, 발행은행의 요청을 받은 통지은행이 신용장의 발행사실이나 조건변경내용을 수익자에게 직접 통지하지 않고 다른 은행의 서비스를 이용하여 통지하는 경우가 있는데 이때의 다른 은행을 제2통지은행(second advising bank)이라고 한다.

그리고 발행은행으로부터 신용장에 대한 확인요청이나 수권이 있는 경우에 지정은행이 확인을 실행하면 확인은행이 되어 수익자에 대하여 발행은행과 동일한 독립된 대금지급의무를 부담하게 된다.

통지은행은 대개 수익자가 소재하고 있는 발행은행의 본지점이나 환거래은행이 된다. 신용장에서는 통지은행을 Advising Bank이라고 표기하며 또한 Notifying Bank나 Transmitting Bank 등으로 지칭하기도 한다. 신용장의 외관상 진정성에 대해서는 발행은행과 상호교환해둔 서명감(specimen signature booklet), 전신암호(test key) 및 SWIFT의 인증키(authenticity key) 등의 확인방법에 의한다.

---

28) 지정은행(nominated bank)은 발행은행에 의하여 지정되며 신용장 상에 지급, 연지급, 인수 또는 매입을 할 수 있도록 수권 받은 은행이며 확인은행, 지급은행, 매입은행, 인수은행이 있다. 그리고 지정은행이 지정된 범위 내에서 행한 모든 신용장에 관한 행위(지급업무, 연지급업무, 인수업무, 매입업무 등)에 관하여 서류가 신용장 조건과 일치하게 제시되면 발행은행에 지정은행에 상환해야 한다.

(4) 수익자

수익자(Beneficiary, Exporter)는 발행은행으로부터 신용장을 수취하고 신용장 조건에 따라 조건 이행을 하였을 때 이익을 얻을 수 있는 자이다. 즉, 수익자는 신용장 조건에 따라 선적서류를 첨부한 환어음을 발행하여 거래은행에 제시하고 지급, 인수 또는 매입을 의뢰하는 자이다. 그리고 수익자는 신용장의 조건에 일치하는 소정의 서류를 제시하는 한, 개설은행이나 기타 지정된 지급, 인수 또는 매입은행에 대하여 일방적인 지급청구권을 갖는다.

신용장에서는 환어음을 발행하는 자라는 점에서 발행인(drawer), 신용을 제공받는 자라는 점에서 신용수령자(accreditee), 신용장의 통지처라는 점에서 수신인(addressee), 신용장을 사용하는 자는 점에서 사용자(user), 신용장 상의 대금을 수령하는 자라하여 수취인(payee), 화물을 선적하는 자라하여 화주(shipper), 운송인과 운송계약을 체결하고 화물을 탁송하는 자라하여 송화인(consignor)이라고도 한다.

그러나 신용장 통일규칙에서는 "Beneficiary" 라고 하며, 신용장에서는 "In favor of …" 또는 "F/O…"라고 약하여 표시하기도 한다. 또한 양도가능신용장(transferable L/C)이 개설된 경우에는 원신용장의 수익자를 제1수익자(first beneficiary) 또는 원수익자(original beneficiary)라고 하며 원신용장을 양도받은 양수인을 제2수익자(second beneficiary)라고 한다.

2) 기타당사자

기타 당사자는 신용장 거래에서 직접적인 권리와 의무는 없지만 신용장의 원활한 거래를 위하여 간접적으로 협조하거나 대행하는 역할을 맡고 있는 은행당사자를 말한다. 여기에는 통지은행(advising bank), 매입은행(negotiating bank), 지급은행(paying bank), 인수은행(accepting bank), 상환은행(reimbursing bank), 연지급은행(deferred payment undertaking bank) 등이 있다.

(1) 지급은행

지급은행(Paying Bank)은 수익자가 신용장 조건에 따라 약정물품을 선적한 후 선적서류를 첨부한 환어음에 대하여 직접 대금을 지급하거나 대금지급을 위탁받은 은행을 말한다. 즉, 발행은행 자신이나 발행은행의 지정을 받은 예치환거래은행(depositary correspondent bank) 또는 발행은행이 결제대금의 전액을 미리 위탁시켜 둔 지정은행

이 지급은행이 된다.

지급은행은 대개 발행은행의 환 계정이 있으므로 지급과 동시에 발행은행 구좌에서 차기하고 이러한 계정이 없더라도 지급과 동시에 발행은행으로부터 상환 받는다. 지급은행은 신용장에서 요구하는 서류와 직접 상환으로 대금 전액을 지급하거나 발행은행 자신 앞으로 발행된 환어음의 금액을 할인하지 않고 전액 지급한다.

(2) 매입은행

매입은행(Negotiating bank)은 수익자가 약정 물품의 선적 후 신용장에 명시된 지급인(신용장발행의뢰인, 발행은행 또는 그가 지정하는 은행) 앞으로 발행한 환어음을 자기 자금으로 매입하는 은행을 말한다. 이 때 매입은행은 신용장의 조건과 선적서류가 일치하는지 점검 후 매입한다.

즉, 매입은행은 수익자에게 환어음의 매입일(환어음 대금 결제일)로부터 발행은행에 의한 최종 대금 결제일까지의 이자 및 취급 수수료를 공제하고 수출대금을 자기 은행 자금으로 미리 융통하여 주는 은행이다.

일반적으로 수익자는 신용장조건에 따라 약정물품을 선적한 후 선적서류를 첨부한 화환어음을 발행하여 통지은행 또는 자사의 거래은행에게 어음의 매입을 의뢰한다. 이 때 발행은행의 신용장의 조건에서 일람출급이나 기한부 환어음을 매입하도록 지정 받은 은행이 있는 경우에는 그 지정은행이 지급은행이 되고, 특별한 지정이 없는 경우에는 모든 은행이 매입은행이 될 수 있다. 매입은행이 수익자의 환어음을 매입하는 근거는 신용장 상에 명시된 발행은행 또는 확인은행의 확약문언에 따른 지급약속이 있기 때문이다.

매입은행은 신용장 조건에 부합하는 환어음 또는 서류를 매입하는 한 환어음의 선의의 소지인(bona-fide holder)이 되며 발행은행은 선의의 소지인인 매입은행에게 대금을 상환하여줄 의무가 발생한다.

매입 대상은 ① 보증신용장에서는 무화환어음만을 매입할 수도 있고 ② 통상적인 상업신용장에서는 요구된 서류만을 매입할 수 있고 ③ 환어음을 요구하지 않는 신용장에서는 요구된 서류만 매입할 수도 있다. 그리고 제시된 환어음의 지급기간이 일람출급 또는 기한부어음이든 상관없이 모두 매입이 가능하다.

(3) 인수은행

인수은행(Accepting Bank)은 수익자가 신용장 조건에 따라 약정물품을 선적한 후 선

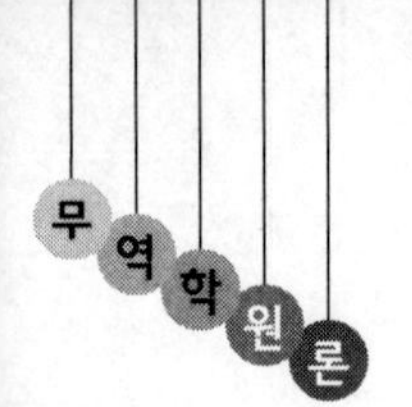

적서류를 첨부하여 은행에 제시되는 기한부어음(time bill or usance bill)을 인수하는 은행을 말한다.

환어음의 인수(acceptance)란 인수자가 환어음의 만기일에 지급하기로 약속하는 법률행위로서 인수를 행한 사람이나 은행은 만기일에 반드시 어음대금을 지급해야 한다. 그리고 환어음은 연지급환어음이어야 한다. 인수은행은 자행 앞으로 발행된 기한부 환어음을 인수한 경우에는 그 어음의 만기일에 반드시 대금지급 의무를 져야 하며 어음의 만기일에는 지급은행이 된다.

기한부조건의 인수신용장 하에서 수출업자는 보통 뉴욕이나 런던의 일류은행을 인수인으로 하는 기한부어음을 발행하고 이를 거래은행에 가서 할인·매입을 의뢰한다. 즉, 수출업자는 기한부어음의 만기일에 수출대금을 결제 받을 수 있지만, 인수은행으로 하여금 만기일까지의 이자를 미리 공제하고 인수하여 줄 것을 요청한다. 따라서 신용장에 의거 기한부조건으로 수출을 하더라도 일람조건의 환어음과 마찬가지로 수출대금을 즉시 회수할 수 있다. 대개 기한부조건의 수출은 불경기이거나 수입업자의 요청에 의하여 이루어진다.

그러나 어느 은행이든 수익자의 기한부어음을 인수하게 되면 무조건 대금지급의무가 발생하므로 인수를 요청받은 은행은 UCP600은 물론이고 어음법 등의 법률에서 정해진 인수에 따른 책임을 지게 되므로 은행은 발행은행은 사전에 합의가 없는 한 인수를 하지 않는다.

즉, 발행은행이 어느 은행을 인수은행으로 지정하더라도 그 지정은행이 명시적으로 합의하고 수익자에게 이를 통보하지 않는 한 그 지정은행은 반드시 환어음을 인수하여야할 의무를 지지 아니한다. 따라서 인수은행으로 지정된 은행이 확인은행이 아닌 한, 그 인수은행이 수익자의 환어음을 인수하지 아니하면 발행은행이 최종적으로 이를 인수하고 어음의 만기일에 지급하여야 한다.

실제로 신용장 거래에서는 환어음의 지급인에 따라 두 가지의 경우가 발행한다. 첫째, 연지급환어음의 지급인이 발행은행으로 되어 있어 발행은행이 직접 인수하는 경우이고 둘째, 환어음의 지급인을 발행은행이 아닌 다른 은행으로 요구하는 경우 그 다른 은행이 인수할 수도 있다. 그러나 인수를 거절하는 경우 수익자는 환어음의 지급인에 상관없이 발행은행에 제시하면서 인수를 요구하면 발행은행이 이를 직접 인수하여야 한다.

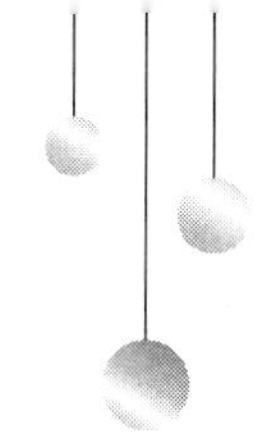

(4) 연지급은행

신용장은 단기성 결제(180일 이내)를 위하여 사용되는 것인데, 그 기간보다 긴 중·장기 결제가 필요한 경우에는 기한부어음을 발행하지 않는다. 이 때 신용장에 연지급이 약정되어 있으면 신용장 상의 규정에 따라 결정되는 만기일에 환어음의 교부 없이 지급이 이루어진다. 즉, 수익자가 발행은행이나 확인은행의 지시에 따라 신용장 조건에 일치하는 서류를 은행에 제시하면 은행은 서류 심사 후 수출업자에게 만기일을 기재한 연지급 확약서(deferred payment undertaking)를 발급해주는 은행을 연지급은행(Deferred Paying Bank)이라 한다.

연지급은행은 주로 발행은행의 본·지점 또는 예치환거래은행으로서 만기일에 발행은행의 구좌에서 직접 차기하여 신용장대금을 지급하도록 사전에 위임되어 있다. 독일과 프랑스와 같은 대륙 국가에서는 환어음 발행에 고액의 인지세를 부과하기 때문에 환어음을 발행하지 않고 단지 서류와 상환으로 연지급확약서를 교부받아 지정된 만기일에 대금을 지급받는 방식이 많이 이용되고 있다.

(5) 확인은행

확인(Confirmation)이란 신용장조건에 일치하는 서류 제시에 대하여 신용장 발행은행이 지급, 연지급, 인수, 또는 매입에 대하여 확약하고 있는 취소불능신용장을 발행은행의 요청이나 수권을 받은 제3의 은행이 지급, 연지급, 인수 또는 매입에 대하여 추가적으로 확약(definite undertaking)하는 것을 말한다. 발행은행의 확약에 대한 추가적인 확약을 하고 있는 은행을 확인은행(Confirming Bank)이라고 한다.

수익자가 신용장 발행은행의 신용도에 문제가 있다고 판단되면 수익자는 수입업자에게 그리고 수입업자는 발행은행에 신용장 확인을 요청한다. 발행은행은 자기은행과 환거래계약이 체결되어 있는 제3의 일류은행(prime bank)에게 확인 요청을 하게 된다. 이 때 확인요청을 받은 은행이 신용장에 추가적으로 확인하는 은행이 확인은행이다.

이때 확인은행의 신용장 확인은 발행은행의 대금지급확약과는 별개의 독립된 확약으로서 발행은행이 지급불능상태에 빠지더라도 확인은행이 대금지급업무를 부담하게 된다. 즉, 확인은행은 발행은행의 재력이나 존폐에 관계없이 신용장에 의하여 발행되는 환어음의 지급·인수 또는 매입의 책임을 지게 되므로 수출업자로서는 두 은행으로부터 각기 독자적인 지급확약을 받는 셈이 된다.

(6) 상환은행

상환은행(reimbursing bank)은 신용장에서 지급, 연지급 확약, 인수 또는 매입은행에 대하여 수출 결제대금을 발행은행의 해외 본·지점 또는 제3의 은행으로 청구하도록 지정하는 경우가 있다. 이 때 발행은행은 해외 본·지점 또는 제3의 은행에 예금계좌를 설치해 두고 청구은행(지정은행)에게 대금을 발행은행을 대신하여 발행은행의 계좌에서 결제(상환)해 주는 은행을 말한다. 이러한 지정은 주로 결제통화가 수출국이나 수입국의 통화가 아닌 제3국의 통화일 때 그 제 3국에 있는 개설은행의 본·지점이나 예치환거래은행(depositary correspondent bank)에서 이루어진다.

즉, 수출국의 매입은행과 수입국의 발행은행이 서로 예치환거래 관계가 없을 경우 양국의 은행이 예치환거래를 맺고 있는 제3의 은행을 상환은행으로 개입시켜 청구은행은 상환은행에 예치되어 있는 발행은행의 구좌로부터 대금을 상환 받을 수 있다. 상환은행은 단지 발행은행의 자금을 청구은행의 계정으로 이체시켜준다.

이 때 발행은행은 상환은행에 대해서 상환수권(reimbursement authorization)을 주어야 하고 상환은행이 지급을 거절할 경우에는 발행은행이 지급을 해야 하고 상환은행은 신용장 조건과 일치하는 선적서류 등을 요구해서는 안 되며 그리고 상환은행은 환어음의 지급인이 아니고 그 외의 은행으로서 단지 발행은행의 대외적 지급을 대행하는 은행이다.

UCP600의 제13조 a항은 발행은행이 신용장에서 다른 당사자("상환은행")로 하여금 신용장 대금을 상환하도록 명시되어있는 지급, 인수, 매입신용장에 대하여는 은행 간 대금상환에 관한 ICC규칙(ICC rules for bank-to-bank reimbursements)에 준거한다는 문언이 명시되어 있어야한다고 규정하고 있다. 이 경우는 발행은행이 직접 지정은행(청구은행)에게 신용장대금을 상환하는 것이 아니라 상환은행이 지정은행(청구은행)에게 대금을 상환하게 된다.

(7) 양도은행

양도은행(transferring bank)은 양도가능신용장에서 신용장을 받은 원수익자(first beneficiary)의 요청에 따라 제2의 수익자(second beneficiary)에게 신용장을 양도하여 주는 은행을 말한다. 보통 통지은행이나 수익자의 거래은행이 양도은행이 된다. 신용장 양도 후 조건 변경이 있을 경우 그 조건변경은 양도은행을 통해서만 가능하다.

UCP600 제38조 b항에 의하면 지정신용장의 경우에는 지정된 은행으로 하여금 매입신용장의 경우에는 양도은행으로 특별히 수권된 은행이 양도할 수 있다고 규정되어 있

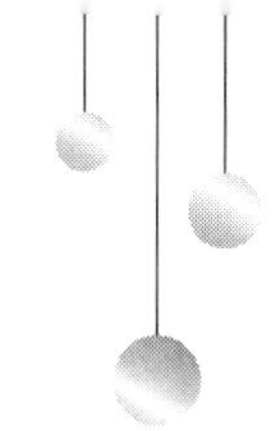

다. 따라서 매입신용장의 경우 단순히 "transferable" 이란 용어만 있고 양도은행의 지정이 없을 때는 발행은행에 통지하여 양도은행을 지정받은 후 그 지정된 은행에 가서 양도를 해야 한다. 즉, 양도은행은 지급·연지급 약정·인수은행 또는 매입은행과 매입신용장의 경우에는 양도은행으로 지정받은 은행으로 국한시켰다.

UCP600의 제2조 c항의 지정은행(nominated bank)은 발행은행에 의하여 신용장상에 지급, 연지급, 인수 또는 매입을 할 수 있도록 수권 받은 은행을 말한다. 여기에는 지급은행, 인수은행, 매입은행, 연지급 은행 등이 있으며 지정은행은 신용장 발행은행이 명시하여 발행해야 한다. 그리고 어떠한 은행에서도 자유롭게 사용할 수 있는 신용장은 어떠한 은행에서도 사용할 수 있다는 사실을 신용장에 명시해야 하며 이 경우에는 지정은행이나 모든 은행에서 사용할 수 있는 신용장은 발행은행에서도 사용할 수 있다.

UCP600의 제12조 a항은 확인은행의 경우를 제외하고 발행은행에 의해 지정된 지정은행(지급, 인수, 매입은행)으로 수권(authorized)(지정)된 은행은 지정의 승낙여부를 명시적으로 발행은행과 합의하고 이를 수익자에게 통지한 경우에만 결제(지급이행) 또는 매입할 의무를 부담한다고 규정하고 있다.

그리고 b항은 발행은행에 의하여 환어음 인수은행 또는 연지급 확약부담은행으로 수권된 지정은행은 인수한 환어음 또는 부담한 연지급 확약을 선지급 하거나 또는 구매할 권한을 발행은행으로부터 부여 받았다는 것을 의미한다. 따라서 인수신용장(acceptance credit)이나 연지급신용장(deferred payment undertaking credit)의 경우에도 만기 전 할인(선지급 또는 구매)이 가능하다.

1.6 신용장의 종류

1) 상업신용장과 무담보신용장

신용장은 그 기능에 따라 상업신용장(commercial credits)과 무담보신용장(clean credits)으로 구분한다. 상업신용장(Commercial Credit)은 국가와 국가 사이에 이루어지는 상거래의 대금결제와 같이 상업적인 목적으로 이용되는 신용장을 말한다. 환어음의 발행시 선적서류의 첨부를 조건으로 하는 신용장을 화환신용장이라고 하며 이러한 서류의 첨부를 조건으로 하지 않는 신용장을 무담보신용장(clean credits)이라고 한다.

무담보신용장은 상품 이외의 거래에 따른 대금결제에 이용되는 신용장으로 여행자신용

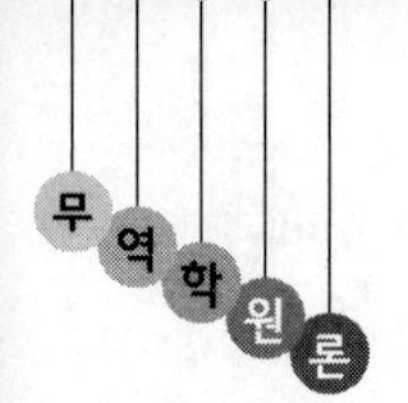

장과 일반무담보신용장이 있다. 여행자신용장이란 여행자의 현금휴대의 위험을 회피하기 위하여 이용되는 것으로서, 그 이용방법은 신용장발행은행이 해외의 본·지점 및 환거래 은행에 여행자가 발행하는 일람불환어음 매입을 의뢰하여 지급을 확약하는 신용장이다.

신용장 발행은행이 신용장의 조건에 일치하는 한, 환어음의 발행인, 배서인 또는 선의의 소지인(bona fide holder)에게 환어음의 지급을 약속한다는 약정이 있다는 측면에서는 상업신용장과 여행자신용장은 동일하다. 다만, 상업신용장과 여행자신용장은 각각의 경제적인 기능이 상이하고 또한 여행자신용장의 경우에는 개설의뢰인과 수익자가 동일하다는 특성을 가지고 있다. 일반적으로 여행자신용장의 경우에는 그 이용이 복잡하고, 또한 여행자수표(T/C : traveller's check)로도 신용장과 동일한 기능이 수행되기 때문에 요즈음 그 사용이 점차 감소하고 있다.

2) 취소불능신용장과 취소가능신용장

취소불능신용장(Irrevocable Credit)은 신용장상에 "Irrevocable" 의 표시가 있거나, 아무런 표시가 없는 경우의 신용장으로서, 발행은행이 일단 신용장을 개설하여 수익자에게 통지한 이상 신용장의 유효기간 중에는 신용장의 관계당사자 전원[발행은행, 확인은행(있는 경우), 수익자]의 합의 없이는 신용장의 변경 또는 취소가 불가능한 신용장을 의미한다.

즉, 취소불능신용장은 발행은행이 신용장에 명기된 서류가 제시되고 신용장 조건이 충족되는 것을 조건으로 발행은행이 직접 환어음을 지급, 인수 또는 매입을 하거나 또는 타 은행에 지급 인수 또는 매입을 하도록 수권하겠다는 것을 수익자 또는 경우에 따라서는 선의의 소지인(bona fide holder)에게 확약하는 법률적 구속력을 가지는 특성을 가지고 있다.

취소불능의 표면적인 의미는 신용장의 변경 또는 취소가 불가능하다는 것을 의미하지만 취소불능의 보다 더 정확한 의미는 발행은행의 조건부 대금지급확약을 취소할 수 없다는 것이다.

그리고 발행의뢰인의 요청에 의하여 신용장이 발행되면 대외적으로 지급책임을 부담하는 것은 발행은행이기 때문에 발행의뢰인은 조건변경 당사자가 아니다. 또한 발행은행의 지급확약과 직접적인 관련이 없는 통지은행, 지급, 인수, 매입은행 등의 중계역할(intermediary)을 담당하는 은행도 조건변경의 당사자가 아니다.

그러나 양도가능신용장에서 분할 양도된 후에 신용장조건이 변경된 경우에는 이를

승낙한 양수인(transferee)에게는 그 조건변경의 효력이 미치나, 조건변경을 거절한 다른 양수인에는 조건변경의 효력이 미치지 않고 원신용장의 조건이 그대로 적용된다.

한편, 취소가능신용장(Revocable Credit)은 "Revocable" 의 표시가 있는 신용장으로서, 원칙적으로 신용장 발행은행은 어느 시점이라도 신용장을 변경 또는 취소할 수 있는 신용장을 의미한다. 다만, 통지은행의 경우 신용장의 변경 또는 취소의 통지를 발행은행으로부터 받기 이전에 신용장의 조건에 일치한 환어음을 매입, 인수 또는 지급하였다면, 발행은행은 통지은행에게 그러한 대금을 상환해야 한다.

일반적으로 신용장에 의한 무역결제의 경우, 신용장 자체가 무역거래의 신용상의 위험과 상업상의 위험을 해소시키기 위한 방법으로 등장한 것이기 때문에, 취소가능신용장은 의미가 없고 대부분 취소불능신용장이 이용된다.

3) 확인신용장과 무확인신용장

확인신용장(Confirmed Credit)은 신용장 발행은행 이외의 제3은행, 특히 국제적으로 신용 있는 은행이 발행은행의 요청에 따라 발행은행의 지급·인수·매입에 대하여 추가적인 확약을 하고 있는 신용장을 말한다. 확인신용장의 확인 문언은 "We confirm the credit and thereby undertake that all drafts drawn and presented as above specified will be dully honored by us."와 같다.

확인신용장의 경우 확인은행의 환어음에 대한 대금지급확약의 의미는 단순히 신용장 발행은행의 대금지급을 보증하는 것이 아니라 하나의 독립적인 대금지급확약이다. 즉, 신용장조건과 일치하는 서류가 확인은행으로 제시되면 발행은행의 지급여부와 상관없이 확인은행이 독립적으로 지급, 인수, 또는 소구권을 행사하지 않는다는 조건의 매입을 이행할 의무를 진다는 약정이다. 그러나 확인은행은 발행은행에 공여하고 있는 신용한도 범위 내에서 확인을 행하게 된다.

따라서 확인 신용장은 발행은행의 지급확약에 추가해서 확인은행의 별도의 지급보증을 하는 것이기 때문에 수익자나 매입은행은 보다 유리한 조건으로 어음할인을 받을 수 있는 잇점이 있다.

무확인신용장(Unconfirmed Credit)은 발행은행 이외의 제3은행 즉, 통지은행의 확약을 추가함이 없이 발행은행의 확약만이 있는 신용장이다. 무역거래에서는 실제로 확인신용장보다는 무확인신용장이 주로 이용되며 화환신용자의 약 90%가 무확인신용장의 형태로 개설된다.

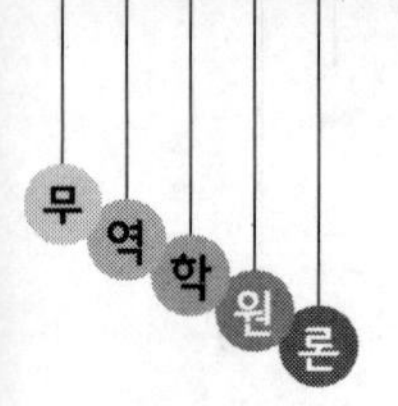

4) 양도가능신용장과 양도불능신용장

양도가능신용장(Transferable Credit)은 수익자가 신용장 금액의 전부 또는 그 일부를 제2의 수익자에게 양도할 수 있는 신용장이다.

신용장이 양도가능하기 위해서는 반드시 신용장상에 "Transferable" 이라는 문구가 기재되어 있어야 하고, 일반적으로 "Transferable credit" 또는 "This credit is Transferable" 이라는 방법으로 양도가능신용장의 의미를 나타낼 수 있다.

신용장의 양도는 원 수익자의 일방적인 의사표시로 성립될 수 없으며 반드시 양도은행 측의 양도 승인을 필해야 가능하며 원 신용장에 명기된 조건에 따라서만 양도할 수 있다. 신용장을 양도할 때 ① 신용장 금액 및 단가의 감액, ② 신용장의 유효기간, 서류의 제시 기일 및 선적기간의 단축, ③ 양도된 금액에 대한 부보 비율은 원 신용장 또는 신용장통일규칙에 따른 보조금액까지 증액이 가능하다.

그리고 신용장의 양수인은 신용장의 양도된 부분에 대해서는 원래 수익자와 동일한 권리를 취득한 것이기 때문에 신용장조건에 일치한 환어음을 발행하는 한, 발행은행에 대하여 어음대금의 지급을 요구할 수 있다.

양도불능신용장(Non Transferable Credit)은 신용장 상에 양도가능(Transferable)이라는 명시적인 문언이 없어 이를 제3자에게 신용장 금액의 양도가 불가능한 신용장이다. 이것은 원 수익자만이 신용장을 사용할 수 있는 것으로 양도가능의 허용 문구(Transferable)가 없거나 불명확한 경우에는 양도불능신용장이 된다.

그리고 신용장대금의 양도(assignment of proceeds)(UCP 600의 제 39조)는 수익자가 신용장의 양도가능여부와 관계없이(양도가능신용장이 아니더라도) 적용가능 한 법률의 규정에 따라, 신용장에 의하여 수권되거나 또는 될 수 있는 대금(proceeds)에 대한 권리를 제3자에게 양도하는 것으로서 신용장에 관한 자신의 권리와 의무까지를 양도하는 것은 아니다.

따라서 신용장 대금의 양도는 수익자가 자신이 수령할 신용장 대금(assignment of proceeds)(매매, 교환, 추심, 기타 담보물 또는 대금의 처분에 따른 모든 수익)만을 제3자에게 양도하는 것으로 신용장 자체에 대한 모든 권한은 자기가 갖는다. 그러므로 신용장대금을 양도받은 제3자는 제1수익자가 신용장에서 명시한 서류를 은행에 제출하지 않으면 비록 대금을 양도 받았다 하더라도 은행에서 대금을 지급 받을 수 없게 된다. 그리고 신용장의 양도(transfer of credit)는 UCP600의 제38조 규정에 의한 제1수익자가 가지는

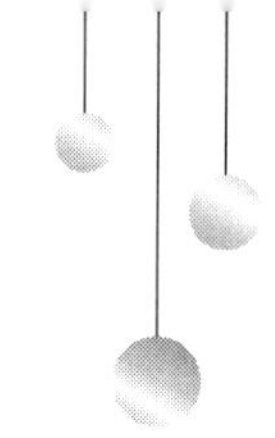

신용장에 대한 모든 권한 즉 신용장의 사용권 자체를 제2수익자에게 양도하는 것이다.

5) 상환청구가능신용장과 상환청구불능신용장

상환청구가능신용장(With Recourse Credit)은 수익자가 발행한 환어음이 신용장 조건과 불일치하게 발행되었을 때에는 환어음의 지급인인 발행은행이 대금지급이나 인수를 거절할 때 환어음의 선의의 소지인 또는 배서인이 환어음의 발행인에게 지급한 환어음 대금의 상환청구가 가능한 신용장이다. 즉, 발행은행이 환어음의 인수 또는 대금지급이 불가능할 경우에 매입은행은 환어음의 발행자에게 어음대금의 상환을 요구할 수 있는 신용장이다.

상환청구불능신용장(Without Recourse Credit)은 어음의 소지인이 어음발행인에게 상환청구를 할 수 없는 신용장을 말한다. 그러나 우리나라에서는 환어음법상 모든 환어음에 대해서는 상환청구가 가능하기 때문에 상환청구불능신용장은 그 효력을 발휘할 수 없게 된다.

그리고 수출상 또는 매입은행이 확인은행에게 직접 대금지급 청구를 했을 경우(예 통지은행이 확인, 매입, 인수은행의 지위를 겸하고 있을 경우 수출상이 동 은행에 매입의뢰를 하는 경우)확인은행은 'Without Recourse'를 주장할 수 없다. 이것은 발행은행 및 확인은행의 지급행위는 그 자체가 최종적이기 때문에 확인은행이 발행은행의 상환불능을 이유로 지급거절 또는 상환청구를 할 수 없기 때문이다.

6) 보통신용장과 매입제한신용장

일반적으로 수출업자는 신용장조건에 따라 약정물품을 선적하고 선적서류를 첨부한 환어음을 발행하여 통지은행 또는 자기의 거래은행에 환어음의 매입을 의뢰하게 된다. 이 때 신용장상에 이와 같은 환어음의 매입은행을 지정하고는 있는지의 여부에 따라 보통신용장과 제한신용장으로 구분된다. 즉, 보통신용장(General or Open Credit)은 환어음의 매입은행이 지정되어 있지 않기 때문에 어느 은행에서나 어음의 매입의뢰가 가능한 신용장을 말한다.

매입제한신용장 또는 특정신용장(Special or Restricted Credit)은 신용장에서 수익자가 발행하는 환어음의 매입·인수·상환을 어느 특정은행으로 지정하는 신용장이다. 동 신용장하에서는 수출상의 매입은행 선택권이 허용되지 않고 있는 바, 매입제한 신용장에서 수출상으로부터 1차로 선적서류를 매입한 은행은 반드시 신용장에 지정되어 있는

특정은행 앞으로 재매입을 의뢰해야 한다. 우리나라는 재매입이 일어나는 신용장에서는 수출상에게 환가표를 적용할 때 12일 간의 우편일수 이자율을 적용한다.

"Negotiation under this credit is restricted to Korea Exchange bank" 등과 같이 특정 은행에만 환어음의 매입을 제한시키는 신용장을 의미한다.

7) 매입신용장과 지급신용장

매입신용장(Negotiation Credit)은 신용장에 의하여 발행되는 환어음이 매입(negotiation)될 것을 예상하고, 수익자가 발행은행을 지급인으로 하여 발행한 환어음에 대하여 발행은행이 매입은행 등에 대하여 대금지급을 확약하고 있는 신용장을 말한다. 매입신용장은 발행은행이 수익자뿐만 아니라 환어음의 배서인(endorser)과 선의의 소지인(bona fide holder)에게도 다 같이 대금지급을 확약하고 있는 신용장으로 매입은행은 수출업자가 발행한 환어음을 자기 자금으로 매입하고 이를 지급인(발행은행)에게 제시하여 환어음의 지급을 받게 된다.

지급신용장(Straight Credit)은 환어음의 배서인이나 선의의 소지인에 대한 약정은 없고 단지 수익자가 발행은행이 단지 신용장 개설은행 또는 그가 지정하는 은행에 환어음을 제시하면 지급하겠다고 확약하고 있는 신용장이다.

이 때 발행은행은 수익자 한 당사자에게만 대금 지급을 확약하고 있는 신용장이 된다. 따라서 수출업자는 자기가 발행한 환어음을 제3자에게 매각할 수 없고 반드시 신용장에 지정된 은행에 가서 환어음의 지급을 요청해야 한다. 신용장에서 지정된 은행을 지급은행이라 하고 수출지에 소재한다. 이 지급은행은 발행은행을 대신하여 수익자가 발행한 환어음 대금을 대신 지급하게 된다.

대개의 경우 수출지의 지급은행이 개설은행의 해외지점 또는 예치환거래은행일 때 주로 이용되며 일람출급신용장으로 사용되며 신용장 하에서 통지은행이 주로 지급업무를 담당한다.

8) 일람출급신용장과 기한부신용장

일람출급신용장(Sight Credit)이란 신용장에 의하여 발행되는 어음이 일람출급 환어음(sight bill)을 발행하거나 선적서류를 직접 발행은행, 확인은행 또는 지정은행에 제시하면 이를 일람 후 즉시 그 대금을 지급할 것을 약정하고 있는 신용장이다. 일람출급신용장의 경우 어음이 신용장조건에 일치하는 한 발행은행은 환어음의 제시와 동시에 즉시

대금지급을 해야 하며 수입업자도 즉시 발행은행에 대금을 상환해야 한다.

기한부신용장(Usance Credit)은 수입업자가 상품의 대금을 일정기간 후에 지급하는 조건의 신용장이다. 즉, 수입업자가 외상으로 수입할 경우 기한부신용장이 이용 된다. 따라서 수출업자는 환어음을 발행할 때 매매계약에서 약정된 기간 후에 지급받을 수 있는 기한부어음을 발행하게 된다. 기한부어음에서는 약정된 일정기간 후에 지급할 것을 약속하는 지급인의 서명행위(인수 : acceptance)가 따르며 인수를 행한 은행을 인수은행(accepting bank)이라 한다.

그리고 신용장에서 수익자가 선적서류와 함께 기한부어음의 만기일을 지정하는 기준은 다음과 같이 ① 일람 후 정기출급 환어음(at ××× days after sight of this draft ---) ② 일자 후 정기출급환어음(at ××× days after January 20, 2012---) ③ 확정일 정기출급 환어음(at ××× days after the B/L date ---)의 세 가지가 있다.

9) 내국신용장

내국신용장(local credit)은 외국의 수입업자로부터 신용장을 받은 수출업자가 국내에서 물품을 조달하고자 할 때 자신의 거래은행에 요청하여 이 국내은행이 원 신용장을 견질로 국내의 원료공급자 또는 하청업자를 수익자로 하여 개설된 신용장이다. 이때 수출업자 앞으로 원래 내도한 신용장을 원 신용장(original credit, master credit)이라고 한다.

내국신용장은 수출업자가 완제품을 수출하는 경우에는 완제품의 공급업자를 수익자로 하여 1차 내국신용장의 발행이 가능하며, 완제품의 공급업자는 반제품의 공급업자를 수익자로 하는 2차 발행되는 신용장을 내국신용장(local credit)이라고 하고, 반면에 수출업자 앞으로 원래 내도한 신용장을 원신용장(original credit, master credit)이라고 한다.

내국신용장은 최고 3차까지 발행이 가능하며, 수출신용장을 받은 경우가 아니더라도 다음과 같은 경우에는 언제든지 발행이 가능하다. ① D/P 및 D/A 계약서, ② 외화 표시 물품 공급계약서, ③ 외화 표시 건설 및 용역 공급계약서, ④ 과거의 수출실적 등의 경우이다.

10) 전대신용장

전대신용장(Packing Credit or Red Clause Credit)은 발행은행이 통지은행으로 하여금 수출업자에게 물품의 수출 전에 일정한 조건부로 수출대금을 미리 빌려줄 것을 허용하고 그 전대금의 보상을 확약하고 있는 신용장이다.

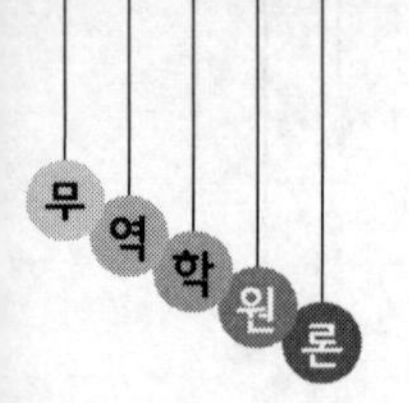

수출업자의 수출에 따른 약정물품의 제조, 가공 및 구매 자금조달 등의 편리를 도모하기 위하여 이용되는 신용장이다. 보통 전대신용장은 수출업자가 수출 전에 미리 받은 자금을 포장이나 잡화에 사용한다고 하여 집하신용장(Packing Credit) 또는 전대허용 문구를 적색으로 기재한다고 하여 Red Clause Credit라고도 한다.

예를 들어 한국의 수출업자가 신용장의 부가조건으로 부산에서 미국의 LA까지 인도를 위해 신용장 금액의 30%에 해당하는 금액을 수출업자의 영수증과 환어음을 통지은행에 제출하면 상품의 선적 전에 미리 일부의 대금을 결제받을 수 있는 조건을 명시해 달라는 조건을 요청받아 발행된 신용장이다. 이 때 수출업자는 환어음과 영수증을 통지은행에 제시하고 신용장 금액의 30%를 선지급 받게 된다. 따라서 수입업자는 신용장 발행은행에 신용장 전체금액을 예치하거나 최소 30% 이상은 예치해야만 신용장을 발행받을 수 있다.

11) 회전신용장

회전신용장(Revolving Credit)은 동일한 거래처간에 동일한 상품으로서 일정기간에 걸쳐 계속적으로 거래가 이루어지는 경우 매 거래를 할 때마다 신용장을 개설하려면 수입업자 측의 많은 시간과 비용이 들게 된다. 또한 거래예상액 전액을 일시에 개설한다면 상당한 자금부담이 생기게 된다.

따라서 이러한 경우 일정기간 동안 일정한 범위 내에서 신용장 금액이 자동적으로 갱생(更生)되도록 되어있는 신용장을 말한다. 즉, 처음 1회 신용장을 개설한 후 일정한 기간이 지나면 동일한 내용으로 효력이 갱생(회전)할 수 있도록 개설된 신용장을 의미한다.

따라서 회전신용장을 개설했을 경우 일정한 기간 내에 물품을 선적하면 그 다음의 신용장 금액이 자동적으로 갱생되기 때문에 신용장의 반복적인 개설에 따른 비용, 시간 및 노력을 절약할 수 있다. 회전신용장이 자동적으로 개설되도록 기간을 정하는 방법은 ① 발행은행으로부터 환어음의 지급 통지가 있을 때, ② 환어음의 매입 후 상당한 기간이 경과하여도 부도통지가 없을 때, ③ 월별이나 격월 등 기간이 경과하면 자동적으로 개설되도록 하는 방법이 있다.

여기에는 전회의 미이행된 선적분이 다음 회차의 선적시 전회의 미 이행분까지 포함하여 발행하는 누적적 회전방법(cumulative method)과 해당기간에 이행되지 않은 미선적분은 자동적으로 취소되는 비누적적 회전방법(non-cumulative method)이 있다.

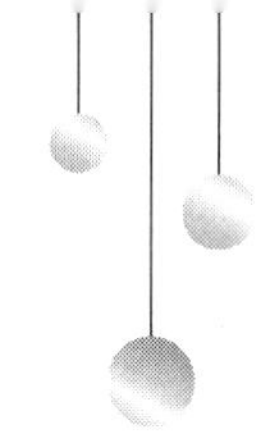

12) 보증신용장

보증신용장(Stand by Credit)은 일반적인 신용장과 같이 수입물품의 대금결제수단으로서 이용되는 것이 아니라 금융을 위한 담보 또는 보증의 수단으로 발행되는 일종의 무담보신용장을 의미한다. 즉, 고객의 요청으로 고객을 대신하여 제3자에게 고객의 약속이행을 은행이 대신 이행하기로 하면서 개설하는 신용장이다.

보증신용장은 상업신용장처럼 당연히 대금지급에 사용되기 위하여 개설된 신용장이 아니라 특정의 상황이 발생하면 즉시 지급하기 위하여 준비 또는 대기하는 상태로 있다고 하여 붙여진 명칭이다.

예를 들어 우리나라의 해외지사가 본사의 물품을 수입하기 위하여 신용장을 개설하거나, 해외지사 소재지의 외국은행으로부터 금융의 편의를 받고자 하는데 담보가 부족한 경우에 국내의 본사가 국내의 거래은행에게 의뢰하여 해외지사의 거래은행을 수익자로 하는 신용장을 개설해 주면 해외지사의 거래은행은 이것을 담보로 하여 수입신용장을 개설하여 주거나 금융의 편의를 제공하여 줄 때 이용된다.

그리고 보증신용장은 현지 금융 서비스의 지급보증을 위한 것뿐만 아니라 해외건설공사의 입찰보증금(bid bond), 채무이행 보증금(performance bond) 및 선지급 보증금(advance payment bond) 등에도 이용한다.

보증신용장은 계약이 불이행되었을 때 발행은행에 지급청구를 하며 상품의 이동이 수반되지 않는다. 즉, 수익자는 미지급 또는 불이행이 되었다는 확인서를 제시하면서 발행은행에 대금지급을 청구한다.

화환상업신용장은 수출자가 대금을 지급 받기 위하여 계약을 이행하여야 한다. 즉, 수출자인 수익자는 상품을 선적하고 신용장의 조건과 일치하는 서류를 제시하여야 대금지급을 받을 수 있다.

즉, 양 신용장의 차이점은 보증신용장은 어떠한 계약 조건이 잘 이행되지 않았을 때 발행은행의 지급의무가 발생하고 화환상업신용장은 어떠한 계약 조건이 잘 이행되면 발행은행의 지급의무가 발생한다.

13) 연계무역신용장

연계무역은 수출입 당사국 중 어느 특정국가가 외환사정이 어려워 현금결제가 곤란한 경우, 현물거래로서 구상무역에 의해 수출입물품대금을 그에 상응하는 수입 또는 수

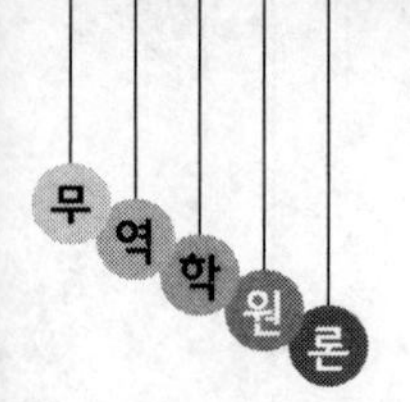

출로 매매당사자간에 상계하는 무역을 말하며 또는 구상무역은 두 국가 사이의 무역 균형을 이루기 위한 무역이다. 이 때 이용되는 신용장은 세 가지가 있다.

(1) 동시개설신용장

동시개설신용장(Back to Back Credit)은 상계신용장이라고도 하며, 이것은 무역거래 당사자 간에 같은 금액의 물품을 동시에 수출 및 수입하는 경우 양 당사자가 같은 금액에 대한 신용장을 동시에 개설할 때에만 유효한 조건의 신용장이다. 즉, 한 나라에서 일정액의 수입신용장을 발행할 경우 그 신용장은 수출국에서도 같은 금액의 수입신용장을 개설해 줄 경우에만 유효하다는 조건이 따른다.

따라서 신용장 상에 수출업자가 일정기간 이내에 동액의 Counter L/C를 개설해야 그 신용장이 유효하다는 조건이 추가되어 있는 신용장으로서 일반 무역의 경우 신용장의 수익자가 원 신용장을 담보로 자기 명의의 제3신용장을 개설한 것(견질신용장)을 의미한다.

(2) 기탁신용장

기탁신용장(Escrow Credit)은 수입업자가 신용장을 개설하는 경우 신용장의 한 조건으로서 그 신용장에 의하여 발행되는 어음의 매입대금을 수출업자에게 직접 지급하지 않고, 수익자 명의의 Escrow Account에 기탁하여 두었다가 그 수출업자가 원 신용장의 개설국가로부터 수입하는 물품의 대금결제에만 사용하도록 규정하고 있는 신용장이다.

보통 기탁신용장은 무역거래의 당사자 간에 연계무역을 하고자할 때 한쪽 당사자는 수입할 물품을 결정하였으나 상대방은 이를 결정하지 못하였을 경우 우선적으로 수출하는 당사자가 은행의 기탁계정에 대금을 입금하여 그 금액은 상대방으로부터 대응 수입할 때에 대금결제용으로만 사용할 때 이용된다. 당사자 간에 별도의 약정이 없는 한 수입업자는 수익자 명의의 기탁계정을 매입은행, 발행은행 또는 제3국에 있는 환거래은행 중 어느 곳에도 설치하여도 된다.

그리고 최초의 수입상은 결제자금을 현금으로 지급하지 않고 지급보증서 등으로 대체 입금하여도 가능하며 이러한 경우에는 수출입 쌍방은 현금 결제없이 신용장의 발행만 반복하는 것으로서 교역의 목적을 달성할 수 있다. 또한 기탁신용장은 동시발행신용장보다 물품의 미사용 잔액이 남을 수 있는 데 총금액의 1%미만 또는 USD1,000미만 정도의 소액은 현금으로 지급될 수 있다.

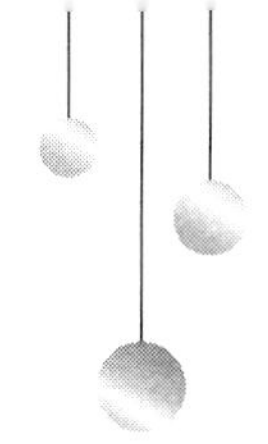

(3) 토마스 신용장

토마스 신용장(TOMAS L/C)은 당사자 양측이 동시에 동액의 신용장을 개설하는 것이 아니라 한쪽이 먼저 신용장을 개설하고 상대방은 일정한 기간이 경과한 후에 동액의 신용장을 개설하겠다고 보증서를 발급해야 하는 조건의 신용장이다.

Tomas라는 용어는 처음으로 이러한 방식을 이용하여 중국과의 거래를 행하였던 일본무역상사의 전신약호이며, 이때 양국 간에 원활한 무역 거래의 이행을 위하여 각서가 교환되었다고 하여 각서무역이라고도 한다.

그리고 선수출 후 수입의 경우를 Tomas Credit이라고 하며 선수입 후수출의 경우를 Reverse Tomas Credit라고 한다. 이 방식은 주로 수출국의 수출상품은 확정되었지만 그 대가로 수입할 상품이 결정되지 않은 경우에 이용된다.

14) 스위프트[29)]

스위프트(SWIFT)는 국가 간의 대금결제 등 은행 간 업무를 데이터 통신망으로 연결하기 위해 1973년에 설립된 세계은행 간 금융데이터통신협회(Society Worldwide Interbank Financial Telecommunication : SWIFT)이다. 이 시스템은 기존의 통신보다 효율성이 높기 때문에 국가 간의 은행 업무가 신속 정확하게 처리될 수 있다.

그리고 각 회원들에게는 스위프트가 국제표준기구에서 명시한 코드체계를 바탕으로 만든 은행인식코드(Bank Identification Code : BIC)가 부여되기 때문에 상호간의 정보가 안전하고 신뢰성이 높다.

신용장은 위조 또는 우편 송달의 경우에는 많은 시간과 간혹 분실문제가 발생되어 선의의 피해자가 생기기도 하였다. 통신기술의 발달은 점차 전신으로 신용장을 개설하기 시작하였는데 비용이 많이 들어 신용장의 주요 내용만 전신으로 보내고 전체 신용장은 우편을 이용하여 별도로 보내기도 하였다.

그러나 오늘날에는 정보통신기술이 발달하여 과거에 비해 전송 비용과 시간이 많이 절약되어 대부분의 신용장은 전신으로 개설되고 있다. 스위프트가 설립되면서부터는 주요 은행들이 이 협회에 가입함으로써 은행 간 통신 업무는 이 시스템에 의해 처리되고 신용자의 개설, 통지 등이 업무도 자연히 스위프트에 의하고 있다.

화환신용장 거래와 관련하여 스위프트가 제공하는 서비스는 신용장의 발행·예비통

---

29) 구종순, 무역실무, 박영사, 2005, pp.274~277.

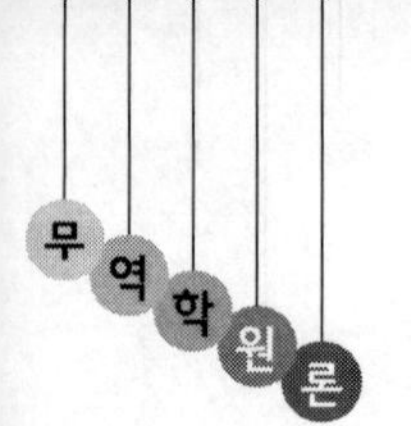

지·조건변경·양도, 상환수권서, 대금상환청구, 상환수권서의 조건변경 등이다.

1973년 15개국 230개 은행이 창립하여 벨기에 브뤼셀에 본부를 두고 있으며, 우리나라는 1992년 3월 정식 가입하여 현재 국내 주요 은행들이 이 협회에 가입되어 있어 후진국과의 거래 등 극히 일부를 제외하고 모든 신용장 거래는 스위프트를 이용하고 있다. SWIFT신용장은 전 세계적으로 통용되는 금융기관 간 메시지 연계 서비스망인 SWIFT를 이용한 신용장을 발행할 때 규칙적용은 Message Type(약칭 M1700)을 이용하고 적용규칙은 MT700의 700의 FIELD'40E'에 40E/APPLICABLE RULE : UCP LATEST VERSION 등과 같이 표시한다. 즉, 이 신용장은 신용장 발행일자 기준 발효 중인 국제상업회의소(ICC) 신용장통일규칙(UCP)이 적용된다는 뜻이며 편의상 SWIFT로 송수신되는 신용장을 SWIFT신용장이라 한다.

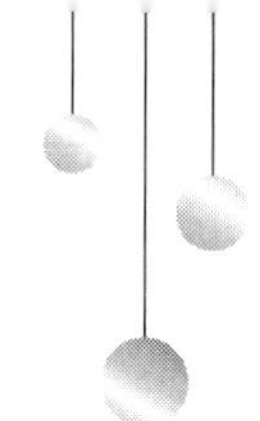

THE COMMERCIAL BANK OF KOREA, LTD. INTERNATIONAL DEPARTMENT

Cable Address: COMBANK 111-1, 2-GA, NAMDAEMOON-RO, CHUNG-GU, SEOUL, KOREA

Mailing Address: P.O. Box Central 126

Telex Number : 2212, 28263 SEOUL DATE: October 11, 2005

<table>
<tr><td>IRREVOCABLE LETTER OF CREDIT</td><td>Our Credit Number: M1706810 NS11445(1)</td></tr>
<tr><td>Advising Bank:
National Bank of Detroit(H.O.)
611 Woodward at Fort(P.O. Box 116)
Detroit Michigan 48232 U.S.A.</td><td>Applicant:
Bando Sangsa Co., Ltd.
Seoul, Korea</td></tr>
<tr><td rowspan="2">Beneficiary:
Kerr Manufacturing Company,
P.O. Box 455/28200
Wick Road, Romulus.
Michigan 48174 U.S.A.</td><td>Amount:
US$4,301.00(US DOLLARS FOUR)
THOUSAND THREE HUNDRED ONE ONLY.)</td></tr>
<tr><td>Expiry Date: December 10, 2007.</td></tr>
<tr><td colspan="2">Dear Sir(s):
We hereby open our credit in your favor available for negotiation/ acceptance of your draft(s) in duplicate at ××× sight for 100% of invoice value drawn on The Commercial Bank of Korea Ltd. New York agency bearing the clause "Drawn under Letter of Credit No. M1706810 NS11445 dated October 11, 2007 of The Commercial Bank of Korea, Ltd."
accompanied by the following documents:
1. Full set of clean on board ocean bills of lading, made out to the order the Commercial Bank of Korea Ltd, marked "Freight Collect" and "Notify Accounted"
2. Marine Insurance policy or certificate in duplicate, endorsed in blank for 110% of the invoice value. Insurance policies or certificates must expressly stipulate that claims are payable in the currency of the draft and must also indicate a claim selling agent in Korea. Insurance must include: Institure Cargo Clauses Insurance is to be by buyer.(2)
3. Signed commercial invoice in Quintuplicate
4. Packing list in Quintuplicate
5. Other document(s) (if any)
Evidencing shipment of:
<u>Dental Equipment & Supplies(3)</u>
Centrifico Casing Machines,(4)
Item No. 00009 20EA @$134.55 U$$2,691.
Sticky Wax (Blue color preferred, if available) Item No. 00625 <u>200 Bulk Pkgs. @$7.30 U$1,460.</u>
Origin: U.S.A. Sub-Total: FOB Factory U$4,151.
FOB US Port <u>Inland Freight & Forwarding(5)US$150</u>
TOTAL: US$4,301.00
All documents must indicate the number of this credit.</td></tr>
<tr><td colspan="2">Shipment from US Port To Busan, Korea Latest Date of Shipment: November 30, 2007</td></tr>
<tr><td>Partial shipments are Prohibited</td><td>Transhipment is Prohibited</td></tr>
<tr><td colspan="2">Documents must be presented within 10 days after the date of issuance of B/L or other shipping documents.</td></tr>
<tr><td colspan="2">Special conditions(s): Shipment by Korean or U.S.A. Vessel Only.
All banking charges, including postage, outside Korea are for Buyer's Account.</td></tr>
<tr><td>Instruction to the negotiating bank:
The amount of each draft must be endorsed on the reverse of this credit. Please reimburse yourselves in the amount of your negotiation(s) by submitting the drafts to the drawee bank. All documents negotiated must be forwarded direct to us by registered airmail in one cover.</td><td rowspan="2">We hereby engage with the drawers, endorsers and bona fide holders (6) that drafts drawn and negotiated in conformity with the terms of this credit will be duly honored on due presentation to the drawee.

Yours very truly

Authorized Signature</td></tr>
<tr><td>Except so far as otherwise expressly stated herein, this credit is subject to the Uniform Customs and Practice for Documenatary Credit (2007 revision, International Chamber of Commerce Publication No. 600).</td></tr>
</table>

제2절 … 송금방식

송금방식은 수입업자가 수출업자 앞으로 수입대금을 송금하여 주는 방식으로, 이는 무역거래의 결제에 있어서 가장 문제가 되는 결제자금의 금융적 편의, 안전성 확보 측면을 보장할 수 없다. 송금방식은 무역 결제방식 중 가장 단순한 방식으로 물품거래와 지급거래가 완전히 분리된 거래방식이다.

송금방식에 의한 대금결제란 수출업자가 물품을 선적하기 전에 수입업자는 그 대금의 전액을 송금하는 선송금(advance remittance)방식과 수출업자가 물품 또는 서류를 인도할 때 수입업자는 스스로 대금을 송금하는 후송금(later remittance)방식으로 수출입대금의 결제가 이루어지는 것을 말한다.

송금방식에 의한 대금결제에는 수입업자가 수출업자에게 송금하는 수단에 따라 수입업자 개인의 수표송금방식(personal check base), 은행의 송금수표방식(D/D : demand draft), 우편환송금방식(M/T : mail transfer), 전신환송금방식(T/T : telegraphic transfer) 등이 있다.

우리나라에서 단순송금방식에 의한 무역거래는 단순송금방식에 의한 수출거래에서만 허용되고 있고, 단순송금방식에 의한 수입거래는 원칙적으로 금지되어 있다.

2.1 수표송금방식

수표송금방식(D/D : demand draft)은 수입업자가 물품의 대금에 상당한 현금을 은행에 불입하고 요구불의 송금수표(D/D)를 은행으로부터 발행받아 이를 수출업자 앞으로 직접 우송하는 방식이다. 송금수표의 운송 중에 분실 또는 도난의 위험은 전적으로 수입업자가 부담한다. 이 방법은 주로 개인적으로 소액을 송금하고 물품을 인도받을 경우에 많이 이용한다.

2.2 우편송금환방식

우편송금환방식(M/T : mail transfer)은 수입업자의 요청에 따라 송금은행이 송금수표 대신에 지급은행에 대하여 일정한 금액을 지급하여 줄 것을 위탁하는 지급지시서에 해당하는 우편환(M/T)을 발행하여 이를 송금은행이 직접 지급은행 앞으로 우송하는 방식

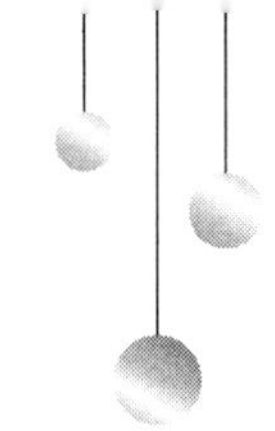

이다. 송금에 따른 위험, 즉 지급지시서의 운송 중에 분실 또는 도난의 위험은 송금은행으로 전가된다. 은행은 지급지시서가 분실되더라도 부본에 의하여 지급할 수 있으므로 송금수표에 의한 송금방식보다는 안전한 방식이나 M/T는 송금기간이 길어서 우송되는 동안에 환율의 변동에 따른 위험이 불가피 하다. 이 방식은 긴급을 요하지 않는 송금이나 소액송금 등에 많이 이용된다.

2.3 전신환송금방식

전신환송금방식(T/T : telegraphic transfer)은 수입업자의 요청으로 송금은행이 지급은행에 대하여 일정한 금액을 지급하여 줄 것을 위탁하는 지급지시서를 전신환(T/T)의 형식으로 발행하여 이를 송금은행이 직접 지급은행 앞으로 송신하는 방식이다. 송금과정에서의 모든 위험은 송금은행에 전가되지만 송금과정이 신속하고 편리하여 송금환의 분실이나 도난의 위험이 없을 뿐만 아니라 환율변동에 따른 위험도 거의 없는 가장 안전한 방식이라는 장점이 있다.

반면 전신료의 부담이 크다는 단점이 있기 때문에 긴급을 요하는 송금이나 거액을 안전하게 송금하고자 할 때 많이 이용하며, 송금방식의 과정은 우편환과 동일하나 단지 수단이 우편환이 아닌 전신환으로 이루어지는 것이 차이점이다.

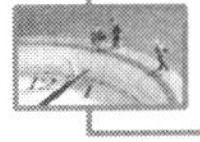

제3절 … 추심결제

3.1 추심방식의 의의

추심(collection)이란 은행이 접수된 지시에 따라 ① 지급 또는 인수를 받거나 ② 지급인도 또는 인수인도로 서류를 인도하거나 ③ 기타의 조건으로 서류를 인도하는 목적 등으로 금융서류 및 상업서류를 인도하는 목적으로 서류를 취급하는 것을 의미한다.

즉, 계약에 따라 수출업자는 자기의 위험부담으로 일단 물품을 선적하고 선적서류를 은행에 제시하면 은행이 대금회수 업무를 대행해 주는 것이다. 이 경우 은행은 대금지급의 책임이 없이 단순히 서류송부나 대금회수의 서비스만 제공한다.

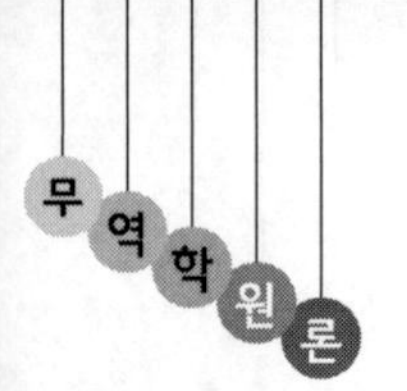

추심은 환어음의 지급인이 어음지급을 해야 선적서류를 인도해주는 지급도 조건(D/P : documents against payment)과 지급인이 어음인수를 하면 선적서류를 인도해 주는 인수도 조건(D/A : documents against acceptance)이 있다.

1) 지급도조건

지급도조건(D/P방식)은 수출대금의 지급과 상환하여 선적서류를 수입업자에게 인도하는 어음지급도 서류 인도 조건이다.

즉, 수출업자가 물품을 선적하고 일람 불 환어음을 발행하여 선적서류와 함께 수입업자의 거래은행(추심은행)으로 하여금 수출대금의 추심을 의뢰하면 추심은행은 수입업자에게 어음을 제시하여 어음금액의 일람지급을 받고 선적서류를 인도하는 방식이다.

추심은행에서는 결제된 수출대금을 다시 수출지의 추심의뢰은행에 송금해 수출업자에게 지급하도록 하는 것이다. 이 방식에서 발행되는 환어음은 지급시기가 "At Sight" 이며 만약 수입업자가 환어음에 대한 지급을 거절하면 관계서류는 수출업자에게 반송된다.

2) 인수도조건

인수도조건(D/A)은 서류인수도조건이라고도 하며, 일종의 외상거래로서 수출업자가 기한부 환어음(usance bill or time bill)을 발행("60 days After Sight"와 같은 형태로 발행)하고 이를 추심의뢰은행과 추심은행을 통하여 지급인인 수입업자에게 제시할 때 수입업자가 어음인수(acceptance)의 서명(Accepted)을 하면 선적서류를 인도하는 조건의 결제방식이다. 추심은행은 그 환어음의 지급만기일에 가서 수입업자로부터 대금을 받아 추심의뢰은행에 송부하면 추심의뢰은행이 이를 최종적으로 수출업자에게 지급한다.

D/P방식과의 차이점은 D/P방식에서는 수출업자가 일람출급(At Sight) 환어음을 발급하는 데 비하여 D/A방식에서는 수출업자가 기한부(예 60 days After Sight) 환어음을 발행함으로써 수입업자에게 환어음 지급만기일 만큼 D/P방식보다 더 오랫동안 신용을 공여해 준다는 점, 즉 외상거래를 허용한다는 점이다.

실무상 추심의뢰서에는 선적서류의 인도방식을 간단히 D/P 또는 D/A방식으로 표기하지 않고 기타 여러 가지 방법으로 표기하는 경우가 많기 때문에 추심환 어음이 D/P 방식인가, D/A방식인가를 결정하기가 어려울 수 있다. 이런 경우 「추심에 관한 통일규칙」 제10조에서는 그 지시가 불명확한 경우에는 이를 D/P방식의 추심환어음으로 간주한다고 규정되어 있다.

3.2 추심방식의 거래절차

추심방식은 신용장없이 매매계약에 의존하여 환어음 또는 선적서류를 추심하는 과정에서 다음과 같은 당사자들이 연결된다.

① **추심의뢰인(principal)** : 물품을 선적하고 거래은행에 추심을 지시하는 자로 수출상을 말하며 어음의 발행인(drawer) 겸 채권자(creditor)가 된다.

② **추심의뢰은행(remitting bank)** : 추심의뢰인(수출상)으로부터 추심을 지시받은 은행

③ **추심은행(collecting bank)** : 추심의뢰은행이 요청한 추심의뢰서(collection order)에 따라 지급인에게 추심하여 대금을 송부하는 은행

④ **지급인(drawee)** : 추심의뢰서에 따라 제시은행으로부터 지급 또는 인수를 위한 제시를 받고 만기일에 대금을 지급하는 자

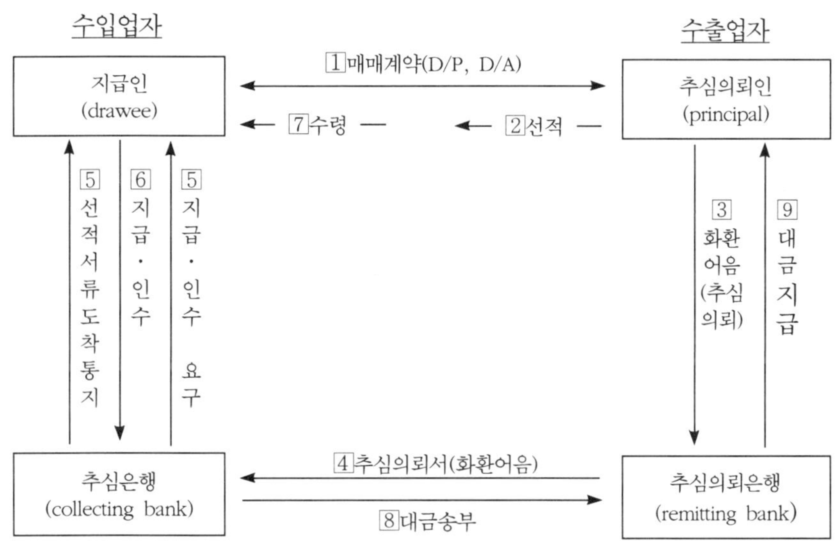

[그림 11-2] 추심방식에에 의한 결제절차

1. 수입업자와 수출업자가 신용장 없이 추심방식, 즉 D/P방식 또는 D/A방식의 대금결제조건으로 매매계약 체결
2. 수출업자는 수입업자의 선적지시를 받는 대로 매매계약에 일치한 물품을 기한 내에 선적하고 선적서류를 구비
3. 선적서류를 구비한 수출업자는 수입업자를 지급인으로 한 추심환어음을 발행하여 선적서류와 함께 자신의 거래은행에 제시하면서 수입업자의 거래은행에 어음대금을 추심 의뢰하여 줄 것을 요청
4. 수출업자로부터 추심요청을 받은 거래은행은 추심에 필요한 모든 지시사항을 기재한 추심의뢰서를

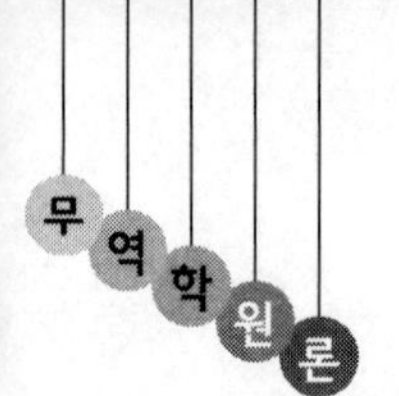

작성하여 수출업자의 환어음과 선적서류를 첨부한 후 이를 수입업자 앞으로 추심해 줄 것을 의뢰

5 수입업자의 거래은행(추심은행)은 추심환어음과 선적서류를 접수하는 즉시 수입업자에게 선적서류가 도착하였다는 통지서를 발송하고 환어음 대금을 지급 또는 인수할 것을 요구

6 은행으로부터 추심을 받은 수입업자(지급인)는 추심환어음이 D/P조건인 경우에는 일람 후 즉시 대금을 지급하고, D/A조건인 경우에는 제시된 어음에 "Accepted by -" 라고 배서한다. 동시에 수입업자로부터 환어음의 지급 또는 인수의 서명을 받은 추심은행은 선적서류를 인도해 준다.

7 대금을 결제한 수입업자는 선적서류를 가지고 운송업자로부터 물품을 수령

8 추심은행은 수입업자로부터 지급받은 추심대금을 추심의뢰서에 명기대로 추심의뢰은행에 송금

9 추심은행으로부터 대금을 송금 받은 추심의뢰은행은 최종적으로 수출업자에게 이를 지급함으로써 모든 과정이 종료

3.3 추심방식의 한계성

추심방식의 대금결제는 신용장 결제방식과는 달리 대금의 결제과정에서 은행의 책임은 없다. 단, 추심관련 은행은 선량한 수임자로서 신의성실의 원칙에 따라서 상당한 주의(reasonable care)와 현지의 법률에 따라서 성실히 행동하고 업무취급에 있어서 상당한 주의를 다하여야 한다. 은행은 접수된 서류가 추심지서의 기재와 일하는지를 확인의무는 있지만 그 서류를 심사할 의무를 부담하지 않지만, 누락사항이 있을 때에는 추심의뢰를 한 상대방에게 즉시 통지하여야 한다. 추심결제방식은 다음과 같은 한계성을 지니고 있기 때문에 이용 상 주의가 요망된다.

① 추심방식은 신용장방식에서와 같이 은행이 대금지급을 보장하는 것이 아니기 때문에 수입업자의 신용상태가 불량하거나 지급 불능이 발생할 때에는 수출업자는 대금회수불능의 위험을 면할 수 없다. 특히, D/A결제방식의 환어음은 Usance Bill이 발행되므로 수출상으로서는 수입상이 어음의 인수 후 상품을 모두 수령한 후 만기일이 도래하기 전에 파산하거나 지급능력을 상실한다면 대금회수불능의 위험이 발생한다.

② 신용장방식에서는 수출업자는 물품을 선적하면 대금의 전액을 자신의 거래은행으로부터 일시에 선지급 받을 수 있으나, 추심방식에서는 수출업자는 선적한 후에도 선적서류를 첨부한 추심환어음을 발행하여, 추심의뢰은행과 추심은행을 통하여 수입업자에게 추심해야 비로소 대금을 지급받을 수 있기 때문에, 대금이 지급되더라도 그 추심기간 동안에는 대금지급의 지연이 불가피하다.

③ D/A결제방식에서는 수입상은 어음의 인수와 동시에 추심은행으로부터 서류를 인도받아 화물을 통관하여 사용 또는 판매 후 만기일에 결제하면 되지만 만일 품질 등의 상태가 좋지 않아 판매의 실익이 보장되지 않는다면 대금지급을 망설이게 되고 그리고

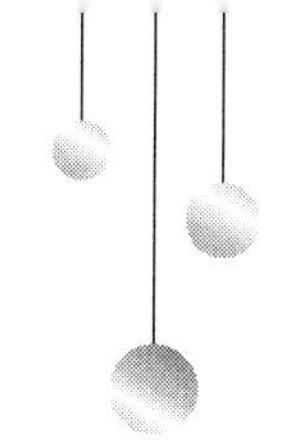

D/P결제방식으로 추심은행에 대금을 지급 완료하였을 경우에는 계약과 불일치한 물품을 수령하였더라도 은행에 대하여 항변할 수 없다.

④ 신용장방식에서는 "화환신용장통일규칙 및 관례"를 준용하여 해석상의 오해나 분쟁에 중요한 판단 근거가 되지만 추심결제방식에서의 모든 어음 행위는 거래 규칙인 "추심에 관한 통일규칙" 보다는 상업어음 거래 약정이나 행위지의 국내법이 우선 적용되어 당사자 간에 분쟁이 발생하는 경우에는 그 해결이 매우 어렵다.

특히, 경우에 따라서는 수입상이 자금사정 또는 시장악화 등을 이유로 아무런 이유없이 지급연기를 요구하거나 화물의 하자를 내세워 대금의 감액을 요구하는 상황이 발생될 우려가 있다.

제4절 … 국제 팩토링과 포페이팅

4.1 국제팩토링

팩토링(factoring)은 신용장 거래와 무신용장거래를 혼합하여 만들어진 신종의 무역거래방식으로 물건을 판매하는 상인이 외상매출채권을 전문적인 채권 회수업자(Factor)에게 양도하여 관리·회수하게 하는 것을 내용으로 하는 거래이다.

팩토링 거래에서는 우선 물건 판매 상인이 그의 고객(소비자)에게 외상으로 물건을 판매한 다음 자신의 외상채권을 채권 회수업자에게 양도하면 채권 회수업자는 만기에 가서 소비자로부터 채권을 변제받아 판매상에게 지급해주는 결제 방식이다.

팩토링 행위는 채권 회수업자에게 채권을 양도함과 동시에 동 채권의 포괄적인 관리를 위탁하며, 경우에 따라서는 전도 금융의 수수도 내용으로 하는 채권계약이다.

그리고 팩토링이 무역거래에서 활용되고 있는 것은 수출업자는 대금회수의 안전성 문제로 신용장거래를 원하지만 수입업자는 수입물품의 품질보장을 이유로 신용장거래를 기피하는 경우와 수출업자는 일람지급거래를 원하나 수입상이 외상거래를 희망할 때 양자의 요구사항을 모두 수용할 수 있기 때문이다.

국제 팩토링은 금융서비스를 이용하여 수출대금을 결제하는 무신용장방식의 새로운 무역거래형태이다. 수출업자와 수입업자 사이에 팩터가 개입하여 수출업자에게는 수출대금

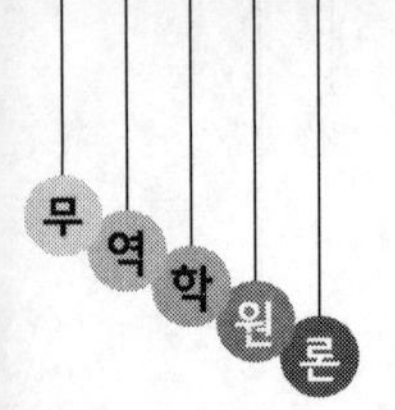

의 지급을 보증하고 수입업자에게는 신용을 공여하여 무역거래가 이루어지도록 한다.

즉, 세계의 팩토링회사가 그룹을 결성하여 수출업자 및 수입업자에 대해 제공하는 새로운 금융서비스로서 수출국 팩토링회사가 수출업자와 거래계약을 체결한 후 금융을 제공하며 수입국 팩토링회사는 수입업자에 대한 신용조사 및 신용승인 등의 서비스를 제공하는 거래이다.

국제팩토링의 결제를 위해서는 수출업자, 수입업자, 수출업자와 팩토링 약정 계약을 맺은 수출팩터(export factor:EF), 수입업자와 팩토링 약정을 맺은 수입팩터(import factor:IF)의 4가지 유형이 있다.

첫째, 수출업자로서 무역거래의 매매계약 상의 매도인이며 수출업자로서 물품을 외상으로 수출하는 조건으로 계약물품을 선적하고 송장 및 선적서류를 수출 팩터에게 양도하면서 전도 금융을 제공받는 역할을 한다.

둘째, 수입업자로서 매매계약 상의 매수인으로서 수입 팩터의 신용을 바탕으로 물품을 외상으로 수입 내지 수입하는 자를 말한다. 이는 만기일에 대금을 지급할 의무가 있으며 채권의 양도·양수에 따라 지급의무를 부담하게 됨으로 채무자라고도 한다.

셋째, 수출 팩터로서 수출국의 수출업자와 국제팩토링 계약을 체결하고 이에 따라 수출업자의 팩토링 채권을 매입하여 전도금을 제공함으로써 효율적인 운전자금을 조달하며 수입 팩터와 상호협약에 따라 수입업자에 대한 신용조사와 신용승인, 채권관리 및 대금회수 서비스를 제공받게 된다. 그리고 회계업무를 대행함으로써 매출채권과 관련된 회계장부를 정리하는 일을 해준다.

넷째, 수입팩터로서 수입국에서 수입업지와의 국제팩토링계약을 체결하고 수입업자의 외상수입을 위하여 신용조사 및 신용승인의 위험을 인수한다. 그리고 팩토링 채권을 회수하여 수출팩터에게 송금하며 수입업자에 대한 제반 회계서비스를 제공하게 된다.

그리고 신용장거래에서는 발행은행, 매입은행, 통지은행 등 여러 당사자가 존재하지만 국제 팩토링 방식에서는 하나의 팩터가 수출업자와 수입업자를 관리할 수 있어 거래과정이 단순하기 때문에 중소규모의 무역거래에서는 팩토링에 의한 결제방식이 보편화되고 있으며 특히 담보력이나 자금력이 부족한 중소기업들은 팩토링의 금융서비스를 많이 활용하고 있다.

이 방식은 수출업자는 팩터로부터 수출대금의 지급보증을 받을 뿐만 아니라 전도금융을 받을 수 있어 자금 부담을 덜 수 있다. 그리고 수입업자는 팩터의 신용을 활용하여 기한부조건으로 수입할 수 있으므로 자기자금이 없거나 신용이 낮은 경우에도 수입

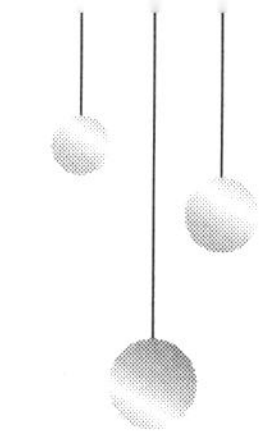

이 가능하다.

팩토링 거래의 활성화는 여러 나라에 많은 팩터들이 상호간에 긴밀한 관계를 유지해야 되고 현재는 네덜란드에 본부를 두고 있는 FCI(Factors Chain International)이 가장 활발한 활동을 하고 있다.

4.2 포페이팅

포페이팅(Forfaiting)은 현금을 대가로 외상채권을 포기 또는 양도한다는 뜻으로 무역거래에서는 수출업자가 발행한 기한부어음을 포페터(Forfaitor:전문금융회사)가 할인·매입해주는 금융기법을 말한다. 따라서 포페이팅은 신용장, D/A 및 D/P 등과 같은 대금결제방식이라기보다 주로 신용장 하에서 발행된 기한부어음을 포페터가 할인하여 매입하는 중장기금융이라 할 수 있다.

포페이팅 거래는 수출업자가 수입업자에게 받을 장기외상채권을 포페터에게 소구권을 행사하지 않는 조건으로 할인·판매하고 포페터는 수입업자 거래은행이 발행한 지급보증서나 Aval(수출업자가 발행한 환어음이나 수입업자가 발행한 약속어음 이면에 수입업자 거래은행이 지급을 보증한다는 문구를 기입한 문서)을 믿고 이 외상채권을 매입한 후 채권만기일에 원리금을 받는 방식이다.

포페이팅에는 수출업자 및 수입업자 외에 포페터와 보증은행이 개입하는 데 포페터는 발행한 연불어음을 매입·할인하는 은행이다. 그리고 보증은행은 수입업자를 위해 환어음의 지급을 보증하거나 지급보증서를 발급하는 은행이다.

보증은행이 환어음을 보증할 때 어음상에 Aval을 추가하는 방식을 쓰는데 이는 보증은행이 환어음 자체에 보증한다는 뜻을 기입하여 채무를 성실히 이행할 것을 보증하는 취소불능의 무조건 보증을 말한다. 보증형식이 간단하고 양도될 수 있어 널리 사용되고 있다.

수입업자가 주로 가액이 큰 물품을 중장기 연불조건으로 수입하고자 할 경우 거래은행으로 하여금 수출업자가 발행한 환어음의 지급을 보증해 줄 것을 요청한다. 보증은행이 환어음의 지급을 보증하면 이 어음을 포페터가 외상기간에 해당하는 이자를 고정금리로 할인하여 수출업자에게 지급하고 포페터는 만기일에 보증은행을 통해서 어음대금을 상환 받는다.

결국 포페이팅을 이용하면 수입업자는 보증은행의 지급보증으로 거액의 물품을 연불조건으로 수입할 수 있고 반면 수출업자는 비록 연불조건의 외상 수출이라 하더라도

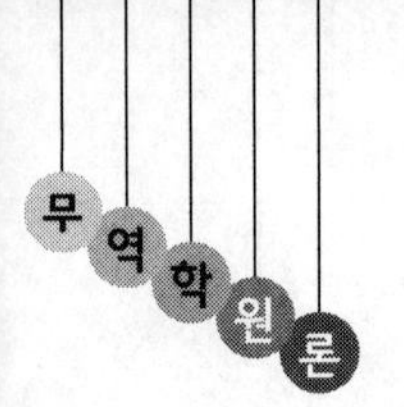

포페터로부터 수출대금을 일람조건의 수출과 같이 즉시 받을 수 있다. 특히, 수출업자는 신용장 매입은행의 여신한도가 부족하여 환어음 매입이 거절될 경우 포페이팅을 통한 매입방법을 강구할 수 있다.

수출업자가 수입업자로부터 대금결제과정에 발생할 수 있는 신용위험(채무자, 보증인의 지급불능 위험), 국가지급불능위험, 환율변동에 따른 환위험, 금리위험 등이 포페이터에게 이들 위험이 이전되고 수출업자는 이 제도를 이용하면 기존의 거래은행과의 대출한도와 재무제표에 영향을 미치지 않고 자금을 확보할 수 있다. 그리고 포페이터에게 서류를 제시·신청하면 약 2일 이내에 자금을 제공받을 수 있다.

대개 포페이팅의 대상이 되는 어음은 통상 양도하기 쉽고 국제무역에서 많이 통용되는 수출환어음이나 약속어음이고 신용장에 의거하여 발행된 기한부어음의 기한이 1년 이상에서부터 최장 10년까지 가능하다. 금액은 건당 3만 달러에서 최고 2억 달러까지 매입되고 있다.

포페이팅 거래는 1950년 스위스에 있는 Credit Swiss사가 서유럽국가의 회사들을 상대로 영업을 시작하면서 국제무대에 소개되었고 1980년대까지는 유럽시장에서만 유행하던 것이 공산권이 몰락한 1990년 이후부터는 아시아지역에서도 성행하고 있는 신종 거래방식이다. 지금까지 언급한 팩토링 거래와 포페이팅 거래를 비교하면 다음의 〈표 11-1〉과 같다.

〈표 11-1〉 팩토링 거래와 포페이팅 거래의 비교

항목	팩토링	포페이팅
① 금액	소액(30만불 미만)	거액(100만불 이상)
② 외상거래	단기(1년 이내, 3개월 미만이 대부분)	장기(1년 이상 10년)
③ 소구권	with Recourse without Recourse둘 다 가능	without Recourse만 인정
④ 금리	제한없음	고정금리로만 할인
⑤ 지급근거	수입Factor의 신용승인	수입업자거래은행의 지급보증 또는 Aval
⑥ 거래방식	송금방식이 가장 많음	환어음 또는 약속어음이 매개체
⑦ 통화	제한없음	U$, Swf, DM으로 국한
⑧ 대상채권	현재 뿐만 아니라 미래에 발생할 매출채권까지 포함될 수 있음	개별적으로 확정된 매출채권에 국한
⑨ 취급은행	기업은행	일부 외국계 은행

자료 : 한국무역협회, 무역실무매뉴얼, 2004. p.172.

제5절 … 무역대금결제의 유형

5.1 환어음의 지급기한

신용장방식과 추심결제방식인 D/P와 D/A조건은 보통 환어음에 의하여 결제가 이루어진다. 수출업자는 계약물품을 선적한 후 대금결제를 위해 요구하는 서류를 준비하여 환어음을 발행하게 되며, 이 때 발행되는 환어음은 일람출급환어음과 기한부환어음이 있다. 환어음의 지급기간은 일람출급 또는 기한부환어음에 의해 결정된다.

1) 환어음

환어음(drafts : bill of exchange)은 발행인(채권자)이 지급인(채무자)에게 일정한 기일 및 장소에서 일정한 금액을 지명인 또는 소지인에게 무조건 지급할 것을 위탁하는 증서이다. 무역거래에서 수출업자는 신용장조건에 따라 선전서류를 갖추어 환어음을 발행하여 외국환은행을 통해서 수출대금을 회수한다. 이 과정을 무역거래에서 매입 또는 네고(negotiation)과정이라 한다.

국가 간의 거래에서 발생하는 채권·채무관계를 결제할 목적의 환어음의 효력에 대한 준거법은 원칙적으로 행위지의 법에 따른다. 예를 들어 환어음이 한국에서 발행되고 미국에서 결제되었다면 발행에 관해서는 한국의 어음법이 적용되고 결제행위는 미국의 환어음 법에 따른다.

현재 환어음에 관련된 국제관행은 영국의 환어음법(Bill of Exchange Acts, 1882), 국제상업회의소에서 제정된 추심에 관한 통일규칙(Uniform Rules for Collection, ICC Publication No. 522, 1996) 및 국제환어음 및 약속어음에 관한 유엔협약(United Nations Convention on International Bills of Exchange and International Promissory Notes, 1988)에 의하고 있다.

(1) 환어음의 당사자

① **발행인** : 환어음의 발행인(drawer)은 환어음을 발행하여 기명날인하는 자로서 채권자이며 무역거래에서는 수출업자가 발행인이 된다. 환어음은 반드시 발행인의 서명이 있어야 한다. 우리나라의 어음법에 의한 발행인은 자신을 대신하여 지급인으로 하여금 어

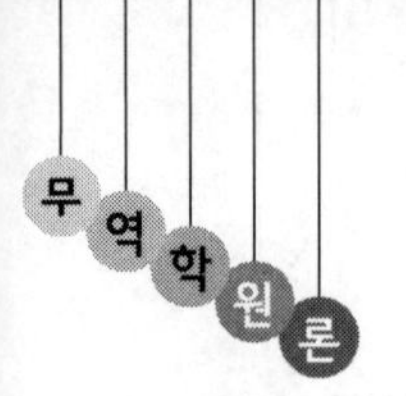

음의 수취인에게 일정한 금액을 무조건 지급할 것을 위탁하는 증서로 어음의 발행인(어음소지인과 실질 관계의 채무자)이 기명·날인하여 채권자(소지인)에게 발행하여 준다.

② **지급인** : 지급인(payer, drawee)은 환어음의 지급을 위탁받은 채무자이다. 신용장 방식의 거래에서는 발행은행이 지급인이 되고 D/A, D/P에서는 수입업자가 지급인이 된다.

국내의 환어음은 어음의 수취인(소지인)이 지급인에게 어음대금의 지급 제시에 응하여 대금결제가 이루어진다.

③ **수취인** : 수취인(payee)은 환어음 금액을 지급받을 자로서 발행인이 지정하는 제3자가 될 수도 있다. 발행인이 환어음을 지급인에게 직접 제시하면 수취인이 간여하지 않지만 발행인 환어음을 발행하여 이를 제3자로 하여금 지급받도록 할 경우 제3자가 수취인이 된다. 신용장거래에서는 매입은행이 수취인이 된다.

국내 환어음 거래에서는 발행인으로부터 지급인으로 하여금 환어음대금을 지급받도록 하여 발행된 환어음을 받은 자를 말한다.

2) 환어음의 종류

(1) 무담보어음과 화환어음

무담보어음(clean bill of exchange)은 환어음의 발행시 B/L 등의 선적서류의 첨부가 없이 발행되는 어음을 말하며 주로 운임, 보험료, 수수료 등의 결제에 이용된다. 화환어음(documentary bill of exchange)은 환어음의 발행시 B/L등 선적서류를 첨부하여 발행되는 어음으로 상품 대금 결제시 이용되며, 첨부서류의 조건은 신용장이나 매매계약서에 명시되어 있다.

(2) 일람출급환어음

일람출급환어음(sight draft : sight bill of exchange)은 매도인이 발행한 어음이 어음지급인에게 제시되면 이를 일람함과 동시에 환어음금액을 지급하는 것으로 무역거래에서 결제가 이루어지는 기간은 그 결제기간에 소요되는 우편일수 이내이므로 신속하게 이루어진다.

(3) 기한부환어음

기한부환어음(usance draft : usance bill of exchange)은 매도인이 발행한 어음이 어음지급인에게 제시되면 지급인이 그 환어음을 인수하여 일정기간 지급유예를 받고 만기일에 지급하는 것으로 일람 후 정기출급과 발행일자후 정기출급 그리고 확정일 출급

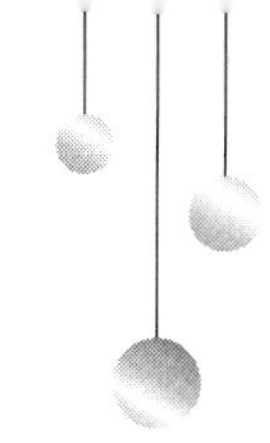

의 방법이 있다. ① 일람 후 정기출급은 "at 30 days after sight" 와 같이 일람 후 30일이 되는 날에 지급이 이루어지는 형태이다. ② 발행일자 후 정기출급은 "at 30 days from date of B/E" 와 같이 환어음발행일자로부터 30일이 되는 날에 지급이 이루어지는 형태이다. ③ 확정일 출급 : "on May 30, 2010" 처럼 특정일에 지급이 이루어지는 형태이다.

매매계약시 주의해야 할 사항은 기한부어음의 경우에 지급을 유예하여 주는 기간 동안의 이자를 누가 부담할 것인가를 명확하게 확약해 두어야 한다.

(4) 은행어음과 개인어음

환어음의 지급인이 은행인 경우를 은행어음(bank bill), 개인이나 기업인 경우를 개인어음(private bill)이라 한다. 신용장 거래에서 발행되는 환어음은 모두 발행은행이나 지정된 은행을 지급인으로 하기 때문에 은행어음이며 D/A·D/P거래에서는 수입업자를 지급인으로 하는 개인어음이 이용된다.

5.2 선지급

선지급(payment in advance)은 물품이 선적 또는 인도되기 전에 미리 대금을 지급하는 조건으로 단순송금방식, 선대신용장방식 및 주문시 현금결제방식 등의 형태가 있다.

1) 단순송금방식

단순송금방식(remittance basis)은 주문과 함께 수표송금방식, 우편송금환 또는 전신환 등에 의해 송금되는 형태이다.

(1) 수표송금방식

수표송금방식(Demand draft : D/D)은 수입업자가 미리 물품대금에 상당한 현금을 은행에 불입하고 송금수표를 발행하면 이를 수입업자가 수출업자 앞으로 직접 우송하여 결제하는 방식이다. 이 방식은 송금수표의 우송 중에 분실 또는 도난의 위험은 전적으로 수입업자가 부담해야 하기 때문에 주로 개인적으로 소액을 송금하고 물품을 인도받을 경우에 주로 이용된다.

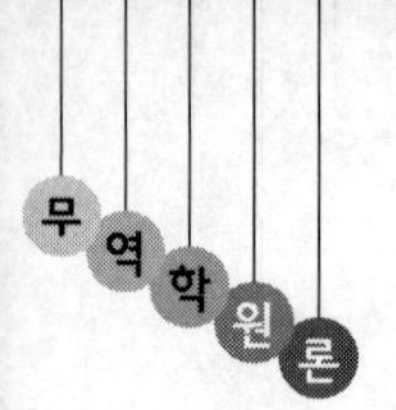

(2) 우편송금방식

우편송금방식(mail transfer : M/T)은 수입업자의 요청에 따라 송금은행이 송금수표를 발행하는 대신에 지급은행에 대하여 일정한 금액을 지급하여 줄 것을 위탁하는 지급지시서에 해당하는 우편환을 발행하여 이를 송금은행이 직접 지급은행 앞으로 우송하는 방식이다.

이 때 송금(지급지시서의 우송)에 따른 분실 또는 도난의 위험은 은행이 부담하기 때문에 수입업자로서는 단순송금방식보다는 안전한 결제방식이 된다. 그러나 은행을 통한 우편환결제방식은 지급지시서오의 송부기간이 전신보다는 길기 때문에 긴급을 요하지 않는 송금이나 소액송금 등에 주로 이용된다.

(3) 전신송금방식

전신송금방식(telegraphic transfer : T/T)은 우편환방식과 같이 수입상의 요청에 따라 송금은행이 지급은행에 대하야 일정한 금액을 지급하여 줄 것을 지급지시서를 우편환으로 발행하는 대신에 전신환(telegraphic transfer : T/T)의 형식으로 발행하여 이를 송금은행이 직접 지급은행 앞으로 송금하는 방식이다.

즉, 이 방식은 지급지시서를 우편환으로 발행하는 대신에 전신환의 형식으로 발행하여 이를 송금은행이 직접 지급은행 앞으로 송금하는 방식이다. 이 때 송금과정에서의 모든 위험은 당연히 은행이 부담한다.

이 결제방식은 우편환송금방식보다 송금과정이 신속하고 편리할 뿐 아니라 송금환의 분실이나 도난의 위험, 그리고 환율변동에 따른 위험이 거의 없기 때문에 송금방식 중에서 가장 안전한 결제방식이다. 따라서 긴급을 요하는 대금의 송금이나 거액을 송금하는 방식으로 안전하게 결제하고자 할 때로 이용된다.

단점은 우편이 아닌 전신에 의해 이루어지기 때문에 전신료의 부담이 크다는 점이다. 전신환에 의한 송금방식과정은 우편환송금방식과 동일하되, 다만 송금되는 수단이 우편환이 아닌 전신환으로 이루어진다는 점이 다를 뿐이다. 전신통자 수단에는 TELEX, CASH CONNECTOR〈SWIFT(Society for World Wide, Inter-bank Financial Telecommunication : 국제은행 간 자금결제 통신망)〉등을 활용한다.

2) 선대신용장방식

선대신용장방식(red clause L/C basis)은 수출업자가 신용장수령과 더불어 미리 대금

부터 결제되는 형태이다. 보통 통지은행이 수출에 따른 원재료의 확보, 물품의 집화 등에 필요한 자금을 수출업자에게 선전 적 미리 일부의 자금을 빌려줄 것을 허용하는 방식의 신용장거래에서 이용되는 방식이다.

3) 주문시 현금결제방식

주문시 현금결제방식(CWO : cash with order basis)은 주문과 동시에 현금결제가 이루어지는 형태로 수출업자에게 매우 유리한 방식이다.

5.3 동시지급(concurrent payment)

물품을 인도받거나 물품을 화체(化體)한 서류를 인도받음과 동시에 대금지급이 이루어지는 방식으로 현물상환방식, 서류상환방식이 있다.

1) 현물상환방식

현물상환방식(COD : cash on delivery) 매도인이 비용과 위험을 부담하고 수입지에서 현품과 교환하여 대금지급이 이루어지는 형태로 매수인에게 매우 유리한 방식이다. 대개 수입업자가 소재하는 국가에 수출업자의 지사나 대리점이 있는 경우 수출업자가 물품을 지사나 대리점에 송부하면 수입업자가 물품의 품질을 검사한 후 물품과 현금을 상환하여 물품대금을 송금한다. 주로 귀금속 등 고가품으로서 직접 물품을 검사기 전에는 품질을 정확히 파악하기 어려운 경우에 활용된다.

2) 서류상환방식

서류상환방식(CAD : cash against documents)은 수출업자가 품을 선적하고 수입업자 또는 수출국에 소재하는 수입업자의 대리인이나 지사에게 선하증권 등 선적서류를 제시하면 서류와 상환하여 대금을 결제하는 방식이다. 이 방식의 거래는 수입업자의 지사나 대리점이나 수출국 내에서 물품의 제조과정을 점검하고 수출물품에 대해서 선적 전 검사를 한다.

이 방식은 수출업자가 선적서류를 외국환은행을 통하여 수입업자게로 송부하면 형식적으로 지급도조건(D/P)과 유사하다. 즉, D/P거래에서는 수출업자가 외국환은행을 통해 운송서류가 첨부된 환어음을 송부하면 수입업자는 반드시 수입대금을 지급하고 환

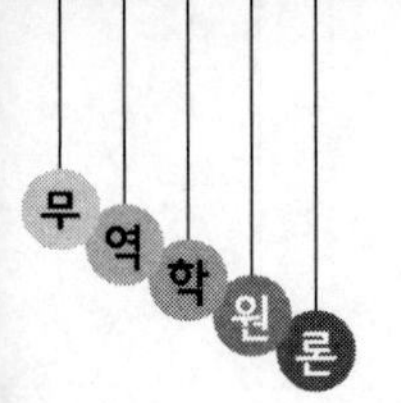

어음과 선적서류를 찾아가야하기 때문에 이점에서는 두 방식은 서류 유사하다.

그러나 D/P 방식에서는 수출업자가 환어음을 발행하지만 서류상환방식에서는 환어음 없이 선적서류와 수입대금이 서로 상환된다. 유럽에서는 환어음을 주로 사용하지 않기 때문에 서류상환방식을 흔히 유럽 식 D/P방식이라고도 한다.

5.4 연지급(deferred payment)

물품의 선적 또는 선적서류의 인도 후 일정한 기간이 경과된 이후에 대금지급이 이루어지는 외상거래방식의 연지급조건이다. 기한부신용장이나 D/A거래와 같이 1년 이내의 기간에 지급되는 것을 단기연지급이라고 하며, 1년 이상의 거래를 중장기연지급이라고 한다. 연지급의 대표적 예로는 외상판매(sales on credit), 위탁판매(sales on consignment) 및 장부결제(open account) 등이 있다.

5.5 전자결제방식

전자결제(electronic payment)는 전자적 수단을 이용하여 물품이나 서비스의 대가를 지급 및 결제하는 것이다. 전자결제시스템(electronic payment system : EPS)은 전자결제를 하기 위해 구축된 시스템 혹은 온라인으로 지급하는 어떤 방식으로서 인터넷 상거래를 이용하여 인터넷 쇼핑몰(shopping mall)에서 물품을 구입한 후 가상쇼핑몰과 계약이 체결된 은행 간에 온라인으로 통하여 결제대금이 지급되는 시스템을 말한다.

전자상거래의 도입으로 대금결제관행에 많은 변화가 일어나고 있다. 즉, 국제상거래에서 전신환 송금(T/T), 우편환송금(M/T), 송금수표(D/D)와 같은 단순 송금방식, 현금결제방식(COD)과 서류상환방식(CAD), 지급도조건(D/P), 인수도조건(D/A)과 같은 추심결제방식, 신용장 방식 등의 대금결제 방식이 신용카드, 전자화폐, 전자자금이체, 무역카드, SWIFT의 전자신용장, 볼레로 시스템 등의 전자결제 시스템으로 전환되어 그 활용을 증대시키기 위한 노력이 진행되고 있다.

1) 무역카드

무역카드(Trade Card)는 전통적인 신용장을 대체하여 수출입서류의 전송과 대금결제방법을 통하여 원스톱서비스(one-stop service)가 가능하도록 전자화 하려는 사업으로

수출입을 대행하는 형태이며 중소기업에게 적합한 시스템이다.[30)]

무역카드는 인터넷 상에서 매수인과 매도인이 국제무역거래를 안전하게 이행하고 결제하도록 하는 기업 전자상거래 기반구조로서, 기존의 신용장거래가 갖는 단점을 지적하고 이를 극복하기 위해 전자적인 계약체결 및 계약이행의 전자적 점검을 통해 새로운 무역관습을 구현하려는 것이며 무역거래를 이행하고 결제하기 위하여 안전성, 신뢰성, 비용 효과 및 사용자 편의의 해결책을 제공하는 것이다.[31)]

이 시스템은 세계무역센터협회(WTCA)가 개발한 전자무역방식으로서 온라인에서 수출업자와 수입업자가 전자문서로 계약서를 작성할 경우 선적서류 등 관련 무역서류를 자동으로 작성, 처리할 뿐만 아니라 무역금융, 보험, 대금결제, 물류 등 관련 수출입전 과정을 처리하는 자동화 인터넷 무역서비스다. 미국에 본사를 두고 있는 무역카드는 그동안 지적되었던 신용장 방식 무역의 비효율성을 개선하기 위해서 무역서류의 전자화 및 서류점검절차를 자동화하여 신용장을 대체한 전자결제시스템으로서 신용장 발행의 서류점검에 해당하는 기능을 무역카드시스템이수행하고 은행은 단순히 자금 공여만 담당하게 된다. 그리고 대금결제서비스와 관련하여 자동승인지급(AAP : auto approved payment)방식, 매수인 승인 지급(BAP : buyer approved payment)방식, 송장제시(IP : invoice presentation)방식 등의 서비스를 제공하고 있다.

(1) 자동승인지급방식

자동승인지급(AAP : auto approved payment)방식은 TradeCard사의 제휴기관인 Coface로부터 매수인의 신용평가를 받아서 매수인에게 대금지급의 보증을 제공하는 방법으로서 TradeCard사가 제공하는 가장 전형적인 전자결제방법이다.

이 방식은 매도인이 매수인에 의해 작성되어 TradeCard사로부터 전송 구매 주문서를 승인함으로써 시작되고 거래에 필요한 각종 서류가 TradeCard을 통하여 매수인의 계정에서 차기(debit)하여 매도인의 계정으로 대체(credit)함으로써 대금지급이 완료된다. 이것은 Coface라는 지급보증기관이 매수인의 지급을 보증한다는 점에서는 기존의 신용장 방식과 유사하다고 볼 수 있다.

(2) 매수인 승인 지급

매수인 승인 지급(BAP : buyer approved payment)방식은 자동승인지급방식(AAP)과

---

30) 한국전자거래진흥원, B2B 무역결제 워킹그룹, 2002. 1, p.20.

31) 전순환, 무역실무, 한올출판사, 2007, p.271.

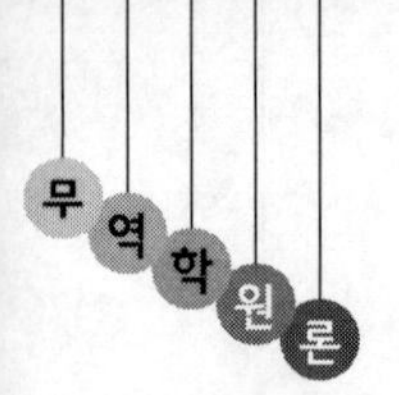

거의 유사하지만 지급할 때의 최종 결정은 매수인이 하도록 설계되어있는 방식이다. 이 방식은 AAP방식에서 파생된 것으로 거래에 수반되는 각종 서류가 TradeCard사의 데이터 일치성 점검엔진을 통하여 모든 일치성 요건이 충족되더라도 매수인이 지급인증서류에 승인하여야만 대금지급이 향하여지는 방식이다.

데이터 일치성 점검 엔진이 충족되는 경우 AAP방식에서는 TradeCard사가 지급절차를 시작하는 반면에, BAP방식에서는 매수인이 지급인증서류를 승인해야만 지급절차가 시작된다. 이 방식은 현행의 사후송금방식(open account)의 처리기능과 거의 동일한 방식으로서 매수인이 언제 얼마를 지급할 것인지를 결정하게 된다.

(3) 송장제시방식

송장제시(IP : invoice presentation)방식은 국내외에서 선적된 물품 또는 부여된 서비스에 대하여 송장을 보내기 위하여 사용되는 방식으로 지급 보증이나 데이터일치성을 필요로 하지 않기 때문에 다른 방식보다 신속하고 용이한 거래절차를 제공한다. 이 방식은 매도인이 TradeCard사의 시스템에 송장을 생성함으로써 시작하며 송장이 완성되면 송장에 전달된 세부사항을 매수인에게 제공하는 지급승인서류가 생성된다. 매수인이 그 특정 송장에 관하여 지급금액과 지급시기를 최종적으로 결정하면 매수인의 계정은 약정된 지급 일자에 차기(debit)된다.

2) 볼레로 시스템

볼레로시스템은 기존무역절차를 인정하는 대신 선하증권 등 모든 무역서류를 전자문서화 함으로써 무역업자, 은행, 보험사, 선박회사, 세관, 항만당국 등의 모든 무역관련 당사자들이 무역관련 서류나 자료를 인터넷을 통하여 디지털 전송방식으로 교환할 수 있도록 하고 이에 따른 안정성 및 신뢰성을 검증해 전자무역거래를 뒷받침해주는 국제전자무역시스템이다.

무역거래에서 볼레로(Bolero)는 "Bill of Lading for Europe(유럽을 위한 선하증권)"의 약어이다. 또는 "Bill of Lading Electronic Registry Organization(선하증권 전자등록기구)" 의 약어이다.

볼레로 프로젝트는 1994년부터 1995년에 걸쳐 실증실험을 행하고 그 성공을 답습한 후, 1998년 4월에는 SWIFT(세계은행 간 금융전산망 : Society for Worldwide Interbank Financial Telecommunication)와 TT클럽(Through Transport Club)이 각각 50%(각각

1,000만 달러)의 자본을 출자하여 볼레로 운영회사를 설립하였다. 그 후 동사는 명칭을 볼레로 인터네셔널사(Bolero International Ltd.)로 바꾸고 무역서류의 무서류화를 실현하기 위한 기반으로써 19997년 9월 27일부터 Bolero.net을 개시하고 인터넷을 경유하더라도 전자서류를 안전하고 확실하게 송수신할 수 있는 메시징서비스와 유가증권인 선하증권을 전자화하고 그 소유권 이전을 관리하는 관리등록(Title Registry) 서비스를 개시하였다.

즉, 볼레로넷(Bolero.net)은SWIFT와 TT클럽이 주축이 되어 컨소시엄 형태로 구성된 전자결제 업체이며 국제적인 무역절차 전자화 서비스의 제공회사인 Bolero International Ltd.의 서비스명이다. 볼레로넷은 1999년 1월부터 3월까지 기존 종이문서 체제와 병행하면서 실제로 시범서비스를 실시한 후 동연 9월부터 사용서비스를 개시함으로써 무역서류의 전자화를 추진하고 있다.

제12장 | 국제운송론

운송(transportation)이란 사람이나 물건을 자동차, 선박, 항공기, 기타의 운송수단을 이용하여 어떤 장소에서 다른 장소로 이동하는 것을 의미하며 이동의 시간적 간격에 따른 재화의 형태나 성질을 물리적 또는 화학적으로 변화시키지 않은 채 이동된다. 국제물품운송(international transportation)은 재화를 운송수단을 이용하여 국제간에 이동시키는 것으로 해상운송, 항공운송, 육상운송 등이 있다.

제1절 … 해상운송

1.1 해상운송의 의의 및 특성

1) 해상운송의 의의

해상운송(ocean transportation)은 해상에서 선박을 이용하여 사람 또는 화물을 운송하고 그 대가로서 운임을 받는 상행위를 말한다. 무역에 있어서의 해상운송은 조선술의 발달, 항해술의 진보 및 통신의 발달과 더불어 발달하여 왔다. 따라서 오늘날의 해상운송은 운송의 경제성과 안전성, 교통의 자유성, 운송비의 절감 및 세계무역량의 증가에 힘입어 꾸준히 발달하여 왔다.

과거에는 운송이라고 하면 해상운송만을 생각하여 항구와 항구 간, 즉 port to port의 운송만을 생각하였지만, 1966년 미국의 Sea-Land사가 컨테이너운송을 시작하여 운송혁명을 일으켜 육상 및 항공운송과 연합하여 국제복합운송시대를 열게 되었다.

특히 컨테이너의 등장으로 해상, 항공 및 육상운송의 연결로 일국에 위치한 매도인의 창고에서 타국에 위치한 매수인의 창고까지 즉 문전에서 문전(door-to-door)까지 화물

의 이적 없이 일관협동운송형태로 이루어지고 있다.

2) 해상운송의 특성

컨테이너의 등장으로 화물의 이적없이 육상, 항공, 해상의 운송수단이 결합된 복합운송형태로 일반화되었으며 특히 국제운송의 중심은 해상운송이며 육상운송이나 항공운송과 비교하여 몇 가지 다른 특성이 있다.

첫째, 해상운송은 대량운송이 가능하다. 항공운송은 신속성은 보장되지만 운송량에 있어서 제한이 따르고, 철도운송의 경우는 20ton 화차 10량을 연결하여도 200ton밖에 되지 않기 때문에 선박의 수십만 톤 운송에는 비교가 안 된다. 따라서 일시에 대량 재화를 한 지역으로 이동하는 운송은 해상운송으로 가장 큰 특성이라고 할 수 있다.

둘째, 해상운송은 원거리 국제 운송에 적합하다. 철도운송도 복합운송시스템으로서 시베리아횡단철도(SLB : Siberia Land Bridge)나 미국대륙횡단철도(ALB : American Land Bridge)와 같은 원거리 운송이 있으나, 원거리 운송에 가장 많이 이용되는 것은 대륙과 대륙을 연결하는 대양을 통한 해상운송이다.

셋째, 해상운송의 경제성이다. 해상운송은 대량운송이 가능하기 때문에 단위 당 운송비가 육상운송이나 해상운송에 비해 상당히 저렴하다.

넷째, 운송로의 자유성이다. 네덜란드의 해법학자인 그로티우스가 1609년 "공해자유론" 을 주창하여 18세기에 그 원칙이 국제법에 따라 공인된 것과 같이 해양은 대부분 공해로 자유롭게 항해할 수 있다. 현재 국제법에서는 연안 3해리를 규정하고 있지만 많은 국가에서 12해리를 주장하고 있다. 해양의 자유원칙에 따라 공해에서 자유로운 항해가 보장됨에 따라 급속히 해운의 발달을 가져와 다른 교통수단보다 빠르게 발전을 하게 되었다.

다섯째, 운송형태의 국제성이다. 해상운송에서 입출항을 하는 각 선박은 국적이 서로 다른 것이 일반적이며, 원칙적으로 항만에 입출항이 가능하고 주 항로가 공해상이라는 점이 특정국가의 성격을 벗어난 것이다.

단점으로는 해상운송은 대량운송이며 운임이 저렴하다는 장점이 있는 반면 속력이 느리다는 단점을 가지고 있다. 즉 해상운송의 속력은 육상운송 기관보다 평균속도가 늦고, 항공운송보다는 월등히 속도가 느리다. 세계 주요 정기선의 속력은 시간당 18~33노트이며, 부정기선은 12~18노트로 항해함으로서 신속성을 요하는 상품들의 유통에는 한계가 있으나 1980년대부터는 고속화물선이 등장하여 이러한 문제점도 상당히 해소되고 있다.

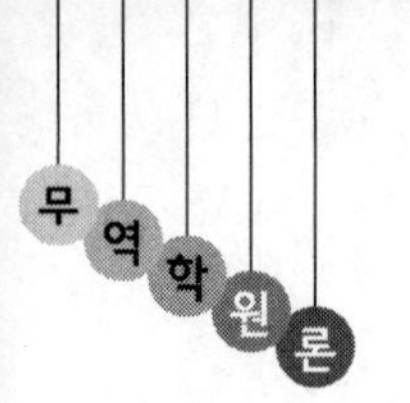

그리고 운행회수가 적으며 기후의 영향을 받기 쉬워 계획운송이 곤란하고 항만시설에 많은 비용을 필요로 하며 화물의 손상사고가 비교적 많다.

제2절 … 정기선 운송과 부정기선 운송

2.1 해상운송의 계약

해상운송계약은 항해용 선박에 의해 화물을 운송하는 계약을 선주 및 운송인과 화주간에 체결하고 화주는 일정한 운임을 지불할 것을 약정하는 것을 의미한다. 계약의 종류로는 주로 정기선에 의하여 운송되는 개품운송계약과 부정기선에 의하여 이루어지는 용선운송계약이 있다.

1) 개품운송계약

개품운송계약(contract of affreightment in a general ship)은 선주가 다수의 화주로부터 개개의 화물을 인수하여 운송할 것을 약정하는 계약이다. 이 계약은 정기선의 운송의 경우에 이용되며 선주는 여러 화주로부터 각각 의 화물을 집화하여 집화된 화물을 혼재해서 운송하는 형태의 계약이다. 정기선에 의한 개품운송계약은 Liner term 또는 Berth term이라고 한다.

이 계약에서는 정기선의 일정표가 공표되고 화주는 선박의 명세, 목적항, 기항지, 출항일자 및 화물의 운송조건 등의 정보를 파악한 후 화물의 탁송을 의뢰한다. 이 때 재래선의 경우에는 화물을 실제로 선적하였을 때 운송계약이 성립되고 컨테이너선의 경우에는 반드시 부두가 아니더라도 운송인이나 그 사용인이 운송화물을 수령하였을 때 계약이 성립된다.

선적예약이 완료된 뒤 수출검사 및 통관절차를 거쳐 수출허가를 받은 다음 필요에 따라 검량 및 검수를 받고 검량검수증명서를 선박회사에 제출하면 선사는 본선의 선장앞으로 선적지시서(Shipping oder)를 화주에게 발급하여 주면 화주는 선적지시서와 함께 화물을 선사가 지정한 창고까지 운반하여 선사나 그 대리점에 인계한다.

그 후 화물의 선적이 완료되면 1등 항해사가 본선수취증(M/R:mate's receipt)을 발행

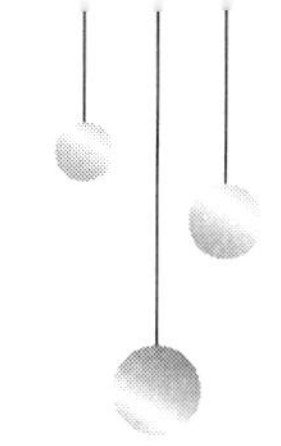

하여 화주에게 주면 화주는 본선수취증을 운임과 함께 선사에 제출하면 선사는 그와 상환으로 선하증권을 발급하여 준다. 이 때 본선수취증에 수량부족, 포장불량 등의 하자 유무를 표시하여 발행하며 선하증권은 이를 기초로 발행하는 데 아무런 하자가 없는 무고장 선하증권이어야 한다.

2) 용선운송계약

용선운송계약(contract of affreightment by charter party)은 부정기선에 의해 화물을 운송하기 위하여 화주가 선박회사로부터 선복(ship's space)의 일부 또는 전부를 빌리는 운송계약이다. 용선계약은 선박의 특성에 따라 운송 대상 화물이 정해지므로 운송화물은 자동차, 석탄, 원면, 양곡, 광석 등의 수송에 적합한 전용부정기선이 이용된다.

용선은 일부용선과 전부용선이 있으며 일반적으로 용선은 전부용선을 의미한다. 전부용선은 용선방법에 따라 항해용선, 기간용선, 나용선의 형태가 있다.

첫째, 항해용선계약(contract by voyage charter : Tip Charter)은 화주가 선박을 특정항구(1개 항 또는 그 이상의 항)에서 특정항구(1개 항 또는 그 이상의 항)까지 선주가 선복의 전부 또는 일부를 제공하여 화물을 운송하게 하고 화주가 용선료를 지급할 것을 약정하는 운송계약이다.

둘째, 기간용선(Time Charter)은 정기용선이라고도 하며 화주가 일정기간 선주로부터 선박을 빌리는 것이다. 선주는 항해에 필요한 모든 선적용구 및 선원을 갖추어 합의된 항구에서 선박을 용선자에게 인도해야 한다.

이 계약에서 용선자는 선박의 공적운임톤수에 따라 정한 용선료를 정기적으로 지급하고 선주는 선원비, 수선비, 감가상각비, 보험료 등 선박의 재산적 가치 보존을 위한 비용을 전적으로 부담한다.

셋째, 나용선계약(Bareboat Charter)은 용선자가 계약 기간을 일정기간으로 정하여 기간에 따라 임차료를 계산하고 선박소유자로부터 선박 자체만을 빌려 선장, 선원, 항비, 수선비 및 보험료 등을 모두 용선자가 부담하는 것이다. 선주가 아무런 장비를 갖추지 않은 선체(bareboat)만 빌려 주고 선박의 운항에 필요한 선원, 장비, 소모품 등은 용선자가 갖추는 용선계약이다.

지금까지 언급한 개품운송계약과 용선운송계약의 형태를 비교해 보면 〈표 12-1〉과 같다.

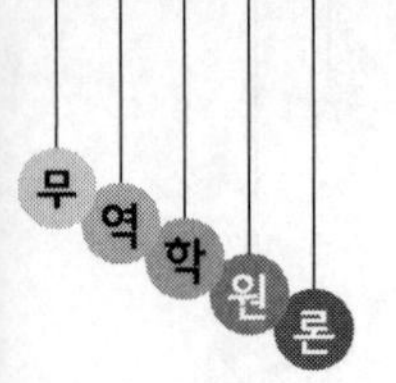

〈표 12-1〉 개품운송계약과 용선운송계약의 비교

구 분	개 품 운 송 계 약	용 선 운 송 계 약
형 태	선박회사는 다수의 화주로부터 위탁받은 개개화물의 운송 인수	선박회사(선사)는 특정의 상대방과 특약에 의하여 선박을 빌려 운송 인수
선 박	정기선	부정기선
적용법규	제정법(statute law)	보통법(common law)
책임관계	운송인 면책확대 불안정	운송인 책임 수정 가능
운항형태	고정항로, 운항일정에 의한 규칙적 운항	지역별, 시기별 불규칙적 운항
화 주	불특정 다수	특정화주
화 물	다수 화주의 컨테이너화물, 포장화물(2차 상품),잡화와 같은 비교적 작은 화물	대량 Bulk Cargo(살적)화물(원유, 석탄, 비료, 곡물 등)
계 약	선하증권(B/L; bill of lading)	용선계약서(CP; charter party)
운임조건	berth term(liner term)1)	FI2), FO3), FIO4)
운임률	공시요율(tariff rate)	수요공급에 따른 시세(open rate)

주 : 1) berth term(liner term) : 선적시와 하역시 하역비를 선주가 부담하는 조건
2) FI(free in) : 선적시에는 화주가, 하역시에는 선주가 하역비를 부담하는 조건
3) FO(free out) : 선적시에는 선주가, 하역시에는 화주가 하역비를 부담하는 조건
4) FIO(free in and out) : berth term의 상대조건으로 선적시와 하역시의 하역비를 화주가 부담하는 조건

2.2 정기선운송

1) 정기선운송의 의의

정기선운송은 정해진 운항계획에 따라 정해진 항로를 규칙적으로 반복 운항하면서 공포된 운임률(tariff rate)에 의하여 화물의 많고 적음에 관계없이 운임이 부과되는 화물선과 여객선 운송을 의미한다.

정기선운송의 조건으로는 ① 항해일정의 공시, ② 화물의 다소에 관계없이 운항, ③ 소량화물 및 단위당 컨테이너 화물대상, ④ 공포된 운임표 적용 등이 있다.

정기선운송의 특성은 첫째, 잡화 등 불특정 다수의 일반화물 운송에 주로 이용한다. 둘째, 소량의 개별적 화물이 주 대상이다. 셋째, 일정 항로에서의 수요발생이 계속적인 동시에 발생량이 비교적 안정적으로 나타난다. 정기선운송의 종류는 컨테이너 화물전용선과 Bulk Cargo나 비 컨테이너 화물의 운송에 이용되는 화물선으로 일반적으로 일반

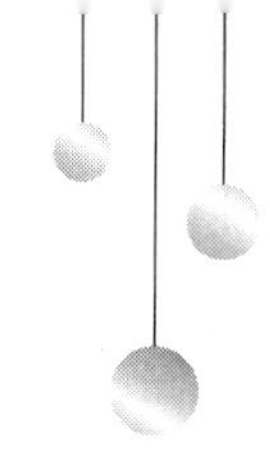

화물선이나 전용선 등이 있다.

그리고 정기선은 운송해야 할 화물이 있든 없든 항해일정에 따라 규칙적으로 운항해야 하므로 많은 선박이 필요하고 경영조직 규모도 거대하며 위험도가 높은 사업이다.

2) 정기선 운송의 특징

정기선 운송은 부정기선 운송과 다음과 같은 면에서 서로 다른 특징을 나타내고 있다.

첫째, 항해의 반복성이다. 즉, 일정한 간격으로 사전에 주기적으로 운항하면서 서비스를 제공하는 항해의 반복성이다.

둘째, 적법한 화물을 대상으로 불특정 다수화물을 대상으로 하는 대중 운송 서비스를 제공한다.

셋째, 시장과 선복의 수요량이 비교적 안정되어 있으나 일정규모의 선대를 보유하고 항해의 규칙성을 유지해야 하기 때문에 채산성을 맞추기 힘든 특성을 가지고 있으며, 운임은 하역비까지 포함하고 있어 비교적 비싼 운임이 적용된다.

넷째, 질적인 다수의 개별수요로 이루어지는 특성 때문에 화주가 다수이며, 운송대상도 많은 종류로 구성된다. 계약형태는 개품운송계약이 대부분이며, 다수의 운송수요자가 존재함으로 개별선사에 의한 수요의 독점이 불가능하고 화물의 크기와 종류에 관계없이 정형화된 계약서가 사용되고 있다.

다섯째, 경제성 확보를 위하여 선박건조, 육상터미널, 운송장비 등에 거액의 자본이 소요되며, 제반시설 등에 막대한 출자가 수반되어 기업경영의 위험을 최소화하고 취항선사 간 과당경쟁을 방지하기 위하여 공동운항 등을 위한 해운동맹[32)]이 존재하며 공포된 운임율이 적용되고 있다.

3) 정기선 화물의 유형

정기선화물은 그 성질상 특정항로를 운항계획에 따라 정기적이고 신속하게 운송되어야 하기 때문에 부정기선의 화물(주로 원료 등)과는 대조적으로 주로 제품화된 화물이 많다.

정기선화물의 종류는 크게 일반화물과 특수화물로 분류할 수 있으며, 전자에는 정량화물, 조잡 또는 조악화물, 살적화물, 단위화물, 액체화물 등이 있다. 후자에는 위험화

32) 특정항로에 정기선을 투입, 배선하고 있는 다수의 해운회사들간의 경쟁을 조절·제한하고 상호이익을 유지 및 증진시키기 위하여 결성된 일종의 카르텔로서 가장 기본적인 협정이 운임결정에 관한 것이기 때문에 운임동맹이라고도 한다.

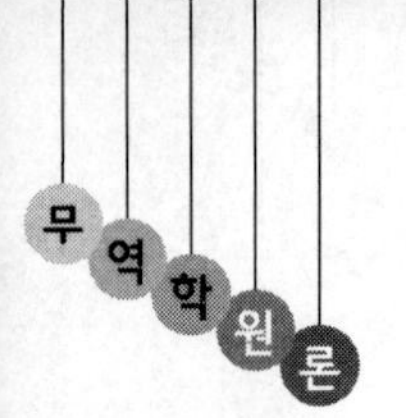

물, 부패성화물, 냉동·냉장화물, 고가화물, 동식물, 중량화물, 대용량 및 장척화물 등이 해당된다.

(1) 일반화물

일반화물은 잡화라고도 하며 하역작업이 용이하고 다른 화물과 혼적할 수 있는 화물로 특별한 취급이나 적부를 필요로 하지 않는 화물로 정량화물(fine or clean cargo)과 조잡(조악)화물(rough or dirty cargo), 살적화물(break bulk cargo), 단위화물(unitized or container cargo), 액체화물(liquid cargo) 등이 있다. 〈표 12-2〉는 일반화물의 종류를 비교한 것이다.

〈표 12-2〉 일반화물의 비교

일반화물의 분류	개 념	화물의 종류
정량화물 (fine or clean cargo)	다른 화물과 혼적해도 적부 또는 보관에 특별한 주의가 필요없는 화물	도자기, 면포, 양모, 백미, 차, 종이, 칠기, 통조림류 등
조잡·조악화물 (rough or dirty cargo)	먼지, 냄새, 악취 등으로 인하여 운송중 다른 화물에 손해를 입힐 위험이 있는 화물	생피혁(가죽), 어분, 비료, 시멘트, 염장어획물, 흑연 등
살적화물 (break bulk cargo)	입자나 분말상태, 또는 액체 상태로서 단위화 되지 않고 재래방식에 의하여 선창이나 탱크에 적부되는 화물	곡류, 광석, 원유, 당밀 등
단위화물 (unitized or container cargo)	포장용기 또는 컨테이너 용기에 포장되어 있는 화물	단위화된 유류, 주류, 약액류 등
액체화물 (liquid cargo)	액체 또는 반액체의 내용물을 드럼통, 나무통, 병, 항아리, 캔 등의 용기에 넣은 화물	유류, 원유, 약액류 등

(2) 특수화물

화물의 성질, 형상, 중량, 가격 등이 이상하고 특수한 화물로서 특별한 취급이나 적부를 필요로 하는 화물로 위험화물, 부패성화물, 냉장·냉동화물, 고가화물, 동식물, 중량화물, 대용적 및 장척화물 등이 있다.

① **위험화물**(dangerous cargo) : 발화성, 폭발성, 부식성, 방사성 등의 성질을 가지며, 인명이나 선체 및 적합화물 등에 위험을 미칠 우려가 있는 화물로 위험물의 종류에

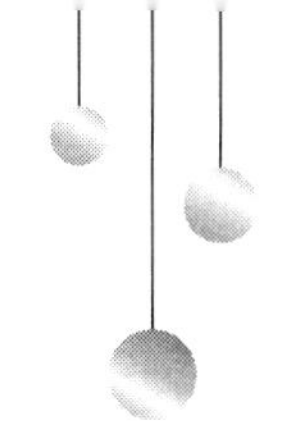

따라 〈표 12-3〉과 같은 형태가 있다.

② **부패성화물**(perishable cargo) : 부패 또는 변질하기 쉬운 화물로서 과일, 야채, 생선, 계란, 우유 육류 등의 식료품의 화물이다.

③ **냉장·냉동화물**(refrigerating or chilled cargo) : 부패방지 및 신선도 유지를 위하여 냉장 또는 냉동된 상태로 운송해야 하는 화물로 과일, 생육, 버터, 치즈, 생선류 등의 화물이다.

④ **고가화물**(valuable cargo) : 값이 비싼 화물로 귀금속, 금, 은, 미술품, 화폐, 유가증권, 보석류 등의 화물이다.

〈표 12-3〉 위험물의 종류

위험물의 분류	개 념	화물의 종류
발화성화물 (inflammable cargo)	가연성 가스를 발생시키거나 자연발효가 쉬운 화물	휘발유, 알콜, 황인, 성냥 등
폭발성화물 (explosive cargo)	강하고 약한 정도의 차이는 있어도 폭발성을 가지는 화물	화약류, 탄약, 비크리산 등
압축·액화가스 (compressive or liquid cargo)	압축 또는 액화하여 용기에 넣은 것으로 누출시 발화, 폭발, 독성을 가진 화물	아세틸가스, 탄산가스, 일산화탄소 등
유독성화물 (poisonous cargo)	접촉시 피부가 상하고 호흡시 내장을 상하게 하는 우려가 있는 화물	초산, 황산, 아질산, 암모니아가스 등
부식성화물 (corrosive cargo)	화물자체에 부식성이 있거나 다른 화물과 혼잡시 부식성을 갖는 화물	초산·유산 등의 산류, 생선회 등
방사성화물 (radio-active cargo)	방사성이 있는 화물	우라늄광, 역청 등

⑤ **동식물**(live stock or plant) : 죽거나 병들기 쉬워 특별한 관리가 필요한 화물로 소, 말, 양, 개, 조류, 어류, 묘목 등의 화물이다.

⑥ **중량화물**(heavy cargo) : 선적 전 중량 신고와 운송시 특수장비의 할증료가 부과되는 것으로 단위중량이 특별히 큰 화물로 기관차, 발전기, 보일러, 특수장비 등의 화물이다. 그리고 선하증권에는 중량화물의 기준이 명시되고, 그 기준 이상의 화물을 중량화물로 취급하며, 화물포장 외부에 그 중량을 표시해야 한다.

⑦ **대용적 및 장척화물**(bulky or lengthy cargo) : 단위용적이 특별히 크거나 긴 화물로

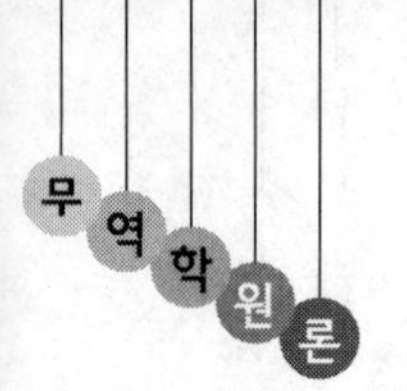

하역시 특별한 주의가 필요로 하는 할증운임이 부과되는 화물로 대형기계, 교량, 건축 자재 등과 같은 구조물이 있다.

4) 정기선의 운임과 항로

(1) 정기선의 운임

① 지급시기에 의한 구분

구 분	개 념	주요 무역조건
선불운임 (prepaid freight)	운임을 선적이 완료되고 선하증권 교부시 지급하는 방식	CFR, CIF, CPT, CIP, DDP
후불운임 (collect freight)	화물이 목적지에 도착 후 수화인이 화물을 인수시 지급하는 방식	EXW, FCA, FAS, FOB

② 운송완성도에 의한 구분

구 분	개 념
전액운임 (full freight)	운송의 완성여부에 관계없이 전액이 지불되는 운임
비율운임 (pro-rate freight)	운송행위가 중단되었을 경우 운송완성의 비율정도에 따라 지불되는 운임
부적(不積)운임 (dead freight)	계약한 수량보다 실제 선적수량이 부족한 경우 그 부족부분에 대해서도 지불해야 하는 운임

③ 하역비부담에 의한 구분

구 분	개 념
berth term (liner term)	선적시와 하역시의 하역비를 선주가 부담하는 조건의 운임(정기선의 개품운송에 사용)
F.I.(free in)	선적시에는 화주가 하역시에는 선주가 부담하는 조건의 운임
F.O.(free out)	선적시에는 선주가 하역시에는 화주가 부담하는 조건의 운임
F.I.O. (free in and out)	berth term의 상대조건으로 선적시와 하역시의 하역비를 화주가 부담하는 조건의 운임

(2) 정기선 항로

국내의 정기선 항로는 한·일 항로를 비롯하여 10개 항로가 있으며, 정기선이 취항하고 있는 지역에 대한 수출입화물은 해운육성법 제16조(국적선 이용[33] 등)에 의하여 국

33) 국적선(waiver) 이용제도 : 선박을 이용하여 지정화물을 운송하고자 하는 자는 대한민국 선박을 이

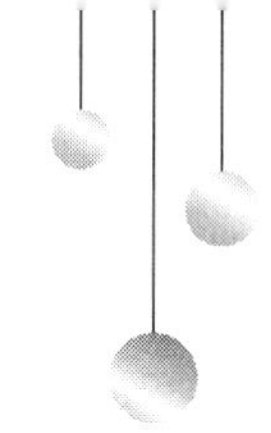

적선을 이용하도록 하고 있다.

① 한일항로는 인천·부산에서 전 일본지역으로 운송하며, 특히 고베항과 요코하마항은 일본 이외지역으로 운송을 위한 환적항으로 활용되고 있다. 일반적으로 한일항로는 수출화물에 비해 수입화물이 상대적으로 적다. 그리고 한국근해수송협의회에서는 한일항로에 취항한 선사들의 채산성악화를 방지하기 위하여 1997년 7월부터 운임풀협정(pooling agreement)과 중립감시구제도를 도입하여 시행하고 있다.

② 북미항로는 북미의 알레스카, 하와이, 포크랜드를 제외한 전 지역에 취항하는 항로로 부산과 인천항의 현대화로 미주 서해안항구까지 10일 이내에 서비스하고 있다. 복합운송에 의한 미니 랜드 브리지(MLB)를 통하여 미국대륙 및 캐나다 내륙지역까지 운송이 가능하게 되었다.

③ 구주항로는 대한선주와 조양상선이 구주운임동맹(FEFC)의 주요 멤버인 ACE그룹의 선복 charter방식의 공동운항형태로 개설한 항로로 동맹선사의 그룹에 의하여 함부르그까지 약 35-40일 정도의 소요기일로 매주 서비스가 되고 있다.

④ 동남아항로는 홍콩을 주요 항으로 하여 동남아 10여개 지역 기항을 통하여 서비스되고 있으며, 운임은 한국선주협회에서 제정한 운송요율이 적용되고 있다.

⑤ 중동항로는 1973년 오일파동 이후 중동제국의 소비생활 향상에 따른 수입물량의 증가와 우리나라 건설업체의 진출로 인한 건설기자재를 비롯한 물동량의 증가에 다라 국적선인 bulk선으로 항로가 개설된 이후 space charter방식[34]에 의한 컨테이너 정기항로로 개설되었다.

⑥ 호주항로는 1979년 조양상선과 한진해운이 space charter방식으로 취항하고 있으며, 해운진흥법에 따라 국적선 불취항증명서의 제출이 면제되고 있다.

⑦ 지중해/홍해항로는 수에즈운하를 이용한 항로로 보양선박에서 정기선을 운항하기 시작하였으나, 현재는 조양상선에서 매주 서비스하고 있으나 정치적 상황이 불안하여 계속적인 서비스가 불투명한 항로이다.

⑧ 아프리카항로는 1979년 고려해운이 일본 NYK사의 선복을 space charter하여 정

용해야 한다. 다만 국제협약 또는 운송에 관한 협약에 위반되거나 운임이 대통령령으로 정하는 일정수준을 초과하는 경우 또는 대한민국 선박을 이용할 수 없는 경우로서 건설교통부령이 정하는 경우에는 예외적으로 인정한다.

34) space charter 방식 : 2개 이상의 해운회사가 각기 1척 또는 소수의 컨테이너선을 소유·운항하는 경우 상호간의 일정을 조정하여 다른 선사에 대해서도 각기 일정한 공간을 확보하여 컨테이너를 운송하는 방식

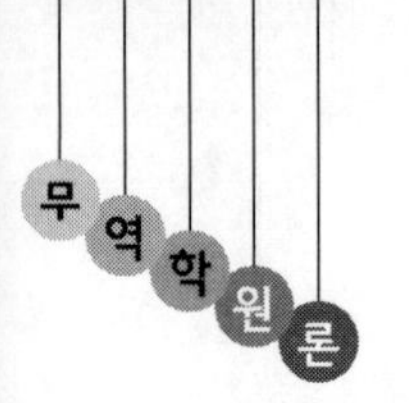

기선으로 서비스를 시작한 이후 17개 외국선사에 의하여 서비스되고 있다.

⑨ 중남미항로는 국내 선사는 아직까지 이 지역에 정기취항하고 있지 않지만 20여개의 외국선사에 의하여 서비스되고 있다.

2.3 정기선과 해운동맹

1) 해운동맹

해운동맹(shipping conference; shipping ring; freight conference; liner conference)은 특정항로에 정기선을 취항시키고 있는 2개 이상의 선사가 상호 독립성을 유지하면서 대내적으로 과당경쟁의 규제 및 예방, 운임율의 안정을 기하고 대외적으로는 독점력을 강화하여 회원사 상호간의 경제적 지위를 향상·유지시킬 목적으로 운임, 기항지와 배선횟수, 적취비율, 기타 운송 조건에 관하여 협정 또는 계약을 체결한 국제해운카르텔이다.

해운동맹의 목적은 정기선을 취항시키는 선사들끼리 공동으로 부당경쟁을 방지하고 비동맹선과의 경쟁에 대처하며 일정한 운임율을 안정적으로 유지함으로써 경쟁에서 유리한 지위를 확보하는데 있다.

해운동맹은 1875년 영국과 캘커타 사이에 해운동맹이 최초로 결성되어 영국을 중심으로 발전하게 되었다. 현재는 극동/구주간의 항로, 극동/미 태평양 간의 항로, 극동/호주 간의 항로 등 주요항로에 따라 결성되어 있다. 그리고 행운동맹에 가입한 선박을 동맹선(member liner, conference line) 가입하지 않은 선박을 맹외선 또는 비동맹선(non-conference liner)이라 한다.

2) 해운동맹의 유형

해운동맹을 동맹과 선사와의 관계라는 관점에서 가입과 탈퇴 자유의 유뮤에 따라 개방동맹과 폐쇄동맹이 있다.

(1) 개방동맹

개방동맹(open conference: 미국식)은 주로 북미항로의 여러 동맹이 여기에 해당하며 동맹에 신규가입을 신청한 선사에 대해 배선 의사와 능력이 있는 한 모두 가입할 수 있을 뿐만 아니라 그 탈퇴도 쉽게 허용되는 동맹이다.

미 신해운법의 동맹규제법의 영향으로 가입이나 탈퇴가 자유로운 것이 특징이며 폐

쇄동맹의 횡포를 막기 위하여 탄생되었다. 그러나 동맹원의 수가 수시로 증감하므로 동맹원 간의 단결이 미약하고 시황변동에 신축적으로 대처하지 못하고 맹외선의 침입이나 교란으로 항로가 불안정하다.

(2) 폐쇄동맹

폐쇄동맹(closed conference: 영국식)은 주로 유럽항로의 여러 동맹이 여기에 해당되며 동맹이 승인할 만한 일정한 자격이나 조건을 갖추지 않거나 회원의 이익을 침해한다고 생각되는 경우에는 그 가입이 인정되지 않는다. 이 경우에는 특정항로에 취항하는 선박회사의 수가 일정하기 때문에 안정적으로 운임 수입을 확보할 수 있으며 행운동맹의 소기의 목적을 달성할 수 있다.

동맹사간의 협정은 운임협정(rate agreement), 항해 또는 배선협정(saling agreement), 공동계산협정(pooling agreement), 공동경영(joint service), 중립감시기구(neutral body : N/B), 맹외선(outsider)대책이 있다.

그러나 1970년대부터 해상운송에서 컨테이너가 본격적으로 사용되고 조선기술의 발달로 대형 컨테이너선이 등장함에 따라 해상운송 서비스가 컨테이너 운송으로 단일화되었다. 이에 따라 동맹선이나 비동맹선 모두 운송서비스가 서로 비슷해져 그 도안 동맹선이 누려왔던 비교우위는 사라지기 시작하였다.

그리고 해운동맹은 가맹선사간의 공동합의를 전제로 운영되기 때문에 해운시장의 민감한 환경 변화에 탄력적으로 대응할 수 없다. 이런 이유로 대형 선박회사들이 점차 해운동맹을 탈퇴하여 독자적으로 운영함에 따라 오늘날 해운동맹의 기능은 점점 약회되어가고 있다.

2.4 부정기선운송

1) 부정기선의 의의

부정기선(tramper)은 정해진 항로를 규칙적으로 운항하는 정기선과는 달리 운항의 기일이나 항로가 일정하지 않고 화물의 수요에 따라 화주가 요구하는 시기와 항로에 선복을 제공하여 불규칙한 운송의 형태이다. 운송대상은 주로 광석, 곡류, 목재, 비료 등 운임 부담력이 상대적으로 적은 bulk cargo이며, 운임은 수요와 공급의 시장기능에 따라 선주와 화주간의 용선계약에 의한 특수한 시설과 구조를 갖춘 특수전용선에 의하

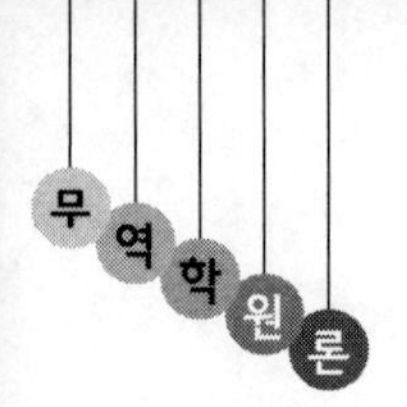

여 이루어진다.

부정기선의 특징은 ① 고정된 운항일정과 항로가 없어 항로의 선택이 자유롭고 ② 운송의 주요 대상은 대량의 산물(散物:bulk cargo)이고 ③ 운임이 그 당시의 수요와 공급에 의한 완전경쟁으로 운임율이 결정되며 ④ 선복의 공급이 물동량 변화에 대하여 매우 비탄력적이기 때문에 선복수급이 불균형하게 된다.

한편 부정기선운송은 항해용선계약, 정기용선계약, 나용선 계약, 선복용선계약 그리고 일대용선계약 등의 형태가 있다. 〈표 12-4〉는 부정기선운송의 운항형태이다.

〈표 12-4〉 부정기선운송의 운항형태

운항 형태	내 용
항해용선계약 (voyage charter)	한 항구에서 다른 항구까지 한번의 항해를 위해 체결되는 운송계약
정기용선계약 (time charter)	모든 장비를 갖추고 선원이 승선해 있는 선박을 일정기간을 정하여 고용하는 계약
나용선계약 (bare boat charter)	선박만을 용선하여 인적 및 물적 요소를 용선자가 부담하고 운항의 전부에 걸친 관리를 하는 계약
선복용선계약 (lump sum charter)	항해용선계약의 변형으로 정기선 운항시간에 한 선박의 선박전부를 한 선적으로 간주하여 운임액을 결정하는 용선계약
일대용선계약 (daily charter)	항해용선계약의 변형으로 하루 단위로 용선하는 용선계약

2) 용선계약

용선계약(charter party)은 화물을 운송하기 위하여 화주가 선박회사로부터 선복(ship's space)의 일부 또는 전부를 빌리는 운송계약이다. 용선운송계약에 의해서 운송되는 화물은 석탄, 원면, 양곡, 광석 등과 같이 일시에 대량운송이 필요한 화물이며 주로 전용부정기선이 이용된다. 용선은 일부용선과 전부용선이 있는데 일반적으로 용선은 전부용선을 의미한다. 전부용선은 용선방법에 따라 항해용선, 기간용선, 나용선의 형태가 있다.

(1) 항해용선계약

항해용선계약(Voyage Charter : Tip Charter)은 일정한 항구에서 다른 항구까지 화물운송을 의뢰하는 용선자와 운항자간에 용선화물 또는 일부화물을 운송하기 위하여 선

주가 용선인에게 선복의 사용을 허용하는 운송계약을 의미한다.

즉, 항해용선계약은 화주가 선박을 특정항구(1개 항 또는 그 이상의 항)에서 특정항구(1개 항 또는 그 이상의 항)까지 용선하는 운송계약이다. 일반적으로 화주는 용선료를 "화물의 톤 당 얼마" 와 같이 운송화물의 양에 따라 지급한다.

그리고 화물의양에 상관없이 "일 항해에 얼마" 라고 포괄적으로 용선료를 지급하는 경우가 있다. 이를 선복운송계약(lump sum charter)이라 하고 이때의 운임을 선복운임(lump sum freight)이라 한다. 선복운송계약은 물동량의 변동이 심할 경우 선주가 운임수입의 감소를 방지하기 위해서 많이 사용된다. 특히, 항해용선계약은 무역거래에서 수출업자나 수입업자가 주로 이용하고 있다.

항해용선계약은 모든 용선계약 중 가장 빈번히 체결되는 계약이며, 범위가 전 세계적이고 다양한 화물을 취급하고 있다. 따라서 각국의 상관습 및 항만사정과 화물의 특성에 대하여 전문적인 지식을 가지고 계약서를 작성해야 한다.

항해용선계약의 운임은 실제로 적재한 수량에 의하여 결정되나, 중량용선의 경우에는 용선인에게 제공한 중량톤수에 의하여 운임이 결정되기도 한다. 운임의 종류는 운임결정방식에 따라 선복용선계약과 일대용선계약이 있으며, 하역비와 항비의 부담방식에 따라 gross term charter, net term charter, F.I.O. charter, Lump sum charter 등이 있다.

운송계약 체결시 예상 가능한 모든 내용을 약정하는 것은 현실적으로 불가능하지만, 공인서식을 사용하는 경우 발생 가능한 분쟁을 사전에 예방할 수 있고, 당사자 간 교섭의 중점내용을 서식 상 문제점에만 한정시킬 수 있다는 장점이 있다.

항해용선계약의 표준서식은 화물과 항로에 따라 다르나 현재 영국해운회의소(The Chamber of Shipping of the United Kingdom)에서 공인하고 있는 것은 석탄 운송 용 16종, 목재용 7종, 곡물용 11종 등 총 49종이 있으며, 항해용선계약의 표준서식은 1922년 발틱국제해운동맹(BIMCO : Baltic & International Maritime Conference)이 제정한 'GENCON'서식을 주로 사용한다. 이 계약에서는 선주가 운송행위에 대한 모든 경비를 부담하고 항로나 화물 및 기간 등은 화주와 협의하여 결정하는 것이 원칙이다.

다음의 〈표 12-5〉는 항해용선계약의 운임형태를 비교한 것이다.

〈표 12-5〉 항해용선계약의 운임형태

구분		내용
운임 결정 방식	선복용선계약 (Lumpsum charter)	정기선 운항시간에 한 선박의 선복전부를 한 선적으로 간주하여 운임액을 결정하는 용선계약
	일대용선계약 (Daily charter)	지정 선적항에서 화물을 적재한 날로부터 지정 양륙항에서 화물을 인도완료할 때가지 하루 단위로 운임액을 결정하는 용선계약
하역비 및 항비 부담 방식	Gross term charter	선주가 하역비 및 항비를 부담하나 부선료, 체선료, 휴일 및 야간 할증료 등 특수비용은 용선인이 부담하는 용선계약(항비, 하역비, 검수비를 선주부담)
	Net term charter	용선인이 선적 및 양하비 외에 하역준비완료시부터 양하종료시까지 일체의 비용을 부담하는 용선계약(항비, 하역비, 검수비를 화주부담)
	F.I.O. charter	용선인이 선적 및 양륙시 하역비를 부담하고 선주는 항비를 부담하는 용선계약
	Lumpsum charter	용선인은 선박사용에 대한 총운임을 지급하고, 선주는 일정선복을 제공하거나 선박이 운송할 수 있는 화물의 최대중량을 보증하는 용선계약

특히 정박기간은 화주가 계약화물의 전량을 완전하게 적재 또는 양륙하기 위하여 본선이 선적항 또는 양륙항에서 정박할 수 있는 기간을 의미한다. 화주는 정박기간 내에 하역을 완료하지 못하면 초과 정박기간에 대하여 체선료를 지불해야 하며, 반대로 빨리 하역작업이 종료되면 조출료로 보상받게 된다. 정박기간은 화물의 종류, 적하 및 양육지의 상황 및 관습에 따라 구분되고 있다. 〈표 12-6〉은 정박기간의 산정을 나타내는 형태이다.

정박기간의 계산은 첫째, 도착선일 것 둘째, 하역준비완료통지가 용선주 또는 지정인에게 제출되어야 할 것 셋째, 본선이 화물을 적재 및 하역할 제반준비가 실제로 되어 있을 것 등 세 가지 조건이 충족되어야 한다.

일반적으로 정박기간의 개시 시기는 하역준비 완료통지가 오전에 있으면 당일 오후 1시부터 개시되며, 오후에 주어지면 다음 영업일의 오전 7시나 8시가 되는 것이 보통이지만 계약조건에 따라 상이하다. 정박기간 개시 전에 작업이 시작하거나 부두접안을 위하여 대기하는 시간은 정박기간에 포함되며, 정박기간의 종기는 일반적으로 하역이 완료될 때까지이다.

〈표 12-6〉 정박기간의 산정방법

구 분	내 용
관습적 조속하역(C.Q.D.: customary quick despatch)	항구의 관습적 하역방법 및 하역능력에 따라 가능한 신속히 적재 및 하역을 실시하는 조건, 불가항력에 의한 하역불능은 정박기간에서 공제하고 일요일과 공휴일을 비하역일로 간주할 것인가와 야간하역은 특약이 없는 한 그 항구의 관습에 따름
Running Lay Days	우천, 파업 및 기타 불가항력적 원인을 불문하고 하역개시부터 종료시까지 계속된 경과일수로 정박기간을 정하는 조건, 일요일과 공휴일에 대해 제외한다는 특약이 없는 한 정박기간에 포함 평상일 1일 24시간으로 계산, '1일 몇 톤' 등과 같이 1일 책임 하역수량을 표시함
Weather Working Days(W.W.D.)	가장 많이 사용하는 조건으로 기후가 양호하여 하역이 가능한 작업일 만을 정박기간으로 정하는 조건, 기후가 하역 가능한 상태인가 하는 것은 선장과 화주와의 협의에 의하여 정함

체선료(demurrage)는 규정된 시간 내에 선적이나 양하를 완료하지 못했을 경우에 약정요율에 따라 화주가 선주에게 1일 또는 중량톤수 당으로 계산하여 지불하는 계약위반에 따른 손해배상금을 의미한다. 체선료의 요율은 정기용선율을 기초로 하고 이것이 초과정박으로 인하여 추가되는 연료비, 통신료, 항비 등 경비를 고려하여 1일 단위로 결정하는 것이 일반적이다.

조출료(dispatch money)는 체선료의 반대개념으로 허용정박기간 이전에 작업이 완료되었을 경우에 본선의 회항시간 단축에 대해 선주가 화주에게 지불하는 보수로 보통 체선료의 반액이다.

(2) 정기(기간)용선계약

정기용선계약(time charter)이란 선박의 전부 또는 일부를 일정기간 동안 용선하는 것을 의미한다. 선주는 항해에 필요한 모든 선적용구 및 선원을 갖추어 합의된 항구에서 선박을 용선자에게 인도해야 한다.

이때 선주는 선박의 감가상각비, 보험료 등의 간접비와 선박의 운항에 직접 필요한 선원비, 수리비, 선박의 용품비용 등을 부담하고 용선자는 용선료, 연료비, 항만사용료, 하역비 등을 부담해야 한다.

자기 화물은 운송하기 위해 선박을 일정기간 동안 용선하는 경우도 있지만 대개 다른 사람의 화물을 운송하고 운임을 벌기 위해서 전문해운업자들이 정기용선하는 경우

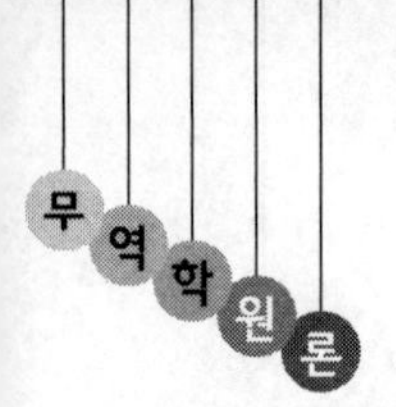

가 많다.

정기용선계약의 특징은 첫째, 선복의 부족을 보충할 수 있으며 둘째, 장기적인 운송계약 화물에 대한 선복의 확보가 가능하며 셋째, 특정항로에 대한 선복 부족의 보충 등이다. 정기용선계약의 표준서식은 현재 Baltime form과 Produce form이 대표적으로 사용되고 있다.

이 계약의 표준서식은 1939년 발틱국제해운동맹이 제정한 Baltime form (Uniform Time-Charter)으로 이 서식은 발틱 국제해운동맹이 제정하고 영국해운회의소가 공인한 서식이며, 1909년 제정된 이후 수차례 개정하여 현재는 1950년 개정된 약관을 이용하고 있다. 그리고 Produce form(The New York Produce Exchange Charter)으로 이 서식은 뉴욕 물품거래소에서 1913년 제정하였으며, 현재 사용하고 있는 것은 1946년에 개정한 서식으로 현재 우리나라는 이 형태의 서식을 사용하고 있다.

(3) 나용선계약

나용선계약(Bareboat Charter)이란 기간용선의 일종으로서 용선자가 선박 자체만을 빌리고 승무원의 배치, 선체보험료, 항만비, 항해비, 수리비 등의 일체를 부담하는 용선계약의 한 형태이다. 즉, 용선자가 계약 기간을 일정기간으로 정하여 기간에 따라 임차료를 계산하고 선박소유자로부터 선박 자체만을 빌려 선장, 선원, 항비, 수선비 및 보험료 등을 모두 용선자가 부담하는 것이다. 선주가 아무런 장비를 갖추지 않은 선체(bareboat)만 빌려 주고 선박의 운항에 필요한 선원, 장비, 소모품 등은 용선자가 갖추는 용선계약이다.

이것은 선주가 선박의 모든 운항 권한을 용선자에게 넘기기 때문에 계약조건에 따라 특정기간 후에 소유권이 용선자에게 이전되는 경우가 많은데 이를 Demise Charter라 하기도 한다. 그리고 계약기간이 통상적으로 장기이며 경우에 따라서는 15년 이상인 경우도 있다. 용선료는 상대적으로 비싸지만 용선자는 향후 자체 선박을 보유할 수 있는 장점이 있다.

나용선계약서의 종류는 네 가지 형태가 현재 사용되고 있다. ① Bareboat Charter Party(1951년 개정) : 영국, ② 나용선계약서 : 일본 ③ Charter Party-Government Time : 영국, ④ Produce Charter Party : New York Produce Exchange 이상의 표준계약서식 중에서 우리나라에서는 Produce Charter Party form을 사용하고 있다.

〈표 12-7〉은 지금까지 언급한 용선계약의 특성을 비교한 것이다.

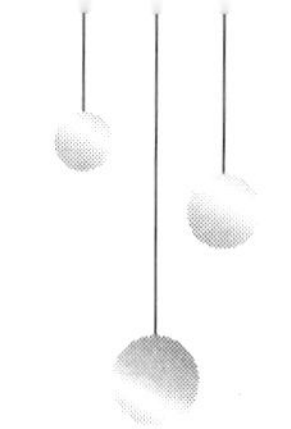

〈표 12-7〉 용선계약별 특성비교

	항해용선계약	정기(기간)용선계약	나용선(선박임대차)계약
선장고용 책임	선주가 선장임명 및 지휘 감독	좌동	임차인이 선장임명 및 지휘 감독
책임한계	용선자는 선복이용하고 선주는 운송행위	좌동	임차인이 선박을 일정기간 사용 및 운송행위
운임결정 기준	화물의 수량 또는 선복으로 결정	기간에 의하여 결정	임차료는 기간을 기초로 결정
기항담보	용선자는 재용선자에 대하여 기항담보책임 없음	좌동	임차인은 화주 또는 용선자에 대하여 기항담보책임이 있음
선주의 비용부담	선원급료, 식대, 음료수, 윤활유, 유지비 및 수선료, 보험료, 감가상각비, 연료, 항비, 하역비, 제수수료, 예선비, 도선료	선원급료, 식대, 음료수, 윤활유, 유지비 및 수선료, 보험료, 감가상각비	감가상각비, 보험료
용선자의 비용부담	부담비용 없음	연료, 항비, 하역비, 제수수료, 예선비, 도선료	항해용선 중 감가상각비 이외의 비용

자료 : 송채헌외, 무역경영론, 도서출판 두남, 2011. p.389.

2.5 선박의 국적과 편의치적

1) 선박의 국적

선박의 국적은 선적(ship's nationality)이라 하며 선박의 소유자와 승무원의 국적에 따라 결정된다. 우리나라는 소유권의 일부가 한국인에게 속하는 경우 한국적 선박으로 인정하고 미국은 소유권의 전부가 자국민에게 속하고 승무원도 일정수가 자국민인 경우에만 미국적 선박으로 인정하며 일본이나 영국은 소유권의 전부가 자국민에 속하는 경우에만 자국적 선박으로 인정하고 있다.

2) 편의치적제도

편의치적제도는 16세기 경 로마 선대가 그리스 국적, 영국 선대가 스페인 국적을 가지고 영업을 한 데에서 유래되었다. 그러나 실제로 편의치적의 시작은 1922년 미국 선대들이 파나마 국기를 게양하기 시작한 것이 최초였다.[35)]

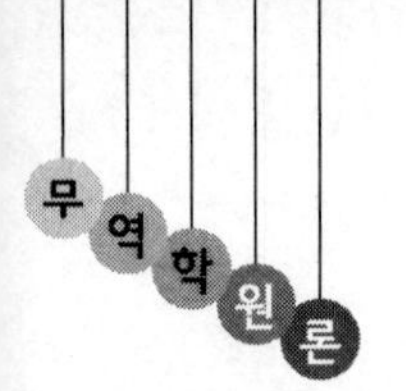

그리고 편의치적(flags of convenience)선은 선주가 속한 국가의 엄격한 요구조건이나 의무부과를 피해 경쟁력을 확보하기 위하여 라이베리아, 파나마, 키프러스, 소말리아, 레바논, 온두라스 등의 조세회피국(tax haven country)의 국적을 취득한 선박을 말한다.

이들 조세회피국들은 국가 재정수입의 증대를 위하여 소유권이나 승무원에 전혀 제한을 두지 않고 선박의 등록을 받아 주고 있으나 명목상의 선박 보유국일 뿐 저렴한 등록세와 재산세의 취득 이외에는 아무런 소득이 없다.

선주들이 편의치적선을 선호하는 이유는 ① 자국선원을 승선시키지 않아도 되는 선원 공급원 선택의 자유에 따른 비용 절감 ② 운항에 따른 세제상의 이점 ③ 금융상의 이점 ④ 운항 상의 융통성 증가 ⑤ 운항 및 안전기준의 이행회피 등이 있다.

그리고 세계 주요 선박 보유국은 자국 편의치적선의 국적회복 및 해외선박의 자국유치를 위한 많은 노력을 기울이고 있다. 동북아 물류 중심국을 건설하려는 우리나라도 이러한 교두보 확보를 위하여 2002년 4월 제주 선박등록특구제도(이하 제주등록제)를 발효시켰다. 제주도 등록제는 조세제도를 정비한 것이다. 국적선이나 국적 취득조건부 나용선(국적취득을 조건으로 용선한 외국선박)의 등기를 제주시나 서귀포시로 이전하면 등록세와 법인세를 제외한 재산세, 취득세, 공동시설세, 지방교육세, 농어촌특별세 등을 면제해준다. 이는 제주도를 동북아의 파나마로 탈바꿈시키기 위한 노력이기도 하며 또한 국적선 확충은 운임절감 등 수출에서의 편의는 물론 물류인프라 확충, 제도정비, 인력양성 등에 목적이 있다.

제3절 … 육상운송

3.1 자동차 운송

1) 자동차운송의 의의

자동차운송은 한 나라의 운송체계의 핵심적인 역할을 담당하며, 고속도로나 하이웨이 등의 간선도로와 각종 지선도로 등 공로망의 확충과 운반차량의 발전 및 다양화 추세

35) J. Spruyt, *Ship Management,* Lloyd's of London Press Ltd., 1990.pp.50-51.

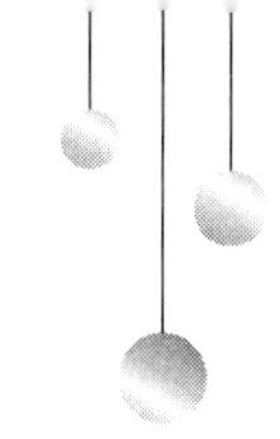

에 따라 발전 속도가 빠르게 진행되고 있다. 또한 국제복합운송의 발전에 따라 철도운송과 더불어 문전에서 문전까지(door to door) 가장 중요한 연계운송수단이 되고 있다.

2) 자동차운송의 경제적 장점

자동차운송은 철도운송의 보조수단으로 출발하였지만, 대규모의 전문화된 고정자본이 소요되지 않고 도심지(인구 밀집지역), 공업단지, 상업단지의 문전까지 쉽게 운송할 수 있고 소량화물의 운송에서 철도보다 신속하게 운송할 수 있다는 장점이 있다.

그리고 자동차 운송은 단거리 운송에서 철도보다 훨씬 경제적이며, 규모의 경제에서 오는 이익과 관계가 적기 때문에 투자가 용이하고 단거리 운송과 문전에서 문전 거래이기 때문에 화물의 파손과 분실위험이 적다. 또한 도로망의 확충으로 운송상 경제성과 편이성이 높아진다는 점 등의 장점이 있다.

3) 내륙데포

내륙데포(Inland Depot)는 소량화물을 집화하여 목적지 별로 화물을 분류한 다음, 컨테이너에 적입시켜 컨테이너 터미널까지 운송하는 내륙의 보세장치장과 같은 장치이다. 보통 Inland Depot는 철도역이나 임해지대의 컨테이너 터미널에 가까운 장소에 입지를 정하거나, 공업단지, 고속도로의 인터체인지 부근, 도시주변 등 화물집산지에 입지를 정하는 경우가 일반적이다.

미국의 경우 고속도로의 인터체인지 주변에는 장거리노선 트럭업자들이 제조업자의 유통창고와 인접하고 있는 곳이 많으며, 대륙통과 지점인 OCP(overland common point)는 대부분 철도역과 내륙대포와 가까운 거리에 인접하고 있다. OCP는 북미대륙내의 공통운임부과지역을 의미한다.

4) 내륙컨테이너 데포

내륙컨테이너데포(ICD:Inland Container Depot)는 내륙에 위치한 컨테이너통관기지로서 항만이나 공항이 아닌 내륙에 고정설비를 갖추고 이곳으로 이송된 여러 종류의 화물의 일시적 저장과 취급에 대한 서비스를 제공하며 세관 통제 하에서 수출입 내지 연계 수송을 위한 일시적 장치·보관·수송 등을 담당하는 제반 기업이 상주하고 있다.

예를 들어 의왕ICD는 종래와 같이 수출입화물을 보관할 수 있도록 함은 물론 보세구역화하여 세관직원을 상주시키고 은행은 물론 관세사 대기실을 설치하여 수출입통관까지 가능하도록 함으로써 수출입통관절차 간소화를 대폭 간소화시켰다. 또한 의왕 ICD에 반입되는 수출화물은 수출 신고필증을 받은 후 ICD에서 발급하는 반입확인서에 의해 관세환급이 가능하므로 수출업체의 금융비용이 절감되고 있다.

3.2 철도운송

1) 철도운송의 의의

철도운송은 자동차운송보다 먼저 육상에서 화물을 대량으로 운송하기 시작하였다. 철도란 자동차와는 달리 철도운송 목적만을 위해 대형 자본이 투자되기 때문에 투자규모가 큰 특징이 있다. 또한 전문화 또는 고정화됨으로써 영업 성적이 저조하더라도 다른 산업으로 변경할 수 없을 뿐 아니라 철로를 뜯어 매각 처분할 수도 없어 투하자본의 대부분은 투입장소에 사장되어 버리는 경제적 특성이 있다. 따라서 이와 같은 특성이 철도 운영 면에서 큰 영향을 미치게 된다.

2) 철도의 국영화

세계적으로 미국을 제외한 대부분의 국가에서는 철도운송을 국영화하고 있으며, 일부 선진국에서 노선에 따라 부분적으로 사유화를 인정하고 있다. 이와 같이 철도를 국영화하는 이유는 다음과 같은 장점이 있기 때문이다.

첫째, 소요자본 조달의 용이성이 있다. 둘째, 철도운송용역의 비용의 절감이 가능하다. 셋째, 국영관리상 규제를 통한 요금의 안정화를 도모할 수 있다는 점 등이다.한편 단점으로는 ①정치적 인사행정의 가능성, ② 경영능률의 저하, ③ 비합리적인 시설장비의 확충, ④ 특혜요율, ⑤ 정부의 경직된 기업가적 태도, ⑥ 일반 국민대중의 투자재원 부담증대, ⑦ 운송요율 구조의 경직성 등을 들 수 있다.

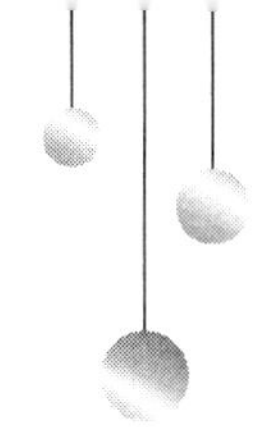

제4절 … 항공운송

4.1 항공운송

1) 항공운송의 의의

항공운송(air transportation; carriage by air)은 항공기의 항복(plane's space)에 여객과 화물을 탑재하고 국내외의 공항(air port)에서 공로(air route)를 이용하여 다른 공항까지 운항하는 최근대식 운송시스템을 의미한다.

또한 항공운송은 해상이나 육상운송에 비하여 극히 최근에 도입된 운송시스템이지만, 경제적 특성에 따라 가장 체계화된 유통시스템과 정보조직망을 이용하여 물적·유통체제가 완벽하게 운용되고 있는 운송형태라 할 수 있다.

최근 항공운송은 산화물을 제외한 많은 무역상품의 운송증기와 긴급 운송을 위항 운송수단의 상업화로 국제무역에 있어서 중요한 운송수단의 역할을 담당하고 있다. 항공화물을 많이 이용하는 이유는 ① 무역상품 중 고부가가치 품목의 점유율 증가 및 항공운송에 적합한 고부가가치 품목의 증가 ② 국제 사회의 정보화 추세에 따른 세계무역의 긴밀화 ③ 유행에 민감한 상품의 신속한 유통의 필요성 ④ 국제 분업의 가속화 ⑤ 재고로 묶여 있는 동안에 발생할 수 있는 손실, 분실, 훼손의 위험 감소 ⑥ 상품의 운반형태가 양호하여 파손, 분실, 훼손의 위험도 감소된다는 점 등이 있다.

2) 항공운송의 발전

1903년 12월 라이트 형제가 동력기에 의한 항공기를 성공적으로 비행한 이래, 1910년 필립 팔메리가 세계 최초로 항공기 날개에 실크 70파운드를 싣고 미국 Ohio주 Dayton과 Columbus간 65마일을 운항한 것이 항공화물운송의 효시를 이룬다. 1918년에는 미국 우정성이 뉴욕-워싱턴-시카고 간에 우편수송을 개시하였으며 1935년에 DC-3형의 근대항공기의 출현과 1958년의 제트기 시대가 개막되면서 항공운송은 본격적으로 발달하였다.

그러나 당시의 항공화물의 운송은 여객기의 하부 화물실(belly compartment)을 이용하였기 때문에 그 규모가 작았을 뿐만 아니라 여객운송의 부수적인 사업에서 벗어날

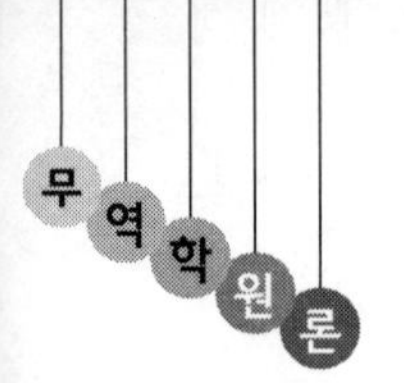

수 없었다.

1960년대에 들어 화물전용기 DC-7F가 등장하였지만 탑재력이 12톤에 불과하여 효율적인 운송을 기대할 수 없었다. 본격적인 항공화물수송은 1965년 탑재력이 30-35톤의 화물전용 제트기인 DC-8F 및 B707F가 등장함으로써 항공화물의 새막이 시작되었으며 이후 팔레트 및 컨테이너 전용기인 B-747의 화물탑재력은 B-707F나 DC-8F의 거의 3배인 100여 톤에 이르는 등 대형, 대량화물의 장거리 운송이 가능해졌다.

우리나라 항공 산업은 1936년 9월 조선항공회사(Korean Aviation Company)의 설립과 1960년 (주)한국항공(Air Korea)의 설립으로 시작하여 1969년 3월 한진그룹의 대한항공과 1988년 2월 설립된 금호그룹의 아시아나 항공의 경쟁 속에 비약적인 발전을 거듭하고 있다.

3) 항공운송의 특성

항공운송은 해상이나 육상운송과는 달리 운송기간이 짧은 것이 특징이다. 그러나 항공운송은 비용이 많이 들기 때문에 높은 운임부담을 견딜 수 있는 물품 만 이용할 수 있다. 가격이 높은 귀금속, 전자부품, 신선을 요하는 생선식품, 시간이 급한 서류나 의약품 등이 항공 운송의 중요한 대상 물품이다. 또한 항공 운송은 이용할 수 있는 항공기가 거의 매일 있기 때문에 해상운송에 지하여 간단히 운송을 수배할 수 있다.

첫째, 신속·정시성이 있다. 해상운송에 비해 운송기간이 훨씬 짧아 신속하고 발착기간, 정시운항, 운항횟수에 의한 정시성이 서비스의 최우선으로 고려되고 있다. 즉, 기회비용이 중요시되는 계절유행상품이나 납기가 촉박한 상품 등과 같이 긴급물품의 운송에 적절하다.

둘째, 안전성이 있다. 안전운송이라는 관점에서 손실, 분실, 또는 훼손의 위험이 있는 상품의 운송에 적합하다. 즉, 신문, 잡지, 뉴스필름, 원고 및 선적서류 등과 방사선물질 등이 여기에 해당된다.

특히 운송기간이 짧기 때문에 부가가치가 높아 중량에 비하여 운임 부담력이 있는 상품과 파손, 도난의 위험이 높은 미술품, 귀금속, 모피, 약품, 전자기기, 통신기기, 공학기기 등의 경우에 항공운송을 이용하게 된다.

셋째, 경제성이 있다. 단순히 운임만을 비교하면 항공운임은 해상운임에 비해 훨씬 비싸기 때문에 항공운송을 기피한다. 그러나 포장비, 보험료, 중량계산방법, 기타 부대비용 등을 고려한 총비용의 개념으로 볼 때는 항공운송이 해사운송 보다 더 저렴할 수

도 있기 때문에 항공운송의 수요가 점점 증가하는 추세에 있다.

넷째, 야행성이 있다. 야행성이란 운송화물의 대부분이 야간에 집중되는 경향을 의미한다. 이는 당일 화물을 오후에 집화·기적한 후 다음 날 아침까지 운송하는 형식이 관례화되어 있다.

다섯째, 비 계절성이 있다. 비 계절성이란 여객에 비해 항공화물이 계절에 대한 변동이 적다는 것을 의미한다. 이는 항공화물이 고정된 화주로부터 반복적으로 출하되어 비교적 계절에 따른 수용의 탄력성이 적은 것을 말한다.

여섯째, 편도성이 있다. 편도성이란 여객의 경우에는 출발지로 다시 돌아오지만 운송화물은 목적지에서 소비되어 돌아오지 않는 다는 것을 의미한다. 이것은 항공화물이 해상운송에 비해 왕복항 운송이 적은 것을 말한다. 그러나 최근에는 도착지에 전용화물터미널을 설치하고 복항시에도 공적운항이 되지 않도록 운항 일정을 관리함으로써 편도성의 문제를 해결하려는 노력을 기울이고 있다.

4.2 항공화물의 대상과 단위화

1) 항공화물의 대상품목

일반적으로 항공화물은 항공기에 의해 운송되는 여객의 수화물과 우편물을 제외한 항공화물운송장(Air Waybill)에 의해 운송되는 모든 화물을 말한다. 즉, 항공화물은 신속하고 적절한 시간에 간편한 절차에 의해 취급되는 품목으로서 일반적으로 다음의 〈표 12-8〉과 같다.

〈표 12-8〉 항공화물대상품목

구분	대상 품목
긴급수요품목	- 기계부품의 대체품, 견본 등 - 납기 임박상품, 계절유행성상품, 투기상품 등 - 긴급구호물자, 혈청 등 의학상의 급속 물품 등
단기운송품목	- 생선식료품(선어, 활어), 생동물 등 - 생화, 방사성 물질 등
적기인도품목	- 뉴스필름, 신문, 잡지, 정기 간행물 등 긴급서류
여객수반품목	- 이삿짐, 견본, 애완동물, 자가용 자동차 등

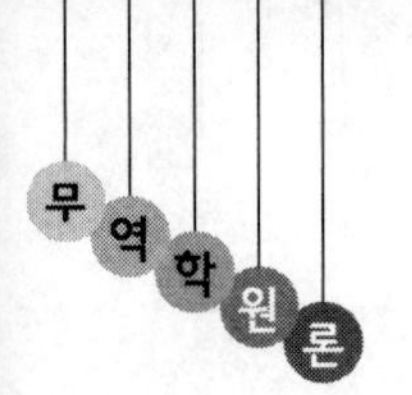

경량고가품목	- 귀금속, 미술품, 시계, 모피, 광학제품, 약품, 전자 및 전기제품, IC관련 기기, 컴퓨터기기, 통신기기, 정밀광학기기, 각종 부품 등
타운송수단의 미약	- 오지운송 - 항만 또는 해운노동자의 파업 - 해상 또는 육상 운송의 중지
물류관리나 마케팅전략의 요청	- 현지 판매업자의 과잉재고에 의한 가격 하락 방지 - 경쟁상품보다 신속한 서비스 체제의 강화확립 - 자사 상품의 시장경쟁력 제고 - 재고 투자 절감을 위한 물류 시스템의 합리화

자료 : 전순환, 국제운송물류론, 한올출판사, 2010, p.366.

2) 항공화물의 단위화

일정 수량의 화물을 팔레트나 컨테이너 등의 단위 탑재용기에 적재·단위화하여 출발지에서 도착지까지 운송함으로써 항공운송의 대량화·고속화·저렴화·단위화를 실현하고 화물의 보호, 하역작업의 합리화, 항공사 간의 연계운송, 특수화물의 운송 및 조업시간 단축에 따른 항공기의 가동율을 높일 수 있는 단위탑재용기(Unit Load Device : ULD)가 이용되고 있다. 이것은 종래의 산화물을 항공기의 탑재에 적합하도록 설계한 일종의 화물용기로서 항공운송에만 사용되는 항공화물용 컨테이너와 팔레트 및 특수ULD가 있다.

(1) 팔레트

팔레트(pallet)는 1.1인치(inch) 이하 두께의 알루미늄 합금으로 제작된 평판으로 팔레트 위의 화물을 내부 모양과 일치하도록 탑재한 후 가장자리에 있는 Seat Track에 망(net)이나 끈(strap)으로 연결·고정할 수 있도록 고안된 장비이다.

이 시스템은 현재 항공화물 취급 방식의 기초가 되고 있으며 자체 중량이 낮고 투자 및 수리비용이 저렴하고 보관과 관리가 용이하고 대형 및 중형화물 수송이 가능하여 모든 면에서 항공화물 취급의 기본이 되고 있다. 팔레트의 크기는 화물기의 바닥의 폭이나 문의 크기에 의해 결정된다. 길이는 88, 89인치 등 두 종류가 있고 폭은 108, 125인치 등이 있으며 높이는 86, 88, 96,112 인치 등 여러 종류가 있어 사용되는 항공기에 따라 크기를 적절히 조절하여 탑재할 수 있다.

(2) 컨테이너

컨테이너는 화물의 단위(unit)화를 목적으로 개발된 운송용기이다. 컨테이너를 사용함으로써 다종다양한 화물의 단위화, 화물의 보호, 포장비의 절감, 하역의 편리성 등이

제고되었으며 운송활동 전반에 걸쳐 표준화, 기계화, 안전화, 고속화가 이루어진다. 항공기용 컨테이너는 별도의 보조 장비 없이 화물실의 바닥에 탑재·고정될 수 있도록 제작된 용기로서 화물의 하중을 견딜 수 있고 기체에 손상을 주지 않는 재질을 사용해야 한다. 컨테이너는 지상 조업시 악천후로부터 화물을 보호하고 파손 및 도난방지, 지상 조업이 손쉬운 장점은 있으나 팔레트에 비해 고가이고 서로 다른 기종 간에 호환성이 없으며 항공기에 탑재하고 내리는 데 필요한 탑재장치에 상당한 투자가 소요된다는 단점이 있다.

(3) 특수 ULD

특수 ULD(Unit Load Device)는 화물의 특성에 따라 특별히 취급해야 할 필요가 있는 경우를 위하여 특수 장치가 설치된 단위탑재용기이다. 즉, 특수단위 탑재용기로서 항공운송에만 사용되는 항공화물용 컨테이너와 팔레트 및 이 용기를 의미한다. 특수 ULD는 생동물이나 식품류 등과 같은 특수화물의 증가 추세에 따라 다양하게 개발되어 왔다. 대표적인 특수 ULD는 어패류, 과일, 야채, 의약품 등 신선도를 유지하기 위해 저온수송을 필요로 하는 화물에 사용되는 보냉·냉동컨테이너, 유행성 고급 의류의 주름 방지를 위해 행거(hanger)를 장착한 의류 컨테이너, 소, 말, 등 가축 수송에 적합하도록 설계된 가축용 컨테이너 등이 있다.

4.3 항공화물의 탑재 방법

항공화물의 탑재방법은 벌크탑재, 팔레트 탑재, 컨테이너 탑재가 있다. 우편물이나 여객운송이 대부분을 차지하던 초기의 소형항공기 시대에는 화물실의 수용능력이 적어 인력에 의한 벌크 탑재만으로도 충분하였지만 화물단위화의 이점에 따라 팔레트나 컨테이너, 또는 ULM(Unit Load Module) Loading에 의한 화물탑재방식이 요구되고 있다.

1) Bulk Loading

화물전용기를 제외한 대부분의 경우 객실의 밑바닥이 화물실로 되어 있기 때문에 화물을 적재할 때는 각각의 개별화물을 인력에 의해서 직접 적재하는 방법이다. Bulk Loading은 가장 원시적인 탑재방식이지만 한정된 공간에 탑재효율을 올리기 쉬운 장점도 있다.

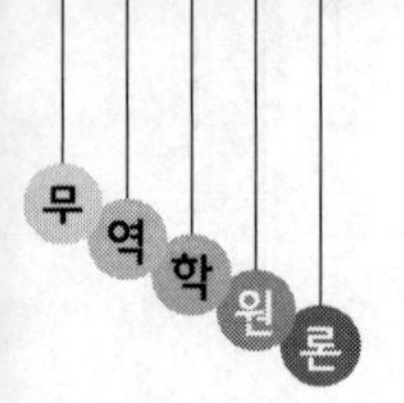

2) Pallet Loading(ULD Loading)

Pallet Loading은 1962년부터 사용된 방식이다. 팔레트는 목판을 상하로 하드보드로 덮고 알루미늄으로 사방의 가장자리를 덮어씌운 운반용구이다. 팔레트에 화물을 적재해 놓고 그물(net)을 고정시킨 뒤 항공기에 탑재할 때는 Lift Loading과 항공기 밑 바닥 면에 장치되어있는 굴림대(Roller Bed)를 사용하여 기내의 정위치에 고정시키는 방법이다.

팔레트에 화물을 적재할 경우에는 미리 터널형으로 되어 있는 화물실의 윤곽을 최대한 고려하여 적재해야 한다. 그러나 항공기의 종류에 따라 그 윤곽이 다르기 때문에 미리 윤곽에 꼭 맞는 금속재 또는 글라스 화이버제의 커버인 이글루를 팔레트 위에 올려놓는 방법이 사용되고 있다. 화물전용기에 사용되는 팔레트의 사이즈는 88″×108″와 88″×125″의 표준사이즈가 있다.

3) Container Loading

컨테이너 탑재는 컨테이너라는 운송용구에 화물을 적입한 후 적입된 컨테이너를 탑재하는 방식이다. 화물전용기 이외의 여객기 항공기에는 객실 밑에 있는 하부화물실에 수화물, 우편물 등을 탑재하므로 Bulk Loading과 동일하다. 일부 항공회사들은 하부 화물실에 맞는 컨테이너를 개발하였는데 이를 Belly Container라고 한다.

4) ULM(Unit Load Module) Loading

항공화물용 화물의 sea/air, sea/land 등 다른 운송기관과의 공용성 및 일관성을 통한 door to door 서비스를 위해 많은 연구가 진행되고 있다. 이의 대표적인 형태가 ULM에 의한 복합일관운송용 모듈 컨테이너의 개발이다.

즉, ULM(Unit load Module)은 일관운송용 단위치수로 첫째, 각종 항공 컨테이너에 대한 공용성 둘째, 해상컨테이너와 육상운송차량과의 공용성 셋째, 항공화물 10t 사이즈의 적합성 등의 조건을 만족해야 한다.

화물유통시스템의 유통매체로서 Container Unit Load 등이 있지만 운송, 하역, 보관 등의 화물유통활동을 합리적으로 수행시키기 위해서는 하나의 단위로 조형된 수출포장 사이즈로 계통화시킬 필요가 있다.

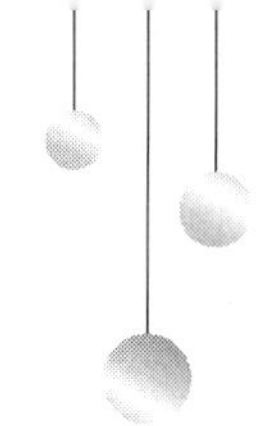

4.4 항공운송인과 항공운송사업

1) 항공운송인

항공운송인은 항공기를 스스로 운항하여 물품을 항공 운송하는 실제운송인과 자신은 항공기를 운항하지 않고 실제 운송인을 하청인으로 이용함으로써 항공운송책임을 부담하는 계약운송인 있다. 이 계약운송인은 혼재업자나 운송주선이 있다.

항공운송인은 바르샤바 조약 제18조 제2항 및 제19조의 규정에 따라 항공화물의 수취에서 인도까지의 동안에 자신의 관리 하에 있는 화물의 파손·멸실·손상 및 지연에 의한 손해를 배상하는 책임을 부담한다. 단, 화물고유의 결함, 불완전포장, 전쟁 등 불가항력, 정부 당국의 정당한 행위에 의한 손해에 대해서는 면제된다.

연착으로 인해 발생한 손해는 항공사 또는 그 사용인이 동 손해를 방지하기 위한 조치를 취했거나 취할 수 없는 사정이 있음을 증한 경우에는 그 책임을 부담하지 않는다. 항공사의 책임한도는 kg당 250금 프랑(French Gold Franc)이다. 단, 운송 전에 물품 가액을 신고하고 합당한 요금을 지불했을 때는 신고된 가액을 한도로 배상한다.

2) 항공운송사업

항공 운송인에 의한 항공 사업은 타인의 수요에 의하여 항공기를 사용하여 유상으로 여객 또는 화물을 운송하는 사업으로 정기항공운송사업과 부정기항공운송사업으로 구분한다. 이외에도 항공 운송사업은 항공화물 운송대리점, 항공화물운송주선업 및 국제특송 서비스로 나눈다. 미국의 경우에는 혼재업자와 대리점을 구분하지 않고 항공화물 운송주선인(air freight forwarder)이라 한다.

(1) 정기 및 부정기 항공 운송 사업

① **정기항공운송사업** : 정기항공운송사업은 한 지점과 다른 지점 사이에 노선을 정하고 정기적으로 항공기를 운항하는 항공운송사업이다. 이것은 항공기를 사용하여 1개의 지점과 다른 지점 간에 노선을 정하여 일정 일시에 정기적으로 운송하는 것이다. 세계의 항공회사는 일부의 예외를 제외하고는 IATA(국제항공운송협회)[36]에 가맹하고 있으며

36) 국제항공운송협회(IATA : International Air Transport Association)는 1945년 4월 41개 연합국 및 중립국 항공사들이 쿠바의 하바나에서 회의를 개최·설립하였으며 국제정기항공사가 중심이 되어 설립한 순수 민간단체로서 캐나다의 몬트리올, 스위스의 제네바 및 싱가포르에 두고 있다. IATA는

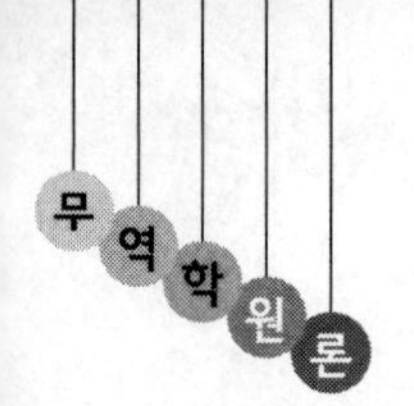

IATA가 규정한 운임과 운송약관에 따라 항공운송을 행하고 있다.

② **부정기항공운송사업** : 부정기항공운송사업은 정기항공운송사업 외의 항공운송사업을 말한다. 즉, 세계 어느 곳이든지 항공운송 대상 화물의 수요가 있으면 장소·시간 등에 관계없이 항공운송계약에 의거 운송이 언제든지 가능한 방법이다. 여기에는 부정기항공기에 의한 용선운송이 있다.

이것은 항공기의 항복(plane's space)을 빌려서 운송하는 것으로 해상운송에 의한 용선운송은 선복(ship's space)의 전부 또는 일부를 빌려서 운송하지만 항공기에 의한 용선운송은 항복을 전부 빌려야 한다. 정기항공기는 IATA가 정한 운임에 의하여 화물의 운송을 행하지만 부정기항공기에 의한 용선 운송은 화물운송의 수요에 따라 운임이 정해진다.

(2) 항공화물 운송대리점

항공화물운송대리점(Air Cargo Agent)은 항공회사를 위하여 항공기에 의한 운송계약을 대리하여 체결하는 자를 말한다. 즉, 항공사 및 총대리점을 대리하여 항공사의 운송약관, 규칙, 운임표 및 일정에 따라 항공화물을 판매하고 항공화물운송장을 발행하며 이에 부수되는 업무를 수행하여 그 대가로서 항공회사로부터 소정의 수수료(commission: 운임의 5%)를 받는 사업을 말한다.

항공화물운송대리점은 대리인으로서 항공회사를 대신하여 화주와 운송계약을 체결하고 항공화물운송장작성 발행, 포장, 포장별 화인작업, 수출입통관절차 대행, 내륙 트럭운송 등의 업무를 행한다. 그리고 항공회사에 화물을 인도한 후의 운송에 관한 책임은 모두 항공회사에 있다.

(3) 항공화물운송주선인

항공화물운송주선인(air freight forwarder)이란, 항공화물만을 전문적으로 취급하면서 항공운송과 관련된 일체의 서비스를 제공하며, 화주를 위해 가장 유리하게 국제간의 운송 및 그에 부수되는 업무 일체를 일관된 책임 하에 주선 또는 수행하는 자를 의미한다. 그리고 영업형태는 개개의 소량화물을 집화·혼재하여 항공회사에 대량의 혼재화물로 판매하기 때문에 혼재업자(consolidator)라고도 한다.

사업영역에 따라 단순히 계약운송인으로서 운송만 책임지는 경우와 운송 외에 항공사와 화주의 대리업무, 통관, 육상집배, 보관 등의 부수업무까지도 책임지는 경우로 구분

항공권의 약관, 운임협상, 서비스내용, 기술분야의 협력, 통신약호의 통일, 출입국절차의 간소화 등을 위해 협력하고 있다.

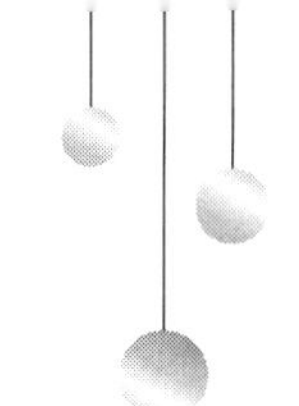

한다. 또한 항공화물 운송 우선인은 항공화물대리점(air cargo agents)과는 성격상 구분되나, 현재 우리나라의 실정으로는 그 수행업무의 내용으로 보아 양자의 구분은 어렵다.

항공운송주선업자는 항공사 발행 화물운송장(master air waybill)에 의거 자체 운송약관과 운임률표를 가지고 송화인과 운송계약을 체결하기 위하여 혼재업자용 화물운송장(house air waybill)을 발행한다.

그리고 항공화물운송 주선인은 화주와 항공사와의 중간에서 화주에 대해서는 항공사를 대리하고, 항공사에 대해서는 화주의 입장에서 화주를 대행하며, 자신이 직접 화물을 주선하여 화주와 항공사의 경제적 수익에 기여한다.

지금까지 언급한 항공화물 운송 대리점과 혼재업자(항공화물운송주선업자)의 업무를 비교해보면 다음의 〈표 12-9〉와 같다.

〈표 12-9〉 대리점 및 혼재업자의 업무 비교

구분	대리점(agent)	혼재업자(consolidator)
Tariff	항공사 Tariff	자체Tariff 사용
운송약관	항공사 약관에 준함	자체약관에 준함
수화인	매 건당consignee가 됨(Master AWB)	Break Bulk Agent가 consignee가 됨(Break Bulk Reforwarding)
이익	IATA 5% 또는 기타 수수료를 받음	항공운임 중량 절감에 의한 화주 수령금과 항공지급운임과의 차액을 이익으로 하나 IATA 5% 수수료를 받음
AWB	항공사 Master AWB 사용	자체 House AWB 사용

자료 : 전순환, 국제운송물류론, 한올출판사, 2010, p.386.

(4) 혼재화물인수대리점

혼재화물인수대리점(break bulk agent)은 목적지에서 혼재화물을 분류해야 하는 경우에 혼재업자로부터 목적지까지 혼재화물의 분류·처리를 위탁받은 혼재업자의 현지법인이나 대리점을 말한다.

혼재화물인수대리점은 혼재화물이 목적지에 도착하면 항공사로부터 항공운송운송장을 교부받아 첨부된 혼재항공화물운송장 별로 화물을 수화인 단위로 분류한 후 각 수화인에게 항공화물의 도착을 통지하고 통관절차를 대행한 다음 각 수화인에게 화물을 인도한다. 혼재항공화물운송장상의 최종목적지가 이원지역일 경우에는 항공화물운송장

을 발행하여 최종목적지까지 운송을 주선하는 업무도 담당하고 있다.

(5) 국제 특송 서비스

국제 특송 서비스(international courier service)는 외국의 업체와 계약을 체결하여 상업서류 및 소형·경량화물을 항공기를 이용하여 문전에서 문전까지 수취·배달해주는 서비스로 상업서류 및 이에 부수되는 소량화물송달(small package : SP)하는 서비스를 말한다.[37)]

즉, 국제 특송 서비스는 계약서, 기술관계서류, 각종 데이터, 사양서, 목록, 은행관계서류, 수출화물의 선적서류, 증권류, 도면, 설계도, 자기테이프, 컴퓨터 테이프, 팜플렛, 사진, 보도용 원고 등 우편법에 제한적용을 받지 않는 상업서류 및 이에 수반되는 견본(상품, 시험용, 제작용 등), 선물품, 카탈로그, 인쇄물, 부숙부품, 기계의 대체품, 소량의 장식품 등의 중량 45kg이하의 시장가치가 없는 소량, 중형, 경량의 일반화물 등의 소량 호물을 급송하는 서비스를 말한다.

특송업자에 대해 특송물품 수입통관 사무 처리에 관한 고시 제1-2 제1호에서는 "특급탁송업체(특송업체)란 사업용의 속달서비스에 의하여 상업서류 기타 견본 등을 송달하는 것을 업으로 하는 자는 통관지 세관장 또는 관할지 세관장에게 등록을 필한 업체를 말한다" 고 규정하고 있으며 항공법 제2조 제33호에서는 "상업서류 송달업이란 타인의 수요에 응하여 유상으로 수출입 등에 관한 서류와 그에 부수되는 견본을 항공기를 이용하여 송달하는 사업이라고 정의하고 있다. 즉, 특송업체나 상업서류 송달업은 동일한 업무를 취급하고 있음을 알 수 있다.

국제택배업과 특송화물 운송업과의 차이는 국제택배업이 택배업자 또는 상업서류송달업자인 포워더들의 사업인 반면에 특송화물 운송업은 항공사의 운송사업이었으나 국제택배업자들이 항공 운송업을 겸하는 통합운송인이 되고 특송화물 운송업자들은 airport-to-airport에서 door-to-door서비스를 제공함에 따라 통상같은 개념으로 사용되고 있다.

대표적인 기업들은 DHL Corporation, Federal Express Corporation, United Parcel Service(UPS), Emery Worldwide, Air Express International, Burlington Air Express, World Courier 등이 있으며, 항공회사인 NWA, PWA, UAL 등도 상업서류송달 및 소량화물송달서비스를 행하고 있다.

---

37) 전순환, 전게서, pp.388-389.

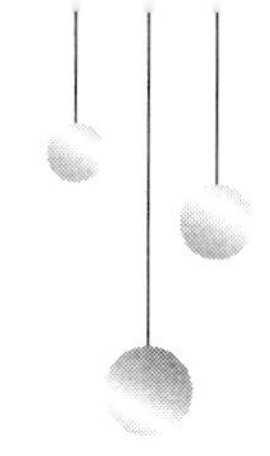

4.5 항공화물운송장

1) 항공화물 운송장의 개념

항공화물 운송장(Air Waybill : AWB)은 화물의 항공운송에 있어서 항공운송인의 청구에 의해서 송화인이 작성·교부하는 항공운송화물에 관한 사항을 기재한 서면을 말한다. 이는 계약의 체결, 화물의 수취, 운송조건에 대한 증명력을 가지고 화물의 중량, 용적, 포장, 개수에 고나한 항공화물운송장의 기재도 증명력을 갖는다.

AWB는 유통성(negotiable) 운송서류로 발행이 허용되는 경우도 있지만 IATA결의에 의하여 유통성 항공화물운송장은 다음과 같은 이유로 금지되어 있다.

첫째, 항공기는 단 기간에 세계 각지에 화물을 운송할 수 있기 때문에 화물의 운송서류를 사용하여 전재되는 것은 거의 불가능하다.

둘째, 화물이 항상 먼저 목적지에 도착하고 화물거래를 위한 서류로 되는 운송서류가 나중에 도착하기 때문에 불합리한 무제가 발생한다는 이유로 유통성이 금지된 운송증권이 발행된다.

2) 항공운송증권의 종류

AWB는 항공화물운송을 위한 가장 기본적인 서류로써 해상운송의 선하증권, 항공여객운송에 있어서의 항공권과 같은 성격의 증권이다. 항공화물 운송장에는 항공회사가 발행하는 항공사 발행 항공운송운송장과 혼재업자가 발행하는 혼재항공화물운송장의 두 가지 형태가 있다.

(1) 항공사 발행 항공운송화물운송장

항공운송인 경우 항공회사(실제로는 항공화물대리점)에 물품의 운송을 의뢰하고 물품을 인도하면 항공화물 운송대리점은 수취한 물품의 포장상태가 정상적인지를 확인하고 행선지를 표시하여 항공회사에 인도한다. 화주에 대해서는 운송을 인수한 다음 항공회사의 대리점으로서 그 항공회사의 명의로 항공화물운송장을 발행한다. 항공회사가 발행하는 운송장을 항공사발행항공운송장(Master Air Waybill)이라고 한다.

첫째, Airline air waybill : 항공화물운송장 양식에 발행 항공회사의 상호가 미리 인쇄되어 있는 것을 말한다.

둘째, Neutral air waybill : 항공화물운송장 양식에 발행 항공사의 상호가 미리 인쇄

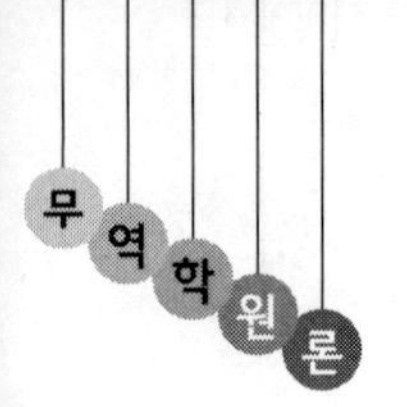

되어 있지 않는 것을 말한다. 항공화물운송장이 컴퓨터에 의해 작성·보급되기 때문에 뉴트럴 항공화물운송장(Neutral air waybill)이 종전의 인쇄양식을 대신하여 활용되어 오고 있다. 이 운송장은 컴퓨터에 의해서 항공화물의 명세 드을 기재할 때 항공회사의 명칭과 항공화물운송장의 번호도 기재하도록 되어 있다.

(2) 혼재항공화물운송장

혼재업자가 많은 화주로부터 집화한 개개의 화물을 하나로 정리하여 혼재운송하지만 개개의 화물 각각에 대하여 혼합항공화물운송장을 발행한다. 따라서 혼재운송의 경우, 개개의 혼재업자의 항공화물운송장이 발행되고 하나의 혼재화물을 구별하기 위하여 항공회사의 항공화물운송장이 발행된다.

이들 2종류의 항공화물운송장을 구별하기 위하여 상기한 바와 같이 항공회사발행의 항공화물운송장을 항공사발행 항공화물운송장(Master Air Waybill)이 되고 혼재업자 발행의 혼재항공화물운송장(House Air Waybill)이 된다. 그리고 이 두 종류의 항공화물운송장의 기능과 기재 내용은 동일하다.

항공사발행 화물운송장이든 혼재항공 화물운송장이든 간에 항공화물운송장은 송화인과 운송인과의 사이에 화물의 운송계약이 체결되었다는 것을 나타내는 증거서류이며, 송화인으로부터 화물을 운송하기 위하여 화물을 수령하였다는 증거 서류가 된다.

(3) 항공화물운송장의 구성 및 기능

항공화물운송장은 원본 3장과 부본 6장으로 발행하는 것을 원칙으로 한다. 그러나 항공사에 따라서는 부본을 5장까지 추가할 수도 있다. 대한항공의 경우는 원본 3장과 부본 9장으로 구성된다. 따라서 화물운송장의 매수는 항공사의 필요에 따라 정해지고 있다. 원본과 부본은 그 사용목적이 명시되어 있으며, 사용목적에 따라 해당되는 원본이나 부본을 뜯어 사용할 수 있도록 만들어져 있다.

그 기능은 첫째, 운송위탁화물을 접수했다는 영수증, 둘째, 운송계약 체결에 대한 문서상의 증명서, 셋째, 화물운송장(freight bill), 넷째, 송화인이 화주보험에 부보한 경우 보험가입 증명서, 다섯째, 세관신고서, 여섯째, 화물운송의 지침서(취급, 중계, 배달 등) 등이 있다. 지금까지 언급한 국제운송수단을 비교해 보면 다음의 〈표12-10〉과 같다.

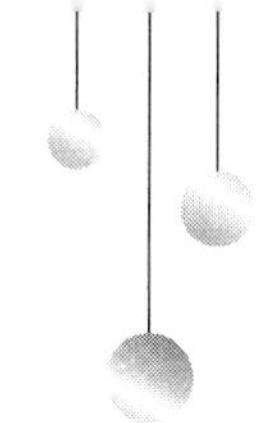

〈표 12-10〉 주요 운송수단별 비교

구 분	철 도	도 로	해 상	항 공
운송량	- 대량·중량화물 - 원거리운송 적합	- 소·중량화물 - 단·중거리 운송	- 대량·중량화물 - 원거리운송 적합	- 소·중량화물 - 원거리운송 적합
운 임	- 중거리운송 - 운임이 경직적	- 단거리운송 - 운임가장 탄력적	- 원거리운송 저렴 - 운임 비교적 탄력	- 운임 가장 고가 - 운임 경직적
기 후	- 전천후 운송수단	- 기후 영향 조금	- 기후 영향 많음	- 기후 영향 많음
안전성	- 가장 높음	- 비교적 높음	- 비교적 높지 못함	- 비교적 높지 못함
일관운송 및 협동 일관운송	- 일관운송체제는 트럭(도로)의 연계없이는 불가능	- 일관운송체제는 비교적 용이 - 협동일관운송을 위해서는 해상·항공과의 연계가 필요	- 일관운송체제의 확립은 불가능 - 육상운송과의 연계로 협동일관운송의 중심운송수단이 됨	- 일관운송체제의 확립은 불가능 - 육상운송과의 연계로 협동일관운송이 해상운송 다음으로 큰 비중
중 량	- 중량제한 거의 받지 않음	- 중량제한 다소 받음	- 중량제한 완전히 받지 않음	- 중량제한 많이 받음
운송시간	- 운송시간 다소 김	- 운송시간 보통	- 운송시간 아주 김	- 운송시간 아주 짧음
물 류 관리비	- 물류관리비가 비교적 저렴	- 포장·보관비는 비교적 저렴 - 하역비 거의 없음	- 물류관리비가 아주 고가임	- 포장비 저렴 - 하역비 비교적 저렴
배차 및 배선	- 적기 배차 다소 불편	- 적기 배차 아주 편리	- 적기 배선 아주 불편	- 적기 운송 아주 불편
화물의 수취	- 철도역에서 화물수취 불편	- 화물수취가 아주 편리	- 화물수취가 아주 불편	- 화물수취 대단히 불편

자료 : 남풍우, 무역상무론, 두남, 2002, p.294.

제5절 … 컨테이너운송

5.1 컨테이너의 의의

컨테이너(container)는 화물의 단위화(unitization)를 목적으로 하는 운송도구로서 물

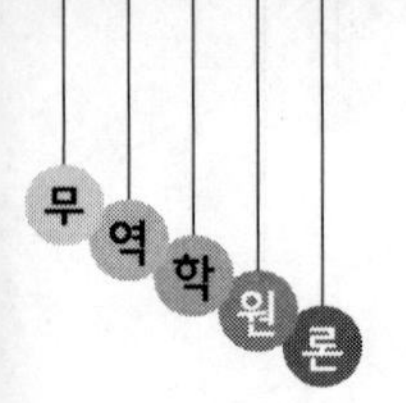

적유통 부문의 포장, 운송, 하역 및 보관 등에서 육·해·공의 연합으로 경제성·신속성 및 안전성을 최대한으로 충족시키고 화물의 운송도중 이적없이 일관운송을 실현시킨 혁신적인 운송도구이다. 그리고 컨테이너화(containerization)란 컨테이너 용기에 내장 화물을 적재하여 운송하는 시스템을 총괄적으로 말한다.

컨테이너 사용은 1926년 유럽에서 이미 이루어졌으며 물품의 해상운송에 본격적으로 컨테이너가 등장한 것은 제2차 세계 대전 중 미군에 의한 군수물자를 수송할 때부터이다. 반면에 민간업계의 컨테이너 운송의 개시는 1955년 미국의 철도회사가 자동차 운송과의 경쟁을 하기 위하여 컨테이너 수송방식을 도입·발전시켜 1965년 유럽과 미국간에 컨테이너 정기선이 취항한 것이 그 효시라고 본다. 우리나라는 1970년 Sea Land 사의 컨테이너선이 부산항에 입항한 이래 수출입 화물이 급격히 증가함에 따라 컨테이너 수송에 의한 방식으로 수출입 화물이 운송되고 있다.

컨테이너의 성격과 구조에 관하여는 국제간의 특정협약은 없지만 일반적으로 국제표준화기구(ISO : International Standardization Organization)에 의하면 컨테이너의 구비조건은 ① 일정기간에 재사용이 가능한 충분한 내구력을 가질 것, ② 운송도중 운송경로 또는 운송수단이 바뀌는 경우 화물의 이적없이 일관운송을 할 수 있도록 설계될 것, ③ 운송경로를 변경할 때 조작이 용이할 것, ④ 화물의 적양이 편리하게 설계될 것, ⑤ 내부용적이 $1m^3$(35.3ft) 이상일 것 등이다.

그리고 일반용컨테이너(dry container)의 종류는 ① 20피트 컨테이너(TEU : Twenty-foot Equivalent Unit) ② 40피트 컨테이너(FEU : Forty-foot Equivalent Unit) ③ 하이큐빅(Hige Cubic)컨테이너(길이 40피트, 높이 9피트 6인치) ④점보(Jumbo)컨테이너(길이 45피트, 높이 9피트 6인치)가 있다.

컨테이너에 실을 수 있는 화물의 부피는 20피트, 40피트 각각 33CBM, 67CBM 정도이지만, 적입시 사용하는 팔레트, 내장화물 고정자재, 틈새 공간 등을 감안할 때 평균적으로 25CBM, 55CBM정도가 적재된다. 그리고 Dry컨테이너의 제원은 다음의 〈표 12-11〉과 같다.

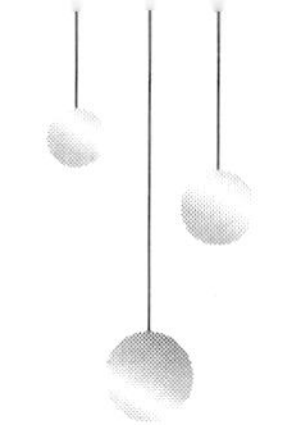

〈표 12-11〉 Dry컨테이너의 재원

구분		20피트	40피트	40피트 하이큐빅	45피트
내장규격	길이(m)	5.880	12.031	12.031	13.555
	폭(m)	2.348	2.348	2.348	2.348
	높이(m)	2.376	2.376	2.695	2.695
	최대용적(CBM)	33.200	67.110	76.110	85.770
무게 (톤)	자체중량	2.260	3.740	3.940	4.880
	적재가능 화물중량	21.740	26.740	26.540	25.600
	총중량	24.00	30.480	30.480	30.480

자료 : 한국무역협회, 무역실무 매뉴얼, 2004, p.265.
주 : CBM(Cubic Meter)

5.2 컨테이너운송의 장·단점

1) 컨테이너운송의 장점

첫째 물적 유통 관리상 total cost의 절감이다. ① 운송 및 하역비의 절감 ② 보관비의 절감 ③ 포장비의 절감 ④ 자금의 신속 회전 ⑤ 보험료 및 기타 비용의 절감 등이 있다.

둘째, 고객에 대한 서비스의 향상이다. 컨테이너화물은 육상운송과 해상운송의 연결이 쉽고 선적, 환적, 양륙 등의 시간이 절약되므로 화물이 생산지에서 소비지까지 운송기간을 약 50%까지 단축시킬 수 있다.

셋째, 국제복합운송이 가능해졌다. 컨테이너 운송은 육상·해상·항공의 일관운송방식과 협동일관운송을 가능하게 함으로써 door-to-door, 즉 point-to-point운송을 가능하게 하는 장점이 있다. 반면에, 화물이 갑판에 적재되더라도 불리한 보험요율이 적용되지 않는다.

2) 컨테이너운송의 단점

컨테이너 운송은 컨테이너의 용기가 비싸고 컨테이너운송에는 운송기구가 필요하다. 즉, 컨테이너 운송에 필요한 항만시설, 컨테이너 전용선, 다량의 컨테이너 등 여러 가지 관계기구를 구비하기 위한 막대한 자본이 필요하다. 그리고 목재, 석탄 등과 같은 컨테이너운송에 부적합한 화물이 많다.

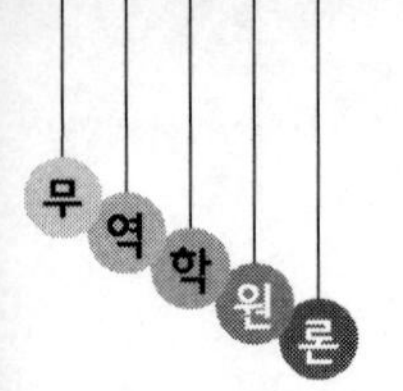

5.3 컨테이너화물의 종류

① **최적상품**(prime containerizable cargoes) : 해상운임이 높은 건화물로서 공산품 중에서 주류, 의약품, 직물, 가전기기, 시계, 민생용 기기 등이다.

② **적합상품**(suitable containerizable cargoes) : 주로 해상운임이 싼 건화물로서 도난의 위험이 적은 함석판, 전선, 철사, 포대 커피, 포대 소맥분, 생피 등이다.

③ **한계상품**(marginal containerizable cargoes) : 컨테이너에 물리적 적재가 가능한 저가·저운임 화물로서 도난이나 손상의 가능성이 없는 선철, 원목 등 개포가 가능한 화물과 부정기 건화물선으로 운송하는 화물 그리고 액체화물이 이에 속한다.

④ **부적합화물**(unsuitable containerizable cargoes) : 컨테이너에 적재하기 불가능한 벌크 카고 및 자동차, 대형 터빈, 교량, 철탑 등의 중량화물과 원유·액화가스 등을 말한다.

5.4 컨테이너화물의 유통기지

1) 컨테이너 터미널

컨테이너 터미널(Container Terminal : CT)은 화물 유통의 중추인 해·육 운송을 연결하는 접속점의 역할을 담당하는 곳으로 컨테이너 화물의 본선 하역, 보관, 육상운송 기관에의 컨테이너 및 컨테이너 화물의 인수·인도를 행하는 장소로서 해상 및 육상의 접점인 부두에 위치하고 있다. 즉, 컨테이너 전용부두에 설치되어 있는 컨테이너 전용대합실이다.

이 터미널은 컨테이너를 신속하고 효율적으로 컨테이너선에 선적하거나 양륙하고 트럭과 기차와의 컨테이너 화물의 수도, 컨테이너의 장치, 공 컨테이너의 집적, 컨테이너 및 관련기기의 정비 및 수리 등의 업무를 수행하고 있다.

CT에서는 컨테이너 선박이 자유로이 입출항할 수 있도록 충분한 수심과 안벽(berth)[38] 시설이 갖추어져 있고 컨테이너 하역에 관련된 여러 가지 기기 및 시설이 설치되어 있다. CT는 철도나 도로 운송이 쉽게 연결되는 편리한 위치에 있어 모든 컨테이너 화물은 내륙지역으로부터 항계 내에 위치한 CT에 집결한 후 컨테이너 화물은 일단 컨

38) 안벽(berth)은 항만 내에서 선박을 계선시킬 수 있는 시설을 갖춘 접안장소를 말하며 컨테이너선이 안전하게 정박할 수 있도록 수심이나 안벽의 길이가 충분해야 하며 안벽에는 계선 중인 선박의 동요를 막기 위한 계선주(bit)가 설치되어 있다.

테이너 터미널에 장치된 후 다른 운송수단에 의해 최종목적지까지 운송된다.

그리고 컨테이너터미널은 건설, 소유 및 운영형태에 따라 기본적으로 공공터미널과 전용임대 터미널의 2종류로 대별할 수 있다.

(1) 공공터미널

공공터미널(public terminal)은 누구나 본선의 화물을 선적 또는 양륙하는 작업 기간에만 안벽, 컨테이너클레인 및 일정한 마샬링 야드(marshalling yard)[39]를 항만관리자로부터 임대하여 사용할 수 있는 제도이다. 이 경우 통상적으로 양륙한 컨테이너는 수일 내에 일괄하여 내륙에 보유하는 자신의 CY로부터 마샬링 야드에 반입하여 선적을 기다린다.

공공터미널은 컨테이너 운송의 규모가 적은 초기의 형태로서 세계 각국이 컨테이너 도입 초기에 채용한 방식이며 비교적 정박기간이 짧은 다수 선박회사의 컨테이너선을 취급하는 항구에서 많이 이용하고 있다. 미국의 볼티모어 항과 일본, 홍콩 고웅항을 제외한 극동지역의 항구가 대체로 공공터미널제도를 도입하여 운영하고 있다. 이 방식은 모든 항만시설 및 기기를 항만 관리자의 직접적인 관리 하에 두어 항만 효율에 의한 요금을 산정하여 부과하고 있다.

그리고 컨테이너터미널은 건설, 소유 및 운영형태에 따라 기본적으로 공공터미널과 전용임대 터미널의 2종류로 대별할 수 있다.

(2) 전용임대터미널

전용임대터미널(exclusive terminal)은 선박회사 또는 항만하역회사가 국가 또는 항만관리자로부터 안벽과 인접하는 CY를 일정기간 동안 차용하여(보통 10년에서 30년) 여기에 개인의 컨테이너 터미널을 설치하는 형태이다. 현재 세계적인 터미널은 거의 이 방식을 도입하고 있다. 이 터미널의 전형적인 형태는 미국의 씨랜드 사이며 동사는 여러 나라에 있는 자사선의 기항지에 우선 전용터미널을 건설하여 chassis system의 터미널을 정비하고 있다. 외국에서 하역회사가 직접 터미널을 차입하여 선박회사를 유치하

---

39) 마샬링야드(marshalling yard)는 적재한 컨테이너나 양륙 완료된 컨테이너를 정렬 및 보관하는 장소로서 적양장(apron)과 인접하고 있다. 보통 선적 및 양화 예정 컨테이너를 다음의 CY 와 CFS에서 화주에게 인도할 있도록 합리적으로 yard planning을 수행하는 부두의 최전진기지이다. 적양장은 부두 안벽에 접한 야드의 일부분으로 바다 위의 선박과 가장 가까이 접한 곳이며 폭은 갠트리크레인이나 하역기기의 종류에 따라 결정되지만 일반적으로 약 30-50m정도이다. 이곳에 갠트리크레인이 설치되어 있어 컨테이너의 적재 및 양륙이 이루어진다.

는 경우도 있다.

2) 내륙컨테이너 기지

내륙컨테이너 기지(Inland Container Depot : ICD)는 컨테이너 화물을 효율적으로 운송하기 위해 내륙지점에 설치된 컨테이너 화물의 집결지이다. 만약 내륙컨테이너 기지가 설치되어 있으며 송화인은 컨테이너 화물을 CT에 직접 반입하지 않고 그 곳에 보낸다. 이 기지에 집결된 컨테이너 화물은 선박회사나 운송인이 컨테이너 전용열차를 이용하여 CT로 반입된다. 현재 의왕시나 양산시에 내륙컨테이너 기지가 있다.

3) 컨테이너 야적장

컨테이너 야적장(Container Yard : CY)은 컨테이너 1개 이상을 완전히 채울 수 있는 화물(FCL cargo)인 경우에는 송화인이 자신의 공장이나 창고 등에서 선박회사가 보낸 준 컨테이너에 화물을 직접 적입한 후 CT내 설치되어 있는 선박회사가 지정한 장소에서 이 컨테이너를 인도하는데 이 지정된 장소를 컨테이너 야적장 즉, CY라고 한다.

실제로 marshalling yard, 적양장(apron), CFS 등을 포함한 컨테이너 터미널의 의미로도 사용되고 있지만 엄밀히 말하면 CY는 컨테이너 터미널의 일부이다. CY 운영인은 컨테이너 관리, 이동, 본선에의 선적 및 본선으로부터 양륙을 행한다.

부산항의 컨테이너 터미널(BOTOC)안에 있는 5, 6부두의 CY는 부두 내 컨테이너 장치장(on-dock CY)이라고 부르며 컨테이너 터미널과 떨어져 있는 수영이나 감만 등지에 따로 설치된 CY는 부두 밖 컨테이너 야적장(off-dock CY)이라고 한다.

4) 컨테이너 화물 집화소

컨테이너 화물집화소(Container Freihgt Station : CFS)는 1개의 컨테이너를 가득 채울 수 없는 소량의 화물(LCL cargo)을 여러 화주로부터 인수하여 목적지별로 선별하여 컨테이너에 적입하거나 또는 각 화주에게 인도하기 위해 한 컨테이너로부터 적출하여 목적지 별로 선별하여 보관하였다가 수화인에게 인도하는 장소를 말한다. 이를 보통 CFS라 하고 CFS는 CT에 설치되어 있으며, ICD에도 설치된 경우도 있다.

CFS는 반드시 터미널 내 또는 그 인접한 곳에 설치할 필요가 없으며 컨테이너 야드와 원활한 연결이 이루어질 수 있는 장소에 설치하면 된다. 최근의 컨테이너 터미널은 공간적으로 보다 넓게 사용하기 위하여 CFS를 터미널 외부에 설치하는 경우가 많다.

5.5 FCL화물과 LCL화물

1) FCL화물

FCL(Full Container Load)화물은 20피트 혹은 40피트 컨테이너에 가득 채울 수 있는 화물을 말한다. 따라서 화물의 양을 20피트 컨테이너 5대분 또는 40피트 컨테이너 10분과 같이 표시한다.

FCL화물인 경우 운송회사와 운송계약을 체결하면 운송회사 측에서 화주에게 공 컨테이너를 보내 주면 이를 인도받고, 수출통관을 거친 후 공장이나 창고에서 자기의 책임하에 화물을 컨테이너에 직접 적입·봉인하여 선박회사가 지정한 CY로 컨테이너 화물을 운송한 후 CY운영인(CY operator)에게 직접 인도·반입하면 된다. 이 경우 선박회사와 화주의 책임 분기점은 CY에의 인도시점이 된다.

예를 들면 부산지역으로 운송된 컨테이너는 일단 부산지역 ODCY에 반입된다. 컨테이너를 곧 바로 BCTOC나 PECT에 반입하지 않는 것은 컨테이너터미널(컨테이너 전용부두)의 과부족으로 인하여 모든 컨테이너를 marshalling yard에 장치할 수 없기 때문이다.

화주는 컨테이너화물을 ODCY에 반입한 후 CY 담당자로부터 수출신고서에 장치 확인을 받은 후 수출통관절차를 필하고 ODCY에 반입된 화물이 BCTOC 반입이 결정되면 ODCY에 있는 각 선사의 업무 담당자(Line clerk)는 컨테이너와 함께 접수된 수출신고필증을 확인한 후 BCTOC(PECT) Gate에 제출한 반입계를 작성하여 ODCY에서 BCTOC marshalling yard에 반입하여 선적을 하게 된다.

2) LCL화물

LCL(Less than Container Load)화물은 한 컨테이너 가득 채울 수 없는 소량의 화물이다. 이런 화물은 운송주선업자들이 동일한 목적지까지 소량 화물을 모아 FCL화물로 만든 다음 이를 운송인에게 인도한다. 그리고 이 소량의 화물을 여러 화주로부터 인수받는 장소가 CFS이다.

일반적으로 수출 화물이 LCL인 경우 화주가 직접 트럭을 수배하여 운송주선인이 지정한 CY/CFS까지 운송하고 있으나 운임 상의 혜택과 동일 지역 행 화물의 혼재를 용이하게 하기 위하여 차량 수배도 운송주선인을 이용하는 것이 유리하다. 운송주선인이 LCL화물을 CY/CFS에 도착(장치)한 다음 CY담당자로부터 보세구역 장치를 확인을 받은

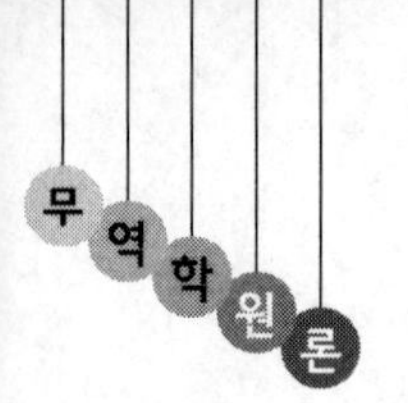

후 수출통관절차를 완료하면, 즉 수출신고필증이 발급되면 CFS운영인(CFS operator)은 CLP(Container Load Plan : 컨테이너 내부 적부도)에 따라 화주별·목적지 별로 화물을 혼재한 후 컨테이너에 적입한다. 화주와 선박회사간의 책임 분기점은CFS에의 인도 시점이 된다. 혼재된 컨테이너는 FCL과 마찬가지로 CY운영인에게 인도되어 일시 장착된 후 셔틀운송으로 marshalling yard에서 선적을 하게 된다.

5.6 컨테이너운송의 형태

1) CY/CY(FCL/FCL : Door to Door) 운송

화물이 송화인의 생산 공장 또는 창고에서 컨테이너에 적재되어 최종목적지에 있는 수화인의 창고까지 동일한 컨테이너에 의해서 일관 운송되는 운송방식이다. 이것은 컨테이너운송의 장점을 최대로 활용한 방식으로 운송인의 책임한계는 CY에서 CY까지이다.

2) CY/CFS(FCL/LCL : Door to Pier) 운송

FCL화물이 송화인의 생산 공장 또는 창고에서 컨테이너에 적재되어 목적항의 지정 CFS까지 운송된다. 즉 한 사람의 송화인과 여러 사람의 수화인으로 구성되는 운송형태이다. 이 경우 운송인의 책임한계는 CY에서 CFS까지이다.

3) CFS/CY(LCL/FCL : Pier to Door) 운송

화물이 선적지에 있는 선박회사의 지정 CFS에서 컨테이너에 적입되어 최종목적지에 있는 수화인의 창고까지 동일한 컨테이너에 의하여 운송되는 형태이다. 이 경우는 운송인이 여러 화주들로부터 화물을 집화하여 최종목적지의 수화인의 공장 또는 창고까지 운송하는 것이다. 이 형태의 운송이 우리나라에서도 많이 이용되고 있으며, 운송인의 책임한계는 CFS에서 CY까지이다.

4) CFS/CFS(LCL/LCL : Pier to Pier) 운송

컨테이너운송의 가장 초보적인 단계로 화물이 선적항에 있는 선박회사의 지정 CFS에서 컨테이너에 혼재되어 도착항에 있는 선박회사의 지정 CFS에서 컨테이너로부터 반출되어 여러 수화인에게 인도되는 운송형태로 운송인의 책임한계는 CFS에서 CFS까지이다.

5.7 컨테이너를 이용한 운송수단의 혼합이용

1) 운송수단의 혼합이용

운송수단의 혼합이용은 운송용역을 통하여 어떠한 화물을 둘 이상의 운송수단을 이용하여 목적지까지 연계하여 운송하는 경우에 네 가지 운송수단을 혼합 이용할 수 있는 가능성을 의미한다. 이는 컨테이너와 팔레트의 개발을 통해 일관적인 통운송(through transportation)이 가능해졌기 때문이다.

혼합이용은 처음에 철도와 트럭(화물자동차)의 piggy-back, 즉 무개화차(無蓋火車 : flat car)에 TOFC(trailer on flat car) 또는 COFC (cargo on flat car)에서 시작하여 해상운송과 항공운송에서도 이용하게 된 것이다. 운송수단의 혼합이용 형태는 다음과 같다.

(1) piggy-back service

피기 백 서비스는 도로운송에서 철도-트럭의 장점을 활용하여 트레일러나 컨테이너를 기차의 무개화차에 싣고 운송하는 서비스다. 즉, 국내운송에서는 송화인(트럭) → 출발역(무개화차) → 도착역(트럭) → 수화인 또는 항만 터미널(CT)로 연결되며, 수입지에서는 항만 터미널(트럭) → 출발역(무개화차) → 도착역(트럭) → 수화인으로 연결되어 운송하는 방법이다.

(2) fishy-back service

피쉬 백 서비스는 도로운송과 해상운송의 장점을 활용한 트럭과 선박의 혼합이용 운송방법으로서 운송비 절감, 운송시간 단축, 운송능률 증대 등의 이익이 있다. 즉, 수출지에서는 송화인(트럭) → 항만 터미널의 컨테이너선에 적재, 수입지에서는 항만 터미널(트럭) → 수화인에게 인도하는 방식의 운송방법이다.

(3) truck-air service

트럭 에어 서비스는 도로운송과 항공운송을 활용한 트럭과 항공기의 혼합 이용 운송방법이다. 이 서비스는 고가상품 및 긴급화물의 증가와 항공기의 대형화에 따라 1960년대부터 시작된 최신 운송방법이다.

(4) rail-water service

레일 워터 서비스는 철도와 해운을 활용한 기차와 선박의 혼합이용 운송방법이다. 이

방법은 대량·중량화물과 저가품의 장거리 대량운송시에 가장 경제적인 운송방법이다.

(5) ship–barge service

쉽 바아지 서비스는 주로 내륙수로와 연안항구 간의 해운을 혼합 이용할 때 바아지선과 원양선을 혼합 이용하는 운송방법이다. 이 방법은 주로 철화물[40](bulk cargo)의 운송을 위해 미국이나 서유럽에서 많이 이용하는 방법이다. 우리나라는 내수로가 없기 때문에 이용할 수 없는 서비스이다.

(6) pipe–line service

파이프 라인 서비스는 원유나 가스의 공급을 위해 국경을 넘어 국가 간에 국제파이프 라인을 설치하여 이용하는 서비스이다.

이 방법은 항공기와 선박을 혼합하여 이용하는 운송방식으로서 아직 항공기용 ULD가 해상컨테이너와 규격이 표준화되지 못하여 현재 항공기에서 ULM(unit load module)을 개발하여 시험 중에 있기 때문에 아직 활발하게 이용되지 못하고 있다.

5.8 컨테이너 안전협정

컨테이너 안전협정(Container Security Initiative)은 미 세관 직원이 주요 항만에 주재하며 미국행 컨테이너에 대한 보안 검색 수행하도록 합의한 협정이다. 검사대상 컨테이너 선별은 CT(control tower)에서 하며 CT는 CY 및 CFS의 운영을 통할하는 지령실로써 컨테이너의 야드내 배치, 본선 하역작업을 위한 계획·지시·감독 등을 수행하는 곳을 의미한다. 우리나라 선사가 미 관세청으로 선적 24시간 전에 전자적으로 제출하는 선적정보를 토대로 미국의 적하목록 선별시스템인 ATS(Automated Targeting System)를 이용한 분석을 통해 우범 컨테이너를 선별하여 검사를 실시한다.

우리나라의 경우 2003. 1. 17부터 한 · 미 컨테이너안전협정에 따라 대미 컨테이너 수출화물에 대해 선적 전 보안검색을 실시하고 있다. 미 세관은 25개국 47개 항만에 세관요원을 파견하여, 대미 고 위험 물품에 대해 사전보안검색을 실시하고 있으며, 우리나라는 2003. 8. 4부터 9명의 미 세관요원이 부산항에 주재하며 활동 중에 있다.

---

40) 撒貨物(bulk cargo) : 주로 곡물, 사료, 화학제품, 광물 등을 분말상태로 담는 화물

제13장 | 선적서류

제1절 … 상업송장

1.1 송장의 개념과 종류

1) 송장의 개념

송장(invoice)은 수출업자가 작성하여 수입업자 앞으로 발행하는 서류로서 이는 선적안내서, 내용명세서 및 선적화물의 계산서로서 수출업자에게 상품대금이나 비용의 청구서 역할(화환어음결제 시 첨부서류)을 하며, 수입업자에게는 수입계산서 역할(수입업자에게 통관할 때 필요한 서류)을 한다.

그리고 송장은 상업송장과 공용송장이 있다. 상업송장은 그 작성시기와 용도에 따라서 선적송장과 견적송장으로 나누고 통상 송장이라고 할 때에는 상업송장을 의미한다. 반면에 공용송장은 적송품이 수입국 세관을 통과하는데 있어서 상업송장의 진실성을 증명하기 위하여 상업송장의 내용에 관해 관계관청의 증명을 받은 특정서식의 송장이다.

2) 송장의 종류

(1) 상업송장

상업송장(commercial invoice)은 수출업자가 특정 수출거래의 구체적 내용을 기재하여 수입업자 앞으로 보내는 매매거래의 명세서이다. 수출업자는 이 명세서를 근거로 수출대금을 청구할 수 있기 때문에 수출업자 입장에서 보면 대금 청구서의 역할을 하게 된다.

수입업자는 상업송장을 통해서 선적화물에 관해 자세히 알 수 있고 화물이 도착하기 전에 이를 근거로 전매할 수도 있다. 수입화물이 도착하면 상업송장의 명세와 대조하여 계약한 화물이 실제로 도착되었는지 여부를 조사할 수 있으며 관세를 산정하기 위한

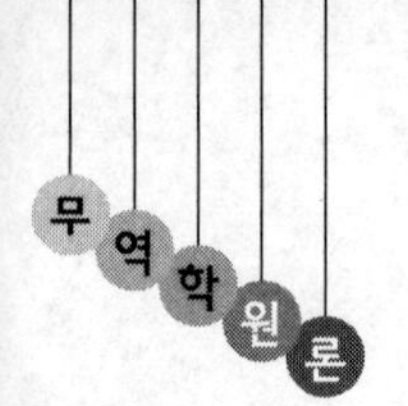

세관신고의 증빙자료가 된다.

즉, 상업송장은 B/L이나 보험증권과 같이 권리를 나타내는 유가증권은 아니지만 무역거래에서 없어서는 안 될 기본서류 중의 하나이다. 상업송장은 그 작성시기와 용도에 따라서 선적송장과 견적송장으로 구별된다.

① **선적송장** : 선적송장(shipping invoice)이란 실제로 선적된 화물의 내용과 가격을 명시한 서류이다. 선적송장에는 매매계약이 본인 대 본인에 의하여 결정될 때 작성되는 매매송장(sales invoice)과 본인 대 대리인 또는 대리인 대 대리인에 의하여 체결되는 경우에 작성되는 위탁판매송장(consignment invoice)과 위탁매입송장(indent invoice) 그리고 견본 송부시에 발송되는 견본송장(sample invoice) 등이 있다.

② **견적송장** : 수출상이 거래를 유발, 촉진하기 위한 수단 또는 수입승인·외화배정 등을 받기 위한 수입상의 요청에 의해 수입상에게 화물에 대해서 간략하게 작성하여 발송하는 임시송장(provisional invoice)을 견적송장(proforma invoice)이라 한다.

(2) 공용송장

공용송장(official invoice)은 거의 모든 나라들은 수입화물에 대해서 관세를 부과하며 수입화물의 수입국 세관을 통과하는 데 있어서 상업송장의 진실성을 증명하기 위해 상업송장의 내용에 관한 관계 관청의 증명을 받는 특정서식의 송장이다. 이 공용송장은 대개 영사송장과 세관송장으로 구별된다.

① **영사송장** : 영사송장(consular invoice)은 수입상품가격을 높게 책정함에 따른 외화도피나 낮게 책정함에 따른 관세포탈을 규제하기 위하여 수출국에 주재하고 있는 수입국영사의 확인을 얻도록 한 송장이다. 이는 주로 몇몇 후진국에서 이용되고 있으나, 점차 폐지되어 가는 경향이 있으며, 영사송장 발급의 경우에 영사관은 소정의 사증료를 징수하여 영사관의 수입으로도 하고 있다.

② **세관송장** : 세관송장(customs invoice)은 첫째, 수입지 세관이 수입화물에 대하여 과세가격의 결정기준 둘째, 외국수출상의 덤핑(dumping) 유무의 확인 셋째, 쿼터(quota) 품목의 통관기준량의 계산 넷째, 전반적인 수입통계를 위하여 사용되는 송장이며, 국가마다 세관에서 요구하는 양식이 있다. 우리나라에서는 한국무역협회나 대한상공회의소에서 구할 수 있다.

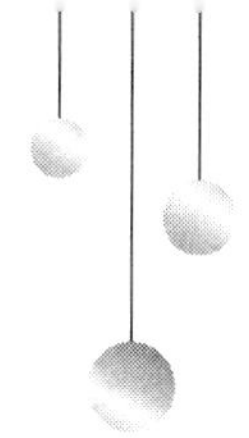

1.2 상업송장의 발행 및 수리요건

〈 COMMERCIAL INVOICE 〉

① Seller	⑥ Invoice No. and Date
	⑦ L/C No. and Date
② Consignee	⑧ Buyer(if other than consignee)
	⑨ Other References
③ Departure Date	
④ Vessel/Fight	⑩ Terms of Delivery and Payment
⑤ From/To	
⑪ Shipping marks | ⑫ No. & Kind of Pkgs ; ⑬ Goods Description | Quantity | Unit Price | Amount	
	⑭ Signed by

상업송장(commercial invoice)은 수익자에 의해서 작성되는 선적화물의 명세를 기재한 서류이며, 대금청구서 등의 역할을 하고 있다. 상업송장은 UCP600의 제18조에 의하면 첫째, 상업송장은 수익자에 의하여 발행되어야 한다. 그러나 양도가능신용장의 경우에 제1수익자가 송장 대체권(substitution of invoices)을 포기함으로써 제2 수익자의 송장이 대체되는 경우에는 제2 수익자가 상업송장의 발행인이 된다.

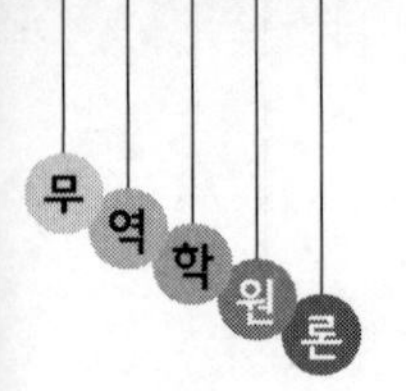

둘째, 발행의뢰인 즉 수입업자 앞으로 발행되어야 한다. 그러나 양도가능신용장의 경우에 제1수익자의 명의가 발행의뢰인 명의로 대체되는 경우에는 제1의 수익자가 상업송장의 상대방이 된다. 셋째, 신용장상의 통화(currency)와 같은 통화로 표시되어야하고 넷째, 신용장에서 요구하지 않는 한 서명할 필요가 없다.

그리고 지정은행, 확인은행(있는 경우) 또는 발행은행은 신용장금액을 초과하여 발행된 상업송장을 수리하거나 또는 거절할 수 있다. 이때 만약 수리하기로 결정하였다면 초과분을 제외한 금액 즉 신용장금액과 일치하는 금액만 결제(지급이행) 또는 매입해야 한다. 이 경우에 모든 당사자는 이에 따라야 한다. 또한 상업송장상의 물품, 용역 또는 의무이행의 명세는 상업송장상의 명세와 일치해야 한다.

제2절 … 선하증권

2.1 선하증권의 의의

선하증권(bill of lading : B/L)은 선박회사가 화주의 화물선적을 목적으로 인수한 사실과 그 운송물을 지정된 목적지까지 운송하여 증권의 정당한 소지인(bona fide holder)에게 증권과 상환으로 운송물을 인도할 것을 약속하는 유가증권이다.

선하증권은 B/L상에 기재된 화물에 대한 권리를 나타내는 유가증권이므로 선하증권의 배서양도는 당해 화물에 대한 모든 권리의 이전을 의미한다. 선하증권이 갖는 가장 큰 권리는 당해 물품에 대한 소유권이며, 이외에도 선박회사에 대한 운송중지 명령권, 운송물 반환청구권, 손해배상청구권 등을 갖는다. 신용장상에 선하증권에 대한 문언은 다음과 같다.

「Full set of clean on board ocean Bills of Lading made to order of … Bank marked freight … notify applicant」

그리고 선하증권이 단일의 원본(sole original)으로 발행된 경우에는 그 원본이 제시되어야 하고 2통 이상의 원본으로 발행된 경우에는 선하증권에 표시된 대로 전통(full set)이 제시되어야 한다.

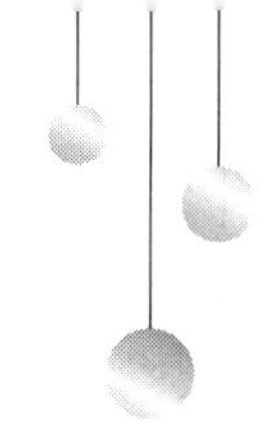

2.2 선하증권의 기능

선하증권은 선주와 화주 간의 운송계약에 의해 선주가 발행하는 일종의 유가증권으로서 선주가 화주로부터 화물운송을 위탁받은 사실과 화물을 목적지까지 운송하여 이를 선하증권의 소지인에게 이 증권과 상환으로 운송물을 인도할 것을 약속한 증권이다. 선하증권은 무역거래에서 반드시 요구되는 운송의 증거서류로서 다음과 같은 기능을 수행한다.

첫째, 선하증권은 선주와 화주 간에 운송계약이 체결되었다는 사실을 증명하는 증거서류이다. 영국의 법조인들은 대부분 선하증권 그 자체로는 운송계약이 체결되었다는 증거서류는 아니지만 제시될 수 있는 계약의 가장 훌륭한 증거서류로 본다. 따라서 선행 운송 계약에 의거 선적이 되었음을 전제로 하여 발행되는 것이 선하증권이므로 선주와 화주 간에 운송계약이 사실상 존재한다는 증거서류이다.

둘째, 선하증권은 선적된 화물의 수취증이며 선적화물의 수량과 상태에 관한 명세서 역할을 한다. 이것은 선주가 운송계약에 의거 화물을 인수하여 선적 시 이를 송장의 명세서와 대조 확인하여 선적화물의 수량 및 포장 상태 등을 근거로 선하증권을 발행하는 것을 의미한다.

셋째, 선하증권은 화물에 대한 권리를 주장할 수 있는 권리증권이다. 선하증권은 그 자체가 화물에 대한 권리를 대신 주장할 수 있으며 이러한 권리는 선하증권의 소지인에게 당해 물품의 소유권이 있으며 또한 선하증권의 소지인이 배서·양도함으로써 그 권리가 제3자에게 이양된다. 그러나 B/L은 수표나 어음과 같은 하나의 완전한 유통증권은 되지 못한다. 예를 들어 B/L을 훔친 자나 정당한 권리를 갖지 못한 자로부터 선의의 양수인(bona fide transferee)이라 하더라도 그 화물의 진정한 소유자에게 대항할 수 없다. 즉, 선하증권 자체는 소지인이 선적화물에 대한 권리를 주장할 수 있지만, 완전한 유통성을 표창한 권리증서는 될 수 없다는 것을 의미한다.

2.3 선하증권의 법률적 성질

1) 요인증권

선하증권은 해상운송계약에 의해 운송인 또는 그 대리인이 실제로 물품의 선적 또는

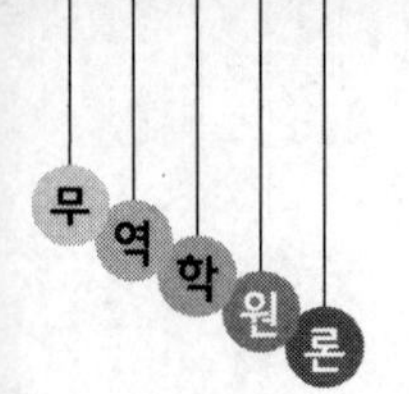

수탁을 전제로 하여 발행되는 것이므로 요인증권이다. 이러한 요인이 없이 선하증권을 발행하는 것은 위법행위가 된다. 계약 등과 같이 어떤 요인 없이 발행 가능하고 유통성이 보장된 수표나 어음과는 다르다.

2) 요식증권

선하증권은 상업이나 선하증권의 준거법에서 규정된 법정기재사항을 충족하여야 하고, 그 기재내용이 운송계약 및 운송물품의 내용과 일치해야 함을 의미한다.

선하증권은 선박의 명칭, 국적과 톤수, 송화인, 수화인, 운송물의 종류, 중량, 또는 용적, 포장의 종별, 개수와 기호, 운송물의 외관 상태, 선적항, 양륙항, 운임, 발행지와 그 발행 년 월 일을 기재하고 기명날인해야 한다.

따라서 선하증권은 법적기재사항 및 임의적 기재사항 등의 일정 요건을 기재해야 하고 유통을 전제로 발행되므로 적어도 이것을 양도받은 제3자가 운송계약의 주요 내용을 알 수 있을 정도로 일정 사항이 기재되어야 한다.

3) 채권·처분 증권

선하증권의 소지인은 선박회사에 화물의 인도를 청구할 수 있기 때문에 선하증권은 채권효력을 갖는 채권증권이다. 그리고 운송화물을 처분하기 위해서는 반드시 선하증권을 사용해야 하므로 선하증권은 처분증권의 성질도 갖는다. 물품에 대한 처분은 운송의 중지, 양륙항의 변경, 운송물품의 분할양도, 수화인의 변경, 양도·매각·질권·저당권의 설정 등 재산권의 변경을 일으키는 법률행위를 의미한다.

4) 유가·유통증권

유가증권은 선적된 물품의 동일성을 보증하는 권리·의무를 표시하고 물품의 처분권 및 인도청구권이 명시되어 있음을 의미하고, 유통증권은 화물을 대표하는 유가증권으로서 배서 또는 양도에 의해 증권상의 권리가 이전되는 유통성을 지니고 있다는 것을 말한다.

5) 문언증권

해상운송계약에 따른 선의의 소지인과 운송인 간의 권리와 의무는 선하증권 상에 기재된 문언에 의하여 정해지는 것을 의미한다. 즉, 운송인은 선하증권의 선의의 소지인에게 선하증권에 기재된 문언에 관한 책임을 부담하는 반면, 그 소지인은 선하증권에

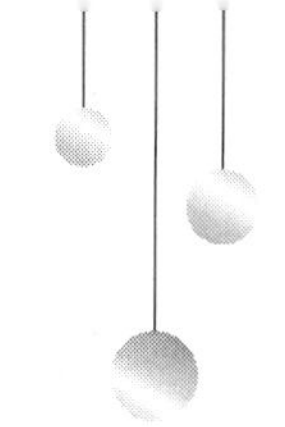

기재된 문언에 따라 권리를 주장할 수 있다.

6) 상환·인도증권

선하증권은 소지인이 화물의 인도를 청구할 때는 반드시 선하증권을 제시해야 하는 상환증권이다. 운송인도 선하증권의 상환 없이는 화물을 인도해서는 안 된다. 그리고 선하증권의 인도는 곧 화물을 인도하는 것과 동일한 효과가 있다. 따라서 화물을 인도하지 않았다 하더라도 선하증권을 인도하면 곧 화물을 인도한 것으로 간주된다.

2.4 선하증권의 종류

1) 선적선하증권

선적선하증권(shipped or on board B/L)은 화물의 선적이 완료된 후 발행되고 특정의 선박에 선적되었다는 내용이 기재된 증권으로 증권 상에 "shipped" 또는 "Shipped on board" 등의 문구가 표시된다. 무역거래에서 선적(shipment)은 인도(delivery)의 의미로 사용되고 있기 때문에 선적선하증권은 계약물품의 인도가 완료되었음을 의미하므로 모든 선하증권은 선적선하증권으로 발행하는 것이 원칙이다.

Shipped B/L과 On Board B/L 모두 선적선하증권이지만 의미상으로는 약간의 차이가 있다. Shipped B/L은 화주가 화물을 부두로 가져갔을 때 바로 선적되어 발행되는 증권이고, On Board B/L은 일단 수취선하증권이 발행된 후 수취선하증권에 선적하였음을 나타내는 on board notation 의해 선적선하증권이 된다. 부정기선을 용선하는 용선계약의 경우를 제외하고는 On Board B/L이 일반적으로 사용되고 있다.

2) 수취선하증권

수취선하증권(received B/L)은 운송될 화물이 선박에 적재되지 않은 상태에서 발급되는 일종의 부두수취증(dock receipt)이다. 수취선하증권이 발급되는 것은 선박의 입출항 일자가 정확하지 않아 화주가 부두의 선박회사 창고에 화물을 보관하였다가 본선에 선적하던 시대로부터 유래하였다.

현재는 정기선이나 컨테이너선의 경우 다수의 화주로부터 인수한 화물을 효율적으로 선창(under deck)에 적재(sowing)하기 위해 일단 선박회사 창고에 입고시킨 후 수취선

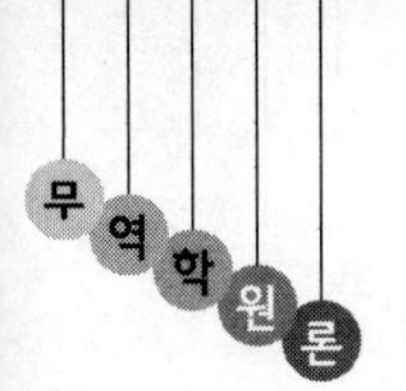

하증권을 발행한다. 그리고 화물이 선적된 후 수취선하증권에 선적하였다는 뜻의 "shipped"와 "선적일자" 등의 on board notation이 표시되면 유가증권인 선적선하증권(On Board B/L)이 된다.

3) 클린 선하증권

화물 선적 당시에 화물의 포장상태 및 수량에 어떠한 손상 또는 과부족이 있으면 "2 bags ton", "3 boxes broken" "1 case short in dispute" 등과 같이 운송인은 그 내용을 증권의 비고란(remarks)에 표기하는데, 이와 같이 하자문언이 기재된 선하증권을 (foul B/L 또는 dirty B/L)이라고 한다. 반면에 하자문언이 기재되지 않고 양호한 상태로 선적되었음을 나타내는 증권을 무고장 선하증권(clean B/L)이라고 한다.

매수인의 입장에서는 양호한 상태로 선적된 Clean B/L을 원하기 때문에 만약 Foul B/L이 발행되는 경우 매도인은 파손화물보상장(letter of indemnity : L/I)을 제출하고 Clean B/L을 발급받을 수 있다. 다만, L/I를 발행한 경우에는 반드시 보험자에게 그 사실을 통지해야 한다. 그렇지 않으면 고지의무의 태만으로 간주되어 보험혜택을 받지 못할 가능성이 있다.

4) 지시식 선하증권

지시식 선하증권(order B/L)은 Consignee란에 매수인을 기재하지 않고 단순히 "order", "order of ××", "order of ×× bank" 등의 문구가 기재된 선하증권으로서, 백지배서만으로도 소유권을 이전할 수 있기 때문에 유통을 목적으로 하는 선하증권이다. 선하증권의 Consignee란에 매수인이 명시된 기명식 선하증권(straight B/L)은 배서금지의 문구가 기재되면 타인에게 양도할 수 없기 때문에 무역거래에서 요구되는 선하증권은 지시식 선하증권이다.

5) 통과선하증권

통과선하증권(through B/L)이란 운송화물을 목적지까지 운송하는데 다른 선박회사의 선박을 이용하거나 해운 이외의 두 가지 이상의 운송수단이 개재되는 경우, 최초의 해상운송인이 전구간의 운송에 대하여 모든 책임을 지고 발행하는 선하증권이다. 복합운송 선하증권과의 차이는 통용선하증권의 발행자가 해상운송인이라는 점이다.

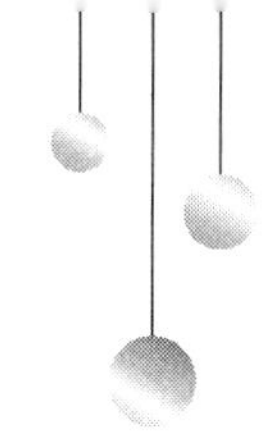

6) 복합운송 선하증권

복합운송 선하증권(combined transport B/L)은 수출국의 화물인수 장소로부터 수입국의 인도 장소까지 육상, 해상, 항공 중 두 가지 이상의 다른 운송방법에 의해 일관운송되는 복합운송의 경우 발행되는 선하증권이다. 이는 주로 door to door 방식의 컨테이너 화물에 이용된다.

7) 용선계약 선하증권

용선계약 선하증권(charter party B/L)은 화주가 대량 화물을 수송하기 위하여 부정기선(tramper)을 사용하는 경우, 화주와 선박회사 사이에 체결된 용선계약에 의하여 발행되는 선하증권을 말한다. 신용장에서 용선계약선하증권을 요구 또는 수리한다는 명시가 있는 경우에는 그 명칭에 관계없이 UCP600의 제 22조 규정의 요건을 충족하면 수리될 수 있다.

즉 용선계약 선하증권(charter party B/L)은 물론 해양선하증권(ocean B/L), 해상선하증권(marine B/L), 복합운송서류(combined transport B/L), 비유통성 해상화물운송장(non-negotiable sea waybill) 등도 수리된다는 것을 의미한다.

용선계약에 의한 용선계약 선하증권은 화주가 직접 선주(owner)로부터 용선하는 경우와 화주가 선주의 선박을 용선한 용선자(charterer)인 운송인(carrier)으로부터 용선하는 경우가 있다. 이런 경우에 선장(master)의 서명에 의하여 용선계약 선하증권이 발행된다.

이와 같이 용선계약 선하증권이 발행되는 경우에 신용장에서 수리될 수 있는 선하증권은 선장, 선주, 용선자 또는 이들의 지정 대리인이 서명한 것으로서 물품이 신용장에 명시된 적재항에서 지정선박의 본선에 적재되었음을 표시하고 있어야 한다. 대리인에 의한 서명의 경우에는 그 대리인이 선장, 선주 또는 용선자 중에서 누구를 대리하여 서명하였는지를 표시해야 한다.

그리고 단일의 용선계약 선하증권 원본으로 발행되거나 또는 2통 이상의 원본으로 발행된 경우에는 용선계약 선하증권 상에 표시된 대로 전통(full set)이어야 한다.

8) 기간경과 선하증권

기간경과 선하증권(Stale B/L)은 선적이 완료되어 선하증권의 발행일로부터 21일 이내에 은행에 제시되어야 하는데 이 기일이 경과한 선하증권을 말한다. 그리고 은행은

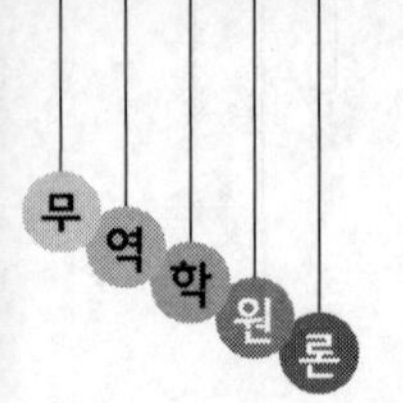

선하증권이 발행일로부터 21일이 경과되어 제시된 경우에는 신용장에 「Stale B/L Acceptable」이라는 문구가 없으면 은행이 수리(매입)를 거절한다.

수익자 또는 그를 대리하는 자가 하나 이상의 운송서류의 원본을 포함하는 제시를 할 때에는 선적일 이후 21일 이내 제시되어야 하고 그 제시는 신용장의 유효기일(expiry date of credit)이내 이어야 한다.

매수인이 정해지지 않은 상태로 매도인의 위험과 비용으로 수입국 부두의 보세창고에 입고시킨 후 매수인이 나타나면 계약이 체결되는 보세창고도 인도조건(bonded warehouse transaction ; BWT)에서는 선적한 후 21일이 경과할 가능성이 높기 때문에 매수인은 신용장 개설시 「Stale B/L Acceptable」이라는 문언을 포함시켜야 한다.

일반적으로 수입업자는 신용장발행에 따른 담보로 자금 등을 은행에 제공해야 된다. 사실 L/C 발행일로부터 수입물품의 인수까지 상당한 기간이 필요하다. 이 때 수출업자가 수입업자의 담보 제공에 따른 자금 등의 편의를 위하여 수입물품이 목적항에 도착할 때 쯤 신용장을 발행하여 수출업자에게 통지하면 수출업자는 B/L을 첨부한 화환어음을 발행하여 은행에 매입을 의뢰하면 선하증권이 발행된 날로부터 21일이 자동적으로 경과된다. 이런 경우 신용장 상에 "Stale B/L acceptable"이라는 조항이 없는 한 은행에서 수리하지 않는다.

일반적으로 수출업자가 신용장을 수취하여 물품을 선적한 후 선적서류는 은행을 거쳐 비행기 또는 전자방법으로 수입업자에게 제시된다. 그러나 화물은 선적 후 상당한 기간 항해를 해야 목적항에 도착한다. 따라서 Stale B/L은 수출업자와 수입업자가 간에 합의하여 수출업자가 수입업자의 신용장발행에 따른 담보 제공에 따른 자금 등의 편의나 보세창고도인도조건 등에서 주로 이용되고 있다.

9) 항공화물운송장

최근 항공운송의 발달로 고가품이나 소량 화물 등의 무역에 항공운송이 많이 사용되고 있으나, 항공운송의 고속화로 선하증권을 사용할 수 없기 때문에 목적지에서 매수인임을 입증만 하면 화물을 인수할 수 있는 항공화물운송장(air waybill : AWB)이 사용되고 있다.

Air Waybill은 항공적재화물에 대하여 항공운송인이 발행하는 화물수취증으로서 선하증권과 같은 유가증권은 아니고 유통성도 없다. 그러나 선적서류상으로는 선하증권에 대신할 수 있으며, 이와 같이 화환어음의 첨부서류로 사용하는 경우 발행은행을 화물의 수하인으로 명시함으로써 그 화물의 담보권을 확보하고 있다.

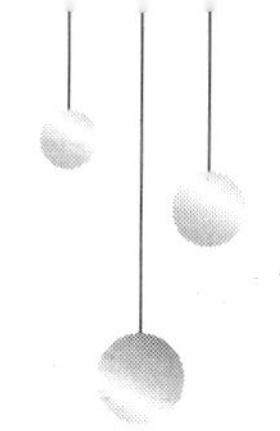

10) Third Party B/L

Third Party B/L은 선하증권의 송화인은 수출업자의 이름으로 작성된다. 그러나 중계무역은 수출업자 대신 제3자 특히 선박회사의 이름을 기재하는 선하증권이다. 수출업자의 이름을 나타내지 않는 것은 만약 수입업자가 선하증권의 송화인을 알게 되면 향후 거래에서는 중계무역을 하지 않고 직접수출업자와 거래할 수 있기 때문에 중간무역업자의 이익을 보호해주기 위함이다.

11) 집단선하증권

집단선하증권(Groupage B/L, Master B/L)은 한 컨테이너에 여러 화주의 화물이 적재되었음을 표시하는 선하증권이다. 화물을 컨테이너로 운송하는 경우 한 컨테이너의 분량이 안 되는 소량의 화물을 여러 화주로부터 인수받아 운송주선인이 목적지별로 혼재·적입하여 컨테이너 단위 화물로 만든 다음 선박회사와 운송계약을 체결한다. 이 때 선박회사는 한 컨테이너에 여러 화주의 화물이 적재되었음을 표시하는 집단선하증권을 발행한다.

이 경우 운송주선인은 개별 화주에 대해서 운송인의 입장이기 때문에 이들에게는 일종의 선적증명서인 House B/L 또는 For-warder's B/L을 발급해준다. 수출업자는 House B/L을 은행에 제시하고 수입업자도 이 서류를 인도받아 화물을 인수한다.

그러나 운송주선인의 운송서류 수리여부에 대해 운송인이나 복합운송인 또는 그 대리인으로서의 자격이 명시되지 않은 운송주선인 발행의 운송서류는 비록 FIATA 복합운송서류[41]일지라도 은행은 수리를 거절한다. 즉, 신용장에서 해양선하증권(Marine 또는 Ocean B/L)을 요구하고 있는 경우 순수한 운송주선인의 B/L 즉, House B/L은 수리가 불가능하다. 따라서 선하증권을 발행하는 운송인이 명기되어 있는 상태에서 대리인의 자격이 표시된 경우에 한하여 수리한다.

12) 부서부 선하증권

부서부 선하증권(Countersign B/L)은 선하증권에 운임, 수수료 등 선박회사에 지불할

41) FIATA복합운송증권(FIATA combined transport document)은 운송주선업자가 발행하는 복합운송증권으로 1926년에 설립된 국제운송주선업 협회연맹(FIATA)이 제정하고 국제상업회의소(ICC)가 승인한 표준양식에 의거하여 발행된 복합운송선하증권이다.

채무가 표시되어 있는 증권이다. 예를 들어 운임은 선적지에서 지불되었다하더라도 양륙항에서 컨테이너장비를 사용하는 수수료를 수화인이 부담할 경우 이런 수수료는 도착지불로 기재된다.

13) 약식선하증권

선하증권의 이면에는 운송약관이 기재되어 있다. 운송약관은 환경이 변화함에 계속 제정되어 그 양이 많다. 따라서 운송약관을 모두 인쇄하려면 선하증권의 양식이 길어지기 때문에 운송약관을 인쇄하지 않고 다음과 같은 문언을 삽입하여 마치 운송약관이 인쇄되어 있는 것과 동일한 효과를 갖도록 한다.

따라서 약식선하증권(Short Form B/L)은 발행수속을 간소화하기 위해 운송약관이 인쇄되어 있지 않은 선하증권이다. 이를 간이 선하증권이라고도 하며 신용장상에 별도의 명시가 없는 한 은행은 이러한 서류를 수리한다(신용장통일규칙 제23조).

> All the terms of the carrier's regular log form of Bill of Lading are incorporated herein with like force and effects as if they were written at length herein. A copy of such Bill of lading may be obtained from the carrier, its agent, or the master.

2.5 전자식 선하증권[42)]

1) CMI 규칙에 의거한 전자식 선하증권

CMI 규칙에 의거한 전자식 선하증권은 1990년 국제해사법회(Comite Maritime International : CMI)에서 채택한 전자식선하증권에 관한 CMI 규칙(CMI Rules for Electronic Bill of Landing)에 언급된 선하증권이다.

이 규칙에서는 선하증권 상의 권리를 개인 키(private key)를 이용하여 이전할 수 있도록 규정하고 있다. 전통적인 선하증권에서는 선하증권의 소지인이 배서 양도함으로써 화물의 유통이 가능하였다.

---

42) 구종순, 무역실무, 박영사, 2005, pp.176~178.

그러나 전자식 선하증권에서는 선박회사가 양도인, 양수인 등에게 개인 키를 부여하고 양도 의사를 전자적 지시를 통해 전달함으로써 선하증권 상의 권리를 양도하게 된다. 그 동안 화물에 대한 통제권은 선하증권의 소지인이 갖고 있었지만 전자식 선하증권에서는 전자적 지시를 할 권한을 가진 선박회사가 갖게 된다.

CMI 규칙에서는 운송인은 수화인을 최종 소지인으로 하여 개인 키를 부여하고 개인 키로 입증된 수화인에게만 화물을 인도한다.

2) Bolero 시스템의 전자식 선하증권

Bolero(Bill of Lading Electronic Registry Organization)는 선하증권을 비롯한 선적서류를 전자화 하여 이를 상업적으로 운영하는 시스템이다. 이 시스템은 1994년에 미국, 영국 등의 선박회사, 은행 등이 참여하여 컨소시엄 형태로 시작되었는데 무역거래에 필요한 종이서류를 전자메시지로 전환하여 안전하게 교환할 수 있는 기반을 제공하는 것을 목표로 하고 있다.

볼레로시스템은 선하증권을 포함한 모든 무역서류를 전자화 하여 무역거래의 효율성을 높이고 있다. 중립적인 중앙 등록기관을 운영하여 정보의 흐름을 원활히 하고 정보의 안전성을 보장하기 위해 현재까지 가장 안전한 방법으로 알려져 있는 방식의 디지털 서명을 메시지 전송에 채택하고 있다. 그리고 사용자는 반드시 공개 키와 개인 키 한 쌍을 작성하여 공개 키를 등록기관에 보내어 사용자 등록을 하도록 하고 등록기관은 상호 키를 대조하여 사용자의 자격여부를 확인한다.

2.6 선하증권의 발행 및 배서

1) 선하증권의 발행

① 송하인은 운송인에게 신용장, 상업송장, 포장명세서 등의 사본을 첨부하여 선복요청서(Shipping request) 3부를 작성하여 제출하고 운송계약을 체결한다. 선적요청서 중 1부는 운송인의 서명을 받아 선적예약을 확인하고 선하증권 발행시 대조한다.

② 운송인은 적하예약목록(booking list)을 작성하여 본선과 선적업자에게 통지한다.

③ 운송인은 등록검량회사에 검량한 후 검량회사 측의 증명(measurement & weight list)를 받는다.

④ 송하인은 세관에 수출신고(export declaration)를 하고 수출면허를 받는다. 만약 송하인이 CIF계약의 매도인이라면 해상보험계약을 체결하고 해상보험증권(marine insurance policy)을 교부받는다.

⑤ 운송인은 송하인 또는 선적업자에게 선적지시서(shipping order ; S/O)를 교부한다. 선적지시서는 화주의 선복요청서에 따라 선박회사가 운송물을 확인한 다음 운송할 선박의 책임자(일등항해사) 앞으로 발행하는 화물의 적재지시서이다.

⑥ 송하인의 입회하에 운송인의 검수인(tally man)이 화물 개수의 확인 및 손상 유무에 대해 점검하고 검수서(tally sheet)를 작성한다.

⑦ 송하인은 선적이 완료되면 본선수취증(mate's receipt ; M/R)을 일등항해사로부터 수령하여 운송인에게 제출한다.

⑧ 운송인은 M/R에 의거하여 선하증권(B/L)을 송하인에게 교부한다. 이때 운임후불(freight collect)인 FOB 계약은 관계가 없지만, 운임선불(freight prepaid)인 CIF, CFR 등의 경우에 송하인은 운임을 지불해야 한다. 한편 선박회사는 적하목록(manifest : M/F)을 작성하여 양륙지로 보낸다. 적하목록은 본선에 적재한 화물의 목록으로 본선의 입항시 세관에 제출하는 서류이다.

선하증권이 운송 중에 분실되거나 선하증권의 도착이 어떤 이유로 지연되면 수하인은 화물선취보증서(L/G : letter of guarantee)를 선박회사에 제출하고 도착된 화물을 인수받을 수 있다. 화물선취보증서는 수하인의 거래은행이 서명하며 화물이 수하인에게 인도된 후 다른 사람이 선하증권 원본을 제출하고 화물의 인도를 요구할 경우, 선박회사에게 아무런 손해를 끼치지 않고 모든 책임을 은행이 부담하겠다는 약정서이다.

2) 선하증권의 배서

선하증권을 타인에게 양도하기 위해서는 배서라는 형식을 통하여 양도해야 한다. 배서하는 형식에는 기명식, 지시식, 백지식 및 선택무기명식 배서가 있는데, 지시식과 백지식 배서가 일반적으로 사용되고 있다.

① **기명식 배서(full endorsement)** : 피배서인(sndorsee)의 상호를 기재하고 배서인(endorser)이 서명하는 방법

dekuver to ×× Co. endorser signature

② **지시식 배서** : order of 다음에 피배서인을 기재하고 배서인이 서명한다.

order of ×× Co. or ×× Bank endorser signature

③ **백지식 배서(blank endorsement)** : 피배서인을 기재하지 않고 배서인이 서명하는 방법이다.

… (blank) … endorser signature

④ **소지인식 배서** : 특정의 피배서인 또는 지참인(bearer)을 기입하고 배서인이 서명하는 방법이다.

nominated endorsee / bearer endorser signature

2.7 선적요청서의 작성요령

① **Shipper(송하인)** : 신용장상의 수익자인 수출업자의 상호 및 주소를 기재한다.

② **Consignee(수하인)** : 상업송장의 수하인 란을 참조하여 신용장상의 기재 내용과 동일하게 기재한다. 예컨대, 신용장상에 「made out to the order of Korea Exchange Bank」로 되어 있을 경우에는「the order of Korea Exchange Bank」로 기재해야 한다.

③ **Notify Party(착하통지처)** : 신용장 개설의뢰인 또는 그 대리인의 상호 및 주소를 기재하되, 신용장의 Notify란과 동일하게 기재한다.

④ **Pre-carriage by** : 선박이 지정된 항구에 기항하지 않는 경우 그 항구와의 사이에 보조적인 수단으로 사용하는 선박을 기재한다.

⑤ **Ocean Vessel(선박명)** : 수출물품을 실제 선적한 선박명을 기재한다.

⑥ **Port of Discharge(도착항)** : 도착항과 수입국을 기재한다.

⑦ **Place of Receipt** : 운송인이 송하인으로부터 화물을 인수하는 장소로서, 「Pusan CY」, 「Pusan CFS」등으로 표기한다.

⑧ **Port of Loading(선적항)** : 선적항과 수출국을 기재한다.

⑨ **Place of Delivery(목적지)** : 운송인이 수하인에게 인도하는 장소를 기재하는데, 일

반적으로 양륙항과 수입국을 기재한다.

⑩ B/L No. : 선하증권 번호는 선사가 임으로 부여한 표시번호를 기재한다.

⑪ S/O No. : Shipping Order No. (선적지시서 번호)가 기재된다.

⑫ B/L Required Original : 선하증권의 원본 및 부본의 필요한 부수를 요구할 때 기재한다.

⑬ B/L to be issued at : B/L의 발행 장소가 기재된다.

⑭ Shipment Expiring Date on L/C : 신용장상의 선적 최종일자를 표시한다.

⑮ Final Destination(**최종목적지**) : 화물의 최종목적지를 표시하나 선하증권에 운임이 계상되어 있지 않은 경우에는 운송인의 운송운임이 없고, 단지 참조사항에 불과하다. 그리고 복합운송이 아닌 경우에는 기재되지 않는 경우가 많다.

⑯ Marks & Number(**하인 및 번호**) : 하인과 번호를 표시한다.

⑰ No. & Kind of Pkgs : 포장종류당 화물의 개수를 기재한다.

⑱ Description of Goods : 통상 수량과 물품명세서를 기재하며, 신용장 번호와 운임지불조건도 함께 표시한다.

⑲ Gross Weight(**총중량**) : 등록검량기관에서 검량한 중량을 기재한다.

⑳ Measurement(**용적**) : 용적 Cargo인 경우 등록검량기관에서 검량된 용적을 기재하며, 중량이나 용적은 Packing List상의 내용과 일치해야 통관이 이루어진다.

㉑ Freight & Charges : 상품의 운송에 따른 제반비용의 명세로 운임(freight), CAF/BAF Charges, Wharfage 등이 표시된다.

㉒ Revenue tons : 중량과 용적 중 운임이 높게 계산되는 쪽을 선택하여 기재한다(중량 M/T, 용적 CBM).

㉓ Rate/Per : Rate는 Revenue ton 당의 운임단가 및 CFS Charge, Wharfage, BAF, CAF의 %를 표시하고, Per는 용적당 또는 중량당, Full Container인 경우는 Van 당을 표시한다.

㉔ Prepaid(**운임 선불**) : CIF 및 CFR 조건의 수출일 경우에는 Prepaid난에 운임을 계산하여 표시한다. 외화로 운임을 지급할 때는 B/L 작성일의 환율에 따른다.

㉕ Collect(**운임 후불**) : FOB 조건의 수출일 경우에는 Collect 난에 운임을 계산하여 기재한다. 외화로 운임을 지급할 때는 본선 입항일의 환율에 따른다.

㉖ 선적요청서를 받은 선박회사에 기재사항 및 조건을 승낙하고 서명하는 난이다.

㉗ Applicant : 선적요청자로서 주로 Shipper가 요청하고 서명한다.

㉘ Forwarder at the Port of Loading : 선적지에서 운송주선인이 있는 경우에 기재한다.

〈 SHIPPING REQUEST 〉

FOR YOUR REFERENCE ATTACHEDPLS FIND A SHEET OF OUR INVOICE PACKING LIST AND A COPY OF L/C

<table>
<tr><td colspan="3">① Shipper</td><td colspan="2" rowspan="2">極 東 海 運 株式會社
TEL : (032)465-2792
FAX : (032)465-7000
KEUK DONG SHIPPING CO., LTD
INCHEAN, KOREA</td></tr>
<tr><td colspan="3">② Consignee</td></tr>
<tr><td colspan="3" rowspan="2">③ Notify party</td><td>⑩ B/L No.</td><td>⑪ S/O No.</td></tr>
<tr><td colspan="2">⑫ B/L Required Original Copy</td></tr>
<tr><td colspan="2">④ Pre-Carriage by</td><td>⑦ Place of Receipt</td><td colspan="2">⑬ B/L to be issued at</td></tr>
<tr><td colspan="2">⑤ Ocean Vessel/Voyage No.</td><td>⑧ Port of Loading</td><td colspan="2">⑭ Shipment Expining Date on L/C</td></tr>
<tr><td colspan="2">⑥ Port of Discharge</td><td>⑨ Place of Delivery</td><td colspan="2">⑮ Final Destination</td></tr>
<tr><td>⑯ Mark and Numbers</td><td>⑰ No. & Kind of Pkgs</td><td>⑱ Description of Goods</td><td>⑲ Gross Weight</td><td>⑳ Measurement</td></tr>
<tr><td>㉑ Freight & Charges</td><td>㉒ Revenue Tons</td><td>㉓ Rate Per</td><td>㉔ Prepaid</td><td>㉕ Collect</td></tr>
<tr><td colspan="3">㉖ Service Type Requested
H / H | H / P | P / H | P / P
Accepted by

no 20</td><td colspan="2">㉗ Please arrange to ship Cargoes as described above.
Applicant
Add :
(Tel)
Name :</td></tr>
<tr><td colspan="3">KEUK DONG SHIPPING CO., LTD
By :</td><td colspan="2">㉘ Forwarder at port of loading
Add :
(Tel)
Name</td></tr>
</table>

2.8 선하증권의 기재사항

선하증권에는 운송인의 명칭이 표시되어야 하고 운송인, 선장 또는 이들 대리인에 의

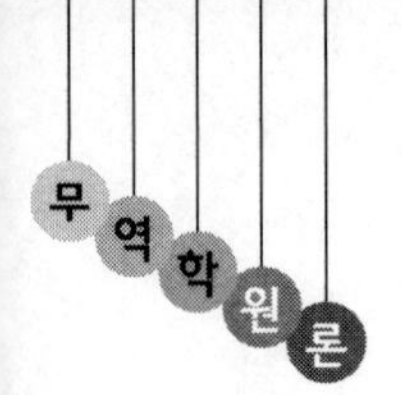

하여 서명되어야 하고 그것이 운송인, 선장 또는 대리인이 서명한 것이라는 것이 확인되어야 한다. 그리고 대리인이 서명하는 경우에는 그 대리인이 운송인 또는 선장 중에서 누구를 대리하여 서명하는 지를 표시해야 한다. 선하증권의 서명자가 운운송인인 경우에는 "as carrier(운송인으로서)"와 같이 표시하고 선장인 경우에는 "as master(선장으로서)", 그리고 대리인 경우에는 "as agent for ×× co.(×× co.의 대리인으로서)", 와 같이 표시해야 한다.

그리고 선하증권에는 물품이 신용장에 명시된 적재항에서 지정선박의 본선에 적재되었음이 표시되어야 한다. 이 때 선적일(date of shipment)의 증명방법은 선하증권 상에 지정선박에 적재되었음을 표시하는 조항이 사전 인쇄된 경우에는 선하증권의 발행일이 선적일이 되며 수치선하증권권상에 지정선박에 적재되었음을 표시하는 별도의 본선적재표기(on board notation)가 있는 경우에는 본선적재표기일(date of the on board notation)이 선적일이 된다. 그리고 선하증권의 선박명 란에 "예정된 선박(intended vessel)" 또는 이와 유사한 제한의 표시가 기재된 경우에는 그 물품이 그 예정된 선박에 실제로 선적되었더라도 본선적재표기에 표시가 기재된 경우에는 그 물품이 그 예정된 선박에 실제로 선적되었더라도 본선적재표기에 선적일과 실제 선박의 명칭이 기재되어야 한다.

선하증권 상에는 신용장에 명시된 적재항으로 부터 양육항까지의 선적이 표시되어 있어야 한다. 그러니 신용장에 명시된 적재항이 표시되지 않은 경우나 또는 적재항에 "예정된" 또는 이와 유사한 제한이 표시되어 있는 경우에는 본선적재표기가 요구하는 바, 이 때 본선적재표기에는 선박명과 선적일 그리고 신용장에 명시된 적재항이 표시되어 있어야 한다.

1) 법정시재사항[43)]

상법 제814조에 의하면 선하증권에는 다음 사항을 기재하고 운송인이 기명날인 또는 서명해야 한다고 규정하고 있다.

- 선박의 명칭, 국적과 톤수
- 송화인의 서면으로 통지한 운송물의 종류, 중량, 또는 용적, 포장의 종별, 개수와 기호

43) 이대우외, 국제무역실무, 도서출판 두남, 2008, pp.244-245.

• 운송물의 외관 상태
• 용선자 또는 송화인의 성명 또는 상호
• 수하인 또는 통지 수령인의 성명 또는 상호
• 선적항
• 양륙항
• 운임
• 발행지와 그 발행 년 월 일
• 수통의 선하증권을 발행한 때에는 그 수

2) 임의 기재사항

선하증권에는 법정기재사항 이외에 많은 사항이 인쇄되어 있거나 추가로 기입된다. 이러한 사항은 결국 운송과 송화인 간의 특약사항으로서 당사자 간에 법적 구속력을 갖는다. 인의기재사항은 선박회사나 선하증권의 종류에 따라 달라지지만 대부분은 책임 면제에 관한 사항으로 구성되어 있다. 일반적으로 선하증권에 기재되는 임의기재사항은 다음과 같다.

• 항차번호(voyage No.) : 본선이 특정항로에 취항을 개시하고 난 후의 항해차수
• 운송수단(pre-carriage by) : 주된 운송에 앞서 화물을 운송한 운송수단 또는 형태
• 물건의 인수자(place of receipt)
• 인도지(place of deliver)
• 선하증권번호(B/L No.)
• 최종목적지(final destination)
• 컨테이너 번호(container No.)
• 봉인번호(seal No.)
• 운임지급(freight payable at)
• 일반약관 또는 면책약관
• 기타 필요에 따라 삽입되는 임의 기재사항

지금까지 상술한 선하증권의 기재사항의 내용을 실제 선하증권의 양식에 인쇄되어 있는 항목을 중심으로 설명하면 다음과 같다.

① **Shipper(송하인)** : 신용장상의 수익자인 수출업자의 상호 및 주소를 기재한다.

② Consignee(수하인) : 상업송장의 수하인 란을 참조하여 신용장상의 기재 내용과 동일하게 기재한다.

③ Notify Party(착하 통지처) : 신용장 개설의뢰인 또는 지정대리인의 상호 및 주소를 기재하되, 신용장상의 Notify란과 동일하게 기재한다.

④ Pre-carriage by : 선박이 지정된 항구에 기항하지 않는 경우 그 항구와의 사이에 보조적인 수단으로 사용하는 선박을 기재한다.

⑤ Place of receipt(수령 장소) : 선박회사가 송하인으로부터 수출물품을 수령한 장소를 기재한다.

⑥ Ocean Vessel(선박명) : 수출물품을 실제 선적한 선박명을 기재한다.

⑦ Voyage No.(항차회수) : 운송선박의 운송회수(항차)를 기재한다.

⑧ Port of Loading(선적항) : 선적항과 수출국을 기재한다.

⑨ Port of Discharge(도착항) : 도착항과 수입국을 기재한다.

⑩ Flag(국적) : 선박의 등록국적을 기재한다. 해상 사고시는 국제적 관례인 기국주의에 의한다.

⑪ Place of Delivery(인도 장소) : 운송인이 책임지고 수하인에게 물품을 인도해 줄 장소를 기재한다.

⑫ for transshipment to/final destination(환적 및 최종 도착항) : 환적 및 최종 도착항을 기재한다.

⑬ Container No. & Seal No.(컨테이너 및 봉인 번호) : 화물이 적재된 컨테이너 및 봉인 번호를 기재한다.

⑭ No. of Container pkgs., description of Goods : 포장명세서 및 상업송장에 기재된 상품의 내용을 열거 기재하며, B/L No.도 함께 표시한다. B/L No.는 통상 선적항과 양륙항의 알파벳 두 문자를 이용하고 일련번호를 붙인다. 「BO-560508 : Busan- Osaka」

⑮ Gross Weight, Measurement : 등록검량기관에서 검량한 중량 및 용적을 기재하되 포장명세서상의 내용과 반드시 일치해야 통관된다.

⑯ Total number of packages or unit(in words) : 상품의 수량 또는 Full container의 개수를 영문으로 표기한다. in words의 의미는 선하증권 발행자가 직접 상품을 확인하지 못하고 발행하므로 수량이 틀림없을 것이라는 추측의 의미로 삽입된 단어이다.

⑰ Freight & Charges : 상품의 운송에 따른 제반비용의 명세로 운임(freight), CAF/BAF Charges, Wharfage 등이 표시된다.

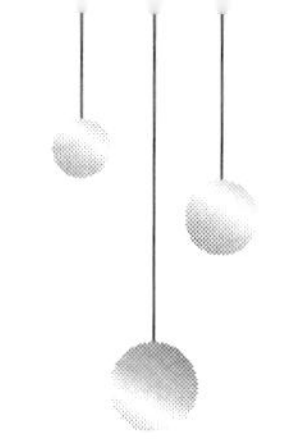

⑱ **Revenue tons** : 중량과 용적 중 운임이 높게 계산되는 쪽을 선택하여 기재한다(중량 M/T, 용적 CBM).

⑲ **Rate** : Revenue ton당의 운임단가 및 CFS Charge, Wharfage, BAF, CAF의 %를 표시한다.

⑳ **Per** : 용적당 또는 중량당, Full Container인 경우에는 Van당 표기한다.

㉑ **Prepaid, Collect** : CIF 및 CFR 조건일 경우에는 Prepaid란에, FOB 조건일 경우에는 Collect란에 운임을 기재한다.

㉒ **Freight Prepaid at** : CIF나 CFR 조건일 경우 운임이 지불되는 장소를 나타낸다.

㉓ **Freight Payable at** : FOB 조건일 경우 수하인의 운임지불장소를 표시한다.

㉔ **Place of issue, Date of issue(발행장소 및 발행일)** : 선하증권의 발행장소 및 선하증권 발행 일자를 기재한다. 통상 발행일자는 선적일자로 간주된다.

㉕ **No. of Original B/L** : Original B/L의 발행 통수를 기재한다.

㉖ **Laden on Board the Vessel, Date, By** : B/L의 On Board Date(선적일자)와 Date of Issue(발행일자)가 기재되며, 일자는 보통 일치되며 만약 서로 다를 경우에는 선적일자가 발행일자보다 빨라야 한다. 선적일자 하단에는 B/L 발행일자의 사인이 기재된다.

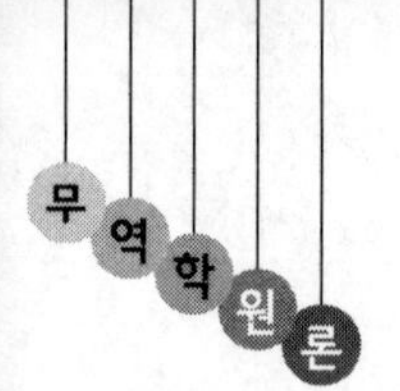

〈 BILL OF LADING 〉

<table>
<tr><td colspan="2">① Shipper</td><td colspan="4">B/L No.</td></tr>
<tr><td colspan="2">② Consignee</td><td colspan="4" rowspan="3">極 東 海 運 株式會社
TEL : (032)465-2792
FAX : (032)465-7000
KEUK DONG SHIPPING CO., LTD
INCHEAN, KOREA</td></tr>
<tr><td colspan="2">③ Notify Party</td></tr>
<tr><td>④ Pre-carriage by</td><td>⑤ Place of Receipt</td></tr>
<tr><td>⑥ Ocean Vessel</td><td>⑦ Voyage No.</td><td colspan="2">⑩ Flag</td><td colspan="2">⑪ Place of Delivery</td></tr>
<tr><td>⑧ Port of Loading</td><td>⑨ Port of Discharge</td><td colspan="4">⑫ For Transhipment to / Final Destination</td></tr>
<tr><td>⑬ Container No. & Seal No. Marks and numbers

⑯ Total number of packages or units (in words)</td><td>⑭ No. & Kind of Pkgs/Cntrs</td><td colspan="2">Description of Goods</td><td>⑮ Gross Weight</td><td>Measurement</td></tr>
<tr><td>⑰ Freight & Charges</td><td>⑱ Revenue Tons</td><td>⑲ Rate</td><td>⑳ Per</td><td>㉑Prepaid</td><td>Collect</td></tr>
<tr><td colspan="2">㉒ Freight Prepaid at</td><td colspan="2">㉓ Freight Payable at</td><td colspan="2">㉔ Place of Issue</td></tr>
<tr><td colspan="2">Total Prepaid in</td><td colspan="2">㉕ No. of Original B/L</td><td colspan="2">Date of Issue</td></tr>
<tr><td colspan="2">㉖ Ladern on board the Vessel
Date
By</td><td colspan="4">KEUK DONG SHIPPING CO., LTD
By</td></tr>
</table>

제3절 … 보험증권

3.1 보험서류의 의의와 종류

1) 보험서류의 의의

무역거래는 때와 장소를 달리하는 화물의 수요를 양적·질적 또는 시간적·공간적으로 만족시켜 줌으로써 이익을 얻는 것을 목표로 한다. 그러나 무역거래는 예상치도 못한 무수한 위험이 뒤따른다. 이처럼 무역거래에 있어 계약물품의 운송도중 해난이나 기타

의 위험으로 인하여 입게 될 손해에 대비하여 거래당사자는 보험을 부보하게 된다. 따라서 보험서류(insurance documents)는 보험의 부보에 대해 보험자로부터 발급받는 증거서류이다.

2) 보험서류의 종류

(1) 보험증권

보험증권(insurance policy)은 담보화물에 대한 보험계약의 성립과 그 내용을 증명하기 위하여 계약의 내용을 기재하고 보험자가 기명·날인하여 보험계약자에게 교부하는 증권이다.

우리나라 해상보험회사는 전 세계적으로 통용되는 런던의 해상보험회사가 사용하고 있는 영문보험증권(Lloyd's S. G. Policy Form)을 사용하고 있다. 이 영문 보험증권에서는 우리나라 해상보험회사가 인수한 국제해상보험의 국제적 유통성을 확보하기 위하여 영국법 준거약관을 기재하고 있다. 그러나 최근에 협회화물약관(Institute Cargo Clause : ICC)이 개정되어 새로운 보험증권양식이 국제적으로 사용됨에 따라 우리나라에서도 1983년 3월부터 신 증권과 종전의 증권을 병행하여 사용하고 있다.

(2) 보험증명서

보험증명서(certificate of insurance)는 보험회사 또는 그 대리인이 자사발행의 원 보험증권(original insurance policy)에 의거하여 그 보험계약의 존재 및 피보험물에 보험이 부보되어 있다는 사실을 증명하는 보험증권의 대용서류이다. 즉, 동종·동질의 물품이 동일지역에 계속해서 수출될 경우 선적시마다 개별적인 보험에 부보하지 않고 사전에 포괄보험증권(open policy)을 발급받고 개별적인 선적이 될 때마다 이 포괄보험증권의 원본에 의해 개개 선적물품이 부보되어 있음을 증명하는 서류이다.

신용장에서 보험서류(insurance documents)를 요구하는 경우에는 보험증권(insurance policy), 보험증명서(certificate of insurance) 또는 보험확정통지서(insurance declaration) 중 한 가지를 제시하면 수리할 수 있다. 그리고 신용장에서 보험증명서 또는 보험확정통지서를 요구하는 경우에는 보험증권을 제시하면 수리된다. 그러나 보험증권을 요구하는 경우에는 보험증명서 또는 보험확정통지서는 수리되지 않는다.

보험서류의 부보통화는 신용장상의 통화와 동일한 통화로 부보의 금액을 표시하고, 부보의 금액은 물품가액 또는 송장가액 중 큰 금액을 기준으로 하여 일정비율을 부보

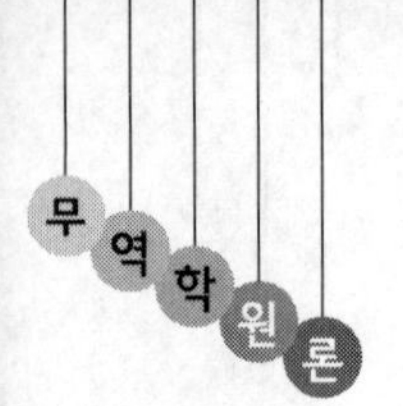

해야 한다.(최소부보금액 110%이상이 요구된 것으로 봄). 부보금액에 관하여 신용장상에 아무런 표시가 없는 경우에는 물품의 CIF 또는 CIP가격의 110%이상 이어야하며, 서류에 의하여 CIF 또는 CIP가격을 결정할 수 없을 때의 보험부보금액 산출의 기초는 "결제(지급이행) 또는 매입금액" 또는 "송장에 표시된 물품총가액" 중에서 큰 금액으로 부보 하여야 한다(UCP600 제28조).

3.2 보험증권의 기재요령

① Assured(s). etc(**피보험자 또는 보험계약자명**) : 수출업자의 상호를 기재하며, CIF 계약인 경우에는 수출업자를 피보험자로 하고 수출환어음 매입시 백지배서(blank endorsement)에 의해 수입업자에게 양도한다.

② Policy No.(**보험증권번호**) : 보험자가 피보험자에게 보험증권을 교부할 때 부여하는 일련번호이다.

③ Claim, if any, payable at /in(**보험금 지급지**) : 보험금이 지급되는 장소로서 일반적으로 수출의 경우에는 화물의 최종 목적항이 기재되고, 수입의 경우에는 당해 보험계약지가 기재된다.

④ Survery should be approved by(**손해사고 통지처**) : 피보험화물에 손해사고가 발생하였을 경우 통지하는 곳으로서 수출의 경우에는 최종목적지에 있는 보험자 대리점의 상호 및 주소가, 수입의 경우에는 보험자명이 기재된다.

⑤ Local Vessel or Conveyance(**국내운송용구**) : 화물의 출하지와 선적지가 다르므로 화물이 국내 내륙운송보험에 부보되어 있을 경우 기재한다.

⑥ From(interior port or place of loading) : 선적항 배후에 있는 화물의 출하항 또는 출하지를 기재한다.

⑦ Ship or Vessel called the(**선박 명**) : 화물을 적재할 선박명을 기재한다.

⑧ Sailing on or about(**출항일**) : 적재선박의 출항하는 일자를 기재한다. 선하증권의 일자와 일치해야 한다.

⑨ at and from(**선적항**) : 선적항과 수출국을 기재한다.

⑩ transshipped at(**환적항**) : 환적을 계약한 경우 환적이 이루어지는 항구 및 국가명을 기재한다.

⑪ Arrived at(**양륙항**) : 양륙항과 수입국을 기재한다.

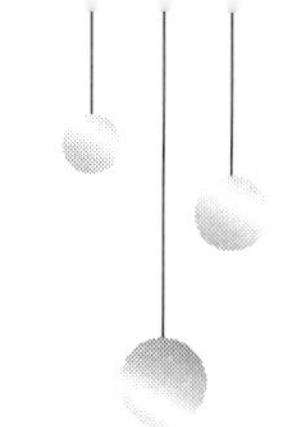

⑫ Thence to(**최종목적지와 운송용구**) : 최종목적지가 내륙지방에 있어 양륙항과 목적지가 상이한 경우 최종목적지까지 부보되어 있다면 최종목적지와 그 운송용구(truck, rail 등)를 표시한다. 예를 들자면, "thence to Texas by truck" 과 기재한다.

⑬ Ref. No.(**참조번호**) : 보험자가 업무상 참조하기 위한 번호로서 일반적으로 수출의 경우에는 신용장 번호 또는 수출승인서의 번호를, 수입의 경우에는 상업송장 또는 수입승인서의 번호를 기재한다.

⑭ Amount insured hereunder(**보험금액**) : 보험계약자가 부보한 금액으로서 보험사고 발생시 보험자가 손해보상액, 즉 보험금으로서 지불하는 최고 한도액이다. CIF 계약의 경우에는 상업송장금액의 110%에 해당하는 금액을 아라비아 숫자와 문자로 병행하여 기재한다. 통화의 종류는 신용장상의 통화와 일치해야 한다.

⑮ Condition and Warranties(**보험조건**) : 매매계약서나 신용장상의 보험조건을 기재한다. 그런데 이 보험조건은 화물의 종류, 운송방법, 예상항해기간 등을 고려하여 기본조건과 추가해야 할 부가위험을 선택하여 결정한다. 예를 들면, 「ICC(B) including TPND」와 같이 신 협회적하약관 ICC(B) 조건에 도난·발하·불착의 위험을 부가한 담보범위로 부보한다.

⑯ Subject-matter Insured(**피보험화물의 명세**) : 화물명세를 신용장이나 상업송장 또는 선하증권 상의 기재 내용대로 기재한다.

⑰ Marks and Numbers as per Invoice No. Specified above : 상업송장의 번호나 하인 등 기타 보험화물의 특징적인 부분을 기재한다.

⑱ Place and Date Signed(**보험증권의 발행지와 발행일**) : 보험증권의 발행지는 도시명, 국가명을 기재하고, 보험증권의 발행일은 선하증권 발행일보다 이전 날자가 기재되어야 한다.

⑲ Number of Policies issued(**보험증권의 발행매수**) : 보험증권은 통상 원본 2통이 발행되는데, 보험자가 1통에 대해서 변제하면 나머지 1통은 무효가 된다.

⑳ Important(**난외약관**) : 종전 양식에 있던 이탤릭 서체 약관과 대체된 것으로서 Important Clause라고 하는데, 클레임 발생시 피보험자가 취해야 할 각종 조치 및 절차를 일괄 규정하고 있다.

㉑ Condition(**본문약관**) : 개정된 보험증권의 신양식의 본문약관은 종전양식의 본문약관보다 아주 간결하게 되어 있는데, 그 내용은 준거법약관, 타 보험약관, 약인약관, 선서약관으로 되어 있다.

㉒ **보험자의 서명** : 보험자 또는 보험자의 대리인에 의해서 서명되어야 한다. 우리나라에서는 해상보험 부문의 책임자가 서명하는 것이 보통이다.

〈 HAN FIRE & MHARINE INSURANCE CO., LTD. 〉

11-1, JAYANGDONG, KWANGJIN-KU, SEOUL,
KOREA MARINE CARGO INSURANCE POLICY

① Assured(s). etc.		
② Policy No.		⑬ Ref. No.
③ Claim, If any, payable at /in		⑭ Amount insured hereunder
④ Survey should be approved by ;		
⑤ Local Vessel or Conveyance	⑥ From(interior port or place of loading)	⑮ Conditions and Warranties
⑦ Ship or Vessel called the	⑧ Sailing on or about	
⑨ At and From	⑩ Transshipped at	
⑪ Arrived at	⑫ Thence to	
⑯ Subject-matter Insured Subject to the following Clauses as per back hereof □ Institute Cargo Clauses Specified above □ On-Deck Clauses □ Special Replacement Clause(applying to machinery) □ Institute Classification Clause ⑰ Marks and Numbers as per Invoice No. Specified above		
⑱ Place and Date Signed ⑳ IMPORTANT PROCURE IN THE EVENT OF LOSS OR DAMAGE FOR WHICH UNDERWRITERS MAY BE LIABLE LIABILITY OF CARRIERS, BAILERS OR OTHER THIRD PARTIES …………………………………………… INSTRUCTION FOR SURVEY …………………………………………… DOCUMENTATIONS OF CLAIMS ……………………………………………	⑲ Number of Policies issued ㉑ CONDITION Notwithstanding anything contained herein or attached hereto to the contrary, this …………………… This insurance does not cover any loss or dam-age to the property…………… We, HAN FIRE & MARINE INSURANCE CO., LTD. hereby agree, in consideration of payment	
For HAN FIRE & MARINE INSURANCE CO., LTD. ㉒ By		

제4절 … 포장명세서, 원산지증명서

4.1 포장명세서의 의의

포장명세서는 상업송장의 보조서류로서 물품의 포장별 중량이나 내용을 기재한 서류이다. 상업송장이나 수량(중량)증명서만으로는 각 포장별 수량(중량)이나 내용을 판별할 수 없다. 수입업자나 수입세관이 물품과 서류를 대조할 때 상자번호, 각 상자의 내용명세, 각 상자의 순중량(net weight) 및 총중량(gross weight), 각 상자별로 포함된 수량, 용적 등을 기재한 포장명세서를 요구한다. 포장명세서의 물품에 대한 기술은 신용장에 명시된 상품의 기술과 일치하도록 일반적 용어로 기재하는 것이 바람직하다.

4.2 포장명세서의 작성요령

① Seller(**수출업자**)와 Consignee(**수하인**) : 수출업자와 수하인의 성명 또는 상호 및 주소를 기재한다. 수하인의 경우 수풀물품을 인도 받을 개인이나 법인을 기재하되 선하증권에 기재할 수하인과 동일해야 한다. 따라서 신용장상에 「made out to the order of LJM Bank」로 되어 있을 경우에는 「the order of LJM Bank」로 기재해야 한다.

② Vessel/Flight(**선박/항공명**) : 운송에 사용되는 선박 및 비행기의 이름을 기재한다.

③ From/to(**선적지/도착지**) : 신용장상의 선적지와 도착지를 기재한다.

④ Invoice No. and Date(**상업송장 번호 및 발행일자**) : 수출업자가 임의로 작성한 상업송장 번호 및 일자를 기재한다.

⑤ Buyer (if other than consignee)(**수입업자**) : 신용장 개설의뢰인의 성명 또는 상호 및 주소를 기재한다. Consignee와 동일한 경우에도 다시 기재한다.

⑥ Other references(**기타 참조사항**) : 상대방이 신용장이나 계약서에서 별도로 요구한 사항을 기재한다.

⑦ Shipping Mark(**하인**) : 관련서류와 포장물품의 일치 여부를 용이하게 점검할 수 있도록 간단하게 표시해야 한다.

⑧ No. & Kind of pkgs(**포장의 종류**) : 포장종류 당 포장화물의 개수와 각 물품의 포장형태를 drum, bale, box, case, bundle 등으로 기재한다.

⑨ **Goods description(상품명세)** : 신용장이나 계약서상의 내용과 동일하게 기재한다.

⑩ **Quantity or net weight(수량 또는 순 중량)** : 물품의 수량을 각 포장 case마다 구분하여 기재해야 하며, 수량의 계산단위는 상품의 종류에 따라서 관용되고 있고 일반적으로 상품의 수량은 개수 또는 도량형에 의하여 계산된다.

⑪ **Gross weight(총중량)** : 순 중량에다 외부포장재료 또는 포장용기의 중량을 포함한 총량으로 B/L상의 중량과 일치해야 한다.

⑫ **Measurement(용적)** : 선적물품의 부피를 표시하는 것으로 B/L상의 필수기재사항인 Measurement와 일치해야 한다. 통상 용적의 계산단위는 CBM(cubic meter)을 주로 사용하는데, 1 M/T(measurement tom) = 40 cubic feet이다. 이는 총중량 및 순중량 합계를 함께 하단에 기재하는데 운송계약체결이나 운임결정에 기본적인 자료가 된다.

⑬ **Signed by(서명)** : 포장명세서의 작성자가 서명 란에 서명한다.

〈 PACKING LIST 〉

<table>
<tr><td colspan="3" rowspan="3">① Seller

Consignee</td><td colspan="3">④ Invoice No. and Date</td></tr>
<tr><td colspan="3">⑤ Buyer(if other than consignee)</td></tr>
<tr><td colspan="3" rowspan="3">⑥ Other References</td></tr>
<tr><td colspan="3">Departure Date

② Vessel / Fight</td></tr>
<tr><td colspan="3">③ From/To</td></tr>
<tr><td>⑦ Shipping Marks</td><td>⑧ No. & Kind of Pkgs</td><td>⑨ Goods description</td><td>⑩ Quantity net weight</td><td>⑪ Gross weight</td><td>⑫ Measurement</td></tr>
<tr><td colspan="4"></td><td colspan="2">⑬ Signed by</td></tr>
</table>

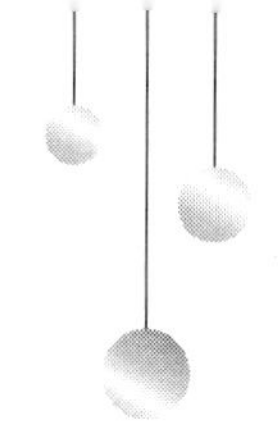

4.3 원산지증명서의 의의

원산지증명서(certificate of origin : C/O)는 두 종류로 구분된다. 그 하나는 수출국 주재의 수입국 영사관 또는 수출국의 상업회의소가 수출물품의 원산국 또는 제조원산지를 증명하는 양식(Form No. CCI-1)이고, 다른 하나는 UNCTAD의 일반특혜관세제도(GSP)에 의거하여 발행되는 원산지증명서(GSP C/O Form A)이다. 그러나 우리나라는 GSP 수혜국이 아니므로 원산지증명서라고 할 때는 전자의 상공회의소 발행 원산지증명서를 의미한다.

원산지표시 대상품목(대외무역관리규정 별표 6-1)은 일반소비자가 직접 구매 사용하는 물품이며 원산지 표시를 할 범위는 당해 수입물품 및 부장품(재사용이 가능한 포장용품 또는 당해 구분 판매가 가능한 부속품 및 부분품)으로 하고 있다.

그리고 원산지표시는 원칙적으로 수입물품의 현품에 표시하는 것이 원칙이다. 그러나 밀가루, 냉동옥수수, 콘택트렌즈 등은 당해 물품에 직접 원산지를 표시하는 것이 불가능하므로 당해물품의 포장·용기 등에 수입물품의 원산지를 표시할 수 있다.

제5절 … 기타 선적서류

5.1 중량(용적)증명서

중량(용적)증명서(certificate of weight and measurement)는 수출화물을 선적하기에 앞서 공인검량인(public weighter)에 의해 발급되는 서류인데 화물의 중량 또는 용적이 상업송장에 총괄적으로 표시되어 있더라도 이것을 보충해서 상세하게 기재된 이 증명서를 요구하는 경우가 많다. 본 증명서는 상업송장의 보조서류로서 이용되고 있으며, 운송화물에 대한 해상운임(freight) 등을 산출하는 기초가 되기 때문에 정확히 작성되어야 한다. 신용장에서 본 증명서의 발행자를 지정한 경우에는 지정된 자가 발행해야 하고 명시가 없는 경우에는 수출업자 자신이 작성하면 된다.

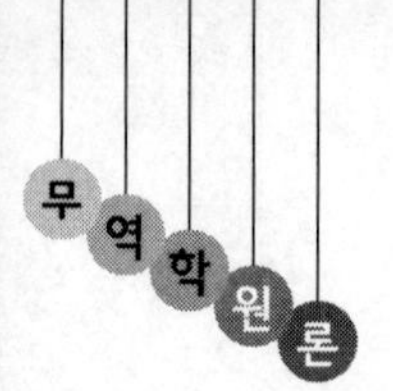

〈 Form No. PCCI-4(1993. 1. 1) 〉

<table>
<tr><td>① Seller</td><td rowspan="2">ORIGINAL
CERTIFICATE OF ORIGIN
issued by
THE SEOUL CHAMBER OFCOMMERCE & INDUSTRY
Selul, Republic of Korea
원 산 지 증 명 서
서울상공회의소</td></tr>
<tr><td rowspan="2">② Consignee</td></tr>
<tr><td>④ Buter</td></tr>
<tr><td rowspan="2">③ Particlars of Transport (where required)</td><td>⑤ Country of Origin</td></tr>
<tr><td>⑥ Invoice Number and Date</td></tr>
<tr><td>⑦ Shipping Marks

⑧ Number and Kind of Packages :
Description of Goods</td><td>⑨ Gross Weight or other Quantity</td></tr>
<tr><td colspan="2">⑩ Other Information The Seoul Chamber of Commerce & Industry hereby certifies. on the basis of relevant invoice and other documents, that the above mentioned goods originate in the country shown in coulumn

THE SEOUL CHAMBER OF COMMERCE & INDUSTRY</td></tr>
</table>

5.2 검사증명서

검사증명서(certificate of inspection)는 수입업자가 수출업자의 부정을 방지할 목적으로 선적 전에 물품을 검사한 후 선적을 하도록 하는 경우에 요구되는 서류이다. 수출검사법에 의하여 수출검사를 필요로 하는 화물에 대하여 소정기관으로부터 수출검사를 받을 때 검사증명서가 발급된다. 신용장에서 본 증명서의 발행자를 지정한 경우에는 지정된 자가 발행해야 하고 명시가 없는 경우에는 수출업자 자신이 작성한다.

우리나라의 경우는 수입업자의 요구가 없어도 수출품의 대외 성과와 품질의 유지향상을 도모하여 수출무역을 조장시킬 목적으로 하여 원칙적으로 지정된 물품은 지정된 수출검사기관의 수출검사에 합격해야 만이 수출할 수 있다.

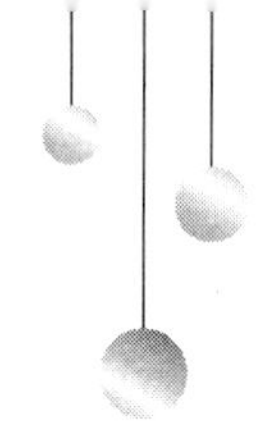

5.3 위생증명서

위생증명서(health, veterinary & sanitary certificate)는 음료품, 생물과 동물 등을 수출하는 경우에 수입국 보건기준에 합치된 것을 수입할 수 있도록 관리하기 위하여 수입상의 요구에 의해 수출국의 위생검사당국에서 발행하여 제공하는 서류이다.

제6절 … 복합운송

6.1 복합운송의 의의

복합운송(combined transport, multimodal transport)은 출발지에서 최종목적지까지 복합운송인이 전체 운송구간에 대해서 책임을 지고 육상, 해상, 항공 중 적어도 두 가지 이상의 운송수단이 결합되어 운송하는 형태의 방식이다.

그리고 복합운송은 통운송의 일종으로 보아야 하지만 통 운송과 복합운송의 다른 점은 통 운송의 운송수단 결합 형태는 동종 또는 이종운송수단이든 관계없으나 복합운송에서는 반드시 이종 운송 수단의 결합에 의해서 이루어져야 하고 복합운송인 1인에게 전 운송구간에 대해 일괄책임을 지우면서 단일의 복합운송 운임률(multimodal through rate)에 의해서 운송한다는 점이다.

복합운송이 급속히 발전한 것은 컨테이너의 등장으로 출발지에서 목적지까지 전 구간을 운송하는데 있어 개폐 없이 여러 운송 수단을 유기적으로 결합한 일관협동 운송이 가능하기 때문이다.

그리고 복합운송인(multimodal transport operator : MTO)은 국제복합운송인은 이종운송수단을 결합하여 송화인을 상대로 복합운송계약을 체결한 계약의 당사자로서 2국 이상을 운송하는 운송인이다. 즉, 복합운송인이란 스스로 또는 자신의 대리점을 통해서 복합운송계약을 체결하고 송화인이나 운송인의 대리점이 아닌 주체(하청운송인이 아님)로서 행동하고 그 계약의 이행에 대해 책임을 자이다. 여기에는 실제운송인(actual carrier), 계약운송인(contracting carrier), 무선박운송인(non-vessel operating common : NVOCC)이 있다.

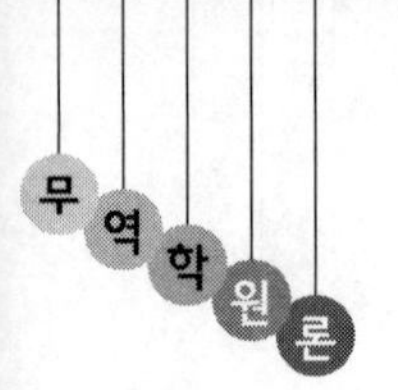

6.2 복합운송증권

1) 복합운송증권의 의의

복합운송증권(multimodal transport document : MTD)은 육상, 해상, 항공 중 두 가지 이상의 운송수단을 이용한 컨테이너 복합운송에서 운송계약을 증명하기 위해 복합운송인이 발행하는 유가증권이다.

UN국제물품복합운송조약은 복합운송증권을 복합운송계약에 따라 복합운송인이 자신의 계약 아래 물품을 수취하였다는 것을 증명하고 또한 그 계약의 내용에 따라 운송인이 물품을 인도할 의무를 부담하는 것을 증명하는 증권(동 조약 제4조 1항)이라고 규정하고 있다. 신용장 통일규칙은 복합운송증권을 물품의 수취지에서 도착지까지 적어도 서로 다른 두 가지 이상의 운송수단으로 운송하는 것을 증명하는 증권이다(UCP600 제19조 a항)라고 규정하고 있다.

UN조약의 규정상 복합운송증권(multimodal transport document : MTD) 의 유형에는 유통성 복합운송증권(Negotiable MTD), 비유통성 복합운송증권(Non-Negotiable MTD), 전산시스템에 따른 복합운송증권이 있다.

2) 복합운송증권의 유형

UN조약의 규정상 복합운송증권(multimodal transport document : MTD) 의 유형에는 유통성 복합운송증권(Negotiable MTD), 비유통성 복합운송증권(Non-Negotiable MTD), 전산시스템에 따른 복합운송증권이 있다.

(1) 유통성 복합운송증권(Negotiable MTD)

대부분의 복합운송증권은 지시식으로 발행된다. 지시식 증권에도 수화인을 특정하여 수화인 또는 그 지시인에게 물품을 인도하는 경우와 수화인을 특정하지 않고 단순히 수화인 란에 "ㅡ 또는 그의 지시인(ㅡor order)"으로 표시하는 두 가지 형태가 있다.

복합운송증권이 단순히 "ㅡ 또는 그의 지시인(ㅡor order)"로 발행되었을 때에는 증권의 발행인에게 물품을 탁송한 송하인이 증권 권리자로서 물품인도를 청구하든가 아니면 단순히 배서·양도함으로써 인도청구권을 이전할 수 있다.

그러나 복합운송증권이 물품의 수화인을 "특정인 또는 그 지시인"의 형태로 발행된 경우에는 그 특정인에 의하여만 운송물품의 인도청구권이 이전된다. 따라서 수화인이

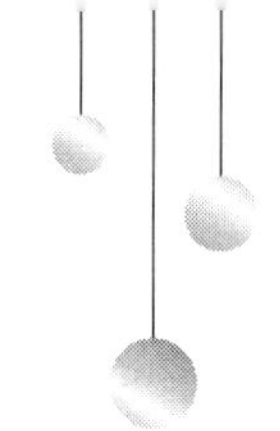

특정된 지시증권은 그 증권이 수화인의 수중에 들어가기 전까지는 누구도 증권을 배서·교부에 의하여 양도할 수 없다.

(2) 비유통성 복합운송증권(Non-Negotiable MTD)

비유통성 복합운송증권은 유가증권이 아니며 단순한 면책증권이다. 그러나 ICC의 통일규칙이나 UN조약은 복합운송증권을 유가증권이 아닌 비유통성증권 만을 발행할 수 있다고 규정하고 있다. 이것은 복합운송인은 증권 상 기재된 수하인 또는 그가 지정한 자에게만 운송물품을 인도해야 그의 의무가 면제된다.

UN조약은 선하증권의 경우와는 다른 비유통성 복합운송증권을 정식으로 인정하고 있다. 대서양 항로 등에서의 고속 컨테이너선의 경우 비유통성 화물운송장(non-negotiable waybill)이 많이 이용되고 있으며, 전통적으로 항공운송업계에서는 유통성증권을 기피하고 있으며 이러한 항공업계의 요청에 따라 항공운송장(air waybill)의 유통성을 인정하지 않고 있다.

(3) 전산시스템에 따른 복합운송증권

정박기간이 극히 짧은 컨테이너의 특징으로 운송증권의 표준화와 간소화는 물론 운송증권의 처리에 컴퓨터가 최대한 활용되고 있다. 즉, ADP(Automatic Data Processing)나 EDP(Electronic Data Processing)를 이용하여 종래의 운송증권의 이전방식보다 빠른 절차로 대체할 수 있게 되었다.

특히, UN조약 제5조 4항은 비유통성복합운송증권은 송화인의 동의에 의하여 기계 또는 전자장치에 의해 발행할 수 있다고 규정하고 있다. 이로써 electronic data processing, EDI, Telex를 이용한 유통서류가 활용될 수 있게 되었다.

6.3 복합운송인의 책임원칙

국제복합운송은 두 가지 이상의 서로 다른 운송방식의 결합으로 이루어진다. 복합운송인의 책임을 운송의 전 구간에 대하여 어떠한 방식으로 정할 것인가 하는 문제가 발생한다. 그리고 복합운송인의 책임체계는 ① 단일책임체계, ② 이종책임체계, ③ 절충식책임체계가 있다.

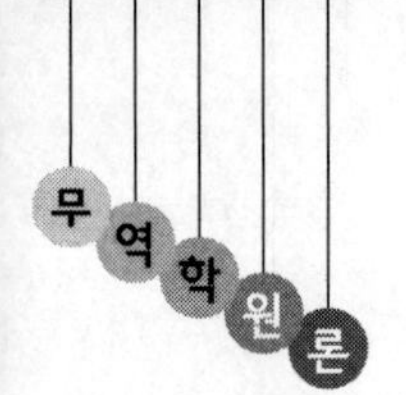

(1) 단일책임체계

단일책임체계(uniform liability system)는 복합운송인은 물건의 멸실과 훼손 등 손해가 발생한 구간이나 운송방식의 여하에 관계없이, 그 발생장소가 밝혀진 손상의 경우나 밝혀지지 않은 손상의 경우나 항상 동일한 책임원칙이 적용된다는 것이다. 즉, 복합운송인은 책임원칙, 항변의 조건이나 책임의 한계에 있어서 단일운송 운송인의 경우와는 전혀 다른 독자적인 책임제도에 따른다는 것이다.[44]

이 체계에서는 복합운송인과 화주 간의 책임원칙여하에 따라 복합운송인이 화주에게 배상하고 복합운송인은 그 하청운송인으로부터 변제받는다. 단일책임체계는 일관성이 있고 간단명료하나 기존의 각 운송구간의 국제법규와의 마찰을 빚는 국제운송의 현실을 무시하고 이상을 지향하는 문제점이 있다.

(2) 이종책임체계

이종책임체계(network liability system)는 복합운송인은 전 운송구간에 걸쳐 책임을 지는데 이 때 운송물의 멸실 또는 훼손이 생긴 운송구간이 확인된 경우와 미확인 된 경우와 분리하여 각 운송 구간에 각각 달리 적용되는 기존의 국내법 또는 국제조약 및 규칙에 의해 결정된다.

첫째, 발생장소가 밝혀진 손상(know damage)에 대한 운송인의 책임은 운송물의 멸실 또는 훼손이 생긴 운송구간에 적용될 국제조약 또는 국내법에 따라 결정된다.

둘째, 밝혀지지 않은 손상(concealed damage)과 또는 밝혀진 경우라도 그 구간에 적용할 조약이나 강행법규가 없는 경우 등에는 network방식에서도 따로 일정한 책임원칙을 두고 있다. 이제도에서는 과실 책임의 일반원칙을 두고 복합운송인이 책임을 질 경우의 배상금액 산정기준 또는 멸실 훼손된 운송물의 중량 kg 당 일정액의 책임한도금액을 둔다는 TCM조약안 제9조와 제10조 등이 있다.

그리고 이 제도는 화주가 각 운송방식별 운송인과 개별적으로 계약을 체결한 것과 같이 복합운송 안에 각종의 책임제도가 공존하게 되며 기존의 운송계약과 잘 부합되어 복합운송상의 법칙과 기존의 다른 운송방식에 의한 운송상의 법칙과 충돌을 방지할 수 있다.

또한 복합운송에 관한 ICC의 통일규칙과 그리고 FIATA, BIMCO (Blatic Maritime Conference) 등에서도 공표한 복합운송증권이나 실제 유력한 운송인들의 운송증권들도

44) UNCTAD Document, TD/B/AC. 15/29, Sep. 1997. p.4.

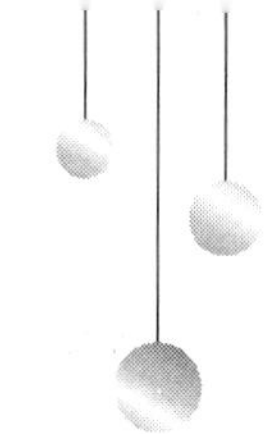

대부분 운송인 이종책임체계를 따르고 있다.

(3) 절충식 책임체계

절충식책임체계(flexible liability system)는 단일책임체계와 이중책임체계를 절충한 것으로 복합운송인의 책임체계는 일률적인 책임원칙을 적용하고 손해 구간이 확인되고 그 구간 적용될 법에 규정된 책임 한도액이 UN조약의 책임한도액보다 높은 경우에는 그것의 적용을 인정하여 network system에 따른다.

일반적으로 선진국은 network system, 개도국과 일부 선진국들은 uniform system을 선호하고 있어 UN에서는 절충식 책임체계를 선호하고, 향후 세계적으로 가장 많이 활용될 제도가 될 것이다.

제14장 | 해상보험론

제1절 … 해상보험

1.1 해상보험의 의의 및 범위

1) 해상보험의 의의

해상보험(marine insurance)은 보험자가 해상위험에 의하여 피보험목적물에 발생하는 손해를 피보험자에게 보상할 것을 약정하는 손해보험의 일종이다. 영국해상보험법(Marine Insurance Act, MIT1906) 제1조에서 "해상보험계약은 보험자가 피보험자에 대하여 그 계약에 의해 합의된 방법과 범위 내에서 해상손해, 즉 해상사업에 수반하는 손해를 보상할 것을 약속하는 계약이다" 라고 정의하고 있다.

우리 상법 제693조에서는 "해상보험의 보험자는 항해 사업에 관한 사고로 인하여 생길 손해를 보상할 책임이 있다" 라고 명시하고 있다. 여기서 항해 사업은 해상에서 영리를 목적으로 행하는 모든 상업적 행위를 말한다. 그리고 해상보험 계약은 당사자의 일방이 약정한 보험료를 지급하고 상대방은 항해 사업에 관한 사고로 인하여 발생할 재산상의 손해를 보상할 것을 약정함으로써 효력이 발생한다.

2) 해상보험의 범위

해상보험은 해상에서 우연히 발생하는 사고로 인하여 손해가 발생할 경우 보상하는 제도이다. 그러나 해상보험은 항해에 관한 보험이지만 항해에 관하여 부수하여 발생하는 육상 또는 항공위험을 해상보험계약서에서 확장 담보하는 경우가 많다. 이 경우 이들 해상위험 이외의 위험에 대해서도 해상보험의 제반 규정과 관습이 준용되는 것이 일반적이다.

영국해상보험법(MIA)제2조 4항에서는 “해상보험계약은 명시된 특약 또는 상관습에 의하여 그 담보범위를 확장하여 해상항해에 부수되는 내륙수로 또는 육상위험의 손해에 대해서도 피보험자를 보호할 수 있다” 라고 규정하고 있다.

따라서 해상운송과 연계하여 육상운송이 이루어지더라도 별도로 육상운행에 따른 보험계약을 체결하지 않아도 해상보험계약만으로도 전 운송구간에 대한 보험계약 체결이 가능하다. 해상보험에 의해 담보구간을 내륙지점까지 확장할 수 있는 부대조건으로는 내륙운송연장담보조건(Inland Transit Extension : ITE)이 있다. ITE조건을 활용하게 되면 육상운송 도중 발생할 수 있는 위험까지도 해상보험으로 담보된다.

1.2 해상보험의 분류

1) 피보험이익의 유형에 따른 분류

(1) 선박보험

선박보험(hull insurance)은 선박이 멸실 또는 손상됨으로써 경제적으로 손실을 입게 되는 선주가 선박에 대해 피보험이익을 갖게 된다. 이와 같이 선박에 대한 피보험이익을 부보하는 보험을 선박보험이라고 한다. 여기에는 선체 및 기관보험(hull/machinery insurance), 선박건조보험(ship building insurance), 선박 불 가동 손실보험(loss of earning and /or charter hire insurance)이 있다.

(2) 적하보험

적하보험(hull insurance)은 화물이 멸실 또는 손상됨으로써 경제적으로 손실을 입게 되는 화주가 적하에 대해 피보험이익을 갖게 된다. 이와 같이 화물에 대한 피보험이익을 부보하는 보험을 적하보험이라고 한다. 화물은 대체로 상품 그 자체를 말한다. 사유물이나 선내에서 소비하기 위한 식료품이나 소모품 등은 화물로 취급하지 않으며 이들 품목은 적하보험의 대상이 될 수 없다.

(3) 운임보험

FOB조건과 같이 운임후불인 경우에는 운송 중 사고발생시 선주는 운임을 받을 수 없다. 따라서 사고발생시 손실을 입게 되는 선주가 운임에 대한 피보험이익을 갖게 된다. 한편 CIF조건과 같이 운임선불인 경우에는 운송 중 사고발생시 화주는 화물을 매각

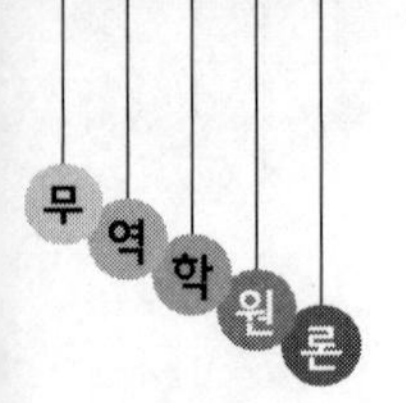

할 수 없게 되어 운임을 회수할 수 없게 된다. 이럴 경우에는 사고발생시 손실을 입게 되는 화주가 운임에 대한 피보험이익을 갖게 된다. 이와 같이 운임에 대한 피보험이익을 부보하는 보험이 운임보험이다.

(4) 희망이익보험

화물이 무사히 목적지에 도착함으로써 화주가 얻을 수 있는 이익이 희망이익이다. 그런데 운송 중 사고가 발생하면 화주는 이러한 이익을 상실하게 되어 화주가 희망이익에 대한 피보험이익을 갖게 된다. 이러한 희망이익에 대한 피보험이익을 부보하는 보험이 희망이익보험이다. UCP600 제28조는 보험부보의 금액은 적어도 CIF 또는 CIP가격의 110%이어야 한다고 규정하고 있다.

여기서 10%는 항해가 무사히 종료되고 수입업자가 화물을 인수받아 정상적으로 이를 매각할 경우의 이익을 10%로 보고 있으며 이를 희망이익(expected profit)이라 하며 이를 부보하면 보험자가 보상해 주는 것을 말한다.

2) 보험기간의 결정에 따른 분류

보험기간은 당사자의 합의에 의해 정해지는데 보험기간의 결정방법에 따라 해상보험은 항해보험과 기간보험으로 나누어진다.

(1) 항해보험

항해보험(voyage insurance) 또는 구간보험은 보험목적물을 부산항에서 LA항까지와 같이 어느 지점에서 다른 지점까지 보험에 가입하는 경우로서 일정한 항해를 기준으로 부보하는 보험이다. 영국해상보험법(MIA) 제25조 1항은 보험목적물을 "at and from, or from one place to another or others" 로 부보한 경우 그 보험을 항해보험이라고 규정하고 있다.

항해보험에서 보험목적물인 선박 또는 적하는 어느 지점에서 다른 지점까지의 항해에 대하여 담보되고 보험자는 그 항해에서 발생한 손실에 대하여 보상할 책임을 진다. 보험목적물이 적하인 경우 주로 항해보험으로 부보한다.

(2) 기간보험

기간보험(time insurance)은 일정한 기간을 기준으로 보험기간을 결정하는 보험이다. 예를 들면 2008년 1월 1일부터 동년 12월 31일까지와 같이 보험기간을 정하는 것을 말

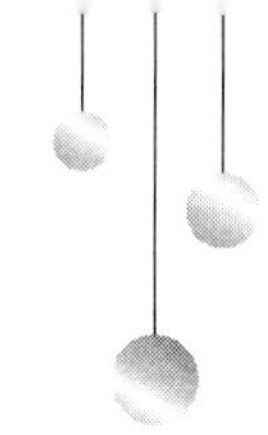

한다. 보험목적물이 선박인 경우 주로 기간보험으로 부보한다.

(3) 혼합보험

혼합보험(mixed insurance)은 일정한 기간 및 항해를 기준으로 보험기간을 결정하는 보험을 말한다. 예를 들면 "from London to Pusan for six months" (런던 항에서 부산 항까지 6개월간)로 보험기간을 정하는 것이다. 혼합보험은 보험목적물이 선박인 경우 사용되었으나, 오늘날에는 별로 이용되고 있지 않다.

1.3 해상보험계약당사자

1) 보험자

보험자(insurer, underwriter)는 보험사업의 주체로서 보험을 인수하는 자이다. 즉 보험자는 보험계약자와 보험계약을 체결하는 보험계약의 당사자로서 보험사고가 발생했을 때에는 보험금을 지급할 의무가 있는 자로서 보험회사를 말한다. 보험자는 우리나라의 경우에는 보험업법에 제5조 및 제6조에 의거하여 주식회사와 상호회사만이 가능하며, 영국의 로이즈와 같은 개인보험업자는 인정되지 않는다.

2) 보험계약자

보험계약자(policy holder)는 보험계약을 체결하고 보험료를 지불하기로 약속하는 자이며 고지의무, 통지의무를 지게 된다. 그리고 보험료(insurance premium)는 담보위험에 대해 보험계약을 체결하고 보험계약자가 보험자에게 지급하는 보수이다

보험계약자는 일반적으로 EXW, FOB, FCA, FAS, CFR 조건일 경우 수입업자가 되고 CIP, CIP, DAT, DAP, DDP 조건일 경우 수출업자가 되고 CIF 조건일 경우에는 비록 수출업자가 수입업자를 위하여 보험은 가입하지만 수출국에서 선적된 이후부터는 위험이 수입업자에게로 이전된다.

따라서 선적 이후 추가적인 위험에 대해서는 필요시 수입업자가 보험을 부보해야 한다. 그리고 FOB나 CFR조건으로 수입신용장 개설시 발행은행에서는 의무적으로 수입업자가 보험가입을 하고 보험증권을 제출하도록 의무화하고 있다.

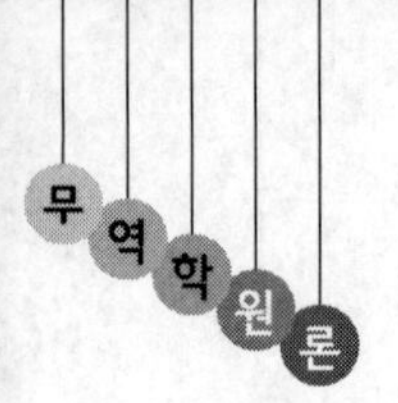

3) 피보험자

피보험자(insured, assured)는 손해가 발생했을 때 손해를 입을 이해관계를 가지고 있는 자로서 보험의 혜택을 받을 수 있는 자이다. 따라서 보험계약자와 피보험자는 동일인이 되는 경우가 일반적이나, 건물의 임차인이 소유자를 위하여 보험에 가입하는 경우와 같이 양자가 다른 경우도 있다. 보험계약자와 피보험자가 동일한 경우를 자기를 위한 보험이라 하고, 양자가 다른 경우를 타인을 위한 보험이라고 한다.

또, 수출입화물과 같이 소유권이 이전되는 보험에 대한 손해가 발생할 경우 자기 또는 타인을 위한 보험인가가 불명확한 경우가 있다. 이를 위하여 사전에 이를 정하지 않고 사고가 발생시 그 물건에 관한 피보험이익을 가지고 있는 자를 피보험자로 하는 불특정인을 위한 보험도 있다.

4) 보험수익자

보험수익자(beneficiary)는 보험사고 발생시 보험 상의 혜택을 받는 자이다. 손해보험의 경우에는 피보험자가 자신을 위한 보험에 가입하여 보험사고로 보상을 받는 경우에는 보험수익자와 피보험자가 동일인이 되지만 생명보험의 경우 피보험자가 사망하여 보험 상의 혜택을 받는 자는 보험수익자가 된다.

1.4 피보험이익

1) 피보험이익의 의의

해상보험은 선박이나 화물 등과 같은 보험목적물을 보호하는 것이 아니라 이러한 보험목적물과 이해관계가 있는 특정의 경제 주체를 보호하기 위한 것이다. 즉, 선박과 화물은 보험계약의 대상에 불과하고 보호계약이 존재하는 목적은 이러한 보험 목적물에 대하여 특정인이 갖고 있는 이해관계를 보호하는 데 있다.

즉, 보험목적물과 이해관계가 있는 자는 보험목적물이 위험에 노출될 경우 손해를 입을 수 있기 때문에 이에 대비하여 보험 계약을 체결한다. 따라서 피보험이익(insurable interest)은 보험목적물과 경제적 이해관계가 있으므로 보험계약을 체결할 수 있고 이 계약에 의해서 불확실한 미래의 사고로부터 재산상의 손해를 보상받을 수 있는 이익을

말한다. 그리고 보험의 목적물(subject-matter insured)은 위험발생의 객체로서 해상보험에서는 화물 또는 선박이며 해상보험은 크게 적하보험과 선박보험으로 분류한다.

손해보험의 경우 보험의 목적물인 선박이나 화물의 손해가 발생했을 때 보험자가 보험의 목적물을 보상하는 것이 아니라 그 목적물이 지니고 있는 경제적 이해관계 즉, 경제적 가치를 보상해주는 것이다. 따라서 선주는 선박에 대해 피보험이익을, 화주는 자신의 화물이 안전하게 도착하면 이익을 얻고, 만약 지연되거나 손상을 입으면 손해를 보기 때문에 화주는 자신의 화물을 소유하고 있는 한 화물에 대한 피보험이익을 가진다. 보험의 목적은 특정경제주체가 보험목적물에 대하야 갖고 있는 경제적 이해관계 즉, 피보험이익을 보호하는 것이다.

2) 피보험이익의 평가

(1) 보험가액

보험가액(insurable value)은 피보험이익의 평가액으로서 일정한 피보험이익에 대하여 발생할 수 있는 경제적 손해의 최고한도를 말한다. 즉, 보험계약이 체결될 수 있는 금액인데, 보험의 목적물인 선박이나 화물 등의 실질적인 경제적 가치이다. 해상보험에서 일반적으로 상업송장금액의 110%가 국제 상관례로서 적하보험 요율서 상에는 최고 150%까지 정하고 있으나 보험사에서 대개 130%까지로 제한하고 있다.

(2) 보험금액

보험금액(insured amount)은 보험계약을 체결할 때 보험계약자와 보험자가 정한 보험자의 손해보상 책임액의 최고한도액이며, 보험료산출의 기준이 된다. ① 전부보험(full insurance) : 보험금액과 보험가액이 일치하는 경우의 보험(보험금액 = 보험가액)이며, ② 일부보험(under insurance) : 보험금액이 보험가액보다 적은 경우(보험금액 < 보험가액)의 보험이다. ③ 초과보험(over insurance) : 보험금액이 보험가액을 초과하는 경우(보험금액 > 보험가액)로 초과보험은 선의의 경우를 제외하고 무효가 된다.

(3) 보험금

보험금(claim amount)은 담보위험으로부터 피보험자가 입은 재산상의 손해에 대해 보험자가 지급하는 보상금이다.

1.5 보험 계약자의 의무

1) 피보험자의 고지의무

고지의무는 보험계약 체결 전에 보험계약자가 보험 위험측정에 관한 중요한 사실을 보험자에게 알릴 의무를 말한다. 보험자는 이러한 위험의 정도에 근거해서 사고발생의 가능성을 측정하여 그 결과에 따라 보험인수의 여부를 결정하고, 인수하는 경우에는 보험요율, 담보조건 등을 결정한다.

영국해상보험법은 피보험자는 보험계약이 체결되기 전 자기가 알고 있는 모든 중요한 사항(material circumstances)을 보험자에게 고지할 것을 피보험자의 의무로 규정하고 있다. 즉, 중요한 사항은 보험자가 보험계약을 체결할 당시에 보험료를 확정하거나 보험계약의 인수 여부를 결정하는 데 영향을 미칠 수 있는 사항을 의미한다(영국해상보험법 제18조 2항). 만약 중요한 사항을 고지하지 않거나 허위로 표시하게 되면 불고지 또는 부실고지로서 피보험자는 고지의무를 위반한 결과가 되어 보험자는 보험계약을 취소할 수 있다.

해상보험의 경우 보험계약청약서의 기재내용을 중요한 사항으로 보고 있으며 적하보험에서는 운송 선박명, 화물의 종류, 포장상태, 적부방법, 항로, 환적여부 등이 중요한 사항에 속하며 선박보험에서는 선박의 종류, 국적, 건조연수, 톤수, 재질, 선급 등이 중요한 사항에 해당된다.

2) 피보험자의 통지의무

통지의무는 보험계약 체결 후 담보위험에 영향을 미치는 사항을 보험자에게 알리는 것을 말한다. 상법에서는 보험계약 성립 후에 위험이 현저하게 변경 또는 증가한 것을 보험계약자 또는 피보험자가 안 때에는 지체 없이 이것을 보험자에게 통지해야 한다고 규정하고 있다(제652조).

보험 인수의 전제조건이 된 기초 조건의 변경이나 이 기초 조건의 변경에 의해서 보험에 가입된 위험과 전혀 별개의 위험으로 바뀌는 경우와 위험 변경의 경우 중 특히 위험의 증가인 경우에 문제가 된다. 피보험자가 통지의무를 게을리 하여 위험의 변경 또는 증가가 보험계약자의 책임인 때에는 보험자는 위험의 변경 또는 증가한 때로부터 보험계약은 당연히 효력을 상실한다.

그러나 위험의 변경 또는 증가가 보험계약자의 책임이 아닌 때에는 보험자는 그 시점으로부터 보험계약의 해제를 통보할 수 있다. 보험자가 위험의 변경 또는 증가의 통지를 받거나 그 사실을 안 후에 지체 없이 계약을 해제하지 않는 경우에는 그 계약을 승인한 것으로 간주한다.

그리고 보험계약자 또는 피보험자가 보험사고에 의해서 피보험이익에 손해가 발생한 것을 안 때에는 보험자에게 통지해야 하며, 보험자는 보험금 지급의무가 발생한다. 따라서 보험자는 손해의 원인, 종류 등의 조사, 손해액의 산정, 잔존물 보존 등의 조치를 취할 필요가 있기 때문에 피보험자 또는 보험자에게 통지의무를 지우고 있다.

1.6 해상위험과 근인주의

1) 해상위험

영국해상보험법(MIA : 1960 제3조)은 해상위험(maritime perils)j에 대해 항해에 기인 또는 부수하는 위험이다(Perils Consequent on, or Incidental to, the Navigation of the Sea)라고 규정하고 있다. 즉, 화재, 침몰, 좌초, 충돌 등과 같이 해상에서 우연히 발생하는 사고나 재해를 말한다. 해상위험은 항해에 기인하는 위험과 항해에 부수하여 발생하는 위험이 있다.

첫째, 항해에 기인하는 위험(perils consequent on the navigation of the sea)은 항해가 원인이 되어 우연히 발생하는 해상고유의 사고를 말하며 항해를 하지 않으면 발생하지 않는 해상고유의 위험이다. 예를 들어 폭풍우, 태풍 등으로 인하여 선박이 좌초, 침몰되거나 또는 화물이 파손되거나 유실되는 사고를 말한다.

둘째, 항해에 부수하여 발생하는 위험(perils incidental to the navigation of the sea)은 항해를 하지 않더라도 발생할 수 있는 화재, 선원의 악행, 전쟁 등의 위험을 말한다. 따라서 영국 해상보험법에서 열거된 위험 중에서 항해에 기인하여 발생하는 해상고유의 위험을 제외하고는 모두 항해에 부수하여 발생하는 위험으로 볼 수 있다. 이 위험은 그 의미가 매우 포괄적이기 때문에 꼭 해상에서 발생하는 위험만을 포함하는 것이 아니라 해상사업과 관련된 내수로 운송이나 육상운송에서 발생하는 위험까지도 담보하기 때문에 이 운송과정에서 발생하는 위험도 항해에 부수하는 위험이 된다. 이런 점에서 해상위험은 해륙혼합의 위험(mixed sea and land risks)이라 할 수 있다(영국 해상보험법 제2조).

2) 담보위험과 면책위험

(1) 담보위험

담보위험(perils insured against)은 보험자가 보상해주는 위험이다. 해상보험계약은 구체적으로 담보를 대상으로 하며 그로 인하여 발생하는 손실만 보상해주는 제도이다. 담보의 범위가 넓으면 보험자의 책임이 그 만큼 과중되기 때문에 보험요율도 증가하게 된다.

보험증권에 담보하는 위험을 구체적으로 명시하고 그로 인한 손해만을 보험자가 보상하기로 약속하는 책임원칙을 열거책임주의 또는 한정책임주의라 한다. 열거책임주의 하에서는 피보험자가 사고를 야기 시킨 직접적이고 가장 효과적인 원인이 담보위험에 속한다는 사실을 입증하면 보상을 받게 된다.

현행 적하보험에 적용되고 있는 B약관(ICC B Clause)과 C약관(ICC C Clause)에서는 담보위험이 구체적으로 보험증권 상에 열거되어 있는 열거책임주의 원칙을 채택하고 있다. 그리고 선박보험에서 가장 많이 이용되고 있는 협회기간약관(ITC-Hulls)도 열거책임주의 원칙을 취하고 있다.

(2) 면책위험

면책위험(excepted perils)은 손해가 발생하더라도 보험자가 책임지지 않는 위험이다. 면책위험은 법에 규정될 경우도 있고 보험약관에 정해질 경우도 있는데 법적면책위험은 대부분 보험약관에 수용된다. 그리고 면책위험은 특약으로도 담보할 수 없는 절대적 면책위험과 특약을 하고 할증보험료를 지불하면 담보할 수 있는 상대적 면책 위험이 있다.

보험증권에 면책위험을 명시하고 이를 제외한 모든 위험을 담보할 것을 약속하는 방식을 포괄책임주의라 한다. 열거책임주의 하에서는 담보위험이 보험증권에 명시되지만 포괄책임주의 하에서는 면책위험이 명시된다. 포괄책임주의 원칙이 적용되는 경우는 적하보험에서 사용되고 있는 A약관(ICC A Clause)뿐이다. A약관에서는 보험자의 일반면책, 선박의 불내항성 및 부적합성, 전쟁 및 동맹파업을 제외한 모든 위험을 보험자가 보상하도록 규정하고 있다. 따라서 A약관으로 적하보험계약을 체결하면 사고의 원인이 위의 네 가지 위험에 속하는 경우 외에는 모두 보상한다.

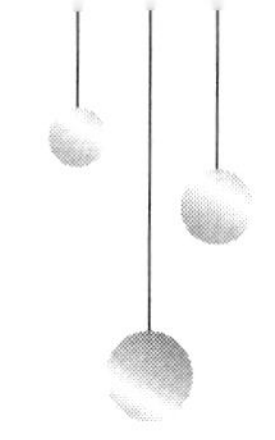

3) 근인주의

근인주의(proximate cause)는 복잡한 인과관계 속에서 진정한 손해의 원인을 가려내는데 적용되는 원리이다. 따라서 보험자는 담보위험에 근인 하여 발생하는 손해만 보상한다. 즉, 보험사고가 발생하면 먼저 사고를 야기 시킨 근인을 찾아 이 근인이 담보 위험에 속하는지 또는 면책위험에 속하는지 조사해야 한다.

근인은 손실을 야기 시킨 가장 지배적이고 효과적인 원인을 말한다. 근인은 사건발생과 시간적으로 가장 가까운 원인이 아니며 지배력과 효과 면에서 비중이 가장 큰 원인을 뜻한다. 예를 들어 선원이 고의로 화재를 발생시켜 선박이나 화물이 멸실 또는 훼손되었을 경우 시간적으로 가장 가까운 원인은 화재이지만, 실질적인 사고의 원인은 선원의 악행이다. 따라서 화재는 먼 원인이 되고 선원의 악행은 근인이 된다. 즉, 선원의 악행이 담보위험에 속하면 보험자는 보상하지만 면책위험에 속하게 되면 이러한 손해는 보상하지 않는다.

근인주의 하에서 근인을 찾는 것은 중요하면서 매우 어렵다. 손해의 원인이 단 한 가지로 인하여 발생하였다면 아무런 문제가 없지만 여러 가지 원인이 복합적으로 작용하여 손해가 발생할 경우 어떠한 원인을 근인으로 보아야 할 것인가가 문제가 될 수 있기 때문이다.

제2절 … 해상손해

2.1 해상손해의 의의

해상손해(marine loss)는 해상사업에 관련된 적하·선박 기타의 보험의 목적물이 해상위험으로 인하여 전부 또는 일부가 멸실 또는 손상되어 피보험자가 입게 되는 재산상의 불이익이나 경제상의 부담을 말한다.

해상손해에는 다음의 [그림 14-1]과 같이 물적 손해(physical loss), 비용손해(expenses), 책임손해(liability loss)가 있다.

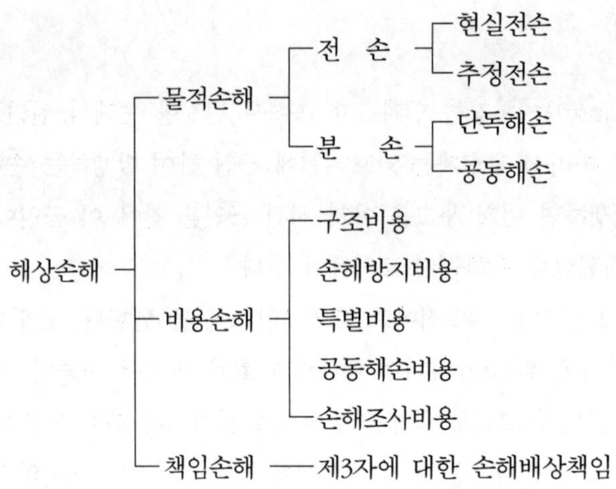

[그림 14-1] 해상손해의 유형

첫째, 물적 손해는 보험목적물 자체의 손해를 말하며 손해의 정도에 따라 전손과 분손으로 구분한다. 그리고 전손은 현실전손과 추정전손으로 구분한다. 전손이 아닌 손해는 분손으로 처리되며 단독해손과 공동해손으로 구분된다.

둘째, 비용손해는 보험목적물에 손해가 발생하는 것을 방지하기 위하여 또는 이를 구조하기 위하여 지출되는 새로운 비용이다.

셋째, 책임손해는 피보험자가 제3자에 대해서 법적으로 배상책임을 부담하는 경우로 충돌손해배상책임이 있다.

2.2 해상손해의 유형

1) 전손과 분손

(1) 전손

전손(total loss)은 담보위험으로 인하여 보험의 목적물이 전부 멸실된 경우를 말하며 현실전손과 추정전손이 있다.

① **현실전손** : 현실전손(actual total loss : ATL)은 절대전손(absolute total loss)이라고도 하며 보험의 목적물이 완전히 파손되거나 부보된 종류의 물건으로서 존재할 수 없을 정도로 심한 손상을 입은 경우 또는 박탈당하여 피보험자가 다시 회복할 수 없을

정도의 손해이다.

영미법상 현실전손은 ① 보험목적물의 실체적 파괴 ② 원래 성질의 상실 ③ 회복이 불가능한 점유박탈 ④ 선박보험에서는 상당기간 선박의 행방불명이 현실전손으로 간주된다.

예를 들어 선박이 침몰이나 좌초되어 구조의 가능성이 없거나 인양비용이 선박의 가액을 초과하는 경우에는 현실전손이 되며 침몰 선박이 인양이 가능하면 분손이 된다. 선박의 화재로 인하여 전소 또는 잔해 만 남아 있어 선박으로서 기능을 상실하였거나 선박이 출항한 후 상당한 기간이 경과하였는데도 행방불명된 경우에는 현실전손이 성립된다.

그리고 선박의 현실전손으로 인한 화물의 전손이나 화물이 투하(jettison)되어 구조가망성이 없거나 또는 화물이 제3자에게 매각된 경우, 화물이 제3자에게 인도되어 찾을 가망성이 없는 경우에는 현실전손이 성립된다.

② **추정전손** : 추정전손(constructive total loss : CTL)은 보험의 목적물이 현실적으로는 전멸하지 않았으나 그 손해 정도가 심하여 종래 그 목적물이 가진 용도에 사용할 수 없게 되었을 때와 그 수선 및 수리비가 수선 후 그 목적물이 갖는 시가보다 클 때를 말하며 위부(委付)가 성립되어야 한다.

영국의 해상보험법에서는 현실전손을 피할 수 없거나 또는 회복 후의 보험의 목적물 가액을 초과하는 비용을 들이지 아니하고는 현실전손으로 되는 것이 불가피한 손해라고 규정하고 있다(MIA 제60조 1항). 따라서 추정전손이 성립되기 위해서는 피보험자가 보험자에게 위부 통지를 하고 보험금 전액을 청구할 수 있는 손해이어야 한다. 그리고 추정전손에는 다음의 세 가지 경우로 규정하고 있다(MIA 제60조).

첫째, 피보험자가 담보위험으로 인하여 선박이나 화물의 점유를 상실하여 이를 회복할 가망성이 없는 때나 회수는 가능하나 그 비용이 당해 선박이나 화물의 가액을 넘을 것으로 예상되는 때 둘째, 적하의 수선비용이 수선한 후의 선박의 가액을 상회하리라고 예상되는 경우 셋째, 화물이 손상된 경우에 그 손상을 보수하는 비용과 화물의 목적지까지 계반(繼搬)하는 비용의 합계액이 도착시의 화물가액을 초과하는 경우에는 피보험자의 위부에 의하여 추정전손이 성립된다.

(2) 위부와 대위

① **위부** : 위부(委付 : abandonment)는 해상보험의 특유한 제도로 특정한 보험사고 즉, 추정전손이 발생한 경우 피보험자가 보험의 목적물에 대한 자기의 모든 권리를 보험자에게 이전시키고 전손에 대한 보험금을 청구할하는 행위를 말한다.

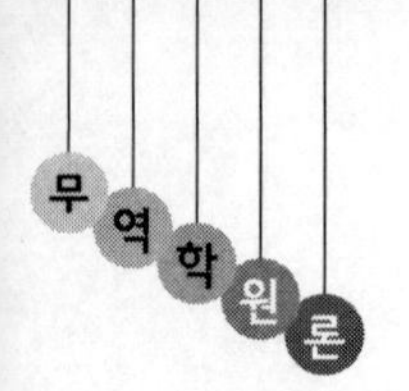

위부가 성립하기 위해서는 피보험자가 보험자에게 위부의 통지(notice of abandonment)를 해야 하며 보험자의 승낙을 받아야 한다. 위부의 통지는 위부의 의사표시이며 명료하고 무조건적이어야 하나 형식의 제한은 없다. 피보험자의 위부의 통지가 없으면 분손으로 처리된다. 피보험자가 보험자에게 위부의 통지를 하여 이를 승낙하면 추정전손이 성립되고 이를 거절한 경우에는 분손으로 처리된다. 그러나 피보험자, 보험자 모두 피보험 재산의 회복, 구조 또는 보존을 위해서 노력할 수 있다.

즉, SG보험증권[45]의 본문과 1982년 협회약관 제17조의 포기약관(waiver clause)은 피보험자 또는 보험자는 피보험 재산의 보존을 위해서 노력하거나 비용을 지출하는 것이 위부의 허락이나 위부통지의 철회와 관계가 없음을 규정하고 있다.

보험사고로 인하여 보험목적물에 대한 소유권이 박탈당하고 이를 회복할 가능성이 없거나 회복하는 데 소요된 비용이 보험가액을 초과할 때 또는 보험목적물이 심하게 손상되어 수리비용이 수리 완료 후의 가액을 초과하는 추정전손이 발생하면 피보험자는 위부행위를 할 수 있다.

우리나라 상법(제710조)에 의하면 다음과 같은 경우 피보험자는 보험 목적물을 보험자에게 위부하고 보험금액의 전부를 청구할 수 있다.

첫째, 선박 또는 적하의 점유를 상실하여 회복가능성이 없거나 회복비용이 회복하였을 때의 가액을 초과할 것으로 예상되는 경우, 둘째, 선박 수선비용이 선박 가액을 초과할 것으로 예상되는 경우, 셋째, 적하 수선비용과 목적지까지의 운송비용이 적하의 가액을 초과할 것으로 예상되는 경우가 있다.

② **대위** : 대위(代位 : subrogation)는 해상보험에서 보험자가 전손 보험금을 지급하면 보험목적물에 관련된 일체의 권리를 피보험자로부터 승계 받는 것이다. 따라서 대위는 보험에 의한 이득취득을 방지하기 위해서 보험자에게 피보험자가 소유하는 잔존물 또는 제3자에 청구권을 취득할 수 있게 한 것이다.

즉, 위부는 피보험자가 보험자에게 손해의 보상을 받고도 잔존물이나 제3자에 대한

45) SG보험증권은 1867년 영국의 조세법 부대 별표로 승인·수록된 후 1906년 영국 해상보험법의 부칙 제1(보험증권 양식 : Form of Policy)에 규정하고 있으며 SG는 Ship(선박)과 Goods(화물)의 머리문자이며 한 장의 해상보험증권으로 선박과 화물을 인수하였던 증권이었다. SG 보험증권은 구성이 매우 복잡하고 이해하기 어려운 문장으로 작성되어 있다는 비난을 받아 1982년에 신양식의 보험증권과 신협회적하 약관이 제정되었다. SG보험증권은 본문 및 이탤릭체 약관, 협회적하약관으로 구성되어있으며 담보방식은 본문에 담보위험을 열거하고 본문의 담보위험 중 일부는 이탤릭체 약관에서 면책하고 다시 협회적하약관으로 보상범위를 결정하고 있다. 즉, 보험증권의 본문 약관을 이탤릭체 약관으로 수정하고 다시 협회적하 약관으로 추가하거나 수정하는 방식을 취하고 있다.

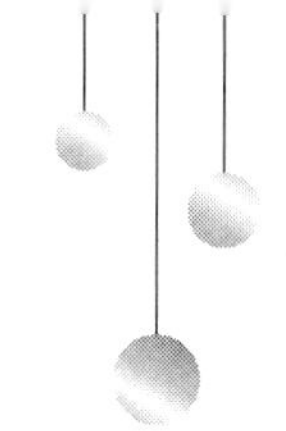

손해배상청구권을 소유하게 되면 피보험자는 보험에 의해서 이득을 취하는 결과가 된다. 이와 같이 보험에 의한 이득 취득을 방지하기 위해서 보험자에게 피보험자가 소유하는 잔존물 또는 제3자에 대한 청구권을 취득할 수 있게 한 제도이다.

첫째, 잔존물 대위(殘存物 代位 : subrogation arising out of salvage)는 보험목적물이 전손으로 처리 되어 보험자가 피보험자에게 보험금을 먼저 지불한 후 보험자는 보험목적물에 대해서 피보험자가 가지고 있는 일체의 권리를 취득하는 것을 말한다. 잔존물대위는 전손과 보험금액의 전부가 지불된 것을 요건으로 하고 있다.

둘째, 청구권 대위(請求權 代位)는 보험자가 피보험자에게 손해액을 지불한 때에는 보험자는 그 지불한 금액의 범위 내에서 피보험자가 제3자에 대해서 가지고 있던 권리를 보험자가 취득하는 것을 의미하며 이를 구상권 대위(求償權 代位)라고도 한다.

따라서 청구권 대위는 보험자가 피보험자에게 보험금을 지불한 후에 취득하는 권리로서 피보험자가 가지고 있는 구상권이 그 발생과 동시에 보험자에게 이전하는 것은 아니다.

우리나라 상업(제682조)에서는 보험사고로 인한 손해가 제3자의 행위로 인해서 생긴 경우에 보험자가 피보험자에게 보험금을 지급한 때에는 보험자는 지급한 금액의 한도 내에서 보험계약자 또는 피보험자가 제3자에 대해서 가지고 있는 손해배상청구권을 취득한다고 규정하고 있다. 그러나 청구권 대위에 대한 각국의 법률이나 약관은 피보험자 보호의 견지에서 피보험자가 보험에 의해서 그 손해의 전부를 회복시킬 수 없는 때에는 피보험자의 청구권을 우선하는 경향이 있다.

(3) 분손

담보위험으로 인하여 선박이나 화물 등의 일부분만 입은 손해이다. 전손에 속하지 않는 모든 손해는 분손(partial loss : average)으로 처리되며 단독해손과 공동해손이 있다.

일반적으로 분손의 형태는 주로 선박의 파손, 화물의 일부 손실, 운임의 미 취득 부분 등으로 나타난다.

분손은 보험조건에 따라서 보상되기도 하고 보상받지 못할 수도 있다. 예를 들어 선박보험을 "Total Loss Only (TLO)"조건으로 가입하게 되면 전손만을 보상한다는 조건이기 때문에 분손은 보상하지 않는다. 적하보험에서도 과거 사용해왔던 FPA조건은 보험자가 분손을 담보하지 않겠다는 분손부담보조건이다. 그러나 오늘날의 적하보험에서는 보험조건에 상관없이 모든 분손을 보상하고 있다.

① **단독해손** : 단독해손(particular average : P/A)은 담보위험으로 인하여 발생한 보

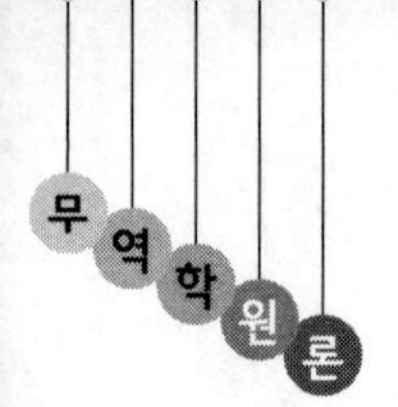

험목적물 일부분의 손해를 피보험자가 단독으로 책임지는 손해이다. 즉, 피보험목적물의 일부가 멸실 혹은 손상된 손해 중에서 공동해손을 제외한 분손을 말하며, 공동해손이 아닌 분손은 모두 단독해손에 해당된다. 예를 들어 선박보험의 경우는 수선비, 화물보험의 경우는 손상이나 수량부족으로 나타나며 운임의 경우에는 피보험목적물의 일부의 손상으로 운임의 일부를 받지 못하는 경우이다.

② **공동해손** : 공동해손(general average : GA)은 선박 및 화물 등 보험목적물의 공동의 안전을 위하여 임의로 초래한 손해로서 그 손해를 공동으로 부담하는 분손을 말한다. 이 공동해손제도는 보험목적물의 공동의 안전을 위하여 희생된 손해를 해상사업과 관련되는 모든 당사자들이 합리적인 비율에 따라서 상호 분담하는 제도이다.

요크-앤트워프규칙(제A조)은 공동해손이 성립되기 위해서는 ① 공동의 희생손해나 비용 손해는 이례적이어야 하고 ② 공동해손행위는 임의적이어야 하며 ③ 공동해손행위와 공동해손은 합리적이어야 하며 ④ 위험은 현실적이어야 하며 ⑤ 위험은 항해단체 모두를 위협하는 것이어야 한다고 규정하고 있다.

첫째, 공동해손의 이례성이란 공동해손행위로 발생하는 선체, 장비, 화물 등의 희생손실이나 비용손실은 통상적인 운송과정에서 발생하는 비용은 공동해손으로 인정되지 않는다. 예를 들어 악천후로 항해가 지연되어 연료가 부족하여 선박에 장착된 나무(문, 선반 등)를 연료로 대신 사용하였다면 이러한 비용은 이례적인 것이다.

둘째, 공동해손행위의 임의성이란 공동해손행위는 어떠한 목적을 가지고 자발적으로 이루어져야 한다. 특정한 결과를 예상하고 고의적으로 취한 행동은 공동해손으로 인정되지만 우연히 일어나는 행위는 공동해손해위로 인정되지 않는다.

셋째, 공동해손행위와 그에 따라 발생하는 손해와 비용은 모두 합리적이어야 한다.

넷째, 위험은 현실적이어야 한다. 즉, 위험이 앞으로 발생할 수 있을 것이라는 막연한 우려가 아니라 현재 절박하게 닥쳐오는 위험이나 이미 발생한 위험이 있어야 한다.

다섯째, 현실적인 위험은 해상사업과 관련되는 모든 단체에 위협적이어야 한다. 즉, 공동의 위험에 처해야 한다.

2.3 비용손해

1) 구조비용

구조비용(salvage charge)은 해난에 봉착한 선박, 화물 등에 발생할 가능성 있는 손

해를 방지하기 위하여 계약에 의하지 아니하고 구조한 자에게 해상법에 의하여 지불하는 보수를 의미한다. 이를 임의구조비라고도 한다. 구조비용은 손해를 방지경감하기 위해서 지출되는 비용으로 그 특징은 다음과 같다.

첫째, 피보험위험에 의한 손해를 방지하기 위해서 지출되는 비용이다. 둘째, 해상보험법에 의해서 구조자가 피구조자에게 청구할 수 있는 비용이다. 셋째, 피보험자 또는 피보험자의 대리인에게 고용되어 있는 자가 행한 구조에 대한 보수는 구조료에 포함하지 않는다(MIA 제65조).

따라서 미리 구조 계약을 체결해 놓고 구조를 받아 그 구조의 실제비용과 난이도 및 구조물의 가액에 대응한 일정의 구조비용을 지급하는 계약구조와는 다른다. 계약구조비는 구조된 가액을 한도로 해서 보수를 지급한다(no cure no pay).

2) 손해방지비용

손해방지비용(sue & labour charge)은 피보험자나 그의 대리인이 손해방지 및 경감의무를 수행하기 위해서 지출한 비용이다. 피보험자의 손해방지의무는 자신을 위한 것이 아니라 궁극적으로 보험자를 위한 의무이기 때문에 피보험자가 의무를 수행하는 과정에서 발생하는 비용은 당연히 보험자가 보상해야 한다.

즉, 손해방지비용은 보험자가 담보한 위험에 의한 손해를 방지 또는 경감하기 위한 비용이어야 한다. 따라서 손해방지의무는 피보험자 또는 보험계약자가 보험자의 이익을 지켜줄 노력할 의무라고 해석할 수 있기 때문에 보험자의 이해관계가 없는 면책위험에 의한 손해까지 방지할 의무는 없다.

이와 같이 보험자의 이익을 지키기 위해서 지출된 비용, 즉 손해방지 비용은 특약이 없어도 보험금액의 제한을 받지 않고 보험자가 보상하는 것이 통례이며 일부보험의 경우에는 보험금액의 보험가객에 대한 비율로 비례보상되며 소손해면책도 적용받지 않는다. 그리고 손해방지비용과 구조비용을 비교해 보면 〈표 14-1〉과 같다.

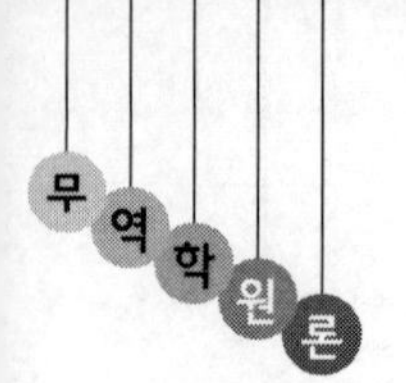

〈표 14-1〉 손해방지비용과 구조비용의 비교

구 분		손해방지비용	구조비용
공통점		비용손해	
행위의 주체자		피보험자 또는 그의 대리인	피보험자가 또는 대리인 등을 제외한 제3자
보상청구 성립요건	구조 성공 여부	구조행위가 실패한 경우도 보상가능	구조행위가 성공한 경우만 보상 구조자는 구조물의 일부 또는 전부를 취득해야만 구조비용 청구가능
	전손 발생	전손보험금과 손해방지비용 모두 지급	구조비용 미지급

자료 : 조갑진, 신국제운송보험론, 보명, 2006, p.191.

3) 특별비용

특별비용(particular charges)은 보험목적물의 안전 또는 보존을 위하여 피보험자 또는 그 대리인이 지출된 비용으로 공동해손 및 구조비용 이외의 비용을 의미한다. 즉, 화물의 손해를 방지경감하기 위해서 지출되는 비용이나 담보위험에 부수해서 생기는 여분의 비용으로서 비용의 지출자가 특별히 한정되어 있지 않다는 점이 손해방지비용과 다른 점이다.

또한 특별비용은 보험목적물 자체의 물적 손해가 아니라 그 손해를 경감하거나 방지하기 위하여 발생한 비용이므로 단독해손에도 포함되지 않는다. 적하보험에서 손해방지비용을 제외한 특별비용을 부대비용(extra charge)이라고도 한다. 부대비용에는 손해조사비용, 판매비용, 재포장비용, 재조정비 등이 있으며 대체선박의 용선료와 재선적비용, 대체선박이 도착할 때까지의 창고료 등이 특별비용이다.

4) 공동해손비용

공동해손(general average act)은 선박, 화물 기타 해상사업과 관련되는 단체에 공동의 위험이 발생할 경우 그러한 위험을 제거하거나 경감시키기 위하여 선체, 장비, 화물 등의 일부를 희생시키거나 혹은 필요한 경비를 지출했을 때 이러한 손해와 경비를 공동 손해이라고 한다.

그리고 공동해손행위(general average act)는 선박 및 화물이 공동의 위험에 처해 있을 때 위험에 처한 재산을 보호하기 위하여 선장이 고의로 화물의 일부를 훼손하는 행위를 말한다. 이러한 공동해손 행위에 의해서 생긴 손해를 공동해손손실(general

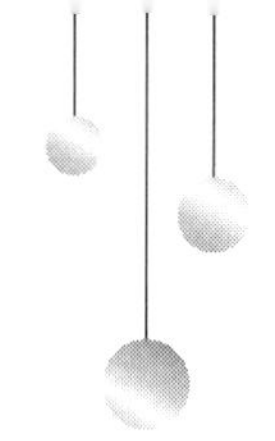

average loss)이라 한다.

공동해손손실은 공동해손희생 (general average sacrifice)과 공동해손비용(general average expenditure)이 있다. 공동해손희생은 공동의 위험에 처한 화물을 바다에 투하시켜 선박의 무게를 가볍게 하기 위하여 발생한 희생을 말하고 공동해손비용은 좌초한 선박을 예인하기 위한 비용이나 구조비, 피난항 비용, 임시수리비, 자금조달비용과 같은 비용의 손해를 말한다. 그리고 각 잔존재산 소유자의 공동해손손실에 대한 분담액을 공동해손분담액(general average contribution)이라고 한다. 이 공동해손의 정산 및 해결은 공동해손에 관한 국제 규칙인 요크-앤트워크 규칙(York-Antwerp Rules of General Average : YAR)을 적용하도록 선하증권과 보험증권에 규정하고 있다.

5) 손해조사비용

손해조사비용(loss survey charges)은 손해가 발생하였을 경우 손해사정인에 의해서 손해의 원인 및 정도를 조사하는데 소요되는 비용으로 당해 손해가 보험자에 의해 부담되어질 성질의 손해인 경우에 한하여 보험자가 보상한다.

2.4 배상책임손실

배상책임손실(liability loss)은 과실이나 계약위반으로 제3자에 대하여 법적으로 배상책임을 부담함으로써 발생하는 손실로서 대인배상과 대물배상이 있다.

해상보험에서는 담보위험으로 인한 피보험목적물의 물적 손해나 비용 손해 이외에 피보험선박이 타선과 충돌로 인하여 피보험선박 자체가 입게 된 물적 손해는 물론 그 충돌로 인한 상대 선박의 선주 및 그 화물의 화주에 대하여 피보험자가 책임져야 하는 손해까지 보험자가 보상하여 주는 것이 그 예가 된다.

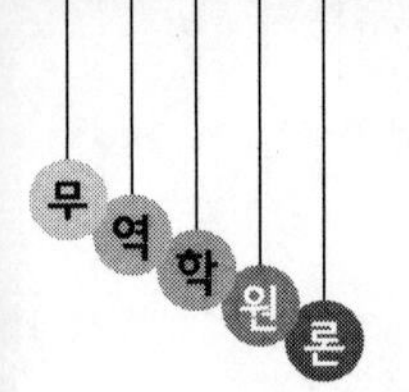

제3절 … 협회적하약관

3.1 협회적하약관의 의의

협회적하약관은 런던 보험자 협회와 로이즈 보험자협회의 기술 및 약관 위원회가 합동으로 만든 약관이다. 이 중 적하보험에 적용되는 약관을 협회적하약관(Institute Cargo Clauses)이라 하며, 이 약관에 규정된 보험계약에 관한 조항은 구 협회적화약관과 신 협회적하약관(1982년 신약관. 2009년 신약관)의 형식이 있으며, 우리나라는 1983년 3월 1일부터 신·구 양식을 보험가입자가 선택하여 사용할 수 있다.

3.2 구 협회적하약관

구 협회적하약관은 영국의 Lloyd's S. G. Policy를 모체로 하는 S. G. Policy와 그의 특별약관인 ICC(FPA, WA, A/R)약관을 말한다. SG보험증권의 약관은 1867년 영국의 조세법 부속의 별표로 승인·수록된 후 1906년 영국 해상보험법의 부칙 제1조(보험증권양식 : Form of Policy)에 규정하고 있으며 SG는 Ship(선박)과 Goods(화물)의 머리 문자이며 한 장의 해상보험증권으로 선박과 화물을 인수하였던 증권이었다.

S. G. Policy는 본문약관, 난외약관 및 이탤릭체 약관으로 구성되어 있다. 그리고 보험계약시 필요하면 여기에 협회적하약관의 A/R, WA. FPA약관을 첨부하여 사용하고 있다.

첫째, 신보험증권의 본문에는 보험계약자로서 필수적인 몇 가지 약관만 인쇄되어 있고, 본문약관은 Lloyd's SG 보험 증권에 담겨져 있던 주요 약관은 대부분 협회약관에 흡수되어 있다. 신해상보험증권의 본문약관에는 준거법약관, 타 보험약관(Other Insurance Clause), 약인약관(Consideration Clause) 및 선서약관(Attestation Clause)이 있으며 그 외에 적색으로 인쇄된 중요 약관(Important Clause)이 있다.

둘째, 난외약관은 보험증권의 여백에 인쇄되어 있는 모든 약관을 말하며 협회위험화물약관(Institute Dangerous Drugs Clause), 교사약관(Grounding Clause), 타 보험약관(Other Insurance Clause), 손해통지약관(Loss Advice Clause) 등이 있다.

셋째, 이탤릭체약관은 Lloyd's SG보험증권 상에서 보험증권의 효력에 관한에 관한 약관과 구속약관 사이에 본문약관과 구분하기 위하여 이탤릭체로 인쇄되어 있는 약관을

말한다. 이 약관은 포획 및 나포부담보약관(Free from Capture and Seizure), 동맹파업·폭동 및 소요부담약관(Free from Strikes Riots and Civil Commotions Clause), 항해 이행불능 부 담보약관(Frustration Clause)으로 구분되지만 그 주 내용은 전쟁위험에 대한 보험자의 면책을 규정하고 있다.

또한 SG 보험증권은 구성이 매우 복잡하고 이해하기 어려운 문장으로 작성되어 있다는 비난을 받아 1982년에 신양식의 보험증권과 신협회적하 약관이 제정되었다. SG보험증권의 담보방식은 본문에 담보위험을 열거하고 본문의 담보위험 중 일부는 이탤릭체 약관에서 면책하고 다시 협회적하약관으로 보상범위를 결정하고 있다. 즉, 보험증권의 본문 약관을 이탤릭체 약관으로 수정하고 다시 협회적하 약관으로 추가하거나 수정하는 방식을 취하고 있다. 그리고 보험증권의 본문 규정을 다음과 같이 수정한다.

첫째는 난외약관(marginal clause), 즉 이탤릭체 약관에 의하여 증권본문을 수정한다. 원래는 보험증권의 가장 자리에 쓰여 있었으나 현재는 이 약관이 난 이외의 추가조항임을 표시하기 위해서 이탤릭체로 인쇄되어 있다. 둘째, 협회적하약관 등을 추가해서 보험증권의 약관을 수정한다. 셋째는 원래의 보험증권 또는 첨부된 약관을 더욱 수정하기 위해 타자로 친 수정조항을 삽입한다. 넷째는 수기로 수정조항을 삽입하는 경우도 있다. 수기는 이상의 수정에 우선한다. 이와 같이 SG 보험증권에서는 원래의 본문 양식은 그대로 두고 새로운 문언을 추가하는 방식에 의해서 담보 내용을 변경시키는 방식을 취하고 있다. 이것이 고어적인 문장의 난해함과 더불어 SG 보험증권을 난해하게 만드는 주원인이 되기도 한다.

그리고 S. G. Policy본문의 위험약관(peril clause)은 다음과 같이 구성되어 있다.

첫째, 해상고유의 위험(perils of the seas)으로 해상의 우연한 사고 또는 재해(fortuitous accidents or casualties)만을 의미하고 바람이나 물결의 통상적인 작용은 포함하지 않는다. ① SSC 위험(stranding : 좌초, sinking : 침몰, collision : 충돌) ② Heavy Weather(악천후)의 위험이 있다.

둘째, 해상고유의 위험이 아닌 항해 중 해상에서 발생한 해상위험(perils on the seas)은 ① Fire(Burning : 화재), ② Jettisons(투하) ③ Barratry(선원의 악행) ④ pirates, Rovers, Thieves(해적, 표도, 강도)가 있다.

셋째, 전쟁위험(War Perils)은 ① Men-of-War(군함) ② Enemies (외적) ③ Surprisal and Capture(습격과 포획) ④ Taking at the Sea & Seizure(해상탈취 및 나포) ⑤ Arrests, Restraints and Detainments of Kings, Princes and People(관헌의 억류, 억지

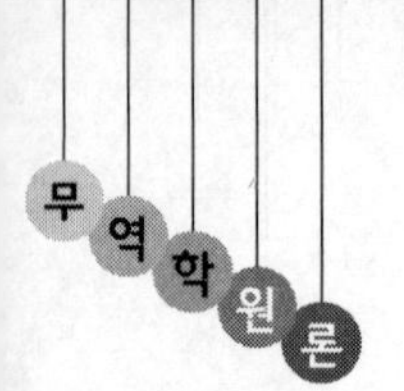

및 억류) ⑥ Letters of Mart and Counter mart(포획면허장 및 보복포획면허장)가 있다.

넷째, 기타 일체의 위험(All Other Perils) : 동종 제한의 원칙에 따라 위에 열거한 위험과 동종의 모든 것)이 있다. 이것은 담보조항 말미에 첨부되어 있으며 all other perils에는 동종제한의 원칙이 제한된다. 즉, 기타 일체의 위험이란 포괄주의를 채택하고 있는 것처럼 보이지만 영국에서는 이와 같은 총괄문언은 앞에 열거한 위험과 동종의 위험에 한정한다고 해석하고 있다.[46] 어떠한 위험이 동종의 위험인가에 대한 표준은 존재하지 않으나 앞에서 열거한 위험을 확대 해석하는 경향이 있다.

예를 들면 보험증권에서는 해상고유의 위험을 담보하고 있는데 악천후에 의해서 다른 화물에서 흘러나온 액체에 의한 화물의 오염은 해상고유의 위험이다. 라고 판결하였다. 즉, 오염자체는 담보하고 있지 않으나 악천후에 의한 오염은 해상고유의 위험으로 해석함으로써 담보범위를 확대하고 있다. 그러나 어떠한 오염도 담보한다는 의미는 아니다.

구 협회적하약관(SG 보험증권 용)의 담보조건에 따른 보험자의 보상 범위는 〈표 14-2〉의 내용과 같다.

〈표 14-2〉 구협회적하약관의 담보조건

구 분 보상하는 손해구분	FPA	WA	A/R
① 전손	○	○	○
② 공동해손	○	○	○
③ 해난구조비 및 손해방지비	○	○	○
④ 좌초, 침몰·대화재가 발생된 경우의 단독해손	○	○	○
⑤ 선적, 환적, 양하 중의 매포장 단위당 전손	○	○	○
⑥ 화재, 폭발, 충돌, 접촉 및 피난항에서의 양하로 인한 손해	○	○	○
⑦ 악천후에 의한 해수 손	×	○	○
⑧ 외관상 면책사항 이외의 우연적 사고에 의한 손해	×	×	○

주 : 면책사항 ① 보험계약자 또는 피보험자의 고의 또는 불법행위로 인한 일체의 손해
② 보험목적물의 고유의 하자 또는 성질과 운송의 지연으로 인한 손해
③ 위험의 요건을 구비하지 않은 사유에 의한 손해, 즉 통상적인 손해(Ordinary Loss or Trade Loss)
④ 전쟁, 파업, 폭등 등에 의한 손해(War, Strike, Riots and Civil Commotion, W/SRCC)

46) 加藤由作, 英國海上保險法におけるPrinciple of ejusdem generis の發生理由, 喜壽記念加藤由作記念論文集, 加藤由作記念論文集刊行會, 1960, pp.103-126.참조(영국인들은 열거주의가 포괄주의 보다 우수하다고 믿고 있었으나 열거주의 하에서는 보험계약에 의해서 보험계약자에게 손해 보상이 되도록 담보위험을 관대하게 해석할 필요가 있었다. 손해보험 계약의 목적은 손해보상이기 때문이다.)

1) 단독해손부담보약관

단독해손부담보약관(Free from Particular Average : FPA)은 보험목적물의 전손은 물론 분손 중 단독해손 만을 담보하지 않는 약관이다. 즉, 단독해손 이외의 모든 손해를 보상하므로 분손부담보약관이라고도 한다.

FPA약관에서는 본선 또 부선이 침몰(sinking), 죄초(stranding), 대화재(bunt)의 주요 해난사고에 조우한 경우의 분손 및 화재(fire), 폭발(explosion), 충돌(collision), 타 물체와의 접촉, 조난항에서의 하역 등에 합리적으로 기인하는 (may reasonable be attributable) 분손 만을 담보하고 그 외의 분손은 담보하지 않는다. 그러나 공동해손(공동해손희생손해, 공동해손비용, 공동해손분담액), 전손(현실전손, 추정전손) 및 적재, 하역, 환적 중의 포장 한 개당의 전손은 담보한다. 그리고 중간항 또는 조난항에서의 하역, 보관, 계반에 필요한 특별비용(special charges) 및 손해방지 비용도 담보한다.

단독해손부담보약관은 〈표 14-2〉에서와 같이 ①의 전손부터 ⑥의 화재, 폭발, 충돌, 접촉 및 피난항에서의 양하로 인한 손해까지는 보상하지만 ⑦의 악천후에 의한 해수손과 ⑧의 외관상 면책사항 이외의 우연적 사고에 의한 손해는 담보하지 않는다.

2) 분손담보약관

분손담보약관(With Average : WA)은 보험목적물의 전손, 공동해손은 물론 단독해손까지 보상해주는 보험약관이다. 그리고 본 약관의 면책비율조항은 일정의 소손해면책비율이 적용된다.

그러나 본 약관은 본선 또는 부선의 침몰(sinking), 좌초(stranding), 대화재(burn), 충돌(collision) 즉, SSBC에 대해서는 면책비율이 적용되지 않는 것으로 규정하고 있다. 현재는 화물의 종류, 성질에 근거한 극히 일부의 경우에 한정해서 소손해면책비율을 적용하고 일반적으로 무면책비율조항(irrespective of percentage : IOP)을 삽입하고 있다.

예를 들어 일정률 이하(일반적으로 3% 이하) 즉, WA 3%란 손실액이 3% 미만인 경우 보상하지 않는다는 손해면책비율이 적용되며, 반면에 WAIOP(with average irrespective of percentage)조건으로 협약하면 손실액의 다과에 관계없이 보상하는 WA의 특약사항이다.

FPA약관과 WA약관 모두 공동 해손 및 전손을 담보한다는 점에서 동일한 약관이지만 단독해손의 취급에만 차이가 있다. 그러나 실제적으로 FPA와 WA의 내용에서 공동

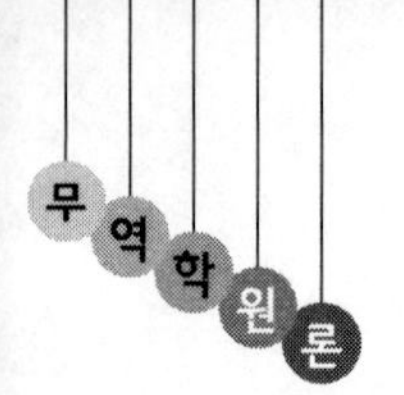

해손 또는 단독해손인가 하는 점에서 차이점이 있는 것이 아니라 오히려, 특정분손(본선 또는 부선이 SSBC에 조우한 경우)과 특정분손 이외의 분손에 관계되는 보상범위의 내용이 다르다.

즉, 전손과 특정 분손은 양 약관에서 모두 보상하고 있기 때문에 특정분손 이외의 분손을 보상하지 않느냐 아니면 면책비율조항을 적용하고 보상하느냐가 FPA와 WA의 차이점이다.

3) 전 위험 담보약관

전 위험 담보약관(All Risks)은 해상운송 도중 우연히 발생하는 모든 해상 위험을 담보하는 약관으로 보험목적물의 멸실 또는 손상의 일체의 위험을 담보한다. 그리고 본 약관은 전 위험을 담보하는 것이지 전 손해를 담보하는 것이 아니다.

따라서 외래적인 사고(external accident)나 우발적인 사고(fortuitous accident)에 의한 손해만을 담보한다. 항해의 지연이나 화물의 고유의 성질 및 하자에 근인해서 발생한 멸실, 손상 및 비용은 보상하지 않는다. 담보의 범위는 전손과 분손(단독해손과 공동해손)모두를 포함하며 보험금은 면책비율에 관계없이 지불된다.

4) 협회전쟁약관 및 협회동맹파업약관

FPA나 WA, All Risks의 세 종류의 협회적하약관 모두가 전쟁위험 및 동맹파업 위험은 면책하고 있다. 그러나 전쟁위험과 동맹파업위험도 종종 부보해 줄 것을 요구하는 경우가 발생하고 있다. 이러한 경우 SG보험증권 이탤릭체약관의 면책과 FPA, WA, All Risks의 협회적화약관의 전쟁위험 및 동맹파업위험에 대한 면책을 부활시키는 약관이 협회전쟁약관과 협회동맹파업 약관이다.

이 경우 협회전쟁약관(Institute War Clauses)과 협회동맹파업약관(Institute Strikes Riots and Civil Commotions Clauses)이 사용된다. 일반적으로 해상보험에서 두 약관의 위험을 일괄해서 War risks라 하고 이외의 위험을 Marine risks라고 한다.

첫째, 협회전쟁약관은 포획(capture), 나포(seizure), 강류·억지 또는 억류(arrest, restraint or detainment), 적대행위 또는 군사적 행동(hostilities or warlike operations), 내란(civil war), 혁명(revolution), 모반(謀反 : rebellion), 반란(反亂 : insurrection), 이들로부터 발생하는 국내분쟁(civil strife), 기뢰, 어뢰, 폭탄 또는 그 밖의 병기(mines, tropedoes, bombs or other engines of war)에 의한 손해를 담보한다.

그러나 전쟁위험이 담보되는 경우에도 협회전쟁약관의 항해중단부담보조항(Institute War Clauses 2(c))에 의해서 항해의 상실은 담보되지 않는다. 즉, 전쟁위험에 의해서 항해의 계속이 불가능해진 경우 화물 자체에는 아무런 손상이 없고 또 화주의 점유 하에 있는 경우에 화주가 입는 경제적 손실은 담보되지 않는다.

둘째, 협회동맹파업약관은 동맹파업자(strikers), 직장폐쇄를 당한 노동자(locked out workmen), 노동소요, 소동 또는 폭행에 가담한자(persons taking part in labour disturbances, riots, or civil commotions), 악의를 가지고 행동하는 자(persons acting maliciously)에 의해서 생긴 손해를 담보한다. 동맹파업위험이 담보된다고 하는 것은 그것에 근거한 악의적 손해(malicious damage)가 담보되는 것이며 동맹파업에 수반되는 운송중단 항에 의한 화물보관비용이나 계반비용[47] 등의 추가 비용이 담보되는 것은 아니다. 따라서 이러한 비용을 담보하기 위해서는 Strike Expenses(Delay)Clause를 첨부하지 않으면 안 된다. 이러한 문제는 전쟁위험담보의 경우에도 발생하며 그 경우에는 War(Additional) Expenses Clause가 사용된다.

3.3 신 협회적하약관

1) 신 협회적하약관의 의의

신약관은 1979년 UNCTAD의 해상보험에 관한 보고서를 기초로 1982년 제정된 ICC(A, B, C) 조건을 말한다. 우리나라는 1983년 3월 1일부터 종전의 협회적하약관과 병행하여 사용하고 있다. 그러나 1982년의 신약관이 고어체와 난해한 문장 등의 이유로 2009년에 ICC가 개정되어 시행되고 있다.

1963년 방식의 해상보험증권은 1979년 1월에 로이즈 보험증권에서 정식양식으로 채택하였으며 MIA제1부칙에 로이즈 SG보험증권으로 규정·표준양식으로 법문화하여 사용

47) 계반비용(forwarding expenses)은 운송인이 최종목적지까지 화물을 안전하게 운송할 책임이 있다. 그러나 여러 가지 사유로 화물을 최종목적지까지 운송할 수 없을 때는 운송인은 선하증권 상의 운송약관에 따라 도착항에 가기 전에 미리 하역하거나 또는 도착항을 지나서 다른 항구까지 화물을 운송하게 된다. 만약 중간항에 하역되면 이를 계속해서 목적항까지 운송하는 비용이 발생하고 또한 최종 목적항을 지나쳐 초과운송(over carriage)되더라도 화물을 되돌리는 비용도 발생한다. 이때 발생된 비용을 계반비용이라 하며 운송인은 하등의 책임을 지지 않고 화주가 모든 비용을 부담한다. 화주들은 화물 운송에 따른 예상하지 못한 비용이 발생하므로 이를 보상받을 수 있는 보험계약을 체결해야 할 것이다.

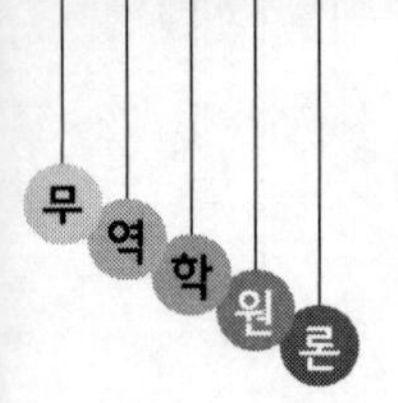

되어왔다. 그러나 1982년부터 시행된 신약관(ICC)은 그 동안의 증권이 고어체와 난해한 문장 그리고 불합리성의 문제가 지적되고 또한 1978년 11월 UNCTAD가 발표한 "해상보험에 관한 보고서" 에서 많은 비판을 받게 되어 런던 보험자협회와 로이즈보험자협회(현: 로이즈시장협회)가 공동의 작업반을 구성하여 증권과 약관을 작성한 것이다.

1982년 및 2009년 방식의 보험증권은 1963년 방식에 있던 본문 약관의 일부를 화물보험 특별약관(협회약관)에 통합시키고 이탤릭체 약관전부와 본문약관의 나머지 대부분을 삭제시킴으로써 매우 간결하게 되어있다. 그 결과 1982년 및 2009년 방식도 특별약관을 중심으로 하고 있기 때문에 ICC특별약관을 첨부해야 보험증권의 역할을 하게 된다.

1963년 방식의 FPA조건과 WA조건에서는 분손에 대해 상당한 제한을 두고 있지만, 1982년 및 2009년 방식은 어떤 부보조건이라도 담보위험 손해는 전손, 분손에 관계없이 보상되며 소손해면책은 되지 않는다. 따라서 (B)조건과 (C)조건은 담보위험에서 차이가 있을 뿐 모두 동일하다. 그리고 1982년 및 2009년 방식의 해상보험증권은 증권면의 서두에 "Marine Insurance Policy"로 표시되어 있는 것은 보험인수증(cover note)과의 구별을 하기 위한 것이다.

(1) 1982년 신약관

협회적하약관인 구약관은 해상손해의 유형에 따라 담보의 약관을 구분한 것이기 때문에 그 내용이 애매모호하고 또한 약관의 내용이 나열식이 아닌 포괄적인 내용이므로 약관의 명칭과 실제 내용이 일치하지 않는 부분도 있었다.

1982년의 신약관은 해상보험증권이 제정될 때 약관의 내용과 명칭을 알기 쉽게 나열식으로 정리하여 과거의 협회적하보험약관 AR조건은 협회적하약관A약관(ICC A), WA조건은 협회적하약관B약관(ICC B), FRB조건은 협회적하약관C약관(ICC C)으로 변경하여 적용하는 약관을 제정·사용되고 있다.

그리고 세 종류의 약관 모두 제1조(Risks Clause : 담보위험 약관), 제2조(General Average Clause : 공동해손약관), 제3조(Both to Blame Collision Clause : 쌍방과실충돌약관)에서 규정하고 있다.

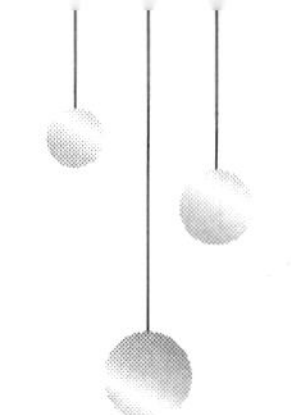

〈표 14-3〉 1982년 협회적하약관의 분류

분 류	약관번호	약관명
담보위험 (Risks Covered)	1	위험약관(Risks Clause)
	2	공동해손약관(General Average clause)
	3	쌍방과실충돌약관(Bothe to Blame Collision Clause)
면책위험 (Exclusion)	4	일반면책약관(General Exclusion Clause)
	5	불내항성 및 부적합면책약관(Unseaworthiness and Unfitness Exclusion Clause)
	6	전쟁면책약관(War Exclusion Clause)
	7	동맹파업면책약관(Strikes Exclusion Clause)
보험기간 (Duration)	8	운송약관(Transit Clause)
	9	운송계약종료약관(Termination of Contract of Carriage Clause)
	10	항해변경약관(Change of Voyage clause)
보험금청구 (Claims)	11	피보험이익약관(Insurable Interest Clause)
	12	계반비용약관(Forwarding Charges Clause)
	13	추정전손약관(Constructive total Loss clause)
	14	증액약관(Increased Value Clause)
보험이익 (Benefit of Insurance)	15	보험이익불공여약관(Not Insure Clause)
손해경감 (Minimizing Losses)	16	피보험자의무약관(Duty to Assured Clause)
	17	포기약관(Waiver Clause)
지연 방지 (Avoidance of Delay)	18	신속조치약관(Resonable Despatch Clause)
법률 및 관습 (Law and Practice)	19	영국법률 및 관례약관(English Law & Practice)

이 가운데 제2조와 제3조는 ICC(A), ICC(B), ICC(C) 세 종류의 약관 모두에게 공통되는 것으로 제1조만이 각 약관에서 서로 다르며 또한 제4조의 일반면책약관, 제6조의 전쟁면책약관이 서로 다르고 나머지 항목은 모두 동일하다.

(2) 2009년 신약관

2009년 신약관은 A약관 B약관 C약관을 기본으로 하는 체제는 1982년 신약관과 동일하지만 테러리즘에 대해 새로운 정의를 포함하고 그 동안 애매모호했던 표현을 확실하

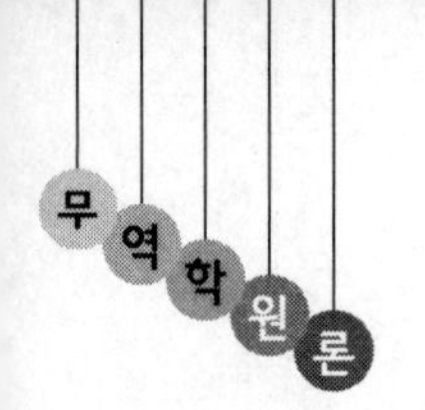

게 하였다. 영국의 협회적하약관을 주도적으로 제정하여 왔던 런던 보험자 협회는 1998년 런던 국제보험 및 재보험시장연합과 합병한 런던 국제언더라이팅협회가 로이즈 시장협회와 합동적하위원회를 구성하여 1982년 1월 1일 도입한 협회적하약관 신약관을 개정하여 2009년 1월1일부터 시행하게 되었다. 그리고 약관에서 상용하는 영어가 현대식으로 표현되었는데 특히 보험자를 지칭하는 'underwriter' 표현이 'insurer'로 대체되었다.

2009년의 신약관도 1982년의 약관과 마찬가지로 협회적하약관의 기본약관은 A약관, B약관, C약관으로 구성되어 있고 〈표 14-4〉에서와 같이 8개의 그룹약관으로 나누어 이들을 다시 19개의 개별약관으로 나누었다. 담보위험은 ICC(A), ICC(B), ICC(C) 세 종류의 약관 모두가 제1조(Risks Clause : 담보위험 약관), 제2조(General Average Clause : 공동해손약관), 제3조(Both to Blame Collision Clause : 쌍방과실충돌약관)에서 규정하고 있다.

이 중 제2조와 제3조는 ICC(A), ICC(B), ICC(C) 세 종류의 약관 모두에 공통되는 것으로 제1조 만이 각 약관에서 서로 다르며 또한 제4조의 일반면책약관, 제6조의 전쟁면책약관이 서로 다르고 나머지 항목은 모두 동일하다.

〈표 14-4〉 협회적하약관의 성질별 분류

분 류	약관번호	약관 명(1982년)	약관 명(2009)
담보위험 (Risks Covered)	1	위험약관(Risks Clause)	1. 위험
	2	공동해손약관(General Average clause)	2. 공동해손
	3	쌍방과실충돌약관(Bothe to Blame Collision Clause)	3. 쌍방과실충돌약관
면책위험 (Exclusion)	4	일반면책약관(General Exclusion Clause)	4.
	5	불내항성 및 부적합면책약관(Unseaworthiness and Unfitness Exclusion Clause)	5.
	6	전쟁면책약관(War Exclusion Clause)	6.
	7	동맹파업면책약관(Strikes Exclusion Clause)	7.
보험기간 (Duration)	8	운송약관(Transit Clause)	8. 운송약관
	9	운송계약종료약관(Termination of Contract of Carriage Clause)	9. 운송계약종료
	10	항해변경약관(Change of Voyage clause)	10. 항해변경

보험금청구 (Claims)	11	피보험이익약관(Insurable Interest Clause)	11. 피보험이익
	12	계반비용약관(Forwarding Charges Clause)	12. 계반비용
	13	추정전손약관(Constructive total Loss clause)	13. 추정전손
	14	증액약관(Increased Value Clause)	14. 증액
보험이익 (Benefit of Insurance)	15	보험이익불공여약관(Not Insure Clause)	15.
손해경감 (Minimizing Losses)	16	피보험자의무약관(Duty to Assured Clause)	16. 피보험자 의무
	17	포기약관(Waiver Clause)	17. 포기
지연 방지 (Avoidance of Delay)	18	신속조치약관(Resonable Despatch Clause)	18.
법률 및 관습 (Law and Practice)	19	영국법률 및 관례약관(English Law & Practice)	19.

(1) 협회적하약관 A

① **담보위험** : 담보위험(Risks Covered)은 위험약관, 공동해손약관, 쌍방과실충돌약관으로 구성되어 있다.

첫째, 위험약관은 보험자의 담보범위를 규정하고 있는 약관으로 보험목적물의 멸실 또는 손상과 관련된 모든 위험을 담보한다는 포괄책임주의 원칙을 채택하고 있다. 따라서 보험자의 면책위험(excepted peril)이 열거되어 있다. 즉, 제4조 일반면책위험, 제5조 불내항성 및 부적합 위험 제6조 전쟁위험, 제7조 동맹파업위험을 제외한 모든 위험에 근인하여 발생한 손해를 A약관에서 담보위험이 된다.

둘째, 공동해손은 앞에서 설명한 제4조, 제5조, 제6조, 제7조에서 제외된 원인 이외의 원인에 의한 손실을 피하기 위하여 또는 피하는 것과 관련하여 발생한 공동해손 및 구조비를 담보한다. 그리고 공동해손 및 구조비의 정산 또는 결정은 해상운송계약, 준거법 및 관례에 따른다. 그러나 대부분의 선하증권에는 "공동해손정산은 운송인의 선택에 의하여 어느 항구, 어느 장소에서나 조정될 수 있으며 요크-앤트워프 규칙에 준하여 정산된다."는 공동해손약관이 있어 공동해손이 발생하면 요크-앤트워프 규칙에 따라 정산하는 것이 관례이다.

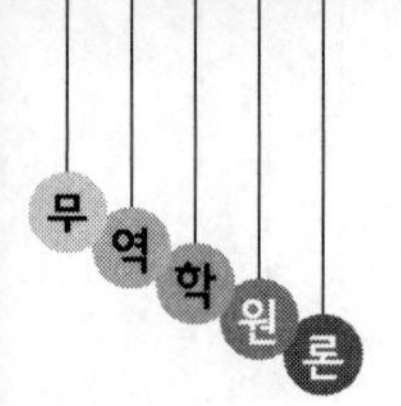

셋째, 쌍방과실충돌약관(both to blame collision clause)은 이 보험의 일체의 담보위험과 관련하여 운송계약상의 쌍방과실충돌약관에 의해 피보험자가 부담해야 하는 책임액을 보상한다고 규정하고 있다. 이 약관은 보험자의 손해보상범위를 확장하여 선하증권의 쌍방과실충돌약관에 의하여 보험자가 부담해야 할 금액 중 보험증권에서 보상받을 수 있는 손해에 관한 부분을 보험자가 지급해줄 것을 규정한 것이다.

② **면책** : 면책(exclusion)은 일반면책, 불내항성 및 부적합 면책, 전쟁 면책, 동맹파업 면책이 있으며 어떤 경우에도 보험자는 손해를 담보하지 않는다는 것을 의미한다.

첫째, 일반면책약관은 피보험자의 고의적 비행에 기인한 멸실·손상 또는 비용 등 일곱 가지로 구분하여 구체적으로 명시한 약관이다.

둘째, 불내항성 및 부적합면책약관은 선박의 불내항성 및 부적합성으로 인한 보험사고에 대해서 보험자가 책임을 지지 않는다는 약관이다.

셋째, 전쟁면약관은 전쟁위험에 근인한 손해에 대해서 보험자의 면책을 규정하고 있다. 단, 해적행위(piracy expected)는 해적의 강탈, 파괴, 방화 등의 행위를 의미하는데 과거에는 전쟁위험으로 취급하였지만 A약관에서는 보험자가 해적행위도 담보한다.

넷째, 동맹파업약관은 동맹파업·폭동·소요·테러리스트 등으로 인한 손해에 대해서 보험자가 면책됨을 규정하고 있다. 이 약관을 과거에는 동맹파업·폭동 및 소요부담보약관(Free from Strikes, Riots and Civil Commotions Clause)으로 표기하였으나 특약에 의해서는 이 위험도 담보가 가능하다.

③ **보험기간(duration)** : 보험의 시기는 창고 내의 화물을 운송용구에 적재할 목적으로 최초로 이동하게 된 때로 규정하고 완료시기는 최종창고에서 운송용구로터의 양하가 완료된 때로 규정하고 있다. 따라서 창고 내에서의 화물의 적재·양하 작업 중에 해당하는 것이 보험기간 내에 포함된다는 것을 명백히 하고 있다. 여기에는 운송약관, 운송계약종료약관, 항해변경약관이 있다.

첫째, 운송약관(Transit Clause)은 보험자가 손해보상의 책임을 져야 하는 보험기간에 관한 약관으로 보험자의 책임 개시, 통상의 운송과정, 보험자의 책임종료, 불가항력에 대해 규정하고 있다.

㉠ 보험자의 책임개시는 운송개시를 위한 운송차량 또는 기타 운송용구에 보험목적물을 곧바로 적재할 목적으로 보험계약에 명시된 장소의 창고 또는 보관 장소에서 보험목적물들이 처음 움직인 때에 개시된다.

㉡ 통상의 운송과정은 화물의 종류, 화물에 대한 관습적 운송방법 등을 고려하여

목적지까지 가장 가까운 항로를 따라서 운항하는 것을 말한다. 보험은 통상적인 운송과정에서만 그 효력이 미치고 만약 화물이 통상적인 운송과정을 벗어나게 되면 보험은 중지된다.

㉢ 보험자의 책임 종료의 시점을 세 가지의 경우 중 먼저 발생한 때로 규정하여 보험자의 책임이 무기한 계속될 수 없음을 나타내고 있다.

i) 화물이 보험증권상에 명시되어 있는 목적지의 최종 창고 혹은 보관 장소에서 운송 차량 등에서 양하가 완료된 때 ii) 보험증권상에 명시된 목적지와는 상관없이 통상적인 운송과정에서의 보관이 아닌 비상보관을 한다거나 할당 또는 분배하기 위해서 보관할 장소에서 운송차량 등으로 양하가 완료된 때 iii) 피보험자 또는 그 사용인이 통상의 운송과정이 아닌 보관을 목적으로 운송차량, 기타 운송용구 또는 컨테이너를 사용하고자 선택할 때 iv)본선으로부터 양륙이 완료된 후 60일이 경고한 시점 또한 보험목적물이 최종 양륙항규에서 양륙 후 보험이 종료되기 전 부보된 목적지 이외의 장소로 계속 운송되는 경우에도 보험 종료 규정에 따라 계속되나 보험목적물이 그러한 목적지로 운송개시를 위해 최초로 움직인 때 종료된다.

㉣ 불가항력은 운송과정에서 피보험자가 좌우할 수 없는 사정에 의한 지연, 이로, 강제하역, 재선적 및 환적, 운송계약상 선주나 용선자에게 부여된 자유재량권의 행사로부터 발생하는 위험의 변경 등과 같은 사태가 발생해도 보험자의 책임은 계속된다.

둘째, 운송계약종료(termination of Contract of Carriage)약관은 피보험자의 영향력이 미치지 못하는 사정에 의하여 목적지에 도착하기 전에 항해가 종료되는 경우 계속 담보하기 위한 약관이다. 불가항력으로 항해가 중단되는 경우에는 피보험자는 그로인한 사태에 관한 정보를 입수한 즉시 보험자에게 통지하고 추가보험료를 납부하는 것을 조건부로 계속 담보가 가능하다.

셋째, 항해변경(Change of Voyage)은 보험증권상에 명시된 목적항이 변경되는 경우를 말한다. 항해가 변경되면 그 순간부터 보험자의 책임은 없어진다. 즉, 보험증권상에 별도의 합의가 없는 한 항해의 변경이 있을 경우에는 항해를 변경할 의도가 명백해졌을 때부터 보험자는 보상책임에서 해제된다. 그리고 손해 발생시에 선박이 보험증권에 정해진 항로를 실제 떠난 일이 없었다 하더라도 보험자의 책임은 해제된다.

④ **보험금청구** : 보험금청구 약관에는 피보험이익약관, 계반비용약관, 추정전손약관, 증액약관이 있다.

첫째, 피보험이익(Insurable Interest)약관은 보험을 도박이나 사행과 구별하기 위해

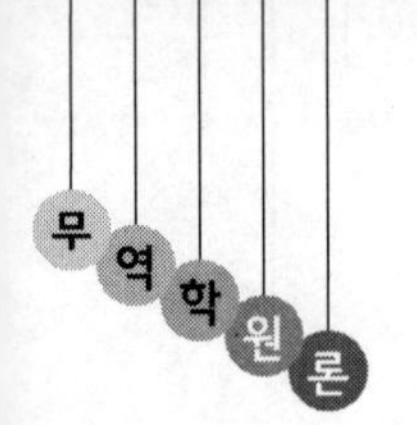

피보험자는 손해발생시 보험목적물과 경제적 이해관계 즉, 피보험이익을 갖고 있어 함을 규정한 약관이다.

둘째, 계반비용(Forwarding Charges)약관은 담보위험으로 중간항에서 화물을 양육할 경우 이에 따른 하역비용, 창고보관료, 재포장비, 재선적비 및 처음 약정된 목적지까지 운반비용 등을 보험자가 보상한다는 내용의 약관이다.

셋째, 추정전손(Constructive Total Loss)은 현실전손은 아니지만 현실전손을 피할 수 없거나 보험목적물의 수선 및 수리비 등의 복구비용이 오히려 그 가액을 초과하여 그대로 현실전손으로 처리하는 것이 유리할 경우 피보험자는 보험자에게 위부 통지를 통하여 추정전손으로 처리할 수 있음을 규정한 약관이다.

넷째, 증액(Increased Value)약관은 증액보험이 체결된 경우 보험목적물의 평가액은 증액된 보험금액만큼 증가하는 것이므로 손해보상도 원보험자와 증액보험자가 각각의 보험금액 만큼 비례하여 보상해 줄 것을 규정하고 있다.

⑤ 보험이익불공여약관(Not to Insurance Clause)은 해당 화물보험계약 이익의 향유자로서 운송인이나 그 밖의 제3자로서의 수탁자는 전혀 포함되지 않는다는 약관이다.

⑥ **손해경감(Minimising Losses)** : 손해경감약관에는 피보험자 의무와 포기약관이 있다.

첫째, 피보험자 의무약관은 피보험자의 손해방지활동과 운송인, 수탁자 또는 기타 제3자에 대한 손해배상청구권을 확보할 것을 피보험자의 의무로서 규정한 약관이다.

둘째, 포기약관(Waiver Clause)은 피보험자가 위부 통지를 하고 추정전손으로 청구한 경우 보험자 및 피보험자의 법률상의 지위가 손해를 회피하기 위하여 양자가 취한 조치에 의하여 침해되지 않는다는 것을 확약한 약관이다. 즉, 보험의 목적의 구조, 보호, 회복을 위한 피보험자 또는 보험자의 행위는 위부의 포기 또는 승낙으로 간주되지 않는다는 것을 규정하고 있다.

⑦ **지연의 방지(Avoidance of Delay)** : 신속조치약관(Reasonable Despatch Clause)은 피보험자는 자기가 지배할 수 있는 모든 상황 하에서 합리적인 신속함을 행동해야 함을 규정한 약관이다.

⑧ **법률 및 관례(Law and Practice)** : 본 약관은 이 보험과 관련하여 문제가 발생하면 영국의 법률과 관례에 따라 해결할 것을 규정한 것이다. 우리 법원은 영국법 준거조항이 우리나라의 공익규정 또는 공서양속에 반하는 것이 아니고 보험계약자의 이익을 부당하게 침해하는 것이 아니라는 두 가지 이유를 근거로 영국법 준거 조항의 효력을 인정하고 있다.

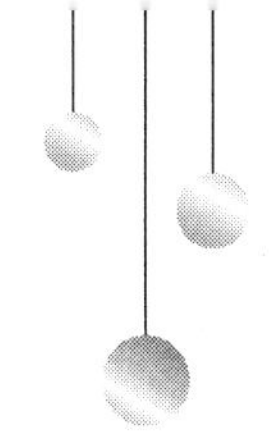

(2) 협회적하약관 B

협회적하약관 B 약관은 19개의 개별약관으로 구성되어 있다. A약관과 제1조, 제4조 및 제6조만 다르고 나머지는 A약관과 동일하다. 따라서 B약관은 제1조, 제4조 및 제6조만 살펴보고자 한다.

① **담보위험**(Risks Covered) : B약관에서 보험자가 담보하는 위험이 열거되어 있다. A약관은 포괄책임주의이기 때문에 면책위험을 명시하고 있지만 B약관 및 C약관은 열거책임주의이므로 담보위험을 명시하고 있다. B약관은 과거의 분손담보(With Average) 조건을 정리한 것 〈표 14-5〉와 같다.

〈표 14-5〉 협회적하약관 B약관상의 담보위험

1.1	화재 또는 폭발
1.2	선박 또는 부선의 좌초, 교사, 침몰 또는 전복
1.3	육상운송용구의 전복 또는 탈선
1.4	선박, 부선 또는 운송용구와 물 이외의 타물체와의 충돌 또는 접촉
1.5	피난항에서의 화물의 양하
1.6	지진, 분화 또는 낙뢰
2.1	공동해손희생
2.2	선박, 부선, 선창, 운송용구, 컨테이너, 리프트밴 또는 보관 장소에 해수, 호수 또는 하천수의 유입
3	선박 또는 부선에 선적 또는 양하작업 중 해수면으로 낙하하여 멸실되거나 추락하여 발생된 포장 단위 당 전손

② **면책**(Exclusions) : A약관의 제4조 일반면책약관에서는 보험자가 면책되는 위험이 일곱가지로 열거되어 있지만 B약관 및 C약관에서는 제3자의 불법행위 면책사유 즉, 보험자는 어떠한 자의 불법행위에 의해 보험목적물 또는 그 일부에 발생한 고의적인 손상 또는 고의적인 파괴는 면책된다는 사항을 추가하여 여덟 가지가 열거되어 있다.

따라서 방화, 선박의 밑바닥에 구멍을 내는 것(scuttling), 선장 및 선원의 악행 등과 같은 고의적이고 계획적인 불법행위에 대해서는 보험자가 책임지지 않는다. 그러나 이 면책사항은 악의적 손상약관(Malicious Damage Clause)을 특약으로 체결하면 담보가능하다.

A약관의 제6조 전쟁면책약관에는 해적행위가 전쟁위험에서 제외되어 있지만 B약관 및 C약관의 전쟁면책약관에는 해적행위가 전쟁위험에 포함되어있다. 이것을 제외하고

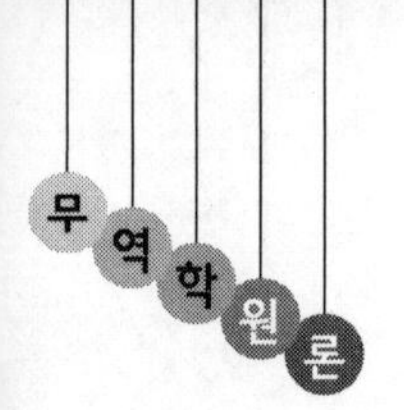

A약관, B약관, C약관의 제6조 전쟁면책약관의 내용은 모두 동일하다. 따라서 A약관에서는 해적행위가 보험자의 담보위험에 속하고 B약관 및 C약관에서는 해적행위가 보험자의 면책위험에 해당된다.

(3) 협회적하 약관 C

협회적하약관의 C약관은 과거의 분손부담보(Free from Particular Average)조건을 정비한 것이다. 본 약관은 19개의 개별약관으로 구성되어 있다. C약관도 B약관과 마찬가지로 열거책임주의 방식을 채택하고 있기 때문에 보험자의 담보위험이 열거되어 있다. B약관보다는 담보위험의 수는 적다. B약관에 열거된 담보위험 중 ① 지진, 분화, 낙뢰 ② 갑판유실 ③ 본선, 부선, 선창, 운송용구, 컨테이너, 리프트 밴 또는 보관 장소에 해수, 호수 또는 하천수의 유입 ④ 추락손은 C약관에서 제외된다.

지금까지 설명한 협회적하약관의 A약관, B약관, C약관에서 담보하고 있는 위험을 비교해보면 〈표 14-6〉과 같다.

〈표 14-6〉 담보위험의 비교

담보위험(제1조)	각 약관에서의 담보 여부		
	(A)	(B)	(C)
화재, 폭발	○	○	○
본선·부선의 좌초·교사·침몰·전복	○	○	○
육상운송용구의 전복·탈선	○	○	○
본선·부선·그 밖의 운송용구와 물 이외 타물체와의 충돌·접촉	○	○	○
피난항에서의 화물의 양하	○	○	○
지진·분화·낙뢰	○	○	×
공동해손희생	○	○	○
투하	○	○	○
갑판유실	○	○	×
본선·부선·선창·운송용구·컨테이너·리프트밴·보관장소에 해수·호수·하천수의 침입	○	○	×
추락손	○	○	×
그 밖의 모든 위험에 의한 멸실·손상	○	×	×

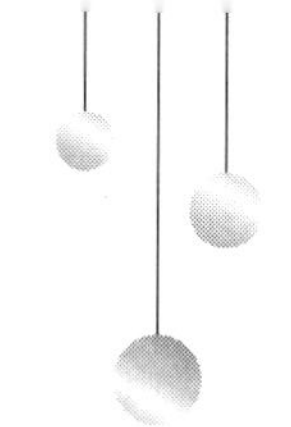

(4) 협회전쟁 약관 및 동맹파업약관

① **협회전쟁약관** : 전쟁위험은 협회적하약관(Institute War Clause) 제6조 전쟁면책약관에 따라서 보험자의 면책 위험에 속하기 때문에 특약에 의해서만 담보가 가능하다. 적하보험에서 전쟁위험을 담보하는 약관은 협회전쟁약관이며 여기에는 해상운송, 항공운송화물 및 우송물에 각각 적용되는 세 가지 종류가 있다. 해상운송화물에 적용되는 전쟁담보약관은 협회전쟁약관이다.

협회전쟁약관은 14개의 개별약관으로 구성되어 있으며 네 가지 약관만 제외하고는 협회적하약관의 개별약관과 동일하다.

〈표 14-7〉 협회전쟁약관

약관구분	협회전쟁약관	협회적하약관과의 비교
담보위험	1. 위험 2. 공동해손	상이 동일
면책조항	3. 4.	상이 동일
보험기간	5. 운송 6. 항해변경 7. 우선 조건	상이 동일 상이
보험금 청구	8. 피보험이익 9. 증액	동일 동일
보험이익	10.	동일
손해경감	11. 피보험자의무 12. 포기	동일 동일
지연의 방지	13.	동일
법률 및 관례	14.	동일
유의사항	계속담보	동일

첫째, 담보위험은 제1조 위험 약관 및 제2조 공동해손약관에 규정되어 있다. 제2조의 공동해손약관은 협회적하약관의 공동해손약관과 동일하다. 제1조 위험약관에서 보험자가 담보하는 전쟁위험은 협회적하약관의 전쟁면책약관에서 보험자의 면책으로 규정된 위험이다. 그러나 위험약관에서 담보하는 것은 보험목적물의 멸실 또는 손상에 한하며 비용이나 전쟁위험의 결과로 피보험자가 입게 되는 재정상의 손해는 담보하지 않는다.

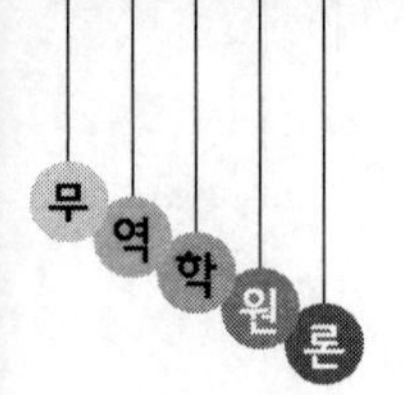

〈표 14-8〉 협회전쟁약관상의 담보위험

1. 이 보험은 다음의 위험으로 인한 보험목적물의 멸실 또는 손상을 담보한다. 단, 제3조 및 제4조의 규정에 의하여 면책되는 위험은 제외한다.
1.1 전쟁·내란·혁명·모반·반란 또는 이로 인하여 발생한 국내 투쟁 혹은 교전국에 의하여 또는 교전국에 대하여 행해진 적대행위
1.2 위 1.1에서 담보되는 위험으로 인한 포획·나포·강류·억지 또는 억류 및 그러한 행위의 결과 또는 그러한 행위의 기도
1.3 유기된 기뢰·어뢰·폭탄 또는 유기된 전쟁무기

둘째, 협회전쟁약관상의 면책위험은 제3조 일반면책약관 및 제4조 불내항 및 부적합 면책약관에 규정되어 있다. 그 내용은 항해중지부담보약관(Frustration Clause)은 항해가 중지된 경우 그 중지만을 이유로 보험금을 청구하는 것에 대해서 보험자가 책임을 지지 않는다는 내용이다.

그리고 협회적하약관의 제4조 일반면책약관에서는 핵무기나 이와 유사한 무기를 사용함으로써 발생하는 모든 손해를 면책하고 있는데 반해 협회전쟁약관에서는 이들 무기를 전쟁 목적으로 사용함으로써 발생하는 손해에 한하여 보험자의 면책으로 하고 있는 점이 차이가 있다.

셋째, 협회전쟁약관에서 보험자가 담보하는 보험기간은 제5조 운송약관 및 제6조 항해변경약관에 규정되어 있다. 항해변경약관은 협회적하약관의 항해변경약관의 내용과 동일하다. 운송약관에 의하면 보험자는 화물이 선박이나 부선에 적재되어 해상에 있는 동안(waterborne)만 전쟁위험을 담보하는 것을 원칙으로 한다. i) 보험자의 책임개시는 화물이 외항선에 적재되거나 또는 화물을 육지에서 외항선으로 옮기기 위해 사용되는 부선에 적재될 때이다. ii) 보험자의 책임종료는 화물이 최종 목적항에서 외항선으로부터 또는 화물을 육지로 수송하기 위해 사용되는 부선으로부터 양륙된 때이다. 그러나 외항선이 최종 목적지에 도착한 날의 자정으로부터 15일이 경과하게 되면 보험은 종료된다. 담보기간을 제한하는 이유는 화물이 양륙되지 않으면 보험자의 책임이 무한정 계속되기 때문이다. iii) 환적은 화물이 중간항에 도착하면 15일 이내에 이루어져야 하며 15일 동안은 환적을 위해 화물이 항계 내에 있는 한 육상에 보관 중이라도 보험자의 책임은 지속된다.

넷째, 우선조건약관은 전쟁위험담보에 관한 보험증권에 어떠한 조건이 삽입되어도 항해중지부담보, 핵무기위험담보 및 운송약관에 저촉되는 보험증권상의 조건은 무효임을

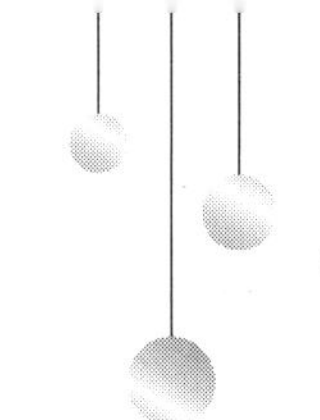

규정한 것이다. 이 약관은 협회전쟁약관에만 규정되어 있다.

② **협회동맹파업약관** : 보험자는 동맹파업·폭동·소요 등의 위험은 협회적하약관의 제7조 동맹파업약관에 따라 면책위험이다. 따라서 이 위험을 담보하려면 협회동맹파업약관(Institute Strikes Clause, Cargo)으로 특약에 담보해야 한다. 이 약관도 협회전쟁약관과 마찬가지로 14개의 개별약관으로 구성되어 있고 제1조 및 제3조를 제외한 나머지 약관은 협회적하약관과 동일하다.

〈표 14-9〉 협회동맹파업약관의 구성

약관구분	협회동맹파업약관	협회적하약관과의 비교
담보위험	1. 위험 2. 공동해손	상이 동일
면책조항	3. 4.	상이 동일
보험기간	5. 운송약관 6. 항해계약종료 7. 항해변경	동일 동일 상이
보험금청구	8. 피보험이익 9. 증액	동일 동일
보험이익	10.	동일
손해경감	11. 피보험자의무 12. 포기	동일 동일
지연의 방지	13.	동일
법률 및 관계	14.	동일
유의사항	계속담보	동일

첫째, 협회동맹파업약관 상의 담보위험은 제1조 및 제2조에 규정하고 있다. 제2조의 공동해손약관은 협회적하약관의 공동해손과 내용이 동일하다. 보험자가 담보하는 동맹파업과 관련되는 위험은 협회적하약관의 제7조 동맹파업약관에서 보험자의 면책으로 열거되어 있는 위험이다. 협회적하약관에서와 마찬가지로 보험자는 보험목적불의 멸실 또는 손상만을 담보한다.

둘째, 협회동맹파업약관상의 면책위험은 제3조 및 제4조에 규정되어 있다. 이 면책의 내용은 다음의 두 가지 면책위험이 추가되는 점을 제외하고 협회전쟁약관상의 면책위

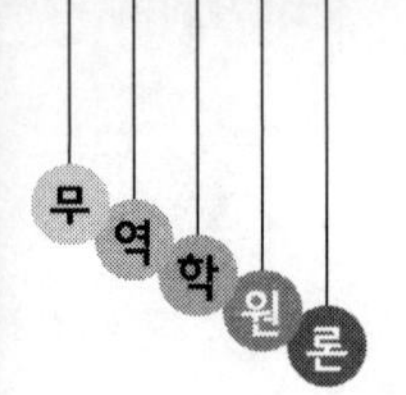

험과 동일하다. i) 동맹파업·직장폐쇄·노동분쟁·폭동 및 소요로부터 발생한 모든 종류의 노동력의 결핍·부족 또는 공급방해로 발생한 멸실·손상 또는 비용을 보험자의 면책으로 규정하고 있다. 이것은 이러한 동맹파업 등이 발생하면 선적지연 등으로 운송지연 등의 문제가 발생되어 비용이 발생하기 때문에 보험자의 면책으로 규정한 것이다.

ii) 전쟁·내란·혁명·모반·반란 또는 이로 인하여 발생한 국내투쟁 혹은 교전국에 의하여 또는 교전국에 대하여 행해진 적대행위로 인하여 발생한 멸실·손상 또는 비용을 보험자의 면책으로 규정하고 있다. 이 위험을 협회동맹파업약관에서 보험자의 면책위험으로 추가시킨 것은 협회전쟁약관에 의해서만 담보가 가능하다는 것을 주지시키기 위한 것이다.

셋째, 협회동맹파업약관의 보험기간은 〈표 14-9〉에서와 같이 협회적하약관의 보험기간과 동일하다. 협회전쟁약관은 해상운송 중에서 발생하는 전쟁위험만을 담보하지만 협회동맹파업약관은 전운송기간에 적용되기 때문에 육상의 창고에서 발생하는 동맹파업위험도 담보한다.

4) 확장담보조건

(1) 내륙운송확장담보조건

내륙운송확장담보조건(Inland Transit Extension : ITE)은 육상운송 중의 위험을 적하보험증권에서 추가로 담보하는 조건이다. 예를 들어 보험증권 상 부산에서 LA까지 부보하면 화물이 LA까지 담보되지만 이를 NY까지 추가 담보하기 위해서는 내륙운송확장담보건(ITE)조건을 특약담보하면 된다.

(2) 내륙보관확장담보조건

내륙보관확장담보조건(Inland Storage Extension : ISE)은 통상적인 운송과정에서 중간창고나 보세창고 보관 중의 위험을 적하보함 증권에 명시된 기간(수출은 모선으로부터 하역 후 60일, 수입은 최종 도착항 하역 후 30일) 이상으로 연장할 경우 담보하는 조건이다.

3.4 보험금 청구

피보험자의 보험회사에 대한 보험금청구의 절차에 관해서는 중요약관에 규정되어 있으며 중요약관은 피보험자의 주의를 환기시키기 위해서 협회적하약관에 근거한 보험증

권의 표면에 인쇄되어 있다. 이 중요약관에 따라 피보험자는 제일 먼저 보험자에게 손해의 통지를 해야 한다. 손해의 통지는 신속하게 전화나 팩스로 행하나 후일에 서면으로 대치하면 된다.

도난, 발하, 미도착의 경우에는 보험기간 종료 후 10일 이내에 손해발생의 통지를 해야 한다. 손해의 증명방법은 미도착이나 부족손해의 경우에는 선적서류의 비고란에 이에 대한 증명을 받아 놓는 것으로 족하며, 무고장선하증권이 발행되어 있으면 원칙적으로 구상이 가능하게 된다.

이와 동시에 전문 감정인에 의한 손해수량, 손해정도, 손해액, 손해발생장소, 원인 등을 감정시켜서 손해조사보고서를 작성해 놓으면 된다. 화물적재본선이 항해 중에 풍랑에 의해서 선체가 심하게 흔들리거나 갑판 위에 파도가 부딪친 경우, 선장은 황천의 사실을 관할관청에 보고해서 그 확인을 받게 되어 있으며, 이를 해난보고서라고 한다.

이 해난보고서의 목적은 선체나 화물에 손해가 발생했어도 그것을 황천에 의한 것이지 선장의 과실이나 태만에 의한 것이 아니라는 사실을 주장하려는 데 있다. 이 해난보고서가 그대로 인정되는 것은 아니나 손해가 황천에 의한 것이라는 인과관계가 증명에 중요한 단서가 되고 있다. 그리고 해상사고에 의한 적하보험의 구상절차는 다음의 〈표 14-10〉과 같다.

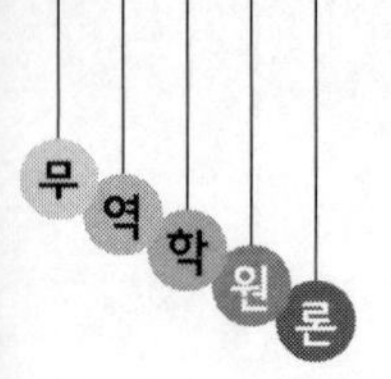

〈표 14-10〉 적하보험의 구상절차

구 분	클레임절차
피보험자의 클레임 통지 및 손해방지 · 경감	손해발생 즉시 보험자에게 클레임통지(claim notice)하고 운송회사도 클레임을 제기하며 화물의 손해방지 · 경감 조치를 해야 함
보험자의 클레임 임시접수 및 손해검정인 지정	피보험자로부터 클레임을 통보받은 보험자는 클레임을 임시로 접수하고 손해검정인(Surveyor)를 지정하여 손해조사를 하도록 함
피보험자 및 보험자의 정식 클레임 신청 및 접수	피보험자는 surveyor의 손해조사결과에 따라 다음과 같은 서류를 구비하여 정식 클레임신청을 하고 보험자는 클레임을 정식으로 접수함 클레임 신청서 구비서류 • Letter of Claim(보험금 청구서한) • Insurance Policy(Original)(보험증권원본) • B/L(분손시는 사본, 전손시는 원본) • Commercial Invoice(상업송장 사본) • Packing List(포장명세서 사본) • Sea Protest(해난보고서) • Letter of Abandonment(위부장 : 추정전손시) • Letter of Claim against Carrier and Their Replay(운송인에 대한 클레임 청구서 사본 및 이에 대한 회신)
보험금 수령	보험자는 상기 클레임 신청서류를 검토하고 담보위험으로 인한 손해일 경우 보험금을 지급하고 피보험자를 대위하여 운송인 등으로부터 지급보험금을 회수(recovery)함

자료 : 남풍우, 무역상무론, 두남, 2002. p.470.

제15장 | 무역분쟁과 해결

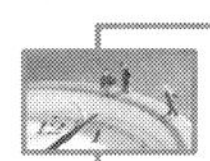 제1절 … 무역클레임의 발생

1.1 무역클레임의 의의

클레임(claim)의 원래 의미는 당연한 권리를 요구, 청구 또는 주장할 수 있는 것을 말하지만 무역거래에서의 클레임(claim)은 매매당사자 간의 어느 일방이 매매계약 내용을 불이행함으로써 상대방에게 손해를 입힐 때, 손해를 입은 당사자가 상대방에 대하여 손해배상을 청구하는 것을 말한다.

클레임의 대부분은 상품의 품질, 선적지연, 선적 불이행 등을 이유로 수입업자가 수출업자에게 제기하는 경우이고 수출업자가 수입업자에게 제기하는 클레임은 대금결제와 관계되는 것 외에는 별로 없다.

무역거래에서 클레임은 발생하지 않도록 예방하는 것이 최선책이겠지만, 경미한 하자나 구실을 잡아 고의적으로 Market Claim을 제기하기도 한다. 이러한 경우의 주요 내용은 가격인하, 배상금 등의 금전적 요구, 계약해지, 화물의 반송 또는 교환 요구 등이다.

1.2 무역클레임의 청구내용

무역클레임의 청구내용은 금전의 청구, 금전 이외의 방법에 의한 손해배상의 청구 또는 양자를 합해서 청구하는 것으로 구별할 수 있다.

첫째, 금전의 청구는 ① 대금지급의 거절, ② 손해배상금 청구, ③ 해약변상금 청구, ④ 대금감액의 청구 등이 있다.

둘째, 금전 이외의 청구로는 ① 잔여계약의 해제, ② 계약이행의 청구, ③ 물품의 인수 거절, ④ 대체품의 청구, ⑤ 부족분의 추가송부 등이 있다.

셋째, 양자를 합하여 클레임을 청구하는 경우로 ① 대체품을 송부하되 판매기회(商機)를 놓치는 경우, ② 현지의 수요자에 대한 인도지연에 따른 과징금을 손해배상금으로 함께 청구하는 경우 등이다.

제2절 … 무역클레임의 종류

2.1 클레임의 발생원인에 따른 분류

1) 품질에 관한 클레임

품질불량(inferior quality), 품질상위(different quality), 규격상위(different specification), 등급저하(inferior grade), 손상(damage), 변질(deterioration), 변색(discoloration) 등이 있다.

2) 수량에 관한 클레임

적화부족(short shipment), 착화부족(short landing), 중량부족(under weight), 감량(diminution) 등이 있다.

3) 가격·결제에 관한 클레임

초과지급(over payment), 대금미지급(non-payment), 수선비(repairing charge), 재포장비(repacking charge), 벌과금(penalty) 등이 있다.

4) 운송 및 인도에 관한 클레임

선적지연(delayed shipment), 선적불이행(non-shipment), 취급불량(bad handling), 적부불량(bad stowage), 환적(trans-shipment), 분실(missing), 유실(drifting away), 도난(pilferage) 등이 있다.

5) 포장에 관한 클레임

포장불량(inferior packing), 포장불충분(insufficient packing), 불완전포장(incomplete packing) 등이 있다.

6) 서류에 관한 클레임

송장과오(error in invoice), 기재사항상이(misdescription), 서류불비(lack of document) 등이 있다.

7) 기타의 클레임

신용장발행지연(delayed issue of L/C), 계약위반(breach of contract), 계약취소(cancellation of contract) 등이 있다.

2.2 클레임의 성격에 따른 분류

무역클레임은 매매당사자 간에 어느 일방의 과실이나 태만에 따라 계약을 위반하였을 때 발생되는 일반적 클레임과 고의적으로 가격을 깎는 구실로 트집을 잡는 마켓클레임(market claim)이 있다. 그리고 당초부터 계획적인 술책으로 클레임을 제기하는 의도적인 클레임이 있다.

1) 일반적 클레임

무역거래를 수수행하는 과정에서 발생하는 보통의 클레임으로서 거래 당사자 간의 어느 일방의 과실 또는 태만에 의하여 발생되는 수도 있고 제3자에 의하여 발생될 수도 있다.

2) 마켓클레임

마켓클레임(market claim)은 무역계약이 성립된 후 물품의 시세가 하락하는 경우에 수입업자는 자신의 손실을 보충할 목적으로 클레임의 대상이 되지 않을 정도로 경미한 과실을 트집 잡아 고의적으로 가격 인하를 요구하거나 물품 인수를 거부하는 것을 말한다.

3) 계획적 클레임

계획적 클레임은 거래 당사자의 계획적인 악인에 의한 것으로 매수인이 처음부터 교묘한 술책으로 수출업자가 계약을 이행하는 데 지장을 초래함으로써 발생하는 클레임이다.

제3절 … 무역클레임 해결

클레임이 발생하면 신속한 대응과 해결을 위하여 노력해야 하며, 그리고 당사자 간에 우호적인 협의에 의하여 해결하는 것이 바람직하다. 무역계약을 체결할 때 클레임의 해결에 관한 사항을 약정했을 경우에는 약정된 사항에 따르지만 그렇지 않은 경우에 클레임은 국제상관습, 국제규칙, 국내법 등에 따른다.

3.1 매매당사자 간의 해결

1) 클레임의 포기(waiver of claim)

클레임 청구액이 미미하고, 소액인 경우 가해자가 즉시 손해배상을 해 올 경우에는 클레임을 제기할 필요가 없으므로 피해자가 손해배상의 청구권을 포기하는 것을 말한다. 일방적으로 가해자에게 클레임 제기를 철회함으로 종료된다.

2) 타협(compromise)과 화해(amicable settlement)

매매당사자 쌍방간에 합리적인 선에서 타협을 통하여 클레임 청구내용을 합의하는 것을 의미하며, 타협은 양보와 화해를 통하여 이루어진다.

클레임의 해결은 가급적 쌍방간에 타협과 화해를 통하여 우호적으로 해결하는 것이 가장 바람직하다.

3.2 제3자를 통한 해결

만약 당사자간의 타협이 이루어지지 못할 경우에는 제3자를 통하여 알선이나 조정

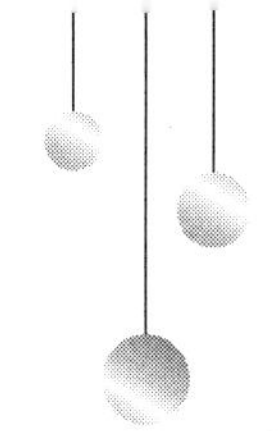

또는 중재 그리고 소송의 단계로 해결해야 한다.

1) 알선

알선(intermediation)은 공정한 제3자가 클레임에 개입하여 당사자간에 원만한 타협이 이루어지도록 조언함으로써 분쟁을 해결하는 방법이다.

일반적으로 클레임 해결을 위하여 당사자의 일방 또는 쌍방의 의뢰에 의하여 국제상업회의소(ICC : International Chamber of Commerce) 등 제3자적 기관이 개입하여 해결 상의 조언을 통하여 원만히 해결하는 것이 바람직한 방법이다.

그리고 알선은 쌍방의 협력이 있어야 하며 강제력은 없으나, 알선을 담당하는 공정한 위치에 있는 기관이 당사자에게 영향력을 가할 수 있는 경우에 성공하는 경우가 많다.

2) 조정

조정(conciliation)은 알선에 의하여 클레임이 해결되지 못하면 양 당사자가 공정한 제3자를 조정인(conciliator)으로 하여 조정인이 제시하는 해결안에 대하여 합의함으로써 클레임을 해결하는 방법이다.

조정은 중재의 전 단계로 중재기관을 이용할 수도 있지만 기타의 제3자적 기관에 의뢰할 수도 있다. 조정안에 의해 당사자가 수락하면 일단 구속력을 갖게 된다. 조정안의 수락여부는 당사자의 자유의사에 속한다.

만일 조정을 하는 데 있어 조정인의 선정일부터 일정기간 이내에 조정이 실패하면 조정절차는 자동적으로 폐기되고 중재의 단계로 넘어가게 된다.

3) 중재

중재(Arbitration)에 의한 클레임의 해결은 조정에서와 같이 당사자가 공정한 제3자를 중재인(arbitrator)으로 선정하여 중재인의 판정에 복종함으로써 클레임을 해결하는 방법이다.

중재로 해결하기 위해서는 매매당사자 간에 분쟁이 발생할 경우 중재로 해결한다는 중재합의를 사전 또는 사후에 하지 못하면 중재의 방법을 이용할 수 없게 되므로 반드시 분쟁의 발생시 중재에 의한다는 것을 합의해야 한다.

조정과 다른 점은 조정안의 수락여부는 당사자의 자유의사에 속하는 데 비하여, 중재의 경우에는 중재인의 판정에 복종해야 하며, 법원의 확정판결과 동일한 효력을 갖는다. 우리나라의 경우 대한상사중재원이 운영되고 있다.

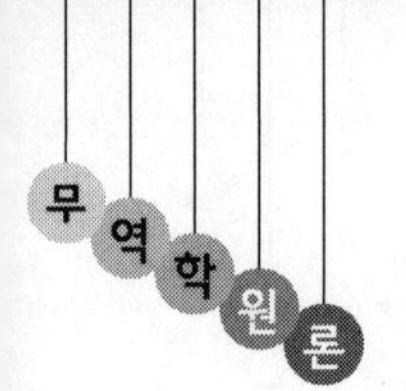

4) 소송

소송(litigation)은 중재의 단계 이내에서 클레임을 해결하지 못하면 최후 단계로 소송을 통하여 클레임을 해결할 수밖에 없다. 소송이란 국가기관인 법원의 판결에 의하여 강제적으로 분쟁을 해결하는 방법이다. 소송에 의한 클레임의 해결은 자국의 판결효력이 상대국에 미칠 수 없고, 강제집행 상에 많은 문제가 있으므로 상대국 법원에 제소해야 하는 문제 등 어려움이 많다.

따라서 소송에 따른 시간과 비용 그리고 인력낭비 등 부정적인 면을 고려하여 당사자 간의 원만한 타협에 의해 해결하거나 중재로 신속히 해결할 수 있도록 합의하는 것이 바람직할 것이다.

3.3 ADR[48]

1) ADR의 개념

ADR(Alternative Dispute Resolution)은 재판 외의 대체적인 분쟁해결제도를 말한다. 이는 무역거래를 비롯한 사적거래에서 발생하는 분쟁을 재판에 의하지 않고 다른 방법으로 해결하는 제도이다. 이 해결방법에는 알선, 조정, 중재 등이 있다. 일반적으로 소송의 경우에는 시간과 비용이 많이 들고 양당자자 간의 비밀이 공개되는 등 많은 문제점이 있다. 소송제도와 비교하여 ADR은 많은 장점을 지니고 있다.

첫째, 소송과는 달리 ADR은 변호사를 반드시 대리인으로 할 필요도 없으며 또한 일심으로 해결되는 경우가 많은 등 시간과 비용을 절감할 수 있다. 둘째, ADR에서는 절차가 공개되지 않기 때문에 개인의 비밀, 영업상의 비밀 등이 유지된다. 셋째, 분쟁당사자 간의 합의를 존중한다. 넷째, 해당 분야의 전문가들이 판정을 함으로써 전문성이 보장된다.

2) 온라인 ADR

온라인 ADR은 분쟁의 신청, 절차 진행 등 모든 과정에서 인터넷, EDI와 같은 정보통신기술을 이용하여 신속히 분쟁을 해결하는 제도이다. ADR은 그 자체로서도 소송에

48) 구종순, 전게서, pp.504~505.

비해 시간과 비용을 절약할 수 있지만 이를 온라인으로 처리함으로써 더욱더 신속히 분쟁을 해결할 수 있다.

기존의 ADR 업무처리는 분쟁 당사자들이 서면으로 신청서를 작성하여 이를 관련 기관에 우송하면 관련 기관은 그 내용에 따라 적합한 대응조치를 취하게 됨으로써 다소 시간이 소요되는 경향이 있다. 그러나 온라인으로 업무를 처리하게 되면 분쟁당사자들은 인터넷을 이용해 분쟁을 신청하고 답변서를 제출함으로써 분쟁해결이 신속히 진행될 수 있다.

그 동안 온라인 ADR은 소규모의 전자상거래 분쟁 등에서 이용되었는데 오늘날에는 지적재산권의 분쟁, 명예훼손, 프라이버시 분쟁, 국제상사분쟁 등에서 많이 이용되고 있다. 특히 인터넷에 의해 시간과 국경을 초월하여 분쟁을 해결할 수 있어 무역거래에서도 유용하게 활용될 수 있다.

따라서 우리나라의 대한상사중재원에서도 기존의 업무를 온라인 등으로 처리할 수 있도록 사이버 분쟁서비스체제를 구축하여 활용하고 있다. 현재 사이버알선, 상담의 신청, 사이버조정, 사이버중재 등 온라인 ADR 서비스를 실시하고 있다.

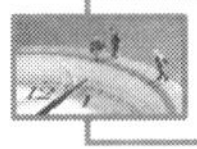

제4절 … 클레임의 제기

4.1 클레임의 제기절차

수출입거래에서 손해를 입은 경우 당사자는 손해를 입힌 상대방에게 무역클레임을 제기한다. 클레임을 효율적으로 처리하기 위해서는 상호 계약서에 중재조항을 삽입한다.

무역클레임은 외국거래 선과는 물론 국내업자와의 거래에서도 계약서에 중재조항을 삽입하게 되면, 대한상사중재원이나 외국 중재기관의 중재판정에 의하여 손해를 배상받을 수 있게 된다.

중재절차는 당사자들이 상호 원만하게 해결할 수 없는 사안에 대해서는 대한상사중재원의 중재규칙에 따르기로 계약서에 명기되어 있는 경우에 한하여 동 중재원의 중재절차에 의거하여 문제를 해결하게 된다.

4.2 클레임 제기시의 구비서류

무역클레임을 제기하고자할 경우에는 반드시 다음의 구비서류를 작성하여 상대방에게 제출해야 한다.

① **클레임 사실진술서** : 법적 문서로서 간단하고 명료하게 구체적으로 기술해야 하며, "언제, 어디서, 누가, 무엇을, 왜, 어떻게" 의 6하 원칙으로 기재한다.

② **청구액에 대한 손해명세서** : 손해액과 제비용(운송료, 관세, 창고료, 은행이자, 검사료 등)

③ **손해액과 제비용을 입증하는 자료** : 영수증, 지불증명서 등

④ **검사보고서(survey report)** : 품질 및 색상 상이, 성능미달, 수량부족 등일 때 반드시 첨부(SGS 등 국제공인기관의 보고서)한다.

⑤ **기타** : 이 거래가 틀림없는 것이라는 것을 입증할 수 있는 계약서, B/L, L/C 등을 첨부한다.

4.3 무역클레임을 제기 받은 경우 유의사항

① 본인이 클레임의 책임 당사자인지 여부, ② 납품 후 적법한 기간 내에 청구된 것인지 여부, ③ 하자를 입증하는 객관적인 증빙서류의 제시 여부, ④ 물품검사는 공인검사기관에서 합리적인 기간 내에 되었는가의 여부, ⑤ 하자의 정도가 계약상, 거래관례상 허용비율을 초과하는지 여부, ⑥ 손해청구액은 합리적 산출 근거에 의하여 타당성이 있는지의 여부, ⑦ 당해 계약의 특성이 충분히 감안되었는가의 여부, ⑧ 계약조건의 미비에 의한 것이 아닌가의 여부

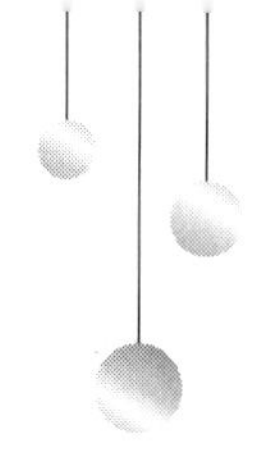

4.4 중재절차 과정도

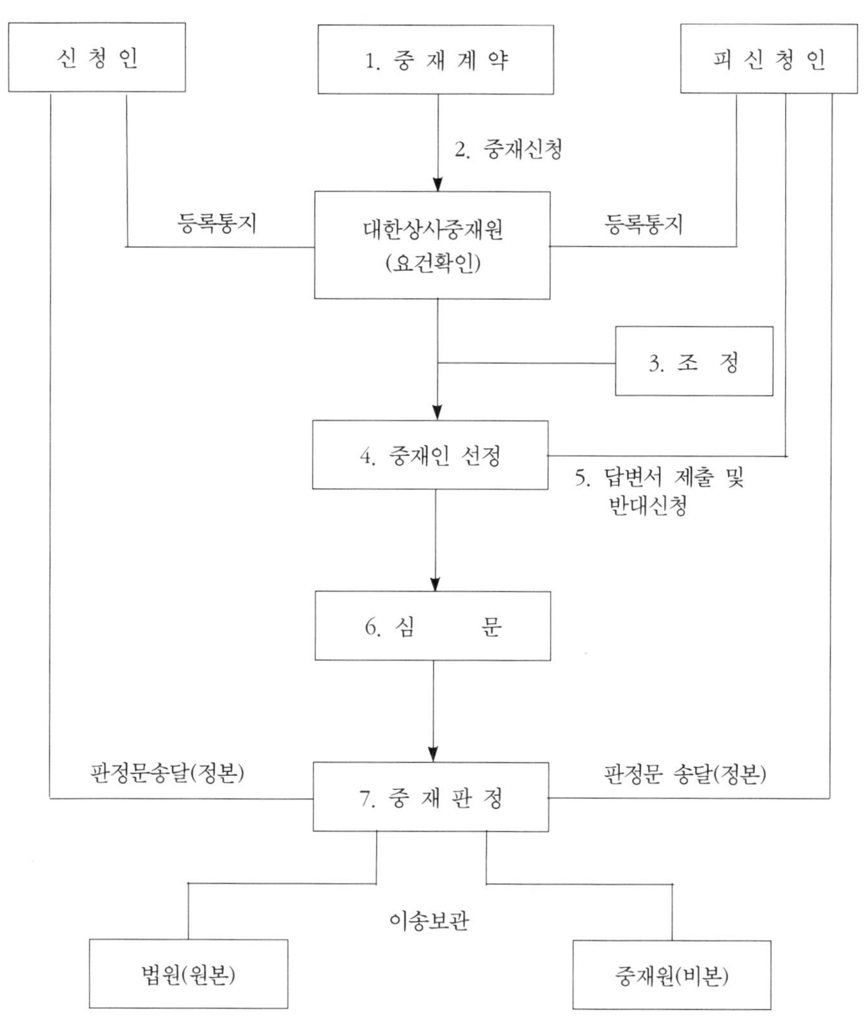
신 청 인
1. 중 재 계 약
피 신 청 인
2. 중재신청
등록통지
대한상사중재원
(요건확인)
등록통지
3. 조 정
4. 중재인 선정
5. 답변서 제출 및
반대신청
6. 심 문
판정문송달(정본)
7. 중 재 판 정
판정문 송달(정본)
이송보관
법원(원본)
중재원(비본)

제16장 | 무역자동화와 인터넷 무역

제1절 … EDI의 개요

1.1 EDI의 의의와 효과

1) EDI의 의의

EDI(Electronic Data Interchange)란 전자문서교환 또는 전자자료교환이라 하며 서로 다른 기업 또는 조직 간의 거래를 위하여 인편이나 우편을 이용하지 않고 통신회사를 개입시켜 표준적인 규약에 따라 표준적인 양식으로 된 전자서류를 컴퓨터로 교환·통신하는 정보전달방식이다.

즉, EDI란 표준화된 기업 간 거래서식 또는 기업과 행정 기관간의 행정 서식을 데이터 통신망을 통하여 표준화된 전자문서의 형태로 컴퓨터와 컴퓨터 간에 교환하여 신속, 정확하게 업무를 처리하는 정보전달 방식이다. 따라서 EDI는 수출입에 관련된 각종 행정 및 상거래 서류를 표준화함과 동시에 이를 전산화하여 일정한 요건을 갖춘 무역업자는 누구나 접속하여 종이서류 없는 무역(paperless trade)을 지향하고 있다.

기존의 종이서류를 이용한 무역업무 처리방식은 동일한 정보를 반복하여 재입력하고 이를 직접 거래 상대방에게 전달하거나 우편 혹은 FAX 등을 통하여 송신함으로써 업무처리 시간의 지연, 데이터의 정확성 결여, 인력낭비 등 많은 문제점을 내포하고 있다.

EDI가 도입되면 발신인은 수신인에게 데이터 통신망을 통해 표준 전자문서를 전송하게 되고, 수신인은 전자문서를 접수하여 발신인의 의사를 이해하고 그에 상응하는 조치를 취하게 되므로 번거롭게 종이에 의존하지 않고도 거래 당사자들과 거래에 관련된 업무를 수행할 수 있다.

이와 같이 EDI를 이용하게 되면 견적요청서, 견적서, 주문서, 송장 및 지급요청서 및

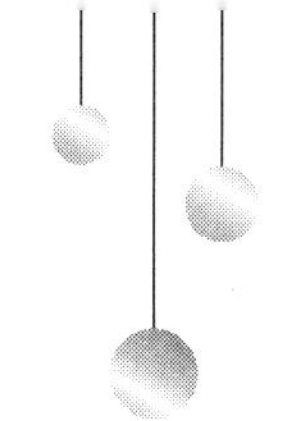

각종 행정서류의 물리적 교환이 없어지게 되어 업무처리 시간의 단축뿐만 아니라, 데이터의 재입력 과정에서 발생하는 오류 발생을 방지할 수 있게 되어 기업의 경쟁력 강화에 크게 기여하게 될 것이다.

2) EDI에 의한 무역업무처리체계

무역자동화시스템은 무역자동화사업자(KT-Net)가 수출입절차 전반에 걸쳐 중앙에서 무역업체와 무역유관기관을 유기적으로 연결하여 무역관련 각종 전자문서와 무역정보를 24시간 계속적으로 중계·전송하게 된다.

무역자동화시스템은 전자문서와 통신방법에 관한 국제표준을 따르고 있기 때문에 컴퓨터 기종에 상관없이 거래상대방과 정보교환이 가능할 뿐만 아니라 국가기간전산망, 기존의 민간 VAN은 물론 국제무역망과도 제약을 받지 않고 국내는 물론 외국과의 무역 업무를 컴퓨터에 의해 신속·정확하게 처리하는 것이 가능하게 된다.

3) EDI의 효과

(1) EDI도입의 기대효과

EDI의 도입목적은 불필요한 데이터의 재입력 방지뿐만 아니라 입력 오류방지, 데이터의 정확성 향상 등에 그 목적을 두고 있다. 기업의 EDI 도입에 따른 기대효과는 비용의 절감효과와 향후 정보화 사회로 나아가는 추세에 발맞추어 도입 기관의 정보화의 효과를 갖게 되는 것이다. EDI를 도입하여 얻는 효과를 직접적인 효과, 간접적인 효과, 그리고 조직의 전략적인 효과로 구분하여 살펴보면 〈표 16-1〉과 같다[49].

〈표 16-1〉 EDI도입의 기대효과

구 분	기 대 효 과
직접적인 효과	문서 거래 시간의 단축, 데이터의 재입력 방지, 업무 처리시간의 단축
간접적인 효과	재고감소, 고객 서비스 향상, 인건비 절감, 운송 비용 절감, 인력의 효율적 활용
전략적인 효과	거래 상대방과의 관계증진, 국제경쟁력의 강화, 다른 경영 관리 시스템과의 통합

49) 문희철·심상렬, 「무역자동화와 EDI」, 무역경영사, 1997, pp. 158~160.

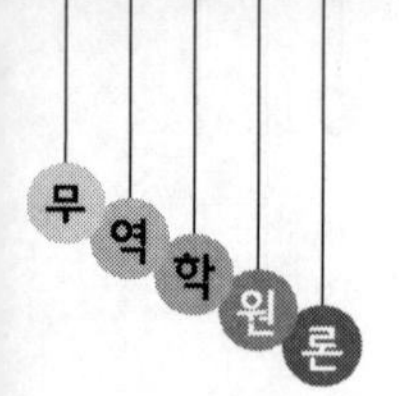

(2) EDI의 경제적 효과

① **시간단축** : EDI의 가장 큰 경제적 효과는 일반서류작성에 소요되는 시간의 단축이다. 일반서류는 작성을 할 때마다 오류가 발생할 수 있고 우송에도 시간이 많이 소요된다. 그러나 EDI에 의한 작업은 전자서류에 의한 것이므로 업무처리시간을 단축할 수 있다.

② **물류비용의 절감** : EDI의 활용으로 내부 업무처리에 효율성을 기할 수 있다. 그리고 중복업무를 제거할 수 있기 때문에 인력을 최대한 감축할 수 있다. 이에 따라 인건비를 절약할 수 있게 된다. 또한 서류의 재고를 줄일 수 있게 되어 물류비용의 절감효과를 가져오게 된다.

③ **고객서비스 향상** : EDI의 활용은 고객들이 요구하는 정보를 신속하게 제공할 수 있으며, 상품에 대한 정확한 정보를 수시로 제공할 수 있기 때문에 고객서비스의 향상이 이루어진다.

④ **경쟁력 강화** : EDI의 활용을 통하여 자료를 신속하게 전달할 수 있는 기반을 조성함으로써 경영합리화를 추구할 수 있게 되며, 정보제공의 신속성 및 정확성은 시장변화에 신속하게 대응할 수 있는 여건을 조성해 준다. 시장변화에 신속하게 대응할 수 있는 능력은 경쟁력을 강화시키는 요소가 된다.

1.2 EDI 표준

EDI 표준은 EDI 사용자간에 교환되는 전자문서의 내용과 구조, 통신 방식 등에 관한 규칙 및 지침으로서 이기종의 컴퓨터 간에 전자문서의 자유로운 교환을 보장하는 표준언어라고 말할 수 있다. 따라서 EDI 표준은 서로 다른 거래 상대방간 또는 이들의 내부 시스템 간에 전자문서교환이 가능하게 하는 핵심적인 역할을 수행한다. EDI 표준은 크게 용도별 표준과 사용 범위별 표준으로 분류할 수 있다.

1) 용도에 따른 구분

용도에 따른 EDI 표준은 다시 전자문서표준(Formatting standard)과 통신표준(Transport standard)으로 분류할 수 있다.

(1) 전자문서 표준

전자문서 표준은 다음과 같은 항목을 포함하고 있다.

① 전송가능 한 문서의 종류, ② 전자 문서에 포함도어야 할 정보, ③ 자료의 항목별 배열 순서, ④ 자료의 각 부분의 의미, ⑤ 사용할 정보 형식(숫자, 식별 코드 등)이 있다.

(2) 통신표준

통신표준은 정보를 송수신하기 위한 방식에 대한 표준으로 다음과 같은 항목이 포함되어 있다.

① 이용하는 전자 봉투(envelope)의 형태, ② 전송속도와 전송방식, ③ 사용 가능한 네트워크와 서비스 수준, ④ 가능한 통신 수단이 있다.

2) 사용범위에 따른 구분

EDI 표준을 다시 사용범위에 따라 분류하면 특정 기업의 전용표준 또는 사설표준과 여러 기업이나 산업을 혹은 여러 국가 사용자들이 같이 사용할 수 있는 공통표준으로 분류할 수 있다. 공통 표준은 다시 산업표준, 국가표준, 국제표준으로 분류할 수 있다.

(1) 사설표준

사설표준은 특정 기업에서 자신의 거래처들과 문서들을 전자적으로 교환하기 위해 개발하는 표준 양식으로 특정 거래 기업들만이 사용하는 표준으로 전용표준이라고도 한다. 대표적인 예로는 미국의 K-Mart나 Wall-Mart 등에서 개발한 표준을 들 수 있으며 국내의 자동차 업계, 철강업계 등에서 사용하는 표준도 사설표준에 속한다.

(2) 공통표준

① **산업표준** : 산업표준이란 하나의 업종에서 여러 기업체들이 서로 거래하는데 사용하는 표준으로 미국의 운송업계에서 개발한 TDCC(transportation data coordinating committee) 표준이 대표적인 예로 TDCC 표준은 항공, 철도, 육상, 해운 업계의 전자문서 교환에 널리 사용되고 있다.

② **국가표준** : 국가 표준은 산업간 EDI 이용을 지원하기 위한 표준으로 미국의 ANSI X.12나 유럽의 GTDI가 대표적이다. ANSI X.12는 미국의 독립표준위원회(ANSI)가 제정한 것으로 EDI확산에 중요한 역할을 하였으며 현재 자동차, 은행, 항공산업, 제약, 정부기관 등 50개 업계에서 표준으로 채택하고 사용하고 있다.

③ **국제표준** : 국제간 거래를 위해서는 전 세계 모든 산업에 공통적으로 사용될 수 있는 국제 표준이 필요하다. 그 결과 유럽경제위원회에 의해 1986년에 국제 표준으로

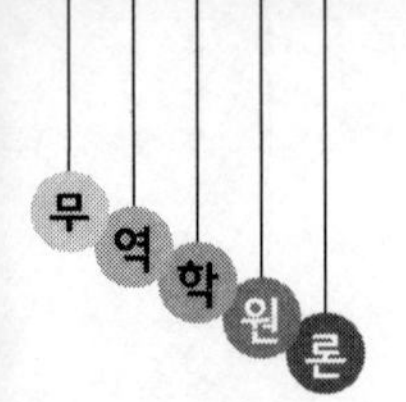

개발된 것이 EDIFACT(electronic data interchange for administration commerce and transport)이다. EDIFACT는 ANSI X.12와 GTDI를 통합하여 제정한 것으로 1987년에 UN에서 제정하고 국제표준화기구(ISO)에서 승인한 행정, 무역 및 운송에 관한 EDI 국제표준이며 세계 각국이 EDI 표준으로 채택하고 있다.

지금까지 살펴 본 EDI 표준의 종류는 [그림 16-1]과 같다.

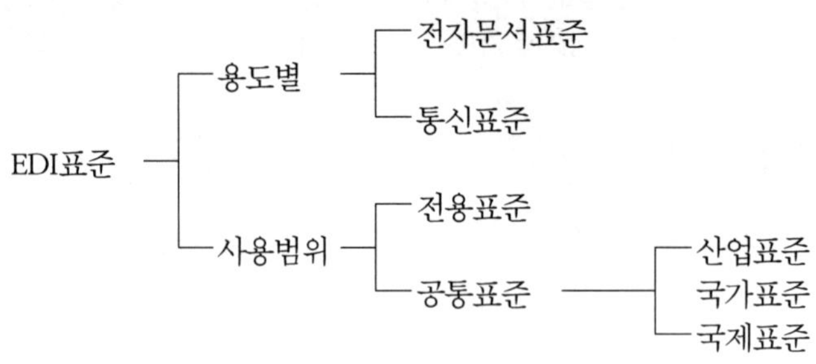

[그림 16-1] EDI 표준의 분류

1.3 EDI 네트워크

EDI 문서는 다양한 형태의 통신 매체를 통하여 전송할 수 있는데 대표적인 통신 매체로는 전통적인 사설망(private network)이나 부가가치 통신망(VAN : value-added network), 그리고 최근의 인터넷을 통해 전달할 수 있다.

1) 사설망(private network)

사설망은 거래 당사자 간에 모뎀이나 전용회전 혹은 공중 전화망을 이용하여 전자문서를 교환하는 방식이다. 사설망을 이용하여 전자문서를 교환하기 위해서는 송신자 측은 모뎀을 이용하여 수신자 측에 접속하고 수신자 측은 항상 송신자 측이 접속할 수 있도록 컴퓨터를 개방하고 있어야 하며 송신자와 수신자 측은 통신 규약뿐만 아니라 EDI 표준간의 변환기능도 동일해야 한다. 또한 사설망을 이용하는 경우에는 거래 상대자가 늘어나면 그 만큼 통신 규약의 종류가 늘어남은 물론 전자문서의 종류와 전송시간의 조절 문제로 업무가 복잡해져 효율성이 떨어지게 된다.

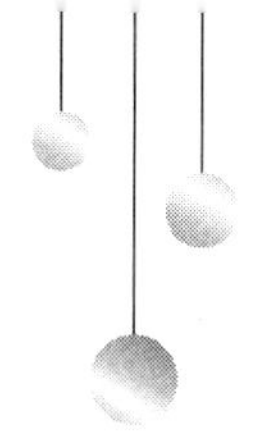

2) 부가가치통신망(VAN)

VAN(value added network)이란 제3자 서비스라고도 하며 단순한 전송 이외에 정보의 축적, 가공 및 변환 처리 등을 통해 부가가치서비스를 제공하는 정보통신망을 말하며 EDI는 VAN를 이용한 부가가치서비스의 일종이다. VAN이 출현하게 된 배경은 컴퓨터 활용이 보편화되면서 기업 내부의 데이터 처리뿐만 아니라 거래 관련 기업들과 정보를 상호 교환하고 공유하기 위해서이다. 또한 분산처리 시스템이 발달함에 따라 서로 다른 다양한 컴퓨터들을 접속하기 위한 공통 프로토콜의 사용이 절실하게 대두되었으며 VAN은 이와 같은 단순한 데이터의 송수신이나 다양한 컴퓨터의 접속뿐만 아니라 전자우편함 기능, 데이터베이스관리, 고객관리 등과 같은 다양한 서비스를 제공하고 있다.

VAN은 통신처리방식에 따라 실시간(real time)처리형과 축적전송(store & forward)형 VAN으로 나눌 수 있다. 실시간 처리형 VAN은 데이터를 즉시 처리하여 응답해 주어야 하는 항공예약, 신용카드조회 등의 업무에 적용되고 축적 전송형 VAN은 전자우편, EDI 등과 같은 데이터를 송신자 측의 전자우편함에 일시적으로 저장하였다가 전송하는 업무에 이용된다.

3) 인터넷(Internet)

1969년 ARPA에 의해서 구축된 분산 과학 네트워크인 ARPANET에서 발전된 인터넷은 패킷 교환이라는 새로운 통신기술에 기반을 두고 있다. 초기에 ARPANET는 단지 4개의 연구소만이 사용하였지만, 곧 전자우편, 원격 데이터베이스, 전자 게시판 등과 같은 새로운 응용 프로그램의 제공으로 수십 개의 대학과 기업에 빠르게 확산되었다. 이와 동시에 TCP/IP(transmission control protocol/internet protocol) 프로토콜이 개발되었고 TCP/IP는 곧 학계와 일반단체에 널리 유행하게 되었으며, 1980년 말에는 수십만 개의 컴퓨터와 수천 개의 네트워크가 인터넷에 접속하기 위해 TCP/IP를 사용하였다.

(1) 전용 접속

인터넷 서비스 제공업체로부터 전용선을 임대하여 사용하는 방식으로 회선속도에 따라 56Kbps, 1.5Mbps(T1), 45Mbps(T3)로 분류되며, 인터넷을 폭넓게 사용하고 높은 대역폭으로 운영되어야 하는 전용호선이 필요한 사용자에게 적합한 방식이다. 전용선 접속에서는 SMTP 프로토콜이 거래 당사자의 시스템에 전자 우편을 직접적으로 보내기

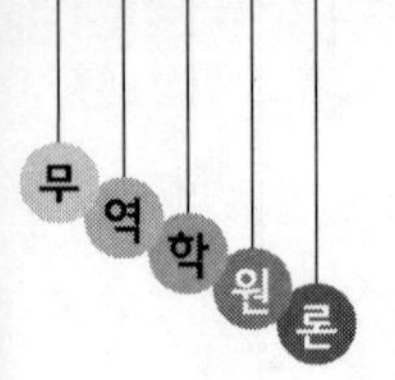

위해 일반적으로 사용되어진다.

(2) ISDN(integrated service digital network)접속

ISDN 접속은 기존의 전화선이나 모뎀을 사용하여 고속의 디지털 데이터를 전송할 수 있는 방식으로 회선 속도는 보통 64Kbps~128Kbps가 제공된다.

(3) 다이얼 업 쉘 계정(dial-up shell account)

다이얼 업 쉘 계정에서는 개인용 컴퓨터를 가지고 있는 단일 사용자가 인터넷 서비스 제공업자의 컴퓨터에 직접 접속하여 전자우편, 뉴스와 같은 응용 프로그램을 이용할 수 있으나 웹 브라우저를 수행할 수 없다.

(4) SLIP(serial line IP) 혹은 PPP(point to point IP) 계정

SLIP/PPP 계정은 다이얼 업 쉘 계정 접속과 같이 전화망을 통하여 전자메일, 뉴스, 파일 전송, 그리고 웹 브라우저와 같은 응용 프로그램들을 이용할 수 있다. 또한 SLIP/PPP 접속은 응용 프로그램들이 직접적으로 결합되므로 어떠한 TCP/IP 기반의 고객 응용 프로그램도 사용이 가능하다.

제2절 … 무역자동화

2.1 무역자동화의 의의

1) 무역자동화의 의의

무역자동화(trade automation)는 수출입에 관련된 무역거래절차를 전자문서의 형태로 전환하여 시간과 경비를 절약하는 체제이다. 무역자동화는 정부정책의 지원 하에 무역업체와 관련기관들이 참여하는 시스템을 구축하여 경쟁력을 제고시키는 데에 의의가 있다.

그리고 Incoterms 1990에서는 이미 EDI에 의한 서류의 사용을 규정화하고 있으며 무역자동화는 무역비용 및 시간의 절약하고 물류활동의 지원 및 무역자동화는 계속 증대될 것이다.

2) 무역자동화의 전자문서

(1) 전자문서의 표준화

EDI를 활용한 무역자동화는 표준전자문서의 개발을 시발점으로 하고 있다. EDI에 필요한 전자문서의 표준화를 위하여 한국 EDIFACT위원회(KEC)가 활동하고 있다.

현재까지 수출입관리상의 전자문서 표준화, 외환거래에서의 전자문서 표준화, 통관절차에서의 전자문서 표준화, 운송계약에서의 전자문서 표준화, 무역보험계약에서의 전자문서 표준화 등이 이루어졌다.

(2) 무역관련 서류전송과 출력

무역자동화와 관련한 서류는 각 무역이행단계에 필요한 전자문서별로 취급방법이 다르다. 그런데 전자문서 표준화 계획에 의하여 관련기관들이 전자문서를 개발하면 전자문서로 전송해야 한다. 무역관련 전자문서는 법에서 정하고 있는 보관기간을 준수해야 한다. 만약 전자서류가 원본임을 증명할 필요가 있게 되면 무역시스템에서 출력한 서류가 원본임을 증명한다는 서명이나 표시를 하면 된다.

전자문서는 각기 규정된 서식의 형태로 출력하게 된다. 무역업자가 무역시스템에서 출력한 전자문서를 무역관련 기관에 제시할 때는 해당 문서가 무역업무자동화 촉진에 관한 법률에 의하여 발행된 것이며, 위조 내지 변조시에는 법에 따른 책임을 준수할 것이라는 취지의 내용이 각인된 적색고무인을 날인한다.

전자문서를 인쇄할 때 한 면을 넘길 때는 첫 면 하단 중앙에 그 면의 일련번호를 인쇄하고, 마지막 면에는 일련번호 우측 옆에 마지막임을 표시하는 '끝'이라는 낱말을 인쇄한다.

2.2 수출입 단계별 무역자동화

1) 신용장 내도와 EDI

(1) 신용장 통지절차

과거에는 신용장이 내도되면 은행에서 직접 수령하는 것이 관례였다. 그러나 무역자동화에 의하여 외국에서 세계은행간 지급결제정보망(society for worldwide interbank financial telecommunication : SWIFT)에 의하여 신용장을 접수한 은행은 신용장통지서 전자문서인 ADV700으로 변환하여 수출업자에게 전송하게 된다.

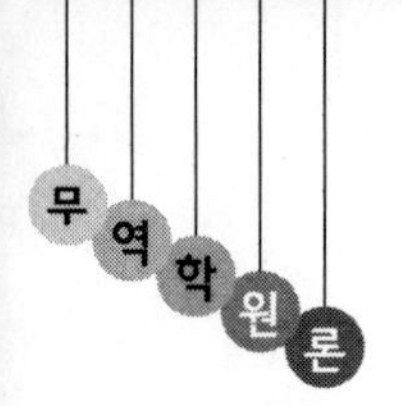

외국에서 SWIFT 의하여 신용장이 내도되면 통지은행은 ADV700을 한국결제정보망(korea financial telecommunication : KFTC)과 한국무역정보통신(korea trade network : KTNET)를 경유하여 무역업자에게 전송하는 것이다. 물론 수출신용장통지서 ADV705, 신용장조건변경통지서 ADV707의 경우도 마찬가지이다.

(2) 신용장관련 업무절차 개요

① **무역자동화에 의한 신용장 개설 및 조건변경 절차** : 무역자동화에 의한 신용장 개설 및 조건변경 절차의 개요는 다음과 같다. '무역업자 EDI System ⇒ 한국무역정보통신(KTNET) ⇒ 금융결제원 EDI System ⇒ 온라인 EDI System ⇒ KTNET System ⇒ SWIFT System ⇒ 정보계 System ⇒ 외환온라인 System 또는 은행영업점 온라인 단말기 ⇒ 해외은행'의 절차를 거치게 된다.

② **무역자동화에 의한 수출신용장 통지 절차** : 무역자동화에 의한 수출신용장 통지절차의 개요는 다음과 같다. '해외은행 EDI System ⇒ SWIFT System ⇒ 온라인 EDI System ⇒ 금융결재원 EDI System ⇒ 한국무역정보통신(KTNET) ⇒ 무역업자 EDI System'의 과정을 거치게 된다.

③ **무역자동화에 의한 내국신용장 개설 및 조건변경 절차** : 무역자동화에 의한 내국신용장 개설 및 조건변경 절차의 개요는 다음과 같다. '무역업자 EDI System ⇒ 한국무역정보통신(KFNET) ⇒ 금융결제원 EDI System ⇒ EDI System ⇒ 한국무역정보통신(KTNET) ⇒ 외환온라인 단말기 또는 은행영업점 단말기'의 과정을 거치게 된다.

2) 수출입 승인과 EDI

(1) 수출입 승인과 절차

수출승인은 은행에서 승인하는 경우, 수출추천기관에서 승인하는 경우, 수출추천기관에서 추천을 받고 은행에서 승인하는 경우 등에 따라서 EDI 전자문서 표준이 다르다.

수입승인은 은행의 내수용 수입승인, 추천기관의 추천 후 은행의 내수용 수입승인, 은행의 외화획득용 원료 수입승인, 추천기관의 추천 후 은행의 외화획득용 원료 수입승인 등에 따라서 EDI 전자문서 표준이 다르다.

(2) 수출입 승인절차의 개요

무역자동화에 의한 수출입 승인절차의 개요는 다음과 같다. '무역업자 EDI System ⇒ 한국무역정보통신(KTNET) ⇒ 금융결제원 EDI System ⇒ 한국무역정보통신(KTNET) ⇒

승인기관 정보용 단말기 및 EDI System'의 과정을 거치게 된다.

3) 수출통관절차

관세청 1995년 7월 1일부터EDI 수출통관 자동화 시스템의 구축하여 운영하고 있다. 수출업자가 세관에 가지 않고 EDI 수출통관 자동화시스템에 의하여 컴퓨터로 신고를 한 후 바로 선적할 수 있게 하였다. EDI 수출통관 자동화시스템에 의하여 수출통관절차가 '물품제조전 → 수출신고 → 선적'이라는 과정으로 간소화되었다. 즉 '무역업자 EDI System ⇒ 한국정보통신(KTNET) ⇒ 관세사 EDI System ⇒ 한국무역정보통신(KTNET) ⇒ 세관 EDI System'의 단계를 거쳐 수출통관절차를 종료하게 된다.

관세사를 통해 수출신고를 하는 경우에는 수출업자가 EXPERT(수출신고의뢰)와 KTNET를 경유하여 관세사에게 전송하면 된다. 관세사는 세관에 이를 전송한다. 세관은 이를 심사하여 EXPRESS(면허사항통보)를 관세사를 경유하여 무역업체에게 통보하게 된다. 관세사가 세관으로 전송하는 수출신고 전자문서는 CURSED이다. 수출면허는 CURES-BGM 1001=5AA(수출면허통보전자문서)로 전송한다.

4) 수입통관절차

관세청은 1996년 7월 5일부터 EDI 수입통관 자동화 시스템의 구축으로 수입통관절차 간소화에 착수하였다.

EDI 수입통관 자동화 시스템에 의하여' 입항 ⇨ 수입신고(입항전 사전수입신고 가능) ⇨ 반출 ⇨ 관세납부(사후관세납부 가능)'라는 과정으로 간소화되어 수입통관에 2~3일 정도의 기간으로 가능하게 되었다. 즉 '무역업자 EDI System ⇄ 한국무역정보통신(KTNET) ⇄ 관세사 EDI System ⇄ 한국무역정보통신(KTNET) ⇄ 세관 EDI System'의 단계를 거쳐 수입통관절차를 종료하게 된다.

세관에서는 EDI 수입통관 자동화 시스템 도입에 따라 선하증권에 대한 정보를 사전에 선박회사로부터 입수하여 화물이 신속하게 반출할 수 있도록 하고 있다. 또한 우범화물 선별제도의 운영으로 수입신고의 적정여부를 확인하는 절차를 두고 있다.

그리고 관세청은 전국의 세관과 검사·검역기관을 전산망으로 연결하고 있다. 수입업자는 수입물품이 항구에 들어오면 전산망을 통해 세관에 수입신고를 하고 해당 검사·검역기관에 검역신청을 하게 된다. 이후 세관과 검사·검역기관이 상호간에 통관내역과 검역내용을 전산체크하고 문제가 없으면 전산망을 이용하여 무역업체에 신고수리 사실

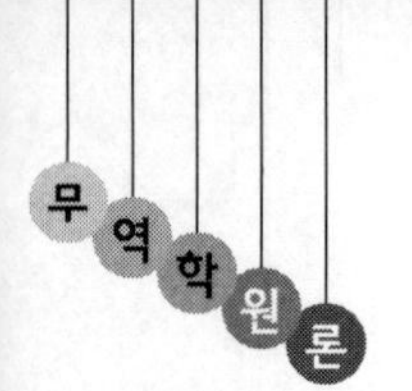

을 통보하게 된다. 이에 따라 농수축산물 및 가공식품 수입업자들은 세관이나 검사·검역기관에 서류를 가져가 제출할 필요 없이 통관을 마칠 수 있게 되었다.

5) 운송 및 물류계약과 EDI

(1) 물류업무 무역자동화의 의미

물류업무 무역자동화는 수출입화물의 선적 및 하역 운송보관 등과 같이 물류와 관련된 업무를 EDI방식을 이용해 처리하는 것이다. 운송회사들은 물류업무 무역자동화에 의하여 화물에 대한 정보를 신속하게 입수할 수 있게 된다. 더구나 항만의 사정 등을 신속하게 파악함으로써 물류비용을 절약할 수 있게 된다.

(2) 물류업무 무역자동화와 운송계약

무역업자가 운송계약을 체결할 때 EDI를 활용하면 선복의 수배에 있어 유리한 입장이 될 수 있다. 각 선사를 연결한 전산망을 통하여 보면 선복사항을 쉽게 판단할 수 있기 때문이다.

무역업자가 KTNET를 경유하여 SHPREQ(선적요청 전자문서)를 선박회사에 전송하면 선박회사는 검토한 후에, 무역업자에게 SHPRES(선적요청 응답전자문서)를 전송하게 된다. 이후 무역업자는 선적을 완료한 후 선박회사로부터 BLADVI(선하증권발행통지 전자문서)를 전송받게 된다. 수입업자는 항구에 화물이 도착하면 선박회사로부터 IFTMAN(화물도착 전자문서)을 전송받아 수입통관절차를 이행할 수 있다. 즉 '무역업자 EDI System ⇄ 한국무역정보통신(KTNET) ⇄ 운송회사 EDI System의 단계를 거치게 된다.

6) 무역보험계약과 EDI

보험계약을 체결할 때 무역업자는 EDI를 활용함으로써 시간과 경비를 절감할 수 있다. 무역업자가 EDI를 활용하여 APPCIP(적하보험약정 전자문서)를 KTNET를 경유하여 보험증권에 전송한다. 보험회사는 이를 검토한 후 부보화물에 대한 보험료를 산출하여 보험증권번호를 입력하고, CIPADV(적하보험발급통지 전자문서)를 KTNET를 경유하여 무역업자에게 전송하게 된다. 즉 '무역업자 EDI System ⇄보험회사 EDI System'의 단계를 거치게 된다.

7) 무역대금결제와 EDI

금융업무자동화(Financial EDI : FEDI) SMS 기업과 거래은행간 또는 은행과 은행간 거래정보를 전자문서로 교환하는 것이다. 즉 전자자금이체(Electronic Funds Transfer : EFT)와 은행간 지급결제정보교환 및 실행, 거래은행 상호간의 지급결제정보 등에 관한 사항들을 전자표준양식에 의하여 전자문서로 교환하는 것이다.

국제적으로 SWIFT를 이용하여 무역대금결제를 할 수 있게 되었다. 특히 SWIFT의 활용으로 주요 국제은행과의 접속이용, 국제간업무처리의 신속, 안전성과 보안 유지, 자동화를 통한 효율성 제고, 표준화를 통한 오류의 빈도 감소, 비용절감, 효율적 작업관리 등과 같은 효과를 볼 수 있다.

무역대금결제는 수출업자가 대금지급을 요구하면 은행간 출금지시 업무가 이루어지고 수입업자에게 지급이 결제되었다는 사실을 통보함으로써 종료하게 된다. 즉 '수출업자 ⇄ 한국무역정보통신(KTNET) ⇄ 국내은행 EDI System ⇄ SWIFT EDI System ⇄ 외국은행 EDI System ⇄ 수입업자 EDI System ⇄대금수취 및 지급 사실 통지 ⇄ 수입업자 EDI System'가 이루어지면 종결되는 것이다.

제3절 … 인터넷 EDI

3.1 인터넷 EDI의 정의

인터넷 EDI는 EDI 문서를 전송하는 통신 매체로 인터넷을 이용하는 EDI 시스템을 말한다. 인터넷을 이용함으로써 지역이나 업종 시스템에 구애받지 않고 사용자들이 EDI 문서를 교환할 수 있다. 또한 자체 네트워크를 구축하지 못한 사용자들도 손쉽게 EDI 문서를 전송할 수 있으며 빠른 시간 내에 거래관계를 체결할 수 있다.

지금까지 VAN을 기반으로 사용되었던 전통적인 EDI는 높은 초기구축비용과 비싼 통신사용요금, 접속의 제한 등이 수반되어 주도적인 기업을 중심으로 하는 한정된 그룹 내에서만 이용될 수밖에 없었다.

인터넷 EDI와 전통적인 VAN 중심의 EDI의 차이점은 첫째, 인터넷 EDI는 VAN을 경

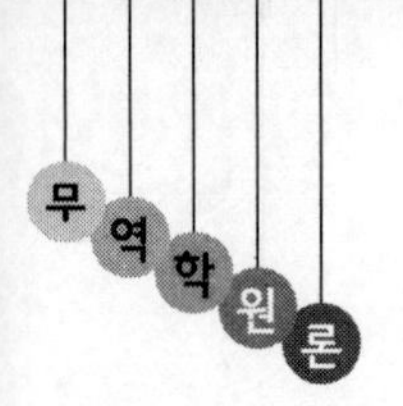

유하는 간접통신방식이 아니라 거래 당사자간에 인터넷을 통한 직접통신형태라는 점이다. 물론 인터넷을 이용하기 위해서는 인터넷 서비스 제공업자를 경유해야 한다는 점에서는 전통적인 EDI방식과 마찬가지로 간접통신방식이라 하겠지만 거래 당사자들은 ISP의 중개 없이 양자 간의 협정과 규약에 따라 자료 교환이 가능하다.

둘째, VAN EDI와 인터넷 EDI는 이용하는 네트워크의 성격이 명백히 구분된다. VAN EDI는 VAN 서비스 가입자들과 VAN 서비스 제공업자 간에 폐쇄된 네트워크를 사용하는 것이지만 인터넷 EDI는 개방형 네트워크인 인터넷을 사용하는 방식으로 인터넷을 사용할 수 있는 어떠한 사용자와도 전자문서 교환을 수행할 수 있다.

셋째, VAN EDI와 인터넷 EDI는 데이터 전송 방식으로 주로 전자우편을 사용하지만 봉인(Enveloping) 프로토콜은 서로 상이하다. 전통적인 EDI의 경우 MHS (Message Handling System)표준인 X.400/X.435 방식을 이용하지만 인터넷 EDI는 전자우편 전송 표준인 SMTP/MIME (Simple Mail Transport Protocol/Multipurpose Internet Mail Extensions)을 사용한다. 이에 따라 EDI 변환소프트웨어를 거쳐 생성된 EDI 표준 파일을 전자우편으로 전송하는 규약은 서로 다른 방식을 취하고 있다. VAN EDI와 인터넷 EDI의 계층 구조상의 차이점을 종합하면 〈표 16-2〉와 같다.

〈표 16-2〉 VAN EDI와 인터넷 EDI의 계층 구조간의 차이점

계 층	VAN EDI	인터넷 EDI
메시지 표준 계층	- EDI 표준문서(EDIFACT 혹은 ANSI X.12)	- EDI 표준 문서 - 전용 Flat 파일 - HTML 양식
봉인 계층	- X.400 표준 - 전용 봉인 방법	- SMTP/MIMEFTP - HTTP - 전용 프로토콜
전송 계층	- X25 패킷 스윗칭 N/W - 전용 프로토콜	- TCP/IP
물리적 계층	- 직접 접속 - 다이얼 업 회선 - 사설 망	- 인터넷 - 다이얼 업 회선

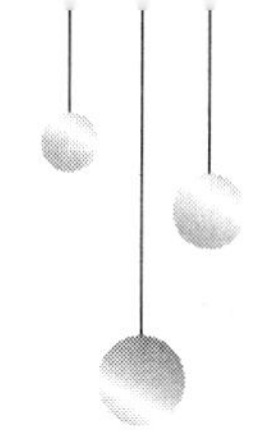

3.2 인터넷 EDI의 도입동기

1) VAN EDI의 문제점

1970년대 중반 이후 EDI가 도입된 후 지금까지 VAN을 이용한 EDI는 기업간에 발생하는 데이터 오류발생 문제, 종이 문서 교환에 따른 비용 문제, 기업간 전략제휴 등을 해결하는 수단으로써 자동차, 철강, 무역 등과 같은 특정한 산업 부문의 적용에 있어서 성공적이라 볼 수 있다. 그러나 VAN을 중심으로 이루어지는 전통적인 EDI 방식은 초기 구축비용이 높고, 시스템 구현상의 어려움과 높은 통신 사용료 때문에 주로 주도적인 기업을 중심으로 하는 한정된 그룹 내에서만 이용되어 오고 있는 실정이다. 이러한 VAN EDI가 직면하고 있는 문제점은 다음과 같다.

(1) 높은 통신비용

높은 초기 구축비용과 자료의 전송빈도와 전송할 데이터의 크기에 따라 요금이 부과되는 요금체계로 자료의 전송 빈도와 양이 많은 기업과 중소규모의 기업에게 비용부담이 된다.

(2) 제한된 접근성

VAN 서비스 업자가 제공하는 네트워크는 폐쇄적이며 비표준적인 인터페이스를 가지고 있어 신규로 발생되는 고객이나 거래처와 EDI를 연결하려 할 경우 시간과 비용이 많이 들기 때문에 거래 기업의 확대가 용이하지 않다.

(3) 축적전송방식에 따른 느린 자료전송속도

VAN EDI는 기본적으로 VAN 서비스 업자가 제공하는 전자사서함을 통한 축적전송방식을 통해 자료를 전송하게 되므로 신속한 데이터 교환이 필요한 기업에게는 적당하지 않다.

(4) 표준의 복잡성

복잡한 표준구조 때문에 기업별 혹은 산업별 내의 표준이 서로 다를 수 있어 EDI 데이터 교환에 어려움이 따른다.

2) 인터넷 EDI의 도입동기

VAN EDI의 문제점들을 해결하려는 방법으로 국내외의 많은 기업들이 인터넷 EDI

도입을 시도하고 있는데, 인터넷 EDI 도입의 가장 큰 요인은 통신비용 절감, 실시간 EDI의 필요성, EDI 시스템을 구축하지 못한 중소 규모의 거래업자들과의 용이한 접근성 등을 들 수 있다.

인터넷 EDI가 지니고 있는 장점은 다음과 같다.

첫째, 비용이 절감된다. 인터넷은 비상업적긴 네트워크이기 때문에 기존의 EDI를 이용할 경우 소요되는 전용선, 소프트웨어 설치비용, 송신료 등을 절감할 수 있다.

둘째, 접근이 용이하고 대상이 광범위하다. 기존의 EDI는 쇄형으로 가입자들 간에게만 정보처리가 가능했지만 인터넷은 개방형이기 때문에 사용자와 장소에 아무런 제한이 없다.

셋째, 편리한 사용자 인터페이스이다. 즉 GUI 기반의 사용자 인터페이스로 VAN EDI의 복잡한 인터페이스에 비해 일반적으로 사용자가 이용하기 쉽고, 이에 따른 사용자 교육의 편리성을 도모할 수 있다.

넷째, 업무간의 연계가 쉬운 편이다. 기존의 EDI로 거래되는 문서와 데이터는 직접적으로 타 업무에 재활용하기가 어렵고 추가적인 변환 프로그램이 있어야 한다. 그러나 인터넷 EDI는 사용자가 특정 문서의 구조를 만들어 사용할 수 있기 때문에 타 업무프로그램과의 연계가 쉽다.

우리나라는 정부의 정책에 의해 반드시 EDI로 처리되는 수출입통관 절차에 2004년부터 인터넷 EDI가 도입되어 기존의 방식과 병행하고 있다. 인터넷 EDI의 특성과 장·단점은 〈표 16-3〉과 같다.

〈표 16-3〉 VAN EDI와 인터넷 EDI의 특성 비교

비교 항목		VAN EDI	인터넷 EDI
비 용	구축비용	높다(변환 소프트웨어 가격이 높다)	구축방법에 따라 다르나 일반적으로 낮다
	통신비용	높다($ 0.23/Kbyte)	낮다($ 0.0044/Kbyte)
	운영비용	낮음	높다(보안서버 운영)
운 영	파일 재전송	가능	응용에 의존
	전송 지연	VAN과 VAN간에 Swtching시 발생 가능	전송하는 데이터 크기가 가장 큰 경우 가능
	파일보장	보장	보장되지 않음
	전송확인	가능	응용에 의존
	데이터 손실	가능성이 적음	가능

신뢰성	N/W 보안성	폐쇄적인 N/W로 보안 구현이 용이	개방형N/W로 보안에 취약
	파일 보안성	양호	취약
	데이터 변경	어려움	가능
접 근 성		접근이 어려움	용이함
사용자 인터페이스		복잡	GUI환경으로 용이함
장 점		축적된 기술로 인하여 시스템이 안정적이고 보안성이 강함	구축비용과 전송비용이 낮고 전송속도가 빠르다
단 점		구축비용과 통신비용이 높고 전송속도가 느리다	보안이 취약하고 발전단계의 기술로 시스템이 불안정함

제4절 … 인터넷무역의 이해

4.1 인터넷무역의 의의

1) 인터넷 무역의 의의[50]

인터넷은 TCP/IP 통신규약에 따라 전 세계를 하나로 연결하는 컴퓨터 통신망인 동시에 월드와이드웹(World Wide Web : WWW)을 통해 멀티미디어 데이터를 쌍방간에 실시간으로 주고받을 수 있다.

인터넷무역(internet trade) 또는 사이버무역(cyber trade)은 가상공간인 Internet을 통하여 국제간에 상품이나 서비스를 매매하는 것으로서 컴퓨터 통신망이 구성하는 가상공간 자체가 시장이고, Internet 접속 이용자가 고객이 되는 것이다. 이러한 거래는 물리적 공간으로서의 시장이 필요 없다는 점에서 전통적인 상거래와는 차이가 있게 된다.

Internet을 이용한 무역거래에서는 수출업자가 자기회사의 상품을 Web Site를 통해 Internet 시장에 내놓거나, 반대로 수입업자가 Web Site에 구매 Offer를 게시할 경우 수출입업자 상호간에 E-mail을 통하여 가격상담과 계약체결이 이루어지게 되는 것이다. Internet으로 무역을 할 경우 저렴한 비용으로 자사 상품의 광고와 새로운 거래선 발굴

50) http://www.samhwi.com.export/intrade.htm

이 용이하다는 점에서 큰 의의가 있다.

그러나 아직까지 전자결제 시스템의 미비, Network 인증기관의 문제, 수출입업체의 신용이나 거래내용의 보안유지 문제 등이 과제로 남아 있기 때문에 이에 대한 기술적인 보완이 필요하다.

2) 인터넷무역의 장점[51]

(1) 전 세계가 하나의 거대한 시장

Internet은 국가 간 장벽이나 지리적 제한이 존재하지 않는 Global Network이다. 따라서 국가 간의 장벽이 약화되어 가고 있는 추세와 더불어 기업활동의 무대를 세계로 넓힐 수 있는 좋은 수단이 된다.

(2) 거래처 발굴의 효율화 및 거래정보의 획득용이

Internet을 이용하면 훨씬 더 적은 비용으로 효율적인 거래처 발굴이 가능하다. 기존에는 거래처 발굴을 위해서 상공회의소 등 거래 알선기관에 의뢰하거나, 각종 디렉토리, 해외에서 배포되는 인쇄매체, 현지의 광고, 각종 박람회, 전시회의 참가 등을 이용하였다. 그러나 Internet에서는 각국의 정부와 무역 유관기관 그리고 개별기업들이 올려놓은 무역에 관련된 수많은 정보들을 Web Site를 통하여 쉽게 획득하여 사용할 수 있게 되었다.

(3) 중소기업에 성장기회 제공

Internet을 통한 거래는 기업의 규모나 인지도보다는 어느 기업이 소비자의 욕구를 충실히 반영할 수 있느냐에 달려 있다. 따라서 좋은 제품, 서비스 능력, 창의적·진취적인 자세만 가지고 있다면 중소기업에게도 성장의 가능성이 열려있는 시장이 된다. 또한 현지 지사 등 거점이 없어도 해외시장 개척이 가능하므로 시장을 확대시킬 수 있게 된다.

(4) 기업활동 비용의 획기적인 절감

Internet상에서 상품을 수출하는 기업의 경우에 판매상품에 대한 정보를 별도의 홍보전단으로 만들지 않고 Internet에 곧바로 전시할 수 있기 때문에 이에 따른 제품의 비용을 대폭 절감시킬 수 있다. Buyer들도 Internet을 이용하여 다양한 상품정보를 쉽게 얻을 수 있기 때문에 물품검색에 필요한 시간과 비용을 절약할 수 있게 된다.

---

51) http://www.samhwi.com.inmudong/data/3.htm

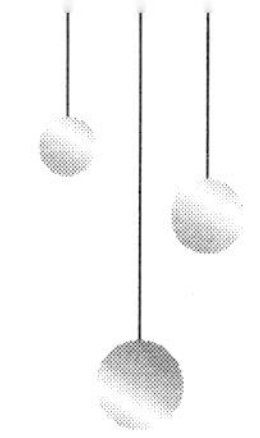

3) 인터넷무역의 특징[52)]

(1) 거대한 단일시장으로의 변화

이제까지 국가별로 독립적으로 운영되던 시장이 인터넷이라는 거대한 인프라에 의하여 단일시장으로 통합되고 있다. 이제 Internet이란 가상공간에 마련된 시장에서 누구나 값싼 양질의 상품과 서비스를 거래할 수 있게 되었다.

(2) 교역상품과 서비스 가격의 단일화 및 하락

인터넷에서는 전문 정보 검색엔진을 이용하여 특정상품을 어떤 나라의 어느 기업이 공급하고 있는지를 쉽고 빠르게 찾아 볼 수 있게 된다. 이 때 그 특정 상품을 필요로 하는 기업과 소비자들 간에 철저한 시장원리가 적용되어 가장 경제적이고 공정한 기준에 의한 거래가 이루어지게 된다. 따라서 인터넷에서는 가격구조가 평준화된 반면 제품차별화가 확고하게 나타나게 된다.

(3) 전 세계를 대상으로 한 글로벌 마케팅 활동

지금까지 막대한 비용 및 소비자 분석의 어려움 등으로 인하여 현대와 삼성과 같은 세계적인 기업들만이 세계시장을 상대로 광고 및 마케팅 활동을 할 수 있었다. 그러나 인터넷이라는 새로운 매체의 등장은 문자와 그림은 물론 음성과 동화상 등이 보다 다양하고 효과적인 방법으로 회사나 제품을 소개할 수 있게 되었다. 그리고 최소의 비용으로 시간의 제약이나 지면 공간의 제약도 없게 되었다.

또한 소비자와 가능한 대화형 광고를 비롯한 최첨단 기법을 활용한 광고도 가능하게 되었다. 따라서 제품개발이나 서비스의 개발 단계에서부터 전 세계를 대상으로 한 광고 및 마케팅을 염두에 두고 글로벌 마케팅 활동을 전개할 수 있게 되었다.

(4) 거래처 발굴의 효율화 및 손쉬운 거래정보의 획득

기존 거래에서는 거래처를 발굴하기 위해서는 알선기관에 찾아가 정보를 얻거나 각국에서 발행하여 배포하는 무역업체 총람, 제조업체 총람, 기업연감 등의 디렉토리를 찾아보거나 배포되는 인쇄매체나 현지의 광고매체를 이용하였다. 또한 한국무역협회, 대한무역투자진흥공사 등에서 실시하는 해외시장 개척단 또는 국제 박람회나 전시회 등에 참가를 통한 거래처 발굴이 이루어졌다.

---

52) http://www.samhwi.com.inmudong/data/2.htm

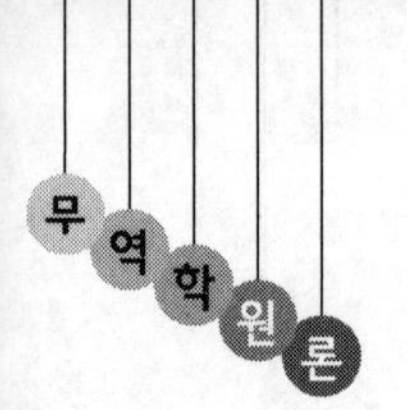

그러나 인터넷에서는 각국의 정부와 무역유관기관 그리고 개별기업들이 올려놓은 제품이나 서비스와 관련된 수많은 정보들을 정보 검색엔진을 이용하여 손쉽게 찾아볼 수 있게 되었다.

(5) 거래비용의 획기적 절감

판매자와 구매자간의 상담이나 상품에 대한 정보의 취득, 거래성사를 위한 각종정보의 교환형태도 지금까지의 전기신호를 이용한 통신수단에서 전자신호에 의한 컴퓨터 통신 특히 인터넷으로 통합되어 가고 있다. 형태가 일정하지 않은 비정형화된 정보의 표시는 전자메일에 의하여 가능하며, 포맷화된 정형화 정보나 서류는 전자문서교환(EDI)에 의한 인터넷과 같은 컴퓨터 통신망으로 통합·유통되어 간다.

또한 전화와 같은 음성정보는 인터넷 폰으로, 팩스와 같은 이미지 정보는 인터넷 팩스를 이용하고 화상회의와 같은 영상정보는 인터넷 화상회의 시스템에 의해 디지털화된 인터넷으로 흡수되고 있다. 이러한 인터넷의 부가서비스는 국제통신비용을 절감시키게 되어 기업에 있어서 거래비용의 획기적 절감을 가져오게 되었다.

(6) 전자화폐에 의한 대금결제

무역에 있어서 대금결제 방식의 하나로 사용되는 신용장은 전자화폐에 의한 전자화폐 시스템의 도입으로 그 존립 기반에 점차 위축되어 간다. 즉 무역거래에 있어서 상품구매에 대한 대금결제방식으로 개발된 신용장도 인터넷을 이용한 전자지불 시스템의 개발과 실용화로 그 입지가 점차 좁아들고 있다.

인터넷을 이용하여 상품을 구매하는 고객의 신용카드 번호 등을 고객 전용 소프트웨어에 암호화하고 고객이 이 정보를 입력하면, 판매자가 전용 소프트웨어를 이용하여 카드회사에 조회하도록 하는 시스템이 개발되어 전자결제시스템의 서비스를 시작하였다. 따라서 신용카드 범위 내에서 전 세계적으로 상품거래에 따른 확실한 대금결제가 보장됨으로써, 소액거래를 중심으로 국경 없는 인터넷 상거래의 확산이 이루어지게 되었다.

(7) 새로운 국제운송물류시스템의 도입

주문과 동시에 상품을 공급받고자 하는 소비자들의 욕구를 충족시켜주기 위하여 현지생산, 현지판매, 현지배달이라는 상품배송 시스템이 구축되어질 것이다. 이를 위한 인터넷의 활용도 활성화될 것으로 전망된다. 따라서 인터넷을 통한 물품거래의 활성화에 따른 상품배송의 확대로 인하여 국제 특송시장은 새로운 운송서비스 형태로 부상하

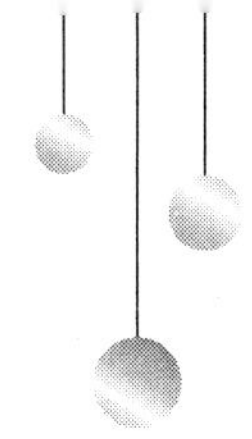

게 되었다.

4.2 인터넷무역의 거래수단[53)]

1) World Wide Web(WWW)

WWW는 정보제공자가 정보를 화상 또는 동영상 등의 Multimedia Data, Text 등 원하는 형태로 입력하여 제공함으로써, 인터넷과 접속된 이용자에게 세계 어디에서나 24시간 정보검색이 가능하도록 하는 서비스이다.

인터넷무역에서의 WWW는 기업이 경쟁력 우위확보를 위하여 가장 신경 써야할 부분 중 하나가 되었다. 기업에서는 주로 상품의 Catalogue나 기업정보 등을 수록하여 Internet상에서 자사의 소개와 제품홍보 등에 활용하고 있다. 이렇게 Internet에 올린 Home Page는 24시간 열린 회사의 홍보매체가 될 수 있기 때문에 기업 특성에 맞게 만들어 적절한 Promotion을 한다면 기업이나 상품의 광고효과를 저렴한 비용으로 극대화시킬 수 있게 될 것이다. 또한 무역거래 Web Site에서는 수출입업자 간의 실제거래의 기회를 제공하는 중요한 Cyber Market이기도 한다.

2) News Group

News Group이란 Internet상에서 공통의 관심을 가진 사람들이 원하는 내용을 게시하고 토론하는 일종의 게시판이다. Internet E-mail이 특정인과 메시지를 주고받는 것이라면, News Group은 불특정 다수를 대상으로 정보를 교환하는 서비스라고 할 수 있다.

News Group에는 관심의 대상에 따라 취미, 정치, 과학, 비즈니스 등 수만 개의 세분화된 주제를 가진 Group들이 있게 된다. 따라서 News Group 이용자는 주제별로 형성된 토론그룹에 참여하여 다른 사람들의 기사를 읽어보고 궁금한 점을 질문하거나, 다른 사람의 질문에 대해 답변하기도 하며 자기의 의견을 게시할 수 있다.

그러므로 비즈니스의 관점에서 보면 News Group은 표적시장에 접근할 수 있는 쉽고도 값싼 광고매체이며, 소비자 반응을 즉각 확인해 볼 수 있는 장소이기도 한다. 따라서 News Group은 실시간으로 Target Market을 대상으로 직접 마케팅 활동을 할 수 있다는 점에서 인터넷무역의 유용한 수단으로 그 활용가치가 아주 높다고 할 수 있다.

---

53) http://www.samhwi.com/export/intrade.htm

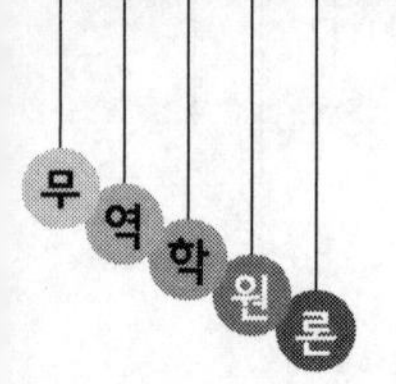

3) E-Mail

전자메일(E-Mail)은 인터넷의 기능 중 가장 유용하게 활용되는 서비스이다. E-Mail이란 일반우편과 똑같은 개념이나 발신인과 수신인 사이의 메시지 전달경로가 Network이라는 점에서 차이가 있다. E-Mail이 다양한 용도로 활용될 수 있는 것은 기존의 통신수단인 전화와 우편의 장점을 모두 갖추고 있다는 측면이다. 이는 신속하고 정확하고 저렴하게 메시지의 전달을 해준다는 점에서 특징이 있다.

인터넷무역에서의 E-Mail은 종전 무역업체들이 외국의 무역관련 기관이나 거래기업에 FAX 또는 우편으로 해오던 거래업무를 Internet을 이용한 E-Mail로 대체한 것에 불과하다. 따라서 인터넷무역을 얼마만큼 빨리 성공할 수 있느냐는 E-Mail을 얼마나 잘 사용하느냐에 따라 좌우된다고 할 수 있다.

4.3 인터넷무역의 전망 및 유망품목

1) 인터넷무역의 전망[54]

Internet에 대한 전망은 조사기관에 따라 다양하게 나타나고 있으나, 향후 급격하게 확산될 것이라는 데에는 이론의 여지가 없다. 인터넷을 이용한 무역은 무역에 대한 기존 개념을 모두 바꾸게 될 것이다. 기존의 무역거래 방식은 해외시장조사에서 수출상품의 선적까지 여러 단계의 복잡한 절차를 거쳐야 하므로 많은 시간과 비용이 발생하게 된다. 그러나 인터넷무역은 이러한 복잡한 거래단계에서 발생하는 비용을 획기적으로 절감시킬 수 있는 것이다.

인터넷무역은 전통적 무역과는 큰 차이가 있다. 그러나 아직까지는 실제 물품거래가 이루어지기 전 단계인 매매계약 단계까지만 주로 이용되고 있다. 실제거래에 돌입하게 되면 국가 간의 법률적·제도적 장치의 미비와 Network상의 보안문제 그리고 관세문제 등이 논란의 상태에 있기 때문에 매매계약 단계까지만 인터넷을 이용한 방식을 사용하고 실제거래는 기존의 거래방식을 사용하게 된다.

인터넷무역이 활성화되기 위해서는 각국이 법적·제도적 장치들을 마련중에 있고, Network의 보안문제도 금융기관들을 중심으로 표준화 작업을 준비하고 있기 때문에

54) http://www.samhwi.com/export/intrade.htm

향후 상당히 확산될 것으로 예측된다.

2) 인터넷무역의 유망품목[55)]

인터넷상에서 제품의 크기가 소형이거나, 특별히 눈으로 보거나 만져 볼지 않기 때문에 그 품질이나 내용을 확인할 수 있는 제품이 유리하다. 항공기 예약, 호텔 예약 등 각종 예약 서비스, 책이나 음반, 컴퓨터 소프트웨어 등이 여기에 해당한다.

인터넷에서 거래되고 있는 제품들을 살펴보면 다음과 같다.

① 섬유 및 경공업제품, ② 서적류 및 CD, ③ 식품 및 기호식품, ④ 문구 및 선물용품(꽃 포함), ⑤ 첨단 전자기능을 가진 완구류, ⑥ 목욕, 주방 등에 사용되는 생활용품, ⑦ 휴대폰 및 악서서리, 모뎀, 컴퓨터, 자동차 용품 등 전자제품, ⑧ 인터넷 관련 소프트웨어, 이러한 제품들이 주로 자사의 홈페이지를 가지고 성업 중인 것들이다. 이러한 제품들의 특징은 자사의 웹 사이트를 이용하여 광고를 하는 제품은 육안으로 일단 제품을 확인하여 관심을 유도할 수 있으며, 용이하게 제품의 샘플을 제공할 수 있다는 점이다.

따라서 인터넷무역의 유망품목은 소형화된 제품이나, 서비스를 제공받을 수 있는 제품들이 우선적으로 나타난다.

4.4 인터넷무역의 수출절차[56)]

1) 거래처 선정

인터넷무역을 하기 위해서는 먼저 거래처를 선정하는 일이다. 거래처 선정을 하기 위해서는 기초적인 것부터 시장 상황까지 아주 상세하게 해외시장조사를 실시해야 한다.

(1) 해외시장조사

인터넷을 통하여 수출을 하려는 지역에 관한 모든 자료와 정보, 예를 들어 수출입의 통계, 무역거래의 관습 및 수출능력 등을 각국의 정부기관 사이트나 기업의 웹 사이트를 통하여 자신의 상품을 수출하기에 가장 적합한 수요지를 물색하고 적당한 거래처를 선정하게 된다.

---

55) http://www.samhwi.com.inmudong/data/6.htm

56) http://www.samhwi.com.inmudong/data/13.htm

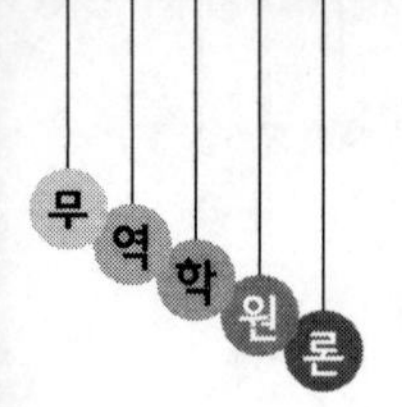

(2) 거래처 선정방법

인터넷을 이용하여 거래처를 선정하는 것은 소극적인 방법과 적극적인 방법으로 구분할 수 있다. 소극적인 방법은 거래 알선 사이트에 자사의 제품이나 자사를 홍보하는 것과 관련 유즈넷에 자사의 제품을 선전하는 방법 등이 있다. 그리고 적극적인 방법에는 자사의 제품을 원하는 사람들을 사이트 검색을 통하여 찾아보는 방법과 유명 사이트에 베너 광고를 통해서 자사를 선전하는 방법 그리고 웹 사이트상의 박람회 등에 스폰서로 적극 참여하는 방법 등이 있다.

2) 거래권유장

인터넷무역의 경우 거래처를 선정한 후 권유장 발송은 전자메일이나 인터넷 팩스 등을 이용하여 발송하게 된다. 선진국 시장을 목표로 권유장을 보내는 경우 대부분의 선진국 기업들이 전자메일 주소를 가지고 있으므로 매우 편리하고, 권유장에 대한 답장 또한 매우 빨리 받을 수 있다는 장점이 있다.

전자메일을 보내는 경우 고려해야 할 점은 인터넷에 자사의 홈페이지를 가지고 있는 것이 상대편에게 신뢰감을 갖게 만드는 것이라는 점이다.

3) 문의(Inquiry)

Inquiry를 받게 되는 경우를 대비하여 권유장을 보낼 때 자사의 웹 주소와 전자 메일 주소를 기재하는 것은 필수적인 사항이다. 전자메일 주소를 가지지 못한 경우라면 무료로 메일 제공하는 주소를 가지는 것이 좋으나, 되도록 자사명의 메일 주소를 가지는 것이 바람직하다.

Inquiry가 도착하게 되면 매매계약을 하기에 앞서 인터넷을 이용하여 해당 기업의 웹 사이트가 있는 경우 웹 사이트를 방문해 보아야 하며, 또한 당 수입업체의 신용조사를 실시하여 거래관계를 행하는 데 있어서 문제점이 없는지를 확인해야 한다.

4) 청약(Offer)과 승낙(Acceptance)

인터넷을 통해 신용조회를 마친 경우 Inquiry에 대한 Offer를 전자 메일로 하게 된다. Offer에 대하여 상대편에서 전자 메일로 Acceptance가 이루어지면 매매계약이 성립하게 된다. 그리고 인터넷무역 성립의 전제조건은 항상 상호 신뢰라는 점이 선행되어야 한다.

5) 신용장(Letter of Credit) 개설

신용장 거래 조건의 매매 계약을 한 경우 수입업자는 거래은행에 신용장 개설을 의뢰한다. 발행은행은 수출업자에게 신용장(L/C)을 발행한다. 수출업자는 수입업자로부터 받은 L/C를 검토한 후 매도계약서의 계약조건과 다른 경우 수입업자에게 수정을 요구한다.

L/C의 내용이 매도계약서의 조건과 완전히 일치하면 수출품을 확보하기 위한 방안을 강구한다.

6) 수출물품 확보

제조업자가 직접 수출하는 경우는 수출물품의 인도일에 맞추어 수출물품의 생산 기간과 물량을 확인한다. 무역업자인 경우는 수출물품을 생산하는 제조업자를 찾아 수출물품을 확보한다.

제조업자를 찾는 방법으로는 인터넷상에서 거래 알선 사이트를 방문하여 찾는 방법도 있고, 수출물품과 관련된 협회를 통해 제조업자를 찾는 방법도 있다. 하지만 제조업자를 미리 물색하고 거래제의를 시작하는 것이 유리하다.

수출물품 확보시 부족한 자금에 대해서는 무역금융을 이용하거나, 수출물품을 제조할 제조업자를 위해 내국신용장을 개설할 수 있다.

7) 통관

통관이라 수출업자가 수출물품을 해외의 수입업자에게 보내기 위한 수출신고 및 세관검사 등의 일련의 절차를 말한다.

수출업자는 통관을 위해 수출물품을 보세창고 등에 반입하고 통관의뢰를 받은 관세사는 EDI를 이용해서 수출물품에 대하여 수출신고서, 포장 명세서, 수출승인서 등을 세관에 제출한다. 세관은 제출된 서류를 심사하고 수출물품에 대하여 품명, 가격, 수량 등을 조사한다.

8) 선적(해상 운송)과 보험

수출업자는 신용장 상에 표기된 운송 조건으로 선박 회사와 계약을 체결하고 수출물품을 지정된 선박에 선적한 후 선하증권(B/L)을 선박회사로부터 받는다. 선하증권은 수출대금 회수시 신용장과 함께 거래은행(Advising Bank)에 제출한다. 그리고 신용장 상

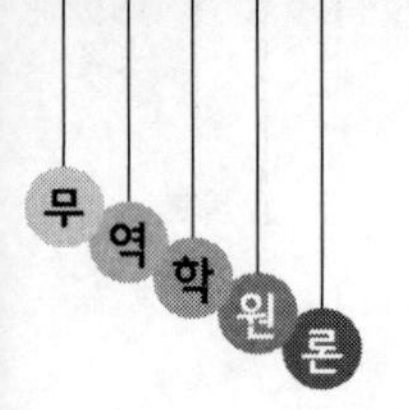

에 표기된 계약조건에 따라 보험(해상 보험을) 들어 선박의 침몰, 좌초 등의 사고로 인한 수출업자의 손실을 보상받아야 한다.

9) 수출 대금 회수

수출 대금 회수 방법은 첫째, 선적 완료 후 운송회사로부터 받은 선하증권과 수입업자의 거래은행(발행은행)에서 발행한 화환신용장과 그 신용장에서 요구하는 서류를 갖추어 화환어음을 발행하고 그것을 외국환은행(Advising Bank)에 매입을 의뢰하는 신용장 거래대금 회수방법 둘째, 수입업자가 수출업자에게 직접 외화로 송금하는 방법 셋째, 화환 신용장이 개설되지 않는 지급인도조건(D/P)과 인수인도조건(D/A)의 추심결제 방법이 있다.

4.5 인터넷무역 지원기관

1) KOTIS(http://www.kotls.net)

한국무역협회에서 운영하는 종합 무역 정보 서비스 사이트인 KOTIS는 무역업 창업을 고려하고 있는 사람이나 현재 무역업에 종사하고 있는 사람들 모두에게 매우 유익한 사이트이다.

무역에 관한 정보와 무역거래 시 발생하는 애로사항에 대해서도 자유 게시판을 이용하여 손쉽게 해답을 얻을 수 있고 중소기업의 수출물품에 대한 웹 호스팅, 홈페이지 제작 등과 같은 인터넷 서비스도 제공받을 수 있다.

무역업 창업과 관련한 절차, 신고요령, 수출입 절차, 통관, 관세 환급, 운송, 보험, 신용장, 무역금융 등과 같은 궁금증에 대해서도 각 분야별 전문가들에게 문의할 수 있다.

해외의 유명 무역거래 알선 네트워크와 국내의 무역진흥 기관에서 제공하는 거래 알선정보를 이용할 수 있으며 해외시장을 개척하려는 중소기업의 수출물품에 대해서도 많은 지원을 받을 수 있다.

무역 자료실을 통하여 한국무역협회에서 작성한 무역동향, 무역업계의 해외시장 변동에 따른 대응방안, 대정부 정책 건의사항 등에 관련된 보고서와 대외 기고문을 다운로드 받을 수 있다. 그리고 무역 거래시 필요한 각종 서식에 대해서도 자세한 설명과 양식을 볼 수 있다.

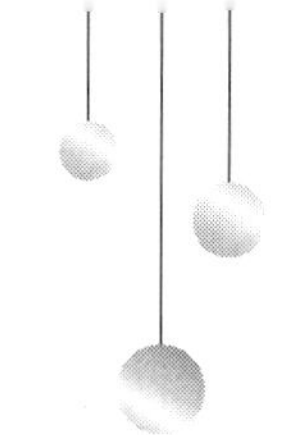

KOTIS 초기화면의 공지 사항에서는 무역과 관련된 뉴스를 볼 수 있고 그림에서는 보이지 않지만 HOT ETO항목에서는 무역 거래를 원한다는 바이어와 수출업자들의 정보가 제공되고 있다.

2) KOTRA(http://www.kotra.or.kr)

우리나라의 무역진흥과 국내업체의 해외투자 지원 및 선진 외국기업의 투자유치를 위한 대한무역투자진흥공사(KOTRA)에서 운영하는 사이트이다. 해외 115개 한국무역관과 국내 10개 지방 무역관을 통해 중소기업체의 해외시장 진출을 지원하고 있으며 수출거래 알선과 해외시장 정보수집, 해외시장 개척을 위한 전시회 사업 등의 일을 하고 있다.

해외 바이어의 거래 희망 정보를 국내 수출업자에게 제공하고 해외 바이어와 국내업체의 상담을 주선하기도 한다.

3) 대한상사중재원(http://www.kcab.or.kr)

국내외 상거래에서 발생되는 분쟁의 사전 예방과 신속한 해결 및 건전한 상거래 질서를 확립하기 위해 설립된 대한상사중재원에서 운영하는 사이트이다. 상거래에서 발생하는 분쟁의 중재, 알선에 대한 자료, 선적전 검사 분쟁 조정에 대한 내용을 제공하고 있다. 무역 거래시 발생하는 클레임을 당사자간의 직접 교섭으로 해결할 수 없을 경우, 제3자에 의해 중재가 이루어지는데 이 사이트를 통해 많은 도움을 받을 수 있다.

4) 대한상공회의소(http://www.kcci.or.kr)

전세계 150 개국에 설립되어 있는 상공회의소와 긴밀한 협조 체제를 갖추고 있는 대한상공회의에서 운영하는 사이트(http://www.kcci.or.kr)로 지역 상공업의 발전과 지역사회의 개발을 위한 곳이다.

국제협력 분야에서는 해외시장 개척에 어려움을 겪고 있는 중소기업을 위하여 수출입거래 알선 및 각국의 통상 사절단과의 거래 상담회를 수시로 개최하고 있다.

5) 중소기업청(http://www.smba.go.kr)

중소기업이 세계 시장에서 경쟁력을 갖출 수 있도록 지원하기 위해 중소기업청에서 운영하는 사이트이다. 중소기업청 및 관련 기관의 중소기업을 지원하기 위한 정책과 지원사업들을 소개하고 있고 또한 중소기업의 수출지원을 위한 정보도 제공하고 있다.

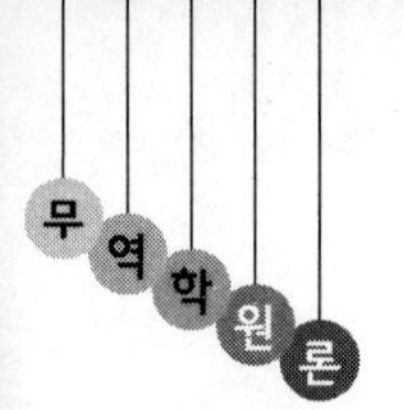

6) 한국수출입은행(http://www.koreaexim.go.kr)

기업의 자본재 수출과 해외투자, 해외자원개발, 중요 물자 및 주요 자원의 수입 등에 필요한 중장기 금융을 지원하기 위해 설립된 한국수출입은행에서 운영하는 사이트이다. 기업의 대외거래를 지원하기 위한 각종 금융을 제공함은 물론 세계 각국의 투자 환경을 연구, 분석한 투자정보 및 법률상담을 기업에 제공하고 있다.

개발도상국의 산업발전 및 경제안정을 지원하여 경제교류를 증진시키고 장기적으로는 기업의 개발도상국 진출기반을 구축하기 위하여 조성된 대외경제협력기금은 운영관리에 관한 사무를 위탁받아 운용하고 있다.

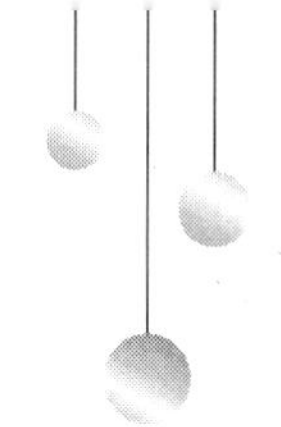

참고문헌

국내문헌

GS&J, 「한·미 FTA의 영향과 대책의 방」향, 2007. 5. 9.
강원진, 「무역결제론」, 박영사, 2004
강원진, 「신용장론」, 박영사, 2000.
강인수 외, 「국제통상론」, 박영사, 1988.
관세청, HS, 2008.
구종순, 「무역실무」, 박영사, 2010.
구종순, 「해상보험」, 박영사, 2010.
권오, 「국제무역보험론」, 두남, 2009.
권오, 「무역대금결제론」, 청목출판사, 2005.
김시경·오수균, 「국제기업경영론」, 탑북스, 2010
김신, 「국제경영학」, 박영사, 2006,pp.220-223; 임성훈, 국제경영, 학현사, 2010,
남풍우, 「무역상무론」, 도서출판 두남, 2002.
남풍우, 무역상무론」, 두남, 2002
대외경제정책연구원, WTO규범 협상의 현황과 향후 과제, 2010. 8.
대외경제정책연구원, WTO체제의 개혁 방향과 한국의 대응, 2008. 12.
대외경제정책연구원외, 한·미FTA의 경제적 효과분석, 2007.4.30.
대한상공회의소, 「인코텀즈2010」, 2010.
대한상공회의소, 「UCP600공식번역 및 해설서」, 2007.
문희철·심상렬, 「무역자동화와 EDI」」, 무역경영사, 1997, 류수현, 관세법론, 무역경영사, 2010.
박광서, 「무역법규」, 탑북스, 2010
박기안외, 「국제경영론, 무역경영사, 2001
박대위·구종순, 「무역실무(신정판), 법문사, 2007.
방희석, 「국제운송론」, 박영사, 2005.
삼성경제연구소, 「2007 글로벌기업동향」』, CEO Information, 587호(2007. 1. 17)
삼성경제연구소, 「한미FTA협상타결과 한국경제의 미래」, 2007.4.5.
삼성경제연구소, 「한-EU FTA의 주요 쟁점과 협상전략」, 2007.5.15.
서동희, 실무해상법해상보험법」, 법문사. 2007.
서진교외, 「WTO 체제의 개혁 방향과 한국의 대응」, 대외경제정책연구원, 2008.
설영기, 「국제통상학개론」, 상조사, 2001, pp.265-270
송상현·김현, 「해상법원론」, 박영사, 2008.
송채헌외, 「무역경영론」, 도서출판 두남, 2011
어윤대외, 「국제경영」, 학현사, 1998
오근엽, 「국제무역론」, 학현사, 2006,
오수균·오병석, 「무역의 이해」, 탑북스, 2011.

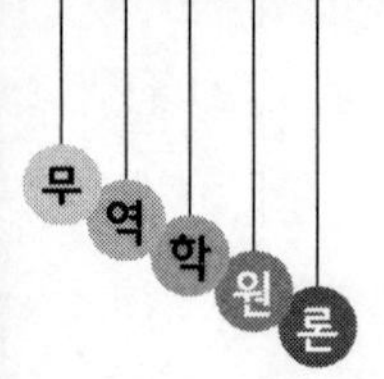

오수균·오병석, 「무역학개론」, 도서출판 두남, 2008.
오원석, 「무역계약과 결제」, 삼양사, 2001.
오원석,「국제운송론」, 박영사, 2004.
외교통상부, 「외국의 통상환경」, 2007.
외교통상부, 「한·미FTA분야별 최종협상결과」, 2007. 4.
외교통상부, 「한-EU FTA상세설명」, 2009.
외교통상부, 「WTO이해하기」, 2007.
외교통상부,「 한 · 미FTA상세설명자료」, 2011.
이대우·양희동, 신용장론(UCP600)」, 도서출판 두남, 2007.
이대우외, 「국제무역실무, 도서출판 두남, 2008.
이시환·김광수「 공저, Incoterms® 2010(국내 및 국제거래조건의 사용에 관한 ICC규칙」, 도서출판 두남, 2010,
임석민, 「국제운송론」, 삼영사, 2009.
임성훈, 「국제경영」, 학현사, 2010,
장세진, 「글로벌경영」, 박영사, 2005.
재정경제부외, 「한미자유무역협정에 따른 국내보완대책」, 2007. 4. 3.
전국경제인연합회, 「한·미 FTA 주요업종별 영향과 대응전략」, 2006.12.
전순환, 「국제운송물류론, 한올출판사, 2010.
전순환, 「대외무역법」, 한올출판사,2010
전순환, 「신용장통일규칙」, 한올출판사,2008.
전순환, 무역실무」, 한올출판사,2010.
조갑진, 신국제운송보험론」, 보명」, 2006,
조동성, 「국제경영」, 경문사, 1997.
조병중, 「무역계약론」, 삼영사, 2007.
조현정, 「무역결제론」, 박영사, 2005.
최순규·신형덕옮김,「국제경영」(Charles W. L. Hill), 도서출판 석정, 2009.
최정임, 이영민 역, CODE GREEN (토머스 프르드먼): 「뜨겁고 평평하고 붐비는 세계」, 21세기북스, 2008.
한국무역협회, 「무역실무매뉴얼」, 2004.
한국은행, 「국제금융기구가 하는 일」, 2005.
한국은행, 「IMF 신기준에 의한 개편국제수지통계해설」, 1985.5
한국전자거래진흥원,「 B2B 무역결제 워킹그룹」, 2002.
한웅수, 「신무역학원론」, 법문사, 1987.
함상호 역(아이작 일리치 루빈), 「경제사상사」, 신지평, 1994. p.35.

외국문헌

Adam Smith, *An Inquiry into the Nature and Causes of the Wealth of nations*, edited by R. H. Campbell, A.S. Skinner and W.B. Todd(oxfored University Press, 1976.
Bennell, H., The Law of insurance, 2nd ed., Oxford University Press Ltd.,2006.
Kindleberger, C. P., *American Business Abroad : Six Lectures on Direct Investment,* (New Haven and London, Yale University Press, 1960).

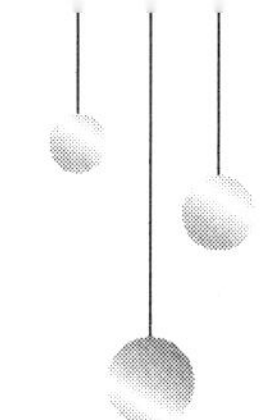

Heller, H. R., International Trade, Prentice Hall newjersy, 1973, p.36.

Baldwin, R. E.. and Richardson, J.D., International Trade and Finance, Little Brown Co., 1981, p.49.

Kindleberger,C.P., and Lindert, International Economics, Irwin Illinois, 1978, p.25.

Joseph E. Stiglitz and Andrew Charlton, Fair Trade For All : How Trade Can Promote Development, Oxford University Press 2005.

Kolde, E. J., International Business Enterprise, 2nd ed., (Englewood Cliffs, N. J : Pretice-Hall, 1973), p

Gruber,W.E., Metha,J. D., Vernon,R., "The R&D factor in International Trade and International Investment of United States Industries," *J.P.E.,* vol.75, No. 1, Feb. 1967.

Keesing,D.B., "The Impact of Research and Development on United States Trade," *J.P.E.,* vol.75, No. 1, Feb. 1967.

Lilienthal, D. E., Management of Multinational Corporation, NewYork : McGraw- Hill, 1960.

Posner,M. V., "International Trade and Technical Change," Oxford Economics Papers, No. 3, Oct, 1961.

Haufbauer,G. C., "*Synthetic Materials and Theory of International Trade,*" Lodon Gerald Duckwotrh & Co. Ltd., 1965.

Vernon,R., "International Investments and International Trade in the Product Life Cycle,"Quarterly Journal of Economics, May 1966, pp.190-207.

Vernon R..,and Wells, L.T., The Economic Environment of International Business, 4th ed.(Englewood Cliffs, NJ: Prentice-Hall, 1986)

Franklin. R. Root, International Trade & Investment(5th ed., South-Western Publishing Co., 1984),pp.268-272.

Kojima, K., Foregin Direct Investment : A Japanese Model of Multinational Operation (Londen : Croom Helm 1978).

Kahnert, F., Economic Integration among Developing Countries, 1968.

Finger, J. M, and Schuler.P., , 'Implementation of Uruguay Round Commitments : The Development Challenge ' , *The World Economy* 23, (2000)pp.511-525.

Finger, J. M., 'The WTO's Special Burden on Less Developed Countries : The Development Challenge' , *The World Economy*23, (2000), pp.425-437.

John H. Dunning, *Explaining International Production,* (London : Unwin Hyman,1988).

Gaughan, P. A., Mergers, acquisitions, and Cooperate Restructurings,(New York : John Wiley & Son, Inc., 1996)p.10.

Gregory, P. M., *Mergers and Acquisitions*(London: Cambridge Univ. press, 1991).

Buckley P. J.,and Casson,M., *The Future of Multinational Enterprise,*(London and Basingstoke, The Macmillan Press, 1976.

Hymer, S. H., The International Operation of National Firms (Massachusetts : MIT Press,1976).

Hymer, S. H.,*The International Operations of National Firms : A Study of Direct Foreign Investment,* (Cambridge, Mass., MIT Press, 1970).

Robock S. H., &Simmonds, K.., International Business and Multinational Enterprises (Richard

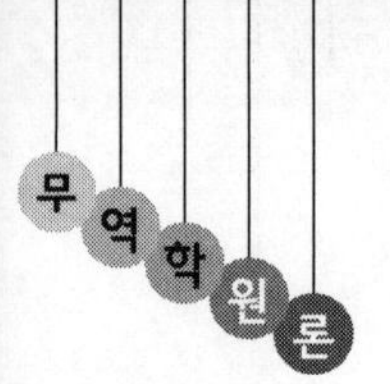

D.Irwin Inc., 1983)p.6.

Wilson, John S., 'Trade Facilitation Lending by the World Bank-Recent Experiences, Research and Capacity Building Initiatives', draft paper prepared for the WTO Workshop on Technical Assistance and Capacity Building in Trade Facilitations, Geneva(2000).

Ruigrok, W., and Tulder,R. V., The Logic of International Restructuring(London : Routledge, 1995), pp.156-159.

The Economist,"The WTO under Fire The Doha Round,", September 20, 2003, pp.30-32.

Sannwald R. F.,and Stohler,J., Economic Integration, 1959, p. 38.

AliberR. Z., "A Theory of Direct Foreign Investment," in *The International Corporation*, Charles P. Kindleberger, ed.(MIT Press,1970).

Thorbecke,E. , The Tendency towards Regionalization in International Trade, 1960, pp. 207~208.

Kozo Kiyota Robert M. Stern.,Economic Effects of a Korea-U.S. Free Trade Agreement, The Korea Economic Institute of America. (2007),p.3.

Viner, J., The Customs Union Issue, N. Y. : Carnegie Endowment for International Peace,1950.

Kogut,B., Foreign Direct Investment as a Sequential Process, in Kindleberger, C.P., Audretsch, D.(ed), Multinational Corporations in the 1980s, (Cambrige : 1984),p.313.

Spruyt, J., *Ship Management*, Lloyd's of London Press Ltd., 1990.pp.50-51.

Smith, J.C.,The Law of Contract(4th ed.), Sweet &Maxwell, 2002.

小林成規, 日本の 合辨會社, (東京 : 東洋經濟新聞社, 1968).

上坂西三, 貿易概論, 前野書店, 1969, pp.11-20.

建元正弘, 外國貿易と國際收支, 東京, 創文社, 1958, p.26.

찾아보기

—— ㄴ ——

—— ㄷ ——

—— ㄹ ——

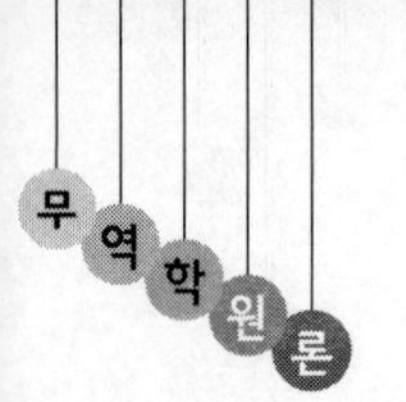

ㅈ

ㅊ

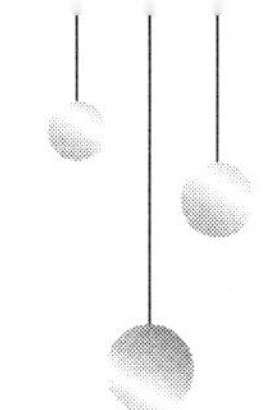

무
역
학
원
론

◎ 저자 약력 ◎

■ 오 수 균(吳隨均)

- 단국대학교 대학원 경영학박사
- 전) 한남대학교, 단국대학교 홍익대학교 강사
  서울사이버대학교 감사
  한국정책과학학회 이사
  단국대학교 정책연구소 연구원
  극동정보대학 교무처장, 산업경영연구소 소장
- 현) 강동대학교 유통경영과 교수
  한국관세학회 이사
  한국통상정보학회 이사
  서해경제사회연구원 이사

〈저서 및 논문〉

- 무역학원론(도서출판 두남 : 공저)
- 마케팅(청목출판사 : 공저)
- 무역학개론(도서출판 두남 : 공저)
- 무역의이해(탑북스 : 공저)
- 국제기업경영론(탑북스 : 공저)
- 마케팅원론(도서출판 두남 : 공저)
- 적대적 M&A의 방어전략에 관한 연구
- 한국기업의 중국 유통시장 진출 전략에 관한 연구 외 다수

■ 오병석(吳炳錫)

- 단국대학교 대학원 무역학과 (경영학박사)
- 전) 청운대학교 무역학과 교수
  충청경제사회연구원 자문역
  미국 University of Puget Sound (WA) 객원교수
  협성대학교 연구처장, 학생처장, 기획처장
  한국무역학회 사무차장, 부회장
  한국관세학회 사무국장
  국제지역학회 부회장
  한국경영컨설팅학회 부회장
  관세사 시험위원
- 현) 한국관세학회 부회장
  한국통상정보학회 부회장
  효도실버신문 논설위원
  관세청 관세평가위원
  서해경제사회연구원 이사
  중소기업기술정보진흥원 평가위원
  농촌살리기운동중앙본부 사무총장
  협성대학교 국제통상학과 교수

〈주요 논문 및 저서〉

- 국제무역실무 외 다수
- "우리나라 무역대리업의 발전방안에 관한 연구" 외 다수

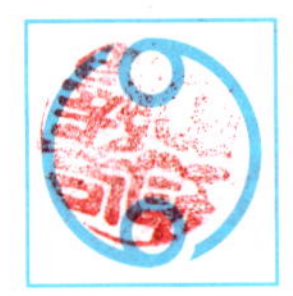

최신무역학원론

초　판 1쇄 인쇄 ── 2012년　8월 25일
초　판 1쇄 발행 ── 2012년　8월 30일
지은이 ── 오 수 균 · 오 병 석
펴낸이 ── 전 두 표
펴낸곳 ── 도서출판 두남
서울시 강동구 성내로6길 34-16 두남빌딩
신 고 : 제25100-1988-9호
TEL : 02) 478-2065, 2066, 2067, 2311
FAX : 02) 478-2068
E-mail : dunam1@unitel.co.kr
http://www.dunam.co.kr

정가 33,000원

ISBN 978-89-6414-367-4　93320